भृगु संहिता फलित प्रकाश

नवग्रहों के प्रभाव तथा फलित ज्योतिष

वी एण्ड एस पब्लिशर्स

भृगु संहिता
फलित प्रकाश

(द्वादश लग्नों के विभिन्न भावों में स्थित नवग्रहों के प्रभाव तथा
फलित ज्योतिष सम्बन्धी आवश्यक जानकारी एवं सिद्धांतों
के माध्यम से संसार के किसी भी स्त्री या पुरुष की
जन्म-कुण्डली के फलादेश का सहज ज्ञान प्राप्त
कराने वाली श्रेष्ठ पुस्तक)

मूल ग्रंथ के लेखक
भृगु ऋषि

वी एण्ड एस पब्लिशर्स

प्रकाशक

वी एण्ड एस पब्लिशर्स
F-2/16, अंसारी रोड, दरियागंज, नयी दिल्ली-110002
23240026, 23240027 • *फैक्स:* 011-23240028
E-mail: info@vspublishers.com • *Website:* www.vspublishers.com

क्षेत्रीय कार्यालय : हैदराबाद
5-1-707/1, ब्रिज भवन (सेन्ट्रल बैंक ऑफ इण्डिया लेन के पास)
बैंक स्ट्रीट, कोटी, हैदराबाद-500 095
040-24737290
E-mail: vspublishershyd@gmail.com

शाखा : मुम्बई
जयवंत इंडस्ट्रिअल इस्टेट, 2nd फ्लोर-222, तारदेव रोड
अपोजिट सोबो सेन्ट्रल, मुम्बई - 400 034
022-23510736
E-mail: vspublishersmum@gmail.com

फ़ॉलो करें:

हमारी सभी पुस्तकें **www.vspublishers.com** पर उपलब्ध हैं

मुद्रक: परम ऑफसेटर्स, ओखला, नयी दिल्ली-110020

ज्योतिष, कर्मकांड, सामुद्रिक विज्ञानाचार्य

परमपूज्य पितृ-चरण

पं. गोविन्दप्रसाद जी दीक्षित

एवं

स्नेह-वात्सल्य-ममतामयी परमपूज्या माता

स्व. श्रीमती श्रीदेवी दीक्षित

के

परम पावन चरणाम्बुजों में सादर

प्रकाशकीय

शिक्षा प्रसार, नई सोच, नई पीढ़ी के सुखमय भविष्य को सामने रखते हुये जन कल्याण सम्बन्धी पुस्तकों के प्रकाशक वी एण्ड एस पब्लिशर्स, पुस्तक प्रकाशन की अपनी नवीन कड़ी में प्राचीन पुस्तक **'भृगु संहिता-फलित प्रकाश'** को कुछ नवीन उदाहरण कुण्डलियों सहित पूर्णरूपेण संशोधित रूप में प्रस्तुत करते हैं। वर्तमान की भाग-दौड़ भरी जिन्दगी में हर कोई परेशान है। हर कोई अपने भविष्य के प्रति अनजान अपना भविष्य जानने के लिये उत्सुक है। ज्योतिष विज्ञान की इस **भृगु संहिता-फलित प्रकाश** पुस्तक द्वारा हर कोई जीवन की सभी समस्याओं को जान सकता है और समस्याओं के समाधान की जड़ तक पहुंच सकता है।

प्रस्तुत पुस्तक में उपलब्ध प्राचीन भृगु संहिता के आधार पर जन्मकुण्डली की द्वादश लग्नों के अनुसार द्वादश भावों में विभिन्न ग्रहों की स्थिति, युति, दृष्टि आदि का उल्लेख करते हुये ग्रहों का शुभाशुभ फल दिया गया है। प्रत्येक जन्म लग्न के अंत में लग्न आधारित दो-दो प्रसिद्ध व्यक्तियों की उदाहरण जन्म कुण्डली और उनका शुभाशुभ फल भी दिया गया है, ताकि पाठकगण तदनुसार अपनी जन्म कुण्डली का शुभाशुभ फल भी आसानी से पता लगा सके और जान सके कि किस ग्रह के शुभाशुभ फल के कारण वह सुखी या दुःखी हैं? यदि दुःखी हैं, तो क्या उपाय करे कि उसका जीवन सुखमय हो?

मेष, वृष, मिथुन, कर्क, सिंह, कन्या, तुला, वृश्चिक, धनु, मकर, कुम्भ और मीन राशि लग्न के अलग-अलग अध्याय हैं। इन अध्यायों में सूर्य, चन्द्र, मंगल, बुध, गुरु, शुक्र, शनि, राहु और केतु नवग्रहों के प्रत्येक लग्न के प्रत्येक भाव में बैठे होने से शुभाशुभ फल का ज्ञान होता है। इनसे पूर्व के अध्यायों में आवश्यक जानकारियां देते हुए नक्षत्रों, राशियों और ग्रहों का विस्तारपूर्वक वर्णन किया गया है। भावों का परिचय दिया है कि किस भाव से क्या-क्या देखें? ग्रहयुति फल, ग्रहयोग फल, भावेश फल और ग्रहदशा फल दिये गये हैं। पुस्तक की भाषा सरल है और विषयवस्तु सहज ही ग्रहणीय है।

यह पुस्तक सभी ज्योतिष प्रेमियों को अपना भविष्य जानने के लिये समर्पित है। जीवन की विषमताओं को जानकर उनके उपाय कर उन्हें दूर करें और जीवन को सुखमय बनाये। अन्त में पाठकों से अनुरोध है कि पुस्तक के सम्बन्ध में बहुमूल्य सुझाव देकर हमें अनुग्रहीत करें।

धन्यवाद!

प्रस्तावना

आज से सहस्त्रों वर्ष पूर्व भारतीय मनीषियों ने 'यत्पिण्डे तत्ब्रह्मांडे' के आधार पर अपनी सूक्ष्म प्रज्ञा द्वारा शरीर स्थित सौरमण्डल का पर्यवेक्षण कर तदनुरूप आकाशीय सौरमण्डल की व्यवस्था की थी। साथ ही आकाशीय ग्रहों के मानव शरीर पर पड़ने वाले प्रभाव का भी अन्वेषण किया था। सप्तऋषि मण्डल में से एक ऋषि भृगु का नाम उल्लेखनीय है। उनके पर्यवेक्षण एवं अन्वेषण के अथक परिश्रम के कारण ही 'ज्योतिष वेदांग' प्रकाश में आया। फलस्वरूप महर्षि भृगु जी को वैदिक ज्योतिष का पिता माना जाता है । वैदिक ज्योतिष को भारतीय ज्योतिष भी कहा जाता है। महर्षि भृगु ने विश्व जगत में निवास करने वाले 5 लाख लोगों की जन्म कुण्डली तैयार की। साथ में उनके भाग्य का फलादेश भी लिखा। उसे 'भृगु संहिता' नाम दिया गया।

इस प्रकार के प्रमाण भी पाये गये हैं कि पुस्तक 'भृगु संहिता' के विषय सामग्री सकंलन में महर्षि भृगु जी के शिष्यों का भी योगदान था। इसमें फलित प्रकरण पर बल दिया गया है। फल कथन के नियम एवं सिद्धान्त स्पष्ट किये गये हैं। 'भृगु संहिता' के प्रकाश में आने के बाद देश काल की सीमाओं को लांघती हुई भारतीय ज्योतिष विद्या सम्पूर्ण विश्व में प्रचारित एवं प्रसारित हुई। विदेशी विद्वानों ने भी इस ज्योतिष विद्या के विभिन्न अंगों को विकसित करने में अपना महत्त्वपूर्ण योगदान किया। आज यह विद्या विश्व के कोने-कोने में प्रचलित है। इसके विकास के लिये विश्व के सभी देशों के विद्वान अहर्निश प्रयत्नशील हैं। वर्तमान में ज्योतिष विद्या का हर प्रकार का साहित्य सभी विकसित और विकासशील देशों में अनेकानेक भाषाओं में उपलब्ध है। भारतीय पुस्तक बाजार भी हिन्दी व अंग्रेजी भाषा में गणित व फलित ज्योतिष के साहित्य से अटा पड़ा है।

प्रस्तुत पुस्तक **'भृगु संहिता-फलित प्रकाश'** इसी कड़ी में लेखक का एक प्रयास है। इसमें ज्योतिष के केवल फलित अंग को सरल भाषा में सरल विधि से बताया गया है। इसकी सहायता से विश्व के सभी व्यक्ति, चाहे वह पुरुष है या महिला, अपनी जन्म कुण्डली में द्वादश भाव स्थित सभी नवग्रहों से सम्बन्धित शुभाशुभ प्रभाव की जानकारी सरलता से जान सके और अशुभ स्थिति के अशुभ प्रभाव का समय रहते उपाय भी कर सके, ताकि उनका भावी जीवन आनन्दमय और सुखपूर्वक व्यतीत हो।

पुस्तक के प्रारम्भ में प्रथम प्रकरण (आवश्यक जानकारियां) में प्रारम्भिक तीन अध्यायों में कुछ ज्ञातव्य बातें, इनसे आगामी अध्यायों में नक्षत्रों, राशियों और ग्रहों आदि का विस्तार से विवेचन किया गया है। द्वितीय प्रकरण (द्वादश लग्न-फलादेश विवरण) में द्वादश लग्न

कुण्डलियों का मेषादि लग्नानुसार सूर्यादि नवग्रहों का विस्तृत फलादेश दिया गया है। किस भाव में किस ग्रह के बैठे होने और किस भाव में किस ग्रह की दृष्टि होने का क्या फल होता है आदि? प्रत्येक जन्म लग्न के अंत में लग्न आधारित दो-दो प्रसिद्ध व्यक्तियों की उदाहरण जन्म कुण्डली और उनका शुभाशुभ फल भी दिया गया है, ताकि पाठकगण तदनुसार अपनी जन्म कुण्डली का फल भी जान सके। तृतीय प्रकरण में सभी ग्रहों का युतिफल, विशिष्ट ग्रह योग और उनका फल, सभी द्वादश भावेशों का द्वादश भावों में भावफल, सभी ग्रहों की महादशा एवं अन्तर्दशा फल आदि का विशिष्ट वर्णन किया गया है। इस पुस्तक में मूल भृगु संहिता की उपलब्ध श्लोक-सामग्री के आधार पर ही द्वादश लग्न कुण्डलियों आदि के फलादेश का विवरण दिया गया है। लेखक का विश्वास है कि पाठकगण इसे पसन्द करेंगे।

लेखक
राजेश दीक्षित, कृष्णापुरी, मथुरा

विषय-सूची

द्वितीय प्रकरण
(बारह लग्नों की कुण्डलियों का फलादेश)

मेष लग्न

तृतीय प्रकरण
(ग्रहों की युति, उच्च-नीच स्थिति, महादशा, विशिष्ट योग आदि)

भृगु संहिता फलित प्रकाश

प्रथम प्रकरण
(आवश्यक जानकारियाँ)

विश्वसृड् नारदो व्यासो वसिष्ठोऽत्रि: पराशर:।
लोमशो यवन: सूर्यश्च्यवन: कश्यपो भृगु:॥
पुलस्त्यो मनुराचार्य: पौलिश: शौनकोऽङ्गिरा।
गर्गो मरीचिरित्येते ज्ञेया ज्योति:प्रवर्त्तका:॥

❈ ❈ ❈ ❈

म्लेच्छा हि यवनास्तेषु सम्यक् शास्त्रमिदं स्थितम्।
ऋषिवत्तेऽपि पूज्यन्ते किं पुनर्दैवविद् द्विज:॥

प्रारम्भिक-ज्ञातव्य

इस पुस्तक की सहायता द्वारा जन्म-कुण्डली स्थित विभिन्न ग्रहों के शुभाशुभ फल की जानकारी करने से पूर्व द्वादश राशि (मेष, वृष आदि) तथा नवग्रहों (सूर्य, चन्द्र आदि) से सम्बन्धित कुछ प्रारम्भिक विषयों का ज्ञान प्राप्त कर लेना आवश्यक है। अस्तु, इस प्रकरण में पहले उन्हीं विषयों का वर्णन किया जा रहा है।

तिथियाँ

ज्योतिषशास्त्र में चन्द्र की एक कला को तिथि माना जाता है। तिथियों की गणना शुक्ल पक्ष की प्रतिपदा से आरम्भ होती है। अमावस्या के बाद की प्रतिपदा से लेकर पूर्णिमा तक की तिथियाँ शुक्ल पक्ष की तथा पूर्णिमा के बाद की प्रतिपदा से आरम्भ करके अमावस्या तक की तिथियाँ कृष्ण पक्ष की होती हैं। इस प्रकार एक महीने में दो पक्ष होते हैं—(१) शुक्ल पक्ष और (२) कृष्ण पक्ष। दोनों पक्षों की पूर्णिमा और अमावस्या के अतिरिक्त अन्य तिथियों के नाम एक जैसे होते हैं, वे निम्नलिखित हैं :

प्रतिपदा, द्वितीया, तृतीया, चतुर्थी, पंचमी, षष्ठी, सप्तमी, अष्टमी, नवमी, दशमी, एकादशी, द्वादशी, त्रयोदशी और चतुर्दशी। चतुर्दशी के बाद शुक्ल पक्ष की पन्द्रहवीं तिथि को 'पूर्णिमा' तथा कृष्ण पक्ष की तीसवीं तिथि को 'अमावस्या' कहा जाता है।

तिथियों को १, २, ३ आदि अंकों के रूप में लिखा जाता है। पूर्णिमा तक यह क्रम 15 की संख्या तक चलता है, परन्तु उसके बाद पुन: १, २, ३ आदि लिखा जाता है और जिस दिन अमावस्या होती है, उस दिन अमावस्या तिथि को ३० के अंक के रूप में लिखा जाता है।

निम्नलिखित सारिणी में शुक्ल पक्ष तथा कृष्ण पक्ष की तिथियों के अंक प्रदर्शित किए गए हैं :

तिथिबोधक सारिणी

तिथियों के अंक	कृष्ण पक्ष	तिथियों के अंक	शुक्ल पक्ष
१	प्रतिपदा	१	प्रतिपदा
२	द्वितीया	२	द्वितीया
३	तृतीया	३	तृतीया
४	चतुर्थी	४	चतुर्थी
५	पंचमी	५	पंचमी
६	षष्ठी	६	षष्ठी
७	सप्तमी	७	सप्तमी
८	अष्टमी	८	अष्टमी
९	नवमी	९	नवमी
१०	दशमी	१०	दशमी
११	एकादशी	११	एकादशी
१२	द्वादशी	१२	द्वादशी
१३	त्रयोदशी	१३	त्रयोदशी
१४	चतुर्दशी	१४	चतुर्दशी
३०	अमावस्या	१५	पूर्णिमा

तिथियों के स्वामी

प्रतिपदा तिथि के स्वामी अग्नि, द्वितीया के ब्रह्मा, तृतीया की गौरी, चतुर्थी के गणेश, पंचमी के शेषनाग, षष्ठी के कार्तिकेय, सप्तमी के सूर्य, अष्टमी के शिव, नवमी की दुर्गा, दशमी के काल, एकादशी के विश्वेदेवा, द्वादशी के विष्णु, त्रयोदशी के कामदेव, चतुर्दशी के शिव, पूर्णमासी के चन्द्र तथा अमावस्या के पितर हैं।

तिथियों के शुभाशुभ का ज्ञान प्राप्त करते समय उनके स्वामियों के सम्बन्ध में विचार किया जाता है। जिस तिथि के स्वामी का जैसा स्वभाव है, वही स्वभाव उस तिथि का भी होता है।

नक्षत्र

आकाश-मण्डल में असंख्य तारिकाओं के समूहों द्वारा जो विभिन्न प्रकार की आकृतियां बनती हैं, उन्हीं आकृतियों, अर्थात् ताराओं के समूह को 'नक्षत्र' कहा जाता है।

जिस प्रकार पृथ्वी पर स्थान की दूरी फर्लांग, मील अथवा मीटर, किलोमीटर में नापी जाती है, उसी प्रकार आकाश-मण्डल की दूरी को नक्षत्रों द्वारा ज्ञात किया जाता है।

ज्योतिषशास्त्र ने संपूर्ण आकाश-मण्डल को सत्ताईस भागों में विभाजित किया है और प्रत्येक भाग का नाम एक-एक 'नक्षत्र' रख दिया है। नक्षत्रों के नाम इस प्रकार हैं—

(१) अश्विनी, (२) भरणी, (३) कृत्तिका, (४) रोहिणी, (५) मृगशिरा, (६) आर्द्रा, (७) पुनर्वसु, (८) पुष्य, (९) आश्लेषा, (१०) मघा, (११) पूर्वाफाल्गुनी, (१२) उत्तराफाल्गुनी, (१३) हस्त, (१४) चित्रा, (१५) स्वाति, (१६) विशाखा, (१७) अनुराधा, (१८) ज्येष्ठा, (१९) मूल, (२०) पूर्वाषाढ़ा, (२१) उत्तराषाढ़ा, (२२) श्रवण, (२३) धनिष्ठा, (२४) शतभिषा, (२५) पूर्वाभाद्रपद, (२६) उत्तरा भाद्रपद और (२७) रेवती।

उक्त सत्ताईस नक्षत्रों के अतिरिक्त 'अभिजित्' नामक एक अट्ठाईसवां नक्षत्र भी माना जाता है। उत्तराषाढ़ा की अंतिम पंद्रह घटी तथा श्रवण के प्रारंभ की चार घटी—इस प्रकार कुल उन्नीस घटियों के मान वाला नक्षत्र 'अभिजित्' है। सामान्यत: एक नक्षत्र की साठ घटी होती है।

नक्षत्रों के स्वामी

अश्विनी नक्षत्र के स्वामी अश्विनी कुमार, भरणी के काल, कृत्तिका के अग्नि, रोहिणी के ब्रह्मा, मृगशिरा के चन्द्र, आर्द्रा के रुद्र, पुनर्वसु के अदिति, पुष्य के बृहस्पति, आश्लेषा के सर्प, मघा के पितर, पूर्वाफाल्गुनी के भग, उत्तरा फाल्गुनी के अर्यमा, हस्त के सूर्य, चित्रा के विश्वकर्मा, स्वाति के पवन, विशाखा के शुक्राग्नि, अनुराधा के मित्र, ज्येष्ठा के इन्द्र, मूल के निर्ऋति, पूर्वाषाढ़ा के जल, उत्तराषाढ़ा के विश्वेदेव, अभिजित् के ब्रह्मा, श्रवण के विष्णु, धनिष्ठा के वसु, शतभिषा के वरुण, पूर्वाभाद्रपद के अजैकपाद, उत्तराभाद्रपद के अहिर्बुधन्य तथा रेवती के पूषा हैं। इन नक्षत्रों के स्वामियों का जैसा गुण-स्वभाव है, वैसा ही गुण-स्वभाव नक्षत्रों का भी होता है।

नक्षत्रों के चरण

ज्योतिषशास्त्र ने सूक्ष्मता से समझने के लिए प्रत्येक नक्षत्र के चार-चार भाग किए हैं, जिन्हें प्रथम चरण, द्वितीय चरण, तृतीय चरण तथा चतुर्थ चरण कहा जाता है।

नक्षत्रों के चरणाक्षर

प्रत्येक नक्षत्र के जो चार-चार चरण होते हैं, उनमें से प्रत्येक नक्षत्र के प्रत्येक चरण का एक-एक 'अक्षर' ज्योतिषशास्त्र ने निर्धारित कर दिया है। जिस नक्षत्र के जिस चरण में जिस व्यक्ति का जन्म

होता है, उसका नाम उसी जन्मकालीन नक्षत्र के चरणाक्षर पर रखा जाता है। उदाहरण के लिए यदि किसी व्यक्ति का जन्म अश्विनी नक्षत्र के द्वितीय चरण में हुआ है, तो उसका नाम अश्विनी नक्षत्र के द्वितीय चरणाक्षर 'चे' से प्रारंभ करके 'चेतराम', 'चेतसिंह', 'चैतन्यदास' आदि रखा जाएगा। किस नक्षत्र के कौन-कौन से चरणाक्षर होते हैं, इसे आगे लिखे अनुसार समझना चाहिए।

नक्षत्रों की चरणाक्षर बोधक सारिणी

	नक्षत्र का नाम	चरणाक्षर			
		प्रथम चरण	द्वितीय चरण	तृतीय चरण	चतुर्थ चरण
१	अश्विनी	चू	चे	चो	ला
२	भरणी	ली	लू	ले	लो
३	कृत्तिका	आ	ई	ऊ	ए
४	रोहिणी	ओ	वा	वी	वू
५	मृगशिरा	वे	वो	का	की
६	आर्द्रा	कू	घ	ङ	छ
७	पुनर्वसु	के	को	हा	ही
८	पुष्य	हू	हे	हो	डा
९	आश्लेषा	डी	डू	डे	डो
१०	मघा	मा	मी	मू	मे
११	पूर्वाफाल्गुनी	मो	टा	टी	टू
१२	उत्तराफाल्गुनी	टे	टो	पा	पी
१३	हस्त	पू	ष	ण	ठ
१४	चित्रा	पे	पो	रा	री
१५	स्वाति	रू	रे	रो	ता
१६	विशाखा	ती	तू	ते	तो
१७	अनुराधा	ना	नी	नू	ने
१८	ज्येष्ठा	नो	या	यी	यू
१९	मूल	ये	यो	भा	भी
२०	पूर्वाषाढ़ा	भू	धा	फा	ढा
२१	उत्तराषाढ़ा	भे	भो	जा	जी
२२	अभिजित्	जू	जे	जो	खा
२३	श्रवण	खी	खू	खे	खो
२४	धनिष्ठा	गा	गी	गू	गे
२५	शतभिषा	गो	सा	सी	सू
२६	पूर्वाभाद्रपद	से	सो	दा	दी
२७	उत्तराभाद्रपद	दू	थ	झ	ञ
२८	रेवती	दे	दो	चा	चि

वार

ज्योतिषशास्त्र के अनुसार आकाशमण्डल में शनि, बृहस्पति, मंगल, रवि, शुक्र, बुध तथा चन्द्र—इन सातों ग्रहों की स्थिति क्रमशः एक-दूसरे से नीचे मानी गई है, अर्थात् शनि की कक्षा सबसे ऊपर है। शनि से नीचे बृहस्पति, बृहस्पति से नीचे मंगल, मंगल से नीचे सूर्य, सूर्य से नीचे शुक्र, शुक्र से नीचे बुध तथा बुध से नीचे चन्द्र की कक्षा है।

एक दिन-रात में चौबीस होरा होती हैं, अर्थात् प्रत्येक होरा एक घंटे के बराबर होती है। यह भी कहा जा सकता है कि घंटे का ही दूसरा नाम 'होरा' है।

प्रत्येक होरा का स्वामी नीचे की कक्षा के क्रम से एक-एक ग्रह होता है। सृष्टि के प्रारंभ में सबसे प्रथम सूर्य दिखाई देता है, अतः पहली होरा का स्वामी सूर्य को माना गया है, इसलिए सृष्टि का पहला दिन सूर्य के दिन रविवार, आदित्यवार अथवा सूर्यवार के नाम से पुकारा जाता है। उसके पश्चात् प्रत्येक होरा (घंटे) पर एक-एक ग्रह का अधिकार रहता है, अर्थात् उस दिन की दूसरी होरा का स्वामी सूर्य के समीप वाला ग्रह शुक्र, तीसरी होरा का स्वामी बुध, चौथी होरा का स्वामी चन्द्र, पांचवीं होरा का स्वामी शनि, छठी होरा का स्वामी बृहस्पति, सातवीं होरा का स्वामी मंगल, आठवीं होरा का स्वामी फिर सूर्य, नवीं होरा का स्वामी फिर शुक्र, दसवीं होरा का स्वामी फिर बुध, ग्यारहवीं होरा का स्वामी फिर चन्द्र, बारहवीं होरा का स्वामी फिर शनि, तेरहवीं होरा का स्वामी फिर बृहस्पति, चौदहवीं होरा का स्वामी फिर मंगल तथा पन्द्रहवीं होरा का स्वामी फिर सूर्य, सोलहवीं होरा का स्वामी फिर शुक्र, सत्रहवीं होरा का स्वामी फिर बुध, अठारहवीं होरा का स्वामी फिर चन्द्र, उन्नीसवीं होरा का स्वामी फिर शनि, बीसवीं होरा का स्वामी फिर बृहस्पति, इक्कीसवीं होरा का स्वामी फिर मंगल, बाईसवीं होरा का स्वामी फिर सूर्य, तेईसवीं होरा का स्वामी फिर शुक्र तथा चौबीसवीं होरा का स्वामी फिर बुध होता है।

इस प्रकार पहले दिन की पहली होरा सूर्य से आरम्भ होती है तथा चौबीसवीं होरा बुध पर समाप्त होती है।

दूसरे दिन की पहली होरा का स्वामी उपर्युक्त क्रम से 'चन्द्र' होता है, अतः दूसरे दिन को 'चन्द्रवार' अथवा 'सोमवार' कहा जाता है। इसी क्रम से तीसरे दिन की पहली होरा का स्वामी 'मंगल' होता है, अतः उस दिन को 'मंगलवार' कहा जाता है। चौथे दिन की पहली होरा का स्वामी 'बुध' होता है, अतः उस दिन को 'बुधवार' कहा जाता है। पांचवें दिन की पहली होरा का स्वामी 'गुरु' अथवा 'बृहस्पति' होता है, अतः उस दिन को 'गुरुवार' अथवा 'बृहस्पतिवार' कहा जाता है। छठे दिन की पहली होरा का स्वामी 'शुक्र' होता है, अतः उस दिन को 'शुक्रवार' कहा जाता है और सातवें दिन की पहली होरा का स्वामी 'शनि' होता है, अतः उस दिन को 'शनिवार' कहा जाता है।

आठवें दिन इसी क्रम में फिर पहली होरा 'सूर्य' की आ जाती है, अतः आठवां दिन फिर 'रविवार' के नाम से पुकारा जाता है। इसी तरह क्रमशः (१) सूर्य, (२) चन्द्र, (३) मंगल, (४) बुध, (५) गुरु, (६) शुक्र और (७) शनि—ये सातों ग्रह दिन की पहली होरा के स्वामी होते हैं। यह क्रम निरन्तर चलता रहता है, इसलिए इन सात ग्रहों की प्रथम होरा के आधार पर सात दिनों (सप्ताह) के नाम रखे गये हैं, जो क्रमशः इस प्रकार हैं—

(१) रविवार, (२) सोमवार, (३) मंगलवार, (४) बुधवार, (५) गुरुवार, (६) शुक्रवार और (७) शनिवार।

इन वारों की निरन्तर पुनरावृत्ति होती रहती है। सात दिनों के इस समूह को 'सप्ताह' के नाम से पुकारा जाता है।

गुरुवार, सोमवार, बुधवार तथा शुक्रवार—ये चार वार 'सौम्य-संज्ञक' तथा मंगलवार, रविवार एवं शनिवार—ये तीन वार 'क्रूर-संज्ञक' माने जाते हैं। किसी भी शुभ कार्य को करने के लिए 'सौम्य-संज्ञक' वार श्रेष्ठ माना जाता है।

प्रत्येक वार का स्वामी उसी का अधिपति ग्रह होता है।

राशियां

आकाश स्थित भचक्र के ३६० अंश अथवा १०८ भाग निश्चित किए गए हैं तथा समस्त भचक्र को बारह राशियों में विभक्त किया गया है। अस्तु, तीस अंश अथवा नौ भाग की एक-एक राशि होती है।

बारह राशियों के नाम क्रमशः इस प्रकार हैं—(१) मेष, (२) वृष, (३) मिथुन, (४) कर्क, (५) सिंह, (६) कन्या, (७) तुला, (८) वृश्चिक, (९) धनु, (१०) मकर, (११) कुम्भ और (१२) मीन।

मेष आदि प्रत्येक राशि के अन्तर्गत अश्विनी आदि नक्षत्रों के क्रमशः नौ-नौ चरण होते हैं।

अक्षरानुसार राशि-ज्ञान

प्रत्येक नक्षत्र के चार चरण होते हैं और उनमें से प्रत्येक चरण का एक-एक अक्षर होता है—यह बात पहले बताई जा चुकी है। किस-किस अक्षर की कौन-सी राशि होती है, इसे नीचे लिखे अनुसार समझ लेना चाहिए।

अक्षरानुसार राशि-ज्ञान बोधक सारिणी

	राशि नाम	राशि के अक्षर								
१	मेष	चू	चे	चो	ला	ली	लू	ले	लो	आ
२	वृष	ई	ऊ	ए	ओ	वा	वी	वू	वे	वो
३	मिथुन	का	की	कू	घ	ङ	छ	के	को	हा
४	कर्क	ही	हू	हे	हो	डा	डी	डू	डे	डो
५	सिंह	मा	मी	मू	मे	मो	टा	टी	टू	टे
६	कन्या	टो	पा	पी	पू	ष	ण	ठ	पे	पो
७	तुला	रा	री	रू	रे	रो	ता	ती	तू	ते
८	वृश्चिक	तो	ना	नी	नू	ने	नो	या	यी	यू
९	धनु	ये	यो	भा	भी	भू	धा	फा	ढा	भे
१०	मकर	भो	जा	जी	खी	खू	खे	खो	गा	गी
११	कुम्भ	गू	गे	गो	सा	सी	सू	से	सो	दा
१२	मीन	दी	दू	थ	झ	ञ	दे	दो	चा	ची

किस राशि के अंतर्गत किस-किस नक्षत्र के कितने-कितने चरण होते हैं, इसे आगे लिखे अनुसार समझा जा सकता है।

नक्षत्र चरण बोधक राशि सारिणी

	राशियों के नाम	नक्षत्रों के चरण
१	मेष	अश्विनी तथा भरणी नक्षत्र के चारों चरण एवं कृत्तिका नक्षत्र का पहला चरण।
२	वृष	कृत्तिका नक्षत्र के अंतिम तीन चरण, रोहिणी नक्षत्र के चारों चरण तथा मृगशिरा नक्षत्र के पहले दो चरण।
३	मिथुन	मृगशिरा नक्षत्र के अंतिम दो चरण, आर्द्रा नक्षत्र के चारों चरण तथा पुनर्वसु नक्षत्र के पहले तीन चरण।
४	कर्क	पुनर्वसु नक्षत्र का अंतिम एक चरण तथा पुष्य और आश्लेषा नक्षत्र के चारों चरण।
५	सिंह	मघा तथा पूर्वा फाल्गुनी नक्षत्र के चारों चरण एवं उत्तरा फाल्गुनी नक्षत्र का पहला एक चरण।
६	कन्या	उत्तरा फाल्गुनी नक्षत्र के अंतिम तीन चरण, हस्त नक्षत्र के चारों चरण तथा चित्रा नक्षत्र के पहले दो चरण।
७	तुला	चित्रा नक्षत्र के अंतिम दो चरण, स्वाति नक्षत्र के चारों चरण तथा विशाखा नक्षत्र के पहले तीन चरण।
८	वृश्चिक	विशाखा नक्षत्र का अंतिम एक चरण एवं अनुराधा और ज्येष्ठा नक्षत्र के चारों चरण।
९	धनु	मूल तथा पूर्वाषाढ़ा नक्षत्र के चारों चरण एवं उत्तराषाढ़ा नक्षत्र का पहला एक चरण।
१०	मकर	उत्तराषाढ़ा नक्षत्र के अंतिम तीन चरण, श्रवण नक्षत्र के चारों चरण तथा धनिष्ठा नक्षत्र के पहले दो चरण।
११	कुम्भ	धनिष्ठा नक्षत्र के अंतिम दो चरण, शतभिषा नक्षत्र के चारों चरण तथा पूर्वाभाद्रपद नक्षत्र के पहले तीन चरण।
१२	मीन	पूर्वाभाद्रपदा नक्षत्र का अंतिम एक चरण तथा उत्तराभाद्रपदा एवं रेवती नक्षत्र के चारों चरण।

विशेष टिप्पणी—'अभिजित्' नक्षत्र की गणना मकर राशि के अंतर्गत की जाती है, अत: अभिजित् नक्षत्र के चारों चरणों के चार अक्षर 'जू, जे, जो, खा' की राशि भी 'मकर' ही समझनी चाहिए।

राशियों का स्वभाव और प्रभाव

किसी राशि का स्वभाव और प्रभाव कैसा है और उसके द्वारा किन बातों का विचार किया जाता है—इसे नीचे लिखे अनुसार समझना चाहिए:—

(१) **मेष**—यह राशि पुरुष जाति, लाल-पीले वर्ण वाली, कान्तिहीन, क्षत्रिय-वर्ण, पूर्व दिशा की स्वामिनी, अग्नि तत्त्ववाली, चर-संज्ञक, समान अंगों वाली, अल्प संततिवान् तथा पित्त प्रकृतिकारक है। इसका स्वभाव अहंकारी, साहसी तथा मित्रों के प्रति दयालुता का है। इसके द्वारा मस्तक का विचार किया जाता है।

(२) वृष—यह राशि स्त्री जाति, श्वेत वर्ण, कान्तिहीन, वैश्य वर्ण, दक्षिण दिशा की स्वामिनी, भूमि तत्त्ववाली, स्थिर-संज्ञक, शिथिल शरीर, शुभकारक तथा महाशब्दकारी है। इसका स्वभाव स्वार्थी, सांसारिक कार्यों में दक्षता तथा बुद्धिमत्ता से काम लेने का है। इसे अर्ध-जलराशि भी कहा जाता है। इसके द्वारा मुंह और कपोलों का विचार किया जाता है।

(३) मिथुन—यह राशि पुरुष जाति, हरित वर्ण, चिकनी, शूद्र वर्ण, पश्चिम दिशा की स्वामिनी, वायु तत्त्ववाली, उष्ण, महाशब्दकारी, मध्यम संतति वाली, शिथिल शरीर तथा विषमोदयी है। इसका स्वभाव शिल्पी तथा विद्याध्ययनी है। इसके द्वारा शरीर के कंधों तथा बाजुओं का विचार किया जाता है।

(४) कर्क—यह राशि स्त्री जाति, रक्त-धवल, मिश्रित वर्ण, जलचारी, उत्तर दिशा की स्वामिनी, सौम्य तथा कफ प्रकृति वाली, बहु संतान एवं चरण वाली, रात्रिबली तथा समोदयी है। इसका स्वभाव लज्जा, सांसारिक उन्नति के लिए प्रयत्नशील रहना तथा समय के अनुसार चलना है। इसके द्वारा वक्षस्थल एवं गुर्दे का विचार किया जाता है।

(५) सिंह—यह राशि पुरुष जाति, पीत वर्ण, क्षत्रिय वर्ण, पूर्व दिशा की स्वामिनी, पित्त प्रकृति, अग्नि-तत्त्व वाली, उष्ण स्वभाव, पुष्ट शरीर, यात्राप्रिय, अल्प संततिवान् तथा निर्जल है। इसका स्वभाव मेष राशि के समान है, परन्तु इसमें उदारता एवं स्वातंत्र्यप्रियता अधिक पाई जाती है। इसके द्वारा हृदय का विचार किया जाता है।

(६) कन्या—यह राशि स्त्री जाति, पिंगल वर्ण, द्विस्वभाव, दक्षिण दिशा की स्वामिनी, वायु तथा शीत प्रकृति, पृथ्वी तत्त्व वाली, रात्रिबली तथा अल्प संतति वाली है। इसका स्वभाव मिथुन राशि जैसा है, परन्तु यह अपनी उन्नति तथा सम्मान पर विशेष रूप से ध्यान देती है। इसके द्वारा पेट का विचार किया जाता है।

(७) तुला—यह राशि पुरुष जाति, श्याम वर्ण, चर संज्ञक, शूद्र वर्ण, पश्चिम दिशा की स्वामिनी, वायु तत्त्व वाली, दिनबली, क्रूर-स्वभाव, शीर्षोदयी, अल्प संततिवान् तथा पादजल राशि है। इसका स्वभाव ज्ञानप्रिय, राजनीतिज्ञ, विचारशील एवं कार्य-संपादक है। इसके द्वारा नाभि से नीचे के अङ्गों का विचार किया जाता है।

(८) वृश्चिक—यह राशि स्त्री-जाति, शुभ्र वर्ण, कफ प्रकृति, ब्राह्मण वर्ण, उत्तर दिशा की स्वामिनी, रात्रिबली, बहु संततिवान् तथा अर्द्धजल-तत्त्व वाली है। इसका स्वभाव स्पष्टवादी, निर्मल, दृढ़-प्रतिज्ञ, हठी तथा दंभी है। इसके द्वारा जननेंद्रिय का विचार किया जाता है।

(९) धनु—यह राशि पुरुष जाति, स्वर्ण वर्ण, द्विस्वभाव, क्षत्रिय वर्ण, पूर्व दिशा की स्वामिनी, दिनबली, पित्तप्रकृति, अग्नितत्त्व वाली, अल्प संततिवान्, दृढ़ शरीर तथा अर्धजल राशि है। इसका स्वभाव करुणामय, मर्यादाशील तथा अधिकारप्रिय है, इसके द्वारा पांवों की संधि तथा जंघाओं का विचार किया जाता है।

(१०) मकर—यह राशि स्त्री जाति, पिंगल वर्ण, रात्रिबली, वैश्य वर्ण, दक्षिण दिशा की स्वामिनी, पृथ्वी-तत्त्व वाली, शिथिल शरीर तथा वात प्रकृति है। इसका स्वभाव उच्च स्थिति का अभिलाषी है। इसके द्वारा पांव के घुटनों का विचार किया जाता है।

(११) कुम्भ—यह राशि पुरुष जाति, विचित्र वर्ण, वायु तत्त्व वाली, शूद्र-वर्ण, त्रिदोष प्रकृति वाली, पश्चिम दिशा की स्वामिनी, उष्ण स्वभाव, अर्धजल, मध्यम संतान वाली, शीर्षोदय, क्रूर तथा दिनबली है। इसका स्वभाव शान्त, विचारशील, धार्मिक तथा नवीन वस्तुओं का आविष्कारकर्त्ता है। इसके द्वारा पेट के भीतरी भागों का विचार किया जाता है।

(१२) मीन—यह राशि स्त्री जाति, पिंगल वर्ण, जल-तत्त्व वाली, ब्राह्मण वर्ण, उत्तर दिशा की स्वामिनी, कफ प्रकृति तथा रात्रिबली है। यह पूर्ण रूप से जल राशि है। इसका स्वभाव दयालु, दानी तथा श्रेष्ठ है। इसके द्वारा पैरों का विचार किया जाता है।

ग्रहों का स्वभाव और प्रभाव

किस ग्रह का स्वभाव और प्रभाव कैसा है और उसके द्वारा किन बातों का विचार किया जाता है, इसे नीचे लिखे अनुसार समझना चाहिए —

(१) सूर्य—यह ग्रह पुरुष जाति, रक्त वर्ण, पित्त प्रकृति तथा पूर्व दिशा का स्वामी है। यह आत्मा, आरोग्य, स्वभाव, राज्य, देवालय का सूचक एवं पितृकारक है। इसके द्वारा शारीरिक रोग, मंदाग्नि, अतिसार, सिरदर्द, क्षय, मानसिक रोग, नेत्र-विकार, उदासी, शोक, अपमान, कलह आदि का विचार किया जाता है। मेरुदंड, स्नायु, कलेजा, नेत्र आदि अवयवों पर इसका विशेष प्रभाव होता है। इससे पिता के सम्बन्ध में विचार किया जाता है।

सूर्य लग्न से सप्तम स्थान में बली तथा मकर राशि से छह राशियों तक चेष्टाबली होता है। सूर्य को पाप ग्रह माना गया है।

(२) चन्द्र—यह ग्रह स्त्री जाति, श्वेत वर्ण, जलीय तथा पश्चिमोत्तर दिशा का स्वामी है। यह मन, चित्तवृत्ति, शारीरिक, स्वास्थ्य, सम्पत्ति, राजकीय-अनुग्रह, माता-पिता तथा चतुर्थ स्थान का कारक है। इसके द्वारा पाण्डु रोग, क़फज तथा जलीय रोग, मूत्रकृच्छ, मानसिक रोग, स्त्रीजन्य रोग, पीनस, निरर्थक भ्रमण, उदर तथा मस्तक सम्बन्धी विचार किया जाता है। यह रक्त का स्वामी है तथा वातश्लेष्मा इसकी धातु है।

चन्द्र लग्न से चतुर्थ स्थान में बली तथा मकर से छह राशियों में चेष्टाबली होता है। कृष्ण पक्ष की षष्ठी से शुक्ल पक्ष की दशमी तक चन्द्र क्षीण रहता है। इस अवधि से चन्द्र को पाप ग्रह माना जाता है। शुक्ल पक्ष की दशमी से कृष्ण पक्ष की पंचमी तक चन्द्र पूर्ण ज्योतिवान् रहता है। इस अवधि में इसे शुभ ग्रह तथा बली माना जाता है। बली चन्द्र ही चतुर्थ भाव में अपना पूर्ण फल प्रदान करता है, क्षीण चन्द्र नहीं देता।

(३) मंगल—यह ग्रह पुरुष जाति, रक्त वर्ण, दक्षिण दिशा का स्वामी, अग्नि तत्त्व वाला तथा पित्त प्रकृति का है। यह धैर्य तथा पराक्रम का स्वामी, भाई-बहिन का कारक तथा रक्त एवं शक्ति का नियामक कारक है। ज्योतिषशास्त्र में इसे पाप ग्रह माना गया है। यह उत्तेजित करने वाला, तृष्णाकारक तथा सदैव दु:खदायक रहता है।

मंगल तीसरे तथा छठे स्थान में बली होता है, दशम स्थान में दिग्बली होता है, चन्द्र के साथ रहने पर चेष्टाबली होता है तथा द्वितीय स्थान में निष्फल (बलहीन) होता है।

(४) बुध—यह ग्रह नपुंसक जाति, श्याम वर्ण, उत्तर दिशा का स्वामी, त्रिदोष प्रकृति तथा पृथ्वी तत्त्व वाला है। यह ज्योतिष, चिकित्सा, शिल्प, कानून, व्यवसाय, चतुर्थ स्थान तथा दशम स्थान का कारक है। इसके द्वारा गुप्तरोग, संग्रहणी, वातरोग, श्वेत कुष्ठ, गूंगापन, बुद्धिभ्रम, विवेक, शक्ति, जिह्वा तथा तालु आदि शब्द के उच्चारण से सम्बन्धित अवयवों का विचार किया जाता है।

बुध, सूर्य, मंगल, राहु, केतु तथा शनि—इन अशुभ ग्रहों के साथ ही तो अशुभ फल देता है और पूर्णचन्द्र, गुरु अथवा शुक्र—इन शुभ ग्रहों के साथ हो, तो शुभ फलदायक रहता है। यदि यह (बुध) चतुर्थ स्थान में बैठा हो, तो निष्फल रहता है।

ज्योतिषशास्त्र के अनुसार बुध जैसे ग्रहों के साथ हो, वैसा ही शुभ अथवा पाप ग्रह बन जाता है। अकेला हो, तो शुभ ग्रह है।

(५) **गुरु**—यह ग्रह पुरुष जाति, पीत वर्ण, पूर्वोत्तर दिशा का स्वामी तथा आकाश-तत्त्व वाला है। यह कफ धातु तथा चर्बी की वृद्धि करता है। इसके द्वारा शोथ (सूजन), गुल्म आदि रोग, घर, विद्या, पुत्र, पौत्र आदि का विचार किया जाता है। इसे हृदय की शक्ति का कारक भी माना जाता है।

गुरु लग्न में बैठा हो, तो बली होता है और यदि चन्द्र के साथ कहीं बैठा हो, तो चेष्टाबली होता है। यह शुभ ग्रह है। इसके द्वारा पारलौकिक एवं आध्यात्मिक सुखों का विशेष विचार किया जाता है।

(६) **शुक्र**—यह ग्रह स्त्री जाति, श्याम-गौर वर्ण, दक्षिण-पूर्व दिशा का स्वामी, कार्य-कुशल तथा जलीय तत्त्व वाला है। यह कफ, वीर्य आदि धातुओं का कारक माना जाता है। इसके प्रभाव से जातक के शरीर का रंग गेहुआं होता है। यह काव्य-संगीत, वस्त्राभूषण, वाहन, शैया, पुष्प, आंख, स्त्री (पत्नी) तथा कामेच्छा आदि का कारक है। इसके द्वारा चतुरता एवं सांसारिक सुख सम्बन्धी विचार किया जाता है। यदि जातक का जन्म दिन में हुआ हो, तो शुक्र के द्वारा माता के सम्बन्ध में भी विचार किया जाता है।

शुक्र छठे स्थान में बैठा हो, तो निष्फल होता है और यदि सातवें स्थान में हो, तो अनिष्टकर होता है।

ज्योतिषशास्त्र ने शुक्र को शुभ ग्रह माना है। इसके द्वारा सांसारिक तथा व्यावहारिक सुखों का विशेष विचार किया जाता है।

(७) **शनि**—यह ग्रह नपुंसक जाति, कृष्ण वर्ण, पश्चिम दिशा का स्वामी, वायु-तत्त्व तथा वातश्लेष्मिक प्रकृति का है। इसके द्वारा आयु, शारीरिक बल, दृढ़ता, विपत्ति, प्रभुता, मोक्ष, यश, ऐश्वर्य, नौकरी, योगाभ्यास, विदेशी भाषा एवं मूर्च्छा आदि रोगों का विचार किया जाता है। यदि जातक का जन्म रात्रि में हुआ हो, तो यह माता और पिता का कारक होता है।

शनि सप्तम स्थान में बली होता है तथा किसी वक्री ग्रह अथवा चन्द्र के साथ रहने पर चेष्टाबली होता है।

शनि क्रूर तथा पाप ग्रह है, परन्तु इसका अंतिम परिणाम सुखद होता है। यह मनुष्य को दुर्भाग्य तथा संकटों के चक्कर में डालकर, अंत में उसे शुद्ध तथा सात्त्विक बना देता है।

(८) **राहु**—यह कृष्ण वर्ण, दक्षिण दिशा का स्वामी तथा क्रूर ग्रह है। यह जिस स्थान पर बैठता है, वहां की उन्नति को रोक देता है। यह गुप्त युक्तिबल, कष्ट तथा त्रुटियों का कारक है।

(९) **केतु**—यह कृष्ण वर्ण तथा क्रूर ग्रह है। इसके द्वारा नाक, हाथ-पांव, क्षुधाजनित कष्ट एवं चर्मरोग आदि का विचार किया जाता है। यह गुप्त शक्ति, बल, कठिन कर्म, भय की कमी का कारक है। कुछ स्थितियों में केतु शुभ ग्रह भी माना जाता है।

राशिस्वामी

कौन-सा ग्रह किस राशि का स्वामी है, इसे नीचे लिखे अनुसार समझना चाहिए :

मेष एवं वृश्चिक—इन दोनों राशियों का स्वामी मंगल है।

१   ८

वृष एवं तुला—इन दोनों राशियों का स्वामी शुक्र है।

२   ७

मिथुन एवं कन्या—इन दोनों राशियों का स्वामी बुध है।

३   ६

कर्क—इस राशि का स्वामी चन्द्र है।

४

सिंह—इस राशि का स्वामी सूर्य है।

५

धनु एवं मीन—इन दोनों राशियों का स्वामी गुरु है।

९   १२

मकर एवं कुम्भ—इन दोनों राशियों का स्वामी शनि है।

१०   ११

विशेष—राहु और केतु—ये दोनों छाया ग्रह हैं, अत: ये किसी पृथक् राशि के स्वामी नहीं हैं। फिर भी, कुछ ज्योतिषशास्त्रियों ने राहु को कन्या का स्वामी तथा केतु को मिथुन का स्वामी माना है।

निम्नांकित सारिणी में राशि और राशि स्वामियों को प्रदर्शित किया गया है :

राशिस्वामी बोधक सारिणी

राशिस्वामी	राशि
मंगल	मेष
शुक्र	वृष
बुध/केतु	मिथुन
चन्द्र	कर्क
सूर्य	सिंह
बुध/राहु	कन्या
शुक्र	तुला
मंगल	वृश्चिक
गुरु	धनु
शनि	मकर
शनि	कुम्भ
गुरु	मीन

ग्रहों का राशि-भोग

कौन-सा ग्रह एक राशि पर कितने समय तक ठहरता है, इसे नीचे लिखे अनुसार समझना चाहिए :

सूर्य—एक मास।

चन्द्र—सवा दो दिन।

मंगल—डेढ़ मास।

बुध—पौन मास।

गुरु—तेरह मास।

शुक्र—पौन मास।

शनि—ढाई वर्ष।

राहु—डेढ़ वर्ष।

केतु—डेढ़ वर्ष।

टिप्पणी—सूर्य, चन्द्र, राहु तथा केतु के अतिरिक्त शेष पांचों ग्रह—मंगल, बुध, गुरु, शुक्र तथा शनि—कभी-कभी वक्री, मार्गी अथवा अतिचारी हो जाया करते हैं, जिसके कारण ये ग्रह एक राशि पर अपनी निश्चित अवधि के समय को एक साथ लगातार भोगने के अतिरिक्त कुछ आगे-पीछे भी भोगा करते हैं। किस समय कौन-सा ग्रह मार्गी, वक्री अथवा अतिचारी है, इसका पता पंचाङ्ग (पतड़ा) को देखकर चल सकता है। यदि किसी जातक के जन्म के समय कोई ग्रह वक्री, मार्गी अथवा अतिचारी होता है, तो वह उसे जीवन-भर उसी प्रकार का फल देता रहता है।

ग्रहों का पारस्परिक सम्बन्ध

कौन-सा ग्रह किस दूसरे ग्रह का मित्र, शत्रु अथवा सम है, इसे नीचे लिखे अनुसार समझना चाहिए :

(१) सूर्य ग्रह के चन्द्र, मंगल तथा गुरु मित्र हैं, शुक्र तथा शनि शत्रु हैं एवं बुध सम हैं।

(२) चन्द्र के सूर्य तथा बुध मित्र हैं एवं मंगल, शुक्र, शनि तथा बृहस्पति सम हैं।

(३) मंगल के सूर्य, चन्द्र तथा गुरु मित्र हैं, बुध शत्रु हैं तथा शुक्र और शनि सम हैं।

(४) बुध के सूर्य तथा शुक्र मित्र हैं, चन्द्र शत्रु है एवं मंगल, गुरु तथा शनि सम हैं।

(५) गुरु के सूर्य, चन्द्र तथा मंगल मित्र हैं, शुक्र और बुध शत्रु हैं तथा शनि सम है।

(६) शुक्र के बुध तथा शनि मित्र हैं, सूर्य और चन्द्र शत्रु हैं तथा मंगल एवं गुरु सम हैं।

(७) शनि के बुध तथा शुक्र मित्र हैं, सूर्य, चन्द्र एवं मंगल शत्रु हैं तथा गुरु सम है।

(8) राहु के शुक्र तथा शनि मित्र हैं, सूर्य, चन्द्र, मंगल एवं केतु शत्रु हैं तथा बुध एवं गुरु सम है।

(9) केतु के मंगल तथा शुक्र मित्र हैं। सूर्य, चन्द्र शनि एवं राहु शत्रु हैं तथा बुध एवं गुरु सम हैं।

नीचे दिए गए सारिणी में उक्त नवग्रहों के पारस्परिक शत्रु-मैत्री सम्बन्ध को एक दृष्टि में प्रदर्शित किया गया है :

नैसर्गिक नवग्रह मैत्री सारिणी

ग्रह	सूर्य	चन्द्र	मंगल	बुध	गुरु	शुक्र	शनि	राहु	केतु
मित्र	चन्द्र मंगल गुरु	सूर्य बुध	सूर्य चन्द्र गुरु	सूर्य शुक्र राहु	सूर्य चन्द्र मंगल	बुध शनि राहु	बुध शुक्र राहु	शुक्र शनि	मंगल शुक्र
सम	बुध	मंगल शुक्र शनि गुरु	शुक्र शनि केतु	मंगल गुरु शनि केतु	शनि राहु केतु	मंगल गुरु केतु	गुरु केतु	बुध गुरु	बुध गुरु
शत्रु	शुक्र शनि राहु केतु	राहु केतु	बुध राहु	चन्द्र	बुध शुक्र	सूर्य चन्द्र	सूर्य चन्द्र मंगल	सूर्य चन्द्र मंगल केतु	सूर्य चन्द्र शनि राहु

आवश्यक टिप्पणी—(१) कुछ विद्वानों के मत से चन्द्र गुरु से शत्रुता मानते हैं।

(२) राहु तथा केतु छाया ग्रह हैं, अत: ग्रहों के 'निसर्ग मैत्री सारिणी' में इन दोनों का उल्लेख नहीं किया गया है। विद्वानों के मतानुसार राहु और केतु—ये दोनों ग्रह शुक्र तथा शनि से मित्रता रखते हैं एवं सूर्य, चन्द्र, मंगल एवं गुरु—इन चारों ग्रहों से शत्रुता रखते हैं। बुध इन दोनों (राहु और केतु) के लिए सम है। इसी प्रकार सूर्य, चन्द्र, मंगल तथा गुरु—ये चारों ग्रह राहु तथा केतु से शत्रुता मानते हैं। शुक्र और शनि राहु तथा केतु के मित्र हैं तथा बुध इन दोनों से सम भाव रखता है।

द्वादशभाव

जन्म-कुण्डली में बारह खाने या घर होते हैं। इन्हें 'भाव' कहा जाता है।

जन्म-कुण्डली के द्वादश भाव

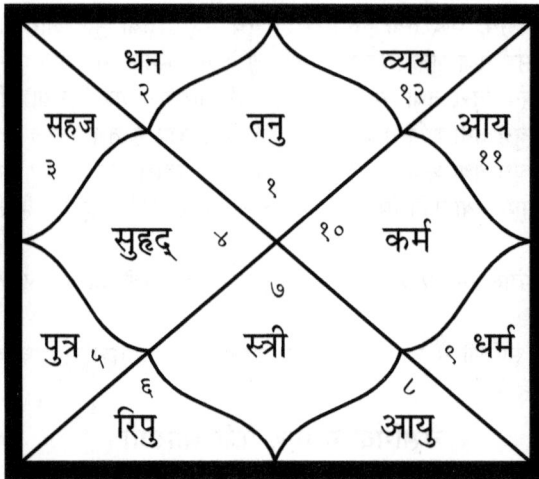

ऊपर दी गई उदाहरण कुण्डली में इन द्वादश भावों को प्रदर्शित किया गया है।

जन्म-कुण्डली के बारह भावों के नाम क्रमश: इस प्रकार हैं:

१. तनु, २. धन, ३. सहज, ४. सुहृद्, ५. पुत्र, ६. रिपु, ७. जाया (स्त्री), ८. आयु, ९. धर्म, १०. कर्म, ११. लाभ, १२. व्यय।

द्वादशभावों का परिचय

जन्म-कुण्डली के द्वादश भावों के नाम ऊपर बताए जा चुके हैं। इन भावों के विभिन्न नाम तथा इनके द्वारा किन-किन बातों का विचार किया जाता है, इसे नीचे लिखे अनुसार समझना चाहिए :

(१) प्रथमभाव—इसे 'तनु' के अतिरिक्त लग्न, वपु, कल्प, अंग, उदय, आत्मा, शरीर, देह, होरा, केन्द्र, कण्टक, आद्य, मूर्ति, चतुष्टय तथा प्रथमभाव भी कहा जाता है।

इस भाव के द्वारा जातक के स्वरूप, जाति, आयु, विवेक, मस्तिष्क, शील, चिह्न, सुख-दु:ख तथा आकृति आदि के सम्बन्ध में विचार किया जाता है।

इस भाव का कारक 'सूर्य' है। इसमें मिथुन, कन्या, तुला तथा कुम्भ—इनमें से कोई राशि हो, तो उसे बलवान माना जाता है।

लग्नेश की स्थिति और बलाबल के अनुसार इस भाव से जातक की जातीय उन्नति-अवनति तथा कार्यकुशलता का ज्ञान प्राप्त किया जाता है।

(२) **द्वितीयभाव**—इसे 'धन' के अतिरिक्त अर्थ, कुटुम्ब, द्रव्य, कोश, वित्त, स्व, पणफर तथा द्वितीयभाव भी कहा जाता है। इस भाव का कारक 'गुरु' है।

इस भाव के द्वारा जातक के स्वर, सौंदर्य, आँख, नाक, कान, गायन, प्रेम, कुल, मित्र, सत्यवादिता, सुखोपभोग, बंधन, क्रय-विक्रय एवं स्वर्ण, चाँदी, मणि, रत्न, आदि संचित पूंजी के सम्बन्ध में विचार किया जाता है।

(३) **तृतीयभाव**—इसे 'सहज' के अतिरिक्त पराक्रम, भ्रातृ, उपचय, दुश्चिक्य, आपोक्लिम तथा तृतीयभाव भी कहा जाता है। इस भाव का कारक 'मंगल' है।

इस भाव के द्वारा जातक के पराक्रम, कर्म, साहस, धैर्य, शौर्य, आयुष्य, सहोदर, नौकर-चाकर, गायन, योगाभ्यास, क्षय, श्वास, खांसी तथा दमा आदि के सम्बन्ध में विचार किया जाता है।

(४) **चतुर्थभाव**—इसे 'सुहृद्' के अतिरिक्त सुख, गृह, कंटक, तुर्य, हिबुक, वाहन, यान, नीर, अम्बु, बन्धु, पाताल, केन्द्र तथा चतुर्थभाव भी कहा जाता है।

इस भाव के द्वारा जातक के सुख, गृह, ग्राम, मकान, सम्पत्ति, बाग-बगीचा, चतुष्पद, माता-पिता का सुख, अंतःकरण की स्थिति, दया, उदारता, छल, कपट, निधि, यकृत तथा पेट के रोग आदि के सम्बन्ध में विचार किया जाता है।

इस भाव का कारक 'चन्द्र' है। इस स्थान को विशेषकर माता का स्थान माना जाता है।

(५) **पंचमभाव**—इसे 'पुत्र' के अतिरिक्त सुत, तनुज, बुद्धि, विद्या, आत्मज, वाणी, पणफर, त्रिकोण तथा पंचमभाव भी कहा जाता है।

इस भाव का कारक 'गुरु' है।

इस भाव के द्वारा जातक की बुद्धि, विद्या, विनय, नीति, देवभक्ति, संतान, प्रबंध-व्यवस्था, मामा का सुख, धन मिलने के उपाय, अनायास बहुत-से धन की प्राप्ति, नौकरी छूटना, हाथ का यश, मूत्र-पिण्ड, वस्ति एवं गर्भाशय आदि के सम्बन्ध में विचार किया जाता है।

(६) **षष्ठभाव**—इसे 'रिपु' के अतिरिक्त द्वेष, शत्रु, क्षत, वैरी, रोग, नष्ट, त्रिक, उपचय, आपोक्लिम तथा षष्ठभाव भी कहा जाता है।

इस भाव का कारक 'मंगल' है।

इस भाव के द्वारा जातक के शत्रु, चिन्ता, संदेह, जागीर, मामा की स्थिति, यश, गुदा-स्थान, पीड़ा, रोग तथा व्रण आदि के सम्बन्ध में विचार किया जाता है।

(७) **सप्तमभाव**—इसे 'जाया' के अतिरिक्त स्त्री, मदन, काम, सौभाग्य, जामित्र केन्द्र तथा सप्तमभाव भी कहा जाता है।

इस भाव के द्वारा जातक की स्त्री, मृत्यु, कामेच्छा, कामचिन्ता, सहवास, विवाह, स्वास्थ्य, जननेन्द्रिय, अंग विभाग, व्यवसाय, झगड़ा-झंझट तथा बवासीर का रोग आदि के सम्बन्ध में विचार किया जाता है। इस भाव का कारक 'शुक्र' है।

इस भाव में वृश्चिक राशि हो, तो उसे बलवान माना जाता है।

(८) अष्टमभाव—इसे 'आयु' के अतिरिक्त त्रिक्, रन्ध्र, जीवन, चतुरस्त्र, पणफर तथा अष्टमभाव भी कहा जाता है।

इस भाव का कारक 'शनि' है।

इस भाव के द्वारा जातक की आयु, जीवन, मृत्यु, मृत्यु के कारण, व्याधि, मानसिक चिन्ता, झूठ, पुरातत्त्व, समुद्र-यात्रा, संकट, लिंग, योनि तथा अंडकोष के रोग आदि के सम्बन्ध में विचार किया जाता है।

(९) नवमभाव—इसे 'धर्म' के अतिरिक्त पुण्य, भाग्य, त्रिकोण तथा नवमभाव भी कहा जाता है।

इस भाव का कारक 'गुरु' है।

इस भाव के द्वारा जातक के तप, शील, धर्म, विद्या, प्रवास, तीर्थ यात्रा, दान, मानसिक-वृत्ति, भाग्योदय तथा पिता का सुख आदि के सम्बन्ध में विचार किया जाता है।

(१०) दशमभाव—इसे 'कर्म' के अतिरिक्त व्योम, गगन, नभ, रव, मध्य, आस्पद, मान, आज्ञा, व्यापार, केन्द्र तथा दशमभाव भी कहा जाता है।

इस भाव का कारक 'बुध' है।

इस भाव के द्वारा जातक के अधिकार, ऐश्वर्य-भोग, यश-प्राप्ति, नेतृत्व, प्रभुता, मान-प्रतिष्ठा, राज्य, नौकरी, व्यवसाय तथा पिता के सम्बन्ध में विचार किया जाता है।

इस भाव में मेष, सिंह, वृष तथा मकर राशि का पूर्वार्द्ध एवं धनु राशि का उत्तरार्द्ध बलवान् होता है।

(११) एकादशभाव—इसे 'लाभ' के अतिरिक्त आय, उत्तम, उपचय, पणफर तथा एकादशभाव भी कहा जाता है।

इस भाव का कारक 'गुरु' है।

इस भाव के द्वारा जातक की सम्पत्ति, ऐश्वर्य, मांगलिक कार्य, वाहन, रत्न आदि के सम्बन्ध में विचार किया जाता है।

(१२) द्वादशभाव—इसे 'व्यय' के अतिरिक्त प्रांत्य, त्रिक, रिष्फ, अंतिम तथा द्वादशभाव कहा जाता है।

इस भाव का कारक 'शनि' है।

इस भाव के द्वारा जातक की हानि, व्यय, दण्ड, व्यसन, रोग, दान तथा बाहरी सम्बन्ध आदि के बारे में विचार किया जाता है।

उदाहरण पृष्ठ संख्या 17 में किस-किस भाव के द्वारा किस-किस विषय के सम्बन्ध में जानकारी प्राप्त की जाती है, इसे प्रदर्शित किया गया है :

उदाहरण पृष्ठ संख्या 17 में किस भाव का कौन-कौन सा ग्रह कारक (स्वामी) होता है, इसे प्रदर्शित किया गया है :

विभिन्न भावों से विचारणीय विषय सारिणी

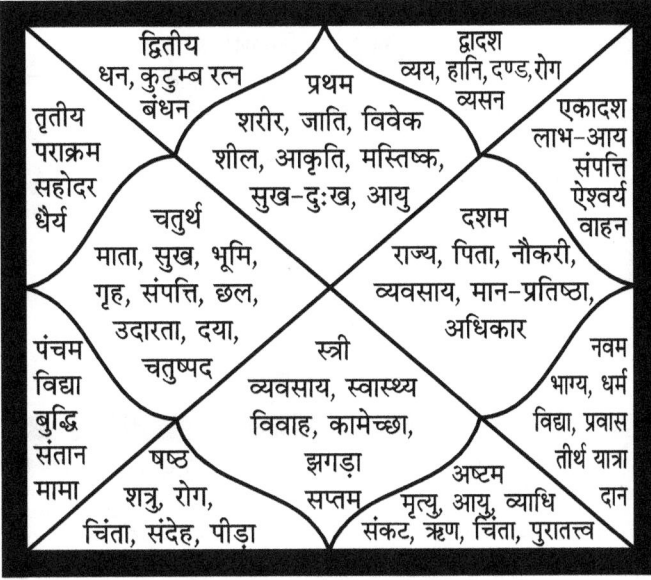

द्वितीय
धन, कुटुम्ब रत्न
बंधन
प्रथम
शरीर, जाति, विवेक
शील, आकृति, मस्तिष्क,
सुख-दुःख, आयु
द्वादश
व्यय, हानि, दण्ड, रोग
व्यसन
तृतीय
पराक्रम
सहोदर
धैर्य
एकादश
लाभ-आय
संपत्ति
ऐश्वर्य
वाहन
चतुर्थ
माता, सुख, भूमि,
गृह, संपत्ति, छल,
उदारता, दया,
चतुष्पद
दशम
राज्य, पिता, नौकरी,
व्यवसाय, मान-प्रतिष्ठा,
अधिकार
पंचम
विद्या
बुद्धि
संतान
मामा
स्त्री
व्यवसाय, स्वास्थ्य
विवाह, कामेच्छा,
झगड़ा
सप्तम
नवम
भाग्य, धर्म
विद्या, प्रवास
तीर्थ यात्रा
दान
षष्ठ
शत्रु, रोग,
चिंता, संदेह, पीड़ा
अष्टम
मृत्यु, आयु, व्याधि
संकट, ऋण, चिंता, पुरातत्त्व

विभिन्न भावों के कारक ग्रह चक्र

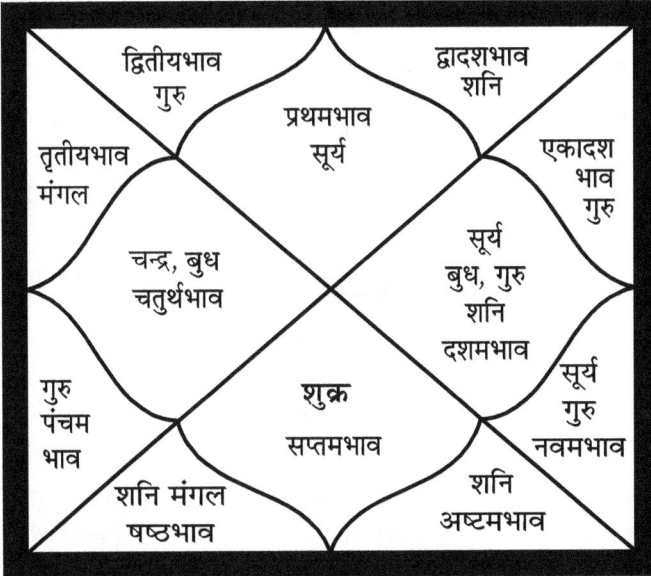

द्वितीयभाव
गुरु
प्रथमभाव
सूर्य
द्वादशभाव
शनि
तृतीयभाव
मंगल
एकादश
भाव
गुरु
चन्द्र, बुध
चतुर्थभाव
सूर्य
बुध, गुरु
शनि
दशमभाव
गुरु
पंचम
भाव
शुक्र
सप्तमभाव
सूर्य
गुरु
नवमभाव
शनि मंगल
षष्ठभाव
शनि
अष्टमभाव

त्रिकोण, केन्द्र, पणफर, आपोक्लिम तथा मारक भाव

त्रिकोण, केन्द्र, पणफर, आपोक्लिम तथा मारक किन-किन भावों को कहा जाता है? इसे नीचे लिखे अनुसार समझना चाहिए :

(१) **त्रिकोण**—पंचम तथा नवम भावों को 'त्रिकोण' कहा जाता है।

(२) **केन्द्र**—प्रथम, चतुर्थ, सप्तम तथा दशम—इन चारों भावों को 'केन्द्र' कहा जाता है।

(३) **पणफर**—द्वितीय, पंचम, अष्टम तथा एकादश—इन चारों भावों को 'पणफर' कहा जाता है।

(४) **आपोक्लिम**—तृतीय, षष्ठ, नवम तथा द्वादश—इन चारों भावों को 'आपोक्लिम' कहा जाता है।

(५) **मारक**—द्वितीय तथा सप्तमभाव को 'मारक' कहा जाता है।

नीचे दी गई उदाहरण कुण्डली में उक्त त्रिकोण, केन्द्र, पणफर, आपोक्लिम तथा मारक भावों की स्थिति को कुण्डली के विभिन्न भावों में प्रदर्शित किया गया है:—

त्रिकोणादि बोधक सारिणी

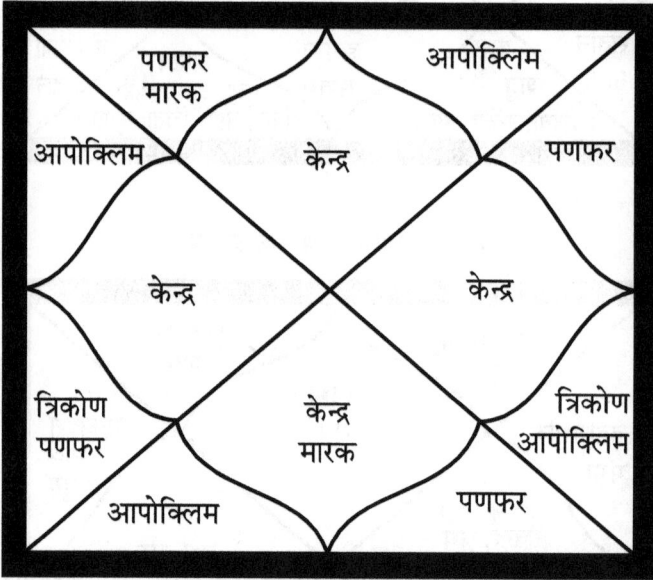

आवश्यक टिप्पणी—कुछ विद्वानों के मतानुसार द्वितीय तथा दशम भाव को पणफर एवं तृतीय तथा एकादश भाव को आपोक्लिम माना गया है। कुछ अन्य विद्वान षष्ठ तथा अष्टम भाव को पणफर तथा द्वितीय एवं द्वादश भाव को आपोक्लिम मानते हैं।

मूल त्रिकोण

जन्म कुण्डली के द्वादश भावों में विभिन्न राशियां अलग-अलग भावों में रहती हैं। उनमें सामने लिखे अनुसार जिस राशि के जितने अंश पर जो ग्रह हो, उसे 'मूल त्रिकोण में स्थित' समझना चाहिए :

(१) सूर्य—सिंह राशि में, १ से २० अंश तक।

(२) चन्द्र—वृष राशि में, ४ से ३० अंश तक।

(३) मंगल—मेष राशि में, १ से १८ अंश तक।

(४) बुध—कन्या राशि में, १ से १५ अंश तक।

(५) गुरु—धनु राशि में, १ से १३ अंश तक।

(६) शुक्र—तुला राशि में, १ से १० अंश तक।

(७) शनि—कुम्भ राशि में, १ से २० अंश तक।

मूल त्रिकोण की राशि तथा ग्रह बोधक सारिणी

ग्रह	सूर्य	चन्द्र	मंगल	बुध	गुरु	शुक्र	शनि
राशि	सिंह	वृष	मेष	कन्या	धनु	तुला	कुम्भ

मूल त्रिकोण के ग्रहों की स्थिति को और अधिक स्पष्ट करने के लिए आगे आठ कुण्डलियाँ दी जा रही हैं। इनमें पहली सात कुण्डलियों में प्रत्येक ग्रह को अलग-अलग मूल त्रिकोण में स्थित दिखाया गया है तथा अंतिम कुण्डली में मूल त्रिकोण के सभी ग्रहों को एक साथ अपनी-अपनी राशि में स्थित दिखाया गया है, अत: इन्हें देखकर मूल त्रिकोणस्थ ग्रहों के विषय में भली-भांति जानकारी प्राप्त कर लेनी चाहिए। ये कुण्डलियाँ वृष लग्न की हैं। इन्हीं के आधार पर अन्य लग्न वाली कुण्डलियों के विषय में भी भी समझ लेना चाहिए।

मूल त्रिकोणस्थ सूर्य

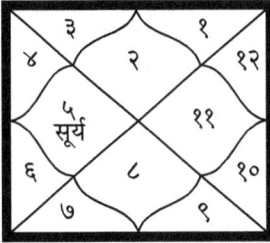

मूल त्रिकोणस्थ चन्द्र

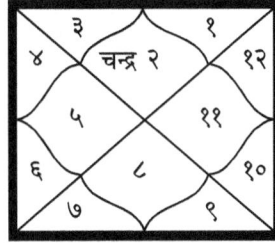

मूल त्रिकोणस्थ मंगल

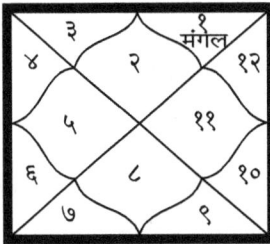

मूल त्रिकोणस्थ बुध

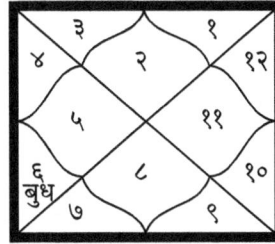

आवश्यक टिप्पणी—राहु को कर्क राशि में मूल त्रिकोणगत माना जाता है। इसी के आधार पर कुछ विद्वान केतु को मकर राशि में मूल त्रिकोणगत मानते हैं।

ग्रहों की उच्च तथा नीच स्थिति

मूल त्रिकोणस्थ गुरु
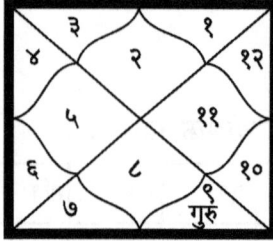

मूल त्रिकोणस्थ शुक्र
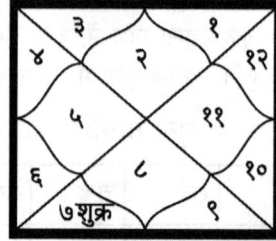

मूल त्रिकोणस्थ शनि
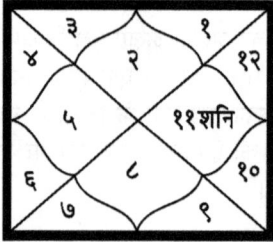

सभी ग्रह मूल त्रिकोण में

जातक की जन्म कुण्डली में जिस राशि के जितने अंश गत हो चुके हों, उसके अनुसार विभिन्न ग्रह उच्च तथा नीच स्थिति को प्राप्त करते हैं।

(१) ग्रहों की उच्च स्थिति—ग्रहों की उच्च स्थिति के बारे में नीचे लिखे अनुसार समझना चाहिए :

(१) सूर्य—मेष राशि के १० अंश पर उच्च का माना जाता है।

(२) चन्द्र—वृष राशि के ३ अंश पर उच्च का माना जाता है।

(३) मंगल—मकर राशि के २८ अंश पर उच्च का माना जाता है।

(४) बुध—कन्या राशि के १५ अंश पर उच्च का माना जाता है।

(५) गुरु—कर्क राशि के ५ अंश पर उच्च का माना जाता है।

(६) शुक्र—मीन राशि के २७ अंश पर उच्च का माना जाता है।

(७) शनि—तुला राशि के २० अंश पर उच्च का माना जाता है।

टिप्पणी—राहु तथा केतु छाया ग्रह हैं, अत: ज्योतिष शास्त्र के अनेक ग्रंथों में इनकी उच्च अथवा नीच स्थिति के विषय में कोई उल्लेख नहीं किया गया है, परन्तु कुछ विद्वानों के मत से मिथुन राशि के १५ अंश पर राहु उच्च का माना जाता है तथा कुछ के मतानुसार वृष राशि में राहु उच्च का माना जाता है। इसी प्रकार कुछ विद्वानों के मतानुसार धनु राशि के १५ अंश पर केतु उच्च का माना जाता है और कुछ के मतानुसार वृश्चिक राशि में केतु उच्च का माना जाता है।

(२) **ग्रहों की नीच स्थिति**—प्रत्येक ग्रह को जिस राशि के जितने अंशों पर उच्च का बताया गया है, उससे सातवीं राशि के उतने ही अंशों पर वह नीच का होता है। इसे नीचे लिखे अनुसार और अधिक स्पष्ट रूप में समझ लेना चाहिए :

(१) सूर्य—तुला राशि के १० अंश पर नीच का होता है।

(२) चन्द्र—वृश्चिक राशि के ३ अंश पर नीच का होता है।

(३) मंगल—कर्क राशि के २८ अंश पर नीच का होता है।

(४) बुध—मीन राशि के १५ अंश पर नीच का होता है।

(५) गुरु—मकर राशि के ५ अंश पर नीच का होता है।

(६) शुक्र—कन्या राशि के २७ अंश पर नीच का होता है।

(७) शनि—मेष राशि के २० अंश पर नीच का होता है।

टिप्पणी—राहु और केतु के विषय में यह है कि कुछ विद्वान धनु के १५ अंश पर राहु को नीच का मानते हैं और कुछ के मतानुसार वृश्चिक राशि में राहु नीच का होता है।

इसी प्रकार कुछ विद्वानों के मतानुसार मिथुन राशि के १५ अंश पर केतु नीच का होता है और कुछ के मतानुसार वृष राशि में केतु नीच का होता है।

नीचे दिये गए सारिणी में ग्रहों की उच्च तथा नीच स्थिति को प्रदर्शित किया गया है :

ग्रहों की उच्च तथा नीच स्थिति बोधक सारिणी

ग्रह	सूर्य	चन्द्र	मंगल	बुध	गुरु	शुक्र	शनि	राहु	केतु
उच्च स्थिति	मेष १०	वृष ३	मकर २८	कन्या १५	कर्क ५	मीन २७	तुला २०	मिथुन १५ अथवा वृष राशि	धनु १५ अथवा वृश्चिक राशि
नीच स्थिति	तुला १०	वृश्चिक ३	कर्क २८	मीन १५	मकर ५	कन्या २७	मेष २०	धनु १५	मिथुन १५ अथवा वृष राशि

ग्रहों का बलाबल

प्रत्येक ग्रह उच्च का होने पर अधिक बलवान् होता है। उसके बाद यदि वह मूल त्रिकोण में हो तो अपनी राशि में रहने की अपेक्षा अधिक बली होता है। तत्पश्चात् स्वक्षेत्री ग्रह बलवान् होता है।

इस प्रकार ग्रहों की शक्ति की मुख्य रूप से चार स्थितियां होती हैं:—

(१) सर्वोच्चबली—उच्च का होने पर।

(२) उच्चबली—मूल त्रिकोण में रहने पर।

(३) बली—अपने नक्षत्र (घर) में रहने पर।

(४) निर्बल—नीच का होने पर।

उच्च क्षेत्र, मूल त्रिकोण तथा स्वग्रह के सम्बन्ध में विशेष विचार

नवग्रहों के उच्च क्षेत्रीय, मूल त्रिकोणस्थ तथा स्वग्रही होने के सम्बन्ध में विशेष रूप से नीचे लिखे अनुसार समझना चाहिए :

(१) सूर्य—सूर्य 'सिंह' राशि का स्वामी है, अतः यदि वह 'सिंह' राशि में स्थित हो तो उसे 'स्वग्रही' अथवा 'स्वक्षेत्री' कहा जाएगा। परन्तु यदि सूर्य 'सिंह' राशि में स्थित हो तो सिंह राशि के १ से २० अंश तक उसका 'मूल त्रिकोण' माना जाता है तथा २१ से ३० अंश तक 'स्वक्षेत्र' कहा जाता है। मेष के १० अंश तक सूर्य 'उच्च' का तथा तुला के १० अंश तक 'नीच' का होता है, यह बात पहले बताई जा चुकी है।

(२) चन्द्र—चन्द्र 'कर्क' राशि का स्वामी है, अतः यदि वह 'कर्क' राशि में स्थित हो तो उसे 'स्वग्रही' अथवा 'स्वक्षेत्री' कहा जाएगा। परन्तु यदि चन्द्र 'वृष' राशि में स्थित हो तो वह वृष राशि के ३ अंश तक उच्च का तथा इसी (वृष) राशि के ४ अंश से ३० अंश तक मूल त्रिकोण स्थित माना जाता है। वृश्चिक राशि के ३ अंश तक चन्द्र नीच का होता है, इसे पहले बताया जा चुका है।

(३) मंगल—मंगल 'मेष' तथा 'वृश्चिक' राशि का स्वामी है, अतः यदि वह 'मेष' अथवा 'वृश्चिक' राशि में स्थित हो तो उसे 'स्वग्रही' अथवा 'स्वक्षेत्री' कहा जाएगा। परन्तु मेष राशि के १ से १८ अंश तक मंगल का 'मूल त्रिकोण' तथा १९ से २० अंश तक 'स्वक्षेत्र' कहा जाता है। मकर के २८ अंश तक मंगल उच्च का तथा कर्क के २८ अंश तक नीच का होता है, यह बात पहले बताई जा चुकी है।

(४) बुध—बुध 'कन्या' एवं 'मिथुन' राशि का स्वामी है, अतः यदि बुध 'कन्या' अथवा 'मिथुन' राशि में स्थित हो तो उसे 'स्वग्रही' अथवा 'स्वक्षेत्री' कहा जाएगा। परन्तु कन्या राशि के १ से १८ अंश तक बुध का 'मूल त्रिकोण' तथा उससे आगे १९ से ३० अंश तक 'स्वक्षेत्र' माना जाता है। कन्या राशि के १५ अंश तक बुध उच्च का तथा मीन राशि के १५ अंश तक नीच का होता है, यह बात पहले बताई जा चुकी है।

इस प्रकार यदि बुध कन्या राशि में स्थित हो तो वह कन्या राशि के १ से १५ अंश तक उच्च का और इसके साथ ही १ से १८ अंश तक मूल त्रिकोण स्थित तथा १९ से ३० अंश तक स्वक्षेत्री होता है।

(५) गुरु—गुरु 'धनु' एवं 'मीन' राशि का स्वामी है, अतः यदि गुरु 'धनु' अथवा 'मीन' राशि में स्थित हो तो उसे 'स्वग्रही' अथवा 'स्वक्षेत्री' कहा जाएगा। परन्तु धनु राशि के १ से १३ अंश तक गुरु का 'मूल त्रिकोण' होता है और उसके बाद १४ से ३० अंश तक 'स्वक्षेत्र' है। कर्क राशि के ५ अंश तक गुरु उच्च का तथा मकर राशि के ५ अंश तक नीच का होता है, यह बात पहले बताई जा चुकी है।

(६) शुक्र—शुक्र 'वृष' तथा 'तुला' राशि का स्वामी है, अतः यदि शुक्र 'वृष' अथवा 'तुला' राशि में स्थित हो तो उसे 'स्वग्रही' अथवा 'स्वक्षेत्री' कहा जाएगा। परंतु तुला राशि के १ से १० अंश तक शुक्र का 'मूल त्रिकोण' होता है, तत्पश्चात् ११ से ३० अंश तक उसका 'स्वक्षेत्र' है। मीन राशि के २७ अंश तक गुरु उच्च का तथा कन्या राशि के २७ अंश तक नीच का होता है, यह बात पहले बताई जा चुकी है।

(७) **शनि**—शनि 'मकर' तथा 'कुम्भ' राशि का स्वामी है, अत: यदि शनि 'मकर' अथवा 'कुंभ' राशि में स्थित हो तो उसे 'स्वग्रही' अथवा 'स्वक्षेत्री' कहा जाएगा। परन्तु कुंभ राशि के १ से २० अंश तक शनि का 'मूल त्रिकोण' होता है और उसके बाद २१ से ३० अंश तक 'स्वक्षेत्र' है। तुला राशि के २० अंश तक शनि 'उच्च' का होता है, यह बात पहले बताई जा चुकी है।

(८) **राहु**—राहु को 'कन्या' राशि का स्वामी माना गया है, अत: यदि राहु 'कन्या' राशि में स्थित हो तो उसे 'स्वग्रही' अथवा 'स्वक्षेत्री' कहा जाता है।

कुछ विद्वानों के मतानुसार मिथुन राशि के ० अंश तक राहु उच्च का तथा धनु राशि के ० अंश तक नीच का होता है। इसके विपरीत कुछ अन्य विद्वानों के मत से 'वृष' राशि में राहु उच्च का तथा 'वृश्चिक' राशि में नीच का होता है, यह बात पहले बताई जा चुकी है।

कर्क राशि को राहु का मूल त्रिकोण माना जाता है।

(९) **केतु**—केतु को मिथुन राशि का स्वामी माना गया है, अत: यदि केतु 'मिथुन' राशि में स्थित हो तो उसे 'स्वग्रही' अथवा 'स्वक्षेत्री' कहा जाता है। धनु राशि के १५ अंश तक केतु उच्च का तथा मिथुन राशि के १५ अंश तक नीच का होता है, यह बात पहले बताई जा चुकी है।

इसके विपरीत कुछ अन्य विद्वानों के मत से 'वृश्चिक' राशि में केतु उच्च का तथा 'वृष' राशि में नीच का होता है।

सिंह राशि को केतु का मूल त्रिकोण माना जाता है।

पृष्ठ ३०-४० पर दिये गए कोष्ठक द्वारा नवग्रहों की उच्च, नीच, मूल त्रिकोणगत तथा स्वक्षेत्री स्थिति को एक ही दृष्टि में ज्ञात किया जा सकता है।

ग्रहों के पद

नवग्रह मण्डल में सूर्य तथा चन्द्र को राजा, बुध को युवराज, मंगल को सेनापति, शुक्र और गुरु को मन्त्री तथा शनि को सेवक का पद प्राप्त है। जिस व्यक्ति के ऊपर जिस ग्रह का जितना अधिक प्रभाव होता है, उसे वह अपने ही समान बनाने का प्रयत्न करता है।

ग्रहों के बल

ग्रहों के निम्नलिखित ६ प्रकार के बल माने गए हैं :

(१) स्थान-बल।

(२) दिग्बल।

(३) कालबल।

(४) नैसर्गिक-बल।

(५) चेष्टाबल

(६) दृग्बल।

(१) **स्थान-बल**—जो ग्रह उच्च, स्वग्रही, मित्र-ग्रही अथवा मूल त्रिकोण में स्थित होता है, उसे 'स्थान बली' कहा जाता है।

ग्रहों की उच्च, नीच तथा मूल त्रिकोणगत स्थिति बोधक सारिणी

ग्रहों के नाम	सूर्य	चन्द्र	मंगल	बुध	गुरु	शुक्र	शनि	राहु	केतु
कौन-सा ग्रह किस राशि का स्वामी है।	सिंह	कर्क	मेष वृश्चिक	कन्या मिथुन	धनु मीन	वृष तुला	मकर कुम्भ	कन्या	मिथुन
कौन-सा ग्रह किस राशि में उच्च का होता है।	मेष १० अंश तक	वृष ३ अंश तक	मकर २८ अंश तक	कन्या १५ अंश तक	कर्क ५ अंश तक	मीन २७ अंश तक	तुला २० अंश तक	मिथुन अंश तक (वृष)	धनु अंश तक (वृश्चिक)
कौन-सा ग्रह किस राशि में नीच का होता है।	तुला १० अंश तक	वृश्चिक ३ अंश तक	कर्क २८ अंश तक	मीन १५ अंश तक	मकर ५ अंश तक	कन्या २७ अंश तक	मेष २० अंश तक	धनु अंश तक	मिथुन अंश तक
कौन-सा ग्रह किस राशि में मूल त्रिकोणगत माना जाता है।	सिंह १ से २० अंश तक	वृष ४ से ३० अंश तक	मेष १ से १८ अंश तक	कन्या १६ से २० अंश तक	धनु १ से १३ अंश तक	तुला १ से १० अंश तक	कुंभ १ से २० अंश तक	कर्क	सिंह
कौन-सा ग्रह किस राशि के किन अंशों में स्वक्षेत्री होता है।	सिंह २१ से ३० अंश तक	कर्क १ से ३० अंश तक	मेष १९ से ३० अंश तक तथा वृश्चिक १ से ३० अंश तक	कन्या २१ से ३० अंश तक तथा मिथुन १ से ३० अंश तक	धनु १४ से ३० अंश तक तथा मीन १ से ३० अंश तक	तुला ११ से ३० अंश तक तथा वृष १ से ३० अंश तक	कुंभ २१ से ३० अंश तक तथा मकर १ से ३० अंश तक	कन्या १ से ३० अंश तक	मीन १ से ३० अंश तक

चन्द्र और शुक्र सम राशि—वृष, कर्क, कन्या, वृश्चिक, मकर तथा मीन—में तथा अन्य ग्रह (सूर्य, मंगल, बुध, गुरु, शनि, राहु एवं केतु) विषम राशि—मेष, मिथुन, सिंह, तुला, धनु तथा कुम्भ—में स्थित होने पर स्थान बली होते हैं।

सामने दिये गए कुण्डली पृष्ठ संख्या २५ में सम तथा विषम राशियों में कौन-सा ग्रह स्थान बली होता है इसे प्रदर्शित किया गया है—इसी के आधार पर अन्य कुण्डलियों में भी समझ लेना चाहिए।

स्थानबली निरूपण सारिणी

| सूर्य, मंगल, बुध, गुरु शनि, राहु, केतु ३ | चन्द्र शुक्र २ | सूर्य, मंगल, बुध, गुरु शनि, राहु, केतु १ |

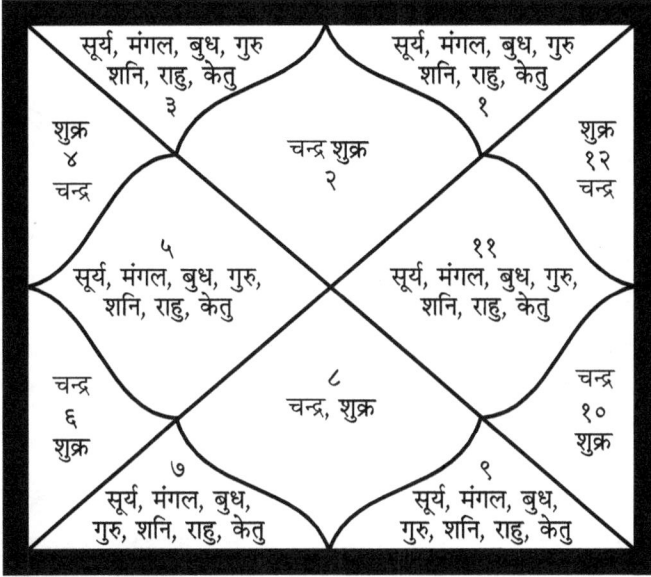

(२) **दिग्बल**—जन्म कुण्डली में प्रथमभाव को पूर्व दिशा, चतुर्थभाव को उत्तर दिशा, सप्तमभाव को पश्चिम दिशा तथा दशमभाव को दक्षिण दिशा माना जाता है।

बुध और गुरु प्रथमभाव (लग्न) में रहने पर, चन्द्र और शुक्र चतुर्थभाव में रहने पर, शनि सप्तम भाव में रहने पर तथा सूर्य और मंगल दशम भाव में स्थित रहने पर दिग्बली होते हैं।

आगे दिए गए कुण्डली सारिणी में कौन-सा ग्रह किस भाव में बैठने पर दिग्बली होता है, इसे प्रदर्शित किया गया है। इसी के आधार पर अन्य कुण्डलियों को भी समझ लेना चाहिए।

(३) **कालबल**—जातक का जन्म रात्रि में हुआ हो तो चन्द्र, शनि और मंगल—ये तीनों ग्रह कालबली होते हैं और यदि दिन में जन्म हुआ हो तो सूर्य, बुध एवं शुक्र कालबली होते हैं गुरु सर्वकाल में बली होता है। मतान्तर से बुध को दिन रात्रि-दोनों में ही कालबली माना गया है।

दिग्बल निरूपण सारिणी

३
१
४
२
गुरु, बुध
१२
५
शुक्र
११
सूर्य, मंगल
शनि
६
८
१०
७
९

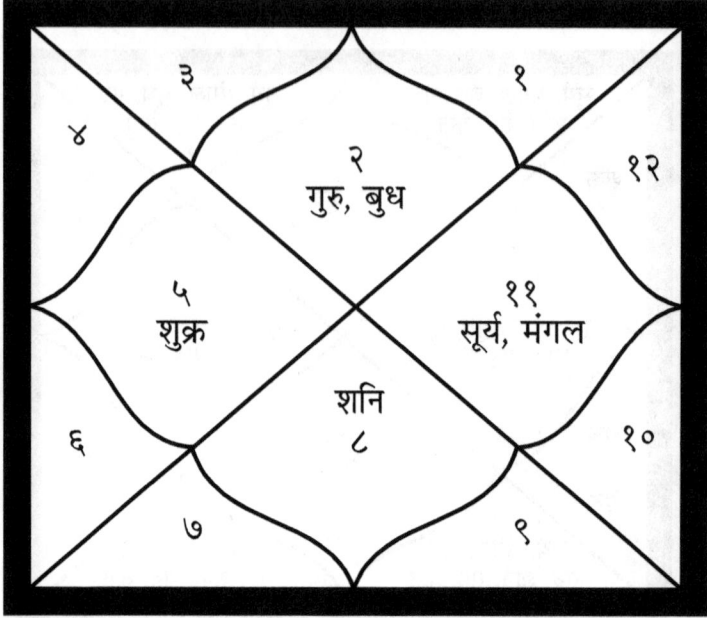

(४) नैसर्गिक बल—शनि, मंगल, बुध, गुरु, शुक्र, चन्द्र तथा सूर्य—ये उत्तरोत्तर एक दूसरे से अधिक बली होते हैं, अर्थात् शनि से मंगल अधिक बलवान् है, मंगल से बुध अधिक बलवान् है, बुध से गुरु अधिक बलवान् है, गुरु से शुक्र अधिक बलवान् है, शुक्र से चन्द्र अधिक बलवान् है तथा चन्द्र से सूर्य अधिक बलवान् है। इसी क्रम के अनुसार सूर्य से चन्द्र कम बली होता है, चन्द्र से शुक्र कम बली होता है, शुक्र से गुरु कम बली होता है, गुरु से बुध कम बली होता है, बुध से मंगल कम बली होता है तथा मंगल से शनि कम बली होता है।

(५) चेष्टाबल—मकर राशि से मिथुन राशि तक किसी भी राशि में रहने से सूर्य तथा चन्द्र चेष्टाबली होते हैं एवं मंगल, बुध, गुरु, शुक्र तथा शनि—ये ग्रह चन्द्र के साथ रहने से चेष्टाबली होते हैं।

नीचे दिए गए कुण्डली सारिणी में नवग्रहों की चेष्टाबल स्थिति को प्रदर्शित किया गया है। इसी के अनुसार अन्य कुण्डलियों में भी ग्रहों के चेष्टाबल को समझ लेना चाहिए।

चेष्टाबल निरूपण सारिणी

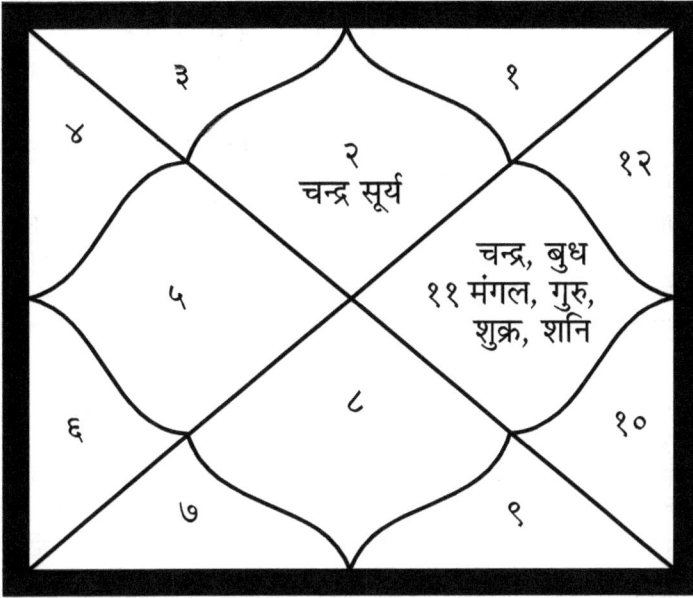

३	२ चन्द्र सूर्य	१
४		१२
५		चन्द्र, बुध ११ मंगल, गुरु, शुक्र, शनि
६	८	१०
७	९	

(६) **दृग्बल**—जिन दुष्ट ग्रहों के ऊपर शुभ ग्रहों की दृष्टि पड़ रही हो, वे उनकी शुभ दृष्टि के बल को पाकर दृग्बली हो जाते हैं।

दृग्बल निरूपण सारिणी

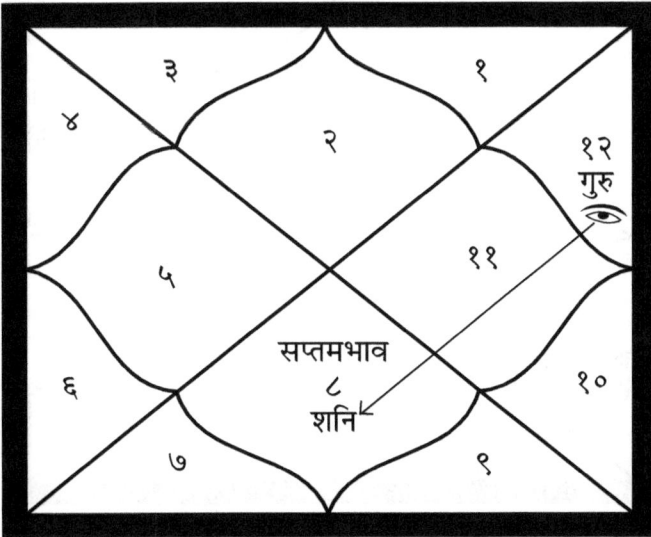

३	२	१
४		१२ गुरु
५	११	
६	सप्तमभाव ८ शनि	१०
७	९	

उदाहरण के लिए किसी कुण्डली में शनि सप्तम भाव में बैठा है और गुरु एकादश भाव में बैठा है, तो गुरु की शनि के ऊपर पूर्ण दृष्टि पड़ेगी, क्योंकि गुरु जिस भाव में बैठा होता है उस भाव से पांचवें, सातवें तथा नवें भाव को पूर्ण दृष्टि से देखता है (कौन-सा ग्रह किस भाव को देखता है इसका वर्णन आगे किया जाएगा)। ऐसी स्थिति में दुष्ट ग्रह शनि को शुभ ग्रह गुरु का दृष्टिबल प्राप्त होगा।

ऊपर दी गई कुण्डली में उक्त स्थिति को प्रदर्शित किया गया है। इसी के अनुसार अन्य जन्म कुण्डलियों के भी ग्रहों के दृष्टिबल को समझ लेना चाहिए।

टिप्पणी—उपर्युक्त छह प्रकारों में से किसी भी प्रकार के बल को प्राप्त बलवान् ग्रह अपने स्वभाव के अनुसार जिस भाव में बैठा होता है, उस भाव का फल जातक को देता है। किसी भी भाव के शुभाशुभ फल की यथार्थ जानकारी प्राप्त करने के लिए उस भाव में स्थित राशि के स्वभाव तथा ग्रह के स्वभाव का समन्वय करके ही किसी निष्कर्ष पर पहुंचना चाहिए।

ग्रहों की दृष्टि

जन्म कुण्डली में प्रत्येक ग्रह जिस भाव में बैठा होता है, उससे तीसरे तथा दसवें भाव को एक चरण दृष्टि से, पांचवें तथा नवें भाव को दो चरण दृष्टि से, चौथे तथा आठवें भाव को तीन चरण दृष्टि से तथा सप्तम भाव को पूर्ण दृष्टि से देखता है, परन्तु इन भावों को पूर्णापूर्ण दृष्टि से देखने के अतिरिक्त मंगल अपने बैठे हुए स्थान से चौथे तथा आठवें भाव को, गुरु अपने बैठे हुए स्थान से पांचवें तथा नवें भाव को तथा शनि अपने बैठे हुए स्थान से तीसरे और दसवें भाव को भी पूर्ण दृष्टि से देखता है।

नीचे दी गई विभिन्न कुण्डलियों में विभिन्न ग्रहों की खण्ड तथा पूर्ण दृष्टि को प्रदर्शित किया गया है। इनके आधार पर अन्य जन्म कुण्डलियों में भी ग्रहों की विभिन्न भावों पर पड़ने वाली दृष्टि की जानकारी प्राप्त कर लेनी चाहिए।

सूर्य की विभिन्न भावों पर दृष्टि सारिणी

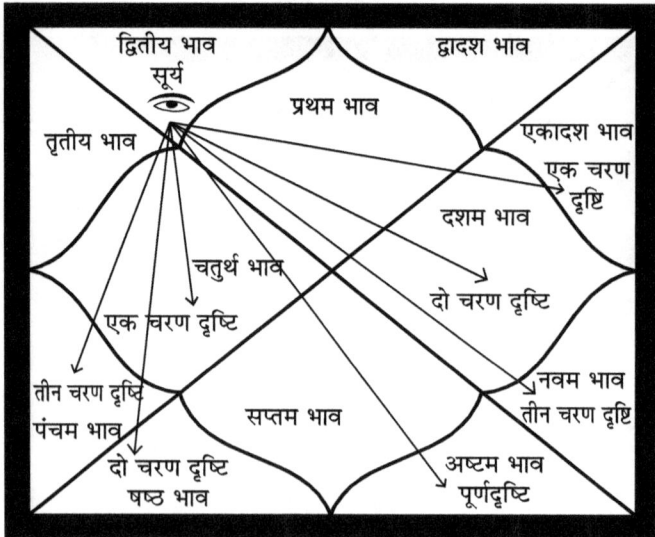

सूर्य की खण्ड तथा पूर्ण दृष्टि—सूर्य जिस भाव में भी बैठा हो, वहां से वह तीसरे तथा दसवें भाव को एक चरण दृष्टि से, पांचवें तथा नवें भाव को दो चरण दृष्टि से, चौथे तथा आठवें भाव को तीन चरण दृष्टि से एवं सातवें भाव को पूर्ण दृष्टि से देखता है।

इस उदाहरण कुण्डली में सूर्य को द्वितीय भाव में बैठा हुआ दिखाया गया है, अत: द्वितीय भाव से आरम्भ करके नियमानुसार विभिन्न भावों पर पड़ने वाली उसकी एक चरण, दो चरण, तीन चरण तथा पूर्ण दृष्टियों को प्रदर्शित किया गया है। जातक की जन्मकुण्डली के जिस भाव में भी सूर्य की स्थिति हो, उसी भाव से आरम्भ करके अन्य भावों पर पड़ने वाली उसकी खण्ड तथा पूर्ण दृष्टियों की जानकारी उपर्युक्त नियम के अनुसार प्राप्त कर लेनी चाहिए।

चन्द्र की खण्ड तथा पूर्ण दृष्टि—चन्द्र जिस भाव में बैठा हो, वहां से वह तीसरे तथा दसवें भाव को एक चरण दृष्टि से, पांचवें तथा नवें भाव को दो चरण दृष्टि से, चौथे तथा आठवें भाव को तीन चरण दृष्टि से एवं सातवें भाव को पूर्ण दृष्टि से देखता है।

चन्द्र की विभिन्न भावों पर दृष्टि सारिणी

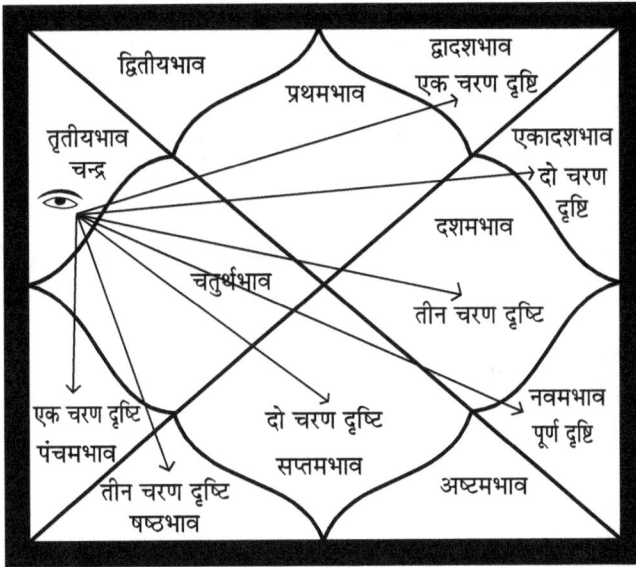

इस उदाहरण कुण्डली में चन्द्र को तृतीयभाव में बैठा हुआ दिखाया गया है, अत: तृतीय भाव से आरम्भ करके नियमानुसार विभिन्न भावों पर पड़ने वाली उसकी एक चरण, दो चरण, तीन चरण तथा पूर्ण दृष्टियों को प्रदर्शित किया गया है। जातक की जन्म कुण्डली के जिस भाव में भी चन्द्र की स्थिति हो, उसी भाव से आरम्भ करके अन्य भावों पर पड़ने वाली उसकी खण्ड तथा पूर्ण दृष्टियों की जानकारी उपर्युक्त नियम के अनुसार प्राप्त कर लेनी चाहिए।

मंगल की खण्ड तथा पूर्ण दृष्टि—मंगल जिस भाव में भी बैठता है, वहां से वह तीसरे तथा दसवें भाव को एक चरण दृष्टि से, पांचवें तथा नवें भाव को दो चरण दृष्टि से, चौथे तथा आठवें भाव को तीन चरण दृष्टि से तथा सातवें, चौथे एवं आठवें—इन तीनों भावों को पूर्ण दृष्टि से देखता है। देखिए पृष्ठ संख्या 30।

मंगल की विभिन्न भावों पर दृष्टि सारिणी

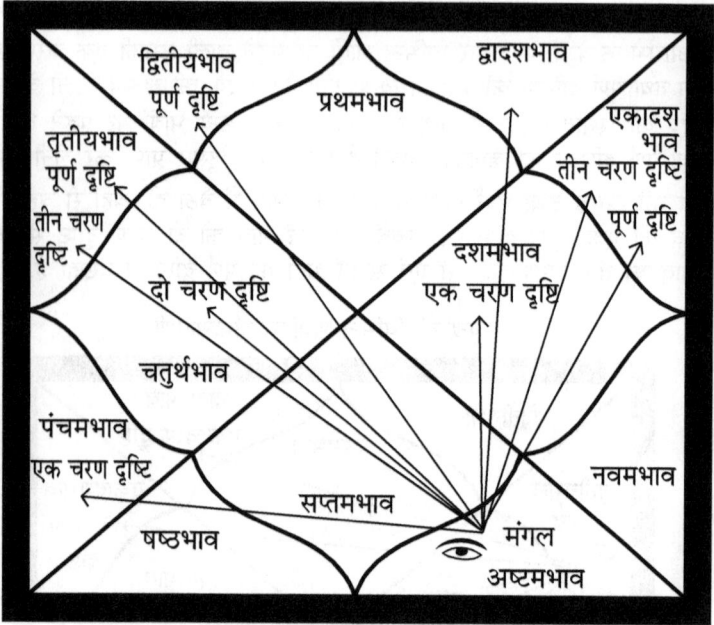

इस उदाहरण कुण्डली में मंगल को अष्टम भाव में बैठा हुआ दिखाया गया है, अत: अष्टमभाव से आरम्भ करके नियमानुसार विभिन्न भावों पर पड़ने वाली उसकी एक चरण, दो चरण, तीन चरण तथा पूर्ण दृष्टियों को प्रदर्शित किया गया है। जातक की जन्म कुण्डली के जिस भाव में मंगल की स्थिति हो, उसी भाव से आरम्भ करके अन्य भावों पर पड़ने वाली उसकी खण्ड तथा पूर्ण दृष्टि की जानकारी उपर्युक्त नियम के अनुसार प्राप्त कर लेनी चाहिए।

बुध की खण्ड तथा पूर्ण दृष्टि—बुध जिस भाव में भी बैठा हो, वहां से वह तीसरे तथा दसवें भाव को एक चरण दृष्टि से, पांचवें तथा नवें भाव को दो चरण दृष्टि से, चौथे तथा आठवें भाव को तीन चरण दृष्टि से एवं सातवें भाव को पूर्ण दृष्टि से देखता है। देखिए पृष्ठ संख्या 31।

बुध की विभिन्न भावों पर दृष्टि सारिणी

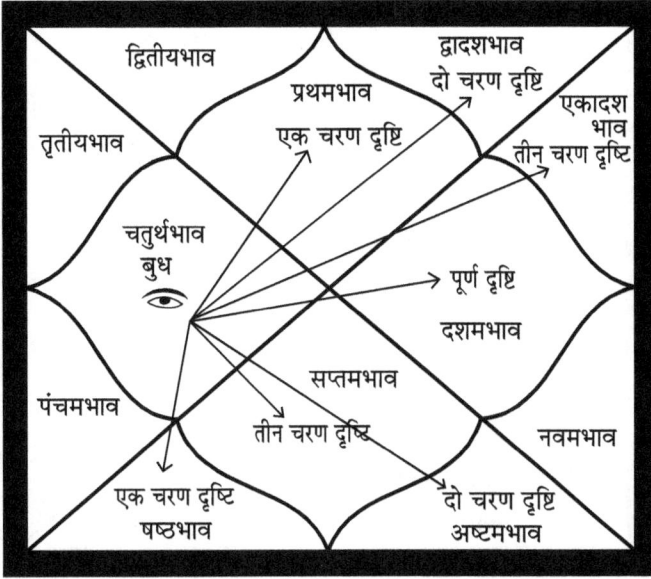

इस उदाहरण कुण्डली में बुध को चतुर्थभाव में बैठा हुआ दिखाया गया है, अत: चतुर्थभाव से आरम्भ करके नियमानुसार विभिन्न भावों पर पड़ने वाली उसकी एक चरण, दो चरण, तीन चरण तथा पूर्ण दृष्टियों को प्रदर्शित किया गया है। जातक की जन्म कुण्डली के जिस भाव में भी बुध की स्थिति हो, उसी भाव से आरम्भ करके अन्य भावों पर पड़ने वाली उसकी खण्ड तथा पूर्ण दृष्टियों की जानकारी उपर्युक्त नियम के अनुसार प्राप्त कर लेनी चाहिए।

गुरु की खण्ड तथा पूर्ण दृष्टि—गुरु जिस भाव में भी बैठता है, वहां से वह तीसरे तथा दसवें भाव को एक चरण दृष्टि से, पांचवें तथा नवें भाव को दो चरण दृष्टि से, चौथे तथा आठवें भाव को तीन चरण दृष्टि से तथा सातवें, पांचवें एवं नवें—इन तीनों भावों को पूर्ण दृष्टि से देखता है। देखिए पृष्ठ संख्या 32।

इस उदाहरण कुण्डली में गुरु को नवमभाव में बैठा हुआ दिखाया गया है, अत: नवम भाव से आरम्भ करके नियमानुसार विभिन्न भावों पर पड़ने वाली उसकी एक चरण, दो चरण, तीन चरण तथा पूर्ण दृष्टियों को प्रदर्शित किया गया है। जातक की जन्म कुण्डली के जिस भाव में गुरु की स्थिति हो, उसी भाव से आरम्भ करके अन्य भावों पर पड़ने वाली उसकी खण्ड तथा पूर्ण दृष्टियों की जानकारी उपर्युक्त नियम के अनुसार प्राप्त कर लेनी चाहिए।

गुरु की विभिन्न भावों पर दृष्टि सारिणी

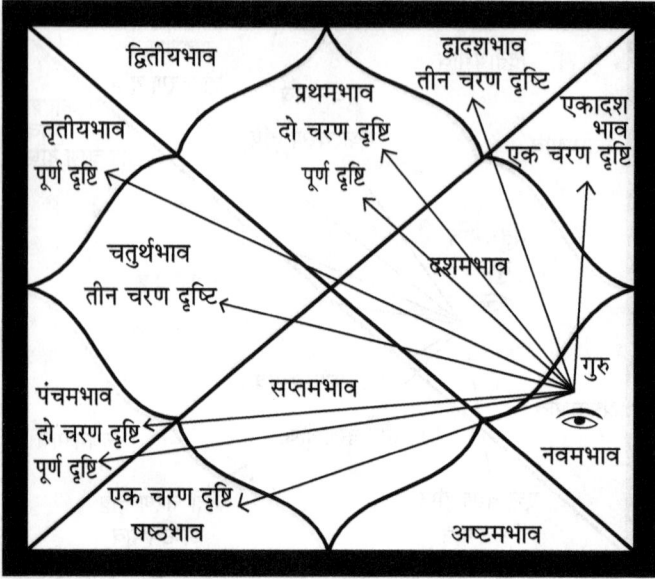

शुक्र की विभिन्न भावों पर दृष्टि सारिणी

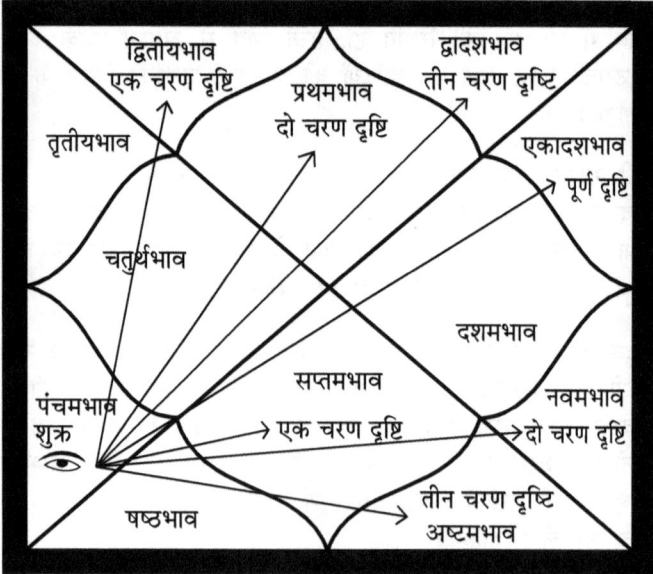

शुक्र की खण्ड तथा पूर्ण दृष्टि—शुक्र जिस भाव में भी बैठा हो, वहां से वह तीसरे तथा दसवेंभाव को एक चरण दृष्टि से, पांचवें तथा नवें भाव को दो चरण दृष्टि से, चौथे तथा आठवेंभाव को तीन चरण दृष्टि से एवं सातवें भाव को पूर्ण दृष्टि से देखता है।

इस उदाहरण-कुण्डली में शुक्र को पंचमभाव में बैठा हुआ दिखाया गया है, अत: पंचम भाव से आरम्भ करके नियमानुसार विभिन्न भावों पर पड़ने वाली उसकी एक चरण, दो चरण, तीन चरण तथा पूर्ण दृष्टियों को प्रदर्शित किया गया है। जातक की जन्म-कुण्डली के जिस भाव में शुक्र की स्थिति हो, उसी भाव से आरम्भ करके अन्य भावों पर पड़ने वाली उसकी खण्ड तथा पूर्ण दृष्टियों की जानकारी उपर्युक्त नियम के अनुसार प्राप्त कर लेनी चाहिए।

शनि की खण्ड तथा पूर्ण दृष्टि—शनि जिस भाव में भी बैठता है, वहां से वह तीसरे तथा दसवेंभाव को एक चरण दृष्टि से, पांचवें तथा नवेंभाव को दो चरण दृष्टि से, चौथे तथा आठवेंभाव को तीन चरण दृष्टि से तथा सातवें, तीसरे एवं दसवें—इन तीनों भावों को पूर्ण दृष्टि से देखता है। निम्न चित्र को देखिए।

इस उदाहरण-कुण्डली में शनि को दशमभाव में बैठा हुआ दिखाया गया है, अत: दशम भाव से आरम्भ करके नियमानुसार विभिन्न भावों पर पड़ने वाली उसकी एक चरण, दो चरण, तीन चरण तथा पूर्ण दृष्टियों को प्रदर्शित किया गया है। जातक की जन्म कुण्डली के जिस भाव में शनि की स्थिति हो, उसी भाव से आरम्भ करके अन्य भावों पर पड़ने वाली उसकी खण्ड तथा पूर्ण दृष्टियों की जानकारी उपर्युक्त नियम के अनुसार प्राप्त कर लेनी चाहिए।

शनि की विभिन्न भावों पर दृष्टि सारिणी

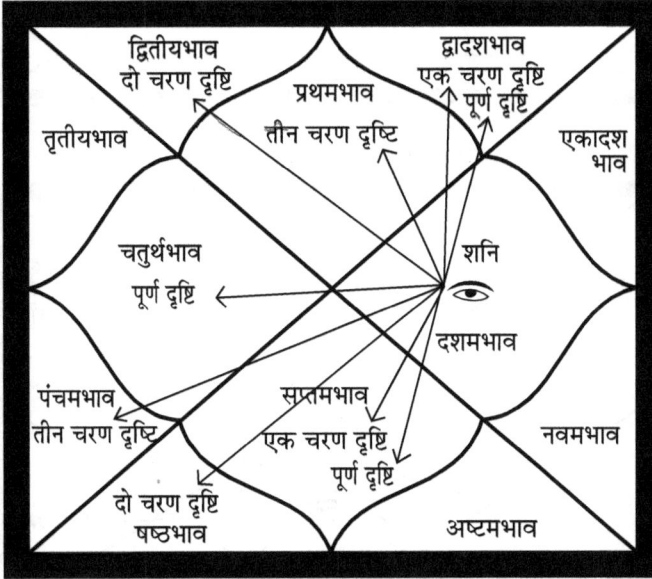

राहु की खण्ड तथा पूर्ण दृष्टि—राहु जिस भाव में भी बैठा हो, वहां से वह तीसरे तथा छठे भाव को एक चरण दृष्टि से, दूसरे तथा दशमभाव को दो चरण दृष्टि से एवं पांचवें, सातवें, नवें तथा बारहवेंभाव को पूर्ण दृष्टि से देखता है। निम्न चित्र को देखिए।

इस उदाहरण-कुण्डली में राहु को प्रथमभाव में बैठा हुआ दिखाया गया है, अत: प्रथम भाव से आरम्भ करके नियमानुसार विभिन्न भावों पर पड़ने वाली उसकी एक चरण, दो चरण तथा पूर्ण दृष्टियों को प्रदर्शित किया गया है। जातक की जन्म-कुण्डली के जिस भाव में राहु की स्थिति हो, उसी भाव से आरम्भ करके अन्य भावों पर पड़ने वाली उसकी खण्ड तथा पूर्ण दृष्टियों की जानकारी उपर्युक्त नियम के अनुसार प्राप्त कर लेनी चाहिए। राहु की त्रिपाद दृष्टि को 'अंध' माना गया है।

राहु की विभिन्न भावों पर दृष्टि सारिणी

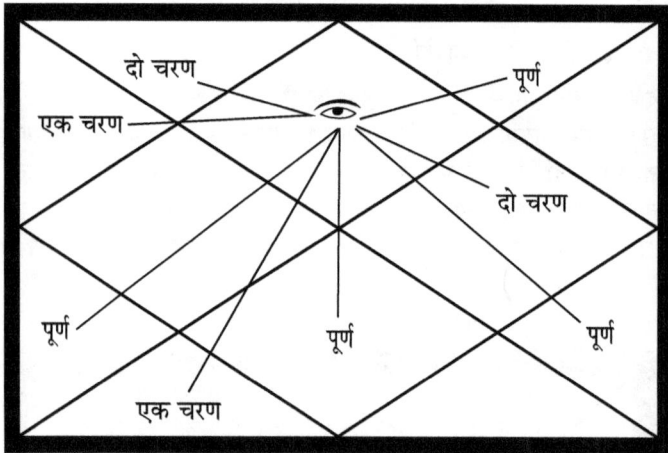

केतु की विभिन्न भावों पर दृष्टि सारिणी

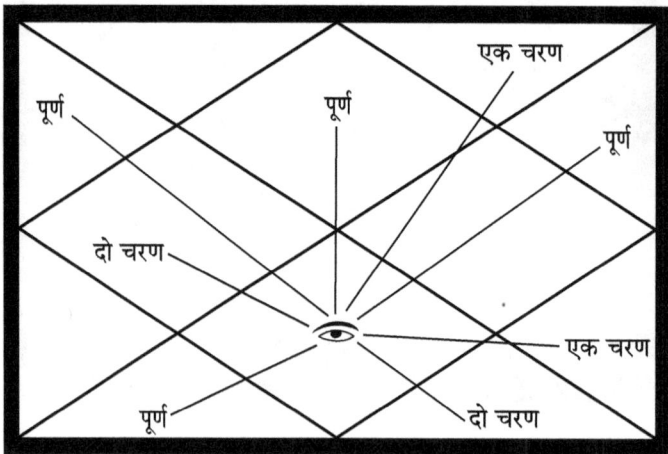

केतु की खण्ड तथा पूर्ण दृष्टि—केतु जिस भाव में भी बैठा हो, वहां से वह तीसरे तथा छठेभाव को एक चरण दृष्टि से, दूसरे तथा दशमभाव को दो चरण दृष्टि से, एवं पांचवें, सातवें, नवें तथा बारहवेंभाव को पूर्ण दृष्टि से देखता है। देखिए कुण्डली नं० ३४।

इस उदाहरण-कुण्डली में केतु को सप्तमभाव में बैठा हुआ दिखाया गया है, अत: सप्तमभाव से आरम्भ करके नियमानुसार विभिन्न भावों पर पड़ने वाली उसकी एक चरण, दो चरण, तथा पूर्ण दृष्टि को प्रदर्शित किया गया है। जातक की जन्म-कुण्डली के जिस भाव में केतु की स्थिति हो, उसी भाव से आरम्भ करके अन्य भावों पर पड़ने वाली उसकी खण्ड तथा पूर्ण दृष्टि की जानकारी उपर्युक्त नियम के अनुसार प्राप्त कर लेनी चाहिए। केतु की त्रिपाद दृष्टि को 'अंध' माना गया है।

ग्रहों के अंश

प्रत्येक ग्रह के ३० अंश होते हैं। जातक के जन्म के समय कौन-सा ग्रह कितने अंश पर था, अर्थात् किस ग्रह के कितने अंश व्यतीत हो चुके थे, इसका ज्ञान उस समय के पंचांग द्वारा हो सकता है। प्रस्तुत पुस्तक में ग्रहों के अंश ज्ञात करने की विधि का वर्णन इसलिए नहीं किया जा रहा है कि वह इस पुस्तक के मूल विषय से बाहर की वस्तु हो जाएगी और सामान्य पाठकों के लिए अधिक उपयोगी भी नहीं रहेगी।

अत: जन्म-कुण्डली स्थित ग्रहों के अंशों के सम्बन्ध में जानकारी किसी ज्योतिषी द्वारा प्राप्त कर लेनी चाहिए।

यहां हम पाठकों को केवल इतना ही बता देना चाहते हैं कि ३ से ९ अंश तक का ग्रह किशोरावस्था वाला होता है, १० से २२ अंश तक का ग्रह युवावस्था वाला होता है, २३ से २८ अंश तक का ग्रह वृद्धावस्था वाला होता है तथा २९ से २ अंश (२९, ३०, १ और २) तक का ग्रह मृतक-अवस्था में माना जाता है।

किशोरावस्था एवं वृद्धावस्था वाले ग्रह अपना प्रभाव कुछ कम प्रदर्शित करते हैं। युवावस्था वाले ग्रह अपना प्रभाव पूर्ण रूप से प्रदर्शित करते हैं तथा मृतक-अवस्था वाले ग्रह अपना प्रभाव अत्यन्त सूक्ष्म रूप में प्रकट करते हैं।

मार्गी और वक्री गति

कौन-सा ग्रह मार्गी है और कौन-सा वक्री—इसका ज्ञान भी पंचांग देखने पर ही होता है। जातक के जन्म के समय जो ग्रह मार्गी होता है, वह उसे जीवन-भर मार्गी ग्रह के रूप में ही अपना फल देता है और जो ग्रह वक्री होता है, वह जीवन-भर वक्री ग्रह के रूप में ही अपना फल प्रदान करता है।

इसके अतिरिक्त पंचांग की दैनिक गोचर गति के अनुसार जो ग्रह मार्गी अथवा वक्री होते रहते हैं, वे जातक के जीवन पर अपनी उसी गति के अनुसार अलग से प्रभाव डालते हैं।

'मार्गी' का अर्थ है—वह ग्रह, जो अपने मार्ग पर सीधा आगे की ओर चलता रहे, अर्थात् यदि कोई ग्रह सिंह राशि पर है तो उसे सिंह राशि पर अपने भोग का समय पूरा करने के बाद, सिंह से आगे कन्या राशि पर, तत्पश्चात् क्रमश: तुला, वृश्चिक, धनु, मकर, कुम्भ आदि राशियों

पर सीधे चलते चला जाना चाहिए। ऐसी सीधी चाल वाले ग्रहों को 'मार्गी ग्रह' कहा जाता है।

वक्री का अर्थ है—वह ग्रह, जो अपने मार्ग पर सीधा आगे की ओर चलने की बजाय पीछे की ओर लौट जाता है, अर्थात् यदि कोई ग्रह सिंह राशि पर है तो उसे सिंह राशि पर अपने भोग का समय पूरा करने के बाद आगे कन्या राशि पर जाना चाहिए, परन्तु वह कन्या राशि पर न जाकर यदि पीछे कर्क राशि पर लौट जाये, तो उसे 'वक्री' कहा जाएगा।

ग्रहों के मार्गी तथा वक्री होने का ज्ञान किसी ज्योतिषी से पूछ कर प्राप्त कर लेना चाहिए।

उच्च राशिगत ग्रहों का फल

उच्च राशिगत ग्रहों का सामान्य फल नीचे लिखे अनुसार होता है—

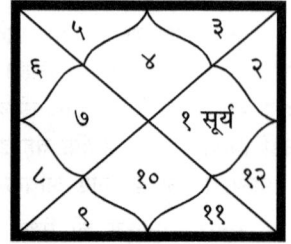
उच्च राशिस्थ सूर्य

जिस जातक की जन्म-कुण्डली में सूर्य उच्च राशि (मेष) का हो, वह धनी, भाग्यवान, नेतृत्व-शक्ति संपन्न, विद्वान, सेनापति, यशस्वी एवं सुखी होता है।

उदाहरण-कुण्डली में जिस प्रकार सूर्य को मेष राशि में स्थित दिखाया गया है, उसी प्रकार अन्य कुण्डलियों में भी समझ लेना चाहिए।

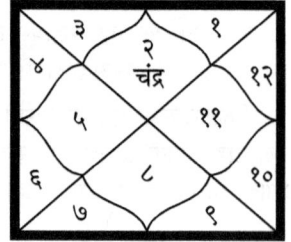
उच्च राशिस्थ सारिणी

जिस जातक की जन्म-कुण्डली में चन्द्र उच्च राशि (वृष) का हो, वह विलासी, अलंकार-प्रिय, मिष्टान्न भोजी, यशस्वी, माननीय, सुखी एवं चपल स्वभाव का होता है।

उदाहरण-कुण्डली में जिस प्रकार सूर्य को वृष राशि में स्थित दिखाया गया है, उसी प्रकार अन्य कुण्डलियों में भी समझ लेना चाहिए।

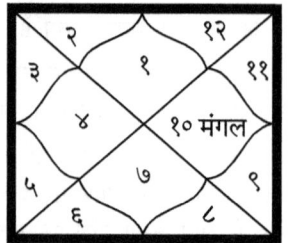
उच्च राशिस्थ मंगल

जिस जातक की जन्म-कुण्डली में मंगल उच्च राशि (मकर) का हो, वह राज्य द्वारा सम्मान प्राप्त, कर्त्तव्यपरायण, साहसी तथा शूरवीर होता है।

उदाहरण-कुण्डली में जिस प्रकार मंगल को मकर राशि में स्थित दिखाया गया है, उसी प्रकार अन्य कुण्डलियों में भी समझ लेना चाहिए।

जिस जातक की जन्म-कुण्डली में बुध उच्च राशि (कन्या) का हो, वह बुद्धिमान्, सुखी, लेखक, सम्पादक, राजा, राजमान्य, वंश-वृद्धिकर्त्ता, शत्रुनाशक तथा सुखी होता है।

उदाहरण-कुण्डली में जिस प्रकार बुध को कन्या राशि में स्थित दिखाया गया है, उसी प्रकार अन्य कुण्डलियों में भी समझ लेना चाहिए।

उच्च राशिस्थ बुध

जिस जातक की जन्म-कुण्डली में गुरु उच्च राशि (कर्क) का हो, वह विद्वान, शासक, मन्त्री, राजप्रिय, सुशील, चतुर, सुखी, ऐश्वर्यशाली तथा सद्‌गुणी होता है।

उदहारण-कुण्डली में जिस प्रकार गुरु को कर्क राशि में स्थित दिखाया गया है, उसी प्रकार अन्य कुण्डलियों में भी समझ लेना चाहिए।

उच्च राशिस्थ गुरु

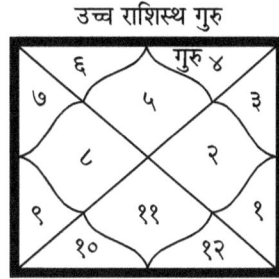

जिस जातक की जन्म-कुण्डली में शुक्र उच्च राशि (मीन) का हो, वह भाग्यवान्, कामी, विलासी, संगीत-प्रिय एवं सुखी होता है।

उदाहरण-कुण्डली में जिस प्रकार शुक्र को मीन राशि में स्थित दिखाया गया है, उसी प्रकार अन्य कुण्डलियों में भी समझ लेना चाहिए।

उच्च राशिस्थ शुक्र

जिस जातक की जन्म-कुण्डली में शनि उच्च राशि (तुला) का हो, वह पृथ्वीपति, कृषक, राजा, जमींदार, यशस्वी, ऐश्वर्यशाली तथा सुखी होता है।

उदाहरण-कुण्डली में जिस प्रकार शनि को तुला राशि में स्थित दिखाया गया है, उसी प्रकार अन्य कुण्डलियों में भी समझ लेना चाहिए।

उच्च राशिस्थ शनि

जिस जातक की जन्म-कुण्डली में राहु उच्च राशि (मिथुन) का हो, वह धनी, शूरवीर, साहसी, लम्पट तथा सरदार होता है।

उदाहरण-कुण्डली में जिस प्रकार राहु को मिथुन राशि में स्थित दिखाया गया है, उसी प्रकार अन्य कुण्डलियों में भी समझ लेना चाहिये।

उच्च राशिस्थ राहु

जिस जातक की जन्म-कुण्डली में केतु उच्च राशि (धनु) का हो, वह सरदार, राजा प्रिय, भ्रमण प्रिय तथा नीच प्रकृति का होता है।

उदाहरण-कुण्डली में जिस प्रकार केतु को धनु राशि में दिखाया गया है, उसी प्रकार अन्य कुण्डलियों में भी समझ लेना चाहिए।

उच्च राशिस्थ केतु

मतान्तर से 'वृष' राशि में स्थित राहु उच्च का माना जाता है। इसका फल भी वही होता है, जो ऊपर मिथुन राशिस्थ उच्च के राहु का बताया गया है।

उदाहरण-कुण्डली में जिस प्रकार राहु को वृष राशि में स्थित दिखाया गया है, उसी प्रकार अन्य कुण्डलियों में भी समझ लेना चाहिए।

मतांतर से उच्च राशिस्थ राहु

मतान्तर से वृश्चिक राशि में स्थित केतु उच्च का माना जाता है। इसका फल भी वही होता है, जो ऊपर धनु राशि में स्थित उच्च के केतु का बताया गया है।

उदाहरण-कुण्डली में जिस प्रकार केतु को वृश्चिक राशि में स्थित दिखाया गया है, उसी प्रकार अन्य कुण्डलियों में भी समझ लेना चाहिए।

मतांतर से उच्च राशिस्थ केतु

मूल त्रिकोण राशिगत ग्रहों का फल

मूल त्रिकोण राशिगत ग्रहों का सामान्य फल नीचे लिखे अनुसार होता है—

जिस जातक की जन्म-कुण्डली में सूर्य मूल त्रिकोण (सिंह राशि के २० अंश तक) में हो, वह सम्माननीय, प्रतिष्ठित, पूज्य, धनी एवं सुखी होता है।

उदाहरण कुण्डली में जिस प्रकार सूर्य को मूल त्रिकोण राशि में स्थित दिखाया गया है, उसी प्रकार अन्य कुण्डलियों में भी समझ लेना चाहिए।

मूल त्रिकोण राशिगत सूर्य

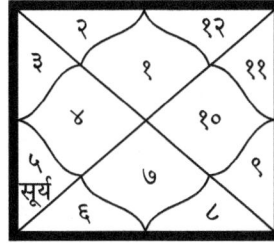

जिस जातक की जन्म-कुण्डली में चन्द्र मूल त्रिकोण (वृष राशि के ४ से ३० अंश तक) में हो, वह सुन्दर, सुखी, भाग्यशाली तथा धनवान होता है।

उदाहरण-कुण्डली में चन्द्र को जिस प्रकार मूल त्रिकोण राशि में स्थित दिखाया गया है, उसी प्रकार अन्य कुण्डलियों में भी समझ लेना चाहिए।

मूल त्रिकोण राशिगत चन्द्र

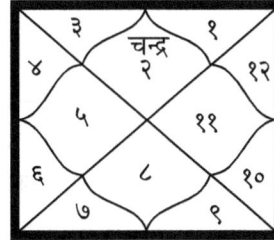

जिस जातक की जन्म-कुण्डली में मंगल मूल त्रिकोण (मेष राशि के १८ अंश तक) में हो, वह सामान्य धनी, नीच, स्वार्थी, लम्पट, क्रोधी, चरित्रहीन, दुष्ट, निर्दयी तथा अपयशी होता है।

उदाहरण-कुण्डली में जिस प्रकार मंगल को मूल त्रिकोण राशि में स्थित दिखाया गया है, उसी प्रकार अन्य कुण्डलियों में भी समझ लेना चाहिए।

मूल त्रिकोण राशिगत मंगल

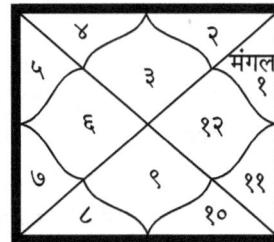

जिस जातक की जन्म-कुण्डली में बुध मूल त्रिकोण (कन्या राशि के १६ से २० अंश तक) में हो, वह महत्वाकांक्षी, चिकित्सक, सैनिक, व्यवसायी, प्राध्यापक, विद्वान, राजमान्य तथा धनवान होता है।

उदाहरण-कुण्डली में जिस प्रकार बुध को मूल त्रिकोण राशि में स्थित दिखाया गया है, उसी प्रकार अन्य कुण्डलियों में भी समझ लेना चाहिए।

मूल त्रिकोण राशिगत बुध

जिस जातक की जन्म-कुण्डली में गुरु मूल त्रिकोणी (धनु राशि के १३ अंश तक) में हो, वह राजप्रिय, यशस्वी सम्माननीय, भोगी, तपस्वी तथा सुखी होता है।

उदाहरण-कुण्डली में जिस प्रकार गुरु को मूल त्रिकोण राशि में स्थित दिखाया गया है, उसी प्रकार अन्य कुण्डलियों में भी समझ लेना चाहिए।

मूल त्रिकोण राशिगत गुरु

जिस जातक की जन्म-कुण्डली में शुक्र मूल त्रिकोण (तुला राशि के १० अंश तक) में हो, वह जागीरदार स्त्रियों का प्रिय एवं अनेक प्रकार के पुरस्कारों को जीतने वाला होता है।

उदाहरण-कुण्डली में जिस प्रकार शुक्र को मूल त्रिकोण राशि में स्थित दिखाया गया है, उसी प्रकार अन्य कुण्डलियों में भी समझ लेना चाहिए।

मूल त्रिकोण राशिगत शुक्र

जिस जातक की जन्म-कुण्डली में शनि मूल त्रिकोण (कुम्भ राशि के २० अंश तक) में हो, वह शूरवीर, साहसी, सेनापति, वैज्ञानिक, अस्त्र-शस्त्रों का निर्माता, कर्त्तव्यनिष्ठ एवं जहाज-चालक आदि होता है।

उदाहरण-कुण्डली में जिस प्रकार शनि को मूल त्रिकोण राशि में स्थित दिखाया गया है, उसी प्रकार अन्य कुण्डलियों में भी समझ लेना चाहिए।

मूल त्रिकोण राशिगत शनि

जिस जातक की जन्म-कुण्डली में राहु मूल त्रिकोण (कर्क राशि) में हो, वह लोभी, वाचाल तथा धनी होता है।

उदाहरण-कुण्डली में जिस प्रकार राहु को मूल त्रिकोण राशि में स्थित दिखाया गया है, उसी प्रकार अन्य कुण्डलियों में भी समझ लेना चाहिए।

मूल त्रिकोण राशिगत राहु

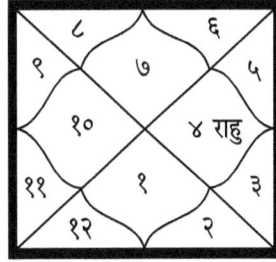

स्वक्षेत्रस्थ ग्रहों का फल

अपनी राशि (क्षेत्र) में स्थित ग्रहों का सामान्य फल नीचे लिखे अनुसार समझना चाहिए—

जिस जातक की जन्म-कुण्डली में सूर्य स्वक्षेत्री (सिंह राशि का) हो, वह सुन्दर, ऐश्वर्यवान्, सुखी, कामी तथा व्यभिचारी होता है।

उदाहरण-कुण्डली में जिस प्रकार सूर्य स्वक्षेत्री दिखाया गया है, उसी प्रकार अन्य कुण्डलियों में भी समझ लेना चाहिए।

स्वक्षेत्रस्थ सूर्य

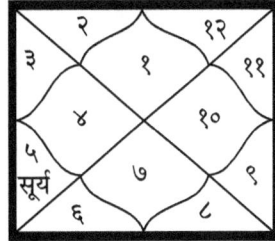

जिस जातक की जन्म-कुण्डली में चन्द्र स्वक्षेत्री (कर्क राशि का) हो, वह सुंदर, भाग्यशाली, धनी तथा तेजस्वी होता है।

उदाहरण-कुण्डली में जिस प्रकार चन्द्र को स्वक्षेत्री दिखाया गया है, उसी प्रकार अन्य कुण्डलियों में भी समझ लेना चाहिए।

स्वक्षेत्रस्थ चन्द्र

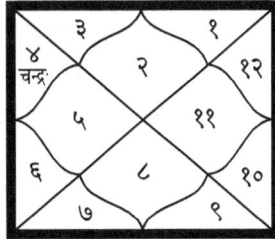

जिस जातक की जन्म-कुण्डली में मंगल स्वक्षेत्री (मेष राशि का) हो, वह जमींदार, किसान, साहसी, बलवान तथा यशस्वी होता है।

उदाहरण-कुण्डली में जिस प्रकार मंगल को स्वक्षेत्री दिखाया गया है, उसी प्रकार अन्य कुण्डलियों में भी समझ लेना चाहिए।

स्वक्षेत्रस्थ मंगल

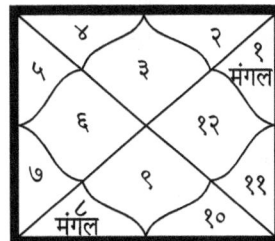

जिस जातक की जन्म-कुण्डली में बुध स्वक्षेत्री (कन्या अथवा मिथुन राशि का) हो, वह शास्त्रज्ञ, लेखक, सम्पादक, विद्वान तथा बुद्धिमान होता है।

उदाहरण-कुण्डली में जिस प्रकार बुध को स्वक्षेत्री दिखाया गया है, उसी प्रकार अन्य कुण्डलियों में भी समझ लेना चाहिए।

स्वक्षेत्रस्थ बुध

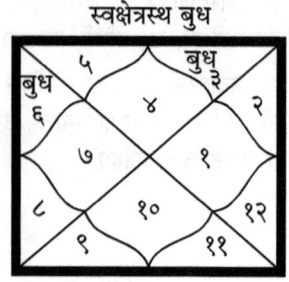

जिस जातक की जन्म-कुण्डली में गुरु स्वक्षेत्री (धनु अथवा मीन राशि का) हो, वह काव्य-प्रेमी, शास्त्रज्ञ, वैद्य तथा सुखी होता है।

उदाहरण-कुण्डली में जिस प्रकार गुरु को स्वक्षेत्री दिखाया गया है, उसी प्रकार अन्य कुण्डलियों में भी समझ लेना चाहिए।

स्वक्षेत्रस्थ गुरु

जिस जातक की जन्म-कुण्डली में शुक्र स्वक्षेत्री (वृष अथवा तुला राशि का) हो, वह विचारवान्, स्वतंत्र प्रकृति का, धनी, गुणी एवं विद्वान होता है।

उदाहरण-कुण्डली में जिस प्रकार शुक्र को स्वक्षेत्री दिखाया गया है, उसी प्रकार अन्य कुण्डलियों में भी समझ लेना चाहिए।

स्वक्षेत्रस्थ शुक्र

जिस जातक की जन्म-कुण्डली में शनि स्वक्षेत्री (मकर अथवा कुम्भ राशि का) हो, वह उग्र स्वभाव का, कष्ट-सहिष्णु तथा पराक्रमी होता है।

उदाहरण-कुण्डली में जिस प्रकार शनि को स्वक्षेत्री दिखाया गया है, उसी प्रकार अन्य कुण्डलियों में भी समझ लेना चाहिए।

स्वक्षेत्रस्थ शनि

जिस जातक की जन्म-कुण्डली में राहु स्वक्षेत्री (कन्या राशि का) हो, वह भाग्यवान्, यशस्वी तथा सुंदर होता है।

उदाहरण-कुण्डली में जिस प्रकार राहु को स्वक्षेत्री दिखाया गया है, उसी प्रकार अन्य कुण्डलियों में भी समझ लेना चाहिए।

स्वक्षेत्रस्थ राहु

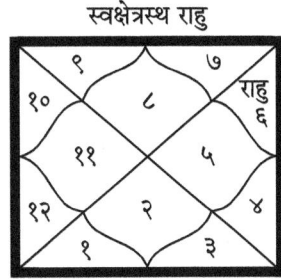

जिस जातक की जन्म-कुण्डली में केतु स्वक्षेत्री (मिथुन राशि का) हो, वह गुप्त-युक्ति वाला, धैर्यवान्, चिन्ताशील, कष्ट सहिष्णु तथा कर्मठ होता है।

उदाहरण-कुण्डली में जिस प्रकार केतु को स्वक्षेत्री दिखाया गया है, उसी प्रकार अन्य कुण्डलियों में भी समझ लेना चाहिए।

स्वक्षेत्रस्थ केतु

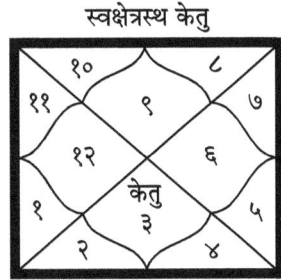

आवश्यक टिप्पणी—यदि किसी जातक की कुण्डली में एक ग्रह स्वक्षेत्री हो तो वह अपनी जाति में श्रेष्ठ होता है। दो ग्रह स्वक्षेत्री हों तो कर्त्तव्यपरायण, धनी एवं सम्माननीय होता है। तीन ग्रह स्वक्षेत्री हों तो विद्वान, धनी, राजमंत्री होता है। चार ग्रह स्वक्षेत्री हों तो सरदार, धन-सम्पत्तिवान्, नेता एवं यशस्वी होता है। यदि पांच ग्रह स्वक्षेत्री हों तो राजा अथवा राजा के समान अधिकारों का उपयोग करने वाला परम ऐश्वर्यशाली, धनी, सुखी, गुणी, विद्वान तथा महायशस्वी होता है।

मित्र क्षेत्रगत ग्रहों का सामान्य फल

मित्र क्षेत्रगत ग्रहों का सामान्य फल नीचे लिखे अनुसार समझना चाहिए—

जिस जातक की जन्म-कुण्डली में सूर्य अपने मित्र (चन्द्र, मंगल अथवा गुरु) की राशि (कर्क, मेष, वृश्चिक, धनु अथवा मीन) में बैठा हो, तो वह दानी, यशस्वी, व्यवहारकुशल तथा सौभाग्यशाली होता है।

उदाहरण-कुण्डली में जिस प्रकार सूर्य को मित्र-क्षेत्री दिखाया गया है, उसी प्रकार अन्य कुण्डलियों में भी समझ लेना चाहिए।

मित्र क्षेत्रगत सूर्य

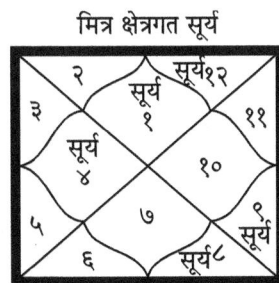

जिस जातक की जन्म-कुण्डली में चन्द्र अपने मित्र (सूर्य अथवा बुध) की राशि (सिंह, कन्या अथवा मिथुन) में बैठा हो, वह गुणवान्, धनवान् तथा सुखी होता है।

उदाहरण-कुण्डली में जिस प्रकार चन्द्र को मित्र-क्षेत्री दिखाया गया है, उसी प्रकार अन्य कुण्डलियों में भी समझ लेना चाहिए।

मित्र क्षेत्रगत चन्द्र

जिस जातक की जन्म-कुण्डली में मंगल अपने मित्र (सूर्य, चन्द्र अथवा गुरु) की राशि (सिंह, कर्क, धनु अथवा मीन) में बैठा हो, वह धनवान् तथा मित्र-प्रेमी होता है।

उदाहरण-कुण्डली में जिस प्रकार मंगल को मित्र-क्षेत्री दिखाया गया है, उसी प्रकार अन्य कुण्डलियों में भी समझ लेना चाहिए।

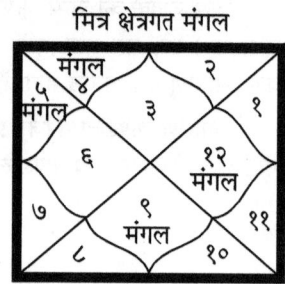

मित्र क्षेत्रगत मंगल

जिस जातक की जन्म-कुण्डली में बुध अपने मित्र (सूर्य अथवा शुक्र) की राशि (सिंह, वृष अथवा तुला) में बैठा हो, वह कार्यदक्ष, शास्त्रज्ञ तथा विनोदी स्वभाव का होता है।

उदाहरण-कुण्डली में जिस प्रकार बुध को मित्र-क्षेत्री दिखाया गया है, उसी प्रकार अन्य कुण्डलियों में भी समझ लेना चाहिए।

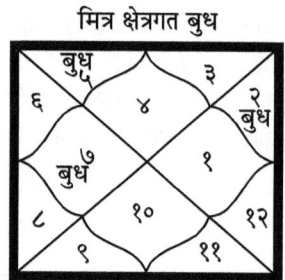

मित्र क्षेत्रगत बुध

जिस जातक की जन्म-कुण्डली में गुरु अपने मित्र (सूर्य, चन्द्र अथवा मंगल) की राशि (सिंह, कर्क, मेष अथवा वृश्चिक) में बैठा हो, वह बुद्धिमान्, सुखी तथा उन्नतिशील होता है।

उदाहरण-कुण्डली में जिस प्रकार गुरु को मित्र-क्षेत्री दिखाया गया है, उसी प्रकार अन्य कुण्डलियों में भी समझ लेना चाहिए।

मित्र क्षेत्रगत गुरु

जिस जातक की जन्म-कुण्डली में शुक्र अपने मित्र (बुध अथवा शनि) की राशि (कन्या, मिथुन, मकर अथवा कुम्भ) में बैठा हो, वह सुखी, गुणवान् एवं संततिवान् होता है।

उदाहरण-कुण्डली में जिस प्रकार शुक्र को मित्र-क्षेत्री दिखाया गया है, उसी प्रकार अन्य कुंडलियों में भी समझ लेना चाहिए।

मित्र क्षेत्रगत शुक्र

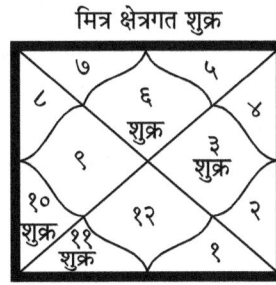

जिस जातक की जन्म-कुण्डली में शनि अपने मित्र (बुध अथवा शुक्र) की राशि (कन्या, मिथुन, वृष अथवा तुला) में बैठा हो, वह प्रेमी-स्वभाव का, धनी, सुखी तथा परान्न-भोजी होता है।

उदाहरण-कुण्डली में जिस प्रकार शनि को मित्र-क्षेत्री दिखाया गया है, उसी प्रकार अन्य कुण्डलियों में भी समझ लेना चाहिए।

मित्र क्षेत्रगत शनि

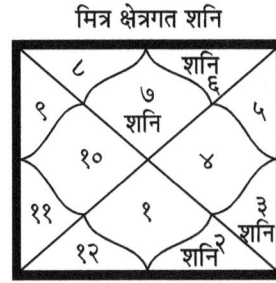

आवश्यक टिप्पणी—(१) मित्र-क्षेत्री राहु तथा केतु का फल मित्र-क्षेत्री शनि के समान होता है।

(२) जिस जातक की जन्म-कुण्डली में एक ग्रह मित्र-क्षेत्री हो, वह पराये धन का उपभोग करता है। यदि दो ग्रह मित्र-क्षेत्री हों तो जातक मित्र के धन का उपभोग करता है। यदि तीन ग्रह मित्र-क्षेत्री हों तो स्व-उपार्जित धन का उपयोग करता है। यदि चार ग्रह मित्र-क्षेत्री हों तो दानी होता है। यदि पांच ग्रह मित्र-क्षेत्री हों तो नेता, सरदार अथवा सेनापति होता है। यदि छः ग्रह मित्र-क्षेत्री हों तो राजमान्य, उच्च पदाधिकारी, प्रथम श्रेणी का नेता अथवा महान सेनानायक होता है। यदि सात ग्रह मित्र-क्षेत्री हों तो जातक राजा अथवा राजा के समान अधिकार प्राप्त करने वाला होता है।

शत्रु क्षेत्रगत ग्रहों का फल

शत्रु क्षेत्रगत ग्रहों का सामान्य फल नीचे लिखे अनुसार समझना चाहिए—

जिस जातक की जन्म-कुण्डली में सूर्य अपने शत्रु (शुक्र अथवा शनि) की राशि (वृष, तुला, मकर अथवा कुम्भ) में बैठा हो, वह नौकरी करने वाला तथा सर्वदा दुःखी रहने वाला होता है।

उदाहरण-कुण्डली में जिस प्रकार सूर्य को शत्रु-क्षेत्री दिखाया गया है, उसी प्रकार अन्य कुण्डलियों में भी समझ लेना चाहिए।

शत्रु क्षेत्रगत सूर्य

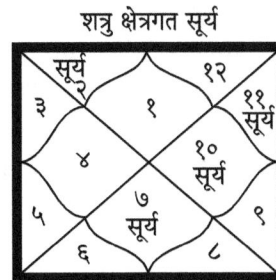

जिस जातक की जन्म-कुण्डली में चन्द्र अपने शत्रु (राहु अथवा केतु) की राशि (कन्या अथवा मिथुन) में बैठा हो, वह अपनी माता के कारण दु:खी रहता है तथा हृदय रोगी होता है।

उदाहरण-कुण्डली में जिस प्रकार चन्द्र को शत्रु-क्षेत्री दिखाया गया है, उसी प्रकार अन्य कुण्डलियों में भी समझ लेना चाहिए।

शत्रु क्षेत्रगत चन्द्र

जिस जातक की जन्म-कुण्डली में मंगल अपने शत्रु (बुध) की राशि (कन्या अथवा मिथुन) में बैठा हो, वह दीन, मलीन, विकलांग तथा व्याकुल रहने वाला होता है।

उदहारण-कुण्डली में जिस प्रकार मंगल को शत्रु-क्षेत्री दिखाया गया है, उसी प्रकार अन्य कुण्डलियों में भी समझ लेना चाहिए।

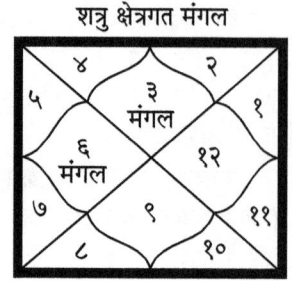
शत्रु क्षेत्रगत मंगल

जिस जातक की जन्म-कुण्डली में बुध अपने शत्रु (चन्द्र) की राशि (कर्क) में बैठा हो, वह कर्त्तव्यहीन, वासनायुक्त तथा सामान्य सुख प्राप्त करने वाला होता है।

उदाहरण-कुण्डली में जिस प्रकार बुध को शत्रु-क्षेत्री दिखाया गया है, उसी प्रकार अन्य कुण्डलियों में भी समझ लेना चाहिए।

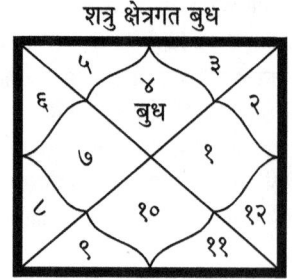
शत्रु क्षेत्रगत बुध

जिस जातक की जन्म-कुण्डली में गुरु अपने शत्रु (शुक्र अथवा बुध) की राशि (वृष, तुला, कन्या अथवा मिथुन) में बैठा हो, वह चतुर तथा भाग्यशाली होता है।

उदाहरण-कुण्डली में जिस प्रकार गुरु को शत्रु-क्षेत्री दिखाया गया है, उसी प्रकार अन्य कुण्डलियों में भी समझ लेना चाहिए।

शत्रु क्षेत्रगत गुरु

जिस जातक की जन्म-कुण्डली में शुक्र अपने शत्रु (सूर्य अथवा चन्द्र) की राशि (सिंह अथवा कर्क) में बैठा हो, वह नौकरी अथवा दास वृत्ति करके अपनी जीविका चलाता है।

उदाहरण-कुण्डली में जिस प्रकार शुक्र को शत्रु-क्षेत्री दिखाया गया है, उसी प्रकार अन्य कुण्डलियों में भी समझ लेना चाहिए।

शत्रु क्षेत्रगत शुक्र

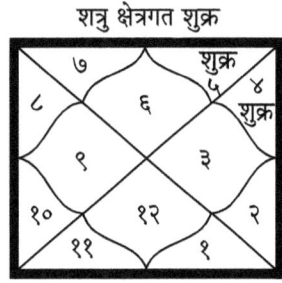

जिस जातक की जन्म-कुण्डली में शनि अपने शत्रु (सूर्य, चन्द्र अथवा मंगल) की राशि (सिंह, कर्क, मेष अथवा वृश्चिक) में बैठा हो, वह जीवन-भर किसी-न-किसी कारणवश दु:खी तथा चिंतित बना रहता है।

उदहारण-कुण्डली में जिस प्रकार शनि को शत्रु-क्षेत्री दिखाया गया है, उसी प्रकार अन्य कुण्डलियों में भी समझ लेना चाहिए।

शत्रु क्षेत्रगत शनि

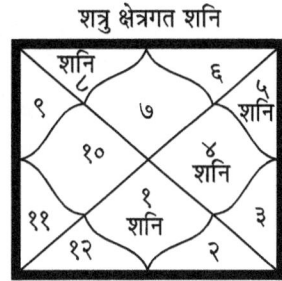

आवश्यक टिप्पणी—(१) शत्रु-क्षेत्री राहु तथा केतु का प्रभाव भी शत्रु-क्षेत्री शनि के समान होता है।

(२) जिस जातक की जन्म-कुण्डली में जितने अधिक ग्रह शत्रु-क्षेत्री होते हैं, वह उतना ही अधिक दु:खी, चिन्तित, निराश, दरिद्र तथा भाग्यहीन होता है। यदि तीन ग्रह शत्रु-क्षेत्री हों तो जीवन-भर दु:खी रहता है, परन्तु जीवन के अन्तिम भाग में सुख प्राप्त करता है।

नीच राशिगत ग्रहों का फल

नीच राशिगत ग्रहों का सामान्य-फल आगे लिखे अनुसार समझना चाहिए—

जिस जातक की जन्म-कुण्डली में सूर्य नीच राशि (तुला) का हो, वह पाप कर्म करने वाला तथा बन्धु-सेवी होता है।

उदाहरण-कुण्डली में जिस प्रकार सूर्य को नीच राशिगत दिखाया गया है, उसी प्रकार अन्य कुण्डलियों में भी समझ लेना चाहिए।

नीच राशिगत सूर्य

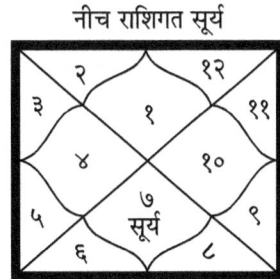

जिस जातक की जन्म-कुण्डली में चन्द्र नीच राशि (वृश्चिक) का हो, वह अल्प धनी, नीच प्रकृति वाला तथा रोगी होता है।

उदाहरण-कुण्डली में जिस प्रकार चन्द्र को नीच राशिगत दिखाया गया है, उसी प्रकार अन्य कुण्डलियों में भी समझ लेना चाहिए।

नीच राशिगत चन्द्र

जिस जातक की जन्म-कुण्डली में मंगल नीच राशि (कर्क) का हो, वह कृतघ्न तथा नीच स्वभाव का होता है।

उदाहरण-कुण्डली में जिस प्रकार मंगल को नीच राशिगत दिखाया गया है, उसी प्रकार अन्य कुण्डलियों में भी समझ लेना चाहिए।

नीच राशिगत मंगल

७२

जिस जातक की जन्म-कुण्डली में बुध नीच राशि (मीन) का हो, वह उग्र प्रकृति वाला, चंचल स्वभाव का तथा बन्धु-विरोधी होता है।

उदाहरण-कुण्डली में जिस प्रकार बुध को नीच राशिगत दिखाया गया है, उसी प्रकार अन्य कुण्डलियों में भी समझ लेना चाहिए।

नीच राशिगत बुध

जिस जातक की जन्म-कुण्डली में गुरु नीच राशि (मकर) का हो, वह दुष्ट, अपवादी तथा अपयश प्राप्त करने वाला होता है।

उदाहारण-कुण्डली में जिस प्रकार गुरु को नीच राशिगत दिखाया गया है, उसी प्रकार अन्य कुण्डलियों में भी समझ लेना चाहिए।

नीच राशिगत गुरु

जिस जातक की जन्म-कुण्डली में शुक्र नीच राशि (कन्या) का हो, वह सदैव किसी-न-किसी कारणवश दु:खी बना रहता है।

उदाहरण-कुण्डली में जिस प्रकार शुक्र को नीच राशिगत दिखाया गया है, उसी प्रकार अन्य कुण्डलियों में भी समझ लेना चाहिए।

नीच राशिगत शुक्र

जिस जातक की जन्म-कुण्डली में शनि नीच राशि (मेष) का हो, वह दु:खी तथा दरिद्री होता है।

उदाहरण-कुण्डली में जिस प्रकार शनि को नीच राशिगत दिखाया गया है, उसी प्रकार अन्य कुण्डलियों में भी समझ लेना चाहिए।

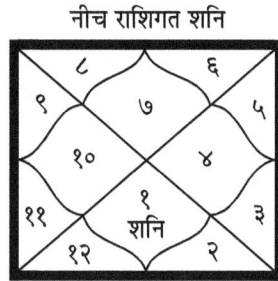

नीच राशिगत शनि

आवश्यक टिप्पणी—(१) नीच राशि स्थित राहु तथा केतु का प्रभाव भी नीच राशि स्थित शनि के समान ही होता है।

(२) जन्म-कुण्डली में जितने अधिक ग्रह नीच के होते हैं, जातक उतना ही अशुभ फल प्राप्त करता है। यदि तीन ग्रह नीच के हों तो जातक मूर्ख होता है।

ग्रहों की दृष्टि और स्थान-सम्बन्ध

ग्रहों की दृष्टि एवं स्थान-सम्बन्ध के विषय में नीचे लिखे अनुसार समझना चाहिए—

(१) दृष्टि सम्बन्ध—जब कोई ग्रह अपने बैठे हुए स्थान से किसी अन्य स्थान (भाव) को देखता है अथवा उस स्थान पर बैठे हुए किसी ग्रह को देखता है, तो उसे उस ग्रह का 'दृष्टि सम्बन्ध' कहा जाता है।

ग्रहों का दृष्टि सम्बन्ध

उदाहरण-कुण्डली में द्वादश भाव में बैठा हुआ गुरु सप्तम भाव में स्थित शनि को अपनी पूर्ण दृष्टि से देख रहा है, अत: इसे गुरु और शनि का 'दृष्टि सम्बन्ध' कहा जाएगा। इसी प्रकार अन्य ग्रहों के दृष्टि-सम्बन्ध के विषय में भी समझ लेना चाहिए।

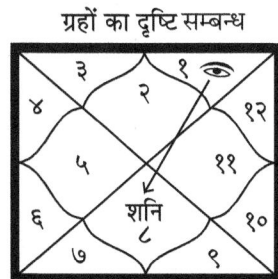

(२) पारस्परिक दृष्टि सम्बन्ध—जब कोई भी दो ग्रह अलग-अलग स्थानों (भावों) में बैठे हुए एक दूसरे के ऊपर अपनी दृष्टि डालते हैं, तो उसे उन ग्रहों का 'पारस्परिक दृष्टि सम्बन्ध' कहा जाता है।

ग्रहों का पारस्परिक दृटि सम्बन्ध

उदाहरण-कुण्डली में लग्न में बैठा हुआ मंगल अपने स्थान से चौथे भाव में स्थित शनि के ऊपर अपनी पूर्ण दृष्टि डाल रहा है। साथ ही चौथे भाव में बैठा हुआ शनि भी अपने स्थान से दसवें भाव में स्थित मंगल के ऊपर अपनी पूर्ण दृष्टि डाल रहा है। इस प्रकार दोनों ग्रह परस्पर एक दूसरे को पूर्ण-दृष्टि से देख रहे हैं, अतः इसे ग्रहों का 'पारस्परिक दृष्टि सम्बन्ध' कहा जाएगा।

इसी प्रकार अन्य ग्रहों के पारस्परिक दृष्टि-सम्बन्ध के विषय में भी समझ लेना चाहिए।

(३) स्थान सम्बन्ध—जब कोई भी दो ग्रह अलग-अलग एक दूसरे के स्थान में बैठे हुए हों, तो उसे उन ग्रहों का 'स्थान सम्बन्ध' कहा जाता है।

ग्रहों का स्थान सम्बन्ध

उदाहरण-कुण्डली में बुध के स्थान मिथुन राशि पर शुक्र बैठा है तथा शुक्र के स्थान तुला राशि पर बुध बैठा हुआ है। इस प्रकार दोनों ग्रह अपने-अपने स्थान छोड़कर एक दूसरे के स्थान पर बैठे हुए हैं, अतः इसे शुक्र तथा बुध का 'स्थान-सम्बन्ध' कहा जाएगा।

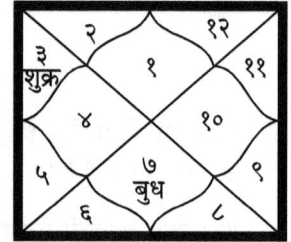

इसी प्रकार अन्य ग्रहों के 'स्थान सम्बन्ध' के विषय में भी समझ लेना चाहिए।

उपर्युक्त दृष्टि-सम्बन्ध, पारस्परिक-दृष्टि-सम्बन्ध तथा स्थान-सम्बन्ध का प्रभाव यह होता है कि ग्रहों का ऐसा पारस्परिक सम्बन्ध होने पर वे अपने-अपने गुण, कर्म तथा स्वभाव को एक दूसरे से मिलाकर जातक के जीवन पर प्रभाव डालते हैं अर्थात् एक ग्रह में दूसरे ग्रह का स्वभाव सम्मिलित हो जाता है, परन्तु इन सम्बन्धों में मुख्य बात विचार करने की यह है कि पारस्परिक सम्बन्ध वाले दोनों ग्रह आपस में मित्र हैं, शत्रु हैं अथवा समभाव रखने वाले हैं।

यदि दोनों ग्रह परस्पर मित्र होंगे, तो वे जातक के जीवन पर अपना एक-सा विशेष प्रभाव डालेंगे, यदि परस्पर शत्रु होंगे तो वे जातक के जीवन पर एक दूसरे के विपरीत विशेष प्रभाव डालेंगे और यदि समभाव रखने वाले होंगे तो अपना संयुक्त सामान्य प्रभाव डालेंगे।

ग्रहों के उक्त पारस्परिक सम्बन्धों पर विचार करते समय उनके उच्च राशिगत, मूल त्रिकोण राशिगत, नीच राशिगत, स्वक्षेत्रगत, मित्र क्षेत्रगत अथवा शत्रु क्षेत्रगत होने आदि पर भी विचार कर लेना आवश्यक है क्योंकि इन सब बातों पर विचार करने के उपरांत सबके समन्वय एवं निष्कर्ष के रूप में जो फल निकलता है, वही जातक के जीवन पर घटित होता है।

भावाधिपति

जन्म-कुण्डली में जो बारह खाने होते हैं, उन्हें 'द्वादशभाव' कहा जाता है, यह बात पहले बताई जा चुकी है। जिस प्रकार जन्म-कुण्डली के खानों की संख्या बारह है, उसी प्रकार मेष आदि

राशियों की संख्या भी बारह ही होती है। जातक के जन्म के समय जिस राशि की लग्न वर्तमान होती है, वही राशि जन्म-कुण्डली के लग्न स्थान अर्थात् प्रथम भाव में बैठती है। शेष राशियां अपने क्रम के अनुसार कुण्डली के अगले भावों में बैठती हैं।

उदाहरण के लिए, यदि किसी जातक का जन्म वृष लग्न में हुआ है, तो उसे उसकी जन्म-कुण्डली में वृष राशि को प्रथम भाव में स्थापित किया जाएगा। तत्पश्चात् अगले भावों में क्रमश: मिथुन, कर्क, सिंह, कन्या, तुला, वृश्चिक, धनु, मकर, कुम्भ, मीन तथा मेष राशि को स्थापित किया जाएगा। नीचे दी गई बारह उदाहरण कुण्डलियाँ बारह विभिन्न लग्नों में जन्म लेने वाले लोगों की हैं। कुण्डली संख्या ८० मेष लग्न में जन्म लेने वाले व्यक्ति की; कुण्डली संख्या ८१ वर्ष लग्न में जन्म लेने वाले व्यक्ति की; कुण्डली संख्या ८२ मिथुन लग्न में जन्म लेने वाले व्यक्ति की; कुण्डली संख्या ८३ कर्क लग्न में जन्म लेने वाले व्यक्ति की; कुण्डली संख्या ८४ सिंह लग्न में जन्म लेने वाले व्यक्ति की; कुण्डली संख्या ८५ कन्या लग्न में जन्म लेने वाले व्यक्ति की; कुण्डली संख्या ८६ तुला लग्न में जन्म लेने वाले व्यक्ति की; कुण्डली संख्या ८७ वृश्चिक लग्न में जन्म लेने वाले व्यक्ति की; कुण्डली संख्या ८८ धनु लग्न में जन्म लेने वाले व्यक्ति की; कुण्डली संख्या ८९ मकर लग्न में जन्म लेने वाले व्यक्ति की; कुण्डली संख्या ९० कुम्भ लग्न में जन्म लेने वाले व्यक्ति की तथा कुण्डली संख्या ९१ मीन लग्न में जन्म लेने वाले व्यक्ति की है।

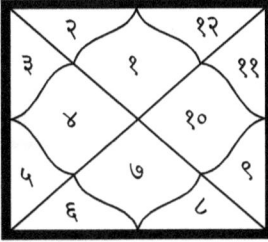

मेष लग्न की कुण्डली

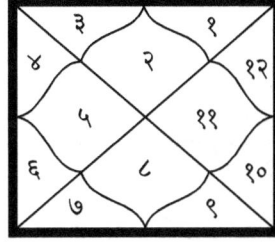

वृष लग्न की कुण्डली

कुण्डली में कौन-सा ग्रह किस स्थान पर बैठना चाहिए, इसका निर्णय जातक के जन्मकालीन समय तथा उस समय की ग्रह स्थिति के अनुसार पंचांग के आधार पर किया जाता है। ज्योतिषी लोग इस विषय को जानते हैं, अत: यदि जिज्ञासा हो तो इस सम्बन्ध में उनसे जानकारी प्राप्त करनी चाहिए या फिर इस विषय से सम्बन्धित ज्योतिष-ग्रंथों का अध्ययन करना चाहिए।

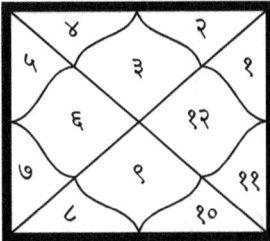

मिथुन लग्न की कुण्डली

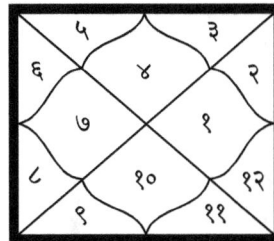

कर्क लग्न की कुण्डली

सिंह लग्न की कुण्डली

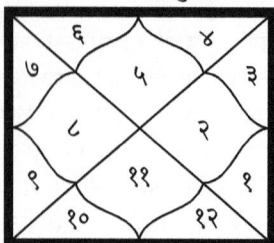

कन्या लग्न की कुण्डली

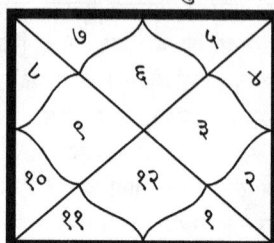

तुला लग्न की कुण्डली

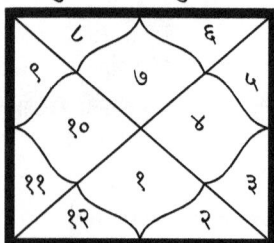

वृश्चिक लग्न की कुण्डली

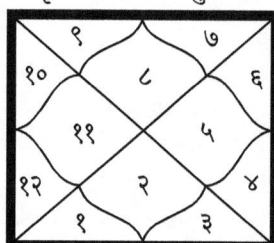

धनु लग्न की कुण्डली

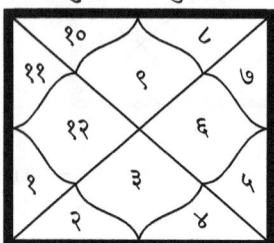

मकर लग्न की कुण्डली

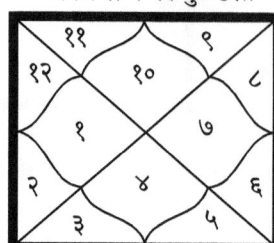

कुम्भ लग्न की कुण्डली

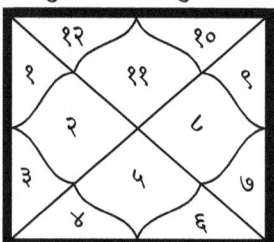

मीन लग्न की कुण्डली

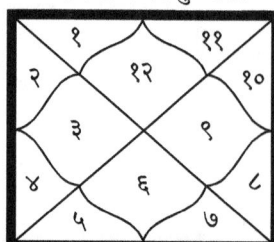

जन्म-कुण्डली में जो राशि जिस स्थान (भाव) में स्थित होती है, उस राशि का स्वामी ही उस स्थान (भाव) का अधिपति होता है।

उदाहरण के लिए निम्न कुण्डली के ग्यारहवें भाव में—जिससे कि लाभ तथा आमदनी का विचार किया जाता है—मिथुन राशि स्थित है, तो ऐसी स्थिति में मिथुन राशि के स्वामी बुध को ही ग्यारहवें भाव का अधिपति, अर्थात् एकादशेश या लाभेश माना जाएगा।

इसी प्रकार यदि ग्यारहवें भाव में कर्क राशि स्थित हुई तो उसका स्वामी चन्द्र एकादश भाव का अधिपति, अर्थात् एकादशेश या लाभेश माना जाएगा।

संक्षेप में यह है कि जिस भाव में जो राशि स्थित होती है, उस राशि का स्वामी ही उस भाव का अधिपति होता है।

जिस भाव में जो राशि स्थित हो, उसका स्वामी उसी भाव में स्थित हो, यह आवश्यक नहीं है। उदाहरण के लिए यदि एकादश भाव में मिथुन राशि स्थित है और उसका स्वामी बुध कर्क राशि वाले द्वादशभाव में स्थित है, तो उस समय यह कहा जाएगा कि एकादशेश अथवा लाभेश द्वादश भाव में, अर्थात् व्यय-स्थान में चला गया है। यदि बुध कर्क राशि वाले द्वादशभाव की बजाय तुला राशि वाले तृतीय भाव में चला गया हो, तो उस स्थिति में यह कहा जाएगा कि एकादशेश तृतीयभाव में चला गया है। पृष्ठ संख्या 53 तथा 54 देखिए।

इसी प्रकार अन्य सभी भावों, राशियों तथा ग्रहों के विषय में समझ लेना चाहिए।

द्वादश भाव कुण्डली भाग-१

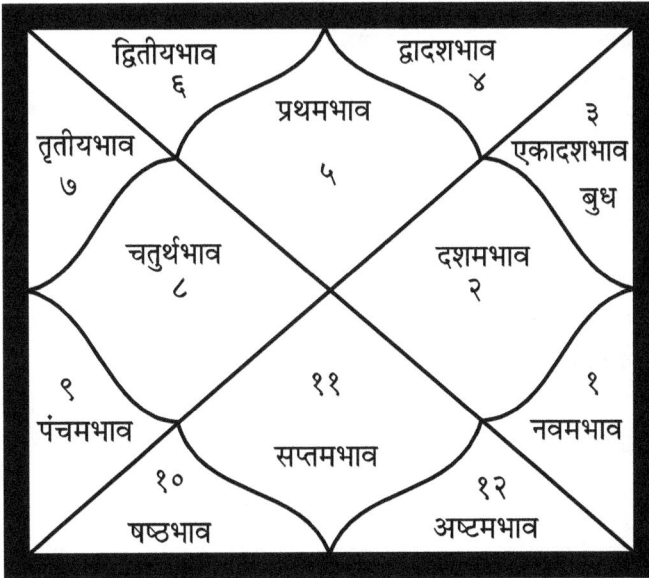

द्वादश भाव कुण्डली भाग-२

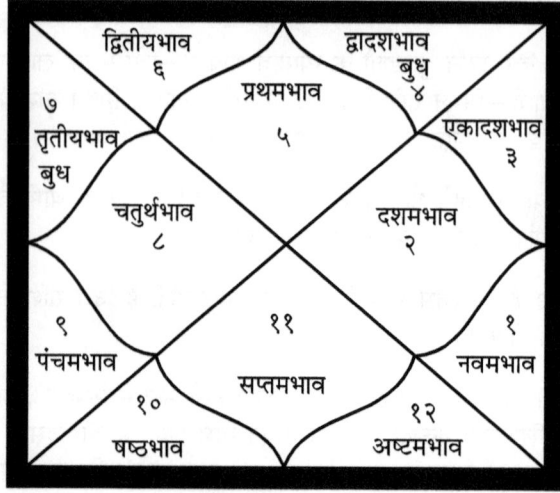

भावाधिपतियों के नाम

जन्म-कुण्डली में जो द्वादश भाव होते हैं, उनमें से प्रत्येक भाव के स्वामी को, उसी भाव के नाम अथवा गुण के अनुरूप संबोधित किया जाता है। इस सम्बन्ध में नीचे लिखे अनुसार समझ लेना चाहिए—

(१) प्रथमभाव के स्वामी को 'प्रथमेश', 'लग्नेश' तथा 'देहाधीश' कहा जाता है।

(२) द्वितीयभाव के स्वामी को 'द्वितीयेश' तथा 'धनेश' कहा जाता है।

(३) तृतीयभाव के स्वामी को 'तृतीयेश' तथा 'पराक्रमेश' कहा जाता है।

(४) चतुर्थभाव के स्वामी को 'चतुर्थेश' तथा 'सुखेश' कहा जाता है।

(५) पंचमभाव के स्वामी को 'पंचमेश' कहा जाता है।

(६) षष्ठभाव के स्वामी को 'षष्ठेश' कहा जाता है।

(७) सप्तमभाव के स्वामी को 'सप्तमेश' कहा जाता है।

(८) अष्टमभाव के स्वामी को 'अष्टमेश' कहा जाता है।

(९) नवमभाव के स्वामी को 'नवमेश', 'भाग्येश' तथा 'धर्मेश' कहा जाता है।

(१०) दशमभाव के स्वामी को 'दशमेश' तथा 'राज्येश' कहा जाता है।

(११) एकादशभाव के स्वामी को 'एकादशेश' तथा 'लाभेश' कहा जाता है।

(१२) द्वादशभाव के स्वामी को 'द्वादशेश' तथा 'व्ययेश' कहा जाता है।

विभिन्न भावों में ग्रहों का शुभाशुभ फल

(१) केन्द्र (पहला, चौथा, सातवां तथा दसवां भाव) में बैठे हुए ग्रह अधिक शक्तिशाली होते हैं, अत: वे अपना पूर्ण फल प्रदान करते हैं।

(२) त्रिकोण (पांचवां तथा नवां भाव) में बैठे हुए ग्रह भी जातक के ऊपर अपनी शक्ति एवं सामर्थ्य का पूरा-पूरा प्रभाव डालते हैं।

(३) धन तथा लाभ स्थान (दूसरा तथा ग्यारहवें भाव) में बैठे हुए ग्रह जातक के धन की वृद्धि करते हैं। एकादश भाव में बैठा हुआ ग्रह विशेष लाभ देता है।

(४) पराक्रम स्थान (तृतीय भाव) में बैठे हुए ग्रह जातक के पराक्रम की वृद्धि करते हैं, जिसके कारण वह सफलता प्राप्त करता है।

इस प्रकार प्रथम, द्वितीय, तृतीय, चतुर्थ, पंचम, सप्तम, नवम, दशम तथा एकादश भाव—ये नौ स्थान और इनमें बैठे हुए ग्रह उत्तम फल देने वाले बताए गए हैं।

(५) षष्ठ, अष्टम तथा द्वादश भाव में बैठे हुए ग्रह जातक के लिए परेशानियां उत्पन्न करने वाले होते हैं, क्योंकि छठा स्थान शत्रु का, आठवां स्थान मृत्यु का एवं बारहवां स्थान व्यय (खर्च) का होता है।

परन्तु सभी अच्छे स्थानों में बैठे हुए ग्रह शुभ फल ही देते हों और छठे, आठवें तथा बारहवें घर में बैठे हुए ग्रह अशुभ फल ही देते हों, ऐसी बात भी नहीं है। राशि, स्थिति, अंश, उच्च, नीच, स्व-क्षेत्र, मित्र-क्षेत्र, शत्रु-क्षेत्र, अन्य ग्रहों की दृष्टि, युति आदि कारणों से अच्छे तथा बुरे स्थानों में बैठे हुए ग्रहों के प्रभाव में भी सहस्त्रों प्रकार के भले-बुरे परिवर्तन हो जाते हैं—इस बात को सदैव स्मरण रखना चाहिए।

अन्य ज्ञातव्य विषय

(१) लग्न से तीसरे, छठे तथा ग्यारहवें भाव में क्रूर ग्रहों का बैठना जातक को शक्ति प्रदान करता है। ग्यारहवें भाव में सभी ग्रह शुभ फल देते हैं।

(२) स्वग्रही, उच्च-क्षेत्री, मित्र-क्षेत्री अथवा स्व-क्षेत्र या उच्च क्षेत्र पर दृष्टि डालने वाले ग्रह उस स्थान के गुणों की वृद्धि करते हैं।

इसे और अधिक स्पष्ट रूप में नीचे लिखे अनुसार समझ लेना चाहिए—

सूर्य—सिंह अथवा मेष राशि पर बैठा हुआ हो अथवा इन राशियों पर सूर्य की दृष्टि पड़ती हो।

चन्द्र—कर्क अथवा वृष राशि पर बैठा हुआ हो अथवा इन राशियों पर चन्द्र की दृष्टि पड़ती हो।

मंगल—मेष, वृश्चिक अथवा मकर राशि पर बैठा हुआ हो अथवा इन राशियों पर मंगल की दृष्टि पड़ती हो।

बुध—मिथुन अथवा कन्या राशि पर बैठा हुआ हो अथवा इन राशियों पर बुध की दृष्टि पड़ती हो।

गुरु—धनु, मीन अथवा कर्क राशि पर बैठा हुआ हो अथवा इन राशियों पर गुरु की दृष्टि पड़ती हो।

शुक्र—वृष, तुला अथवा मीन राशि पर बैठा हुआ हो अथवा इन राशियों पर शुक्र की दृष्टि पड़ती हो।

शनि—मकर, कुम्भ अथवा तुला राशि पर बैठा हुआ हो अथवा इन राशियों पर शनि की दृष्टि पड़ती हो।

राहु—मिथुन राशि पर बैठा हुआ हो अथवा लग्न से तीसरे, छठे या ग्यारहवें किसी भी ऐसे स्थान में बैठा हो, जिसमें धनु राशि न हो।

केतु—धनु राशि पर बैठा हुआ हो अथवा लग्न से तीसरे, छठे या ग्यारहवें किसी भी ऐसे स्थान में बैठा हो, जिसमें मिथुन राशि न हो।

(३) जो ग्रह सूर्य के बराबर अथवा उसके समीप के अंशों पर होता है, उसे पूर्ण अस्त माना जाता है। जो ग्रह सूर्य से ८ अंश की दूरी पर होता है, उसे आधा अस्त माना जाता है तथा जो ग्रह सूर्य से १५ अंश की दूरी पर होता है, उसे पूर्ण उदय माना जाता है।

पूर्ण उदय ग्रह अपना पूर्ण प्रभाव देता है, आधा अस्त ग्रह अपना आधा प्रभाव देता है तथा पूर्ण अस्त ग्रह प्रभावहीन हो जाता है।

(४) किसी भाव का स्वामी पाप ग्रह (दुष्ट ग्रह) हो और वह लग्न (प्रथम भाव) से तृतीय स्थान में बैठा हो तो अच्छा फल देता है, परन्तु जिस भाव का स्वामी शुभ ग्रह हो, वह यदि उस भाव से तीसरे स्थान में बैठे तो मध्यम फल देता है।

(५) जिस भाव में शुभ ग्रह बैठा होता है, उसका फल उत्तम होता है तथा जिसमें पाप ग्रह रहता है, उस भाव के फल की हानि होती है।

(६) जिस भाव में उसका अधिपति ग्रह अथवा शुक्र, बुध या गुरु बैठा हुआ हो अथवा इनकी दृष्टि पड़ रही हो अथवा वह अपने भाव के स्वामी के अतिरिक्त किसी अन्य ग्रह से युक्त अथवा दृष्ट न हो, तो वह शुभ फल देता है।

(७) जिस भाव का अधिपति शुभ ग्रह से युक्त अथवा दृष्ट हो, अथवा जिस भाव में शुभ ग्रह बैठा हो अथवा जिस भाव को शुभ ग्रह देख रहा हो, वह शुभ फल देता है।

(८) जिस भाव में कोई पाप ग्रह बैठा हो अथवा उसके अधिपति के साथ कोई पाप ग्रह बैठा हो अथवा उसके अधिपति पर पाप ग्रह की दृष्टि पड़ रही हो अथवा उस भाव को ही कोई पाप ग्रह देख रहा हो, तो उसका फल अशुभ होता है।

(९) जिस भाव का अधिपति उच्च राशि का स्व-क्षेत्री, मित्र-क्षेत्री या मूल-त्रिकोण स्थित हो, उस भाव का फल शुभ होता है।

(१०) सूर्य, मंगल, शनि तथा राहु क्रम से एक दूसरे से अधिक पाप ग्रह हैं। ये ग्रह यदि अपनी राशि में बैठे हों, तो अधिक पापी होते हैं अर्थात् जातक को अधिक अशुभ फल प्रदान करते हैं। यही ग्रह यदि अपने मित्र की राशि, किसी शुभ ग्रह की राशि अथवा अपनी उच्च राशि में बैठे हुए हों, तो अल्प पापी होते हैं, अर्थात् अशुभ फल न्यून मात्रा में देते हैं।

(११) चन्द्र, बुध, शुक्र, केतु तथा गुरु ये सब क्रम से एक-दूसरे से अधिक शुभ ग्रह हैं। फल का विचार करने में केतु को प्रायः पाप ग्रह माना जाता है, परन्तु वैसे केतु की गणना शुभ ग्रहों में की जाती है। यह ग्रह यदि अपनी राशियों में बैठे हों, तो अधिक शुभ फल प्रदान करते हैं और यदि पाप ग्रहों (सूर्य, मंगल, शनि और राहु) की राशि में बैठे हों, तो अल्प शुभ फल प्रदान करते हैं।

(१२) आठवें तथा बारहवें भाव में बैठे हुए सभी ग्रह जातक को थोड़ी-बहुत हानि अवश्य पहुंचाते हैं।

(१३) गुरु छठे भाव में बैठा हो, तो वह शत्रुनाशक होता है। शनि आठवें भाव में बैठा हो, वह दीर्घायु देने वाला होता है। इसी प्रकार मंगल दसवें स्थान में बैठा हो, तो जातक के भाग्य को उत्तम बनाता है।

(१४) आठवें भाव में जो राशि हो, उसका अधिपति अर्थात् अष्टमेश जिस भाव में बैठा होता है, उस भाव को बिगाड़ता है। इसी प्रकार राहु, केतु जिस भाव में रहते हैं, उस भाव को बिगाड़ देते हैं।

(१५) राहु और केतु के प्रभाव में एक बड़ी विशेषता यह है कि राहु जिसे अशुभ फल प्रदान करता है, केतु उसे शुभ फल देता है और केतु जिसे अशुभ फल प्रदान करता है, राहु उसे शुभ फल देता है।

(१६) यदि द्वितीय, पंचम तथा सप्तम भाव में गुरु अकेला बैठा हुआ हो, तो वह जातक के धन, पुत्र तथा स्त्री के लिए सदैव अनिष्टकारक होता है।

(१७) जिस भाव का जो ग्रह कारक माना गया है, वह यदि अकेला उस भाव में बैठा हुआ हो, तो उस भाव को बिगाड़ देता है।

(१८) भावों की गणना लग्न से ही की जाती है। लग्न को पहला भाव मानकर उसके बाईं ओर से गिनते हुए क्रमश: द्वादश भावों की गणना करनी चाहिए। किसी भी लग्न से भावों की गणना में कोई अंतर नहीं आता।

(१९) जन्म-कुण्डली के बारह भावों में राशियों के नामों को अंकों द्वारा प्रदर्शित किया जाता है। मेष आदि बारह राशियों को क्रमश: १ से १२ तक के अंकों में लिखा जाता है। बारह उदाहरण-कुण्डलियों के माध्यम से इस विषय की विस्तृत चर्चा पहले ही की जा चुकी है।

(२०) बृहस्पति यदि पहले, चौथे, पांचवें, नवें तथा दसवें भाव में स्थित हो, तो उसे सब दोषों को नष्ट करने वाला कहा गया है। सूर्य ग्यारहवें स्थान में स्थित हो तथा चन्द्र शुभ लग्न में स्थित हो, तो वह नवांश दोषों को नष्ट करता है। बुध प्रथम, चतुर्थ, पंचम, नवम और दशम भाव में स्थित हो, तो उसे सौ दोषों को दूर करने वाला बताया गया है। इन्हीं स्थानों में यदि शुक्र हो, तो उसे दो-सौ दोषों को दूर करने वाला और बृहस्पति हो तो उसे एक लाख दोषों को दूर करने वाला माना जाता है। लग्न का स्वामी यदि चौथे, दसवें अथवा ग्यारहवें भाव में हो, तो वह अनेक दोषों को दूर कर देता है। इन सब बातों के सम्बन्ध में विशेष विचार विवाह के लिए वर-कन्या की जन्म-कुण्डली मिलाते समय किया जाता है।

जन्म-कुण्डली का फलादेश

जन्म-कुण्डली में बारह भाव होते हैं, उनमें बारह राशियां तथा नौ ग्रह बैठते हैं—यह बात पाठकों की समझ में अब तक भली-भांति आ चुकी होगी।

जन्म-कुण्डली के किस भाव से किस विषय का विचार किया जाता है, कौन-सा ग्रह किस राशि अथवा किस भाव में बैठकर किस प्रकार फल देता है, इन सब बातों पर पिछले पृष्ठों में पर्याप्त प्रकाश डाला जा चुका है।

इस पुस्तक को लिखने का उद्देश्य ज्योतिष शास्त्र से अनभिज्ञ अथवा उसका सामान्य ज्ञान रखने वाले पाठकों को किसी भी जातक की जन्म-कुण्डली को देखकर उसके फलादेश के विषय में जानकारी प्रदान करना है, अत: प्रारम्भिक विषयों का वर्णन करने के उपरांत अब

अगले द्वितीय प्रकरण में विभिन्न लग्नों में जन्म लेने वाले व्यक्तियों की कुण्डली स्थित विभिन्न ग्रहों के फलादेश का अलग-अलग वर्णन किया जाएगा।

पाठकों को चाहिए कि वे जिस जन्म-कुण्डली का फलादेश जानना चाहें, उसके विभिन्न भावों में स्थित विभिन्न ग्रहों के फलादेश को अगले खण्ड में दिए गए निर्देशों के अनुसार विभिन्न उदाहरण-कुण्डलियों में देखकर मालूम कर लें।

अधिकांश कुण्डलियों में एक ही स्थान पर दो, तीन, चार, पांच अथवा छ: ग्रह तक बैठे हुए देखने को मिलते हैं। उन्हें 'ग्रहों की युति' कहा जाता है। एक ही स्थान पर विभिन्न ग्रहों की युति होने पर उनके फलादेश में भी अंतर आ जाता है। विभिन्न ग्रहों की युति के फलादेश का वर्णन इस पुस्तक के तीसरे प्रकरण में किया गया है।

तीसरे प्रकरण में ही जन्मकालीन नक्षत्र द्वारा ग्रह-दशा का ज्ञान, विभिन्न ग्रहों की दशा का फल, विशिष्ट योग तथा जातक की आयु के सम्बन्ध में किस प्रकार विचार करना चाहिए, आदि विषयों का विस्तारपूर्वक वर्णन किया गया है।

पुरुष और स्त्री

सामान्यत: पुरुष अथवा स्त्री—दोनों की कुण्डलियों में स्थित ग्रह दोनों के ऊपर एक जैसा ही प्रभाव डालते हैं। द्वितीय खण्ड में विभिन्न लग्न वाली कुण्डलियों के विभिन्न भावों में स्थित विभिन्न ग्रहों के जिस फलादेश का उल्लेख किया गया है, उसे पुरुष तथा स्त्री, बालक, युवा अथवा वृद्ध—सभी पर समान रूप से लागू होने वाला समझना चाहिए। द्वितीय खण्ड के फलादेश में जहां कहीं 'पुरुष' शब्द आया हो, वहां पर यदि 'स्त्री' की जन्मकुण्डली का फलादेश मालूम किया जा रहा हो तो 'स्त्री' समझना चाहिए। इसी प्रकार जहां 'पत्नी' अथवा 'प्रेमिका' शब्द आया हो, वहां स्त्री की कुण्डली का फलादेश ज्ञात करते समय 'पति' अथवा 'प्रेमी' समझना चाहिए।

कुछ विशेष स्थितियों में कुछ ग्रह पुरुष की अपेक्षा स्त्रियों के ऊपर कुछ अन्य प्रकार का प्रभाव भी डालते हैं, उनके सम्बन्ध में आवश्यक जानकारी तथा स्त्रियों के सौभाग्य आदि के सम्बन्ध में विचार आदि विषयों का वर्णन इस पुस्तक के तीसरे प्रकरण में किया गया है, अत: किसी स्त्री की कुण्डली का ठीक-ठीक फलादेश ज्ञात करने के लिए द्वितीय प्रकरण में वर्णित फलादेश को देखने के उपरांत तृतीय प्रकरण में वर्णित फलादेश को भी देखना चाहिए।

दैनिक ग्रह गोचर

अपनी दैनिक आकाशीय गति के अनुसार विभिन्न ग्रह विभिन्न समयों पर विभिन्न राशियों में पहुंचते रहते हैं। कौन-सा ग्रह किस राशि पर कितने समय तक रहता है, इसका उल्लेख पिछले पृष्ठों में किया जा चुका है, अत: प्रत्येक मनुष्य के जीवन पर प्रत्येक ग्रह अपना दो प्रकार से प्रभाव डालता है। एक स्थायी प्रभाव तो वह होता है, जो जातक के जन्मकालीन ग्रहों की स्थिति के कारण उसके जीवन पर निरंतर पड़ता रहता है और दूसरा प्रभाव वह होता है, जो ग्रहों की दैनिक गति तथा विभिन्न-राशियों में आवागमन के कारण निरन्तर बदलता रहता है।

उदाहण के लिए यदि किसी जातक की जन्म-कुण्डली में चन्द्र लग्न में वृष राशि पर बैठा हुआ है तो वह उच्च का और शुभ फल देने वाला होगा, परन्तु दैनिक ग्रह गोचर में यदि वह किसी नीच राशि में चला गया है, तो वह जिस राशि या स्थान में उस समय बैठा

है, उसका कुछ-न-कुछ बुरा फल भी उतने समय तक जातक के ऊपर अवश्य डालेगा, जब तक कि वह दैनिक ग्रह गोचर में उस स्थान अथवा राशि से हट न जाये।

दैनिक ग्रह गोचर में किस समय कौन-सा ग्रह किस स्थान अथवा राशि में बैठा है, इसका ज्ञान पंचांग को देखकर आसानी से प्राप्त किया जा सकता है।

प्रत्येक पंचांग में एक-एक सप्ताह के ग्रह गोचरों की कुण्डलियाँ दी गई होती हैं। उन्हें देखकर यह बात सरलता से मालूम की जा सकती है कि इस समय कौन-सा ग्रह किस भाव में और किस राशि पर चल रहा है। अन्य ग्रहों में कोई भी ग्रह ऐसा नहीं है, जो दैनिक ग्रह गोचर में एक राशि पर २१ दिन से कम ठहरता हो। अकेला चन्द्र ही ऐसा ग्रह है, जो हर सवा दो दिन के बाद अपनी राशि को बदल देता है, अत: चन्द्र की स्थिति को दैनिक ग्रह गोचर में विशेष रूप से देख लेना चाहिए। कौन-सा ग्रह किस राशि पर कितने दिन ठहरता है, इसका उल्लेख आरम्भ में किया जा चुका है।

ऊपर यह बात बताई जा चुकी है कि दैनिक ग्रह गोचर में जो ग्रह जिस स्थान तथा राशि में बैठा होता है, वह जातक के ऊपर अपना कुछ-न-कुछ अच्छा-बुरा प्रभाव अवश्य डालता है, इसलिए जब तक जन्म-कुण्डली के साथ ही जातकों की दैनिक ग्रह गोचर कुण्डली का मिलान नहीं किया जाता, तब तक फलादेश ठीक नहीं बैठता।

दैनिक ग्रह गोचर की स्थिति को किसी ज्योतिषी से पूछकर मालूम कर लेना चाहिए। यह विषय इतना सरल है कि किसी भी ज्योतिषी से बहुत थोड़े ही समय में ग्रहों की सामयिक-स्थिति के बारे में जानकारी प्राप्त करने की विधि आसानी से सीखी जा सकती है। उस विधि को सीख लेने के बाद फिर बार-बार ज्योतिषी से ग्रहों की तात्कालिक स्थिति को पूछने की आवश्यकता नहीं रहती। पंचांग देखकर उसे स्वयं ही जान लिया जाता है।

जन्म-कुण्डली के जिस भाव तथा राशि में स्थित जिस ग्रह का जो फल द्वितीय खण्ड के फलादेशों में बताया गया है, दैनिक ग्रह गोचर कुण्डली के विभिन्न भावों तथा राशियों में स्थित विभिन्न ग्रहों का फलादेश भी ठीक वैसा ही होता है।

किस दिन, मास अथवा वर्ष में दैनिक ग्रह गोचर स्थित किसी ग्रह का फलादेश किस उदाहरण-कुण्डली में देखना चाहिए तथा जन्म-कुण्डली स्थित ग्रहों का फलादेश किस उदाहरण-कुण्डली में देखना चाहिए, इसकी स्पष्ट जानकारी प्रत्येक लग्न की उदाहरण कुण्डलियों का फलादेश आरम्भ करने से पूर्व ही यथास्थान दे दी गई है। पाठकों को चाहिए कि वे जन्म-कुण्डली स्थित ग्रहों का फलादेश ज्ञात करते समय दैनिक ग्रह गोचर की स्थिति का फलादेश भी अवश्य मालूम कर लें। उन दोनों फलदेशों के समन्वय स्वरूप जो निष्कर्ष निकलता हो, उसी को यथार्थ फलादेश समझना चाहिए।

सम्मिलित परिवार

जन्म-कुण्डली द्वारा फलादेश ज्ञात करने के इच्छुक महानुभावों को एक बात और भी स्मरण रखनी चाहिए, वह यह कि एक ही परिवार में सम्मिलित रूप से रहने वाले सभी व्यक्तियों का भाग्य एक दूसरे के साथ बंधा हुआ रहता है और सभी की जन्म कुण्डली स्थित ग्रहों का थोड़ा-बहुत प्रभाव संयुक्त-परिवार के सभी सदस्यों पर पड़ता है।

उदाहरण के लिए पति के ऊपर पत्नी की जन्म कुण्डली के ग्रहों को प्रभाव अवश्य पड़ता है। इसी प्रकार पत्नी भी पति की जन्म-कुण्डली स्थित ग्रहों के प्रभाव से प्रभावित होती है।

बालक जब तक अवयस्क होता है अथवा माता-पिता के आश्रय में रहता है, तब तक उसकी जन्म-कुण्डली स्थित अच्छे-बुरे ग्रहों का प्रभाव माता-पिता तथा भाई-बहनों के ऊपर भी पड़ता रहता है। इसी प्रकार घर की लड़की का जब तक विवाह नहीं हो जाता, तब तक उसके ग्रहों के प्रभाव से भी माता-पिता, भाई-बहन आदि प्रभावित होते हैं। कहने का तात्पर्य यह है कि गृह-स्वामी अपने सभी आश्रितों के ग्रहों से प्रभावित होता है और गृह-स्वामी के ग्रहों के प्रभाव से आश्रित लोग भी थोड़े-बहुत अवश्य प्रभावित होते हैं। निकटस्थ मित्रों की जन्म-कुण्डली के ग्रह भी जातक पर अपना थोड़ा-बहुत प्रभाव डाला करते हैं।

अस्तु, किसी भी स्त्री अथवा पुरुष की कुण्डली को देखते समय उसके पति, पत्नी, पुत्र तथा अविवाहिता-पुत्री की जन्म-कुण्डलियों में स्थित ग्रहों के प्रभाव को देखना भी आवश्यक है। इसी प्रकार माता-पिता, भाई-बहन आदि संयुक्त-परिवार के सभी सदस्यों एवं निकटस्थ मित्रों की जन्म-कुण्डली के ग्रहों की स्थिति को देखकर, उन सबके ग्रहों के एक दूसरे के ऊपर पड़ने वाले प्रभाव के समन्वयस्वरूप जो निष्कर्ष निकाला जाता है, वही पूर्ण रूप से अंतिम और यथार्थ होता है।

इस पुस्तक की सहायता से किसी भी स्त्री-पुरुष, बालक, वृद्ध, युवा—मनुष्य की जन्म-कुण्डली में स्थित ग्रहों के शुभाशुभ प्रभाव की जानकारी बहुत थोड़े ही समय में अत्यन्त सरलतापूर्वक प्राप्त की जा सकती है, अत: पाठकों को चाहिए कि वे इस पुस्तक से पूरा-पूरा लाभ उठाते रहें।

गलत जन्म-कुण्डली को सुधारना

किसी भी जन्म-कुण्डली का संपूर्ण फल उसकी शुद्ध लग्न के ऊपर आश्रित रहता है। यदि लग्न ठीक न हो, तो जन्म-कुण्डली का फल भी ठीक नहीं बैठ सकता।

बालक के जन्म के समय कौन-सी लग्न वर्तमान है, इसका ठीक-ठीक ज्ञान 'उस समय क्या बजा है', इसकी सही जानकारी मिलने पर ही हो सकता है।

किसी भी जन्म-कुण्डली का निर्माण करने के लिए, जिस स्थान पर बालक उत्पन्न हुआ है, वहां की घड़ी के स्टैण्डर्ड टाइम पर विचार न करके, उस स्थान पर होने वाले सूर्योदय के समय का विचार किया जाता है।

विभिन्न स्थानों पर सूर्योदय का समय अलग-अलग होता है, जबकि घड़ियों का स्टैंडर्ड टाइम देश के सभी स्थानों के लिए एक-सा रखा जाता है। अस्तु, यदि स्टैंडर्ड टाइम के आधार पर ही जन्म-कुण्डली का निर्माण कर दिया जाये, तो उसकी लग्न प्राय: गलत हो जाती है। लग्न के गलत हो जाने पर जन्म-कुण्डली स्थित सभी ग्रहों का फलादेश भी बदल जाता है, इसलिए सही फलादेश जानने के लिए जन्म-कुण्डली की लग्न का शुद्ध होना अत्यन्त आवश्यक है।

शुद्ध जन्म-कुण्डली किस प्रकार बनाई जाए, यह विषय कुण्डली निर्माण तथा गणित से सम्बन्धित है। जो महानुभाव इस विषय की जानकारी प्राप्त करना चाहते हों, उन्हें या तो किसी ज्योतिषी से सीखना चाहिए अथवा फिर हमारी लिखी 'वृहद् ज्योतिर्विज्ञान' शीर्षक पुस्तक का अध्ययन करना चाहिए।

यहां पर हम गलत लग्न वाली कुण्डली को सुधारने की एक सरल विधि का वर्णन करते हैं। इस विधि के अनुसार कोई भी व्यक्ति सहज में ही अपनी कुण्डली की लग्न का सुधार कर सकता है। लग्न को सुधारने की विधि इस प्रकार है—

जिस जातक की जन्म-कुण्डली पर विचार करना है, उसमें स्थित ग्रहों के शुभाशुभ फल को इस पुस्तक में पढ़कर जान लीजिए। फिर यह देखिए कि वह फलादेश उस जातक के जीवन पर ठीक-ठीक घटित होता है या नहीं। यदि फलादेश ठीक-ठीक घटित होता है, तो यह समझ लेना चाहिए कि जन्म-कुण्डली की लग्न ठीक है। उस स्थिति में जन्म-कुण्डली के ठीक होने के सम्बन्ध में संदेह करने की कोई आवश्यकता नहीं है।

परन्तु यदि यह देखा जाये कि उस जन्म-कुण्डली के ग्रहों का फलादेश जातक के जीवन पर ठीक-ठीक घटित नहीं होता, तो उस स्थिति में जन्म-कुण्डली की लग्न को अशुद्ध समझकर दो कुण्डलियाँ इस प्रकार की तैयार करनी चाहिए, जिसमें से एक में एक लग्न आगे की हो और दूसरी में एक लग्न पीछे की। फिर उनमें उन्हीं लग्नों के अनुसार ग्रहों को बैठाकर दोनों कुण्डलियों में स्थिति ग्रहों के शुभाशुभ फल को जातक के जीवन पर घटित करके देखना चाहिए तथा उन दोनों में से जिस लग्न वाली कुण्डली का फलादेश ठीक-ठीक घटित होता हो, उसी लग्न वाली कुण्डली को ठीक समझ लेना चाहिए।

वृष लग्न वाली कुण्डली

उदाहरण के लिए नीचे एक वृष लग्न वाली कुण्डली दी जा रही है। उसी के साथ वृष से एक आगे मिथुन लग्न वाली तथा एक लग्न पीछे मेष लग्न वाली दो कुण्डलियाँ भी दी जा रही हैं। इन तीनों कुण्डलियों में जिस कुण्डली के ग्रहों का फलादेश जातक के जीवन पर ठीक-ठीक घटित होगा, उसी को उस जातक की शुद्ध लग्न वाली कुण्डली माना जाएगा।

उपर्युक्त तीनों उदाहरण-कुण्डलियों द्वारा जिस प्रकार लग्न को बदलकर और उसी के अनुसार विभिन्न भावों में ग्रह-स्थापित करके शुद्ध लग्न ज्ञात करने अथवा जातक की जन्म-कुण्डली ठीक है या नहीं, इस बात का पता लगाने की जो विधि ऊपर बताई गई है, उसके अनुसार जिस जन्म-कुण्डली की लग्न शुद्धि के विषय में संदेह हो, उसे एक लग्न आगे-पीछे हटाकर ठीक कर लेना चाहिए।

मिथुन लग्न वाली कुण्डली

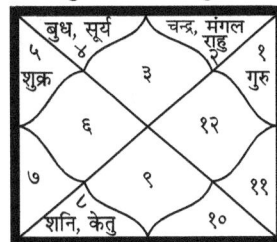

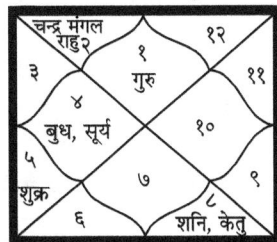

वर्ष कुण्डली के फलादेश का ज्ञान

मेष लग्न वाली कुण्डली

वर्ष कुण्डली स्थित ग्रहों के फलादेश की जानकारी भी जन्म-कुण्डली स्थित ग्रहों के फलादेश के समान ही इस पुस्तक की सहायता द्वारा प्राप्त की जा सकती है। किस भाव तथा राशि स्थित किस ग्रह का क्या फल होता है, इसका संपूर्ण विवरण अगले फलादेश-प्रकरण में विस्तारपूर्वक दिया गया है।

वर्ष कुण्डली में नवग्रहों के समान ही एक ग्रह 'मुंथा' विशेष रूप से माना गया है। जातक की वर्ष कुण्डली बनाते

समय ज्योतिषी लोग वर्ष कुण्डली में 'मुंथा' किस भाव में बैठा है, इसे स्पष्ट लिख देते हैं। नीचे की उदाहरण-कुण्डली में नवग्रहों की स्थिति के साथ ही एक भाव में मुंथा की स्थिति को भी प्रदर्शित किया गया है।

वर्ष कुण्डली में मुंथा

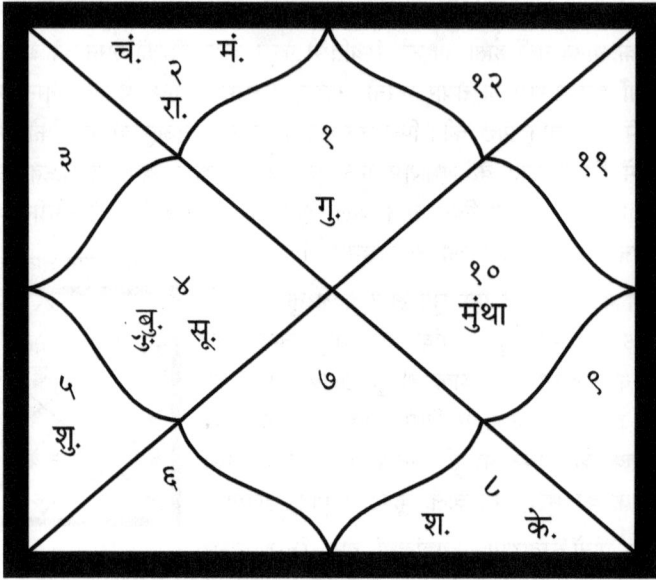

वर्ष कुण्डली मुंथा का फलादेश

मुंथा का संक्षिप्त फलादेश नीचे लिखे अनुसार समझना चाहिए—

लगन—यदि मुंथा वर्ष-कुण्डली के प्रथमभाव में स्थित हो, तो उस वर्ष जातक को शान्ति, सुख एवं स्वास्थ्य की प्राप्ति होती है।

द्वितीयभाव—यदि मुंथा वर्ष-कुण्डली के द्वितीयभाव में स्थित हो, तो जातक को उस वर्ष व्यवसाय से लाभ, आकस्मिक लाभ एवं धन प्राप्ति के अन्य अवसर प्राप्त होते हैं।

तृतीयभाव—यदि मुंथा वर्ष-कुण्डली के तृतीयभाव में स्थित हो, तो उस वर्ष जातक के बल, पौरुष, पराक्रम तथा गौरव की वृद्धि होती है।

चतुर्थभाव—यदि मुंथा वर्ष-कुण्डली के चतुर्थभाव में स्थित हो, तो उस वर्ष जातक को दु:ख, कलह एवं अशान्ति पूर्ण समय व्यतीत करना होता है।

पंचमभाव—यदि मुंथा वर्ष-कुण्डली के पंचमभाव में स्थित हो, तो उस वर्ष जातक को कुटुम्बियों से प्रेम, आरोग्य तथा धन लाभ के योग प्राप्त होते हैं।

षष्ठभाव—यदि मुंथा वर्ष-कुण्डली के षष्ठभाव में स्थित हो, तो उस वर्ष जातक को शत्रु, रोग एवं अग्नि भय का सामना करना पड़ता है।

सप्तमभाव—यदि मुंथा वर्ष-कुण्डली के सप्तमभाव में स्थित हो, तो उस वर्ष जातक की स्त्री को रोग तथा संतान को कष्टों का सामना करना पड़ता है।

अष्टमभाव—यदि मुंथा वर्ष-कुण्डली के अष्टमभाव में स्थित हो, तो उस वर्ष जातक को मृत्यु अथवा मृत्यु-तुल्य कष्ट की प्राप्ति होती है।

नवमभाव—यदि मुंथा वर्ष-कुण्डली के नवमभाव में स्थित हो, तो उस वर्ष जातक को धर्म तथा धन का लाभ होता है एवं भाग्य की वृद्धि होती है।

दशमभाव—यदि मुंथा वर्ष-कुण्डली के दशमभाव में स्थित हो, तो उस वर्ष जातक को राज्य द्वारा सम्मान, शासन में अधिकार एवं यश की प्राप्ति होती है।

एकादशभाव—यदि मुंथा वर्ष-कुण्डली के एकादशभाव में स्थित हो, तो उस वर्ष जातक को व्यापार में क्षति एवं अन्य प्रकार की हानियां उठानी पड़ती हैं।

द्वादशभाव—यदि मुंथा वर्ष-कुण्डली के द्वादशभाव में स्थित हो, तो उस वर्ष जातक को कष्ट, हानि तथा रोगों का सामना करना पड़ता है।

वर्षेश

वर्ष-कुण्डली में जिस प्रकार मुंथा को एक ग्रह के रूप में स्वीकार किया जाता है, उसी प्रकार किसी एक ग्रह को वर्ष का स्वामी—'वर्षेश' भी माना जाता है।

वर्षेश का संक्षिप्त प्रभाव नीचे लिखे अनुसार समझना चाहिए—

यदि वर्षेश पूर्ण बलवान हो, तो जातक को उस वर्ष धन, यश तथा सुख की प्राप्ति होती है। यदि वर्षेश निर्बल हो, तो जातक को उस वर्ष रोग, धन-हानि तथा अन्य अनेक प्रकार के कष्टों का सामना करना पड़ता है। यदि वर्षेश वर्ष-कुण्डली के छठे, आठवें अथवा बारहवें (६-८-१२) भाव में स्थित हो तो वह जातक को अनिष्टकारक फल प्रदान करता है। यदि इनके अतिरिक्त अन्य भावों में हो तो वह शुभ फल देता है।

किस ग्रह के वर्षेश होने पर क्या फल होता है, इसे संक्षेप में नीचे लिखे अनुसार समझना चाहिए—

यदि वर्षेश सूर्य पूर्ण बली हो तो धन, प्रतिष्ठा, यश, स्वास्थ्य आदि का लाभ होता है। मध्यम बली हो, तो अल्प-सुख और अल्प-बली हो तो धन-हानि, रोग, शत्रु-भय आदि समझना चाहिए।

यदि वर्षेश चन्द्र पूर्ण बली हो तो स्त्री, पुत्र, वैभव, विलासिता का सुख मिलता है। यदि वर्षेश मंगल पूर्ण बली हो तो अधिकार, शासन, विजय कीर्ति, यश, पुत्र आदि की प्राप्ति होती है। यदि वर्षेश बुध पूर्ण बली हो तो विद्या, बुद्धि, कलाओं का लाभ होता है। यदि वर्षेश गुरु पूर्ण बली हो तो शत्रुनाश, सुबुद्धि एवं अन्य अनेक प्रकार के लाभ होते हैं। यदि वर्षेश शुक्र पूर्ण बली हो तो प्रसन्नता, सुख, विलासिता, व्यवसाय, सम्मान आदि का लाभ होता है। यदि वर्षेश शनि पूर्ण बली हो तो नवीन भूमि, भवन, खेत, स्वास्थ्य तथा उच्च पद आदि की प्राप्ति होती है।

वर्षेश के अल्प बली होने पर अल्प लाभ होता है तथा बलहीन होने पर सभी ग्रह अशुभ फल देते हैं। मुंथा और वर्षेश का विशेष ज्ञान किसी ज्योतिषी से पूछकर प्राप्त कर लेना चाहिए।

दुष्ट ग्रहों की शान्ति के लिए वस्तु दान सारिणी

यदि किसी जातक के लिए कोई ग्रह अशुभ हो, तो उसकी शान्ति एवं प्रसन्नता के लिए ज्योतिष शास्त्र में निम्नलिखित वस्तुओं को दान करना बताया गया है—

ग्रह	वस्तु
सूर्य के लिए	गेहूँ, ताँबा, माणिक्य, लाल चंदन, गुड़, कमल, गाय और लाल रंग का कपड़ा।
चन्द्र के लिए	चाँदी, मोती, शंख, कपूर, गाय, चावलों से भरी बांस की पिटारी, जलपूर्ण घट तथा श्वेत वस्त्र।
मंगल के लिए	स्वर्ण, लाल रंग का बैल, कनेर के फूल, ताँबा, मसूर, गेहूँ, मूंगा तथा लाल रंग का वस्त्र।
बुध के लिए	स्वर्ण, हाथी दांत, पन्ना, मूंगा, घी, पीले फल, कांसी तथा नीले रंग का वस्त्र।
गुरु के लिए	घोड़ा, मिश्री, स्वर्ण, हल्दी, पीले रंग का अन्न तथा वस्त्र, पुखराज और नमक।
शुक्र के लिए	चित्र-विचित्र रंग के वस्त्र, घी, सफेद रंग का घोड़ा, स्वर्ण, चावल, गाय तथा सुगंधित वस्तुएं।
शनि के लिए	तिल, तेल, उड़द, सोना, भैंस, काले रंग की गाय, काले रंग का वस्त्र, नीले रंग का कंबल।
राहु के लिए	तलवार, घोड़ा, गोमेद, रत्न, स्वर्ण, तेल, तिल, कंबल तथा काले रंग का वस्त्र।
केतु के लिए	कंबल, कस्तूरी, वैदूर्यमणि, तिल का तेल, सोना, शस्त्र तथा बकरा।

द्वितीय प्रकरण

बारह लग्नों की कुण्डलियों का फलादेश

मेष लग्न

मेष लग्न वाली कुण्डलियों के
विभिन्न भावों में स्थित विभिन्न ग्रहों
का अलग-अलग फलादेश

मेष लग्न का संक्षिप्त फलादेश

मेष लग्न में जन्म लेने वाला जातक दुबले-पतले शरीर वाला, अधिक बोलने वाला, उग्र स्वभाव वाला, रजोगुणी, अहंकारी, चंचल, बुद्धिमान, धर्मात्मा, अत्यंत चतुर, अल्पसंततिवान, अधिक पित्त वाला, सब प्रकार के भोजन करने वाला, उदार, कुल दीपक तथा स्त्रियों से अल्प स्नेह अथवा द्वेष रखने वाला (जातक यदि स्त्री हो, तो पुरुषों से कम स्नेह अथवा द्वेष रखने वाली) होता है। इसके शरीर का रंग कुछ लालिमा लिए होता है।

मेष लग्न में जन्म लेने वाले जातक को अपनी आयु के छठें, आठवें, पन्द्रहवें, इक्कीसवें, छत्तीसवें, चालीसवें, पैतालीसवें, छप्पनवें तथा तिरसठवें वर्ष में शारीरिक कष्ट एवं धन-हानि का सामना करना पड़ता है।

मेष लग्न में जन्म लेने वाले जातक को अपनी आयु के सोलहवें, बीसवें, अट्ठाइसवें, चौंतीसवें, इकतालीसवें, अड़तालीसवें तथा इक्यावनवें वर्ष में धन की प्राप्ति, वाहन-सुख, भाग्य-वृद्धि आदि विविध प्रकार के लाभ एवं आनंद प्राप्त होते हैं।

मेष लग्न

यह बात पहले बताई जा चुकी है कि प्रत्येक व्यक्ति के जीवन पर नवग्रहों का प्रभाव मुख्यत: दो प्रकार से पड़ता है—

(१) ग्रहों की जन्म-कालीन स्थिति के अनुसार।

(२) ग्रहों की दैनिक गोचर गति के अनुसार।

जातक की जन्म-कालीन ग्रह स्थिति 'जन्म-कुण्डली' में दी गई होती है। उसमें जो ग्रह जिस भाव में और जिस राशि पर बैठा होता है, वह जातक के जीवन पर अपना निश्चित प्रभाव निरन्तर स्थायी रूप से डालता रहता है।

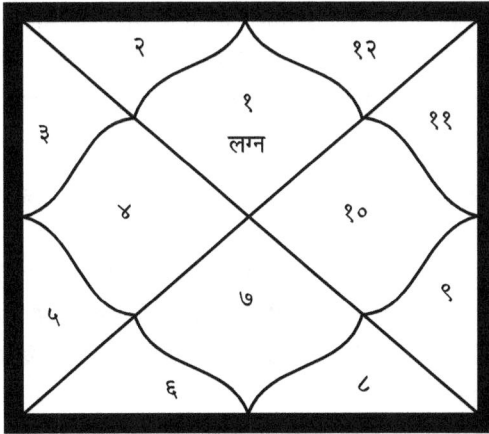

दैनिक गोचर गति के अनुसार विभिन्न ग्रहों की जो स्थिति होती है, उसकी जानकारी पंचांग द्वारा की जा सकती है। ग्रहों की दैनिक गोचर गति के सम्बन्ध में या तो किसी ज्योतिषी से पूछ लेना चाहिए अथवा स्वयं ही उसे मालूम करने का तरीका सीख लेना चाहिए। इस सम्बन्ध में पुस्तक के पहले प्रकरण में विस्तारपूर्वक लिखा जा चुका है।

दैनिक गोचर गति के अनुसार विभिन्न ग्रह जातक के जीवन पर अस्थायी रूप से अपना प्रभाव डालते हैं।

उदाहरण के लिए, यदि किसी जातक की जन्म-कुण्डली में सूर्य मेष राशि पर प्रथमभाव में बैठा है, तो उसका स्थायी प्रभाव जातक के जीवन पर आगे दी गई उदाहरण-पृष्ठ संख्या ७२ के अनुसार स्थायी रूप से पड़ता रहेगा, परन्तु यदि दैनिक ग्रह गोचर में कुण्डली देखते समय सूर्य वृष राशि के द्वितीयभाव में बैठा है, तो उस स्थिति में वह उदाहरण-पृष्ठ संख्या ११८ के अनुसार उतनी अवधि तक जातक के जीवन पर अपना अस्थायी प्रभाव अवश्य डालेगा, जब तक कि वह वृष राशि से हटकर मिथुन राशि में नहीं चला जाता। मिथुन राशि में पहुंचकर वह मिथुन राशि के अनुरूप प्रभाव डालना आरंभ कर देगा, अतः जिस जातक की जन्म-कुण्डली में सूर्य मेष राशि के प्रथमभाव में बैठा हो, उसे उदाहरण-पृष्ठ संख्या ७२ में फलादेश देखने के पश्चात्, यदि उन दिनों सूर्य वृष राशि के द्वितीयभाव में बैठा हो, तो उदहारण-पृष्ठ संख्या ११८ का फलादेश भी देखना चाहिए तथा इन दोनों फलादेशों के समन्वय स्वरूप जो निष्कर्ष निकलता हो, उसी को अपने वर्तमान जीवन पर प्रभावकारी समझना चाहिए। इसी प्रकार प्रत्येक ग्रह के विषय में जान लेना चाहिए।

मेष लग्न में जन्म लेने वाले जातकों की जन्म-कुण्डली के विभिन्न भावों में स्थित विभिन्न ग्रहों के फलादेश का वर्णन उदहारण-पृष्ठ संख्या ७२ से १०९ तक में किया गया है। पंचांग की दैनिक ग्रह-गति के अनुसार मेष लग्न में जन्म लेने वाले जातकों को किन-किन उदाहरण-कुण्डलियों द्वारा विभिन्न ग्रहों के तात्कालिक प्रभाव को देखना चाहिए—इसका विस्तृत वर्णन अगले पृष्ठों में किया गया है, अतः उसके अनुसार ग्रहों की तात्कालिक स्थिति के सामयकि-प्रभाव की जानकारी प्राप्त कर लेनी चाहिए। तदुपरांत दोनों फलादेशों के समन्वय स्वरूप जो निष्कर्ष निकलता हो, उसी को सही फलादेश समझना चाहिए।

इस विधि से प्रत्येक व्यक्ति प्रत्येक जन्म-कुण्डली का ठीक-ठीक फलादेश सहज में ही ज्ञात कर सकता है।

टिप्पणी—(१) पहले बताया जा चुका है कि जिस समय जो ग्रह २७ अंश से ऊपर अथवा ३ अंश के भीतर होता है, वह प्रभावकारी नहीं रहता। इसी प्रकार जो ग्रह सूर्य से अस्त होता है, वह भी जातक के ऊपर अपना प्रभाव या तो बहुत कम डालता है, या फिर पूर्णतः प्रभावहीन रहता है।

(२) स्थायी जन्म-कुण्डली स्थित विभिन्न ग्रहों के अंश किसी ज्योतिषी द्वारा अपनी

कुण्डली में लिखवा लेने चाहिए, ताकि उनके अंशों के विषय में बार-बार जानकारी प्राप्त करने के झंझट से बचा जा सके। तात्कालिक गोचर के ग्रहों के अंशों की जानकारी पंचांग द्वारा अथवा किसी ज्योतिषी से पूछकर प्राप्त कर लेनी चाहिए।

(३) स्थायी जन्म-कुण्डली अथवा तात्कालिक ग्रह-गति कुण्डली में यदि किसी भाव में एक से अधिक ग्रह एक साथ बैठे होते हैं अथवा जिन-जिन स्थानों पर उनकी दृष्टियां पड़ती हैं, तो जातक का जीवन उनके द्वारा भी प्रभावित होता है। इस पुस्तक के तीसरे प्रकरण में 'ग्रहों की युति का प्रभाव' शीर्षक के अन्तर्गत विभिन्न ग्रहों की युति के फलादेश का वर्णन किया गया है, अतः इस विषय की जानकारी वहां से प्राप्त कर लेनी चाहिए।

(४) विशोंत्तरी दशा के सिद्धांतानुसार प्रत्येक जातक की पूर्णायु १२० वर्ष की मानी जाती है। इस आयु-अवधि में जातक नवग्रहों की दशाओं का भोग कर लेता है। विभिन्न ग्रहों का दशा-काल भिन्न-भिन्न होता है, परन्तु अधिकांश व्यक्ति इतनी लम्बी आयु तक जीवित नहीं रह पाते, अतः वे अपने जीवन-काल में कुछ ही ग्रहों की दशाओं का भोग कर पाते हैं। जातक के जीवन के जिस काल में जिस ग्रह की दशा—जिसे 'महादशा' कहा जाता है—चल रही होती है, जन्म-कालीन ग्रह स्थिति के अनुसार उसके जीवन-काल की उतनी अवधि उस ग्रह-विशेष के प्रभाव से विशेष रूप से प्रभावित रहती है। जातक का जन्म किस ग्रह की महादशा में हुआ है और उसके जीवन मेंकिस अवधि से किस अवधि तक किस ग्रह की महादशा चलेगी और वह महादशा जातक के ऊपर अपना क्या विशेष प्रभाव डालेगी—इन सब बातों का उल्लेख भी तीसरे प्रकरण में किया गया है।

इस प्रकार (१) जन्म-कुण्डली, (२) तात्कालिक ग्रहगोचर कुण्डली एवं (३) ग्रहों की महादशा—इन तीनों विधियों से फलादेश प्राप्त करने की सरल विधि का वर्णन इस पुस्तक में किया गया है, अतः इन तीनों के समन्वयस्वरूप फलादेश का ठीक-ठीक निर्णय करके अपने भूत, वर्तमान तथा भविष्य-कालीन जीवन के विषय में सम्यक् जानकारी प्राप्त कर लेनी चाहिए।

विशेष नोट : मेष लग्न जन्म कुण्डली/गोचर कुण्डली के द्वादश भावों में सूर्यादि सभी नवग्रहों का फलादेश नीचे दिया जा रहा है। पढ़ें और समझें।

'मेष' लग्न में 'सूर्य' का फल

जिस जातक का जन्म 'मेष' लग्न में हुआ हो और जन्म-कुण्डली के 'प्रथमभाव' में 'सूर्य' की स्थिति हो, उसे सूर्य का फलादेश नीचे लिखे अनुसार समझना चाहिए—

सूर्य प्रथम भाव में उच्च का होकर अपने मित्र मंगल की राशि पर बैठा हुआ है, अत: इसके प्रभाव से जातक स्वस्थ शरीर वाला, मध्यम कद वाला स्वाभिमानी, तेजस्वी तथा परम विद्वान होगा। उसकी वाणी प्रभावशाली होगी, जिसे दूसरे लोग बड़े ध्यान और आदर के साथ सुना करेंगे। सन्तान पक्ष की प्रबलता, बुद्धिमत्ता, साहस, धैर्य, शक्ति, व्यवहारकुशलता, महत्वाकांक्षा आदि गुण जातक को सहज में प्राप्त होंगे।

मेष लग्न: प्रथमभाव: सूर्य

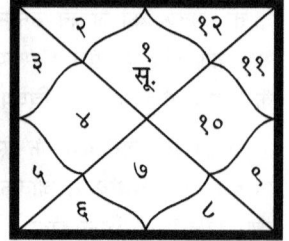

परन्तु स्त्री, व्यवसाय, स्वास्थ्य तथा झगड़े-टंटे के भाव सप्तम भाव पर सूर्य की नीच-दृष्टि पड़ रही है, इसलिए जातक को दाम्पत्य-सुख में कुछ कमी और क्लेश की प्राप्ति होगी। इसी प्रकार उसे अपनी जीविकोपार्जन के क्षेत्र में भी अनेक प्रकार की कठिनाइयों का सामना करते रहना होगा। ऐसे सूर्य वाले जातक की पत्नी (या पति) अधिक सुंदर नहीं होती और वह उसकी मर्जी के मुताबिक भी कुछ कम ही चल पाती है।

जिस जातक का जन्म मेष लग्न में हुआ हो और जन्म-कुण्डली के 'द्वितीयभाव' में 'सूर्य' की स्थिति हो, उसे सूर्य का फलादेश नीचे लिखे अनुसार समझना चाहिए—

सूर्य धन भाव में अपने शत्रु शुक्र की राशि पर बैठा हुआ है, अत: इसके प्रभाव से जातक को आर्थिक मामलों में कठिनाइयों का सामना करना पड़ेगा। द्वितीयभाव कुटुम्ब, रत्न, बंधन आदि का भी है, अत: इस भाव में शत्रु-क्षेत्री सूर्य की स्थिति के कारण जातक के संतानपक्ष में बाधायें आयेंगी तथा विद्याध्ययन में भी कमी बनी रहेगी।

मेष लग्न: द्वितीयभाव: सूर्य

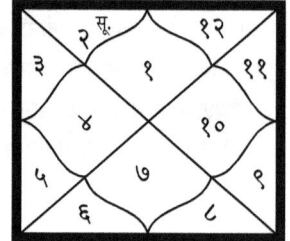

द्वितीय भावस्थ वृष राशि का सूर्य अपनी पूर्ण दृष्टि से आयु, मृत्यु तथा पुरातत्त्व के अष्टमभाव को अपने मित्र मंगल की वृश्चिक राशि में देख रहा है, इसलिए जातक दीर्घायु होगा तथा उसे अपने बुद्धि-बल से पुरातत्त्व (गड़ा हुआ धन अथवा आकस्मिक अर्थ-प्राप्ति) का लाभ भी होगा।

ऐसे जातक के ऊपर अपने कुटुम्ब का प्रभाव भी कुछ-न-कुछ बना रहेगा। धनोपार्जन के लिए बुद्धि-बल का विशेष प्रयोग करने पर भी उसका अधिक संचय नहीं हो पाएगा।

जिस जातक का जन्म 'मेष' लग्न में हुआ हो और जन्म-कुण्डली के 'तृतीयभाव' में 'सूर्य' की स्थिति हो, उसे सूर्य का फलादेश नीचे लिखे अनुसार समझना चाहिए—

सूर्य तीसरे पराक्रम के भाव में अपने समग्रह बुध की राशि पर बैठा हुआ है, अतः इसके प्रभाव से जातक को विद्या एवं बुद्धि का बल विशेष रूप से प्राप्त होगा तथा पराक्रम की वृद्धि होगी।

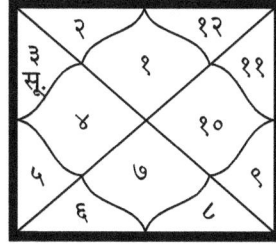

मेष लग्नः तृतीयभावः सूर्य

सूर्य सातवीं दृष्टि से भाग्य तथा धर्म भाव को भी देख रहा है, जो उसके मित्र गुरु का है, अतः जातक भाग्यशाली, धर्मात्मा, दानी तथा तीर्थ यात्रा करने वाला भी होगा। वह अपनी बुद्धि तथा पराक्रम के योग्य से भाग्य की वृद्धि करेगा, साथ ही ईश्वराराधन, धर्म-पालन आदि शुभ कार्यों को भी करता रहेगा।

तीसरे भाव पर गरम स्वभाव वाला ग्रह बैठा हो, तो वह अत्यधिक शक्तिशाली हो जाता है, अतः यह सूर्य जातक को अत्यंत प्रभावशाली व्यक्ति बनाएगा तथा उसकी वाणी में भी तेजी लाएगा। तीसरा भाव भाई का भी होता है, अतः जातक को अपने भाइयों एवं संतान से सुख भी प्राप्त होगा।

जिस जातक का जन्म 'मेष' लग्न में हुआ हो और जन्म-कुण्डली में 'चतुर्थभाव' में 'सूर्य' की स्थिति हो, उसे सूर्य का फलादेश नीचे लिखे अनुसार समझना चाहिए—

सूर्य चौथे माता, सुख, सम्पत्ति, भूमि, गृह आदि के भाव में अपने मित्र चन्द्र की राशि में बैठा हुआ है, अतः इसके प्रभाव से जातक भूमि, मकान तथा विविध प्रकार के सुखों का उपभोग करेगा। उसे विद्या का भी विशेष लाभ होगा। सूर्य के प्रभाव से जातक के मस्तिष्क में कुछ तेजी रहेगी, परन्तु चन्द्र की राशि होने के कारण उस पर शान्ति का अधिकार बना रहेगा।

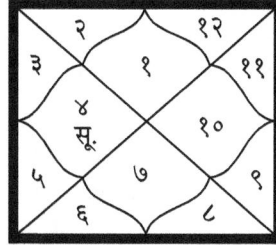

मेष लग्नः चतुर्थभावः सूर्य

सूर्य अपनी सातवीं पूर्ण दृष्टि से शत्रु शनि की राशि वाले दशमभाव से देख रहा है, इसलिए जातक को अपने पिता से कुछ वैमनस्य एवं राज्य के सम्बन्धों में कुछ उदासीनता एवं विफलता का अनुभव होता रहेगा, परन्तु सूर्य की ऐसी स्थिति वाला जातक कुल मिलाकर सर्वत्र थोड़ा बहुत सम्मान अवश्य प्राप्त करेगा तथा प्रभावशाली भी बना रहेगा।

जिस जातक का जन्म 'मेष' लग्न में हुआ हो और जन्म-कुण्डली के 'पंचमभाव' में 'सूर्य' की स्थिति हो, उसे सूर्य का फलादेश नीचे लिखे अनुसार समझना चाहिए—

मेष लग्नः पंचमभावः सूर्य

सूर्य पांचवें विद्या, बुद्धि एवं संतान के भाव में स्वक्षेत्री होकर बैठा है, अतः इसके प्रभाव से जातक अत्यंत विद्वान, बुद्धिमान, प्रभावशाली तथा वाणी का धनी होगा एवं अपने संतानपक्ष से शक्ति प्राप्त करेगा। इस जातक को एक अत्यंत प्रतापी पुत्र की प्राप्ति होगी।

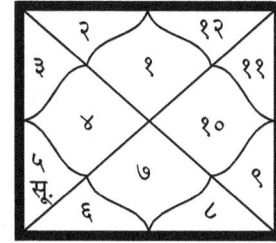

पंचम भाव का सूर्य अपने शत्रु शनि की कुम्भ राशि वाले ग्यारहवें भाव को सातवीं शत्रु दृष्टि से देख रहा है, अत: जातक की आमदनी के मार्गों में रुकावटें पड़ा करेंगी और उसे धनोपार्जन के लिए विशेष प्रयत्न करते रहना होगा।

ऐसी ग्रह स्थिति वाला व्यक्ति अपने लाभ के लिए कटु शब्दों का प्रयोग भी करता है और उसके कारण सफलता प्राप्त करता है। वह बुद्धि में अन्य लोगों को अपने सामने तुच्छ गिनता है, अत: कुछ लोग उसके परोक्ष-आलोचक भी बन जाते हैं।

जिस जातक का जन्म 'मेष' लग्न में हुआ हो और जन्म-कुण्डली के 'षष्ठभाव' में 'सूर्य' की स्थिति हो, उसे सूर्य का फलादेश नीचे लिखे अनुसार समझना चाहिए—

मेष लग्न: षष्ठभाव: सूर्य

छठे शत्रु रोग तथा झगड़े के भाव में अपने समग्रह बुध की राशि पर बैठा हुआ सूर्य जातक के लिए विद्याध्ययन के समय कठिनाइयाँ उत्पन्न करता है। अत: जातक को विद्याध्ययन में कुछ कठिनाइयाँ तो पड़ेंगी, परन्तु छठे भाव पर बैठा हुआ उष्ण स्वभावी ग्रह अत्यंत शक्तिशाली माना गया है, अत: जातक विद्वान भी होगा और बुद्धिमान भी होगा, साथ ही शत्रु पक्ष पर निरन्तर विजय भी प्राप्त करता रहेगा।

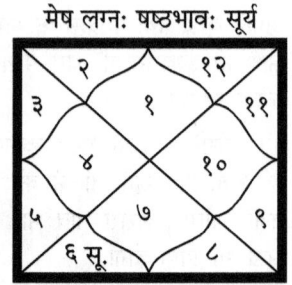

सूर्य अपनी सातवीं दृष्टि से अपने मित्र गुरु की मीन राशि वाले व्यय-भाव को भी देख रहा है, अत: जातक बहुत अधिक खर्च करने वाला होगा तथा बाहरी सम्बन्धों से लाभ एवं सफलता भी खूब प्राप्त करेगा। उसे स्वदेश की अपेक्षा बाहरी स्थानों में अधिक सम्मान प्राप्त होगा। इस सूर्य के प्रभाव से संतानपक्ष के प्रति मन में कुछ चिन्ताएं एवं परेशानियां अवश्य बनी रहेंगी।

जिस जातक का जन्म 'मेष' लग्न में हुआ हो और जन्म-कुण्डली के 'सप्तमभाव' में 'सूर्य' की स्थिति हो, उसे सूर्य का फलादेश नीचे लिखे अनुसार समझना चाहिए—

मेष लग्न: सप्तमभाव: सूर्य

सातवें स्त्री, स्वास्थ्य तथा व्यवसाय के भाव में सूर्य तुला राशि पर नीच का होकर अपने शत्रु की राशि में बैठा हुआ है, अत: इसके प्रभाव से जातक का स्वास्थ्य कुछ दुर्बल रहेगा तथा स्त्री के सम्बन्ध में भी कुछ-न-कुछ परेशानी बनी रहेगी।

इस भाव से सूर्य अपनी सातवीं उच्चदृष्टि द्वारा मित्र मंगल की मेष राशि को देख रहा है, अत: जातक का शरीर कुछ लंबे कद का होगा। उसके हृदय में स्वाभिमान की मात्रा अधिक रहेगी तथा युक्तिबल एवं बुद्धिबल द्वारा वह सम्मान तथा प्रभाव भी प्राप्त करता रहेगा।

सूर्य की इस स्थिति के कारण संतानपक्ष कमजोर बना रहेगा तथा स्त्री का सुख भी अच्छा प्राप्त नहीं होगा। जीवन-यापन के मार्ग में निरन्तर कठिनाइयाँ आती रहेंगी तथा विद्या-क्षेत्र भी कुछ कमजोर बना रहेगा।

जिस जातक का जन्म 'मेष' लग्न में हुआ हो और जन्म-कुण्डली के 'अष्टमभाव' में सूर्य की स्थिति हो, उसे सूर्य का फलादेश नीचे लिखे अनुसार समझना चाहिए—

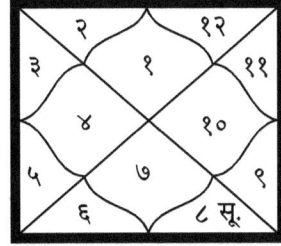

मेष लग्न: अष्टमभाव: सूर्य

आठवें मृत्यु, आयु, व्याधि, चिन्ता तथा पुरातत्त्व के भाव में अपने मित्र मंगल को वृश्चिक राशि पर बैठा हुआ सूर्य जातक को विद्याध्ययन में कठिनाई तथा संतानपक्ष की ओर से कष्ट का अनुभव करने वाला माना जाता है। इसके प्रभाव से आयु में वृद्धि होगी तथा पुरातत्त्व के सम्बन्ध में भी लाभ प्राप्त होगा, परन्तु मस्तिष्क में तथा दैनिक जीवन में कुछ-न-कुछ परेशानियां उठ खड़ी होती रहेंगी।

आठवें भाव का सूर्य अपनी सातवीं दृष्टि से धन तथा कुटुम्ब के द्वितीय भाव को अपने शत्रु शुक्र की वृषभ राशि में देख रहा है, अत: इसके प्रभाव स्वरूप धन-संग्रह तथा कुटुम्ब के निर्वाह के लिए अत्यधिक प्रयत्न करना पड़ेगा, फिर भी कुछ-न-कुछ असंतोष बना ही रहेगा।

जिस जातक का जन्म 'मेष' लग्न में हुआ हो और जन्म-कुण्डली के 'नवमभाव' में 'सूर्य' की स्थिति हो, उसे सूर्य का फलादेश नीचे लिखे अनुसार समझना चाहिए—

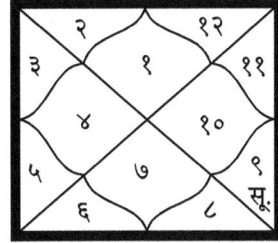

मेष लग्न: नवमभाव: सूर्य

नवें भाग्य धर्म तथा विद्या के भाव त्रिकोण भाव में सूर्य अपने मित्र गुरु की धनुराशि पर बैठा हुआ है। इसके प्रभाव से जातक को श्रेष्ठ बुद्धि, विद्या तथा ज्ञान की प्राप्ति होगी। ऐसा जातक धर्मात्मा, धर्मशास्त्रों का ज्ञाता, ईश्वर भक्त, भाग्यशाली, यशस्वी, न्यायी, दयालु, तीर्थ यात्री तथा दानी भी होगा। भाग्य तथा उन्नति के क्षेत्र में उसे निरन्तर सफलताएं मिलती रहेंगी।

नवीं धनुराशि में बैठा हुआ सूर्य अपनी सातवीं दृष्टि से तृतीय पराक्रम भाव को अपने समग्रह बुध की मिथुन राशि में देख रहा है, इसलिए जातक पराक्रमी, भाई-बहनों वाला पुरुषार्थी तथा श्रेष्ठ योग्यता वाला भी होगा। कुल मिलाकर सूर्य की इस स्थिति को बहुत अच्छा समझना चाहिए।

जिस जातक का जन्म 'मेष' लग्न में हुआ और जन्म-कुण्डली के 'दशमभाव' में 'सूर्य' की स्थिति हो, उसे सूर्य का फलादेश नीचे लिखे अनुसार समझना चाहिए—

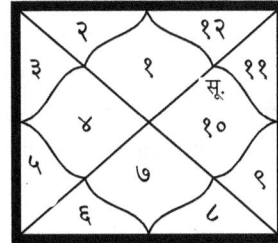

मेष लग्न: दशमभाव: सूर्य

दसवें राज्य, पिता, व्यवसाय तथा मान-प्रतिष्ठा वाले केन्द्र भाव में अपने शत्रु 'शनि' की मकर राशि पर बैठे हुए सूर्य के प्रभाव से जातक को अपने पिता, व्यवसाय, नौकरी एवं मान-प्रतिष्ठा के क्षेत्र में कुछ त्रुटियों का सामना करना पड़ता है परन्तु ऐसा जातक विदेशी भाषा तथा राजभाषा का अच्छा जानकार होता है।

ऐसी ग्रह स्थिति वाला जातक क्रोधी, अहंकारी तथा असहिष्णु स्वभाव का होता है। मकर राशिस्थ सूर्य अपनी सातवीं पूर्ण दृष्टि से माता सुख तथा भूमि के चौथे भाव को अपने मित्र चन्द्र की कर्क राशि में देखता है, अतः जातक को भूमि, मकान तथा माता का सुख अच्छा प्राप्त होगा और उसे अपने बुद्धिबल द्वारा राजकीय क्षेत्र तथा व्यावसायिक क्षेत्रों में भी सफलता प्राप्त होती रहेगी।

जिस जातक का जन्म 'मेष' लग्न में हुआ हो और जन्म-कुण्डली के 'एकादशभाव' में 'सूर्य' की स्थिति हो, उसे सूर्य का फलादेश नीचे लिखे अनुसार समझना चाहिए—

मेष लग्नः एकादशभावः सूर्य

ग्यारहवें लाभ, ऐश्वर्य, सम्पत्ति तथा आमदनी के भाव में अपने शत्रु शनि की कुंभ राशि पर बैठे हुए सूर्य के प्रभाव से जातक को अर्थोपार्जन के लिए अत्यंत कठिन परिश्रम करना आवश्यक बना रहेगा। ग्यारहवें भाव पर बैठा हुआ गरम ग्रह अत्यंत शक्तिशाली माना गया है, इस कारण जातक को लाभ तथा आमदनी तो होगी, परन्तु उसे शरीरिक श्रम तथा बुद्धि का उपयोग भी बहुत करना पड़ेगा।

इस भाव में स्थित सूर्य अपनी सातवीं पूर्ण दृष्टि से विद्या तथा संतान के पंचम-भाव को अपनी ही राशि में देख रहा है, अतः जातक विद्या, बुद्धि तथा संतान की विशेष शक्ति प्राप्त करेगा। वह अपने स्वार्थ-साधन के लिए कटु-वचनों का प्रयोग भी करेगा और उससे लाभ भी उठाएगा।

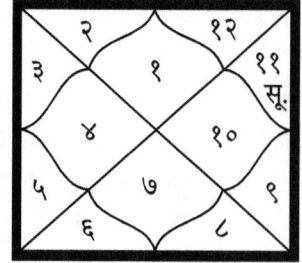

जिस जातक का जन्म 'मेष' लग्न में हुआ हो और जन्म-कुण्डली के 'द्वादशभाव' में 'सूर्य' की स्थिति हो, उसे सूर्य का फलादेश नीचे लिखे अनुसार समझना चाहिए—

मेष लग्नः द्वादशभावः सूर्य

बारहवें व्यय, हानि, दंड तथा रोग के भाव में अपने मित्र बृहस्पति की मीन राशि पर बैठा हुआ सूर्य जातक का बाहरी स्थानों से अच्छा सम्बन्ध कराएगा, परन्तु खर्च की अधिकता बनी रहेगी। ऐसी स्थिति में जातक को अपना खर्च चलाने के लिए बुद्धिबल का अधिक प्रयोग करना पड़ेगा। संतानपक्ष के लिए चिन्ता तथा हानि योग भी उपस्थित होंगे।

इस भाव में स्थित सूर्य अपनी सातवीं पूर्ण दृष्टि से छठे भाव में अपने भाव समग्रह बुध की कन्या राशि में देख रहा है, अतः जातक को शत्रु-पक्ष पर विजय एवं निर्भयता प्राप्त होगी। परेतु उसे मानसिक चिन्ताओं का शिकार बना रहना पड़ेगा तथा विद्या लाभ के पक्ष में भी कमजोरी रहेगी।

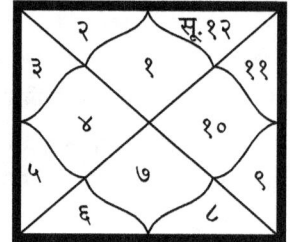

'मेष' लग्न में 'चन्द्र' का फल

जिस जातक का जन्म 'मेष' लग्न में हुआ हो और जन्म-कुण्डली के 'प्रथमभाव' में 'चन्द्र' की स्थिति हो, उसे चन्द्र का फलादेश आगे लिखे अनुसार समझना चाहिए—

पहले शरीर, जाति, विवेक, आकृति, मस्तिष्क के भाव तथा मुख्य केन्द्र और लग्न भाव में चन्द्र अपने समग्रह मंगल की मेष राशि पर बैठा हो, तो उसके प्रभाव से जातक को घरेलू सुख तथा मानसिक शान्ति की प्राप्ति होती है। ऐसा जातक बुद्धिमान, विवेकी, सुंदर शरीर वाला एवं भूमि-मकान तथा घरेलू सुख-सम्पत्ति को प्राप्त करने वाला होता है। इस भाव में स्थित चन्द्र सातवें स्त्री, व्यवसाय, विवाह के भाव को अपने समग्रह शुक्र की तुला राशि पर भी दृष्टि डालता है, अत: जातक को स्त्री एवं व्यवसाय के सम्बन्ध में भी सफलता एवं प्रसन्नता प्राप्त होती है।

मेष लग्न: प्रथमभाव: चन्द्र

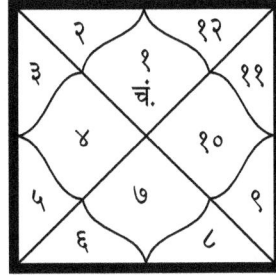

चन्द्र मन का स्वामी है। वह जब केन्द्र भाव में बैठता है, तो जातक के मन को प्रसन्नता प्रदान करता रहता है। कुल मिलाकर ऐसी चन्द्र स्थिति वाला जातक सुख, शान्ति, दाम्पत्य प्रेम, व्यावसायिक उन्नति एवं शारीरिक स्वास्थ्य को प्राप्त करता है।

जिस जातक का जन्म 'मेष' लग्न में हुआ हो और जन्म-कुण्डली के 'द्वितीयभाव' में 'चन्द्र' की स्थिति हो, उसे चन्द्र का फलादेश नीचे लिखे अनुसार समझना चाहिए—

दूसरे धन तथा कुटुम्ब भाव में वृष का चन्द्र उच्च का होकर अपने समग्रह शुक्र की राशि पर बैठा हो, तो उसके प्रभाव से जातक बहुत धनी एवं जमीन-जायदाद वाला होता है। धन तथा कुटुम्ब के भाव में मित्र क्षेत्री शुभ ग्रह चन्द्र की उपस्थिति के कारण जातक के कुटुम्ब की वृद्धि होती है, परन्तु दूसरा भाव धन का भी माना गया है, इसलिए जातक को अपनी माता के सम्बन्ध में किसी-न-किसी कमी का अनुभव भी होता रहेगा।

मेष लग्न: द्वितीयभाव:चन्द्र

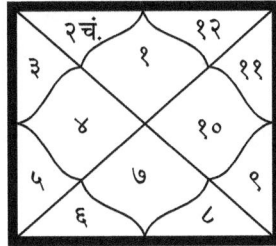

इस भाव में बैठा हुआ चन्द्र अपनी सातवीं नीच दृष्टि से अपने समग्रह मंगल की वृश्चिक राशि वाले आयु, व्याधि, संकट तथा पुरातत्त्व के आठवें भाव को भी देखता है। चन्द्र की इस दृष्टि के प्रभाव से जातक को आयु, स्वास्थ्य तथा पुरातत्त्व के सम्बन्ध में कुछ न्यूनता एवं परेशानियों का सामना करना पड़ेगा तथा दैनिक जीवनक्रम में भी कुछ-न-कुछ अशान्ति बनी रहेगी।

जिस जातक का जन्म 'मेष' लग्न में हुआ हो और जन्म-कुण्डली के 'तृतीयभाव' में 'चन्द्र' की स्थिति हो, उसे चन्द्र का फलादेश नीचे लिखे अनुसार समझना चाहिए—

तीसरे भाई तथा पराक्रम के भाव में अपने मित्र बुध की मिथुन राशि पर चन्द्र बैठा हुआ हो, तो उसके प्रभाव से जातक को भाई-बहनों का सुख प्राप्त होता है तथा पराक्रम में वृद्धि होती है।

मेष लग्न: तृतीयभाव: चन्द्र

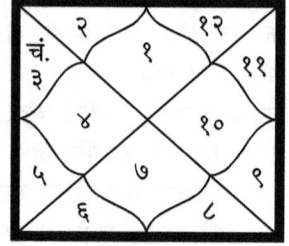

चन्द्र की ऐसी स्थिति के कारण जातक की मानसिक-शक्ति प्रबल होती है, वह भूमि, मकान आदि का सुख प्राप्त करता है तथा आनंदमय जीवन बिताता है।

इस भाव से चन्द्र सातवीं दृष्टि से अपने समग्रह गुरु को धनुराशि वाले भाग्य, धर्म तथा विद्या के नवें भाव को भी देख रहा है, इसके प्रभाव से जातक का भाग्यवान, धर्मात्मा, विद्वान, दानी तथा उदार-स्वभाव वाला होना भी सुनिश्चित है। कुल मिलाकर ऐसी चन्द्र स्थिति वाला जातक सौभाग्यशाली, विद्वान, धनी, धर्मात्मा, मनोबल-संपन्न तथा यशस्वी होगा और उसे जीवन में सफलताएं प्राप्त होती रहेंगी।

जिस जातक का जन्म 'मेष' लग्न में हुआ हो और जन्म-कुण्डली के 'चतुर्थभाव' में 'चन्द्र' की स्थिति हो, उसे चन्द्र का फलादेश नीचे लिखे अनुसार समझना चाहिए—

चौथे माता, सुख, भूमि तथा संपत्ति के भाव में चन्द्र अपनी राशि कर्क पर स्वक्षेत्री होकर बैठा है, इसके प्रभाव से जातक को अपनी माता, भूमि, मकान तथा संपत्ति के विषय में पूर्ण सुख प्राप्त होगा। मनोरंजन के विविध साधन भी निरन्तर उपलब्ध होते रहेंगे।

मेष लग्न: चतुर्थभाव: चन्द्र

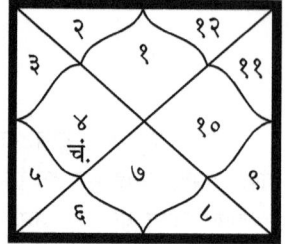

चतुर्थभाव में बैठा हुआ चन्द्र अपनी सातवीं दृष्टि से, शनि की मकर राशि वाले दसवें भाव को देख रहा है। दसवां भाव पिता, राज्य, व्यवसाय तथा मान-प्रतिष्ठा का है, अत: चन्द्र की इस दृष्टि के प्रभाव से जातक का अपने पिता से कुछ वैमनस्य बना रहेगा तथा राजकीय कार्य एवं सम्मान के क्षेत्र में भी कुछ त्रुटि बनी रहेगी। कुल मिलाकर ऐसी चन्द्र स्थिति वाला जातक पिता से कुछ वैमनस्य रखने वाला, माता से सुख प्राप्त करने वाला तथा धन, संपत्ति, कुटुम्ब-सुख एवं आनंदोपभोग को प्राप्त करने वाला होता है।

जिस जातक का जन्म 'मेष' लग्न में हुआ हो और जन्म-कुण्डली के 'पंचमभाव' में 'चन्द्र' की स्थिति हो, उसे चन्द्र का फलादेश नीचे लिखे अनुसार समझना चाहिए—

पांचवें विद्या, बुद्धि तथा संतान के भाव में चन्द्र अपने मित्र सूर्य की सिंह राशि पर स्थित हो, तो उसके प्रभाव से जातक बहुत बड़ा विद्वान, बुद्धिमान एवं संततिवान होता है। उसे भूमि, माता, संपत्ति, मकान तथा मनोरंजन आदि का सुख भी प्राप्त होता है।

मेष लग्न: पंचमभाव: चन्द्र

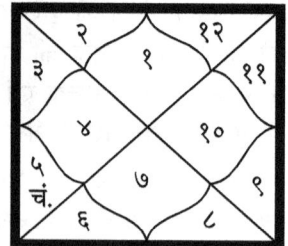

उक्त भाव में स्थित चन्द्र की सातवीं, दृष्टि, ग्यारहवें लाभ तथा आय के भाव में शनि की कुम्भ राशि पर पड़ रही है, अत: इस कारण जातक को अपनी आय के साधनों में कुछ कठिनाइयों का सामना करना पड़ेगा, परन्तु अपने शीतल स्वभाव एवं शान्त बुद्धि के कारण वह उन कठिनाइयों से हंसते हुए संघर्ष करके अंत में सफलता प्राप्त करता रहेगा। कुल मिलाकर ऐसी चन्द्र स्थिति वाला जातक विद्वान, बुद्धिमान, धन-संपत्तिवान, गंभीर, शान्त, संतोषी, अत्यन्त चतुर, भू-संपत्ति का स्वामी, माता के सुख से युक्त परन्तु व्यवसाय के क्षेत्र में कुछ कठिनाइयों का अनुभव करने वाला होता है।

जिस जातक का जन्म 'मेष' लग्न में हुआ हो और जन्म-कुण्डली के 'षष्ठभाव' में 'चन्द्र' की स्थिति हो, उसे चन्द्र का फलादेश नीचे लिखे अनुसार समझाना चाहिए—

छठे शत्रु, रोग एवं पीड़ा के भाव में चन्द्र अपने मित्र बुध की राशि कन्या पर बैठा हो, तो उसके प्रभाव से जातक के घरेलू वातावरण में अनेक प्रकार की कमियां तथा अशान्तियां बनी रहती हैं। परन्तु अपने शत्रु-पक्ष में वह शान्ति का अनुभव करता है तथा बड़े-बड़े संघर्षों, कठिनाइयों, विपत्तियों एवं संकटों पर अपने धैर्य एवं विनम्रता के बल पर विजय प्राप्त कर लेता है।

मेष लग्न: षष्ठभाव: चन्द्र

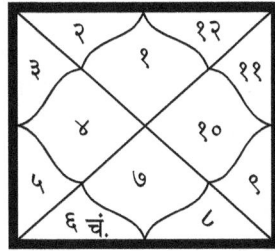

षष्ठभाव स्थित चन्द्र की सातवीं दृष्टि बारहवें व्यय तथा हानि के भाव पर पड़ती है। बारहवें भाव में समग्रह गुरु की मीन राशि होने के कारण जातक अच्छे कार्यों में अत्यधिक व्यय करता है तथा अपने जन्म-स्थान से दूर के बाहरी स्थानों द्वारा सुख एवं लाभ भी प्राप्त करता है।

कुल मिलाकर ऐसी चन्द्र स्थिति वाला जातक धैर्यवान, विनम्र, माता एवं घरेलू पक्ष में कमी का अनुभव करने वाला तथा अनेक प्रकार के झंझटों तथा खर्चों में फंसा रहने वाला होता है।

जिस जातक का जन्म 'मेष' लग्न में हुआ हो और जन्म-कुण्डली के 'सप्तमभाव' में 'चन्द्र' की स्थिति हो, उसे चन्द्र का फलादेश नीचे लिखे अनुसार समझना चाहिए—

सातवें स्त्री, व्यवसाय, विवाह आदि के भाव में चन्द्र अपने समग्रह शुक्र की राशि पर स्थित हो, तो उसके प्रभाव से जातक को सौंदर्य, भोगविलास तथा स्त्री-सुख की प्राप्ति होती है। साथ ही भूमि, संपत्ति एवं व्यवसाय के मार्ग में भी सफलता प्राप्त होती है।

मेष लग्न: सप्तमभाव: चन्द्र

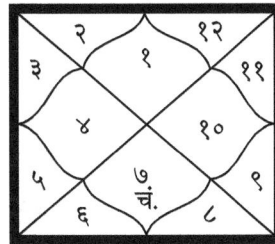

सप्तमभाव स्थित चन्द्र की सातवीं दृष्टि शरीर तथा विवेक के प्रथमभाव लग्न में पड़ती है। वहां चन्द्र के मित्र मंगल की मेष राशि होने के कारण, जातक को शारीरिक सौंदर्य, सुख, मनोरंजन एवं यश-सम्मान आदि निरन्तर प्राप्त होते रहेंगे।

कुल मिलाकर ऐसी चन्द्र स्थिति वाला जातक सौंदर्यवान, स्त्रीवान, विलासी, भू-संपत्ति का स्वामी, व्यवसाय के क्षेत्र में सफलता प्राप्त करने वाला तथा यश-सम्मान का अधिकारी होता है।

जिस जातक का जन्म 'मेष' लग्न में हुआ हो और जन्म-कुण्डली के 'अष्टमभाव' में 'चन्द्र' की स्थिति हो, उसे चन्द्र का फलादेश नीचे लिखे अनुसार समझना चाहिए—

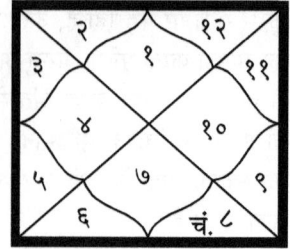

मेष लग्न: अष्टमभाव: चन्द्र

आठवें मृत्यु, व्याधि, संकट, चिन्ता, तथा पुरातत्त्व के भाव में अपने समग्रह मंगल की वृश्चिक राशि में बैठे हुए नीच 'चन्द्र' के प्रभाव से जातक के माता सम्बन्धी सुख में कमी आती है तथा भूमि, पुरातत्त्व एवं अचल-संपत्ति को भी हानि पहुंचती है।

ऐसी ग्रह स्थिति वाले जातक को आयु के सम्बन्ध में भी संकटों का सामना करना पड़ता है। इसी प्रकार उसके दैनिक जीवन में भी विभिन्न प्रकार की कठिनाइयाँ उपस्थित होती रहती हैं। घरेलू सुख-शान्ति में भी कमी बनी रहती है। पुरातत्त्व के सम्बन्ध में हानि उठानी पड़ती है तथा अपनी जन्म-भूमि से बाहर जाकर भी रहना पड़ता है। परन्तु इस भाव में बैठे हुए चन्द्र की सातवीं उच्चदृष्टि धन, कुटुम्ब तथा राज्य के द्वितीयभाव में पड़ती है, इस कारण जातक को सुख तथा धन सम्बन्धी योग निरन्तर प्राप्त होते रहेंगे और वह सुख तथा धन उपार्जित करने के लिए विशेष मनोयोग के साथ निरन्तर प्रयत्नशील भी बना रहेगा।

जिस जातक का जन्म 'मेष' लग्न में हुआ हो और जन्म-कुण्डली के 'नवमभाव' में 'चन्द्र' की स्थिति हो, उसे 'चन्द्र' का फलादेश नीचे लिखे अनुसार समझना चाहिए—

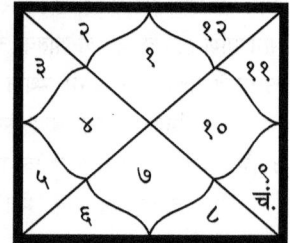

मेष लग्न: नवमभाव: चन्द्र

नवें भाग्य, धर्म, विद्या, तीर्थ-यात्रा आदि के त्रिकोण भाव में अपने समग्रह गुरु की धनु राशि पर बैठा हुआ चन्द्र अपने प्रभाव से जातक को प्रबल बनाता है और उसे माता, भूमि तथा संपत्ति का सुख प्रदान करता है।

चन्द्र चूंकि मन का स्वामी है, और नवें धर्म भाव में बैठा है, इसलिए इसके प्रभाव से जातक का मन धर्म-कर्म की ओर विशेष आकर्षित बना रहेगा और वह दान-पुण्य, तीर्थ-यात्रा आदि सत्कार्य भी करता रहेगा।

नवम भाव में बैठा हुआ चन्द्र अपनी सातवीं पूर्ण दृष्टि से अपने मित्र बुध की मिथुन राशि वाले पराक्रम एवं भाई के भाव को भी देखता है। इस कारण जातक को भाई-बहनों का सुख भी प्राप्त होगा और उसके पराक्रम में भी वृद्धि होती रहेगी।

कुल मिलाकर ऐसी चन्द्र स्थिति वाला जातक सौभाग्यवान, सुखी, धन संपत्ति, भाई-बहनों से युक्त धार्मिक विचारों का होता है।

जिस जातक का जन्म 'मेष' लग्न में हुआ हो और जन्म-कुण्डली के 'दशमभाव' में 'चन्द्र' की स्थिति हो, उसे 'चन्द्र' का फलादेश नीचे लिखे अनुसार समझना चाहिए—

दसवें राज्य, व्यवसाय, पिता तथा मान-प्रतिष्ठा के केन्द्र भाव में शनि की मकर राशि पर बैठे हुए चन्द्र के प्रभाव से जातक का अपने पिता से वैमनस्य बना रहता है। उसे राज्य में सम्मान की प्राप्ति होती है तथा अपने परिश्रम एवं मनोयोग के द्वारा व्यवसाय में सफलता भी मिलती है।

मेष लग्नः दशमभावः चन्द्र

इस भाव में बैठे हुए चन्द्र की सातवीं पूर्ण दृष्टि माता सुख, भूमि, संपत्ति के चौथे भाव में अपनी स्वयं की कर्क राशि पर पड़ती है, इसके प्रभाव से जातक को माता की ओर से श्रेष्ठ सुख एवं शातिं की प्राप्ति होती है तथा भूमि, संपत्ति आदि का भी लाभ होता है।

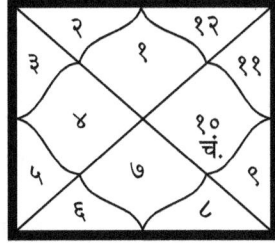

कुल मिलाकर ऐसी चन्द्र स्थिति वाला जातक का अपने पिता से वैमनस्य, परन्तु माता से स्नेह बना रहता है और वह धन-संपत्ति तथा मकान के सुख को अपने परिश्रम एवं मनोबल के योग से प्राप्त करता है।

जिस जातक का जन्म 'मेष' लग्न में हुआ हो और जन्म-कुण्डली के 'एकादशभाव' में 'चन्द्र' की स्थिति हो, उसे 'चद्रमा' का फलादेश नीचे लिखे अनुसार समझना चाहिए—

ग्यारहवें लाभ, आय, संपत्ति तथा आयु के भाव में शनि की कुम्भ राशि पर बैठा हुआ चन्द्र अपने प्रभाव से जातक को सुखपूर्वक आय के साधनों में कुछ असंतोष एवं कठिनाइयाँ देने वाला होता है। फिर भी, ऐसी चन्द्र स्थिति वाला जातक अपने मनोबल के प्रभाव से आय के साधनों में वृद्धि करता है तथा सुखी-जीवन बिताता है।

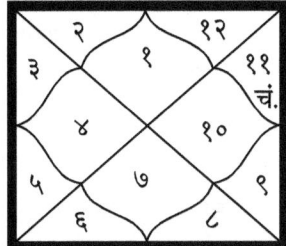

मेष लग्नः एकादशभावः चन्द्र

इस भाव पर बैठे हुए चन्द्र का सातवीं पूर्ण दृष्टि अपने मित्र सूर्य की सिंह राशि में पड़ती है। यह पांचवां भाव विद्या, बुद्धि एवं संतान का है, अतः इसके प्रभाव से जातक का संतान-पक्ष प्रबल होता है और उसे विद्या तथा बुद्धि के क्षेत्र में उन्नति प्राप्त होती है।

कुल मिलाकर ऐसी चन्द्र स्थिति वाला जातक बुद्धिमान, विद्वान, संततिवान तथा कुछ कठिनाइयों के साथ अपनी आय एवं सुख के साधनों में वृद्धि करने वाला होता है।

जिस जातक का जन्म 'मेष' लग्न में हुआ हो और जन्म-कुण्डली के 'द्वादशभाव' में 'चन्द्र' की स्थिति हो, उसे 'चन्द्र' का फलादेश नीचे लिखे अनुसार समझना चाहिए—

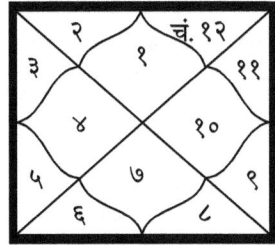

मेष लग्नः द्वादशभावः चन्द्र

बारहवें व्यय, हानि तथा रोग के भाव में अपने समग्रह गुरु की राशि पर बैठे हुए चन्द्र के प्रभाव से जातक का खर्च शुभ कामों तथा ठाठ-बाट में होता रहेगा, परन्तु उसे किसी प्रकार का दु:ख नहीं होगा। बारहवां भाव बाहरी स्थानों से सम्बन्ध का द्योतक भी है, अतः इस भाव में चन्द्र की स्थिति से जातक का बाहरी स्थानों से श्रेष्ठ सम्बन्ध बना रहेगा।

इस भाव में स्थित चन्द्र अपनी सातवीं मित्रदृष्टि से बुध की कन्या राशि वाले शत्रु, चिन्ता तथा पीड़ा के भाव को देखता है, इस कारण जातक शत्रु-पक्ष के प्रति शान्तिपूर्वक रवैया अपनाएगा और हर प्रकार के झगड़े-झंझटों में बुद्धिमत्ता एवं संतोष से काम लेगा।

कुल मिलाकर ऐसी चन्द्र स्थिति वाला जातक सुखी तथा संतुष्ट जीवन व्यतीत करता है। वह शत्रु-पक्ष पर अपनी शालीनता एवं संतोषी वृत्ति के द्वारा विजय प्राप्त करता है, परन्तु उसके माता के सुख में कमी बनी रहती है।

'मेष' लग्न में 'मंगल' का फल

जिस जातक का जन्म 'मेष' लग्न में हुआ हो और जन्म-कुण्डली के 'प्रथमभाव' में 'मंगल' की स्थिति हो, उसे 'मंगल' का फलादेश नीचे लिखे अनुसार समझना चाहिए—

पहले शरीर भाव में अपनी ही राशि पर बैठे हुए मंगल के प्रभाव से जातक का शरीर पुष्ट होता है तथा उसमें आत्म-बल प्रचुर मात्रा में पाया जाता है, परन्तु मंगल के अष्टमेश होने के कारण उसे कभी-कभी रोगों का शिकार भी बनना पड़ता है।

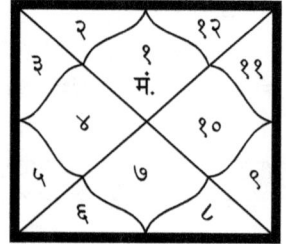

मेष लग्न: प्रथमभाव: मंगल

मंगल की ऐसी स्थिति होने पर जातक को माता के सुख, भाव, मकान आदि के सम्बन्ध तथा व्यवसाय एवं पत्नी के मामले में कुछ परेशानियां उठानी पड़ती हैं। अष्टम आयु भाव को पूर्ण दृष्टि से देखने के कारण जातक की आयु लम्बी होती है तथा उसे पुरातत्त्व का लाभ भी होता है।

जिस जातक का जन्म 'मेष' लग्न में हुआ हो और जन्म-कुण्डली के 'द्वितीय भाव' में 'मंगल' की स्थिति हो, उसे 'मंगल' का फलादेश नीचे लिखे अनुसार समझना चाहिए—

दूसरे धन एवं कुटुम्ब के भाव में मंगल शुक्र की राशि पर बैठा हो, तो उसके प्रभाव से जातक को धन-संचय में कमी तथा शरीर-भाव में कष्टों का सामना करता पड़ता है। मंगल चतुर्थ मित्रदृष्टि से विद्या, बुद्धि के पंचम भाव को देखता है, अत: जातक को विद्या प्राप्ति के मार्ग में कठिनाइयों तथा संतान-पक्ष में भी कुछ कष्टों का सामना करना पड़ेगा। सातवीं दृष्टि से आयु एवं पुरातत्त्व भाव को देखने के कारण जातक को दीर्घायु एवं पुरातत्त्व का लाभ होगा। मंगल आठवीं मित्रदृष्टि से भाग्य भाव को भी देखता है, अत: भाग्य में भी रुकावटें आएंगी।

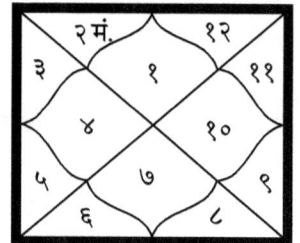

मेष लग्न: द्वितीयभाव: मंगल

जिस जातक का जन्म 'मेष' लग्न में हुआ हो और जन्म-कुण्डली के 'तृतीयभाव' में 'मंगल' की स्थिति हो, उसे 'मंगल' का फलादेश नीचे लिखे अनुसार समझना चाहिए—

तीसरे पराक्रम भाव में अपने शत्रु बुध की राशि पर मंगल की स्थिति होने पर जातक को पराक्रम तथा हिम्मत की थोड़ी प्राप्ति होती है, परन्तु अष्टमेश होने के कारण भाई-बहन के सुख में परेशानियां बनी रहती हैं। मंगल चौथी मित्रदृष्टि से शत्रु भाव को देखता है, अत: जातक अपने शत्रुओं को मारने में हिम्मत से काम लेगा और उन पर अपना प्रभाव भी रखेगा। आठवीं उच्च दृष्टि से राज्य एवं पिता के भाव को देख रहा है, इस कारण जातक को राज्य द्वारा सम्मान प्राप्त होगा तथा पिता का सुख भी मिलेगा।

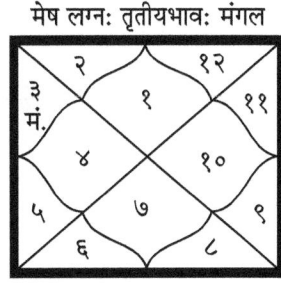

मेष लग्न: तृतीयभाव: मंगल

जिस जातक का जन्म 'मेष' लग्न में हुआ हो और जन्म-कुण्डली के 'चतुर्थभाव' में 'मंगल' की स्थिति हो, उसे 'मंगल' का फलादेश नीचे लिखे अनुसार समझना चाहिए—

चौथे माता, सुख तथा भूमि के भाव में मंगल नीच का होकर अपने मित्र चन्द्र की राशि पर बैठा हो, तो उसके प्रभाव से जातक को माता के सुख में कमी प्राप्त होती है। इसी प्रकार भूमि, मकान एवं घरेलू सुखों में भी कमजोरी बनी रहेगी। मंगल की चौथी दृष्टि स्त्री भाव पर पड़ती है, अत: स्त्री एवं व्यवसाय के सम्बन्ध में भी जातक को क्लेश उठाने पड़ेंगे। परन्तु सातवीं उच्चदृष्टि से मंगल पिता एवं राज्य के दशमभाव को भी देखता है, अत: जातक को अपने पिता एवं राज्य द्वारा लाभ प्राप्त होता रहेगा। मंगल की आठवीं शत्रुदृष्टि लाभ भाव में पड़ रही है, अत: लाभ के क्षेत्र में जातक को विशेष परिश्रम करना पड़ेगा।

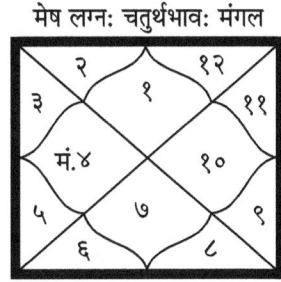

मेष लग्न: चतुर्थभाव: मंगल

जिस जातक का जन्म 'मेष' लग्न में हुआ हो और जन्म-कुण्डली के 'पंचमभाव' में 'मंगल' की स्थिति हो, उसे 'मंगल' का फलादेश नीचे लिखे अनुसार समझना चाहिए—

पांचवें त्रिकोण एवं विद्या के भाव में अपने मित्र सूर्य की सिंह राशि पर मंगल की स्थिति होने से जातक को विद्या, बुद्धि तथा संतान के पक्ष में कठिनाइयों का सामना करना पड़ेगा। मंगल चौथी दृष्टि से पुरातत्त्व एवं आयु भाव को अपनी वृश्चिक राशि में देख रहा है, अत: जातक दीर्घायु प्राप्त करेगा और उसे पुरातत्त्व का लाभ भी होगा। सातवीं मित्रदृष्टि से लाभ भाव को देख रहा है, अत: कुछ परेशानी के साथ लाभ के योग भी प्राप्त होंगे। साथ ही आठवीं मित्रदृष्टि से बारहवें व्यय भाव को देख रहा है, अत: खर्च अधिक होगा, परन्तु बाहरी स्थानों से आजीविका प्राप्त होने के सम्बन्ध बने रहेंगे।

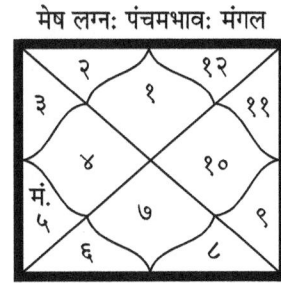

मेष लग्न: पंचमभाव: मंगल

जिस जातक का जन्म 'मेष' लग्न में हुआ हो और जन्म-कुण्डली के 'षष्ठभाव' में 'मंगल' की स्थिति हो, उसे 'मंगल' का फलादेश नीचे लिखे अनुसार समझना चाहिए—

छठे शत्रु एवं रोग भाव में मंगल अपने शत्रु बुध की कन्या राशि पर स्थित हो, तो उसके कारण जातक अपने शत्रुओं पर प्रभाव बनाए रहेगा तथा बहुत निडर और साहसी बना रहेगा। मंगल की चौथी मित्रदृष्टि भाग्य भाव पर पड़ती है, अत: भाग्य के क्षेत्र में कुछ कठिनाइयाँ उत्पन्न होंगी। सातवीं मित्रदृष्टि व्यय भाव पर पड़ने से खर्च अधिक होगा तथा बाहरी स्थानों से लाभ भी प्राप्त होगा। आठवीं दृष्टि अपनी ही मेष राशि पर पड़ने से शरीर स्वस्थ रहेगा तथा स्वाभिमान एवं प्रभाव प्रबल बना रहेगा।

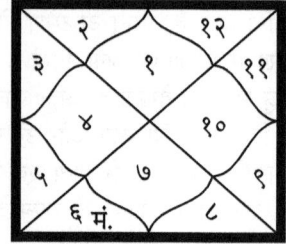

मेष लग्नः षष्ठभावः मंगल

जिस जातक का जन्म 'मेष' लग्न में हुआ हो और जन्म-कुण्डली के 'सप्तमभाव' में 'मंगल' की स्थिति हो, उसे 'मंगल' का फलादेश नीचे लिखे अनुसार समझना चाहिए—

सप्तम केन्द्र तथा स्त्री-भाव में मंगल की स्थिति होने से जातक को स्त्री-पक्ष से कुछ कष्ट रहेगा तथा व्यवसाय में भी कठिनाइयों का सामना करना पड़ेगा। मंगल की चौथी उच्चदृष्टि राज्य भाव पर पड़ती है, अत: पिता एवं राज्य द्वारा उन्नति के साधन तथा यश की प्राप्ति होगी। सातवीं दृष्टि शरीर भाव पर पड़ने से जातक का शरीर स्वस्थ रहेगा और वह प्रभावशाली तथा यशस्वी बना रहेगा। आठवीं दृष्टि धन एवं कुटुम्ब के द्वितीय भाव पर पड़ती है, अत: धन तथ कुटुम्ब की वृद्धि के लिए अधिक प्रयत्न करने पर भी थोड़ी ही सफलता प्राप्त होगी।

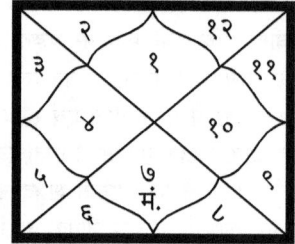

मेष लग्नः सप्तमभावः मंगल

जिस जातक का जन्म 'मेष' लग्न में हुआ हो और जन्म-कुण्डली के 'अष्टमभाव' में 'मंगल' की स्थिति हो, उसे 'मंगल' का फलादेश नीचे लिखे अनुसार समझना चाहिए—

आठवें मृत्यु-भाव में मंगल स्वक्षेत्री होकर बैठा हो, तो जातक की आयु में वृद्धि होती है तथा पुरातत्त्व का लाभ भी होता है, परन्तु शरीर भाव का स्वामी होकर अष्टम भाव में बैठा है, इसलिए शरीर की सुंदरता में कमी रहेगी। मंगल चौथी शत्रुदृष्टि से लाभ-भाव को देख रहा है, अत: आमदनी के क्षेत्र में परेशानियों के साथ सफलता मिलेगी। सातवीं दृष्टि से धन एवं कुटुम्ब भाव को शत्रु की राशि में देखने से धन तथा कुटुम्ब के विषय में भी असंतोष बना रहेगा और आठवीं कारकदृष्टि से पराक्रम भाव को देख रहा है, अत: पराक्रम अधिक होगा, परन्तु अष्टमेश होने के कारण भाई-बहन के सुख में कमी रहेगी।

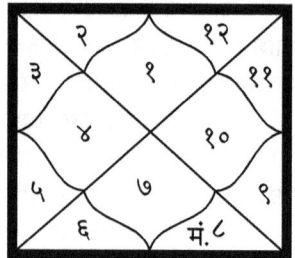

मेष लग्नः अष्टमभावः मंगल

जिस जातक का जन्म 'मेष' लग्न में हुआ हो और जन्म-कुण्डली के 'नवमभाव' में 'मंगल' की स्थिति हो, उसे 'मंगल' का फलादेश नीचे लिखे अनुसार समझना चाहिए—

नवें, त्रिकोण एवं भाग्य भाव में मंगल की स्थिति के प्रभाव से जातक का भाग्य अच्छा बना रहेगा, परंतु अष्टमेश होने के कारण कुछ असंतोष एवं कठिनाइयों का सामना भी करना पड़ेगा। चौथी मित्रदृष्टि से व्यय भाव को देखने के कारण खर्च की अधिकता रहेगी तथा बाहरी स्थानों से विशेष सम्बन्ध बना रहेगा। सातवीं कारकदृष्टि से पराक्रम के तृतीयभाव को देख रहा है, अत: पराक्रम अधिक रहेगा परन्तु अष्टमेश होने के कारण भाई-बहन के सुख में कमी रहेगी। आठवीं नीचदृष्टि से माता तथा भूमि के चतुर्थभाव को देख रहा है, अत: माता के सुख एवं भूमि, मकान आदि के सम्बन्ध से भी कमी बनी रहेगी।

मेष लग्न: नवमभाव: मंगल

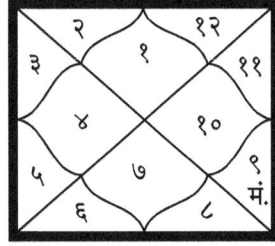

जिस जातक का जन्म 'मेष' लग्न में हुआ हो और जन्म-कुण्डली के 'दशमभाव' में 'मंगल' की स्थिति हो, उसे 'मंगल' का फलादेश नीचे लिखे अनुसार समझना चाहिए—

दसवें केन्द्र भाव तथा राज्य एवं पिता के भाव में मंगल अपने समग्रह शनि की मकर राशि पर उच्च का होकर बैठा है। इसके प्रभाव से जातक अपने पिता के वैमनस्य रखता हुआ भी उस भाव तथा व्यवसाय की उन्नति करेगा और उसे राज्य द्वारा भी सम्मान की प्राप्ति होती रहेगी। मंगल चौथी दृष्टि से शरीर भाव को स्वक्षेत्री में देख रहा है अत: शारीरिक प्रभाव में उन्नति रहेगी। सातवीं नीचदृष्टि से माता तथा भूमि के चौथे भाव को देख रहा है, अत: माता तथा भूमि के सुख में कमी का योग बनेगा। परन्तु आठवीं मित्रदृष्टि से विद्या एवं संतान-भाव को भी देख रहा है, अत: विद्या, बुद्धि एवं संतान के क्षेत्र में विशेष सफलता प्राप्त होगी।

मेष लग्न: दशमभाव: मंगल

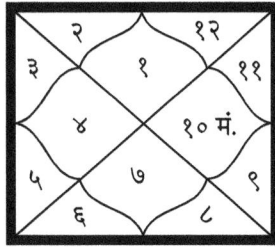

जिस जातक का जन्म 'मेष' लग्न में हुआ हो और जन्म-कुण्डली के 'एकादशभाव' में 'मंगल' की स्थिति हो, उसे 'मंगल' का फलादेश नीचे लिखे अनुसार समझना चाहिए—

ग्यारहवें लाभ भाव में अपने समग्रह शनि की कुम्भ राशि पर स्थित मंगल के प्रभाव से जातक को आय के साधनों में सफलता प्राप्त होती रहेगी, परन्तु अष्टमेश का दोष होने के कारण आमदनी के क्षेत्र में कुछ कठिनाइयाँ भी आती रहेंगी। मंगल चौथी दृष्टि से धन एवं कुटुम्ब के द्वितीयभाव को अपने समग्रह शुक्र की राशि में देख रहा है, अत: धन तथा कुटुम्ब से असंतोष बना रहेगा। सातवीं मित्रदृष्टि से विद्या एवं संतान भाव को देख रहा है, अत: संतान तथा विद्या के पथ में भी कुछ कमी बनी रहेगी और आठवीं शत्रुदृष्टि से छठे शत्रु भाव को देख रहा है, अत: जातक शत्रु पक्ष में प्रभाव रखने वाला तथा अत्यंत साहसी भी होगा।

मेष लग्न: एकादशभाव: मंगल

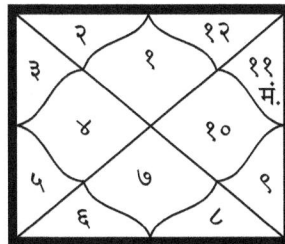

जिस जातक का जन्म 'मेष' लग्न में हुआ हो और जन्म-कुण्डली के 'द्वादशभाव' में 'मंगल' की स्थिति हो, उसे 'मंगल' का फलादेश नीचे लिखे अनुसार समझना चाहिए—

बारहवें व्यय भाव में अपने मित्र गुरु की मीन राशि पर स्थित मंगल के प्रभाव से जातक बहुत अधिक खर्च करने वाला, बाहरी स्थानों में भ्रमण करने वाला तथा शारीरिक सौंदर्य में कुछ कमी पाने वाला रहेगा। मंगल की चौथी मित्रदृष्टि पराक्रम भाव पर पड़ती है, अत: जातक पराक्रमी तो होगा, परन्तु मंगल के अष्टमेश होने के कारण उसे भाई-बहनों के सुख में कुछ कठिनाइयाँ भी रहेंगी। सातवीं दृष्टि से शत्रु भाव को देखने के कारण जातक शत्रु पक्ष में प्रबल बना रहेगा और आठवीं दृष्टि स्त्री भाव पर पड़ने के कारण जातक को स्त्री तथा व्यवसाय के क्षेत्र में परेशानियों का सामना करना पड़ेगा तथा विशेष परिश्रम के बाद ही सफलता मिलेगी।

मेष लग्न: द्वादशभाव: मंगल

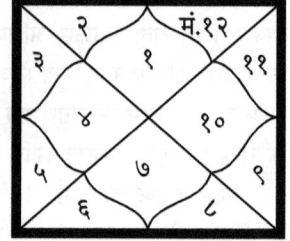

'मेष' लग्न में 'बुध' का फल

जिस जातक का जन्म 'मेष' लग्न में हुआ हो और जन्म-कुण्डली के 'प्रथमभाव' में 'बुध' की स्थिति हो, उसे 'बुध' का फलादेश नीचे लिखे अनुसार समझना चाहिए—

पहले केन्द्र तथा शरीर भाव में अपने समग्रह मंगल की मेष राशि पर स्थित बुध के प्रभाव से जातक पुरुषार्थी होता है, परन्तु षष्ठेश का दोष होने के कारण शरीर रोगपीड़ित भी बना रहता है। भाई-बहनों के सुख-सम्बन्ध में भी इसी कारण कुछ कमी आ जाती है। बुध सातवीं समग्रहदृष्टि से स्त्री एवं व्यवसाय के भाव को देखता है, अत: जातक को पुरुषार्थी एवं परिश्रम द्वारा व्यवसाय के क्षेत्र में सफलता प्राप्त होगी, परन्तु स्त्री-पक्ष में कुछ परेशानियों के साथ सफलता मिलेगी।

मेष लग्न: प्रथमभाव: बुध

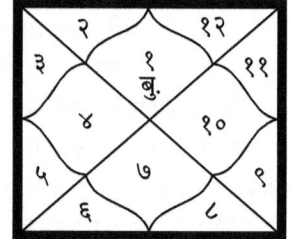

जिस जातक का जन्म 'मेष' लग्न में हुआ हो और जन्म-कुण्डली के 'द्वितीयभाव' में 'बुध' की स्थिति हो, उसे 'बुध' का फलादेश नीचे लिखे अनुसार समझना चाहिए—

दूसरे धन भाव में अपने मित्र शुक्र की वृषभ राशि पर स्थित बुध के प्रभाव से जातक के पुरुषार्थ एवं पराक्रम में वृद्धि होती है, परन्तु बुध स्वयं शत्रु भाव का स्वामी है, अत: उसे धन की प्राप्ति के मार्ग में कभी-कभी हानि एवं कठिनाइयों का सामना भी करना पड़ेगा। द्वितीयभाव बंधन का भी माना गया है, अत: भाई-बहनों के सुख में कुछ कमी रहेगी। बुध सातवीं समग्रहदृष्टि से आयु भाव को देखता है, अत: जातक की आयु में वृद्धि होगी तथा पुरातत्त्व का भी लाभ होगा।

मेष लग्न: द्वितीयभाव: बुध

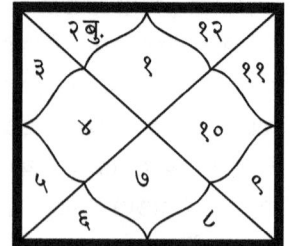

जिस जातक का जन्म 'मेष' लग्न में हुआ हो और जन्म-कुण्डली के 'तृतीयभाव' में 'बुध' की स्थिति हो, उसे 'बुध' का फलादेश नीचे लिखे अनुसार समझना चाहिए—

तीसरे पराक्रम भाव में अपनी ही राशि पर स्थित बुध के प्रभाव से जातक अत्यंत पराक्रमी तथा हिम्मती बना रहेगा। बुध शत्रु भाव का स्वामी भी है, अत: जातक अपने शत्रुओं पर बड़ा भारी प्रभाव रखेगा, परन्तु बुध के शत्रु भावाधिपति होने के कारण भाई-बहनों के सुख में कुछ कमी बनी रहेगी। बुध सातवीं मित्रदृष्टि से भाग्य भाव को देख रहा है, अत: जातक अपने पराक्रम द्वारा भाग्य में वृद्धि करेगा तथा धर्म पालन में भी कुछ कमी के साथ अपना मन लगाए रहेगा। बुध को विवेक का स्वामी माना गया है, अत: उसके प्रभाव से जातक विवेकयुक्त तथा परिश्रमी भी बना रहेगा।

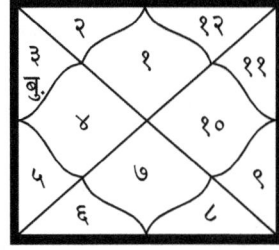

मेष लग्न: तृतीयभाव: बुध

जिस जातक का जन्म 'मेष' लग्न में हुआ हो और जन्म-कुण्डली के 'चुतर्थभाव' में 'बुध' की स्थिति हो, उसे 'बुध' का फलादेश नीचे लिखे अनुसार समझना चाहिए—

चौथे माता, सुख भूमि के भाव में बुध अपने शत्रु चन्द्र की कर्क राशि पर स्थित हो, तो उसके प्रभाव से जातक माता के सुख में कुछ कमी का अनुभव करेगा, इसी प्रकार उसे भूमि, मकान आदि के पक्ष में भी कमियां बनी रहेंगी। बुध सातवीं दृष्टि से अपने समग्रह शनि को मकर राशि में राज्य एवं पिता के दशमभाव को देखता है, अत: जातक पिता एवं राज्य के पक्ष में भी सफलता तथा यश प्राप्त करेगा। ऐसे जातक का जीवन कुछ परेशानियों के साथ सफल रहेगा।

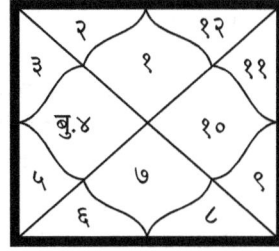

मेष लग्न: चतुर्थभाव: बुध

जिस जातक का जन्म 'मेष' लग्न में हुआ हो और जन्म-कुण्डली के 'पंचमभाव' में 'बुध' की स्थिति हो, उसे 'बुध' का फलादेश नीचे लिखे अनुसार समझना चाहिए—

पांचवें त्रिकोण एवं विद्या, बुद्धि भाव में अपने मित्र सूर्य की सिंह राशि पर स्थित बुध के प्रभाव से जातक विद्या, बुद्धि एवं संतान के सुख को प्राप्त करने में विशेष परिश्रम करके सफलता पाएगा, क्योंकि बुध में शत्रु भावाधिपति होने का दोष विद्यमान है। बुध सातवीं मित्रदृष्टि से लाभ के ग्यारहवें भाव को अपने समग्रह शनि की राशि में देख रहा है, अत: जातक अपनी बुद्धि एवं विवेक के द्वारा भाग्य तथा आमदनी की वृद्धि करेगा साथ ही शत्रु पक्ष में भी सफलता प्राप्त करता रहेगा।

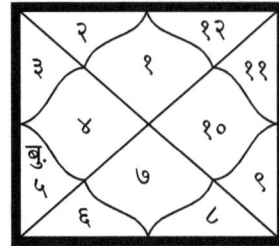

मेष लग्न: पंचमभाव: बुध

जिस जातक का जन्म 'मेष' लग्न में हुआ हो और जन्म-कुण्डली के 'षष्ठभाव' में 'बुध' की स्थिति हो, उसे 'बुध' का फलादेश नीचे लिखे अनुसार समझना चाहिए—

छठे शत्रु एवं रोग भाव में बुध स्वक्षेत्री एवं उच्च का होकर कन्या राशि पर बैठा हो, तो उसके प्रभाव से जातक शत्रुओं पर अपना विशेष प्रभाव रखने वाला होता है, तथा अपने पुरुषार्थ के बल पर बड़े-बड़े काम कर दिखाता है परन्तु शत्रु भावाधिपति होने के कारण भाई-बहन से कुछ विरोध भी रखता है तथा पराक्रम में कुछ आंतरिक कमी का अनुभव भी होता है। बुध सातवीं नीचदृष्टि से व्यय भाव को देखता है अतः जातक को खर्च एवं बाह्य स्थानों के सम्बन्ध में कुछ परेशानियां उठानी पड़ती हैं, परन्तु वह हिम्मत नहीं हारता।

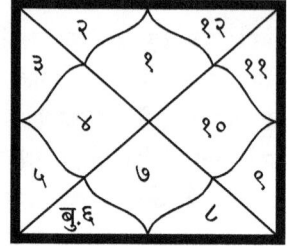

मेष लग्नः षष्ठभावः बुध

जिस जातक का जन्म 'मेष' लग्न में हुआ हो और जन्म-कुण्डली के 'सप्तमभाव' में 'बुध' की स्थिति हो, उसे 'बुध' का फलादेश नीचे लिखे अनुसार समझना चाहिए—

सप्तम केन्द्र एवं स्त्री तथा व्यवसाय के भाव में बुध अपने मित्र शुक्र की तुला राशि पर स्थित हो, तो जातक अपने पुरुषार्थ एवं उद्योग द्वारा व्यवसाय में सफलता प्राप्त करता है तथा बुध के शत्रु भावाधिपति होने के कारण कुछ कठिनाइयाँ भी आती रहती हैं। यही स्थिति स्त्री पक्ष के विषय में भी रहती हैं। बुध अपनी सातवीं समग्रहदृष्टि से मंगल की मेष राशि वाले प्रथम शरीर भाव को भी देखता है, अतः जातक को कुछ शारीरिक कष्टों का सामना भी करना पड़ता है तथा रोगों का शिकार भी बनना पड़ता है। बुध की ऐसी स्थिति के प्रभाव से जातक को भाई-बहन के द्वारा सहयोग भी मिलता है तथा विवेक-बुद्धि प्रबल बनी रहती है।

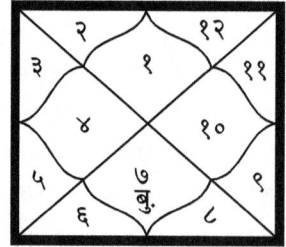

मेष लग्नः सप्तमभावः बुध

जिस जातक का जन्म 'मेष' लग्न में हुआ हो और जन्म-कुण्डली के 'अष्टमभाव' में 'बुध' की स्थिति हो, उसे 'बुध' का फलादेश नीचे लिखे अनुसार समझना चाहिए—

आठवें मृत्यु एवं पुरातत्त्व के भाव में अपने समग्रह मंगल की वृश्चिक राशि पर स्थित बुध के प्रभाव से जातक को पुरुषार्थ, आयु एवं पुरातत्त्व के सम्बन्ध में कुछ कठिनाइयों तथा परेशानियों का सामना करना पड़ता है। उत्साह में कमी आ जाती है तथा शत्रु-पक्ष से हानि पहुंचने की संभावना भी रहती है। बुध सातवीं समग्रहदृष्टि से धन कुटुम्ब के द्वितीयभाव को अपने मित्र शुक्र की वृष राशि में देखता है, अतः जातक को अर्थोपार्जन के लिए विशेष परिश्रम एवं दौड़-धूप करनी पड़ती है।

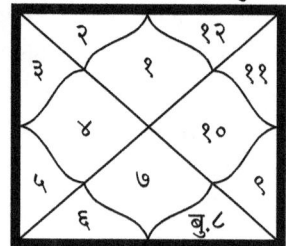

मेष लग्नः अष्टमभावः बुध

जिस जातक का जन्म 'मेष' लग्न में हुआ हो और जन्म-कुण्डली के 'नवमभाव' में 'बुध' की स्थिति हो, उसे 'बुध' का फलादेश नीचे लिखे अनुसार समझना चाहिए—

नवें भाग्य भाव में बुध अपने समग्रह गुरु की धनु राशि पर स्थित हो, तो उसके प्रभाव से जातक को भाग्य पक्ष में कुछ परेशानियों का अनुभव करना पड़ता है, परन्तु शत्रु-पक्ष के सम्बन्ध से उसे भाग्य सम्बन्धी सफलताएं प्राप्त होती रहती हैं। बुध सातवीं दृष्टि से तृतीय पराक्रम भाव को अपनी ही राशि में देखता है, इस कारण जातक का पराक्रम बल बना रहता है और उसे अपने विवेक, पराक्रम एवं भाई-बहनों द्वारा लाभ प्राप्त होता है। संक्षेप में, ऐसी ग्रह स्थिति वाला जातक कुछ झंझटों के साथ उन्नति करता है।

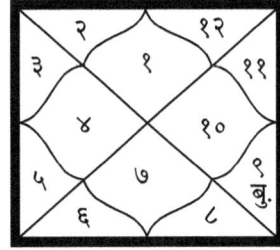

मेष लग्न: नवमभाव: बुध

जिस जातक का जन्म 'मेष' लग्न में हुआ हो और जन्म-कुण्डली के 'दशमभाव' में 'बुध' की स्थिति हो, उसे 'बुध' का फलादेश नीचे लिखे अनुसार समझना चाहिए—

मेष लग्न: दशमभाव: बुध

दसवें केन्द्र एवं राज्य तथा पिता के भाव में अपने समग्रह शनि की मकर राशि पर बैठे हुए बुध के प्रभाव से जातक अपने पुरुषार्थ एवं पराक्रम द्वारा अत्यधिक उन्नति करता है, परन्तु बुध के शत्रु भावाधिपति होने के कारण पिता के साथ कुछ वैमनस्य भी बना रहता है। राज्य द्वारा मान-प्रतिष्ठा तथा विवेक द्वारा शत्रु-पक्ष में सफलता प्राप्त होती है। बुध अपनी सातवीं शत्रुदृष्टि से चन्द्र की कर्क राशि में चौथे माता एवं भूमि के भाव को देखता है, अत: जातक को माता, भूमि, मकान आदि के सुख में कुछ कमी रहती है।

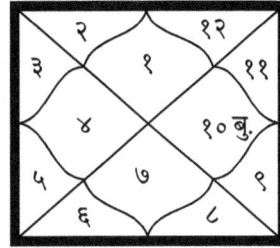

जिस जातक का जन्म 'मेष' लग्न में हुआ हो और जन्म-कुण्डली के 'एकादशभाव' में 'बुध' की स्थिति हो, उसे 'बुध' का फलादेश नीचे लिखे अनुसार समझना चाहिए—

ग्यारहवें लाभ भाव में अपने समग्रह शनि की कुम्भ राशि पर स्थित बुध के प्रभाव से जातक अपने परिश्रम तथा विवेक द्वारा आमदनी के क्षेत्र में अत्यधिक सफलता प्राप्त करता है तथा भाई-बहन का लाभ भी पाता है, परन्तु बुध के शत्रु भावाधिपति होने के कारण मार्ग में कुछ झंझट भी बने रहते हैं। बुध सातवीं मित्रदृष्टि से विद्या, बुद्धि तथा संतान के पंचमभाव को अपने मित्र सूर्य की सिंह राशि में भी देखता है। उसके प्रभाव से जातक को विद्या के क्षेत्र में सफलता मिलती है तथा कुछ कठिनाइयों के साथ संतानपक्ष में भी सुख प्राप्त होता है।

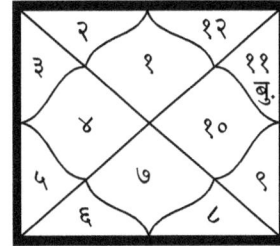

मेष लग्न: एकादशभाव: बुध

जिस जातक का जन्म 'मेष' लग्न में हुआ हो और जन्म-कुण्डली के 'द्वादशभाव' में 'बुध' की स्थिति हो, उसे 'बुध' का फलादेश नीचे लिखे अनुसार समझना चाहिए—

बारहवें व्यय भाव में अपने समग्रह गुरु की राशि में बैठे हुए नीच के बुध के प्रभाव से जातक को खर्च के मामलों में तथा बाहरी सम्बन्धों में परेशानियों का सामना करना पड़ता है तथा भाई-बहन के सुख में भी कमी बनी रहती है। बुध के शत्रु भावाधिपति होने के कारण सभी क्षेत्रों में कठिनाइयाँ भी आती रहती है। बुध सातवीं उच्चदृष्टि से शत्रु भाव को अपनी कन्या राशि में देखता है, इस लिए जातक अपने विवेक के द्वारा शत्रुपक्ष पर प्रभाव स्थापित करवाने में सफल होता है और वह गुप्त युक्ति वाला एवं धैर्यवान भी होता है।

मेष लग्न: द्वादशभाव: बुध

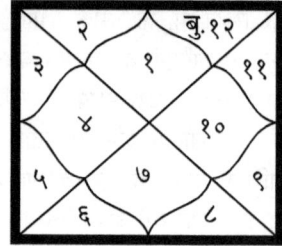

'मेष' लग्न में 'गुरु' का फल

जिस जातक का जन्म 'मेष' लग्न में हुआ हो और जन्म-कुण्डली के 'प्रथमभाव' में 'गुरु' की स्थिति हो, उसे 'गुरु' का फलादेश नीचे लिखे अनुसार समझना चाहिए—

प्रथम केन्द्र तथा शरीर भाव में अपने मित्र मंगल की राशि पर बैठे हुए गुरु के प्रभाव से जातक अत्यधिक यश, उन्नति एवं बाहरी स्थानों से प्रतिष्ठा प्राप्त करता है। गुरु पांचवीं मित्रदृष्टि से संतान एवं विद्या भाव को देखता है, इसलिए जातक बुद्धिमान, विद्वान तथा संततिवान भी होता है। सातवीं दृष्टि से शत्रु की तुला राशि में स्त्री एवं व्यवसाय के भाव को देखता है। अत: स्त्री एवं व्यवसाय के क्षेत्र में कुछ कठिनाइयाँ उपस्थित होती हैं। नवीं दृष्टि से भाग्य एवं धर्म भाव को स्वक्षेत्र में देखता है। अत: भाग्य एवं धर्म की वृद्धि होती है। संक्षेप में, ऐसा जातक यशस्वी, धनी, सुखी, धर्मात्मा, विद्वान तथा बुद्धिमान होता है।

मेष लग्न: प्रथमभाव: गुरु

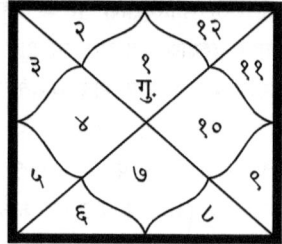

जिस जातक का जन्म 'मेष' लग्न में हुआ हो और जन्म-कुण्डली के 'द्वितीयभाव' में 'गुरु' की स्थिति हो, उसे 'गुरु' का फलादेश नीचे लिखे अनुसार समझना चाहिए—

द्वितीय धन कुटुम्ब के भाव में शत्रु शुक्र की वृष राशि पर बैठे हुए गुरु के प्रभाव से जातक बाहरी स्थानों के संपर्क से धन एवं भाग्य की वृद्धि करता है, परन्तु कभी-कभी हानि भी उठाता है। गुरु की पांचवीं दृष्टि शत्रु भाव पर पड़ती है, अत: शत्रुपक्ष में अपनी होशियारी से सफलता पाता है। सातवीं मित्रदृष्टि आयु एवं पुरातत्त्व भाव में पड़ने से आयु एवं पुरातत्त्व का लाभ होता है। नवीं नीचदृष्टि पिता एवं राज्य भाव में पड़ने से पिता तथा राज्य के पक्ष में परेशानी एवं त्रुटि बनी रहती है तथा उन्नति के मार्ग में कठिनाइयाँ आती हैं।

मेष लग्न: द्वितीयभाव: गुरु

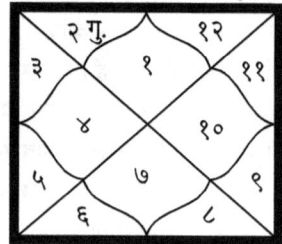

जिस जातक का जन्म 'मेष' लग्न में हुआ हो और जन्म-कुण्डली के 'तृतीयभाव' में 'गुरु' की स्थिति हो, उसे 'गुरु' का फलादेश नीचे लिखे अनुसार समझना चाहिए—

तीसरे पराक्रम भाव में अपने शत्रु बुध की मिथुन राशि पर स्थित गुरु के प्रभाव से जातक भाई-बहनों का सुख तथा पराक्रम की शक्ति कम करता है। गुरु पांचवीं दृष्टि से स्त्री तथा व्यवसाय के भाव को देखता है, अत: स्त्री तथा व्यवसाय के क्षेत्र में कुछ परेशानियां बनी रहेंगी। सातवीं दृष्टि से भाग्य भाव को स्वक्षेत्र में देख रहा है, अत: भाग्य तथा धर्म की वृद्धि होगी और नवीं शत्रुदृष्टि से आय भाव को देख रहा है, अत: आमदनी के मार्ग में कुछ कठिनाइयाँ आती रहेंगी। संक्षेप में, ऐसा जातक कठिनाइयों के साथ अपने भाग्य, धर्म तथा व्यवसाय की वृद्धि करेगा तथा कुछ परेशानियों के साथ स्त्री तथा भाई-बहनों का सुख प्राप्त करेगा।

मेष लग्न: तृतीयभाव: गुरु

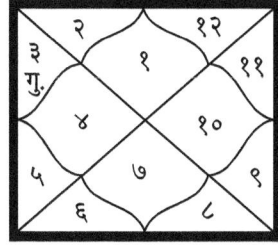

जिस जातक का जन्म 'मेष' लग्न में हुआ हो और जन्म-कुण्डली के 'चतुर्थभाव' में 'गुरु' की स्थिति हो, उसे 'गुरु' का फलादेश नीचे लिखे अनुसार समझना चाहिए—

चौथे केन्द्र तथा माता एवं भूमि के भाव में मित्र चन्द्र की राशि पर उच्च के गुरु के प्रभाव से जातक को माता, भूमि, मकान आदि का भरपूर सुख प्राप्त होगा। गुरु पांचवीं दृष्टि से आय एवं पुरातत्त्व भाव को देखता है, अत: आयु एवं पुरातत्त्व का भी लाभ होगा। सातवीं नीचदृष्टि से पिता एवं राज्य भाव को देखता है, अत: पिता के सुख में कमी एवं राज्य के क्षेत्र में असंतोष बना रहेगा। नवीं दृष्टि से व्यय भाव को अपनी राशि में देखता है, इसलिए खर्च अधिक रहेगा तथा बाहरी स्थानों से अच्छा सम्बन्ध बनेगा। संक्षेप में, ऐसा जातक भाग्यवान, धर्मात्मा तथा संपत्तिवान होता है।

मेष लग्न: चतुर्थभाव: गुरु

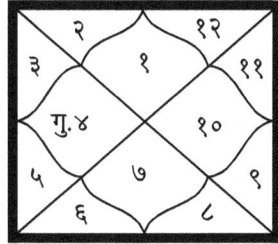

जिस जातक का जन्म 'मेष' लग्न में हुआ हो और जन्म-कुण्डली के 'पंचमभाव' में 'गुरु' की स्थिति हो, उसे 'गुरु' का फलादेश नीचे लिखे अनुसार समझना चाहिए—

पांचवें त्रिकोण एवं संतान तथा विद्या के भाव में अपने मित्र सूर्य की सिंह राशि पर स्थित गुरु के प्रभाव से जातक विद्वान तथा संततिवान होता है। गुरु पांचवीं दृष्टि से भाग्य भाव को स्वराशि में देखता है, अत: बुद्धि के योग से जातक के भाग्य की वृद्धि होती रहेगी। सातवीं शत्रुदृष्टि से लाभ भाव को देखता है, अत: आय के साधनों में कभी-कभी अड़चनें पड़ेंगी और नवीं मित्रदृष्टि से लग्न भाव को देखता है, अत: शरीर सुंदर तथा स्वस्थ होगा। संक्षेप में ऐसा जातक धनी, बुद्धिमान, धर्मात्मा तथा आकर्षक व्यक्तित्व वाला होता है।

मेष लग्न: पंचमभाव: गुरु

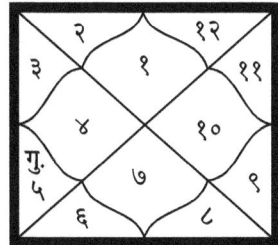

जिस जातक का जन्म 'मेष' लग्न में हुआ हो और जन्म-कुण्डली के 'षष्ठभाव' में 'गुरु' की स्थिति हो, उसे 'गुरु' का फलादेश नीचे लिखे अनुसार समझना चाहिए—

छठें शत्रु स्थान में अपने शत्रु बुध की कन्या राशि पर स्थित गुरु के प्रभाव से जातक की भाग्योन्नति के मार्ग में रुकावटें तो आती हैं, परन्तु भाग्य की वृद्धि भी होती है और शत्रुपक्ष में भी सफलता प्राप्त होती है। गुरु पांचवीं नीचदृष्टि से पिता एवं राज्य भाव को देखता है, अतः पिता एवं राज्य के सम्बन्ध में त्रुटि बनी रहेगी। सातवीं दृष्टि से व्यय भाव को स्वक्षेत्र में देखता है, अतः खर्च की कुछ परेशानी के साथ ही बाहरी सम्बन्ध में सफलता भी प्राप्त होती रहेगी। नवीं दृष्टि से धन एवं कुटुम्ब के द्वितीय भाव को देखता है, अतः कुटुम्ब से मतभेद रहेगा। भाग्येश के छठे होने के कारण दूसरों के सहयोग से भाग्य की उन्नति होगी।

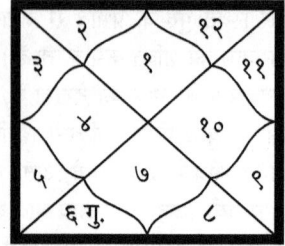

मेष लग्नः षष्ठभावः गुरु

जिस जातक का जन्म 'मेष' लग्न में हुआ हो और जन्म-कुण्डली के 'सप्तमभाव' में 'गुरु' की स्थिति हो, उसे 'गुरु' का फलादेश नीचे लिखे अनुसार समझना चाहिए—

सातवें केन्द्र, स्त्री तथा व्यवसाय के भाव में अपने शत्रु शुक्र की राशि पर स्थित गुरु के प्रभाव से जातक को स्त्री तथा व्यवसाय के क्षेत्र में कठिनाइयाँ प्राप्त होंगी। यहां से गुरु पांचवीं शत्रुदृष्टि से लाभ भाव को देखता है, अतः आमदनी के मार्ग में सीमित सफलताएं भी मिलेंगी। सातवीं मित्रदृष्टि से शरीर भाव को देखता है, अतः शरीर सुंदर तथा प्रभावशाली रहेगा और लोग जातक को भाग्यवान समझते रहेंगे। नवीं मित्रदृष्टि से पराक्रम एवं भाई के भाव को देखता है, अतः भाई-बहन एवं पराक्रम का पक्ष अच्छा रहेगा। संक्षेप में, ऐसा जातक कुछ कठिनाइयों के साथ भाग्योन्नति एवं सफलता प्राप्त करता है तथा स्वरूपवान होता है।

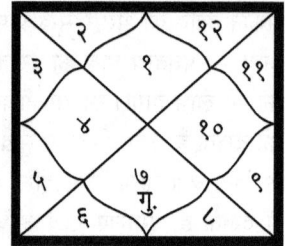

मेष लग्नः सप्तमभावः गुरु

जिस जातक का जन्म 'मेष' लग्न में हुआ हो और जन्म-कुण्डली के 'अष्टमभाव' में 'गुरु' की स्थिति हो, उसे 'गुरु' का फलादेश नीचे लिखे अनुसार समझना चाहिए—

आठवें मृत्यु एवं पुरातत्त्व भाव में अपने मित्र मंगल की वृश्चिक राशि पर बैठे हुए गुरु के प्रभाव से उसके व्ययेश होने के कारण जातक की भाग्योन्नति में बहुत बाधाएं आती हैं तथा अपयश प्राप्त होता है, परन्तु उसे आयु एवं पुरातत्त्व का लाभ होता है। इस भाव से गुरु की पांचवीं दृष्टि व्ययभाव में पड़ती है, अतः खर्च अधिक होगा एवं बाहरी स्थानों से विशेष सम्बन्ध बना रहेगा। सातवीं दृष्टि धन एवं कुटुम्ब के द्वितीय भाव में पड़ने से धन एवं कुटुम्ब की सामान्य वृद्धि होगी तथा नवीं उच्चदृष्टि चौथे माता और भूमि के भाव में पड़ने से जातक को माता, भूमि तथा मकान का सुख भी प्राप्त होगा।

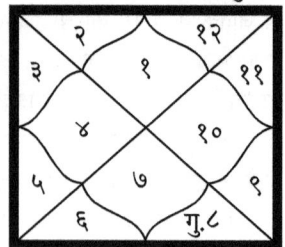

मेष लग्नः अष्टमभावः गुरु

जिस जातक का जन्म 'मेष' लग्न में हुआ हो और जन्म-कुण्डली के 'नवमभाव' में 'गुरु' की स्थिति हो, उसे 'गुरु' का फलादेश नीचे लिखे अनुसार समझना चाहिए—

नवें त्रिकोण तथा भाग्य एवं धर्म के भाव में गुरु के स्वक्षेत्री होने के प्रभाव से जातक अत्यंत भाग्यशाली तथा धर्मात्मा होता है। यहां से गुरु की पांचवीं दृष्टि शरीर भाव पर मंगल की मेष राशि पर पड़ती है। अत: जातक का शरीर स्वस्थ एवं सुंदर होगा। सातवीं मित्रदृष्टि भाई एवं पराक्रम के तृतीयभाव में पड़ने से जातक भाई-बहनों का सुख पाएगा तथा पराक्रमी होगा और नवीं मित्रदृष्टि विद्या एवं संतान के पंचमभाव में पड़ने से विद्या, बुद्धि तथा संतान के पक्ष में भी विशेष सफलता प्राप्त करेगा। संक्षेप में, ऐसा जातक भाग्यवान, धर्मात्मा, यशस्वी, संपत्तिवान तथा सुंदर होता है।

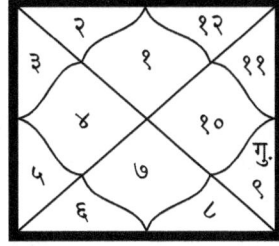
मेष लग्न: नवमभाव: गुरु

जिस जातक का जन्म 'मेष' लग्न में हुआ हो और जन्म-कुण्डली के 'दशमभाव' में 'गुरु' की स्थिति हो, उसे 'गुरु' का फलादेश नीचे लिखे अनुसार समझना चाहिए—

दसवें केन्द्र, राज्य तथा पिता के भाव में अपने समग्रह शनि की राशि पर बैठे हुए व्ययेश तथा नीच के गुरु के प्रभाव से जातक को पिता तथा राज्य के पक्ष में हानि एवं व्यवसाय के पक्ष में अनेक कठिनाइयों का सामना करना पड़ता है, अत: उसके भाग्य की विशेष उन्नति नहीं हो पाती। गुरु पांचवीं दृष्टि से धनभाव को देखता है, अत: कुटुम्ब तथा धन का अल्प लाभ होता है। सातवीं उच्चदृष्टि से माता तथा सुख के चतुर्थभाव को देखता है, अत: माता और भूमि का सुख मिलता है एवं नवीं शत्रुदृष्टि से शत्रु भाव को देखता है, अत: शत्रु पक्ष में जातक अपने भाग्य की शक्ति द्वारा सफलता प्राप्त करता है।

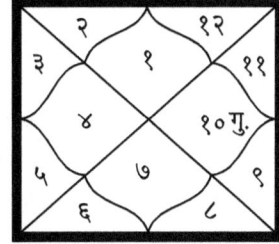
मेष लग्न: दशमभाव: गुरु

जिस जातक का जन्म 'मेष' लग्न में हुआ हो और जन्म-कुण्डली के 'एकादशभाव' में 'गुरु' की स्थिति हो, उसे 'गुरु' का फलादेश नीचे लिखे अनुसार समझना चाहिए—

ग्यारहवें लाभ भाव में अपने शत्रु शनि की कुम्भ राशि पर बैठे हुए व्ययेश गुरु के प्रभाव से जातक को भाग्य की शक्ति से धन का लाभ तो होता है, परन्तु उसमें कुछ कमी बनी रहती है। इस स्थान से गुरु पांचवीं दृष्टि से पराक्रम भाव को देखता है, अत: भाई-बहन एवं पराक्रम के पक्ष में भी कुछ कमी के साथ सफलता मिलती है। सातवीं मित्रदृष्टि से विद्या एवं पंचमभाव को देखता है, अत: विद्या, बुद्धि एवं संतान पक्ष का सहयोग प्राप्त होगा तथा नवीं दृष्टि से स्त्री एवं व्यवसाय के सप्तमभाव को अपने शत्रु की तुला राशि में देखता है, अत: स्त्री एवं व्यवसाय के पक्ष में भी कठिनाइयों के साथ सफलता मिलेगी।

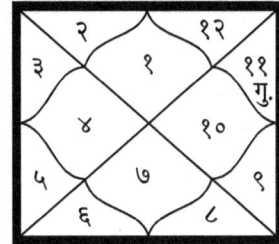
मेष लग्न: एकादशभाव: गुरु

जिस जातक का जन्म 'मेष' लग्न में हुआ हो और जन्म-कुण्डली के 'द्वादशभाव' में 'गुरु' की स्थिति हो, उसे 'गुरु' का फलादेश नीचे लिखे अनुसार समझना चाहिए—

बारहवें व्यय भाव में स्वराशि-गत गुरु के प्रभाव से जातक का खर्च अधिक रहता है तथा बाहरी स्थानों में उसे लाभ भी प्राप्त होता है। इस भाव से गुरु पांचवीं दृष्टि से चतुर्थभाव को देखता है, अत: माता, मकान एवं भूमि का सुख बना रहता है। सातवीं शत्रुदृष्टि से शत्रु भाव को देखता है, अत: शत्रु पक्ष में अपनी समझदारी से प्रभाव प्राप्त होता है एवं नवीं मित्रदृष्टि से अष्टमभाव को देखता है, अत: आयु एवं पुरातत्त्व के सम्बन्ध में भी जातक को सफलता मिलती है, परन्तु बृहस्पति के व्ययेश होने के कारण इन सभी क्षेत्रों में सफलता पाने के लिए जातक को कुछ कठिनाइयों का भी सामना करना पड़ता है।

मेष लग्न: द्वादशभाव: गुरु

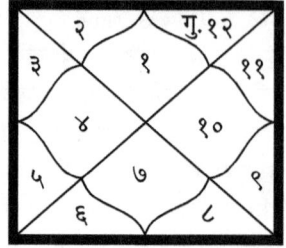

'मेष' लग्न में 'शुक्र' का फल

जिस जातक का जन्म 'मेष' लग्न में हुआ हो और जन्म-कुण्डली के 'प्रथमभाव' में 'शुक्र' की स्थिति हो, उसे 'शुक्र' का फलादेश नीचे लिखे अनुसार समझना चाहिए—

पहले केन्द्र तथा शरीर भाव में मेष का शुक्र, अपने शत्रु मंगल की राशि पर स्थित हो, तो उसके प्रभाव से जातक को सुंदर शरीर, सम्मान, सफलता एवं चातुर्य आदि का लाभ होता है। इस भाव से शुक्र सातवीं दृष्टि से स्त्री एवं व्यवसाय भाव को स्वक्षेत्र में देखता है, अत: जातक को स्त्री एवं व्यवसाय के क्षेत्र में भी सफलता प्राप्त होती है, परन्तु शुक्र के धनेश होने के कारण जातक को गृहस्थी तथा व्यवसाय कार्यों के संचालन में कुछ कठिनाइयों का सामना भी करना पड़ता है। संक्षेप में, ऐसी ग्रह स्थिति वाला जातक सुखी, सुंदर, यशस्वी एवं भाग्यशाली होता है।

मेष लग्न: प्रथमभाव: शुक्र

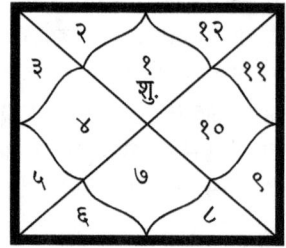

जिस जातक का जन्म 'मेष' लग्न में हुआ हो और जन्म-कुण्डली के 'द्वितीयभाव' में 'शुक्र' की स्थिति हो, उसे 'शुक्र' का फलादेश नीचे लिखे अनुसार समझना चाहिए—

दूसरे धन भाव में स्वराशि स्थित शुक्र के प्रभाव से जातक धनवान, कुटुम्बवान तथा सौभाग्यवान होता है, परन्तु द्वितीयभाव बंधन का भी होता है, अत: जातक को स्त्री एवं व्यवसाय से संबधित कार्यों में कुछ कठिनाइयों का सामना भी करना पड़ता है। इस भाव से शुक्र सातवीं दृष्टि से अपने समग्रह मंगल की वृश्चिक राशि को देखता है, अत: जातक को आयु एवं पुरातत्त्व के सम्बन्ध में भी अपनी योग्यता के कारण सफलता एवं लाभ की प्राप्ति होती है। संक्षेप में, ऐसी ग्रह स्थिति वाला जातक सुखी तथा ऐशो-आराम का जीवन व्यतीत करता है।

मेष लग्न: द्वितीयभाव: शुक्र

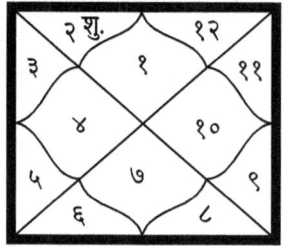

जिस जातक का जन्म 'मेष' लग्न में हुआ हो और जन्म-कुण्डली के 'तृतीयभाव' में 'शुक्र' की स्थिति हो, उसे 'शुक्र' का फलादेश नीचे लिखे अनुसार समझना चाहिए—

तृतीय पराक्रम भाव में अपने मित्र बुध की मिथुन राशि पर स्थित शुक्र के प्रभाव से जातक के पराक्रम एवं चातुर्य में वृद्धि होती है, जिसके कारण उसे कुटुम्ब तथा धन का श्रेष्ठ लाभ होता है, परन्तु स्त्री एवं व्यवसाय के क्षेत्र में सुख होते हुए भी कुछ कठिनाइयाँ आती रहती हैं। इस भाव से शुक्र सातवीं दृष्टि से भाग्य तथा धर्म के नवेंभाव को देखता है, अत: जातक भाग्यवान होने के साथ ही धर्म का पालन भी करता है। संक्षेप में, ऐसी ग्रह स्थिति वाला जातक धनी, धर्मात्मा तथा भाग्यशाली होता है और उसे कुटुम्ब, स्त्री तथा व्यावसायिक क्षेत्र में सफलता प्राप्त होती रहती है।

मेष लग्न: तृतीयभाव: शुक्र

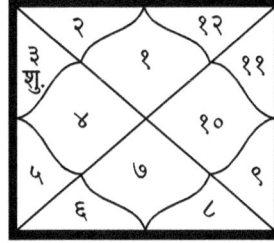

जिस जातक का जन्म 'मेष' लग्न में हुआ हो और जन्म-कुण्डली के 'चतुर्थभाव' में 'शुक्र' की स्थिति हो, उसे 'शुक्र' का फलादेश नीचे लिखे अनुसार समझना चाहिए—

चौथे केन्द्र माता तथा सुख के चतुर्थभाव में अपने शत्रु चन्द्र की कर्क राशि पर स्थित शुक्र के प्रभाव से जातक को धन एवं कुटुम्ब का सुख प्राप्त होता है, परन्तु माता एवं भूमि के सुख में कुछ कमी बनी रहती है। इसी प्रकार स्त्री के सम्बन्ध में कुछ कमी के साथ सुख मिलता है। इस भाव से शुक्र सातवीं मित्रदृष्टि से दशमभाव को देखता है, अत: जातक को राज्य एवं पिता के क्षेत्र में प्रतिष्ठा एवं उन्नति की प्राप्ति होती है। साथ ही पैतृक-धन एवं व्यावसायिक सफलता भी मिलती है।

मेष लग्न: चतुर्थभाव: शुक्र

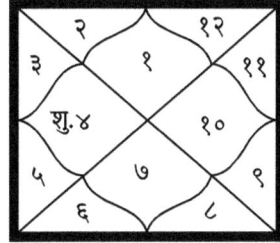

जिस जातक का जन्म 'मेष' लग्न में हुआ हो और जन्म-कुण्डली के 'पंचमभाव' में 'शुक्र' की स्थिति हो, उसे 'शुक्र' का फलादेश नीचे लिखे अनुसार समझना चाहिए—

पांचवें त्रिकोण, विद्या एवं संतान के भाव में अपने शत्रु सूर्य की राशि में स्थित शुक्र के प्रभाव से जातक को विद्या एवं संतान के पक्ष में सफलता प्राप्त होती है, परन्तु यह भाव बंधन का भी है, अत: कुछ कठिनाइयों का सामना भी करना पड़ता है। इस भाव से शुक्र सातवीं मित्रदृष्टि से लाभ भाव को अपने मित्र शनि की कुम्भ राशि में देख रहा है, अत: जातक को आमदनी का भी श्रेष्ठ योग प्राप्त होता है। संक्षेप में, ऐसी ग्रह स्थिति वाला जातक भाग्यशाली, विद्यावान, संतानवान तथा लाभ उठाने वाला होता है, परन्तु संतान एवं स्त्री के पक्ष में सामान्य कठिनाइयाँ आती रहती हैं।

मेष लग्न: पंचमभाव: शुक्र

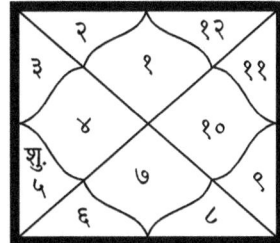

जिस जातक का जन्म 'मेष' लग्न में हुआ हो और जन्म-कुण्डली के 'षष्ठभाव' में 'शुक्र' की स्थिति हो, उसे 'शुक्र' का फलादेश नीचे लिखे अनुसार समझना चाहिए—

छठे शत्रु भाव में अपने मित्र बुध की कन्या राशि पर स्थित नीच के शुक्र के प्रभाव से जातक को शत्रु पक्ष में गुप्त चतुराई में काम लेना पड़ता है एवं कठिनाइयाँ उपस्थित होती रहती हैं। इस भाव से शुक्र सातवीं दृष्टि से व्ययभाव को अपने समग्रह गुरु की मीन राशि में देखता है, अत: खर्च की अधिकता बनी रहती है तथा बाहरी स्थानों के सम्बन्ध से शक्ति प्राप्त होती है। संक्षेप में, ऐसी ग्रह स्थिति वाले जातक को अपनी स्त्री, कुटुम्ब तथा व्यवसाय के सम्बन्ध में परेशानियों का सामना करना पड़ता है तथा प्रत्येक क्षेत्र में बुद्धि, बल का अधिक प्रयोग करना होता है।

मेष लग्न: षष्ठभाव: शुक्र

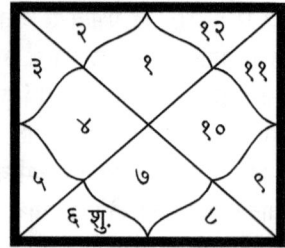

जिस जातक का जन्म 'मेष' लग्न में हुआ हो और जन्म-कुण्डली के 'सप्तमभाव' में 'शुक्र' की स्थिति हो, उसे 'शुक्र' का फलादेश नीचे लिखे अनुसार समझना चाहिए—

सातवें केन्द्र, स्त्री तथा व्यवसाय के भाव में स्वक्षेत्री शुक्र के प्रभाव से जातक स्त्री तथा व्यवसाय के क्षेत्र में विशेष सफलता प्राप्त करता है। इस भाव से शुक्र की सातवीं दृष्टि अपने समग्रह मंगल की मेष राशि वाले शरीर भाव में पड़ती है, अत: जातक को शारीरिक सौंदर्य, मान-प्रतिष्ठा तथा कार्य-कुशलता की प्रगति भी होती है। संक्षेप में, ऐसी ग्रह स्थिति वाला जातक होशियार, धनवान, सुंदर, प्रतिष्ठित, सुखी तथा कौटुंबिक शक्ति से संपन्न होता है, परन्तु धन भाव का स्वामी बंधन का कार्य भी करता है, अत: उसे व्यवसाय एवं स्त्री के पक्ष में कुछ कठिनाइयाँ भी उठानी पड़ेंगी।

मेष लग्न: सप्तमभाव: शुक्र

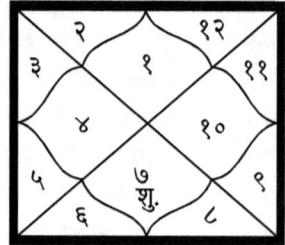

जिस जातक का जन्म 'मेष' लग्न में हुआ हो और जन्म-कुण्डली के 'अष्टमभाव' में 'शुक्र' की स्थिति हो, उसे 'शुक्र' का फलादेश नीचे लिखे अनुसार समझना चाहिए—

आठवें मृत्यु तथा आयु भाव में अपने समग्रह मंगल की वृश्चिक राशि पर स्थित शुक्र के प्रभाव से जातक को स्त्री तथा व्यवसाय के पक्ष में अत्यधिक कठिनाइयों का सामना करना पड़ता है। साथ ही धन की भी कमी बनी रहती है, परन्तु उसे पुरातत्त्व एवं आयु की शक्ति विशेष रूप से प्राप्त होती है। इस भाव से शुक्र अपनी सातवीं दृष्टि से धन एवं कुटुम्ब के द्वितीयभाव को अपनी राशि में देखता है, अत: कठिन परिश्रम के साथ जातक के धन एवं कुटुम्ब की वृद्धि होती है। ऐसा जातक अपने परिश्रम एवं चतुराई से प्रतिष्ठा भी प्राप्त करता है।

मेष लग्न: अष्टमभाव: शुक्र

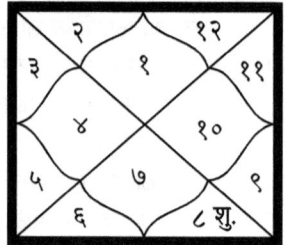

जिस जातक का जन्म 'मेष' लग्न में हुआ हो और जन्म-कुण्डली के 'नवमभाव' में 'शुक्र' की स्थिति हो, उसे 'शुक्र' का फलादेश नीचे लिखे अनुसार समझना चाहिए—

नवें त्रिकोण तथा भाग्य भाव में अपने समग्रह गुरु की धनु राशि पर स्थित शुक्र के प्रभाव से जातक बहुत भाग्यवान तथा चतुर होता है और उसे गृहस्थी, स्त्री तथा कुटुम्ब का भी श्रेष्ठ सुख प्राप्त होता है। इस भाव से शुक्र सातवीं मित्रदृष्टि से तीसरे पराक्रम एवं सहोदर भाव को अपने मित्र बुध की मिथुन राशि में देखता है, अत: जातक को पराक्रम एवं भाई-बहन के श्रेष्ठ सुख का भी लाभ होता है। संक्षेप में, ऐसी ग्रह स्थिति वाला जातक सुखी, धनी, धर्मात्मा, पराक्रमी तथा भाई-बहन के सुख से संपन्न होता है।

मेष लग्न: नवमभाव: शुक्र

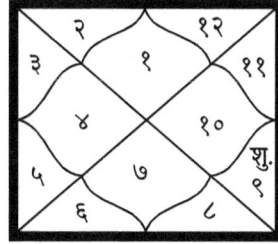

जिस जातक का जन्म 'मेष' लग्न में हुआ हो और जन्म-कुण्डली के 'दशमभाव' में 'शुक्र' की स्थिति हो, उसे 'शुक्र' का फलादेश नीचे लिखे अनुसार समझना चाहिए—

दसवें केन्द्र तथा पिता एवं राज्य भाव में अपने मित्र शनि की मकर राशि पर स्थित शुक्र के प्रभाव से जातक को अपने पिता एवं राज्य के सम्बन्ध से विशेष लाभ प्राप्त होता है। इस भाव से शुक्र की सातवीं दृष्टि अपने शत्रु चन्द्र की कर्क राशि में चौथे माता एवं सुख के भाव में पड़ती है, अत: जातक को माता एवं भूमि, मकान आदि का भी सुख प्राप्त होगा। संक्षेप में ऐसी स्थिति वाला धनी, सुखी, भू-संपत्तिवान, यशस्वी, माता, पिता एवं स्त्री का सुख प्राप्त करने वाला अत्यंत चतुर होता है।

मेष लग्न: दशमभाव: शुक्र

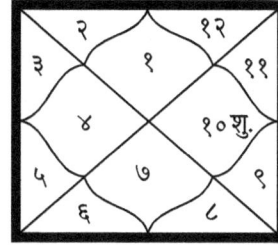

जिस जातक का जन्म 'मेष' लग्न में हुआ हो और जन्म-कुण्डली के 'एकादशभाव' में 'शुक्र' की स्थिति हो, उसे 'शुक्र' का फलादेश नीचे लिखे अनुसार समझना चाहिए—

ग्यारहवें लाभ भाव में अपने मित्र शनि की कुम्भ राशि पर स्थित शुक्र के प्रभाव से जातक बड़ी चतुराई के साथ धन का सुख लाभ प्राप्त करता है और धनी होता है। उसे अपनी स्त्री एवं व्यवसाय से भी सुख तथा लाभ की प्राप्ति होती है। इस भाव से शुक्र अपनी सातवीं दृष्टि से शत्रु सूर्य की सिंह राशि में पंचम भाव में देखता है, अत: जातक को विद्या, बुद्धि तथा संतान के क्षेत्र में बड़ी बुद्धिमानी एवं चतुराई के साथ सफलता मिलती है। संक्षेप में, ऐसी ग्रह स्थिति वाला जातक धनी, सुखी, बुद्धिमान चतुर तथा स्वार्थी होता है।

मेष लग्न: एकादशभाव: शुक्र

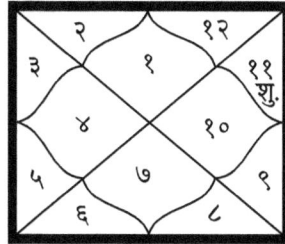

जिस जातक का जन्म 'मेष' लग्न में हुआ हो और जन्म-कुण्डली के 'द्वादशभाव' में 'शुक्र' की स्थिति हो, उसे 'शुक्र' का फलादेश नीचे लिखे अनुसार समझना चाहिए—

बारहवें व्यय भाव में अपने समग्रह गुरु की मीन राशि पर उच्च के शुक्र के प्रभाव से जातक बहुत अधिक खर्चीला होता है तथा बाहरी सम्बन्धों द्वारा बड़ी चतुराई से धन तथा व्यवसाय की शक्ति प्राप्त करता है। इस भाव से शुक्र सातवीं नीचदृष्टि से अपने मित्र बुध की कन्या राशि वाले छठे शत्रु-भाव को देखता है, अतः शत्रु-पक्ष में भेद तथा गुप्त युक्ति द्वारा कुछ कमजोरी के साथ काम निकालने की शक्ति प्राप्त होती है। संक्षेप में, ऐसा जातक सामान्य तथा संघर्षपूर्ण जीवन व्यतीत करता है।

मेष लग्नः दशमभावः शनि

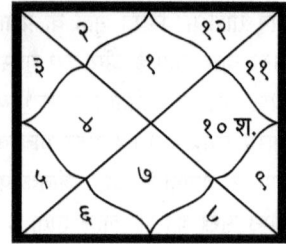

'मेष' लग्न में 'शनि' का फल

जिस जातक का जन्म 'मेष' लग्न में हुआ हो और जन्म-कुण्डली के 'प्रथमभाव' में 'शनि ' की स्थिति हो, उसे 'शनि' का फलादेश नीचे लिखे अनुसार समझना चाहिए—

पहले केन्द्र तथा शरीर भाव में अपने शत्रु मंगल की मेष राशि पर स्थित शनि के प्रभाव से जातक के शारीरिक सौंदर्य, मान-प्रतिष्ठा तथा आमदनी के क्षेत्र में कुछ कमी बनी रहती है, साथ ही राज्य के क्षेत्र में भी परेशानियां उत्पन्न होती रहती हैं। इस भाव से शनि तीसरी मित्रदृष्टि से पराक्रम भाव को देखता है, अतः जातक को पराक्रम एवं भाई-बहिनों के क्षेत्र में सफलता एवं सामर्थ्य प्राप्त होती है। सातवीं मित्रदृष्टि से स्त्री तथा व्यवसाय भाव को देखने के कारण जातक को स्त्री तथा व्यवसाय के क्षेत्र में विशेष सफलता मिलती है। दसवीं दृष्टि से अपनी राशि में पिता तथा राज्य भाव को देखने के कारण जातक को पिता तथा प्रतिष्ठा के क्षेत्र में थोड़ी सफलता मिलती है।

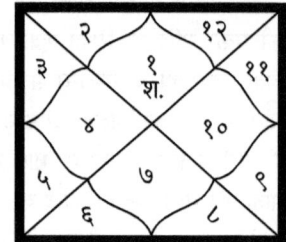

मेष लग्नः प्रथमभावः शनि

जिस जातक का जन्म 'मेष' लग्न में हुआ हो और जन्म-कुण्डली के 'द्वितीयभाव' में 'शनि' की स्थिति हो, उसे 'शनि' का फलादेश नीचे लिखे अनुसार समझना चाहिए—

दूसरे धन तथा कुटुम्ब भाव में अपने मित्र शुक्र की वृष राशि में स्थित शनि के प्रभाव से जातक को आर्थिक क्षेत्र में सफलता मिलती है तथा धन कुटुम्ब की वृद्धि होती है। इस भाव से शनि तीसरी शत्रुदृष्टि से चतुर्थभाव को देखता है, अतः माता एवं भू-संपत्ति के क्षेत्रों में कुछ परेशानी आती है। सातवीं शत्रुदृष्टि से अष्टमभाव को देखने के कारण जातक को पुरातत्त्व का लाभ तो होता है, परन्तु दिनचर्या में अशान्ति बनी रहती है। दसवीं दृष्टि से स्वराशि में लाभ भाव को देखने के कारण जातक को अच्छी आमदनी होती है। संक्षेप में, ऐसी ग्रह स्थिति वाला जातक धनी तथा ऐश्वर्यशाली होता है।

मेष लग्नः द्वितीयभावः शनि

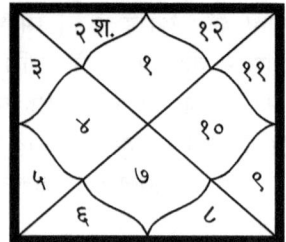

जिस जातक का जन्म 'मेष' लग्न में हुआ हो और जन्म-कुण्डली के 'तृतीयभाव' में 'शनि' की स्थिति हो, उसे 'शनि' का फलादेश नीचे लिखे अनुसार समझना चाहिए—

तीसरे पराक्रम भाव में अपने मित्र बुध की मिथुन राशि पर स्थित शनि के प्रभाव से जातक के पराक्रम में वृद्धि होती है तथा भाई-बहनों का यथेष्ठ सुख प्राप्त होता है। साथ ही पिता एवं राज्य के क्षेत्र से भी सहयोग मिलता है। इस भाव से शनि तीसरी शत्रुदृष्टि से पंचमभाव को देखता है, अत: विद्या तथा संतान के क्षेत्र में कुछ कठिनाइयों के साथ सफलता मिलती है सातवीं समग्रहदृष्टि से नवमभाव को देखने के कारण जातक को भाग्य तथा धर्म के क्षेत्र में कुछ कठिनाइयों के साथ सफलता मिलती है। दसवीं शत्रुदृष्टि से व्यय भाव को देखने के कारण खर्च अधिक होता है तथा बाहरी सम्बन्धों से असंतोष रहता है।

मेष लग्न: तृतीयभाव: शनि

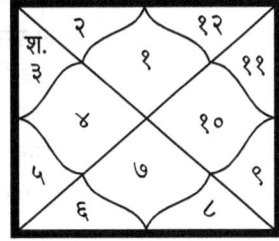

जिस जातक का जन्म 'मेष' लग्न में हुआ हो और जन्म-कुण्डली के 'चतुर्थभाव' में 'शनि' की स्थिति हो, उसे 'शनि' का फलादेश नीचे लिखे अनुसार समझना चाहिए—

चौथे केन्द्र, माता, सुख तथा भूमि भाव में अपने शत्रु चन्द्र की कर्क राशि पर स्थित शनि के प्रभाव से जातक को माता तथा भूमि के सम्बन्ध में कुछ असंतोष युक्त सफलता प्राप्त होती है, परन्तु सुख के साधनों में वृद्धि होती रहती है। इस भाव से शनि तीसरी दृष्टि से शत्रु भाव को देखता है, अत: शत्रु-पक्ष से लाभ और उसमें प्रभाव रखने का योग बनता है। सातवीं दृष्टि दशमभाव में पड़ने से राज्य एवं पिता द्वारा व्यवसाय की वृद्धि एवं मान-प्रतिष्ठा प्राप्त होती रहेगी। दसवीं नीचदृष्टि से शरीर भाव को देखता है, अत: शारीरिक सौंदर्य में कमी रहेगी तथा कुछ चिन्ताएं भी बनी रहेंगी।

मेष लग्न: चतुर्थभाव: शनि

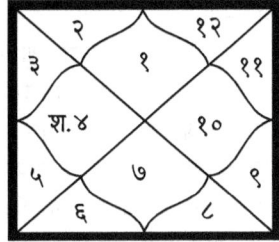

जिस जातक का जन्म 'मेष' लग्न में हुआ हो और जन्म-कुण्डली के 'पंचमभाव' में 'शनि' की स्थिति हो, उसे 'शनि' का फलादेश नीचे लिखे अनुसार समझना चाहिए—

पांचवें त्रिकोण तथा विद्या-बुद्धि के भाव में अपने शत्रु सूर्य की सिंह राशि में स्थित शनि के प्रभाव से जातक को विद्या-बुद्धि द्वारा व्यवसाय के क्षेत्र में सफलता प्राप्त होती है, परन्तु संतान पक्ष से मतभेद बना रहता है। यहां से शनि तीसरी उच्चदृष्टि से सप्तमभाव को देखता है, अत: स्त्री एवं व्यवसाय के क्षेत्र में विशेष लाभ होता है। सातवीं दृष्टि से एकादशभाव को स्वक्षेत्र में देखने के कारण बुद्धि तथा सत्तापक्ष के योग से आमदनी के क्षेत्र में अत्यधिक सफलता मिलती है तथा पिता द्वारा लाभ होता है। दसवीं मित्रदृष्टि से द्वितीयभाव को देखने के कारण धन तथा कुटुम्ब का भी विशेष लाभ होता है।

मेष लग्न: पंचमभाव: शनि

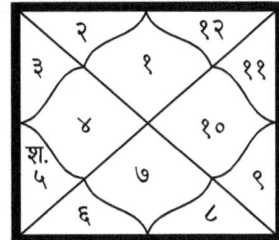

जिस जातक का जन्म 'मेष' लग्न में हुआ हो और जन्म-कुण्डली के 'षष्ठभाव' में 'शनि' की स्थिति हो, उसे 'शनि' का फलादेश नीचे लिखे अनुसार समझना चाहिए—

मेष लग्नः षष्ठभावः शनि

छठे शत्रु भाव में अपने मित्र बुध की कन्या राशि पर स्थित शनि के प्रभाव से जातक का पिता के साथ वैमनस्य रहता है तथा राजकीय क्षेत्र में कठिन प्रयत्नों के बाद सफलता मिलती है। छठे भाव में क्रूर ग्रह की उपस्थिति प्रभावकारी मानी गई है, अतः जातक को आमदनी अच्छी रहेगी तथा शत्रु-पक्ष पर विजय प्राप्त होती रहेगी। यहां से शनि तीसरी शत्रुदृष्टि से अष्टमभाव को देख रहा है, अतः जातक को आयु एवं पुरातत्त्व के सम्बन्ध में कुछ कठिनाइयों के साथ सफलता प्राप्त होगी। सातवीं दृष्टि व्यय भाव में पड़ने से खर्च में अधिकता के कारण परेशानी का अनुभव होता रहेगा तथा बाहरी सम्बन्धों के कारण असंतोष प्राप्त होगा। दसवीं मित्रदृष्टि से तृतीयभाव को देख रहा है, अतः पराक्रम विशेष रहेगा और भाई-बहनों का सुख भी प्राप्त होगा। ऐसी ग्रह स्थिति वाला जातक बहुत हिम्मती तथा प्रभावशाली भी होता है।

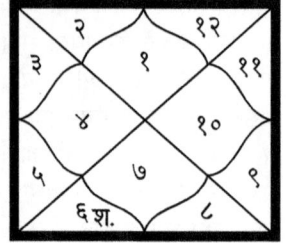

जिस जातक का जन्म 'मेष' लग्न में हुआ हो और जन्म-कुण्डली के 'सप्तमभाव' में 'शनि' की स्थिति हो, उसे 'शनि' का फलादेश नीचे लिखे अनुसार समझना चाहिए—

मेष लग्नः सप्तमभावः शनि

सातवें केन्द्र एवं स्त्री तथा व्यवसाय के भाव में शनि अपने मित्र शुक्र की तुला राशि पर उच्च का होकर बैठा हो, तो उसके प्रभाव से जातक व्यवसाय तथा स्त्री के पक्ष में विशेष सफलता प्राप्त करता है। पिता एवं राज्य द्वारा भी उसे बहुत लाभ होता है। यहां से शनि तीसरी शत्रुदृष्टि से नवमभाव को देखता है, अतः भाग्य वृद्धि में कुछ कठिनाइयाँ आती हैं और यश में कमी रहती है। सातवीं नीचदृष्टि से शरीर भाव को अपने शत्रु मंगल की मेष राशि में देखता है, अतः शारीरिक सौंदर्य में कमी तथा हृदय में अशान्ति बनी रहती है। दसवीं शत्रुदृष्टि से चतुर्थभाव को देखने के कारण माता एवं भूमि-भाव के सम्बन्ध में भी कुछ असंतोष बना रहता है तथा घरेलू सुखों में कमी आ जाती है।

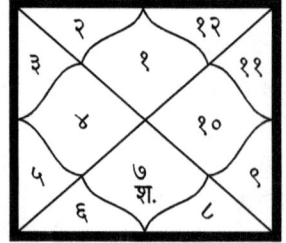

जिस जातक का जन्म 'मेष' लग्न में हुआ हो और जन्म-कुण्डली के 'अष्टमभाव' में 'शनि' की स्थिति हो, उसे 'शनि' का फलादेश नीचे लिखे अनुसार समझना चाहिए—

मेष लग्नः अष्टमभावः शनि

आठवें मृत्यु एवं पुरातत्त्व के भाव में, अपने शत्रु मंगल की वृश्चिक राशि पर स्थित शनि के प्रभाव से जातक को आमदनी के क्षेत्र में कमजोरी रहती है, परन्तु पुरातत्त्व का लाभ होता है और आयु के सम्बन्ध में भी श्रेष्ठ शक्ति प्राप्त होती है। यहां से शनि तीसरी दृष्टि से दशमभाव को देखता है, अतः पिता एवं राज्य द्वारा अल्प लाभ होता है। सातवीं मित्रदृष्टि से द्वितीयभाव को देखने के कारण धन तथा कुटुम्ब के सम्बन्ध में कठिन परिश्रम द्वारा सफलता मिलती है और दसवीं शत्रुदृष्टि से पंचमभाव को

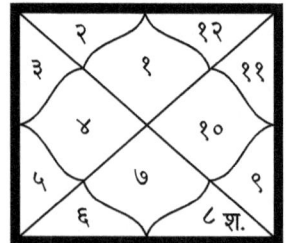

देखने से विद्या तथा संतान के सम्बन्ध में त्रुटि बनी रहती है। ऐसी ग्रह स्थिति वाला जातक क्रोधी, वाणी में तेजी रखने वाला तथा अल्प लाभ प्राप्त करने वाला होता है।

जिस जातक का जन्म 'मेष' लग्न में हुआ हो और जन्म-कुण्डली के 'नवमभाव' में 'शनि' की स्थिति हो, उसे 'शनि' का फलादेश नीचे लिखे अनुसार समझना चाहिए—

नवें, त्रिकोण एवं भाग्य तथा धर्म के भाव में अपने शत्रु गुरु की धनु राशि पर बैठे हुए शनि के प्रभाव से जातक के भाग्य की प्रारम्भ में कम परन्तु बाद में विशेष उन्नति होती है, धर्म का पालन भी थोड़ा-बहुत होता है। पिता तथा राज्य की शक्ति एवं इनके द्वारा लाभ भी मिलता है। यहां से शनि तीसरी दृष्टि से एकादश भाव को अपनी राशि में देखता है, अतः लाभ अधिक होगा एवं संपत्ति तथा ऐश्वर्य की विशेष प्राप्ति होगी। सातवीं मित्रदृष्टि से तृतीयभाव को देखता है, अतः पराक्रम की वृद्धि होगी एवं भाई-बहनों का सुख मिलेगा। दसवीं मित्रदृष्टि से षष्ठभाव को देखता है, अतः शत्रु पक्ष में अपना प्रभाव स्थिर रखेगा। संक्षेप में, ऐसी ग्रह स्थिति वाला जातक धन-संपत्तिवान, यशस्वी तथा शत्रुओं पर विजय पाने वाला होता है।

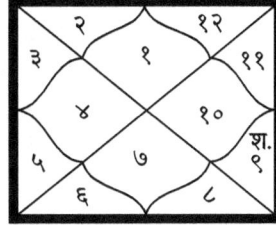

मेष लग्नः नवमभावः शनि

जिस जातक का जन्म 'मेष' लग्न में हुआ हो और जन्म-कुण्डली के 'दशमभाव' में 'शनि' की स्थिति हो, उसे 'शनि' का फलादेश नीचे लिखे अनुसार समझना चाहिए—

दसवें केन्द्र, पिता एवं राज्य भाव में मकर राशि स्थित स्वक्षेत्री शनि के प्रभाव से जातक पिता तथा राज्य को विशेष शक्ति प्राप्त करता है तथा इनसे लाभ उठाता है। यहां से शनि तीसरी दृष्टि से व्यय भाव को गुरु की मीन राशि में देखता है, अतः खर्च अधिक रहेगा एवं बाहरी सम्बन्धों से असंतोष प्राप्त होगा। सातवीं शत्रुदृष्टि से चतुर्थ भाव को देखता है, अतः माता एवं भू-संपत्ति, मकान आदि के सुख में कुछ कमी रहेगी और दसवीं उच्चदृष्टि से सप्तम भाव को देखता है, अतः स्त्री एवं व्यवसाय के पक्ष में पूर्ण सफलता प्राप्त होगी। संक्षेप में, ऐसा जातक ऐश्वर्यवान, भोगी, विलासी तथा सुखी जीवन व्यतीत करने वाला होता है।

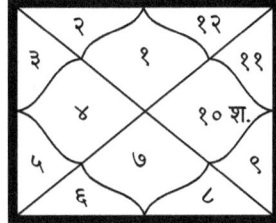

मेष लग्नः दशमभावः शनि

जिस जातक का जन्म 'मेष' लग्न में हुआ हो और जन्म-कुण्डली के 'एकादशभाव' में 'शनि' की स्थिति हो, उसे 'शनि' का फलादेश नीचे लिखे अनुसार समझना चाहिए—

मेष लग्नः एकादशभावः शनि

ग्यारहवें लाभ भाव में अपनी कुम्भ राशि पर स्थित शनि के प्रभाव से जातक को आमदनी के क्षेत्र में अत्यधिक सफलता प्राप्त होती है। पिता तथा राज्य से भी अच्छा सुख एवं लाभ मिलता है। यहां से शनि अपनी तीसरी नीचदृष्टि से प्रथमभाव को शत्रु मंगल की मेष राशि में देखता है, अतः शारीरिक सौंदर्य में कमी बनी रहेगी। सातवीं शत्रुदृष्टि से पंचमभाव को

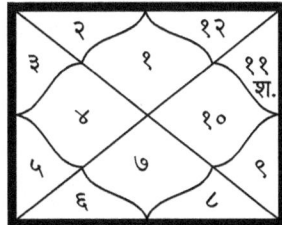

सूर्य की सिंह राशि में देखने के कारण विद्या के क्षेत्र में पूर्ण सफलता नहीं मिलेगी तथा संतानपक्ष भी कमजोर रहेगा। दसवीं शत्रुदृष्टि से अष्टमभाव को देखने के कारण पुरातत्त्व का सामान्य लाभ होगा तथा दैनिक जीवन में परेशानियों व कठिनाइयों का अनुभव होता रहेगा।

जिस जातक का जन्म 'मेष' लग्न में हुआ हो और जन्म-कुण्डली के 'द्वादशभाव' में 'शनि' की स्थिति हो, उसे 'शनि' का फलादेश नीचे लिखे अनुसार समझना चाहिए—

मेष लग्नः द्वादशभावः शनि

बारहवें व्यय भाव में अपने शत्रु गुरु की मीन राशि पर स्थित शनि के प्रभाव से जातक का खर्च बहुत अधिक रहता है। साथ ही पिता एवं राजपक्ष से हानि उठानी पड़ती है। यहां से शनि तीसरी दृष्टि से मित्र शुक्र को वृष राशि में द्वितीयभाव को देखता है, अतः जातक को धन एवं कुटुम्ब की वृद्धि के लिए विशेष प्रयत्न करना पड़ेगा। सातवीं मित्रदृष्टि से छठें भाव को देखने के कारण जातक शत्रु-पक्ष में प्रभाव प्राप्त करेगा तथा दसवीं शत्रुदृष्टि से नवमभाव को देखने से भाग्योन्नति के लिए विशेष परिश्रम करने की आवश्यकता पड़ेगी तथा बहुत कठिनाइयों के बाद अपनी प्रतिष्ठा बना पाएगा।

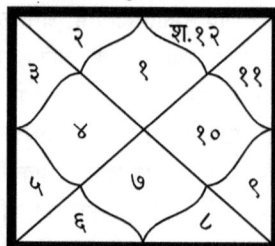

'मेष' लग्न में 'राहु' का फल

जिस जातक का जन्म 'मेष' लग्न में हुआ हो और जन्म-कुण्डली के 'प्रथमभाव' में 'राहु' की स्थिति हो, उसे 'राहु' का फलादेश नीचे लिखे अनुसार समझना चाहिए—

मेष लग्नः प्रथमभावः राहु

पहले केन्द्र तथा शरीर भाव में अपने शत्रु मंगल की मेष राशि पर स्थित राहु के प्रभाव से जातक के शारीरिक सौंदर्य में कमी तथा स्वास्थ्य में परेशानी उत्पन्न होती है। साथ ही हृदय में चिन्ताओं का निवास भी रहता है। ऐसा व्यक्ति अपनी उन्नति के लिए गुप्त युक्तियों का आश्रय लेता है। मंगल चूंकि क्रूर ग्रह है, अतः उसकी राशि पर राहु के बैठने के कारण जातक स्वार्थ-सिद्धि के लिए झूठ, दुराव, गुप्त युक्तियों, हिम्मत तथा गुप्त बुद्धि का भी आश्रय लेता है और उसी से तरक्की करता है।

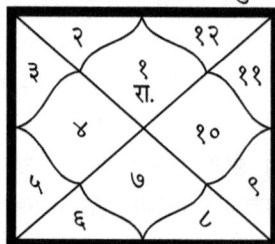

जिस जातक का जन्म 'मेष' लग्न में हुआ हो और जन्म-कुण्डली के 'द्वितीयभाव' में 'राहु' की स्थिति हो, उसे 'राहु' का फलादेश नीचे लिखे अनुसार समझना चाहिए—

मेष लग्नः द्वितीयभावः राहु

दूसरे धन एवं कुटुम्ब भाव में अपने मित्र शुक्र की वृषभ राशि पर स्थित राहु के प्रभाव से जातक धन-सम्बन्धी चिन्ताओं से ग्रस्त बना रहता है और उसे अनेक प्रकार के कष्ट भी उठाने पड़ते हैं। इसके साथ ही उसे कौटुम्बिक क्लेश तथा परेशानियों का सामना भी करना पड़ता है। ऐसी ग्रह स्थिति वाला जातक गुप्त युक्तियों से काम लेता है और बारम्बार हानियां उठाकर भी अपने युक्तिबल से पुनः क्षति-पूर्ति करवाने में समर्थ हो जाता है तथा समाज में धनी व्यक्ति के रूप में सम्मानित बना रहता है।

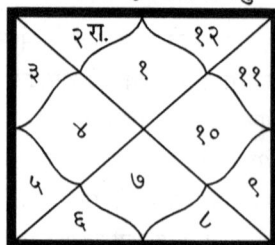

जिस जातक का जन्म 'मेष' लग्न में हुआ हो और जन्म-कुण्डली के 'तृतीयभाव' में 'राहु' की स्थिति हो, उसे 'राहु' का फलादेश नीचे लिखे अनुसार समझना चाहिए—

तीसरे पराक्रम भाव में मिथुन राशि का उच्च होकर बैठे हुए राहु के प्रभाव से जातक के पराक्रम तथा भाई-बहन की शक्ति में विशेष वृद्धि होती है। ऐसी ग्रह स्थिति वाला जातक युक्तबल में प्रवीण होता है तथा भीतरी रूप से कमजोरी का अनुभव करने के बावजूद भी प्रकट रूप में बड़ी दिलेरी, हिम्मत तथा साहस व परिचय देता है। फलस्वरूप उसे इच्छित सफलता प्राप्त होती है।

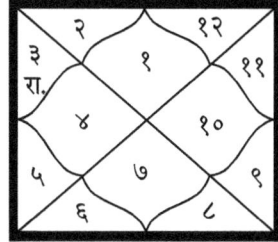
मेष लग्न: तृतीयभाव: राहु

जिस जातक का जन्म 'मेष' लग्न में हुआ हो और जन्म-कुण्डली के 'चतुर्थभाव' में 'राहु' की स्थिति हो, उसे 'राहु' का फलादेश नीचे लिखे अनुसार समझना चाहिए—

चौथे केन्द्र, माता तथा भूमि के भाव में अपने शत्रु चन्द्र की कर्क राशि बैठे हुए राहु के प्रभाव से जातक को माता, भूमि, मकान तथा मातृभूमि के सुख में कमी का सामना करना पड़ता है तथा घरेलू शान्ति में भी कमी आ जाती है। ऐसा व्यक्ति मानसिक अशान्ति का शिकार बना रहता है तथा कभी सुख और कभी दु:ख को प्राप्त करता रहता है। गुप्त युक्तियों द्वारा विशेष प्रयत्न करने पर भी उसे अधिक सफलता प्राप्त नहीं होती।

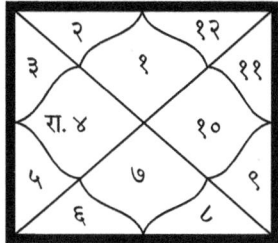
मेष लग्न: चतुर्थभाव: राहु

जिस जातक का जन्म 'मेष' लग्न में हुआ हो और जन्म-कुण्डली के 'पंचमभाव' में 'राहु' की स्थिति हो, उसे 'राहु' का फलादेश नीचे लिखे अनुसार समझना चाहिए—

पांचवें त्रिकोण, विद्या एवं संतान के भाव में अपने शत्रु सूर्य की सिंह राशि पर स्थित राहु के प्रभाव से जातक को विद्याध्ययन के क्षेत्र में बहुत कठिनाइयों के बाद थोड़ी सफलता मिलती है तथा गुप्त युक्तियों में प्रवीणता प्राप्त होती है। इसके साथ ही उसे संतान पक्ष से भी कष्ट का अनुभव होता है। अंतत: अत्यधिक गुप्त युक्तियों के बल पर उसे सामान्य सफलता प्राप्त होती है। संक्षेप में, ऐसी ग्रह स्थिति वाला जातक परेशानियों एवं झंझटों में फंसा रहता है तथा अधिक विद्वान भी नहीं होता।

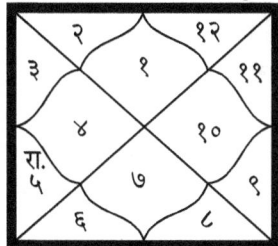
मेष लग्न: पंचमभाव: राहु

जिस जातक का जन्म 'मेष' लग्न में हुआ हो और जन्म-कुण्डली के 'षष्ठभाव' में 'राहु' की स्थिति हो, उसे 'राहु' का फलादेश नीचे लिखे अनुसार समझना चाहिए—

छठे शत्रु तथा रोग भाव में अपने मित्र बुध की कन्या राशि में स्थित राहु के प्रभाव से जातक शत्रुओं, झगड़ों तथा परेशानियों के बीच अत्यधिक हिम्मत से काम लेकर अपना प्रभाव स्थापित करता है तथा कठिन-से-कठिन परिस्थिति में भी अपने धैर्य और साहस को नहीं छोड़ता। राहु की ऐसी स्थिति के कारण जातक को कभी-कभी बहुत मुसीबतों में फंस जाना पड़ता है, परन्तु हर बार वह अपने साहस एवं हिम्मत के द्वारा उन सब पर विजय प्राप्त कर लेता है।

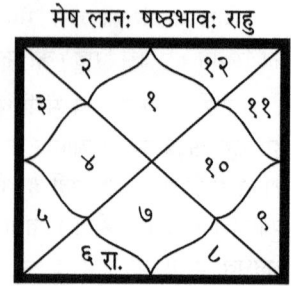

मेष लग्न: षष्ठभाव: राहु

जिस जातक का जन्म 'मेष' लग्न में हुआ हो और जन्म-कुण्डली के 'सप्तमभाव' में 'राहु' की स्थिति हो, उसे 'राहु' का फलादेश नीचे लिखे अनुसार समझना चाहिए—

सातवें केन्द्र, स्त्री तथा व्यवसाय के भाव में अपने मित्र शुक्र की तुला राशि पर बैठे हुए राहु के प्रभाव से जातक स्त्री तथा व्यवसाय के पक्ष में चिन्ता, परेशानी एवं कष्टों का अनुभव करता है, परन्तु मित्र राशिस्थ होने के कारण अपनी चतुराई एवं गुप्त युक्तियों से उन कठिनाइयों पर विजय प्राप्त कर लेता है। ऐसी ग्रह स्थिति वाले जातक को पारिवारिक जीवन में अनेक प्रकार की मुसीबतों का सामना करना पड़ता है तथा बड़े प्रयत्नों के बाद उसका येन-केन प्रकारेण निर्वाह हो पाता है।

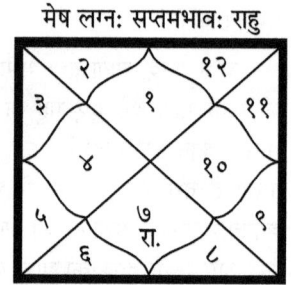

मेष लग्न: सप्तमभाव: राहु

जिस जातक का जन्म 'मेष' लग्न में हुआ हो और जन्म-कुण्डली के 'अष्टमभाव' में 'राहु' की स्थिति हो, उसे 'राहु' का फलादेश नीचे लिखे अनुसार समझना चाहिए—

आठवें आयु एवं पुरातत्त्व भाव में अपने शत्रु मंगल की वृश्चिक राशि पर स्थित राहु के प्रभाव से जातक को अपने जीवन में अनेक बार मृत्यु तुल्य कष्टों का सामना करना पड़ता है तथा एक के बाद दूसरी कठिनाइयों, संघर्षों एवं मुसीबतों में फंस जाना पड़ता है। इसके साथ ही उसे पुरातत्त्व के सम्बन्ध में भी हानि उठानी पड़ती है। उसे जीवन-निर्वाह के लिए गुप्त-युक्तियों का सहारा लेना पड़ता है तथा सभी क्षेत्रों में चिन्ताएं तथा परेशानियां बनी रहती हैं। ऐसे जातक का जीवन सुखमय व्यतीत नहीं हो पाता।

मेष लग्न: अष्टमभाव: राहु

जिस जातक का जन्म 'मेष' लग्न में हुआ हो और जन्म-कुण्डली के 'नवमभाव' में 'राहु' की स्थिति हो, उसे 'राहु' का फलादेश नीचे लिखे अनुसार समझना चाहिए—

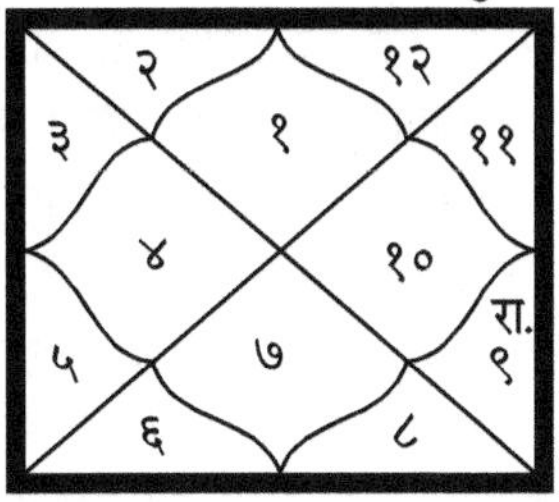

नवें त्रिकोण तथा भाग्य भाव में अपने समग्रह गुरु की राशि पर स्थित नीच के राहु के प्रभाव से जातक की भाग्योन्नति में अनेक प्रकार की कठिनाइयाँ एवं परेशानियां उपस्थित रहती हैं। साथ ही धर्म-पालन से भी श्रद्धा बनी रहती है। ऐसी ग्रह स्थिति वाले व्यक्ति का जीवन निराशा एवं कष्टों से भरा रहता है और अन्त में बहुत तकलीफें उठाने के बाद बहुत थोड़ी सफलता प्राप्त होती है।

मेष लग्न: नवमभाव: राहु

जिस जातक का जन्म 'मेष' लग्न में हुआ हो और जन्म-कुण्डली के 'दशमभाव' में 'राहु' की स्थिति हो, उसे 'राहु' का फलादेश नीचे लिखे अनुसार समझना चाहिए—

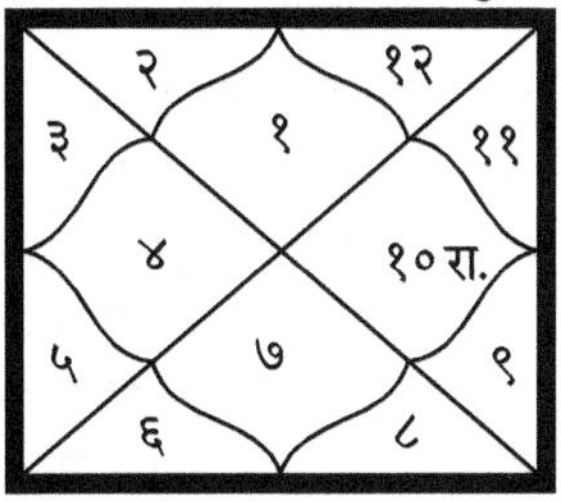

दसवें केन्द्र, पिता एवं राज्य के भाव में अपने मित्र शनि की मकर राशि पर बैठे हुए राहु के प्रभाव से जातक को अपने पिता तथा राज्य के पक्ष में कठिनाइयों एवं परेशानियों का सामना करना पड़ता है। इसी प्रकार मान, प्रतिष्ठा, अधिकार, नौकरी अथवा व्यवसाय के क्षेत्र में भी कष्ट उठाने पड़ते हैं। भाग्योन्नति के लिए अत्यधिक प्रयत्नशील रहने पर भी बहुत कम सफलता प्राप्त होती है। संक्षेप में, ऐसी ग्रह स्थिति वाला जातक दुखी, चिंतित तथा परेशानियों का शिकार बना रहता है।

मेष लग्न: दशमभाव: राहु

जिस जातक का जन्म 'मेष' लग्न में हुआ हो और जन्म-कुण्डली के 'एकादशभाव' में 'राहु' की स्थिति हो, उसे 'राहु' का फलादेश नीचे लिखे अनुसार समझना चाहिए—

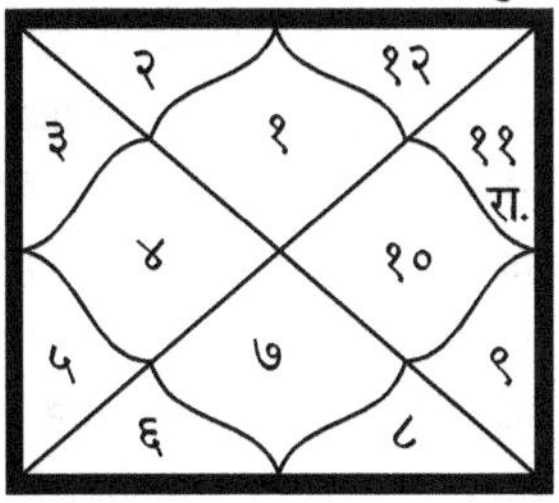

ग्यारहवें लाभ भाव में अपने मित्र शनि की राशि पर बैठे राहु के प्रभाव से जातक को आमदनी के क्षेत्र में विशेष सफलता प्राप्त होती है तथा उपार्जित लाभ होने के योग उपस्थित होते रहते हैं, परन्तु राहु के क्रूर ग्रह होने के कारण जातक को लाभ प्राप्ति के लिए कठोर परिश्रम करना आवश्यक होता है तथा कभी-कभी आमदनी में कमी एवं हानि के योगों का भी सामना करना पड़ता है। ऐसी ग्रह स्थिति वाला जातक परिश्रमी, स्वार्थी, मितव्ययी ऐश्वर्यवान तथा संपत्तिशाली होता है।

मेष लग्न: एकादशभाव: राहु

जिस जातक का जन्म 'मेष' लग्न में हुआ हो और जन्म-कुण्डली के 'द्वादशभाव' में 'राहु' की स्थिति हो, उसे 'राहु' का फलादेश नीचे लिखे अनुसार समझना चाहिए—

बारहवें व्यय-भाव में अपने समग्रह गुरु की राशि में स्थित राहु के प्रभाव से जातक को जीवन में खर्च की अधिकता के कारण विशेष कठिनाइयों एवं मुसीबतों का सामना करना पड़ता है तथा बाहरी स्थानों के सम्बन्ध से भी कष्ट प्राप्त होता रहता है, परन्तु शुभ ग्रह की राशि पर शुक्र ग्रह की उपस्थिति के कारण जातक शान-शौकत एवं ठाठ-बाट के कामों में ही अधिक खर्च करेगा और उसके कारण समय-समय पर उपस्थित होने वाली कठिनाइयों पर बीच-बीच में विजय प्राप्त कर लिया करेगा। फिर भी वह खर्च एवं कर्ज के बोझ से मुक्त नहीं हो सकेगा।

मेष लग्न: द्वादशभाव: राहु

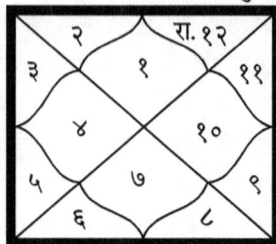

'मेष' लग्न में 'केतु' का फल

जिस जातक का जन्म 'मेष' लग्न में हुआ हो और जन्म-कुण्डली के 'प्रथमभाव' में 'केतु' की स्थिति हो, उसे 'केतु' का फलादेश नीचे लिखे अनुसार समझना चाहिए—

पहले केन्द्र एवं शरीर भाव में अपने मित्र मंगल को मेष राशि पर स्थित केतु के प्रभाव से जातक को शारीरिक कष्ट, मानसिक चिन्ताओं तथा अन्य प्रकार की परेशानियों का निरन्तर सामना करना पड़ता है और उसके शरीर में कोई चोट भी लगती है। केतु के प्रभाव से जातक के शारीरिक सौंदर्य में कमी भी आ जाती है। उसे अपनी प्रतिष्ठा बढ़ाने के लिए अत्यधिक परिश्रम करना पड़ता है तथा गुप्त युक्तियों एवं हिम्मत का आश्रय लेना पड़ता है। ताकि स्वस्थ एवं सुन्दर दिखाई दे।

मेष लग्न: प्रथमभाव: केतु

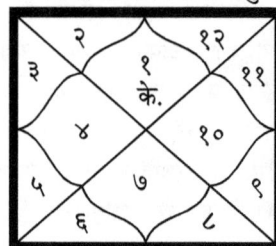

जिस जातक का जन्म 'मेष' लग्न में हुआ हो और जन्म-कुण्डली के 'द्वितीयभाव' में 'केतु' की स्थिति हो, उसे 'केतु' का फलादेश नीचे लिखे अनुसार समझना चाहिए—

दूसरे धन एवं कुटुम्ब के भाव में अपने मित्र शुक्र की वृष राशि पर स्थित केतु के प्रभाव से जातक को शारीरिक कष्ट, चिन्ता, धन-भाव में कमी, कौटुम्बिक परेशानी, झगड़े-झंझट एवं मतभेदों का शिकार हर समय बना रहता है, परन्तु शुक्र की राशि पर स्थित होने कारण वह गुप्त युक्तियों, चतुराई एवं कठिन परिश्रम के बल पर अपनी आर्थिक स्थिति में थोड़ा बहुत सुधार कर लेता है। यद्यपि वह भीतर से चिंतित, परेशान तथा निर्धन होता है, परन्तु प्रकट रूप से लोग उसे धनवान ही समझते रहते हैं।

मेष लग्न: द्वितीयभाव: केतु

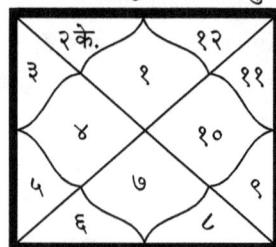

जिस जातक का जन्म 'मेष' लग्न में हुआ हो और जन्म-कुण्डली के 'तृतीयभाव' में 'केतु' की स्थिति हो, उसे 'केतु' का फलादेश नीचे लिखे अनुसार समझना चाहिए—

तीसरे भाई एवं पराक्रम के भाव में अपने समग्रह बुध की मिथुन राशि पर स्थित नीचे के केतु के प्रभाव से जातक के पराक्रम एवं भाई-बहन के पक्ष में कमजोरी आ जाती है। उसके भीतर हिम्मत की कमी पाई जाती है, परन्तु वह भीरु स्वभाव का होने पर भी गुप्त युक्तियों से काम लेकर अपना स्वार्थ-साधन करता है। ऐसी ग्रह स्थिति वाला जातक अत्यधिक परिश्रम करने के उपरांत भी अल्प-सफलता प्राप्त करता है तथा उसके पास के बल गुप्त युक्तियों का ही सहारा रहता है।

मेष लग्न: तृतीयभाव: केतु

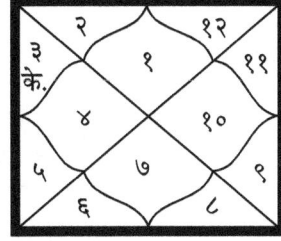

जिस जातक का जन्म 'मेष' लग्न में हुआ हो और जन्म-कुण्डली के 'चतुर्थभाव' में 'केतु' की स्थिति हो, उसे 'केतु' का फलादेश नीचे लिखे अनुसार समझना चाहिए—

मेष लग्न: चतुर्थभाव: केतु

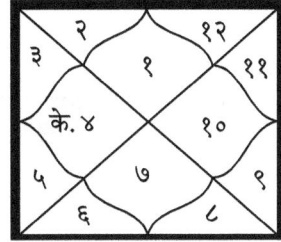

चौथे केन्द्र, माता तथा भूमि के भाव में अपने शत्रु चन्द्र की कर्क राशि में स्थित केतु के प्रभाव से जातक को माता एवं भूमि, संपत्ति, मकान आदि के पक्ष में कष्ट प्राप्त होता रहता है तथा कौटुम्बिक मामलों में भी अशान्ति बनी रहती है। चन्द्र की राशि पर केतु की स्थिति के कारण जातक को मानसिक-शक्ति का बल प्राप्त होता है तथा उसी के द्वारा थोड़े बहुत सुख की भी प्राप्ति होती है। ऐसी ग्रह स्थिति वाले जातक को अपना देश छोड़कर विदेशों में निवास करना पड़ता है।

जिस जातक को जन्म 'मेष' लग्न में हुआ हो और जन्म-कुण्डली के 'पंचमभाव' में 'केतु' की स्थिति हो, उसे 'केतु' का फलादेश नीचे लिखे अनुसार समझना चाहिए—

मेष लग्न: पंचमभाव: केतु

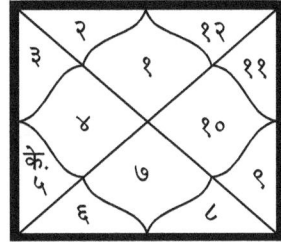

पांचवे त्रिकोण, विद्या एवं संतान के भाव में अपने शत्रु सूर्य की सिंह राशि में स्थित केतु के प्रभाव से जातक को विद्याध्ययन में कठिनाइयों का सामना करना पड़ता है। उसकी मस्तिष्क शक्ति निर्बल होती है, अतः विद्या की शक्ति भली-भांति प्राप्त नहीं हो पाती। इसी प्रकार उसे संतान पक्ष से भी कष्ट का अनुभव होता है। अत्यधिक उद्योग एवं परिश्रम करते रहने पर भी सफलता बहुत कम मिल पाती है। ऐसी ग्रह स्थिति वाले जातक का स्वभाव भी उग्र होता है और उसकी वाणी कठोर होती है।

जिस जातक का जन्म 'मेष' लग्न में हुआ हो और जन्म-कुण्डली के 'षष्ठभाव' में 'केतु' की स्थिति हो, उसे 'केतु' का फलादेश आगे लिखे अनुसार समझना चाहिए—

मेष लग्न: षष्ठभाव: केतु

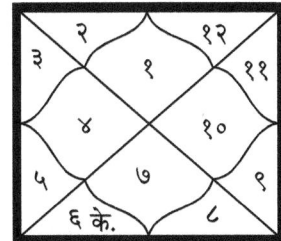

छठे शत्रु भाव में अपने समग्रह बुध की कन्याराशि पर स्थित केतु के प्रभाव से जातक अपने शत्रु पक्ष पर सदैव विजय

प्राप्त करता रहता है। उसकी विवेक शक्ति, हिम्मत एवं बहादुरी प्रबल होती है, परन्तु ऊपर से बहुत शक्तिशाली प्रतीत होने पर भी मन के भीतर थोड़ी बहुत कमजोरी छिपी रहती है तथा ननसाल के पक्ष से कुछ हानि उठानी पड़ती है। संक्षेप में, ऐसी ग्रह स्थिति वाला जातक झगड़े, मुकद्मे एवं शत्रुओं पर विजय पाने वाला, विवेक शक्ति से संपन्न तथा हिम्मती होता है।

जिस जातक का जन्म 'मेष' लग्न में हुआ हो और जन्म-कुण्डली के 'सप्तमभाव' में 'केतु' की स्थिति हो, उसे 'केतु' का फलादेश नीचे लिखे अनुसार समझना चाहिए—

सातवें केन्द्र, स्त्री तथा व्यवसाय के भाव में अपने मित्र शुक्र की तुला राशि पर बैठे हुए केतु के प्रभाव से जातक को स्त्री तथा व्यवसाय के पक्ष में कठिनाइयों का सामना करना पड़ता है तथा पारिवारिक गुत्थियों को सुलझाने में बड़ी चतुराई से काम लेना पड़ता है। केतु के स्वाभाविक गुण के फलस्वरूप जातक अपने व्यवसाय में परिवर्तन करता रहता है तथा स्त्री एवं व्यवसाय के पक्ष में त्रुटियों का अनुभव करते हुए भी गुप्त युक्तियों द्वारा सफलता प्राप्त करता है।

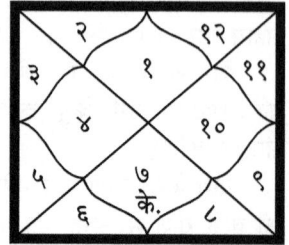
मेष लग्न: सप्तमभाव: केतु

जिस जातक का जन्म 'मेष' लग्न में हुआ हो और जन्म-कुण्डली के 'अष्टमभाव' में 'केतु' की स्थिति हो, उसे 'केतु' का फलादेश नीचे लिखे अनुसार समझना चाहिए—

आठवें आयु, मृत्यु तथा पुरातत्त्व के भाव में अपने मित्र मंगल की वृश्चिक राशि पर बैठे हुए केतु के प्रभाव से जातक को अपने जीवन में अनेक बार मृत्यु-तुल्य कष्ट का सामना करना पड़ता है तथा पुरातत्त्व के सम्बन्ध में भी हानि उठानी पड़ती है।

ऐसी ग्रह स्थिति वाला जातक गुप्त युक्तियों के द्वारा थोड़ी-बहुत शक्ति प्राप्त करता है परन्तु सुखी नहीं होता। उसके शरीर में कोई-न-कोई रोग भी अपना भाव किए रहता है।

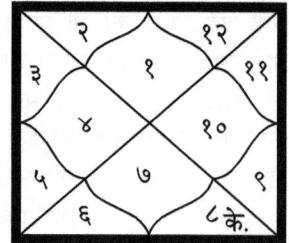
मेष लग्न: अष्टमभाव: केतु

जिस जातक का जन्म 'मेष' लग्न में हुआ हो और जन्म-कुण्डली के 'नवमभाव' में 'केतु' की स्थिति हो, उसे 'केतु' का फलादेश नीचे आगे अनुसार समझना चाहिए—

नवें त्रिकोण तथा धर्म के भाव में गुरु की धनु राशि पर स्थित उच्च के केतु के प्रभाव से जातक के भाग्य की विशेष उन्नति होती है तथा धर्म के क्षेत्र में भी सफलता प्राप्त होती है।

ऐसी ग्रह स्थिति वाला जातक अत्यंत साहसी, मजबूत हृदय वाला, भाग्यवान, धनी तथा धर्मात्मा होता है परन्तु केतु के स्वाभाविक गुण के फलस्वरूप उसके जीवन में अनेक प्रकार के परिवर्तन आते रहते हैं और कभी-कभी कठिनाइयों तथा परेशानियों का सामना भी करना पड़ता है।

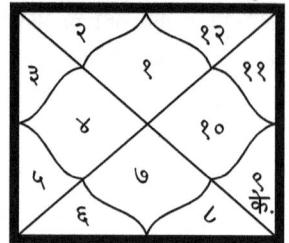
मेष लग्न: नवमभाव: केतु

जिस जातक का जन्म 'मेष' लग्न में हुआ हो और जन्म-कुण्डली के 'दशमभाव' में 'केतु' की स्थिति हो, उसे 'केतु' का फलादेश नीचे लिखे अनुसार समझना चाहिए—

दसवें राज्य तथा पिता के भाव में अपने शत्रु शनि की मकर राशि पर स्थित केतु के प्रभाव से जातक को पिता एवं राज्य के द्वारा संकट एवं परेशानी के योग उपस्थित होते रहते हैं तथा व्यवसाय-संचालन के क्षेत्र में भी कठिनाइयों का सामना करना पड़ता है। केतु के स्वाभाविक प्रभाव के फलस्वरूप उसे अपने व्यवसाय में कई बार प्रयत्न करना पड़ता है तथा गुप्त युक्तियों एवं कठिन परिश्रम के द्वारा सफलता एवं मान-प्रतिष्ठा की प्राप्ति होती है।

मेष लग्नः दशमभावः केतु

जिस जातक का जन्म 'मेष' लग्न में हुआ हो और जन्म-कुण्डली के 'एकादशभाव' में 'केतु' की स्थिति हो, उसे 'केतु' का फलादेश नीचे लिखे अनुसार समझना चाहिए—

मेष लग्नः एकादशभावः केतु

ग्यारहवें लाभ भाव में अपने शत्रु शनि की कुम्भ राशि पर स्थित केतु के प्रभाव से जातक को आमदनी के क्षेत्र में कम सफलता प्राप्त होती है और वह सामान्य से अधिक मुनाफा उठाने का ऐबी होता है। ऐसा जातक कठिन परिश्रम एवं गुप्त युक्तियों के बल पर लाभ के विशेष योग प्राप्त करता है, परन्तु केतु के स्वाभाविक गुण के फलस्वरूप उसे अपनी आय के साधनों में अनेक बार परिवर्तन करने पड़ते हैं तथा विशेष उद्योग भी करना पड़ता है।

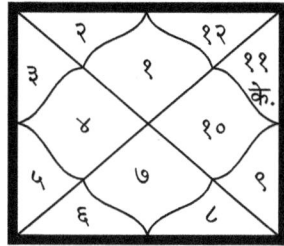

जिस जातक का जन्म 'मेष' लग्न में हुआ हो और जन्म-कुण्डली के 'द्वादशभाव' में 'केतु' की स्थिति हो, उसे 'केतु' का फलादेश आगे लिखे अनुसार समझना चाहिए—

मेष लग्नः द्वादशभावः केतु

बारहवें व्यय भाव में अपने समग्रह गुरु की मीन राशि पर स्थित केतु के प्रभाव से जातक को खर्च के मामलों में अनेक प्रकार की कठिनाइयों तथा परेशानियों का अनुभव करना पड़ता है तथा बाहरी स्थानों के सम्बन्ध से भी कष्ट प्राप्त होता है। केतु के स्वाभाविक गुण के फलस्वरूप खर्च तथा बाहरी स्थानों के सम्बन्ध में अनेक प्रकार के परिवर्तन होते रहेंगे, परन्तु शुभ ग्रह की राशि पर केतु की स्थिति होने के कारण थोड़ा बहुत लाभ भी मिलता रहेगा।

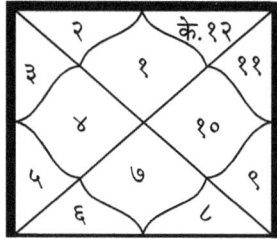

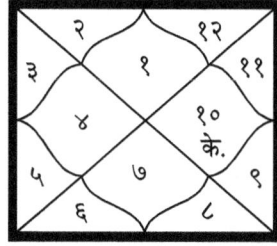

उदाहरण मेष लग्न कुण्डली 1. सेवानिवृत पुलिस अधिकारी श्री के.पी.एस. गिल

जन्म तिथि–29-12-1934

जन्म समय–14 : 15 घण्टे (भा.मा.स.)

जन्म स्थान–कोचीन (केरल)

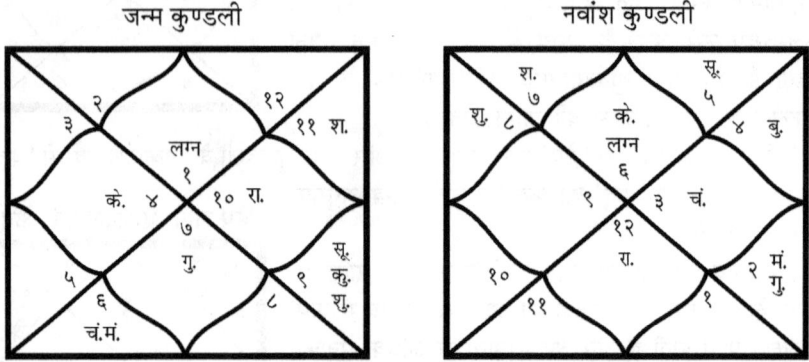

जन्म कुण्डली

नवांश कुण्डली

कुण्डली संख्या-1

ज्योतिषीय विवेचन

यह भचक्र में राशि क्रम की प्रथम राशि मेष लग्न कुण्डली है। यह एक अग्नितत्त्व, रजोगुणी, चर राशि है। यह एक रहस्यमयी अशुभ राशि है। इसका स्वामी मंगल है। इस राशि में जन्मे व्यक्ति फुर्तीले, उग्र, रुखे किन्तु सदैव गतिमान, नवरचनाकार, स्वतंत्रताप्रिय, स्पष्टवक्ता, विश्वसनीय, महत्त्वाकांक्षी, उर्जावान और हिम्मती होते हैं। उनके उद्देश्य एवं लक्ष्य उच्चकोटि के होते हैं। वे सोच विचार कर निर्णय लेते हैं। कार्य को हंसी-खुशी, शान्ति, सद्भाव और पूरी हिम्मत व बहादुरी से समय रहते पूरा करते हैं। सेवानिवृत पुलिस अधिकारी श्री के.पी.एस. गिल ऐसे ही व्यक्ति हैं, जो हर समय लोगों की नजरों में रहना चाहते हैं। ऐसे जातक पक्के इरादे वाले और निडर होते हैं। हस्त नक्षत्र में जन्मे श्री के.पी.एस. गिल अपने साहस, बहादुरी, हिम्मत और निडरता के कारण लोकप्रिय पुलिस अधिकारी के रूप में जाने जाते हैं।

सुदर्शन लग्न विचार

जन्म लग्नेश मंगल शत्रु भाव में और सूर्य लग्नेश गुरु सप्तम भाव में बैठे हैं। दोनों की लग्न पर पूर्ण दृष्टि है। चन्द्र लग्नेश बुध भाग्य भाव में कारक सूर्य तथा शुक्र के साथ विराजमान है। जन्म लग्नेश मंगल की बुध, सूर्य पर पूर्ण दृष्टि है। सूर्य और सूर्य लग्नेश गुरु की पराक्रम भाव पर पूर्ण दृष्टि है। लग्नेश मंगल और सूर्य लग्नेश गुरु ने जातक को कर्मशील, साहसी, बलशाली और महत्त्वाकांक्षी बनाया। समय पर जातक ने अपनी बुद्धि और बल का परिचय भी दिया। नवांश कुण्डली में लग्नेश बुध लाभ भाव में बैठे हैं। जन्म लग्नेश मंगल और सूर्य लग्नेश गुरु भाग्य भाव में एक साथ बैठे हैं और दोनों की पराक्रम भाव पर पूर्ण दृष्टि है। गुरु लग्न को भी देख रहा है। ऐसी स्थिति में लग्न ही बलिष्ठ प्रतीत होती है।

ग्रह स्थिति, ग्रह दृष्टि एवं ग्रह योग

लग्नेश मंगल, सूर्य लग्नेश गुरु और लाभेश शनि तीनों की जन्म लग्न पर पूर्ण दृष्टि है। चन्द्र लग्नेश बुध के साथ लाभ भाव में बैठे सूर्य, शुक्र की तृतीय भाव पर पूर्ण दृष्टि है। यह जातक के पराक्रमी और बलशाली होने का स्पष्ट संकेत है। चन्द्र लग्न से तृतीय और जन्म लग्न से जन्म लग्नेश मंगल के अष्टम भाव पर लाभेश शनि की पूर्ण दृष्टि है। भाग्येश गुरु तथा सप्तमेश शुक्र राशि परिवर्तन योग बना रहे हैं। यह जातक को भाग्यशाली बनाता है। शुक्र ग्रहों में सर्वाधिक अंश वाला ग्रह है। अतः आत्मकारक ग्रह है। सप्तम भाव से गुरु की लाभ भाव व पराक्रम भाव पर पूर्ण दृष्टि है। इस प्रकार तीनों 7-11-3 भाव/राशियों का एक अन्तरसम्बन्ध बन रहा है। यह भाग्यशाली होने का संकेत है। इन्हें प्रकृति त्रिकोण के भाव या काम के भाव कहा जाता है। इस अन्तरसम्बन्ध ने जातक की हिम्मत व लोकप्रियता में चार चांद लगाये। चन्द्र से (सूर्य को छोड़कर) दूसरे भाव में गुरु बैठे हैं। सुनफा योग बन रहा है। ऐसा व्यक्ति तेजस्वी, लोकप्रिय और धनी होता है। गुरु व शुक्र राशि परिवर्तन योग अर्थात सौभाग्य योग बना रहे हैं। ऐसा जातक स्वस्थ, बलिष्ठ, परोपकारी और जनसेवक होता है। राहु व केतु को छोड़कर शेष सात ग्रह चार भावों में बैठे हैं, केदार योग बन रहा है। ऐसे व्यक्ति जमीन-जायदाद वाले, मित्रों की सहायता करने वाले और लोकप्रिय होते हैं। नवांश लग्न में बैठे केतु, धन भाव में बैठे उच्चराशिस्थ शनि और द्वादश भाव में बैठे स्वराशि सूर्य ने जातक को निडर व ताकतवर अधिकारी व प्रशासक बनाया। इससे जातक को राज्य सम्मान मिला। वह लोकप्रिय हुये और यश के भागीदार बने।

उपसंहार

अन्त में हम कह सकते हैं कि उपरोक्त विशेषताओं ने श्री के.पी.एस. गिल को पुलिस में सर्वोच्च सत्ताधारी बनाया और वह पुलिस विभाग में एक सुयोग्य, साहसी, शक्तिशाली, दृढ़निश्चयी एवं निडर अधिकारी व प्रशासक के रूप में उभरे। एक बार जब पंजाब अनेकानेक हिंसात्मक तथा आतंकवाद की ज्वलन्त समस्याओं से जूझ रहा था, जल रहा था, श्री के.पी. एस. गिल ने इन समस्याओं से पंजाब राज्य को मुक्ति दिलवाई। वह लम्बी अवधि तक हॉकी प्लेयर्स एशोसियशन, इण्डिया के अध्यक्ष भी रहे। उस समय भारतीय हॉकी टीम ने बहुत से मैडल जीते और विश्व में नाम व यश प्राप्त किया। इस समय बुध की महादशा चल रही है। इस अवधि में जीवन सामान्य रहने की संभावना है।

उदाहरण मेष लग्न कुण्डली 2. गुरुदेव श्री श्रीरविशंकरजी (आर्ट ऑफ लिविंग)

जन्मतिथि–13-05-1956

जन्म समय–05: 10 घण्टे (भा.मा.स.)

जन्मस्थान–पापनासम (तमिलनाडु)

जन्म कुण्डली	नवांश कुण्डली

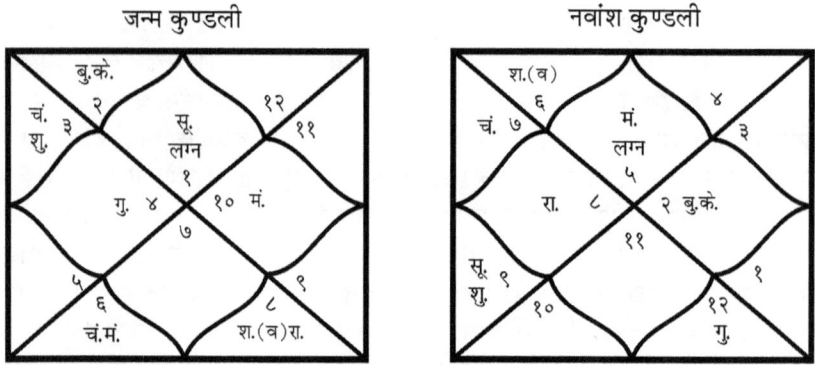

कुण्डली संख्या–2

ज्योतिषीय विवेचन

यह भचक्र में राशि क्रम की प्रथम राशि मेष लग्न कुण्डली है। यह एक अग्नितत्त्व, रजोगुणी, चर राशि है। यह एक अशुभ राशि है। इसका स्वामी मंगल है। इस राशि में जन्मे व्यक्ति पूर्णतया विश्वसनीय, साहसी, उद्यमी और महत्त्वाकांक्षी होते हैं। उनके उद्देश्य एवं लक्ष्य उच्चकोटि के होते हैं। वे सोच विचार कर निर्णय लेते हैं। कार्य को हंसी-खुशी, शान्ति और दया भाव से समय रहते पूरा करते हैं। गुरुदेव श्री श्रीरविशंकर ऐसे ही गुरु हैं, जो आर्ट ऑफ लिविंग (जीवन जीने की कला) के लिये ध्यानमग्न स्थिति अर्थात् सुदर्शन क्रिया को महत्व देते हैं। अपने अनुयायियों को श्वास-प्रश्वास क्रिया करवाते हैं। मृगशिरा नक्षत्र में जन्मे गुरुदेव श्री श्रीरविशंकरजी बड़े ही दयालु, प्रसन्नचित, मिष्ठभाषी और धीमी गति से चलते रहने वाले व्यक्ति हैं।

सुदर्शन लग्न विचार

जन्म लग्नेश और सूर्य लग्नेश मंगल कर्म भाव में दशम भाव में उच्च राशिस्थ होकर बैठे हैं। लग्न व लग्न में बैठे बुद्धि और ज्ञान के भाव पंचम भाव के स्वामी उच्च राशिस्थ सूर्य को पूर्ण दृष्टि से देख रहे हैं। सुख भाव चतुर्थ भाव में बैठे उच्च राशिस्थ गुरु पर भी पूर्ण दृष्टि है। चन्द्र लग्नेश बुध धन भाव में शुक्र की वृष राशि में बैठे हैं। नवांश कुण्डली में लग्नेश सूर्य पंचम भाव में बैठे हैं और मंगल लग्न में बैठा है। यहां बुध दशम भाव में शुक्र की वृष राशि में बैठा है। जन्म कुण्डली में भी बुध शुक्र की वृष राशि में धन भाव में बैठे हैं। इस प्रकार वाणी और बुद्धिदाता बुध वर्गोत्तम है। उच्च राशिस्थ सूर्य लग्न में शक्तिशाली है। ऐसी स्थिति में लग्न ही बलिष्ठ प्रतीत होती है।

ग्रह स्थिति, ग्रह दृष्टि एवं ग्रह योग

इस कुण्डली में प्रथम, चतुर्थ और दशम केन्द्र भावों में उच्च राशिस्थ ग्रह बैठे हैं। सूर्य लग्न में, गुरु चतुर्थ में और मंगल दशम भाव में बैठे हैं। लग्नेश मंगल दशम भाव से लग्न और चतुर्थ भाव को पूर्ण दृष्टि से देख रहा है। इस प्रकार रुचक और कुलदीपक योग बन रहे हैं। यही कारण है कि गुरुदेव की मुख मुद्रा बड़ी ही आकर्षक और चुम्बकीय बन पड़ी है। ज्योतिष में प्रथम और चतुर्थ केन्द्र भावों को याम और प्रणायाम का केन्द्र कहा जाता है। नवमेश व द्वादशेश गुरु उच्च राशि में बैठा है। यहां भाग्य, धर्म, मोक्ष आदि के भाव हैं। इनके स्वामी गुरु का सुख भाव में बैठना एक अच्छी स्थिति है। सुख भाव में बैठकर गुरु शनि व मंगल को, शनि मंगल को और मंगल लग्न को देख रहा है। यह बलशाली स्थिति है। गुरु हंस योग भी बना रहा है। ऐसा जातक चरित्रवान, धर्मात्मा और ईश्वरभक्त होता है। फलत: गुरुदेव ने अध्यात्मवाद के क्षेत्र में प्रसिद्धि प्राप्त की। इसके अतिरिक्त राहु व केतु को छोड़कर शेष ग्रह छ: भावों में विराजमान हैं। दामिनी योग बन रहा है। ऐसे जातक सुशील, सज्जन, उदार और परोपकारी होते हैं। बुद्धि और ज्ञान के पंचमेश सूर्य के लग्न में उच्चराशिस्थ होकर स्थित होने से गुरुदेव ने इस क्षेत्र में नेतृत्व करने पर बल दिया। अष्टम भाव में बैठे राहु, शनि ने समाधि (अध्यात्म ज्ञान) की ओर मोड़कर मानवता की सेवा करने की सन्त वृत्ति प्रदान की। इस प्रकार गुरु चतुर्थ भाव में बैठकर अष्टम और द्वादश भावों को पूर्ण दृष्टि से देख रहा है और 4, 8, 12 शक्तिशाली मोक्ष भावों में परस्पर सम्बन्ध स्थापित कर रहा है। इन्हें वैराग्य त्रिकोण के भाव या मोक्ष के भाव कहा जाता है। तृतीय भाव में बैठे चन्द्र और शुक्र ने भी गुरुदेव को पराक्रमी और लोकप्रिय बनाया। इन भावों के सन्तुलन ने गुरुदेव को 'आर्ट ऑफ लिविंग' सिखाने की प्रेरणा दी और ऐसा करने हेतु अनुकूल वातावरण और मंच (Platform) बनाया।

उपसंहार

अन्त में हम कह सकते हैं कि आर्ट ऑफ लिविंग (जीवन जीने की कला) कोई नई विधि नहीं है। प्रत्येक व्यक्ति इसे जानता है। भूतकाल में भी यह थी, किन्तु आवश्यकता है कि इसे आसान विधि द्वारा कर लोगों को इसके लिए आकर्षित किया जाये। इसके लिए गुरुदेव ने आसान सुदर्शन क्रिया का सहारा लिया, ताकि अधिकाधिक लोगों को लाभ मिल सके। यह तृतीय भावस्थ शुक्र और चन्द्र की देन है। श्वास-प्रश्वास क्रिया और ध्यानमग्न होना (सुदर्शन क्रिया) मधुर, आकर्षक, धार्मिक गीतों से परिपूर्ण है। इससे मनुष्य मात्र को सुख एवं शान्ति मिलती है। शान्ति प्राप्ति के लिये लोग आते हैं। द्वितीय भाव में बैठे वर्गोत्तम बुध और केतु ने उन्हें चुम्बकीय व्यक्तित्व दिया। उनके अनेकानेक शिष्य बन गये। शनि अपने अनुराधा नक्षत्र में बैठा है। उसने ध्यानमग्न होने का मार्ग दिया। इस सामाजिक सेवा हेतु राष्ट्रपति ने 1986 में उन्हें योग शिरोमणि पुरस्कार भी दिया। इस समय बुध की दशा चल रही है। इससे उनके पुरुषार्थ व पराक्रम में और वृद्धि होगी। वह देश-विदेश में अत्यधिक लोकप्रिय हो गये।

वृषभ लग्न

वृषभ लग्न वाली कुण्डलियों के
विभिन्न भावों में स्थित विभिन्न ग्रहों
का अलग-अलग
फलादेश

वृषभ लग्न का संक्षिप्त फलादेश

वृषभ लग्न में जन्म लेने वाले जातक के शरीर का रंग गोरा अथवा गेहुंआ होता है। वह स्त्रियों जैसे स्वभाव वाला शौकीन तबीयत का, मधुरभाषी, रजोगुणी, लम्बे दांत तथा कुंचित केशों वाला, श्रेष्ठ संगति में बैठने वाला, ऐश्वर्यशाली, उदार स्वभाव वाला, भक्त, गुणवान, बुद्धिमान, धैर्यवान, शूर-वीर, साहसी, अत्यंत यशस्वी, अत्यंत शान्त प्रकृति का, परन्तु अवसर पर लड़ने अथवा युद्ध करने में अपने प्रबल पराक्रम को प्रकट करने वाला, अपने परिवार वालों से अनाहत, कलहयुक्त, शास्त्र से अभिघात पाने वाला, धन-क्षय से युक्त, मानसिक-रोग अथवा चिन्ताओं से पीड़ित एवं दुखी रहने वाला, मित्र-वियोगी तथा पूर्णायु प्राप्त करने वाला होता है। कुछ विद्वानों के मतानुसार वृषभ लग्न में जन्म लेने वाला जातक अपनी ३६ वर्ष की आयु के पश्चात् अनेक प्रकार के दु:ख भी भोगता है।

वृषभ लग्न

यह बात पहले बताई जा चुकी है कि प्रत्येक व्यक्ति के जीवन पर नवग्रहों का प्रभाव मुख्यत: दो प्रकार से पड़ता है—

(१) ग्रहों की जन्म-कालीन स्थिति के अनुसार।

(२) ग्रहों की दैनिक गोचर गति के अनुसार।

जातक की जन्म-कालीन ग्रह स्थिति 'जन्म-कुण्डली' में दी गई होती है। उसमें जो ग्रह जिस भाव में और जिस राशि पर बैठा होता है, वह जातक के जीवन पर अपना निश्चित प्रभाव निरन्तर स्थायी रूप से डालता रहता है।

दैनिक गोचर गति के अनुसार विभिन्न ग्रहों की जो स्थिति होती है, उसकी जानकारी पंचांग द्वारा दी जा सकती है। ग्रहों की दैनिक गति के सम्बन्ध में या तो किसी ज्योतिषी से पूछ लेना चाहिए अथवा स्वयं ही उसे मालूम करने का तरीका सीख लेना चाहिए। इस सम्बन्ध में पुस्तक के पहले प्रकरण में विस्तारपूर्वक लिखा जा चुका है।

दैनिक गोचर गति के अनुसार विभिन्न ग्रह जातक के जीवन पर अस्थायी रूप से अपना प्रभाव डालते हैं।

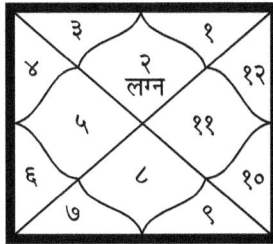

उदाहरण के लिए, यदि किसी जातक की जन्म-कुण्डली में सूर्य वृष राशि पर प्रथमभाव में बैठा है, तो उसका स्थायी प्रभाव जातक के जीवन पर आगे दी गई उदाहरण-पृष्ठ संख्या

११६ के अनुसार स्थायी रूप से पड़ता रहेगा, परन्तु यदि दैनिक ग्रह गोचर में कुण्डली देखते समय सूर्य मिथुन राशि के द्वितीयभाव में बैठा है, तो उस स्थिति में वह उदाहरण-पृष्ठ संख्या १६३ के अनुसार उतनी अवधि तक जातक के जीवन पर अपना अस्थायी प्रभाव अवश्य डालेगा, जब तक कि वह मिथुन राशि से हटकर कर्क राशि में नहीं चला जाता। कर्क राशि में पहुंचकर वह कर्क राशि के अनुरूप प्रभाव डालना आरंभ कर देगा। अत: जिस जातक की जन्म-कुण्डली में सूर्य वृष राशि के प्रथमभाव में बैठा हो, उसे, उदाहरण-पृष्ठ संख्या ११७ में फलादेश देखने के पश्चात्, यदि उन दिनों सूर्य मिथुन राशि के द्वितीयभाव में बैठा हो, तो उदाहरण-पृष्ठ संख्या १६३ का फलादेश भी देखना चाहिए तथा इन दोनों फलादेशों के समन्वय स्वरूप जो निष्कर्ष निकलता हो, उसी को अपने वर्तमान समय पर प्रभावकारी समझना चाहिए। इसी प्रकार प्रत्येक ग्रह के विषय में जान लेना चाहिए।

वृषभ लग्न में जन्म लेने वाले जातकों की जन्म-कुण्डली के विभिन्न भावों में स्थित विभिन्न ग्रहों के फलादेश का वर्णन उदाहरण-पृष्ठ संख्या ११७ से १५३ तक में किया गया है। पंचांग की दैनिक ग्रह-गति के अनुसार वृष लग्न में जन्म लेने वाले जातकों को किन-किन उदाहरण-कुण्डलियों द्वारा विभिन्न ग्रहों के तात्कालिक प्रभाव को देखना चाहिए—इसका विस्तृत वर्णन अगले पृष्ठों में किया गया है। अत: उसके अनुसार ग्रहों की तात्कालिक स्थिति के सामयिक प्रभाव की जानकारी प्राप्त कर लेनी चाहिए। तदुपरांत दोनों फलादेशों के समन्वय स्वरूप जो निष्कर्ष हो, उसी को सही फलादेश समझना चाहिए।

इस विधि से प्रत्येक व्यक्ति प्रत्येक जन्म-कुण्डली का ठीक-ठाक फलादेश सहज में ही ज्ञात कर सकता है।

टिप्पणी—(१) पहले बताया जा चुका है कि जिस समय जो ग्रह २७ अंश से ऊपर अथवा ३ अंश के भीतर होता है, वह प्रभावकारी नहीं रहता। इसी प्रकार जो ग्रह सूर्य से अस्त होता है, वह भी जातक के ऊपर अपना प्रभाव या तो बहुत कम डालता है, या फिर पूर्णत: प्रभावहीन रहता है।

(२) स्थायी जन्म-कुण्डली स्थित विभिन्न ग्रहों के अंश किसी ज्योतिषी द्वारा अपनी कुण्डली में लिखवा लेने चाहिए, ताकि उनके अंशों के विषय में बार-बार जानकारी प्राप्त करने के झंझट से बचा जा सके। तात्कालिक गोचर के ग्रहों के अंशों की जानकारी पंचांग द्वारा अथवा किसी ज्योतिषी से पूछकर प्राप्त कर लेनी चाहिए।

(३) स्थायी जन्म-कुण्डली अथवा तात्कालिक ग्रह-गति कुण्डली में यदि किसी भाव में एक से अधिक ग्रह एक साथ बैठे होते हैं अथवा जिन-जिन स्थानों पर उनकी दृष्टियां पड़ती हैं, जातक का जीवन उनके द्वारा भी प्रभावित होता है। इस पुस्तक के तीसरे प्रकरण में 'ग्रहों की युति का प्रभाव' शीर्षक के अंतर्गत विभिन्न ग्रहों की युति के फलादेश का वर्णन किया गया है, अत: इस विषय की जानकारी वहां से प्राप्त कर लेनी चाहिए।

(४) विंशोत्तरी दशा के सिद्धांतानुसार प्रत्येक जातक की पूर्णायु १२० वर्ष की मानी जाती है। इस आयु-अवधि में जातक नवग्रहों की दशाओं का भोग कर लेता है। विभिन्न ग्रहों का दशा-काल भिन्न-भिन्न होता है। परन्तु अधिकांश व्यक्ति इतनी लम्बी आयु तक जीवित नहीं

रह पाते, अत: वे अपने जीवन-काल में कुछ ही ग्रहों की दशाओं का भोग कर पाते हैं। जातक के जीवन के जिस काल में जिस ग्रह की दशा—जिसे 'महादशा' कहा जाता है—चल रही होती है, जन्म-कालीन ग्रह-स्थिति के अनुसार उसके जीवन-काल की उतनी अवधि उस ग्रह-विशेष के प्रभाव से विशेष रूप से प्रभावित रहती है। जातक का जन्म किस ग्रह की महादशा में हुआ है और उसके जीवन में किस अवधि से किस अवधि तक किस ग्रह की महादशा चलेगी और वह महादशा जातक के ऊपर अपना क्या विशेष प्रभाव डालेगी—इन सब बातों का उल्लेख भी तीसरे प्रकरण में किया गया है।

इस प्रकार (१) जन्म-कुण्डली, (२) तात्कालिक ग्रह-गोचर कुण्डली एवं (३) ग्रहों की महादशा—इन तीनों विधियों से फलादेश प्राप्त करने की सरल विधि का वर्णन इस पुस्तक में किया गया है। अत: इन तीनों के सम्बन्ध स्वरूप फलादेश का ठीक-ठीक निर्णय करके अपने भूत, वर्तमान तथा भविष्य-कालीन जीवन के विषय में सम्यक् जानकारी प्राप्त कर लेनी चाहिए।

विशेष नोट : वृष लग्न जन्म कुण्डली/गोचर कुण्डली के द्वादश भावों में सूर्यादि सभी नवग्रहों का फलादेश नीचे दिया जा रहा है। पढ़ें और समझें।

'वृष' लग्न में 'सूर्य' का फल

जिस जातक का जन्म 'वृष' लग्न से हुआ हो और जन्म-कुण्डली के 'प्रथमभाव' में 'सूर्य' की स्थिति हो, उसे 'सूर्य' का फलादेश नीचे लिखे अनुसार समझना चाहिए—

पहले केन्द्र तथा शरीर भाव में शत्रु शुक्र की वृष राशि पर बैठे हुए सूर्य के प्रभाव से जातक को माता तथा भूमि, मकान आदि का सामान्य सुख प्राप्त होता है तथा शारीरिक सौंदर्य में कुछ कमी रहती है। यहां से सूर्य सातवीं मित्रदृष्टि से सप्तमभाव को मंगल की वृश्चिक राशि में देखता है, अत: जातक को स्त्री तथा व्यवसाय के पक्ष में सुख, सफलता तथा प्रभाव की प्राप्ति होती है।

वृष लग्न: प्रथमभाव: सूर्य

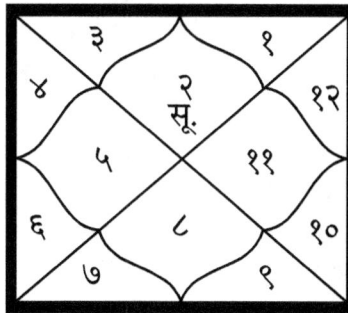

जिस जातक का जन्म 'वृष' लग्न में हुआ हो और जन्म-कुण्डली के 'द्वितीयभाव' में 'सूर्य' की स्थिति हो, उसे 'सूर्य' का फलादेश आगे लिखे अनुसार समझना चाहिए—

द्वितीय धन-कुटुम्ब के भाव में अपने समग्रह बुध की मिथुन राशि पर बैठे हुए सूर्य के प्रभाव से जातक को धन-संपत्ति तथा कुटुम्ब का सुख प्राप्त होता है, परन्तु माता के सुख में कुछ कमी बनी रहती है और भूमि-मकान आदि का सुख प्राप्त होते हुए भी उसका श्रेष्ठ उपयोग नहीं हो पाता। यहां से सूर्य अपनी सातवीं दृष्टि से आयु तथा पुरातत्त्व के अष्टमभाव को अपने मित्र गुरु की धनु राशि में देखता है, अत: जातक को आयु एवं पुरातत्त्व का लाभ प्राप्त होता है तथा दैनिक जीवन में भी सुख मिलता रहता है।

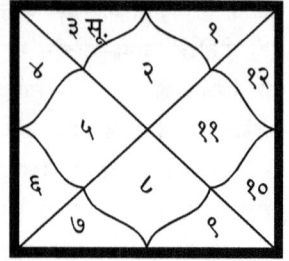

वृष लग्न: द्वितीयभाव: सूर्य

जिस जातक का जन्म 'वृष' लग्न में हुआ हो और जन्म-कुण्डली के 'तृतीयभाव' में 'सूर्य' की स्थिति हो, उसे 'सूर्य' फलादेश नीचे लिखे अनुसार समझना चाहिए—

तीसरे पराक्रम एवं सहोदर भाव पर अपने समग्रह चन्द्र की कर्क राशि पर बैठे हुए सूर्य के प्रभाव से जातक को माता एवं भूमि, मकान आदि घरेलू सुख की प्राप्ति होती है। तृतीयभाव में उष्णस्वभावी ग्रह विशेष शक्तिशाली होता है, अत: इस भाव पर सूर्य के कारण जातक अपने पराक्रम द्वारा सफलता एवं सुख के अर्जित तथा उसमें वृद्धि करता रहेगा तथा भाई-बहन के यथेष्ट सुख को भी प्राप्त करेगा। इस भाव से सूर्य अपनी सातवीं दृष्टि से नवमभाव को अपने शत्रु शनि की मकर राशि में देखता है, अत: जातक को भाग्योन्नति के लिए कठिन परिश्रम करना पड़ेगा तथा धर्म का पालन करने में कुछ लापरवाही बनी रहेगी।

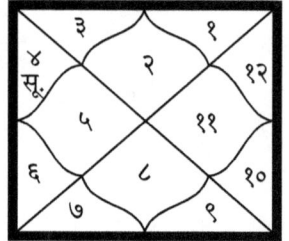

वृष लग्न: तृतीयभाव: सूर्य

जिस जातक का जन्म 'वृष' लग्न में हुआ हो और जन्म-कुण्डली के 'चतुर्थभाव' में 'सूर्य' की स्थिति हो, उसे 'सूर्य' का फलादेश नीचे लिखे अनुसार समझना चाहिए—

चौथे माता एवं भूमि के भाव में स्वराशि सिंह स्थित सूर्य के प्रभाव से जातक को अपनी माता तथा भूमि, मकान, संपत्ति आदि का पूर्ण सुख प्राप्त होता है तथा घरेलू जीवन भी उल्लासमय बना रहता है। तेजस्वी सूर्य के प्रभाव से ऊपरी दिखावा अत्यधिक रहने पर भी जातक के मन के भीतर थोड़ी बहुत अशान्ति बनी रहेगी। इस भाव से सूर्य अपनी सातवीं दृष्टि से दशमभाव को देखता है, अत: पिता, व्यवसाय एवं राज्य के पक्ष में जातक को थोड़ा बहुत असंतोष बना रहेगा एवं कठिनाई के साथ सफलता एवं प्रतिष्ठा की प्राप्ति होगी।

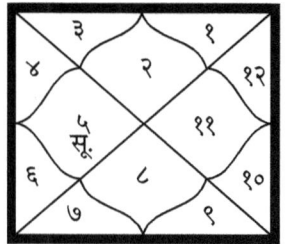

वृष लग्न: चतुर्थभाव: सूर्य

जिस जातक का जन्म 'वृष' लग्न में हुआ हो और जन्म-कुण्डली के 'पंचमभाव' में 'सूर्य' की स्थिति हो, उसे 'सूर्य' का फलादेश आगे लिखे अनुसार समझना चाहिए—

पांचवें त्रिकोण विद्या एवं संतान के भाव में अपने समग्रह बुध की कन्या राशि पर स्थित सूर्य के प्रभाव से जातक को विद्या तथा संतान के पक्ष में वृद्धि एवं सुख की प्राप्ति होगी। ऐसा जातक गंभीर स्वभाव वाला, बुद्धिमान तथा दूरदर्शी होता है। उसका घरेलू जीवन भी सुख, शान्ति एवं प्रसन्नतापूर्ण बना रहता है तथा माता एवं भूमि का सुख भी प्राप्त होता है। इस भाव से सूर्य सातवीं दृष्टि से अपने मित्र गुरु की मीन राशि में ग्यारहवें लाभ भाव को देखता है, अत: जातक की आमदनी के साधन भी अच्छे बने रहते हैं, और उसे यथेष्ट लाभ प्राप्त होता रहता है।

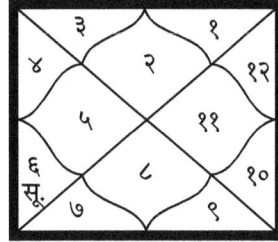

वृष लग्न: पंचमभाव: सूर्य

जिस जातक का जन्म 'वृष' लग्न में हुआ हो और जन्म-कुण्डली के 'षष्ठभाव' में 'सूर्य' की स्थिति हो, उसे 'सूर्य' का फलादेश नीचे लिखे अनुसार समझना चाहिए—

छठे शत्रु भाव में अपने शत्रु शुक्र की तुला राशि पर स्थित नीच के सूर्य के प्रभाव से जातक को अपने शत्रु पक्ष से कठिनाइयाँ प्राप्त होती रहती हैं, परन्तु सूर्य चूंकि उष्णग्रह है, अत: वह नीच का होने पर भी शत्रुओं के ऊपर जातक के प्रभाव को बनाए रहता है। ऐसा जातक माता तथा भूमि, मकान आदि का सुख भी कम पाता है और उसे अपनी जन्मभूमि से दूर जाकर रहना पड़ता है। इस भाव से सूर्य सातवीं उच्चदृष्टि से बारहवें भाव को अपने मित्र मंगल की मेष राशि में देखता है, अत: जातक का खर्च अधिक रहता है, परन्तु बाहरी स्थानों के सम्बन्ध से उसे सुख प्राप्त होता रहता है।

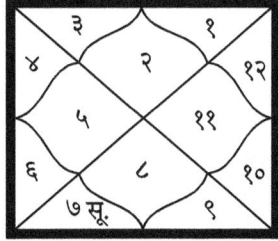

वृष लग्न: षष्ठभाव: सूर्य

जिस जातक का जन्म 'वृष' लग्न में हुआ हो और जन्म-कुण्डली के 'सप्तमभाव' में 'सूर्य' की स्थिति हो, उसे 'सूर्य' का फलादेश नीचे लिखे अनुसार समझना चाहिए—

सातवें केन्द्र, स्त्री तथा व्यवसाय के भाव में अपने मित्र मंगल की वृश्चिक राशि पर स्थित सूर्य के प्रभाव से जातक स्त्री तथा व्यवसाय के क्षेत्र में सुख एवं सफलता प्राप्त करता है, साथ ही उसे माता, भूमि, भाव आदि का भी यथेष्ट लाभ होता है। इस भाव से सूर्य सातवीं दृष्टि से प्रथमभाव को अपने शत्रु शुक्र की वृष राशि में देखता है, उसके कारण जातक के शारीरिक सौंदर्य में कुछ कमी रहती है तथा पारिवारिक सुख-साधनों में कुछ कमी बनी है, जिनकी निवृत्ति के लिए शरीर को विशेष परिश्रम करना पड़ता है तथा हृदय में भी थोड़ी बहुत अशान्ति बनी रहती है।

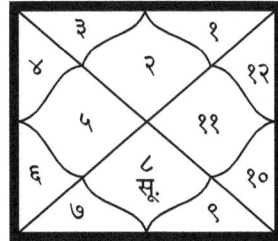

वृष लग्न: सप्तमभाव: सूर्य

जिस जातक का जन्म 'वृष' लग्न में हुआ हो और जन्म-कुण्डली के 'अष्टमभाव' में 'सूर्य' की स्थिति हो, उसे 'सूर्य' का फलादेश आगे लिखे अनुसार समझना चाहिए—

आठवें मृत्यु तथा पुरातत्त्व के भाव में अपने मित्र गुरु की धनु राशि पर स्थित सूर्य के प्रभाव से जातक को अपने जन्म भाव से दूर रहना पड़ता है तथा माता, भूमि एवं भाव के सुख में भी कमी आती है, साथ ही पारिवारिक सुख-शान्ति में भी विघ्न उत्पन्न होते रहते हैं। परन्तु सूर्य के सुखेश होकर अष्टमभाव में बैठने के कारण जातक को आयु एवं पुरातत्त्व का लाभ प्राप्त होता है। यहां से सूर्य सातवीं दृष्टि से द्वितीयभाव को अपने समग्रह बुध की मिथुन राशि में देखता है, अत: जातक कुटुम्ब द्वारा सुख पाता है तथा धन की वृद्धि करने में सफल होता है।

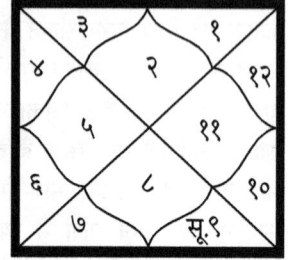

वृष लग्न: अष्टममभाव: सूर्य

जिस जातक का जन्म 'वृष' लग्न में हुआ हो और जन्म-कुण्डली के 'नवमभाव' में 'सूर्य' की स्थिति हो, उसे 'सूर्य' का फलादेश नीचे लिखे अनुसार समझना चाहिए—

नवें त्रिकोण, भाग्य तथा धर्म भाव में अपने शत्रु शनि की मकर पर स्थित सूर्य के प्रभाव से जातक को माता तथा भूमि-भाव आदि के सम्बन्ध में कुछ असंतोष तथा परेशानियों के साथ सफलता प्राप्त होती है, परन्तु घरेलू सुख एवं भाग्य की वृद्धि भी होती रहती है। यहां से सूर्य सातवीं दृष्टि से तृतीयभाव को अपने मित्र चन्द्र की कर्क राशि में देखता है, उसके कारण जातक के पराक्रम में वृद्धि होती है तथा भाई-बहन का सुख भी मिलता है। संक्षेप में, ऐसी ग्रह स्थिति वाले जातक को अपने बुद्धि-बल तथा पराक्रम के द्वारा ही सफलता मिलती है, परन्तु वह भी पूर्ण सफलता नहीं होती।

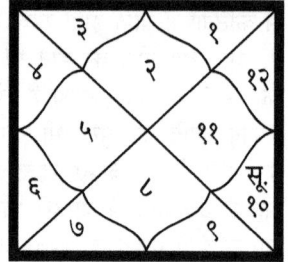

वृष लग्न: नवमभाव: सूर्य

जिस जातक का जन्म 'वृष' लग्न में हुआ हो और जन्म-कुण्डली के 'दशमभाव' में 'सूर्य' की स्थिति हो, उसे 'सूर्य' का फलादेश नीचे लिखे अनुसार समझना चाहिए—

दसवें केन्द्र, राज्य तथा पिता के भाव में अपने शत्रु शनि की कुम्भ राशि पर स्थित सूर्य के प्रभाव से जातक को पिता तथा राज्य के क्षेत्र में कुछ कठिनाइयों के साथ सफलता एवं सम्मान की प्राप्ति होती है, परन्तु शत्रु के राशिस्थ होने के कारण पूर्ण सफलता नहीं मिल पाती। यहां से सूर्य अपनी सातवीं दृष्टि से चतुर्थभाव को स्वराशि में देखता है, उसके प्रभाव से जातक को माता के सुख एवं भूमि-भाव आदि के सुख का लाभ होता है तथा पारिवारिक सुख में वृद्धि होती है।

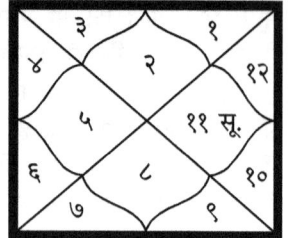

वृष लग्न: दशमभाव: सूर्य

जिस जातक का जन्म 'वृष' लग्न में हुआ हो और जन्म-कुण्डली के 'एकादशभाव' में 'सूर्य' की स्थिति हो, उसे 'सूर्य' का फलादेश आगे लिखे अनुसार समझना चाहिए—

वृष लग्न: एकादशभाव: सूर्य

ग्यारहवें लाभ तथा ऐश्वर्य भाव में अपने मित्र गुरु की मीन राशि पर स्थित सूर्य के प्रभाव से जातक को आमदनी के क्षेत्र मे विशेष सफलता प्राप्त होती है। इसके साथ ही माता, भूमि, भाव तथा कुटुम्ब का सुख भी पर्याप्त मात्रा में प्राप्त होता है। इस भाव से सूर्य सातवीं दृष्टि से पंचमभाव को अपने समग्रह बुध की कन्या राशि में देखता है, अत: जातक की विद्या, बुद्धि एवं संतान के पक्ष में भी वृद्धि होती है तथा उसका जीवन आनंदपूर्वक व्यतीत होता है।

जिस जातक का जन्म 'वृष' लग्न में हुआ हो और जन्म-कुण्डली के 'द्वादशभाव' में 'सूर्य' की स्थिति हो, उसे 'सूर्य' का फलादेश नीचे लिखे अनुसार समझना चाहिए—

वृष लग्न: द्वादशभाव: सूर्य

बारहवें व्ययभाव में अपने मित्र मंगल की मेष राशि पर स्थित उच्च के सूर्य के प्रभाव से जातक को खर्च अधिक होता है तथा बाहरी स्थानों का सम्बन्ध सुखदायक बना रहता है, परन्तु पारिवारिक सुख एवं माता के पक्ष में कुछ कमी बनी रहती है। इसके साथ ही भूमि-मकान अदि के सम्बन्ध में भी थोड़ी बहुत हानि उठानी पड़ती है। ऐसा जातक यदि अपने जन्म भाव को छोड़कर अन्य भाव पर रहे, तो उसे विशेष लाभ होता है। यहां से सूर्य सातवीं दृष्टि से शत्रु शुक्र को तुला राशि से षष्ठभाव में देखता है। जिसके कारण जातक को शत्रु पक्ष में कठिनाइयों से प्रभाव कम रखना पड़ता है।

'वृष' लग्न में 'चन्द्र' का फल

जिस जातक का जन्म 'वृष' लग्न में हुआ हो और जन्म-कुण्डली के 'प्रथमभाव' में 'चन्द्र' की स्थिति हो, उसे 'चन्द्र' का फलादेश नीचे लिखे अनुसार समझना चाहिए—

वृष लग्न: प्रथमभाव: चन्द्र

पहले केन्द्र एवं शरीर भाव में अपने समग्रह शुक्र की वृष राशि पर उच्च चन्द्र की स्थिति के प्रभाव से जातक का मनोबल बहुत बढ़ा रहता है। साथ ही उसे भाई-बहनों का सुख एवं पराक्रम द्वारा सफलता तथा सम्मान की प्राप्ति होती है। परन्तु यहां से चन्द्र अपनी सातवीं नीचदृष्टि से सप्तमभाव को भी देखता है, अत: उसे स्त्री एवं व्यवसाय के पक्ष में कुछ असंतोष बना रहता है तथा परिवार का संचालन करने में भी उसे कुछ कठिनाइयों का सामना करना पड़ता है।

जिस जातक का जन्म 'वृष' लग्न में हुआ हो और जन्म-कुण्डली के 'द्वितीयभाव' में 'चन्द्र' की स्थिति हो, उसे 'चन्द्र' का फलादेश आगे लिखे अनुसार समझना चाहिए—

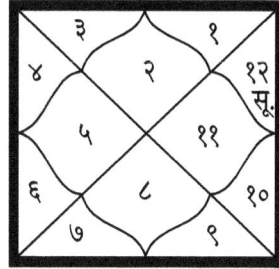

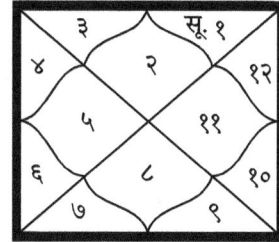

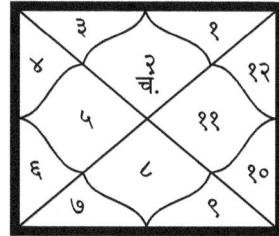

दूसरे धन तथा कुटुम्ब के भाव में अपने मित्र बुध की मिथुन राशि में स्थित चन्द्र के प्रभाव से जातक अपने पराक्रम द्वारा धन-संचय तथा कौटुम्बिक सुख को प्राप्त करता है, परन्तु भाई-बहनों के सुख एवं शारीरिक पुरुषार्थ में कुछ कमी भी बनी रहती है। इस भाव से चन्द्र सातवीं दृष्टि से अष्टमभाव को अपने मित्र गुरु की धनु राशि में देखता है, अत: जातक की आयु में वृद्धि होती है तथा पुरातत्त्व का लाभ भी होता है। संक्षेप में ऐसी ग्रह स्थिति वाला जातक ऐश्वर्यपूर्ण जीवन व्यतीत करता है।

वृष लग्न: द्वितीयभाव: चन्द्र

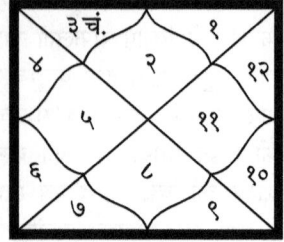

जिस जातक का जन्म 'वृष' लग्न में हुआ हो और जन्म-कुण्डली के 'तृतीयभाव' में 'चन्द्र' की स्थिति हो, उसे 'चन्द्र' का फलादेश नीचे लिखे अनुसार समझना चाहिए—

तीसरे भाई एवं पराक्रम के भाव में अपनी राशि पर बैठे हुए चन्द्र के प्रभाव से जातक को भाई-बहनों का सुख प्राप्त होता है तथा पराक्रम में वृद्धि होती है, जिसके कारण जातक बड़ा हिम्मती, परिश्रमी, पुरुषार्थी, साहसी तथा प्रसन्नचित बना रहता है और इन सबके कारण उसे यश तथा मान भी प्राप्त होता है। यहां से चन्द्र सातवीं दृष्टि से अपने समग्रह शनि की मकर राशि में नवमभाव को देखता है, जिसके कारण जातक को अपने भाग्य की वृद्धि के लिए विशेष परिश्रम करना पड़ता है तथा धर्म पालन में भी कोई अधिक रुचि नहीं होती।

वृष लग्न: तृतीयभाव: चन्द्र

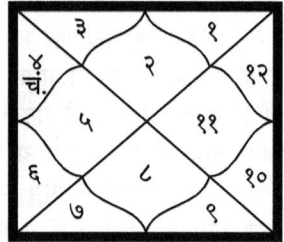

जिस जातक का जन्म 'वृष' लग्न में हुआ हो और जन्म कुण्डली के 'चतुर्थभाव' में 'चन्द्र' की स्थिति हो, उसे 'चन्द्र' का फलादेश नीचे लिखे अनुसार समझना चाहिए—

चौथे केन्द्र, माता, सुख तथा भूमि के भाव में अपने मित्र सूर्य की सिंह राशि पर बैठे हुए चन्द्र के प्रभाव से जातक को माता के सुख में वृद्धि तथा भूमि, मकान, सुख इत्यादि का लाभ होता है। इसके साथ ही उसके भाई-बहन तथा पराक्रम के पक्ष में भी उन्नति होती है। घरेलू सुख के साधनों में भी सफलता मिलती है। यहां से चन्द्र सातवीं दृष्टि से दशमभाव को अपने समग्रह शनि की कुम्भ राशि में देखता है, अत: जातक को पिता तथा राज्य के क्षेत्र में कुछ परिश्रम के बाद सफलता प्राप्त होगी—ऐसा समझना चाहिए।

वृष लग्न: चतुर्थभाव: चन्द्र

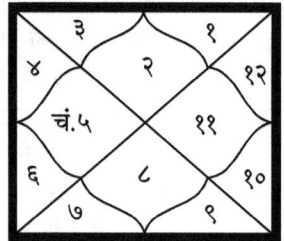

जिस जातक का जन्म 'वृष' लग्न में हुआ हो और जन्म-कुण्डली के 'पंचमभाव' में 'चन्द्र' की स्थिति हो, उसे 'चन्द्र' का फलादेश आगे लिखे अनुसार समझना चाहिए—

पांचवें त्रिकोण एवं विद्या-बुद्धि तथा संतान के भाव में अपने मित्र बुध की राशि पर स्थित चन्द्र के प्रभाव से जातक को विद्या, बुद्धि तथा संतान के पक्ष में विशेष सफलता प्राप्त होती है। साथ ही छोटे भाई-बहनों से सुंदर सम्बन्ध बना रहता हैं। यहां से चन्द्र अपनी सातवीं दृष्टि से अपने सामान्य मित्र बृहस्पति की मीन राशि में एकादश भाव को देखता है, अत: जातक को अपने मनोबल एवं बुद्धि योग के द्वारा आय, संपत्ति तथा ऐश्वर्य के पक्ष में भी विशेष सफलता प्राप्त होती रहेगी तथा जातक सुखी एवं धनी बना रहता है।

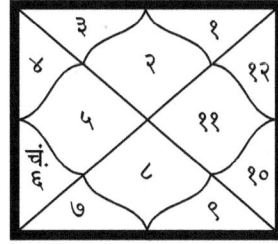
वृष लग्न: पंचमभाव: चन्द्र

जिस जातक का जन्म 'वृष' लग्न में हुआ हो और जन्म-कुण्डली के 'षष्ठभाव' में 'चन्द्र' की स्थिति हो, उसे 'चन्द्र' का फलादेश नीचे लिखे अनुसार समझना चाहिए—

छठे शत्रु एवं रोग भाव में अपने समग्रह शुक्र की तुला राशि पर स्थित चन्द्र के प्रभाव से जातक को शत्रु पक्ष में प्रभाव प्राप्त होगा तथा कुछ परेशानियों के साथ झगड़े-झंझटों के मामलों में सफलता प्राप्त करेगा। पराक्रमेश चन्द्र की छठे भाव में स्थिति के कारण जातक के मन के भीतर बड़ी हिम्मत तथा शक्ति रहने पर भी कुछ परेशानियां बनी रहेंगी तथा भाई-बहन के सम्बन्धों में भी कुछ मन-मुटाव रहेगा। यहां से चन्द्र सातवीं दृष्टि से अपने समग्रह मंगल की मेष राशि में व्यय भाव को देखता है, अत: जातक खर्च खूब करेगा तथा बाहरी स्थानों के सम्बन्ध में लाभ उठाएगा।

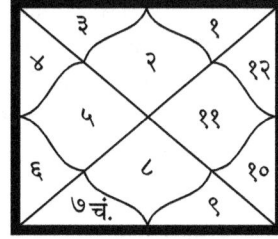
वृष लग्न: षष्ठभाव: चन्द्र

जिस जातक का जन्म 'वृष' लग्न में हुआ हो और जन्म-कुण्डली के 'सप्तमभाव' में 'चन्द्र' की स्थिति हो, उसे 'चन्द्र' का फलादेश नीचे लिखे अनुसार समझना चाहिए—

सातवें केन्द्र, स्त्री तथा व्यवसाय के भाव में स्थित अपने समग्रह मंगल की वृश्चिक राशि पर स्थित नीचे के चन्द्र के प्रभाव से जातक को स्त्री तथा व्यवसाय के क्षेत्र में चिन्ता, हानि तथा कठिनाइयों का सामना करना पड़ेगा। साथ ही भाई-बहन के सम्बन्धों में भी त्रुटि बनी रहेगी। यहां से चन्द्र सातवीं उच्चदृष्टि से अपने समग्रह शुक्र की वृष राशि में शरीर भाव को देखता है, अत: जातक का शरीर सुंदर होगा और उसे हृदय के भीतर शक्ति एवं बाहर यश तथा मान-प्रतिष्ठा की प्राप्ति भी होती रहेगी।

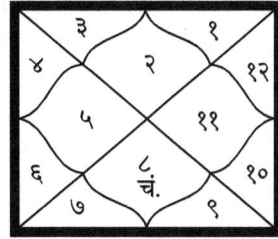
वृष लग्न: सप्तमभाव: चन्द्र

जिस जातक का जन्म 'वृष' लग्न में हुआ हो और जन्म-कुण्डली के 'अष्टमभाव' में 'चन्द्र' की स्थिति हो, उसे चन्द्र का फलादेश आगे समझना चाहिए—

आठवें मृत्यु तथा पुरातत्त्व के भाव में अपने समग्रह गुरु की धनु राशि पर स्थित चन्द्र के प्रभाव से जातक को आयु एवं पुरातत्त्व के सम्बन्ध में लाभ प्राप्त होगा, परन्तु पराक्रम भाव कमजोर हो जाने के कारण पुरुषार्थ एवं भाई-बहन के सुख में कमी बनी रहेगी। यहां से चन्द्र अपनी सांतवी दृष्टि से अपने मित्र बुध की मिथुन राशि में द्वितीयभाव को देखता है, अतः जातक को धन तथा कुटुम्ब के सम्बन्ध में कुछ सफलता प्राप्त होगी, परन्तु उसके लिए उसे विशेष परिश्रम करना पड़ेगा।

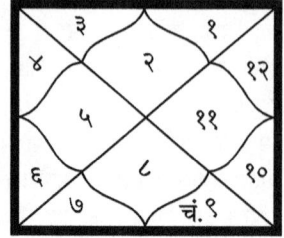

वृष लग्नः अष्टमभावः चन्द्र

जिस जातक का जन्म 'वृष' लग्न में हुआ हो और जन्म-कुण्डली के 'नवमभाव' में 'चन्द्र' की स्थिति हो, उसे 'चन्द्र' की फलादेश नीचे लिखे अनुसार समझना चाहिए—

नवें त्रिकोण तथा भाग्य भाव में अपने समग्रह शनि की मकर राशि पर स्थित चन्द्र के प्रभाव से जातक को भाग्य तथा धर्म के क्षेत्र में सफलता प्राप्त होती है। साथ ही भाई-बहन का सहयोग भी मिलता है। फलतः जातक भाग्यवान एवं धर्मात्मा समझा जाता है। यहां से चन्द्र अपनी सातवीं दृष्टि से कर्क राशि के स्वक्षेत्र में तृतीयभाव को भी देखता है, अतः उसे भाई-बहन तथा पराक्रम के क्षेत्र में भी विशेष शक्ति प्राप्त होती है। ऐसी ग्रह स्थिति का जातक उद्योगी, स्फूर्तिवान, हिम्मतवर तथा प्रसन्न स्वभाव वाला होता है।

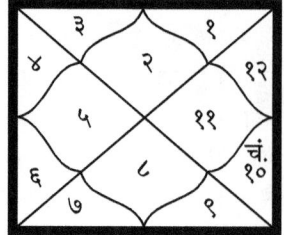

वृष लग्नः नवमभावः चन्द्र

जिस जातक का जन्म 'वृष' लग्न में हुआ हो और जन्म-कुण्डली के 'दशमभाव' में 'चन्द्र' की स्थिति हो, उसे 'चन्द्र' का फलादेश नीचे लिखे अनुसार समझना चाहिए—

दसवें केन्द्र, राज्य तथा पिता के भाव में अपने समग्रह शनि की मकर राशि पर स्थित चन्द्र के प्रभाव से जातक का अपने पिता के साथ थोड़ा मतभेद बना रहता है तथा राजकीय क्षेत्र में कठिन परिश्रम के द्वारा सफलता प्राप्त होती है, परन्तु भाई-बहन के सुख एवं पराक्रम की सहज वृद्धि होती रहती है। इस भाव से चन्द्र की सातवीं दृष्टि अपने मित्र सूर्य की सिंह राशि वाले चतुर्थ भाव में पड़ती है, अतः जातक को माता, भूमि, मकान आदि का सुख भी प्राप्त होता है और पुरुषार्थ द्वारा घरेलू सुख में भी वृद्धि होती है।

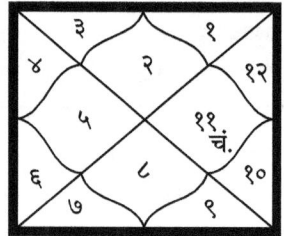

वृष लग्नः दशमभावः चन्द्र

जिस जातक का जन्म 'वृष' लग्न में हुआ हो और जन्म-कुण्डली के 'एकादशभाव' में 'चन्द्र' की स्थिति हो, उसे 'चन्द्र' का फलादेश आगे लिखे अनुसार समझना चाहिए—

ग्यारहवें लाभ एवं आमदनी के भाव में अपने समग्रह गुरु की मीन राशि पर स्थित चन्द्र के प्रभाव से जातक को आय के क्षेत्र में अपने पुरुषार्थ द्वारा बड़ी सफलता प्राप्त होती है। साथ ही भाई-बहन एवं पराक्रम का लाभ भी मिलता है। उन्नति करने के लिए उसके विचारों में निरन्तर परिवर्तन होता रहता है तथा उसे इच्छित संपत्ति एवं ऐश्वर्य प्राप्त होते रहते हैं। इसी भाव से चन्द्र सातवीं दृष्टि से अपने मित्र बुध की कन्या राशि में पंचमभाव को देखता है, अत: जातक को विद्या, बुद्धि एवं संतान के पक्ष में सफलता प्राप्त होती रहेगी। ऐसा जातक विद्वान, बुद्धिमान तथा मधुरभाषी होता है।

वृष लग्न: एकादशभाव: चन्द्र

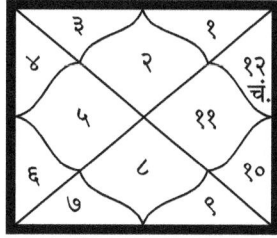

जिस जातक का जन्म 'वृष' लग्न में हुआ हो और जन्म-कुण्डली के 'द्वादशभाव' में 'चन्द्र' की स्थिति हो, उसे 'चन्द्र' का फलादेश नीचे लिखे अनुसार समझना चाहिए—

बारहवें व्यय-भाव में अपने समग्रह मंगल की मेष राशि पर स्थित चन्द्र के प्रभाव से जातक का खर्च अधिक रहेगा तथा बाहरी स्थानों के सम्बन्ध से उसे शक्ति प्राप्त होगी। साथ ही भाई-बहन के सुख एवं पराक्रम की भी हानि होगी। इस भाव से चन्द्र अपनी सातवीं दृष्टि से अपने समग्रह शुक्र की तुलाराशि में षष्ठभाव को देख रहा है, अत: जातक शत्रु पक्ष एवं झगड़े-झंझट के मामलों में बड़ी युक्तियों से काम लेकर सफलता प्राप्त करेगा।

वृष लग्न: द्वादशभाव: चन्द्र

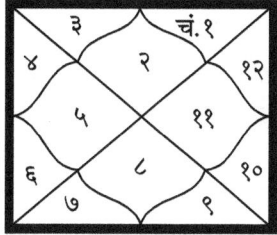

'वृष' लग्न में 'मंगल' का फल

जिस जातक का जन्म 'वृष' लग्न में हुआ हो और जन्म-कुण्डली के 'प्रथमभाव' में 'मंगल' की स्थिति हो, उसे 'मंगल' का फलादेश नीचे लिखे अनुसार समझना चाहिए—

पहले केन्द्र तथा शरीर भाव में अपने समग्रह शुक्र की वृष राशि पर स्थित मंगल के प्रभाव से जातक को शारीरिक-शक्ति का लाभ होता है तथा बाहरी स्थानों से अच्छे सम्बन्ध स्थापित होते हैं। परन्तु मंगल के व्ययेश होने के कारण धातुक्षीणता, रक्त विकार, निर्बलता आदि की शिकायत भी रहती है। यहां से मंगल अपनी चौथी मित्रदृष्टि से माता एवं भूमि के भाव को देखता है, अत: माता एवं भूमि के सुख में कमी रहती है। सातवीं दृष्टि से सप्तम केन्द्र भाव को स्वक्षेत्र में देखने से स्त्री तथा व्यवसाय के क्षेत्र में सुख प्राप्त होता है और आठवीं मित्रदृष्टि से अष्टम भाव को देखने के कारण आयु एवं पुरातत्त्व सम्बन्धी कठिनाइयाँ तथा हानियां उपस्थित होती रहती हैं।

वृष लग्न: प्रथमभाव: मंगल

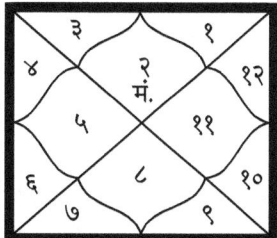

जिस जातक का जन्म 'वृष' लग्न में हुआ हो और जन्म-कुण्डली के 'द्वितीयभाव' में 'मंगल' की स्थिति हो, उसे 'मंगल' का फलादेश आगे लिखे अनुसार समझना चाहिए—

वृष लग्नः द्वितीयभावः मंगल

दूसरे धन एवं कुटुम्ब के भाव में अपने शत्रु बुध की मिथुन राशि पर स्थित मंगल के प्रभाव से जातक को धन तथा कुटुम्ब के सम्बन्ध में परेशानियां बनी रहती हैं, साथ ही स्त्री एवं व्यवसाय के पक्ष में भी कठिनाइयाँ आती हैं, परन्तु बाहरी सम्बन्धों से लाभ होता है। यहां से मंगल चौथी समग्रहदृष्टि से पंचमभाव को देखता है, अतः विद्या, बुद्धि एवं संतान के पक्ष में हानि उठानी पड़ती है। सातवीं मित्रदृष्टि से अष्टमभाव को देखता है, अतः आयु एवं पुरातत्त्व के सम्बन्ध में भी हानि एवं चिन्ताओं का सामना करना पड़ता है। आठवीं उच्चदृष्टि से नवमभाव को देखता है, अतः भाग्य एवं धर्म की वृद्धि होती रहती है और जातक भाग्यवान समझा जाता है।

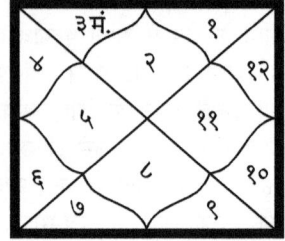

जिस जातक का जन्म 'वृष' लग्न में हुआ हो, और जन्म-कुण्डली के 'तृतीयभाव' 'मंगल' की स्थिति हो, उसे 'मंगल' का फलादेश नीचे लिखे अनुसार समझना चाहिए—

वृष लग्नः तृतीयभावः मंगल

तीसरे पराक्रम एवं भाई के भाव में अपने मित्र चन्द्र की कर्क राशि पर स्थित नीच के मंगल के प्रभाव से जातक को पराक्रम तथा भाई-बहन के पक्ष में हानि उठानी पड़ती है, साथ ही स्त्री तथा व्यवसाय के क्षेत्र में भी हानि एवं कठिनाइयों का सामना करना पड़ता है। यहां से मंगल की चौथी समग्रहदृष्टि षष्ठभाव में पड़ती है, अतः जातक के शत्रु नष्ट हो जाते है। सातवीं उच्चदृष्टि नवमभाव में पड़ती है, अतः भाग्य एवं धर्म की वृद्धि होती है और आठवीं समग्रह दृष्टि दशमभाव में पड़ने से जातक को पिता तथा राज्य के पक्ष से हानि एवं परेशानियों का सामना करना पड़ता है। साथ ही उनकी मान-प्रतिष्ठा एवं उन्नति के क्षेत्र में भी रुकावटें आती रहती हैं।

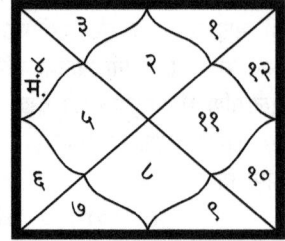

जिस जातक का जन्म 'वृष' लग्न में हुआ हो और जन्म-कुण्डली के 'चतुर्थभाव' में 'मंगल' की स्थिति हो, उसे 'मंगल' का फलादेश नीचे लिखे अनुसार समझना चाहिए—

वृष लग्नः चतुर्थभावः मंगल

चौथे केन्द्र, माता तथा सुख भाव में अपने सूर्य की सिंह राशि में स्थित व्ययेश मंगल के प्रभाव से जातक को माता के सुख एवं भूमि-मकान आदि के सम्बन्ध में हानि प्राप्त होती है तथा घरेलू सुख में भी अशान्ति का वातावरण बनता है। यहां से मंगल चौथी दृष्टि से स्वक्षेत्र में सप्तमभाव को देखता है, अतः जातक को स्त्री एवं व्यवसाय के पक्ष में सफलता मिलती है। खर्च अधिक होता है तथा बाहरी

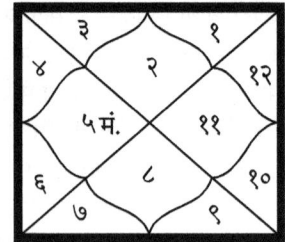

स्थानों के सम्बन्ध से उन्नति प्राप्त होती है। सातवीं समग्रहदृष्टि के दशमभाव में पड़ने से पिता एवं राज्य के पक्ष में थोड़ी हानि होती है तथा आठवीं मित्रदृष्टि से लाभ भाव को देखने से आमदनी के साधनों में वृद्धि होती है, परन्तु बाहरी स्थानों के सम्बन्ध से देर में लाभ मिलने का योग बनता है।

जिस जातक का जन्म 'वृष' लग्न में हुआ हो और जन्म-कुण्डली के 'पंचमभाव' में 'मंगल' की स्थिति हो, उसे 'मंगल' का फलादेश नीचे लिखे अनुसार समझना चाहिए—

वृष लग्नः पंचमभावः मंगल

पांचवें त्रिकोण, विद्या एवं संतान के भाव में अपने शत्रु बुध की कन्या राशि पर स्थित मंगल के प्रभाव से जातक को विद्या, बुद्धि तथा संतान के क्षेत्र में हानि एवं चिन्ता के योग उपस्थित होते हैं। साथ ही मंगल के व्ययेश होने के कारण स्त्री-पक्ष से असंतोष रहता है तथा व्यवसाय के क्षेत्र में कुछ कठिनाई के साथ सफलता मिलती है। यहां से मंगल चौथी मित्रदृष्टि से अष्टमभाव को देखता है, अतः जातक को आयु एवं पुरातत्त्व के सम्बन्ध में हानि के अवसर उपस्थित होते हैं। सातवीं मित्रदृष्टि से एकादशभाव को देखने के कारण बाहरी स्थानों के सम्बन्ध से लाभ होता है तथा आठवीं दृष्टि से द्वादशभाव को स्वराशि में देखने के कारण खर्च की अधिकता रहती है तथा परिश्रम एवं खर्च के द्वारा व्यवसाय में वृद्धि होती है।

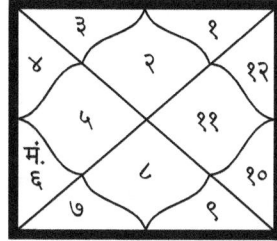

जिस जातक का जन्म 'वृष' लग्न में हुआ हो और जन्म-कुण्डली के 'षष्ठभाव' में 'मंगल' की स्थिति हो, उसे 'मंगल' का फलादेश नीचे लिखे अनुसार समझना चाहिए—

वृष लग्नः षष्ठभावः मंगल

छठे शत्रु तथा रोग भाव में समग्रह शुक्र की तुला राशि पर स्थित मंगल के प्रभाव से जातक अपने शत्रु पक्ष पर प्रबल बना रहता है परन्तु व्ययेश होने के कारण वह स्त्री तथा व्यवसाय के क्षेत्र में चिन्ता तथा हानियों का शिकार बनता है। यहां से मंगल चौथी उच्चदृष्टि से नवमभाव को देखता है अतः जातक के भाग्य एवं धर्म की वृद्धि होती है। सातवीं दृष्टि से द्वादशभाव को स्वराशि में देखने के कारण खर्च अधिक होगा, परन्तु बाहरी स्थानों के सम्बन्ध से शक्ति प्राप्त होगी। साथ ही आठवीं समग्रहदृष्टि से प्रथमभाव को देख रहा है, अतः शरीर में कमजोरी बनी रहेगी। वीर्य-विकार तथा रक्त-विकार के दोष भी उत्पन्न होगे।

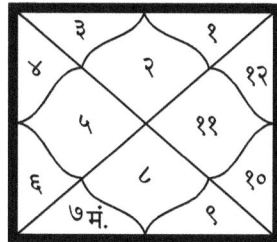

जिस जातक का जन्म 'वृष' लग्न में हुआ हो और जन्म-कुण्डली के 'सप्तमभाव' में 'मंगल' की स्थिति हो, उसे 'मंगल' का फलादेश आगे लिखे अनुसार समझना चाहिए—

सातवें केन्द्र, स्त्री तथा व्यवसाय के भाव में स्वक्षेत्री मंगल की स्थिति के प्रभाव से जातक को स्त्री तथा व्यवसाय के पक्ष में शक्ति प्राप्त होने पर भी मंगल के व्ययेश होने के कारण कुछ कठिनाइयों का सामना भी करना पड़ेगा, परन्तु बाहरी स्थानों के सम्बन्ध से सफलता मिलेगी, साथ ही खर्च भी अधिक रहेगा। यहां से मंगल चौथी समग्रहदृष्टि से दशमभाव को देखता है, अत: पिता एवं राज्य के सम्बन्ध में कठिनाइयाँ उत्पन्न होंगी तथा व्यवसाय में दिक्कतें आएंगी। सातवीं समग्रहदृष्टि से प्रथमभाव को देखने के कारण शरीर में कुछ दुर्बलता रहेगी तथा आठवीं शत्रुदृष्टि से द्वितीयभाव को देखने के कारण धन एवं कुटुम्ब के सम्बन्ध में भी चिन्ता, कठिनाई एवं परेशानियों का सामना करना पड़ेगा।

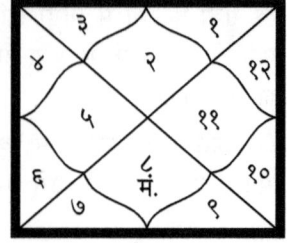

वृष लग्न: सप्तमभाव: मंगल

जिस जातक का जन्म 'वृष' लग्न में हुआ हो और जन्म-कुण्डली के 'अष्टमभाव' में 'मंगल' की स्थिति हो, उसे 'मंगल' का फलादेश नीचे लिखे अनुसार समझना चाहिए—

आठवें मृत्यु तथा पुरातत्त्व के भाव में अपने मित्र गुरु की धनु राशि पर स्थित व्ययेश मंगल के प्रभाव से जातक को स्त्री तथा व्यवसाय के पक्ष में बहुत मुसीबत एवं हानियों का सामना करना पड़ता है और अपने भाव से हटकर परदेश में आजीविका उपार्जित करनी होती है। साथ ही पुरातत्त्व सम्बन्धी हानि भी उठानी पड़ती है। यहां से मंगल चौथी मित्रदृष्टि से एकादशभाव को देखता है, अत: विदेश से धन का लाभ होगा। सातवीं शत्रुदृष्टि से द्वितीयभाव को देखता है, अत: धन तथा कुटुम्ब के सम्बन्ध में परेशानी रहेगी एवं आठवीं नीचदृष्टि से तृतीयभाव को देखता है, अत: पराक्रम तथा भाई-बहन के सुख में भी कमी रहेगी। संक्षेप में, जातक की आर्थिक उन्नति परदेश में जाकर रहने पर ही होती है।

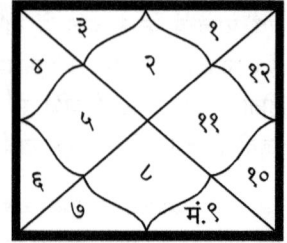

वृष लग्न: अष्टमभाव: मंगल

जिस जातक-जन्म 'वृष' लग्न में हुआ हो और जन्म-कुण्डली के 'नवमभाव' में 'मंगल' की स्थिति हो, उसे 'मंगल' का फलादेश नीचे लिखे अनुसार समझना चाहिए—

नवें त्रिकोण, भाग्य तथा धर्म भाव में अपने समग्रह शनि की मकर राशि पर स्थित उच्च के मंगल के प्रभाव से जातक को स्त्री पक्ष से लाभ होता है तथा भाग्य की शक्ति से व्यवसाय में भी उन्नति होती है और धर्म में भी आस्था रहती है। यहां से मंगल की चौथी दृष्टि स्वराशि वाले द्वादशभाव में पड़ती है, अत: खर्च अधिक रहेगा तथा बाहरी स्थानों के सम्बन्ध से लाभ होगा। सातवीं नीचदृष्टि तृतीयभाव में पड़ने से भाई-बहन के सुख तथा पराक्रम में कमी रहेगी। आठवीं मित्रदृष्टि से चतुर्थभाव को देखने के कारण माता, भूमि, मकान तथा घरेलू सुख में भी कुछ कमी इसलिए बनी रहेगी कि मंगल व्ययेश होने का भी दोषी है।

वृष लग्न: नवमभाव: मंगल

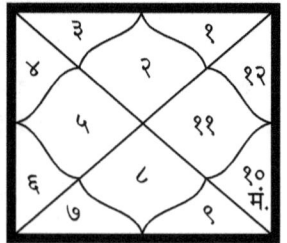

जिस जातक का जन्म 'वृष' लग्न में हुआ हो और जन्म-कुण्डली के 'दशमभाव' में 'मंगल' की स्थिति हो, उसे 'मंगल' का फलादेश नीचे लिखे अनुसार समझना चाहिए—

वृष लग्नः दशमभावः मंगल

दसवें केन्द्र, राज्य तथा पिता के भाव में अपने समग्रह शनि की कुम्भ राशि पर स्थित मंगल के प्रभाव से जातक को पिता तथा राज्य के सम्बन्ध में हानि तथा परेशानियों का सामना करना पड़ेगा। साथ ही स्त्री-पक्ष में प्रभाव की अधिकता होने पर भी कुछ कटुता बनी रहेगी एवं बाहरी स्थानों के सम्बन्ध से व्यवसाय में उन्नति प्राप्त होगी। यहां से मंगल चौथी समग्रहदृष्टि से प्रथमभाव को देखता है, अतः शरीर में कमजोरी तथा रक्त-विकार आदि रोग रहेंगे। सातवीं मित्रदृष्टि से चतुर्थभाव को देखने के कारण माता, भूमि तथा घरेलू सुख में कमी रहेगी। आठवीं शत्रुदृष्टि से पंचमभाव को देखने के कारण संतानपक्ष में कुछ अनबन रहा करेगी, परन्तु सम्मान की वृद्धि होगी।

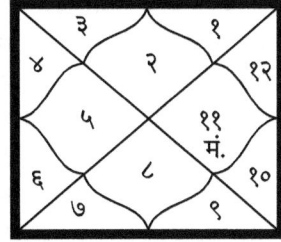

जिस जातक का जन्म 'वृष' लग्न में हुआ हो और जन्म-कुण्डली के 'एकादशभाव' में 'मंगल' की स्थिति हो, उसे 'मंगल' का फलादेश नीचे लिखे अनुसार समझना चाहिए—

वृष लग्नः एकादशभावः मंगल

ग्यारहवें लाभ भाव में अपने मित्र गुरु की राशि पर स्थित मंगल के प्रभाव से जातक की आमदनी में वृद्धि होती है तथा स्त्री-पक्ष से भी लाभ मिलता है। बाहरी स्थानों के सम्बन्ध से उन्नति होती है परन्तु मंगल के व्ययेश होने के कारण स्त्री तथा आय के पक्ष में कुछ असंतोष भी रहता है। यहां से मंगल चौथी शत्रुदृष्टि से द्वितीयभाव को देखता है, अतः धन-कुटुम्ब के पक्ष में कुछ हानि तथा परेशानी प्राप्त होगी। सातवीं शत्रुदृष्टि से पंचमभाव को देखने के कारण विद्या तथा संतान के पक्ष में कमजोरी रहेगी एवं आठवीं सम-दृष्टि से षष्ठभाव को देखने के कारण शत्रु पक्ष में प्रभाव बना रहेगा। ऐसा जातक बहुत स्वार्थी तथा चालाक होता है।

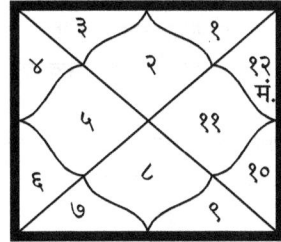

जिस जातक का जन्म 'वृष' लग्न में हुआ हो और जन्म-कुण्डली के 'द्वादशभाव' में 'मंगल' की स्थिति हो, उसे 'मंगल' का फलादेश नीचे लिखे अनुसार समझना चाहिए—

बारहवें व्ययभाव में स्वराशि मेष पर स्थित मंगल के प्रभाव से जातक का खर्च अधिक रहता है तथा बाहरी स्थानों के सम्बन्ध से शक्ति प्राप्त होती रहती है, परन्तु मंगल के स्त्री भाव के अधिपति होने एवं व्ययेश होकर स्वक्षेत्र में बैठने के कारण स्त्री तथा व्यवसाय के क्षेत्र में सामान्य सफलता प्राप्त होती है। यहां से मंगल चौथी नीचदृष्टि से तृतीयभाव को देखता है, अतः पराक्रम एवं भाई-बहन के सुख में न्यूनता रहेगी। सातवीं दृष्टि से षष्ठभाव को देखने के कारण शत्रु पक्ष में प्रभाव बना रहेगा एवं आठवीं दृष्टि से सप्तमभाव को स्वराशि में देखने के कारण स्त्री तथा व्यवसाय के क्षेत्र में हानिकारक होते हुए भी थोड़ी-बहुत शक्ति देता रहेगा।

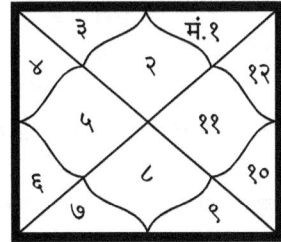

वृष लग्नः द्वादशभावः मंगल

‘वृष’ लग्न में ‘बुध’ का फल

जिस जातक का जन्म ‘वृष’ लग्न में हुआ हो और जन्म-कुण्डली के ‘प्रथमभाव’ में ‘बुध’ की स्थिति हो, उसे ‘बुध’ का फलादेश नीचे लिखे अनुसार समझना चाहिए:

वृष लग्न: प्रथमभाव: बुध

पहले केन्द्र तथा शरीर भाव में अपने मित्र शुक्र की वृष राशि पर स्थित बुध के प्रभाव से जातक का शरीर सुंदर होता है और वह उद्योग द्वारा मान-प्रतिष्ठा, यश, धन, संतान तथा कुटुम्ब की श्रेष्ठ शक्ति को प्राप्त करता है। बुध के मित्र भाव में स्थित होने के कारण जातक को श्रेष्ठ बुद्धि एवं प्रसन्नता प्राप्त होती है। यहां से बुध सातवीं दृष्टि से सप्तमभाव को अपने समग्रह मंगल की वृश्चिक राशि में देखता है, अत: उसे स्त्री तथा व्यवसाय के पक्ष में भी सहयोग, सफलता एवं उन्नति प्राप्त होती है।

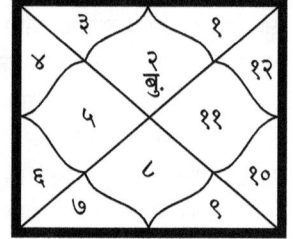

जिस जातक का जन्म ‘वृष’ लग्न में हुआ हो और जन्म-कुण्डली के ‘द्वितीयभाव’ में ‘बुध’ की स्थिति हो, उसे ‘बुध’ का फलादेश नीचे लिखे अनुसार समझना चाहिए:

वृष लग्न: द्वितीयभाव: बुध

दूसरे धन व कुटुम्ब के भाव में अपनी मिथुन राशि पर स्थित बुध के प्रभाव से जातक को धन तथा कुटुम्ब की श्रेष्ठ शक्ति प्राप्त होती है, परन्तु उसे संतान पक्ष से कुछ परेशानी बनी रहती है। यहां से बुध अपनी सातवीं समग्रहदृष्टि से अष्टमभाव को देखता है, अत: जातक को आयु की उन्नति एवं पुरातत्त्व का लाभ प्राप्त होता है। ऐसी ग्रह स्थिति वाला जातक भाग्यवान होता है और ऐश्वर्यशाली जीवन व्यतीत करता है।

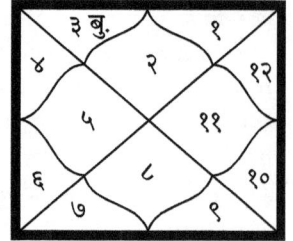

जिस जातक का जन्म ‘वृष’ लग्न में हुआ हो और जन्म-कुण्डली के ‘तृतीयभाव’ में ‘बुध’ की स्थिति हो, उसे ‘बुध’ का फलादेश नीचे लिखे अनुसार समझना चाहिए:

वृष लग्न: तृतीयभाव: बुध

तीसरे पराक्रम एवं सहोदर के भाव में चन्द्र की राशि पर बैठे हुए बुध के प्रभाव से जातक के पराक्रम में वृद्धि होती है तथा भाई-बहनों का सुख मिलता है। साथ ही वह अपने पुरुषार्थ द्वारा धन उपार्जित करता है तथा कौटुम्बिक सुख को प्राप्त करता है। यहां से बुध अपनी सातवीं समग्रहदृष्टि से नवमभाव को देखता है, अत: जातक के भाग्य की वृद्धि होती है और धर्म की ओर रुचि बनी रहती है। ऐसी ग्रह स्थिति वाला जातक उद्यमी, परिश्रमी, पराक्रमी, साहसी, विद्वान, धनवान, धर्मात्मा तथा सज्जन होता है।

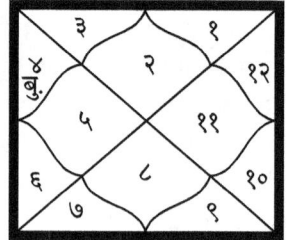

जिस जातक का जन्म ‘वृष’ लग्न में हुआ हो और जन्म-कुण्डली के ‘चतुर्थभाव’ में ‘बुध’ की स्थिति हो, उसे ‘बुध’ का फलादेश आगे लिखे अनुसार समझना चाहिए:

चौथे केन्द्र, माता एवं सुख के भाव में अपने मित्र सूर्य की सिंह राशि पर स्थित बुध के प्रभाव से जातक को माता, भूमि तथा मकान का श्रेष्ठ सुख प्राप्त होता है। वह विवेकी, गंभीर, विद्वान तथा बुद्धिमान होता है और विद्या के द्वारा धन का संग्रह करता है, संतान एवं कुटुम्ब के सुख को प्राप्त करता है। यहां से बुध अपनी सातवीं समग्रहदृष्टि से दशमभाव को देखता है, अत: जातक को पिता तथा राज्य द्वारा भी यथेष्ट लाभ होता है, व्यवसाय में उन्नति होती है और राज-समाज में यश तथा प्रतिष्ठा की प्राप्ति होती है।

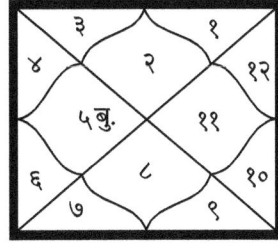
वृष लग्न: चतुर्थभाव: बुध

जिस जातक का जन्म 'वृष' लग्न में हुआ हो और जन्म-कुण्डली के 'पंचमभाव' में 'बुध' की स्थिति हो, उसे 'बुध' का फलादेश नीचे लिखे अनुसार समझना चाहिए—

पांचवें त्रिकोण एवं विद्या-बुद्धि के भाव में स्वराशि कन्या स्थित उच्च के बुध के प्रभाव से जातक को विद्या, बुद्धि एवं संतान के क्षेत्र में विशेष सफलता प्राप्त होती है तथा बुद्धि द्वारा धन की भी अधिकता रहती है। इसी प्रकार उसे कुटुम्ब का भी सुख मिलता है। यहां से बुध सातवीं नीचदृष्टि से अपने समग्रह गुरु की मीन राशि में एकादशभाव को देखता है, अत: जातक को आमदनी के क्षेत्र में कमी का अनुभव होगा, परन्तु विद्या एवं संतानपक्ष की सहायता से धन की वृद्धि होगी तथा बुद्धि-बल से प्रतिष्ठा भी प्राप्त होती रहेगी।

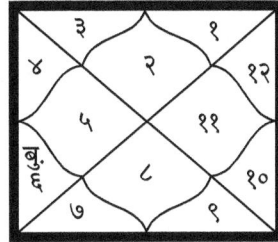
वृष लग्न: पंचमभाव: बुध

जिस जातक का जन्म 'वृष' लग्न में हुआ हो और जन्म-कुण्डली के 'षष्ठभाव' में 'बुध' की स्थिति हो, उसे 'बुध' का फलादेश नीचे लिखे अनुसार समझना चाहिए—

छठे शत्रु भाव में अपने मित्र शुक्र की राशि पर स्थित बुध के प्रभाव से जातक को शत्रु पक्ष द्वारा अशान्ति का सामना करना पड़ेगा, परन्तु बुद्धियोग से उसे कुछ सफलता भी मिलेगी। इसी प्रकार कौटुम्बिक एवं संतानपक्ष के सुख में भी कुछ कष्ट, मतभेद एवं परेशानी का योग बना रहेगा। यहां से बुध सातवीं समग्रहदृष्टि से द्वादशभाव को मंगल की मेष राशि में देखता है, अत: खर्च की अधिकता रहेगी तथा बाहरी स्थानों के सम्बन्ध से धन एवं प्रतिष्ठा की प्राप्ति होती रहेगी।

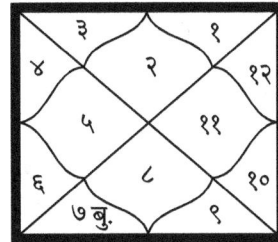
वृष लग्न: षष्ठभाव: बुध

जिस जातक का जन्म 'वृष' लग्न में हुआ हो और जन्म-कुण्डली के 'सप्तमभाव' में 'बुध' की स्थिति हो, उसे 'बुध' का फलादेश आगे लिखे अनुसार समझना चाहिए—

सातवें केन्द्र, स्त्री तथा व्यवसाय के भाव में अपने समग्रह मंगल राशि पर स्थित बुध के प्रभाव से जातक को बुद्धिमती स्त्री की प्राप्ति होगी तथा व्यवसाय में भी सफलता प्राप्त होगी। धन, विद्या एवं संतानपक्ष से सुख प्राप्त होता रहेगा एवं कौटुम्बिक सुख भी यथेष्ट मात्रा में प्राप्त होगा। यहां से बुध सातवीं दृष्टि से प्रथमभाव को अपने मित्र शुक्र की वृष राशि में देखता है, अत: जातक का शरीर सुंदर होगा और उसे यश, मान, बुद्धि, विवेक, धन एवं सफलता की निरन्तर प्राप्ति होती रहेगी।

वृष लग्न: सप्तमभाव: बुध

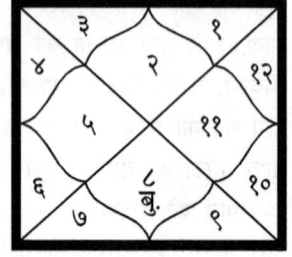

जिस जातक का जन्म 'वृष' लग्न में हुआ हो और जन्म-कुण्डली के 'अष्टमभाव' में 'बुध' की स्थिति हो, उसे 'बुध' का फलादेश नीचे लिखे अनुसार समझना चाहिए—

आठवें मृत्यु तथा पुरातत्त्व के भाव में अपने समग्रह गुरु की धनु राशि पर स्थित बुध के प्रभाव से जातक को आयु एवं पुरातत्त्व का लाभ होगा तथा धन की संग्रह शक्ति में वृद्धि होगी। परन्तु कौटुम्बिक सुख, विद्या एवं संतान के पक्ष में परेशानियों का अनुभव होगा। साथ ही जातक का रहन-सहन ऐश्वर्यशाली होगा। यहां से बुध सातवीं दृष्टि से द्वितीयभाव को स्वराशि मिथुन में देखता है, अत: जातक को धन में वृद्धि के लिए कठिन परिश्रम करना पड़ेगा तथा कौटुम्बिक सुख भी अल्प मात्रा में प्राप्त होगा।

वृष लग्न: अष्टमभाव: बुध

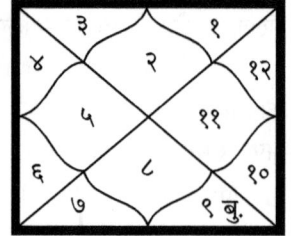

जिस जातक का जन्म 'वृष' लग्न में हुआ हो और जन्म-कुण्डली के 'नवमभाव' में 'बुध' की स्थिति हो, उसे 'बुध' का फलादेश नीचे लिखे अनुसार समझना चाहिए—

नवें त्रिकोण, भाग्य तथा धर्म के भाव में अपने समग्रह शनि की मकर राशि पर स्थित बुध के प्रभाव से जातक अपनी बुद्धि के योग से भाग्य तथा धन की वृद्धि करेगा। साथ ही धर्म, विद्या, संतान एवं कौटुम्बिक सुखों को भी प्राप्त करेगा। इस भाव से बुध सातवीं दृष्टि से चन्द्र की कर्क राशि में तृतीयभाव को देखता है, अत: जातक को भाई-बहन एवं पराक्रम की शक्ति से प्राप्त होगी। संक्षेप में ऐसी ग्रह स्थिति वाला जातक धनी, सुखी तथा ऐश्वर्यशाली जीवन व्यतीत करता है।

वृष लग्न: नवमभाव: बुध

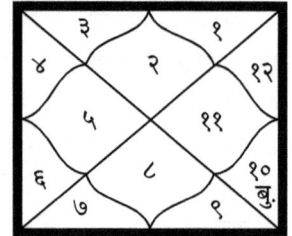

जिस जातक का जन्म 'वृष' लग्न में हुआ हो और जन्म-कुण्डली के 'दशमभाव' में 'बुध' की स्थिति हो, उसे 'बुध' का फलादेश आगे लिखे अनुसार समझना चाहिए—

दसवें केन्द्र, राज्य एवं पिता के भाव में समग्रह शनि की राशि पर स्थित बुध के प्रभाव से जातक को पिता एवं राज्य के पक्ष से विशेष शक्ति एवं सम्मान की प्राप्ति होगी। साथ ही वह अपनी बुद्धि के उपयोग द्वारा व्यवसाय से धन एवं संतानपक्ष से सुख प्राप्त करेगा। उसका पारिवारिक जीवन भी आनंदमय बना रहेगा। इस भाव से बुध सातवीं दृष्टि से चतुर्थभाव को अपने मित्र सूर्य की सिंह राशि में देखता है, अत: जातक को माता, भूमि एवं मकान आदि का सुख भी प्राप्त होगा तथा घरेलू वातावरण भी सुंदर तथा सुखद बना रहेगा।

वृष लग्न: दशमभाव: बुध

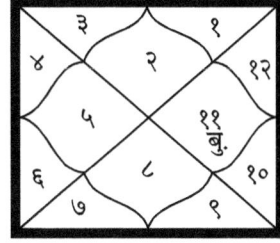

जिस जातक का जन्म 'वृष' लगन में हुआ हो और जन्म-कुण्डली के 'एकादशभाव' में 'बुध' की स्थिति हो, उसे 'बुध' का फलादेश नीचे लिखे अनुसार समझना चाहिए—

ग्यारहवें लाभ एवं आय के भाव में अपने समग्रह गुरु की मीन राशि पर स्थित नीच के गुरु के प्रभाव से जातक को आमदनी के क्षेत्र में कठिनाइयों का सामना करना पड़ेगा तथा धन के संचय में भी कमी बनी रहेगी। कुटुम्ब, विद्या एवं संतानपक्ष से भी अल्प लाभ मिलेगा एवं दूसरी चिन्ताओं के कारण मस्तिष्क में परेशानी बनी रहेगी। यहां से बुध सातवीं दृष्टि से अपनी कन्या राशि में पंचमभाव को देखता है, अत: जातक को विद्या की शक्ति प्राप्त होगी और इसी के बल से संतानपक्ष भी प्रबल बना रहेगा।

वृष लग्न: एकादशभाव: बुध

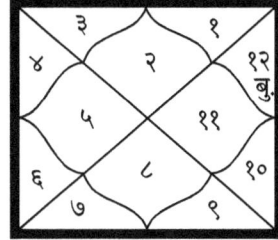

जिस जातक का जन्म 'वृष' लगन में हुआ हो और जन्म-कुण्डली के 'द्वादशभाव' में 'बुध' की स्थिति हो, उसे 'बुध' का फलादेश नीचे लिखे अनुसार समझना चाहिए—

बारहवें व्ययभाव में अपने समग्रह मंगल की मेष राशि पर स्थित बुध के प्रभाव से जातक का खर्च अधिक रहेगा परन्तु बाहरी स्थानों के सम्बन्ध से लाभ होता रहेगा। साथ ही विद्या, संतान धन तथा कुटुम्ब के पक्ष से भी असंतोष बना रहेगा। विशेषकर संतान के पक्ष में हानि उठानी पड़ेगी। यहां से बुध सातवीं दृष्टि से अपने मित्र शुक्र की तुला राशि में षष्ठभाव को देखता है, अत: जातक शत्रु-पक्ष में अपने बुद्धि-बल से सफलता प्राप्त करता रहेगा।

वृष लग्न: द्वादशभाव: बुध

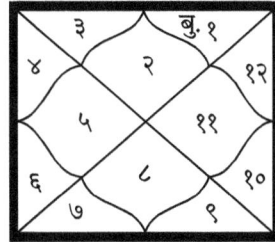

'वृष' लग्न में 'गुरु' का फल

जिस जातक का जन्म 'वृष' लग्न में हुआ हो और जन्म-कुण्डली के 'प्रथमभाव' में 'गुरु' की स्थिति हो, उसे 'गुरु' का फलादेश आगे लिखे अनुसार समझना चाहिए—

पहले केन्द्र तथा शरीर भाव में अपने शत्रु शुक्र की राशि पर स्थिति गुरु के प्रभाव से जातक को शारीरिक परिश्रम द्वारा लाभ प्राप्त होगा तथा आयु एवं पुरातत्त्व के सम्बन्ध में भी उन्नति होगी। यहां से गुरु पांचवीं शत्रुदृष्टि से पंचमभाव को देखता है, अत: संतानपक्ष में कुछ लाभ तथा कुछ परेशानी रहेगी एवं विद्या-बुद्धि का लाभ मिलेगा। सातवीं मित्रदृष्टि से सप्तमभाव को देखता हैं, अत: स्त्री एवं व्यवसाय के पक्ष में त्रुटि पूर्ण सफलता मिलेगी तथा नवीं समग्रहदृष्टि से नवमभाव को देखता है, अत: भाग्य एवं धर्म के क्षेत्र में कुछ त्रुटि बनी रहेगी। ऐसा जातक शारीरिक रूप से कुछ परेशान रहता है तथा परिश्रम द्वारा लाभ एवं उन्नति को प्राप्त करता है।

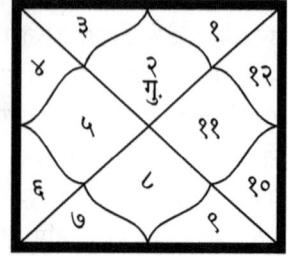

वृष लग्न: प्रथमभाव: गुरु

जिस जातक का जन्म 'वृष' लग्न में हुआ हो और जन्म-कुण्डली के 'द्वितीयभाव' में 'गुरु' की स्थिति, उसे 'गुरु' का फलादेश नीचे लिखे अनुसार समझना चाहिए—

दूसरे धन तथा कुटुम्ब के भाव में अपने शत्रु बुध की मिथुन राशि पर स्थित गुरु के प्रभाव से जातक की धन तथा कुटुम्ब की शक्ति कुछ कठिनाइयों के साथ प्राप्त होती है। पांचवीं दृष्टि से षष्ठभाव को देखने के कारण शत्रु-पक्ष में प्रभाव स्थापित होता है यहां से गुरु सातवीं दृष्टि से स्वक्षेत्र अष्टमभाव को देखता है, अत: जातक की आयु में वृद्धि होती है तथा पुरातत्त्व का भी कुछ लाभ मिलता है तथा नवीं दृष्टि से दशमभाव को देखने के कारण पिता से वैमनस्य एवं राज्य सम्बन्ध में सामान्य सफलता मिलती है। ऐसा जातक अपने व्यवसाय की उन्नति के लिए विशेष परिश्रम करता है तथा प्रतिष्ठित होता है।

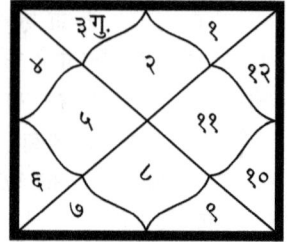

वृष लग्न: द्वितीयभाव: गुरु

जिस जातक का जन्म 'वृष' लग्न में हुआ हो और जन्म-कुण्डली के 'तृतीयभाव' में 'गुरु' की स्थिति हो, उसे 'गुरु' का फलादेश नीचे लिखे अनुसार समझना चाहिए—

तीसरे पराक्रम एवं भाई के भाव में अपने मित्र चन्द्र की कर्क राशि पर स्थित उच्च के गुरु के प्रभाव से जातक के पराक्रम एवं भाई-बहनों के सुख में वृद्धि होती है। पांचवीं मित्र-दृष्टि से सप्तमभाव को देखने के कारण स्त्री तथा व्यवसाय के पक्ष में कुछ कठिनाइयों के साथ सफलता एवं उन्नति प्राप्त होती है। साथ ही आयु की वृद्धि तथा पुरातत्त्व का लाभ भी होता है। सातवीं नीचदृष्टि से नवमभाव में देखने के कारण भाग्य में कुछ कमजोरी आती है तथा धार्मिक भावना की भी कमी बनी रहती है। यहां से गुरु नवीं दृष्टि से लाभ भाव के स्वक्षेत्र में देखता है, अत: जातक को आमदनी खूब होती है।

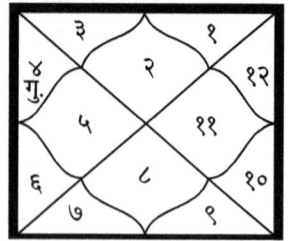

वृष लग्न: तृतीयभाव: गुरु

जिस जातक का जन्म 'वृष' लग्न में हुआ हो और जन्म-कुण्डली के 'चतुर्थभाव' में 'गुरु' की स्थिति हो, उसे 'गुरु' का फलादेश नीचे लिखे अनुसार समझना चाहिए—

वृष लग्नः चतुर्थभावः गुरु

चौथे केन्द्र, माता तथा सुख भाव में अपने मित्र सूर्य की राशि पर स्थित अष्टमेश गुरु के प्रभाव से जातक को माता के सुख में कमी रहती है तथा लाभेश होने के कारण भूमि, मकान, संपत्ति एवं पुरातत्त्व का लाभ होता है। यहां से गुरु पांचवीं दृष्टि से अष्टमभाव को स्वराशि में देखता है, अतः आयु की वृद्धि होती है, परन्तु पारिवारिक सुख में कुछ विघ्न उपस्थित होते हैं। सातवीं दृष्टि से दशमभाव को देखने के कारण पिता, राज्य एवं प्रतिष्ठा के क्षेत्र में कुछ कमी रहती है। नवीं दृष्टि से व्यय भाव को देखने के कारण खर्च अधिक रहता है तथा बाहरी स्थानों के सम्बन्ध से लाभ प्राप्त होता है, परन्तु खर्च आमदनी से हमेशा अधिक बना रहता है।

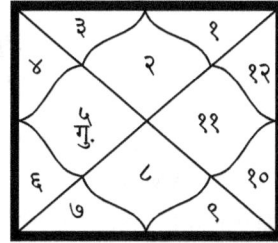

जिस जातक का जन्म 'वृष' लग्न में हुआ हो और जन्म-कुण्डली के 'पंचमभाव' में 'गुरु' की स्थिति हो, उसे 'गुरु' का फलादेश नीचे लिखे अनुसार समझना चाहिए—

वृष लग्नः पंचमभावः गुरु

पांचवें त्रिकोण एवं विद्या-बुद्धि संतान के भाव में अपने शत्रु बुध की कन्या राशि पर स्थित गुरु के प्रभाव से जातक को विद्या, बुद्धि, एवं संतान के पक्ष में विशेष सफलता प्राप्त होती है। गुरु के अष्टमेश होने के कारण संतानपक्ष से बाधाएं मिलती हैं, परन्तु लाभेश होने के कारण लाभ भी रहता है। साथ ही आयु एवं पुरातत्त्व का लाभ भी होता है। यहां से गुरु अपनी, पंचम नीचदृष्टि से नवमभाव को देखता है, अतः भाग्य एवं धर्म के क्षेत्र में कुछ कमी रहती है। सातवीं दृष्टि से एकादशभाव को स्वराशि में देखने के कारण बुद्धि से लाभ खूब होता है तथा नवीं शत्रुदृष्टि से प्रथमभाव के देखने के कारण आजीविका तथा लाभ के लिए शारीरिक परिश्रम अधिक करना पड़ता है। ऐसा जातक देखने में भला, स्वार्थ-साधन में चतुर, दीर्घायु तथा धनी होता है।

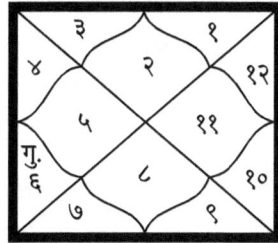

जिस जातक का जन्म 'वृष' लग्न में हुआ हो और जन्म-कुण्डली के 'षष्ठभाव' में 'गुरु' की स्थिति हो, उसे 'गुरु' का फलादेश नीचे लिखे अनुसार समझना चाहिए—

वृष लग्नः षष्ठभावः गुरु

छठे शत्रु एवं रोग भाव में अपने शत्रु शुक्र की राशि पर स्थित गुरु के प्रभाव से जातक शत्रु पक्ष में बुद्धिमानी से सफलता प्राप्त करता है, परन्तु लाभ के मामले में कुछ कमी रहती है। अष्टमेश होने के कारण आयु तथा पुरातत्त्व के पक्ष में हानि रहती है। इस भाव से गुरु पांचवीं समग्रह दृष्टि से दशमभाव को देखता है, अतः पिता, व्यवसाय एवं राज्य के

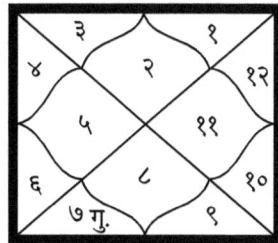

क्षेत्र में कुछ कठिनाइयों के साथ लाभ होता है। सातवीं मित्रदृष्टि से व्ययभाव को देखने के कारण खर्च अधिक रहता है तथा बाहरी सम्बन्धों से लाभ मिलता है एवं नवीं शत्रुदृष्टि से द्वितीयभाव को देखने के कारण धन-संचय के लिए विशेष परिश्रम करने पर सफलता प्राप्त होती है तथा कौटुम्बिक पक्ष में भी कठिनाइयाँ आती रहती हैं।

जिस जातक का जन्म 'वृष' लग्न में हुआ हो और जन्म-कुण्डली के 'सप्तमभाव' में 'गुरु' की स्थिति हो, उसे 'गुरु' का फलादेश नीचे लिखे अनुसार समझना चाहिए—

वृष लग्नः सप्तमभावः गुरु

सातवें केन्द्र, स्त्री तथा व्यवसाय के भाव में अपने मित्र मंगल की वृश्चिक राशि पर स्थित गुरु के प्रभाव से जातक को स्त्री तथा व्यवसाय के क्षेत्र में कुछ कठिनाइयाँ उपस्थित होती हैं, परन्तु आयु एवं पुरातत्त्व का लाभ होता है। इस भाव से गुरु पांचवीं दृष्टि से स्वराशि में एकादशभाव को देखता है, अतः आमदनी का अच्छा योग बना रहता है। सातवीं शत्रुदृष्टि से प्रथमभाव को देखता है, अतः शरीर में थकान और दुर्बलता बनी रहती है तथा नवीं उच्चदृष्टि से तृतीयभाव को देखता है, अतः भाई-बहन के सुख, धैर्य तथा पराक्रम की वृद्धि होती है। ऐसा व्यक्ति स्वार्थी, धन संचयी तथा ऊपर से देखने में सज्जन होता है।

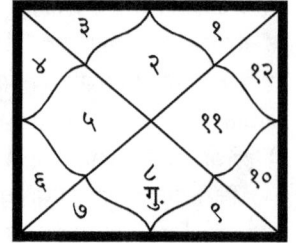

जिस जातक का जन्म 'वृष' लग्न में हुआ हो और जन्म-कुण्डली के 'अष्टमभाव' में 'गुरु' की स्थिति हो, उसे 'गुरु' का फलादेश नीचे लिखे अनुसार समझना चाहिए—

वृष लग्नः अष्टमभावः गुरु

आठवें मृत्यु, आयु एवं पुरातत्त्व के भाव में अपनी धनु राशि पर स्थित गुरु के प्रभाव से जातक की आयु में वृद्धि होती है तथा पुरातत्त्व का लाभ मिलता है, परन्तु अष्टमेश होने के कारण आय के साधनों में कुछ कठिनाइयाँ उपस्थित होती रहती हैं। यहां से गुरु पांचवीं मित्रदृष्टि से द्वादशभाव को देखता है, अतः खर्च अधिक होता है तथा बाहरी स्थानों से लाभ मिलता है। सातवीं शत्रुदृष्टि से द्वितीयभाव को देखने के कारण परिश्रम द्वारा धन एवं कुटुम्ब की वृद्धि होती है तथा नवीं मित्रदृष्टि से चतुर्थभाव को देखने के कारण माता के सुख में अष्टमेश होने के कारण कुछ कमी आती है और सुख एवं आमदनी के सम्बन्ध में भी कुछ असंतोष बना रहता है, परन्तु बाहरी सम्बन्ध से धनागम होता रहता है।

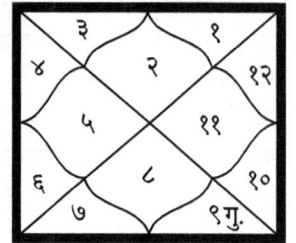

जिस जातक का जन्म 'वृष' लग्न में हुआ हो और जन्म-कुण्डली के 'नवमभाव' में 'गुरु' की स्थिति हो, उसे 'गुरु' का फलादेश आगे लिखे अनुसार समझना चाहिए—

वृष लग्नः नवमभावः गुरु

नवें त्रिकोण, भाग्य एवं धर्म के भाव में अपने समग्रह शनि की मकर राशि पर स्थित नीच के गुरु के प्रभाव से जातक के भाग्य में कमजोरी तथा धर्मपालन में त्रुटि उपस्थित होती है, साथ ही आमदनी की कमी से दुख का अनुभव भी होता है। यहां से गुरु पांचवी शत्रुदृष्टि प्रथमभाव को देखता है, अतः शारीरिक सौंदर्य में कुछ कमी रहती है तथा परिश्रम द्वारा प्रभाव की वृद्धि होती है। सातवीं उच्चदृष्टि से तृतीयभाव को देखने के कारण पराक्रम तथा भाई-बहनों के सुख में वृद्धि होती है तथा नवीं शत्रुदृष्टि से पंचमभाव को देखने के कारण संतान तथा विद्या के पक्ष में भी कुछ कमी बनी रहती है। भाग्य भाव में नीच राशि-गत ग्रह के प्रभाव से जातक की उन्नति, प्रतिष्ठा एवं ऐश्वर्य में कमी अवश्य आती है।

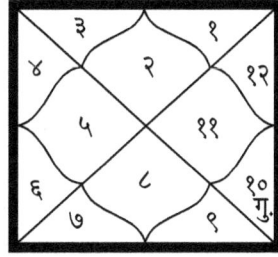

जिस जातक का जन्म 'वृष' लग्न में हुआ हो और जन्म-कुण्डली के 'दशमभाव' में 'गुरु' की स्थिति हो, उसे 'गुरु' का फलादेश नीचे लिखे अनुसार समझना चाहिए—

वृष लग्नः दशमभावः गुरु

दसवें केन्द्र, राज्य, पिता तथा व्यवसाय के भाव में अपने समग्रह शनि की कुम्भ राशि में स्थित अष्टमेश शनि के प्रभाव से जातक को पिता, राज्य एवं व्यवसाय के पक्ष में कुछ हानि प्राप्त होती है। साथ ही लाभ प्राप्ति के मार्ग में कम सफलता मिलती है। यहां से गुरु पांचवी शत्रुदृष्टि से द्वितीयभाव को देखता है, अतः जातक धन वृद्धि तथा कुटुम्ब का सहयोग प्राप्त करने के लिए प्रयत्नशील बना रहता है। सातवीं मित्रदृष्टि से चतुर्थभाव को देखने के कारण जातक को माता, भूमि, मकान आदि का सुख कुछ असंतोष के साथ मिलता है तथा नवीं शत्रु दृष्टि से षष्ठभाव को देखने के कारण शत्रु पक्ष से परेशानी प्राप्त होती है। ऐसी ग्रह स्थिति वाले जातक को आयु एवं पुरातत्त्व का लाभ होता है तथा उन्नति के लिए विशेष परिश्रम करना पड़ता है।

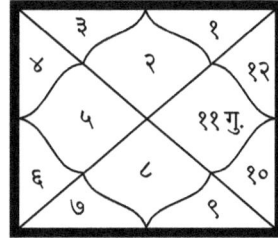

जिस जातक का जन्म 'वृष' लग्न में हुआ हो और जन्म-कुण्डली के 'एकादशभाव' में 'गुरु' की स्थिति हो, उसे 'गुरु' का फलादेश नीचे लिखे अनुसार समझना चाहिए।

वृष लग्नः एकादशभावः गुरु

ग्यारहवें लाभ भाव में स्वक्षेत्री मीन राशिस्थ गुरु के प्रभाव से जातक को आमदनी खूब होती है, परन्तु गुरु के अष्टमेश होने के कारण परिश्रम भी विशेष करना पड़ता है अथवा कुछ कठिनाइयों का सामना करना पड़ता है। साथ ही जातक को आयु एवं पुरातत्त्व की शक्ति का लाभ होता है। यहां से गुरु पांचवीं उच्चदृष्टि से तृतीयभाव को देखता है, अतः पराक्रम एवं भाई-बहन के सुख का विशेष लाभ होता है। सातवीं शत्रुदृष्टि से पंचम भाव को देखने के कारण विद्या, बुद्धि तथा संतान का कम

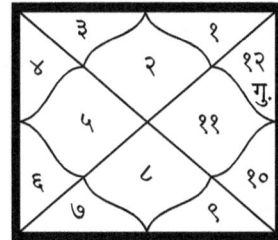

लाभ होता है और नवीं मित्रदृष्टि से सप्तमभाव को देखने के कारण व्यवसाय से खूब लाभ होता है, परन्तु स्त्री के पक्ष में कुछ कठिनाइयों के साथ सुख प्राप्त होता है। ऐसी ग्रह स्थिति वाले जातक का जीवन ऐश्वर्यशाली तथा प्रसन्नता से भरा रहता है।

जिस जातक का जन्म 'वृष' लग्न में हुआ हो और जन्म-कुण्डली के 'द्वादशभाव' में 'गुरु' की स्थिति हो, उसे 'गुरु' का फलादेश नीचे लिखे अनुसार समझना चाहिए—

वृष लग्नः द्वादशभावः गुरु

बारहवें व्यय एवं बाहरी सम्बन्ध के भाव में अपने मित्र मंगल की मेष राशि पर बैठे हुए गुरु के प्रभाव से जातक खर्च खूब करता है तथा बाहरी स्थानों से लाभ भी उठाता है। यहां से 'गुरु' नवीं दृष्टि से अष्टमभाव को स्वराशि में देखता है, अतः व्यय भाव के दोष से जातक की आयु पर कभी-कभी संकट आते हैं तथा पुरातत्त्व सम्बन्धी लाभ भी कम होता है। पांचवीं दृष्टि से चतुर्थभाव को देखने के कारण कुछ कठिनाइयों के साथ सुख के साधन प्राप्त होते हैं तथा माता के सुख में कुछ कमी रहती है। सातवीं शत्रुदृष्टि से षष्ठभाव को देखने से जातक शत्रु पक्ष में बड़ी बुद्धिमानी से प्रभाव बनाए रखता है। नवीं दृष्टि से अष्टमभाव को देखने के कारण आयु के पक्ष में कुछ कमी रहती है और आमदनी से खर्च अधिक रहता है।

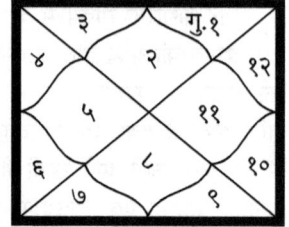

'वृष' लग्न में 'शुक्र' का फल

जिस जातक का जन्म 'वृष' लग्न में हुआ हो और जन्म-कुण्डली के 'प्रथमभाव' में 'शुक्र' की स्थिति हो, उसे 'शुक्र' का फलादेश नीचे लिखे अनुसार समझना चाहिए—

वृष लग्नः प्रथमभावः शुक्र

पहले केन्द्र तथा शरीर भाव में स्वक्षेत्री वृष राशि शुक्र के प्रभाव से जातक को शारीरिक सौंदर्य एवं आत्मिक बल की प्राप्ति होती है, परन्तु कभी-कभी रोग का शिकार भी होना पड़ता है। शत्रु-भाव का स्वामी स्वक्षेत्री होकर बैठा है, अतः शत्रुपक्ष पर विजय प्राप्त होती है। यहां से शुक्र सातवीं समग्रहदृष्टि से सप्तम भाव को देखता है, अतः स्त्री तथा व्यवसाय के पक्ष में शारीरिक परिश्रम एवं बुद्धिमानी द्वारा सफलता प्राप्त होती है। साथ ही आत्मबल, मानसिक-शक्ति, सुखभोग, व्यावसायिक सफलता आदि भी मिलती है।

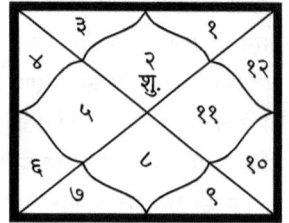

जिस जातक का जन्म 'वृष' लग्न में हुआ हो और जन्म-कुण्डली के 'द्वितीयभाव' में 'शुक्र' की स्थिति हो, उसे 'शुक्र' का फलादेश नीचे लिखे अनुसार समझना चाहिए—

वृष लग्नः द्वितीयभावः शुक्र

दूसरे धन-कुटुम्ब के भाव में अपने मित्र बुध की मिथुन राशि पर स्थित शुक्र के प्रभाव से जातक अपने शारीरिक परिश्रम द्वारा धन एवं कुटुम्ब की वृद्धि करता है तथा प्रतिष्ठा भी पाता है। द्वितीयभाव बंधन का भाव भी माना गया है, अतः जातक के शारीरिक सुख में कुछ परेशानियां आती रहती है। यहां से शुक्र सातवीं समग्रहदृष्टि से अष्टमभाव को देखता है, अतः आयु एवं पुरातत्त्व के सम्बन्ध में कुछ न्यूनता बनी रहती है, परन्तु शत्रु पक्ष से चातुर्य द्वारा लाभ की प्राप्ति होती है।

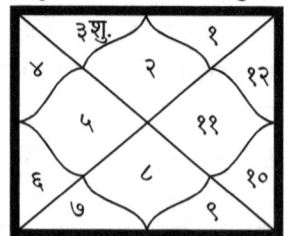

जिस जातक का जन्म 'वृष' लग्न में हुआ हो और जन्म-कुण्डली के 'तृतीयभाव' में 'शुक्र' की स्थिति हो, उसे 'शुक्र' का फलादेश नीचे लिखे अनुसार समझना चाहिए—

तीसरे पराक्रम एवं भाई-बहन के भाव में अपने शत्रु चन्द्र की कर्क राशि पर स्थित शुक्र के प्रभाव से जातक के पराक्रम में वृद्धि होती है तथा भाई-बहन का सुख भी कुछ वैमनस्य के साथ प्राप्त होता है। यहां से शुक्र सातवीं मित्रदृष्टि से नवमभाव को देखता है, अत: जातक भाग्यशाली होता है तथा धर्मपालन में भी रुचि रखता है। संक्षेप में, ऐसी ग्रह स्थिति वाला जातक अपने पराक्रम एवं चातुर्य के बल पर यश, मान-प्रतिष्ठा, धन आदि प्राप्त करता है और अत्यधिक शारीरिक श्रम करने के कारण कभी-कभी थक भी जाता है, परन्तु हिम्मत नहीं हारता।

वृष लग्न: तृतीयभाव: शुक्र

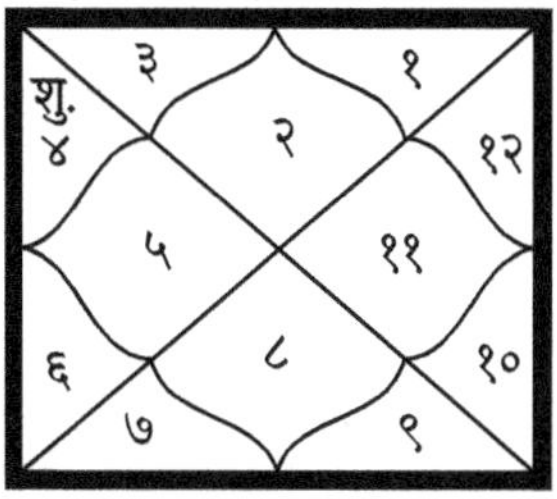

जिस जातक का जन्म 'वृष' लग्न में हुआ हो और जन्म-कुण्डली के 'चतुर्थभाव' में 'शुक्र' की स्थिति हो, उसे 'शुक्र' का फलादेश नीचे लिखे अनुसार समझना चाहिए—

चौथे केन्द्र माता, भूमि तथा सुख भाव में अपने शत्रु सूर्य की सिंह राशि पर स्थित शुक्र के प्रभाव से जातक को माता के सुख में कमी तथा भूमि, संपत्ति, मकान आदि के सम्बन्ध में भी असंतोष प्राप्त होता है। परन्तु समस्त त्रुटियों एवं परेशानियों के बावजूद भी सुख के साधन अवश्य प्राप्त होते रहते हैं तथा शत्रु पक्ष में चतुराई एवं शान्ति के साथ सफलता मिलती है। यहां से शुक्र सातवीं दृष्टि से दशमभाव को देखता है। अत: पिता राज्य एवं व्यवसाय के क्षेत्र में सफलता, उन्नति, यश एवं सम्मान की प्राप्ति होती है।

वृष लग्न: चतुर्थभाव: शुक्र

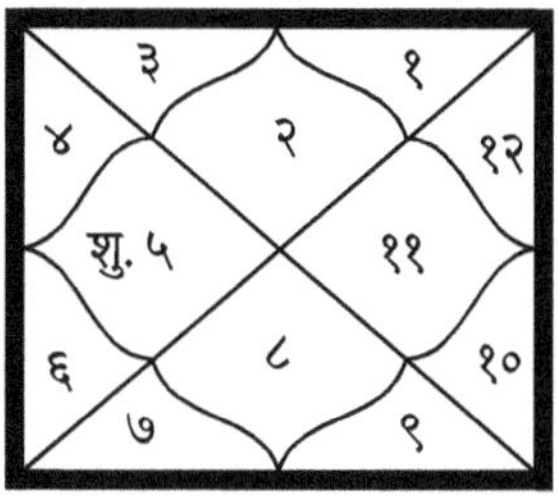

जिस जातक का जन्म 'वृष' लग्न में हुआ हो और जन्म-कुण्डली के 'पंचमभाव' में 'शुक्र' की स्थिति हो, उसे 'शुक्र' का फलादेश नीचे लिखे अनुसार समझना चाहिए—

पंचम त्रिकोण एवं विद्या-बुद्धि संतान के भाव में नीच राशिस्थ शुक्र के प्रभाव से जातक को विद्या में अपूर्णता तथा संतानपक्ष से कष्ट प्राप्त होता है, परन्तु बुद्धियोग एवं गुप्तचातुर्य के बल पर शत्रु-पक्ष में सफलता मिलती है। यहां से शुक्र सातवीं उच्चदृष्टि से एकादशभाव को देखता है, अत: जातक अपने मस्तिष्क की सूझबूझ तथा कठिन परिश्रम द्वारा लाभ के क्षेत्र में सफलता प्राप्त करता है। ऐसी ग्रह स्थिति वाला जातक शारीरिक सौंदर्य में कमी, मस्तिष्क में परेशानी तथा बुद्धि में असंतोष एवं चिन्ता के योग प्राप्त करता है।

वृष लग्न: पंचमभाव: शुक्र

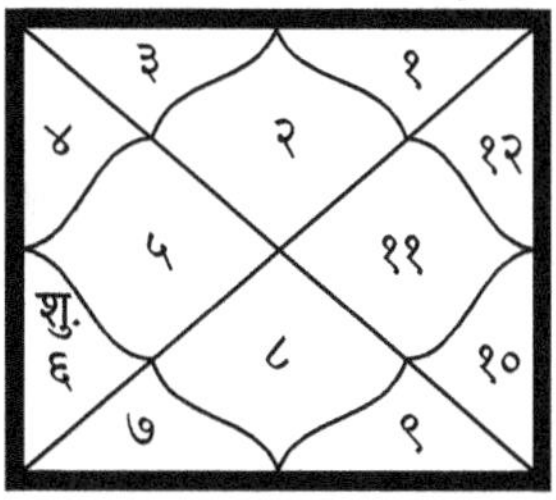

जिस जातक का जन्म 'वृष' लग्न में हुआ हो और जन्म-कुण्डली के 'षष्ठभाव' में 'शुक्र' की स्थिति हो, उसे 'शुक्र' का फलादेश नीचे लिखे अनुसार समझना चाहिए—

वृष लग्नः षष्ठभावः शुक्र

छठें शत्रु तथा रोग भाव में तुला राशिस्थ स्वक्षेत्री शुक्र के प्रभाव से जातक को शारीरिक शक्ति एवं चातुर्य की प्राप्ति होती है, जिससे वह शत्रु पक्ष पर विजय प्राप्त करता है, परन्तु शारीरिक सौंदर्य में कुछ कमी, परतंत्रता एवं मामा के पक्ष से लाभ के योग भी बनते हैं। इस भाव से शुक्र सातवीं दृष्टि से द्वादशभाव को देखता है, अतः खर्च अधिक रहता है एवं बाहरी स्थानों के सम्बन्ध से लाभ प्राप्त होता है। शरीर भाव के स्वामी के षष्ठभाव में बैठ जाने से जातक को शत्रु पक्ष के कारण किसी-न-किसी झंझट में फंसे रहना पड़ता है परन्तु वह स्वाभिमानी एवं प्रतापी होता है।

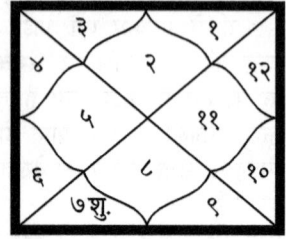

जिस जातक का जन्म 'वृष' लग्न में हुआ हो और जन्म-कुण्डली के 'सप्तमभाव' में 'शुक्र' की स्थिति हो, उसे 'शुक्र' का फलादेश नीचे लिखे अनुसार समझना चाहिए—

वृष लग्नः सप्तमभावः शुक्र

सातवें केन्द्र, स्त्री तथा व्यवसाय के भाव में अपने समग्रह मंगल की वृश्चिक राशि पर स्थित षष्ठेश शुक्र के प्रभाव से जातक को स्त्री के पक्ष से वैमनस्य एवं परेशानी बनी रहती है, परन्तु व्यवसाय के क्षेत्र में शारीरिक परिश्रम एवं कठिनाइयों के साथ सफलता मिलती है। चातुर्य, गुप्त-युक्ति एवं परेशानियों के साथ इंद्रियभोगादि में भी सफलता प्राप्त होती है। इस भाव से शुक्र सातवीं दृष्टि से अपनी ही राशि में प्रथमभाव को देखता है, अतः जातक के शरीर में कुछ रोग बना रहेगा, परन्तु लौकिक कार्यों को करने में वह बड़ा दक्ष होगा।

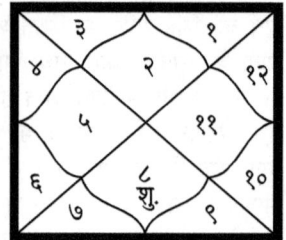

जिस जातक का जन्म 'वृष' लग्न में हुआ हो और जन्म-कुण्डली के 'अष्टमभाव' में 'शुक्र' की स्थिति हो, उसे 'शुक्र' का फलादेश नीचे लिखे अनुसार समझना चाहिए—

वृष लग्नः अष्टमभावः शुक्र

आठवें मृत्यु एवं पुरातत्त्व के भाव में अपने समग्रह गुरु की धनु राशि स्थिति शुक्र के प्रभाव से जातक के शरीर में रोगादि का कष्ट होगा तथा सौंदर्य में भी कमी रहेगी। आयु की शक्ति प्राप्त होने पर भी पुरातत्त्व के सम्बन्ध में कुछ कठिनाई तथा गुप्त-चातुर्य के बल पर ही सफलता प्राप्त होगी। यहां से शुक्र सातवीं मित्रदृष्टि से द्वितीयभाव को देखता है, अतः कठिन परिश्रम के द्वारा धन की वृद्धि होगी तथा शत्रु पक्ष से कष्ट, मामा के पक्ष में कमजोरी, उदर विकार एवं प्रभाव में कमी के योग भी उपस्थित होंगे।

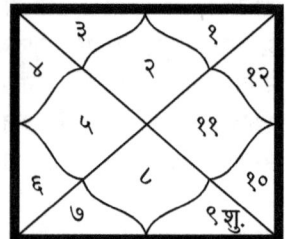

जिस जातक का जन्म 'वृष' लग्न में हुआ हो और जन्म-कुण्डली के 'नवमभाव' में 'शुक्र' की स्थिति हो, उसे 'शुक्र' का फलादेश नीचे लिखे अनुसार समझना चाहिए—

नवें त्रिकोण, भाग्य तथा धर्म के भाव में अपने मित्र शनि की मकर राशि पर स्थित शुक्र के प्रभाव से जातक अपने शारीरिक परिश्रम के बल पर भाग्योन्नति करेगा तथा शत्रु पक्ष में भी सफलता प्राप्त करेगा। धर्म के पालन में भी कुछ कठिनाइयों के साथ रुचि लेगा। शरीर में सुंदरता, रोग तथा कठिनाइयों के योग भी उपस्थित होंगे। यहां से शुक्र सातवीं शत्रुदृष्टि से तृतीयभाव को देखता है, अत: भाई-बहन के सुख तथा पराक्रम कर शक्ति में भी कुछ परेशानियों के साथ सफलता प्राप्त होगी की ऐसे व्यक्ति को झगड़ों के मामलों में स्वाभाविक रूप में विजय मिलती रहती है।

वृष लग्न: नवमभाव: शुक्र

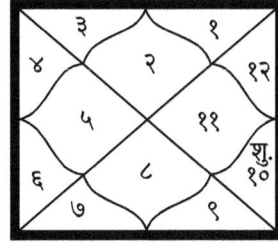

जिस जातक का जन्म 'वृष' लग्न में हुआ हो और जन्म-कुण्डली के 'दशमभाव' में 'शुक्र' की स्थिति हो, उसे 'शुक्र' का फलादेश नीचे लिखे अनुसार समझना चाहिए—

दसवें केन्द्र, राज्य तथा पिता भाव में अपने मित्र शनि की राशि पर स्थित शुक्र के प्रभाव से जातक को पिता के साथ सामान्य वैमनस्य एवं राजकीय तथा व्यावसायिक क्षेत्र में सामान्य कठिनाइयों एवं परिश्रम के द्वारा सफलता और यश की प्राप्ति होगी। साथ ही शत्रु पक्ष पर भी प्रभाव बना रहेगा। यहां से शुक्र सातवीं दृष्टि से चतुर्थभाव को देखता है, अत: जातक अपनी उन्नति की धुन में सुख की चिन्ता नहीं करेगा। माता तथा भूमि-भाव के पक्ष में भी उसे कुछ कठिनाइयों के साथ सफलता प्राप्त होगी। संक्षेप में, ऐसा जातक अहंकारी, चतुर, सुखी तथा उन्नति करने वाला होता है।

वृष लग्न: दशमभाव: शुक्र

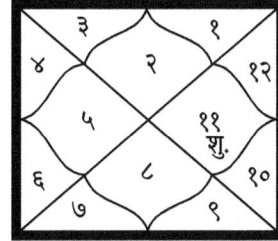

जिस जातक का जन्म 'वृष' लग्न में हुआ हो और जन्म-कुण्डली के 'एकादशभाव' में 'शुक्र' की स्थिति हो, उसे 'शुक्र' का फलादेश नीचे लिखे अनुसार समझना चाहिए—

वृष लग्न: एकादशभाव: शुक्र

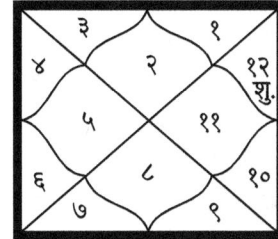

ग्यारहवें लाभ भाव में उच्च राशिस्थ शुक्र के प्रभाव से जातक परिश्रम द्वारा पर्याप्त द्रव्योपार्जन करता है तथा आय के क्षेत्र में विशेष चतुराई एवं अनेक प्रकार के प्रयत्नों से काम चलाता है। उसके शरीर में सुंदरता तथा रोग का निवास रहता है। एवं शत्रु पक्ष से लाभ होता है। यहां से शुक्र सातवीं नीचदृष्टि से पंचमभाव को देखता है, अत: संतानपक्ष में कमी, विद्याध्ययन के पक्ष में लापरवाही तथा सफलता प्राप्ति के लिए असत्य भाषण आदि के योग भी बनते हैं। ऐसा जातक अनेक प्रकार के प्रयत्नों द्वारा श्रेष्ठ लाभ प्राप्त करता है।

जिस जातक का जन्म 'वृष' लग्न में हुआ हो और जन्म-कुण्डली के 'द्वादशभाव' में 'शुक्र' की स्थिति हो, उसे 'शुक्र' का फलादेश नीचे लिखे अनुसार समझना चाहिए—

वृष लग्नः द्वादशभावः शुक्र

बारहवें व्ययभाव में समग्रह मंगल की मेष राशि पर स्थित शुक्र के प्रभाव से जातक खूब खर्चीला होता है तथा बाहरी स्थानों के सम्बन्ध से शक्ति प्राप्त करता है। उसके शरीर में कुछ कमजोरी रहती है, फिर भी वह बहुत परिश्रमी होता है। यहां से शुक्र अपनी सातवीं दृष्टि से स्वराशि को षष्ठभाव में देखता है, अत: जातक शत्रु पक्ष से कुछ कमजोर बना रहेगा। इसी प्रकार माता का पक्ष भी कमजोर रहेगा। ऐसी ग्रह स्थिति वाला जातक अत्यंत चतुर, रोगी, धनोपार्जन करने में दक्ष तथा शत्रुओं द्वारा हानि उठाने वाला होता है।

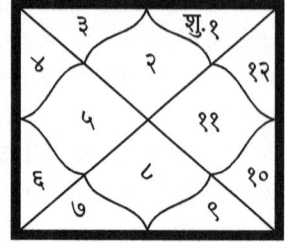

'वृषभ' लग्न में 'शनि' का फल

जिस जातक का जन्म 'वृष' लग्न में हुआ हो और जन्म-कुण्डली के 'प्रथमभाव' में 'शनि' की स्थिति हो, उसे 'शनि' का फलादेश नीचे लिखे अनुसार समझना चाहिए—

वृष लग्नः प्रथमभावः शनि

पहले केन्द्र, तथा शरीर भाव में अपने मित्र शुक्र की राशि पर स्थित शनि के प्रभाव से जातक शारीरिक दृष्टि से सुंदर होता है तथा भाग्यवान समझा जाता है। तीसरी शत्रुदृष्टि से तृतीयभाव को देखने के कारण भाई-बहनों के सुख में कमी आती है, परन्तु पराक्रम अधिक होता है सातवीं शत्रुदृष्टि से षष्ठभाव को देखने के कारण तथा स्त्री व्यवसाय के पक्ष में कठिनाइयों के साथ वृद्धि होती है। ऐसे जातक को शारीरिक शक्ति के कार्यों के विशेष सफलता प्राप्त होती है। यहां से शनि दसवीं दृष्टि से राज्य एवं पिता भाव को देखता है, अत: जातक को पिता द्वारा शक्ति एवं राज्य द्वारा लाभ और सम्मान की प्राप्ति होती है। इसके साथ ही व्यवसाय में भी पर्याप्त उन्नति होती है।

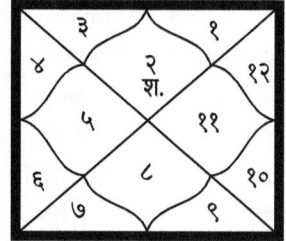

जिस जातक का जन्म 'वृष' लग्न में हुआ हो और जन्म-कुण्डली के 'द्वितीयभाव' में 'शनि' की स्थिति हो, उसे 'शनि' का फलादेश नीचे लिखे अनुसार समझना चाहिए—

वृष लग्नः द्वितीयभावः शनि

दूसरे धन तथा कुटुम्ब भाव में अपने मित्र बुध को मिथुन राशि पर स्थित शनि के प्रभाव से जातक के धन तथा कुटुम्ब की वृद्धि होती है, परन्तु जातक के सुख में कुछ कमी आ जाती है और राज्य के क्षेत्र में प्रभाव तथा सम्मान की वृद्धि होती है। तीसरी शत्रुदृष्टि से चतुर्थभाव को देखता है, अत: माता के सुख में कमी होगी तथा सातवीं शत्रुदृष्टि से अष्टमभाव को देखता है, इसलिये आयु के पक्ष में शक्ति प्राप्त होगी। ऐसा जातक धर्म की अपेक्षा धन की वृद्धि में तत्पर बना रहता है। यहां से शनि दसवीं समग्रहदृष्टि से एकादशभाव को देखता है, अत: आमदनी का विशेष योग प्राप्त होता है।

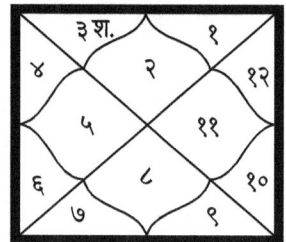

जिस जातक का जन्म 'वृष' लग्न में हुआ हो और जन्म-कुण्डली के 'तृतीयभाव' में 'शनि ' की स्थिति हो, उसे 'शनि ' का फलादेश नीचे लिखे अनुसार समझना चाहिए—

वृष लग्नः तृतीयभावः शनि

तीसरे पराक्रम एवं भाई-बहन के भाव में अपने शत्रु चन्द्र की कर्क राशि पर स्थित शनि के प्रभाव से जातक का भाई-बहनों के साथ सामान्य वैमनस्य रहेगा, परन्तु पराक्रम की विशेष वृद्धि होगी। तीसरी मित्रदृष्टि से पंचमभाव को देखने के कारण संतान तथा विद्या के क्षेत्र में सफलता मिलेगी यहां से शनि सातवीं दृष्टि से नवमभाव को स्वराशि में देखता है, अतः भाग्य की वृद्धि होगी तथा दसवीं नीचदृष्टि से द्वादशभाव को देखने के कारण खर्च कम होगा एवं बाहरी स्थानों के सम्बन्ध में भी लापरवाही बनी रहेगी। संक्षेप में, ऐसी ग्रह स्थिति वाला जातक भाग्यवान, पुरुषार्थी, उद्योगी तथा प्रभावशाली होता है।

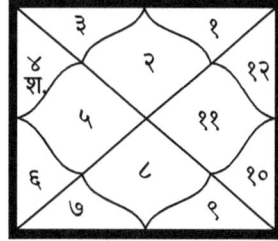

जिस जातक का जन्म 'वृष' लग्न में हुआ हो और जन्म-कुण्डली के 'चतुर्थभाव' में 'शनि ' की स्थिति हो, उसे 'शनि ' का फलादेश नीचे लिखे अनुसार समझना चाहिए—

वृष लग्नः चतुर्थभावः शनि

चौथे केन्द्र, माता, सुख तथा भूमि के भाव में अपने शत्रु सूर्य की सिंह राशि पर स्थित शनि के प्रभाव से जातक का माता के साथ वैमनस्य रहेगा तथा भूमि मकान आदि के सुख में भी कमी बनी रहेगी। तीसरी उच्चदृष्टि से षष्ठभाव को देखने के कारण शत्रु पक्ष में अत्यधिक प्रभाव रहेगा तथा मामा के पक्ष में शक्ति प्राप्त होगी यहां से शनि सातवीं दृष्टि से स्वराशि वाले दशम भाव को देखता है, अतः पिता, राज्य एवं व्यवसाय के क्षेत्र में सफलता एवं सम्मान की प्राप्ति होगी, परन्तु धर्मपालन में कुछ उदासीनता रहेगी एवं दसवीं मित्रदृष्टि से प्रथमभाव को देखने के कारण शारीरिक प्रभाव एवं सम्मान में वृद्धि होगी तथा जातक प्रतिष्ठित एवं भाग्यवान समझा जाएगा।

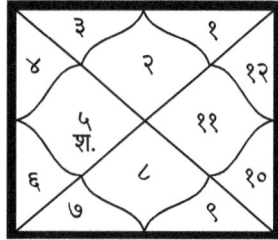

जिस जातक का जन्म 'वृष' लग्न में हुआ हो और जन्म-कुण्डली के 'पंचमभाव' में 'शनि ' की स्थिति हो, उसे 'शनि ' का फलादेश नीचे लिखे अनुसार समझना चाहिए—

वृष लग्नः पंचमभावः शनि

पांचवें त्रिकोण एवं विद्या, बुद्धि के भाव में अपने मित्र बुध की कन्या राशि पर स्थित शनि के प्रभाव से विद्या, बुद्धि एवं संतान के पक्ष में अत्यधिक सफलता प्राप्त होगी तथा बुद्धियोग से व्यवसाय में सफलता एवं पिता द्वारा स्नेह प्राप्त होगा। यहां से शनि तीसरी दृष्टि से सप्तम भाव को देखता है, अतः स्त्री एवं व्यवसाय के क्षेत्र में कुछ असंतोषपूर्ण सफलता मिलेगी। सातवीं समग्रहदृष्टि से एकादशभाव को देखने के कारण आय के साधनों से सामान्य असंतोष रहेगा एवं दसवीं मित्रदृष्टि से द्वितीयभाव को देखने के कारण धन-कुटुम्ब को शक्ति मिलेगी। संक्षेप में ऐसा जातक अपनी बुद्धि एवं वाणी के बल पर यश, प्रतिष्ठा एवं सफलता प्राप्त करता है तथा भाग्यवान होता है।

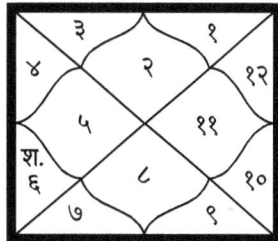

जिस जातक का जन्म 'वृष' लग्न में हुआ हो और जन्म-कुण्डली के 'षष्ठभाव' में 'शनि' की स्थिति हो, उसे 'शनि' का फलादेश नीचे लिखे अनुसार समझना चाहिए—

वृष लग्नः षष्ठभावः शनि

छठे शत्रु तथा रोग भाव में उच्च राशिस्थ शनि के प्रभाव से जातक शत्रु पक्ष में बहुत प्रभावशाली होता है तथा राज्य एवं व्यवसाय के पक्ष में भी सफलता प्राप्त करता है। पिता से कुछ वैमनस्य रखते हुए शक्ति पाता है तथा दिखावे के लिए धर्माचरण करता है। यहां से शनि तीसरी समग्रहदृष्टि से अष्टमभाव को देखता है, अतः आयु एवं पुरातत्त्व का लाभ कुछ चिन्ताओं के साथ होता है। सातवीं नीचदृष्टि से द्वादशभाव को देखने के कारण खर्च के सम्बन्ध में परेशानी रहती है तथा बाहरी स्थानों का सम्बन्ध असंतोषजनक रहता है। दसवीं शत्रुदृष्टि से तृतीयभाव को देखने के कारण पराक्रम अत्यधिक होता है, जिसके कारण जातक परेशानी का अनुभव भी करता है। वह भाई-बहनों से भी असंतुष्ट रहता है। ऐसा जातक अपने परिश्रम द्वारा भाग्य की विशेष उन्नति करता है।

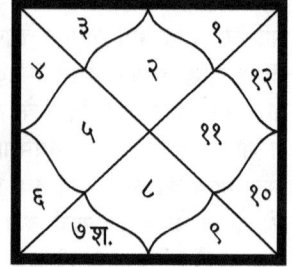

जिस जातक का जन्म 'वृष' लग्न में हुआ हो और जन्म-कुण्डली के 'सप्तमभाव' में 'शनि' की स्थिति हो, उसे 'शनि' का फलादेश नीचे लिखे अनुसार समझना चाहिए—

सातवें केन्द्र, स्त्री तथा व्यवसाय के भाव में अपने शत्रु मंगल की राशि पर स्थित शनि के प्रभाव से जातक व्यवसाय तथा स्त्री के पक्ष में उन्नति एवं सफलता प्राप्त करता है, परन्तु शनि के शत्रु राशि पर होने के कारण व्यवसाय तथा कुटुम्ब के संचालन में कुछ कठिनाइयाँ भी पाता है। साथ ही पिता द्वारा शक्ति एवं राज्य के क्षेत्र के उन्नति एवं सम्मान प्राप्त करता है। यहां से शनि तीसरी दृष्टि से नवमभाव को स्वराशि में देखता है, अतः भाग्य की शक्ति बलवान होती है। वह धर्म का पालन भी करता है। सातवीं मित्रदृष्टि से प्रथमभाव को देखने के कारण शरीर में सौंदर्य एवं प्रभाव की प्राप्ति होती है और दसवीं शत्रु दृष्टि से चतुर्थभाव को देखने के कारण माता, भूमि एवं मकान आदि के सुख में कुछ कमी का अनुभव होता है, परन्तु कुल मिलाकर जातक सुखी और भाग्यशाली बना रहता है।

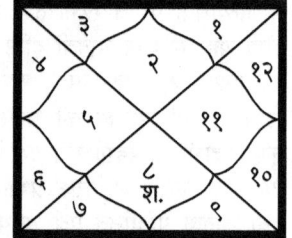

वृष लग्नः सप्तमभावः शनि

जिस जातक का जन्म 'वृष' लग्न में हुआ हो और जन्म-कुण्डली के 'अष्टमभाव' में 'शनि' की स्थिति हो, उसे 'शनि' का फलादेश नीचे लिखे अनुसार समझना चाहिए—

वृष लग्नः अष्टमभावः शनि

आठवें आयु, मृत्यु तथा पुरातत्त्व के भाव में अपने शत्रु गुरु की धनु राशि पर स्थित शनि के प्रभाव से जातक की आयु में कठिनाइयों के साथ वृद्धि होती है भाग्य-भाव तथा पिता के भाव में कमी रहती है एवं धर्म का पालन भी यथावत् नहीं होता। यहां से शनि तीसरी दृष्टि से स्वराशि में

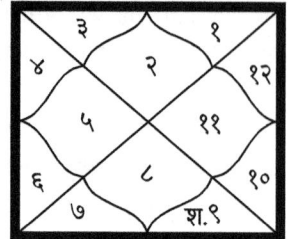

दशमभाव को देखता है, अत: पिता एवं सम्मान के क्षेत्र में त्रुटिपूर्ण सफलता प्राप्त होती है एवं भाग्योन्नति के लिए अत्यंत कष्ट उठाना तथा परिश्रम करना पड़ता है। सातवीं मित्रदृष्टि से द्वितीयभाव को देखने के कारण धन की वृद्धि के लिए प्रयत्नशील रहता है एवं दसवीं मित्रदृष्टि से पंचमभाव को देखने के कारण विद्या एवं संतान के पक्ष में सफलता प्राप्त होती है। राज्येश के अष्टमभाव में स्थिति के कारण यश और उन्नति के मार्ग में कठिनाइयाँ आती हैं, परन्तु आयु एवं पुरातत्त्व का लाभ होता है।

जिस जातक का जन्म 'वृष' लग्न में हुआ हो और जन्म-कुण्डली के 'नवमभाव' में 'शनि' की स्थिति हो, उसे 'शनि' का फलादेश नीचे लिखे अनुसार समझना चाहिए—

वृष लग्नः नवमभावः शनि

नवें त्रिकोण, भाग्य एवं धर्म के भाव में मकर राशिस्थ स्वक्षेत्री शनि के प्रभाव से जातक के भाग्य तथा धर्म की बहुत वृद्धि हाती है तथा पिता के द्वारा भी पूर्ण शक्ति प्राप्त होती है। इसके साथ ही राज्य द्वारा यश, लाभ तथा सम्मान प्राप्त होता है यहां से शनि तीसरी समग्रहदृष्टि से एकादशभाव को देखता है, अत: आय के साधनों द्वारा कुछ अरुचिकर तरीके से लाभ होता है। सातवीं शत्रुदृष्टि से तृतीयभाव को देखने के कारण पुरुषार्थ तो प्रबल होता है, परन्तु भाई-बहनों के द्वारा असंतोषपूर्ण तरीकों से सहायता मिलती है। दसवीं उच्चदृष्टि से षष्ठभाव को देखने के कारण शत्रु-पक्ष पर महान प्रभाव होता है तथा मामा द्वारा भी लाभ होता है। संक्षेप में, ऐसा जातक परिश्रम द्वारा उन्नति एवं लाभ प्राप्त करने वाला, धनी, यशस्वी, धार्मिक तथा सुखी होता है।

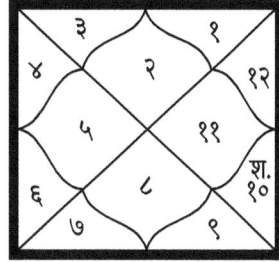

जिस जातक का जन्म 'वृष' लग्न में हुआ हो और जन्म-कुण्डली के 'दशमभाव' में 'शनि' की स्थिति हो, उसे 'शनि' का फलादेश नीचे लिखे अनुसार समझना चाहिए—

वृष लग्नः दशमभावः शनि

दसवें केन्द्र, राज्य, पिता एवं व्यवसाय के भाव में कुम्भ राशिस्थ स्वक्षेत्री शनि के प्रभाव से जातक को पिता, व्यवसाय एवं राज्य द्वारा यथेष्ट लाभ, यश एवं प्रतिष्ठा की प्राप्ति होती है और वह धर्म-कर्म का पालन भी करता है। यहां से शनि तीसरी नीचदृष्टि से द्वादशभाव को देखता है, अत: खर्च के मामले में कुछ परेशानी रहती है तथा बाहरी स्थानों के सम्बन्ध में त्रुटि रहती है। सातवीं शत्रुदृष्टि से चतुर्थभाव को देखने के कारण माता, भूमि, संपति तथा घरेलू सुख से असंतोष बना रहता है। दसवीं शत्रुदृष्टि से स्त्रीभाव को देखने के कारण स्त्री-पक्ष में भाग्यशाली होता है तथा दैनिक जीवन में कुछ चिंतित-सा रहता है। ऐसा जातक अपने परिश्रम द्वारा महान सफलता प्राप्त करता है। वह बड़ा भाग्यवान तथा बड़ा सफल व्यवसायी होता है।

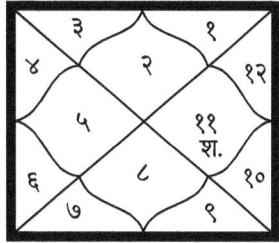

जिस जातक का जन्म 'वृष' लग्न में हुआ हो और जन्म-कुण्डली के 'एकादशभाव' में 'शनि' की स्थिति हो, उसे 'शनि' का फलादेश नीचे लिखे अनुसार समझना चाहिए—

ग्यारहवें लाभ एवं ऐश्वर्य के भाव में समग्रह गुरु की मीन राशि पर स्थित शनि के प्रभाव से जातक को आमदनी के मार्ग में कुछ कठिनाइयों के बाद सफलता मिलती है। साथ ही पिता-पक्ष के द्वारा लाभ से भी असंतोष रहता है। ग्यारहवें भाव में क्रूर ग्रह के अधिक शक्तिशाली होने के कारण भाग्य की शक्ति प्रबल बनी रहती है। यहां से शनि तीसरी मित्रदृष्टि से प्रथमभाव को देखता है, अतः जातक को शरीर एवं आयु के पक्ष में प्रभाव की प्राप्ति होती है। सातवीं मित्रदृष्टि से पंचमभाव में देखने के कारण विद्या-बुद्धि एवं संतान के पक्ष में सफलता मिलती है तथा दसवीं समग्रहदृष्टि से अष्टमभाव को देखने के कारण दैनिक जीवन एवं पुरातत्त्व के सम्बन्ध में कुछ कठिनाइयों का अनुभव होता रहता है।

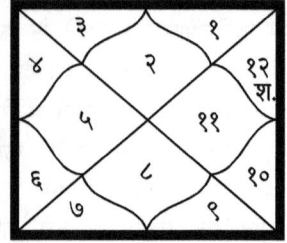

वृष लग्नः एकादशभावः शनि

जिस जातक का जन्म 'वृष' लग्न में हुआ हो और जन्म-कुण्डली के 'द्वादशभाव' में 'शनि ' की स्थिति हो, उसे 'शनि ' का फलादेश नीचे लिखे अनुसार समझना चाहिए—

बारहवें व्यय तथा बाहरी सम्बन्ध के भाव में मेष राशिस्थ नीच के शनि के प्रभाव से जातक को खर्च तथा बाहरी स्थानों के सम्बन्ध में परेशानियों का सामना करना पड़ता है, साथ ही राज्य, व्यवसाय, भाग्य एवं धर्म के क्षेत्र में भी कमी बनी रहती है। वहां से शनि तीसरी मित्रदृष्टि से द्वितीय भाव को देखता है, अतः धन-जन को सामान्य सफलता प्राप्त होती है। सातवीं उच्चदृष्टि से षष्ठभाव को देखने के कारण शत्रु पक्ष पर प्रभाव बना रहता है तथा झगड़े-झंझटों के मामलों से लाभ होता है। दसवीं दृष्टि स्वक्षेत्र में पड़ने के कारण भाग्य की शक्ति थोड़ी-बहुत प्राप्त होती है परन्तु यश-सम्मान में कमी बनी रहती है।

वृष लग्नः द्वादशभावः शनि

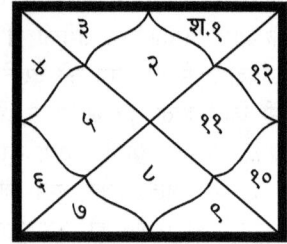

'वृष' लग्न में 'राहु' का फल

जिस जातक का जन्म 'वृष' लग्न में हुआ हो और जन्म-कुण्डली के 'प्रथमभाव' में 'राहु ' की स्थिति हो, उसे 'राहु ' का फलादेश नीचे लिखे अनुसार समझना चाहिए—

पहले केन्द्र तथा शरीर भाव में अपने मित्र शुक्र की राशि पर स्थित राहु के प्रभाव से जातक के शारीरिक सौंदर्य तथा स्वास्थ्य में कुछ कमी तथा कष्ट का योग बनता है, परन्तु गुप्त चतुराई एवं मनोबल द्वारा स्वार्थ साधन में सफलता मिलती है। ऐसी स्थिति वाला जातक बहुत-सी परेशानियों को सहन करने के बाद शक्ति तथा हिम्मत प्राप्त करता है। वह अनेक युक्तियों द्वारा अपने व्यक्तित्व तथा प्रभाव की उन्नति करता है और उसमें सफलता पाता है। ऐसे व्यक्ति को कभी-कभी चोट अथवा मूर्च्छा का शिकार भी बनना पड़ता है।

वृष लग्नः प्रथमभावः राहु

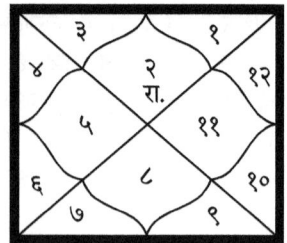

जिस जातक का जन्म 'वृष' लग्न में हुआ हो और जन्म-कुण्डली के 'द्वितीयभाव' में 'राहु' की स्थिति हो, उसे 'राहु' का फलादेश नीचे लिखे अनुसार समझना चाहिए—

दूसरे धन व कुटुम्ब भाव में मिथुन राशि स्थित उच्च के राहु के प्रभाव से जातक अनेक युक्तियों एवं चतुराइयों द्वारा अपने धन की वृद्धि करता है, परन्तु कभी-कभी वह कुछ कठिनाइयाँ भी अनुभव करता है। ऐसी ग्रह स्थिति वाले जातक के कुटुम्ब तथा धन की वृद्धि होती रहती है, परन्तु इन दोनों ही पक्षों में उसे समय-समय पर संघर्षों का सामना भी करना पड़ता है।

वृष लग्न: द्वितीयभाव: राहु

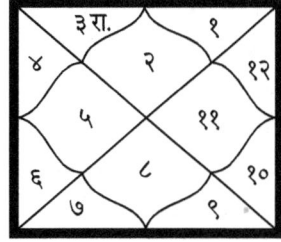

जिस जातक का जन्म 'वृष' लग्न में हुआ हो और जन्म-कुण्डली के 'तृतीयभाव' में 'राहु' की स्थिति हो, उसे 'राहु' का फलादेश नीचे लिखे अनुसार समझना चाहिए—

तीसरे पराक्रम तथा भाई के भाव में अपने शत्रु चन्द्र की कर्क राशि पर स्थित राहु के प्रभाव से जातक के पराक्रम में कमी आती है तथा भाई-बहनों के पक्ष में भी कष्ट का अनुभव करता है। इसके बावजूद भी तृतीयभाव में स्थित क्रूर ग्रह अधिक शक्तिशाली होता है। इस सिद्धांत के आधार पर जातक का हौसला बढ़ा रहेगा। मन के भीतर गुप्त चिन्ताओं तथा कमजोरियों के रहते हुए भी प्रकट रूप में जातक हिम्मत वाला बना रहेगा।

वृष लग्न: तृतीयभाव: राहु

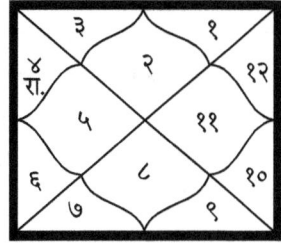

जिस जातक का जन्म 'वृष' लग्न में हुआ हो और जन्म-कुण्डली के 'चतुर्थभाव' में 'राहु' की स्थिति हो, उसे 'राहु' का फलादेश नीचे लिखे अनुसार समझना चाहिए—

चौथे केन्द्र, माता, भूमि तथा सुख के भाव में अपने शत्रु सूर्य की सिंह राशि पर स्थित राहु के प्रभाव से जातक को माता के पक्ष में हानि तथा कष्ट का योग प्राप्त होता है तथा भूमि, संपत्ति एवं सुख के साधनों में भी कमी तथा परेशानियों का सामना करना पड़ता है। इसके प्रभाव से जातक अपनी जन्मभूमि से अलग जाकर रहता है तथा अनेक प्रकार के दुःख एवं झंझटों से घिरा रहता है। परन्तु सूर्य की राशि पर स्थित होने के कारण बाद में कठिन श्रम एवं गुप्त उपायों द्वारा उसे धन तथा सुख की सामान्य प्राप्ति भी होती है।

वृष लग्न: चतुर्थभाव: राहु

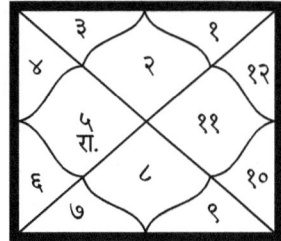

जिस जातक का जन्म 'वृष' लग्न में हुआ हो और जन्म-कुण्डली के 'पंचमभाव' में 'राहु' की स्थिति हो, उसे 'राहु' का फलादेश नीचे लिखे अनुसार समझना चाहिए—

पांचवें त्रिकोण, विद्या एवं संतान के भाव में समग्रह बुध की कन्या राशि पर स्थित सूर्य के प्रभाव से जातक को संतान के द्वारा कष्ट सहित सहयोग की प्राप्ति होती है। इसी प्रकार विद्या तथा बुद्धि के क्षेत्र में अत्यधिक उन्नति प्राप्त करने पर भी मस्तिष्क में कुछ कमी तथा परेशानी अनुभव होती रहती है। कन्या राशि पर स्थित राहु स्वक्षेत्री जैसा माना जाता है, अत: ऐसी ग्रह स्थिति वाला जातक अधिक बोलने वाला, नशेबाज तथा गुप्त युक्तियों से काम लेने में प्रवीण होता है।

वृष लग्न: पंचमभाव: राहु

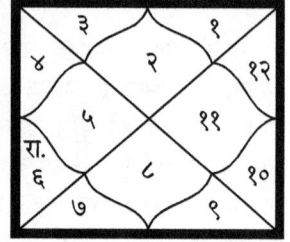

जिस जातक का जन्म 'वृष' लग्न में हुआ हो और जन्म-कुण्डली के 'षष्ठभाव' में 'राहु' की स्थिति हो, उसे 'राहु' का फलादेश नीचे लिखे अनुसार समझना चाहिए—

छठे शत्रु एवं रोग भाव में अपने मित्र शुक्र की तुला राशि पर स्थित राहु के प्रभाव से जातक अपने शत्रुओं पर विजय प्राप्त करता रहता है और वह गुप्त युक्तियों तथा विद्याओं में प्रवीण होता है। शत्रु पक्ष द्वारा कभी-कभी अशान्ति के कारण उपस्थित होने पर वह सदैव हिम्मत से काम लेता है और कठिनाइयों का सफल मुकाबला करता है। परन्तु 'राहु' के प्रभाव से मामा के सुख में कुछ कमी आ सकती है।

वृष लग्न: षष्ठभाव: राहु

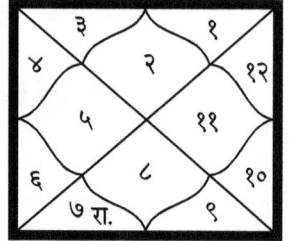

जिस जातक का जन्म 'वृष' लग्न में हुआ हो और जन्म-कुण्डली के 'सप्तमभाव' में 'राहु' की स्थिति हो, उसे 'राहु' का फलादेश नीचे लिखे अनुसार समझना चाहिए—

सातवें केन्द्र, स्त्री तथा व्यवसाय के भाव में शत्रु मंगल की वृश्चिक राशि पर स्थित राहु के प्रभाव से जातक को स्त्री पक्ष से कष्ट प्राप्त होता है तथा व्यवसाय के क्षेत्र में भी कठिनाइयों का सामना करना पड़ता है। अत्यधिक काम करने एवं गुप्त युक्तियों का आश्रय लेने पर जातक को अपने व्यवसाय में थोड़ी-बहुत सफलता प्राप्त होती है। इसी प्रकार इंद्रिय सुख के क्षेत्र में भी उसे अनेक प्रकार की युक्तियों से काम लेना पड़ता है और उसे इंद्रिय विकारों का भी सामना करना पड़ता है।

वृष लग्न: सप्तमभाव: राहु

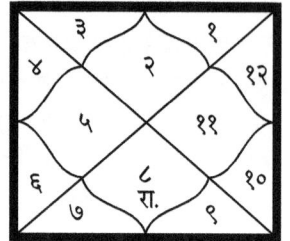

जिस जातक का जन्म 'वृष' लग्न में हुआ हो और जन्म-कुण्डली के 'अष्टमभाव' में 'राहु' की स्थिति हो, उसे 'राहु' का फलादेश नीचे लिखे अनुसार समझना चाहिए—

आठवें मृत्यु, आयु एवं पुरातत्त्व के भाव में गुरु की धनु राशि पर स्थित नीच के राहु के प्रभाव से जातक को अपनी आयु तथा जीवन के क्षेत्र में बड़ी कठिनाइयों एवं संकटों का सामना करना पड़ता है, परन्तु वृहस्पति की राशि पर स्थित होने के कारण उसमें सज्जनता एवं योग्यता बनी रहती है। राहु की ऐसी स्थिति के कारण जातक को पुरातत्त्व के क्षेत्र में भी हानि उठानी पड़ती है तथा गुप्त चिन्ताएं बनी रहती हैं। उसे गुप्त युक्तियों तथा बाहरी सम्बन्धों के आश्रय से जीवन निर्वाह करना पड़ता है।

वृष लग्न: अष्टमभाव: राहु

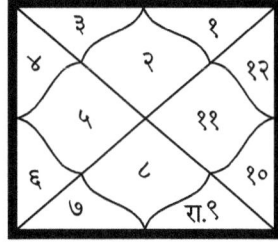

जिस जातक का जन्म 'वृष' लग्न में हुआ हो और जन्म-कुण्डली के 'नवमभाव' में 'राहु' की स्थिति हो, उसे 'राहु' का फलादेश नीचे लिखे अनुसार समझना चाहिए—

नवें त्रिकोण, भाग्य तथा धर्म के भाव में अपने मित्र शनि की मकर राशि पर स्थित राहु के प्रभाव से जातक को भाग्य तथा धर्म के क्षेत्र में कमी का सामना करना पड़ता है, यद्यपि ऊपरी दिखावे में वह धनी एवं धर्मात्मा प्रतीत होता है। ऐसी ग्रह स्थिति वाला जातक अपनी भाग्य की वृद्धि के हेतु अनेक प्रकार की गुप्त युक्तियों, धैर्य, कठिन परिश्रम तथा साहस का आश्रय लेता है। उसके जीवन में सुख तथा दुःख, अमीरी एवं गरीबी का क्रम निरन्तर चलता रहता है।

वृष लग्न: नवमभाव: राहु

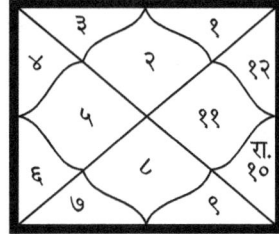

जिस जातक का जन्म 'वृष' लग्न में हुआ हो और जन्म-कुण्डली के 'दशमभाव' में 'राहु' की स्थिति हो, उसे 'राहु' का फलादेश नीचे लिखे अनुसार समझना चाहिए—

दसवें केन्द्र, राज्य तथा पिता के भाव में अपने मित्र शनि की राशि पर स्थित राहु के प्रभाव से जातक को अपने पितृ पक्ष द्वारा परेशानी का सामना करना पड़ता है तथा राज्य एवं व्यवसाय के क्षेत्र में भी कठिनाइयाँ उपस्थित होती हैं। उसे जीवन में सफलता प्राप्त करने के लिए बड़े परिश्रम, धैर्य एवं गुप्त युक्तियों का आश्रय लेना पड़ता है, फिर भी ऊपरी तौर पर वह धनी एवं प्रतिष्ठित समझा जाता है।

वृष लग्न: दशमभाव: राहु

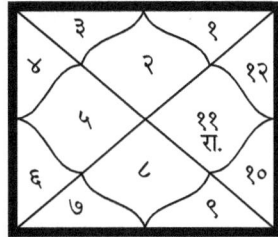

जिस जातक का जन्म 'वृष' लग्न में हुआ हो और जन्म-कुण्डली के 'एकादशभाव' में 'राहु' की स्थिति हो, उसे 'राहु' का फलादेश नीचे लिखे अनुसार समझना चाहिए—

वृष लग्नः एकादशभावः राहु

ग्यारहवें लाभ भाव में समग्रह गुरु की मीन राशि पर स्थित राहु के प्रभाव से जातक की आमदनी के मार्ग में कुछ रुकावटें आती हैं, परन्तु ग्यारहवें भाव में स्थित क्रूर ग्रह विशेष प्रभावशाली होता है, इसलिए धन प्राप्ति के क्षेत्र में जातक को विशेष सफलता भी प्राप्त होती है। ऐसा जातक अर्थोपार्जन के लिए गुप्त युक्तियों का आश्रय लेता और विशेष परिश्रम करता है। वह स्वार्थी भी होता है। कभी-कभी संकटों के आने पर भी वह अपना धीरज नहीं छोड़ता, फलतः अंत में उसे सफलता प्राप्त होती है।

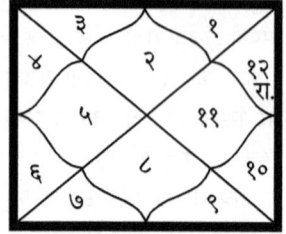

जिस जातक का जन्म 'वृष' लग्न में हुआ हो और जन्म-कुण्डली के 'द्वादशभाव' में 'राहु ' की स्थिति हो, उसे 'राहु ' का फलादेश नीचे लिखे अनुसार समझना चाहिए—

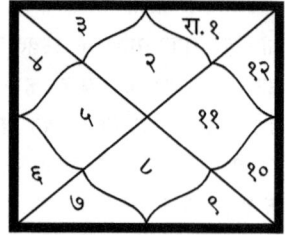

वृष लग्नः द्वादशभावः राहु

बारहवें व्यय एवं बाहरी स्थानों के सम्बन्ध वाले व्ययभाव में अपने शत्रु मंगल की मेष राशि पर स्थित राहु के प्रभाव से जातक को खर्च के मामलों में कुछ कठिनाइयों का सामना करना पड़ता है तथा अपने खर्च को चलाने के लिए कुछ गुप्त युक्तियों एवं चतुराई का आश्रय लेना पड़ता है। उष्ण ग्रह की राशि पर उष्ण ग्रह की स्थिति के कारण जातक का प्रभाव ऊपरी दिखावे में अच्छा बना रहता है तथा कठिन परिश्रम द्वारा सफलता भी प्राप्त होती है।

'वृष' लग्न में 'केतु' का फल

जिस जातक का जन्म 'वृष' लग्न में हुआ हो और जन्म-कुण्डली के 'प्रथमभाव' में 'केतु ' की स्थिति हो, उसे 'केतु ' का फलादेश नीचे लिखे अनुसार समझना चाहिए—

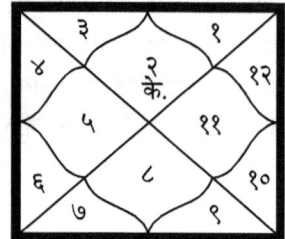

वृष लग्नः प्रथमभावः केतु

पहले केन्द्र तथा शरीर भाव में अपने मित्र शुक्र की वृष राशि पर स्थित केतु के प्रभाव से जातक के शारीरिक सौंदर्य में कुछ कमी आती है तथा मन में गुप्त चिन्ताए भी बनी रहती हैं, परन्तु इसके साथ ही उसका मनोबल बहुत बढ़ा हुआ रहता है, फलस्वरूप वह जिद्दी, हठी, चतुर तथा चालाक भी होता है। ऐसा जातक अपने शारीरिक परिश्रम एवं योग्यता के प्रभाव से अन्य लोगों को प्रभावित करने की सामर्थ्य भी रखता है। साथ ही उसके शरीर में किसी घाव अथवा चोट का निशान भी होता है।

जिस जातक का जन्म 'वृष' लग्न में हुआ हो और जन्म-कुण्डली के 'द्वितीयभाव' में 'केतु ' की स्थिति हो, उसे 'केतु ' का फलादेश नीचे लिखे अनुसार समझना चाहिए—

वृष लग्नः द्वितीयभावः केतु

दूसरे धन व कुटुम्ब के भाव में धनु राशि स्थित नीच के केतु के प्रभाव से जातक को धन एवं कुटुम्ब के क्षेत्र में बड़ी कठिनाइयों, परेशानियों एवं चिन्ताओं का सामना करना पड़ता है। फलतः कभी-कभी उसे प्रतिष्ठा बचाना भी कठिन हो जाता है। ऐसा जातक अपना स्वार्थ सिद्ध करने के लिए गुप्त युक्तियों एवं कठिन परिश्रम का सहारा लेता है। परन्तु उसके बावजूद भी उसे धन तथा कुटुम्ब का यथोचित सुख प्राप्त नहीं होता।

जिस जातक का जन्म 'वृष' लग्न में हुआ हो और जन्म-कुण्डली के 'तृतीयभाव' में 'केतु ' की स्थिति हो, उसे 'केतु ' का फलादेश नीचे लिखे अनुसार समझना चाहिए—

वृष लग्नः तृतीयभावः केतु

तीसरे पराक्रम एवं भाई के भाव में अपने शत्रु चन्द्र की कर्क राशि पर स्थित केतु के प्रभाव से जातक के पराक्रम में कमी आती है। इसी प्रकार भाई-बहनों के सम्बन्ध से भी उसे कष्ट और हानि का सामना करना पड़ता है, परन्तु तीसरे भाव में बैठा हुआ क्रूर ग्रह विशेष शक्तिशाली होता है। इस कारण जातक अपनी आंतरिक कमजोरी एवं अभावों की चिन्ता न करते हुए बहुत हिम्मत, हठ, धैर्य एवं परिश्रम से काम लेता है तथा थोड़ी-बहुत सफलता भी प्राप्त करता है।

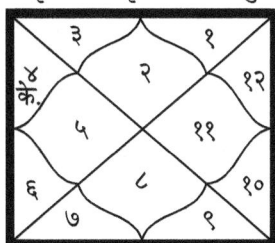

जिस जातक का जन्म 'वृष' लग्न में हुआ हो और जन्म-कुण्डली के 'चतुर्थभाव' में 'केतु ' की स्थिति हो, उसे 'केतु ' का फलादेश नीचे लिखे अनुसार समझना चाहिए—

वृष लग्नः चतुर्थभावः केतु

चौथे केन्द्र, माता, भूमि एवं सुख के भाव में अपने शत्रु सूर्य की सिंह राशि पर स्थित केतु के प्रभाव से जातक को माता, भूमि, भाव तथा सुख के क्षेत्र में कठिनाइयों का सामना करना पड़ता है तथा इन सबकी प्राप्ति के लिए उसे कठिन परिश्रम, धैर्य एवं गुप्त युक्तियों का आश्रय लेना पड़ता है। ऐसी ग्रह स्थिति वाले जातक को अपनी जन्मभूमि का वियोग भी सहन करना पड़ता है तथा उसके घरेलू सुख-साधनों में भी कमी और कष्ट बने रहते हैं।

जिस जातक का जन्म 'वृष' लग्न में हुआ हो और जन्म-कुण्डली के 'पंचमभाव' में 'केतु' की स्थिति हो, उसे 'केतु' का फलादेश नीचे लिखे अनुसार समझना चाहिए—

पांचवें त्रिकोण तथा विद्या-संतान के भाव में समग्रह बुध की कन्या राशि पर स्थित केतु के प्रभाव से जातक को विद्या, बुद्धि तथा संतान के क्षेत्र में कमी एवं कठिनाइयों का सामना करना पड़ता है, परन्तु मित्रक्षेत्री होने के कारण गुप्त युक्तियों, धैर्य एवं साहस के द्वारा उसे सामान्य सफलता प्राप्त हो जाती है। ऐसी ग्रह स्थिति वाला जातक अपने मन्तव्य को स्पष्ट शब्दों में प्रकट नहीं कर पाता, परन्तु बहुत साहसी तथा धैर्यवान होता है।

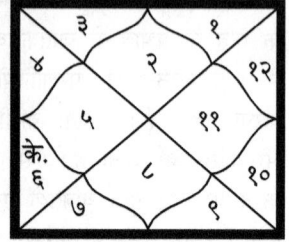

वृष लग्न: पंचमभाव: केतु

जिस जातक का जन्म 'वृष' लग्न में हुआ हो और जन्म-कुण्डली के 'षष्ठभाव' में 'केतु' की स्थिति हो, उसे 'केतु' का फलादेश नीचे लिखे अनुसार समझना चाहिए—

छठे शत्रु तथा रोग भाव में अपने मित्र शुक्र की राशि पर स्थित केतु के प्रभाव से जातक शत्रुओं पर अपना विशेष प्रभाव बनाए रखता है तथा अपनी हिम्मत, धैर्य एवं गुप्त युक्तियों के बल पर अनेक प्रकार की कठिनाइयों तथा विघ्न-बाधाओं पर विजय प्राप्त करता रहता है। ऐसा जातक चतुर, बड़ा परिश्रमी, साहसी, धैर्यवान तथा गुप्त युक्तियों का जानकार होता है, परन्तु मामा के पक्ष से कुछ हानि प्राप्त होती है।

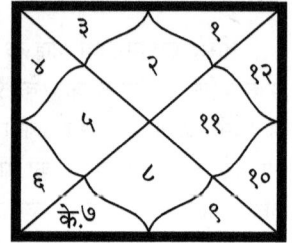

वृष लग्न: षष्ठभाव: केतु

जिस जातक का जन्म 'वृष' लग्न में हुआ हो और जन्म-कुण्डली के 'सप्तमभाव' में केतु' की स्थिति हो, उसे 'केतु' का फलादेश नीचे लिखे अनुसार समझना चाहिए—

सातवें केन्द्र, स्त्री तथा व्यवसाय के भाव में अपने मित्र मंगल की राशि पर स्थित केतु के प्रभाव से जातक को अपनी स्त्री के पक्ष में कष्ट तथा हानि उठानी पड़ती है। उसे मूत्राशय में किसी रोग तथा प्रमेह आदि का शिकार भी बनना पड़ता है। व्यवसाय के पक्ष में जातक को कठिन संघर्ष एवं संकटों का सामना करते हुए गुप्त युक्तियों एवं धैर्य से काम लेना पड़ता है। घरेलू जीवन तथा व्यवसाय के क्षेत्र में कभी-कभी बड़ी विफलताओं का सामना करना पड़ता है, परन्तु परेशानियों के द्वारा उसे कुछ शक्ति भी प्राप्त होती है।

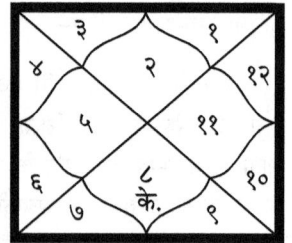

वृष लग्न: सप्तमभाव: केतु

जिस जातक का जन्म 'वृष' लग्न में हुआ हो और जन्म-कुण्डली के 'अष्टमभाव' में 'केतु' की स्थिति हो, उसे 'केतु' का फलादेश नीचे लिखे अनुसार समझना चाहिए—

आठवें मृत्यु तथा पुरातत्त्व के भाव में समग्रह गुरु की धनु राशि पर स्थित उच्च के केतु के प्रभाव से जातक की आयु में वृद्धि होती है तथा पुरातत्त्व सम्बन्धी कोई विशेष लाभ भी मिलता है। ऐसे जातक को अपने जीवन निर्वाह के लिए कठिन परिश्रम करना पड़ता है तथा कभी-कभी सामान्य परेशानियों का सामना भी करना पड़ता है, परन्तु वह अत्यंत साहसी, गुप्त युक्ति से संपन्न तथा धैर्यवान होता है और अपना जीवन शान-शौकत के साथ व्यतीत करता है।

वृष लग्न: अष्टमभाव: केतु

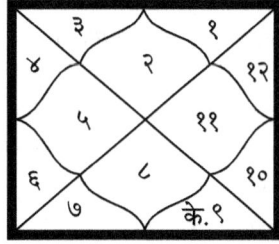

जिस जातक का जन्म 'वृष' लग्न में हुआ हो और जन्म-कुण्डली के 'नवमभाव' में 'केतु' की स्थिति हो, उसे 'केतु' का फलादेश नीचे लिखे अनुसार समझना चाहिए—

नवें त्रिकोण तथा भाग्य भाव में अपने शत्रु शनि की राशि पर स्थित केतु के प्रभाव से जातक कठिन परिश्रम के द्वारा अपने भाग्य की उन्नति करता है। इसी प्रकार धार्मिक क्षेत्र में भी कुछ कमी के साथ सफलता प्राप्त करता है। वह अपनी भाग्य वृद्धि के लिए बड़ी हिम्मत तथा गुप्त शक्तियों से काम लेता है तथा धर्म में आस्था होते हुए भी उसमें कोई विशेष श्रद्धा नहीं रखता।

वृष लग्न: नवमभाव: केतु

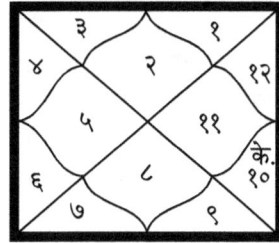

जिस जातक का जन्म 'वृष' लग्न में हुआ हो और जन्म-कुण्डली के 'दशमभाव' में 'केतु' की स्थिति हो, उसे 'केतु' का फलादेश नीचे लिखे अनुसार समझना चाहिए—

दसवें केन्द्र, पिता एवं राज्य भाव में अपने शत्रु शनि की कुम्भ राशि पर स्थित केतु के प्रभाव से जातक को पिता के सम्बन्ध में कुछ कमी आ जाती है। इसी प्रकार राज्य तथा मान-प्रतिष्ठा के क्षेत्र में भी उसे कुछ कठिनाइयों के साथ सामान्य सफलता प्राप्त होती है। ऊपरी तौर पर जातक धनी, सुखी तथा सम्मानित प्रतीत होता है, परन्तु भीतरी रूप में वह कमजोर बना रहता है। अपनी उन्नति के क्षेत्र में उसे कभी-कभी विशेष संकटों का सामना करना पड़ता है। ऐसा जातक परिश्रमी तथा साहसी होता है।

वृष लग्न: दशमभाव: केतु

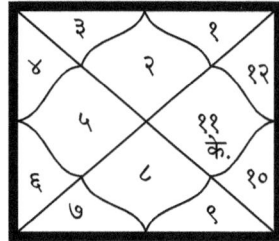

जिस जातक का जन्म 'वृष' लग्न में हुआ हो और जन्म-कुण्डली के 'एकादशभाव' में 'केतु' की स्थिति हो, उसे 'केतु' का फलादेश नीचे लिखे अनुसार समझना चाहिए—

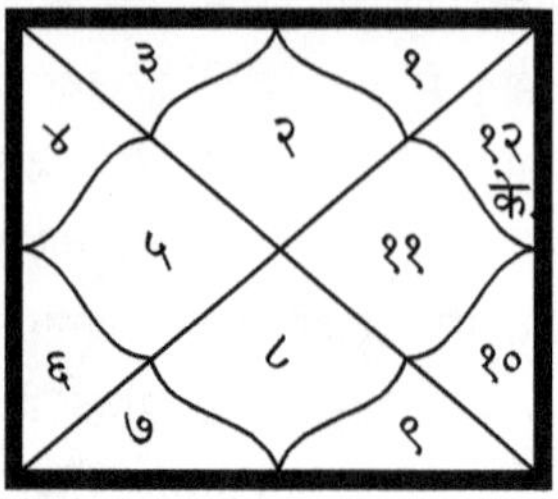

ग्यारहवें लाभ भाव में समग्रह गुरु की मीन राशि पर स्थित केतु के प्रभाव से जातक को आमदनी के क्षेत्र में कठिनाइयों का सामना करना पड़ता है, परन्तु एकादशभाव में बैठा हुआ क्रूर ग्रह विशेष प्रभावशाली होता है, इसलिए उसे अच्छा लाभ भी प्राप्त होता है। कठिन परिश्रम के उपरांत जातक को यथेष्ट धन की प्राप्ति होती है तथा कभी-कभी विशेष संकटों का सामना भी करना पड़ता है। ऐसी ग्रह स्थिति वाला जातक आशावादी, हिम्मती, धैर्यवान, चतुर तथा परिश्रमी होता है।

वृष लग्न: एकादशभाव: केतु

जिस जातक का जन्म 'वृष' लग्न में हुआ हो और जन्म-कुण्डली के 'द्वादशभाव' में 'केतु' की स्थिति हो, उसे 'केतु' का फलादेश नीचे लिखे अनुसार समझना चाहिए—

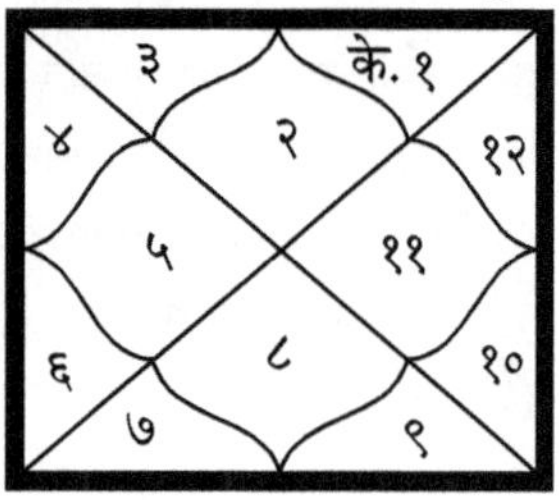

बारहवें व्ययभाव में अपने मित्र मंगल की मेष राशि पर स्थित केतु के प्रभाव से जातक को अपना खर्च चलाने में बहुत कठिनाइयों का सामना करना पड़ता है। इसी प्रकार बाहरी स्थानों के सम्बन्ध से भी उसे परेशानियां उठानी पड़ती हैं। क्रूर ग्रह की राशि पर क्रूर ग्रह की उपस्थिति के कारण जातक घोर परिश्रमी तथा कठिनाइयों पर विजय पाने वाला होता है, अतः ऐसी ग्रह स्थिति वाला जातक बड़ा साहसी, उद्योगी, धैर्यवान तथा चतुर भी होता है।

वृष लग्न: द्वादशभाव: केतु

उदाहरण वृष लग्न कुण्डली 3. वर्तमान मुख्यमंत्री दिल्ली राज्य श्री अरविन्द केजरीवाल

जन्म तिथि–16-08-1968

जन्म समय–23 : 46 घण्टे (भा.मा.स.)

जन्म स्थान–हिसार (हरियाणा)

जन्म कुण्डली

नवांश कुण्डली

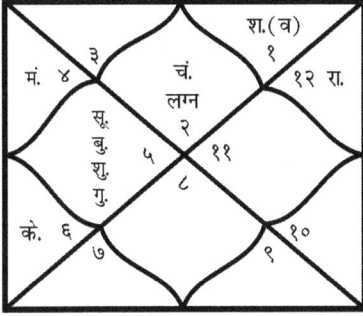

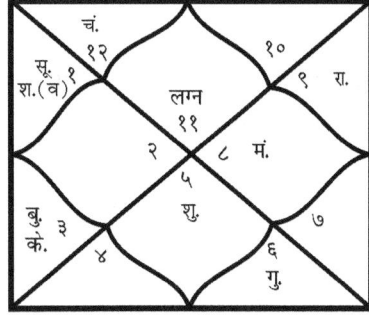

कुण्डली संख्या-3

ज्योतिषीय विवेचन

यह भचक्र में राशि क्रम की द्वितीय राशि वृष लग्न कुण्डली है। यह एक पृथ्वीतत्त्व, रजोगुणी, स्थिर राशि है। यह एक मनमोहिनी शुभ राशि है। इसका स्वामी शुक्र है। इस राशि में जन्मे व्यक्ति पूर्णतया विश्वसनीय, व्यवहारकुशल, दृढ़निश्चयी, धैर्यवान, सहनशील और कर्मठ होते हैं। उनका ध्यान सदैव अपने लक्ष्य पर केन्द्रित होता हैं। क्रोधित होने पर वे बैल या सांड़ के समान उत्तेजित होते हैं। थोड़े समय पश्चात ही सामान्य हो जाते हैं। वे हंसी-मजाक, प्रेम-प्यार, गोरापन, सुन्दरता और गायन-वादन के भी शौकीन होते हैं। वे हठी और सिद्धान्तवादी होते हैं। श्री अरविन्द केजरीवाल भी ऐसे ही व्यक्ति हैं। वह हर समय जनता और मीडिया के बीच बने रहना चाहते हैं। कृतिका नक्षत्र में जन्मे श्री अरविन्द केजरीवाल बड़े ही ईर्ष्यालु, घमण्डी, महत्त्वाकांक्षी और ऐश्वर्यशाली जीवन जीने के इच्छुक हैं। प्रयत्न करना कभी नहीं छोड़ते हैं। अपनी बुराई सुनना भी पसन्द नहीं करते हैं, किन्तु दूसरों की बुराई करने से नहीं चूकते हैं। उनमें गम्भीरता की कमी है, किन्तु प्रसन्नता भी है कि सरकारी नौकर से राजनेता बनने के लिये जातक ने जनता के सामने ऐसे तथ्य उजागर किये, जिनके कारण देश के विकास को ग्रहण लगा हुआ था।

सुदर्शन लग्न विचार

जन्म लग्नेश एवं चन्द्र लग्नेश शुक्र तथा सूर्य लग्नेश सूर्य केन्द्र में चतुर्थ भाव में बुध, गुरु के साथ विराजमान हैं। स्वराशिस्थ सूर्य सुख-समृद्धि के चतुर्थ भाव में तीन शुभ ग्रहों के साथ बैठा है और सभी दशम भाव को पूर्ण दृष्टि से देख रहे हैं। यह एक शक्तिशाली राजयोग बन रहा है। चन्द्र उच्चराशिस्थ होकर लग्न भाव में बैठकर सप्तम भाव को देख रहा है। और एकादश व अष्टमेश गुरु की अपने अष्टम और द्वादश भावों पर पूर्ण दृष्टि है। पराक्रम के

तृतीय भाव में नीचराशिस्थ मंगल व द्वादश भाव में नीचराशिस्थ शनि की स्थिति ठीक नहीं है। लग्न पर किसी की भी ग्रह की दृष्टि नहीं है। नवांश कुण्डली की लग्न कुम्भ राशि की है। शनि पराक्रम भाव में नीचराशिस्थ होकर बैठा है। लग्नेश शुक्र वर्गोत्तम है। इस आधार पर लग्न ही बलशाली प्रतीत होती है।

ग्रह स्थिति, ग्रह दृष्टि एवं ग्रह योग

इस जन्म कुण्डली में माता, भूमि, भवन, वाहन अर्थात सुख-समृद्धि के चतुर्थ भाव में केन्द्र में स्वराशि सूर्य व जन्म लग्नेश शुक्र के साथ बुध, गुरु के होने से चार ग्रह योग से एक शक्तिशाली प्रवज्या राजयोग बन रहा है। इस योग ने अरविन्द केजरीवाल सहआयुक्त आयकर विभाग को नौकरपेशा से राजनेता बनने का स्वप्न पूरा किया। केजरीवाल ने अन्ना हजारे का साथ छोड़ 'आम आदमी पार्टी' नाम की राजनैतिक पार्टी स्थापित की और 2014 में दिल्ली विधान सभा का चुनाव लड़ा। चुनाव में अच्छी जीत हासिल की और कांग्रेस के सहयोग से सरकार बनाई। दिल्ली सरकार में मुख्यमन्त्री बने। कुल 49 दिन सरकार चली। आपने हास्यास्पद तर्क देते हुये खुद को शहीद कहकर मुख्यमन्त्री पद से स्तीफा दे दिया। तृतीय भाव में बैठे नीचराशिस्थ कारक मंगल ने केजरीवाल की सोच में कमजोरी पैदा की। ऐसे जातक दूसरों के पराक्रम का आकलन किये बिना प्रतिस्पर्धा में उतर जाते हैं और बाद में मुंह की खाते हैं। केजरीवाल ने लोक सभा चुनाव में स्वयं को और पार्टी को झोंका तथा मुंह की खाई। जनता का प्रतिनिधि ग्रह शनि भी नीचराशिस्थ होकर द्वादश भाव व्यय भाव में बैठा है, किन्तु वर्गोत्तम है। यही एक मात्र कारण है कि जनता से प्रेम और घृणा दोनों ही मिले, मिल रहे हैं। जन्मकुण्डली में सूर्य वाशि योग, चन्द्र अनफा योग एवं गजकेसरी योग बना रहे हैं। ऐसे जातक सौभाग्यशाली, गुणवान, कार्यकुशल, परिश्रमी, विनम्र, मिष्ठभाषी, धनी और समाज में लोकप्रिय होते हैं। राहु व केतु को छोड़कर शेष सात ग्रह चार भावों में बैठे हैं, केदार योग बन रहा है। ऐसे व्यक्ति जमीन-जायदाद वाले, मित्रों की सहायता करने वाले और लोकप्रिय होते हैं।

उपसंहार

अंत में यह निष्कर्ष निकलता है कि जनता और अन्य राजनैतिक पार्टियों ने अरविन्द केजरीवाल को कभी भी एक गम्भीर नेता के रुप नहीं लिया। संभवतः तृतीय भाव में बैठे पराक्रमेश मंगल के नीचराशिस्थ होने तथा भाग्येश व कर्मेश शनि के व्यय भाव में होने की कमजोर स्थिति के कारण ऐसा था। किन्तु अरविन्द केजरीवाल भी कठोर मिट्टी के बने हैं। जनता और पार्टियों की इस सोच से परे असम्भव को सम्भव बनाने के उद्देश्य दिल्ली का चुनाव दोबारा लड़ा, जीतोड़ परिश्रम किया और कुल 70 सीटों में से 67 सीट जीतकर पुनः मुख्यमन्त्री की कुर्सी सम्हाल ली है। गोचर में गुरु का उच्च राशि के पराक्रम भाव में आना, मंगल को बल देना, सप्तम भाव गोचरस्थ वर्गोत्तम शनि पर पूर्ण दृष्टि पड़ना तथा गुरु की अपनी महादशा व मित्र सूर्य की अन्तर्दशा उनके लिये लाभकारी रही। जन्म कुण्डली में गुरु के कारण 4, 8, 12 मोक्ष भावों का त्रिकोण बन रहा है। सूर्य बुध, गुरु, शुक्र एक साथ चतुर्थ भाव में बैठे है। कर्म भाव पर पूर्णदृष्टि है। कैरियर के उच्चतम शिखर पर पहुंचने के लिये काफी है। इस स्थिति में कठिनाईयां तो आती हैं, किन्तु दूर भी हो जाती हैं। इस समय भी गुरु में शुक्र की अन्तर्दशा की अवधि का समय है। भविष्य में शत्रुपीड़ा, गृह कलह, धनहानि और मानसिक चिन्ता के दौर से गुजरना पड़ सकता है। इन परिस्थितियों में उन्हें अपने स्वास्थ्य का ध्यान की रखने आवश्यकता है।

उदाहरण वृष लग्न कुण्डली 4. बॉलीवुड गायिका लता मंगेशकर

जन्म तिथि–28-09-1929

जन्म समय–21 : 51 घण्टे (भा.मा.स.)

जन्म स्थान–इन्दौर (मध्य प्रदेश)

जन्म कुण्डली

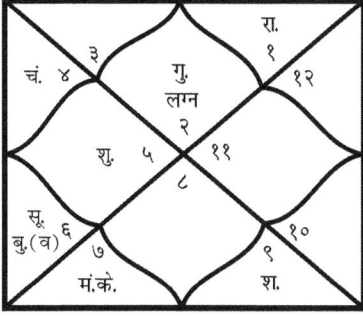

नवांश कुण्डली

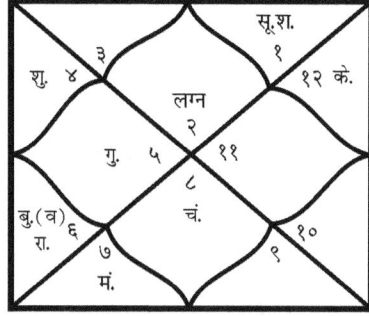

कुण्डली संख्या-4

ज्योतिषीय विवेचन

यह भचक्र में राशि क्रम की द्वितीय राशि वृष लग्न कुण्डली है। यह एक पृथ्वीतत्त्व, रजोगुणी, स्थिर राशि है। यह एक मनमोहिनी शुभ राशि है। इसका स्वामी शुक्र है। इस राशि में जन्मी जातिका पूर्णतया विश्वसनीय, व्यवहारकुशल, दृढ़निश्चयी, धैर्यवान, सहनशील और कर्मठ होती हैं। उनका घ्यान सदैव अपने लक्ष्य पर केन्द्रित होता हैं। क्रोधित होने पर वे बैल या सांड़ के समान उत्तेजित हो जाती हैं। थोड़े समय पश्चात ही सामान्य हो जाती हैं। वे हंसी-मजाक, प्रेम-प्यार, गोरापन, सुन्दरता और गायन-वादन के शौकीन होती हैं। वे हठी और सिद्धान्तवादी होती हैं। विश्वख्यिात विदुषी लता मंगेशकर भी ऐसी ही एक महिला हैं। वह हर समय जनता और फिल्मी दुनिया के बीच बने रहना चाहती हैं। आज भी उनकी आवाज में आकर्षण व जादू है। पुष्य नक्षत्र में जन्मी लता मंगेशकर बड़ी ही मधुर वाणी वाली, मिष्ठभाषी, कर्तव्यनिष्ठ, गुणी, धनी, परिवारप्रिय एवं आस्तिक हैं। गायन वादन में अब भी लगी रहती हैं।

सुदर्शन लग्न विचार

जन्म लग्नेश शुक्र माता, भूमि, भवन, वाहन व सुख-समृद्धि के चतुर्थ भाव में, चन्द्र लग्नेश चन्द्र स्वराशि में पराक्रम व विकास के तृतीय भाव में तथा सूर्य लग्नेश उच्चराशिस्थ बुध कारक सूर्य के साथ विद्या के पंचम भाव में विराजमान हैं। यद्यपि लग्न पर किसी की कोई दृष्टि नहीं है, किन्तु तीनों लग्नेश एक विशेष अनुक्रम में 3-4-5 भाव में बैठे हैं। यह एक गायक/गायिका के लिये अच्छी स्थिति मानी गई है। इसी कारण उनकी वाणी में मिठास और मधु रस छिपा है। नवांश कुण्डली की लग्न भी वृष राशि की है। अत: लग्न वर्गोत्तम है। बुद्धि और वाणी दाता बुध भी वर्गोत्तम है। बुध की आय भाव पर पूर्ण दृष्टि है। लग्न पर चन्द्र की दृष्टि है। इस आधार पर लग्न ही बलशाली प्रतीत होती है।

ग्रह स्थिति, ग्रह दृष्टि एवं ग्रह योग

लग्न वृष राशि की है। लग्नेश शुक्र सुख-समृद्धि के चतुर्थ भाव केन्द्र में विराजमान हैं। यही कारण है कि सुख-समृद्धि और सफलता ने उनके दरवाजे पर दस्तक दी और वह विश्वविख्यात गायिका बनी। वह आज स्वस्थ, सुखी, प्रसन्नचित, और धनीमानी महिला हैं। आयु व गूढ़ ज्ञान के अष्टम भाव तथा आय एवं लाभ के एकादश भाव के स्वामी गुरु ने अपना आशीर्वाद देकर उनकी सभी इच्छाओं को सिरे चढ़ाया और वाणी की सर्वोत्तम शक्ति प्रदान की। चन्द्र लग्न से तृतीय भाव में बैठे सूर्य और बुध ने भी उनकी वाणी में उर्जा का संचार किया। इन सभी विशेषताओं के साथ साथ उनकी वाणी में मधु की सी मिठास है। नवांश कुण्डली में भी बुध पंचम भाव में अपनी उच्चराशि में विराजमान है। फलतः बुध वर्गोत्तम है। वर्गोत्तम होने से मीठी वाणी और गायन शक्ति प्रदान की। लता मंगेशकर ने इस मिठास भरी वाणी में विभिन्न प्रकार के हजारों गाने गाये। लग्न में बैठे गुरु की पंचम भाव व पंचमेश तथा नवम भाव पर पूर्ण दृष्टि है। नवमेश गुरु की धनु राशि में विराजमान है। एक प्रकार से पुरुष त्रिकोण के भावों/राशियों का त्रिकोणीय अन्तर्सम्बन्ध बन रहा है। इसे धर्म के भावों का सहसम्बन्ध कहा जाता है। इस सम्बन्ध ने ज्ञानवान व भाग्यशाली बनाया। वाणीकारक बुध वक्री होकर विद्या और ज्ञान के पंचम भाव में सूर्य के साथ बैठे हैं। बुध आत्मकारक है। एसे बुध पर ज्ञान के ग्रह गुरु की दृष्टि ने चार चांद लगाये। सौम्य चन्द्र स्वराशिस्थ होकर भाषा और वाणी के तृतीय भाव में विराजमान हैं। सूर्य से द्वितीय व द्वादश भाव में चन्द्र को छोड़कर अन्य ग्रह स्थित हैं। उभयचरी योग बन रहा है। बुध के साथ बैठकर बुधादित्य योग बना रहा है। चन्द्र से द्वितीय भाव में सूर्य को छोडकर शुभ ग्रह शुक्र स्थित है। सुनफा योग बन रहा है। राहु व केतु को छोड़कर सभी सात ग्रह 6 भावों में बैठकर दामिनी योग बना रहे हैं। एसी महिला सौम्य, सुशील, सौभाग्यशाली, मिष्ठभाषी, गुणवान, धनवान, उदार, परोपकारी और विख्यात होती हैं।

उपसंहार

अन्त में हम कह सकते हैं कि लग्नेश शुक्र एवं ज्ञान के भंडार लाभेश गुरु के केन्द्रस्थ होने तथा उच्चराशिस्थ वाणीकारक वक्री बुध के त्रिकोण भाव में बैठे होने से लता मंगेशकर को बल मिला। वह विश्वविख्यात गायिका के रुप में निखरी और देश-विदेश में उनके गाये गीत प्रसिद्ध हुये। देश और देश से बाहर विदेशों में उनके असंख्य प्रशंसक उन्हें याद करते हैं। इसका मूल कारण पुरुष त्रिकोण के प्रथम, पंचम व नवम तीनों भावों का गुरु द्वारा बन रहा अन्तर्सम्बन्ध है। इस समय गुरु महादशा चल रही है। यह शुभ है। यह उनके स्वस्थ, सुखी और प्रसन्नचित रहने का संकेत है।

मिथुन लग्न

GEMINI

मिथुन लग्न वाली कुण्डलियों के विभिन्न भावों
में स्थित विभिन्न ग्रहों का अलग-अलग
फलादेश

मिथुन लग्न का संक्षिप्त फलादेश

मिथुन लग्न में जन्म लेने वाले जातक के शरीर का रंग गेहुंआ तथा चेहरा गोल होता है। वह स्त्रियों में आसक्त, नृत्य-संगीत-वाद्य आदि का प्रेमी, हास्य प्रवीण, दूत-कर्म करने वाला, मधुर भाषी, विन्रम, शिल्पज्ञ, विषयी, चतुर, कवि, परोपकारी, सुखी, तीर्थयात्री, गणितज्ञ, ऐश्वर्यवान, बहु संतति एवं मित्रवान, सुशील, दानी, अनेक प्रकार के भोगों का उपयोग करने वाला, राजा के समीप रहने वाला तथा राजा से ही पीड़ित होने वाला तथा सुंदर केशों वाला होता है।

मिथुन लग्न वाले व्यक्ति की आयु मध्यम होती है। वह अपनी प्रारंभिक अवस्था में सुखी, मध्यावस्था में दुःखी तथा अंतिम अवस्था में पुनः सुखोपभोग करने वाला होता है। उसका भाग्योदय ३२ से ३५ वर्ष की आयु के बीच का होता है।

मिथुन लग्न

यह बात पहले बताई जा चुकी है कि प्रत्येक व्यक्ति के जीवन पर नवग्रहों का प्रभाव मुख्यतः दो प्रकार से पड़ता है—

(१) ग्रहों की जन्म-कालीन स्थिति के अनुसार।

(२) ग्रहों की दैनिक गोचर गति के अनुसार।

जातक की जन्म-कालीन ग्रह स्थिति 'जन्म-कुण्डली' में दी गई होती है। उसमें जो ग्रह जिस भाव में और जिस राशि पर बैठा होता है, वह जातक के जीवन पर अपना निश्चित प्रभाव निरन्तर स्थायी रूप से डालता रहता है।

दैनिक गोचर गति के अनुसार विभिन्न ग्रहों की जो स्थिति होती है, उसकी जानकारी पंचाग द्वारा दी जा सकती है। ग्रहों की दैनिक गति के सम्बन्ध में या तो किसी ज्योतिषी से पूछ लेना चाहिए अथवा स्वयं ही उसे मालूम करने का तरीका सीख लेना चाहिए। इस सम्बन्ध में पुस्तक के पहले प्रकरण में विस्तारपूर्वक लिखा जा चुका है।

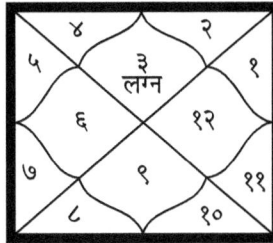

दैनिक गोचर गति के अनुसार विभिन्न ग्रह जातक के जीवन पर अस्थायी रूप से अपना प्रभाव डालते हैं। उदाहरण के लिए यदि किसी जातक की जन्म-कुण्डली में सूर्य मिथुन राशि पर प्रथमभाव में बैठा है, तो उसका स्थाई प्रभाव जातक के जीवन पर आगे दी गई उदाहरण-पृष्ठ संख्या १६३ के अनुसार पड़ता रहेगा, परन्तु यदि दैनिक ग्रह गोचर में कुण्डली देखते समय सूर्य कर्क राशि के द्वितीयभाव में बैठा है, तो उस स्थिति में वह उदाहरण-पृष्ठ संख्या २११ के अनुसार उतनी अवधि तक जातक के जीवन

पर अपना अस्थायी प्रभाव अवश्य डालेगा, जब तक कि वह 'कर्क' राशि से हटकर 'सिंह' राशि में नहीं चला जाता। सिंह राशि में पहुंच कर वह सिंह राशि के अनुरूप अपना प्रभाव डालना आरम्भ कर देगा। अतः जिस जातक की जन्म-कुण्डली मे सूर्य मिथुन राशि के प्रथमभाव में बैठा हो, उसे उदाहरण-पृष्ठ संख्या १६३ में फलादेश देखने के पश्चात् यदि उन दिनों सूर्य कर्क राशि के द्वितीयभाव में बैठा हो, तो उदाहरण-पृष्ठ संख्या २११ का फलादेश भी देखना चाहिए तथा इन दोनों फलादेशों के समन्वय स्वरूप जो निष्कर्ष निकलता हो, उसी को अपने वर्तमान समय पर प्रभावकारी समझना चाहिए। इसी प्रकार प्रत्येक ग्रह के विषय में जान लेना चाहिए।

'मिथुन' लग्न में जन्म लेने वाले जातकों की जन्म-कुण्डली के विभिन्न भावों में स्थित विभिन्न ग्रहों के फलादेश का वर्णन उदाहरण-पृष्ठ संख्या १६३ से २११ तक में किया गया है। पंचांग की दैनिक ग्रह-गति के अनुसार मिथुन लग्न मे जन्म लेने वाले जातकों को किन-किन उदाहरण-कुण्डिलों द्वारा विभिन्न ग्रहों के तात्कालिक प्रभाव को देखना चाहिए—इसका विस्तृत वर्णन अगले पृष्ठों में किया गया है, अतः उसके अनुसार ग्रहों की तात्कालिक स्थिति के सामयिक प्रभाव की जानकारी प्राप्त कर लेनी चाहिए। तदुपरांत दोनों फलादेश के समन्वय-स्वरूप जो निष्कर्ष निकलता हो, उसी को सही फलादेश समझना चाहिए।

इस विधि से प्रत्येक व्यक्ति प्रत्येक जन्म-कुण्डली का ठीक-ठाक फलादेश सहज में ही ज्ञात कर सकता है।

टिप्पणी—(१) पहले बताया जा चुका है कि जिस समय जो ग्रह २७ अंश से ऊपर अथवा ३ अंश के भीतर होता है, वह प्रभावकारी नहीं रहता। इसी प्रकार जो ग्रह सूर्य से अस्त होता है, वह भी जातक के ऊपर अपना प्रभाव या तो बहुत कम डालता है या पूर्णतः प्रभावहीन रहता है।

(२) स्थायी जन्म-कुण्डली स्थित विभिन्न ग्रहों के अंश किसी ज्योतिषी द्वारा अपनी कुण्डली में लिखवा लेने चाहिए, ताकि उनके अंशों के विषय में बार-बार जानकारी प्राप्त करने के झंझट से बचा जा सके। तात्कालिक गोचर के ग्रहों के अंश की जानकारी पंचांग द्वारा अथवा किसी ज्योतिषी से पूछकर प्राप्त कर लेनी चाहिए।

(३) स्थायी जन्म-कुण्डली अथवा तात्कालिक ग्रह-गति कुण्डली में यदि किसी भाव में एक से अधिक ग्रह एक साथ बैठे होते हैं अथवा जिन-जिन भावों पर उनकी दृष्टियां पड़ती हैं, जातक का जीवन उनके द्वारा भी प्रभावित होता है। इस पुस्तक के तीसरे प्रकरण में 'ग्रहों की युति का प्रभाव' शीर्षक के अंतर्गत विभिन्न ग्रहों की युति के फलादेश का वर्णन किया गया है, अतः इस विषय की जानकारी वहां से प्राप्त कर लेनी चाहिए।

(४) विंशोत्तरी दशा के सिद्धान्तानुसार प्रत्येक जातक की पूर्णायु १२० वर्ष की मानी जाती है। इस आयु अवधि में जातक नवग्रहों की दशाओं का भोग कर लेता है। विभिन्न ग्रहों का दशा-काल भिन्न-भिन्न होता है, परन्तु अधिकांश व्यक्ति इतनी लंबी आयु तक जीवित नहीं रह पाते; अतः वे अपने जीवन-काल में कुछ ही ग्रहों की दशाओं का भोग कर पाते हैं। जातक के जीवन के जिस काल में जिस ग्रह की दशा—जिसे 'महादशा' कहा जाता है—चल रही होती है, जन्म-कालीन ग्रह-स्थिति के अनुसार, उसके जीवन-काल की उतनी अवधि, उस ग्रह-विशेष के प्रभाव से विशेष रूप से प्रभावित रहती है। जातक का जन्म किस ग्रह की महादशा में हुआ है

और उसके जीवन में किस अवधि से किस अवधि तक किस ग्रह की महादशा चलेगी और वह महादशा जातक के ऊपर अपना क्या विशेष प्रभाव डालेगी इन सब बातों का उल्लेख भी तीसरे प्रकरण में किया गया है।

इस प्रकार (१) जन्म-कुण्डली, (२) तात्कालिक ग्रह-गोचर कुण्डली एवं (३) ग्रहों की महादशा—इन तीनों विधियों से फलादेश प्राप्त करने की सरल विधि का वर्णन इस पुस्तक में किया गया है, अतः इन तीनों के समन्वय-स्वरूप फलादेश का ठीक-ठाक निर्णय करके अपने भूत, वर्तमान तथा भविष्यत्-कालीन जीवन के विषय में सम्यक्-जानकारी प्राप्त कर लेनी चाहिए।

विशेष नोट : मिथुन लग्न जन्म कुण्डली/गोचर कुण्डली के द्वादश भावों में सूर्यादि सभी नवग्रहों का फलादेश नीचे दिया जा रहा है। पढ़ें और समझें।

'मिथुन' लग्न में 'सूर्य' का फल

जिस जातक का जन्म 'मिथुन' लग्न में हुआ हो और जन्म-कुण्डली के 'प्रथमभाव' में 'सूर्य' की स्थिति हो, उस 'सूर्य' का फलादेश आगे लिखे अनुसार समझना चाहिए—

पहले केन्द्र तथा शरीर भाव में समग्रह बुध की मिथुन राशि पर स्थित सूर्य के प्रभाव से जातक बड़ा तेजस्वी, हिम्मती, साहसी, पुरुषार्थी, तथा उद्योगी होता है। वह अपने परिश्रम द्वारा ऊंचे-ऊंचे काम करता है तथा भाई-बहन की शक्ति भी प्राप्त करता है। यहां से सूर्य सातवीं मित्रदृष्टि से बृहस्पति की धनराशि वाले सप्तमभाव को देखता है, अतः जातक को स्त्री एवं व्यवसाय के पक्ष में भी सफलता मिलती है। ऐसे जातक का गृहस्थ जीवन सुखपूर्ण होता है और वह स्वयं बड़ा हिम्मती, फुर्तीला, उद्योगी, प्रभावशाली तथा क्रोधी होता है।

मिथुन लग्न: प्रथमभाव: सूर्य

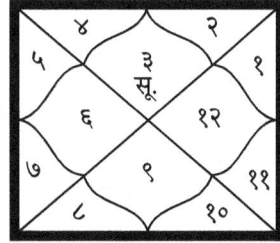

जिस जातक का जन्म 'मिथुन' लग्न में हुआ हो और जन्म-कुण्डली के 'द्वितीयभाव' में 'सूर्य' की स्थिति हो, उस 'सूर्य' का फलादेश नीचे लिखे अनुसार समझना चाहिए—

दूसरे धन तथा कुटुम्ब भाव में अपने मित्र चन्द्र की कर्क राशि पर स्थित सूर्य के प्रभाव से जातक अपने पुरुषार्थ द्वारा धन तथा कुटुम्ब के सुख में वृद्धि करता है, परन्तु भाई-बहन की शक्ति में कुछ कमी रहती है। यहां से सूर्य सातवीं शत्रुदृष्टि से शनि को मकर राशि में अष्टमभाव को देखता है, अतः जातक को दैनिक जीवनचर्या में कुछ अशान्ति का अनुभव होता है तथा पुरातत्त्व के लाभ में कमी आ जाती है। यों, ऐसा जातक धनी, प्रभावशाली तथा हिम्मतवर होता है।

मिथुन लग्न: द्वितीयभाव: सूर्य

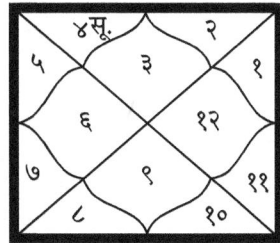

जिस जातक का जन्म 'मिथुन' लग्न में हुआ हो और जन्म-कुण्डली के 'तृतीयभाव' में 'सूर्य' की स्थिति हो, उसे 'सूर्य' का फलादेश नीचे लिखे अनुसार समझना चाहिए—

तीसरे पराक्रम एवं भाई-बहन के भाव में अपनी सिंह राशि पर स्थित सूर्य के प्रभाव से जातक अत्यंत पराक्रमी होता है और उसे भाई-बहनों की भी शक्ति प्राप्त होती है। यहां से सूर्य सातवीं शत्रुदृष्टि से शनि की कुम्भ राशि में नवमभाव को देखता है, उसके कारण जातक को अपने सम्बन्ध में कुछ असंतोष बना रहता है तथा धार्मिक मामलों में भी कुछ विशेष श्रद्धा नहीं होती। यों, ऐसा जातक बड़ा प्रभावशाली, हिम्मतवर, पराक्रमी तथा सुखी होता है।

मिथुन लग्न: तृतीयभाव: सूर्य

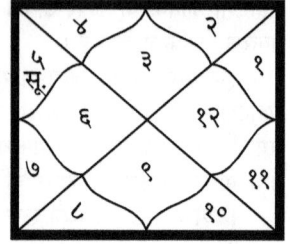

जिस जातक का जन्म 'मिथुन' लग्न में हुआ हो और जन्म-कुण्डली के 'चतुर्थभाव' में 'सूर्य' की स्थिति हो, उसे 'सूर्य' का फलादेश आगे लिखे अनुसार समझना चाहिए—

चौथे केन्द्र, माता एवं भूमि-भवन के भाव में समग्रह बुध की कन्या राशि पर स्थित सूर्य के प्रभाव से जातक का पराक्रम बढ़ा रहता है, उसे भाई-बहनों का सुख तथा सम्मान प्राप्त होता है, माता द्वारा शक्ति मिलती है तथा भूमि-भाव, संपत्ति एवं सुख का भी लाभ होता है। यहां से सूर्य सातवीं दृष्टि से अपने मित्र गुरु की मीन राशि में दशमभाव को देखता है। अस्तु, जातक को पिता द्वारा सहयोग, राजकीय क्षेत्र में सफलता, व्यवसाय के क्षेत्र में उन्नति एवं यश की प्राप्ति होती है। संक्षेप में, ऐसा जातक धनी, यशस्वी, सुखी तथा परिश्रमी होता है।

मिथुन लग्न: चतुर्थभाव: सूर्य

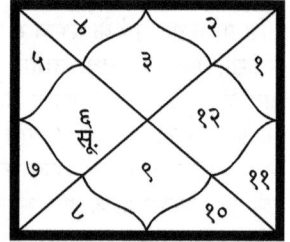

जिस जातक का जन्म 'मिथुन' लग्न में हुआ हो और जन्म-कुण्डली के 'पंचमभाव' में 'सूर्य' की स्थिति हो, उसे 'सूर्य' का फलादेश नीचे लिखे अनुसार समझना चाहिए—

पांचवे त्रिकोण एवं विद्या-बुद्धि के भाव में तुला राशि नीच के सूर्य के प्रभाव से जातक को संतानपक्ष से कष्ट का अनुभव होता है तथा विद्या-बुद्धि के क्षेत्र में भी कमी बनी रहती है। ऐसा जातक गुप्त युक्तियों से काम लेने वाला होता है तथा उसके बाहुबल एवं पराक्रम में कमजोरी रहती है। यहां से सूर्य सातवीं उच्चदृष्टि से मंगल की मेष राशि वाले एकादशभाव को देखता है, अत: जातक धन-लाभ के लिए असत्य भाषण एवं गुप्त युक्तियों का आश्रय लेता है तथा लाभ उठाता है।

मिथुन लग्न: पंचमभाव: सूर्य

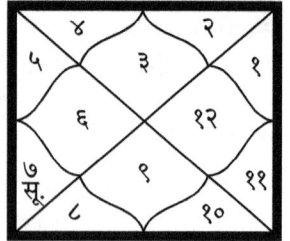

जिस जातक का जन्म 'मिथुन' लग्न में हुआ हो और जन्म-कुण्डली के 'षष्ठभाव' में 'सूर्य' की स्थिति हो, उसे 'सूर्य' का फलादेश नीचे लिखे अनुसार समझना चाहिए—

मिथुन लग्नः षष्ठभावः सूर्य

छठे शत्रु एवं रोग भाव में अपने मित्र मंगल की वृश्चिक राशि पर स्थित सूर्य के प्रभाव से जातक अपने शत्रुओं पर विजय प्राप्त करता है तथा उसकी पराक्रम-शक्ति बहुत बढ़ी रहती है। ऐसे जातक का भाई-बहनों के साथ कुड वैमनस्य भी रहता है। यहां से सूर्य सातवीं शत्रुदृष्टि से शुक्र की वृषभ राशि में द्वादशभाव को देखता है, अतः जातक को खर्च के मामलों में असंतोष का अनुभव होता रहेगा तथा बाहरी भाव के सम्बन्धों से भी विशेष सुख मिलेगा। ऐसा जातक कठिन परिश्रमी तथा साहसी भी होता है।

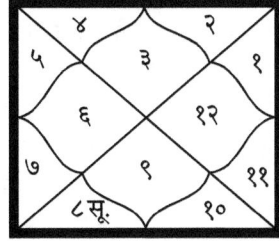

जिस जातक का जन्म 'मिथुन' लग्न में हुआ हो और जन्म-कुण्डली के 'सप्तमभाव' में 'सूर्य' की स्थिति हो, उसे सूर्य का फलादेश नीचे लिखे अनुसार समझना चाहिए—

मिथुन लग्नः सप्तमभावः सूर्य

सातवें केन्द्र, स्त्री तथा व्यवसाय के भाव में अपने मित्र गुरु की धनु राशि पर स्थित सूर्य के प्रभाव से जातक स्त्री-पक्ष से सुख, शक्ति एवं प्रभाव प्राप्त करता है तथा व्यवसाय के क्षेत्र में भी परिश्रम द्वारा पर्याप्त सफल होता है। उसे भाई-बहिनों का सुख भी मिलता है। यहां से सूर्य सातवीं समग्रहदृष्टि से बुध की मिथुन राशि में प्रथमभाव को देखता है, अतः जातक को शारीरिक शक्ति, सौंदर्य एवं गृहस्थ-जीवन की भी प्राप्ति होती है। साथ ही उसे अपने गृहस्थ-जीवन के सुख तथा भोगादि में भी सफलता मिलती है।

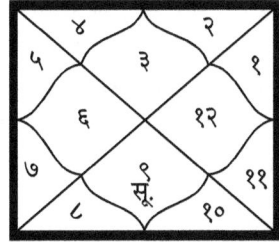

जिस जातक का जन्म 'मिथुन' लग्न में हुआ हो और जन्म-कुण्डली के 'अष्टमभाव' में 'सूर्य' की स्थिति हो, उसे 'सूर्य' का फलादेश नीचे लिखे अनुसार समझना चाहिए—

मिथुन लग्नः अष्टमभावः सूर्य

आठवें आयु तथा पुरातत्त्व के भाव में अपने शत्रु शनि की मकर राशि पर स्थित सूर्य के प्रभाव से जातक की आयु एवं पुरातत्त्व की शक्ति में कुछ कमी आ जाती है। साथ ही भाई-बहन के सुख तथा पराक्रम में भी कमजोरी बनी रहती है। उसें अशान्ति एवं निराशा का अक्सर सामना करना पड़ता है। यहां से सूर्य सातवीं मित्रदृष्टि से चन्द्र की कर्क राशि में द्वितीयभाव को देखता है, अतः जातक को परिश्रम के द्वारा आर्थिक क्षेत्र में सफलता प्राप्त होती है तथा कुटुम्ब का सामान्य-सुख भी मिलता है, परन्तु वह उत्साहहीन बना रहता है।

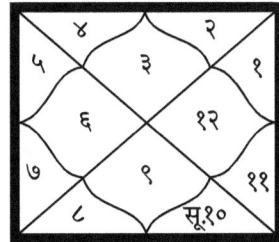

जिस जातक का जन्म 'मिथुन' लग्न में हुआ हो और जन्म-कुण्डली के 'नवमभाव' में 'सूर्य' की स्थिति हो, उसे 'सूर्य' का फलादेश नीचे लिखे अनुसार समझना चाहिए—

नवें त्रिकोण, भाग्य तथा धर्म के भाव में अपने शत्रु शनि की कुम्भ राशि पर स्थित सूर्य के प्रभाव से जातक कठिन परिश्रम द्वारा अपने भाग्य की उन्नति तथा कुछ लापरवाही के साथ धर्म का पालन करता है। साथ ही उसे भाई-बहन के सम्बन्धों से भी असंतोष रहता है। यहां से सूर्य सातवीं मित्रदृष्टि से अपनी सिंह राशि में तृतीयभाव को देखता है, अतः जातक के पराक्रम में वृद्धि होती है तथा भाई के द्वारा भी कुछ सहयोग प्राप्त होता है ऐसा जातक हिम्मती, उत्साही, परिश्रमी, तेजस्वी तथा प्रभावशाली होता है।

मिथुन लग्न: नवमभाव: सूर्य

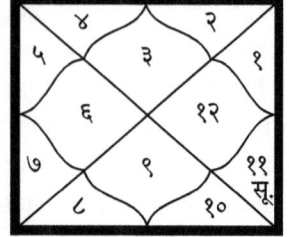

जिस जातक का जन्म 'मिथुन' लग्न में हुआ हो और जन्म-कुण्डली के 'दशमभाव' मे 'सूर्य' की स्थिति हो, उसे 'सूर्य' का फलादेश आगे लिखे अनुसार समझना चाहिए—

'दसवें केन्द्र' राज्य तथा पिता के भाव में अपने मित्र गुरु की मीन राशि पर स्थित सूर्य के प्रभाव से जातक अपने पिता की श्रेष्ठ शक्ति प्राप्त करता है तथा राज्य के क्षेत्र में भी लाभ एवं सम्मान अर्जित करता है तथा पराक्रम में भी वृद्धि होती है। यहां से सूर्य अपनी सातवीं समग्रहदृष्टि से बुध की कन्या राशि वाले चतुर्थभाव को देखता है, अतः वह अपने पराक्रम द्वारा सुख की वृद्धि करता है। तथा माता, भूमि भाव एवं संपत्ति के पक्ष में भी संतुष्ट एवं सुखी बना रहता है।

मिथुन लग्न: दशमभाव: सूर्य

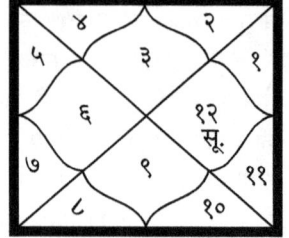

जिस जातक का जन्म 'मिथुन' लग्न में हुआ हो और जन्म-कुण्डली के 'एकादशभाव' में 'सूर्य' की स्थिति हो, उसे 'सूर्य' का फलादेश नीचे लिखे अनुसार समझना चाहिए—

ग्यारहवें लाभ भाव में मेष राशि पर स्थित उच्च के सूर्य के प्रभाव से जातक के पराक्रम में विशेष वृद्धि होती है और वह उसके द्वारा पर्याप्त धन अर्जित करता है। साथ ही उसे भाई-बहनों की शक्ति भी मिलती है और उत्साह एवं उमंग की प्राप्ति होती है। यहां से सूर्य सातवीं नीचदृष्टि से शुक्र की तुला राशि में पंचम-भाव को देखता है, अतः संतानपक्ष के सुख में कुछ कमी आती है तथा विद्याध्ययन में भी रुकावटें पड़ती हैं। ऐसा जातक बड़ा परिश्रमी, हिम्मती एवं स्वभाव का कुछ रूखा होता है।

मिथुन लग्न: एकादशभाव: सूर्य

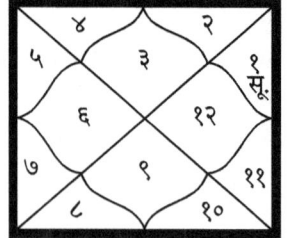

जिस जातक का जन्म 'मिथुन' लग्न में हुआ हो और जन्म-कुण्डली के 'द्वादशभाव' में 'सूर्य' स्थिति हो, उसे 'सूर्य' का फलादेश नीचे लिखे अनुसार समझना चाहिए—

मिथुन लग्नः द्वादशभावः सूर्य

बारहवें व्यय भाव में अपने शत्रु शुक्र की राशि पर स्थित सूर्य के प्रभाव से जातक का खर्च अधिक रहता है, परन्तु बाहरी भावों के सम्बन्ध से लाभ होता है। उसे भाई-बहन के सुख तथा पराक्रम के क्षेत्र में भी हानि उठानी पड़ती है। सूर्य सातवीं मित्रदृष्टि से मंगल की वृश्चिक राशि में षष्ठभाव में देखता है, अतः जातक शत्रु पक्ष में प्रभाव कायम रखता है। ऐसा जातक भीतरी तौर पर कमजोरी लिए रहता है, उसे छिपाकर प्रकट रूप में हिम्मत दिखाता है तथा परिश्रमी होता है।

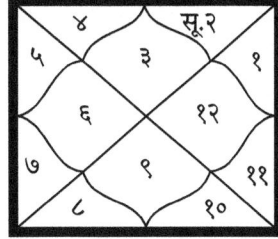

'मिथुन' लग्न में 'चन्द्र' का फल

जिस जातक का जन्म 'मिथुन' लग्न में हुआ हो और जन्म-कुण्डली के 'प्रथमभाव' में 'चन्द्र' की स्थिति हो, उसे 'चन्द्र' का फलादेश नीचे लिखे अनुसार समझना चाहिए—

मिथुन लग्नः प्रथमभावः चन्द्र

पहले केन्द्र तथा शरीर के भाव में अपने मित्र बुध की मिथुन राशि पर स्थित चन्द्र के प्रताप से जातक शारीरिक-शक्ति एवं मनोबल के योग से धनोपार्जन करने में कुशल होता है। साथ ही उसे कौटुम्बिक-सुख भी यथेष्ट मात्रा में प्राप्त होता है। यहां से चन्द्र सातवीं समग्रहदृष्टि से गुरु की धनु राशि में सप्तभाव को देखता है, अतः जातक को स्त्री तथा व्यवसाय के पक्ष से भी अच्छी शक्ति प्राप्त होती है। ऐसा जातक सुंदर, धनी, सुखी, प्रतिष्ठित तथा सुंदर पत्नी वाला होता है।

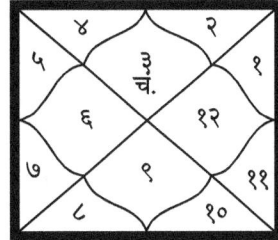

जिस जातक का जन्म 'मिथुन' लग्न में हुआ हो और जन्म-कुण्डली के 'द्वितीयभाव' में 'चन्द्र' की स्थिति हो, उसे 'चन्द्र' का फलादेश नीचे लिखे अनुसार समझना चाहिए—

मिथुन लग्नः द्वितीयभावः चन्द्र

दूसरे धन तथा कुटुम्ब भाव में अपनी कर्क राशि स्थित चन्द्र के प्रभाव से जातक के धन एवं कौटुम्बिक सुख में वृद्धि होती है। यहां से चन्द्र अपनी सातवीं दृष्टि से समग्रह शनि की मकर राशि में अष्टमभाव को देखता है, अतः जातक को अपने दैनिक जीवन में कुछ कठिनाइयों का सामना करना पड़ेगा तथा पुरातत्व के सम्बन्ध में भी कुछ दैनिक जीवन में कुछ हानि होगी। ऐसा जातक अपने मन को धनोपार्जन की दिशा में लगाए रखता है तथा लाभ प्राप्त करता है। वह यशस्वी एवं सुखी होते हुए भी मानसिक रूप से कुछ चिंतित बना रहता है।

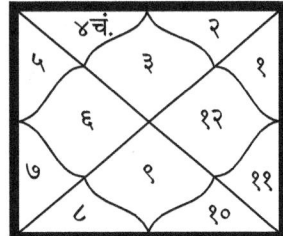

जिस जातक का जन्म 'मिथुन' लग्न में हुआ हो और जन्म-कुण्डली के 'तृतीयभाव' में 'चन्द्र' की स्थिति हो, उसे 'चन्द्र' का फलादेश नीचे लिखे अनुसार समझना चाहिए—

तीसरे पराक्रम एवं भाई-बंधु के भाव में अपने मित्र सूर्य की सिंह राशि पर स्थित चन्द्र के प्रभाव से जातक के पुरुषार्थ में वृद्धि होती है तथा भाई-बहनों को सुख भी प्राप्त होता है। यहां से चन्द्र अपनी सातवीं समग्रहदृष्टि से शनि की कुम्भ राशि में नवमभाव को देखता है, जातक को भाग्योन्नति में कुछ कठिनाइयां भी आती है तथा धर्म के पक्ष में भी कमी रहती है। ऐसा जातक धर्म से धन को अधिक महत्त्व देता है। वह पुरुषार्थी धनी, प्रतिष्ठित तथा यशस्वी भी होता है।

मिथुन लग्नः तृतीयभावः चन्द्र

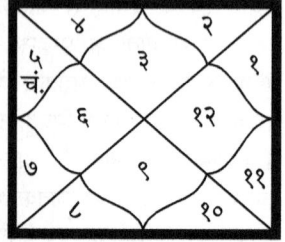

जिस जातक का जन्म 'मिथुन' लग्न में हुआ हो और जन्म-कुण्डली के 'चतुर्थभाव' में 'चन्द्र' की स्थिति हो, उसे 'चन्द्र' का फलादेश आगे लिखे अनुसार समझना चाहिए—

चौथे केन्द्र, माता तथा सुख भाव में अपने मित्र बुध की कन्या राशि पर स्थित चन्द्र के प्रभाव से जातक को माता के सुख में तो कमी आती है; परन्तु धन, भूमि, संपत्ति तथा कुटुम्ब का सुख प्राप्त होता है। यहां से चन्द्र सातवीं मित्रदृष्टि से गुरु की मीन राशि में दशमभाव को देखता है, अतः जातक को पिता एवं राज्य के द्वारा सुख तथा सम्मान की प्राप्ति होती है। साथ ही व्यवसाय में सफलता एवं धन की उन्नति के योग भी बनते है। ऐसा जातक धनी, सुखी तथा प्रभावशाली होता है।

मिथुन लग्नः चतुर्थभावःचन्द्र

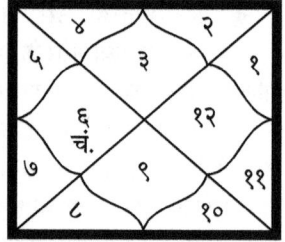

जिस जातक का जन्म 'मिथुन' लग्न में हुआ हो और जन्म-कुण्डली के 'पंचमभाव' में 'चन्द्र' की स्थिति हो, उसे 'चन्द्र' का फलादेश नीचे लिखे अनुसार समझना चाहिए—

पांचवे त्रिकोण तथा विद्या व संतान के भाव में समग्रह शुक्र की तुला राशि पर स्थित चन्द्र के प्रभाव से जातक को संतान के सुख में तों कुछ रुकावटें आती हैं परन्तु विद्या एवं बुद्धि के क्षेत्र में सफलता प्राप्त होती है और वह अपनी विद्या-बुद्धि के द्वारा धन भी उपार्जित करता है। यहां से चन्द्र सातवीं समग्रहदृष्टि से मंगल की मेष राशि में एकादशभाव को देखता है, अतः जातक की आमदनी अच्छी रहती है और वह ऐश्वर्यशाली, प्रतिष्ठित, सुखी, धनी तथा चतुर होता है।

मिथुन लग्नः पंचमभावः चन्द्र

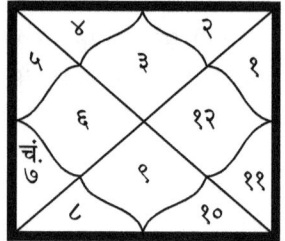

जिस जातक का जन्म 'मिथुन' लग्न में हुआ हो और जन्म-कुण्डली के 'पष्ठभाव' में 'चन्द्र' की स्थिति हो, उसे 'चन्द्र' का फलादेश नीचे लिखे अनुसार समझना चाहिए—

छठे शत्रु एवं रोग के भाव में समग्रह मंगल की राशि वृश्चिक पर स्थित नीच के प्रभाव से जातक को धन प्राप्ति के लिए कठिन परिश्रम करना पड़ता है तथा शत्रु पक्ष द्वारा हानि पहुंचने की सम्भावना भी रहती है। यहां से चन्द्र सातवीं दृष्टि से शुक्र की वृषभ राशि में द्वादशभाव को देखता है, अत: जातक का खर्च अधिक रहता है, जिसके कारण धन का संचय नहीं हो पाता परन्तु बाहरी भावों से लाभ होता है। ऐसी ग्रह स्थिति वाले जातक का भागी भी बनना पड़ता है।

मिथुन लग्नः षष्ठभावः चन्द्र

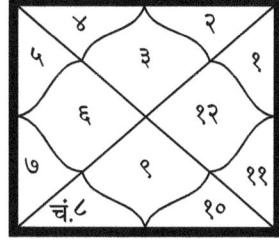

जिस जातक का जन्म 'मिथुन' लग्न में हुआ हो और जन्म-कुण्डली के 'सप्तमभाव' में 'चन्द्र' की स्थिति हो, उसे 'चन्द्र' का फलादेश आगे लिखे अनुसार समझना चाहिए—

सातवें केन्द्र, स्त्री तथा व्यवसाय के भाव में समग्रह गुरु की धन राशि पर स्थित चन्द्र के प्रभाव से जातक को स्त्री-पक्ष से सुख के साधनों में कुछ रुकावटों के साथ सफलता की प्राप्ति होती है तथा विवाहोपरान्त धन, व्यवसाय एवं भोगादि की उन्नति होती है। यहां से चन्द्र अपनी सातवीं मित्रदृष्टि से बुध की मिथुन राशि में प्रथमभाव को देखता है, अत: जातक शारीरिक सौंदर्य एवं प्रतिष्ठा को प्राप्त करता है तथा धन-वृद्धि के लिए निरन्तर प्रयत्नशील बना रहता है।

मिथुन लग्नः सप्तमभावः चन्द्र

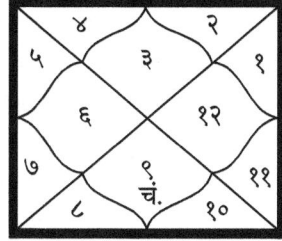

जिस जातक का जन्म 'मिथुन' लग्न में हुआ हो और जन्म-कुण्डली के 'अष्टमभाव' में 'चन्द्र' की स्थिति हो, उसे 'चन्द्र' का फलादेश नीचे लिखे अनुसार समझना चाहिए—

आठवें आयु एवं पुरात्त्व के भाव में समग्रह शनि की मकर राशि पर स्थित चन्द्र के प्रभाव से जातक को आयु तथा पुरातत्त्व के पक्ष में कुछ परेशानी बनी रहती है तथा धन-कोष एवं कुटुम्ब के सुख में भी बाधा पड़ती है। दैनिक जीवन में परेशानियों का सामना करते हुए भी जातक प्रतिष्ठा प्राप्त करता है। यहां से चन्द्र अपनी सातवीं दृष्टि से अपनी ही कर्क राशि में द्वितीयभाव को देखता है, अत: जातक को धन प्राप्ति के साधन मिलते रहते हैं तथा कुटुम्ब की उन्नति के लिए विशेष परिश्रम भी करना पड़ता है।

मिथुन लग्नः अष्टमभावः चन्द्र

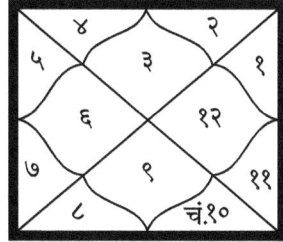

जिस जातक का जन्म 'मिथुन' लग्न में हुआ हो और जन्म-कुण्डली के 'नवमभाव' में 'चन्द्र' की स्थिति हो, उसे 'चन्द्र' का फलादेश नीचे लिखे अनुसार समझना चाहिए—

नवें त्रिकोण, भाग्य एवं धर्म के भाव में समग्रह शनि की कुम्भ राशि में स्थित शनि के प्रभाव से जातक को भाग्य पक्ष में कुछ असंतोष के साथ लाभ होता है और वह धन की वृद्धि के लिए धर्म का पालन करता है। यहां से चन्द्र अपनी सातवीं मित्रदृष्टि से सूर्य की सिंह राशि में तृतीयभाव को देखता है अत: जातक को भाई-बहन का सुख प्राप्त होता है तथा पराक्रम में भी वृद्धि होती है। संक्षेप मे, ऐसा जातक धनी, सुखी यशस्वी, प्रभावशाली, पराक्रमी, हिम्मतदार तथा भाई-बहनों का सुख पाने वाला होता है।

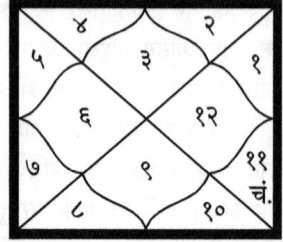
मिथुन लग्न: नवमभाव: चन्द्र

जिस जातक का जन्म 'मिथुन' लग्न में हुआ हो और जन्म-कुण्डली के 'दशमभाव' में 'चन्द्र' की स्थिति हो, उसे 'चन्द्र' का फलादेश आगे लिखे अनुसार समझना चाहिए—

दसवें केन्द्र, पिता तथा राज्य के भाव में समग्रह गुरु की मीन राशि पर स्थित चन्द्र के प्रभाव से जातक को पिता एवं राज्य द्वारा लाभ, सुख, धन तथा मान-प्रतिष्ठा की प्राप्ति होती है। यहां से चन्द्र सातवीं मित्रदृष्टि से बुध की कन्या राशि में चतुर्थभाव को देखता है, अत: उसे माता, भूमि, मकान एवं घरेलू सुखों की प्राप्ति होती है, परन्तु धन की उन्नति में उसे कुछ घिराव का-सा भी अनुभव होता रहता है।

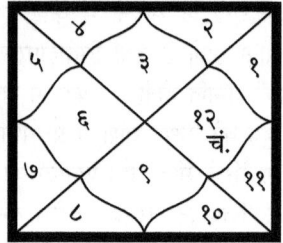
मिथुन लग्न: दशमभाव: चन्द्र

जिस जातक का जन्म 'मिथुन' लग्न में हुआ हो और जन्म-कुण्डली के 'एकादशभाव' में 'चन्द्र' की स्थिति हो, उसे 'चन्द्र' का फलादेश नीचे लिखे अनुसार समझना चाहिए—

ग्यारहवें लाभ भाव में समग्रह मंगल की राशि पर स्थित चन्द्र के प्रभाव से जातक को धन का विशेष लाभ होता है। साथ ही कुटुम्ब का सुख भी मिलता है। यहां से चन्द्र सातवीं समग्रहदृष्टि से शुक्र की तुला राशि में पंचमभाव को देखता है, अत: जातक को संतान, विद्या तथा बुद्धि के क्षेत्र में भी सफलता प्राप्त होती है। संक्षेप में, ऐसा जातक संतति-वान्, विद्वान् बुद्धिमान, सुखी, धनी, प्रतिष्ठित, यशस्वी एवं कुटुम्ब का सुख पाने वाला होता है।

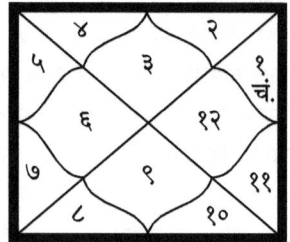
मिथुन लग्न: एकादशभाव: चन्द्र

जिस जातक का जन्म 'मिथुन' लग्न में हुआ हो और जन्म-कुण्डली के 'द्वादशभाव' में 'चन्द्र' की स्थिति हो, उसे 'चन्द्र' का फलादेश नीचे लिखे अनुसार समझना चाहिए—

बारहवें व्यय भाव में शुक्र की वृष राशि पर स्थित उच्च के चन्द्र के प्रभाव से जातक का खर्च अधिक रहता है तथा बाहरी भावों के सम्बन्ध से लाभ प्राप्त होता है। साथ ही कुटुम्ब की शक्ति में कुछ कमी बनी रहती है। यहां से चन्द्र सातवीं नीचदृष्टि से अपने शत्रु पक्ष में उसे झुककर अपना काम निकालना पड़ता है, साथ ही रोग, झगड़े आदि के कारण मन में कुछ अशान्ति भी बनी रहती है।

मिथुन लग्नः द्वादशभावः चन्द्र

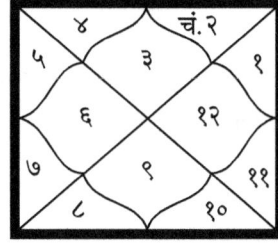

'मिथुन' लग्न में 'मंगल' का फल

जिस जातक का जन्म 'मिथुन' लग्न में हुआ हो और जन्म-कुण्डली के 'प्रथमभाव' में 'मंगल' की स्थिति हो, उसे 'मंगल का फलादेश आगे लिखे अनुसार समझना चाहिए—

पहले केन्द्र एवं शरीर भाव में अपने शत्रु बुध की राशि पर स्थित प्रभाव से जातक को शारीरिक श्रम द्वारा धन का यथेष्ट लाभ होता है तथा शत्रु पक्ष में भी विजय प्राप्त होती है। यहां से मंगल चौथी शत्रुदृष्टि से चतुर्थभाव को देखता है, अतः माता तथा सुख के पक्ष में कुछ में कुछ, असंतोषयुक्त लाभ होता है। सातवीं दृष्टि के सप्तमभाव में पड़ने से स्त्री के सम्बन्ध में कुछ रोग तथा परेशानी होती है एवं परिश्रम द्वारा व्यवसाय से लाभ होता है। आठवीं उच्चदृष्टि से अष्टमभाव मे पड़ने से जातक की आयु में वृद्धि होती है तथा पुरातत्त्व का भी लाभ होता है। ऐसा जातक क्रोधी, परिश्रमी, झगड़ालू तथा लाभ कमाने वाला होता है।

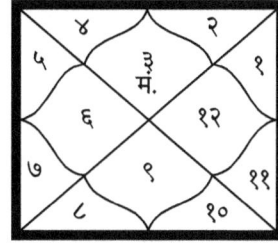

मिथुन लग्नः प्रथमभावः मंगल

जिस जातक का जन्म 'मिथुन' लग्न में हुआ हो और जन्म-कुण्डली के 'द्वितीयभाव' में 'मंगल' की स्थिति हो, उसे 'मंगल' का फलादेश नीचे लिखे अनुसार समझना चाहिए—

दूसरे धन-कुटुम्ब के भाव में अपने मित्र चन्द्र की कर्क राशि पर स्थित नीच के मंगल के प्रभाव से जातक को धन तथा कुटुम्ब के सम्बन्ध में हानि उठानी पड़ती है तथा शत्रुओं द्वारा उत्पन्न किए गए झगड़ों में भी नुकसान उठाना होता है। धन हानि के कार्य जुए-सट्टे द्वारा भी हो सकते है। यहां से मंगल चौथी दृष्टि से पंचमभाव को देखता है, अतः संतान के पक्ष में भी कुछ कष्ट होता है तथा विद्या-बुद्धि के क्षेत्र में गुप्त युक्तियों द्वारा लाभ होता है। सातवीं उच्चदृष्टि से अष्टमभाव को देखने के कारण आयु में वृद्धि होती है तथा पुरातत्त्व का

मिथुन लग्नः द्वितीयभावः मंगल

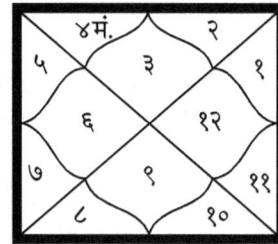

लाभ होता है। आठवीं समग्रहदृष्टि से नवमभाव को देखने से भाग्योन्नति में कठिनाई पड़ती है तथा धर्म में सच्ची श्रद्धा नहीं होती। ऐसा जातक धन प्राप्ति के लिए कठिन परिश्रम करता है।

जिस जातक का जन्म 'मिथुन' लग्न में हुआ हो और जन्म-कुण्डली के 'तृतीयभाव' में 'मंगल' की स्थिति हो, उसे 'मंगल' का फलादेश नीचे लिखे अनुसार समझना चाहिए—

मिथुन लग्नः तृतीयभावः मंगल

तीसरे पराक्रम एवं भाई के भाव में अपने मित्र सूर्य की राशि पर स्थित मंगल के प्रभाव से जातक को भाई-बहन की कुछ परेशानी के साथ सहयोग तथा सुख प्राप्त होता है एवं पराक्रम की वृद्धि होती है। यहां से मंगल चौथी दृष्टि से स्वराशि के षष्ठभाव को देखता है, अतः शत्रु पक्ष पर विजय प्राप्त करता है और उनसे लाभ भी उठाता है, सातवीं समग्रहदृष्टि से नवमभाव को देखने के कारण भाग्य तथा धर्म के पक्ष में सामान्य लाभ होता है तथा आठवीं मित्रदृष्टि से दशमभाव को देखने के कारण पिता तथा राज्य पक्ष से धन, सम्मान, यश एवं प्रभाव की वृद्धि होती है और जातक अपने परिश्रम द्वारा धनोपार्जन के क्षेत्र में भी सफलता प्राप्त करता है।

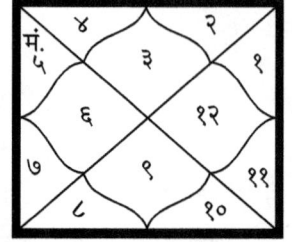

जिस जातक का जन्म 'मिथुन' लग्न में हुआ हो और जन्म-कुण्डली के 'चतुर्थभाव' में 'मंगल' की स्थिति हो, उसे 'मंगल' का फलादेश नीचे लिखे अनुसार समझना चाहिए—

मिथुन लग्नः चतुर्थभावः मंगल

चौथे केन्द्र, माता, भूमि एवं भाव के भाव में अपने शत्रु बुध की कन्या राशि पर स्थित मंगल के प्रभाव से जातक को माता के पक्ष में सामान्य वैमनस्ययुक्त लाभ प्राप्त होता है तथा भूमि, मकान आदि के सुख में कुछ परेशानियों के साथ लाभ होता है। यहां से मंगल चौथी मित्रदृष्टि से सप्तमभाव को देखता है। अतः स्त्री तथा व्यवसाय के पक्ष से भी कुछ झंझट के साथ लाभ होता है। सातवीं मित्रदृष्टि से दशमभाव को देखने के कारण पिता एवं राज्य के क्षेत्र से परिश्रम द्वारा लाभ एवं यश की प्राप्ति होती है तथा आठवीं दृष्टि से एकादशभाव को अपनी मेष राशि में देखने के कारण आमदनी अच्छी होती है। संक्षेप में, जातक को कुछ परेशानियों के साथ परिश्रम द्वारा सभी क्षेत्रों में लाभ एवं उन्नति के योग प्राप्त होते हैं।

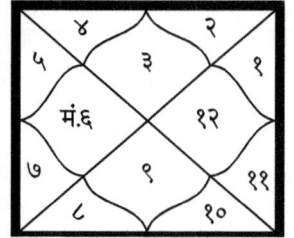

जिस जातक का जन्म 'मिथुन' लग्न में हुआ हो और जन्म-कुण्डली के 'पंचमभाव' में 'मंगल' की स्थिति हो, उसे 'मंगल' का फलादेश नीचे लिखे अनुसार समझना चाहिए—

मिथुन लग्नः पंचमभावः मंगल

पांचवें त्रिकोण एवं विद्या, बुद्धि तथा संतान के भाव में समग्रह शुक्र की तुला राशि पर स्थित मंगल के प्रभाव से जातक को संतान के पक्ष में सामान्य वैमनस्य के साथ लाभ होता है तथा परिश्रम के द्वारा विद्या-बुद्धि की प्राप्ति होती है। यहां से मंगल चौथी उच्चदृष्टि से अष्टमभाव को देखता है, अतः आयु की बुद्धि तथा पुरातत्त्व का लाभ होता है एवं दैनिक जीवन प्रभावपूर्ण रहता है। सातवीं दृष्टि स्वराशि के एकादशभाव में पड़ने से जातक गुप्त युक्तियों एवं परिश्रम द्वारा पर्याप्त लाभ कमाता है एवं आठवीं दृष्टि द्वादशभाव में पड़ने से खर्च अधिक रहता है तथा बाहरी भावों के सम्बन्ध से लाभ होता है। ऐसे जातक को पेट सम्बन्धी बीमारियां भी बनी रहती हैं। संक्षेप में, ऐसा जातक परिश्रम द्वारा धनी तथा सुखी होता है।

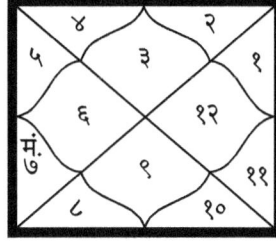

जिस जातक का जन्म 'मिथुन' लग्न में हुआ हो और जन्म-कुण्डली के 'षष्ठभाव' में 'मंगल' की स्थिति हो, उसे 'मंगल' का फलादेश नीचे लिखे अनुसार समझना चाहिए—

मिथुन लग्नः षष्ठभावः मंगल

छठे शत्रु एवं रोग भाव में अपनी ही वृश्चिक राशि पर स्थित मंगल के प्रभाव से जातक शत्रु पक्ष पर अत्यंत प्रभाव रखता है तथा कठिन परिश्रम द्वारा अपनी आमदनी में भी वृद्धि करता है। उसे झगड़े-झंझटों के मामलों तथा मामा के पक्ष से भी लाभ प्राप्त होता है। यहां से मंगल चौथी समग्रहदृष्टि ये नवमभाव को देखता है, अतः भाग्य एवं धर्म के पक्ष में कुछ कमी एवं असंतोष रहता है। सातवीं समग्रहदृष्टि से द्वादशभाव को देखने के कारण खर्च अधिक रहता है तथा बाहरी भावों के सम्बन्ध से लाभ मिलता है। आठवीं शत्रुदृष्टि से प्रथमभाव को देखने के कारण जातक शरीर से परिश्रमी होता है तथा परिश्रम द्वारा ही धनोपार्जन करता है।

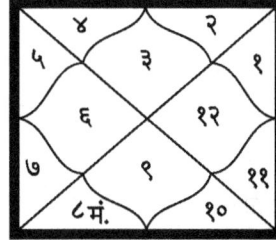

जिस जातक का जन्म 'मिथुन' लग्न में हुआ हो और जन्म-कुण्डली के 'सप्तमभाव' में 'मंगल' की स्थिति हो, उसे 'मंगल' का फलादेश नीचे लिखे अनुसार समझना चाहिए—

मिथुन लग्नः सप्तमभावः मंगल

सातवें केन्द्र, स्त्री तथा व्यवसाय के भाव में अपने मित्र गुरु की धनु राशि पर स्थित मंगल के प्रभाव से कुछ झंझटों के साथ व्यावसायिक क्षेत्र में सफलता प्राप्त होती है तथा स्त्रीपक्ष में भी रोग एवं झंझटों के साथ लाभ होता है। यहां से मंगल चौथी मित्रदृष्टि से दशमभाव को देखता है, अतः जातक को पिता तथा राज्य के द्वारा भी कुछ परेशानियों के साथ धन, मान एवं सफलता की प्राप्ति होती है। सातवीं

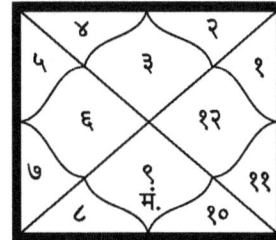

शत्रुदृष्टि से प्रथमभाव को देखने के कारण जातक की शारीरिक शक्ति में वृद्धि होती है, परन्तु रक्त-विकार आदि रोग भी होते हैं। आठवीं नीचदृष्टि से द्वितीयभाव को देखने के कारण धन-संग्रह में कमी रहती है, जिसके कारण दु:ख का अनुभव होता है। साथ ही, कुटुंब के कारण भी क्लेश प्राप्त होता है।

जिस जातक का जन्म 'मिथुन' लग्न में हुआ हो और जन्म-कुण्डली के 'अष्टमभाव' में 'मंगल' की स्थिति हो, उसे 'मंगल' का फलादेश नीचे लिखे अनुसार समझना चाहिए—

मिथुन लग्नः अष्टमभावः मंगल

आठवें आयु एवं पुरातत्त्व के भाव में समग्रह शनि की मकर राशि में स्थित उच्च के मंगल के प्रभाव से जातक की आयु में वृद्धि होती है तथा पुरातत्त्व का भी लाभ होता है। साथ ही शत्रु पक्ष में भी कुछ परेशानी के बाद सफलता मिलती है। यहां से मंगल चौथी दृष्टि से अपनी ही मेष राशि में एकादशभाव को देखता है, अत: परिश्रम द्वारा धन का लाभ होता है। जीवन-निर्वाह के लिए बंधी हुई आमदनी का योग रहता है। सातवीं नीचदृष्टि से द्वितीयभाव को देखने के कारण धन-संग्रह में कमी तथा कुटुम्ब से क्लेश रहता है। आठवीं मित्रदृष्टि से तृतीयभाव को देखने के कारण पराक्रम में वृद्धि होती है तथा भाई-बहन के सम्बन्ध में कुछ परेशानी के साथ लाभ प्राप्त होता है।

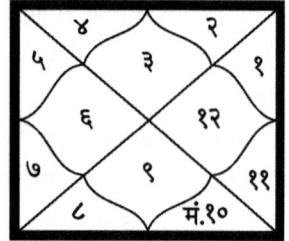

जिस जातक का जन्म 'मिथुन' लग्न में हुआ हो और जन्म-कुण्डली के 'नवमभाव' में 'मंगल' की स्थिति हो, उसे 'मंगल' का फलादेश नीचे लिखे अनुसार समझना चाहिए—

मिथुन लग्नः नवमभावः मंगल

नवें त्रिकोण, भाग्य तथा धर्म के भाव में अपने समग्रह शनि की कुम्भ राशि पर स्थित मंगल के प्रभाव से जातक की भाग्योन्नति परिश्रम एवं कुछ कठिनाइयों के बाद होती है तथा अरुचिकर रूप से धर्म का पालन भी होता है। शत्रु पक्ष में भी कुछ कठिनाइयों के बाद सफलता प्राप्त होती है। यहां से मंगल चौथी दृष्टि से द्वादशभाव को देखता है, अत: खर्च अधिक रहता है तथा बाहरी भावों के सम्बन्ध से लाभ होता है सातवीं मित्रदृष्टि से तृतीयभाव को देखने के कारण पराक्रम में वृद्धि होती है तथा भाई-बहनों का सुख मिलता है। आठवीं शत्रुदृष्टि से चतुर्थभाव को देखने के कारण माता तथा भूमि, मकान आदि के सुख में कुछ कठिनाइयों के बाद सफलता मिलती है।

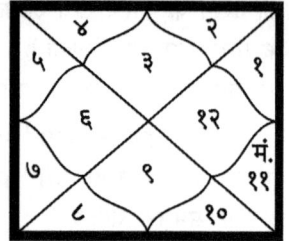

जिस जातक का जन्म 'मिथुन' लग्न में हुआ हो और जन्म-कुण्डली के 'दशमभाव' में 'मंगल' की स्थिति हो, उसे 'मंगल' का फलादेश नीचे लिखे अनुसार समझना चाहिए—

मिथुन लग्नः दशमभावः मंगल

दसवें केन्द्र, राज्य तथा पिता के भाव में अपने मित्र गुरु की मीन राशि पर स्थित मंगल के प्रभाव से जातक को परिश्रम द्वारा पिता तथा राज्य के क्षेत्र में लाभ तथा यश की प्राप्ति होती है। साथ ही शत्रु पक्ष में भी बड़ा प्रभाव बना रहता है। यहां से मंगल चौथी शत्रुदृष्टि से प्रथमभाव को देखता है, अतः शारीरिक शक्ति में वृद्धि होती है तथा कभी-कभी रोग का शिकार भी होना पड़ता है। सातवीं दृष्टि से चतुर्थभाव को देखने के कारण माता तथा भूमि आदि के सुख में कुछ परेशानियों के साथ सफलता मिलती है। आठवीं समग्रहदृष्टि से षष्ठभाव को देखने के कारण संतानपक्ष से वैमनस्ययुक्त लाभ होता है तथा विद्या के क्षेत्र में सफलता प्राप्त होती है। ऐसे जातक की आमदनी अच्छी रहती है।

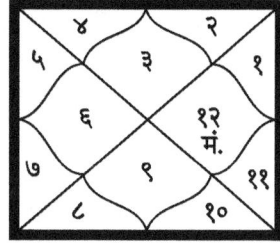

जिस जातक का जन्म 'मिथुन' लग्न में हुआ हो और जन्म-कुण्डली के 'एकादशभाव' में 'मंगल' की स्थिति हो, उसे 'मंगल' का फलादेश नीचे लिखे अनुसार समझना चाहिए—

मिथुन लग्नः एकादशभावः मंगल

ग्यारहवें लाभ भाव में अपने मेष राशि पर स्थित मंगल के प्रभाव से जातक को धन का लाभ पर्याप्त तथा भावी रूप से प्राप्त होता है, परन्तु मंगल के शत्रु भावाधिपति होने के कारण कभी-कभी कुछ कठिनाइयां उठानी पड़ती हैं। यहां से मंगल चौथी नीचदृष्टि से द्वितीयभाव को देखता है, अतः धन का संग्रह नहीं हो पाता तथा कुटुम्ब के मामलों में भी कष्ट मिलता है। सातवीं दृष्टि से पंचमभाव को देखने के कारण संतानपक्ष से कुछ परेशानी के साथ लाभ होता है तथा विद्या-बुद्धि के क्षेत्र में सफलता मिलती है। आठवीं दृष्टि से स्वयं अपनी वृश्चिक राशि में षष्ठभाव को देखने के कारण शत्रु पक्ष पर प्रभाव बना रहता है और शत्रुओं तथा झगड़ों द्वारा लाभ भी मिलता है।

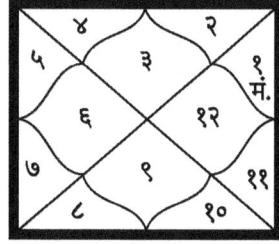

जिस जातक का जन्म 'मिथुन' लग्न में हुआ हो और जन्म-कुण्डली के 'द्वादशभाव' में 'मंगल' की स्थिति हो, उसे 'मंगल' का फलादेश नीचे लिखे अनुसार समझना चाहिए—

बारहवें व्यय भाव में अपने समग्रह शुक्र की वृषभ राशि पर स्थित मंगल के जातक का खर्च अधिक रहता है तथा बाहरी भावों के सम्बन्ध से लाभ भी होता है। यहां से मंगल चौथी मित्रदृष्टि से तृतीयभाव को देखता है, अतः पराक्रम की वृद्धि होती है तथा भाई-बहन के पक्ष से भी कुछ परेशानियों के बाद लाभ होता है। सातवीं दृष्टि से अपनी ही वृश्चिक राशि में षष्ठभाव को देखने के कारण शत्रु पक्ष से हानि और लाभ दोनों ही मिलते हैं तथा मामा पक्ष कमजोर रहता है। आठवीं मित्रदृष्टि से सप्तमभाव को देखने के कारण परिश्रम द्वारा लाभ होता है तथा स्त्रीपक्ष से कुछ परेशानी बनी रहती है। ऐसा ग्रह स्थिति वाले जातक को जननेंद्रिय रोग हो सकते हैं।

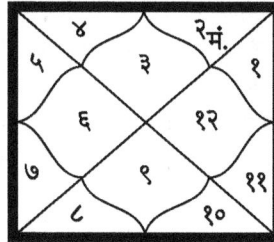

मिथुन लग्नः द्वादशभावः मंगल

'मिथुन' लग्न में 'बुध' का फल

जिस जातक का जन्म 'मिथुन' लग्न में हुआ हो और जन्म-कुण्डली के 'प्रथमभाव' में 'बुध' की स्थिति हो, उसे 'बुध' का फलादेश नीचे लिखे अनुसार समझना चाहिए—

पहले केन्द्र, एवं शरीर भाव में स्वराशि मिथुन स्थित बुध के प्रभाव से जातक को शारीरिक सौंदर्य एवं स्वास्थ्य की प्राप्ति होती है, साथ ही उसे माता, भूमि, मकान तथा घरेलू सुख भी पर्याप्त मात्रा में उपलब्ध होते हैं। ऐसा जातक विवेकी एवं यशस्वी भी होता है। यहां से बुध सातवीं दृष्टि से सप्तमभाव को देखता है। यहां स्त्री का विशेष सुख प्राप्त होता है एवं व्यवसाय के क्षेत्र में भी सफलता मिलती है। ऐसा जातक सुखी, शांत, धनी तथा प्रत्येक क्षेत्र में सफलता प्राप्त करने वाला होता है।

मिथुन लग्न: प्रथमभाव: बुध

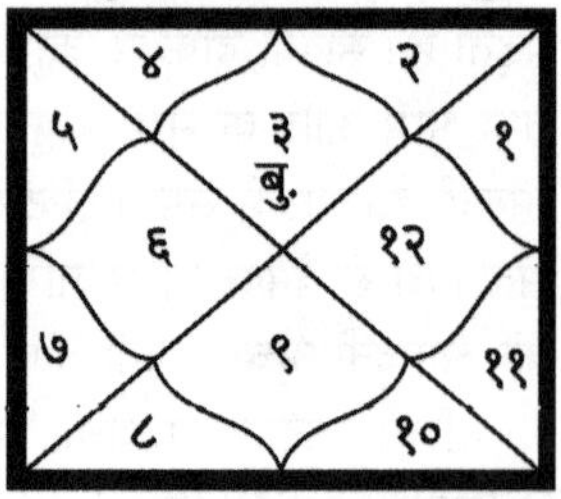

जिस जातक का जन्म 'मिथुन' लग्न में हुआ हो और जन्म-कुण्डली के 'द्वितीयभाव' में 'बुध' की स्थिति हो, उसे 'बुध' का फलादेश नीचे लिखे अनुसार समझना चाहिए—

दूसरे धन एवं कुटुम्ब के भाव में अपने शत्रु चन्द्र की कर्क राशि पर स्थित बुध के प्रभाव से जातक धन एवं कुटुम्ब के सुख को प्राप्त करता है, परन्तु शारीरिक सुख में कुछ कमी रहती है। उसे माता के सुख में भी कुछ कमी रहती है परन्तु भूमि संपत्ति आदि का सुख प्राप्त होता है। यहां से बुध सातवीं दृष्टि से अपने समग्रह शनि की मकर राशि में अष्टमभाव को देखता है, अत: जातक की आयु में वृद्धि होती है तथा पुरातत्त्व का लाभ होता है।

मिथुन लग्न: द्वितीयभाव: बुध

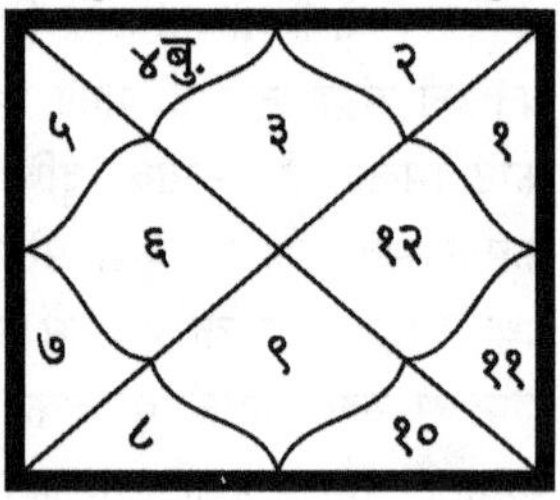

जिस जातक का जन्म 'मिथुन' लग्न में हुआ हो और जन्म-कुण्डली के 'तृतीयभाव' में 'बधु' की स्थिति हो, उसे 'बुध' का फलादेश नीचे लिखे अनुसार समझना चाहिए—

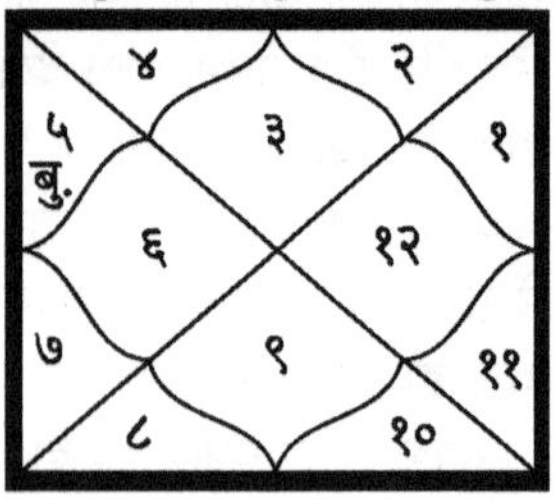

तीसरे पराक्रम एवं भाई-बहन के भाव में अपने मित्र सूर्य की सिंह राशि पर स्थित बुध के प्रभाव से जातक के पराक्रम में वृद्धि होती है तथा भाई-बहन का सुख भी प्राप्त होता है। साथ ही जातक को माता के सुख एवं भूमि, मकान आदि की उपलब्धि भी होती है। ऐसा जातक बहादुर तथा हिम्मतवाला होता है। यहां से बुध सातवीं समग्रहदृष्टि से नवमभाव को शनि की कुम्भ राशि में देखता है, अत: जातक अपने पुरुषार्थ एवं विवेक द्वारा भाग्य की उन्नति तथा धर्म का पालन भी करता है। ऐसा जातक का स्वभाव सम-सज्जन, यशस्वी तथा धैर्यवान होता है।

मिथुन लग्न: तृतीयभाव: बुध

जिस जातक का जन्म 'मिथुन' लग्न में हुआ हो और जन्म-कुण्डली के 'चतुर्थभाव' में 'बुध' की स्थिति हो, उसे 'बुध' का फलादेश नीचे लिखे अनुसार समझना चाहिए—

मिथुन लग्नः चतुर्थभावः बुध

चौथे केन्द्र, माता एवं भूमि-भाव के भाव में अपनी कन्या राशि पर स्थित उच्च के बुध के प्रभाव से जातक को माता द्वारा बहुत सुख प्राप्त होता है तथा भूमि, मकान संपत्ति आदि की भी प्राप्ति होती है। ऐसे जातक का मनोविनोद के साधन तथा शारीरिक सौंदर्य का भी लाभ होता है। यहां से बुध सातवीं नीचदृष्टि से गुरु की मीन राशि में दशमभाव को देखता है, अतः पिता के भाव में कुछ हानि उठानी पड़ती है तथा राज्य एवं व्यवसाय के क्षेत्रों में भी कुछ कमी बनी रहती है।

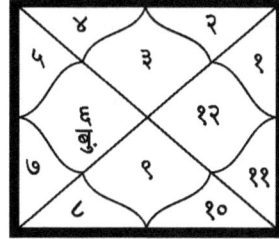

जिस जातक का जन्म 'मिथुन' लग्न में हुआ हो और जन्म-कुण्डली के 'पंचमभाव' में 'बधु' की स्थिति हो, उसे 'बुध' का फलादेश नीचे लिखे अनुसार समझना चाहिए—

मिथुन लग्नः पंचमभावः बुध

पांचवे त्रिकोण विद्या, बुद्धि, एवं संतान के भाव में अपने मित्र शुक्र की तुला राशि पर स्थित बुध के प्रभाव से जातक को संतान एवं विद्या-बुद्धि का विशेष लाभ प्राप्त होता है। ऐसा जातक बड़ा समझदार, गंभीर, चतुर तथा आत्मविश्वासी होता है। सब लोग उसे बहुत योग्य व्यक्ति मानते हैं। यहां से बुध सातवीं समग्रहदृष्टि से मंगल की मेष राशि में एकादशभाव को देखता है, अतः जातक को अपनी शारीरिक एवं बौद्धिक शक्ति द्वारा पर्याप्त लाभ होता है। साथ ही माता, भूमि तथा भाव का सुख भी प्राप्त होता है। ऐसा जातक शान्तिप्रिय तथा गंभीर स्वभाव का होता है।

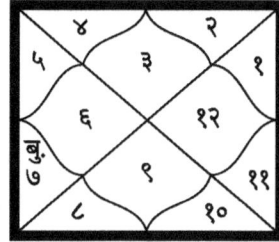

जिस जातक का जन्म 'मिथुन' लग्न में हुआ हो और जन्म-कुण्डली के 'षष्ठभाव' में 'बुध' की स्थिति हो, उसे 'बुध' का फलादेश नीचे लिखे अनुसार समझना चाहिए—

मिथुन लग्नः षष्ठभावः बुध

छठे शत्रु भाव में समग्रह मंगल की वृश्चिक राशि पर स्थित बुध के प्रभाव से जातक को शत्रु-पक्ष में अपनी विवेक-शक्ति द्वारा सफलता प्राप्त होती है। ऐसा व्यक्ति शरीर से खूब परिश्रम करनेवाला होता है। उसे माता के सुख तथा भूमि-भाव आदि के पक्ष में भी कमी रहती है। यहां से बुध सातवीं मित्रदृष्टि से व्ययभाव को देखता है, अतः जातक का खर्च अधिक रहता है तथा बाहरी सम्बन्ध से सुख प्राप्त होता है। उसे मामा से भी सुख मिलता है। झगड़े-झंझटों के कारण कुछ परेशानी भी रहती है।

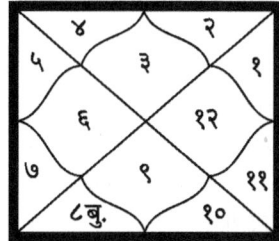

जिस जातक का जन्म 'मिथुन' लग्न में हुआ हो और जन्म-कुण्डली के 'सप्तमभाव' में 'बुध' की स्थिति हो, उसे 'बुध' का फलादेश नीचे लिखे अनुसार समझना चाहिए—

सातवें केन्द्र, स्त्री तथा व्यवसाय के भाव में समग्रह गुरु की धनु राशि में स्थित बुध के प्रभाव से जातक को स्त्री-पक्ष से श्रेष्ठ सुख एवं स्नेह प्राप्त होता है, तथा दैनिक जीवन में भी सुख शान्ति एवं सफलता मिलती है। ऐसे जातक को माता के पक्ष में कुछ कमी रहती है, परन्तु भूमि, मकान, भोग-विलास आदि का पर्याप्त सुख प्राप्त होता है। यहां से बुध अपनी ही मिथुन राशि में प्रथमभाव को देखता है, अत: शारीरिक सौंदर्य, मान, चतुराई तथा सुख की प्राप्ति भी होती है। ऐसा जातक बड़ा स्वाभिमानी होता है तथा यश भी प्राप्त करता है।

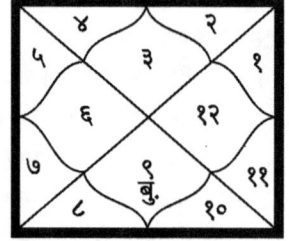

मिथुन लग्न: सप्तमभाव: बुध

जिस जातक का जन्म 'मिथुन' लग्न में हुआ हो और जन्म-कुण्डली के 'अष्टमभाव' में 'बुध' की स्थिति हो, उसे 'बुध' का फलादेश नीचे लिखे अनुसार समझना चाहिए-

आठवें मृत्यु तथा पुरातत्त्व के भाव में अपने समग्रह शनि की मकर राशि में स्थित बुध के प्रभाव से जातक को आयु तथा पुरातत्त्व का लाभ होता है, परन्तु माता के सुख में कमी होती है। शारीरिक सौंदर्य एवं स्वास्थ्य में त्रुटि रहती है तथा जातक को अपनी मातृभूमि, मकान से हटकर किसी अन्य भाव पर रहना पड़ता है। भूमि, मकान आदि के पक्ष में भी हानि उठानी पड़ती है। यहां से बुध सातवीं शत्रुदृष्टि से द्वितीयभाव को देखता है, अत: जातक धन वृद्धि के लिए प्रयत्नशील बना रहता है तथा कुटुम्ब से सुख प्राप्त करता है, परन्तु शारीरिक सुख एवं शान्ति में परेशानी उपस्थित होती रहती है।

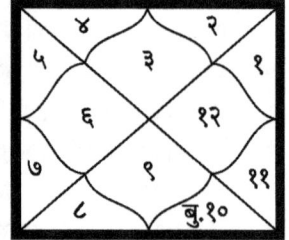

मिथुन लग्न: अष्टमभाव: बुध

जिस जातक का जन्म 'मिथुन' लग्न में हुआ हो और जन्म-कुण्डली के 'नवमभाव' में 'बुध' की स्थिति हो, उसे 'बुध' का फलादेश नीचे लिखे अनुसार समझना चाहिए—

नवें त्रिकोण, भाग्य तथा धर्म के भाव में अपने समग्रह शनि की कुम्भ राशि पर स्थित बुध के प्रभाव से जातक अपने शारीरिक श्रम तथा विवेक-शक्ति द्वारा उन्नति करता है तथा धर्म का पालन भी करता है। वह भूमि, मकान, माता के सुख आदि को भी प्राप्त करता है तथा भाग्यशाली बनकर अनेक प्रकार के सुखों का उपभोग करता है। यहां से बुध सातवीं मित्रदृष्टि से तृतीयभाव को देखता है, अत: जातक के पराक्रम में वृद्धि होती है तथा उसे भाई-बहन का श्रेष्ठ सुख भी प्राप्त होता है। ऐसा जातक भाग्यवान, समझदार, सुखी, धनी, विवेकी, संतुष्ट तथा यशस्वी होता है।

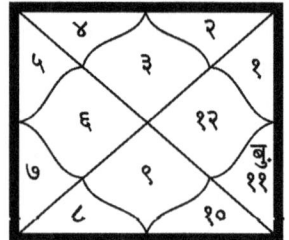

मिथुन लग्न: नवमभाव: बुध

जिस जातक का जन्म 'मिथुन' लग्न में हुआ हो और जन्म-कुण्डली के 'दशमभाव' में 'बुध' की स्थिति हो, उसे 'बुध' का फलादेश नीचे लिखे अनुसार समझना चाहिए—

दसवें केन्द्र, राज्य तथा पिता के भाव में मीन राशि पर स्थित नीच के बुध के प्रभाव से जातक कठिन शारीरिक श्रम द्वारा उन्नति के लिए प्रयत्नशील रहता है। उसे पिता का अल्पसुख प्राप्त होता है तथा राज्य के क्षेत्र में भी विशेष सफलता नहीं मिलती। वह कभी अपमानित और कभी सम्मानित भी होता है। यहां से बुध सातवीं उच्चदृष्टि से चतुर्थ भाव को अपने कन्या राशि में देखता है, अत: जातक के सुख-साधनों में वृद्धि होती है।

मिथुन लग्न: दशमभाव: बुध

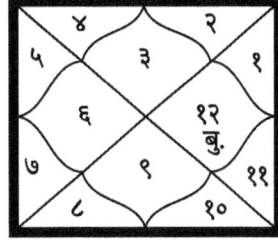

जिस जातक का जन्म 'मिथुन' लग्न में हुआ हो और जन्म-कुण्डली के 'एकादशभाव' में 'बुध' की स्थिति हो, उसे 'बुध' का फलादेश नीचे लिखे अनुसार समझना चाहिए—

ग्यारहवें लाभ भाव में अपने समग्रह मंगल की मेष राशि पर स्थित बुध के प्रभाव से जातक अपने शारीरिक श्रम एवं विवेक के द्वारा पर्याप्त लाभ उठाता है। साथ ही भूमि, संपत्ति, मकान तथा माता के सुख को भी प्राप्त करता है। यहां से बुध सातवीं मित्रदृष्टि से शुक्र की तुला राशि में पंचमभाव को देखता है, अत:जातक को संतानपक्ष से भी सुख मिलता है तथा विद्या-बुद्धि के क्षेत्र में भी सफलता प्राप्त होती है। ऐसा जातक सुखी, धनी, विवेकी, विद्वान, सुंदर तथा मीठी वाणी बोलने वाला होता है।

मिथुन लग्न: एकादशभाव: बुध

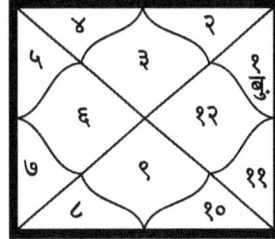

जिस जातक का जन्म 'मिथुन' लग्न में हुआ हो और जन्म-कुण्डली के 'द्वादशभाव' में 'बुध' की स्थिति हो, उसे 'बुध' का फलादेश नीचे लिखे अनुसार समझना चाहिए—

बारहवें व्ययभाव तथा बाहरी सम्बन्धों के भाव में अपने मित्र शुक्र की वृषभ राशि पर स्थित बुध के प्रभाव से जातक का खर्च अधिक रहता है तथा बाहरी भावों के सम्बन्ध से लाभ प्राप्त होता रहता है। साथ ही माता, भूमि, मकान के सुख सम्बन्ध में कुछ कमी बनी रहती है तथा जातक को अपनी जन्मभूमि से दूर रहकर सुख प्राप्त होता है। यहां से बुध सातवीं मित्रदृष्टि से षष्ठभाव को मंगल की मेष राशि में देखता है, अत: जातक शत्रु पक्ष में शान्ति एवं विवेक के द्वारा सफलता प्राप्त करता है। खर्च की अधिकता के कारण भीतरी रूप से चिंतित रहते हुए भी वह अपने प्रभाव तथा सम्मान को बनाए रखता है।

मिथुन लग्न: द्वादशभाव: बुध

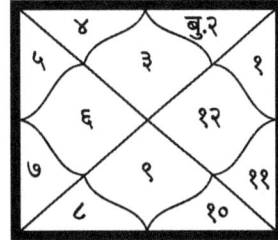

'मिथुन लग्न' में 'गुरु' का फल

जिस जातक का जन्म 'मिथुन' लग्न में हुआ हो और जन्म-कुण्डली के 'प्रथमभाव' में 'गुरु' की स्थिति हो, उसे 'गुरु' का फलादेश नीचे लिखे अनुसार समझना चाहिए—

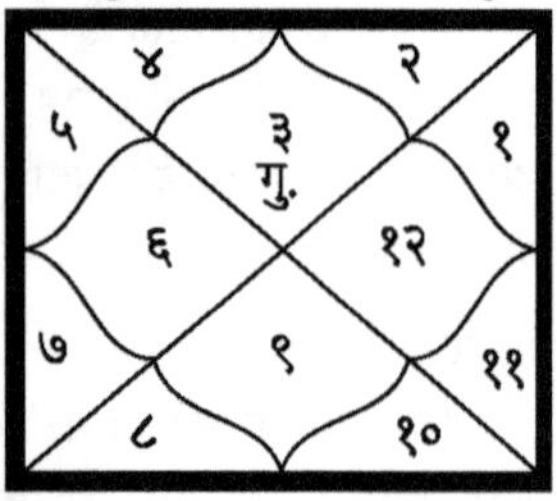

पहले केन्द्र तथा शरीर भाव में अपने शत्रु बुध की मिथुन राशि पर स्थित गुरु के प्रभाव से जातक की शारीरिक सौंदर्य, स्वाभिमान, मनोबल तथा सुख की प्राप्ति होती है। साथ ही पिता एवं राज्य द्वारा सहयोग, सुख एवं सम्मान प्राप्त होता है। यहां से गुरु सातवीं दृष्टि से सप्तमभाव को देखता है। अत: स्त्री द्वारा भी सुख मिलता है। पांचवीं शत्रुदृष्टि से पंचमभाव को देखने के कारण संतान के पक्ष में कुछ त्रुटिपूर्ण सफलता एवं विद्या-बुद्धि के क्षेत्र में कुछ विशेष सफलता प्राप्त होती है। नवीं समग्रहदृष्टि से नवमभाव को देखने से भाग्य तथा धर्म के क्षेत्र में भी कुछ त्रुटिपूर्ण सफलता मिलती है।

मिथुन लग्न: प्रथमभाव: गुरु

जिस जातक का जन्म 'मिथुन' लग्न में हुआ हो और जन्म-कुण्डली के 'द्वितीयभाव' में 'गुरु' की स्थिति हो, उसे 'गुरु' का फलादेश नीचे लिखे अनुसार समझना चाहिए—

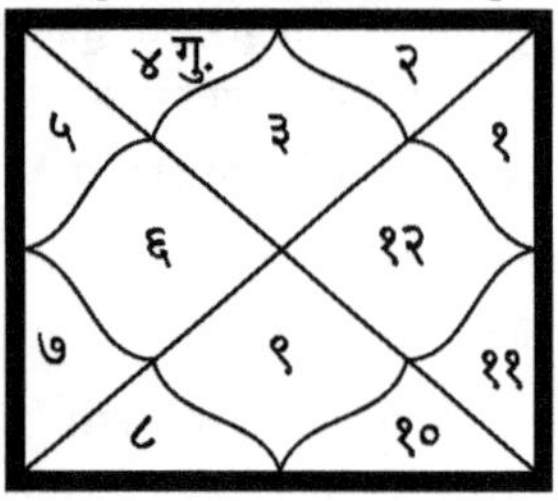

दूसरे धन-कुटुम्ब के भाव में अपने मित्र चन्द्र की कर्क राशि पर स्थित उच्च के बुध के प्रभाव से जातक के धन तथा कुटुम्ब की वृद्धि होती है। यहां से गुरु पांचवीं मित्रदृष्टि से षष्ठभाव को देखता है। अत: शत्रु पक्ष से प्रभाव एवं विजय की प्राप्ति होती है तथा मामा के पक्ष से सहयोग मिलता है। सातवीं नीचदृष्टि से अष्टमभाव को देखने के कारण आयु तथा पुरातत्त्व के क्षेत्र में कुछ कमी बनी रहती है। नवीं दृष्टि से स्वराशि में दशमभाव को देखने के कारण पिता तथा राज्य के द्वारा सहयोग, सुख एवं सम्मान प्राप्त होता है तथा व्यवसाय द्वारा धन की खूब वृद्धि होती है।

मिथुन लग्न: द्वितीयभाव: गुरु

जिस जातक का जन्म 'मिथुन' लग्न में हुआ हो और जन्म-कुण्डली के 'तृतीयभाव' में 'गुरु' की स्थिति हो, उसे 'गुरु' का फलादेश नीचे लिखे अनुसार समझना चाहिए—

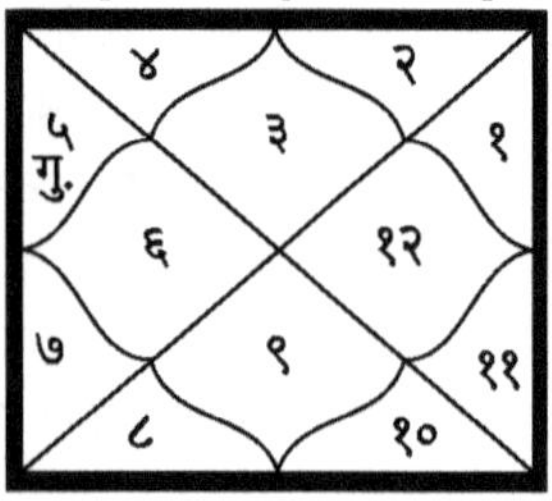

तीसरे पराक्रम एवं भाई-बहन के भाव में अपने मित्र सूर्य की सिंह राशि पर स्थित गुरु के प्रभाव से जातक के पराक्रम की वृद्धि होती है तथा भाई-बहन का सुख प्राप्त होता हैं। यहां से गुरु पांचवी दृष्टि से आपको धनु राशि में सप्तमभाव को देखता है, अत: सुंदर, सुशिक्षिता एवं सुयोग्य पत्नी द्वारा सुख की प्राप्ति होती है तथा व्यवसाय के क्षेत्र

मिथुन लग्न: तृतीयभाव: गुरु

में बहुत सफलता मिलती है। नवीं मित्रदृष्टि से एकादशभाव को देखने से लाभ खूब होता है तथा सातवीं समग्रहदृष्टि से नवमभाव को देखने के कारण भाग्य तथा धर्म के पक्ष में कुछ असंतोष एवं कमी बनी रहती है और परिश्रम द्वारा धन लाभ होता है।

जिस जातक का जन्म 'मिथुन' लग्न में हुआ हो और जन्म-कुण्डली के 'चतुर्थभाव' में 'गुरु' की स्थिति हो, उसे 'गुरु' का फलादेश नीचे लिखे अनुसार समझना चाहिए—

मिथुन लग्नः चतुर्थभावः गुरु

चौथे केन्द्र माता तथा भूमि-सुख भाव में अपने शत्रु बुध की कन्या राशि पर स्थित गुरु के प्रभाव से जातक को माता, भूमि, मकान आदि का सुख यथेष्ट मात्रा में प्राप्त होता है तथा सुख की वृद्धि होती है। पांचवीं नीच- दृष्टि से अष्टमभाव को देखने के कारण आयु तथा पुरातत्त्व के पक्ष में कुछ हानि एवं अशान्ति का सामना करना पड़ता है। सातवीं दृष्टि से अपनी राशि मीन में दशमभाव को देखने के कारण पिता तथा राज्य द्वारा पर्याप्त सहयोग, सफलता तथा यश की प्राप्ति होती है एवं व्यवसाय की उन्नति होती है। नवीं दृष्टि से द्वादशभाव को देखने के कारण खर्च अधिक होता है तथा बाहरी भावों से विशेष सम्बन्ध बना रहता है।

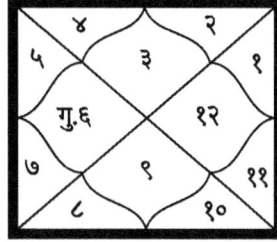

जिस जातक का जन्म 'मिथुन' लग्न में हुआ हो और जन्म-कुण्डली के 'पंचमभाव' में 'गुरु' की स्थिति हो, उसे 'गुरु' का फलादेश नीचे लिखे अनुसार समझना चाहिए—

मिथुन लग्नः पंचमभावः गुरु

पांचवें त्रिकोण तथा विद्या, संतान के भाव में अपने शत्रु शुक्र की तुला राशि पर स्थित गुरु के प्रभाव से जातक को संतान के पक्ष में कुछ कमी, परन्तु विद्या-बद्धि के क्षेत्र में विशेष सफलता प्राप्त होती है। पांचवीं समग्रहदृष्टि से नवमभाव को देखने के कारण भाग्योन्नति में कुछ कठिनाइयों के साथ सफलता मिलती है। सातवीं मित्रदृष्टि से एकादशभाव को देखने से कारण लाभ खूब होता है। नवीं शत्रुदृष्टि से प्रथमभाव को देखने के कारण शारीरिक सौंदर्य, प्रभाव एवं स्वाभिमान की प्राप्ति होती है। संक्षेप मे, ऐसा जातक बड़ा विद्वान्, बुद्धिमान, दूरदर्शी, उन्नतिशील, वाणी की शक्ति का धनी, चतुर, सुखी, तथा सफल होता है।

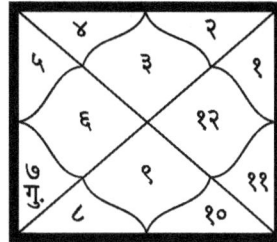

जिस जातक का जन्म 'मिथुन' लग्न में हुआ हो और जन्म-कुण्डली के 'षष्ठभाव' में 'गुरु' की स्थिति हो, उसे 'गुरु' का फलादेश नीचे लिखे अनुसार समझना चाहिए—

छठे शत्रु तथा रोग भाव में अपने मित्र मंगल की वृश्चिक राशि पर स्थित गुरु के प्रभाव से जातक को शत्रु-पक्ष में विजय प्राप्त होती है। साथ ही स्त्रीपक्ष में कुछ मतभेदों के साथ सफलता मिलती है। यहां से गुरु पांचवीं दृष्टि से अपनी मीन राशि में दशमभाव को देखता है, अतः उसे राज्य द्वारा सम्मान एवं उन्नति के अवसर मिलते हैं। सातवीं शत्रुदृष्टि से द्वादशभाव को देखने के कारण खर्च खूब रहता है तथा बाहरी भावों के सम्बन्ध से लाभ मिलता है। नवीं उच्चदृष्टि से द्वितीयभाव को देखने के कारण परिश्रम के द्वारा धन की वृद्धि होती है तथा कुटुम्ब से सहयोग प्राप्त होता है। ऐसा जातक उन्नतिशील होता है।

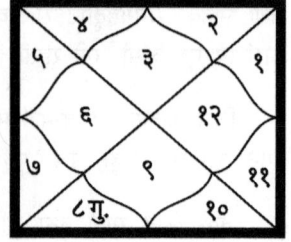

मिथुन लग्नः षष्ठभावः गुरु

जिस जातक का जन्म 'मिथुन' लग्न में हुआ हो और जन्म-कुण्डली के 'सप्तमभाव' में 'गुरु' की स्थिति हो, उसे 'गुरु' का फलादेश नीचे लिखे अनुसार समझना चाहिए—

सातवें केन्द्र, स्त्री तथा व्यवसाय के भाव में अपनी ही धनु राशि में स्थित गुरु के प्रभाव से जातक को स्त्री तथा व्यवसाय के पक्ष में बड़ी सफलता, सुख एवं प्रभाव की प्राप्ति होती है। साथ ही पिता तथा राज्य पक्ष से भी सहयोग, सम्मान एवं सुख मिलता है। यहां से जातक पांचवीं मित्रदृष्टि से एकादशभाव को देखता है, अतः जातक को लाभ खूब होता है। सातवीं शत्रुदृष्टि से प्रथमभाव को देखने के कारण शारीरिक सौंदर्य तथा सम्मान की प्राप्ति भी होती है तथा नवीं मित्रदृष्टि से तृतीयभाव को देखने के कारण पराक्रम में वृद्धि होती है तथा भाई-बहनों का सुख प्राप्त होता है। संक्षेप में, ऐसा जातक सुंदर, धनी, सुखी, स्वाभिमानी तथा जीवन में सफलताएं पाने वाला होता है।

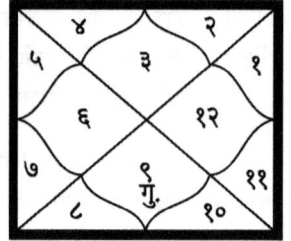

मिथुन लग्नः सप्तमभावः गुरु

जिस जातक का जन्म 'मिथुन' लग्न में हुआ हो और जन्म-कुण्डली के 'अष्टमभाव' में 'गुरु' की स्थिति हो, उसे 'गुरु' का फलादेश नीचे लिखे अनुसार समझना चाहिए—

मिथुन लग्नः अष्टमभावः गुरु

आठवें आयु तथा पुरातत्त्व के भाव में अपने समग्रह शनि की मकर राशि पर स्थित नीच के गुरु के प्रभाव से जातक को आयु तथा पुरातत्त्व के सम्बन्ध में कठिनाइयां उपस्थित होती हैं। साथ ही स्त्री, पिता तथा व्यवसाय के पक्ष में भी कष्ट का अनुभव होता है। उसे उदर विकार तथा मूत्रेंन्द्रिय विकारों का भी सामना करना पड़ता है। यहां से गुरु पांचवीं दृष्टि से द्वादशभाव को देखता है, अतः खर्च अधिक रहता

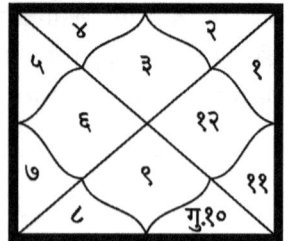

है तथा बाहरी भावों के कपटपूर्ण-सम्बन्धों से गृहस्थी का संचालन करता है। सातवीं उच्चदृष्टि से द्वितीयभाव को देखने के कारण जातक धन वृद्धि के लिए प्रयत्नशील रहता है तथा नवीं समग्रहदृष्टि से चतुर्थभाव को देखने से माता, मकान, भूमि आदि का सुख प्राप्त होता है।

जिस जातक का जन्म 'मिथुन' लग्न में हुआ हो और जन्म-कुण्डली के 'नवमभाव' में 'गुरु' की स्थिति हो, उसे 'गुरु' का फलादेश नीचे लिखे अनुसार समझना चाहिए—

मिथुन लग्नः नवमभावः गुरु

नवें त्रिकोण, भाग्य तथा धर्म के भाव में अपने समग्रह शनि की कुम्भ राशि पर स्थित गुरु के प्रभाव से जातक कुछ कठिनाइयों के साथ भाग्योन्नति करता है तथा अरुचि पूर्वक धर्म का पालन करता है। साथ ही स्त्री तथा पिता के पक्ष पशु में भी असंतोष बना रहता है। यहां से गुरु पांचवीं शत्रुदृष्टि से प्रथमभाव को देखता है, अतः शारीरिक सौंदर्य एवं सम्मान की प्राप्ति होती है। सातवीं मित्रदृष्टि से तृतीयभाव को देखने से पराक्रम की वृद्धि होती है तथा भाई-बहनों का सहयोग भी मिलता है। नवीं शत्रुदृष्टि से पंचमभाव को देखने के कारण संतानपक्ष से कुछ असंतोष रहता है तथा विद्या-बुद्धि के क्षेत्र में कुशलता प्राप्त होती है।

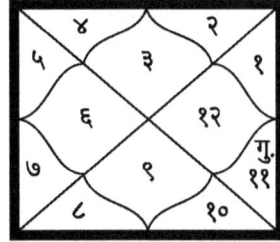

जिस जातक का जन्म 'मिथुन' लग्न में हुआ हो और जन्म-कुण्डली के 'दशमभाव' में 'गुरु' की स्थिति हो, उसे 'गुरु' का फलादेश नीचे लिखे अनुसार समझना चाहिए—

मिथुन लग्नः दशमभावः गुरु

दसवें केन्द्र, राज्य तथा पिता के भाव में अपनी ही मीन राशि पर स्थित गुरु के प्रभाव से जातक को राज्य एवं पिता द्वारा सुख, सहयोग तथा सम्मान की प्राप्ति होती है तथा व्यवसाय के क्षेत्र में भी सफलता मिलती है। पांचवीं उच्चदृष्टि से द्वितीयभाव को देखने के कारण जातक को धनसंचय की उत्तम शक्ति प्राप्त होती है। सातवीं शत्रुदृष्टि से चतुर्थभाव को देखने के कारण माता, भूमि, मकान, संपत्ति आदि का पर्याप्त सुख प्राप्त होता है तथा नवीं मित्रदृष्टि से षष्ठभाव को देखने के कारण जातक शत्रु पक्ष पर प्रभावशाली बना रहता है तथा मामा द्वारा भी सहायता मिलती है। संक्षेप में, ऐसा जातक धनी, सुखी,यशस्वी तथा प्रभावशाली होता है।

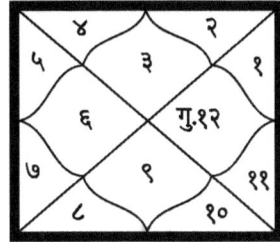

जिस जातक का जन्म 'मिथुन' लग्न में हुआ हो और जन्म-कुण्डली के 'एकादशभाव' में 'गुरु' की स्थिति हो, उसे 'गुरु' का फलादेश नीचे लिखे अनुसार समझना चाहिए—

मिथुन लग्नः एकादशभावः गुरु

ग्यारहवें लाभ भाव में अपने मित्र मंगल की मेष राशि पर स्थित गुरु के प्रभाव से जातक को व्यवसाय तथा पिता के द्वारा भी पर्याप्त लाभ प्राप्त होता है। यहां से गुरु पांचवीं मित्रदृष्टि से तृतीय भाव को देखता है, अतः जातक के पराक्रम में विशेष वृद्धि होती है तथा भाई-बहनों का सुख भी प्राप्त होता है। सातवीं शत्रुदृष्टि से पंचमभाव को देखने के कारण संतानपक्ष से कुछ असंतोष के साथ सफलता मिलती है तथा विद्या-बुद्धि की खूब प्राप्ति होती है। नवीं दृष्टि से अपनी ही राशि में सप्तमभाव को देखने से स्त्री तथा व्यवसाय के पक्ष में विशेष सुख एवं लाभ प्राप्त होता है। संक्षेप में, ऐसा जातक धनी, सुखी, यशस्वी तथा सफलता प्राप्त करने वाला होता है।

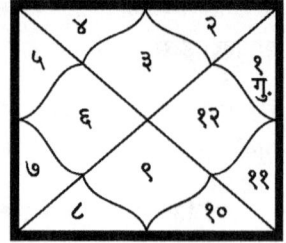

जिस जातक का जन्म 'मिथुन' लग्न में हुआ हो और जन्म-कुण्डली के 'द्वादशभाव' में 'गुरु' की स्थिति हो, उसे 'गुरु' का फलादेश नीचे लिखे अनुसार समझना चाहिए—

मिथुन लग्नः द्वादशभावः गुरु

बारहवें व्यय भाव में अपने शत्रु शुक्र की वृष राशि पर स्थित गुरु के प्रभाव से जातक का खर्च अधिक होता है तथा बाहरी भावों के सम्बन्ध से सम्मान तथा लाभ प्राप्त होता है। इसके साथ ही जातक को स्त्री तथा पिता के सुख सम्बन्ध में भी कुछ कमी रहती है एवं व्यवसाय में भी हानि उठानी पड़ती है। यहां से गुरु पांचवीं शत्रुदृष्टि से चतुर्थभाव को देखता है, अतः माता तथा घरेलू सुख, भूमि, मकान आदि की शक्ति प्राप्त होती है। सातवीं मित्रदृष्टि से षष्ठभाव को देखने से शत्रुपक्ष से प्रभाव तथा विजय मिलती है एवं नवीं समग्रहदृष्टि से अष्टमभाव को देखने के कारण आयु तथा पुरातत्त्व के सम्बन्ध में कुछ हानि उठानी पड़ती है। ऐसे जातक को आयु के सम्बन्ध में खतरों का भी सामना करना पड़ता है।

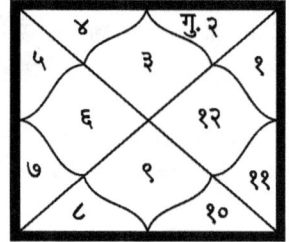

'मिथुन' लग्न में 'शुक्र' का फल

जिस जातक का जन्म 'मिथुन' लग्न में हुआ हो और जन्म-कुण्डली के 'प्रथमभाव' में 'शुक्र ' की स्थिति हो, उसे 'शुक्र' का फलादेश नीचे लिखे अनुसार समझना चाहिए—

मिथुन लग्नः प्रथमभावः शुक्र

पहले केन्द्र, एवं शरीर भाव में अपने मित्र बुध की मिथुन राशि पर स्थित व्ययेश शुक्र के प्रभाव से जातक का शरीर दुर्बल होता है, परन्तु विद्या, बुद्धि एवं चातुर्य की पर्याप्त मात्रा में प्राप्ति होती है। ऐसा जातक खूब खर्चीला होता है तथा बाहरी भावों के सम्बन्ध से लाभ

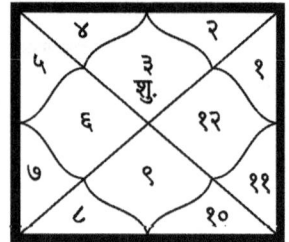

एवं सम्मान प्राप्त करता है। यहां से शुक्र सातवीं समग्रहदृष्टि से सप्तमभाव को देखता है, अत: स्त्री से कुछ मतभेद के साथ आसक्ति बनी रहती है तथा बड़ी युक्तियों तथा परिश्रम के साथ दैनिक कार्यों एवं व्यवसाय में सफलता मिलती है। ऐसा जातक बहुत भोगी भी होता है।

जिस जातक का जन्म 'मिथुन' लग्न में हुआ हो और जन्म-कुण्डली के 'द्वितीयभाव' में 'शुक्र' की स्थिति हो, उसे 'शुक्र' का फलादेश नीचे लिखे अनुसार समझना चाहिए—

दूसरे धन व कुटुम्ब के भाव में अपने शत्रु चन्द्र की कर्क राशि पर स्थित व्ययेश शुक्र के प्रभाव से जातक अपने बुद्धि एवं चातुर्य द्वारा धन तथा प्रतिष्ठा प्राप्त करता है, परन्तु धन का संचय नहीं हो पाता। उसका बाहरी भावों से सम्बन्ध रहता है तथा संतान-सुख में कमी आती है। विद्या का लाभ अच्छा होता है तथा स्वार्थ एवं चतुराई की भावना प्रबल रहती है। यहां से शुक्र सातवीं मित्रदृष्टि से अष्टमभाव को देखता है, अत: जातक को आयु एवं पुरातत्त्व के सम्बन्ध में हानि-लाभ दोनों ही प्राप्त होते रहते हैं। परन्तु ऐसा जातक अपना जीवन बड़े ठाट एवं शानदार ढंग से व्यतीत करता है।

मिथुन लग्न: द्वितीयभाव: शुक्र

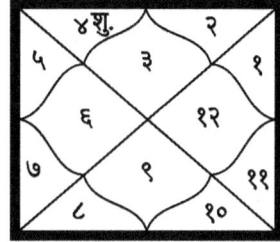

जिस जातक का जन्म 'मिथुन' लग्न में हुआ हो और जन्म-कुण्डली के 'तृतीयभाव' में 'शुक्र' की स्थिति हो, उसे 'शुक्र' का फलादेश नीचे लिखे अनुसार समझना चाहिए—

तीसरे पराक्रम एवं भाई के भाव में अपने शत्रु सूर्य की सिंह राशि पर स्थित व्ययेश शुक्र के प्रभाव से जातक के पराक्रम तथा भाई-बहन के सुख में कुछ कमी आती है। साथ ही वह विद्या तथा संतान के पक्ष में भी कुछ कमजोरी के साथ शक्ति प्राप्त करता है, परन्तु विद्या-बुद्धि में कमजोर होते हुए भी चतुराई एवं वार्तालाप द्वारा अपना काम निकालने में प्रवीण होता है। यहां से शुक्र सातवीं मित्रदृष्टि से नवमभाव को देखता है, जातक भाग्य-वृद्धि के लिए विशेष प्रयत्नशील रहता है तथा धार्मिक मामलों में भी रुचि लेता है। ऐसा जातक पुरुषार्थ द्वारा अपने खर्च को चलाता है तथा चतुराई से काम निकालता है।

मिथुन लग्न: तृतीयभाव: शुक्र

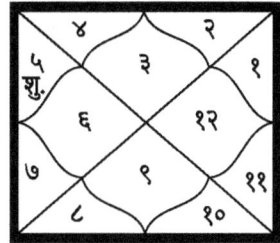

जिस जातक का जन्म 'मिथुन' लग्न में हुआ हो और जन्म-कुण्डली के 'चतुर्थभाव' में 'शुक्र' की स्थिति हो, उसे 'शुक्र' का फलादेश नीचे लिखे अनुसार समझना चाहिए—

चौथे केन्द्र, माता, भूमि, तथा सुख के भाव में कन्या राशि पर स्थित व्ययेश नीच के प्रभाव से जातक को माता, भूमि, भाव आदि के सुख की कमी बनी रहती है। साथ ही संतान का सुख भी कम मिलता है तथा व्यय के कारण उसकी सुख-शान्ति में भी बाधा पड़ती है। यहां से शुक्र सातवीं उच्चदृष्टि से गुरु की मीन राशि में दशमभाव को देखता है, अत: पिता तथा राज्य के द्वारा उसे सुख, सफलता एवं सम्मान की प्राप्ति होती है तथा गुप्त चतुराई के बल पर मान-प्रतिष्ठा प्राप्त होती है।

मिथुन लग्न: चतुर्थभाव: शुक्र

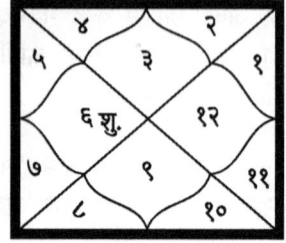

जिस जातक का जन्म 'मिथुन' लग्न में हुआ हो और जन्म-कुण्डली के 'पंचमभाव' में 'शुक्र' की स्थिति हो, उसे 'शुक्र' का फलादेश नीचे लिखे अनुसार समझना चाहिए—

पांचवें त्रिकोण, विद्या, तथा बुद्धि के भाव में अपनी ही तुला राशि पर स्थित व्ययेश शुक्र के प्रभाव से जातक को संतान तथा विद्या के क्षेत्र में शक्ति प्राप्त होते हुए भी कुछ कमी बनी रहती है। ऐसा जातक बुद्धिमान तथा चतुर होता है तथा बाहरी भावों के सम्बन्ध से लाभ उठाता है। यहां से शुक्र सातवीं समग्रहदृष्टि से मंगल की मेष राशि में एकादशभाव को देखता है, अत: जातक को बुद्धि द्वारा खूब लाभ होता है, परन्तु शुक्र के व्ययेश होने के कारण आमदनी से खर्च अधिक बना रहता है। ऐसा जातक बहुत बातूनी, चतुर व चालाक भी होता है।

मिथुन लग्न: पंचमभाव: शुक्र

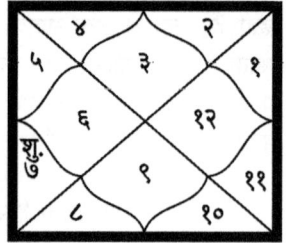

जिस जातक का जन्म 'मिथुन' लग्न में हुआ हो और जन्म-कुण्डली के 'षष्ठभाव' में 'शुक्र' की स्थिति हो, उसे 'शुक्र' का फलादेश नीचे लिखे अनुसार समझना चाहिए—

छठे शत्रु तथा रोग भाव में अपने समग्रह मंगल की वृश्चिक राशि पर स्थित शुक्र के प्रभाव से जातक को शत्रुपक्ष में अपनी बुद्धिमता, चतुराई एवं खर्च करने की शक्ति से सफलता प्राप्त होती है। झगड़े मुकदमे रोग आदि में उसे विशेष खर्च करना पड़ता है। गुप्त चतुराई से काम निकालने तथा बाहरी भावों के सम्बन्ध से लाभ उठाने में जातक कुशल होता है। इसके साथ ही जातक को संतानपक्ष से बाधा उत्पन्न होती है तथा विद्याध्ययन के क्षेत्र में भी कठिनाइयां आती हैं। यहां से शुक्र सातवीं दृष्टि से अपनी ही वृषभ राशि में द्वादशभाव को देखता है, अत: जातक का खर्च खूब अधिक बना रहता है।

मिथुन लग्न: षष्ठभाव: शुक्र

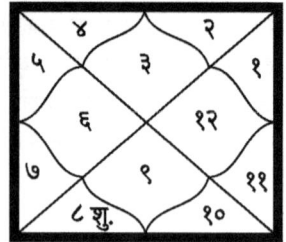

जिस जातक का जन्म 'मिथुन' लग्न में हुआ हो और जन्म-कुण्डली के 'सप्तमभाव' में शुक्र ' की स्थिति हो, उसे 'शुक्र ' का फलादेश नीचे लिखे अनुसार समझना चाहिए—

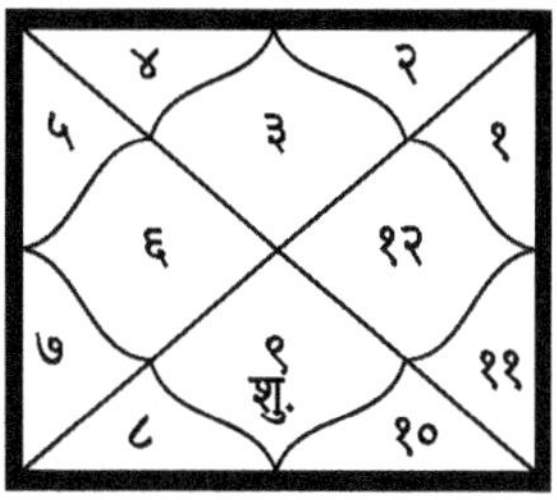

सातवें केन्द्र, स्त्री तथा व्यवसाय के भाव में अपने समग्रह गुरु की राशि पर स्थित व्ययेश के प्रभाव से जातक को बुद्धिमान एवं चतुर स्त्री मिलती है तथा बुद्धि एवं चतुराई के बल से वह अपने दैनिक खर्चों को भी चलाता रहता है। साथ ही कभी-कभी स्त्रीपक्ष से क्लेश एवं चिन्ताएं भी प्राप्त करता है। यहां से शुक्र सातवीं मित्र-दृष्टि से प्रथमभाव को बुध की मिथुन राशि में देखता है, अत: जातक के शरीर में कुछ कमजोरी बनी रहती है, परन्तु सम्मान की प्राप्ति होती है। ऐसा जातक बाहरी भावों के सम्बन्ध से लाभ उठाता है तथा संतान एवं विद्या के क्षेत्र में भी सफलता प्राप्त करता है।

मिथुन लग्न: सप्तमभाव: शुक्र

जिस जातक का जन्म 'मिथुन' लग्न में हुआ हो और जन्म-कुण्डली के 'अष्टमभाव' में शुक्र ' की स्थिति हो, उसे 'शुक्र ' का फलादेश आगे लिखे अनुसार समझना चाहिए—

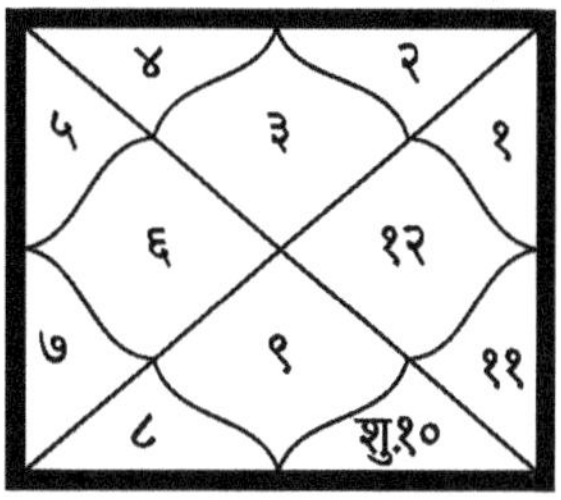

आठवें आयु एवं पुरातत्त्व भाव में अपने मित्र शनि की मकर राशि पर स्थित शुक्र के प्रभाव से जातक को आयु तथा पुरातत्त्व की शक्ति प्राप्त होती है। वह परिश्रमी तथा कूटनीतिज्ञ होता है। साथ ही उसे संतान, विद्या एवं खर्च के क्षेत्र में भी कठिनाइयों का सामना करना पड़ता है। यहां से शुक्र सातवीं शत्रुदृष्टि से द्वितीयभाव को देखता है, अत: जातक धनवृद्धि के लिए विशेष प्रयत्नशील बना रहता है, परन्तु शुक्र के व्ययेश होने के कारण धन का संचय अधिक नहीं हो पाता।

मिथुन लग्न: अष्टमभाव: शुक्र

जिस जातक का जन्म 'मिथुन' लग्न में हुआ हो और जन्म-कुण्डली के 'नवमभाव' में 'शुक्र ' की स्थिति हो, उसे 'शुक्र ' का फलादेश नीचे लिखे अनुसार समझना चाहिए—

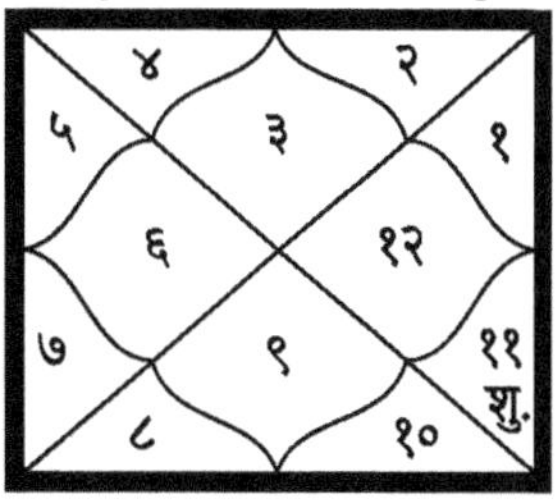

नवें त्रिकोण, भाग्य एवं धर्म के भाव में अपने मित्र शनि की कुम्भ राशि पर स्थित व्ययेश शुक्र के प्रभाव से जातक भाग्यशाली तथा उन्नति करता है, परन्तु शुक्र के व्ययेश होने के कारण कुछ परेशानियां भी आती रहती हैं। इसके साथ ही जातक विद्या एवं संतान के सुख को प्राप्त करता है। बुद्धिमान एवं विद्वान बनकर बाहरी भावों के संपर्क द्वारा लाभ उठाता है। यहां से शुक्र सातवीं शत्रुदृष्टि से तृतीयभाव को सूर्य की सिंह राशि में देखता है, अत: भाई-बहनों के साथ वैमनस्य रहता है और वह भाग्य को पुरुषार्थ से अधिक बड़ा मानता है।

मिथुन लग्न: नवमभाव: शुक्र

जिस जातक का जन्म 'मिथुन' लग्न में हुआ हो और जन्म-कुण्डली के 'दशमभाव' में 'शुक्र' की स्थिति हो, उसे 'शुक्र' का फलादेश नीचे लिखे अनुसार समझना चाहिए—

मिथुन लग्नः दशमभावः शुक्र

दसवें केन्द्र, राज्य तथा पिता के भाव में समग्रह गुरु मीन राशि में स्थित व्ययेश तथा उच्च के शुक्र के प्रभाव से जातक को अपने पिता की संपत्ति तथा व्यवसाय के क्षेत्र में हानि उठानी पड़ती है, परन्तु बाहरी भावों के सम्बन्ध से विशेष लाभ होता है। साथ ही राज्य द्वारा भी कुछ लाभ तथा सम्मान मिलता है। उसे संतान तथा विद्या की शक्ति भी मिलती है। यहां से शुक्र सातवीं नीचदृष्टि से चतुर्थभाव को देखता है, अतः माता के सुख एवं भूमि-संपत्ति आदि के सुख में भी कमी बनी रहती है। ऐसा जातक अपने अहंकार के कारण बार-बार हानि उठाता है।

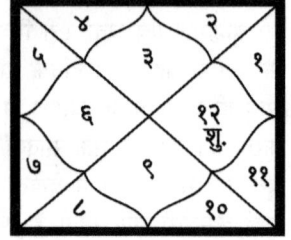

जिस जातक का जन्म 'मिथुन' लग्न में हुआ हो और जन्म-कुण्डली के 'एकादशभाव' में 'शुक्र' की स्थिति हो, उसे 'शुक्र' का फलादेश नीचे लिखे अनुसार समझना चाहिए—

मिथुन लग्नः एकादशभावः शुक्र

ग्यारहवें लाभ भाव में अपने समग्रह मंगल की मेष राशि पर स्थित शुक्र के प्रभाव से जातक की आमदनी खूब होती है, परन्तु शुक्र के व्ययेश होने के कारण उसका खर्च भी अधिक बना रहता है। इसके साथ ही जातक के मस्तिष्क में कुछ चिंता तथा परेशानी बनी रहती है। यहां से शुक्र सातवीं दृष्टि से अपनी ही तुला राशि में पंचमभाव को देखता है, अतः जातक को संतान के पक्ष से सुख प्राप्त होता है तथा विद्या-बुद्धि के क्षेत्र में प्रवीणता प्राप्त होती है, परन्तु व्ययेश होने के कारण जातक को संतान, विद्या तथा बुद्धि के क्षेत्र में कुछ कठिनाइयां भी उठानी पड़ती हैं तथा मस्तिष्क में चिन्ता भी बनी रहती है।

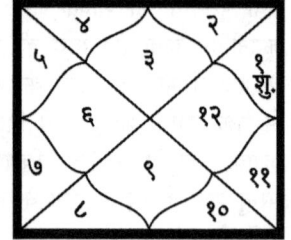

जिस जातक का जन्म 'मिथुन' लग्न में हुआ हो और जन्म-कुण्डली के 'द्वादशभाव' में 'शुक्र' की स्थिति हो, उसे 'शुक्र' का फलादेश नीचे लिखे अनुसार समझना चाहिए—

मिथुन लग्नः द्वादशभावः शुक्र

बारहवें व्यय तथा बाहरी भाव के सम्बन्ध वाले भाव में अपनी ही वृष राशि पर स्थित शुक्र के प्रभाव से जातक खर्च खूब करता है तथा बाहरी भावों के संपर्क से लाभ उठाता है। साथ ही उसे विद्या तथा संतान के पक्ष में कुछ कमी एवं परेशानी भी उठानी पड़ती है। यहां से शुक्र सातवीं दृष्टि से षष्ठभाव को अपने समग्रह मंगल की वृश्चिक राशि में देखता है, अतः जातक शत्रुपक्ष में नम्रता एवं चतुराई से

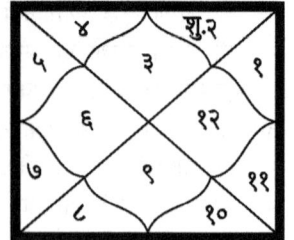

प्रभाव स्थापित करके अपना काम निकालेगा। ऐसा जातक बहुत चतुर होता है, परन्तु उसके मस्तिष्क में परेशानियां भी बनी रहती है।

'मिथुन' लग्न में 'शनि' का फल

जिस जातक का जन्म 'मिथुन' लग्न में हुआ हो और जन्म-कुण्डली के 'प्रथमभाव' में 'शनि' की स्थिति हो, उसे 'शनि' का फलादेश नीचे लिखे अनुसार समझना चाहिए—

पहले केन्द्र एवं शरीर भाव में अपने मित्र बुध की मिथुन राशि पर स्थित अष्टमेश शनि के प्रभाव से जातक के शारीरिक सौंदर्य में कुछ कमी आती है। साथ ही आयु, धर्म, भाग्य तथा पुरातत्त्व की वृद्धि होती है। यहां से शनि तीसरी शत्रुदृष्टि से तृतीयभाव को देखता है, अत: भाई-बहन से वैमनस्य रहता है एवं पराक्रम में कुछ कमी आती है। सातवीं समग्रहदृष्टि से सप्तमभाव को देखने के कारण स्त्री तथा व्यवसाय के पक्ष को असंतोष रहता है तथा दसवीं समग्रहदृष्टि से दशमभाव को गुरु की मीन राशि में देखने के कारण पिता से वैमनस्य रहता है तथा राज्य के क्षेत्र में कठिनाइयों के साथ सफलता मिलती है।

मिथुन लग्न: प्रथमभाव: शनि

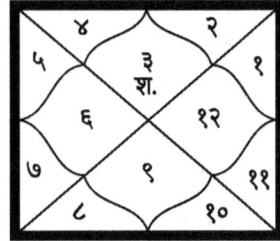

४		२
५	३ श.	१
६		१२
७		११
८	९	१०

जिस जातक का जन्म 'मिथुन' लग्न में हुआ हो और जन्म-कुण्डली के 'द्वितीयभाव' में 'शनि' की स्थिति हो, उसे 'शनि' का फलादेश नीचे लिखे अनुसार समझना चाहिए—

दूसरे धन व कुटुम्ब के भाव में अपने शत्रु चंद्रमा की कर्क राशि पर स्थित अष्टमेश शनि के प्रभाव से जातक की धनसंचय शक्ति में हानि पहुंचती है तथा कुटुम्ब द्वारा भी सामान्यत: कष्ट प्राप्त होता है। यहां से शनि तीसरी मित्रदृष्टि से चतुर्थभाव को देखता है, अत: माता एवं भूमि, मकान आदि का सुख कुछ कमी के साथ मिलता है। सातवीं दृष्टि से स्वराशि में अष्टमभाव को देखता है, तथा पुरातत्त्व का लाभ मिलता है तथा दसवीं नीचदृष्टि से एकादशभाव को देखने के कारण आमदनी के मार्ग में कठिनाइयां आती हैं। संक्षेप में ऐसा जातक बहुत भाग्यवान् समझा जाता है और वह स्वार्थी तथा सज्जन होता है।

मिथुन लग्न: द्वितीयभाव: शनि

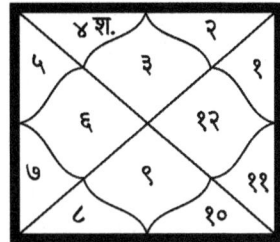

४ श.		२
५	३	१
६		१२
७		११
८	९	१०

जिस जातक का जन्म 'मिथुन' लग्न में हुआ हो और जन्म-कुण्डली के 'तृतीयभाव' में 'शनि' की स्थिति हो, उसे 'शनि' का फलादेश नीचे लिखे अनुसार समझना चाहिए—

मिथुन लग्नः तृतीयभावः शनि

तीसरे पराक्रम एवं भाई के भाव में अपने शत्रु सूर्य की सिंह राशि पर स्थित अष्टमेश शनि के प्रभाव से जातक के पराक्रम में कुछ कमी आ जाती है तथा भाई-बहनों से वैमनस्य बना रहता है, परन्तु आयु एवं पुरातत्त्व की शक्ति में वृद्धि होती है। यहां से शनि तीसरी उच्चदृष्टि से पंचमभाव को देखता है, अतः जातक को संतान तथा विद्या-बुद्धि के पक्ष से उन्नति प्राप्त होती है। सातवीं दृष्टि से नवमभाव को देखने के कारण भाग्य की वृद्धि होती है तथा धर्म का पालन भी होता है, परन्तु शनि के अष्टमेश होने के कारण कुछ कठिनाइयां भी आती हैं। दसवीं दृष्टि से द्वादशभाव को देखने के कारण खर्च अधिक रहता है तथा बाहरी भावों के सम्बन्धों से लाभ होता है।

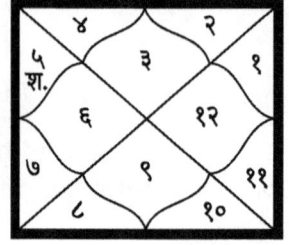

जिस जातक का जन्म 'मिथुन' लग्न में हुआ हो और जन्म-कुण्डली के 'चतुर्थभाव' में 'शनि' की स्थिति हो, उसे 'शनि' का फलादेश नीचे लिखे अनुसार चाहिए—

मिथुन लग्नः चतुर्थभावः शनि

चौथे केन्द्र, माता, भूमि एवं सुख के भाव में अपने मित्र बुध की कन्या राशि पर स्थित अष्टमेश शनि के प्रभाव से जातक को माता का सुख कुछ कमी के साथ प्राप्त होता है। इसी प्रकार भूमि, मकान आदि के सुख में भी कुछ त्रुटि बनी रहती है, परन्तु आयु एवं पुरातत्त्व का श्रेष्ठ लाभ होता है तथा धर्म का पालन भी होता रहता है। तीसरी शत्रुदृष्टि से षष्ठभाव को देखने के कारण शत्रु-पक्ष के प्रति कड़ाई से काम लेकर प्रभाव स्थापित करता है तथा झगड़ों द्वारा लाभ प्राप्त करता है। सातवीं समग्रहदृष्टि से दशमभाव को देखने के कारण पिता से वैमनस्य तथा राज्य के क्षेत्र से असंतोष रहता है। दसवीं मित्रदृष्टि से प्रथमभाव को देखने से शारीरिक शक्ति की वृद्धि होती है तथा भाग्यवान समझा जाता है।

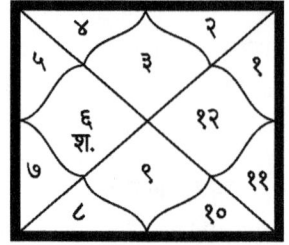

जिस जातक का जन्म 'मिथुन' लग्न में हुआ हो और जन्म-कुण्डली के 'पंचमभाव' में 'शनि ' की स्थिति हो, उसे 'शनि' का फलादेश नीचे लिखे अनुसार समझना चाहिए—

मिथुन लग्नः पंचमभावः शनि

पांचवें त्रिकोण एवं विद्या-बुद्धि के भाव में अपने मित्र शुक्र की राशि पर स्थित शनि के प्रभाव से जातक को संतान एवं विद्या-बुद्धि के क्षेत्र में उन्नति प्राप्त होती है। साथ ही संतानपक्ष से भाग्य वृद्धि का योग भी बनता है। यहां से शनि सातवीं नीचदृष्टि से एकादशभाव को देखता है, अतः आमदनी के क्षेत्र में कमजोरी बनी रहती है। तीसरी समग्रहदृष्टि से सप्तमभाव को देखने के कारण

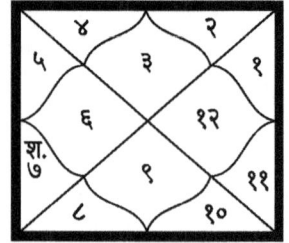

स्त्री तथा व्यवसाय के पक्ष में कठिनाइयों के साथ सफलता मिलती है। दसवीं शत्रुदृष्टि से द्वितीयभाव को देखने के कारण बड़ी कठिनाइयों के साथ धन सम्बन्धी आवश्यकताओं की पूर्ति होती है तथा कुटुम्ब द्वारा अल्प सुख प्राप्त होता है। ऐसे जातक को भाग्योन्नति के लिए अत्यधिक परिश्रम करना पड़ता है।

जिस जातक का जन्म 'मिथुन' लग्न में हुआ हो और जन्म-कुण्डली के 'षष्ठमभाव' में 'शनि ' की स्थिति हो, उसे 'शनि' का फलादेश नीचे लिखे अनुसार समझना चाहिए—

मिथुन लग्नः षष्ठभावः शनि

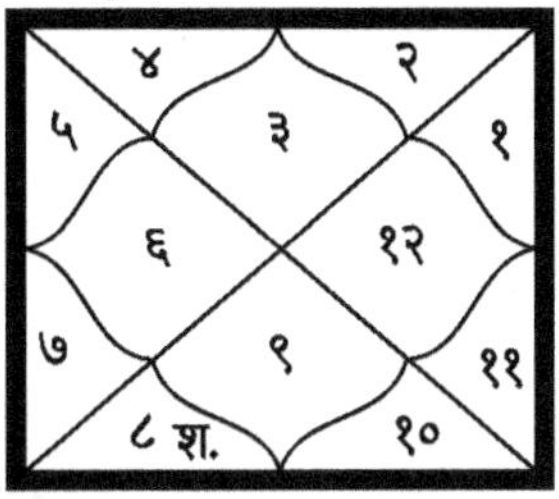

छठे शत्रु तथा रोग भाव में अपने शत्रु मंगल की वृश्चिक राशि पर झगड़े-झंझट के क्षेत्र में सफलता एवं विजय प्राप्त होती है। तीसरी दृष्टि से स्वराशि वाले अष्टमभाव को देखने से आयु में वृद्धि तथा पुरातत्त्व का लाभ होता है। सातवीं मित्रदृष्टि से द्वादशभाव को देखने के कारण खर्च बहुत ठाट का रहता है तथा बाहरी भावों के सम्बन्ध से लाभ मिलता है। दसवीं शत्रुदृष्टि से तृतीयभाव को देखने के कारण भाई-बहन के सुख में बाधा पड़ती है तथा पराक्रम में कमी आती है। ऐसा जातक बहुत परिश्रमी होता है।

जिस जातक का जन्म 'मिथुन' लग्न में हुआ हो और जन्म-कुण्डली के 'सप्तमभाव' में 'शनि ' की स्थिति हो, उसे 'शनि' का फलादेश नीचे लिखे अनुसार समझना चाहिए—

मिथुन लग्नः सप्तमभावः शनि

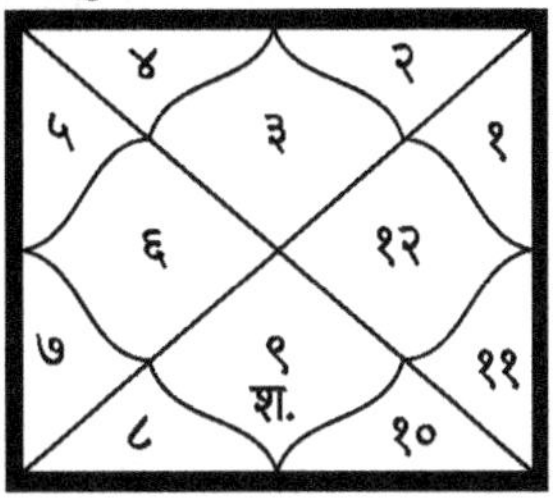

सातवें केन्द्र, स्त्री तथा व्यवसाय के भाव में अपने समग्रह गुरु की राशि पर स्थित अष्टमेश तथा नवमेश शनि के प्रभाव से जातक को स्त्री तथा व्यवसाय के पक्ष में सुख-दुख तथा हानि-लाभ दोनों की प्राप्ति होती है। साथ ही, उसे जननेंद्रिय में कष्ट भी होता है, परन्तु आयु की वृद्धि होती है। यहां शनि तीसरी दृष्टि से स्वराशि में नवमभाव को देखता है, अतः भाग्य की वृद्धि होती है। सातवीं मित्रदृष्टि से प्रथमभाव को देखने के कारण शरीर के पक्ष में कुछ चिन्तायुक्त प्रभाव प्राप्त होता है। दसवीं मित्रदृष्टि से चतुर्थभाव को देखने के कारण माता, भूमि तथा मकान के क्षेत्र में कुछ कठिनाइयों में साथ सुख प्राप्त होता है। संक्षेप में, ऐसा जातक परेशानियों पर विजय पाकर परिश्रम के द्वारा उन्नति करता है।

जिस जातक का जन्म 'मिथुन' लग्न में हुआ हो और जन्म-कुण्डली के 'अष्टमभाव' में 'शनि ' की स्थिति हो, उसे 'शनि' का फलादेश नीचे लिखे अनुसार समझना चाहिए—

आठवें आयु एवं पुरातत्त्व के भाव में अपनी मकर राशि पर स्थित शनि के प्रभाव से जातक की आयु में वृद्धि होती है तथा पुरातत्त्व का लाभ होता है, परन्तु भाग्य के मामले में कठिनाई बनी रहती है तथा सम्मान में भी कमी आती है। ऐसा जातक धर्म का भी यथाविधि पालन नहीं करता। यहां से शनि तीसरी समग्रहदृष्टि से दशमभाव को देखता है, अतः पिता एवं राज्य के क्षेत्र में कठिनाइयों के साथ सफलता मिलती है। सातवीं शत्रुदृष्टि से द्वितीयभाव को देखने से धन-संचय में कमी बनी रहती है तथा दसवीं उच्चदृष्टि से पंचमभाव को देखने के कारण विद्या तथा संतान के क्षेत्र में भी कुछ कठिनाइयों के साथ सफलता मिलती है। ऐसा जातक वाणी की शक्ति द्वारा भाग्योन्नति करता है तथा भाग्यवान समझा जाता है।

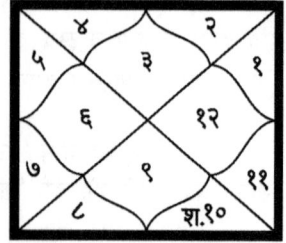

मिथुन लग्नः अष्टमभावः शनि

जिस जातक का जन्म 'मिथुन' लग्न में हुआ हो और जन्म-कुण्डली के 'नवमभाव' में 'शनि ' की स्थिति हो, उसे 'शनि' का फलादेश नीचे लिखे अनुसार समझना चाहिए—

नवें त्रिकोण, भाग्य तथा धर्म के भाव में अपनी कुम्भ राशि पर स्थित शनि के प्रभाव से जातक के भाग्य में कुछ कमियां तो रहती हैं, परन्तु वह प्रकटरूप में भाग्यवान समझा जाता है। उसे आयु एवं पुरातत्त्व शक्ति का अच्छा लाभ मिलता है। धर्म पालन में रुचि एवं यश की प्राप्ति भी होती है। यहां से शनि तीसरी नीचदृष्टि से एकादश भाव को देखता है, अतः आमदनी के क्षेत्र में कुछ कठिनाइयां आती है। सातवीं शत्रुदृष्टि ये तृतीयभाव को देखने के कारण भाई-बहन के सुख तथा पुरुषार्थ में कमी आती है। दसवीं शत्रुदृष्टि से षष्ठभाव को देखने के कारण शत्रुपक्ष से परेशानी होने पर भी जातक उनकी चिन्ता नहीं करता तथा उन पर विजय पाता है। ऐसा जातक ठाट-बाट का जीवन व्यतीत करता है।

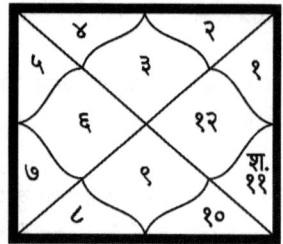

मिथुन लग्नः नवमभावः शनि

जिस जातक का जन्म 'मिथुन' लग्न में हुआ हो और जन्म-कुण्डली के 'दशमभाव' में 'शनि ' की स्थिति हो, उसे 'शनि' का फलादेश नीचे लिखे अनुसार समझना चाहिए—

मिथुन लग्नः दशमभावः शनि

दसवें केन्द्र, राज्य तथा पिता के भाव में समग्रह गुरु की मीन राशि पर स्थित शनि के प्रभाव से जातक को पिता के सुख में कुछ कमी मिलती है, परन्तु राज्य एवं व्यवसाय के क्षेत्र में धन, यश तथा सफलता की प्राप्ति होती है। ऐसा जातक स्वार्थ-साधक, भाग्यवान तथा धर्म का पालन करने

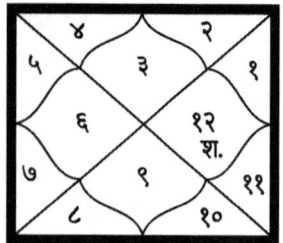

वाला होता है। यहां से शनि तीसरी मित्रदृष्टि से द्वादशभाव को देखता है, अतः खर्च अधिक होता है तथा बाहरी भावों के सम्बन्ध से लाभ मिलता है। सातवीं मित्रदृष्टि से चतुर्थभाव को देखने के कारण माता, भूमि, मकान आदि का सुख मिलता है तथा दसवीं दृष्टि से सप्तमभाव को देखने के कारण स्त्री तथा व्यवसाय के क्षेत्र में कुछ कठिनाइयों के साथ सफलता मिलती है। कुल मिलाकर जातक प्रत्येक क्षेत्र में परेशानियों के साथ सफलता पाता है।

जिस जातक का जन्म 'मिथुन' लग्न में हुआ हो और जन्म-कुण्डली के 'एकादशभाव' में 'शनि ' की स्थिति हो, उसे 'शनि' का फलादेश नीचे लिखे अनुसार समझना चाहिए—

ग्यारहवें लाभ भाव में अपने शत्रु मंगल की मेष राशि पर स्थित नीच शनि के प्रभाव से जातक की आमदनी के मार्ग में कठिनाइयां आती हैं। उसके भाग्य तथा धर्म के क्षेत्र में भी कमी रहती है। धन प्राप्ति के लिए अनुचित साधनों का प्रयोग करने से भी वह नहीं चूकता। यहां से शनि तीसरी मित्रदृष्टि से प्रथमभाव को देखता है, परन्तु अष्टमेश होने के कारण वह जातक के शरीर में कुछ कष्ट देता है तथा नवमेश होने के कारण भाग्यवान भी बनाता है। सातवीं उच्चदृष्टि से पंचमभाव को देखने से संतान, विद्या तथा बुद्धि के क्षेत्र में उन्नति होती है और दसवीं दृष्टि से अपनी ही मकर राशि में अष्टमभाव को देखने के कारण जातक की आयु में वृद्धि करता है तथा पुरातत्त्व का लाभ भी देता है। परन्तु नीच का शनि होने के कारण जातक को अपने जीवन में अनेक संकटों तथा खतरों का सामना करना पड़ता है।

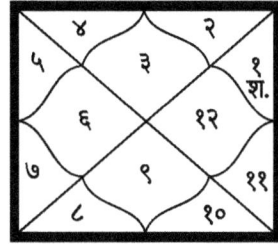

मिथुन लग्नः एकादशभावः शनि

जिस जातक का जन्म 'मिथुन' लग्न में हुआ हो और जन्म-कुण्डली के 'द्वादशभाव' में 'शनि' की स्थिति हो, उसे 'शनि' का फलादेश नीचे लिखे अनुसार समझना चाहिए—

बारहवें व्ययभाव में अपने ही मित्र शुक्र की वृषभ राशि पर स्थित शनि के प्रभाव से जातक का खर्च खूब अधिक होता है तथा बाहरी भावों के संपर्क से लाभ भी मिलता है। इससे जातक के पुरातत्त्व पक्ष में भी कुछ हानि पहुंचती है। यहां से शनि तीसरी शत्रुदृष्टि से द्वितीयभाव को देखता है,अतः धन-संचय एवं कुटुम्ब के पक्ष में त्रुटि तथा अशान्ति बनी रहती है। सातवीं शत्रुदृष्टि षष्ठभाव को देखने से शत्रु पक्ष में कठिनाइयों के साथ विजय प्राप्त होती है एवं दसवीं दृष्टि से अपनी कुम्भ राशि में नवमभाव को देखने से जातक के भाग्य में वृद्धि होती है तथा वह सामान्य रूप से धर्म का पालन भी करता है। ऐसे जातक को सुख-दुख एवं यश-अपयश की प्राप्ति होती रहती है, परन्तु वह भाग्यवान माना जाता है।

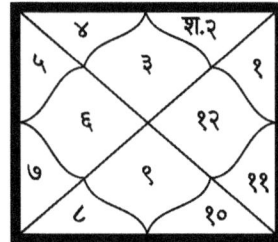

मिथुन लग्नः द्वादशभावः शनि

'मिथुन' लग्न में 'राहु' का फल

जिस जातक का जन्म 'मिथुन' लग्न में हुआ हो और जन्म-कुण्डली के 'प्रथमभाव' में 'राहु' की स्थिति हो उसे 'राहु' का फलादेश आगे लिखे अनुसार समझना चाहिए—

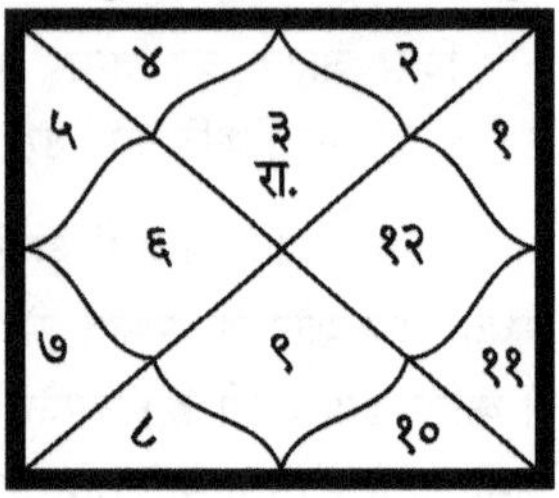

पहले केन्द्र तथा शरीर भाव में समग्रह बुध की मिथुन राशि पर स्थित उच्च के राहु के प्रभाव से जातक का शरीर लंबा तथा प्रभावशाली होता है। वह विवेकी, गुप्त युक्ति संपन्न तथा प्रतिष्ठा पाने वाला होता हैं। उसके मन में बड़ी हिम्मत बनी रहती है तथा वह अपनी उन्नति के लिए कष्टसाध्य कर्मों को करता तथा गुप्त युक्तियों का आश्रय लेता है। ऐसा जातक लंबी-चौड़ी बातें बनाने वाला, स्वार्थी तथा अपने युक्ति बल पर धन एवं सम्मान प्राप्त करने वाला होता है।

मिथुन लग्न: प्रथमभाव: राहु

```
        ४       २
    ५      ३       १
          रा.
       ६      १२
    ७              ११
        ८      ९
           ९   १०
```

जिस जातक का जन्म 'मिथुन' लग्न में हुआ हो और जन्म-कुंडली के 'द्वितीयभाव' में 'राहु' की स्थिति हो, उसे 'राहु' का फलादेश नीचे लिखे अनुसार समझना चाहिए—

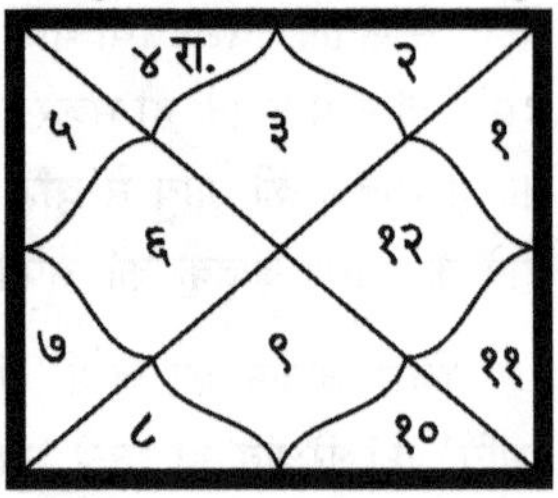

दूसरे धन एवं कुटुम्ब के भाव में अपने शत्रु चन्द्र की कर्क राशि पर स्थित राहु के प्रभाव से जातक को धन-संपत्ति एवं कुटुम्ब के मामले में बहुत हानि उठानी पड़ती है तथा कष्टों का सामना करना पड़ता है। वह धन-प्राप्ति के लिए गुप्त युक्तियों का आश्रय लेता है तथा कठोर परिश्रम करता है, फिर भी उसे कठिनाइयां निरन्तर परेशान करती रहती हैं। ऐसे जातक को अपने जीवन में बहुत समय बाद धन का अल्प सुख प्राप्त होता है।

मिथुन लग्न: द्वितीयभाव: राहु

```
      ४ रा.      २
    ५      ३       १
       ६      १२
    ७              ११
        ८      ९
           ९   १०
```

जिस जातक का जन्म 'मिथुन' लग्न में हुआ हो और जन्म-कुण्डली के 'तृतीयभाव' में 'राहु' की स्थिति हो, उसे 'राहु' का फलादेश नीचे लिखे अनुसार समझना चाहिए—

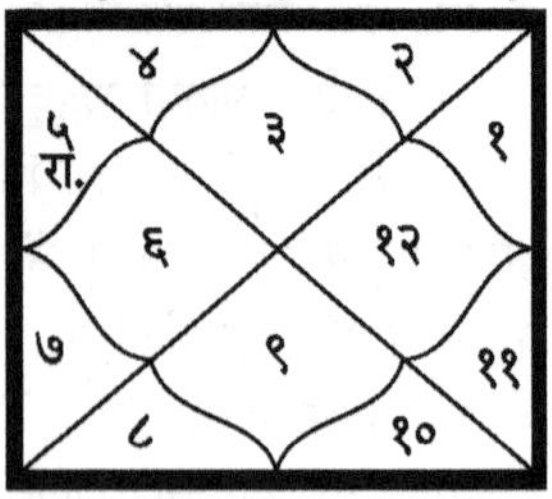

तीसरे पराक्रम तथा बंधु भाव में अपने शत्रु सूर्य की सिंह राशि पर स्थित राहु के प्रभाव से जातक के पराक्रम में तो वृद्धि होती है, परन्तु भाई-बहन के सुख-सम्बन्ध में कमी एवं कष्ट का सामना करना पड़ता है। वह परिश्रम, कष्ट एवं हिम्मत के साथ अपनी उन्नति के लिए प्रयत्न करता है। वह धैर्यवान तथा गुप्त युक्तियों से संपन्न, बहादुर स्वभाव का भी होता है, परन्तु कभी-कभी उसे बड़े संकटों का सामना करना पड़ता है; अत: वह अपनी पूर्ण उन्नति नहीं कर पाता।

मिथुन लग्न: तृतीयभाव: राहु

```
        ४       २
    ५      ३       १
    रा.
       ६      १२
    ७              ११
        ८      ९
           ९   १०
```

जिस जातक का जन्म 'मिथुन' लग्न में हुआ हो और जन्म-कुण्डली के 'चतुर्थभाव' में 'राहु' की स्थिति हो, उसे 'राहु' का फलादेश नीचे लिखे अनुसार समझना चाहिए—

मिथुन लग्नः चतुर्थभावः राहु

चौथे केन्द्र, एवं माता के सुख भाव में समग्रह बुध की कन्या राशि पर स्थित राहु के प्रभाव से जातक को माता के सुख में कुछ कमी प्राप्त होती है तथा भूमि संपत्ति, मकान एवं घरेलू सुख में भी कुछ असंतोष एवं झगड़े-टंटे का योग बना रहता है। ऐसा जातक गुप्त युक्तियों के बल पर सुख की प्राप्ति करता है और बहुत कठिनाइयों के बाद सुख के साधन प्राप्त करने में सफल होता है। ऐसे जातक को घरेलू सुख-शान्ति में कमी का अनुभव होता रहता हैं।

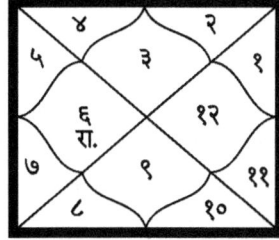

जिस जातक का जन्म 'मिथुन' लग्न में हुआ हो और जन्म-कुण्डली के 'पंचमभाव' में 'राहु' की स्थिति हो, उसे 'राहु' का फलादेश नीचे लिखे अनुसार समझना चाहिए—

मिथुन लग्नः पंचमभावः राहु

पांचवें त्रिकोण, विद्या, बुद्धि एवं संतान के भाव में अपने मित्र शुक्र की तुला राशि पर स्थित राहु के प्रभाव से जातक को विद्या एवं बुद्धि के क्षेत्र में अनेक युक्तियों के बाद सफलता प्राप्त होती है, परन्तु संतानपक्ष से कुछ कष्ट बना रहता है। ऐसा जातक बहुत चतुर; गुप्त युक्तियों वाला तथा बुद्धिमान होता है। वह अपना स्वार्थ सिद्ध करने के लिए असत्य भाषण करने में भी संकोच नहीं करता। यद्यपि उसके मस्तिष्क में अनेक प्रकार की चिन्ताएं बनी रहती हैं, परन्तु उसकी बात-चीत बड़ी प्रभावोत्पादक होती है।

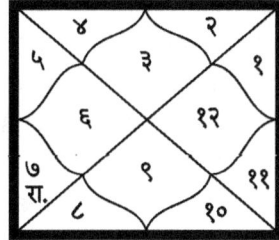

जिस जातक का जन्म 'मिथुन' लग्न में हुआ हो और जन्म-कुण्डली के 'षष्ठभाव' में 'राहु' की स्थिति हो, उसे 'राहु' का फलादेश नीचे लिखे अनुसार समझना चाहिए—

मिथुन लग्नः षष्ठभावः राहु

छठे शत्रु तथा रोग भाव में अपने शत्रु मंगल की वृश्चिक राशि पर स्थित राहु के प्रभाव से जातक अपने शत्रु पक्ष में अत्यंत प्रभाव बनाए रहता है। वह शत्रुओं द्वारा परेशानियों का अनुभव करने पर भी उन पर विजय प्राप्त करता है। ऐसा व्यक्ति गुप्त युक्ति, चातुर्य, धैर्य, साहस, हिम्मत तथा वीरता की प्रतिमूर्ति होता है। वह अपनी कमजोरियों को प्रकट नहीं होने देता तथा प्रत्येक झगड़े-झंझट से लाभ एवं सफलता प्राप्त करता है। परन्तु वह अपने मामा के पक्ष को कुछ हानिकारक सिद्ध होता है।

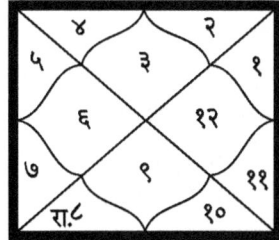

जिस जातक का जन्म 'मिथुन' लग्न में हुआ हो और जन्म-कुंडली के 'सप्तमभाव' में 'राहु' की स्थिति हो, उसे 'राहु' का फलादेश नीचे लिखे अनुसार समझना चाहिए—

सातवें केन्द्र, स्त्री तथा व्यवसाय के भाव में समग्रह गुरु की धनुराशि पर स्थित नीच के राहु के प्रभाव से जातक को स्त्री के द्वारा विशेष कष्ट प्राप्त होता है तथा व्यवसाय के क्षेत्र में भी बहुत कठिनाइयों का सामना करना पड़ता है। उसे अपनी गृहस्थी का संचालन करने के लिए भी हर समय चिंतित एवं परेशान रहना पड़ता है तथा मूत्रेंद्रिय में भी कोई विकार होता है। ऐसा व्यक्ति गुप्त युक्तियों, असत्य भाषण एवं अनुचित तरीकों से भी अपना स्वयं को परतंत्र तथा परेशान-सा भी अनुभव करता रहता है।

मिथुन लग्न: सप्तमभाव: राहु

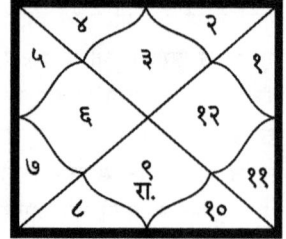

जिस जातक का जन्म 'मिथुन' लग्न में हुआ हो और जन्म-कुण्डली के 'अष्टमभाव' में 'राहु' की स्थिति हो, उसे 'राहु' का फलादेश नीचे लिखे अनुसार समझना चाहिए—

आठवें आयु तथा पुरातत्त्व के भाव में अपने मित्र शनि की मकर राशि पर स्थित राहु के प्रभाव से जातक को आयु एवं पुरातत्त्व के सम्बन्ध में कठिनाइयों, मुसीबतों, निराशाओं का सामना करना पड़ता है। उसके पेट के निचले भाग में कोई विकार भी होता है। वह गुप्त युक्तियों एवं कठिन परिश्रम द्वारा सफलता प्राप्त करने के लिए प्रयत्न करता रहता है। उसके बाह्य तथा आभ्यंतरिक रूप में अंतर होता है और वह अपनी कठिनाइयों को किसी पर प्रकट नहीं करता।

मिथुन लग्न: अष्टमभाव: राहु

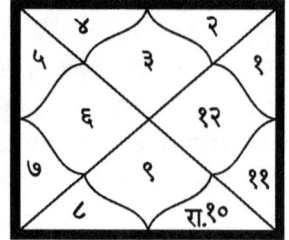

जिस जातक का जन्म 'मिथुन' लग्न में हुआ हो और जन्म-कुण्डली के 'नवमभाव' में 'राहु' की स्थिति हो, उसे 'राहु' का फलादेश नीचे लिखे अनुसार समझना चाहिए—

नवें त्रिकोण, भाग्य तथा धर्म भाव में अपने मित्र शनि की कुम्भ राशि पर स्थित राहु के प्रभाव से जातक को भाग्योन्नति के क्षेत्र में अन्य कठिनाइयों का सामना करना पड़ता है। वह अत्यंत परिश्रम तथा गुप्त युक्तियों, द्वारा अपने भाग्य की वृद्धि करता है, उसे पूर्ण सुख तथा सम्मान प्राप्त नहीं होता। इसी प्रकार उसका धर्म पालन भी दिखावटी होता है। क्रूर ग्रह की राशि पर क्रूर ग्रह की उपस्थिति के कारण जातक कठिन परिश्रम तथा गुप्त युक्तियों के द्वारा बाद में थोड़ी-सी सफलता अर्जित कर लेता है।

मिथुन लग्न: नवमभाव: राहु

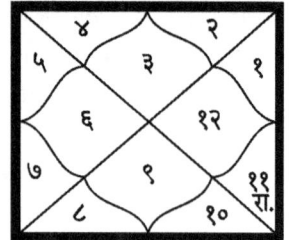

जिस जातक का जन्म 'मिथुन' लग्न में हुआ हो और जन्म-कुण्डली के 'दशमभाव' में 'राहु' की स्थिति हो, उसे 'राहु' का फलादेश नीचे लिखे अनुसार समझना चाहिए—

दसवें केन्द्र, राज्य तथा पिता के भाव में समग्रह गुरु की मीन राशि पर स्थित राहु के प्रभाव से जातक को पिता, राज्य तथा व्यवसाय के सुख-सम्बन्ध में कठिनाइयों तथा परेशानियों का सामना करना पड़ता है तथा गुप्त युक्तियों एवं कठिन परिश्रम के द्वारा सफलता मिलती है, परन्तु कभी-कभी व्यवसाय तथा प्रतिष्ठा के ऊपर घोर संकट भी घिर आते हैं। ऐसा व्यक्ति सामान्यत: आदर्शवादी होता है और बहुत कुछ संकट उठा चुकने के बाद अंत में यश, प्रतिष्ठा तथा भाग्य के क्षेत्र में थोड़ी सफलता पा लेता है।

मिथुन लग्न: दशमभाव: राहु

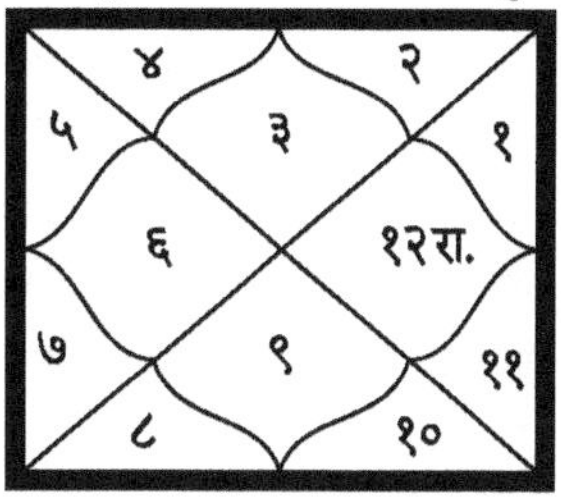

जिस जातक का जन्म 'मिथुन' लग्न में हुआ हो और जन्म-कुण्डली के 'एकादशभाव' में 'राहु' की स्थिति हो, उसे 'राहु' का फलादेश नीचे लिखे अनुसार समझना चाहिए—

ग्यारहवें लाभ भाव में अपने शत्रु मंगल की मेष राशि पर स्थित राहु के प्रभाव से जातक बड़ी गुप्त युक्तियों से काम लेकर अपने उद्देश्य में सफलता प्राप्त करता है। वह कठिन परिश्रम द्वारा लाभ अर्जित करता है। यद्यपि उसे कभी-कभी घोर संकटों का सामना भी करना पड़ता है, परन्तु अंत में उसे विशेष सफलता भी प्राप्त होती है। ऐसे व्यक्ति थोड़े लाभ से संतुष्ट नहीं होते, अत: अपनी आमदनी बढ़ाने के लिए निरंतर नई-नई योजनाएं बनाते और उन पर अमल करते रहते हैं।

मिथुन लग्न: एकादशभाव: राहु

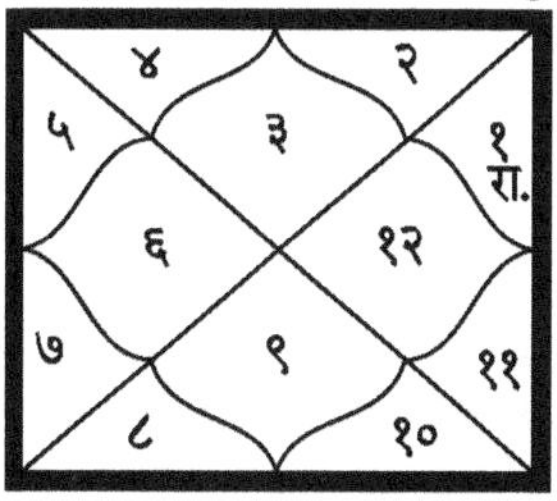

जिस जातक का जन्म 'मिथुन' लग्न में हुआ हो और जन्म-कुण्डली के 'द्वादशभाव' में 'राहु' की स्थिति हो, उसे 'राहु' का फलादेश नीचे लिखे अनुसार समझना चाहिए—

बारहवें व्यय भाव में अपने मित्र शुक्र की वृषभ राशि पर स्थित राहु के प्रभाव से जातक का खर्च अधिक होता है और उस सम्बन्ध में उसे कभी-कभी बड़ी कठिनाइयों का सामना भी करना पड़ता है। वह चातुर्य के बल पर खर्च का संचालन करता है। उसे बाहरी भावों के संबंध से परिश्रम द्वारा लाभ भी प्राप्त होता है। ऐसा व्यक्ति बहुत परिश्रमी होता है और बाहरी लोगों की दृष्टि में प्रभावशाली बना रहता है।

मिथुन लग्न: द्वादशभाव: राहु

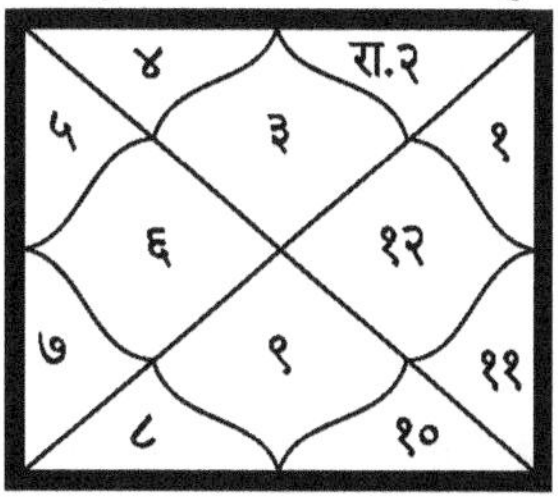

'मिथुन' लग्न में 'केतु' का फल

जिस जातक का जन्म 'मिथुन' लग्न में हुआ हो और जन्म-कुण्डली के 'प्रथमभाव' में 'केतु' की स्थिति हो, उसे 'केतु' का फलादेश नीचे लिखे अनुसार समझना चाहिए—

मिथुन लग्नः प्रथमभावः केतु

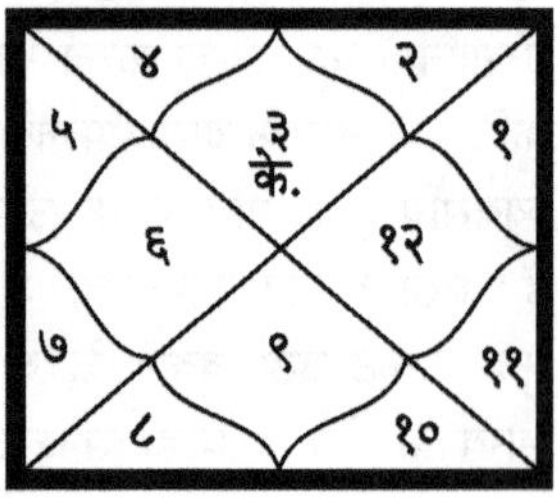

पहले केन्द्र तथा शरीर भाव में समग्रह बुध की मिथुन राशि पर स्थित नीच के केतु के प्रभाव से जातक के शारीरिक सौंदर्य में कमी रहती है। वह गुप्त चिन्ताओं से चिंतित बना रहता है और रोग तथा चोट का सामना भी करता है। वह अपने शारीरिक श्रम तथा गुप्त युक्तियों द्वारा अपने स्वार्थों की पूर्ति के लिए प्रयत्नशील बना रहता है तथा विवेक शक्ति द्वारा स्वार्थ साधन में सफलता भी प्राप्त करता है, ऐसे व्यक्ति में स्वाभिमान की मात्रा कम होती है, परन्तु वह विवेकशील होता है।

जिस जातक का जन्म 'मिथुन' लग्न में हुआ हो और जन्म-कुण्डली के 'द्वितीयभाव' में 'केतु' की स्थिति हो, उसे 'केतु' का फलादेश नीचे लिखे अनुसार समझना चाहिए—

मिथुन लग्नः द्वितीयभावः केतु

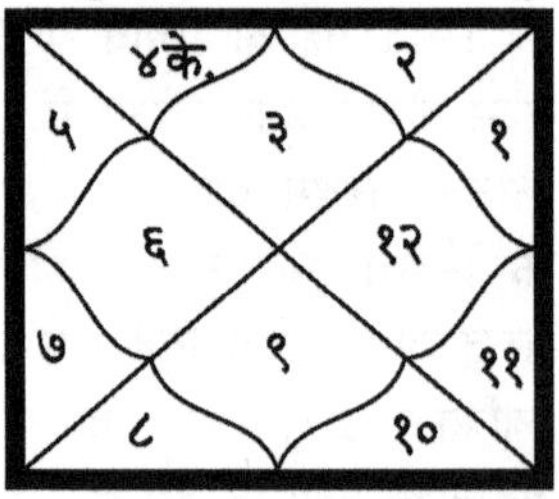

दूसरे धन एवं कुटुम्ब के भाव में अपने शत्रु चन्द्र की कर्क राशि पर स्थित केतु के प्रभाव से जातक को धन तथा कुटुम्ब के पक्ष में चिन्ताओं तथा परेशानियों का सामना करना पड़ता है। धन का संचय न हो पाने से वह कभी-कभी बहुत कष्ट भी पाता है तथा कौटुम्बिक कारणों से मानसिक-क्लेश का शिकार बना रहता है। ऐसा जातक धन-संचय के लिए गुप्त, धैर्य एवं साहस से काम लेता है और अनेक कठिनाइयों के बाद थोड़ी सफलता प्राप्त करता है।

जिस जातक का जन्म 'मिथुन' लग्न में हुआ हो और जन्म-कुण्डली के 'तृतीयभाव' में 'केतु' की स्थिति हो, उसे 'केतु' का फलादेश नीचे लिखे अनुसार समझना चाहिए—

मिथुन लग्नः तृतीयभावः केतु

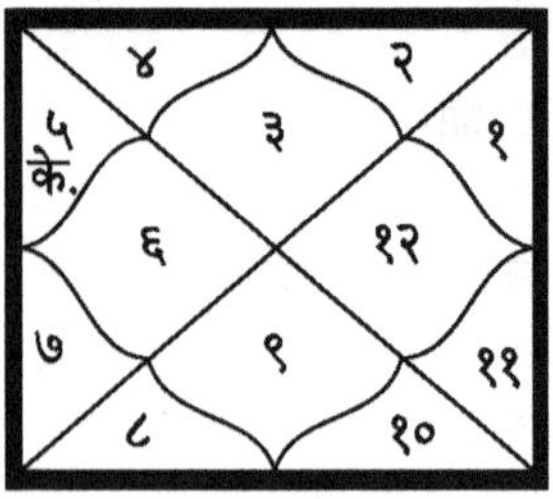

तीसरे पराक्रम एवं सहोदर भाव में अपने शत्रु सूर्य की सिंह राशि पर स्थित केतु के प्रभाव से जातक को भाई-बहन के सुख में कमी आती है, परन्तु पराक्रम की अत्यधिक वृद्धि होती है; क्योंकि तृतीयभाव में स्थित क्रूर ग्रह विशेष शक्तिशाली होता है। राहु के शत्रु राशिस्थ होने के कारण जातक को अपने पुरुषार्थ सम्बन्धी कार्यों से ही परेशानी तथा निराशा का अनुभव होता रहेगा, परन्तु अंत में उसे अपने उद्देश्य में सफलता एवं विजय भी प्राप्त होगी। ऐसा जातक बहुत हठी, हिम्मती तथा बहादुर होता है।

जिस जातक का जन्म 'मिथुन' लग्न में हुआ हो और जन्म-कुण्डली के 'चतुर्थभाव' में 'केतु' की स्थिति हो, उसे 'केतु' का फलादेश नीचे लिखे अनुसार समझना चाहिए—

चौथे केन्द्र, माता, भूमि तथा सुख भाव में समग्रह बुध की राशि पर स्थित 'केतु' के प्रभाव से जातक घरेलू सुख को प्राप्त करने के लिए चतुराई का आश्रय लेता है, परन्तु उसे माता, भूमि तथा मकान आदि के सुख में कुछ कमी एवं असंतोष का सामना करना पड़ता है। कन्या राशि पर स्थित 'केतु' को स्वक्षेत्री जैसा माना जाता है, अत: वह अपने गुप्त धैर्य एवं साहस के बल पर अंतत: सुख के साधनों में सफलता प्राप्त कर लेता है तथा भावी सुख पाने के लिए भी प्रयत्नशील बना रहता है।

मिथुन लग्न: चतुर्थभाव: केतु

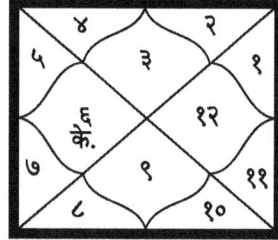

जिस जातक का जन्म 'मिथुन' लग्न में हुआ हो और जन्म-कुण्डली के 'पंचमभाव' में 'केतु' की स्थिति हो, उसे 'केतु' का फलादेश नीचे लिखे अनुसार समझना चाहिए—

पांचवें त्रिकोण एवं विद्या-बुद्धि संतान के भाव में अपने मित्र शुक्र की तुला राशि पर स्थित केतु के प्रभाव से जातक को संतानपक्ष से कष्ट मिलता है तथा विद्याध्ययन में कठिनाइयां आती हैं, परन्तु वह अपने गुप्त धैर्य की शक्ति द्वारा विद्या के क्षेत्र में सफलता प्राप्त करता है। संतानपक्ष में भी उसे कठिनाइयों के द्वारा सामान्य सफलता मिलती है। ऐसा जातक अत्यंत चतुर तथा हिम्मती होता है।

मिथुन लग्न: पंचमभाव: केतु

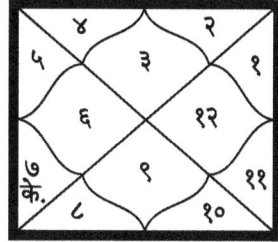

जिस जातक का जन्म 'मिथुन' लग्न में हुआ हो और जन्म-कुण्डली के 'षष्ठभाव' में 'केतु' की स्थिति हो, उसे 'केतु' का फलादेश नीचे लिखे अनुसार समझना चाहिए—

छठे शत्रु भाव में अपने मित्र मंगल की वृश्चिक राशि पर स्थित 'केतु' के प्रभाव से जातक शत्रुओं का दमन करता है और गुप्त युक्तियों का आश्रय लेकर उन पर विजय पाता है। छठे भाव में स्थित क्रूर ग्रह अधिक शक्तिशाली कहा गया है, अत: ऐसा जातक झगड़े-झंझट, मुकद्दमे आदि में सफलता प्राप्त करता है। वह अपनी आंतरिक कमजोरी को छिपाकर बड़ी हिम्मत से काम लेता है, जिसके कारण सब लोग उसका लोहा मानते रहते हैं।

मिथुन लग्न: षष्ठभाव: केतु

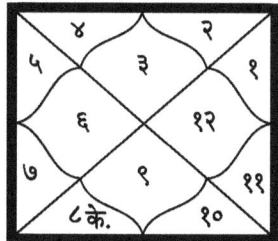

जिस जातक का जन्म 'मिथुन' लग्न में हुआ हो और जन्म-कुण्डली के 'सप्तमभाव' में 'केतु' की स्थिति हो, उसे 'केतु' का फलादेश नीचे लिखे अनुसार समझना चाहिए—

सातवें केन्द्र, स्त्री तथा व्यवसाय के भाव में समग्रह गुरु की धनु राशि पर उच्च के 'केतु' के प्रभाव से जातक को स्त्री पक्ष में कुछ कठिनाइयों के बाद अनेक प्रकार की सफलताएं प्राप्त होती हैं तथा इंद्रिय-भोगादि की विशेष प्राप्ति होती हैं। व्यवसाय के क्षेत्र में भी वह अत्यंत कठिन परिश्रम तथा दौड़-धूप करने के उपरांत अत्यधिक उन्नति प्राप्त करता है तथा निरन्तर उन्नतिशील बने रहने के लिए अनेक प्रकार की युक्तियों का प्रयोग करता है तथा सफल होता है।

मिथुन लग्न: सप्तमभाव: केतु

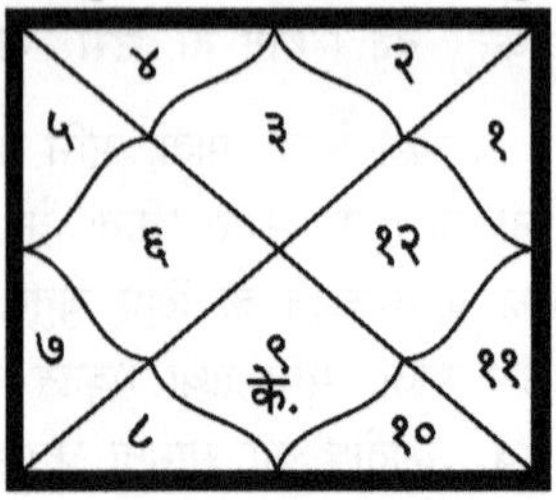

जिस जातक का जन्म 'मिथुन' लग्न में हुआ हो और जन्म-कुण्डली के 'अष्टमभाव' में 'केतु' की स्थिति हो, उसे 'केतु' का फलादेश नीचे लिखे अनुसार समझना चाहिए—

आठवें आयु एवं पुरातत्त्व के भाव में अपने शत्रु शनि की मकर राशि पर स्थित केतु के प्रभाव से जातक को अपनी आयु के सम्बन्ध में अनेक बार संकटों का सामना करना पड़ता है तथा पुरातत्त्व की भी कुछ हानि होती है, परन्तु केतु के मित्र राशिस्थ होने के कारण वह परेशानी के समय भी अपने धैर्य को नहीं खोता तथा प्रत्यक्ष रूप में हिम्मत एवं बहादुरी का प्रदर्शन करता रहता है। ऐसी ग्रह स्थिति वाले जातक को उदर-विकार से भी ग्रस्त होना पड़ता है।

मिथुन लग्न: अष्टमभाव: केतु

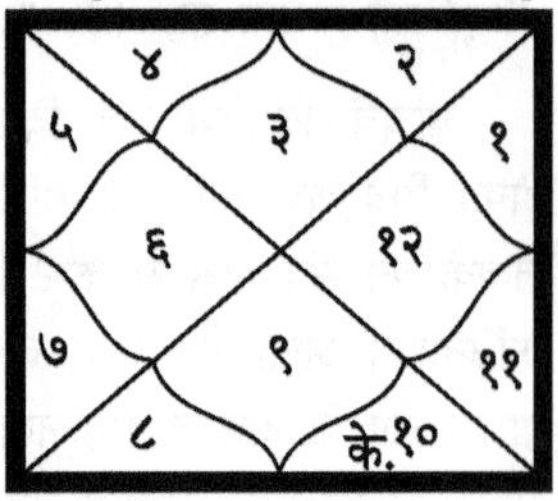

जिस जातक का जन्म 'मिथुन' लग्न में हुआ हो और जन्म-कुण्डली के 'नवमभाव' में 'केतु' की स्थिति हो, उसे 'केतु' का फलादेश नीचे लिखे अनुसार समझना चाहिए—

नवें त्रिकोण, भाग्य तथा धर्म के भाव में अपने शत्रु शनि की कुम्भ राशि पर स्थित केतु के प्रभाव से जातक को भाग्य के सम्बन्ध में कुछ परेशानियों का सामना करना पड़ता है, परन्तु उस सम्बन्ध में वह कठिन परिश्रम करके थोड़ी-बहुत सफलता प्राप्त कर लेता है। ऐसा जातक धर्म का यथार्थ पालन नहीं कर पाता तथा उसके यश में भी कमी बनी रहती है। फिर भी, क्रूर ग्रह की राशि पर क्रूर ग्रह की स्थिति होने से गुप्त युक्तियों एवं कठिन परिश्रम द्वारा उक्त सभी क्षेत्रों में जातक को थोड़ी-बहुत सफलता प्राप्त हो जाती है।

मिथुन लग्न: नवमभाव: केतु

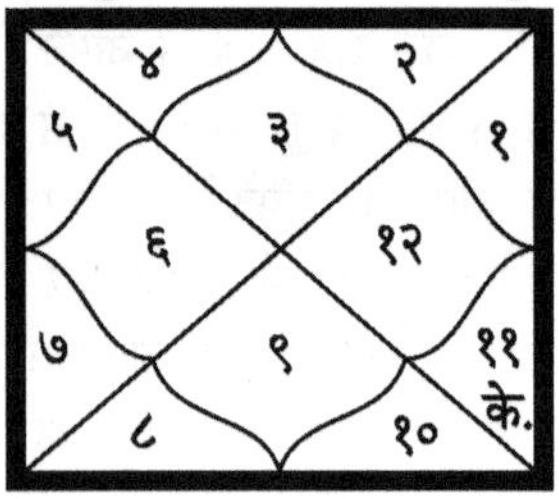

जिस जातक का जन्म 'मिथुन' लग्न में हुआ हो और जन्म-कुण्डली के 'दशमभाव' में 'केतु' की स्थिति हो, उसे 'केतु' का फलादेश नीचे लिखे अनुसार समझना चाहिए—

दसवें केन्द्र, राज्य तथा पिता के भाव में समग्रह बृहस्पति की मीन राशि पर स्थित राहु के प्रभाव से जातक को पिता, व्यवसाय एवं राज्य के पक्ष में अनेक प्रकार की कठिनाइयों तथा परेशानियों का सामना करना पड़ता है तथा मान-प्रतिष्ठा के क्षेत्र में भी कभी-कभी बड़ी हानि उठानी पड़ती है। ऐसा जातक अपनी उन्नति के लिए कठिन परिश्रम तथा गुप्त युक्तियों का आश्रय लेता है तथा उनके कारण कुछ सफलता भी प्राप्त कर लेता है।

मिथुन लग्न: दशमभाव: केतु

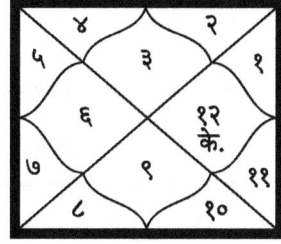

जिस जातक का जन्म 'मिथुन' लग्न में हुआ हो और जन्म-कुण्डली के 'एकादशभाव' में 'केतु' की स्थिति हो, उसे 'केतु' का फलादेश नीचे लिखे अनुसार समझना चाहिए—

ग्यारहवें लाभ भाव में अपने मित्र मंगल की मेष राशि पर स्थित केतु के प्रभाव से जातक को अपनी आमदनी के क्षेत्र में कठिन परिश्रम करना पड़ता है तथा कभी-कभी घोर संकटों का सामना भी करना पड़ता है, परन्तु अपनी गुप्त युक्तियों, धैर्य एवं साहस के बल पर वह कठिनाइयों पर विजय पाकर अंत में सफल होता है। यद्यपि उसे अपनी आमदनी से पूर्ण संतोष नहीं होता, फिर भी वह उसे बढ़ाने के लिए निरन्तर प्रयत्नशील बना रहता है।

मिथुन लग्न: एकादशभाव: केतु

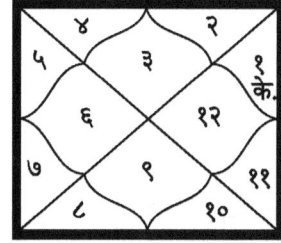

जिस जातक का जन्म 'मिथुन' लग्न में हुआ हो और जन्म-कुण्डली के 'द्वादशभाव' में 'केतु' की स्थिति हो, उसे 'केतु' का फलादेश नीचे लिखे अनुसार समझना चाहिए—

बारहवें व्यय तथा बाहरी भावों के सम्बन्ध के भाव में अपने मित्र शुक्र की वृषभ राशि पर स्थित 'केतु' के प्रभाव से जातक का खर्च अधिक बना रहता है, जिसके कारण उसे कठिनाइयों तथा कभी-कभी बड़े भारी संकट का सामना भी करना पड़ता है। उसे बाहरी भावों के सम्बन्ध में कुछ परेशानी प्राप्त होती है, परन्तु केतु के अपने मित्र की राशि पर स्थित होने के कारण जातक अपनी गुप्त युक्ति, चातुर्य, परिश्रम एवं हिम्मत के बल पर अपने खर्च को चलाते रहने की शक्ति प्राप्त कर लेता है।

मिथुन लग्न: द्वादशभाव: केतु

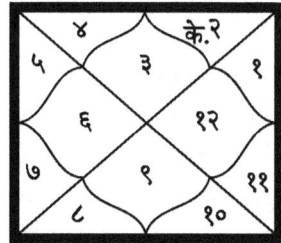

उदाहरण मिथुन लग्न कुण्डली 5. कम्प्यूटर विजार्ड मिस्टर बिल गेट्स सं.रा. अमेरिका
जन्मतिथि–28-10-1955
जन्म समय–21: 30 घण्टे (पै.मा.स.)
जन्मस्थान–सियेटल (वाशिंगटन-यू.एस.ए.)

जन्म कुण्डली

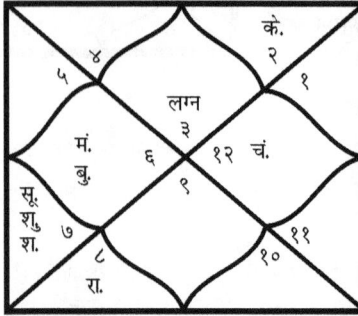

नवांश कुण्डली

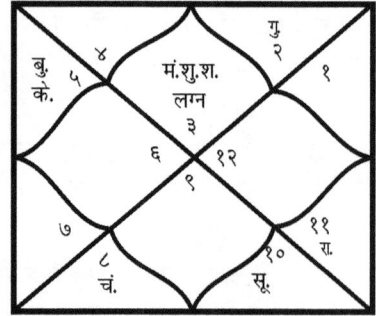

कुण्डली संख्या–5

ज्योतिषीय विवेचन

यह भचक्र में राशि क्रम की तृतीय राशि मिथुन लग्न कुण्डली है। यह वायुतत्त्व, सतोगुणी और द्विस्वभाव राशि है। यह बुद्धि और विद्यादात्री राशि है। मिथुन लग्न राशि वाले व्यक्ति बुद्धिमान, विद्वान, उत्साह से भरे, अच्छे व्यवस्थित योजनाकार होते हैं। वे सुन्दर, आकर्षक भावुक, मनोविनोदी, तर्कशास्त्री, आश्चर्यचकित कार्य करने वाले, किन्तु चिन्तारहित, प्रसन्नचित तथा पढ़ने-लिखने के शौकीन होते हैं। वे अच्छे वार्ताकार, सफल आविष्कारक और गणितज्ञ भी होते हैं। उनकी स्मरणशक्ति और किसी भाव को ग्रहण करने की शक्ति अधिक भयंकर होती है। यह जन्मकुण्डली विश्व प्रसिद्ध कम्प्यूटर विजार्ड मिस्टर बिल गेट्स की है। इन्होंने कम्प्यूटर सूचना प्रौद्योगिकी जगत में बड़ी क्रान्ति की है। सियेटल (संयुक्त राज्य अमेरिका) में उत्तरा भाद्रपद नक्षत्र में जन्मे बिल गेट्स ज्ञानवान, विश्व में अत्यधिक धनी, दानी, बातूनी, अच्छे तर्कशास्त्री और यशस्वी व्यक्ति हैं। विषय की गहराई तक जाते हैं। यही कारण है कि उन्हें कम्प्यूटर विजार्ड कहा जाता है।

सुदर्शन लग्न विचार

जन्म लग्नेश बुध उच्चराशिस्थ होकर माता, भूमि, भवन और सुख-समृद्धि के चतुर्थ भाव में बैठकर दशम भाव और भाव में बैठे चन्द्र को पूर्ण दृष्टि से देख रहा है। चन्द्र लग्नेश गुरु तृतीय भाव में बैठकर सप्तम और एकादश भाव को देख रहा है। सूर्य लग्नेश शुक्र सूर्य व शनि के साथ पंचम भाव में स्वराशि में स्थित हैं। शनि सप्तम और एकादश भाव को देख रहा है। लग्न पर किसी की भी ग्रह की दृष्टि नहीं है। नवांश कुण्डली का लग्न भी मिथुन राशि का है। लग्न में तीन शक्तिशाली ग्रह शुक्र, शनि और मंगल बैठे हैं। लग्न को बल मिल

रहा है। लग्न वर्गोत्तम है। बुध की भाग्य व धर्म भाव पर पूर्ण दृष्टि है। इस आधार पर जन्म लग्न ही बलशाली प्रतीत होती है।

ग्रह स्थिति, ग्रह दृष्टि एवं ग्रह योग

लग्नेश बुध जन्म कुण्डली के सुख-समृद्धि के चतुर्थ भाव में एकादशेश मंगल के साल उच्च राशि में बैठा है। बुध और मंगल की दशम भाव कर्म भाव पर पूर्ण दृष्टि है। मंगल की आय/लाभ के एकादश भाव पर स्वराशि पर भी पूर्ण दृष्टि है। गुरु सप्तम भाव पर भी मंगल की दृष्टि है। गुरु तृतीय भाव में बैठकर अपनी राशि धनु को सप्तम भाव में और मंगल की राशि मेष को एकादश भाव में पूर्ण दृष्टि से देख रहा है। शनि, शुक्र के पंचम भाव में बैठकर सप्तम और एकादश भाव को देख रहा है। इस प्रकार यह तृतीय, सप्तम, एकादश भावों और भावस्वामियों के परस्पर मेल-मिलाप और अन्तर्सम्बन्धों का एक अनोखा योग है। इसे प्रकृति त्रिकोण के अन्तर्सम्बन्ध के नाम से जाना जाता है। इस योग ने मिस्टर बिल गेट्स को काफी ऊंचा उठाया। इसके अतिरिक्त उच्च राशिस्थ शनि ने शुक्र के स्वराशि पंचम भाव में तुला राशि में बैठकर बिल गेट्स के नाम, यश व मान-सम्मान को समस्त विश्व में कम्प्यूटर के क्षेत्र में और अधिक विख्यात किया। सूर्य उभयचरी योग, बुध भद्र योग बना रहा है। राहु व केतु को छोडकर सभी सात ग्रह चार भावों में बैठे हैं, केदार योग बन रहा है। इन योगों ने विश्वख्याति के साथ गुणवान्, धनवान् दानी, दयालु और परोपकारी बनाया। उच्चराशि शनि आत्मकारक है और लाभ तथा धन के भावों पर इसकी पूर्ण दृष्टि है। यह एक अच्छी स्थिति है। इस स्थिति ने बिल गेट्स को कम्प्यूटर सूचना प्रौद्योगिकी जगत में सफल और अत्यधिक धनी बनाया।

उपसंहार

उपर्युक्त स्थितियों/दृष्टियों/ग्रह योगों से यह निष्कर्ष निकलता है कि प्रकृति त्रिकोण के 7-11-3 भावों के परस्पर अन्तर्सम्बन्धों ने, जिन्हें काम के भाव का सहसम्बन्ध भी कहा जाता है, एक ऐसा अनूठा योग उत्पन्न किया कि बिल गेट्स ने कम्प्यूटर क्षेत्र में अत्यधिक उन्नति/प्रगति की और वह विश्व के प्रथम धनी व्यक्ति हो गये। फोर्ब्स पत्रिका ने सन् 2009 में विश्व के धनी व्यक्तियों की श्रेणी में उन्हें प्रथम स्थान दिया था, लेकिन कम्प्यूटर के क्षेत्र में विषयगत चोरी की स्थिति द्वादश भाव पर वृष राशि पर राहु की पूर्ण दृष्टि के कारण है। केतु पहले से ही विराजमान है। अतः इस समस्या की लड़ाई (Challenge of Piracy) के लिए जब तक कोई ठोस कदम नहीं लिये जायेंगे, ऐसा होता रहेगा। इसकी गहराई को समझना है। सम्भवतः यह राहु की दशम भाव और वहां बैठे चन्द्र पर दृष्टि से परे जाकर इसे हल करना होगा। यदि विषयगत चोरी की लड़ाई समाप्त हो गयी, तो अत्यधिक सुख-समृद्धि व सफलता उनके द्वार पर होगी और वह दिन कम्प्यूटर वर्ल्ड के लिए एक सुनहरा दिन होगा।

उदाहरण मिथुन लग्न कुण्डली 6. पूर्व अभिनेत्री व राजनेता सुश्री जे. जयललिता

जन्म तिथि–24-02-1948

जन्म समय–15 : 00 घण्टे (भा.मा.स.)

जन्म स्थान–मैसूर (कर्नाटक)

जन्म कुण्डली

नवांश कुण्डली

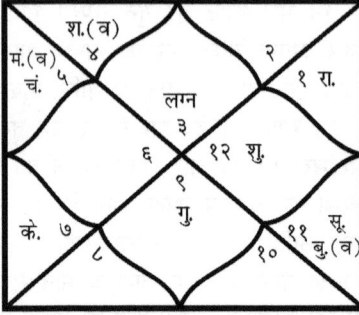

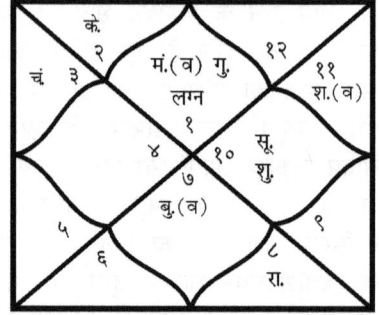

कुण्डली संख्या-6

ज्योतिषीय विवेचन

यह भचक्र में राशि क्रम की तृतीय राशि मिथुन लग्न कुण्डली है। यह वायुतत्त्व, सतोगुणी और द्विस्वभाव राशि है। यह बुद्धि और विद्यादात्री राशि है। मिथुन लग्न राशि वाली महिलायें बुद्धिमान, विदुषी, तर्कशास्त्री और व्यवस्थित योजनाकार होती हैं। वे भावुक, सुन्दर, आकर्षक, थोड़ी मनोविनोदी, किन्तु उत्साह से भरी, सदैव प्रसन्नचित, चिन्तारहित, आश्चर्यचकित कार्य करने वाली, और पढ़ने-लिखने की शौकीन होती हैं। वे अच्छी वार्ताकार और कलाकार होती हैं। वे सफल राजनीतिज्ञ होती हैं। उनकी स्मरणशक्ति और किसी भाव/विषय को ग्रहण करने की शक्ति तीव्रतम होती है। यह जन्मकुण्डली विश्व प्रसिद्ध अभिनेत्री अब राजनीतिज्ञ पूर्व मुख्यमन्त्री, तामिलनाडु जे. जयललिता की है। हाल ही में अधिक सम्पत्ति के कोर्ट केस फैसले के कारण उन्हें मुख्यमन्त्री पद छोड़ना पड़ा। मघा नक्षत्र में जन्मी जे. जयललिता बहुत ही आकर्षक, बहादुर, साहसी, मेहनती, निडर व ईश्वर में अटल विश्वास रखने वाली महिला हैं। अपनी पार्टी ए.आई.डी.एम.के. और जनता पर पूरी पकड़ है। तामिलनाडु में अम्मा के नाम से मशहूर हैं।

सुदर्शन लग्न विचार

जन्म लग्नेश बुध वक्री होकर भाग्य और धर्म के नवम भाव में चन्द्र लग्नेश व लग्नकारक सूर्य के साथ बैठे हैं। तृतीय भाव में बैठे चन्द्र और वक्री मंगल जन्म लग्नेश वक्री बुध एवं चन्द्र लग्नेश व लग्नकारक सूर्य को पूर्ण दृष्टि से देख रहे हैं। सूर्य लग्नेश वक्री शनि द्वितीय भाव में चन्द्र की कर्क राशि में बैठे हैं। लग्न पर किसी भी लग्नेश की दृष्टि नहीं है। नवम भाव में बैठे वाणीकारक और कला के योग्यताकारक वक्री बुध की स्थिति अच्छी हैं। लग्न

पर शुभ ग्रह स्वराशि गुरु की पूर्ण दृष्टि है। नवांश कुण्डली की लग्न मेष राशि की है। लग्न में वक्री मंगल और गुरु विराजमान हैं। जन्म लग्नेश वक्री बुध लग्न को देख रहा है। भाग्य व धर्म भाव में बुध की स्थिति आधार पर जन्म लग्न ही बलशाली प्रतीत होती है।

ग्रह स्थिति, ग्रह दृष्टि एवं ग्रह योग

कुण्डली के दशम भाव कर्म भाव में बैठे उच्चराशिस्थ शुक्र जन्म लग्न को प्रभावित कर रहे हैं और जन्म लग्नेश वक्री बुध की दूसरी राशि के सुख-समृद्धि के चतुर्थ भाव को पूर्ण दृष्टि से देख रहे हैं। बलशाली केन्द्र में बैठकर एक महापुरुष योग मालव्य योग बना रहे हैं। ऐसी महिला उच्चस्तरीय जीवन व्यतीत करती है। दशमेश व सप्तमेश गुरु स्वराशि में सप्तम भाव में बैठकर एक दूसरा महापुरुष योग हंस योग बना रहे हैं। भाव को बल मिल रहा है। ऐसी महिला चरित्रवान, धर्मात्मा और ईश्वरभक्त होती है। वास्तव में जे. जयललिता एक सुयोग्य, गुणवान, धनवान, सदैव सचेत, और स्पष्ट विचारों वाली विदुषी महिला हैं। तृतीय भाव में बैठे चन्द्र और मंगल योग ने उनकी कला सम्बन्धी योग्यताओं को और अधिक निखारा है। फलस्वरुप एक अभिनेत्री के रुप में प्रसिद्धि प्राप्त की और बाद में एक यशस्वी राजनीतिज्ञ भी बनी। सूर्य से चन्द्र, राहु, केतु को छोड़कर दूसरे भाव में स्थित शुक्र शुभ वेशि योग बना रहा है। एसी महिला सौभाग्यशाली, गुणवान, धनवान, सुखी और विख्यात होती है। चन्द्र से द्वादश भाव से सूर्य को छोड़कर शनि बैठा है। अनफा योग बन रहा है। ऐसी महिला परिश्रमी, कार्यकुशल, धनी व सफल होती है। चन्द्र और मंगल योग बन रहा है। सप्तम भाव में बैठे गुरु की पूर्ण दृष्टि है। ऐसी महिला ईमानदार होती है। गुरु सप्तम भाव में बैठकर एकादश और तृतीय को पूर्ण दृष्टि से देख रहा है। इस प्रकार यह सप्तम, एकादश और तृतीय भावस्वामियों के परस्पर मेल-मिलाप और अन्तर्सम्बन्धों का एक अनोखा योग है। इसे प्रकृति त्रिकोण कहा गया है। दशम भाव कर्म भाव में बैठे उच्चराशिस्थ शुक्र अमलकीर्ति योग बना रहा है। ऐसी महिला भाग्यशाली, धर्मात्मा और दानी होती है।

उपसंहार

उपर्युक्त स्थितियों/दृष्टियों/ग्रह योगों से यह निष्कर्ष निकलता है कि प्रकृति त्रिकोण के 7-11-3 भावों के परस्पर अन्तरसम्बन्धों ने एक ऐसा अनूठा योगदान दिया कि जे. जयललिता अपने प्रारम्भिक जीवन में एक ख्यातिप्राप्त अभिनेत्री सिद्ध हुई और बाद में सी. रामचन्द्रन की ए. आई.डी.एम. के पार्टी में शामिल हुई। एक सफल राजनीतिज्ञ के रुप में उभरी और तमिलनाडु की मुख्यमन्त्री बनी। सभी प्रकार के सुख और आराम का लाभ मिला। इस समय गुरु महादशा में शनि की अंतर्दशा चल रही है। यह 01-3-2017 रहेगी। शनि की ढैया भी चल पड़ी है। उनके संभलकर चलने का समय है।

कर्क लग्न

CANCER

कर्क लग्न वाली कुण्डलियों के विभिन्न भावों में स्थित विभिन्न ग्रहों का अलग-अलग फलादेश

'कर्क' लग्न का संक्षिप्त फलादेश

'कर्क' लग्न में जन्म लेने वाले जातक का शरीर गौर वर्ण होता है। वह पित्त प्रकृति वाला, जल क्रीड़ा का प्रेमी, मिष्ठान्नभोजी, भले लोगों से स्नेह करने वाला, उदार, विनम्र, बुद्धिमान, पवित्र, क्षमाशील, धर्मात्मा, बड़ा ढीठ, कन्या-संततिवान्, व्यवसायी, मित्रद्रोही, धनी, व्यसनी, शत्रुओं से पीड़ित, स्वभाव से कुटिल, कभी-कभी विपरीत-बुद्धि का परिचय देने वाला, अपने जन्म-भाव को छोड़कर अन्य भाव में निवास करने वाला और पतले, परन्तु शक्तिशाली शरीर वाला होता है।

कर्क लग्न में जन्म लेने वाले जातक का भाग्योदय १६-१७ वर्ष की आयु में ही हो जाता है।

'कर्क' लग्न

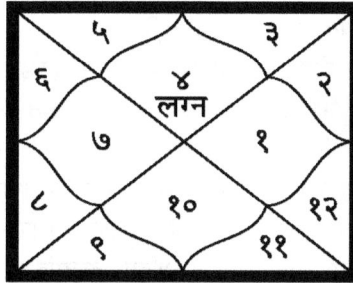

यह बात पहले बताई जा चुकी है कि प्रत्येक व्यक्ति के जीवन पर नवग्रहों का प्रभाव मुख्यतः दो प्रकार से पड़ता है:

(१) ग्रहों की जन्म-कालीन स्थिति के अनुसार।

(२) ग्रहों की दैनिक गोचर-गति के अनुसार।

जातक की जन्म-कालीन ग्रह-स्थिति जन्म-कुण्डली में दी गई होती है। उसमें जो ग्रह जिस भाव में और जिस राशि पर बैठा होता है, वह जातक के जीवन पर अपना निश्चित प्रभाव निरन्तर स्थायी रूप से डालता रहता है।

दैनिक गोचर-गति के अनुसार विभिन्न ग्रहों की जो स्थिति होती है, उसकी जानकारी पंचांग द्वारा की जा सकती है। ग्रहों की दैनिक गोचर-गति के सम्बन्ध में या तो किसी ज्योतिषी से पूछ लेना चाहिए अथवा स्वयं ही उसे मालूम करने का तरीका सीख लेना चाहिए। इस सम्बन्ध में पुस्तक के पहले प्रकरण में विस्तारपूर्वक लिखा जा चुका है।

दैनिक गोचर-गति के अनुसार विभिन्न ग्रह जातक के जीवन पर अस्थायी रूप से अपना प्रभाव डालते हैं।

उदाहरण के लिए यदि किसी जातक की जन्म-कुण्डली सूर्य में 'कर्क' राशि पर 'प्रथमभाव' में बैठा है, तो उसका अस्थायी प्रभाव जातक के जीवन पर आगे दी गई उदाहरण कुण्डली-पृष्ठ संख्या २१९ के अनुसार पड़ता रहेगा; परन्तु यदि दैनिक ग्रह-गोचर में कुण्डली देखते समय सूर्य 'सिंह' राशि के 'द्वितीयभाव' में बैठा होगा, तो जातक के जीवन पर अपना अस्थायी प्रभाव अवश्य डालेगा, जब तक कि वह 'सिंह' राशि से हटकर 'कन्या' राशि में नहीं चला जाता। 'कन्या' राशि में पहुंचकर वह 'कन्या' राशि के अनुरूप अपना प्रभाव डालना आरम्भ कर देगा। अत: जिस जातक की जन्म-कुण्डली में सूर्य कर्क राशि के प्रथमभाव में बैठा हो, उसे उदाहरण-पृष्ठ संख्या २०९ में फलादेश देखने के पश्चात् यदि उन दिनों ग्रह गोचर में सूर्य राशि के द्वितीयभाव में बैठा हो, तो उदाहरण-पृष्ठ संख्या २५५ का फलादेश भी देखना चाहिए तथा इन दोनों फलादेशों के समन्वय-स्वरूप जो निष्कर्ष निकलता हो, उसी को अपने वर्तमान समय पर प्रभावकारी समझना चाहिए। इसी प्रकार प्रत्येक ग्रह के विषय में जान लेना चाहिए।

'कर्क' लग्न में जन्म लेने वाले जातकों की जन्म-कुण्डली के विभिन्न भावों में स्थित विभिन्न ग्रहों के फलादेश का वर्णन उदाहरण कुण्डली-पृष्ठ संख्या २०९ से २४५ तक में किया गया है। पंचांग की दैनिक ग्रह-गति के अनुसार 'कर्क' लग्न में जन्म लेने वाले जातकों को किन-किन उदाहरण द्वारा विभिन्न ग्रहों के तात्कालिक प्रभाव को देखना चाहिए, इसका विस्तृत वर्णन अगले पृष्ठों में किया गया है, अत: उनके अनुसार ग्रहों की तात्कालिक स्थिति के सामयिक प्रभाव की जानकारी प्राप्त कर लेनी चाहिए। तदुपरांत दोनों फलादेशों के समन्वयस्वरूप जो निष्कर्ष निकलता हो, उसी को सही फलादेश समझना चाहिए।

इस विधि से प्रत्येक व्यक्ति जन्म-कुंडली का ठीक-ठीक फलादेश सहज में ही ज्ञात कर सकता है।

टिप्पणी-(१) पहले बताया जा चुका है कि जिस समय जो ग्रह २७ अंश से ऊपर अथवा ३ अंश के भीतर होता है, वह प्रभावकारी नहीं रहता। इसी प्रकार जो ग्रह सूर्य से अस्त होता है, वह भी जातक के ऊपर प्रभाव या तो बहुत कम डालता है या फिर पूर्णत: प्रभावहीन रहता है।

(२) स्थायी जन्म-कुण्डली स्थित विभिन्न ग्रहों के अंश किसी ज्योतिषी द्वारा अपनी कुण्डली में लिखवा लेने चाहिए, ताकि उनके अंशों के बारे में बार-बार जानकारी प्राप्त करने के झंझट से बचा जा सके। तात्कालिक गोचर के ग्रहों के अंशों की जानकारी पंचांग द्वारा अथवा किसी ज्योतिषी से पूछकर प्राप्त कर लेनी चाहिए।

(३) स्थायी जन्म-कुण्डली अथवा तात्कालिक ग्रह-गति-कुण्डली में यदि किसी भाव में एक से अधिक ग्रह एक साथ बैठे होते हैं अथवा जिन-जिन भावों पर उनकी दृष्टियां पड़ती हैं, जातक का जीवन उनके द्वारा भी प्रभावित होता है। इस पुस्तक के तीसरे प्रकरण में 'ग्रहों की युति का प्रभाव' शीर्षक अध्याय के अंतर्गत विभिन्न ग्रहों की युक्ति के फलादेश का वर्णन किया गया है, अत: इस विषय की जानकारी वहां से प्राप्त कर लेनी चाहिए।

(४) विंशोतरी दशा के सिद्धान्तानुसार प्रत्येक जातक की पूर्णायु १२० वर्ष की मानी जाती है। इस आयु-अवधि में जातक नवग्रहों की दशाओं का भोग कर लेता है। विभिन्न ग्रहों का दशा-काल भिन्न-भिन्न होता है। परन्तु अधिकांश व्यक्ति इतनी लंबी आयु तक जीवित नहीं रह पाते, अत: वे अपने जीवन-काल में कुछ ही ग्रहों की दशाओं का भोग कर पाते हैं। जातक के जीवन के जिस काल में जिस ग्रह की दशा जिसे 'महादशा' कहा जाता है, चल रही होती है, जन्मकालीन ग्रह-स्थिति के अनुसार उसके जीवन-काल की उतनी अवधि उस ग्रह-विशेष के प्रभाव से विशेष रूप से प्रभावित रहती है। जातक का जन्म किस ग्रह की महादशा में हुआ है और उसके जीवन में किस अवधि तक किस ग्रह की दशा चलेगी और वह महादशा जातक के ऊपर अपना क्या विशेष प्रभाव डालेगी। इन बातों का उल्लेख भी तीसरे प्रकरण में किया गया है।

इस प्रकार (१) जन्म-कुण्डली, (२) तात्कालिक ग्रह-गोचर-कुण्डली एवं (३) ग्रहों की महादशा इन तीनों विधियों से फलादेश प्राप्त करने की सरल विधि का वर्णन इस पुस्तक में किया गया है, अत: इन तीनों के समन्वय-स्वरूप फलादेश का ठीक-ठीक निर्णय करके अपने भूत, वर्तमान तथा भविष्यकालीन जीवन के विषय में सम्यक् जानकारी प्राप्त कर लेनी चाहिए।

विशेष नोट : कर्क लग्न जन्म कुण्डली/गोचर कुण्डली के द्वादश भावों में सूर्यादि सभी नवग्रहों का फलादेश नीचे दिया जा रहा है। पढ़ें और समझें।

'कर्क' लग्न में 'सूर्य' का फल

जिस जातक का जन्म 'कर्क' लग्न में हुआ हो और जन्म-कुण्डली के 'प्रथमभाव' में 'सूर्य' की स्थिति हो, उसे 'सूर्य' का फलादेश नीचे लिखे अनुसार समझना चाहिए—

पहले केन्द्र तथा शरीर भाव में अपने मित्र चन्द्र की कर्क राशि पर स्थित सूर्य के प्रभाव से जातक की शारीरिक शक्ति, सौंदर्य एवं तेज में वृद्धि होती है तथा वह धन एवं कुटुम्ब की शक्ति प्राप्त कर दूसरों की दृष्टि में धनी तथा प्रतिष्ठित समझा जाता है। यहां से सूर्य अपनी सातवीं शत्रुदृष्टि से शनि की मकर राशि में सप्तमभाव को देखता है, अत: जातक को स्त्री तथा व्यवसाय के पक्ष में कुछ असंतोष एवं कठिनाइयों के साथ लाभ प्राप्त होता है।

कर्क लग्न: प्रथमभाव: सूर्य

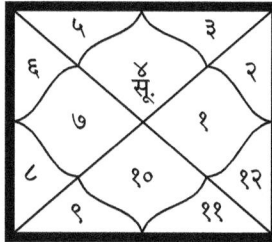

जिस जातक का जन्म 'कर्क' लग्न में हुआ हो और जन्म-कुण्डली के 'द्वितीयभाव' में 'सूर्य' की स्थिति हो, उसे 'सूर्य' का फलादेश नीचे लिखे अनुसार समझना चाहिए—

दूसरे धन एवं कुटुम्ब के भाव में अपनी सिंह राशि पर स्थित सूर्य के प्रभाव से जातक के धन तथा कुटुम्ब की वृद्धि होती है, जिसके कारण वह प्रभाव तथा प्रतिष्ठा प्राप्त करता है। यहां से सूर्य अपनी सातवीं शत्रुदृष्टि से शनि की कुम्भ राशि में अष्टमभाव को देखता है, अत: जातक को पुरातत्त्व के सम्बन्ध में कुछ कठिनाई एवं दैनिक जीवनचर्या में भी कुछ परेशानी का सामना करना पड़ेगा।

कर्क लग्न: द्वितीयभाव: सूर्य

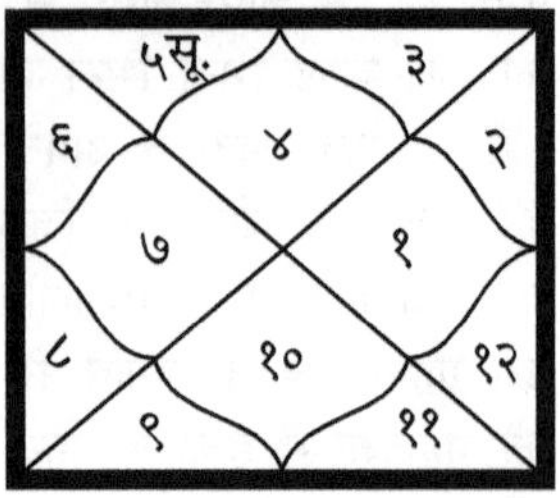

जिस जातक का जन्म 'कर्क' लग्न में हुआ हो और जन्म-कुण्डली के 'तृतीयभाव' में 'सूर्य' की स्थिति हो, उसे 'सूर्य' का फलादेश नीचे लिखे अनुसार समझना चाहिए—

तीसरे पराक्रम एवं सहोदर भाव में समग्रह बुध की कन्या राशि पर स्थित सूर्य के प्रभाव से जातक के पराक्रम की वृद्धि होती है तथा भाई-बहनों के पक्ष में कुछ त्रुटियों के साथ शक्ति प्राप्त होती है। पराक्रम द्वारा ही जातक अपने धन की वृद्धि भी करता है और प्रतिष्ठित होता है। यहां से सूर्य अपनी सातवीं मित्रदृष्टि से गुरु की मीन राशि में नवमभाव को देखता है, अत: जातक अपने पराक्रम द्वारा भाग्य की वृद्धि तथा धर्म का पालन करता है। उसे प्रभाव तथा सम्मान की प्राप्ति भी होती है।

कर्क लग्न: तृतीयभाव: सूर्य

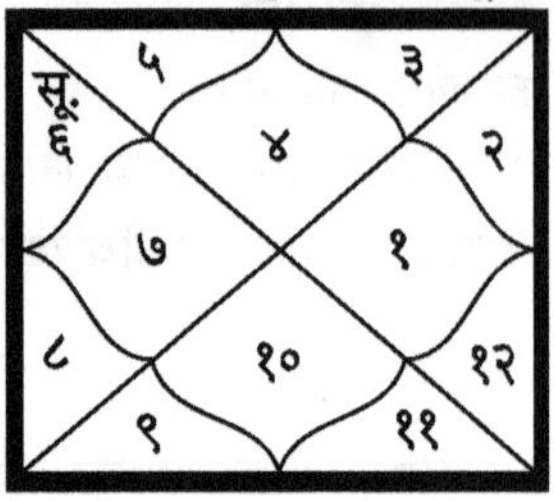

जिस जातक का जन्म 'कर्क' लग्न में हुआ हो और जन्म-कुण्डली के 'चतुर्थभाव' में 'सूर्य' की स्थिति हो, उसे 'सूर्य' का फलादेश नीचे लिखे अनुसार समझना चाहिए—

चौथे केन्द्र, माता भूमि तथा सुख के भाव में अपने शत्रु शुक्र की तुला राशि पर स्थित नीच के प्रभाव से जातक को माता, भूमि, व भाव के सुख में कमी प्राप्त होती है। साथ ही, धन एवं कुटुम्ब का सुख भी कम मिल पाता है। यहां से सूर्य सातवीं उच्चदृष्टि से अपने मित्र मंगल की मेष राशि में दशमभाव को देखता है, अत: जातक को पिता, राज्य एवं व्यवसाय के क्षेत्र में सफलता, धन तथा सम्मान की प्राप्ति होती है। ऐसा जातक प्रतिष्ठा प्राप्त करने के लिए धन तथा सुख की विशेष चिन्ता नहीं करता।

कर्क लग्न: चतुर्थभाव: सूर्य

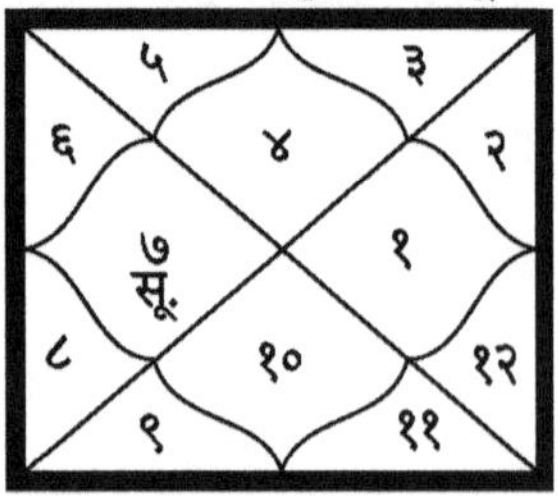

जिस जातक का जन्म 'कर्क' लग्न में हुआ हो और जन्म-कुण्डली के 'पंचमभाव' में 'सूर्य' की स्थिति हो, उसे 'सूर्य' का फलादेश नीचे लिखे अनुसार समझना चाहिए—

पांचवें त्रिकोण तथा विद्या, बुद्धि एवं संतान के भाव में अपने मित्र मंगल की वृश्चिक राशि पर स्थित सूर्य के प्रभाव से जातक को संतानपक्ष से कुछ बाधा मिलती है, परन्तु एक संतान अत्यंत प्रभावशाली होती है। साथ ही विद्या एवं बुद्धि के क्षेत्र में भी अत्यधिक सफलता प्राप्त होती है तथा धन की भी वृद्धि होती है। यहां से सूर्य अपनी सातवीं शत्रुदृष्टि से शुक्र की वृषभ राशि में एकादश भाव को देखता है। अत: जातक को लाभ व शक्ति भी पर्याप्त मिलती है। ऐसा जातक उग्र-स्वभाव का होता है और वह स्पष्ट बात कहने में अपने हानि-लाभ की चिन्ता नहीं करता है।

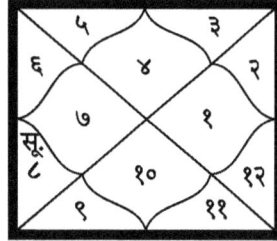

कर्क लग्न: पंचमभाव: सूर्य

जिस जातक का जन्म 'कर्क' लग्न में हुआ हो और जन्म-कुण्डली के 'षष्ठभाव' में 'सूर्य' की स्थिति हो, उसे 'सूर्य' का फलादेश नीचे लिखे अनुसार समझना चाहिए—

छठे शत्रु भाव में मित्र गुरु की धनु राशि पर स्थित सूर्य के प्रभाव से जातक शत्रु पक्ष में प्रभावशाली बना रहता है, परन्तु धनसंचय के क्षेत्र में कमजोरी एवं कौटुम्बिक सुख में वैमनस्य तथा सुख दोनों प्राप्त करता है। झगड़े-टंटे से युक्त परिश्रम के कार्यों द्वारा जातक के प्रभाव में वृद्धि होती है। यहां से सूर्य सातवीं समग्रहदृष्टि से बुध की मिथुन राशि में द्वादशभाव को देखता है, अत: जातक का खर्च खूब होगा तथा बाहरी भावों के सम्बन्ध से लाभ प्राप्त होगा। वह प्रतिष्ठा के आगे धन-संचय की चिन्ता नहीं करेगा।

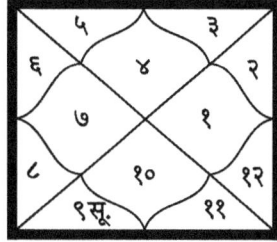

कर्क लग्न: षष्ठभाव: सूर्य

जिस जातक का जन्म 'कर्क' लग्न में हुआ हो और जन्म-कुण्डली के 'सप्तमभाव' में 'सूर्य' की स्थिति हो, उसे 'सूर्य' का फलादेश नीचे लिखे अनुसार समझना चाहिए—

सातवें केन्द्र, स्त्री तथा व्यवसाय के भाव में अपने शत्रु शनि की मकर राशि पर स्थित धन भाव के स्वामी सूर्य के प्रभाव से जातक को स्त्री के पक्ष में कमी तथा कष्ट की प्राप्ति होगी। स्त्री से उनका वैमनस्य रहेगा, परन्तु व्यवसाय के क्षेत्र में कुछ परेशानियों के साथ धन का लाभ होता रहेगा। मूत्रेंद्रिय में विकार तथा गृहस्थी के सम्बन्ध में कुछ कठिनाइयां भी हो सकती हैं। यहां से सूर्य सातवीं मित्रदृष्टि से चन्द्र की कर्क राशि में प्रथमभाव को देखता है, अत: जातक शरीर के सम्बन्ध में प्रभावशाली बना रहेगा तथा प्रतिष्ठा भी प्राप्त करेगा।

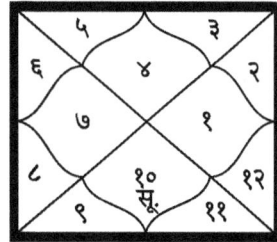

कर्क लग्न: सप्तमभाव: सूर्य

जिस जातक का जन्म 'कर्क' लग्न में हुआ हो और जन्म-कुण्डली के 'अष्टमभाव' में 'सूर्य' की स्थिति हो, उसे 'सूर्य' का फलादेश नीचे लिखे अनुसार समझना चाहिए—

आठवें आयु तथा पुरातत्त्व के भाव में अपने शत्रु शनि की राशि पर स्थित सूर्य के प्रभाव से आयु के पक्ष में कभी-कभी संकटों का सामना करना पड़ेगा तथा पुरातत्त्व का लाभ कुछ कमी के साथ प्राप्त होगा। उसका रहन-सहन धनवानों जैसा रहेगा। यहां से सूर्य सातवीं दृष्टि से स्वराशि सिंह में द्वितीयभाव को देखता है, अत: जातक को धन एवं कौटुम्बिक सुख में कुछ कमी बनी रहेगी। उसके पेट में भी कोई रोग हो सकता है।

कर्क लग्न: अष्टमभाव: सूर्य

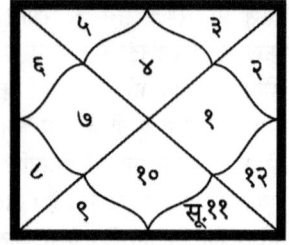

जिस जातक का जन्म 'कर्क' लग्न में हुआ हो और जन्म-कुण्डली के 'नवमभाव' में 'सूर्य' की स्थिति हो, उसे 'सूर्य' का फलादेश नीचे लिखे अनुसार समझना चाहिए—

नवें त्रिकोण, भाग्य तथा धर्म के भाव में अपने मित्र गुरु की मीन राशि पर स्थित सूर्य के प्रभाव से जातक की भाग्यशक्ति प्रबल रहेगी, जिसके कारण उसे धन तथा कौटुम्बिक सुख की भी प्राप्ति होगी। वह धर्म का पालन भी करेगा तथा यश, मान व प्रतिष्ठा को प्राप्त होगा। यहां से सूर्य सातवीं समग्रहदृष्टि से बुध की कन्या राशि में तृतीयभाव को देखता है, अत: जातक के पराक्रम में वृद्धि होगी और भाई-बहनों का सुख भी मिलेगा। ऐसा जातक धनी, सुखी, हिम्मतवर तथा स्वार्थ एवं परमार्थ दोनों का साधन करने वाला होता है।

कर्क लग्न: नवमभाव: सूर्य

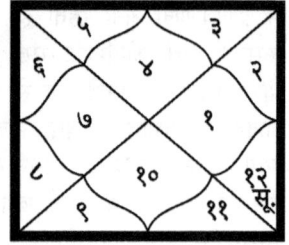

जिस जातक का जन्म 'कर्क' लग्न में हुआ हो और जन्म-कुण्डली के 'दशमभाव' में 'सूर्य' की स्थिति हो, उसे 'सूर्य' का फलादेश नीचे लिखे अनुसार समझना चाहिए—

दसवें केन्द्र, राज्य तथा पिता के भाव में अपने मित्र मंगल की मेष राशि पर स्थित उच्च के सूर्य के प्रभाव से जातक को पिता तथा व्यवसाय के क्षेत्र में सहयोग, प्रतिष्ठा एवं प्रभाव की प्राप्ति होती है। वह धनी एवं सम्मानित माना जाता है तथा उच्च पद प्राप्त करता है। यहां से सूर्य सातवीं नीचदृष्टि से अपने शत्रु शुक्र की तुला राशि में चतुर्थभाव को देखता है, अत: जातक को माता, भूमि तथा जन्म-भाव के सुख में त्रुटि प्राप्त होगी तथा घरेलू सुख-शान्ति में भी कमी बनी रहेगी।

कर्क लग्न: दशमभाव: सूर्य

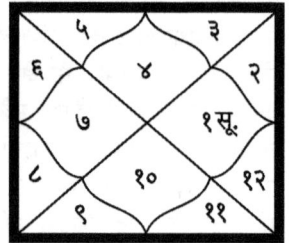

जिस जातक का जन्म 'कर्क' लग्न में हुआ हो और जन्म-कुण्डली के 'एकादशभाव' में 'सूर्य' की स्थिति हो, उसे 'सूर्य' का फलादेश नीचे लिखे अनुसार समझना चाहिए—

ग्यारहवें लाभ भाव में अपने शत्रु शुक्र की वृषभ राशि पर स्थित सूर्य के प्रभाव से जातक को धन का विशेष लाभ होगा, परन्तु कौटुम्बिक सुख में कमी बनी रहेगी। यहां से सूर्य सातवीं मित्रदृष्टि से मंगल की वृश्चिक राशि में पंचमभाव को देखता है। अतः जातक को संतानपक्ष से लाभ होगा तथा विद्या-बुद्धि के क्षेत्र में भी प्रवीणता तथा सफलता प्राप्त होगी। ऐसा जातक ऐश्वर्यशाली जीवन व्यतीत करता है तथा अपनी विद्या-बुद्धि के द्वारा धनोपार्जन में उन्नति करता रहता है।

कर्क लग्नः एकादशभावः सूर्य

जिस जातक का जन्म 'कर्क' लग्न में हुआ हो और जन्म-कुण्डली के 'द्वादशभाव' में 'सूर्य' की स्थिति हो, उसे 'सूर्य' का फलादेश नीचे लिखे अनुसार समझना चाहिए—

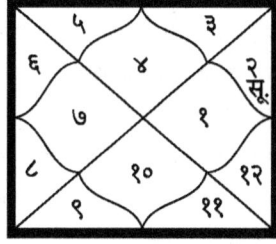

बारहवें व्यय तथा बाहरी सम्बन्धों के भाव में अपने समग्रह बुध की मिथुन राशि पर स्थित सूर्य के प्रभाव से जातक का खर्च अधिक रहता है, परन्तु बाहरी भावों के सम्बन्ध से धन का श्रेष्ठ लाभ होता रहता है। ऐसा जातक रईसी ढंग का जीवन बिताता है, परन्तु उसके कौटुम्बिक सुख एवं धन-संचय के क्षेत्र में कमी बनी रहती है। यहां से सूर्य सातवीं मित्रदृष्टि से गुरु की वृश्चिक राशि में षष्ठभाव को देखता है, अतः जातक को शत्रुपक्ष में सफलता प्राप्त होती है। ऐसा व्यक्ति रईसी खर्च करता हुआ धन के संचय की चिन्ता नहीं करता।

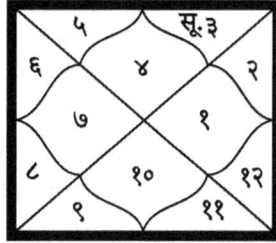

कर्क लग्नः द्वादशभावः सूर्य

'कर्क' लग्न में 'चन्द्र' का फल

जिस जातक का जन्म 'कर्क' लग्न में हुआ हो और जन्म-कुण्डली के 'प्रथमभाव' में 'चन्द्र' की स्थिति हो, उसे 'चन्द्र' का फलादेश नीचे लिखे अनुसार समझना चाहिए—

पहले केन्द्र तथा शरीर भाव में अपनी ही कर्क राशि पर स्थित चन्द्र के प्रभाव से जातक की शारीरिक सौंदर्य, स्वास्थ्य, आत्मिक शक्ति तथा यश-प्रतिष्ठा की प्राप्ति होती है। ऐसे व्यक्ति के मनोभाव बहुत उच्च कोटि के होते हैं। यहां से चन्द्र अपनी सातवीं समग्रहदृष्टि से शनि की मकर राशि में सप्तमभाव को देखता है, अतः जातक को सामान्य असंतोष के साथ स्त्री तथा भोग की प्राप्ति होती है। साथ ही व्यवसाय के क्षेत्र तथा लौकिक कार्यों में भी विशेष सफलता प्राप्त होती है। ऐसा जातक यशस्वी भी होता है।

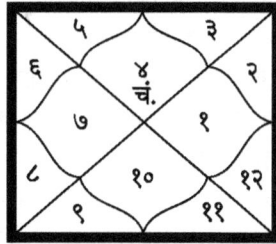

कर्क लग्नः प्रथमभावः चन्द्र

जिस जातक का जन्म 'कर्क' लग्न में हुआ हो और जन्म-कुण्डली के 'द्वितीयभाव' में 'चन्द्र' की स्थिति हो, उसे 'चन्द्र' का फलादेश नीचे लिखे अनुसार समझना चाहिए—

दूसरे धन तथा कुटुम्ब के भाव में अपने मित्र सूर्य की सिंह राशि पर स्थित चन्द्र के प्रभाव से जातक के शरीर तथा मन की शक्ति में वृद्धि होती है तथा कुटुम्ब का सुख भी पर्याप्त मिलता है। धन के क्षेत्र में जातक को कुछ परेशानी-सी होते हुए भी अत्यधिक सफलता प्राप्त होती है और वह भाग्यवान तथा प्रतिष्ठित व्यक्ति माना जाता है। यहां से चन्द्र अपनी सातवीं समग्रहदृष्टि से शनि की कुम्भ राशि में अष्टमभाव को देखता है, अतः आयु के सम्बन्ध में कुछ परेशानियां आती हैं तथा पुरातत्त्व का लाभ कुछ कठिनाइयों के साथ होता है, परन्तु वह अपने जीवन को शान-शौकत के साथ व्यतीत करता है।

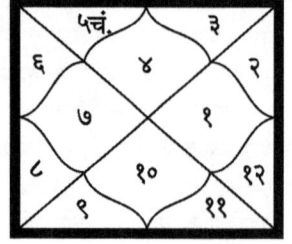

कर्क लग्नः द्वितीयभावः चन्द्र

जिस जातक का जन्म 'कर्क' लग्न में हुआ हो और जन्म-कुण्डली के 'तृतीयभाव' में 'चन्द्र' की स्थिति हो, उसे 'चन्द्र' का फलादेश नीचे लिखे अनुसार समझना चाहिए—

तीसरे भाई तथा पराक्रम के भाव में अपने मित्र बुध की कन्या राशि पर स्थित चन्द्र के प्रभाव से जातक को भाई-बहन का सुख यथेष्ट मात्रा में मिलता है तथा पराक्रम की भी अत्यधिक वृद्धि होती है। यहां से चन्द्र सातवीं समग्रहदृष्टि से नवमभाव को गुरु की मीन राशि में देखता है, अतः जातक की भाग्य एवं धर्म के क्षेत्र में भी उन्नति होती है। ऐसा जातक शरीर से सुंदर, ईश्वरभक्त, धार्मिक, धनी, पुरुषार्थी, हिम्मतवर, उत्साही, सज्जन तथा शारीरिक बल एवं मनोबल से संपन्न होता है।

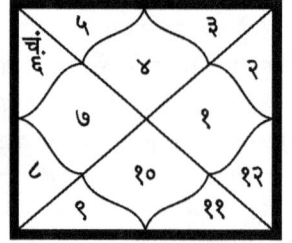

कर्क लग्नः तृतीयभावः चन्द्र

जिस जातक का जन्म 'कर्क' लग्न में हुआ हो और जन्म-कुण्डली के 'चतुर्थभाव' में 'चन्द्र' की स्थिति हो, उसे 'चन्द्र' का फलादेश नीचे लिखे अनुसार समझना चाहिए—

चौथे केन्द्र माता, भूमि एवं सुख भाव में समग्रह शुक्र की राशि पर स्थित चन्द्र के प्रभाव से जातक को माता, भूमि, भाव आदि का सुख पर्याप्त मात्रा में उपलब्ध होता है। शरीर सुंदर, मन कोमल तथा स्वभाव विनोदी होता है। यहां से चन्द्र सातवीं समग्रहदृष्टि से मंगल को मेष राशि में दशमभाव को देखता है, अतः जातक के पिता-भाव की उन्नति होती है और वह राज्य तथा व्यवसाय के क्षेत्र में सफलता, यश तथा सम्मान अर्जित करता है। संक्षेप में, ऐसा जातक धनी, सुखी तथा सम्मानित होता है।

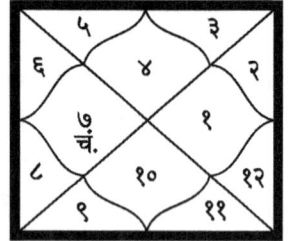

कर्क लग्नः चतुर्थभावः चन्द्र

जिस जातक का जन्म 'कर्क' लग्न में हुआ हो और जन्म-कुण्डली के 'पंचमभाव' में 'चन्द्र' की स्थिति हो, उसे 'चन्द्र' का फलादेश नीचे लिखे अनुसार समझना चाहिए—

पांचवें त्रिकोण, विद्याबुद्धि तथा संतान के भाव में समग्रह मंगल की वृश्चिक राशि पर स्थित नीच के चन्द्र के प्रभाव से जातक को विद्याबुद्धि में कमी तथा संतानपक्ष से कष्ट प्राप्त होता है। साथ ही शरीर तथा मल में भी दुर्बलता आती है। यहां से चन्द्र सातवीं उच्चदृष्टि से शुक्र की वृषभ राशि में एकादशभाव को देखता है, अत: जातक आर्थिक लाभ के लिए अपनी मानसिक तथा शारीरिक शक्तियों एवं गुप्त युक्तियों का प्रयोग करता है और उनमें सफलता प्राप्त करता है, परन्तु उसे थोड़ी-बहुत मानसिक अशान्ति भी बनी रहती है।

कर्क लग्न: पंचमभाव: चन्द्र

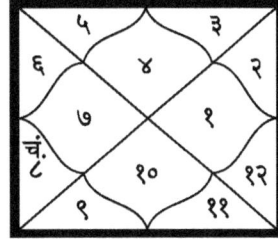

जिस जातक का जन्म 'कर्क' लग्न में हुआ हो और जन्म-कुण्डली के 'षष्ठभाव' में 'चन्द्र' की स्थिति हो, उसे 'चन्द्र' का फलादेश नीचे लिखे अनुसार समझना चाहिए—

छठे शत्रु तथा रोग भाव में समग्रह बृहस्पति की धनु राशि पर स्थित चन्द्र के प्रभाव से जातक शत्रु पक्ष में कुछ दुर्बलता प्राप्त करता है तथा अपने नम्र व्यवहार के द्वारा प्रभाव स्थापित करता है। यहां से चन्द्र अपनी सातवीं दृष्टि से बुध की मिथुन राशि में द्वादशभाव को देखता है, अत: जातक का खर्च अधिक रहता है तथा उसे बाहरी भावों के सम्बन्ध से सम्मान, यश तथा धन की प्राप्ति भी होती है। ऐसा जातक आत्मबली तथा गौरवशाली होता है।

कर्क लग्न: षष्ठभाव: चन्द्र

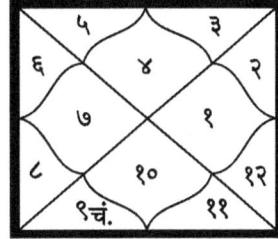

जिस जातक का जन्म 'कर्क' लग्न में हुआ हो और जन्म-कुण्डली के 'सप्तमभाव' में 'चन्द्र' की स्थिति हो, उसे 'चन्द्र' का फलादेश नीचे लिखे अनुसार समझना चाहिए—

सातवें केन्द्र, स्त्री तथा व्यवसाय के भाव में अपने समग्रह शनि की मकर राशि पर स्थित चन्द्र के प्रभाव जातक को स्त्रीपक्ष में कुछ असंतोष के बाद सफलता प्राप्त होती है तथा भोगादि में विशेष रुचि बनी रहती है। साथ ही दैनिक कार्य संचालन एवं व्यवसाय के क्षेत्र में सामान्य कठिनाइयों के साथ सफलता मिलती है। यहां से चन्द्र सातवीं दृष्टि से अपनी कर्क राशि में प्रथमभाव को देखता है, अत: जातक को शारीरिक सौंदर्य, प्रभाव, मनोबल, आत्मिक शक्ति एवं लौकिक कार्यों में सफलता मिलती है। संक्षेप में ऐसा जातक सुखी, धनी, सुंदर तथा विलासी होता है।

कर्क लग्न: सप्तमभाव: चन्द्र

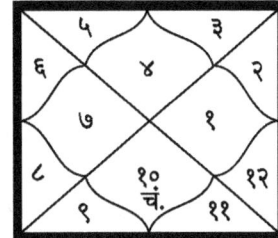

जिस जातक का जन्म 'कर्क' लग्न में हुआ हो और जन्म-कुण्डली के 'अष्टमभाव' में 'चन्द्र' की स्थिति हो, उसे 'चन्द्र' का फलादेश नीचे लिखे अनुसार समझना चाहिए—

आठवें आयु एवं पुरातत्त्व के भाव में समग्रह शनि की कुम्भ राशि पर स्थित चन्द्र के प्रभाव से जातक के शारीरिक सौंदर्य में कमी आती है तथा जीवन यापन सम्बन्धी व्यवहारों तथा कार्यों में कुछ परेशानी का अनुभव होता है। साथ ही पुरातत्त्व के लाभ में सामान्य असंतोष रहता है तथा आयु की वृद्धि होती है। यहां से चन्द्र सातवीं मित्रदृष्टि से सूर्य की सिंह राशि में द्वितीयभाव को देखता है, अत: जातक के धन-जन की वृद्धि होती है तथा वह कठिन शारीरिक श्रम द्वारा अपनी उन्नति करता है।

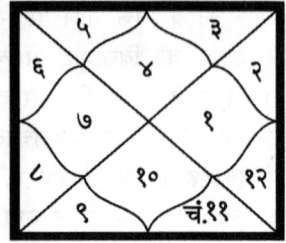

कर्क लग्न: अष्टमभाव: चन्द्र

जिस जातक का जन्म 'कर्क' लग्न में हुआ हो और जन्म-कुण्डली के 'नवमभाव' में 'चन्द्र' की स्थिति हो, उसे 'चन्द्र' का फलादेश नीचे लिखे अनुसार समझना चाहिए—

नवें त्रिकोण, भाग्य तथा धर्म के भाव में समग्रह गुरु की मीन राशि पर स्थित चन्द्र के प्रभाव से जातक को शरीर तथा मान की श्रेष्ठ शक्ति प्राप्त होती है और उसके द्वारा वह भाग्य की विशेष उन्नति करता हुआ धर्म का पालन करता है। यहां से चन्द्र अपनी सातवीं मित्रदृष्टि से बुध की कन्या राशि में तृतीयभाव को देखता है, अत: जातक को भाई-बहन का सुख प्राप्त होता है तथा पराक्रम में वृद्धि होती है। संक्षेप में ऐसा जातक सज्जन, सरल, सतोगुणी, भाग्यशाली, दैवी कृपापात्र, ईश्वर-भक्त तथा यशस्वी होता है।

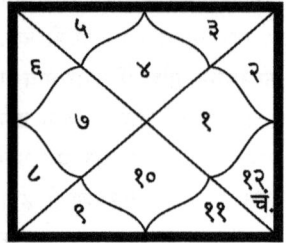

कर्क लग्न: नवमभाव: चन्द्र

जिस जातक का जन्म 'कर्क' लग्न में हुआ हो और जन्म-कुण्डली के 'दशमभाव' में 'चन्द्र' की स्थिति हो, उसे 'चन्द्र' का फलादेश नीचे लिखे अनुसार समझना चाहिए—

दसवें केतु, पिता तथा राज्य के भाव में समग्रह मंगल की मेष राशि पर स्थित प्रभाव से जातक को पिता, राज्य तथा व्यवसाय के पक्ष में सहयोग, सुख, लाभ तथा प्रतिष्ठा की प्राप्ति होती है और वह किसी उच्च पद को पाता है। उसके शरीर में सौंदर्य एवं शक्ति दोनों का निवास रहता है। यहां से चन्द्र अपनी सातवीं दृष्टि से शुक्र की तुला राशि में चतुर्थभाव को देखता है, अत: जातक के सुख में भी वृद्धि होती है: संक्षेप में, ऐसा जातक, सुंदर, सुखी तथा भाग्यवान होता है।

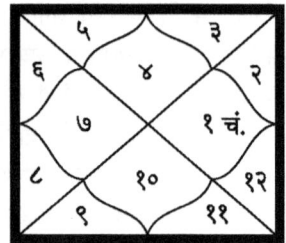

कर्क लग्न: दशमभाव: चन्द्र

जिस जातक का जन्म 'कर्क' लग्न में हुआ हो और जन्म-कुण्डली के 'एकादशभाव' में 'चन्द्र' की स्थिति हो, उसे 'चन्द्र' का फलादेश नीचे लिखे अनुसार समझना चाहिए—

ग्यारहवें लाभ भाव में समग्रह शुक्र की वृषभ राशि पर स्थित उच्च के चन्द्र के प्रभाव से जातक अपनी शारीरिक एवं मानसिक शक्ति द्वारा धन का विशेष लाभ प्राप्त करता है। वह शरीर से सुंदर तथा स्वस्थ भी होता है। यहां से चन्द्र सातवीं नीचदृष्टि से समग्रह मंगल की वृश्चिक राशि में पंचमभाव को देखता है, अतः जातक को संतान तथा विद्या-बुद्धि के क्षेत्र में कुछ कमी रहती है। ऐसा व्यक्ति अपने लाभ के लिए कटु शब्दों का प्रयोग भी करता है।

कर्क लग्नः एकादशभावः चन्द्र

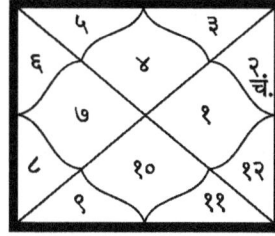

५
३
६
४
२
चं.
७
१
८
१०
१२
९
११

जिस जातक का जन्म 'कर्क' लग्न में हुआ हो और जन्म-कुण्डली के 'द्वादशभाव' में 'चन्द्र' की स्थिति हो, उसे 'चन्द्र' का फलादेश नीचे लिखे अनुसार समझना चाहिए—

बारहवें व्ययभाव में अपने मित्र बुध की मिथुन राशि पर स्थित चन्द्र के प्रभाव से जातक का खर्च अधिक रहता है तथा बाहरी भावों के संपर्क से लाभ प्राप्त होता है। यहां से चन्द्र सातवीं समग्रहदृष्टि से षष्ठभाव को गुरु की धनु राशि में देखता है, अतः जातक शत्रुओं पर अपने शान्तिमय व्यवहार से प्रभाव बनाए रहता है, परन्तु मन में कुछ अशान्ति का अनुभव भी करता है। ऐसा व्यक्ति शरीर का दुबला-पतला होता है।

कर्क लग्नः द्वादशभावः चन्द्र

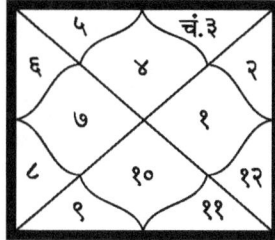

५
चं.३
६
४
२
७
१
८
१०
१२
९
११

'कर्क' लग्न में 'मंगल' का फल

जिस जातक का जन्म 'कर्क' लग्न में हुआ हो और जन्म-कुण्डली के 'प्रथमभाव' में 'मंगल' की स्थिति हो, उसे 'मंगल' का फलादेश नीचे लिखे अनुसार समझना चाहिए—

पहले केन्द्र तथा शरीर भाव में अपने मित्र चन्द्र की कर्क राशि पर स्थित नीच के मंगल के प्रभाव से जातक के शारीरिक सौंदर्य एवं स्वास्थ्य में कमी रहती है तथा विद्या, संतान, राज्य एवं पिता के सुख में भी असंतोष बना रहता है। यहां से मंगल चौथी समग्रहदृष्टि से चतुर्थभाव को देखता है, अतः जातक को माता, भूमि एवं भाव का सुख प्राप्त होता है। सातवीं उच्चदृष्टि से सप्तमभाव को देखने के कारण स्त्रीपक्ष में असंतोष के साथ वृद्धि होती है तथा व्यवसाय के क्षेत्र में कठिनाइयों के साथ सफलता मिलती है। आठवीं समग्रहदृष्टि में अष्टमभाव को देखने के कारण दैनिक जीवन में कठिनाइयां आती हैं तथा पुरातत्त्व का सामान्य लाभ होता है।

कर्क लग्नः प्रथमभावः मंगल

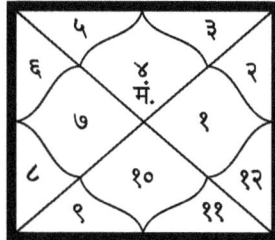

५
३
६
४
मं.
२
७
१
८
१०
१२
९
११

जिस जातक का जन्म 'कर्क' लग्न में हुआ हो और जन्म-कुण्डली के 'द्वितीयभाव' में 'मंगल' की स्थिति हो, उसे 'मंगल' का फलादेश नीचे लिखे अनुसार समझना चाहिए—

दूसरे धन-कुटुम्ब के भाव में अपने मित्र सूर्य की सिंह राशि पर स्थित मंगल के प्रभाव से जातक को धन एवं कुटुम्ब का पर्याप्त सुख मिलता है। उसे पिता तथा राज्य द्वारा लाभ एवं सम्मान की प्राप्ति भी होती है। यहां से मंगल चौथी दृष्टि से स्वराशि में पंचमभाव को देखता है, अत: संतान एवं विद्या की शक्ति प्राप्त होने पर भी कुछ परेशानियों का अनुभव होता है। सातवीं समग्रहदृष्टि से आयु भाव को देखने के कारण आयु तथा पुरातत्त्व के लाभ में कुछ कमी रहती है तथा आठवीं मित्रदृष्टि से नवमभाव को देखने से जातक के भाग्य, धर्म तथा यश की वृद्धि होती है।

कर्क लग्न: द्वितीयभाव: मंगल

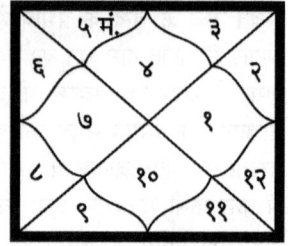

जिस जातक का जन्म 'कर्क' लग्न में हुआ हो और जन्म-कुण्डली के 'तृतीयभाव' में 'मंगल' की स्थिति हो, उसे 'मंगल' का फलादेश नीचे लिखे अनुसार समझना चाहिए—

तीसरे सहोदर एवं पराक्रम भाव में अपने शत्रु बुध की कन्या राशि पर स्थित मंगल के प्रभाव से जातक का पराक्रम बढ़ता है तथा भाई-बहनों का सुख प्राप्त होता है साथ ही विद्या तथा संतान की शक्ति भी मिलती है। यहां से मंगल चौथी मित्रदृष्टि से षष्ठभाव को देखने के कारण शत्रुपक्ष में प्रभाव एवं विजय की प्राप्ति होती है। सातवीं मित्रदृष्टि से नवमभाव को देखता है, अत: जातक बुद्धि-बल से भाग्यशाली होता है तथा धर्म और यश को प्राप्त करता है। आठवीं दृष्टि से अपनी ही मेष राशि में दशमभाव को देखने से पिता, राज्य एवं व्यवसाय के क्षेत्र में सहयोग, सफलता तथा सम्मान की प्राप्ति होती है।

कर्क लग्न: तृतीयभाव: मंगल

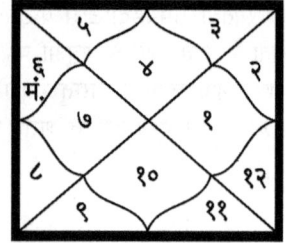

जिस जातक का जन्म 'कर्क' लग्न में हुआ हो और जन्म-कुण्डली के 'चतुर्थभाव' में 'मंगल' की स्थिति हो, उसे 'मंगल' का फलादेश नीचे लिखे अनुसार समझना चाहिए—

चौथे केन्द्र, माता, भूमि एवं सुख भाव में समग्रह शुक्र की तुला राशि पर मंगल के प्रभाव से जातक को माता, भूमि तथा भाव सम्बन्धी सुख प्राप्त होता है। साथ ही उसे विद्या, बुद्धि एवं संतान के पक्ष में भी सफलता मिलती है। चौथी दृष्टि से सप्तम भाव देखने से स्त्री तथा व्यवसाय के क्षेत्र में सुख एवं उन्नति का योग बनता है। सातवीं दृष्टि से स्वराशि के दशमभाव को देखने के कारण पिता, राज्य एवं व्यवसाय द्वारा सुख, सहयोग, सफलता एवं सम्मान की प्राप्ति होती है तथा आठवीं समग्रहदृष्टि से एकादशभाव को देखने से धन का लाभ भी प्राप्त होता है। संक्षेप में, ऐसा जातक सुखी, धनी तथा सफल जीवन व्यतीत करता है।

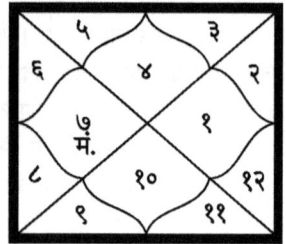

कर्क लग्न: चतुर्थभाव: मंगल

जिस जातक का जन्म 'कर्क' लग्न में हुआ हो और जन्म-कुण्डली के 'पंचमभाव' में 'मंगल' की स्थिति हो, उसे 'मंगल' का फलादेश नीचे लिखे अनुसार समझना चाहिए—

पांचवें त्रिकोण, विद्या, बुद्धि एवं संतान के भाव में स्वक्षेत्री मंगल के प्रभाव से जातक को विद्या, बुद्धि एवं संतान का सुख प्राप्त होता है तथा मान-सम्मान एवं प्रभाव में वृद्धि होती है। चौथी समग्रहदृष्टि से अष्टमभाव को देखने के कारण कुछ कमी तथा असंतोष के साथ आयु-पुरातत्त्व एवं दैनिक जीवन के सुख का लाभ होता है। सातवीं समग्रहदृष्टि से एकादशभाव को देखने से लाभ प्राप्ति के लिए दिमागी परिश्रम अधिक करना पड़ता है तथा आठवीं शत्रुदृष्टि से द्वादशभाव को देखने से खर्च की अधिकता रहती है तथा बाहरी भावों के संपर्क से यश, धन तथा सफलता की प्राप्ति होती है।

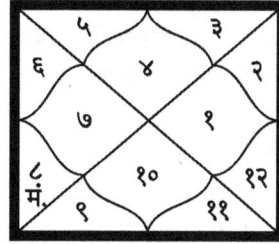

कर्क लग्न: पंचमभाव: मंगल

जिस जातक का जन्म 'कर्क' लग्न में हुआ हो और जन्म-कुण्डली के 'षष्ठभाव' में 'मंगल' की स्थिति हो, उसे 'मंगल' का फलादेश नीचे लिखे अनुसार समझना चाहिए—

छठे शत्रु तथा रोग भाव में अपने मित्र गुरु की धनु राशि पर स्थित मंगल के प्रभाव से जातक को शत्रु पक्ष में विजय प्राप्त होती है तथा विद्या, बुद्धि एवं संतान का भी सुख मिलता है। यहां से मंगल चौथी मित्रदृष्टि से नवमभाव को देखता है, अत: बुद्धियोग द्वारा भाग्य तथा धर्म की उन्नति होती है। सातवीं शत्रुदृष्टि से द्वादशभाव को देखने से खर्च अधिक रहता है तथा बाहरी भावों से लाभदायक सम्बन्ध बनते हैं और आठवीं नीचदृष्टि से अपने मित्र चन्द्र की कर्क राशि में प्रथमभाव को देखने के कारण शारीरिक सौंदर्य, स्वास्थ्य, सुख तथा शान्ति में कुछ कमी बनी रहती है।

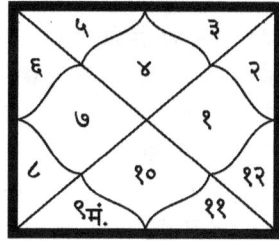

कर्क लग्न: षष्ठभाव: मंगल

जिस जातक का जन्म 'कर्क' लग्न में हुआ हो और जन्म-कुण्डली के 'सप्तमभाव' में 'मंगल' की स्थिति हो, उसे 'मंगल' का फलादेश नीचे लिखे अनुसार समझना चाहिए—

सातवें केन्द्र, स्त्री तथा व्यवसाय के भाव में अपने समग्रह शनि की मकर राशि पर स्थित उच्च के मंगल के प्रभाव से जातक को कई सुंदर स्त्रियों का संयोग प्राप्त होता है, परन्तु उनसे कुछ मतभेद भी रहता है और व्यवसाय के क्षेत्र में विशेष सफलता मिलती है। इसके साथ ही विद्या, बुद्धि एवं संतान की शक्ति भी मिलती है। यहां से मंगल चौथी दृष्टि से स्वराशि में दशमभाव को देखता है, अत: पिता, राज्य एवं व्यवसाय की शक्ति श्रेष्ठ रहती है तथा इनसे सुख, लाभ एवं सम्मान की प्राप्ति होती है। सातवीं नीचदृष्टि से प्रथमभाव को देखने से शारीरिक सौंदर्य एवं स्वास्थ्य में कमी रहती है तथा घरेलू सुख में कुछ कठिनाइयां आती हैं। आठवीं मित्रदृष्टि से द्वितीयभाव को देखने से जातक की धन-संचय शक्ति प्रबल रहती है तथा वाणी में भी विशेष प्रभाव पाया जाता है।

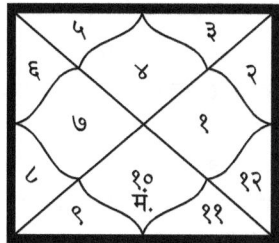

कर्क लग्न: सप्तमभाव: मंगल

जिस जातक का जन्म 'कर्क' लग्न में हुआ हो और जन्म-कुण्डली के 'अष्टमभाव' में 'मंगल' की स्थिति हो, उसे 'मंगल' का फलादेश नीचे लिखे अनुसार समझना चाहिए—

आठवें आयु तथा पुरातत्त्व के भाव में अपने समग्रह शनि की कुम्भ राशि पर स्थित मंगल के प्रभाव से जातक को आयु तथा पुरातत्त्व के सम्बन्ध में कुछ लाभ मिलेगा, परन्तु पिता, राज्य, व्यवसाय, विद्या, बुद्धि तथा संतान के पक्ष में कुछ हानि उठानी पड़ेगी। यहां से मंगल चौथी समग्रहदृष्टि से एकादशभाव को देखता है, अत: परिश्रम द्वारा लाभ प्राप्त होगा। सातवीं मित्रदृष्टि से द्वितीयभाव को देखने से धन की वृद्धि होगी तथा कुटुम्ब का सुख मिलेगा। आठवीं शत्रुदृष्टि से तृतीयभाव को देखने से पराक्रम तथा भाई-बहन के सुख में वृद्धि होगी एवं कुटुम्ब का सुख भी मिलेगा।

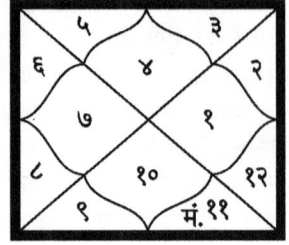

कर्क लग्न: अष्टमभाव: मंगल

जिस जातक का जन्म 'कर्क' लग्न में हुआ हो और जन्म-कुण्डली के 'नवमभाव' में 'मंगल' की स्थिति हो, उसे 'मंगल' का फलादेश नीचे लिखे अनुसार समझना चाहिए—

नवें त्रिकोण एवं भाग्य भाव में अपने मित्र गुरु की मीन राशि पर स्थित 'मंगल' के प्रभाव से जातक के भाग्य की उन्नति होती है तथा विद्या-बुद्धि संतान, पिता एवं राज्य से सुख तथा सम्मान प्राप्त होता है। यहां से मंगल चौथी शत्रुदृष्टि से द्वादशभाव को देखता है, अत: खर्च अधिक रहेगा तथा बाहरी भावों के सम्बन्ध से लाभ रहेगा। सातवीं शत्रुदृष्टि से तृतीयभाव को देखने से भाई-बहन का श्रेष्ठ सुख मिलेगा तथा पराक्रम की वृद्धि होगी तथा आठवीं समग्रहदृष्टि से चतुर्थभाव को देखने के कारण माता तथा भूमि-भाव के सुख में कुछ असंतोष एवं कठिनाइयों के साथ सफलता प्राप्त होगी। संक्षेप में, ऐसा जातक धनी, सुखी तथा यशस्वी होता है।

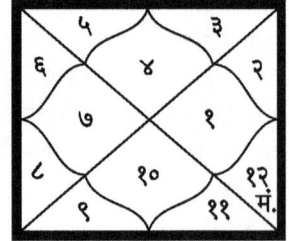

कर्क लग्न: नवमभाव: मंगल

जिस जातक का जन्म 'कर्क' लग्न में हुआ हो और जन्म-कुण्डली के 'दशमभाव' में 'मंगल' की स्थिति हो, उसे 'मंगल' का फलादेश नीचे लिखे अनुसार समझना चाहिए—

दसवें केन्द्र, राज्य तथा पिता के भाव में मेष राशि पर स्थित स्वक्षेत्री मंगल के प्रभाव से जातक को पिता, राज्य एवं व्यवसाय द्वारा सुख, सम्मान, सफलता, यश तथा धन की प्राप्ति होती है। यहां से मंगल आठवीं दृष्टि से अपनी ही वृश्चिक राशि में पंचमभाव को भी देखता है, अत: संतान, एवं विद्या-बुद्धि का श्रेष्ठ लाभ होता है तथा उच्च पद की प्राप्ति होती है। ऐसा व्यक्ति राजनीति एवं कानून का ज्ञाता भी होता है। चौथी नीचदृष्टि से मित्र चन्द्र की कर्क राशि में प्रथमभाव को देखने के कारण शारीरिक सौंदर्य में कुछ कमी तथा दुर्बलता रहती है। सातवीं समग्रहदृष्टि से चतुर्थभाव को देखने से माता तथा भूमि-भाव के सुख में कुछ असंतोष एवं त्रुटिपूर्ण सफलता मिलती है।

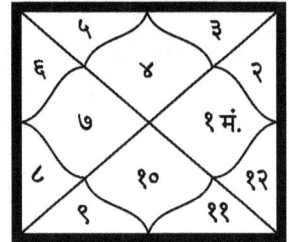

कर्क लग्न: दशमभाव: मंगल

जिस जातक का जन्म 'कर्क' लग्न में हुआ हो और जन्म-कुण्डली के 'एकादशभाव' में 'मंगल' की स्थिति हो, उसे 'मंगल' का फलादेश नीचे लिखे अनुसार समझना चाहिए-

कर्क लग्नः एकादशभावः मंगल

ग्यारहवें लाभ भाव में अपने समग्रह शुक्र की वृषभ राशि पर स्थित मंगल के प्रभाव से जातक को धन-वृद्धि के लिए कठिन परिश्रम करना पड़ता है, परन्तु धन का लाभ पर्याप्त मात्रा में होता है, साथ ही पिता, राज्य एवं व्यवसाय से भी लाभ होता है। यहां से चौथी मित्रदृष्टि से द्वितीयभाव को देखने से धन तथा कुटुम्ब का सुख मिलता है। सातवीं दृष्टि से स्वराशि में पंचमभाव को देखते के कारण विद्या, बुद्धि तथा संतान की शक्ति प्राप्त होती है, जिससे लाभ के साधनों में वृद्धि होती है तथा राज्य के द्वारा सम्मान एवं सफलता मिलती है तथा आठवीं मित्रदृष्टि से षष्ठभाव को देखने के कारण शत्रु पक्ष में प्रभाव बढ़ता है तथा उन पर विजय प्राप्त होती रहती है। संक्षेप में, ऐसा जातक धनी, सुखी, योग्य, विद्वान्, बुद्धिमान्, विजयी तथा सफल होता है।

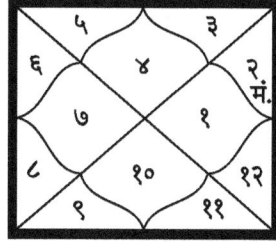

जिस जातक का जन्म 'कर्क' लग्न में हुआ हो और जन्म-कुण्डली के 'द्वादशभाव' में 'मंगल' की स्थिति हो, उसे 'मंगल' का फलादेश नीचे लिखे अनुसार समझना चाहिए—

कर्क लग्नः द्वादशभावः मंगल

बारहवें व्यय भाव में अपने शत्रु बुध की मिथुन राशि पर स्थित मंगल के प्रभाव से जातक का खर्च अधिक होता है तथा बाहरी भावों के सम्बन्ध से सम्मान तथा सफलता की प्राप्ति होती है। साथ ही राज्य, पिता, संतान, विद्या-बुद्धि एवं प्रतिष्ठा के क्षेत्र में कमी का अनुभव होता है। यहां से मंगल चौथी शत्रुदृष्टि से तृतीयभाव को देखता है, अतः भाई-बहन के सुख एवं पराक्रम में वृद्धि होती है। सातवीं मित्रदृष्टि से षष्ठभाव को देखने से शत्रु पक्ष में प्रभाव स्थापित होता है तथा आठवीं उच्चदृष्टि से सप्तमभाव को देखने से स्त्री तथा व्यवसाय के पक्ष में सफलता मिलती है। परन्तु ऐसे जातक की बुद्धि में कुछ भम्र तथा मस्तिष्क में परेशानी भी बनी रहती है।

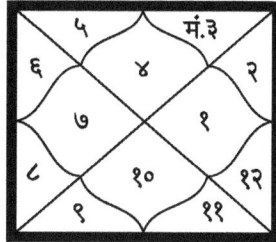

'कर्क' लग्न में 'बुध' का फल

जिस जातक का जन्म 'कर्क' लग्न में हुआ हो और जन्म-कुण्डली के 'प्रथमभाव' में 'बुध' की स्थिति हो, उसे 'बुध' का फलादेश नीचे लिखे अनुसार समझना चाहिए—

कर्क लग्नः प्रथमभावः बुध

पहले केन्द्र तथा शरीर भाव में अपने शत्रु चन्द्र की कर्क राशि पर स्थित व्ययेश बुध के प्रभाव से जातक के शरीर में कुछ दुर्बलता रहती है तथा भाई-बहन के सुख में कमी आती है। साथ ही पराक्रम एवं प्रभाव में वृद्धि होती है। खर्च खूब होता है तथा बाहरी भावों के सम्बन्ध से लाभ भी मिलता है। यहां से बुध सातवीं समग्रहदृष्टि से शनि की मकर राशि में सप्तमभाव को देखता है, अतः पुरुषार्थ शक्ति द्वारा जातक को स्त्री एवं व्यवसाय के क्षेत्र में सफलता प्राप्त होती हैं, परन्तु सामान्य त्रुटियां भी बनी रहती है।

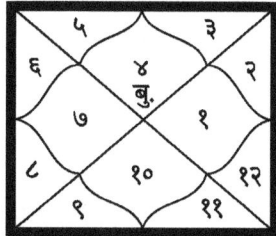

जिस जातक का जन्म 'कर्क' लग्न में हुआ हो और जन्म-कुण्डली के 'द्वितीयभाव' में 'बुध' की स्थिति हो, उसे 'बुध' का फलादेश नीचे लिखे अनुसार समझना चाहिए—

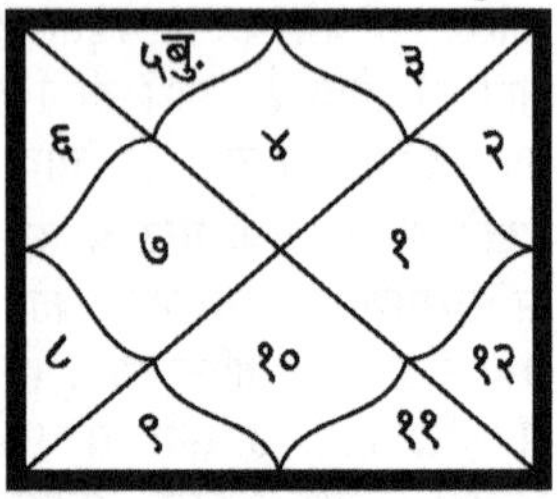

दूसरे धन-कुटुम्ब के भाव में अपने मित्र सूर्य की सिंह राशि पर व्ययेश बुध के प्रभाव से जातक धन-संग्रह का विशेष प्रयत्न करता है, परन्तु वह संचय नहीं कर पाता, साथ ही जातक को भाई-बहन के सुख में कुछ कमी रहती है तथा पराक्रम में कुछ वृद्धि होती है। यहां से बुध सातवीं समग्रहदृष्टि से अष्टमभाव को देखता है, अत: आयु का सुख प्राप्त होता है, परन्तु पुरातत्त्व का लाभ अधूरा रहता है। ऐसे जातक का दैनिक जीवन सुखपूर्ण तथा प्रभावयुक्त बना रहता है।

कर्क लग्न: द्वितीयभाव: बुध

जिस जातक का जन्म 'कर्क' लग्न में हुआ हो और जन्म-कुण्डली के 'तृतीयभाव' में 'बुध' की स्थिति हो, उसे 'बुध' का फलादेश नीचे लिखे अनुसार समझना चाहिए—

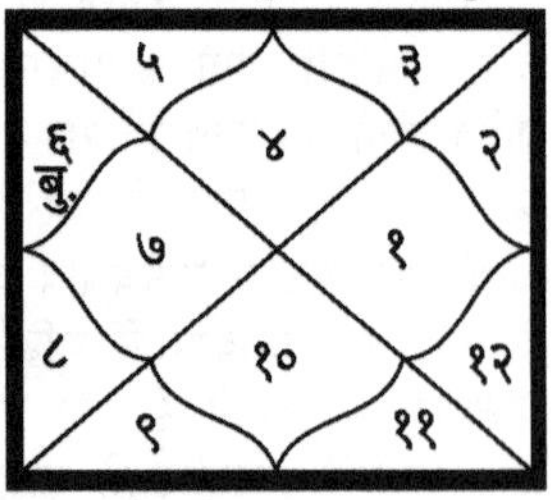

तीसरे पराक्रम एवं भाई के भाव में अपनी ही कन्या राशि पर स्थित स्वक्षेत्री तथा उच्च के बुध के प्रभाव से जातक के पराक्रम में तो वृद्धि होती है, परन्तु भाई-बहन के सुख में कुछ कमी बनी रहती है, क्योंकि बुध व्ययेश भी है। यहां से बुध सातवीं नीचदृष्टि से अपने समग्रह गुरु की मीन राशि में नवमभाव को देखता है, अत: जातक का भाग्य कमजोर बना रहता है तथा धर्म के सम्बन्ध में भी कुछ त्रुटि बनी रहती है। ऐसे व्यक्ति के यश में भी कमी आ जाती है।

कर्क लग्न: तृतीयभाव: बुध

जिस जातक का जन्म 'कर्क' लग्न में हुआ हो और जन्म-कुण्डली के 'चतुर्थभाव' में 'बुध' की स्थिति हो, उसे 'बुध' का फलादेश नीचे लिखे अनुसार समझना चाहिए—

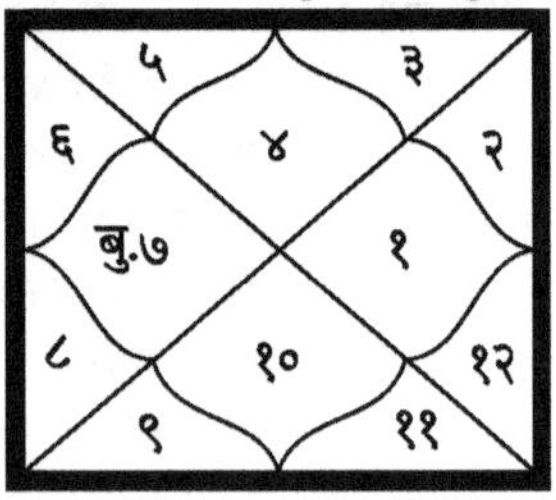

चौथे केन्द्र, माता, भूमि तथा सुख के भाव में अपने मित्र शुक्र की तुला राशि पर स्थित बुध के प्रभाव से जातक को माता तथा भूमि-भवन में कुछ कमी के साथ सफलता मिलती है। परन्तु भाई-बहन और बाहरी भावों के सम्बन्ध का सुख प्राप्त होता है। यहां से बुध सातवीं समग्रहदृष्टि से दशमभाव को देखता है, अत: कुछ त्रुटियों के साथ जातक को पिता के भाव से शक्ति मिलती है तथा राज्य एवं व्यवसाय के क्षेत्र में भी सामान्य सफलता प्राप्त होती है।

कर्क लग्न: चतुर्थभाव: बुध

जिस जातक का जन्म 'कर्क' लग्न में हुआ हो और जन्म-कुण्डली के 'पंचमभाव' में 'बुध' की स्थिति हो, उसे 'बुध' का फलादेश नीचे लिखे अनुसार समझना चाहिए—

पांचवें त्रिकोण, विद्या, बुद्धि व संतान के भाव में समग्रह मंगल की वृश्चिक राशि पर स्थित व्ययेश बुध के प्रभाव से जातक को संतान, विद्या तथा बुद्धि के पक्ष में सामान्य त्रुटिपूर्ण सफलता प्राप्त होती है। ऐसा व्यक्ति विवेक द्वारा खर्च चलाने में सफल होता है तथा हिम्मत एवं बुद्धि का धनी रहता है। यहां से बुध सातवीं मित्र-दृष्टि से एकादशभाव को देखता है, अत: उसे बुद्धि-बल द्वारा लाभ प्राप्त होता है तथा बाहरी भावों के सम्बन्ध से भी सफलता मिलती है।

कर्क लग्न: पंचमभाव: बुध

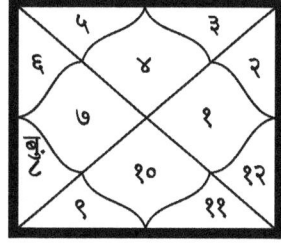

जिस जातक का जन्म 'कर्क' लग्न में हुआ हो और जन्म-कुण्डली के 'षष्ठभाव' में 'बुध' की स्थिति हो, उसे 'बुध' का फलादेश नीचे लिखे अनुसार समझना चाहिए—

छठे शत्रु तथा रोग भाव में समग्रह गुरु की धनु राशि पर स्थित बुध के प्रभाव से जातक शत्रुपक्ष में कुछ नम्रता तथा शान्ति द्वारा सफलता प्राप्त करता है। साथ ही उसके भाई-बहन के सुख तथा पराक्रम में भी कुछ कमजोरी बनी रहती है। यहां से बुध सातवीं दृष्टि से अपनी ही मिथुन राशि में द्वादशभाव को देखता है, अत: खर्च कम करने का प्रयत्न करने पर भी खर्च अधिक होता है तथा बाहरी भावों से सम्बन्ध सामान्य बना रहता है।

कर्क लग्न: षष्ठभाव: बुध

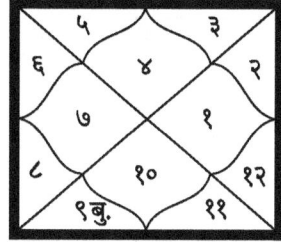

जिस जातक का जन्म 'कर्क' लग्न में हुआ हो और जन्म-कुण्डली के 'सप्तमभाव' में 'बुध' की स्थिति हो, उसे 'बुध' का फलादेश नीचे लिखे अनुसार समझना चाहिए-

सातवें केन्द्र, स्त्री तथा व्यवसाय के भाव में अपने समग्रह शनि की मकर राशि पर स्थित बुध के प्रभाव से जातक को स्त्री का सुख प्राप्त होता है तथा व्यवसाय में भी सफलता मिलती है। परन्तु बुध के व्ययेश होने के कारण कुछ असंतोष भी बना रहता है। यहां से बुध सातवीं शत्रुदृष्टि से चन्द्र की कर्क राशि में प्रथमभाव को देखता है, अत: शरीर में शक्ति एवं दुर्बलता दोनों का ही प्रभाव बना रहता है। ऐसा जातक खर्च अधिक करता है तथा भाव के भीतरी एवं बाहरी सम्बन्धों एवं परिश्रम के द्वारा उन्नति भी करता है।

कर्क लग्न: सप्तमभाव: बुध

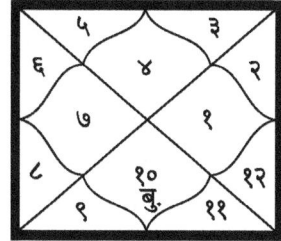

जिस जातक का जन्म 'कर्क' लग्न में हुआ हो और जन्म-कुण्डली के 'अष्टमभाव' में 'बुध' की स्थिति हो, उसे 'बुध' का फलादेश नीचे लिखे अनुसार समझना चाहिए—

आठवें आयु एवं पुरातत्त्व के भाव में समग्रह शनि की कुम्भ राशि पर स्थित बुध के प्रभाव से जातक को आयु तथा पुरातत्त्व के सम्बन्ध में कुछ कमियों के साथ सफलता प्राप्त होती है। साथ ही भाई-बहनों के सुख तथा पराक्रम में कमी आ जाती है। कठिन परिश्रम, विवेक तथा बाहरी भावों के सम्बन्ध द्वारा जातक अपना खर्च चलाता है। यहां से बुध सातवीं दृष्टि से अपने मित्र सूर्य की सिंह राशि में द्वितीयभाव को देखता है, अत: उसे धन का लाभ भी होगा व परन्तु बुध के व्ययेश होने के कारण प्रत्येक क्षेत्र में कुछ कमियां भी बनी रहेंगी।

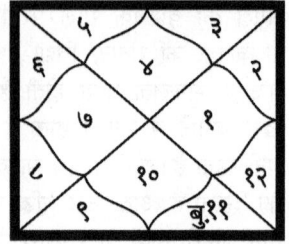

कर्क लग्न: अष्टमभाव: बुध

जिस जातक का जन्म 'कर्क' लग्न में हुआ हो और जन्म-कुण्डली के 'नवमभाव' में 'बुध' की स्थिति हो, उसे 'बुध' का फलादेश नीचे लिखे अनुसार समझना चाहिए—

नवें त्रिकोण, भाग्य तथा धर्म के भाव में समग्रह गुरु की मीन राशि पर स्थित बुध के प्रभाव से जातक को भाग्य एवं धर्म के क्षेत्र में त्रुटिपूर्ण सफलता मिलेगी। इस प्रकार भाई-बहन के सुख तथा पराक्रम के क्षेत्र में भी अपूर्ण लाभ रहेगा। बाहरी भावों के सम्बन्ध से सामान्य लाभ उठाते हुए सामान्य खर्च को चलाने की शक्ति प्राप्त होगी। यहां से बुध सातवीं उच्चदृष्टि से अपनी कन्या राशि में तृतीयभाव को देखता है, अत: जातक भाग्य के समक्ष पुरुषार्थ को विशेष मानेगा तथा बुध के व्ययेश होने के कारण उसकी भाग्योन्नति में बाधाएं भी आती रहेंगी।

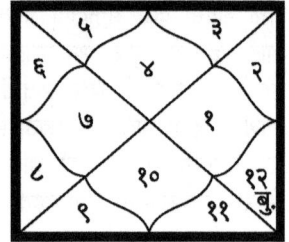

कर्क लग्न: नवमभाव: बुध

जिस जातक का जन्म 'कर्क' लग्न में हुआ हो और जन्म-कुण्डली के 'दशमभाव' में 'बुध' की स्थिति हो, उसे 'बुध' का फलादेश नीचे लिखे अनुसार समझना चाहिए—

दसवें केन्द्र, राज्य तथा पिता के भाव में समग्रह मंगल की मेष राशि पर स्थित व्ययेश के प्रभाव से जातक को पिता, राज्य एवं व्यवसाय के क्षेत्र में अपूर्ण सफलता प्राप्त होगी। परन्तु भाई-बहन के सुख एवं पराक्रम की शक्ति विशेष रहेगी। यहां से बुध सातवीं मित्रदृष्टि से शुक्र की तुला राशि में चतुर्थभाव को देखता है, अत: जातक परिश्रम एवं व्यय की शक्ति द्वारा सुख प्राप्त करेगा और माता, भूमि, मकान आदि का सामान्य लाभ रहेगा।

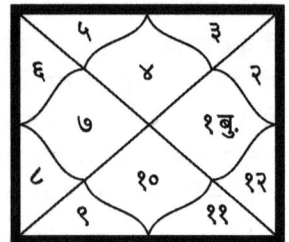

कर्क लग्न: दशमभाव: बुध

जिस जातक का जन्म 'कर्क' लग्न में हुआ हो और जन्म-कुण्डली के 'एकादशभाव' में 'बुध' की स्थिति हो, उसे 'बुध' का फलादेश नीचे लिखे अनुसार समझना चाहिए—

कर्क लग्नः एकादशभावः बुध

ग्यारहवें लाभ भाव में अपने मित्र शुक्र की वृषभ राशि पर स्थित व्ययेश बुध के प्रभाव से जातक की आमदनी तो खूब होगी, बाहरी भावों के सम्बन्ध से भी लाभ होगा, परन्तु खर्च अधिक बना रहेगा। साथ ही उसे भाई-बहन के सुख तथा पराक्रम का लाभ होता रहेगा। यहां से बुध सातवीं समग्रहदृष्टि से मंगल की वृश्चिक राशि में पंचमभाव को देखता है, अतः संतान, विद्या तथा बुद्धि के क्षेत्र में भी अपूर्ण लाभ प्राप्त होगा। परन्तु ऐसा जातक अपनी बुद्धि, विवेक एवं वाणी के बल पर लाभ उठाता रहता है।

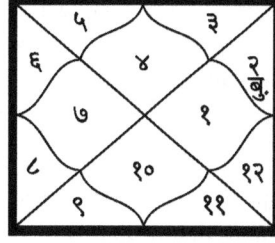

जिस जातक का जन्म 'कर्क' लग्न में हुआ हो और जन्म-कुण्डली के 'द्वादशभाव' में 'बुध' की स्थिति हो, उसे 'बुध' का फलादेश नीचे लिखे अनुसार समझना चाहिए—

कर्क लग्नः द्वादशभावः बुध

बारहवें व्ययभाव में अपनी ही मिथुन राशि में स्थित स्वक्षेत्री बुध के प्रभाव से जातक का व्यय अधिक होगा तथा बाहरी भावों के सम्बन्ध से लाभ होता रहेगा। साथ ही उसे भाई-बहन के सुख तथा पराक्रम के क्षेत्र में भी कमजोरी बनी रहेगी। यहां से बुध सातवीं समग्रहदृष्टि से षष्ठभाव को देखता है, अतः उसे अपने शांत स्वभाव पुरुषार्थ एवं खर्च की शक्ति द्वारा शत्रु-पक्ष में सामान्य सफलता प्राप्त होगी और वह अपने खर्च करने के बल पर अनेक कठिनाइयों पर नियंत्रण बनाए रहेगा।

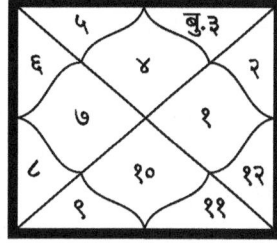

'कर्क' लग्न में 'गुरु' का फल

जिस जातक का जन्म 'कर्क' लग्न में हुआ हो और जन्म-कुण्डली के 'प्रथमभाव' में 'गुरु' की स्थिति हो, उसे 'गुरु' का फलादेश नीचे लिखे अनुसार समझना चाहिए—

कर्क लग्नः प्रथमभावः गुरु

पहले केन्द्र तथा शरीर भाव में अपने मित्र चन्द्र की कर्क राशि पर स्थित उच्च के गुरु के प्रभाव से जातक को शारीरिक सौंदर्य एवं प्रभाव की प्राप्ति होती है। यहां से गुरु पांचवीं मित्रदृष्टि से पंचमभाव को देखता है, अतः जातक को संतान, विद्या तथा बुद्धि का पूर्ण सुख भी प्राप्त होता है। सातवीं नीचदृष्टि से सप्तमभाव को देखने के कारण स्त्री-पक्ष में कुछ कष्ट प्राप्त होता है तथा दैनिक खर्च में कभी-कभी कठिनाइयां पड़ती हैं। नवीं दृष्टि से स्वराशि में नवमभाव को स्वक्षेत्र में देखने के कारण भाग्य की शक्ति प्रबल रहती है तथा धर्म का भी यथावत् पालन होता है। संक्षेप में ऐसा जातक विद्वान बुद्धिमान, सज्जन, उदार, विनम्र, आत्मबली तथा शत्रुपक्ष पर विजय पाने वाला होता है।

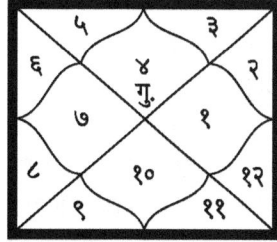

जिस जातक का जन्म 'कर्क' लग्न में हुआ हो और जन्म-कुण्डली के 'द्वितीयभाव' में 'गुरु' की स्थिति हो, उसे 'गुरु' का फलादेश नीचे लिखे अनुसार समझना चाहिए—

दूसरे धन तथा कुटुम्ब के भाव में अपने मित्र सूर्य की सिंह राशि पर स्थित गुरु के प्रभाव से जातक को धन तथा कुटुम्ब का सुख पर्याप्त मात्रा में उपलब्ध होता है। यहां से गुरु पांचवीं दृष्टि से षष्ठभाव को स्वराशि में देखता है, अत: धन की शक्ति से शत्रु पक्ष पर विजय प्राप्त होती है। सातवीं समग्रहदृष्टि से अष्टमभाव को देखने के कारण पुरातत्त्व का लाभ होता है तथा दैनिक जीवन में कुछ कठिनाइयां आती हैं। नवीं मित्रदृष्टि से दशमभाव को देखने से पिता, राज्य तथा व्यवसाय द्वारा धन का लाभ होता है तथा ननिहाल पक्ष से भी लाभ मिलता है। ऐसा जातक यशस्वी तथा प्रतिष्ठित भी होता है।

कर्क लग्न: द्वितीयभाव: गुरु

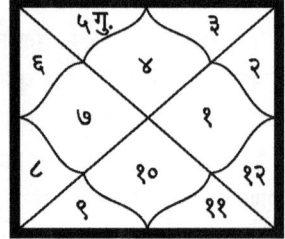

जिस जातक का जन्म 'कर्क' लग्न में हुआ हो और जन्म-कुण्डली के 'तृतीयभाव' में 'गुरु' की स्थिति हो, उस 'गुरु' का फलादेश नीचे लिखे अनुसार समझना चाहिए—

तीसरे सहोदर एवं पराक्रम के भाव पर अपने शत्रु बुध की कन्या राशि में स्थित गुरु के प्रभाव से जातक को भाई-बहन के सुख तथा पराक्रम में वृद्धि प्राप्त होती है। यहां से गुरु पांचवीं नीचदृष्टि से सप्तमभाव को देखता है, अत: स्त्री एवं व्यवसाय के पक्ष में कुछ हानि तथा क्लेश रहता है। सातवीं दृष्टि से स्वराशि में नवमभाव को देखने से भाग्य की वृद्धि होती है तथा धर्म में निष्ठा बनी रहती है। नवीं शत्रुदृष्टि से एकादशभाव को देखने से लाभ के क्षेत्र में कुछ कठिनाइयों के साथ सफलता मिलती है। ऐसा जातक शत्रुजयी, धर्मात्मा, उन्नतिशील, पराक्रमी तथा हिम्मती होता है, परन्तु गुरु के शत्रु भावाधिपति होने के कारण उसे कभी-कभी कठिनाइयों का भी सामना करना पड़ता है।

कर्क लग्न: तृतीयभाव: गुरु

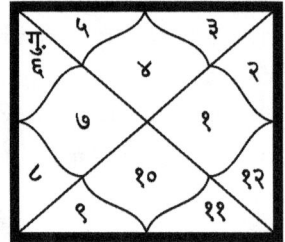

जिस जातक का जन्म 'कर्क' लग्न में हुआ हो और जन्म-कुण्डली के 'चतुर्थभाव' में 'गुरु' की स्थिति हो, उसे 'गुरु' का फलादेश नीचे लिखे अनुसार समझना चाहिए—

चौथे केन्द्र, माता, भूमि तथा सुख के भाव में अपने शत्रु की तुला राशि पर स्थित गुरु के प्रभाव से जातक को माता, मातृभूमि भाव तथा सुख के पक्ष में कुछ असंतोष के साथ सफलता प्राप्त होती है। साथ ही शत्रु पक्ष एवं झगड़े के मामलों में शान्तिपूर्ण तरीकों के अपनाने पर सफलता मिलती है। यहां से गुरु पांचवीं समग्रहदृष्टि से अष्टमभाव को देखता है, अत: जातक को आयु के क्षेत्र में सामान्य असंतोष रहता है, तथा पुरातत्त्व का भी कुछ

कर्क लग्न: चतुर्थभाव: गुरु

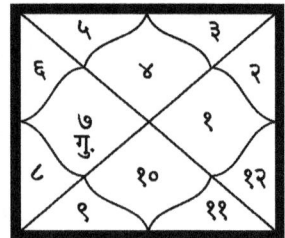

कमी के साथ लाभ प्राप्त होता है। सातवीं मित्रदृष्टि से दशमभाव को देखने से पिता, राज्य एवं व्यवसाय के पक्ष में सफलता मिलती है। नवीं शत्रुदृष्टि से द्वादशभाव को देखने से खर्च अधिक रहता है, परन्तु बाहरी भावों के सम्बन्ध से लाभ होता है।

जिस जातक का जन्म 'कर्क' लग्न में हुआ हो और जन्म-कुण्डली के 'पंचमभाव' में 'गुरु' की स्थिति हो, उसे 'गुरु' का फलादेश नीचे लिखे अनुसार समझना चाहिए—

पांचवें त्रिकोण, विद्या-बुद्धि एवं संतान के भाव में अपने मित्र मंगल की वृश्चिक राशि पर स्थित गुरु के प्रभाव से जातक को विद्या-बुद्धि तथा संतान के पक्ष में विशेष सफलता मिलती है तथा शत्रु पक्ष पर भी प्रभाव प्राप्त होता है। यहां से गुरु पांचवीं दृष्टि से स्वराशि में नवमभाव को देखता है, अत: बुद्धि और संतान के सहयोग से भाग्य तथा धर्म की वृद्धि होती है। सातवीं शत्रुदृष्टि से एकादशभाव को देखने के कारण लाभ के क्षेत्र में कुछ असंतोष के साथ असफलता मिलती है तथा नवीं मित्रदृष्टि से प्रथमभाव को देखने के कारण शारीरिक सौंदर्य, आत्मबल एवं सुयश प्राप्त होता है। गुरु के षष्ठेश होने के कारण जातक को प्रत्येक क्षेत्र में कुछ परेशानियां तो अनुभव होती हैं, परन्तु सफलता भी अवश्य मिलती है।

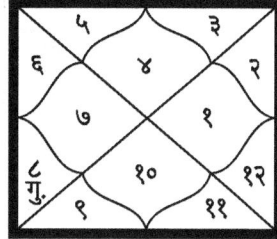

कर्क लग्न: पंचमभाव: गुरु

जिस जातक का जन्म 'कर्क' लग्न में हुआ हो और जन्म-कुण्डली के 'षष्ठभाव' में 'गुरु' की स्थिति हो, उस 'गुरु' का फलादेश नीचे लिखे अनुसार समझना चाहिए—

छठे शत्रु भाव में अपनी धनु राशि पर स्थित गुरु के प्रभाव से जातक शत्रुओं पर अपना अत्यधिक प्रभाव रखने वाला तथा यशस्वी होता है, परन्तु गुरु के षष्ठेश होने से भाग्योन्नति में कुछ परेशानियां भी आती हैं। यहां से गुरु पांचवीं मित्रदृष्टि से दशमभाव को देखता है, अत: पिता, राज्य एवं व्यवसाय द्वारा सफलता, लाभ एवं सम्मान की प्राप्ति होती है। सातवीं शत्रुदृष्टि से द्वादशभाव को देखने से खर्च अधिक रहता है तथा बाहरी भावों के सम्बन्ध से लाभ होता है। नवीं मित्रदृष्टि से द्वितीयभाव को देखने से धन तथा कुटुम्ब की शक्ति प्राप्त होती है। ऐसा जातक धनी, सुखी, यशस्वी तथा प्रभावशाली होता है।

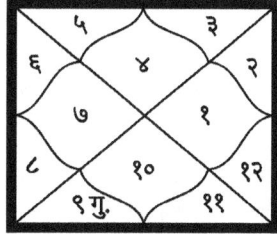

कर्क लग्न: षष्ठभाव: गुरु

जिस जातक का जन्म 'कर्क' लग्न में हुआ हो और जन्म-कुण्डली के 'सप्तमभाव' में 'गुरु' की स्थिति हो, उसे 'गुरु' का फलादेश नीचे लिखे अनुसार समझना चाहिए—

सातवें केन्द्र, स्त्री तथा व्यवसाय के भाव में समग्रह शनि के मकर राशि पर स्थित नीच के गुरु के प्रभाव से जातक को स्त्री तथा व्यवसाय के पक्ष में कठिनाइयों का सामना करना पड़ता है तथा शत्रुपक्ष से भी व्यवसाय को कुछ हानि पहुंचती है। यहां से गुरु पांचवीं शत्रुदृष्टि से एकादशभाव को देखता है, अत: परिश्रम द्वारा लाभ प्राप्त होता है। सातवीं

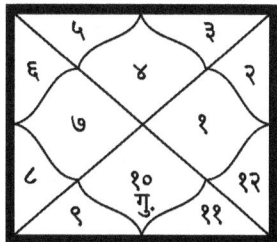

कर्क लग्न: सप्तमभाव: गुरु

227

उच्चदृष्टि से प्रथमभाव को देखने के कारण शरीर के सौंदर्य एवं प्रभाव में वृद्धि होती है तथा नवीं शत्रुदृष्टि से तृतीयभाव को देखने से भाई-बहन के सुख एवं पराक्रम में सफलता प्राप्त होती है। परन्तु गुरु के षष्ठेश होने के, कारण सभी क्षेत्रों में सामान्य कठिनाइयां भी आती रहती हैं।

जिस जातक का जन्म 'कर्क' लग्न में हुआ हो और जन्म-कुण्डली के 'अष्टमभाव' में 'गुरु' की स्थिति हो, उसे 'गुरु' का फलादेश नीचे लिखे अनुसार समझना चाहिए—

अष्टम, आयु तथा पुरातत्त्व के भाव में अपने समग्रह शनि की कुम्भ राशि पर स्थित गुरु के प्रभाव से जातक को आयु तथा पुरातत्त्व के पक्ष में कुछ कमी के साथ सफलता मिलती है, परन्तु शत्रुपक्ष की ओर से अशान्ति एवं भाग्य-पक्ष में दुर्बलता भी बनी रहती है। यहां से गुरु पांचवीं शत्रुदृष्टि से द्वादशभाव को देखता है, अतः जातक का खर्च अधिक रहता है तथा बाहरी भावों के सम्बन्ध को देखने से लाभ भी होता है। सातवीं मित्रदृष्टि से द्वितीयभाव को देखने से धन तथा कुटुम्ब की वृद्धि होती है तथा नवीं शत्रुदृष्टि से चतुर्थभाव को देखने के कारण माता तथा भूमि आदि का सुख कुछ कमी के साथ प्राप्त होता है।

कर्क लग्नः अष्टमभावः गुरु

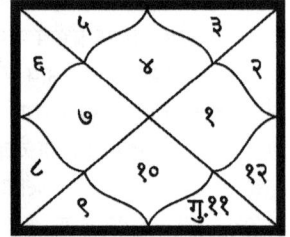

जिस जातक का जन्म 'कर्क' लग्न में हुआ हो और जन्म-कुण्डली के 'नवमभाव' में 'गुरु' की स्थिति हो, उसे 'गुरु' का फलादेश नीचे लिखे अनुसार समझना चाहिए—

नवें त्रिकोण, भाग्य तथा धर्म के भाव में अपनी ही मीन राशि पर स्थित गुरु के प्रभाव से जातक के भाग्य तथा धर्म की उन्नति होती है। यहां से गुरु पांचवीं उच्चदृष्टि से मित्र राशि में प्रथमभाव को देखता है, अतः शारीरिक सौंदर्य एवं प्रभाव की प्राप्ति होती है। सातवीं शत्रुदृष्टि से तृतीयभाव को देखने के कारण भाई-बहन का सुख मिलता है तथा पराक्रम में वृद्धि होती है। नवीं मित्रदृष्टि से पंचमभाव को देखने से विद्या, बुद्धि एवं संतान के पक्ष में भी विशेष सफलता प्राप्त होती है। संक्षेप में, ऐसा जातक विद्वान, बुद्धिमान, सज्जन, सुखी, धनी, पराक्रमी तथा यशस्वी होता है।

कर्क लग्नः नवमभावः गुरु

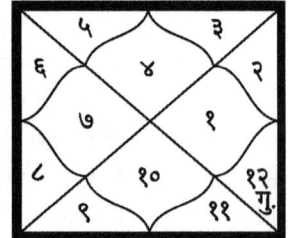

जिस जातक का जन्म 'कर्क' लग्न में हुआ हो और जन्म-कुण्डली के 'दशमभाव' में 'गुरु' की स्थिति हो, उसे 'गुरु' का फलादेश नीचे लिखे अनुसार समझना चाहिए—

दसवें केन्द्र, राज्य एवं पिता के भाव में अपने मित्र मंगल की मेष राशि पर स्थित गुरु के प्रभाव से जातक को पिता, राज्य एवं व्यवसाय द्वारा पूर्ण सहयोग, सुख, सम्मान एवं लाभ की प्राप्ति होती है। यहां से गुरु पांचवीं मित्रदृष्टि से द्वितीयभाव को देखता है, अतः जातक धन तथा कुटुम्ब की शक्ति से संपन्न रहता है। सातवीं शत्रुदृष्टि से चतुर्थभाव को देखने से कुछ असंतोष के साथ माता एवं भूमि का पर्याप्त सुख प्राप्त होता है तथा नवीं दृष्टि से स्वराशि में षष्ठभाव को देखने से शत्रु पक्ष पर भारी

कर्क लग्नः दशमभावः गुरु

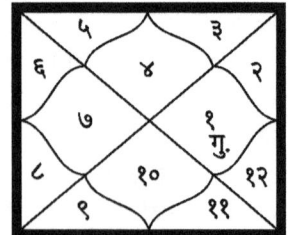

प्रभाव बना रहता है। ऐसा जातक परिश्रम तथा झगड़ों के योग से भाग्योन्नति एवं पदोन्नति करता है तथा भाग्यशाली बनता है।

जिस जातक का जन्म 'कर्क' लग्न में हुआ हो और जन्म-कुण्डली के 'एकादशभाव' में 'गुरु' की स्थिति हो, उसे 'गुरु' का फलादेश नीचे लिखे अनुसार समझना चाहिए—

कर्क लग्नः एकादशभावः गुरु

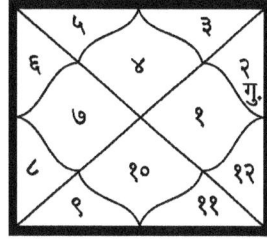

ग्यारहवें लाभ भाव में अपने शत्रु शुक्र की वृषभ राशि पर स्थित गुरु के प्रभाव से जातक परिश्रम द्वारा लाभ प्राप्त करता है। उसे शत्रु पक्ष से भी लाभ होता है और वह धर्म का पालन भी करता है। यहां से गुरु पांचवीं शत्रुदृष्टि से तृतीयभाव को देखता है, अतः जातक को सामान्य वैमनस्य के साथ भाई-बहनों की शक्ति प्राप्त रहेगी तथा पराक्रम में वृद्धि होगी। सातवीं मित्रदृष्टि से पंचमभाव को देखने से संतान, विद्या तथा बुद्धि के पक्ष में सफलता मिलेगी एवं नवीं नीचदृष्टि से सप्तमभाव को देखने कारण स्त्री तथा व्यवसाय के पक्ष में कष्ट, हानि तथा असंतोष बना रहेगा। सामान्यतः ऐसा जातक अवश्य धनी होता है।

जिस जातक का जन्म 'कर्क' लग्न में हुआ हो और जन्म-कुण्डली के 'द्वादशभाव' में 'गुरु' की स्थिति हो, उसे 'गुरु' का फलादेश नीचे लिखे अनुसार समझना चाहिए—

कर्क लग्नः द्वादशभावः गुरु

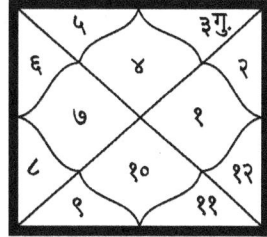

बारहवें व्ययभाव में अपने शत्रु बुध की मिथुन राशि पर स्थित गुरु के प्रभाव से जातक का खर्च अधिक होता है तथा बाहरी भावों के सम्बन्ध से लाभ भी मिलता है। परन्तु भाग्य-भाव में कमी रहती है और धर्म का पालन भी यथावत् नहीं हो पाता। यहां से गुरु पांचवीं शत्रुदृष्टि से चतुर्थभाव को देखता है, अतः जातक को माता एवं भूमि-भाव के पक्ष में परिश्रम द्वारा सफलता मिलती है। सातवीं दृष्टि से अपनी ही राशि में षष्ठभाव को देखने से शत्रु पक्ष में सफलता मिलती है तथा नवीं समग्रहदृष्टि से अष्टमभाव को देखने से आयु एवं पुरातत्त्व के पक्ष में सामान्य सफलता प्राप्त होती है।

'कर्क' लग्न में 'शुक्र' का फल

जिस जातक का जन्म 'कर्क' लग्न में हुआ हो और जन्म-कुण्डली के 'प्रथमभाव' में 'शुक्र' की स्थिति हो, उसे 'शुक्र' का फलादेश नीचे लिखे अनुसार समझना चाहिए—

कर्क लग्नः प्रथमभावः शुक्र

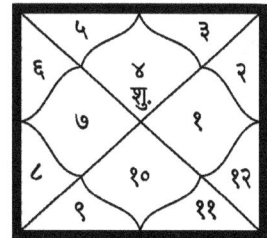

पहले केन्द्र तथा शरीर भाव में अपने शत्रु चन्द्र की कर्क राशि पर स्थित शुक्र के प्रभाव से जातक को शारीरिक-सौंदर्य, सुख एवं चातुर्य का लाभ होता है, साथ ही माता एवं भूमि-संपत्ति का सुख भी प्राप्त होता है। यहां से शुक्र सातवीं मित्रदृष्टि से सप्तमभाव को देखता है, अतः स्त्री तथा व्यवसाय के पक्ष में भी खूब लाभ प्राप्त होता है तथा भोगादिक में रुचि बनी रहती है। संक्षेप में, ऐसा जातक सुखी, धनी, भू-संपत्तिवान, भोगी, ऐश्वर्यशाली तथा सफलता प्राप्त करने वाला होता है।

जिस जातक का जन्म 'कर्क' लग्न में हुआ हो और जन्म-कुण्डली के 'द्वितीयभाव' में 'शुक्र' की स्थिति हो, उसे 'शुक्र' का फलादेश नीचे लिखे अनुसार समझना चाहिए—

दूसरे धन-कुटुम्ब के भाव में अपने शत्रु सूर्य की सिंह राशि पर स्थित शुक्र के प्रभाव से जातक को सामान्य असंतोष के साथ धन-कुटुम्ब का सुख प्राप्त होता है। उसे भूमि तथा मकान आदि का सुख भी मिलता है, परन्तु माता के सुख में कुछ कमी रहती है। यहां से शुक्र सातवीं मित्रदृष्टि से अष्टमभाव को देखता है तथा पुरातत्त्व का लाभ मिलता है। ऐसा जातक धनी, प्रतिष्ठित तथा सुखी होता है।

कर्क लग्न: द्वितीयभाव: शुक्र

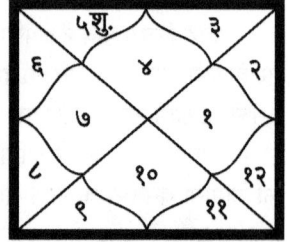

जिस जातक का जन्म 'कर्क' लग्न में हुआ हो और जन्म-कुण्डली के 'तृतीयभाव' में 'शुक्र' की स्थिति हो, उसे 'शुक्र' का फलादेश नीचे लिखे अनुसार समझना चाहिए—

तीसरे भाई एवं पराक्रम के भाव में अपने मित्र बुध की कन्या राशि पर स्थित नीच के शुक्र के प्रभाव से जातक को भाई-बहन के सुख तथा पराक्रम में कमी रहती है, साथ ही माता के सुख में भी त्रुटि का अनुभव होता है। यहां से शुक्र सातवीं उच्चदृष्टि से नवमभाव को देखता है, अत: जातक के भाग्य में वृद्धि होती है और वह धर्म का पालन भी करता है। ऐसा जातक अपनी भीतरी कमजोरियों को छिपाकर बाहर से हिम्मत प्रकट करने वाला, धनी, सुखी तथा धार्मिक विचारों का होता है।

कर्क लग्न: तृतीयभाव: शुक्र

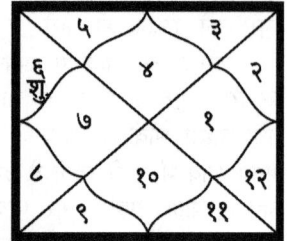

जिस जातक का जन्म 'कर्क' लग्न में हुआ हो और जन्म-कुण्डली के 'चतुर्थभाव' में 'शुक्र' की स्थिति हो, उसे 'शुक्र' का फलादेश नीचे लिखे अनुसार समझना चाहिए—

चौथे केन्द्र, माता, भूमि एवं सुख-भाव में अपनी तुला राशि पर स्थित स्वक्षेत्री शुक्र के प्रभाव से जातक को माता, भूमि, भवन तथा सुख का श्रेष्ठ लाभ होता है। उसकी आमदनी में वृद्धि होती है और वह धनवान बना रहता है। यहां से शुक्र सातवीं समग्रहदृष्टि से दशमभाव को देखता है, अत: जातक को पिता, राज्य एवं व्यवसाय द्वारा भी सुख, सहयोग, सम्मान, सफलता तथा लाभ की प्राप्ति होती है। ऐसा जातक बड़ा होशियार, चतुर, प्रतिष्ठित, सुखी तथा धनी होता है।

कर्क लग्न: चतुर्थभाव: शुक्र

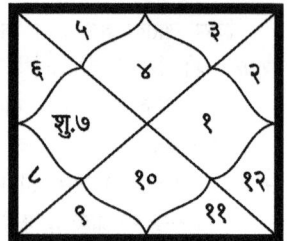

जिस जातक का जन्म 'कर्क' लग्न में हुआ हो और जन्म-कुण्डली के 'पंचमभाव' में 'शुक्र' की स्थिति हो, उसे 'शुक्र' का फलादेश नीचे लिखे अनुसार समझना चाहिए—

पांचवें त्रिकोण, विद्या, बुद्धि व संतान के भाव में समग्रह मंगल की वृश्चिक राशि पर स्थित शुक्र के प्रभाव से जातक को विद्या-बुद्धि तथा संतान का यथेष्ठ लाभ होता है। वह धन, सुख, सफलता एवं चातुर्य को प्राप्त करता है। यहां से शुक्र सातवीं दृष्टि से अपनी ही राशि में एकादशभाव को देखता है, अतः बुद्धि-बल द्वारा जातक को धन का यथेष्ठ लाभ होता है। साथ ही उसे माता, भूमि, भाव आदि का सुख भी प्राप्त होता है। ऐसा जातक बड़ा समझदार, वार्तालाप करने में कुशल तथा प्रतिष्ठित होता है।

कर्क लग्नः पंचमभावः शुक्र

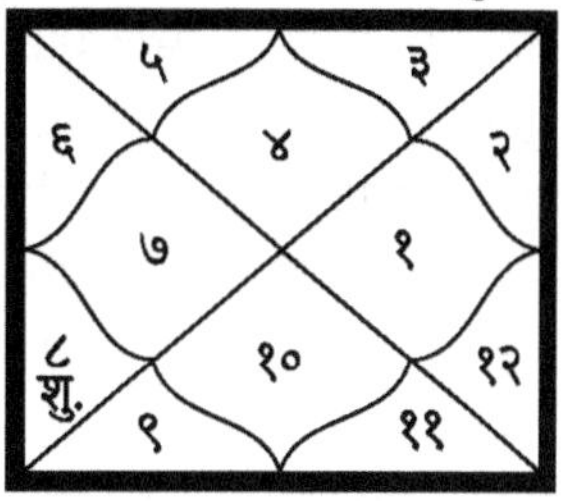

जिस जातक का जन्म 'कर्क' लग्न में हुआ हो और जन्म-कुण्डली के 'षष्ठभाव' में 'शुक्र' की स्थिति हो, उसे 'शुक्र' का फलादेश नीचे लिखे अनुसार समझना चाहिए—

छठे शत्रु भाव में समग्रह गुरु की धनु राशि पर स्थित शुक्र के प्रभाव से जातक को शत्रुपक्ष में सफलता प्राप्त होती है, परन्तु माता एवं भूमि-भाव के सुख में कुछ कमी तथा अशान्ति का योग उपस्थित होता है। इसी प्रकार लाभ के मार्ग में भी अधिक परिश्रम तथा परतंत्रता का सा योग बनता है। यहां से शुक्र सातवीं मित्रदृष्टि से द्वादशभाव को देखता है, अतः जातक बहुत खर्चीले स्वभाव का होता है और उसे बाहरी भावों से सुख तथा लाभ की प्राप्ति होती है।

कर्क लग्नः षष्ठभावः शुक्र

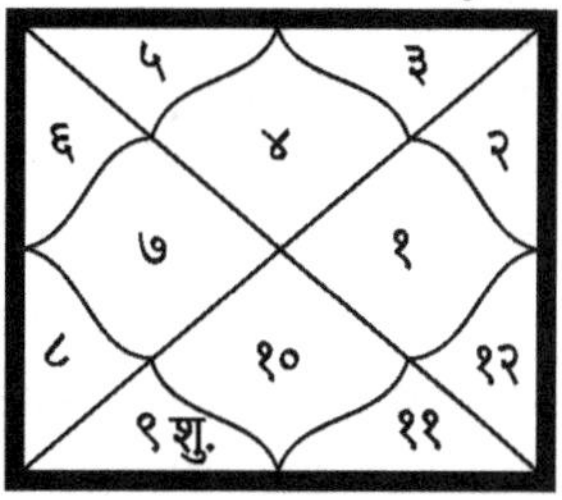

जिस जातक का जन्म 'कर्क' लग्न में हुआ हो और जन्म-कुण्डली के 'सप्तमभाव' में 'शुक्र' की स्थिति हो, उसे 'शुक्र' का फलादेश नीचे लिखे अनुसार समझना चाहिए—

सातवें केन्द्र, स्त्री तथा व्यवसाय के भाव में अपने मित्र शनि की मकर राशि पर स्थित शुक्र के प्रभाव से जातक को स्त्री तथा दैनिक आमदनी एवं व्यवसाय के क्षेत्र में सुख तथा सफलता की प्राप्ति होती है। उसे माता तथा भूमि, मकान आदि का सुख भी मिलता है। यहां से जातक अपनी सातवीं शत्रुदृष्टि से प्रथमभाव को देखता है, अतः जातक को शारीरिक-सौंदर्य, चातुर्य एवं सुख की प्राप्ति होती है। ऐसा जातक सुखी, धनी, यशस्वी, गंभीर, बुद्धिमान, चतुर, भोगी तथा ऐश्वर्यशाली होता है।

कर्क लग्नः सप्तमभावः शुक्र

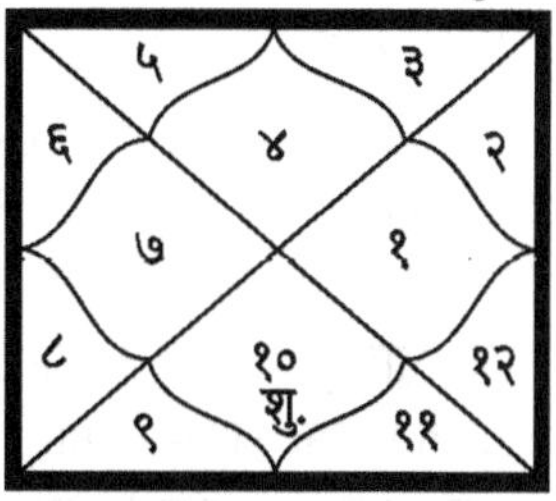

जिस जातक का जन्म 'कर्क' लग्न में हुआ हो और जन्म-कुण्डली के 'अष्टमभाव' में 'शुक्र' की स्थिति हो, उसे 'शुक्र' का फलादेश नीचे लिखे अनुसार समझना चाहिए—

आठवें आयु एवं पुरातत्त्व के भाव में अपने मित्र शनि की कुम्भ राशि पर स्थित शुक्र के प्रभाव से जातक आयु एवं पुरातत्त्व के क्षेत्र में शक्ति एवं सफलता प्राप्त करता है। परन्तु माता एवं मातृभूमि के सुख में कमी आ जाती है। वह परदेश में रहकर उन्नति पाता है। घरेलू सुख-शान्ति में भी कुछ कमी बनी रहती है। यहां से जातक सातवीं शत्रुदृष्टि से द्वितीयभाव को देखता है, अत: जातक को धन-संचय की चिन्ता नहीं रहती। उसे कुटुम्ब का सुख भी अल्प मात्रा में मिलता है।

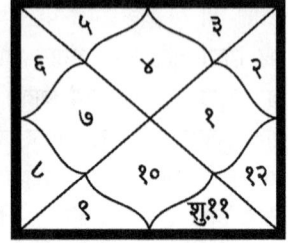

कर्क लग्न: अष्टमभाव: शुक्र

जिस जातक का जन्म 'कर्क' लग्न में हुआ हो और जन्म-कुण्डली के 'नवमभाव' में 'शुक्र' की स्थिति हो, उसे 'शुक्र' का फलादेश नीचे लिखे अनुसार समझना चाहिए—

नवें त्रिकोण, भाग्य एवं धर्म के भाव में समग्रह गुरु की मीन राशि पर स्थित उच्च के शुक्र के प्रभाव से जातक के भाग्य एवं धर्म के क्षेत्र में विशेष वृद्धि होती है, साथ ही माता, मकान, भूमि आदि का भी उत्तम सुख प्राप्त होता है। यहां से शुक्र सातवीं मित्रदृष्टि से तृतीयभाव को देखता है। अत: जातक को भाई-बहन के सुख में कुछ कमजोरी बनी रहती है तथा पराक्रम को भी वह भाग्य की तुलना में कम समझता है। ऐसा जातक भाग्यवादी, सुखी, धनी तथा भाग्यशाली होता है।

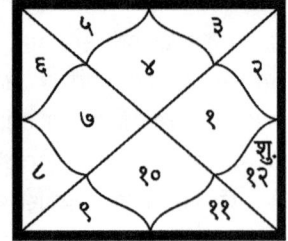

कर्क लग्न: नवमभाव: शुक्र

जिस जातक का जन्म 'कर्क' लग्न में हुआ हो और जन्म-कुण्डली के 'दशमभाव' में 'शुक्र' की स्थिति हो, उसे 'शुक्र' का फलादेश नीचे लिखे अनुसार समझना चाहिए—

दसवें केन्द्र, राज्य तथा पिता के भाव में समग्रह मंगल की मेष राशि पर स्थित शुक्र के प्रभाव से जातक को पिता, राज्य एवं व्यवसाय द्वारा यथेष्ट सुख, सहयोग, सम्मान तथा लाभ की प्राप्ति होती है। यहां से शुक्र सातवीं दृष्टि से अपनी ही राशि में चतुर्थभाव को देखता है, अत: जातक को माता, भूमि एवं भाव का सुख भी पर्याप्त मात्रा में उपलब्ध होता है। ऐसा जातक गंभीर, चतुर, बुद्धिमान, धनी ,सुखी, ऐश्वर्यशाली तथा सौंदर्य-शृंगार का प्रेमी होता है।

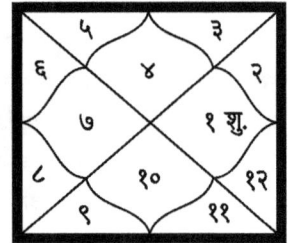

कर्क लग्न: दशमभाव: शुक्र

जिस जातक का जन्म 'कर्क' लग्न में हुआ हो और जन्म-कुण्डली के 'एकादशभाव' में 'शुक्र' की स्थिति हो, उसे 'शुक्र' का फलादेश नीचे लिखे अनुसार समझना चाहिए—

कर्क लग्नः एकादशभावः शुक्र

ग्यारहवें लाभ भाव में अपनी ही वृषभ राशि पर स्थित स्वक्षेत्री शुक्र के प्रभाव से जातक को आमदनी का श्रेष्ठ योग प्राप्त होता है। साथ ही मातृ-भाव के सुख एवं भूमि-भाव आदि का भी लाभ होता है। यहां से शुक्र सातवीं समग्रहदृष्टि से पंचमभाव को देखता है, अत: जातक को विद्या, बुद्धि एवं संतान के क्षेत्र में भी पूर्ण सफलता मिलती है। ऐसा जातक श्रेष्ठ वाणी बोलने वाला, योग्य, चतुर, समझदार, धनी, सुखी तथा अनेक प्रकार की विद्याओं में निपुण होता है।

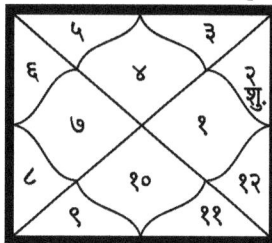

जिस जातक का जन्म 'कर्क' लग्न में हुआ हो और जन्म-कुण्डली के 'द्वादशभाव' में 'शुक्र' की स्थिति हो, उसे 'शुक्र ' का फलादेश नीचे लिखे अनुसार समझना चाहिए—

कर्क लग्नः द्वादशभावः शुक्र

बारहवें व्यय-भाव में अपने मित्र बुध की मिथुन राशि पर स्थित शुक्र के प्रभाव से जातक का खर्च अधिक रहता है तथा बाहरी भावों के संबंध से सफलता एवं सुख की प्राप्ति होती है। साथ ही उसके माता के सुख में कमी आती है और उसे मातृभूमि से अलग जाकर रहना पड़ता है। भूमि, मकान आदि के सुख में भी कमी रहती है। यहां से शुक्र सातवीं दृष्टि से षष्ठभाव को देखता है। अत: जातक शत्रुपक्ष में चतुराई तथा खर्च से काम लेकर सफलता प्राप्त करता है एवं प्रभाव को कायम रखता है,

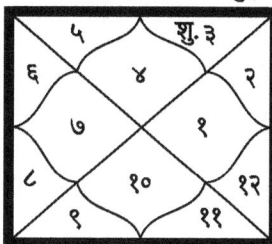

'कर्क' लग्न में 'शनि' का फल

जिस जातक का जन्म 'कर्क' लग्न में हुआ हो और जन्म-कुण्डली के 'प्रथमभाव' में 'शनि' की स्थिति हो, उसे 'शनि' का फलादेश नीचे लिखे अनुसार समझना चाहिए—

कर्क लग्नः प्रथमभावः शनि

पहले केन्द्र एवं शरीर भाव में अपने शत्रु चन्द्र की कर्क राशि पर स्थित अष्टमेष शनि के प्रभाव से जातक के शरीरिक-सौंदर्य में कुछ कमी आती है तथा शरीर में कुछ रोग तथा परेशानी भी बनी रहती है। यहां से शनि तीसरी मित्रदृष्टि से तृतीयभाव को देखता है, अत: जातक को भाई-बहन का त्रुटिपूर्ण सुख प्राप्त होता है, परन्तु पराक्रम में वृद्धि होती है। सातवीं दृष्टि से सप्तमभाव के स्वक्षेत्र में देखने से स्त्री की शक्ति तो मिलेगी, परन्तु उससे कुछ परेशानी भी रहेगी तथा व्यावसायिक क्षेत्र में सफलता प्राप्त होगी। दसवीं नीचदृष्टि से दशमभाव को देखने से पिता तथा राज्य के क्षेत्र में सामान्य सफलता एवं सम्मान का लाभ रहेगा।

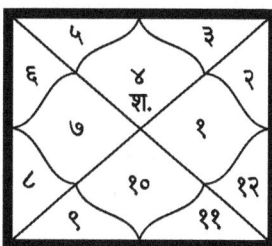

जिस जातक का जन्म 'कर्क' लग्न में हुआ हो और जन्म-कुण्डली के 'द्वितीयभाव' में 'शनि' की स्थिति हो, उसे 'शनि' का फलादेश नीचे लिखे अनुसार समझना चाहिए—

कर्क लग्नः द्वितीयभावः शनि

दूसरे धन-कुटुम्ब के भाव में अपने शत्रु सूर्य की सिंह राशि पर स्थित शनि के प्रभाव से जातक को धन तथा कुटुम्ब के क्षेत्र में हानि उठानी पड़ती है। तीसरी उच्चदृष्टि से चतुर्थभाव को देखने से माता तथा भूमि-भाव का सुख मिलता है। सातवीं दृष्टि से स्वराशि में अष्टमभाव को देखने से आयु की वृद्धि होती है तथा पुरातत्त्व का लाभ होता है। दसवीं मित्रदृष्टि से एकादश भाव को देखने से परिश्रम द्वारा धन का लाभ होता है। संक्षेप में, ऐसा जातक अमीरी ढंग का जीवन व्यतीत करता है, परन्तु धन की कमी बनी रहती है तथा पारिवारिक सुख में भी न्यूनता रहती है।

जिस जातक का जन्म 'कर्क' लग्न में हुआ हो और जन्म-कुण्डली के 'तृतीयभाव' में 'शनि' की स्थिति हो, उसे 'शनि' का फलादेश नीचे लिखे अनुसार समझना चाहिए—

कर्क लग्नः तृतीयभावः शनि

तीसरे भाई एवं पराक्रम के भाव में अपनें मित्र बुध की कन्या राशि पर स्थित शनि के प्रभाव से जातक के पुरुषार्थ में तो वृद्धि होती है, परन्तु भाई-बहन के द्वारा कुछ परेशानी मिलती है। यहां से तीसरी शत्रुदृष्टि से शनि पंचमभाव को देखता है, अतः संतान द्वारा कष्ट एवं विद्या-बुद्धि के क्षेत्र में कठिनाई एवं कमी रहती है। सातवीं समग्रहदृष्टि से नवमभाव को देखने से भाग्य के सम्बन्ध में परेशानी एवं धर्म के क्षेत्र में अरुचि रहती है। दसवीं मित्रदृष्टि से द्वादशभाव को देखने से खर्च अधिक रहता है तथा बाहरी भावों के सम्बन्ध से लाभ मिलता है। ऐसी ग्रह-स्थिति वाला जातक कुछ क्रोधी स्वभाव का भी होता है।

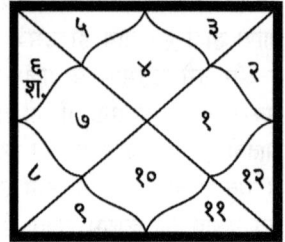

जिस जातक का जन्म 'कर्क' लग्न में हुआ हो और जन्म-कुण्डली के 'चतुर्थभाव' में 'शनि' की स्थिति हो, उसे 'शनि' का फलादेश नीचे लिखे अनुसार समझना चाहिए—

कर्क लग्नः चतुर्थभावः शनि

चौथे केन्द्र, माता, भूमि एवं सुख के भाव में अपने मित्र शुक्र की तुला राशि पर स्थित शनि के प्रभाव से जातक को माता के सुख में कुछ परेशानी के साथ सुख एवं भूमि तथा मकान के पक्ष में विशेष सफलता प्राप्त होती है। यहां से शनि तीसरी समग्रहदृष्टि से षष्ठभाव को देखता है, अतः शत्रुपक्ष में प्रभाव रहता है। सातवीं नीचदृष्टि से दशमभाव को देखने से पिता, राज्य तथा व्यवसाय के क्षेत्र में कठिनाइयां आती हैं तथा दसवीं शत्रुदृष्टि से प्रथमभाव को देखने से शरीर में परेशानी रहती है तथा घरेलू सुख के साधनों की प्राप्ति के पक्ष में आलस्य बना रहता है।

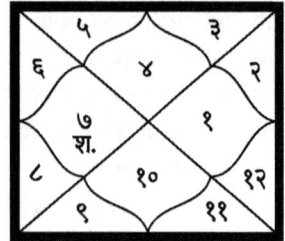

जिस जातक का जन्म 'कर्क' लग्न में हुआ हो और जन्म-कुण्डली के 'पंचमभाव' में 'शनि' की स्थिति हो, उसे 'शनि' का फलादेश नीचे लिखे अनुसार समझना चाहिए—

कर्क लग्नः पंचमभावः शनि

पांचवें त्रिकोण, विद्या, बुद्धि तथा संतान के भाव में अपने शत्रु मंगल की वृश्चिक राशि में स्थित शनि के प्रभाव से जातक संतान एवं विद्या-बुद्धि के पक्ष से परेशानी एवं चिंता का योग प्राप्त करता है। यहां से शनि तीसरी दृष्टि से सप्तमभाव को स्वराशि में देखता है, अतः स्त्री बुद्धिमान मिलती है, परन्तु उसके कारण भी थोड़ा-बहुत कष्ट बना रहता है। व्यवसाय के क्षेत्र में बुद्धि के योग द्वारा सफलता मिलती है। सातवीं मित्रदृष्टि से एकादशभाव को देखने से आमदनी अच्छी रहती है तथा दसवीं शत्रुदृष्टि से द्वितीयभाव को देखने से धन-संचय में कमी बनी रहती है तथा कुटुम्ब द्वारा भी कुछ परेशानी एवं चिन्ताओं का अनुभव होता रहता है।

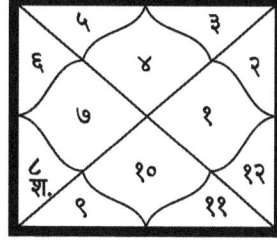

जिस जातक का जन्म 'कर्क' लग्न में हुआ हो और जन्म-कुण्डली के 'षष्ठभाव' मे 'शनि' की स्थिति हो, उसे 'शनि' का फलादेश नीचे लिखे अनुसार समझना चाहिए—

कर्क लग्नः षष्ठभावः शनि

छठे शत्रु भाव में समग्रह गुरु की धनु राशि पर स्थित शनि के प्रभाव से जातक शत्रुपक्ष में प्रभावशाली बना रहता है, परन्तु स्त्री तथा व्यवसाय के क्षेत्र में उसे कुछ परेशानियों के बाद सफलता मिलती है। यहां से शनि तीसरी दृष्टि से स्वराशि में अष्टमभाव को देखता है, अतः आयु की शक्ति बढ़ती है तथा पुरातत्त्व का भी कुछ कठिनाइयों के साथ लाभ होता है। सातवीं मित्रदृष्टि से द्वादशभाव को देखने से खर्च अधिक रहता है तथा बाहरी भावों से लाभ मिलता है। दसवीं मित्रदृष्टि से तृतीयभाव को देखने से पराक्रम में वृद्धि होती है, परन्तु भाई-बहन के सम्बन्ध में वैमनस्ययुक्त सफलता मिलती है।

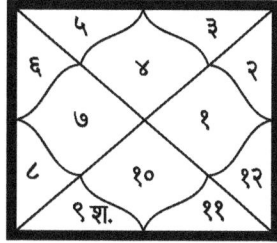

जिस जातक का जन्म 'कर्क' लग्न में हुआ हो और जन्म-कुण्डली के 'सप्तमभाव' में 'शनि' की स्थिति हो, उसे 'शनि' का फलादेश नीचे लिखे अनुसार समझना चाहिए—

कर्क लग्नः सप्तमभावः शनि

सातवें केन्द्र, स्त्री तथा व्यवसाय के भाव में स्वराशि मकर स्थित शनि के प्रभाव से जातक को स्त्री एवं व्यवसाय के क्षेत्र में सफलता मिलती है तथा भोगादि के सुख भी खूब प्राप्त होते हैं। यहां से शनि तीसरी समग्रहदृष्टि से नवमभाव को देखता है, अतः भाग्य एवं धर्म के क्षेत्र में कुछ कमी बनी रहती है। सातवीं शत्रुदृष्टि से प्रथमभाव को देखने से शारीरिक-सौंदर्य एवं स्वास्थ्य में त्रुटि रहती है तथा दसवीं उच्च एवं मित्रदृष्टि से चतुर्थभाव को देखने से माता, भूमि, मकान तथा घरेलू सुख में वृद्धि होती है। संक्षेप में, ऐसा जातक कठिनाइयों के साथ उन्नति प्राप्त करता है।

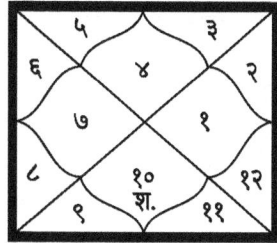

जिस जातक का जन्म 'कर्क' लग्न में हुआ हो और जन्म-कुण्डली के 'अष्टमभाव' में 'शनि' की स्थिति हो, उसे 'शनि' का फलादेश नीचे लिखे अनुसार समझना चाहिए—

आठवें आयु एवं पुरातत्त्व के भाव में अपनी ही कुम्भ राशि पर स्थित शनि के प्रभाव से जातक की आयु में वृद्धि होती है तथा पुरातत्त्व का लाभ होता है, परन्तु स्त्री एवं व्यवसाय के पक्ष में कुछ परेशानी रहती है तथा बाहरी भावों के सम्बन्ध से शक्ति मिलती है। यहां से शनि तीसरी नीचदृष्टि से दशमभाव को देखता है, अत: जातक को पिता, राज्य एवं व्यवसाय के पक्ष में परेशानी का अनुभव होता है। सातवीं शत्रुदृष्टि से द्वितीयभाव को देखने से धन-संचय की शक्ति में कमी आती है तथा कौटुम्बिक सुख में भी त्रुटि रहती है। दसवीं शत्रुदृष्टि से पंचमभाव को देखने से संतान, विद्या तथा बुद्धि के क्षेत्र में भी चिन्ता एवं कठिनाइयों का अनुभव होता है।

कर्क लग्न: अष्टमभाव: शनि

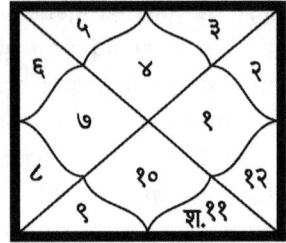

जिस जातक का जन्म 'कर्क' लग्न में हुआ हो और जन्म-कुण्डली के 'नवमभाव' में 'शनि' की स्थिति हो, उसे 'शनि' का फलादेश नीचे लिखे अनुसार समझना चाहिए—

नवें त्रिकोण, भाग्य तथा धर्म के भाव में अपने समग्रह गुरु की राशि पर स्थित शनि के प्रभाव से जातक को भाग्योन्नति एवं धर्म के क्षेत्र में कुछ कठिनाइयां बनी रहती हैं, परन्तु आयु की वृद्धि होती है, पुरातत्त्व का साधारण लाभ होता है तथा स्त्री एवं व्यवसाय के क्षेत्र में सुख मिलता है। यहां से शनि तीसरी मित्रदृष्टि से एकादशभाव को देखता है, अत: लाभ अच्छा रहता है। सातवीं मित्रदृष्टि तृतीयभाव को देखने से पराक्रम की वृद्धि होती है, परन्तु शनि के अष्टमेश होने से भाई-बहन के सुख में कुछ कमी रहती है। दसवीं समग्रहदृष्टि से षष्ठभाव को देखने से शत्रु-पक्ष में कुछ कठिनाइयों के बाद प्रभाव स्थापित होता है। आंतरिक रूप से कुछ कमजोर रहने पर भी प्रकट में ऐसा जातक बहुत भाग्यशाली समझा जाता है।

कर्क लग्न: नवमभाव: शनि

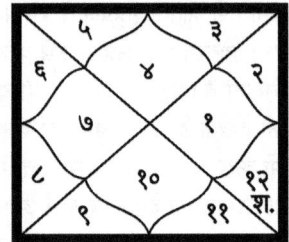

जिस जातक का जन्म 'कर्क' लग्न में हुआ हो और जन्म-कुण्डली के 'दशमभाव' में 'शनि' की स्थिति हो, उसे 'शनि' का फलादेश नीचे लिखे अनुसार समझना चाहिए—

दसवें केन्द्र, राज्य एवं पिता के भाव में अपने शत्रु मंगल की राशि पर स्थित नीच के प्रभाव से जातक को पिता, राज्य एवं व्यवसाय के क्षेत्र में परेशानियों का सामना करना पड़ता है। साथ ही आयु एवं पुरातत्त्व की भी कुछ हानि होती है। यहां से शनि तीसरी मित्रदृष्टि से द्वादशभाव को देखता है, अत: खर्च अधिक रहता है तथा बाहरी भावों से लाभ मिलता है। सातवीं उच्चदृष्टि से चतुर्थभाव को देखने से माता, भूमि, मकान आदि का सुख मिलता है तथा दसवीं दृष्टि से स्वराशि में सप्तमभाव को देखने से स्त्री तथा दैनिक रोजगार की अच्छी शक्ति मिलती है। ऐसा जातक कुछ कमजोरियों के रहते हुए भी अपने सब कार्यों का ठीक से संचालन करता है तथा सुखी एवं धनी प्रतीत होता है।

कर्क लग्न: दशमभाव: शनि

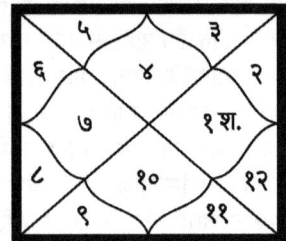

जिस जातक का जन्म 'कर्क' लग्न में हुआ हो और जन्म-कुण्डली के 'एकादशभाव' में 'शनि' की स्थिति हो, उसे 'शनि' का फलादेश नीचे लिखे अनुसार समझना चाहिए—

ग्यारहवें लाभ भाव में अपने मित्र शुक्र की वृषभ राशि पर स्थित शनि के प्रभाव से जातक की आमदनी अच्छी रहती है तथा स्त्री एवं रोजगार का भी सुख मिलता है। यहां से शनि तीसरी शत्रुदृष्टि से प्रथमभाव को देखता है, अतः शारीरिक-सौंदर्य में कुछ कमी रहती है। सातवीं शत्रुदृष्टि से पंचमभाव को देखने से विद्या-बुद्धि तथा संतान के पक्ष से कुछ कष्ट रहता है तथा दसवीं दृष्टि से स्वराशि में अष्टमभाव को देखने से आयु की शक्ति बढ़ती है तथा पुरातत्त्व का लाभ होता है। ऐसा जातक अधिक पढ़-लिख नहीं पाता, परन्तु अपनी चतुराई, प्रपंच एवं परिश्रम द्वारा अपना तथा अपने परिवार का निर्वाह करता रहता है।

कर्क लग्नः एकादशभावः शनि

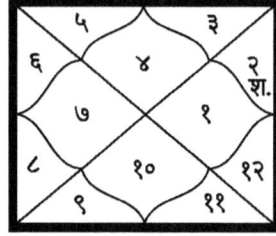

जिस जातक का जन्म 'कर्क' लग्न में हुआ हो और जन्म-कुण्डली के 'द्वादशभाव' में 'शनि' की स्थिति हो, उसे 'शनि' का फलादेश नीचे लिखे अनुसार समझना चाहिए—

बारहवें व्यय-भाव में अपने मित्र बुध की मिथुन राशि पर स्थित शनि के प्रभाव से जातक का खर्च अधिक रहता है तथा बाहरी भावों के सम्बन्ध से सफलता मिलती है। साथ ही स्त्री, व्यवसाय, आयु तथा पुरातत्त्व की शक्ति में हानि होती है। यहां से तीसरी शत्रुदृष्टि से द्वितीयभाव को देखने के कारण धन तथा कुटुम्ब की ओर से चिन्ताएं बनी रहती हैं। सातवीं समग्रहदृष्टि के षष्ठभाव को देखने से शत्रु पक्ष से झंझट प्राप्त होती है, परन्तु प्रभाव बना रहता है, दसवीं समग्रहदृष्टि से नवमभाव को देखने से भाग्य एवं धर्मपालन में कठिनाई बनी रहती है। परन्तु परेशानियों के बावजूद भी ऐसा जातक शानदार जीवन बिताता है।

कर्क लग्नः द्वादशभावः शनि

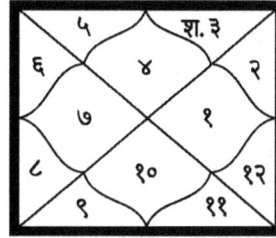

'कर्क' लग्न में 'राहु' का फल

जिस जातक का जन्म 'कर्क' लग्न में हुआ हो और जन्म-कुण्डली के 'प्रथमभाव' में 'राहु' की स्थिति हो, उसे 'राहु' का फलादेश नीचे लिखे अनुसार समझना चाहिए—

पहले केन्द्र तथा शरीर भाव में अपने शत्रु चन्द्र की कर्क राशि पर स्थित राहु के प्रभाव से जातक के शारीरिक-सौंदर्य में कमी आती है तथा हृदय में चिन्ताएं बनी रहती हैं, साथ ही उसे कभी-कभी मृत्युतुल्य कष्टों का भी सामना करना पड़ता है। ऐसा जातक गुप्त युक्तियों द्वारा अपने प्रभाव तथा सम्मान को स्थिर बनाए रखने का प्रयत्न करता है तथा अपनी उन्नति के लिए कठिन परिश्रम भी करता है, परन्तु उसे स्वास्थ्य के सम्बन्ध में चिंतित बने रहना पड़ता है।

कर्क लग्नः प्रथमभावः राहु

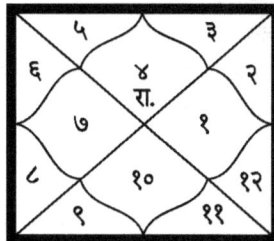

जिस जातक का जन्म 'कर्क' लग्न में हुआ हो और जन्म-कुण्डली के 'द्वितीयभाव' में 'राहु' की स्थिति हो, उसे 'राहु' का फलादेश नीचे लिखे अनुसार समझना चाहिए—

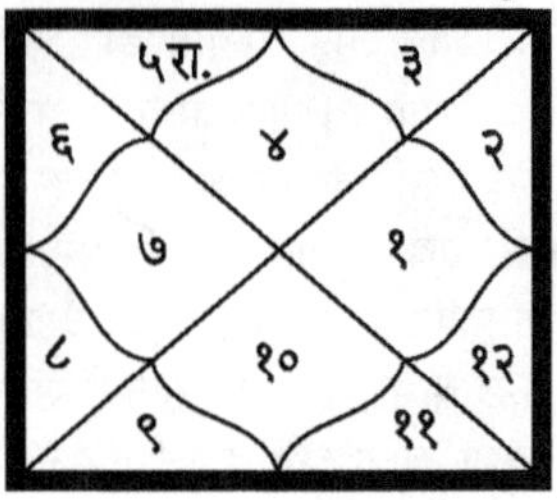

दूसरे धन एवं कुटुम्ब के भाव में अपने शत्रु सूर्य की सिंह राशि पर स्थित राहु के प्रभाव से जातक के धन एवं कुटुम्ब के सुख में हानि उठानी पड़ती है। वह गुप्त युक्तियों तथा कठिन परिश्रम के बल पर धन-वृद्धि का प्रयत्न करता है तथा कभी-कभी उसे आकस्मिक धन लाभ भी हो जाता है। ऐसा जातक अपनी प्रतिष्ठा की वृद्धि के लिए चिंतित बना रहता है तथा बड़ा हिम्मती और परिश्रमी होता है।

कर्क लग्न: द्वितीयभाव: राहु

जिस जातक का जन्म 'कर्क' लग्न में हुआ हो और जन्म-कुण्डली के 'तृतीयभाव' में 'राहु' की स्थिति हो, उसे 'राहु' का फलादेश नीचे लिखे अनुसार समझना चाहिए—

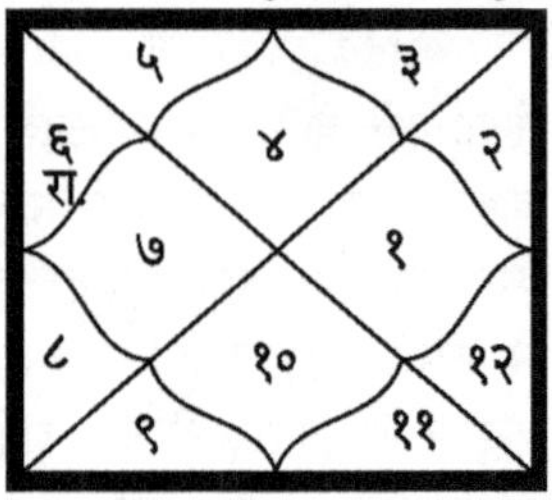

तीसरे पराक्रम एवं सहोदर के भाव में अपने समग्रह बुध की कन्या राशि पर स्थित राहु के प्रभाव से जातक के पराक्रम की बहुत वृद्धि होती है तथा कुछ परेशानियों के साथ भाई-बहन का सुख भी प्राप्त होता है। ऐसा व्यक्ति अपने स्वार्थ को सिद्ध करने के लिए गुप्त युक्तियों, कठिन परिश्रम तथा पुरुषार्थ से काम लेता है। वह भीतरी रूप से कमजोर होने पर भी ऊपरी दृष्टि से बड़ा हिम्मतवर बना रहता है तथा अपने प्रभाव को स्थिर रखने के लिए उद्योगशील रहता है।

कर्क लग्न: तृतीयभाव: राहु

जिस जातक का जन्म 'कर्क' लग्न में हुआ हो और जन्म-कुण्डली के 'चतुर्थभाव' में 'राहु' की स्थिति हो, उसे 'राहु' का फलादेश नीचे लिखे अनुसार समझना चाहिए—

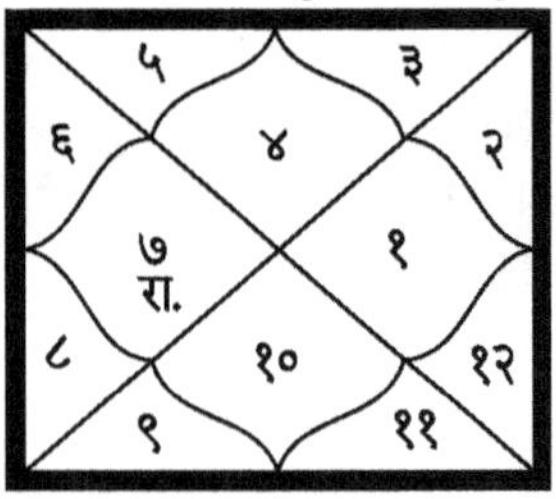

चौथे केन्द्र, माता तथा भूमि के भाव में अपने मित्र शुक्र की तुला राशि पर स्थित राहु के प्रभाव से जातक को माता के सुख में कुछ कमी रहती है। इसी प्रकार भूमि, भाव तथा जन्मभाव का सुख भी न्यून मात्रा में प्राप्त होता है। ऐसा व्यक्ति जीवन में सफलता पाने के लिए गुप्त युक्तियों, चतुराइयों तथा कठिन परिश्रम से काम लेता है, परन्तु कभी-कभी असफलताओं के कारण विशेष कष्ट भी पाता रहता है।

कर्क लग्न: चतुर्थभाव: राहु

जिस जातक का जन्म 'कर्क' लग्न में हुआ हो और जन्म-कुण्डली के 'पंचमभाव' में 'राहु' की स्थिति हो, उसे 'राहु' का फलादेश नीचे लिखे अनुसार समझना चाहिए—

पांचवें त्रिकोण, संतान तथा विद्या-बुद्धि के भाव में अपने शत्रु मंगल की राशि पर स्थित राहु के प्रभाव से जातक शत्रु मंगल की राशि पर स्थित राहु के प्रभाव से जातक को संतानपक्ष से कष्ट होता है, विद्या ग्रहण करने में कठिनाई होती है तथा मस्तिष्क के भीतर चिन्ताएं व्याप्त रहती हैं। ऐसे जातक को बहुत समय बीत जाने पर संतान का सुख प्राप्त होता है। बुद्धि से कमजोर होने पर भी ऐसा व्यक्ति बड़े बुद्धिमानों जैसी बातें कहकर लोगों को प्रभावित करता है। वह कानून को जानने वाला, जिद्दी तथा गुप्त-युक्ति संपन्न होता है।

कर्क लग्न: पंचमभाव: राहु

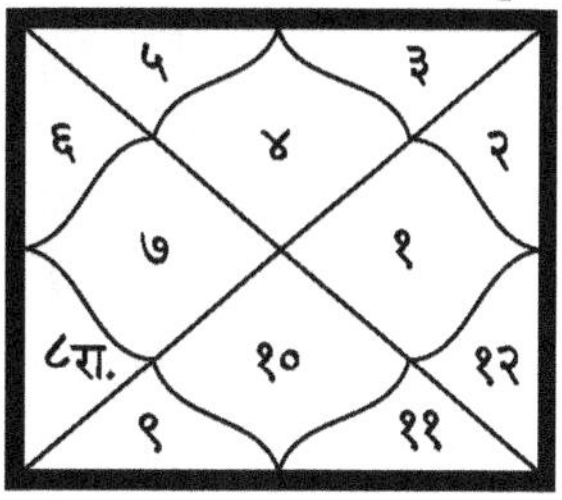

जिस जातक का जन्म 'कर्क' लग्न में हुआ हो और जन्म-कुण्डली 'षष्ठभाव' में 'राहु' की स्थिति हो, उसे 'राहु' का फलादेश नीचे लिखे अनुसार समझना चाहिए—

छठे शत्रु एवं रोग भाव में अपने समग्रह गुरु की धनु राशि पर स्थित नीच के राहु के प्रभाव से जातक को शत्रुपक्ष से कुछ परेशानियां तो होती रहती हैं, परन्तु वह भेद-नीति का आश्रय लेकर उनका दमन करता और सफलता पाता है। उसे ननिहाल के पक्ष से हानि प्राप्त होती है। ऐसा व्यक्ति पाप-पुण्य की चिन्ता नहीं करता, अपितु, अपनी गुप्त-युक्तियों एवं चतुराई पर भरोसा रखकर स्वार्थ-साधन करता है।

कर्क लग्न: षष्ठभाव: राहु

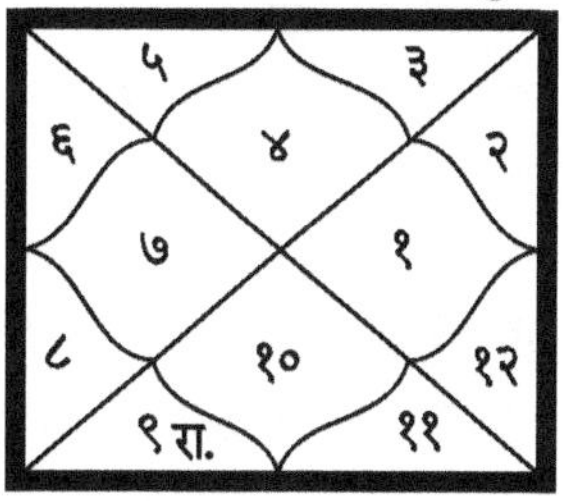

जिस जातक का जन्म 'कर्क' लग्न में हुआ हो और जन्म-कुण्डली के 'सप्तम भाव' में 'राहु' की स्थिति हो, उसे 'राहु' का फलादेश नीचे लिखे अनुसार समझना चाहिए—

सातवें केन्द्र, स्त्री तथा व्यवसाय के भाव में अपने मित्र शनि की मकर राशि पर स्थित राहु के प्रभाव से जातक को स्त्री तथा व्यवसाय के पक्ष में चिन्ताओं, कठिनाइयों तथा परेशानियों का सामना करना पड़ता है। उनके निवारणार्थ वह गुप्त युक्तियों से काम लेता है। ऐसे व्यक्ति की इंद्रिय में विकार होता है। वह अंदरूनी तौर पर दु:खी रहता है तथा गृहस्थी के सम्बन्ध में कभी-कभी घोर कष्ट भी उठाता है, परन्तु अंत में सफलता भी पा लेता है।

कर्क लग्न: सप्तमभाव: राहु

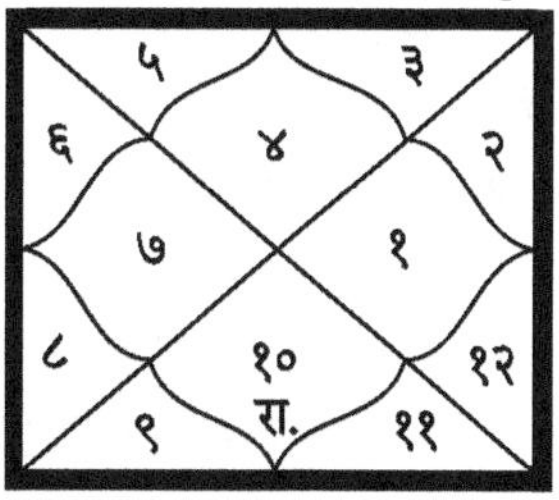

जिस जातक का जन्म 'कर्क' लग्न में हुआ हो और जन्म-कुण्डली के 'अष्टमभाव' में 'राहु' की स्थिति हो, उसे 'राहु' का फलादेश आगे लिखे अनुसार समझना चाहिए—

आठवें आयु एवं पुरातत्त्व के भाव में अपने मित्र शनि की कुम्भ राशि पर स्थित राहु के प्रभाव से जातक को अपनी आयु के सम्बन्ध में कभी-कभी चिन्ताजनक स्थितियों का सामना करना पड़ता है तथा पुरातत्त्व की भी हानि उठानी पड़ती है। उसके पेट में किसी प्रकार का विकार रहता है। ऐसा व्यक्ति अपने जीवन का निर्वाह करने के लिए गुप्त युक्तियों से काम लेता है तथा अनेक कठिनाइयों के बाद कुछ सफलता भी पाता है।

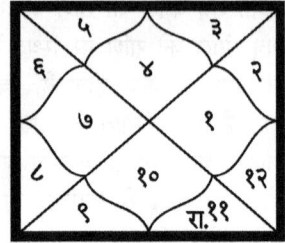

कर्क लग्न: अष्टमभाव: राहु

जिस जातक का जन्म 'कर्क' लग्न में हुआ हो और जन्म-कुण्डली के 'नवमभाव' में 'राहु' की स्थिति हो, उसे 'राहु' का फलादेश आगे लिखे अनुसार समझना चाहिए—

नवें त्रिकोण, भाग्य तथा धर्म के भाव में अपने समग्रह गुरु की मीन राशि पर स्थित राहु के प्रभाव से जातक की भाग्योन्नति में कठिनाइयां आती रहती हैं तथा धर्म का भी यथावत् पालन नहीं हो पाता। ऐसे व्यक्ति को कभी-कभी बड़े संकटों का सामना करना पड़ता है, परन्तु गुप्त युक्तियों एवं परिश्रम द्वारा कष्टों को सहन करने के उपरांत वह थोड़ी-बहुत सफलता भी पा लेता है। कभी-कभी उसे आकस्मिक लाभ का योग भी प्राप्त होता है।

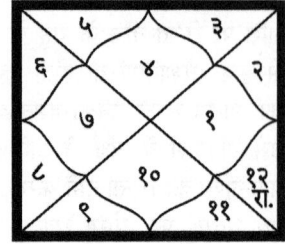

कर्क लग्न: नवमभाव: राहु

जिस जातक का जन्म 'कर्क' लग्न में हुआ हो और जन्म-कुण्डली के 'दशमभाव' में 'राहु' की स्थिति हो, उसे 'राहु' का फलादेश आगे लिखे अनुसार समझना चाहिए—

दसवें केन्द्र, राज्य तथा पिता के भाव में अपने शत्रु मंगल की मेष राशि पर स्थित राहु के प्रभाव से जातक को अपने पिता, राज्य एवं व्यवसाय के पक्ष में कमी, हानि, कष्ट एवं परेशानियों का सामना करना पड़ता है। अनेक कष्टों को भोगने तथा अनेक बार निराश और विफल होने के बाद अंत में वह व्यवसाय के क्षेत्र में थोड़ी बहुत उन्नति पाता है तथा अपनी मान-प्रतिष्ठा की रक्षा करता है। ऐसा व्यक्ति बड़ा हिम्मती, बहादुर तथा धैर्यवान होता है।

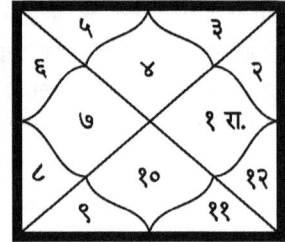

कर्क लग्न: दशमभाव: राहु

जिस जातक का जन्म 'कर्क' लग्न में हुआ हो और जन्म-कुण्डली के 'एकादशभाव' में 'राहु' की स्थिति हो, उसे 'राहु' का फलादेश आगे लिखे अनुसार समझना चाहिए—

ग्यारहवें लाभ के भवन में अपने मित्र शुक्र की वृषभ राशि पर स्थित राहु के प्रभाव से जातक अपनी अत्यंत चतुराई के द्वारा धन का यथेष्ट उपार्जन करता है, यद्यपि उसे कभी-कभी सामान्य कठिनाइयों का सामना भी करना पड़ता है। परन्तु कभी-कभी उसे लाभ के क्षेत्र में गहरे संकटों का सामना भी करना पड़ता है और कभी-कभी उसे आकस्मिक रूप से अधिक लाभ हो जाने की प्रसन्नता भी प्राप्त होती है।

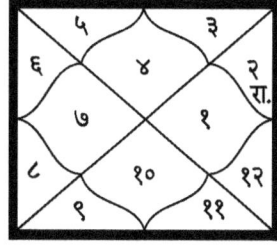
कर्क लग्न: एकादशभाव: राहु

जिस जातक का जन्म 'कर्क' लग्न में हुआ हो और जन्म-कुण्डली के 'द्वादशभाव' में 'राहु' की स्थिति हो, उसे 'राहु' का फलादेश आगे लिखे अनुसार समझना चाहिए—

बारहवें व्ययभाव में अपने समग्रह बुध की मिथुन राशि में स्थित उच्च राहु के प्रभाव से जातक का खर्च अत्यधिक रहता है, परन्तु बाहरी भावों के सम्बन्ध से गुप्त युक्तियों के बल पर उसे लाभ एवं शक्ति की प्राप्ति भी होती है। ऐसा व्यक्ति बाहरी भाव में विशेष सम्मान एवं प्रभाव प्राप्त करता है। वह अपनी गुप्त कमजोरियों को कभी प्रकट नहीं होने देता तथा बड़ी बुद्धिमानी एवं चतुराई से उन्नति एवं सफलता प्राप्त करता चला जाता है।

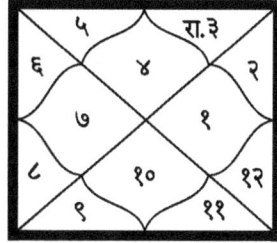
कर्क लग्न: द्वादशभाव: राहु

'कर्क' लग्न में 'केतु' का फल

जिस जातक का जन्म 'कर्क' लग्न में हुआ हो और जन्म-कुण्डली के 'प्रथमभाव' में 'केतु' की स्थिति हो, उसे 'केतु' का फलादेश आगे लिखे अनुसार समझना चाहिए—

पहले केन्द्र तथा शरीर भाव में अपने शत्रु चन्द्र की कर्क राशि पर स्थित केतु के प्रभाव से जातक के शरीर पर किसी गहरी चोट अथवा घाव का निशान बनता है तथा शारीरिक-सौंदर्य एवं स्वास्थ्य में भी कमी रहती है। चेचक की बीमारी होने की भी संभावना रहती है। मानसिक शक्ति दुर्बल होती है तथा कभी-कभी मृत्यु-तुल्य कष्ट एवं रोग का शिकार भी बनना पड़ता है। ऐसा व्यक्ति अपनी प्रसिद्धि एवं प्रभाव-वृद्धि के लिए गुप्त युक्तियों का आश्रय लेता है।

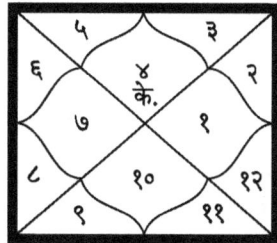
कर्क लग्न: प्रथमभाव: केतु

जिस जातक का जन्म 'कर्क' लग्न में हुआ हो और जन्म-कुण्डली के 'द्वितीयभाव' में 'केतु' की स्थिति हो, उसे 'केतु' का फलादेश आगे लिखे अनुसार समझना चाहिए—

कर्क लग्न: द्वितीयभाव: केतु

दूसरे धन एवं कुटुम्ब के भाव में अपने शत्रु सूर्य की सिंह रशि पर स्थित केतु के प्रभाव से जातक के धन के कोष में अत्यधिक हानि होती है तथा उसे आर्थिक कमी के कारण बड़ी मुसीबतों का सामना करना पड़ता है। इसी प्रकार उसे अपने कुटुम्ब से भी दु:ख और क्लेश प्राप्त होता है। ऐसा व्यक्ति ऋण लेकर अपना काम चलाता है तथा अत्यधिक परिश्रम एवं गुप्त युक्तियों द्वारा अपने प्रभाव को बनाए रखने का प्रयत्न करता है। बहुत बाद में उसे थोड़ी-बहुत सफलता भी मिल जाती है।

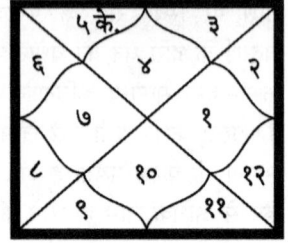

जिस जातक का जन्म 'कर्क' लग्न में हुआ हो और जन्म-कुण्डली के 'तृतीयभाव' में 'केतु' की स्थिति हो, उसे 'केतु' का फलादेश आगे लिखे अनुसार समझना चाहिए—

कर्क लग्न: तृतीयभाव: केतु

तीसरे पराक्रम एवं भाई-बहन के भाव में अपने समग्रह बुध की कन्या राशि पर स्थित केतु के प्रभाव से जातक के पराक्रम में वृद्धि होती है। गुप्त युक्तियों, विवेक तथा कठिन परिश्रम के द्वारा उसे सफलता भी मिलती है, परन्तु ऐसा व्यक्ति उददंड प्रकृति एवं उग्र स्वभाव का होता है। उसमें शालीनता नहीं पाई जाती। उसे भाई-बहन का सुख भी कुछ कठिनाइयों के बाद प्राप्त होता है।

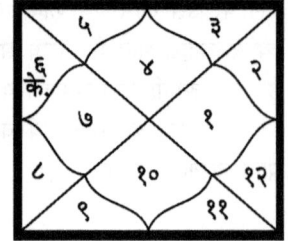

जिस जातक का जन्म 'कर्क' लग्न में हुआ हो और जन्म-कुण्डली के 'चतुर्थभाव' में 'केतु' की स्थिति हो, उसे 'केतु' का फलादेश आगे लिखे अनुसार समझना चाहिए—

कर्क लग्न: चतुर्थभाव: केतु

चौथे केन्द्र, माता, भूमि एवं सुख के भाव में अपने मित्र शुक्र की तुला राशि पर स्थित केतु के प्रभाव से जातक को माता के सुख में कमी तथा परेशानी बनी रहती है। इसके अतिरिक्त मातृभूमि का वियोग सहन करके बार-बार भाव परिवर्तन करना और दूसरी जगह में जाकर रहना पड़ता है। उसे घरेलू सुखों की प्राप्ति के लिए भी विशेष परिश्रम करना पड़ता है। परन्तु कभी-कभी घोर संकटों का सामना भी करना होता है। अंत में उसे सामान्य सुख भी मिलता है।

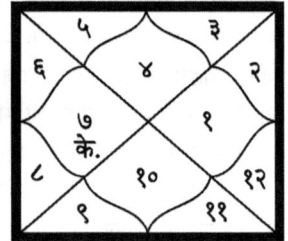

जिस जातक का जन्म 'कर्क' लग्न में हुआ हो और जन्म-कुण्डली के 'पंचमभाव' में 'केतु' की स्थिति हो, उसे 'केतु' का फलादेश आगे लिखे अनुसार समझना चाहिए—

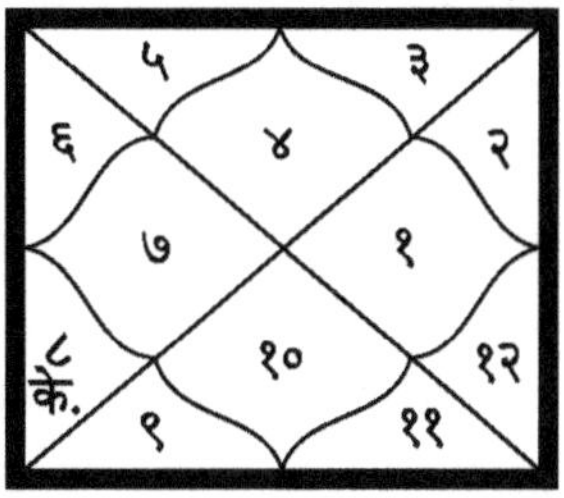

पांचवें त्रिकोण, विद्या, बुद्धि एवं संतान के भाव में अपने मित्र मंगल की वृश्चिक राशि पर स्थित केतु के प्रभाव से जातक को संतानपक्ष से कष्ट प्राप्त होता है तथा विद्या-बुद्धि के क्षेत्र में भी कठिनाइयां आती हैं। परन्तु ऐसा जातक गुप्त युक्तियों वाला, चतुर-चालाक तथा बातूनी होता है। वह अपनी अयोग्यता को छिपाकर दूसरे लोगों पर प्रभाव डालने में सफल होता है, परन्तु शीलवान तथा संतोषी नहीं होता।

कर्क लग्न: पंचमभाव: केतु

जिस जातक का जन्म 'कर्क' लग्न में हुआ हो और जन्म-कुण्डली के 'षष्ठभाव' में 'केतु' की स्थिति हो, उसे 'केतु' का फलादेश आगे लिखे अनुसार समझना चाहिए—

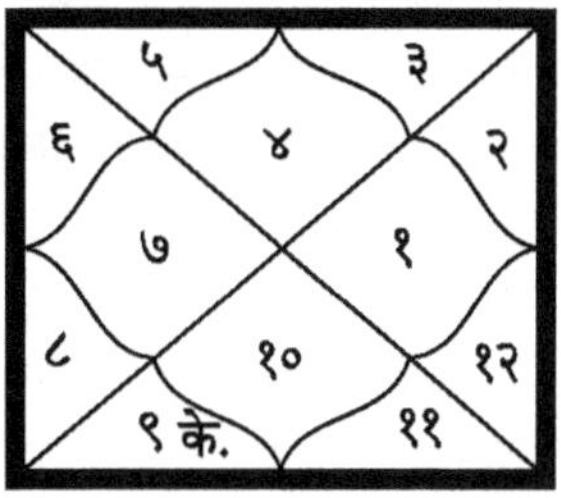

छठे शत्रु एवं रोग भाव में अपने समग्रह गुरु की धनु राशि पर स्थित उच्च के केतु के प्रभाव से जातक शत्रु पक्ष पर बड़ी सफलता एवं विजय प्राप्त करता है तथा कठिन-से-कठिन संकट के समय में भी अपने धैर्य तथा साहस को नहीं छोड़ता। वह गुप्त युक्तियों एवं कठोर परिश्रम के बल पर अपनी उन्नति के लिए प्रयत्नशील बना रहता है। उसका शरीर स्वस्थ रहता है, परन्तु उसमें शील तथा दया आदि के गुण नहीं पाए जाते।

कर्क लग्न: षष्ठभाव: केतु

जिस जातक का जन्म 'कर्क' लग्न में हुआ हो और जन्म-कुण्डली के 'सप्तमभाव' में 'केतु' की स्थिति हो, उसे 'केतु' का फलादेश आगे लिखे अनुसार समझना चाहिए—

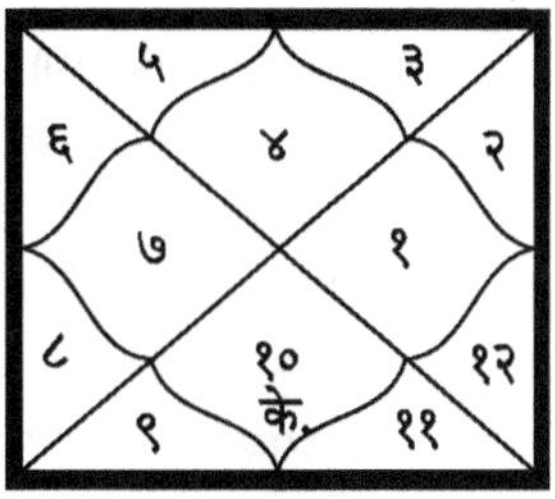

सातवें केन्द्र, स्त्री तथा व्यवसाय के भाव में अपने शत्रु शनि की मकर राशि पर स्थित केतु के प्रभाव से जातक को स्त्री पक्ष में हानि एवं कष्ट का सामना करना पड़ता है तथा व्यवसाय के क्षेत्र में भी कठिनाइयों का अनुभव होता है। ऐसे व्यक्ति की मूत्रेंद्रिय में विकार होता है। उसकी विषयेच्छा बढ़ी रहती है। वह गुप्त धैर्य से काम लेकर कठिनाइयों पर विजय पाता है। ऐसे लोग स्वभाव के जिद्दी, हठी, भोगी तथा कठिन परिश्रमी होते हैं।

कर्क लग्न: सप्तमभाव: केतु

जिस जातक का जन्म 'कर्क' लग्न में हुआ हो और जन्म-कुण्डली के 'अष्टमभाव' में 'केतु' की स्थिति हो, उसे 'केतु' का फलादेश आगे लिखे अनुसार समझना चाहिए—

आठवें मृत्यु एवं पुरातत्त्व के भाव में अपने शत्रु शनि की कुम्भ राशि पर स्थित केतु के प्रभाव से जातक को अपनी आयु के पक्ष में अनेक बार मृत्यु-तुल्य संकटों का सामना करना पड़ता है तथा पुरातत्त्व की भी हानि होती है। ऐसे व्यक्ति के पेट में विकार रहता है। वह गुप्त चिन्ताओं तथा परेशानियों से ग्रस्त बना रहता है। धन का संकट उसे सदैव रहता है, परन्तु उस पर विजय पाने के लिए वह निरन्तर गुप्त रूप से प्रयत्न करता रहता है।

कर्क लग्न: अष्टमभाव: केतु

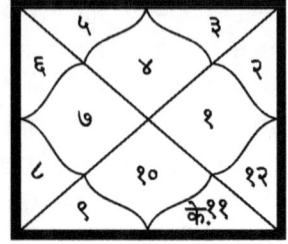

जिस जातक का जन्म 'कर्क' लग्न में हुआ हो और जन्म-कुण्डली के 'नवमभाव' में 'केतु' की स्थिति हो, उसे 'केतु' का फलादेश आगे लिखे अनुसार समझना चाहिए—

नवें त्रिकोण, भाग्य तथा धर्म के भाव में अपने समग्रह गुरु की मीन राशि पर स्थित केतु के प्रभाव से जातक को अपने भाग्य की उन्नति के लिए कठिन परिश्रम करना पड़ता है तथा कभी-कभी उसे बहुत बड़े संकटों एवं असफलताओं का शिकार भी बनना होता है। ऐसे व्यक्ति की भाग्योन्नति बहुत धीरे-धीरे तथा संघर्षों से मुकाबला करते हुए होती है। संक्षेप में, ऐसी ग्रह-स्थिति वाले लोग गुप्त रूप से चिंतित बने रहने वाले, परेशानियों में उलझे रहने वाले, ईश्वर की शक्ति में कम विश्वास करने वाले तथा मंद भाग्य वाले होते हैं।

कर्क लग्न: नवमभाव: केतु

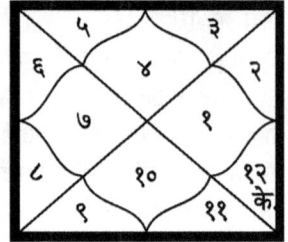

जिस जातक का जन्म 'कर्क' लग्न में हुआ हो और जन्म-कुण्डली के 'दशमभाव' में 'केतु' की स्थिति हो, उसे 'केतु' का फलादेश आगे लिखे अनुसार समझना चाहिए—

दसवें केन्द्र, राज्य तथा पिता के भाव में अपने मित्र मंगल की मेष राशि पर स्थित केतु के प्रभाव से जातक को पिता के भाव में हानि तथा कष्ट का सामना करना पड़ता है। उसे राज्य के क्षेत्र में भी कठिनाइयां उठानी पड़ती हैं तथा व्यवसाय की उन्नति के लिए घोर परिश्रम करना पड़ता है। कभी-कभी उसके यश तथा प्रतिष्ठा को बड़ा धक्का पहुंचता है, परन्तु वह अपनी गुप्त-युक्ति, एवं परिश्रम के द्वारा प्रतिष्ठा को पुनः स्थापित करने के लिए प्रयत्नशील बना रहता है।

कर्क लग्न: दशमभाव: केतु

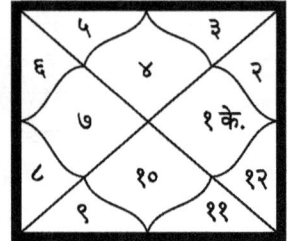

जिस जातक का जन्म 'कर्क' लग्न में हुआ हो और जन्म-कुण्डली के 'एकादशभाव' में 'केतु' की स्थिति हो, उसे 'केतु' का फलादेश आगे लिखे अनुसार समझना चाहिए—

ग्यारहवें लाभ भाव में अपने मित्र शुक्र की वृष राशि पर स्थित केतु के प्रभाव से जातक अधिक लाभ प्राप्त करने के लिए कठोर परिश्रम करता है और गुप्त युक्ति, चतुराई एवं परिश्रम के द्वारा उसकी आय में वृद्धि भी होती है, परन्तु कभी-कभी उसे आमदनी के क्षेत्र में परेशानियों एवं संकटों का सामना भी करना पड़ता है। ऐसा व्यक्ति स्वार्थी, हिम्मतवर, परिश्रमी तथा पुरुषार्थी होता है।

कर्क लग्न: एकादशभाव: केतु

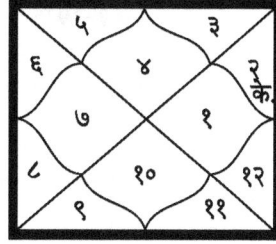

५	३	
६	४	२ के.
७	१	
८	१०	१२
९	११	

जिस जातक का जन्म 'कर्क' लग्न में हुआ हो और जन्म-कुण्डली के 'द्वादशभाव' में 'केतु' की स्थिति हो, उसे 'केतु' का फलादेश आगे लिखे अनुसार समझना चाहिए—

बारहवें व्यय-भाव में अपने समग्रह बुध की मिथुन राशि पर स्थित नीच के केतु के प्रभाव से जातक को खर्च के सम्बन्ध में बड़ी कठिनाइयां उपस्थित होती हैं तथा बाहरी भावों के सम्बन्ध से भी कष्ट प्राप्त होता है। ऐसा व्यक्ति अपने खर्च को चलाने के लिए कठिन परिश्रम करता है, परन्तु उससे सम्यक् पूर्ति नहीं हो पाती। वह गुप्त युक्तियों से काम लेने वाला, परिश्रमी तथा आंतरिक रूप से दु:ख भोगने वाला भी होता है।

कर्क लग्न: द्वादशभाव: केतु

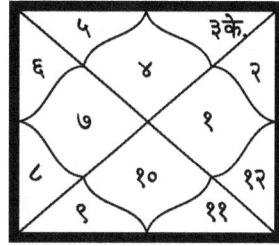

५	३ के.	
६	४	२
७	१	
८	१०	१२
९	११	

उदाहरण कर्क लग्न कुण्डली 7. वर्तमान राष्ट्रपति भारत श्री प्रणव मुखर्जी

जन्म तिथि- 01-02-1935

जन्म समय- 17: 40 घण्टे (भा.मा.स.)

जन्म स्थान- कांडी–मुर्शिदाबाद (पश्चिमी बंगाल)

जन्म कुण्डली

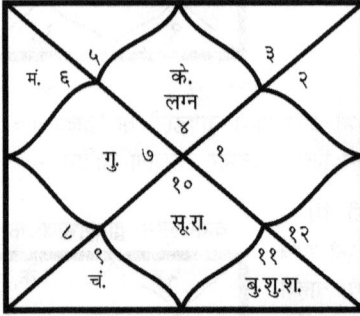

नवांश कुण्डली

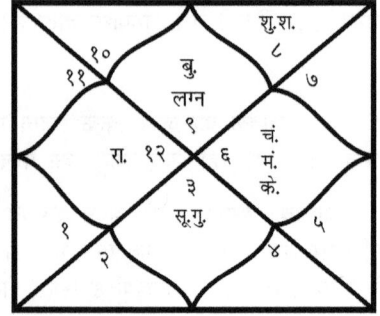

कुण्डली संख्या -7

ज्योतिषीय विवेचन

यह भचक्र में राशि क्रम की चतुर्थ राशि कर्क राशि लग्न कुण्डली है। इसका स्वामी शुभ ग्रह चन्द्र है। यह एक भावनाप्रधान, संवेदनशील और परिवर्तनप्रिय राशि है। इस लग्न वाले व्यक्ति बहुत ही आत्मविश्वासी, कल्पनाशील, बुद्धिमान्, बातूनी, ईमानदार, अपने परिवार–समाज से जुड़े एवं एक स्थान पर न टिकने वाले व्यक्ति होते हैं। राशि स्वामी चन्द्र इन्हें सदैव ही इनकी भावना एवं चेतना का बोध कराता रहता है। यह जन्म कुण्डली लम्बे समय से विजित होते आ रहे एक बंगाली सांसद, भूतपूर्व रक्षामन्त्री, वितमन्त्री श्री प्रणव मुखर्जी की है। अब वह भारत के राष्ट्रपति पद पर विराजमान हैं। पूर्वाषाढ़ा नक्षत्र में जन्मे श्री प्रणव मुखर्जी शान्त स्वभाव वाले, कार्यकुशल, दूरदर्शी, परोपकारी, मित्रवान, धनवान्, सुखी और परिवार में भार्या को प्रथम स्थान देने वाले जातक हैं।

सुदर्शन लग्न विचार

विद्वान् ज्योतिषविद् श्री के.एन. राव के अनुसार इनका जन्म–कांडी, जिला–मुर्शिदाबाद, राज्य–पश्चिमी बंगाल में हुआ। इस समय कस्बा–मिराती, जिला–बीरभूमि, राज्य–पश्चिमी बंगाल में रहते हैं। इनका जन्म कर्क लग्न में हुआ। जन्म लग्नेश चन्द्र गुरु की राशि धनु में षष्ठ भाव में, चन्द्र लग्नेश गुरु शुक्र की राशि तुला में चतुर्थ भाव में और सूर्य लग्नेश शनि अपनी मूल त्रिकोण राशि कुम्भ में अष्टम भाव में बैठे हैं। लग्न पर किसी भी लग्नेश की दृष्टि नहीं है। लग्न कारक सूर्य सप्तम भाव से लग्न को देख रहा है, किन्तु राहु के साथ बैठे होने से प्रभावहीन है। चन्द्र भी षष्ठ भाव में बैठकर लग्न को कमजोर कर रहा है। नवांश लग्नेश गुरु कारक सूर्य के साथ सप्तम भाव में बैठकर नवांश लग्न को देख रहा है। यह एक अच्छी

स्थिति है। इसके अतिरिक्त जन्मकुण्डली में गुरु चतुर्थ भाव सुखभाव में केन्द्र में विराजमान है। इस बारे में यह श्लोक प्रसिद्ध है–'**किंकुर्वन्ति ग्रहा सर्वे, यत्र केन्द्रा बृहस्पति**'। ऐसी स्थिति में जन्म लग्न ही प्रबल प्रतीत होती है।

ग्रह स्थिति, ग्रह दृष्टि एवं ग्रह योग

चतुर्थ भाव में सुख भाव में शुभ ग्रह गुरु के केन्द्रस्थ होने की स्थिति के फलस्वरूप श्री प्रणव मुखर्जी भारत के राष्ट्रपति बने, अर्थात् प्रथम नागरिक बने। चन्द्र लग्न से मंगल ग्रह के दशम भाव में होने से उन्हें और अधिक बल मिला। मित्रों के सहयोग और स्वयं के अथक प्रयासों से राष्ट्रपति के पद पर विजित होकर प्रथम नागरिक बने और राष्ट्रपति पद की शपथ ली। तत्कालीन चल रही शनि की महादशा, शुक्र की अन्तर्दशा और चन्द्र की प्रत्यान्तर्दशा में उन्हें यह पद प्राप्त हुआ। कर्क लग्न में बैठे केतु ने भी इस दिशा में उन्हें एकाग्रचित होकर बुद्धिमानी से कार्यरत रहने में सहयोग दिया। ईश्वर में आस्था और धर्म पर अटल विश्वास रखने की प्रेरणा दी। गुरु की अष्टम भाव एवं अष्टम भाव में बैठे अष्टमेश शनि पर, साथ में बैठे शुभ ग्रह शुक्र और बुध पर तथा द्वादश भाव पर पूर्ण दृष्टि ने 4, 8, 12 भावों का अर्थात् मोक्ष भावों का ऐसा पारस्परिक सम्बन्ध एवं सन्तुलन स्थापित किया कि उनकी कमजोर स्थिति भी सुदृढ़ होती चली गयी और उनका राष्ट्रपति पद का शुभ मार्ग प्रशस्त हुआ। इसे वैराग्य त्रिकोण का संगम माना जाता है। इस संगम के फलस्वरूप राष्ट्रपति का उच्च पद प्राप्त हुआ। वह भारत के 13वें राष्ट्रपति और प्रथम नागरिक बने।

उपसंहार

उपर्युक्त ग्रह स्थिति, ग्रह दृष्टि और ग्रह योगों से यह निष्कर्ष निकलता है कि जन्म कुण्डली में लग्न कारक सूर्य की लग्न पर दृष्टि एवं विशेषकर गुरु की केन्द्रस्थ स्थिति ने वैराग्य त्रिकोण के 4, 8, 12 भावों का, अर्थात् मोक्ष भावों का ऐसा सन्तुलन और अन्तरसम्बन्ध स्थापित किया कि उन्होंने राष्ट्रपति पद का चुनाव जीतकर भारत देश के राष्ट्रपति पद की बागडोर संभाली और देश-विदेश में लोकप्रिय तथा विख्यात हुए। इस समय गोचरस्थ शनि चतुर्थ भाव में बैठे कर्म भाव को पूर्ण दृष्टि से देख रहे हैं और गुरु, केतु लाभ के एकादश भाव में बैठकर पंचम, सप्तम एवं नवम भाव भाग्य भाव को देख रहे हैं। यह समय उनके लाभ एवं प्रगति का है। उन्हें राष्ट्रपति पद की गरिमा को बनाये रखना है तथा देश के विकास को दिशा देनी है। ऐसी स्थिति में उन्हें अपने विरोधियों/शत्रुओं से सदैव सतर्क रहना चाहिए। लेखक का विश्वास है कि भारत के राजनीतिक इतिहास में उनका नाम दीर्घकाल तक अक्षुण रहेगा।

उदाहरण कर्क लग्न कुण्डली 8. भूतपूर्व मुख्य मंत्री श्री एम. करुणानिधि

जन्म तिथि–03-06-1924

जन्म समय–09 : 40 घण्टे (भा.मा.स.)

जन्मस्थान–थिरुकुवलयी/थिरुवरुर (तमिलनाडु)

जन्म कुण्डली

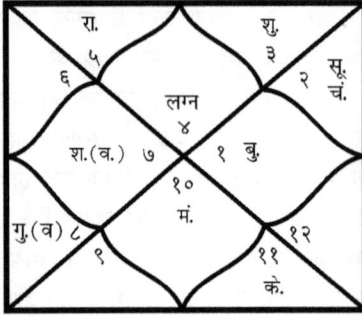

नवांश कुण्डली

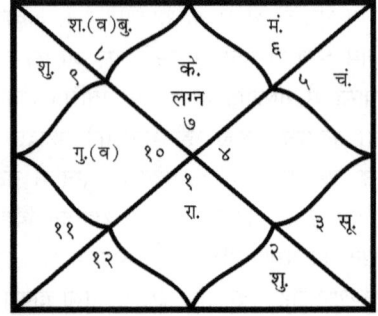

कुण्डली संख्या-8

ज्योतिषीय विवेचन

यह भचक्र में राशि क्रम की चतुर्थ राशि कर्क राशि लग्न कुण्डली है। इसका स्वामी शुभ ग्रह चन्द्र है। यह एक भावना प्रधाान, संवेदनशील और परिवर्तनप्रिय राशि है। इस लग्न वाले व्यक्ति बहुत ही आत्मविश्वासी, कल्पनाशील, बुद्धिमान्, बातूनी, ईमानदार, अपने परिवार-समाज से जुड़े एवं एक स्थान पर न टिकने वाले व्यक्ति होते हैं। राशि स्वामी चन्द्र इन्हें सदैव ही इनकी भावना एवं चेतना का बोध कराता रहता है। यह जन्म कुण्डली लम्बे समय तक विजित होते रहे तमिलनाडु के भूतपूर्व मुख्यमन्त्री श्री. एम. करुणानिधि की है। उनकी अपनी डी.एम.के. नाम की राजनैतिक पार्टी है। इस राजनैतिक पार्टी के वह सर्वेसर्वा हैं। उनका सारा परिवार राजनीति में डूबा हुआ है। मृगशिरा नक्षत्र में जन्मे एम. करुणानिधि एक अच्छे सुवक्ता, पटकथा लेखक, कलाप्रिय, सुखी एवं धनी हैं, किन्तु अभिमानी और निरुत्साही व्यक्ति हैं।

सुदर्शन लग्न विचार

जन्म लग्नेश चन्द्र आय व लाभ के एकादश भाव में उच्च राशि में सूर्य के साथ बैठे हैं। लग्न पर कोई दृष्टि नहीं है। चन्द्र लग्नेश व सूर्य लग्नेश शुक्र, बुध की मिथुन राशि में द्वादश भाव में बैठे हैं। लग्न पर कोई दृष्टि नहीं है। नवांश लग्नेश भी शुक्र है। अष्टम भाव में अपनी वृष राशि और चन्द्र की उच्च राशि में बैठे हैं। नवांश लग्न पर कोई दृष्टि नहीं है। जन्म लग्नेश चन्द्र का आय व लाभ के एकादश भाव में बैठे होना एक अच्छी स्थिति है। इसके अतिरिक्त जन्मकुण्डली में चतुर्थ भाव सुखभाव में केन्द्र में उच्चराशिस्थ शनि तथा सप्तम भाव में जाया भाव में केन्द्र में उच्चराशिस्थ मंगल का राशि परिवर्तन योग एक अनूठी स्थिति है। ऐसी स्थिति में जन्म लग्न ही प्रबल प्रतीत होती है।

ग्रह स्थिति, ग्रह दृष्टि एवं ग्रह योग

चतुर्थ भाव में सुख भाव में उच्चराशिस्थ शनि के केन्द्रस्थ होने की स्थिति और लग्न पर शनि की पूर्ण दृष्टि तथा सप्तम भाव में जाया भाव में उच्चराशिस्थ मंगल के केन्द्रस्थ होने की स्थिति और लग्न पर मंगल की पूर्ण दृष्टि दोनों ने समय-समय पर उन्हें ऊँचा उठाया। वह पांच बार तमिलनाडु के मुख्यमन्त्री बने। चतुर्थ भाव में उच्चराशिस्थ शनि व सप्तम भाव में उच्चराशिस्थ मंगल के कारकत्व उनके लिये सौभाग्यशाली और लाभकारी रहा। निचले तबके के साथ मिलकर उन्होंने अपनी राजनीतिक पारी खेली और कामयाब रहे। मित्र मंगल की राशि में विद्या, बुद्धि व संतान के पंचम भाव में बैठे गुरु ने इसमें चार चांद लगाये। गुरु की स्वयं के भाग्य व धर्म के नवम भाव तथा लग्न पर और लग्नेश चन्द्र पर तथा द्वितीयेश धनेश सूर्य पर पूर्ण दृष्टि ने एक ऐसा सहसम्बन्ध स्थापित किया कि वह चौदह वर्ष की आयु से ही फिल्मी दुनियां और राजनीति से जुड़ गये। उच्चराशिस्थ मंगल की लग्न पर पूर्ण दृष्टि ने भी लग्न को अधिक उर्जा एवं बल दिया। इस प्रकार केन्द्र में चतुर्थ भाव में उच्चराशिस्थ शनि तथा सप्तम भाव में केन्द्र में उच्चराशिस्थ मंगल का राशि परिवर्तन योग तथा गुरु द्वारा 5-9-1 भावों का गहरा अन्तर्सम्बन्ध दोनों ने एम. करुणानिधि को सौभाग्यशाली और दीर्घायु किया। तीन शादियां हुई और आधा दर्जन बच्चे। अब सभी बच्चे सुयोग्य राजनीतिज्ञ हैं। जन्म कुण्डली में सूर्य उभयचरी योग, चन्द्र दुर्धरा योग व गजकेसरी योग, शनि शश योग, मंगल रुचक योग और राहु, केतु छोड़कर सभी सात ग्रह का 6 भावों में बैठकर दामिनी योग बना रहे हैं। इन योगों ने एम. करुणानिधि को मिष्ठभाषी, सुवक्ता, कार्यकुशल, सफल फिल्मी पटकथा लेखक, गुणी, सुखी, धनी, परोपकारी, भाग्यशाली एवं विख्यात प्रबन्धक/प्रशासक बनाया।

उपसंहार

उपर्युक्त ग्रह स्थिति, ग्रह दृष्टि और ग्रह योगों से यह निष्कर्ष निकलता है कि जन्मकुण्डली में चतुर्थ भाव सुखभाव में केन्द्र में उच्चराशिस्थ शनि तथा सप्तम भाव में जाया भाव में केन्द्र में उच्चराशिस्थ मंगल का राशि परिवर्तन योग तथा गुरु द्वारा बने 5-9-1 भावों के अन्तर्सम्बन्ध ने एम. करुणानिधि को मिष्ठभाषी सुवक्ता और फिल्मी पटकथा लेखक बनाया। इससे उनकी पहचान बनी और राजनीति में अपना परचम लहराया, किन्तु उनके अपनों ने लालच में पड़कर और कुछ अशोभनीय कार्य कर उनके नाम को गिराया है। इस समय शुक्र की महादशा में राहु की अन्तर्दशा चल रही है। यह ठीक नहीं है। जीवन लगभग सामान्य रहेगा।

सिंह लग्न

सिंह लग्न वाली कुण्डलियों के विभिन्न भावों में स्थित विभिन्न ग्रहों का अलग-अलग फलादेश

'सिंह' लग्न का संक्षिप्त फलादेश

'सिंह' लग्न में जन्म लेने वाले जातक के शरीर पांडुवर्ण होता है। वह पित्त तथा वायु विकार से पीड़ित रहने वाला, मांसभोजी, रसीली वस्तुओं को पसंद करने वाला, कृशोदर, अल्पभोजी, अल्प पुत्रवान, अत्यन्त पराक्रमी, अहंकारी, भोगी, तीक्ष्ण-बुद्धि, ढीठ, वीर, भ्रमणशील, रजोगुणी, क्रोधी, बड़े हाथ-पांव तथा चौड़ी छाती वाला, उग्र स्वभाव का, वेदांत विद्या का ज्ञाता, घोड़े की सवारी से प्रेम रखने वाला, अस्त्र-शस्त्र चलाने में निपुण, तेज स्वभाव वाला, उदार तथा साधु-संतों की सेवा करने वाला होता है।

'सिंह' लग्न में जन्म लेने वाला जातक प्रारंभिक अवस्था में सुखी, मध्यावस्था में दुखी तथा अंतिम अवस्था में पूर्ण सुखी होता है। उसका भाग्योदय २१ से २८ वर्ष की आयु के बीच का होता है।

'सिंह' लग्न

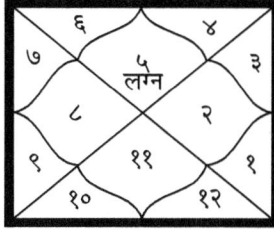

यह बात पहले बताई जा चुकी है कि प्रत्येक व्यक्ति के जीवन पर नवग्रहों का प्रभाव मुख्यत: दो प्रकार से पड़ता है—

(१) ग्रहों की जन्म-कालीन स्थिति के अनुसार।

(२) ग्रहों की दैनिक गोचर-गति के अनुसार।

जातक की जन्म-कालीन ग्रह स्थिति 'जन्म-कुण्डली' में दी गई होती है। उसमें जो ग्रह जिस भाव में और जिस राशि पर बैठा होता है, वह जातक के जीवन पर अपना निश्चित प्रभाव निरंतर स्थायी रूप से डालता रहता है।

दैनिक गोचर गति के अनुसार विभिन्न ग्रहों की जो स्थिति होती है, उसकी जानकारी पंचांग द्वारा दी जा सकती है। ग्रहों की दैनिक गोचर-गति के सम्बन्ध में या तो किसी ज्योतिषी से पूछ लेना चाहिए अथवा स्वयं ही उसे मालूम करने का तरीका सीख लेना चाहिए। इस सम्बन्ध में पुस्तक के पहले प्रकरण में विस्तारपूर्वक लिखा जा चुका है।

दैनिक गोचर-गति के अनुसार विभिन्न ग्रह जातक के जीवन पर अस्थायी रूप से अपना प्रभाव डालते हैं।

उदाहरण के लिए यदि किसी जातक की जन्म-कुण्डली में सूर्य 'सिंह' राशि पर 'प्रथमभाव' में बैठा है, तो उसका स्थायी प्रभाव जातक के जीवन पर आगे दी गई उदाहरण-पृष्ठ संख्या २५५ के अनुसार पड़ता रहेगा, परन्तु यदि दैनिक ग्रह-गोचर में कुण्डली देखते समय सूर्य 'कन्या' राशि के 'द्वितीयभाव' में बैठा है, तो उस स्थिति में वह उदाहरण-पृष्ठ संख्या ३०१ के अनुसार उतनी अवधि तक जातक के जीवन पर अपना अस्थायी प्रभाव अवश्य डालेगा, जब तक कि वह 'कन्या ' राशि से हटकर 'तुला' राशि में नहीं चला जाता। 'तुला' राशि में पहुंच कर वह 'तुला' राशि के अनुरूप अपना प्रभाव डालना आरंभ कर देगा। अत: जिस जातक की जन्म-कुण्डली मे 'सूर्य' 'सिंह' राशि के प्रथमभाव में बैठा हो, उसे उदाहरण-पृष्ठ संख्या २५५ में फलादेश देखने

के पश्चात् यदि उन दिनों ग्रह-गोचर में सूर्य कन्या राशि के द्वितीयभाव में बैठा हो, तो उदाहरण-पृष्ठ संख्या ३०१ का फलादेश भी देखना चाहिए तथा इन दोनों फलादेशों के समन्वय स्वरूप जो निष्कर्ष निकलता हो, उसी को अपने वर्तमान समय पर प्रभावकारी समझना चाहिए। इसी प्रकार प्रत्येक ग्रह के विषय में जान लेना चाहिए।

'सिंह' लग्न में जन्म लेने वाले जातकों की जन्म-कुण्डली के विभिन्न भावों में स्थित विभिन्न ग्रहों के फलादेश का वर्णन उदाहरण-पृष्ठ संख्या २५५ से २९१ तक में किया गया है। पंचांग की दैनिक ग्रह-गति के अनुसार 'सिंह' लग्न मे जन्म लेने वाले जातकों को किन-किन उदाहरण-कुंडलियों द्वारा विभिन्न ग्रहों के तात्कालिक प्रभाव को देखना चाहिए—इसका विस्तृत वर्णन अगले पृष्ठों में किया गया है, अत: उनके अनुसार ग्रहों की तात्कालिक स्थिति के सामयिक प्रभाव की जानकारी प्राप्त कर लेनी चाहिए। तदुपरान्त दोनों फलादेश के समन्वय-स्वरूप जो निष्कर्ष निकलता हो, उसी को सही फलादेश समझना चाहिए।

इस विधि से प्रत्येक व्यक्ति प्रत्येक जन्म-कुण्डली का ठीक-ठाक फलादेश सहज में ही ज्ञात कर सकता है।

टिप्पणी—(१) पहले बताया जा चुका है कि जिस समय जो ग्रह २७ अंश से ऊपर अथवा ३ अंश के भीतर होता है, वह प्रभावकारी नहीं रहता। इसी प्रकार जो ग्रह सूर्य से अस्त होता है, वह भी जातक के ऊपर अपना प्रभाव या तो बहुत कम डालता है या पूर्णत: प्रभावहीन रहता है।

(२) स्थायी जन्म-कुण्डली स्थित विभिन्न ग्रहों के अंश किसी ज्योतिषी द्वारा अपनी कुण्डली में लिखवा लेने चाहिए, ताकि उनके अंशों के विषय में बार-बार जानकारी प्राप्त करने के झंझट से बचा जा सके। तात्कालिक गोचर के ग्रहों के अंशों की जानकारी पंचांग द्वारा अथवा किसी ज्योतिषी से पूछकर प्राप्त कर लेनी चाहिए।

(३) स्थायी जन्म-कुण्डली अथवा तात्कालिक ग्रह-गति कुण्डली में यदि किसी भाव में एक से अधिक ग्रह एक साथ बैठे होते हैं अथवा जिन-जिन भावों पर उनकी दृष्टियां पड़ती हैं, जातक का जीवन उनके द्वारा भी प्रभावित होता है। इस पुस्तक के तीसरे प्रकरण में 'ग्रहों की युति का प्रभाव' शीर्षक के अंतर्गत विभिन्न ग्रहों की युति के फलादेश का वर्णन किया गया है, अत: इस विषय की जानकारी वहां से प्राप्त कर लेनी चाहिए।

(४) विंशोत्तरी दशा के सिद्धांतानुसार प्रत्येक जातक की पूर्णायु १२० वर्ष की मानी जाती है। इस आयु-अवधि में जातक नवग्रहों की दशाओं का भोग कर लेता है। विभिन्न ग्रहों का दशा-काल भिन्न-भिन्न होता है। परन्तु अधिकांश व्यक्ति इतनी लंबी आयु तक जीवित नहीं रह पाते; अत: वे अपने जीवन-काल में कुछ ही ग्रहों की दशाओं का भोग कर पाते हैं। जातक के जीवन के जिस काल में जिस ग्रह की दशा—जिसे 'महादशा' कहा जाता है—चल रही होती है, जन्म-कालीन ग्रह-स्थिति के अनुसार उसके जीवन-काल की उतनी अवधि उस ग्रह-विशेष के प्रभाव से विशेष रूप से प्रभावित रहती है। जातक का जन्म किस ग्रह की महादशा में हुआ है और उसके जीवन में किस अवधि तक किस ग्रह की महादशा चलेगी और वह महादशा जातक के ऊपर अपना क्या विशेष प्रभाव डालेगी—इन सब बातों का उल्लेख भी तीसरे प्रकरण में किया गया है।

इस प्रकार (१) जन्म-कुण्डली, (२) तात्कालिक ग्रह गोचर-कुण्डली एवं (३) ग्रहों की महादशा—इन तीनों विधियों से फलादेश प्राप्त करने की सरल विधि का वर्णन इस पुस्तक में किया गया है, अत: इन तीनों के समन्वय स्वरूप फलादेश का ठीक-ठाक निर्णय करके अपने भूत, वर्तमान तथा भविष्यकालीन जीवन के विषय में सम्यक् जानकारी प्राप्त कर लेनी चाहिए।

विशेष नोट : सिंह लग्न जन्म कुण्डली/गोचर कुण्डली के द्वादश भावों में सूर्यादि सभी नवग्रहों का फलादेश नीचे दिया जा रहा है। पढ़ें और समझें।

'सिंह' लग्न में 'सूर्य' का फल

जिस जातक का जन्म 'सिंह' लग्न में हुआ हो और जन्म-कुण्डली के 'प्रथमभाव' में 'सूर्य' की स्थिति हो, उसे 'सूर्य' का फलादेश आगे लिखे अनुसार समझना चाहिए—

पहले केन्द्र तथा शरीर-भाव में अपनी सिंह राशि पर स्थित स्वक्षेत्री सूर्य के प्रभाव से जातक की शारीरिक शक्ति, आत्मबल, स्वाभिमान, सौंदर्य, हिम्मत तथा प्रभाव में वृद्धि होती है। ऐसा जातक लंबे कद का होता है। यहां से सूर्य सातवीं शत्रुदृष्टि से शनि की कुम्भ राशि में सप्तमभाव को देखता है, अत: जातक को स्त्रीपक्ष से असंतोष रहता है तथा दैनिक खर्च एवं व्यवसाय के मार्ग में भी कुछ कठिनाइयां आती रहती हैं।

सिंह लग्न: प्रथमभाव: सूर्य

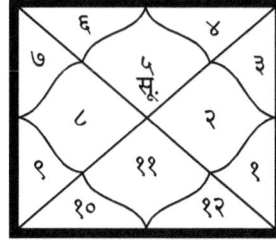

जिस जातक का जन्म 'सिंह' लग्न में हुआ हो और जन्म-कुण्डली के 'द्वितीयभाव' में 'सूर्य' की स्थिति हो, उसे 'सूर्य' का फलादेश आगे लिखे अनुसार समझना चाहिए—

दूसरे धन तथा कुटुम्ब के भाव में अपने समग्रह बुध की कन्या राशि पर स्थित सूर्य के प्रभाव से जातक के धन तथा कुटुम्ब के सुख में वृद्धि होती है, परन्तु यह भाव बंधन का भी होने के कारण कुछ परतंत्रता का-सा अनुभव भी होता है। यहां से सूर्य अपनी सातवीं मित्रदृष्टि से गुरु की मीन राशि में अष्टमभाव को देखता है, अत: जातक की आयु एवं पुरातत्त्व का लाभ होता है और वह प्रतिष्ठित व्यक्ति समझा जाता है।

सिंह लग्न: द्वितीयभाव: सूर्य

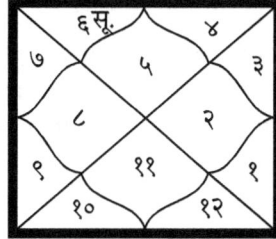

जिस जातक का जन्म 'सिंह' लग्न में हुआ हो और जन्म-कुण्डली के 'तृतीयभाव' में 'सूर्य' की स्थिति हो, उसे 'सूर्य' का फलादेश आगे लिखे अनुसार समझना चाहिए—

तीसरे सहोदर एवं पराक्रम के भाव में अपने शत्रु शुक्र की तुला राशि पर स्थित नीच के सूर्य के प्रभाव से जातक को भाई-बहनों के सुख में कमी तथा वैमनस्य मिलता है एवं पराक्रम में भी कुछ कमी आती है, परन्तु तृतीयभाव में बैठा हुआ क्रूर ग्रह अधिक प्रभावशाली होता है, इसलिए जातक बहुत हिम्मत वाला भी बना रहता है। यहां से सूर्य सातवीं मित्रदृष्टि से मंगल की मेष राशि में नवमभाव को देखता है, अत: जातक के भाग्य में वृद्धि होती है और वह धर्म में भी आस्था रखता है।

सिंह लग्न: तृतीयभाव: सूर्य

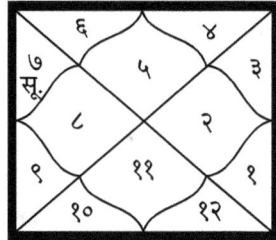

जिस जातक का जन्म 'सिंह' लग्न में हुआ हो और जन्म-कुण्डली के 'चतुर्थभाव' में 'सूर्य' की स्थिति हो, उसे 'सूर्य' का फलादेश आगे लिखे अनुसार समझना चाहिए—

चौथे केन्द्र, माता, भूमि, मकान एवं सुख के भाव में अपने मित्र मंगल की वृश्चिक राशि पर स्थित सूर्य के प्रभाव से जातक को माता, भूमि, मकान आदि का सुख प्राप्त होता है तथा शरीर आनंदित बना रहता है। यहां से सूर्य सातवीं शत्रुदृष्टि की शुक्र की वृषभ राशि में दशमभाव को देखता है, अत: जातक का पिता के साथ वैमनस्य रहता है तथा राज्य एवं व्यवसाय के क्षेत्र में अधिक प्रयत्न द्वारा कुछ सफलता प्राप्त होती है।

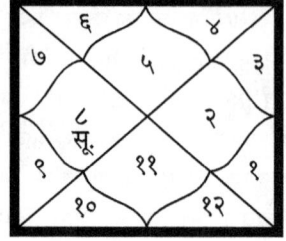
सिंह लग्न: चतुर्थभाव: सूर्य

जिस जातक का जन्म 'सिंह' लग्न में हुआ हो और जन्म-कुण्डली के 'पंचमभाव' में 'सूर्य' की स्थिति हो, उसे 'सूर्य' का फलादेश आगे लिखे अनुसार समझना चाहिए—

पांचवें त्रिकोण एवं विद्या-संतान के भाव में अपने मित्र गुरु की धनु राशि पर स्थित सूर्य के प्रभाव से जातक को संतान, विद्या एवं बुद्धि की श्रेष्ठ शक्ति प्राप्त होती है। ऐसा व्यक्ति आत्मज्ञानी भी होता है, परन्तु उसके मस्तिष्क में उग्रता रहती है। यहां से सूर्य अपने सातवीं समग्रहदृष्टि से बुध की मिथुन राशि में एकादशभाव को देखता है, अत: जातक को बुद्धि-बल द्वारा पर्याप्त लाभ होता है तथा आमदनी के कई मार्ग खुलते हैं। ऐसा जातक अहंकारी भी होता है।

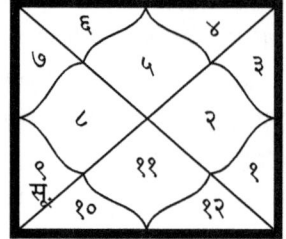
सिंह लग्न: पंचमभाव: सूर्य

जिस जातक का जन्म 'सिंह' लग्न में हुआ हो और जन्म-कुण्डली के 'षष्ठभाव' में 'सूर्य' की स्थिति हो, उसे 'सूर्य' का फलादेश आगे लिखे अनुसार समझना चाहिए—

छठे शत्रु एवं रोग के भाव में अपने शत्रु शनि की मकर राशि पर स्थित सूर्य के प्रभाव से जातक शत्रुओं पर विजय प्राप्त करता है और कठिनाइयों तथा मुसीबतों की चिन्ता नहीं करता। उसे शारीरिक सौंदर्य में कमी, रोग तथा परतंत्रता का योग भी रहता है। यहां से सूर्य सातवीं मित्र-दृष्टि से चन्द्र की कर्क राशि में द्वादशभाव को देखता है, अत: खर्च की अधिकता रहती है तथा बाहरी भावों के सम्बन्ध से लाभ भी होता है।

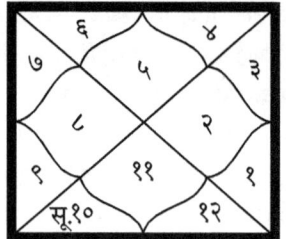
सिंह लग्न: षष्ठभाव: सूर्य

जिस जातक का जन्म 'सिंह' लग्न में हुआ हो और जन्म-कुण्डली के 'सप्तमभाव' में 'सूर्य' की स्थिति हो, उसे 'सूर्य' का फलादेश आगे लिखे अनुसार समझना चाहिए—

सातवें केन्द्र, स्त्री तथा व्यवसाय के भाव में अपने शत्रु शनि की कुम्भ राशि पर स्थित सूर्य के प्रभाव से जातक को स्त्रीपक्ष से वैमनस्य रहता है तथा व्यवसाय के क्षेत्र में कठिन परिश्रम के बाद सफलता प्राप्त होती है, परन्तु भोगादि के सम्बन्ध में जातक की आसक्ति रहती है। यहां से सूर्य सातवीं दृष्टि से अपनी ही सिंह राशि में प्रथमभाव को देखता है, अत: जातक शारीरिक शक्ति, प्रभाव एवं स्वाभिमान संपन्न होता है और अपने नाम को ऊंचा उठाने का प्रयत्न करता है।

सिंह लग्न: सप्तमभाव: सूर्य

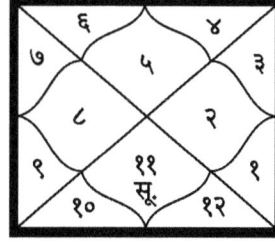

जिस जातक का जन्म 'सिंह' लग्न में हुआ हो और जन्म-कुण्डली के 'अष्टमभाव' में 'सूर्य' की स्थिति हो, उसे 'सूर्य' का फलादेश नीचे लिखे अनुसार समझना चाहिए—

आठवें आयु एवं पुरातत्त्व के भाव में अपने मित्र गुरु की मीन राशि पर स्थित सूर्य के प्रभाव से जातक आयु एवं पुरातत्त्व का लाभ शारीरिक शक्ति एवं कुछ कठिनाइयों के साथ प्राप्त करता है। साथ ही बाहरी भावों के सम्बन्ध से उसे शक्ति मिलती है। यहां से सूर्य सातवीं समग्रहदृष्टि से बुध की कन्या राशि में द्वितीयभाव को देखता है, अत: जातक धन-वृद्धि के लिए कठिन परिश्रम करता है और उसे धन तथा कुटुम्ब का सुख प्राप्त होता है। ऐसा जातक स्वभाव का क्रोधी होता है।

सिंह लग्न: अष्टमभाव: सूर्य

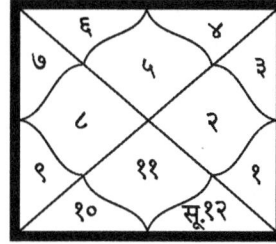

जिस जातक का जन्म 'सिंह' लग्न में हुआ हो और जन्म-कुण्डली के 'नवमभाव' में 'सूर्य' की स्थिति हो, उसे 'सूर्य' का फलादेश नीचे लिखे अनुसार समझना चाहिए—

नवें त्रिकोण, भाग्य तथा धर्म के भाव में अपने मित्र मंगल की मेष राशि पर स्थित उच्च के सूर्य के प्रभाव से जातक को भाग्य की प्रबल शक्ति प्राप्त होती है तथा धर्म के पक्ष में भी रुचि बनी रहती है। ऐसा जातक ईश्वर-विश्वासी, भाग्यवान तथा स्थूल शरीर वाला होता है। यहां से सूर्य सातवीं नीच दृष्टि से अपने शत्रु शुक्र की तुला राशि में तृतीयभाव को देखता है, अत: उसे भाई-बहन के द्वारा असंतोष मिलता है और वह पराक्रम के सम्बन्ध में लापरवाह बना रहता है। ऐसा व्यक्ति कभी-कभी छोटे-मोटे काम भी करता है।

सिंह लग्न: नवमभाव: सूर्य

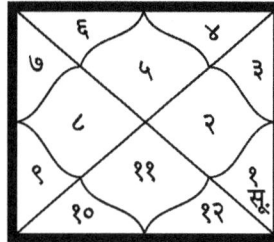

जिस जातक का जन्म 'सिंह' लग्न में हुआ हो और जन्म-कुण्डली के 'दशमभाव' में 'सूर्य' की स्थिति हो, उसे 'सूर्य' का फलादेश आगे लिखे अनुसार समझना चाहिए—

दसवें केन्द्र, राज्य तथा पिता के भाव में अपने शत्रु शुक्र की वृषभ राशि पर स्थित सूर्य के प्रभाव से जातक का पिता से वैमनस्य एवं राज्य के क्षेत्र से मान एवं प्रतिष्ठा की प्राप्ति होती है और वह अपनी उन्नति के लिए प्रयत्नशील रहने वाला होता है। यहां से सूर्य सातवीं मित्रदृष्टि से मंगल की वृश्चिक राशि में चतुर्थभाव को देखता है, अत: जातक को माता, भूमि एवं भाव का यथेष्ट सुख प्राप्त होता है।

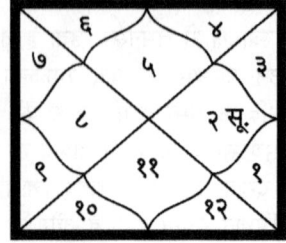

सिंह लग्न: दशमभाव: सूर्य

जिस जातक का जन्म 'सिंह' लग्न में हुआ हो और जन्म-कुण्डली के 'एकादशभाव' में 'सूर्य' की स्थिति हो, उसे 'सूर्य' का फलादेश नीचे लिखे अनुसार समझना चाहिए—

ग्यारहवें लाभ भाव में अपने समग्रह बुध की मिथुन राशि पर स्थित सूर्य के प्रभाव से जातक को आमदनी के श्रेष्ठ साधन उपलब्ध होते हैं। उसकी शारीरिक शक्ति में वृद्धि होती है, अत: आय के क्षेत्र में सफलता मिलती है। यहां से सूर्य सातवीं मित्रदृष्टि से गुरु की धनु राशि में पंचमभाव को देखता है, अत: जातक को संतान एवं विद्या-बुद्धि की यथेष्ट शक्ति प्राप्त होती है। ऐसा व्यक्ति स्वार्थी होता है तथा उसकी बोली में भी कुछ उग्रता बनी रहती है।

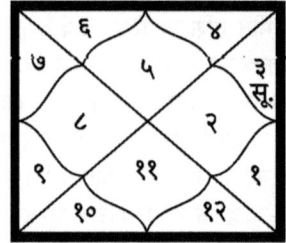

सिंह लग्न: एकादशभाव: सूर्य

जिस जातक का जन्म 'सिंह' लग्न में हुआ हो और जन्म-कुण्डली के 'द्वादशभाव' में 'सूर्य' की स्थिति हो, उसे 'सूर्य' का फलादेश नीचे लिखे अनुसार समझना चाहिए—

बारहवें व्यय भाव में अपने मित्र चन्द्र की कर्क राशि पर स्थित सूर्य के प्रभाव से जातक का शरीर दुर्बल बना रहता है। खर्च पर वह अपना प्रभाव रखता है तथा बाहरी भावों के सम्बन्ध से लाभ उठाता है। ऐसा व्यक्ति भ्रमणशील भी होता है। यहां से सूर्य सातवीं शत्रुदृष्टि से शनि की मकर राशि में षष्ठभाव को देखता है, अत: जातक शत्रुपक्ष में प्रभाव रखता है और अनेक प्रकार की कठिनाइयों के बाद उन पर विजय भी पाता है।

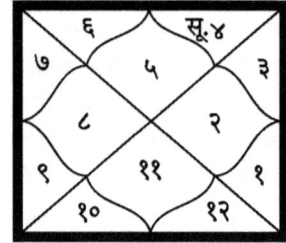

सिंह लग्न: द्वादशभाव: सूर्य

'सिंह' लग्न में 'चन्द्र' का फल

जिस जातक का जन्म 'सिंह' लग्न में हुआ हो और जन्म-कुण्डली के 'प्रथमभाव' में 'चन्द्र' की स्थिति हो, उसे 'चन्द्र' का फलादेश आगे लिखे अनुसार समझना चाहिए—

पहले केन्द्र एवं शरीर-भाव में अपने मित्र सूर्य की सिंह राशि पर स्थित व्ययेश चन्द्र के प्रभाव से जातक का शरीर दुर्बल होता है, वह बाहरी भावों का भ्रमण करता और वहां से सुंदर सम्बन्ध स्थापित करता है। ऐसा व्यक्ति अपने खर्च के कारण मन में कुछ चिंतित भी बना रहता है। यहां से चन्द्र सातवीं समग्रहदृष्टि से शनि की कुम्भ राशि में सप्तमभाव को देखता है, अत: उसे स्त्रीपक्ष से कुछ परेशानी होती है तथा व्यवसाय के क्षेत्र में भी कठिनाइयों एवं हानि का सामना करना पड़ता है।

सिंह लग्न: प्रथमभाव: चन्द्र

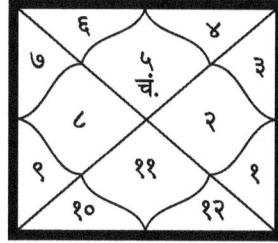

जिस जातक का जन्म 'सिंह' लग्न में हुआ हो और जन्म-कुण्डली के 'द्वितीयभाव' में 'चन्द्र' की स्थिति हो, उसे 'चन्द्र' का फलादेश नीचे लिखे अनुसार समझना चाहिए—

दूसरे धन तथा कुटुम्ब के भाव में अपने मित्र बुध की कन्या राशि पर स्थित चन्द्र के प्रभाव से जातक के धन की कुछ हानि होती है, परन्तु उसके ठाट-बाट अमीरों जैसे रहते हैं। साथ ही कुटुम्ब पक्ष से भी कुछ असंतोष रहता है, परन्तु बाहरी भावों के सम्बन्ध से लाभ प्राप्त होता है। यहां से चन्द्र अपनी सातवीं समग्रहदृष्टि से गुरु की मीन राशि में अष्टमभाव को देखता है, अत: जातक की आयु की शक्ति में वृद्धि होती है तथा कुछ कमजोरी के साथ पुरातत्त्व का भी लाभ होता है। ऐसा व्यक्ति शानदार जीवन बिताता है।

सिंह लग्न: द्वितीयभाव: चन्द्र

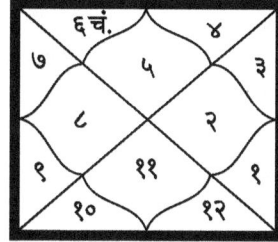

जिस जातक का जन्म 'सिंह' लग्न में हुआ हो और जन्म-कुण्डली के 'तृतीयभाव' में 'चन्द्र' की स्थिति हो, उसे 'चन्द्र' का फलादेश नीचे लिखे अनुसार समझना चाहिए—

तीसरे भाई एवं पराक्रम के भाव में अपने समग्रह शुक्र की तुला राशि पर स्थित व्ययेश चन्द्र के प्रभाव से जातक को भाई-बहनों के सुख तथा पराक्रम के क्षेत्र में कुछ कमजोरी बनी रहती है, परन्तु बाहरी भावों के सम्बन्ध से लाभ होता है। यहां से चन्द्र सातवीं समग्रहदृष्टि से मंगल की मेष राशि में नवमभाव को देखता है, अत: कुछ कमी के साथ जातक के भाग्य एवं धर्म की उन्नति होती है तथा खर्च को सुंदर तरीके से चलाता है और जातक सुखी तथा धनी समझा जाता है।

सिंह लग्न: तृतीयभाव: चन्द्र

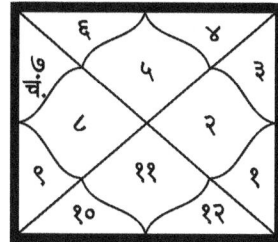

जिस जातक का जन्म 'सिंह' लग्न में हुआ हो और जन्म-कुण्डली के 'चतुर्थभाव' में 'चन्द्र' की स्थिति हो, उसे 'चन्द्र' का फलादेश आगे लिखे अनुसार समझना चाहिए—

चौथे केन्द्र, माता, भूमि, एवं सुख के भाव में अपने समग्रह मंगल की वृश्चिक राशि पर स्थित नीच के चन्द्र के प्रभाव से जातक को माता, भूमि, मकान आदि के सुख में कमी तथा कष्ट की प्राप्ति होती है तथा घरेलू खर्चों के कारण भी परेशानी का सामना करना पड़ता है। यहां से चन्द्र सातवीं उच्चदृष्टि से शुक्र की वृषभ राशि में दशमभाव को देखता है, अत: जातक को पिता से सुख मिलता है तथा राज्य एवं व्यवसाय के द्वारा भी सुख, सम्मान एवं सफलता की प्राप्ति होती है।

सिंह लग्न: चतुर्थभाव:चन्द्र

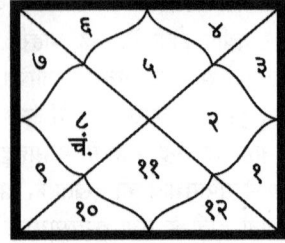

जिस जातक का जन्म 'सिंह' लग्न में हुआ हो और जन्म-कुण्डली के 'पंचमभाव' में 'चन्द्र' की स्थिति हो, उसे 'चन्द्र' का फलादेश नीचे लिखे अनुसार समझना चाहिए—

पांचवें त्रिकोण एवं विद्या-संतान के भाव में अपने समग्रह गुरु की धनु राशि पर स्थित व्ययेश चन्द्र के प्रभाव से जातक को संतानपक्ष में बाधा आती है तथा विद्या एवं बुद्धि के क्षेत्र में भी कमी बनी रहती है। साथ ही खर्च की चिन्ता से दिमाग परेशान रहता है। यहां से चन्द्र सातवीं मित्रदृष्टि से बुध की मिथुन राशि में एकादशभाव को देखता है, अत: जातक बुद्धि के द्वारा लाभ के क्षेत्र में कुछ असंतोष के साथ सफलता प्राप्त करता है।

सिंह लग्न: पंचमभाव:चन्द्र

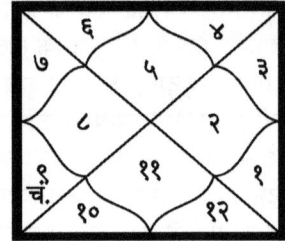

जिस जातक का जन्म 'सिंह' लग्न में हुआ हो और जन्म-कुण्डली के 'षष्ठभाव' में 'चन्द्र' की स्थिति हो, उसे 'चन्द्र' का फलादेश नीचे लिखे अनुसार समझना चाहिए—

छठे शत्रु तथा रोग भाव में अपने समग्रह शनि की मकर राशि पर स्थित व्ययेश चन्द्र के प्रभाव से जातक को शत्रु पक्ष द्वारा उत्पन्न किए गए झगड़े-टंटे तथा रोग आदि में खर्च करना पड़ता है तथा खर्च की चिन्ता से मन चिंतित एवं दुखी बना रहता है। यहां से चन्द्र अपनी सातवीं दृष्टि से द्वादशभाव को अपनी ही कर्क राशि में देखता है, अत: जातक खर्च जुटाने की परेशानी रहते हुए भी अधिक खर्च करता है तथा बाहरी भावों के सम्बन्ध से लाभ उठाता है। खर्च के द्वारा ही उसे शत्रुपक्ष में भी सफलता मिलती है।

सिंह लग्न: षष्ठभाव:चन्द्र

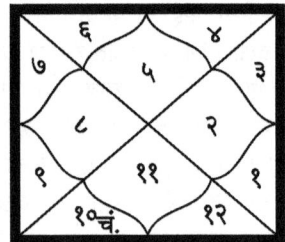

जिस जातक का जन्म 'सिंह' लग्न में हुआ हो और जन्म-कुण्डली के 'सप्तमभाव' में 'चन्द्र' की स्थिति हो, उसे 'चन्द्र' का फलादेश आगे लिखे अनुसार समझना चाहिए—

सातवें केन्द्र, स्त्री तथा व्यवसाय के भाव में अपने समग्रह शनि की राशि में स्थित व्ययेश चन्द्र के प्रभाव से जातक को स्त्री तथा व्यवसाय के पक्ष में हानि उठानी पड़ती है तथा घरेलू खर्च चलाने में कुछ असंतोष एवं कठिनाइयों का अनुभव होता है। साथ ही उसे बाहरी भावों के सम्बन्धसम्बन्ध से लाभ होता है, परन्तु मन में कमजोरी एवं चिन्ता बनी रहती है। यहां से चन्द्र अपनी सातवीं मित्रदृष्टि से सूर्य की सिंह राशि में प्रथमभाव को देखता है, अतः शरीर में भी दुर्बलता बनी रहती है।

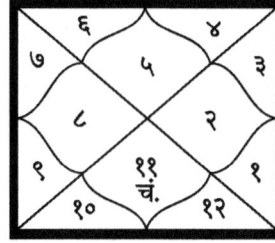

सिंह लग्नः सप्तमभावः चन्द्र

जिस जातक का जन्म 'सिंह' लग्न में हुआ हो और जन्म-कुण्डली के 'अष्टमभाव' में 'चन्द्र' की स्थिति हो, उसे 'चन्द्र' का फलादेश नीचे लिखे अनुसार समझना चाहिए—

सिंह लग्नः अष्टमभावः चन्द्र

आठवें आयु एवं पुरातत्त्व के भाव में अपने समग्रह गुरु की मीनराशि पर स्थित व्ययेश चन्द्र के प्रभाव से जातक को आयु एवं पुरातत्त्व के सम्बन्ध में चिन्ता एवं हानि के योग प्राप्त होते हैं तथा पेट में भी कुछ विकार बना रहता है, परन्तु बाहरी भावों के सम्बन्ध से उसे लाभ होता है। यहां से चन्द्र सातवीं मित्रदृष्टि से बुध की कन्या राशि में द्वितीयभाव को देखता है, अतः धन के भाव में भी कुछ हानि होती है तथा कुटुम्ब का सुख भी कम मिल पाता है।

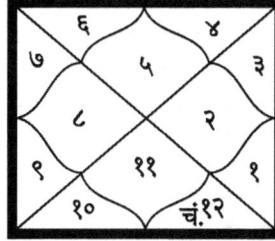

जिस जातक का जन्म 'सिंह' लग्न में हुआ हो और जन्म-कुण्डली के 'नवमभाव' में 'चन्द्र' की स्थिति हो, उसे 'चन्द्र' का फलादेश नीचे लिखे अनुसार समझना चाहिए—

सिंह लग्नः नवमभावः चन्द्र

नवें त्रिकोण, भाग्य तथा धर्म के भाव में अपने समग्रह मंगल की मेष राशि पर स्थित व्ययेश चन्द्र के प्रभाव से जातक के भाग्य में वृद्धि होती है तथा मनोबल द्वारा खर्च चलाने की शक्ति प्राप्ति होती है। धर्मपालन के क्षेत्र में भी कुछ त्रुटियां बनी रहती हैं। यहां से चन्द्र अपनी सातवीं दृष्टि से समग्रह शुक्र की तुला राशि में तृतीयभाव को देखता है, अतः भाई-बहन के सुख एवं पराक्रम के पक्ष में कुछ कमी बनी रहती है। ऐसा जातक प्रसन्न रहते हुए भी मानसिक दुर्बलता का शिकार रहता है।

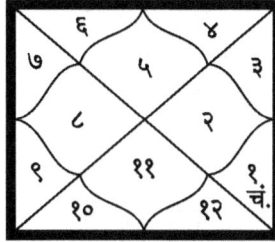

जिस जातक का जन्म 'सिंह' लग्न में हुआ हो और जन्म-कुण्डली के 'दशमभाव' में 'चन्द्र' की स्थिति हो, उसे 'चन्द्र' का फलादेश आगे लिखे अनुसार समझना चाहिए—

दसवें केन्द्र, राज्य व पिता के भाव में अपने ससमग्रह शुक्र की वृषभ राशि पर स्थित व्ययेश तथा उच्च के चन्द्र के प्रभाव से जातक पैतृक संपत्ति का अधिक व्यय करता है तथा राज्य एवं व्यवसाय के क्षेत्र में कुछ त्रुटिपूर्ण सफलता पाता है। उसे बाहरी भावों के सम्बन्ध से लाभ भी होता है। यहां से चन्द्र सातवीं नीचदृष्टि से अपने समग्रह मंगल की वृश्चिक राशि में चतुर्थभाव को देखता है, अतः माता, भूमि तथा भाव के सुख में कमी आती है और खर्च की अधिकता के कारण मन अशांत बना रहता है।

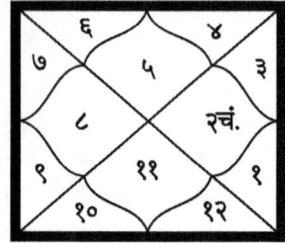

सिंह लग्नः दशमभावः चन्द्र

जिस जातक का जन्म 'सिंह' लग्न में हुआ हो और जन्म-कुण्डली के 'एकादशभाव' में 'चन्द्र' की स्थिति हो, उसे 'चन्द्र' का फलादेश नीचे लिखे अनुसार समझना चाहिए—

ग्यारहवें लाभ भाव में अपने मित्र बुध की मिथुन राशि में स्थित व्ययेश चन्द्र के प्रभाव से जातक बाहरी भावों के सम्बन्ध से लाभ प्राप्त करता है, परन्तु खर्च अधिक बना रहता है। यहां से चन्द्र अपनी सातवीं समग्रहदृष्टि से गुरु की धनु राशि में पंचमभाव को देखता है, अतः संतान, विद्या एवं बुद्धि के पक्ष में भी कुछ कमजोरी बनी रहेगी। ऐसा जातक कुछ चिन्ताओं के साथ अपना खर्च चलाता है, परन्तु बाहरी तौर पर धनी मालूम होता है।

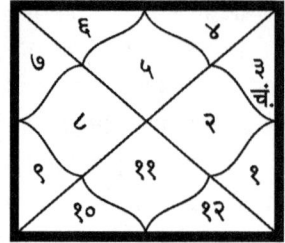

सिंह लग्नः एकादशभावः चन्द्र

जिस जातक का जन्म 'सिंह' लग्न में हुआ हो और जन्म-कुण्डली के 'द्वादशभाव' में 'चन्द्र' की स्थिति हो, उसे 'चन्द्र' का फलादेश नीचे लिखे अनुसार समझना चाहिए—

बारहवें व्ययभाव में अपनी ही कर्क राशि में स्थित व्ययेश चन्द्र के प्रभाव से जातक का खर्च अधिक रहता है, परन्तु बाहरी भावों के सम्बन्ध से उसे सुख, यश एवं लाभ की प्राप्ति होती है। यहां से चन्द्र सातवीं समग्रहदृष्टि से शनि की मकर राशि में षष्ठभाव को देखता है, अतः जातक अपने मनोबल एवं खर्च की शक्ति से शत्रु पक्ष पर प्रभाव एवं विजय प्राप्त करता है, परन्तु रोग, झगड़े, मुकद्दमें आदि में उसे अधिक खर्च करना पड़ता है।

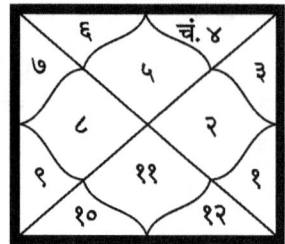

सिंह लग्नः द्वादशभावः चन्द्र

'सिंह' लग्न में 'मंगल' का फल

जिस जातक का जन्म 'सिंह' लग्न में हुआ हो और जन्म-कुण्डली के 'प्रथमभाव' में 'मंगल' की स्थिति हो, उसे 'मंगल' का फलादेश आगे लिखे अनुसार समझना चाहिए—

पहले केन्द्र एवं शरीर भाव में अपने मित्र सूर्य की सिंह राशि पर स्थित मंगल के प्रभाव से जातक शरीर से बड़ा प्रभावशाली होता है। वह भाग्यशाली, धर्मात्मा तथा भाग्य पर भरोसा करने वाला होता है। यहां से मंगल चौथी दृष्टि से स्वराशि के चतुर्थभाव को देखता है, अत: जातक को माता, भूमि, भाव आदि का सुख प्राप्त होता है। सातवीं समग्रहदृष्टि से सप्तमभाव को देखने के कारण स्त्री तथा व्यवसाय के पक्ष में कठिनाइयों के साथ सुख मिलता है तथा आठवीं मित्रदृष्टि से अष्टमभाव को देखने से आयु तथा पुरातत्त्व की वृद्धि होती है।

सिंह लग्न: प्रथमभाव: मंगल

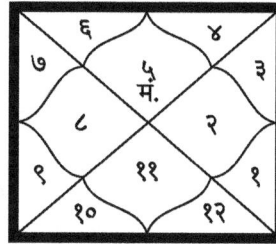

जिस जातक का जन्म 'सिंह' लग्न में हुआ हो और जन्म-कुण्डली के 'द्वितीयभाव' में 'मंगल' की स्थिति हो, उसे 'मंगल' का फलादेश नीचे लिखे अनुसार समझना चाहिए—

दूसरे धन व कुटुम्ब के भाव में अपने शत्रु बुध की कन्या राशि पर स्थित मंगल के प्रभाव से जातक को धन एवं कुटुम्ब का सुख प्राप्त होता है, परन्तु माता एवं भूमि के सुख में कुछ कमी रहेगी। यहां से मंगल चौथी मित्रदृष्टि से पंचमभाव को देखता है, अत: संतान, विद्या एवं बुद्धि के पक्ष में सफलता मिलेगी। सातवीं मित्रदृष्टि से अष्टमभाव को देखने से आयु तथा पुरातत्त्व की वृद्धि होती है तथा आठवीं दृष्टि से स्वराशि में नवमभाव को देखने के कारण भाग्य एवं धर्म की वृद्धि होती है। ऐसा जातक धनी, सुखी, धर्मात्मा तथा प्रतिष्ठित होता है।

सिंह लग्न: द्वितीयभाव: मंगल

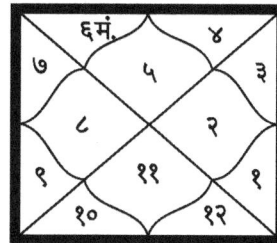

जिस जातक का जन्म 'सिंह' लग्न में हुआ हो और जन्म-कुण्डली के 'तृतीयभाव' में 'मंगल' की स्थिति हो, उसे 'मंगल' का फलादेश नीचे लिखे अनुसार समझना चाहिए—

तीसरे सहोदर एवं पराक्रम के भाव में अपने समग्रह शुक्र की तुला राशि पर स्थित मंगल के प्रभाव से जातक को भाई-बहन का सुख प्राप्त होता है तथा पराक्रम की वृद्धि होती है। साथ ही माता, भूमि एवं मकान का सुख भी मिलता है। यहां से मंगल चौथी उच्चदृष्टि से षष्ठभाव को देखता है, अत: शत्रु पक्ष में सफलता, प्रभाव एवं विजय की प्राप्ति होती है। सातवीं दृष्टि से स्वराशि में नवमभाव को देखने से भाग्य एवं धर्म की उन्नति होती है तथा आठवीं समग्रहदृष्टि से दशमभाव को देखने के कारण पिता, राज्य एवं व्यवसाय के क्षेत्र में सफलता, सुख, सम्मान एवं उन्नति की प्राप्ति होती है।

सिंह लग्न: तृतीयभाव: मंगल

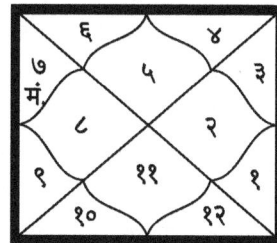

जिस जातक का जन्म 'सिंह' लग्न में हुआ हो और जन्म-कुण्डली के 'चतुर्थभाव' में 'मंगल' की स्थिति हो, उसे 'मंगल' का फलादेश आगे लिखे अनुसार समझना चाहिए—

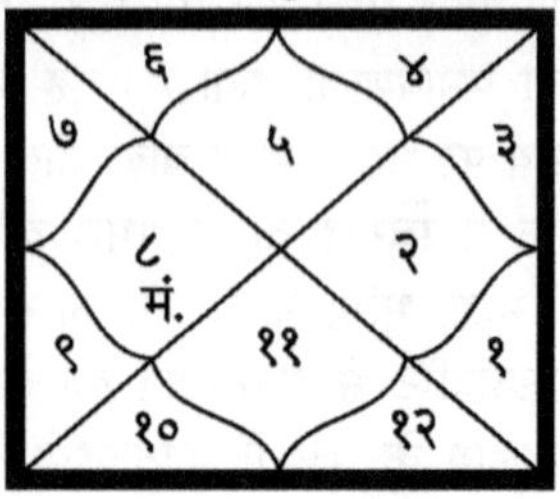

चौथे केन्द्र, माता, भूमि एवं सुख के भाव में अपनी ही वृश्चिक राशि पर स्थित मंगल के प्रभाव से जातक को माता, भूमि एवं मकान आदि का सुख प्राप्त होता है। यहां से मंगल चौथी समग्रहदृष्टि से सप्तमभाव को देखता है, अत: स्त्री एवं व्यवसाय के क्षेत्र में कुछ कठिनाइयों के साथ सफलता मिलती है। सातवीं समग्रहदृष्टि से दशमभाव को देखने से पिता एवं राज्य द्वारा शक्ति एवं प्रतिष्ठा प्राप्त होती है तथा आठवीं शत्रुदृष्टि से एकादशभाव को देखने के कारण आमदनी के पक्ष में पर्याप्त सुख एवं सफलता की प्राप्ति होती रहती है।

सिंह लग्न: चतुर्थभाव: मंगल

जिस जातक का जन्म 'सिंह' लग्न में हुआ हो और जन्म-कुण्डली के 'पंचमभाव' में 'मंगल' की स्थिति हो, उसे 'मंगल' का फलादेश नीचे लिखे अनुसार समझना चाहिए—

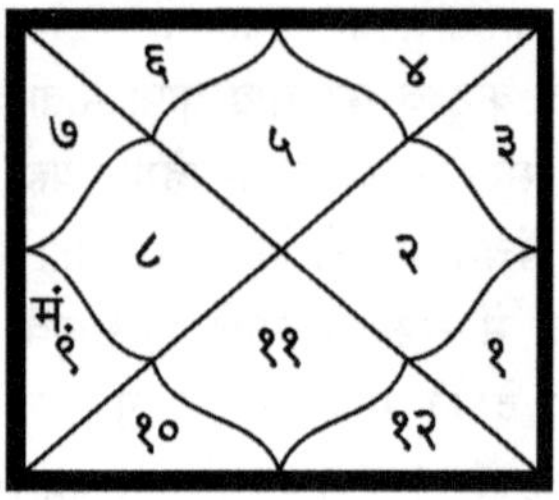

पांचवें त्रिकोण, विद्या-बुद्धि एवं संतान के भाव में अपने मित्र गुरु की धनु राशि पर स्थित मंगल के प्रभाव से जातक को संतान तथा विद्या-बुद्धि के पक्ष में सुख, सफलता एवं यश की प्राप्ति होती है। उसे माता तथा मातृभूमि से भी स्नेह मिलता है। यहां से मंगल चौथी मित्रदृष्टि से अष्टमभाव को देखता है, अत: आयु एवं पुरातत्त्व के क्षेत्र में लाभ होता है। सातवीं शत्रुदृष्टि से एकादशभाव को देखने से लाभ खूब होता है तथा आठवीं नीचदृष्टि से द्वादशभाव को देखने के कारण खर्च के कारण कुछ परेशानी बनी रहती है तथा बाहरी भावों के सम्बन्ध में भी निर्बलता रहती है।

सिंह लग्न: पंचमभाव: मंगल

जिस जातक का जन्म 'सिंह' लग्न में हुआ हो और जन्म-कुण्डली के 'षष्ठभाव' में 'मंगल' की स्थिति हो, उसे 'मंगल' का फलादेश नीचे लिखे अनुसार समझना चाहिए—

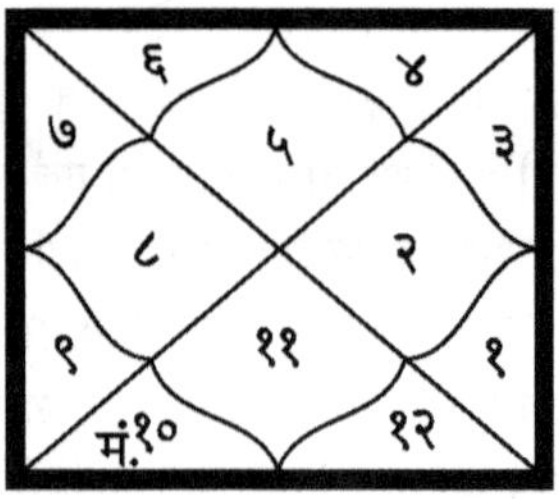

छठे शत्रु भाव में अपने समग्रह शनि की मकर राशि पर स्थित उच्च के मंगल के प्रभाव से जातक को शत्रु पक्ष में सफलता प्राप्त होती है तथा भाग्य की शक्ति से सुख भी मिलता है। यहां से मंगल चौथी दृष्टि से स्वराशि में नवमभाव को देखता है, अत: जातक परिश्रम द्वारा भाग्य की उन्नति करता है। साथ ही धर्म का पालन भी करता है। सातवीं नीचदृष्टि से द्वादशभाव को देखने से खर्च के मामले में कुछ परेशानी रहती है तथा बाहरी भावों के सम्बन्ध में कमजोरी आती है एवं आठवीं मित्रदृष्टि से प्रथमभाव को देखने के कारण शारीरिक प्रभाव, सुख एवं सौंदर्य की वृद्धि होती है।

सिंह लग्न: षष्ठभाव: मंगल

जिस जातक का जन्म 'सिंह' लग्न में हुआ हो और जन्म-कुण्डली के 'सप्तमभाव' में 'मंगल' की स्थिति हो, उसे 'मंगल' का फलादेश आगे लिखे अनुसार समझना चाहिए—

सातवें केन्द्र, स्त्री तथा व्यवसाय के भाव में अपने समग्रह शनि की कुम्भ राशि पर स्थित मंगल के प्रभाव से जातक को कठिनाइयों के साथ स्त्री एवं व्यवसाय के पक्ष से सुख एवं सफलता की प्राप्ति होती है। यहां से मंगल चौथी समग्रहदृष्टि से दशमभाव को देखता है, अतः कुछ मतभेद के साथ पिता एवं राज्य के द्वारा सुख, सम्मान तथा प्रभाव एवं व्यवसाय में सफलता मिलती है। सातवीं मित्रदृष्टि से प्रथमभाव को देखने से शारीरिक सौंदर्य एवं सौभाग्य की प्राप्ति होती है तथा आठवीं शत्रुदृष्टि से द्वितीयभाव को देखने के कारण धन एवं कुटुम्ब का सुख मिलता है।

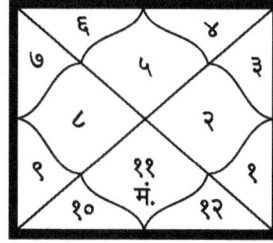

सिंह लग्नः सप्तमभावः मंगल

जिस जातक का जन्म 'सिंह' लग्न में हुआ हो और जन्म-कुण्डली के 'अष्टमभाव' में 'मंगल' की स्थिति हो, उसे 'मंगल' का फलादेश नीचे लिखे अनुसार समझना चाहिए—

आठवें आयु एवं पुरातत्त्व के भाव में अपने मित्र गुरु की मीन राशि पर स्थित मंगल के प्रभाव से जातक को आयु एवं पुरातत्त्व की शक्ति का लाभ होता है, परन्तु भाग्य एवं धर्म के पक्ष में कमजोरी आती है। यहां से मंगल चौथी शत्रुदृष्टि से एकादशभाव को देखता है, अतः आमदनी खूब होती है। सातवीं शत्रुदृष्टि से द्वितीयभाव को देखने से धन तथा कुटुम्ब के सुख का लाभ होता है। आठवीं समग्रहदृष्टि से तृतीयभाव को देखने के कारण भाई-बहन का सुख मिलता है एवं पराक्रम में वृद्धि होती है। ऐसा जातक यशस्वी भी होता है।

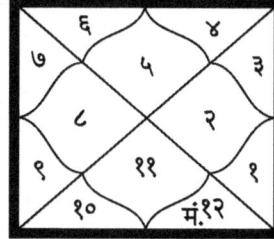

सिंह लग्नः अष्टमभावः मंगल

जिस जातक का जन्म 'सिंह' लग्न में हुआ हो और जन्म-कुण्डली के 'नवमभाव' में 'मंगल' की स्थिति हो, उसे 'मंगल' का फलादेश नीचे लिखे अनुसार समझना चाहिए—

नवें त्रिकोण, भाग्य एवं धर्म भाव में अपनी ही मेष राशि पर स्थित मंगल के प्रभाव से जातक को भाग्य एवं धर्म के क्षेत्र में सफलता मिलती है। यहां से मंगल चौथी नीचदृष्टि से द्वादशभाव को देखता है, अतः खर्च में कमी के कारण कष्ट प्राप्त होता है तथा बाहरी भावों के सम्बन्ध से भी परेशानी होती है। सातवीं समग्रहदृष्टि से तृतीयभाव को देखने से भाई-बहन का सुख असंतोषयुक्त रहता है, परन्तु पराक्रम में वृद्धि होती है। आठवीं दृष्टि से स्वराशि में चतुर्थभाव को देखने के कारण माता, भूमि, मकान आदि का यथेष्ट सुख प्राप्त होता है।

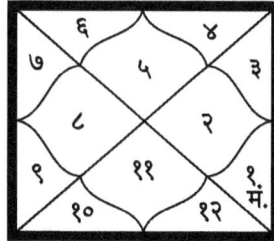

सिंह लग्नः नवमभावः मंगल

जिस जातक का जन्म 'सिंह' लग्न में हुआ हो और जन्म-कुण्डली के 'दशमभाव' में 'मंगल' की स्थिति हो, उसे 'मंगल' का फलादेश आगे लिखे अनुसार समझना चाहिए—

दसवें केन्द्र, राज्य तथा पिता के भाव में अपने समग्रह शुक्र की वृषभ राशि पर स्थित मंगल के प्रभाव से जातक को पिता, राज्य एवं व्यवसाय के क्षेत्र में उन्नति, सफलता, सम्मान एवं लाभ के योग प्राप्त होते हैं। यहां से मंगल चौथी मित्रदृष्टि से प्रथमभाव को देखता है, अत: शरीर में प्रभाव रहता है और सौभाग्य की वृद्धि होती है। सातवीं दृष्टि से स्वराशि में चतुर्थभाव को देखने से माता तथा भूमि, मकान आदि का सुख मिलता है और आठवीं मित्रदृष्टि से पंचमभाव को देखने के कारण संतान, विद्या तथा बुद्धि के क्षेत्र में सुख एवं सफलता की प्राप्ति होती है। ऐसा व्यक्ति मधुरभाषी, विनम्र तथा सज्जन होता है।

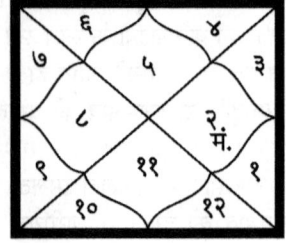

सिंह लग्न: दशमभाव: मंगल

जिस जातक का जन्म 'सिंह' लग्न में हुआ हो और जन्म-कुण्डली के 'एकादशभाव' में 'मंगल' की स्थिति हो, उसे 'मंगल' का फलादेश नीचे लिखे अनुसार समझना चाहिए—

ग्यारहवें लाभ भाव में अपने शत्रु बुध की मिथुन राशि पर स्थित मंगल के प्रभाव से जातक की आमदनी में वृद्धि होती है तथा माता, भूमि, मकान आदि का सुख भी प्राप्त होता है। यहां से मंगल चौथी शत्रुदृष्टि से द्वितीयभाव को देखता है, अत: धन की प्राप्ति होती है एवं कुटुम्ब द्वारा सुख मिलता है। सातवीं मित्रदृष्टि से पंचमभाव को देखने से संतान तथा विद्या-बुद्धि के पक्ष में सफलता मिलती है तथा आठवीं उच्चदृष्टि से षष्ठभाव को देखने के कारण शत्रुओं, रोगों तथा झंझटों पर विजय प्राप्त होती है। ऐसा व्यक्ति अत्यन्त प्रभावशाली, शत्रुजयी, धनी तथा ननिहाल का भी सुख प्राप्त करने वाला होता है।

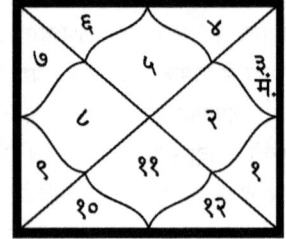

सिंह लग्न: एकादशभाव: मंगल

जिस जातक का जन्म 'सिंह' लग्न में हुआ हो और जन्म-कुण्डली के 'द्वादशभाव' में 'मंगल' की स्थिति हो, उसे 'मंगल' का फलादेश नीचे लिखे अनुसार समझना चाहिए—

बारहवें व्ययभाव में अपने मित्र चन्द्र की कर्क राशि पर स्थित नीच के मंगल के प्रभाव से जातक को खर्च के मामले में कठिनाई उठानी पड़ती है तथा बाहरी भावों के सम्बन्धों से भी कष्ट प्राप्त होता है। वह भाग्य, माता एवं भूमि के पक्ष से भी हानि उठाता है। यहां से मंगल चौथी समग्रहदृष्टि से तृतीयभाव को देखता है, अत: भाई-बहन के सुख एवं पराक्रम में वृद्धि होती है। सातवीं उच्चदृष्टि से षष्ठभाव को देखने से शत्रुओं पर विजय मिलती है तथा आठवीं समग्रहदृष्टि से सप्तमभाव को देखने के कारण स्त्री तथा व्यवसाय द्वारा सुख एवं लाभ होता है, परन्तु ऐसा जातक धर्म के पक्ष में लापरवाह होता है।

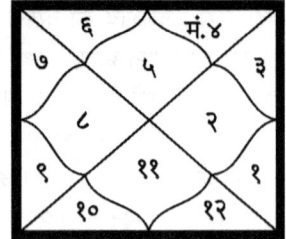

सिंह लग्न: द्वादशभाव: मंगल

'सिंह' लग्न में 'बुध' का फल

जिस जातक का जन्म 'सिंह' लग्न में हुआ हो और जन्म-कुण्डली के 'प्रथमभाव' में 'बुध' की स्थिति हो, उसे 'बुध' का फलादेश नीचे लिखे अनुसार समझना चाहिए—

पहले केन्द्र तथा शरीर भाव में अपने मित्र सूर्य की सिंह राशि पर स्थित सूर्य के प्रभाव से जातक को शारीरिक सौंदर्य एवं प्रभाव की प्राप्ति होती है। ऐसा जातक विवेकी, सम्मानित, भोगी तथा धनी होता है। यहां से बुध सातवीं समग्रहदृष्टि से शनि की कुम्भ राशि में सप्तमभाव को देखता है, अत: जातक को स्त्री एवं व्यवसाय के पक्ष से भी अत्यन्त उन्नति, सफलता एवं सुख की प्राप्ति होती है। ऐसा जातक यशस्वी तथा प्रतिष्ठित भी होता है।

सिंह लग्न: प्रथमभाव: बुध

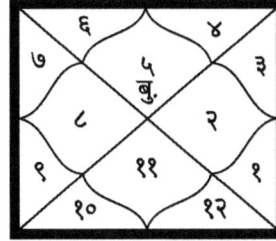

जिस जातक का जन्म 'सिंह' लग्न में हुआ हो और जन्म-कुण्डली के 'द्वितीयभाव' में 'बुध' की स्थिति हो, उसे 'बुध' का फलादेश नीचे लिखे अनुसार समझना चाहिए—

दूसरे धन, कुटुम्ब के भाव में अपनी ही कन्या राशि पर स्थित उच्च के बुध के प्रभाव से जातक भाई-बहन तथा कुटुम्ब के सुख को यथेष्ट मात्रा में प्राप्त करता है, साथ ही उसके धन और प्रतिष्ठा की वृद्धि भी होती है। यहां से बुध सातवीं समग्रहदृष्टि से अष्टमभाव को देखता है, अत: जातक की आयु एवं पुरातत्व के सम्बन्ध में अनेक प्रकार की चिन्ताओं, कठिनाइयों एवं कमियों का शिकार बनना पड़ता है। उसके दैनिक जीवन में कुछ असंतोष बना रहता है तथा पेट में भी खराबी रहती है।

सिंह लग्न: द्वितीयभाव: बुध

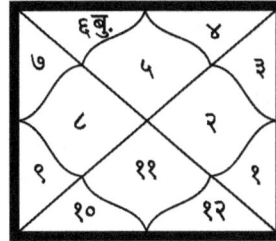

जिस जातक का जन्म 'सिंह' लग्न में हुआ हो और जन्म-कुण्डली के 'तृतीयभाव' में 'बुध' की स्थिति हो, उसे 'बुध' का फलादेश नीचे लिखे अनुसार समझना चाहिए—

तीसरे भाई एवं पराक्रम के भाव में अपने मित्र शुक्र की तुला राशि पर स्थित बुध के प्रभाव से जातक को भाई-बहन का सुख मिलता है तथा पराक्रम में वृद्धि होती है। वह पुरुषार्थ द्वारा धन भी कमाता है तथा विवेक द्वारा लाभ के मार्ग में उन्नति करता है। यहां से बुध सातवीं समग्रहदृष्टि से मंगल की मेष राशि में नवमभाव को देखता है, अत: जातक के भाग्य की उन्नति होती है और वह धर्म का पालन भी करता है। ऐसा व्यक्ति धनी, सुखी, हिम्मती, धर्मात्मा, तथा यशस्वी होती है।

सिंह लग्न: तृतीयभाव: बुध

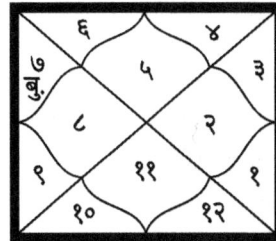

जिस जातक का जन्म 'सिंह' लग्न में हुआ हो और जन्म-कुण्डली के 'चतुर्थभाव' में 'बुध' की स्थिति हो, उसे 'बुध' का फलादेश आगे लिखे अनुसार समझना चाहिए—

चौथे केन्द्र, माता, भूमि, एवं सुख के भाव में अपने समग्रह मंगल की वृश्चिक राशि पर स्थित बुध के प्रभाव से जातक को माता, भूमि, मकान आदि का पर्याप्त सुख प्राप्त होता है और वह धन का संचय भी करता है। यहां से बुध सातवीं मित्र-दृष्टि से शुक्र की वृषभ राशि में दशमभाव को देखता है, अत: जातक को पिता के भाव से उन्नति मिलती है एवं राज्य तथा व्यवसाय के द्वारा भी सहयोग, सुख, सम्मान, यश तथा लाभ की प्राप्ति होती है।

सिंह लग्न: चतुर्थभाव: बुध

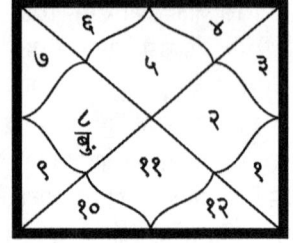

जिस जातक का जन्म 'सिंह' लग्न में हुआ हो और जन्म-कुण्डली के 'पंचमभाव' में 'बुध' की स्थिति हो, उसे 'बुध' का फलादेश नीचे लिखे अनुसार समझना चाहिए—

पांचवें त्रिकोण, विद्या-बुद्धि एवं संतान के भाव में अपने समग्रह गुरु की धनु राशि पर स्थित बुध के प्रभाव से जातक को संतान, विद्या तथा बुद्धि के क्षेत्र में पर्याप्त सफलता मिलती है तथा विद्या-बुद्धि के द्वारा धन की उन्नति भी होती है। उसे कुटुम्ब का सुख भी प्राप्त होता है। यहां से बुध सातवीं दृष्टि से अपनी ही मिथुन राशि में एकादशभाव को देखता है, अत: जातक को अच्छा लाभ प्राप्त होता है। संक्षेप में, ऐसा जातक धनी, सुखी, बुद्धिमान, विद्वान, संततिवान, सज्जन तथा स्वार्थी होता है।

सिंह लग्न: पंचमभाव: बुध

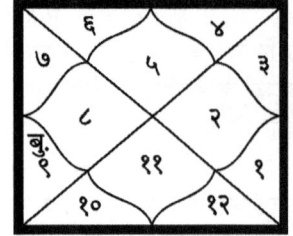

जिस जातक का जन्म 'सिंह' लग्न में हुआ हो और जन्म-कुण्डली के 'षष्ठभाव' में 'बुध' की स्थिति हो, उसे 'बुध' का फलादेश नीचे लिखे अनुसार समझना चाहिए—

छठे शत्रु एवं रोग भाव में अपने समग्रह शनि की मकर राशि पर स्थित बुध के प्रभाव से जातक शत्रु पक्ष में नम्रता एवं धन के खर्च की शक्ति से काम लेता है, परन्तु उसे धन की कुछ हानि भी उठानी पड़ती है। यहां से बुध सातवीं शत्रुदृष्टि से चन्द्र की कर्क राशि में द्वादशभाव को देखता है, अत: खर्च अधिक रहता है तथा बाहरी भावों के सम्बन्ध से शक्ति एवं लाभ की प्राप्ति होती है। ऐसे व्यक्ति को कौटुम्बिक सुख भी कम ही मिल पाता है।

सिंह लग्न: षष्ठभाव: बुध

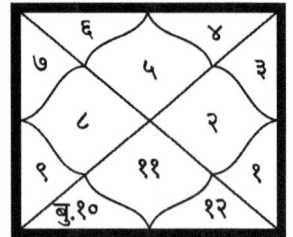

जिस जातक का जन्म 'सिंह' लग्न में हुआ हो और जन्म-कुण्डली के 'सप्तमभाव' में 'बुध' की स्थिति हो, उसे 'बुध' का फलादेश नीचे लिखे अनुसार समझना चाहिए—

सातवें केन्द्र, स्त्री तथा व्यवसाय के भाव में अपने समग्रह शनि की कुम्भ राशि पर स्थित बुध के प्रभाव से जातक को सुंदर स्त्री मिलती है तथा स्त्री एवं व्यवसाय के पक्ष से लाभ भी होता है। उसे धन एवं कुटुम्ब का सुख तथा प्रतिष्ठा की प्राप्ति भी होती है। यहां से बुध सातवीं मित्रदृष्टि से सूर्य की सिंह राशि में प्रथमभाव को देखता है, अत: जातक को शारीरिक सौंदर्य, विवेकशक्ति, आत्मिक बल तथा यश भी प्राप्त होता है। संक्षेप में ऐसा जातक धनी, सुखी, विवेकी तथा प्रतिष्ठित होता है।

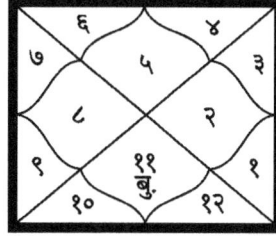

सिंह लग्न: सप्तमभाव: बुध

जिस जातक का जन्म 'सिंह' लग्न में हुआ हो और जन्म-कुण्डली के 'अष्टमभाव' में 'बुध' की स्थिति हो, उसे 'बुध' का फलादेश नीचे लिखे अनुसार समझना चाहिए—

आठवें आयु एवं पुरातत्व के भाव में अपने समग्रह गुरु की मीन राशि पर स्थित नीच के बुध के प्रभाव से जातक को आयु के पक्ष में कभी-कभी घोर संकटों का सामना करना पड़ता है तथा पुरातत्त्व की हानि होती है। ऐसा व्यक्ति धन तथा कुटुम्ब के सम्बन्ध में भी चिंतित और परेशान रहता है। यहां से बुध सातवीं उच्चदृष्टि से अपनी ही कन्या राशि में द्वितीयभाव को देखता है, इसलिए धन की कमी रहते हुए भी जातक अपने दैनिक खर्चों की पूर्ति करता रहता है।

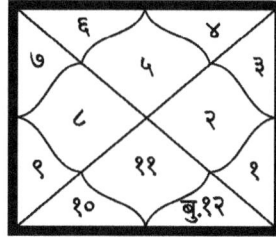

सिंह लग्न: अष्टमभाव: बुध

जिस जातक का जन्म 'सिंह' लग्न में हुआ हो और जन्म-कुण्डली के 'नवमभाव' में 'बुध' की स्थिति हो, उसे 'बुध' का फलादेश नीचे लिखे अनुसार समझना चाहिए—

नवें त्रिकोण, भाग्य एवं धर्म के भाव में अपने समग्रह मंगल की मेष राशि पर स्थित बुध के प्रभाव से जातक के भाग्य तथा धर्म की उन्नति होती है और वह धन, ऐश्वर्य तथा सुखों को प्राप्त करता है। ऐसा व्यक्ति ईमानदार, ईश्वर-भक्त तथा सज्जन होता है। उसे कुटुम्ब का सुख भी पर्याप्त मिलता है। यहां से बुध सातवीं मित्रदृष्टि से शुक्र की तुला राशि में तृतीयभाव को देखता है, अत: जातक को भाई-बहन का सुख भी मिलता है और उसके पराक्रम में भी वृद्धि होती है। ऐसी ग्रह स्थिति वाले जातक यशस्वी होते हैं तथा निरंतर उन्नति करते जाते हैं।

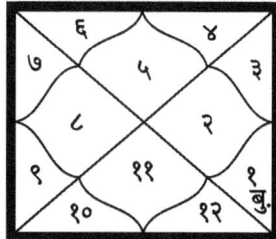

सिंह लग्न: नवमभाव: बुध

जिस जातक का जन्म 'सिंह' लग्न में हुआ हो और जन्म-कुण्डली के 'दशमभाव' में 'बुध' की स्थिति हो, उसे 'बुध' का फलादेश आगे लिखे अनुसार समझना चाहिए—

दसवें केन्द्र, पिता एवं राज्य के भाव में अपने मित्र शुक्र की वृषभ राशि पर स्थित बुध के प्रभाव से जातक को पिता द्वारा लाभ प्राप्त होता है तथा राज्य के क्षेत्र में सम्मान एवं सफलता मिलती है। वह अपनी विवेक-बुद्धि द्वारा व्यवसाय के क्षेत्र में भी बहुत सफल होता है तथा पर्याप्त धन एवं प्रतिष्ठा अर्जित करता है। उसे धन तथा कुटुम्ब का पूर्ण सहयोग एवं सुख रहता है। यहां से बुध सातवीं समग्रहदृष्टि से मंगल की वृश्चिक राशि में चतुर्थभाव को देखता है, अत: जातक को माता भूमि, मकान आदि का सुख भी मिलता है।

सिंह लग्न: दशमभाव: बुध

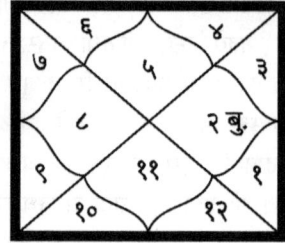

जिस जातक का जन्म 'सिंह' लग्न में हुआ हो और जन्म-कुण्डली के 'एकादशभाव' में 'बुध' की स्थिति हो, उसे 'बुध' का फलादेश नीचे लिखे अनुसार समझना चाहिए—

ग्यारहवें लाभ भाव में अपनी ही मिथुन राशि पर स्थित बुध के प्रभाव से जातक अपनी विवेक-बुद्धि द्वारा यथेष्ट लाभ अर्जित करता है तथा धन की वृद्धि के साथ ही सुख तथा कीर्ति की वृद्धि भी होती रहती है। यहां से बुध सातवीं समग्रहदृष्टि से गुरु की धनु राशि में पंचमभाव को देखता है, अत: उसे संतान, विद्या एवं बुद्धि के क्षेत्र में भी सफलता प्राप्त होती है। संक्षेप में, ऐसा जातक विद्वान, संततिवान, धनी, सुखी तथा यशस्वी होता है।

सिंह लग्न: एकादशभाव: बुध

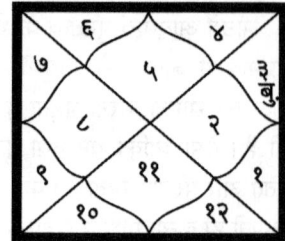

जिस जातक का जन्म 'सिंह' लग्न में हुआ हो और जन्म-कुण्डली के 'द्वादशभाव' में 'बुध' की स्थिति हो, उसे 'बुध' का फलादेश नीचे लिखे अनुसार समझना चाहिए—

बारहवें व्ययभाव में अपने शत्रु चन्द्र की कर्क राशि पर स्थित बुध के प्रभाव से जातक का खर्च अधिक रहता है, जिसके कारण उसे कष्ट का अनुभव होता है, परन्तु बाहरी भावों के सम्बन्ध में कुछ लाभ भी होता है। ऐसे जातक के कौटुम्बिक सुख में कमी बनी रहती है। यहां से बुध सातवीं समग्रहदृष्टि से शनि की मकर राशि से षष्ठभाव को देखता है, अत: जातक शत्रु पक्ष में खर्च, धन एवं विवेक द्वारा अपना काम निकालता है, परन्तु झगड़े-झंझटों में फंसकर उसे हानि भी उठानी पड़ती है।

सिंह लग्न: द्वादशभाव: बुध

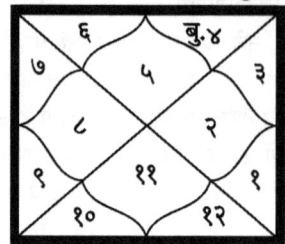

'सिंह' लग्न में 'गुरु' का फल

जिस जातक का जन्म 'सिंह' लग्न में हुआ हो और जन्म-कुण्डली के 'प्रथमभाव' में 'गुरु' की स्थिति हो, उसे 'गुरु' का फलादेश आगे लिखे अनुसार समझना चाहिए—

पहले केन्द्र तथा शरीर भाव में अपने मित्र सूर्य की सिंह राशि पर स्थित अष्टमेश गुरु के प्रभाव से जातक को शारीरिक सौंदर्य, प्रभाव तथा दीर्घायु प्राप्त होती है। यहां से गुरु पांचवी दृष्टि से स्वराशि में पंचमभाव को देखता है, अत: विद्या, बुद्धि, संतान के पक्ष में शक्ति, सफलता एवं सम्मान की प्राप्ति भी होती है। सातवीं समग्रहदृष्टि से सप्तमभाव को देखने से स्त्री तथा दैनिक व्यवसाय के पक्ष में कुछ असंतोष रहता है तथा नवीं मित्रदृष्टि से नवमभाव को देखने के कारण भाग्य एवं धर्म की उन्नति होती है तथा पुरातत्त्व का भी कुछ लाभ होता है। ऐसा व्यक्ति अमीरी ढंग का जीवन व्यतीत करता है।

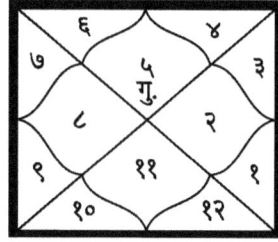

सिंह लग्न: प्रथमभाव: गुरु

जिस जातक का जन्म 'सिंह' लग्न में हुआ हो और जन्म-कुण्डली के 'द्वितीयभाव' में 'गुरु' की स्थिति हो, उसे 'गुरु' का फलादेश नीचे लिखे अनुसार समझना चाहिए—

दूसरे धन एवं कुटुम्ब भाव में अपने शत्रु बुध की कन्या राशि पर स्थित गुरु के प्रभाव से जातक को धन एवं कौटुम्बिक सुख की प्राप्ति होती है, परन्तु संतानपक्ष से कुछ कष्ट होता है। यहां से गुरु पांचवीं नीच-दृष्टि से षष्ठभाव को देखता है, अत: शत्रु पक्ष से परेशानी तथा ननिहाल से हानि का योग बनता है। सातवीं दृष्टि से स्वराशि में अष्टमभाव को देखने से आयु की वृद्धि एवं पुरातत्त्व का लाभ होता है तथा नवीं शत्रुदृष्टि से दशमभाव को देखने के कारण पिता से मतभेद रहता है तथा राजकीय संपर्कों से असंतोष मिलता है। ऐसा व्यक्ति अपने सम्मान की वृद्धि के लिए प्रयत्न करता रहता है।

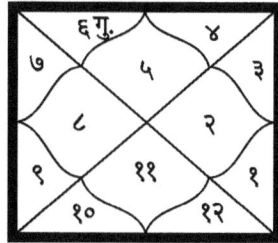

सिंह लग्न: द्वितीयभाव: गुरु

जिस जातक का जन्म 'सिंह' लग्न में हुआ हो और जन्म-कुण्डली के 'तृतीयभाव' में 'गुरु' की स्थिति हो, उसे 'गुरु' का फलादेश नीचे लिखे अनुसार समझना चाहिए—

तीसरे भाई एवं पराक्रम के भाव में अपने शत्रु शुक्र की तुला राशि पर स्थित गुरु के प्रभाव से जातक का भाई-बहनों से मतभेद रहता है तथा पराक्रम की शक्ति प्राप्त होती है। उसे कुछ कठिनाइयों के साथ संतान का सुख मिलता है तथा आयु की वृद्धि होती है। यहां से गुरु पांचवीं समग्रहदृष्टि से सप्तमभाव को देखता है, अत: स्त्री तथा व्यवसाय के पक्ष में कुछ कठिनाई का सामना करना पड़ता है। सातवीं मित्रदृष्टि से नवमभाव को देखने से बुद्धियोग द्वारा भाग्य तथा धर्म की उन्नति होती है तथा नवीं शत्रुदृष्टि से एकादशभाव को देखने के कारण लाभ की शक्ति प्राप्त होती है। ऐसा जातक प्रत्येक क्षेत्र में साहस से काम लेता है।

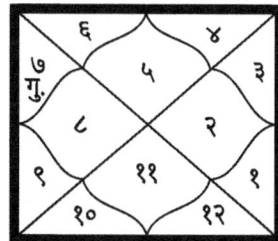

सिंह लग्न: तृतीयभाव: गुरु

जिस जातक का जन्म 'सिंह' लग्न में हुआ हो और जन्म-कुण्डली के 'चतुर्थभाव' में 'गुरु' की स्थिति हो, उसे 'गुरु' का फलादेश नीचे लिखे अनुसार समझना चाहिए—

सिंह लग्नः चतुर्थभावः गुरु

चौथे केन्द्र, माता, भूमि तथा सुख के भाव में अपने मित्र मंगल की वृश्चिक राशि पर स्थित गुरु के प्रभाव से जातक को माता, भूमि तथा मकान के सुख में कमी प्राप्त होती है, परन्तु संतान एवं विद्या के पक्ष से लाभ होता है। यहां से गुरु के पांचवीं दृष्टि से स्वराशि में अष्टमभाव को देखने से आयु एवं पुरातत्त्व का लाभ होता है। सातवीं शत्रुदृष्टि से दशमभाव को देखने से पिता से वैमनस्य रहता है तथा राज्य के क्षेत्र से भी पूर्ण लाभ नहीं होता एवं नवीं उच्चदृष्टि से द्वादशभाव को देखने के कारण खर्च अधिक होता है, परन्तु बाहरी भावों के सम्बन्ध से लाभ एवं सुख की प्राप्ति होती है।

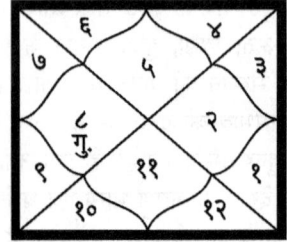

जिस जातक का जन्म 'सिंह' लग्न में हुआ हो और जन्म-कुण्डली के 'पंचमभाव' में 'गुरु' की स्थिति हो, उसे 'गुरु' का फलादेश नीचे लिखे अनुसार समझना चाहिए—

सिंह लग्नः पंचमभावः गुरु

पांचवें त्रिकोण एवं विद्या-बुद्धि-संतान के भाव में अपनी धनु राशि पर स्थित गुरु के प्रभाव से जातक को संतान, विद्या एवं बुद्धि के पक्ष में सुख एवं सफलता प्राप्ति होती है, परन्तु गुरु के अष्टमेश होने के कारण कुछ कठिनाइयां भी आती हैं। यहां से गुरु पांचवीं मित्रदृष्टि से नवमभाव को देखता है अतः जातक के भाग्य की वृद्धि होती है तथा धर्म की भी उन्नति रहती है। साथ ही पुरातत्त्व का भी लाभ होता है। सातवीं शत्रुदृष्टि से एकादशभाव को देखने से लाभ अच्छा होता है तथा नवीं मित्रदृष्टि से प्रथमभाव को देखने से शारीरिक सुख, मनोबल, प्रभाव एवं स्वाभिमान की प्राप्ति होती है, परन्तु गुरु के अष्टमेश होने के कारण सुख-दुःख दोनों का ही अनुभव होता रहता है।

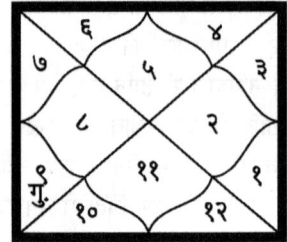

जिस जातक का जन्म 'सिंह' लग्न में हुआ हो और जन्म-कुण्डली के 'षष्ठभाव' में 'गुरु' की स्थिति हो, उसे 'गुरु' का फलादेश नीचे लिखे अनुसार समझना चाहिए—

सिंह लग्नः षष्ठभावः गुरु

छठे शत्रु भाव में अपने समग्रह शनि की मकर राशि पर स्थित नीच के गुरु के प्रभाव से जातक को शत्रु पक्ष से चिन्ता रहेगी तथा संतान एवं विद्या-बुद्धि के क्षेत्र में भी कमजोरी बनी रहेगी। पुरातत्त्व की हानि तथा दैनिक जीवन के सुख में भी कमी आती है। यहां से गुरु पांचवीं शत्रुदृष्टि से दशमभाव को देखता है, अतः पिता, राज्य एवं व्यवसाय के पक्ष में भी थोड़ी सफलता मिलती है। पिता से वैमनस्य भी रहता है। सातवीं उच्चदृष्टि से द्वादशभाव को देखने से व्यय अधिक होता है तथा बाहरी भावों से अच्छी शक्ति मिलती है। नवीं शत्रुदृष्टि से द्वितीयभाव को देखने से धन एवं कुटुम्ब की सामान्य वृद्धि होती है।

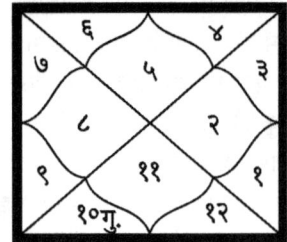

जिस जातक का जन्म 'सिंह' लग्न में हुआ हो और जन्म-कुण्डली के 'सप्तमभाव' में 'गुरु' की स्थिति हो, उसे 'गुरु' का फलादेश नीचे लिखे अनुसार समझना चाहिए—

सिंह लग्नः सप्तमभावः गुरु

सातवें केन्द्र, स्त्री तथा व्यवसाय के भाव में अपने समग्रह शनि की कुम्भ राशि पर स्थित गुरु के प्रभाव से जातक को स्त्री से वैमनस्य तथा दैनिक व्यवसाय के क्षेत्र में कुछ परेशानी का अनुभव होता है। साथ ही विद्या तथा संतानपक्ष से सामान्य शक्ति प्राप्त होती है। आयु की वृद्धि तथा पुरातत्त्व का साधारण लाभ होता है। यहां से गुरु पांचवीं शत्रुदृष्टि से एकादशभाव को देखता है, अतः लाभ अच्छा होता है। सातवीं मित्रदृष्टि से प्रथमभाव को देखने से मान, प्रभाव एवं सौंदर्य की प्राप्ति होती है तथा नवीं शत्रुदृष्टि से तृतीयभाव को देखने के कारण भाई-बहनों से वैमनस्य रहता है, परन्तु पराक्रम की वृद्धि के लिए जातक प्रयत्नशील रहता है।

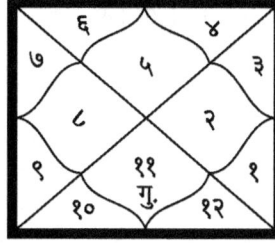

जिस जातक का जन्म 'सिंह' लग्न में हुआ हो और जन्म-कुण्डली के 'अष्टमभाव' में 'गुरु' की स्थिति हो, उसे 'गुरु' का फलादेश नीचे लिखे अनुसार समझना चाहिए—

सिंह लग्नः अष्टमभावः गुरु

आठवें आयु एवं पुरातत्त्व के भाव में अपनी राशि मीन में स्थित गुरु के प्रभाव से जातक की आयु एवं पुरातत्त्व में वृद्धि होती है। अपने दैनिक जीवन में वह प्रभावशाली रहता है, परन्तु संतानपक्ष से कष्ट पाता है और विद्या-बुद्धि के क्षेत्र में भी कुछ कमी रहती है। यहां से गुरु पांचवीं उच्चदृष्टि से द्वादशभाव को देखता है, अतः खर्च अधिक रहता है तथा बाहरी भावों का सम्बन्ध लाभदायक रहता है। सातवीं शत्रुदृष्टि से द्वितीयभाव को देखने से जातक धन-वृद्धि के लिए प्रयत्नशील बना रहता है तथा कुटुम्ब का सामान्य सुख प्राप्त करता है एवं नवीं मित्रदृष्टि से चतुर्थभाव को देखने के कारण माता तथा भूमि, मकान आदि के सुख में कुछ त्रुटिपूर्ण सफलता प्राप्त होती है।

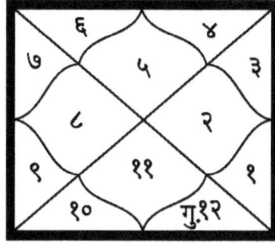

जिस जातक का जन्म 'सिंह' लग्न में हुआ हो और जन्म-कुण्डली के 'नवमभाव' में 'गुरु' की स्थिति हो, उसे 'गुरु' का फलादेश नीचे लिखे अनुसार समझना चाहिए—

सिंह लग्नः नवमभावः गुरु

नवें त्रिकोण, भाग्य एवं धर्म के भाव में अपने मित्र मंगल की मेष राशि पर स्थित गुरु के प्रभाव से जातक अपनी बुद्धि के द्वारा भाग्य एवं धर्म के क्षेत्र में सफलता प्राप्त करता है। उसे आयु एवं पुरातत्त्व की शक्ति भी मिलती है। यहां से गुरु पांचवीं मित्रदृष्टि से प्रथमभाव को देखता है, अतः शरीर में प्रभाव, मनोबल एवं सुख की प्राप्ति होती है। सातवीं शत्रुदृष्टि से तृतीयभाव को देखने से भाई-बहनों का सम्बन्ध असंतोषजनक रहता है, परन्तु पराक्रम की वृद्धि होती है। नवीं दृष्टि से स्वराशि में पंचमभाव को देखने से संतान एवं विद्या-बुद्धि की यथेष्ट उपलब्धि होती है, परन्तु गुरु के अष्टमेश होने के कारण प्रत्येक क्षेत्र में कुछ कमी का अनुभव भी होता है।

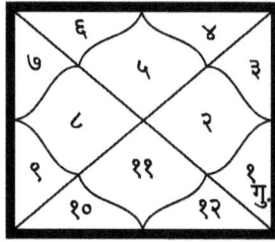

जिस जातक का जन्म 'सिंह' लग्न में हुआ हो और जन्म-कुण्डली के 'दशमभाव' में 'गुरु' की स्थिति हो, उसे 'गुरु' का फलादेश नीचे लिखे अनुसार समझना चाहिए—

दसवें केन्द्र, पिता एवं राज्य के भाव में अपने शत्रु शुक्र की वृषभ राशि में स्थित गुरु के प्रभाव से जातक को पिता के पक्ष से कुछ हानि मिलती है, परन्तु राज्य के क्षेत्र में सम्मान प्राप्त होता है। वह पुरातत्त्व, आयु, संतान एवं विद्या-बुद्धि की शक्ति भी अर्जित करता है। यहां से गुरु पांचवीं शत्रुदृष्टि से द्वितीयभाव को देखता है, अत: धन एवं कुटुम्ब का सुख मिलता है। सातवीं मित्रदृष्टि से चतुर्थभाव को देखने से माता, भूमि एवं मकान का सामान्य सुख उपलब्ध होता है। नवीं नीचदृष्टि से षष्ठभाव को देखने के कारण शत्रु पक्ष से कुछ परेशानी होती है तथा झगड़े-टंटों के कारण चिन्ता बनी रहती है।

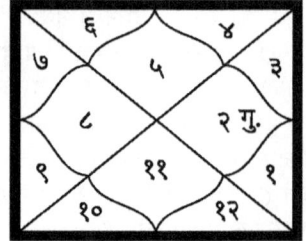

सिंह लग्न: दशमभाव: गुरु

जिस जातक का जन्म 'सिंह' लग्न में हुआ हो और जन्म-कुण्डली के 'एकादशभाव' में 'गुरु' की स्थिति हो, उसे 'गुरु' का फलादेश नीचे लिखे अनुसार समझना चाहिए—

ग्यारहवें लाभ भाव में अपने शत्रु बुध की मिथुन राशि पर स्थित गुरु के प्रभाव से जातक को आमदनी के पक्ष में सफलता मिलती है तथा आयु एवं पुरातत्त्व की शक्ति में वृद्धि होती है। यहां से गुरु पांचवीं शत्रुदृष्टि से तृतीयभाव को देखता है, अत: भाई-बहन से मतभेद रहता है तथा पुरुषार्थ की वृद्धि होती है। सातवीं दृष्टि से अपनी ही राशि में पंचमभाव को देखने के कारण संतान, विद्या एवं बुद्धि का लाभ मिलता है, परन्तु ग्रह के अष्टमेश होने के कारण कुछ परेशानी रहती है। नवीं समग्रहदृष्टि से सप्तमभाव को देखने से स्त्री तथा दैनिक रोजगार के क्षेत्र में कुछ वैमनस्य तथा परेशानियां बनी रहती हैं।

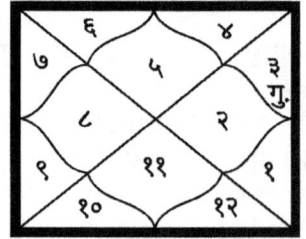

सिंह लग्न: एकादशभाव: गुरु

जिस जातक का जन्म 'सिंह' लग्न में हुआ हो और जन्म-कुण्डली के 'द्वादशभाव' में 'गुरु' की स्थिति हो, उसे 'गुरु' का फलादेश नीचे लिखे अनुसार समझना चाहिए—

बारहवें व्यय भाव में अपने मित्र चन्द्र की कर्क राशि पर स्थित उच्च के गुरु के प्रभाव से जातक खर्च अधिक करता है तथा बाहरी भावों से लाभदायक सम्बन्ध स्थापित करता है। उसे विद्या, बुद्धि तथा संतान के पक्ष में कुछ असंतोषपूर्ण शक्ति मिलती है। यहां से गुरु पांचवीं

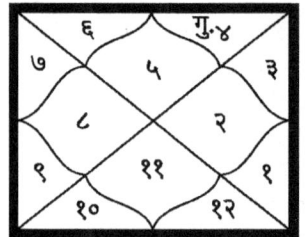

सिंह लग्न: द्वादशभाव: गुरु

मित्रदृष्टि से चतुर्थभाव को देखता है, अत: जातक को माता, भूमि, मकान आदि का सुख प्राप्त होता है। सातवीं नीच दृष्टि से षष्ठभाव को देखने के कारण शत्रु पक्ष से परेशानी होती है। तथा नवीं दृष्टि से स्वराशि में अष्टमभाव को देखने से आयु की विशेष शक्ति प्राप्त होती है तथा पुरातत्त्व का सामान्य लाभ होता है।

'सिंह' लग्न में 'शुक्र' का फल

जिस जातक का जन्म 'सिंह' लग्न में हुआ हो और जन्म-कुण्डली के 'प्रथमभाव' में 'शुक्र' की स्थिति हो, उसे 'शुक्र' का फलादेश नीचे लिखे अनुसार समझना चाहिए—

पहले केन्द्र एवं शरीर भाव में अपने शत्रु सूर्य की सिंह राशि पर स्थित शुक्र के प्रभाव के जातक को शारीरिक सौंदर्य, श्रृंगार, मान एवं प्रभाव की प्राप्ति होती है, तथा भाई-बहन एवं पिता के साथ कुछ मतभेद रहते हुए भी सुख प्राप्त होता है। ऐसा जातक अपनी उन्नति के लिए बहुत परिश्रम करता है तथा चातुर्य का सहारा लेता है। यहां से शुक्र सातवीं मित्रदृष्टि से सप्तमभाव को शनि की कुम्भ राशि में देखता है, अत: जातक को स्त्रीपक्ष से सफलता, शक्ति तथा प्रतिष्ठा मिलती है दैनिक व्यवसाय के क्षेत्र में भी लाभ एवं सुख की प्राप्ति होती है।

सिंह लग्न: प्रथमभाव: शुक्र

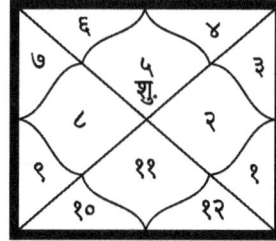

जिस जातक का जन्म 'सिंह' लग्न में हुआ हो और जन्म-कुण्डली के 'द्वितीयभाव' में 'शुक्र' की स्थिति हो, उसे 'शुक्र' का फलादेश नीचे लिखे अनुसार समझना चाहिए—

दूसरे धन तथा कुटुम्ब के भाव में बुध की कन्या राशि में स्थित नीच के शुक्र के प्रभाव से जातक की धन-संचय की शक्ति में कमी आती है तथा कुटुम्ब का सुख भी अल्प मात्रा में प्राप्त होता है। साथ ही पराक्रम, व्यवसाय, पिता एवं राज्य के क्षेत्र में भी कमी बनी रहती है। यहां से शुक्र सातवीं उच्चदृष्टि से अष्टमभाव को देखता है, अत: आयु में वृद्धि होती है तथा पुरातत्त्व का लाभ मिलता है। ऐसा व्यक्ति अपना जीवन बड़े ठाट-बाट से बिताता है।

सिंह लग्न: द्वितीयभाव: शुक्र

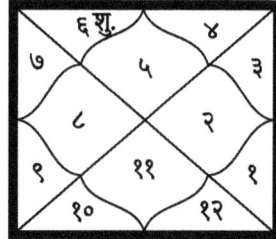

जिस जातक का जन्म 'सिंह' लग्न में हुआ हो और जन्म-कुण्डली के 'तृतीयभाव' में 'शुक्र' की स्थिति हो, उसे 'शुक्र' का फलादेश आगे लिखे अनुसार समझना चाहिए—

तीसरे सहोदर एवं पराक्रम के भाव में अपनी ही तुला राशि पर स्थित शुक्र के प्रभाव से जातक के पराक्रम में वृद्धि होती है तथा भाई-बहन का सुख प्राप्त होता है, साथ ही पिता, राज्य एवं व्यवसाय द्वारा भी लाभ मिलता है। यहां से शुक्र सातवीं समग्रहदृष्टि से मंगल की मेष राशि में नवमभाव को देखता है, अत: जातक पुरुषार्थ द्वारा अपने भाग्य तथा धर्म की वृद्धि करता है। वह बहुत बड़े व्यवसाय का संचालन करता है तथा बड़ा हिम्मती, परिश्रमी, चतुर तथा योग्य होता है।

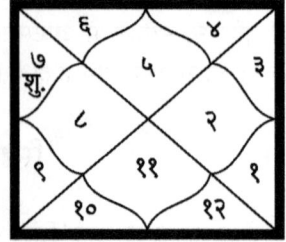

सिंह लग्न: तृतीयभाव: शुक्र

जिस जातक का जन्म 'सिंह' लग्न में हुआ हो और जन्म-कुण्डली के 'चतुर्थभाव' में 'शुक्र' की स्थिति हो, उसे 'शुक्र' का फलादेश नीचे लिखे अनुसार समझना चाहिए—

चौथे केन्द्र, माता, भूमि एवं सुख के भाव में अपने समग्रह मंगल की राशि पर स्थित शुक्र के प्रभाव से जातक माता के द्वारा सामान्य मतभेद के साथ सुख एवं शक्ति प्राप्त करता है और उसे भूमि, भाव आदि का लाभ भी होता है। यहां से शुक्र सातवीं दृष्टि से अपनी वृष राशि में दशमभाव को देखता है, अत: पिता, राज्य एवं व्यवसाय के पक्ष से सुख, धन, सफलता, सहयोग एवं सम्मान का लाभ होता है। ऐसे जातक को भाई-बहन का सुख भी मिलता है तथा उसका रहन-सहन रईसी का होता है।

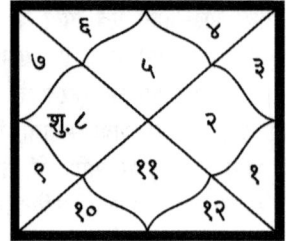

सिंह लग्न: चतुर्थभाव: शुक्र

जिस जातक का जन्म 'सिंह' लग्न में हुआ हो और जन्म-कुण्डली के 'पंचमभाव' में 'शुक्र' की स्थिति हो, उसे 'शुक्र' का फलादेश नीचे लिखे अनुसार समझना चाहिए—

पांचवें त्रिकोण, विद्या-बुद्धि एवं संतान के भाव में अपने समग्रह गुरु की धनु राशि पर स्थित शुक्र के प्रभाव से जातक को संतान, विद्या तथा बुद्धि के पक्ष में सफलता प्राप्त होती है। वह अपनी योग्यता एवं चातुर्य के द्वारा प्रभावशाली तथा सम्मानित होता है और उसे भाई-बहन तथा पिता का सुख भी मिलता है। यहां से शुक्र सातवीं मित्रदृष्टि से बुध की मिथुन राशि में एकादशभाव को देखता है, अत: परिश्रम द्वारा उसे लाभ भी खूब होता है, साथ ही राज्य के पक्ष में भी उसे सम्मान एवं सफलता की प्राप्ति होती है। ऐसा व्यक्ति चतुर, राजनीतिज्ञ, यशस्वी, धनी तथा सुखी होता है।

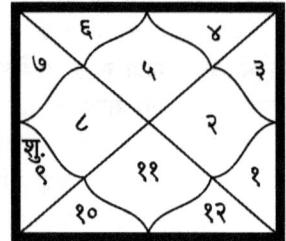

सिंह लग्न: पंचमभाव: शुक्र

जिस जातक का जन्म 'सिंह' लग्न में हुआ हो और जन्म-कुण्डली के 'षष्ठभाव' में 'शुक्र' की स्थिति हो, उसे 'शुक्र' का फलादेश आगे लिखे अनुसार समझना चाहिए—

छठे शत्रु एवं रोग भाव में अपने मित्र शनि की मकर राशि पर स्थित शुक्र के प्रभाव से जातक अत्यन्त चतुर तथा प्रभावशाली होता है तथा शत्रुओं पर विजय प्राप्त करता है। उसका पिता के साथ कुछ मतभेद रहता है तथा राज्य के क्षेत्र में परिश्रम द्वारा उन्नति एवं प्रतिष्ठा प्राप्त होती है। यहां से शुक्र सातवीं शत्रुदृष्टि से चन्द्र की कर्क राशि में द्वादशभाव को देखता है, अत: खर्च अधिक रहता है और बाहरी भावों के सम्बन्ध से सुख मिलता है। ऐसा जातक गुप्त युक्तियों के बल पर सफलता पाता रहता है।

सिंह लग्न: षष्ठभाव: शुक्र

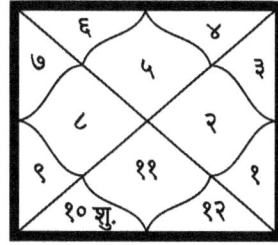

जिस जातक का जन्म 'सिंह' लग्न में हुआ हो और जन्म-कुण्डली के 'सप्तमभाव' में 'शुक्र' की स्थिति हो, उसे 'शुक्र' का फलादेश नीचे लिखे अनुसार समझना चाहिए—

सातवें केन्द्र, स्त्री तथा व्यवसाय के भाव में अपने मित्र शनि की कुम्भ राशि पर स्थित शुक्र के प्रभाव से जातक स्त्री तथा व्यवसाय के पक्ष में विशेष सफलता प्राप्त करता है और उसे भाई-बहन एवं पिता का सुख भी मिलता है। वह गृहस्थी के कार्यों का कुशलतापूर्वक संचालन करता है तथा यशस्वी होता है। यहां से शुक्र सातवीं शत्रुदृष्टि से सूर्य की सिंह राशि में प्रथमभाव को देखता है, अत: जातक को शारीरिक शक्ति, प्रभाव, हिम्मत, पुरुषार्थ तथा मनोबल की प्राप्ति होती है। वह हुकूमत करने वाला, न्यायी, हिम्मती तथा बहादुर होता है।

सिंह लग्न: सप्तमभाव: शुक्र

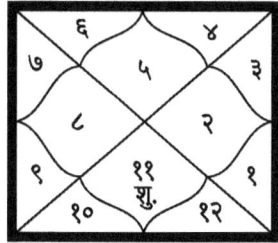

जिस जातक का जन्म 'सिंह' लग्न में हुआ हो और जन्म-कुण्डली के 'अष्टमभाव' में 'शुक्र' की स्थिति हो, उसे 'शुक्र' का फलादेश नीचे लिखे अनुसार समझना चाहिए—

आठवें आयु एवं पुरातत्त्व के भाव में अपने समग्रह गुरु की मीन राशि पर स्थित उच्च के शुक्र के प्रभाव से जातक को आयु एवं पुरातत्त्व का लाभ मिलता है। भाई-बहन तथा पिता के सुख में कुछ त्रुटिपूर्ण सफलता प्राप्त होती है तथा दैनिक जीवन में बड़ा प्रभाव बना रहता है। उसे राज्य के पक्ष से भी सफलता एवं शक्ति मिलती है। यहां से शुक्र सातवीं नीचदृष्टि से बुध की कन्या राशि में द्वितीयभाव को देखता है, अत: धन-संचय तथा कुटुम्ब के सुख में कुछ कमी बनी रहती है।

सिंह लग्न: अष्टमभाव: शुक्र

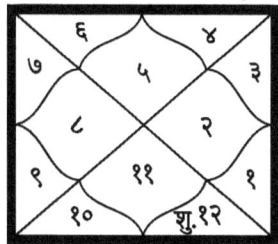

जिस जातक का जन्म 'सिंह' लग्न में हुआ हो और जन्म-कुण्डली के 'नवमभाव' में 'शुक्र' की स्थिति हो, उसे 'शुक्र' का फलादेश आगे लिखे अनुसार समझना चाहिए—

नवें त्रिकोण भाग्य तथा धर्म के भाव में अपने समग्रह मंगल की मेष राशि पर स्थित शुक्र के प्रभाव से जातक को पिता, राज्य तथा व्यवसाय के क्षेत्र से भी सुख, सफलता, सहयोग एवं सम्मान की प्राप्ति होती है। यहां से शुक्र सातवीं दृष्टि से अपनी ही तुला राशि में तृतीयभाव को देखता है, अत: जातक को भाई-बहन की श्रेष्ठ शक्ति मिलती है तथा पराक्रम में वृद्धि होती है। ऐसा जातक परिश्रमी, सद्गुणी, सुखी, हिम्मतवर, धनी, यशस्वी तथा चतुर होता है।

सिंह लग्न: नवमभाव: शुक्र

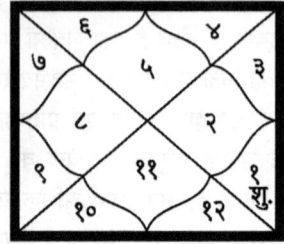

जिस जातक का जन्म 'सिंह' लग्न में हुआ हो और जन्म-कुण्डली के 'दशमभाव' में 'शुक्र' की स्थिति हो, उसे 'शुक्र' का फलादेश नीचे लिखे अनुसार समझना चाहिए—

दसवें केन्द्र, पिता एवं राज्य के भाव में अपनी ही वृषभ राशि पर स्थित शुक्र के प्रभाव से जातक को पिता, राज्य एवं व्यवसाय के क्षेत्र से अत्यधिक शक्ति, सफलता, सहयोग, सम्मान एवं सुख की प्राप्ति होती है, साथ ही भाई-बहन का सुख भी मिलता है। यहां से शुक्र सातवीं समग्रहदृष्टि से मंगल की वृश्चिक राशि में चतुर्थभाव को देखता है, अत: माता, मकान तथा भूमि के सुख का श्रेष्ठ लाभ होता है। ऐसा जातक चतुर, परिश्रमी, उन्नतिशील, भाग्यवान तथा प्रभावशाली होता है।

सिंह लग्न: दशमभाव: शुक्र

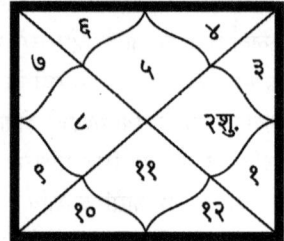

जिस जातक का जन्म 'सिंह' लग्न में हुआ हो और जन्म-कुण्डली के 'एकादशभाव' में 'शुक्र' की स्थिति हो, उसे 'शुक्र' का फलादेश नीचे लिखे अनुसार समझना चाहिए—

ग्यारहवें लाभ भाव में अपने मित्र बुध की मिथुन राशि पर स्थित शुक्र के प्रभाव से जातक की आमदनी के साधनों में वृद्धि होती है तथा भाई-बहन एवं पिता का सुख भी प्राप्त होता है। वह राज्य के क्षेत्र से भी लाभ एवं सम्मान प्राप्त करता है। यहां से शुक्र सातवीं समग्रहदृष्टि से गुरु की धनु राशि में पंचमभाव को देखता है, अत: जातक को विद्या-बुद्धि एवं संतान का विशेष लाभ होता है। ऐसा जातक अपनी वाणी द्वारा प्रभाव स्थापित करने वाला, सुखी, यशस्वी, सम्मानित तथा धनी होता है।

सिंह लग्न: एकादशभाव: शुक्र

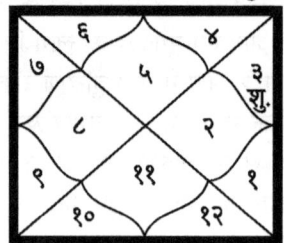

जिस जातक का जन्म 'सिंह' लग्न में हुआ हो और जन्म-कुण्डली के 'द्वादशभाव' में 'शुक्र' की स्थिति हो, उसे 'शुक्र' का फलादेश आगे लिखे अनुसार समझना चाहिए—

बारहवें व्यय तथा बाहरी सम्बन्धों के भाव में अपने शत्रु चन्द्र की कर्क राशि पर स्थित शुक्र के प्रभाव से जातक का खर्च अधिक होता है तथा बाहरी भावों के सम्बन्ध से सफलता मिलती है। उसे पिता तथा भाई-बहन के सुख में कुछ हानि उठानी पड़ती है तथा शारीरिक पुरुषार्थ में भी कमजोरी रहती है। यहां से शुक्र सातवीं मित्रदृष्टि से शनि की मकर राशि में षष्ठभाव को देखता है, अतः जातक अपने चातुर्य द्वारा शत्रु पक्ष में प्रभावशाली बना रहता है तथा अपनी हिम्मत के द्वारा झगड़े-झंझटों में विजय प्राप्त करता है।

सिंह लग्न: द्वादशभाव: शुक्र

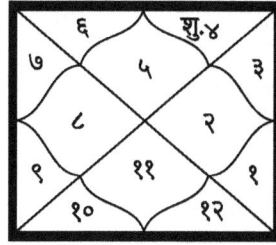

'सिंह' लग्न में 'शनि' का फल

जिस जातक का जन्म 'सिंह' लग्न में हुआ हो और जन्म-कुण्डली के 'प्रथमभाव' में 'शनि' की स्थिति हो, उसे 'शनि' का फलादेश नीचे लिखे अनुसार समझना चाहिए—

पहले केन्द्र एवं शरीर भाव में अपने शत्रु सूर्य की सिंह राशि पर स्थित शनि के प्रभाव से जातक को शरीर के सम्बन्ध में परेशानी, रोग आदि का सामना करना पड़ता है, परन्तु शत्रु पक्ष पर कुछ प्रभाव रहता है। यहां से शनि तीसरी उच्च तथा मित्रदृष्टि से तृतीयभाव को देखता है, अतः भाई-बहन की शक्ति प्राप्त होती है तथा पराक्रम में वृद्धि होती है। सातवीं दृष्टि से अपनी ही राशि में सप्तमभाव को देखने से कुछ परेशानियों के साथ स्त्री तथा व्यवसाय का सुख एवं लाभ मिलता है। दसवीं मित्रदृष्टि से दशमभाव को देखने के कारण पिता, राज्य एवं व्यवसाय के क्षेत्र में कुछ सफलता, यश एवं प्रतिष्ठा की प्राप्ति होती है।

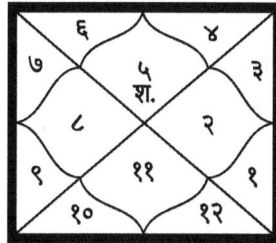

सिंह लग्न: प्रथमभाव: शनि

जिस जातक का जन्म 'सिंह' लग्न में हुआ हो और जन्म-कुण्डली के 'द्वितीयभाव' में 'शनि' की स्थिति हो, उसे 'शनि' का फलादेश नीचे लिखे अनुसार समझना चाहिए—

दूसरे धन-कुटुम्ब के भाव में अपने मित्र बुध की कन्या राशि पर स्थित शनि के प्रभाव से जातक को धन के क्षेत्र में हानि-लाभ तथा कुटुम्ब के पक्ष में सुख-दु:ख दोनों की ही प्राप्ति होती है। स्त्री तथा व्यवसाय के पक्ष में बाधाएं आती हैं। यहां से शनि तीसरी शत्रुदृष्टि से चतुर्थभाव को देखता है, अतः माता, भूमि एवं मकान के सुख में कुछ कमी बनी रहती है तथा विघ्न उपस्थित होते रहते हैं। सातवीं समग्रहदृष्टि से अष्टमभाव को देखने से आयु एवं पुरातत्त्व के क्षेत्र में भी असंतोष रहता है तथा दसवीं मित्रदृष्टि से एकादशभाव को देखने के कारण आमदनी में वृद्धि होती है। संक्षेप में ऐसा जातक सुख-दु:खपूर्ण जीवन व्यतीत करता है।

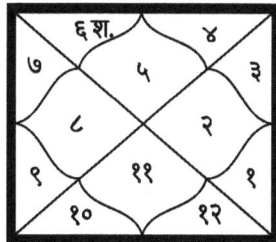

सिंह लग्न: द्वितीयभाव: शनि

जिस जातक का जन्म 'सिंह' लग्न में हुआ हो और जन्म-कुण्डली के 'तृतीयभाव' में 'शनि ' की स्थिति हो, उसे 'शनि' का फलादेश आगे लिखे अनुसार समझना चाहिए—

सिंह लग्नः तृतीयभावः शनि

तीसरे भाई एवं पराक्रम के भाव में अपने मित्र शुक्र की तुला राशि पर स्थित उच्च के शनि के प्रभाव से जातक के पराक्रम में बहुत वृद्धि होती है तथा भाई-बहन का सुख भी प्राप्त होता है। वह शत्रु पक्ष पर विजय पाता है तथा स्त्री के पक्ष में भी बहुत प्रभाव रखता है। दैनिक खर्च के मार्ग में परिश्रम द्वारा विशेष उन्नति करता है। यहां से शनि तीसरी समग्रहदृष्टि से पंचमभाव को देखता है, अतः संतान, विद्या एवं बुद्धि के क्षेत्र में कुछ परेशानी रहती है। सातवीं नीचदृष्टि से नवमभाव को देखने के कारण भाग्य तथा धर्म के क्षेत्र में कमी आती है तथा परेशानी रहती है। दसवीं शत्रुदृष्टि से द्वादशभाव को देखने से खर्च अधिक रहता है, जिसके कारण परेशानी भी बनी रहती है।

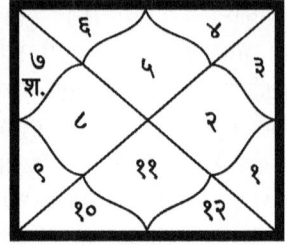

जिस जातक का जन्म 'सिंह' लग्न में हुआ हो और जन्म-कुण्डली के 'चतुर्थभाव' में 'शनि' की स्थिति हो, उसे 'शनि' का फलादेश नीचे लिखे अनुसार समझना चाहिए—

सिंह लग्नः चतुर्थभावः शनि

चौथे केतु, माता, भूमि एवं सुख के भाव में अपने शत्रु मंगल की वृश्चिक राशि पर स्थित शनि के प्रभाव से जातक को माता के सुख तथा भूमि-भवन के सम्बन्ध में कुछ अशांति एवं परेशानियों के बाद सफलता मिलती है। साथ ही स्त्री तथा दैनिक खर्च के सम्बन्ध में भी असंतोष रहता है। यहां से शनि तीसरी दृष्टि से स्वराशि में षष्ठभाव को देखता है, अतः शत्रु पक्ष पर प्रभाव रहता है और कुछ कठिनाइयों के साथ सफलता मिलती है। सातवीं मित्रदृष्टि से दशमभाव को देखने से पिता, राज्य एवं व्यवसाय के क्षेत्र में सफलता, सम्मान तथा सुख प्राप्त होता है। दसवीं शत्रुदृष्टि से प्रथमभाव को देखने के कारण शरीर में रोग एवं चिन्ताओं का निवास रहता है तथा शारीरिक सौंदर्य में भी कुछ त्रुटि रहती है।

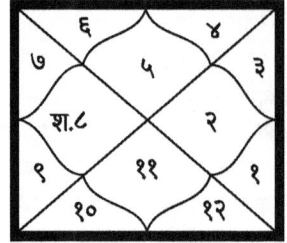

जिस जातक का जन्म 'सिंह' लग्न में हुआ हो और जन्म-कुण्डली के 'पंचमभाव' में 'शनि' की स्थिति हो, उसे 'शनि' का फलादेश नीचे लिखे अनुसार समझना चाहिए—

सिंह लग्नः पंचमभावः शनि

पांचवें त्रिकोण, विद्या, बुद्धि एवं संतान के भाव में अपने समग्रह गुरु की धनु राशि पर स्थित शनि के प्रभाव से जातक को विद्या, बुद्धि एवं संतान के पक्ष से कुछ परेशानी एवं कमी बनी रहती है। यहां से शनि तीसरी दृष्टि से अपनी ही राशि में सप्तमभाव को देखता है, अतः स्त्री तथा व्यवसाय का सुख तो मिलता है, परन्तु कुछ चिन्ताएं भी बनी रहती हैं। स्त्री बुद्धिमती होती है। सातवीं मित्रदृष्टि से एकादशभाव को देखने से आमदनी में वृद्धि होती है तथा दसवीं मित्रदृष्टि से द्वितीयभाव को देखने के कारण जातक धन की वृद्धि के लिए प्रयत्नशील रहता है तथा कुटुम्ब का सामान्य सुख भी प्राप्त करता है। ऐसा जातक विषयी भी अधिक होता है।

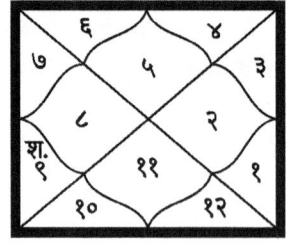

जिस जातक का जन्म 'सिंह' लग्न में हुआ हो और जन्म-कुण्डली के 'षष्ठभाव' में 'शनि' की स्थिति हो, उसे 'शनि' का फलादेश नीचे लिखे अनुसार समझना चाहिए—

सिंह लग्नः षष्ठभावः शनि

छठे शत्रु भाव में अपनी ही मकर राशि पर स्थित स्वक्षेत्री शनि के प्रभाव से जातक शत्रु पक्ष में प्रभावशाली बना रहता है। उसे अपनी ननिहाल से भी शक्ति प्राप्त होती है। दैनिक खर्च के संचालन में कुछ कठिनाई रहती है तथा स्त्री-पक्ष से कुछ असंतोष बना रहता है। यहां से शनि तीसरी समग्रहदृष्टि से अष्टमभाव को देखता है, अतः पुरातत्त्व का सामान्य लाभ होता है तथा आयु के क्षेत्र में कुछ अशांति रहती है। सातवीं शत्रुदृष्टि से द्वादशभाव को देखने के कारण खर्च अधिक होता है और उसके कारण परेशानी रहती है। दसवीं उच्चदृष्टि से तृतीयभाव को देखने से भाई-बहन का सुख मिलता है तथा पराक्रम की वृद्धि होती है। संक्षेप में, ऐसा जातक परिश्रम तथा हिम्मत के द्वारा कठिनाइयों पर विजय पाते हुए उन्नति करता है।

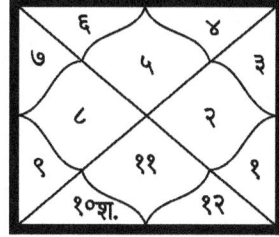

जिस जातक का जन्म 'सिंह' लग्न में हुआ हो और जन्म-कुण्डली के 'सप्तमभाव' में 'शनि' की स्थिति हो, उसे 'शनि' का फलादेश नीचे लिखे अनुसार समझना चाहिए—

सिंह लग्नः सप्तमभावः शनि

सातवें केन्द्र, स्त्री तथा व्यवसाय के भाव में अपनी ही कुम्भ राशि पर स्थित स्वक्षेत्री शनि के प्रभाव से जातक को स्त्री पक्ष से कुछ परेशानी रहती है तथा व्यवसाय में भी कठिनाइयों का सामना करना पड़ता है। शत्रु पक्ष में प्रभाव रहता है। यहां से शनि तीसरी नीचदृष्टि से नवमभाव को देखता है, अतः भाग्य तथा धर्म की कुछ हानि होती है। यश में कमी आती है। सातवीं शत्रुदृष्टि से प्रथमभाव को देखने से शारीरिक सौंदर्य एवं शांति का ह्रास होता है तथा दसवीं शत्रुदृष्टि से चतुर्थभाव को देखने से माता, भूमि, भाव आदि के सुख में भी कमी बनी रहती है।

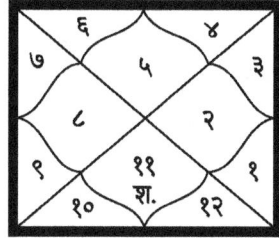

जिस जातक का जन्म 'सिंह' लग्न में हुआ हो और जन्म-कुण्डली के 'अष्टमभाव' में 'शनि' की स्थिति हो, उसे 'शनि' का फलादेश नीचे लिखे अनुसार समझना चाहिए—

सिंह लग्नः अष्टमभावः शनि

आठवें आयु तथा पुरातत्त्व के भाव में अपने समग्रह गुरु की मीन राशि पर स्थित शनि के प्रभाव से जातक की आयु में वृद्धि होती है, परन्तु स्त्री पक्ष से अशांति, शत्रु पक्ष से परेशानियों तथा दैनिक व्यवसाय के पक्ष से मुसीबतों का सामना करना पड़ता है। यहां से शनि तीसरी मित्रदृष्टि से दशमभाव को देखता है, अतः पिता, राज्य एवं व्यवसाय द्वारा कुछ लाभ की प्राप्ति होती है। सातवीं मित्रदृष्टि से द्वितीयभाव को देखने के कारण जातक धन-वृद्धि के लिए विशेष प्रयत्नशील रहता है तथा कुटुम्ब का सुख भी मिलता है। दसवीं समग्रहदृष्टि से पंचमभाव को देखने से विद्या-बुद्धि के पक्ष में कमी तथा संतानपक्ष से कष्ट होता है।

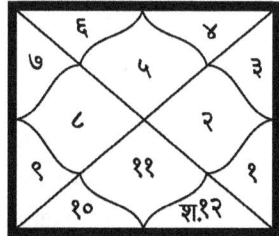

जिस जातक का जन्म 'सिंह' लग्न में हुआ हो और जन्म-कुण्डली के 'नवमभाव' में 'शनि' की स्थिति हो, उसे 'शनि' का फलादेश नीचे लिखे अनुसार समझना चाहिए—

सिंह लग्नः नवमभावः शनि

नवें त्रिकोण, भाग्य तथा धर्म के भाव में अपने शत्रु मंगल की मेष राशि पर स्थित शनि के प्रभाव से जातक के भाग्य तथा धर्म के क्षेत्र में कमी रहती है। यहां से शनि तीसरी मित्रदृष्टि से एकादशभाव को देखता है, अतः आमदनी की शक्ति प्राप्त होती है। सातवीं उच्च-दृष्टि से तृतीयभाव को देखने के कारण भाई-बहन का सुख मिलता है तथा पराक्रम की वृद्धि होती है। दसवीं दृष्टि से स्वयं अपनी ही राशि में षष्ठभाव को देखने से शत्रु पक्ष से प्रभाव प्राप्त होता है तथा झगड़े-झंझट के मामलों से कुछ हानि और कुछ लाभ रहता है। शनि के सप्तमेश होने के कारण स्त्री तथा व्यवसाय के क्षेत्र में त्रुटिपूर्ण सफलता मिलती है।

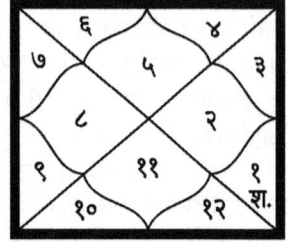

जिस जातक का जन्म 'सिंह' लग्न में हुआ हो और जन्म-कुण्डली के 'दशमभाव' में 'शनि' की स्थिति हो, उसे 'शनि' का फलादेश नीचे लिखे अनुसार समझना चाहिए—

सिंह लग्नः दशमभावः शनि

दसवें केन्द्र, राज्य तथा पिता के भाव में अपने मित्र शुक्र की वृषभ राशि पर स्थित शनि के प्रभाव से जातक को पिता, राज्य एवं व्यवसाय के पक्ष से परिश्रम द्वारा सुख, सफलता एवं सम्मान की प्राप्ति होती है। साथ ही शत्रु पक्ष में भी प्रभाव रहता है। यहां से शनि तीसरी शत्रुदृष्टि से द्वादशभाव को देखता है, अतः खर्च अधिक रहता है तथा बाहरी भावों के सम्बन्ध से लाभ होता है। सातवीं शत्रुदृष्टि से चतुर्थभाव को देखने से माता के साथ वैमनस्य रहता है तथा भूमि-भाव का सुख कम मिलता है। दसवीं दृष्टि से अपनी ही राशि में सप्तमभाव को देखने से स्त्री तथा व्यवसाय का सुख तो मिलता है, परन्तु शनि के षष्ठेश होने के कारण कुछ परेशानी भी रहती है।

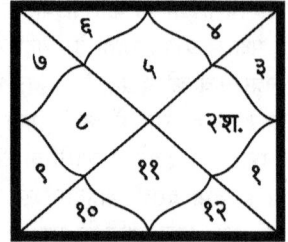

जिस जातक का जन्म 'सिंह' लग्न में हुआ हो और जन्म-कुण्डली के 'एकादशभाव' में 'शनि' की स्थिति हो, उसे 'शनि' का फलादेश नीचे लिखे अनुसार समझना चाहिए—

सिंह लग्नः एकादशभावः शनि

ग्यारहवें लाभ भाव में अपने मित्र बुध की मिथुन राशि पर स्थित शनि के प्रभाव से जातक को आमदनी के क्षेत्र में सफलता मिलती है। विशेषकर शत्रु पक्ष से लाभ होता है। स्त्री का सुख कुछ परेशानियों के साथ मिलता है तथा व्यवसाय के क्षेत्र में परिश्रम द्वारा अच्छी सफलता मिलती है। यहां से शनि तीसरी शत्रुदृष्टि से प्रथमभाव को देखता है, अतः शारीरिक सौंदर्य में कुछ कमी आती है तथा बीमारी भी होती है। सातवीं समग्रहदृष्टि से पंचमभाव को देखने के कारण संतान एवं विद्या के पक्ष में कमी रहती है तथा

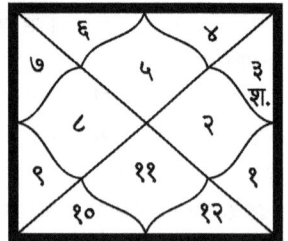

दसवीं समग्रहदृष्टि से अष्टमभाव को देखने से पुरातत्त्व के लाभ में कमी आती है तथा जीवन के सम्बन्ध में भी चिन्ताएं बनी रहती हैं।

जिस जातक का जन्म 'सिंह' लग्न में हुआ हो और जन्म-कुण्डली के 'द्वादशभाव' में 'शनि' की स्थिति हो, उसे 'शनि' का फलादेश नीचे लिखे अनुसार समझना चाहिए—

सिंह लग्नः द्वादशभावः शनि

बारहवें व्यय भाव में अपने शत्रु चन्द्र की कर्क राशि पर स्थित शनि के प्रभाव से जातक का खर्च अधिक होता है तथा बाहरी भावों के सम्बन्ध से कुछ लाभ होता है, साथ ही शत्रु पक्ष से परेशानी मिलती है। यहां से शनि तीसरी मित्रदृष्टि से द्वितीयभाव को देखता है, अतः जातक धन-जन के सुख की वृद्धि के लिए विशेष परिश्रम करता है। सातवींदृष्टि से षष्ठभाव को अपनी ही राशि में देखने से शत्रुओं पर प्रभाव बना रहता है। दसवीं नीचदृष्टि से नवम भाव को देखने के कारण भाग्योन्नति में कठिनाइयां आती हैं तथा धर्म की भी हानि होती है, ऐसा जातक रोगी, अपयशी, स्त्री तथा व्यवसाय के पक्ष से कष्ट पाने वाला भी होता है।

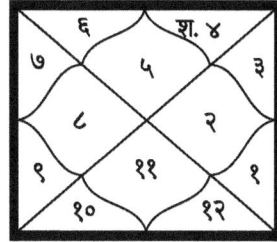

'सिंह' लग्न में 'राहु' का फल

जिस जातक का जन्म 'सिंह' लग्न में हुआ हो और जन्म-कुण्डली के 'प्रथमभाव' में 'राहु' की स्थिति हो, उसे 'राहु' का फलादेश नीचे लिखे अनुसार समझना चाहिए—

पहले केन्द्र एवं शरीर के भाव में अपने शत्रु सूर्य की सिंह राशि पर स्थित राहु के प्रभाव से जातक के शारीरिक सौंदर्य में कमी आती है तथा सुख-शांति में बाधा पड़ती है। उसे शरीर में कभी-कभी बड़े कष्ट का सामना करना पड़ता है तथा भीतरी चिन्ताओं से चिंतित बना रहता है। ऐसा व्यक्ति किसी उच्च पद पर पहुंचने अथवा किसी विशेष कार्य को करने के लिए गुप्तयुक्ति, परिश्रम एवं साहस का सहारा लेता है और सफलता की ओर बढ़ता भी है।

सिंह लग्नः प्रथमभावः राहु

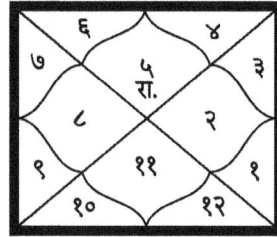

जिस जातक का जन्म 'सिंह' लग्न में हुआ हो और जन्म-कुण्डली के 'द्वितीयभाव' में 'राहु' की स्थिति हो, उसे 'राहु' का फलादेश नीचे लिखे अनुसार समझना चाहिए—

सिंह लग्नः द्वितीयभावः राहु

दूसरे धन-कुटुम्ब भाव में अपने समग्रह बुध की कन्या राशि पर स्थित राहु के प्रभाव से जातक धन तथा कुटुम्ब के पक्ष में कुछ परेशानियों के साथ उन्नति प्राप्त करता है। कभी-कभी उसे घोर आर्थिक कष्ट उठाना पड़ता है और ऋण लेना पड़ता है, तो कभी-कभी उसे अकस्मात ही जैसे मुफ्त धन की प्राप्ति भी हो जाती है। ऐसा व्यक्ति धन की वृद्धि के लिए कठिन परिश्रम, गुप्त युक्तियों एवं गंभीरता से काम लेता है। वह चतुर तथा चालाक भी होता है।

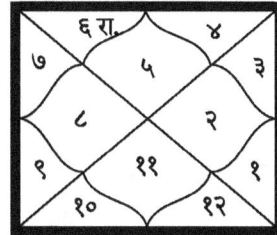

जिस जातक का जन्म 'सिंह' लग्न में हुआ हो और जन्म-कुण्डली के 'तृतीयभाव' में 'राहु' की स्थिति हो, उसे 'राहु' का फलादेश आगे लिखे अनुसार समझना चाहिए—

तीसरे सहोदर एवं पराक्रम के भाव में अपने मित्र शुक्र की तुला राशि पर स्थित राहु के प्रभाव से जातक को भाई-बहन की ओर से कुछ कष्ट प्राप्त होता है, परन्तु पराक्रम में विशेष वृद्धि होती है। ऐसा व्यक्ति गुप्त चातुर्य, धैर्य, साहस एवं परिश्रम का पुतला होता है। वह बड़ी गंभीरतापूर्वक अपने स्वार्थ को सिद्ध करता है। भीतर से कभी कमजोरी अनुभव करने पर भी प्रकट रूप से साहस का प्रदर्शन करता है तथा दृढ़ निश्चयी होता है।

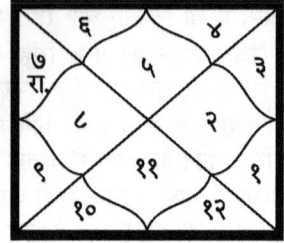

सिंह लग्न: तृतीयभाव: राहु

जिस जातक का जन्म 'सिंह' लग्न में हुआ हो और जन्म-कुण्डली के 'चतुर्थभाव' में 'राहु' की स्थिति हो, उसे 'राहु' का फलादेश नीचे लिखे अनुसार समझना चाहिए—

चौथे केन्द्र, माता, भूमि एवं सुख के भाव में अपने शत्रु मंगल की राशि पर स्थित राहु के प्रभाव से जातक माता के पक्ष से कष्ट पाता है। उसे भूमि, मकान आदि के सुख में भी बाधा मिलती है तथा घरेलू सुख-शांति में भी कमी रहती है। उसे अपनी मातृभूमि से दूर जाकर भी रहना पड़ता है। कभी-कभी उसे अपने भाव के भीतर कठिन संकटों का सामना करना पड़ता है, परन्तु भाग्य की शक्ति एवं हिम्मत के द्वारा वह सुख के साधनों को जुटाता रहता है तथा गुप्त युक्तियों का आश्रय लेता है।

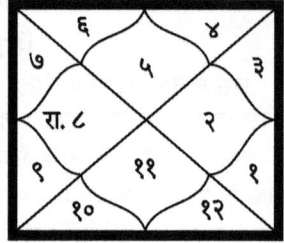

सिंह लग्न: चतुर्थभाव: राहु

जिस जातक का जन्म 'सिंह' लग्न में हुआ हो और जन्म-कुण्डली के 'पंचमभाव' में 'राहु' की स्थिति हो, उसे 'राहु' का फलादेश नीचे लिखे अनुसार समझना चाहिए—

पांचवें त्रिकोण, विद्या तथा संतान के भाव में अपने समग्रह गुरु की धनु राशि पर स्थित नीच के राहु के प्रभाव से जातक को संतान के पक्ष में कष्ट मिलता है तथा विद्या की भी कमी रहती है। वह अपने बुद्धि-बल से अपनी अयोग्यताओं को छिपाता है, परन्तु बोलचाल में शिष्टाचार, विनम्रता एवं सत्य का पालन नहीं कर पाता। वह गुप्त युक्तियों से स्वार्थ सिद्ध करने वाला होता है तथा कभी-कभी अपने मन में घबरा भी जाता है।

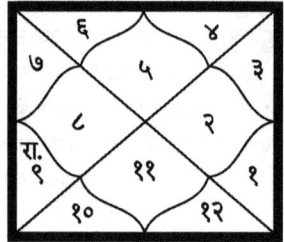

सिंह लग्न: पंचमभाव: राहु

जिस जातक का जन्म 'सिंह' लग्न में हुआ हो और जन्म-कुण्डली के 'षष्ठभाव' में 'राहु' की स्थिति हो, उसे 'राहु' का फलादेश आगे लिखे अनुसार समझना चाहिए—

छठे रोग तथा शत्रु के भाव में अपने मित्र शनि की मकर राशि पर स्थित राहु के प्रभाव से जातक युक्ति-बल के द्वारा शत्रु-पक्ष पर सफलता प्राप्त करता है, परन्तु कभी-कभी अपने शत्रुओं द्वारा प्राप्त परेशानी का भी विशेष रूप से अनुभव करता है। उसमें गुप्तधैर्य एवं साहस की शक्ति होती है। वह बड़ा हिम्मती होता है, अत: किसी समय झगड़े में वह अपनी बहादुरी का प्रदर्शन भी करता है। उसे ननिहाल के पक्ष से कुछ हानि उठानी पड़ती है।

सिंह लग्न: षष्ठभाव: राहु

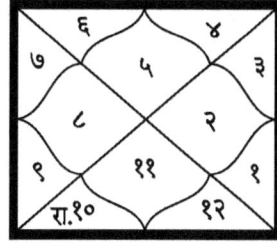

जिस जातक का जन्म 'सिंह' लग्न में हुआ हो और जन्म-कुण्डली के 'सप्तमभाव' में 'राहु' की स्थिति हो, उसे 'राहु' का फलादेश नीचे लिखे अनुसार समझना चाहिए—

सातवें केन्द्र, स्त्री तथा व्यवसाय के भाव में अपने मित्र शनि की कुम्भ राशि पर स्थित राहु के प्रभाव से जातक को स्त्री पक्ष से कष्ट मिलता है तथा व्यवसाय के क्षेत्र में भी घोर कठिनाइयां आती हैं, परन्तु यह बड़े परिश्रम, गुप्त-युक्ति, धैर्य एवं हिम्मत के साथ अपने व्यवसाय एवं गृहस्थी का संचालन करता तथा स्त्री पक्ष के सुख की वृद्धि करता है। ऐसे व्यक्ति को कभी-कभी घोर संकटों का सामना भी करना पड़ता है, परन्तु बाद में किसी प्रकार गृह-संचालन की शक्ति उसे प्राप्त हो जाती है।

सिंह लग्न: सप्तमभाव: राहु

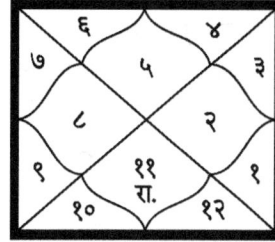

जिस जातक का जन्म 'सिंह' लग्न में हुआ हो और जन्म-कुण्डली के 'अष्टमभाव' में 'राहु' की स्थिति हो, उसे 'राहु' का फलादेश नीचे लिखे अनुसार समझना चाहिए—

आठवें आयु एवं पुरातत्त्व के भाव में अपने समग्रह गुरु की मीन राशि पर स्थित राहु के प्रभाव से जातक को अपने जीवन में अनेक बार मृत्यु-तुल्य कष्ट का सामना करना पड़ता है। उसके पेट के निचले भाग में विकार रहता है तथा दैनिक कार्यों में भी चिन्ताएं एवं परेशानियां बनी रहती हैं। उसे पुरातत्त्व की हानि उठानी पड़ती है। किसी प्रकार गुप्त युक्तियों का आश्रय लेकर वह जैसे-तैसे अपने जीवन का निर्वाह करता है।

सिंह लग्न: अष्टमभाव: राहु

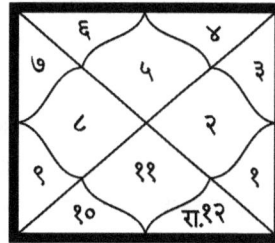

जिस जातक का जन्म 'सिंह' लग्न में हुआ हो और जन्म-कुण्डली के 'नवमभाव' में 'राहु' की स्थिति हो, उसे 'राहु' का फलादेश आगे लिखे अनुसार समझना चाहिए—

नवें त्रिकोण, भाग्य तथा धर्म के भाव में अपने शत्रु मंगल की मेष राशि पर स्थित राहु के प्रभाव से जातक की भाग्योन्नति में अनेक बार रुकावटें आती हैं तथा परेशानियां उठ खड़ी होती हैं। धर्म के पालन में भी उसे अरुचि रहती है। वह अपने भाग्य की वृद्धि के लिए कठिन परिश्रम, गुप्त युक्तियों, धैर्य तथा साहस का आश्रय लेता है और अनेक परेशानियों को पार करने के बाद थोड़ी-सी सफलता भी पा लेता है।

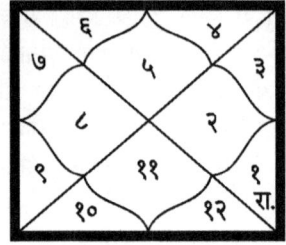

सिंह लग्न: नवमभाव: राहु

जिस जातक का जन्म 'सिंह' लग्न में हुआ हो और जन्म-कुण्डली के 'दशमभाव' में 'राहु' की स्थिति हो, उसे 'राहु' का फलादेश नीचे लिखे अनुसार समझना चाहिए—

दसवें केन्द्र, राज्य तथा पिता के भाव में अपने मित्र शुक्र की वृषभ राशि पर स्थित राहु के प्रभाव से जातक को अपने पिता के सुख में कमी रहती है तथा व्यावसायिक उन्नति में रुकावटें आती रहती हैं। उसे राज्य द्वारा भी परेशानी का योग प्राप्त होता है। परन्तु राहु के मित्र राशिस्थ होने के कारण जातक अनेक कठिनाइयों के बाद गुप्त युक्तियों के बल पर व्यवसाय में थोड़ी-बहुत उन्नति भी कर लेता है।

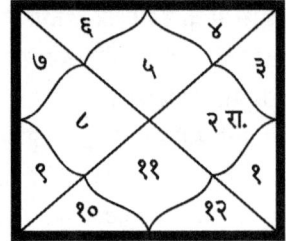

सिंह लग्न: दशमभाव: राहु

जिस जातक का जन्म 'सिंह' लग्न में हुआ हो और जन्म-कुण्डली के 'एकादशभाव' में 'राहु' की स्थिति हो, उसे 'राहु' का फलादेश नीचे लिखे अनुसार समझना चाहिए—

ग्यारहवें लाभ भाव में अपने समग्रह बुध की मिथुन राशि पर स्थित उच्च के राहु के प्रभाव से जातक को आमदनी के मार्ग में विशेष सफलता प्राप्त होती है और कभी-कभी उसे आकस्मिक धन की प्राप्ति भी होती है। वह गुप्त युक्तियों, धैर्य, साहस तथा परिश्रम के बल पर लाभ के क्षेत्र को बढ़ाता रहता है, परन्तु कभी-कभी उसे हानि तथा परेशानी भी उठानी पड़ती है।

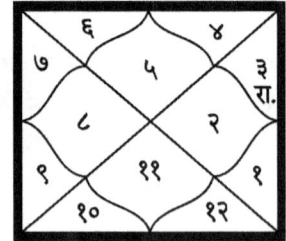

सिंह लग्न: एकादशभाव: राहु

जिस जातक का जन्म 'सिंह' लग्न में हुआ हो और जन्म-कुण्डली के 'द्वादशभाव' में 'राहु' की स्थिति हो, उसे 'राहु' का फलादेश नीचे लिखे अनुसार समझना चाहिए—

बारहवें व्यय भाव में अपने शत्रु चन्द्र की कर्क राशि पर स्थित राहु के प्रभाव से जातक को अपना खर्च चलाने के लिए हर समय चिंतित रहना पड़ता है तथा कभी-कभी घोर संकटों का सामना करना पड़ता है। उसे बाहरी भावों के सम्बन्ध से भी हानि उठानी पड़ती है। मन की प्रबल शक्ति द्वारा बारंबार के प्रयत्न, परिश्रम एवं गुप्त युक्तियों के बल पर अन्त में उसे थोड़ी बहुत सफलता मिलती है।

सिंह लग्न: द्वादशभाव: राहु

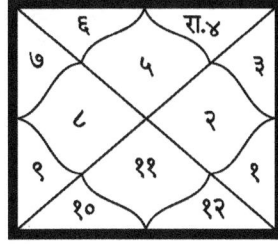

'सिंह' लग्न में 'केतु' का फल

जिस जातक का जन्म 'सिंह' लग्न में हुआ हो और जन्म-कुण्डली के 'प्रथमभाव' में 'केतु' की स्थिति हो, उसे 'केतु' का फलादेश नीचे लिखे अनुसार समझना चाहिए—

पहले केन्द्र तथा शरीर भाव के अपने शत्रु सूर्य की सिंह राशि पर स्थित केतु के प्रभाव से जातक के शारीरिक सौंदर्य एवं स्वास्थ्य में कमी आती है तथा कभी कोई गहरी चोट भी लगती है अथवा घाव होता है। ऐसा व्यक्ति भीतर से चिंतित रहते हुए भी गुप्त धैर्य से काम लेता है तथा सुख की प्राप्ति के लिए विशेष परिश्रम करता रहता है।

सिंह लग्न: प्रथमभाव: केतु

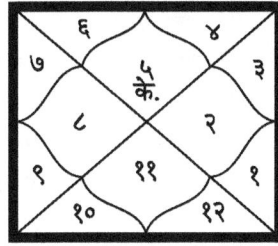

जिस जातक का जन्म 'सिंह' लग्न में हुआ हो और जन्म-कुण्डली के 'द्वितीयभाव' में 'केतु' की स्थिति हो, उसे 'केतु' का फलादेश नीचे लिखे अनुसार समझना चाहिए—

दूसरे धन एवं कुटुम्ब के भाव में अपने समग्रह बुध की कन्या राशि पर स्थित केतु के प्रभाव से जातक को धन-संचय के क्षेत्र में दुर्बलता प्राप्त होती है तथा धन की कमी के कारण अनेक प्रकार की चिन्ताओं एवं परेशानियों का सामना करना पड़ता है। वह धन-वृद्धि के लिए कठिन परिश्रम करता है। कभी-कभी उसे ऋण भी लेना पड़ता है। वह गुप्त युक्तियों के बल पर अपनी प्रतिष्ठा को बढ़ाने का प्रयत्न करता है। उसे कुटुम्ब का पूर्ण सुख भी नहीं मिलता।

सिंह लग्न: द्वितीयभाव: केतु

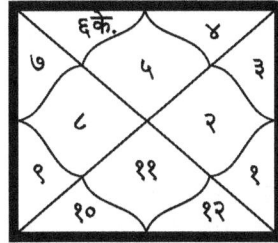

जिस जातक का जन्म 'सिंह' लग्न में हुआ हो और जन्म-कुण्डली के 'तृतीयभाव' में 'केतु' की स्थिति हो, उसे 'केतु' का फलादेश आगे लिखे अनुसार समझना चाहिए—

तीसरे भाई एवं पराक्रम के भाव में अपने मित्र शुक्र की तुला राशि पर स्थित केतु के प्रभाव से जातक को भाई-बहन के पक्ष में परेशानी एवं कष्ट का योग बनता है, परन्तु पराक्रम की बहुत अधिक वृद्धि होती है। ऐसा व्यक्ति पुरुषार्थी, परिश्रमी, निडर, बड़ी हिम्मतवाला, चतुर तथा शक्तिशाली होता है। वह प्रत्येक काम को अपने बाहुबल के द्वारा पूरा करता है और लापरवाह तथा हठी होता है।

सिंह लग्न: तृतीयभाव: केतु

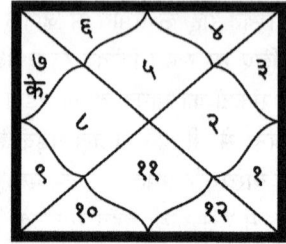

जिस जातक का जन्म 'सिंह' लग्न में हुआ हो और जन्म-कुण्डली के 'चतुर्थभाव' में 'केतु' की स्थिति हो, उसे 'केतु' का फलादेश नीचे लिखे अनुसार समझना चाहिए—

चौथे केन्द्र, माता, भूमि एवं सुख के भाव में अपने मित्र मंगल की वृश्चिक राशि पर स्थित राहु के प्रभाव से जातक को अपनी माता के सुख में कमी रहती है तथा मातृभूमि से अलग हटकर परदेश में जाकर रहने का योग भी बनता है। उसके घरेलू सुख में अशांति बनी रहती है। वह कठिन परिश्रम तथा गुप्त युक्तियों के बल पर सुख प्राप्त करने का प्रयत्न करता है, परन्तु अधिकतर परेशान ही रहता है।

सिंह लग्न: चतुर्थभाव: केतु

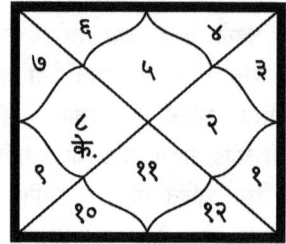

जिस जातक का जन्म 'सिंह' लग्न में हुआ हो और जन्म-कुण्डली के 'पंचमभाव' में 'केतु' की स्थिति हो, उसे 'केतु' का फलादेश नीचे लिखे अनुसार समझना चाहिए—

पांचवें त्रिकोण, विद्या तथा संतान के भाव में अपने समग्रह गुरु की धनु राशि पर स्थित उच्च के केतु के प्रभाव से जातक को संतान के पक्ष से शक्ति मिलती है, परन्तु कभी-कभी कष्ट का सामना भी करना पड़ता है। वह विद्या के क्षेत्र में सफलता पाने के लिए कठिन परिश्रम करता है, परन्तु विद्या-बुद्धि में कुछ कमी ही बनी रहती है। ऐसा व्यक्ति स्वयं को बुद्धिमान समझता है, परन्तु उसकी वाणी अधिक प्रभावशाली नहीं होती।

सिंह लग्न: पंचमभाव: केतु

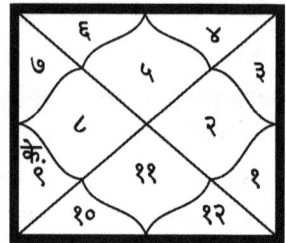

जिस जातक का जन्म 'सिंह' लग्न में हुआ हो और जन्म-कुण्डली के 'षष्ठभाव' में 'केतु' की स्थिति हो, उसे 'केतु' का फलादेश आगे लिखे अनुसार समझना चाहिए—

छठे शत्रु एवं रोग भाव में अपने शत्रु शनि की मकर राशि पर स्थित केतु के प्रभाव से जातक अपने परिश्रम द्वारा शत्रु पक्ष पर विजय प्राप्त करता है तथा कठिनाइयों को बड़ी हिम्मत एवं धैर्य के साथ पार करता है। वह बड़ी-बड़ी मुसीबतें आने पर भी घबराता नहीं है तथा गुप्त युक्तियों एवं आंतरिक साहस के बल पर निरंतर आगे बढ़ते रहने का प्रयत्न करता है। उसे ननिहाल के पक्ष से कुछ हानि प्राप्त होती है।

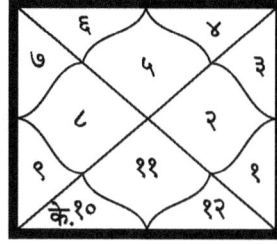

सिंह लग्न: षष्ठभाव: केतु

जिस जातक का जन्म 'सिंह' लग्न में हुआ हो और जन्म-कुण्डली के 'सप्तमभाव' में 'केतु' की स्थिति हो, उसे केतु' का फलादेश नीचे लिखे अनुसार समझना चाहिए—

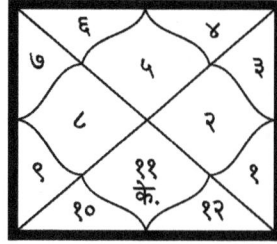

सातवें केन्द्र, स्त्री तथा व्यवसाय के भाव में अपने शत्रु शनि की कुम्भ राशि पर स्थित केतु के प्रभाव से जातक को स्त्री के सुख में कमी एवां व्यवसाय के पक्ष में कठिनाइयों का सामना करना पड़ता है। वह गुप्त धैर्य एवं साहस के साथ अपनी गृहस्थी का पालन करता है तथा कभी-कभी गहरी मुसीबतों में भी फंस जाता है, परन्तु अपना धैर्य और साहस नहीं छोड़ता। अंतत: उसे सफलता प्राप्त होती है। उसकी मूत्रेंद्रिय में विकार भी होता है।

सिंह लग्न: सप्तमभाव: केतु

जिस जातक का जन्म 'सिंह' लग्न में हुआ हो और जन्म-कुण्डली के 'अष्टमभाव' में 'केतु' की स्थिति हो, उसे 'केतु' का फलादेश नीचे लिखे अनुसार समझना चाहिए—

आठवें आयु एवं पुरातत्त्व के भाव में अपने समग्रह गुरु की मीन राशि पर स्थित केतु के प्रभाव से जातक को जीवन में अनेक बार मृत्यु-तुल्य संकटों का सामना करना पड़ता है तथा पुरातत्त्व के सम्बन्ध में भी हानि उठानी पड़ती है। उसके पेट के निचले भाग में विकार रहता है वह हर समय चिन्ताओं से घिरा रहता है, परन्तु अपने साहस और धैर्य को नहीं छोड़ता। अंतत: उसे कठिनाइयों पर घोर परिश्रम एवं गुप्त युक्तियों के बल पर विजय भी प्राप्त होती है।

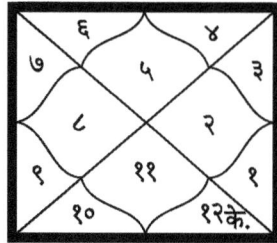

सिंह लग्न: अष्टमभाव: केतु

जिस जातक का जन्म 'सिंह' लग्न में हुआ हो और जन्म-कुण्डली के 'नवमभाव' में 'केतु' की स्थिति हो, उसे 'केतु' का फलादेश आगे लिखे अनुसार समझना चाहिए—

नवें त्रिकोण, भाग्य तथा धर्म के भाव में अपने मित्र मंगल की मेष राशि पर स्थित केतु के प्रभाव से जातक की भाग्योन्नति में कठिनाइयां आती रहती हैं और उसे घोर परिश्रम करना पड़ता है। इसी प्रकार धर्म के पक्ष में भी कमजोरी बनी रहती है। भाग्यहीनता एवं धर्महीनता के कारण उसके यश को भी धब्बा लगता है। उसे कभी-कभी बड़े संकटों का शिकार भी होना पड़ता है। परन्तु अंत में वह अपने गुप्त धैर्य, परिश्रम एवं साहस के बल पर सफलता एवं शक्ति प्राप्त करता है।

सिंह लग्न: नवमभाव: केतु

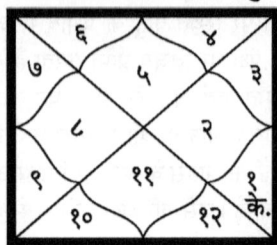

जिस जातक का जन्म 'सिंह' लग्न में हुआ हो और जन्म-कुण्डली के 'दशमभाव' में 'केतु' की स्थिति हो, उसे 'केतु' का फलादेश आगे लिखे अनुसार समझना चाहिए—

दसवें केन्द्र, माता, राज्य तथा पिता के भाव में अपने मित्र शुक्र की वृषभ राशि पर स्थित केतु के प्रभाव से जातक को पिता-भाव से कुछ कष्ट प्राप्त होता है तथा राज्य क्षेत्र में सफलता एवं मान पाने के लिए कठिन परिश्रम करना पड़ता है। उसे व्यावसायिक क्षेत्र में भी कठिनाइयां प्राप्त होती हैं तथा प्रतिष्ठा के ऊपर भी संकट आ बनता है, परन्तु वह गुप्त धैर्य, साहस, बुद्धि, चतुराई एवं परिश्रम के बल पर उन सबको पार करके उन्नति पाता है।

सिंह लग्न: दशमभाव: केतु

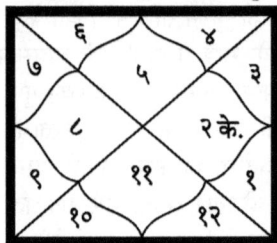

जिस जातक का जन्म 'सिंह' लग्न में हुआ हो और जन्म-कुण्डली के 'एकादशभाव' में 'केतु' की स्थिति हो, उसे 'केतु' का फलादेश आगे लिखे अनुसार समझना चाहिए—

ग्यारहवें लाभ भाव में अपने समग्रह बुध की मिथुन राशि पर स्थित केतु के प्रभाव से जातक को अपनी आय के क्षेत्र में घोर कठिनाइयों एवं संघर्षों का सामना करना पड़ता है। धनोपार्जन में कमी के कारण उसे दुःख का अनुभव होता है तथा कभी-कभी धन की कमी से घोर संकटों का सामना करना पड़ता है, परन्तु वह अपनी गुप्त-युक्ति, धैर्य, परिश्रम तथा साहस के बल पर उन सब कठिनाइयों को पार करता है और लाभ उठाने के लिए उचित-अनुचित का विचार नहीं करता है।

सिंह लग्न: एकादशभाव: केतु

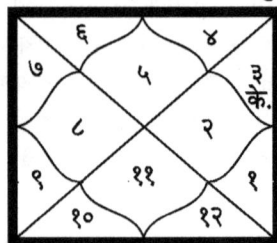

जिस जातक का जन्म 'सिंह' लग्न में हुआ हो और जन्म-कुण्डली के 'द्वादशभाव' में 'केतु' की स्थिति हो, उसे 'केतु' का फलादेश आगे लिखे अनुसार समझना चाहिए—

बारहवें व्यय भाव में अपने शत्रु चन्द्र की कर्क राशि पर स्थित केतु के प्रभाव से जातक को अपने खर्च के कारण अनेक प्रकार की कठिनाइयों का सामना करना पड़ता है। उसे मानसिक चिन्ताएं घेरे रहती हैं। कई बार उसे हानि, संकट एवं परेशानियों का सामना करना पड़ता है। परन्तु अंत में वह अपने गुप्त धैर्य, साहस, युक्ति-बल तथा परिश्रम के द्वारा कठिनाइयों पर विजय पाता है और अपने काम को जैसे-तैसे चलाता रहता है।

सिंह लग्नः द्वादशभावः केतु

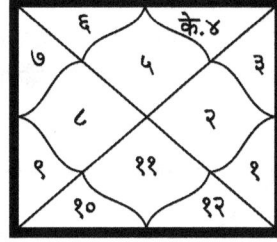

६
के.४
७
५
३
८
२
९
११
१
१०
१२

उदाहरण सिंह लग्न कुण्डली 9. सहसंस्थापक एपलइनकॉरपोरेशन स्व. स्टीवेन पॉलजोब्स

जन्म तिथि–24-02-1955

जन्म समय–19:10 घण्टे (पै.मा.स.)

जन्म स्थान–सैनफ्रांसिसको (कैलीफोर्निया–यू.एस.ए.)

जन्म कुण्डली

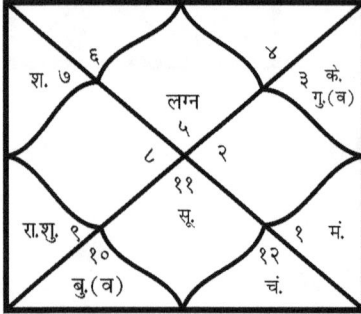

नवांश कुण्डली

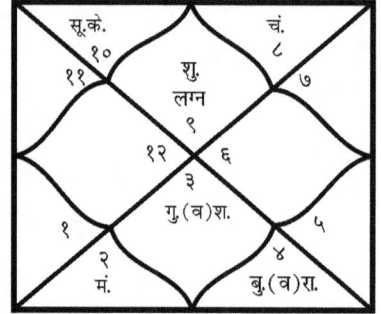

कुण्डली संख्या–9

ज्योतिषीय विवेचन

यह भचक्र में राशि क्रम की पंचम राशि सिंह राशि लग्न कुण्डली है। यह एक अग्नितत्त्व, रजोगुणी और स्थिर राशि है। इसका स्वामी सूर्य समस्त ग्रहों का जनक है। ऐसे व्यक्ति सरल, सौम्य, स्नेहशील, सहनशील, किन्तु प्रभुतासम्पन्न, शक्तिशाली, साहसी, तीव्र गति वाले, उज. र्विान, व्यवहारकुशल, खुले मस्तिष्क वाले, स्वतन्त्र और मौलिक विचारों वाले होते हैं। वह बड़े महत्त्वाकांक्षी होते हैं। अपनी प्रबन्ध क्षमता के कारण वह अच्छे प्रबन्धक भी होते हैं। अमीर/गरीब, बड़े/छोटे सभी प्रकार के लोगों से मधुर सम्बन्ध बनाये रखना पसन्द करते हैं। स्टीवेन पॉल जोब्स ऐसे ही व्यक्ति थे। उन्होंने एक साथ कई पदों, जैसे– एक संस्था के संस्थापक, दूसरी के सभापति और तीसरी के प्रशासनिक अधिकारी के कार्यों को भली-भांति संभाला। उनके बारे में बड़े ही नहीं, छोटे बच्चे भी जानते हैं। उनके एपल इनकॉरपोरेशन, पिक्सर और नैक्सट इनकॉरपोरेशन द्व ारा बनाये कम्प्यूटर्स, लैपटॉप्स, आईफोन, सेलफोन, मोबाइल, आईपॉड आदि इलेक्ट्रॉनिक आइटम्स विश्वप्रसिद्ध हैं। उत्तरा भाद्रपद नक्षत्र में जन्मे स्टीवेन पॉल जोब्स एक बुद्धिमान्, विद्वान्, गुणवान्, धनी, दानी और प्रतिष्ठित व्यक्ति थे।

सुदर्शन लग्न विचार

लग्नेश एवं लग्नकारक सूर्य सप्तम भाव में स्थित होकर लग्न को पूर्ण दृष्टि से देख रहे हैं। चन्द्र लग्नेश गुरु बुध की राशि मिथुन में एकादश भाव में केतु के साथ बैठे हैं और लग्नेश सूर्य को सप्तम भाव में नवम दृष्टि से देख रहे हैं, किन्तु लग्न पर कोई दृष्टि नहीं है। सूर्य लग्नेश शनि तृतीय भाव पराक्रम भाव में विराजमान हैं। शनि की भी लग्न पर कोई दृष्टि नहीं है। नवांश कुण्डली में नवांश लग्नेश गुरु शनि के साथ सप्तम भाव में बैठे हैं और लग्न एवं

लग्न में बैठे शुक्र को पूर्ण दृष्टि से देख रहे हैं। शुक्र वर्गोत्तम है। ऐसी स्थिति में जन्मलग्न ही बलिष्ठ प्रतीत होती है।

ग्रह स्थिति, ग्रह दृष्टि एवं ग्रह योग

इस जन्मकुण्डली के आय/लाभ के एकादश भाव में केतु साथ बैठे गुरु की एक साथ बल और पराक्रम के तृतीय भाव पर और भाव में बैठे उच्चराशिस्थ शनि पर, जीवनसाथी के सप्तम भाव और वहा बैठे लग्नेश सूर्य पर पूर्णदृष्टि है। गुरु की स्वराशि धनु के पंचम भाव एवं पंचम भाव में बैठे शुक्र और राहु पर भी पूर्णदृष्टि है। इस प्रकार सूर्य और शनि दोनों से गुरु को बल एवं ऊर्जा मिल रही है। पराक्रम भाव का कारक मंगल भाग्य भाव में स्वराशिस्थ होकर दूसरे चतुर्थ भाव को पूर्णदृष्टि से देख रहा है और दशमेश शुक्र पंचम भाव त्रिकोण भाव में बैठा है। एक प्रकार का बलिष्ट राजयोग बना रहे हैं। फलस्वरूप जातक को जीवनयापन की समस्त सुविधाएं, जैसे–मकान, वाहन आदि प्राप्त हुईं। एकादश भाव में बैठे गुरु के कारण एकादश, तृतीय और सप्तम भाव के सहसम्बन्ध ने उन्हें काफी ऊंचा उठाया। इस सहसम्बन्ध को प्रकृति त्रिकोण के तीन भावों 7-11-3 के सहसम्बन्ध के नाम से जाना जाता है। यह व्यक्ति की लालसाओं, महत्त्वाकांक्षाओं, कामभावनाओं, वैवाहिक सुख-सम्बन्धों, घर की सुख-समृद्धि और आनन्दित जीवन का मार्ग प्रशस्त करते हैं। उन्होंने जीवन में ऐसे इलेक्ट्रोनिक्स आइटम्स तैयार किये कि वह लघु अवधि में विश्वविख्यात हो गये। उनके आय के साधनों में पुरजोर वृद्धि हुई। उनके मौलिक विचारों, कड़ी मेहनत और काम के प्रति गहरी लग्न ने उन्हें इलेक्ट्रॉनिक के क्षेत्र में नाम और पहचान दी। सूर्य द्वारा बन रहा वाशि योग, चन्द्र द्वारा बन रहा सुनफा योग ने उन्हें तार्किक, गुणवान, धनवान् एवं सौभाग्यशाली बनाया।

उपसंहार

उपरोक्त ग्रहस्थिति, ग्रहदृष्टि तथा ग्रहयोग जैसे तथ्यों से निष्कर्ष निकलता है कि उन्होंने अपने जीवन में अपने मौलिक विचारों को मूर्तरूप देने में कोई कसर नहीं छोड़ी। सोच-समझकर अपनी समस्त महत्त्वाकांक्षाओं को पूरा करने में अपना सारा जीवन लगा दिया। एकादश, तृतीय और सप्तम भाव के सहसम्बन्धों ने उनके एपल इनकॉरपोरेशन, पिक्सर व नैक्सट इनकॉरपोरेशन को बुलन्दियों पर पहुंचाया और उनकी आर्थिक स्थिति मजबूत की। किन्तु अष्टम भाव में बैठे निर्बल चन्द्र ने उन्हें अनायास ही असामयिक मृत्यु का ग्रास बना लिया और वह 56 वर्ष की मध्यायु में ही चल बसे। इससे एपल इनकॉरपोरेशन को भारी क्षति हुई है। संयुक्त राज्य अमेरिका ने इलेक्ट्रॉनिक क्षेत्र के एक ईमानदार, कार्यकुशल, परिश्रमी व्यक्ति को खो दिया। उनकी कमी अमेरिका में अखरती रहेगी। सम्भव है कि आगे चलकर उनके बच्चे इस क्षति को पूरा कर सकें।

उदाहरण सिंह लग्न कुण्डली 10. भूतपूर्व प्रधानमन्त्री, भारत, स्वर्गीय श्री राजीव गांधी

जन्मतिथि–20-08-1944

जन्म समय–08:11 घण्टे (भा.मा.स.)

जन्म स्थान–मुम्बई (महाराष्ट्र)

जन्म कुण्डली

नवांश कुण्डली

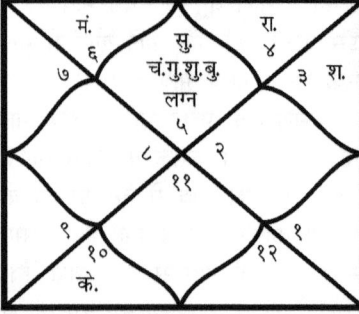

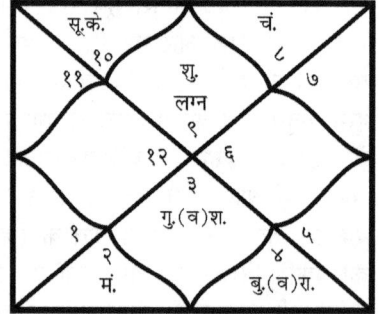

कुण्डली संख्या–10

ज्योतिषीय विवेचन

यह भचक्र में राशि क्रम की पंचम राशि सिंह राशि लग्न कुण्डली है। यह एक अग्नितत्त्व, रजोगुणी और स्थिर राशि है। इसका स्वामी सूर्य समस्त ग्रहों का जनक है। सूर्य मान-सम्मान दिलाने और प्रतिष्ठा में चार चांद लगाने वाला ग्रह है। ऐसे व्यक्ति सरल, सौम्य, स्नेहशील, सहनशील, किन्तु प्रभुतासम्पन्न, शक्तिशाली, साहसी, तीव्र गति वाले, उर्जावान, व्यवहारकुशल, खुले मस्तिष्क वाले, स्वतन्त्र और मौलिक विचारों वाले होते हैं। वह बड़े महत्त्वाकांक्षी होते हैं। वह अच्छे प्रबन्धक होते हैं। अमीर/गरीब, बड़े/छोटे सभी प्रकार के लोगों से मधुर सम्बन्ध बनाये रखना पसन्द करते हैं। प्रधानमन्त्री बनने से पूर्व राजीव गांधी हवाई जहाज के एक मामूली कप्तान थे। प्रधानमन्त्री की शपथ लेने के थोड़े समय बाद ही देश/विदेश में लोकप्रिय हो गये और अनेक क्षेत्रों में सफलता प्राप्त की। पूर्वा फाल्गुनी नक्षत्र में जन्में राजीव गांधी जी बड़े ही मिष्ठभाषी, सदाचारी, दूरदर्शी, दानी, परोपकारी, धनी, सुखी, प्रतिष्ठित और आस्तिक व्यक्ति थे।

सुदर्शन लग्न विचार

इस कुण्डली में जन्म लग्नेश, चन्द्र लग्नेश, सूर्य लग्नेश एकमात्र सूर्य स्वराशिस्थ होकर लग्न में बैठे हैं। तीनों लग्न सिंह राशि की हैं। सूर्य इनका स्वामी और लग्न का कारक भी है। साथ में सभी शुभ ग्रह चन्द्र, बुध, गुरु व शुक्र विराजमान हैं। इनके सहयोग से उनका जीवन एक खुली किताब की तरह रहा। नवांश लग्न भी सिंह राशि की है। इसका स्वामी भी सूर्य है। अत: लग्न वर्गोत्तम है। सूर्य दशम भाव में बैठकर नवांश लग्न को प्रभावित कर रहे हैं। वर्गोतम होने से जन्म लग्न अत्यधिक बलशाली है। उन्होंने अपने शासन काल में भारत के

प्रधानमन्त्री पद की गरिमा को बनाये रखा और अपने उत्तरदायित्व का पालन करते हुए देश की उन्नति/प्रगति में चार चांद लगाये।

ग्रह स्थिति, ग्रह दृष्टि एवं ग्रह योग

जन्म लग्नेश व लग्न कारक सूर्य स्वराशिस्थ होकर चन्द्र, बुध, गुरु, शुक्र के साथ लग्न में बैठे हैं। यह एक गौरवपूर्ण स्थिति है। गुरु लग्न से शिक्षा व सन्तान के पंचम और भाग्य व धर्म के नवम भाव को देख रहा है। चतुर्थेश व नवमेश मंगल भी द्वितीय भाव में बैठकर पंचम, अष्टम व नवम भाव को देख रहा है और गुरु के बल में वृद्धि कर रहा है। शनि की लग्न पर तृतीय दृष्टि, पंचम पर सप्तम दृष्टि और अष्टम पर दशम दृष्टि से गुरु सबल हो रहा है। नवांश कुण्डली में भी सूर्य दशम भाव में बैठ लग्न को प्रभावित कर रहा है। दिग्बली उच्चराशिस्थ मंगल एवं उच्चराशिस्थ गुरु की नवांश कुण्डली में परस्पर पूर्णदृष्टि है। शनि अपनी मूलत्रिकोण राशि कुम्भ में बैठकर नवम एवं लग्न भाव पर दृष्टि डाल रहा है। इस प्रकार जन्म कुण्डली और नवांश कुण्डली दोनों में ही लग्न, पंचम, नवम तीनों धर्म भाव एक दूसरे के पूरक एवं सहायक बने हैं और परस्पर एक दूसरे को बल दे रहे हैं। यह एक उत्तम राजयोग है। इसके अतिरिक्त सूर्य वेशि योग, बुध सूर्य के साथ मिलकर बुधादित्य योग, चन्द्र से गुरु केन्द्रस्थ होकर गजकेसरी योग बना रहे हैं। दिन का जन्म होने और सूर्य, चन्द्र का कुण्डली में लग्न में होने से महाभाग्य योग भी बन रहा है। इन सभी ने राजीव गांधी को व्यवहारकुशल प्रधानमन्त्री बनाया।

उपसंहार

उपर्युक्त आधार पर निष्कर्ष निकलता है कि लग्नेश सूर्य स्वयं पंचमेश गुरु के साथ लग्न में स्थित है। गुरु की पंचम एवं नवम भाव पर पूर्णदृष्टि है। नवमेश मंगल की भी नवम भाव पर पूर्णदृष्टि है। अत: पुरुष त्रिकोण अर्थात् धर्म भावों के तीनों लग्न पंचम, नवम भाव परस्पर एक दूसरे से सम्बन्ध बनाये हुए हैं। राजीव गांधी एक ऐसे सज्जन व्यक्ति थे, जो अपने प्रधानमन्त्रित्व काल में धार्मिक मूल्यों/आदर्शों का घ्यान रखते हुए देश को उन्नति और विकास की ओर ले जाने में सक्षम रहे, यहां तक कि देशहित के लिए अपना बलिदान भी कर दिया और अपनी माता द्वारा चलाये जा रहे कार्यों/योजनाओं को मूर्तरूप दिया। लग्न में द्वादशेश चन्द्र की स्थिति, अष्टमेश गुरु की स्थिति, लग्नेश एवं कारक स्वयं सूर्य की स्थिति और इन सभी पर पापग्रह शनि की दृष्टि, लग्न के दोनों ओर पापग्रह होने से बन रहे पापकर्तरी योग आदि के कारण उन पर भ्रष्टाचार के आरोप लगे। इससे उनके मान-सम्मान व प्रतिष्ठा को काफी ठेस लगी। अमावस के जन्म के कारण उनके जीवन में अनेक उतार-चढ़ाव आये और उनकी असामयिक मृत्यु हुई, किन्तु उन्हें आने वाले अनेक वर्षों तक याद किया जायेगा।

कन्या लग्न

VIRGO

कन्या लग्न वाली कुण्डलियों के विभिन्न भावों
में स्थित विभिन्न ग्रहों का अलग-अलग
फलादेश

'कन्या' लग्न का संक्षिप्त फलादेश

'कन्या' लग्न में जन्म लेने वाले जातक कफ एवं पित्त प्रकृति वाला, सौंदर्यवान, विचारशील, संतान से युक्त, स्त्री द्वारा पराजित, डरपोक, मायावी, काम-वासना से दुःखी शरीर वाला, कामक्रीड़ा में निपुण, अनेक प्रकार के गुणों तथा कौशलों से युक्त, सदैव प्रसन्न रहने वाला, सुंदर स्त्री प्राप्त करने वाला, शृंगारप्रिय, स्थूल तथा सामान्य शरीर वाला, बड़ी आंखों वाला, प्रियवादी, अल्पभाषी, भ्रातृ द्रोही, गणित तथा धर्म में रुचि रखने वाला, गंभीर, अधिक कन्या और संतति वाला, यात्राप्रेमी, चतुर, नाजुक मिजाज, अपने मन की बात को छिपाने वाला, बाल्यावस्था में सुखी, मध्यमावस्था में सामान्य तथा अंतिम अवस्था में दुःख प्राप्त करने वाला होता है। २४ से ३६ वर्ष की आयु के बीच उसकी भाग्योन्नति होती है। इस काल में वह अपने धन-ऐश्वर्य की वृद्धि करता है।

'कन्या' लग्न

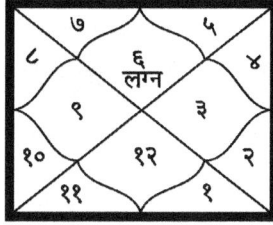

यह बात पहले बताई जा चुकी है कि प्रत्येक व्यक्ति के जीवन पर नवग्रहों का प्रभाव मुख्यतः दो प्रकार से पड़ता है—

(१) ग्रहों की जन्म-कालीन स्थिति के अनुसार।

(२) ग्रहों की दैनिक गोचर-गति के अनुसार।

जातक की जन्म-कालीन ग्रह-स्थिति जन्म-कुण्डली में दी गई होती है। उसमें जो ग्रह जिस भाव में और जिस राशि पर बैठा होता है, वह जातक के जीवन पर अपना निश्चित प्रभाव निरंतर स्थायी रूप से डालता रहता है।

दैनिक गोचर गति के अनुसार विभिन्न ग्रहों की जो स्थिति होती है, उसकी जानकारी पंचांग द्वारा दी जा सकती है। ग्रहों की दैनिक गोचर-गति के सम्बन्ध में या तो किसी ज्योतिषी से पूछ लेना चाहिए अथवा स्वयं ही उसे मालूम करने का तरीका सीख लेना चाहिए। इस सम्बन्ध में पुस्तक के पहले प्रकरण में विस्तारपूर्वक लिखा जा चुका है।

दैनिक गोचर-गति के अनुसार विभिन्न ग्रह जातक के जीवन पर अस्थायी रूप से अपना प्रभाव डालते हैं।

उदाहरण के लिए यदि किसी जातक की जन्म-कुण्डली में सूर्य 'कन्या' राशि पर 'प्रथमभाव' में बैठा है, तो उसका स्थायी प्रभाव जातक के जीवन पर आगे दी गई उदाहरण-पृष्ठ संख्या ३०१ के अनुसार पड़ता रहेगा, परन्तु यदि दैनिक ग्रह-गोचर में कुण्डली देखते समय सूर्य 'तुला' राशि के 'द्वितीयभाव' में बैठा है, तो उस स्थिति में वह उदाहरण-पृष्ठ संख्या ३४७ के अनुसार उतनी अवधि तक जातक के जीवन पर अपना अस्थायी प्रभाव अवश्य डालेगा, जब तक कि वह 'कन्या' राशि से हटकर 'वृश्चिक' राशि में नहीं चला जाता। 'वृश्चिक' राशि में पहुंच कर वह 'वृश्चिक' राशि के अनुरूप अपना प्रभाव डालना आरम्भ कर देगा, अतः जिस जातक की जन्म-कुण्डली मे

'सूर्य' 'कन्या' राशि के प्रथमभाव में बैठा हो, उसे उदाहरण-पृष्ठ संख्या ३०१ में वर्णित फलादेश देखने के पश्चात् यदि उन दिनों ग्रह-गोचर में सूर्य 'तुला' राशि के द्वितीय भाव में बैठा हो, तो उदाहरण-पृष्ठ संख्या ३४७ का फलादेश भी देखना चाहिए तथा इन दोनों फलादेशों के समन्वय स्वरूप जो निष्कर्ष निकलता हो, उसी को अपने वर्तमान समय पर प्रभावकारी समझना चाहिए। इसी प्रकार प्रत्येक ग्रह के विषय में जान लेना चाहिए।

'कन्या' लग्न में जन्म लेने वाले जातकों की जन्म-कुण्डली के विभिन्न भावों में स्थित विभिन्न ग्रहों के फलादेश का वर्णन उदाहरण-पृष्ठ संख्या ३४७ से ३८५ तक में किया गया है। पंचांग की दैनिक ग्रह-गति के अनुसार 'कन्या' लग्न में जन्म लेने वाले जातकों को किन-किन उदाहरण-कुंडलियों द्वारा विभिन्न ग्रहों के तात्कालिक प्रभाव को देखना चाहिए—इसका विस्तृत वर्णन अगले पृष्ठों में किया गया है, अत: उनके अनुसार ग्रहों की तात्कालिक स्थिति के सामयिक प्रभाव की जानकारी प्राप्त कर लेनी चाहिए। तदुपरांत दोनों फलादेशों के समन्वय-स्वरूप जो निष्कर्ष निकलता हो, उसी को सही फलादेश समझना चाहिए।

इस विधि से प्रत्येक व्यक्ति प्रत्येक जन्म-कुण्डली का ठीक-ठाक फलादेश सहज में ही ज्ञात कर सकता है।

टिप्पणी—(१) पहले बताया जा चुका है कि जिस समय जो ग्रह २७ अंश से ऊपर अथवा ३ अंश के भीतर होता है, वह प्रभावकारी नहीं रहता। इसी प्रकार जो ग्रह सूर्य से अस्त होता है, वह भी जातक के ऊपर अपना प्रभाव या तो बहुत कम डालता है या पूर्णत: प्रभावहीन रहता है।

(२) स्थायी जन्म-कुण्डली स्थित विभिन्न ग्रहों के अंश किसी ज्योतिषी द्वारा अपनी कुण्डली में लिखवा लेने चाहिए, ताकि उनके अंशों के विषय में बार-बार जानकारी प्राप्त करने के झंझट से बचा जा सके। तात्कालिक गोचर के ग्रहों के अंशों की जानकारी पंचांग द्वारा अथवा किसी ज्योतिषी से पूछकर प्राप्त कर लेनी चाहिए।

(३) स्थायी जन्म-कुण्डली अथवा तत्कालिक ग्रह-गति कुण्डली में यदि किसी भाव में एक से अधिक ग्रह एक साथ बैठे होते हैं अथवा जिन-जिन भावों पर उनकी दृष्टियां पड़ती हैं, जातक का जीवन उनके द्वारा भी प्रभावित होता है। इस पुस्तक के तीसरे प्रकरण में 'ग्रहों की युति का प्रभाव' शीर्षक के अन्तर्गत विभिन्न ग्रहों की युति के फलादेश का वर्णन किया गया है, अत: इस विषय की जानकारी वहां से प्राप्त कर लेनी चाहिए।

(४) विंशोत्तरी दशा के सिद्धांतानुसार प्रत्येक जातक की पूर्णायु १२० वर्ष की मानी जाती है। इस आयु-अवधि में जातक नवग्रहों की दशाओं का भोग कर लेता है। विभिन्न ग्रहों का दशा-काल भिन्न-भिन्न होता है। परन्तु अधिकांश व्यक्ति इतनी लंबी आयु तक जीवित नहीं रह पाते, अत: वे अपने जीवन-काल में कुछ ही ग्रहों की दशाओं का भोग कर पाते हैं। जातक के जीवन के जिस काल में जिस ग्रह की दशा—जिसे 'महादशा' कहा जाता है—चल रही होती है, जन्म-कालीन ग्रह-स्थिति के अनुसार उसके जीवन-काल की उतनी अवधि उस ग्रह-विशेष के प्रभाव से विशेष रूप से प्रभावित रहती है। जातक का जन्म किस ग्रह की महादशा में हुआ है और उसके जीवन में किस अवधि तक किस ग्रह की महादशा चलेगी और वह महादशा जातक के ऊपर अपना क्या विशेष प्रभाव डालेगी—इन सब बातों का उल्लेख भी तीसरे प्रकरण में किया गया है।

इस प्रकार (१) जन्म-कुण्डली, (२) तात्कालिक ग्रहगोचर-कुण्डली एवं (३) ग्रहों की महादशा—इन तीनों विधियों से फलादेश प्राप्त करने की सरल विधि का वर्णन इस पुस्तक में किया गया है, अत: इन तीनों के समन्वय स्वरूप फलादेश का ठीक-ठाक निर्णय करके अपने भूत, वर्तमान तथा भविष्यकालीन जीवन के विषय में सम्यक् जानकारी प्राप्त कर लेनी चाहिए।

विशेष नोट : कन्या लग्न जन्म कुण्डली/गोचर कुण्डली के द्वादश भावों में सूर्यादि सभी नवग्रहों का फलादेश नीचे दिया जा रहा है। पढ़ें और समझें।

'कन्या' लग्न में 'सूर्य' का फल

जिस जातक का जन्म 'कन्या' लग्न में हुआ हो और जन्म-कुण्डली के 'प्रथमभाव' में 'सूर्य' की स्थिति हो, उसे 'सूर्य' का फलादेश आगे लिखे अनुसार समझना चाहिए—

पहले केन्द्र एवं शरीर भाव में अपने समग्रह बुध की कन्या राशि पर स्थित व्ययेश सूर्य के प्रभाव से जातक का शरीर दुर्बल होता है। वह शानदार खर्च करने वाला होता है, परन्तु कभी-कभी खर्च के कारण कुछ परेशानी का अनुभव भी होता है। बाहरी भावों के संपर्क से उसे विशेष लाभ तथा सम्मान की प्राप्ति होती है। यहां से सूर्य सातवीं मित्रदृष्टि से गुरु की मीन राशि में सप्तमभाव को देखता है, अत: उसे स्त्री एवं व्यवसाय के पक्ष में कुछ असंतोष एवं हानि का भी सामना करना पड़ता है।

कन्या लग्न: प्रथमभाव: सूर्य

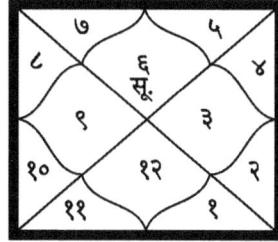

जिस जातक का जन्म 'कन्या' लग्न में हुआ हो और जन्म-कुण्डली के 'द्वितीयभाव' में 'सूर्य' की स्थिति हो, उसे 'सूर्य' का फलादेश नीचे लिखे अनुसार समझना चाहिए—

दूसरे धन-कुटुम्ब के भाव में अपने शत्रु शुक्र को तुला राशि पर स्थित नीच के सूर्य के प्रभाव से जातक को धन तथा कौटुंबिक सुख की बहुत हानि होती है। बाहरी भावों का सम्बन्ध भी आर्थिक दृष्टि से दुर्बल बना रहता है तथा खर्च के मामले में परेशानी बनी रहती है। यहां से सूर्य सातवीं उच्चदृष्टि से अपने मित्र मंगल की मेष राशि में अष्टमभाव को देखता है, अत: जातक दीर्घायु होता है और उसे पुरातत्त्व का लाभ भी प्राप्त होता है।

कन्या लग्न: द्वितीयभाव: सूर्य

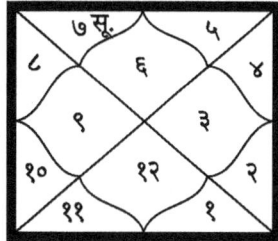

जिस जातक का जन्म 'कन्या' लग्न में हुआ हो और जन्म-कुण्डली के 'तृतीयभाव' में 'सूर्य' की स्थिति हो, उसे 'सूर्य' का फलादेश नीचे लिखे अनुसार समझना चाहिए—

तीसरे सहोदर एवं पराक्रम के भाव में अपने मित्र मंगल की वृश्चिक राशि पर स्थित सूर्य के प्रभाव से जातक के पराक्रम की सामान्य-वृद्धि होती है, परन्तु भाई-बहन के सुख में कमी आती है। ऐसा जातक अपने पुरुषार्थ द्वारा खर्च भली-भांति चलाता है तथा बाहरी भावों के सम्बन्ध से भी लाभ उठाता है। वह बड़ा हिम्मती एवं प्रभावशाली भी होता है। यहां से सूर्य अपनी सातवीं शत्रुदृष्टि से शुक्र की वृषभ राशि में नवमभाव को देखता है, अत: जातक को भाग्य तथा धर्म के क्षेत्र में भी कमी का अनुभव होता है। ऐसा व्यक्ति सामान्य जीवन व्यतीत करता है।

कन्या लग्न: तृतीयभाव: सूर्य

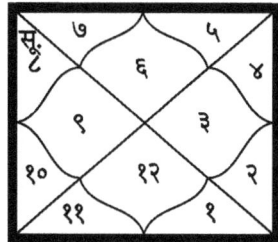

जिस जातक का जन्म 'कन्या' लग्न में हुआ हो और जन्म-कुण्डली के 'चतुर्थभाव' में 'सूर्य' की स्थिति हो, उसे 'सूर्य' का फलादेश नीचे लिखे अनुसार समझना चाहिए—

चौथे केन्द्र, माता, भूमि एवं सुख के भाव में अपने मित्र गुरु की धनु राशि पर स्थित सूर्य के प्रभाव से जातक को मातृ-सुख तथा भूमि, भाव आदि के लाभ में कमी रहती है। वह बाहरी भावों के सम्बन्ध से सुख प्राप्त करता है तथा खर्च को चलाता है। यहां से सूर्य अपनी सातवीं समग्रहदृष्टि से बुध की मिथुन राशि में दशमभाव को देखता है, अत: जातक को पिता, राज्य एवं व्यवसाय के पक्ष से भी कुछ कमी तथा असंतोष का अनुभव होता है।

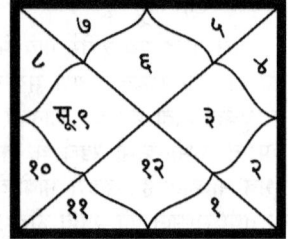

कन्या लग्न: चतुर्थभाव: सूर्य

जिस जातक का जन्म 'कन्या' लग्न में हुआ हो और जन्म-कुण्डली के 'पंचमभाव' में 'सूर्य' की स्थिति हो, उसे 'सूर्य' का फलादेश नीचे लिखे अनुसार समझना चाहिए—

पांचवें त्रिकोण, विद्या एवं संतान के भाव में अपने शत्रु शनि की मकर राशि में स्थित सूर्य के प्रभाव से जातक को संतान, विद्या एवं बुद्धि के पक्ष में हानि प्राप्त होती है तथा खर्च के कारण दिमाग में परेशानी बनी रहती है। उसे बाहरी भावों के सम्बन्ध से भी सामान्य लाभ प्राप्त होता है। यहां से सूर्य अपनी सातवीं मित्रदृष्टि से चन्द्र की कर्क राशि में एकादशभाव को देखता है, अत: जातक को कुछ कमियों के साथ लाभ होता रहता है। ऐसा व्यक्ति बड़ी घुमाव-फिराव की बातें करने वाला तथा चंचल-बुद्धि का होता है।

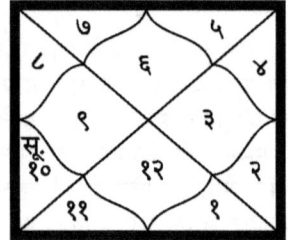

कन्या लग्न: पंचमभाव: सूर्य

जिस जातक का जन्म 'कन्या' लग्न में हुआ हो और जन्म-कुण्डली के 'षष्ठभाव' में 'सूर्य' की स्थिति हो, उसे 'सूर्य' का फलादेश नीचे लिखे अनुसार समझना चाहिए—

छठे शत्रु एवं रोग के भाव में अपने शत्रु शनि की कुम्भ राशि पर स्थित व्ययेश सूर्य के प्रभाव से जातक को शत्रु-पक्ष से परेशानी रहेगी तथा खर्च अधिक पड़ेगा, परन्तु वह उन पर अपना प्रभाव स्थापित करने में सफलता प्राप्त करेगा, क्योंकि छठे भाव पर क्रूर ग्रह की राशि पर क्रूर ग्रह की स्थिति विशेष प्रभावशाली होती है। ऐसा व्यक्ति परिश्रम द्वारा अपना खर्च चलाता है और उसे बाहरी भावों के सम्बन्ध से सामान्य लाभ प्राप्त होता है। यहां से सूर्य सातवीं दृष्टि से अपनी ही राशि में द्वादशभाव को देखता है, अत: खर्च की अधिकता बनी रहती है।

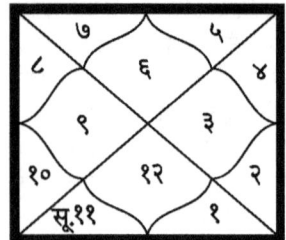

कन्या लग्न: षष्ठभाव: सूर्य

जिस जातक का जन्म 'कन्या' लग्न में हुआ हो और जन्म-कुण्डली के 'सप्तमभाव' में 'सूर्य' की स्थिति हो, उसे 'सूर्य' का फलादेश नीचे लिखे अनुसार समझना चाहिए—

सातवें केन्द्र, स्त्री तथा व्यवसाय के भाव में अपने मित्र गुरु की मीन राशि पर स्थित व्ययेश सूर्य के प्रभाव से जातक को स्त्री तथा व्यवसाय के पक्ष में कुछ कमी एवं हानि का योग प्राप्त होता है। वह व्यवसाय द्वारा ही अपना खर्च चलाता है, तथा बाहरी भावों के सम्बन्ध से लाभ प्राप्त करता है, परन्तु सूर्य के व्ययेश होने के कारण कभी-कभी व्यवसाय में नुकसान भी उठाना पड़ता है। यहां से सूर्य सातवीं समग्रहदृष्टि से बुध की कन्या राशि में प्रथमभाव को देखता है, अत: जातक का शरीर दुर्बल होता है। वह स्वभाव से चंचल, क्रोधी तथा खर्च के कारण चिंतित भी रहता है।

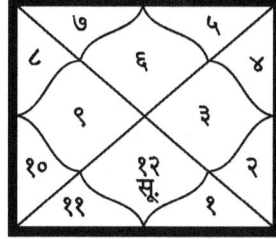
कन्या लग्न: सप्तमभाव: सूर्य

जिस जातक का जन्म 'कन्या' लग्न में हुआ हो और जन्म-कुण्डली के 'अष्टमभाव' में 'सूर्य' की स्थिति हो, उसे 'सूर्य' का फलादेश नीचे लिखे अनुसार समझना चाहिए—

आठवें आयु एवं पुरातत्त्व के भाव में अपने मित्र मंगल की मेष राशि पर स्थित उच्च के सूर्य के प्रभाव से जातक की आयु एवं पुरातत्त्व के पक्ष में कुछ परेशानियों के साथ वृद्धि एवं सफलता प्राप्त होती है। खर्च अधिक रहता है, परन्तु बाहरी भावों के सम्बन्ध से लाभ भी होता है। यहां से सूर्य सातवीं नीचदृष्टि से शुक्र की तुला राशि में द्वितीयभाव को देखता है, अत: धन की अधिक हानि होती है तथा कुटुम्ब के सुख में भी कमी आती है। ऐसा व्यक्ति धन की ओर से चिंतित बना रहता है।

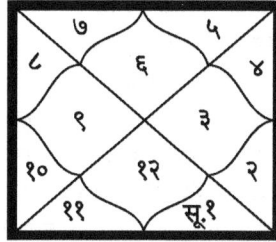
कन्या लग्न: अष्टमभाव: सूर्य

जिस जातक का जन्म 'कन्या' लग्न में हुआ हो और जन्म-कुण्डली के 'नवमभाव' में 'सूर्य' की स्थिति हो, उसे 'सूर्य' का फलादेश नीचे लिखे अनुसार समझना चाहिए—

नवें त्रिकोण, भाग्य एवं धर्म-भाव में अपने शत्रु शुक्र की वृषभ राशि पर स्थित सूर्य के प्रभाव से जातक को भाग्य एवं धर्म के क्षेत्र में कुछ कमी एवं कठिनाइयों का सामना करना पड़ता है। वह भाग्य द्वारा ही खर्च-संचालन की शक्ति प्राप्त करता है तथा बाहरी भावों के सम्बन्ध से लाभ उठाता है। ऐसे व्यक्ति प्राय: नास्तिक भी होते हैं। यहां से सूर्य अपनी सातवीं मित्रदृष्टि से मंगल की वृश्चिक राशि में तृतीयभाव को देखता है, अत: भाई-बहन के सुख में कमी रहती है तथा पराक्रम की भी अधिक वृद्धि नहीं हो पाती।

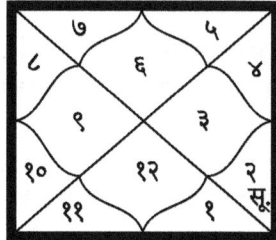
कन्या लग्न: नवमभाव: सूर्य

जिस जातक का जन्म 'कन्या' लग्न में हुआ हो और जन्म-कुण्डली के 'दशमभाव' में 'सूर्य' की स्थिति हो, उसे 'सूर्य' का फलादेश आगे लिखे अनुसार समझना चाहिए—

दसवें केन्द्र, पिता एवं राज्य भाव में अपने समग्रह बुध की मिथुन राशि पर स्थित सूर्य के प्रभाव से जातक को पिता, राज्य एवं व्यवसाय के क्षेत्र में हानि तथा कठिनाइयों का सामना करना पड़ता है। वह खर्च खूब करता है तथा बाहरी भावों के सम्बन्ध से लाभ भी उठाता है। यहां से सूर्य सातवीं मित्रदृष्टि से गुरु की धनु राशि में चतुर्थभाव को देखता है, अत: माता, भूमि, मकान आदि के सुख में कुछ कमी बनी रहती है। ऐसा व्यक्ति सामान्य जीवन व्यतीत करता है।

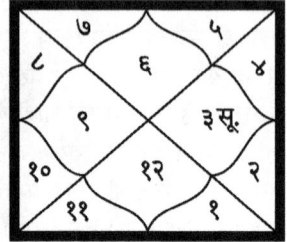
कन्या लग्न: दशमभाव: सूर्य

जिस जातक का जन्म 'कन्या' लग्न में हुआ हो और जन्म-कुण्डली के 'एकादशभाव' में 'सूर्य' की स्थिति हो, उसे 'सूर्य' का फलादेश नीचे लिखे अनुसार समझना चाहिए—

ग्यारहवें लाभ भाव में अपने मित्र चन्द्र की कर्क राशि पर स्थित सूर्य के प्रभाव से जातक को लाभ तो खूब होता है, परन्तु सूर्य के व्ययेश होने के कारण खर्च भी अत्यधिक बना रहता है। अत: आमदनी में वृद्धि होते हुए भी जातक को खर्च चलाने के सम्बन्ध में कुछ चिन्ता बनी रहती है। परन्तु बाहरी भावों के संपर्क से उसे लाभ, सुख तथा सम्मान की प्राप्ति होती है। यहां से सूर्य अपनी सातवीं शत्रुदृष्टि से शनि की मकर राशि में पंचमभाव को देखता है, अत: संतानपक्ष से कुछ परेशानी रहती है तथा विद्या-बुद्धि का पक्ष भी कमजोर रहता है।

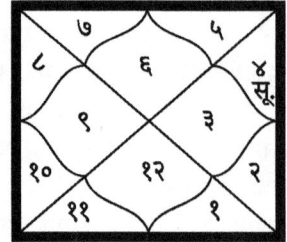
कन्या लग्न: एकादशभाव: सूर्य

जिस जातक का जन्म 'कन्या' लग्न में हुआ हो और जन्म-कुण्डली के 'द्वादशभाव' में 'सूर्य' की स्थिति हो, उसे 'सूर्य' का फलादेश नीचे लिखे अनुसार समझना चाहिए—

बारहवें व्यय भाव में अपनी ही सिंह राशि पर स्थित स्वक्षेत्री सूर्य के प्रभाव से जातक खर्च अधिक करता है, परन्तु बाहरी भावों के सम्बन्ध से पर्याप्त लाभ एवं सम्मान भी अर्जित करता है। यहां से सूर्य अपनी सातवीं शत्रुदृष्टि से शनि की कुम्भ राशि में षष्ठभाव को देखता है, अत: शत्रु पक्ष एवं रोग आदि के कारण उसे कुछ परेशानी उठानी पड़ती है तथा खर्च भी करना पड़ता है, परन्तु वह समस्त कठिनाइयों के समय साहस बनाए रखता है और शत्रु पक्ष पर प्रभाव स्थापित करने में सफल होता है।

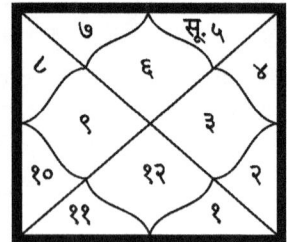
कन्या लग्न: द्वादशभाव: सूर्य

‘कन्या’ लग्न में ‘चन्द्र’ का फल

जिस जातक का जन्म ‘कन्या’ लग्न में हुआ हो और जन्म-कुण्डली के ‘प्रथमभाव’ में ‘चन्द्र’ की स्थिति हो, उसे ‘चन्द्र’ का फलादेश नीचे लिखे अनुसार समझना चाहिए—

कन्या लग्नः प्रथमभावः चन्द्र

पहले केन्द्र तथा शरीर भाव में अपने मित्र बुध की कन्या राशि पर स्थित चन्द्र के प्रभाव से जातक को शारीरिक सौंदर्य, मनोबल एवं प्रसन्नता की प्राप्ति होती है। वह शारीरिक-श्रम द्वारा धन का श्रेष्ठ लाभ प्राप्त करता है तथा यशस्वी एवं प्रभावशाली भी बना रहता है। यहां से चन्द्र अपनी सातवीं समग्रहदृष्टि से गुरु की मीन राशि में सप्तमभाव को देखता है, अतः जातक को सुंदर स्त्री मिलती है और उसके पक्ष से लाभ भी होता है। इसी प्रकार व्यवसाय के द्वारा भी यथेष्ट लाभ होता है। ऐसे व्यक्ति का गृहस्थ जीवन सुख एवं संतोषपूर्ण बना रहता है।

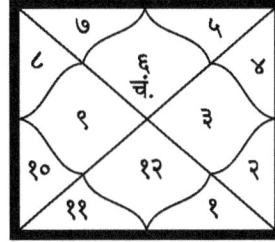

जिस जातक का जन्म ‘कन्या’ लग्न में हुआ हो और जन्म-कुण्डली के ‘द्वितीयभाव’ में ‘चन्द्र’ की स्थिति हो, उसे ‘चन्द्र’ का फलादेश नीचे लिखे अनुसार समझना चाहिए—

कन्या लग्नः द्वितीयभावः चन्द्र

दूसरे धन-कुटुम्ब के भाव में अपने समग्रह शुक्र की तुला राशि पर स्थित चन्द्र के प्रभाव से जातक को धन एवं कुटुम्ब की शक्ति प्राप्त होती है, जिसके कारण उसकी आमदनी भी अच्छी रहती है और वह खूब धन कमाता है। वह धन का संग्रह भी करता है। यहां से चन्द्र सातवीं समग्रहदृष्टि से मंगल की मेष राशि में अष्टमभाव को देखता है, अतः जातक को आयु एवं पुरातत्त्व की शक्ति भी प्राप्त होती है। ऐसा व्यक्ति शान-शौकत का जीवन बिताता है तथा यशस्वी और प्रतिष्ठित होता है।

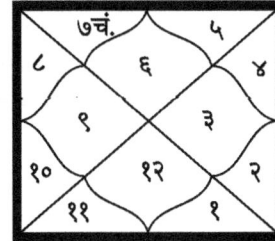

जिस जातक का जन्म ‘कन्या’ लग्न में हुआ हो और जन्म-कुण्डली के ‘तृतीयभाव’ में ‘चन्द्र’ की स्थिति हो, उसे ‘चन्द्र’ का फलादेश नीचे लिखे अनुसार समझना चाहिए—

कन्या लग्नः तृतीयभावः चन्द्र

तीसरे सहोदर एवं पराक्रम के भाव में अपने समग्रह मंगल की वृश्चिक राशि पर स्थित नीच के चन्द्र के प्रभाव से जातक को भाई-बहन के पक्ष से परेशानी होती है तथा पराक्रम में भी कुछ कमी बनी रहती है। वह मानसिक चिन्ताओं से ग्रस्त रहता है तथा धनोपार्जन के क्षेत्र में कठिनाइयों का सामना करता है। यहां से चन्द्र सातवीं उच्चदृष्टि से अपने समग्रह शुक्र की वृषभ राशि में नवमभाव को देखता है, अतः कठिन परिश्रम द्वारा उसके भाग्य की वृद्धि होती है तथा धर्म-पालन में भी विशेष रुचि बनी रहती है।

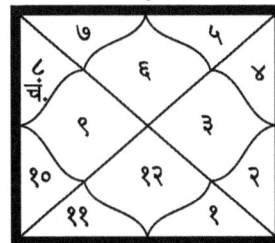

जिस जातक का जन्म 'कन्या' लग्न में हुआ हो और जन्म-कुण्डली के 'चतुर्थभाव' में 'चन्द्र' की स्थिति हो, उसे 'चन्द्र' का फलादेश नीचे लिखे अनुसार समझना चाहिए—

चौथे केन्द्र, माता, भूमि तथा सुख के भाव में अपने समग्रह गुरु की धनु राशि पर स्थित चन्द्र के प्रभाव से जातक अपने भाव पर रहकर ही सुख प्राप्त करता है। उसे माता, भूमि, मकान आदि के स्नेह तथा सुख का विशेष लाभ होता है, वह सदैव प्रसन्न बना रहता है। यहां से चन्द्र अपनी सातवीं मित्रदृष्टि से बुध की मिथुन राशि में दशमभाव को देखता है, अतः जातक को पिता, राज्य एवं व्यवसाय के क्षेत्र में यश, सम्मान, सफलता, लाभ, उन्नति एवं प्रभाव की प्राप्ति होती है।

कन्या लग्नः चतुर्थभावः चन्द्र

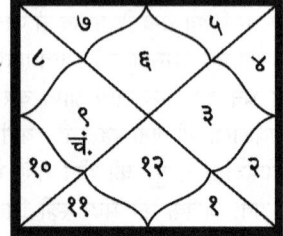

जिस जातक का जन्म 'कन्या' लग्न में हुआ हो और जन्म-कुण्डली के 'पंचमभाव' में 'चन्द्र' की स्थिति हो, उसे 'चन्द्र' का फलादेश नीचे लिखे अनुसार समझना चाहिए—

पांचवें त्रिकोण, विद्या एवं संतान के भाव में अपने समग्रह शनि की मकर राशि पर स्थित चन्द्र के प्रभाव से जातक को संतानपक्ष से लाभ होता है तथा विद्या-बुद्धि की वृद्धि होती है। साथ ही, वह अपनी विद्या-बुद्धि के द्वारा धन का लाभ भी अर्जित करता है। यहां से चन्द्र अपनी सातवीं दृष्टि द्वारा अपनी ही कर्क राशि में एकादशभाव को देखता है, अतः जातक की आमदनी में वृद्धि होती है। वह धन की प्राप्ति एवं उन्नति के लिए प्रयत्नशील बना रहता है तथा सुखी जीवन व्यतीत करता है।

कन्या लग्नः पंचमभावः चन्द्र

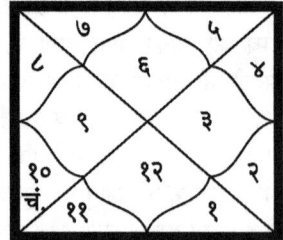

जिस जातक का जन्म 'कन्या' लग्न में हुआ हो और जन्म-कुण्डली के 'षष्ठभाव' में 'चन्द्र' की स्थिति हो, उसे 'चन्द्र' का फलादेश नीचे लिखे अनुसार समझना चाहिए—

छठे शत्रु एवं रोग भाव में अपने समग्रह शनि को कुम्भ राशि पर स्थित चन्द्र के प्रभाव से जातक को शत्रु पक्ष द्वारा मानसिक अशांति मिलती है, परन्तु वह अपनी नम्रता द्वारा शत्रुओं पर सफलता प्राप्त करता है और उनसे लाभ उठाता है। ऐसा जातक झगड़े, मुकद्दमे, शत्रु, झंझट आदि के पक्ष से लाभ कमाता है, परन्तु लाभ की कुछ कमी भी अवश्य रहती है। यहां से चन्द्र अपनी सातवीं मित्रदृष्टि से सूर्य की सिंह राशि में द्वादशभाव को देखता है, अतः खर्च अधिक रहता है, परन्तु बाहरी भावों के सम्बन्ध से लाभ होता रहता है।

कन्या लग्नः षष्ठभावः चन्द्र

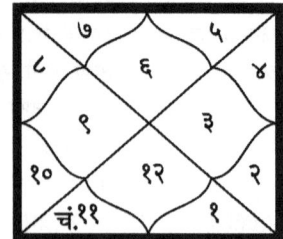

जिस जातक का जन्म 'कन्या' लग्न में हुआ हो और जन्म-कुण्डली के 'सप्तमभाव' में 'चन्द्र' की स्थिति हो, उसे 'चन्द्र' का फलादेश नीचे लिखे अनुसार समझना चाहिए—

सातवें केन्द्र, स्त्री तथा व्यवसाय के भाव में अपने समग्रह गुरु की मीन राशि पर स्थित चन्द्र के प्रभाव से जातक को सुंदर स्त्री का लाभ होता है, भोगादि के श्रेष्ठ साधन प्राप्त होते हैं तथा व्यवसाय के क्षेत्र में भी अच्छी सफलता मिलती है। यहां से चन्द्र अपनी सातवीं मित्रदृष्टि से बुध की कन्या राशि में प्रथमभाव को देखता है, अत: जातक को शारीरिक सौंदर्य, स्वास्थ्य, मनोबल एवं प्रसन्नता की प्राप्ति होती है। उसे लाभ के अवसर निरंतर मिलते रहते हैं। ऐसा जातक सुखी, धनी तथा यशस्वी होता है।

कन्या लग्न: सप्तमभाव: चन्द्र

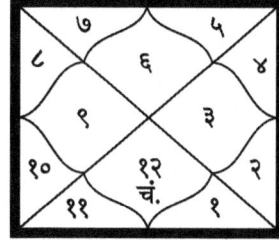

जिस जातक का जन्म 'कन्या' लग्न में हुआ हो और जन्म-कुण्डली के 'अष्टमभाव' में 'चन्द्र' की स्थिति हो, उसे 'चन्द्र' का फलादेश नीचे लिखे अनुसार समझना चाहिए—

आठवें आयु एवं पुरातत्त्व के भाव में अपने समग्रह मंगल की मेष राशि पर स्थित चन्द्र के प्रभाव से जातक को दीर्घायु एवं पुरातत्त्व का लाभ होता है। उसे आय के साधनों में कुछ कठिनाइयों तथा त्रुटियों का सामना तो करना पड़ता है, परन्तु बाहरी भावों के सम्बन्ध से विशेष सफलता मिलती है। यहां से चन्द्र सातवीं समग्रहदृष्टि से शुक्र की तुला राशि में द्वितीयभाव को देखता है, अत: जातक धन का संग्रह करता है और कुटुम्ब का सुख भी मिलता है।

कन्या लग्न: अष्टमभाव: चन्द्र

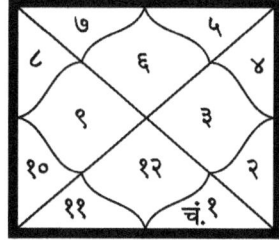

जिस जातक का जन्म 'कन्या' लग्न में हुआ हो और जन्म-कुण्डली के 'नवमभाव' में 'चन्द्र' की स्थिति हो, उसे 'चन्द्र' का फलादेश नीचे लिखे अनुसार समझना चाहिए—

नवें त्रिकोण, भाग्य एवं धर्म के भाव में अपने समग्रह शुक्र की तुला राशि पर स्थित चन्द्र के प्रभाव से जातक को धन का यथेष्ठ लाभ होता है और वह धर्म का पालन भी करता है। उसे समय-समय पर दैवी सहायताएं भी मिलती रहती हैं। फलत: उसे बहुत भाग्यवान समझा जाता है। उसे आकस्मिक धन का भी बहुत अधिक लाभ होता है। यहां से चन्द्र अपनी सातवीं नीचदृष्टि से समग्रह मंगल की वृश्चिक राशि में तृतीयभाव को देखता है, अत: जातक को भाई-बहन के सुख में कुछ कमी रहती है तथा पराक्रम की वृद्धि की ओर भी उसका विशेष ध्यान नहीं जाता।

कन्या लग्न: नवमभाव: चन्द्र

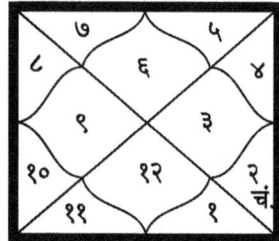

जिस जातक का जन्म 'कन्या' लग्न में हुआ हो और जन्म-कुण्डली के 'दशमभाव' में 'चन्द्र' की स्थिति हो, उसे 'चन्द्र' का फलादेश नीचे लिखे अनुसार समझना चाहिए—

दसवें केन्द्र, राज्य तथा पिता के भाव में अपने मित्र बुध की मिथुन राशि पर स्थित चन्द्र के प्रभाव से जातक को पिता, राज्य एवं व्यवसाय के पक्ष से पूर्ण सफलता, सहयोग, स्नेह, सुख, सम्मान और लाभ की प्राप्ति होती है। ऐसा व्यक्ति धनी, सुखी, प्रतिष्ठित और यशस्वी होता है। यहां से चन्द्र सातवीं समग्रहदृष्टि से गुरु की धनु राशि में चतुर्थभाव को देखता है, अत: जातक को माता के पक्ष से भी लाभ होता है तथा भूमि, मकान आदि का सुख भी मिलता है। संक्षेप में, ऐसा व्यक्ति सुखी, धनी तथा यशस्वी होता है।

कन्या लग्न: दशमभाव: चन्द्र

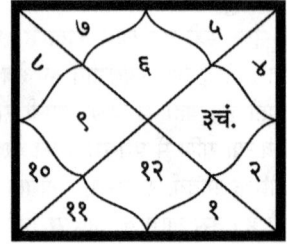

जिस जातक का जन्म 'कन्या' लग्न में हुआ हो और जन्म-कुण्डली के 'एकादशभाव' में 'चन्द्र' की स्थिति हो, उसे 'चन्द्र' का फलादेश नीचे लिखे अनुसार समझना चाहिए—

ग्यारहवें लाभ भाव में अपनी ही कर्क राशि पर स्थित स्वक्षेत्री चन्द्र के प्रभाव से जातक को लाभ के क्षेत्र में यथेष्ट सफलता मिलती है। वह अपने मनोबल द्वारा पर्याप्त धन कमाता है तथा प्रसन्न रहता है। यहां से चन्द्र अपनी सातवीं समग्रहदृष्टि से शनि की मकर राशि में पंचमभाव को देखता है, अत: जातक को संतानपक्ष में वैमनस्य तथा विद्या के पक्ष में कमी बनी रहती है। परन्तु वह अपनी चतुराई द्वारा अन्य क्षेत्रों में उन्नति करता चला जाता है।

कन्या लग्न: एकादशभाव: चन्द्र

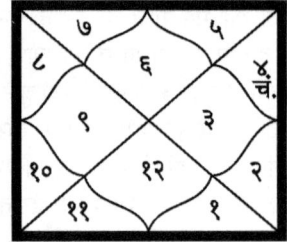

जिस जातक का जन्म 'कन्या' लग्न में हुआ हो और जन्म-कुण्डली के 'द्वादशभाव' में 'चन्द्र' की स्थिति हो, उसे 'चन्द्र' का फलादेश नीचे लिखे अनुसार समझना चाहिए—

बारहवें व्यय भाव में अपने मित्र सूर्य की सिंह राशि पर स्थित चन्द्र के प्रभाव से जातक खर्च करता है तथा बाहरी भावों के सम्बन्ध से पर्याप्त लाभ भी उठाता है। आमदनी और खर्च बराबर रहने के कारण उसके मन में कभी-कभी चिन्ताएं भी भाव कर लेती हैं। यहां से चन्द्र सातवीं समग्रहदृष्टि से शनि की कुम्भ राशि में षष्ठभाव को देखता है, अत: वह खर्च एवं नम्रता की शक्ति द्वारा शत्रु पक्ष में सफलता प्राप्त करता है। बीमारी अथवा अन्य प्रकार के झंझटों में भी उसका धन खर्च होता है।

कन्या लग्न: द्वादशभाव: चन्द्र

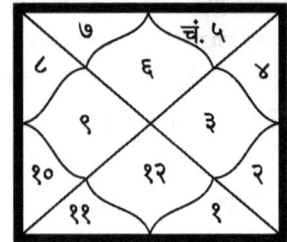

'कन्या' लग्न में 'मंगल' का फल

जिस जातक का जन्म 'कन्या' लग्न में हुआ हो और जन्म-कुण्डली के 'प्रथमभाव' में 'मंगल' की स्थिति हो, उसे 'मंगल' का फलादेश नीचे लिखे अनुसार समझना चाहिए—

पहले, केन्द्र एवं शरीर भाव में अपने समग्रह बुध की कन्या राशि पर स्थित अष्टमेश मंगल के प्रभाव से जातक के शारीरिक सौंदर्य में कुछ कमी आ जाती है, साथ ही भाई-बहन के सुख तथा पराक्रम की वृद्धि होती है। यहां से मंगल चौथी मित्रदृष्टि से चतुर्थभाव को देखता है, अतः माता एवं भूमि-मकान के सुख में कुछ कमी आती है। सातवीं मित्रदृष्टि से सप्तमभाव को देखने के कारण स्त्री तथा व्यवसाय के पक्ष में भी कुछ कठिनाइयां आती हैं तथा आठवीं दृष्टि से अपनी ही मेष राशि में अष्टमभाव को देखने से आयु की वृद्धि होती है तथा पुरातत्त्व का लाभ होता है। ऐसा व्यक्ति अपने जीवन के प्रत्येक क्षेत्र में संघर्षों से मुकाबला करते हुए आगे बढ़ता है।

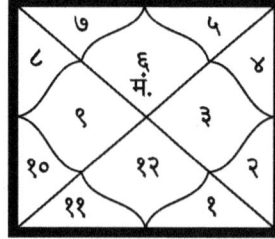

कन्या लग्नः प्रथमभावः मंगल

जिस जातक का जन्म 'कन्या' लग्न में हुआ हो और जन्म-कुण्डली के 'द्वितीयभाव' में 'मंगल' की स्थिति हो, उसे 'मंगल' का फलादेश नीचे लिखे अनुसार समझना चाहिए—

दूसरे धन-कुटुम्ब के भाव में अपने समग्रह शुक्र की तुला राशि पर स्थित मंगल के प्रभाव से जातक को धन संचय व कुटुम्ब के सुख में कुछ कमी मिलती है और वह कठिन पुरुषार्थ करता है। चौथी उच्चदृष्टि से शत्रु राशि में पंचमभाव को देखने से विद्या-बुद्धि की उन्नति के लिए अधिक प्रयत्न करता है तथा संतानपक्ष से कुछ कष्ट के साथ उन्नति मिलती है। सातवीं दृष्टि से स्वराशि में अष्टमभाव को देखने से आयु एवं पुरातत्त्व की शक्ति प्राप्त होती है तथा रहन-सहन ठाट-बाट का होता है। आठवीं समग्रहदृष्टि से नवमभाव को देखने से भाग्योन्नति तथा धर्मपालन में कुछ कमी तथा असंतोष रहता है।

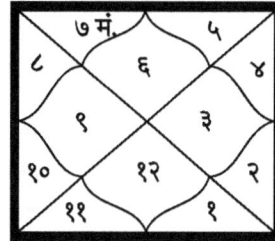

कन्या लग्नः द्वितीयभावः मंगल

जिस जातक का जन्म 'कन्या' लग्न में हुआ हो और जन्म-कुण्डली के 'तृतीयभाव' में 'मंगल' की स्थिति हो, उसे 'मंगल' का फलादेश नीचे लिखे अनुसार समझना चाहिए—

तीसरे भाई एवं पराक्रम के भाव में अपनी वृश्चिक राशिगत तृतीयेश मंगल के प्रभाव से जातक को भाई-बहन के सुख में कमी प्राप्त होती है तथा पराक्रम में वृद्धि होती है। साथ ही आयु तथा पुरातत्त्व का लाभ होता है। चौथी समग्रहदृष्टि से षष्ठभाव को देखने से शत्रु पक्ष पर प्रभाव बना रहता है। सातवीं समग्रहदृष्टि से नवमभाव को देखने से भाग्योन्नति तथा धर्म पालन

कन्या लग्नः तृतीयभावः मंगल

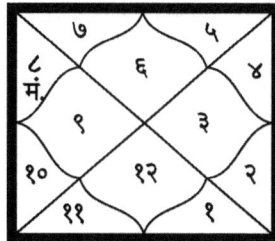

के मार्ग में कठिनाइयां आती हैं एवं आठवीं शत्रुदृष्टि से दशमभाव को देखने के कारण पिता के सुख में कमी आती है तथा राज्य एवं व्यवसाय के पक्ष में विशेष परिश्रम करने पर भी थोड़ी सफलता मिलती है।

जिस जातक का जन्म 'कन्या' लग्न में हुआ हो और जन्म-कुण्डली के 'चतुर्थभाव' में 'मंगल' की स्थिति हो, उसे 'मंगल' का फलादेश नीचे लिखे अनुसार समझना चाहिए—

कन्या लग्नः चतुर्थभावः मंगल

चौथे केन्द्र, माता एवं भूमि के भाव में अपने मित्र गुरु की धनु राशि पर स्थित मंगल के प्रभाव से माता, भूमि एवं मकान के सुख में कमी आती है। भाई-बहन का सुख भी कम मिलता है, परन्तु आयु एवं पुरातत्त्व का लाभ होता है। यहां से मंगल चौथी मित्रदृष्टि से सप्तमभाव को देखता है, अतः स्त्री एवं व्यवसाय के पक्ष से कुछ परेशानी के साथ शांति मिलती है। सातवीं शत्रुदृष्टि से दशमभाव को देखने से पिता, राज्य तथा व्यवसाय के क्षेत्र में सफलता के लिए अधिक परिश्रम करना पड़ता है तथा आठवीं नीच-दृष्टि से मित्र चन्द्र की कर्क राशि में एकादशभाव को देखने से लाभ के मार्ग में कुछ कठिनाइयों का अनुभव होता है।

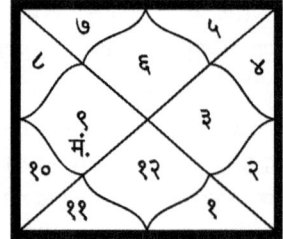

जिस जातक का जन्म 'कन्या' लग्न में हुआ हो और जन्म-कुण्डली के 'पंचमभाव' में 'मंगल' की स्थिति हो, उसे 'मंगल' का फलादेश नीचे लिखे अनुसार समझना चाहिए—

कन्या लग्नः पंचमभावः मंगल

पांचवें त्रिकोण, विद्या तथा संतान के भाव में अपने समग्रह शनि की मकर राशि पर स्थित अष्टमेश तथा उच्च के शनि के प्रभाव से जातक को संतान के पक्ष में कुछ परेशानी के साथ शक्ति मिलती है तथा विद्या-बुद्धि के क्षेत्र में सफलता प्राप्त होती है। यहां से मंगल चौथी दृष्टि से स्वराशि में अष्टमभाव को देखता है, अतः आयु एवं पुरातत्त्व शक्ति की वृद्धि होती है। सातवीं नीचदृष्टि से एकादशभाव देखने से आमदनी के मार्ग में कठिनाइयां आती हैं तथा आठवीं मित्रदृष्टि से व्यय भाव को देखने के कारण खर्च अधिक रहता है और बाहरी भावों के संपर्क से लाभ प्राप्त होता है व प्रभाव में वृद्धि होती है।

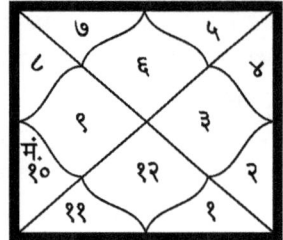

जिस जातक का जन्म 'कन्या' लग्न में हुआ हो और जन्म-कुण्डली के 'षष्ठभाव' में 'मंगल' की स्थिति हो, उसे 'मंगल' का फलादेश नीचे लिखे अनुसार समझना चाहिए—

छठे शत्रु एवं रोग भाव में अपने समग्रह शनि की कुम्भ राशि पर स्थित मंगल के प्रभाव से जातक शत्रु पक्ष पर विजय प्राप्त करता है। वह पुरुषार्थी तथा परिश्रमी होता है एवं भाई-बहन से कुछ विरोध प्राप्त करता है। आयु एवं पुरातत्त्व के सम्बन्ध में उसे शक्ति मिलती है। यहां से मंगल चौथी समग्रहदृष्टि से नवमभाव को देखता है, अत: भाग्य एवं धर्म के पक्ष में कुछ कमी बनी रहती है। सातवीं मित्रदृष्टि से द्वादशभाव को देखने से खर्च अधिक रहता है तथा बाहरी भावों से कम सम्बन्ध रहता है। आठवीं शत्रुदृष्टि से प्रथमभाव को देखने से शरीर में कुछ परेशानी रहती है और रक्तविकार आदि रोग होते हैं।

कन्या लग्न: षष्ठभाव: मंगल

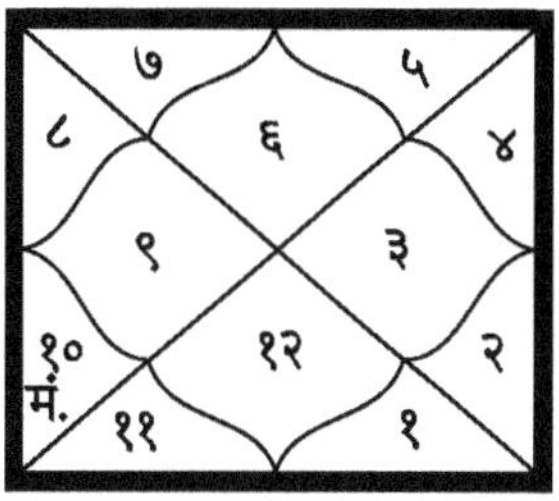

जिस जातक का जन्म 'कन्या' लग्न में हुआ हो और जन्म-कुण्डली के 'सप्तमभाव' में 'मंगल' की स्थिति हो, उसे 'मंगल' का फलादेश नीचे लिखे अनुसार समझना चाहिए—

सातवें केन्द्र, स्त्री तथा व्यवसाय के भाव में अपने मित्र गुरु की मीन राशि पर स्थित अष्टमेश मंगल के प्रभाव से जातक को स्त्री तथा व्यवसाय के पक्ष से कष्ट मिलता है तथा आयु एवं पुरातत्त्व शक्ति का लाभ होता है। भाई-बहन के सुख में उतार-चढ़ाव आता है तथा पराक्रम की वृद्धि होती है। यहां से मंगल चौथी शत्रुदृष्टि से दशमभाव को देखता है, अत: पुरुषार्थ द्वारा पिता, राज्य एवं व्यवसाय के क्षेत्र में कुछ परेशानी के साथ उन्नति प्राप्त होती है। सातवीं शत्रुदृष्टि से प्रथमभाव को देखने से शरीर में कुछ परेशानी के साथ हिम्मत की शक्ति मिलेगी एवं आठवीं समग्रहदृष्टि से द्वितीयभाव को देखने के कारण धन-संचय एवं कुटुम्ब के सुख में कमी बनी रहेगी।

कन्या लग्न: सप्तमभाव: मंगल

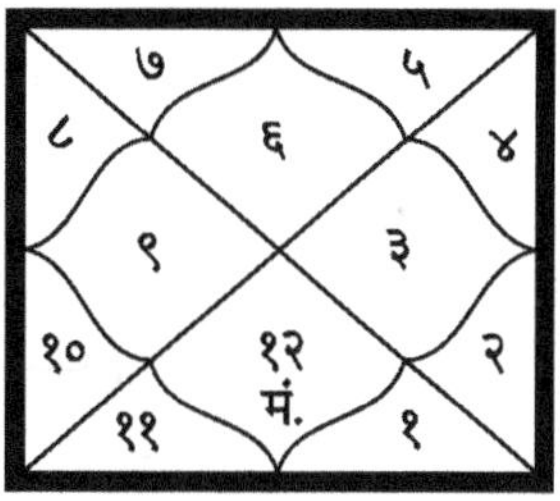

जिस जातक का जन्म 'कन्या' लग्न में हुआ हो और जन्म-कुण्डली के 'अष्टमभाव' में 'मंगल' की स्थिति हो, उसे 'मंगल' का फलादेश नीचे लिखे अनुसार समझना चाहिए—

आठवें आयु तथा पुरातत्त्व के भाव में अपनी मेष राशि पर स्थित मंगल के प्रभाव से जातक को आयु एवं पुरातत्त्व का लाभ होता है तथा भाई-बहन के सुख में कमी आती है। यहां से मंगल चौथी नीचदृष्टि से एकादशभाव को देखता है, अत: आमदनी के पक्ष में कुछ कमी रहती है। सातवीं समग्रहदृष्टि से द्वितीयभाव को देखने से धन-संचय तथा कुटुम्ब के सुख में कुछ असंतोष रहता है। आठवीं दृष्टि से अपनी ही राशि में तृतीयभाव को देखने के कारण पराक्रम तथा भाई-बहन के सुख में कुछ वृद्धि होती है तथा गुप्त हिम्मत अधिक बनी रहती है।

कन्या लग्न: अष्टमभाव: मंगल

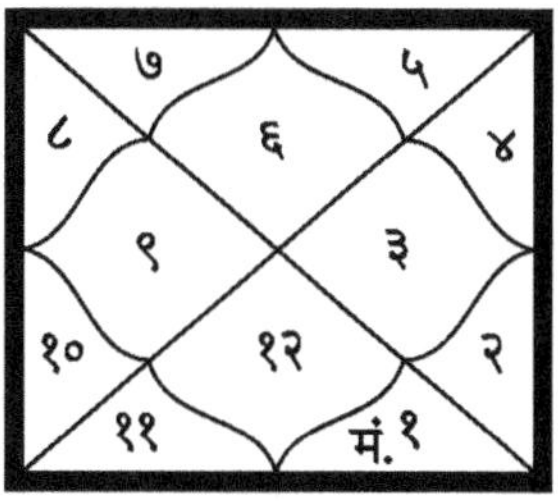

जिस जातक का जन्म 'कन्या' लग्न में हुआ हो और जन्म-कुण्डली के 'नवमभाव' में 'मंगल' की स्थिति हो, उसे 'मंगल' का फलादेश नीचे लिखे अनुसार समझना चाहिए—

कन्या लग्नः नवमभावः मंगल

नवें त्रिकोण, भाग्य तथा धर्म के भाव में अपने समग्रह शुक्र की वृषभ राशि पर स्थित अष्टमेश मंगल के प्रभाव से जातक को भाग्य तथा धर्म के पक्ष में कुछ कमी प्राप्त होती है, परन्तु आयु एवं पुरातत्त्व की वृद्धि होती है। यहां से मंगल चौथी मित्रदृष्टि से द्वादशभाव को देखता है, अतः खर्च अधिक रहता है तथा बाहरी भावों के सम्बन्ध से लाभ होता है। सातवीं दृष्टि से स्वराशि में तृतीयभाव को देखने से कुछ कठिनाइयों के साथ भाई-बहनों की शक्ति प्राप्त होती है तथा पराक्रम की वृद्धि होती है। आठवीं मित्रदृष्टि से चतुर्थभाव को देखने के कारण माता, भूमि एवं मकान के सुख में कुछ कमी का अनुभव होता है, परन्तु सामान्यतः जीवन ठाट-बाट के साथ व्यतीत होता है।

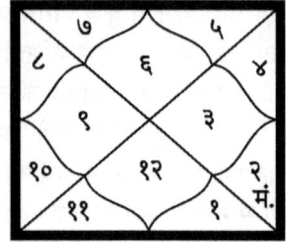

जिस जातक का जन्म 'कन्या' लग्न में हुआ हो और जन्म-कुण्डली के 'दशमभाव' में 'मंगल' की स्थिति हो, उसे 'मंगल' का फलादेश नीचे लिखे अनुसार समझना चाहिए—

कन्या लग्नः दशमभावः मंगल

दसवें केन्द्र, राज्य एवं पिता के भाव में अपने शत्रु बुध की मिथुन राशि पर स्थित मंगल के प्रभाव से जातक को पिता, राज्य एवं व्यवसाय के क्षेत्र में कुछ कठिनाइयों के साथ सम्मान, सुख एवं सफलता की प्राप्ति होती है। साथ ही आयु एवं पुरातत्त्व की शक्ति भी मिलती है, परन्तु भाई-बहन के सम्बन्ध में कुछ कमी बनी रहती है। यहां से मंगल चौथी शत्रुदृष्टि से प्रथमभाव को देखता है, अतः शरीर में कुछ विकार बना रहता है, परन्तु हिम्मत अधिक होती है। सातवीं मित्रदृष्टि से चतुर्थभाव को देखने से माता, भूमि एवं मकान आदि का त्रुटिपूर्ण सुख मिलता है तथा आठवीं उच्चदृष्टि से पंचमभाव को देखने से शत्रु पक्ष में भी कुछ कमी के साथ सफलता मिलती है तथा विद्या-बुद्धि की अधिक वृद्धि होती है।

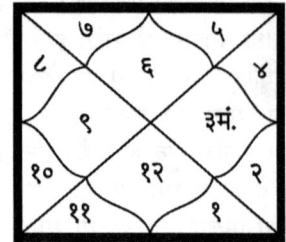

जिस जातक का जन्म 'कन्या' लग्न में हुआ हो और जन्म-कुण्डली के 'एकादशभाव' में 'मंगल' की स्थिति हो, उसे 'मंगल' का फलादेश नीचे लिखे अनुसार समझना चाहिए—

कन्या लग्नः एकादशभावः मंगल

ग्यारहवें लाभ भाव में अपने मित्र चन्द्र की कर्कराशि पर स्थित नीच के मंगल के प्रभाव से जातक को आमदनी के क्षेत्र में कुछ कठिनाई आती है तथा आयु एवं पुरातत्त्व के पक्ष में भी कुछ कमी रहती है। यहां से मंगल चौथी समग्रहदृष्टि से द्वितीयभाव को देखता है, अतः धन-संचय में कुछ कमी तथा कौटुंबिक पक्ष में कुछ क्लेश उत्पन्न होता है। सातवीं उच्चदृष्टि से पंचमभाव को देखने से संतान

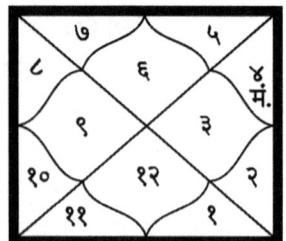

के क्षेत्र में कुछ परेशानी के साथ सफलता मिलती है तथा विद्या-बुद्धि के पक्ष में उन्नति रहती है। आठवीं समग्रहदृष्टि से षष्ठभाव को देखने के कारण शत्रुपक्ष पर प्रभाव प्राप्त होता है। ऐसा जातक बहुत बोलने वाला, हिम्मती तथा बहादुर होता है।

जिस जातक का जन्म 'कन्या' लग्न में हुआ हो और जन्म-कुण्डली के 'द्वादशभाव' में 'मंगल' की स्थिति हो, उसे 'मंगल' का फलादेश नीचे लिखे अनुसार समझना चाहिए—

कन्या लग्नः द्वादशभावः मंगल

बारहवें व्यय भाव में अपने मित्र सूर्य की सिंह राशि पर स्थित मंगल के प्रभाव से जातक का खर्च अधिक होता है तथा बाहरी भावों के सम्बन्ध से कुछ शक्ति मिलती है। साथ ही आयु एवं पुरातत्त्व के क्षेत्र में भी कठिनाइयां आती रहती हैं, यहां से मंगल चौथीदृष्टि से अपनी राशि में तृतीयभाव को देखता है, अतः भाई-बहन का सामान्य सुख मिलता है तथा पराक्रम की साधारणतः वृद्धि होती है। सातवीं समग्रहदृष्टि से षष्ठभाव को देखने के कारण शत्रु पक्ष पर कुछ कठिनाई के साथ प्रभाव स्थापित होता है एवं आठवीं मित्रदृष्टि से सप्तमभाव को देखने से स्त्री के पक्ष में कुछ कष्ट रहता है तथा व्यवसाय में परिश्रम एवं कठिनाइयों के योग से उन्नति प्राप्त होती है। ऐसे ग्रह-स्थित वाले व्यक्ति को उदर एवं इंद्रिय विकारों का सामना भी करना पड़ता है।

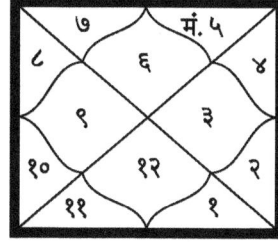

'कन्या' लग्न में 'बुध' का फल

जिस जातक का जन्म 'कन्या' लग्न में हुआ हो और जन्म-कुण्डली के 'प्रथमभाव' में 'बुध' की स्थिति हो, उसे 'बुध' का फलादेश नीचे लिखे अनुसार समझना चाहिए—

कन्या लग्नः प्रथमभावः बुध

पहले केन्द्र एवं शरीर भाव में अपनी ही कन्या राशि पर स्थित स्वक्षेत्री बुध के प्रभाव से जातक के शारीरिक सौंदर्य में वृद्धि होती है। उसे पिता, राज्य एवं व्यवसाय के पक्ष से भी सुख, सहयोग, सफलता, सम्मान एवं लाभ की प्राप्ति होती है। यहां से बुध सातवीं नीचदृष्टि से गुरु की मीन राशि में सप्तमभाव को देखता है, अतः जातक को स्त्री पक्ष तथा व्यवसाय के क्षेत्र में त्रुटि का योग बनता है। उसे भोगादि सुखों की भी समुचित उपलब्धि नहीं होती तथा अत्यधिक स्वाभिमानी होने के कारण व्यवसाय में भी उन्नति नहीं मिलती।

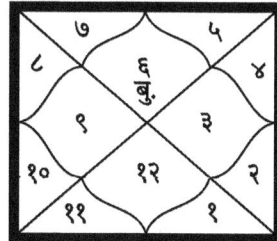

जिस जातक का जन्म 'कन्या' लग्न में हुआ हो और जन्म-कुण्डली के 'द्वितीयभाव' में 'बुध' की स्थिति हो, उसे 'बुध' का फलादेश नीचे लिखे अनुसार समझना चाहिए—

दूसरे धन-कुटुम्ब के भाव में अपने मित्र शुक्र की तुला राशि पर स्थित बुध के प्रभाव से जातक अपने बुद्धिबल से धन का विशेष संग्रह करता है तथा कुटुम्ब का सुख भी पाता है। उसे पिता, राज्य एवं व्यवसाय पक्ष से भी यश, मौन, सहयोग, सफलता एवं लाभ की प्राप्ति होती है। यहां से बुध अपनी सातवीं समग्रहदृष्टि से मंगल की मेष राशि में अष्टमभाव को देखता है, अत: जातक को आयु एवं पुरातत्त्व की शक्ति प्राप्त होती है। उसका रहन-सहन रईसी ढंग का होता है और वह धनी तथा सुखी भी होता है।

कन्या लग्न: द्वितीयभाव: बुध

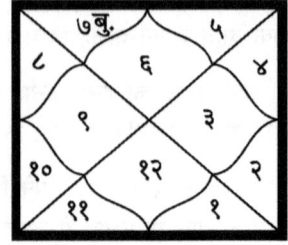

जिस जातक का जन्म 'कन्या' लग्न में हुआ हो और जन्म-कुण्डली के 'तृतीयभाव' में 'बुध' की स्थिति हो, उसे 'बुध' का फलादेश नीचे लिखे अनुसार समझना चाहिए—

तीसरे भाई एवं पराक्रम के भाव में अपने समग्रह मंगल की वृश्चिक राशि पर स्थित बुध के प्रभाव से जातक को भाई-बहनों का सुख प्राप्त होता है तथा पराक्रम में वृद्धि होती है। उसे पिता, राज्य व व्यवसाय के पक्ष से भी सफलता मिलती है। यहां से बुध सातवीं मित्रदृष्टि से शुक्र की वृषभ राशि में नवमभाव को देखता है, अत: जातक के भाग्य की उन्नति होती है तथा वह धर्म का पालन भी करता है। ऐसा व्यक्ति सुखी, यशस्वी, धनी, धार्मिक, पराक्रमी तथा प्रभावशाली होता है।

कन्या लग्न: तृतीयभाव: बुध

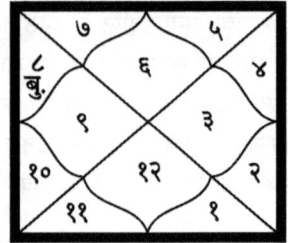

जिस जातक का जन्म 'कन्या' लग्न में हुआ हो और जन्म-कुण्डली के 'चतुर्थभाव' में 'बुध' की स्थिति हो, उसे 'बुध' का फलादेश नीचे लिखे अनुसार समझना चाहिए—

चौथे केन्द्र, माता एवं सुख के भाव में अपने समग्रह गुरु की धनु राशि पर स्थित बुध के प्रभाव से जातक को माता, भूमि एवं मकान आदि का श्रेष्ठ सुख प्राप्त होता है। साथ ही उसे शारीरिक सौंदर्य एवं शांति-सुखपूर्ण वातावरण मिलता है। यहां से बुध सातवीं दृष्टि से अपनी ही मिथुन राशि में दशमभाव को देखता है, अत: जातक को पिता की ओर से सुख मिलता है, राज्य की ओर से सम्मान की प्राप्ति होती है तथा व्यवसाय के क्षेत्र में सफलता एवं उन्नति प्राप्त होती रहती है।

कन्या लग्न: चतुर्थभाव: बुध

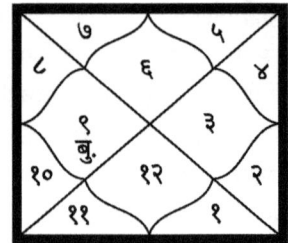

जिस जातक का जन्म 'कन्या' लग्न में हुआ हो और जन्म-कुण्डली के 'पंचमभाव' में 'बुध' की स्थिति हो, उसे 'बुध' का फलादेश नीचे लिखे अनुसार समझना चाहिए—

पांचवें त्रिकोण, विद्या एवं संतान के भाव में अपने समग्रह शनि की मकर राशि पर स्थित बुध के प्रभाव से जातक को संतान, विद्या एवं बुद्धि के क्षेत्र में यथेष्ट सफलता एवं सुख की प्राप्ति होती है। वह अपनी विद्या-बुद्धि के बल पर उच्च पद को पाता है तथा अनेक प्रकार के प्रशंसनीय कार्य करता है। यहां से बुध सातवीं शत्रुदृष्टि से चन्द्र की कर्क राशि में एकादशभाव को देखता है, अत: जातक की आमदनी में वृद्धि होती रहती है। वह व्यवसाय, पिता एवं राज्य के द्वारा भी सहयोग एवं लाभ प्राप्त करता है। ऐसा व्यक्ति सुंदर, स्वाभिमानी, सुखी तथा धनी होता है।

कन्या लग्न: पंचमभाव: बुध

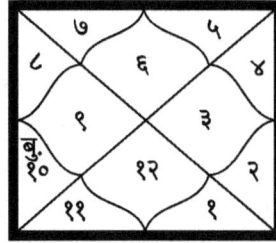

जिस जातक का जन्म 'कन्या' लग्न में हुआ हो और जन्म-कुण्डली के 'षष्ठभाव' में 'बुध' की स्थिति हो, उसे 'बुध' का फलादेश नीचे लिखे अनुसार समझना चाहिए—

छठे शत्रु एवं रोग भाव में अपने समग्रह शनि की कुम्भ राशि पर स्थित बुध के प्रभाव से जातक शत्रु-पक्ष में विवेक तथा अनेक प्रकार की युक्तियों द्वारा काम निकालता है। उसे अपनी ननिहाल के पक्ष से कुछ शक्ति मिलती है। ऐसे जातक को शारीरिक सौंदर्य में कमी तथा पिता, राज्य एवं व्यवसाय के पक्ष से कुछ असंतोष बना रहता है। यहां से बुध सातवीं मित्रदृष्टि से सूर्य की सिंह राशि में द्वादशभाव को देखता है, अत: जातक का खर्च अधिक रहता है, परन्तु बाहरी भावों के सम्बन्ध से उसे यथेष्ट लाभ एवं सुख प्राप्त होता रहता है।

कन्या लग्न: षष्ठभाव: बुध

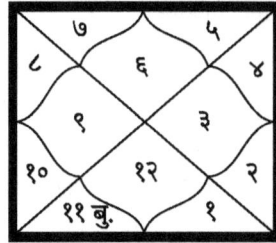

जिस जातक का जन्म 'कन्या' लग्न में हुआ हो और जन्म-कुण्डली के 'सप्तमभाव' में 'बुध' की स्थिति हो, उसे 'बुध' का फलादेश नीचे लिखे अनुसार समझना चाहिए—

सातवें केन्द्र, स्त्री एवं व्यवसाय के भाव में अपने समग्रह गुरु की मीन राशि पर स्थित बुध के प्रभाव से जातक अपनी स्त्री के व्यक्तित्व के सम्मुख स्वयं को कुछ हीन-सा अनुभव करता है तथा व्यवसाय के पक्ष में भी कठिन परिश्रम करना पड़ता है। उसे पिता, राज्य एवं व्यवसाय के द्वारा सामान्य सफलता एवं लाभ तथा सहयोग प्राप्त होता है। यहां से बुध अपनी सातवीं उच्चदृष्टि से अपनी ही कन्या राशि में प्रथमभाव को देखता है, अत: जातक के शारीरिक सौंदर्य, मान, प्रभाव एवं सुख-शांति में भी सुख की कमी बनी रहती है।

कन्या लग्न: सप्तमभाव: बुध

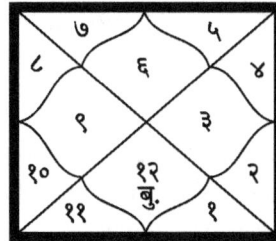

जिस जातक का जन्म 'कन्या' लग्न में हुआ हो और जन्म-कुण्डली के 'अष्टमभाव' में 'बुध' की स्थिति हो, उसे 'बुध' का फलादेश नीचे लिखे अनुसार समझना चाहिए—

कन्या लग्नः अष्टमभावः बुध

आठवें आयु एवं पुरातत्त्व के भाव में अपने समग्रह मंगल की मेष राशि पर स्थित बुध के प्रभाव से जातक के शारीरिक सुख एवं सौंदर्य में कमी आ जाती है। उसे पिता का भी अल्प सुख प्राप्त होता है तथा राज्य एवं व्यवसाय के क्षेत्र में भी कठिनाइयों का अनुभव होता है। वह विदेश अथवा भाव से बाहर के अन्य भावों में रहकर भी जीविका चलाता है। ऐसे व्यक्ति की आयु में वृद्धि होती है तथा पुरातत्त्व का लाभ होता है। यहां से बुध सातवीं मित्रदृष्टि से शुक्र की तुला राशि में द्वितीयभाव को देखता है, अतः जातक अपने कुटुम्ब से प्रेम करता है तथा धन की वृद्धि के लिए कठिन परिश्रम तथा गुप्त युक्तियों का आश्रय लेता है।

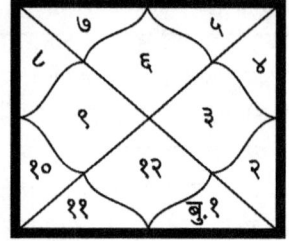

जिस जातक का जन्म 'कन्या' लग्न में हुआ हो और जन्म-कुण्डली के 'नवमभाव' में 'बुध' की स्थिति हो, उसे 'बुध' का फलादेश नीचे लिखे अनुसार समझना चाहिए—

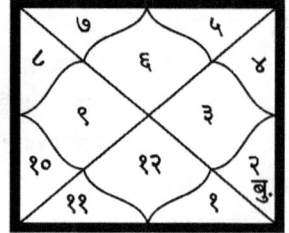

कन्या लग्नः नवमभावः बुध

नवें त्रिकोण, भाग्य एवं धर्म के भाव में अपने मित्र शुक्र की वृषभ राशि पर स्थित बुध के प्रभाव से जातक के भाग्य एवं धर्म की उन्नति होती है। वह पिता से सहयोग एवं सुख प्राप्त करता है। राज्य तथा व्यवसाय के क्षेत्र में भी सम्मान, सफलता एवं धन की प्राप्ति होती है। यहां से बुध सातवीं समग्रहदृष्टि से मंगल की वृश्चिक राशि में तृतीयभाव को देखता है, अतः जातक को भाई-बहन का सुख मिलता है तथा पराक्रम में वृद्धि होती है। ऐसा जातक सुखी, धनी, सज्जन, यशस्वी, तथा धार्मिक होता है। उसकी उन्नति स्वयमेव होती रहती है।

जिस जातक का जन्म 'कन्या' लग्न में हुआ हो और जन्म-कुण्डली के 'दशमभाव' में 'बुध' की स्थिति हो, उसे 'बुध' का फलादेश नीचे लिखे अनुसार समझना चाहिए—

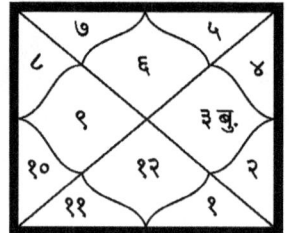

कन्या लग्नः दशमभावः बुध

दसवें केन्द्र, राज्य एवं पिता के भाव में अपनी ही मिथुन राशि पर स्थित स्वक्षेत्री बुध के प्रभाव से जातक को पिता द्वारा शक्ति एवं सुख की प्राप्ति होती है। वह राज्य एवं व्यवसाय के क्षेत्र में यथेष्ट सफलता, यश व लाभ अर्जित करता है। ऐसा व्यक्ति सुंदर शरीर वाला, प्रभावशाली, स्वाभिमानी, सुखी तथा उन्नतिशील होता है। यहां से बुध अपनी सातवीं समग्रहदृष्टि से गुरु की धनु राशि में चतुर्थभाव को देखता है, अतः उसे माता, भूमि एवं मकान आदि का भी पूर्ण सुख प्राप्त होता है। उसका घरेलू जीवन शांति, सुख एवं वैभवपूर्ण बना रहता है।

जिस जातक का जन्म 'कन्या' लग्न में हुआ हो और जन्म-कुण्डली के 'एकादशभाव' में 'बुध' की स्थिति हो, उसे 'बुध' का फलादेश नीचे लिखे अनुसार समझना चाहिए—

ग्यारहवें लाभ भाव में अपने शत्रु चन्द्र की कर्क राशि पर स्थित बुध के प्रभाव से जातक आमदनी के श्रेष्ठ योग को प्राप्त करता है तथा पिता, राज्य एवं व्यवसाय के क्षेत्र से भी सुख, सफलता एवं सम्मान पाता रहता है। उसे शारीरिक सौंदर्य, प्रभाव, मनोबल एवं सुख की प्राप्ति भी होती है। यहां से बुध अपनी सातवीं समग्रहदृष्टि से शनि की मकर राशि में पंचमभाव को देखता है, अत: जातक संततिवान होता है तथा उसे विद्या एवं बुद्धि के क्षेत्र में भी विशेष उन्नति प्राप्त होती है। ऐसा व्यक्ति विद्वान, बुद्धिमान, वाणी का धनी, सुखी तथा ऐश्वर्यशाली होता है।

कन्या लग्न: एकादशभाव: बुध

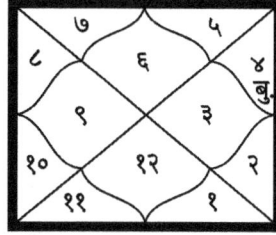

जिस जातक का जन्म 'कन्या' लग्न में हुआ हो और जन्म-कुण्डली के 'द्वादशभाव' में 'बुध' की स्थिति हो, उसे 'बुध' का फलादेश नीचे लिखे अनुसार समझना चाहिए—

बारहवें व्यय भाव में अपने मित्र सूर्य की सिंह राशि पर स्थित बुध के प्रभाव से जातक का खर्च अधिक होता है, परन्तु उसे बाहरी भावों के संपर्क से सम्मान तथा लाभ की प्राप्ति होती है। ऐसा व्यक्ति देश-विदेश की यात्राएं करता है, परन्तु उसे पिता, राज्य एवं व्यवसाय के क्षेत्र से असंतोष बना रहता है तथा कभी-कभी हानि भी उठानी पड़ती है। यहां से बुध सातवीं समग्रहदृष्टि से शनि की कुम्भ राशि में देखता है, अत: वह अपने शारीरिक-बल एवं अन्य युक्तियों द्वारा शत्रु पक्ष पर सफलता प्राप्त करता है। ऐसा व्यक्ति विवेकी, बुद्धिमान तथा दूरदर्शी भी होता है।

कन्या लग्न: द्वादशभाव: बुध

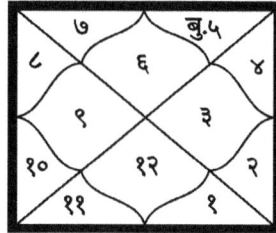

'कन्या' लग्न में 'गुरु' का फल

जिस जातक का जन्म 'कन्या' लग्न में हुआ हो और जन्म-कुण्डली के 'प्रथमभाव' में 'गुरु' की स्थिति हो, उसे 'गुरु' का फलादेश नीचे लिखे अनुसार समझना चाहिए—

पहले केन्द्र एवं शरीर भाव में अपने शत्रु बुध की कन्या राशि पर स्थित गुरु के प्रभाव से जातक को शारीरिक सौंदर्य एवं स्वास्थ्य की प्राप्ति होती है। वह माता, भूमि, मकान आदि के सुख को भी पाता है। यहां से गुरु पांचवीं नीचदृष्टि से अपने समग्रह शनि की मकर राशि में पंचमभाव को देखता है, अत: संतान एवं विद्या-बुद्धि

कन्या लग्न: प्रथमभाव: गुरु

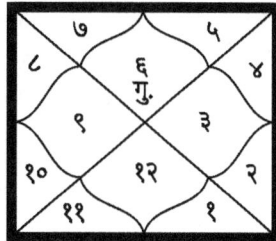

के पक्ष में परेशानियां बनी रहती हैं। सातवीं दृष्टि से स्वराशि में देखने के कारण स्त्री तथा व्यवसाय के द्वारा सुख एवं लाभ प्राप्त होता है तथा नवीं शत्रुदृष्टि से नवमभाव को देखने से भाग्योन्नति में सामान्य बाधाएं आती हैं तथा धर्म के पक्ष में भी कुछ कमी बनी रहती है, परन्तु सामान्यत: ऐसा जातक धनी तथा सज्जन होता है।

जिस जातक का जन्म 'कन्या' लग्न में हुआ हो और जन्म-कुण्डली के 'द्वितीयभाव' में 'गुरु' की स्थिति हो, उसे 'गुरु' का फलादेश नीचे लिखे अनुसार समझना चाहिए—

कन्या लग्नः द्वितीयभावः गुरु

दूसरे धन-कुटुम्ब के भाव में शत्रु शुक्र की तुला राशि पर स्थित गुरु के प्रभाव से जातक को धन एवं कुटुम्ब का सुख प्राप्त होता है, परन्तु माता एवं स्त्री के सुख में कुछ परेशानियां आती हैं, जबकि व्यवसाय के पक्ष में उन्नति होती रहती है। यहां से गुरु पांचवीं समग्रहदृष्टि से षष्टभाव को देखता है, अत: शत्रु पक्ष में प्रभाव स्थापित होता है। सातवीं मित्रदृष्टि से अष्टमभाव को देखने के कारण आयु की वृद्धि होती है तथा पुरातत्त्व का लाभ होता है। नवीं शत्रुदृष्टि से दशमभाव को देखने से पिता द्वारा सुख मिलता है तथा राज्य एवं व्यवसाय के द्वारा सुख, प्रतिष्ठा, सम्मान, प्रभाव-लाभ एवं धन की प्राप्ति होती रहती है।

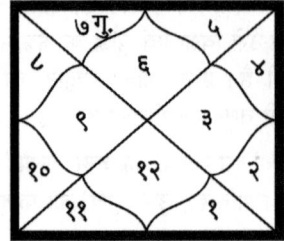

जिस जातक का जन्म 'कन्या' लग्न में हुआ हो और जन्म-कुण्डली के 'तृतीयभाव' में 'गुरु' की स्थिति हो, उसे 'गुरु' का फलादेश नीचे लिखे अनुसार समझना चाहिए—

कन्या लग्नः तृतीयभावः गुरु

तीसरे भाई एवं पराक्रम के भाव में अपने मित्र मंगल की वृश्चिक राशि पर स्थित गुरु के प्रभाव से जातक को भाई-बहन का सुख मिलता है तथा पराक्रम में वृद्धि होती है। साथ ही माता, भूमि एवं मकान आदि का सुख भी प्राप्त होता है। यहां से गुरु पांचवीं दृष्टि से स्वराशि में सप्तमभाव को देखता है, अत: स्त्री तथा व्यवसाय के पक्ष में कुछ सफलता मिलती है। स्त्री सुंदर होती है तथा घरेलू सुख में वृद्धि बनी रहती है। सातवीं शत्रुदृष्टि से नवमभाव को देखने के कारण भाग्य तथा धर्म के क्षेत्र में कुछ रुकावटों के साथ उन्नति होती रहती है। नवीं उच्च तथा मित्रदृष्टि से एकादशभाव को देखने से आमदनी के पक्ष में विशेष सफलता प्राप्त होती है। संक्षेप में, ऐसा जातक धनी तथा सुखी होता है।

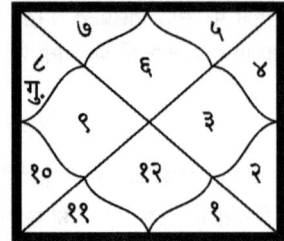

जिस जातक का जन्म 'कन्या' लग्न में हुआ हो और जन्म-कुण्डली के 'चतुर्थभाव' में 'गुरु' की स्थिति हो, उसे 'गुरु' का फलादेश आगे लिखे अनुसार समझना चाहिए—

कन्या लग्नः चतुर्थभावः गुरु

चौथे केन्द्र, माता एवं भूमि के भाव में अपनी ही धनु राशि पर स्थित स्वक्षेत्री गुरु के प्रभाव से जातक को माता, भूमि एवं मकान का यथेष्ट सुख प्राप्त होता है। उसे अपनी गृहस्थी का पूर्ण सुख मिलता है तथा स्त्री एवं व्यवसाय के क्षेत्र में निरंतर सफलता एवं आनंद की उपलब्धि होती रहती है। यहां से गुरु अपनी पांचवीं मित्रदृष्टि से अष्टमभाव को देखता है, अतः आयु एवं पुरातत्त्व का लाभ भी होता है। सातवीं शत्रुदृष्टि से दशमभाव को देखने के कारण पिता से सुख, राज्य से सम्मान तथा व्यवसाय से लाभ एवं उन्नति की प्राप्ति होती है। नवीं मित्र-दृष्टि से द्वादशभाव को देखने के कारण खर्च अधिक रहता है तथा बाहरी भावों का सम्बन्ध सुखकर एवं लाभदायक बना रहता है।

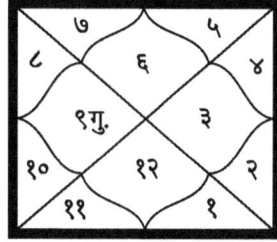

जिस जातक का जन्म 'कन्या' लग्न में हुआ हो और जन्म-कुण्डली के 'पंचमभाव' में 'गुरु' की स्थिति हो, उसे 'गुरु' का फलादेश नीचे लिखे अनुसार समझना चाहिए—

कन्या लग्नः पंचमभावः गुरु

पांचवें त्रिकोण, विद्या एवं संतान के भाव में अपने समग्रह शनि की मकर राशि पर स्थित नीच के गुरु के प्रभाव से जातक संतानपक्ष से कष्ट का अनुभव करता है तथा विद्या-बुद्धि के क्षेत्र में त्रुटि प्राप्त करता है। उसे स्त्री तथा माता के पक्ष से भी कमजोरी रहती है। यहां से गुरु पांचवीं शत्रुदृष्टि से नवमभाव को देखता है, अतः भाग्य एवं धर्म की सामान्य वृद्धि होती है। सातवीं उच्चदृष्टि से एकादशभाव को देखने के कारण जातक अपनी दिमागी शक्ति से आय को बढ़ाने का प्रयत्न करता रहता है तथा लाभ में वृद्धि भी होती है, परन्तु मस्तिष्क में परेशानियां बनी रहती हैं। नवीं शत्रुदृष्टि से प्रथमभाव को देखने के कारण शारीरिक-शक्ति, मान, प्रभाव तथा कार्य-कुशलता प्राप्त होती है। संक्षेप में जातक सुखी और सामान्य धनी होता है।

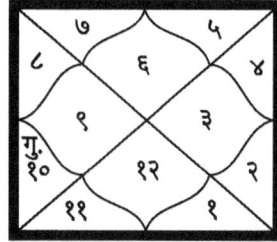

जिस जातक का जन्म 'कन्या' लग्न में हुआ हो और जन्म-कुण्डली के 'षष्ठभाव' में 'गुरु' की स्थिति हो, उसे 'गुरु' का फलादेश नीचे लिखे अनुसार समझना चाहिए—

कन्या लग्नः षष्ठभावः गुरु

छठे शत्रु तथा रोग भाव में अपने समग्रह शनि की कुम्भ राशि पर स्थित गुरु के प्रभाव से जातक को शत्रु पक्ष में नम्रता द्वारा अपना काम निकालना पड़ता है तथा स्त्री, माता, भूमि, एवं मकानादि के सुख-सम्बन्ध में कमजोरी तथा कठिनाइयां बनी रहती हैं। यहां से गुरु पांचवीं शत्रुदृष्टि से दशमभाव को देखता है, अतः पिता, राज्य एवं व्यवसाय के पक्ष से कुछ सफलता, सुख एवं यश मिलता है। सातवीं मित्रदृष्टि से व्ययभाव को देखने के कारण खर्च अधिक रहता है तथा

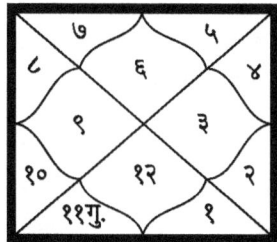

बाहरी भावों के सम्बन्ध से लाभ होता है। नवीं शत्रुदृष्टि से द्वितीयभाव को देखने से धन-संचय के लिए विशेष परिश्रम करना पड़ता है तथा कुटुम्ब का सामन्य सुख प्राप्त होता है।

जिस जातक का जन्म 'कन्या' लग्न में हुआ हो और जन्म-कुण्डली के 'सप्तमभाव' में 'गुरु' की स्थिति हो, उसे 'गुरु' का फलादेश नीचे लिखे अनुसार समझना चाहिए—

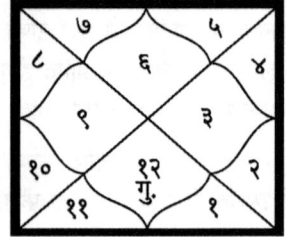

सातवें केन्द्र, स्त्री तथा व्यवसाय के भाव में अपनी मीन राशि पर स्थित स्वक्षेत्री गुरु के प्रभाव से जातक को स्त्री एवं व्यवसाय के पक्ष से पर्याप्त सुख एवं लाभ प्राप्त होता है। साथ ही माता, भूमि, मकान आदि का सुख भी यथेष्ट मिलता है। यहां से गुरु पांचवीं उच्च दृष्टि से एकादशभाव को देखता है, अतः आमदनी में बहुत वृद्धि होती है तथा अपने भाव पर रहकर ही सुखपूर्वक लाभ प्राप्त होता है। सातवीं शत्रुदृष्टि से प्रथमभाव को देखने के कारण शारीरिक सुख, मान एवं सौंदर्य की प्राप्ति होती है तथा नवीं मित्रदृष्टि से तृतीयभाव को देखने से भाई-बहनों का सुख मिलता है और पराक्रम की वृद्धि होती है। संक्षेप में, ऐसा जातक धनी, सुखी तथा यशस्वी होता है।

कन्या लग्नः सप्तमभावः गुरु

जिस जातक का जन्म 'कन्या' लग्न में हुआ हो और जन्म-कुण्डली के 'अष्टमभाव' में 'गुरु' की स्थिति हो, उसे 'गुरु' का फलादेश नीचे लिखे अनुसार समझना चाहिए—

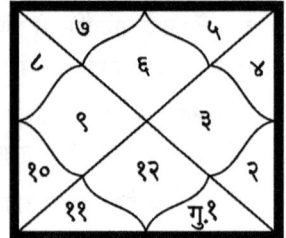

आठवें आयु एवं पुरातत्त्व के भाव में अपने मित्र मंगल की मेष राशि पर स्थित गुरु के प्रभाव से जातक को आयु एवं पुरातत्त्व का अल्प लाभ होता है, परन्तु स्त्री, एवं व्यवसाय के सुख में भी कमी आ जाती है। यहां से गुरु पांचवीं मित्रदृष्टि से द्वादशभाव को देखता है, अतः खर्च अधिक रहता है तथा बाहरी भावों के सम्बन्ध से लाभ होता है। सातवीं शत्रुदृष्टि से द्वितीयभाव को देखने के कारण धन-वृद्धि के लिए विशेष परिश्रम करना पड़ता है तथा कुटुम्ब का सुख भी कम मिलता है। नवीं दृष्टि से चतुर्थभाव को स्वराशि में देखने से माता, भूमि एवं मकान आदि का सुख प्राप्त होता है, परन्तु उसमें कुछ परेशानियां भी आती हैं।

कन्या लग्नः अष्टमभावः गुरु

जिस जातक का जन्म 'कन्या' लग्न में हुआ हो और जन्म-कुण्डली के 'नवमभाव' में 'गुरु' की स्थिति हो, उसे 'गुरु' का फलादेश नीचे लिखे अनुसार समझना चाहिए—

कन्या लग्नः नवमभावः गुरु

नवें त्रिकोण, भाग्य एवं धर्म के भाव में अपने शत्रु शुक्र की वृषभ राशि पर स्थित गुरु के प्रभाव से जातक की भाग्योन्नति कुछ कठिनाइयों के साथ होती है तथा साथ ही स्त्री तथा व्यवसाय के सुख में सामान्य कमी आती है, परन्तु भूमि, मकान एवं माता का सुख तथा लाभ प्राप्त होता है। यहां से गुरु पांचवीं शत्रुदृष्टि से प्रथमभाव को देखता है, अतः शारीरिक सुख एवं सम्मान की वृद्धि होगी तथा भोगेच्छा प्रबल रहेगी। सातवीं मित्रदृष्टि से तृतीयभाव को देखने से भाई-बहनों आदि के सुख तथा पराक्रम की वृद्धि होगी तथा नवीं नीचदृष्टि से पंचमभाव को देखने से संतान तथा विद्या के पक्ष में कुछ कमजोरी बनी रहेगी।

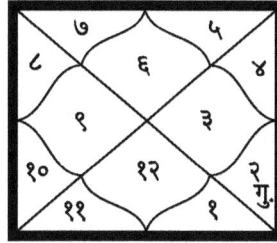

जिस जातक का जन्म 'कन्या' लग्न में हुआ हो और जन्म-कुण्डली के 'दशमभाव' में 'गुरु' की स्थिति हो, उसे 'गुरु' का फलादेश नीचे लिखे अनुसार समझना चाहिए—

कन्या लग्नः दशमभावः गुरु

दसवें केन्द्र, माता तथा राज्य के भाव में अपने शत्रु बुध की मिथुन राशि पर स्थित गुरु के प्रभाव से पिता का सुख मिलेगा, राज्य से सम्मान एवं सफलता की प्राप्ति होगी तथा व्यवसाय से लाभ होगा, साथ ही स्त्री सुंदर तथा प्रभावशाली होगी। यहां से गुरु पांचवी शत्रुदृष्टि से द्वितीयभाव को देखता है, अतः धन-कुटुम्ब का सामान्य सुख मिलेगा। सातवीं दृष्टि से स्वराशि में चतुर्थभाव को देखने से माता, भूमि एवं मकान का अच्छा सुख मिलेगा तथा नवीं समग्रहदृष्टि से षष्ठभाव को देखने के कारण शत्रुपक्ष में शांति की नीति से विजय प्राप्त करेगा तथा झगड़ों द्वारा लाभ उठाएगा।

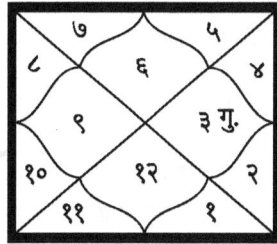

जिस जातक का जन्म 'कन्या' लग्न में हुआ हो और जन्म-कुण्डली के 'एकादशभाव' में 'गुरु' की स्थिति हो, उसे 'गुरु' का फलादेश नीचे लिखे अनुसार समझना चाहिए—

कन्या लग्नः एकादशभावः गुरु

ग्यारहवें लाभ भाव में अपने मित्र चन्द्र की कर्क राशि पर स्थित उच्च के गुरु के प्रभाव से जातक को आमदनी की विशेष शक्ति प्राप्त होती है तथा माता, भूमि, मकान आदि का भी श्रेष्ठ लाभ मिलता है। यहां से गुरु पांचवीं मित्रदृष्टि से तृतीयभाव को देखता है, अतः भाई-बहन का सुख मिलेगा तथा पराक्रम की वृद्धि होगी। सातवीं नीचदृष्टि से पंचमभाव को देखने से संतानपक्ष से कुछ परेशानी तथा विद्या के क्षेत्र में कमी रहेगी। मस्तिष्क भी घरेलू कारणों से चिंतित रहेगा। नवीं दृष्टि से अपनी ही राशि में सप्तमभाव को देखने के कारण सुंदर एवं योग्य स्त्री मिलेगी, व्यवसाय में उन्नति प्राप्त होगी तथा भोग आदि का भी श्रेष्ठ सुख मिलेगा।

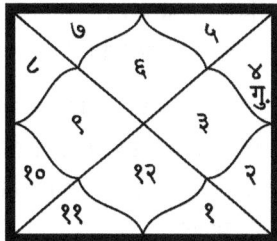

जिस जातक का जन्म 'कन्या' लग्न में हुआ हो और जन्म-कुण्डली के 'द्वादशभाव' में 'गुरु' की स्थिति हो, उसे 'गुरु' का फलादेश नीचे लिखे अनुसार समझना चाहिए—

बारहवें व्यय भाव में अपने मित्र सूर्य की सिंह राशि पर स्थित गुरु के प्रभाव से जातक का खर्च अधिक होगा, परन्तु बाहरी भावों के सम्बन्ध से सुख, सम्मान एवं लाभ की प्राप्ति होगी। स्त्री और भाव के सुख में भी न्यूनता आएगी। पांचवीं दृष्टि से अपनी ही राशि में चतुर्थभाव को देखने से माता, भूमि तथा भवन का सामान्य सुख प्राप्त होगा। सातवीं समग्रहदृष्टि से षष्ठभाव को देखने से शत्रु पक्ष में नम्रता से काम निकालना होगा तथा नवीं मित्रदृष्टि से अष्टमभाव को देखने के कारण आयु एवं पुरातत्त्व का लाभ होगा। सामान्यत: ऐसा जातक सुखी जीवन व्यतीत करता है।

कन्या लग्न: द्वादशभाव: गुरु

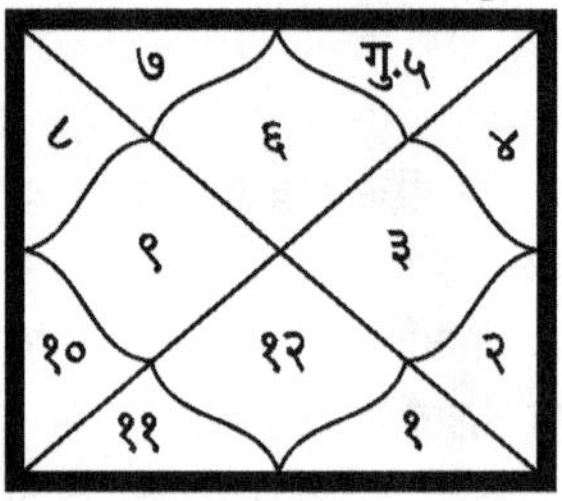

'कन्या' लग्न में 'शुक्र' का फल

जिस जातक का जन्म 'कन्या' लग्न में हुआ हो और जन्म-कुण्डली के 'प्रथमभाव' में 'शुक्र' की स्थिति हो, उसे 'शुक्र' का फलादेश नीचे लिखे अनुसार समझना चाहिए—

पहले केन्द्र एवं शरीर भाव में अपने मित्र बुध की कन्या राशि पर स्थित नीच के शुक्र के प्रभाव से जातक को धन एवं कौटुंबिक सुख के सम्बन्ध में कुछ कमी रहती है और वह धनोन्नति के लिए धर्म की चिन्ता नहीं करता। उसे शारीरिक सुख सामान्य रूप में प्राप्त होता है। यहां से शुक्र सातवीं उच्चदृष्टि से सप्तमभाव को देखता है, अत: स्त्री सुंदर एवं भाग्यवान मिलती है तथा व्यवसाय में भी उन्नति होती है। भोगादि का सुख भी खूब मिलता है।

कन्या लग्न: प्रथमभाव: शुक्र

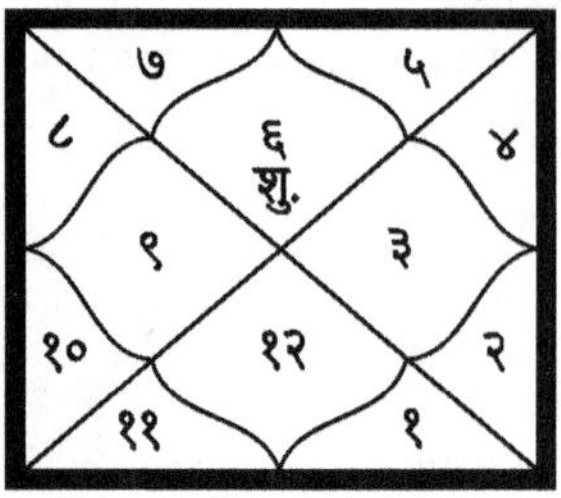

जिस जातक का जन्म 'कन्या' लग्न में हुआ हो और जन्म-कुण्डली के 'द्वितीयभाव' में 'शुक्र' की स्थिति हो, उसे 'शुक्र' का फलादेश नीचे लिखे अनुसार समझना चाहिए—

दूसरे धन एवं कुटुम्ब भाव में अपनी ही तुला राशि पर स्थित शुक्र के प्रभाव से जातक के धन तथा कुटुम्ब में वृद्धि होती है। वह भाग्यशाली होता है तथा धन के द्वारा धर्म का पालन भी करता है और यश पाता है। यहां से शुक्र सातवीं समग्रहदृष्टि से मंगल की मेष राशि में अष्टमभाव को देखता है, अत: आयु एवं पुरातत्त्व का भी लाभ होता है। ऐसा जातक धनी तथा चतुर होता है।

कन्या लग्न: द्वितीयभाव: शुक्र

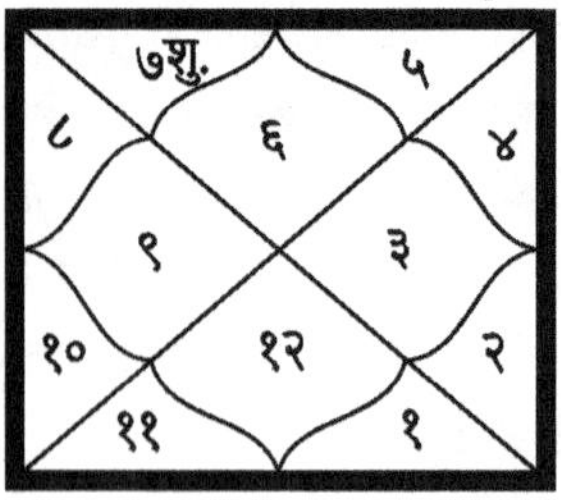

जिस जातक का जन्म 'कन्या' लग्न में हुआ हो और जन्म-कुण्डली के 'तृतीयभाव' में 'शुक्र' की स्थिति हो, उसे 'शुक्र' का फलादेश नीचे लिखे अनुसार समझना चाहिए—

तीसरे भाई एवं पराक्रम के भाव में अपने समग्रह मंगल की वृश्चिक राशि पर स्थित भाग्येश शुक्र के प्रभाव से जातक को भाई-बहन का सुख प्राप्त होता है तथा पराक्रम में वृद्धि होती है। पराक्रम के द्वारा वह अपने धन एवं कुटुम्ब की वृद्धि भी करता है। यहां से शुक्र सातवीं दृष्टि से अपनी ही वृषभ राशि में नवमभाव को देखता है, अत: जातक के भाग्य एवं धर्म की बहुत वृद्धि होती है। ऐसा जातक सुखी, धनी धार्मिक तथा भाग्यवान होता है।

कन्या लग्न: तृतीयभाव: शुक्र

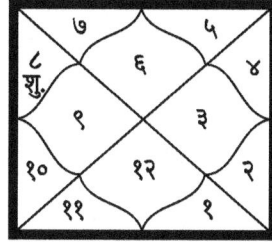

जिस जातक का जन्म 'कन्या' लग्न में हुआ हो और जन्म-कुण्डली के 'चतुर्थभाव' में 'शुक्र' की स्थिति हो, उसे 'शुक्र' का फलादेश नीचे लिखे अनुसार समझना चाहिए—

चौथे केन्द्र, माता एवं भूमि के भाव में अपने समग्रह गुरु की धनु राशि पर स्थित भाग्येश शुक्र के प्रभाव से जातक को माता, भूमि एवं मकान का श्रेष्ठ लाभ प्राप्त होता है और धन तथा कुटुम्ब का सुख भी मिलता है। यहां से शुक्र अपनी सातवीं मित्रदृष्टि से दशमभाव को बुध की मिथुन राशि में देखता है, अत: पिता की शक्ति मिलती है, राज्य के क्षेत्र में सम्मान तथा व्यवसाय के पक्ष में लाभ होता है। वह धर्म का पालन भी करता है।

कन्या लग्न: चतुर्थभाव: शुक्र

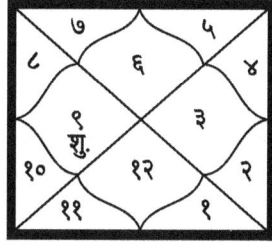

जिस जातक का जन्म 'कन्या' लग्न में हुआ हो और जन्म-कुण्डली के 'पंचमभाव' में 'शुक्र' की स्थिति हो, उसे 'शुक्र' का फलादेश नीचे लिखे अनुसार समझना चाहिए—

पांचवें त्रिकोण, विद्या एवं संतान के भाव में अपने मित्र शनि की मकर राशि पर स्थित भाग्येश शुक्र के प्रभाव से जातक को संतान द्वारा श्रेष्ठ लाभ होता है तथा विद्या-बुद्धि की वृद्धि के साथ ही धन, भाग्य तथा धर्म की भी उन्नति होती है। यहां से शुक्र सातवीं शत्रुदृष्टि से चन्द्र की मकर लग्न में एकादशभाव को देखता है, अत: जातक की आमदनी में पर्याप्त वृद्धि होती है। ऐसा व्यक्ति बुद्धि एवं चातुर्य के बल पर निरन्तर उन्नति करता चला जाता है।

कन्या लग्न: पंचमभाव: शुक्र

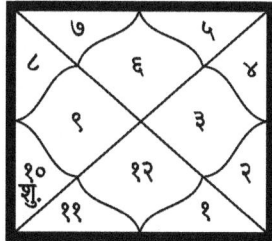

जिस जातक का जन्म 'कन्या' लग्न में हुआ हो और जन्म-कुण्डली के 'षष्ठभाव' में 'शुक्र' की स्थिति हो, उसे 'शुक्र' का फलादेश नीचे लिखे अनुसार समझना चाहिए—

छठे शत्रु तथा भाव में अपने मित्र शनि की कुम्भ राशि पर स्थित भाग्येश शुक्र के प्रभाव से जातक के भाग्य में कुछ कमी आती है तथा धन एवं कुटुम्ब का सुख भी कम रहता है। उसे धर्म में भी अरुचि रहती है, परन्तु वह अपने चातुर्य द्वारा भाग्य तथा धन की उन्नति करता है और परिश्रम द्वारा शत्रु पक्ष में सफलता पाता है तथा झगड़े, मुकद्दमे आदि के द्वारा लाभ उठाता है। यहां से शुक्र सातवीं शत्रुदृष्टि से व्ययभाव को देखता है, अत: खर्च अधिक रहने से मानसिक चिन्ताएं बनी रहती हैं, परन्तु बाहरी भावों से अच्छा सुख एवं लाभ मिलता है।

कन्या लग्नः षष्ठभावः शुक्र

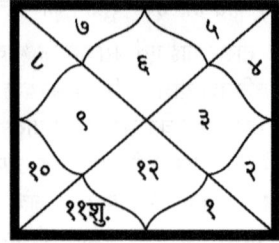

जिस जातक का जन्म 'कन्या' लग्न में हुआ हो और जन्म-कुण्डली के 'सप्तमभाव' में 'शुक्र' की स्थिति हो, उसे 'शुक्र' का फलादेश नीचे लिखे अनुसार समझना चाहिए—

सातवें केन्द्र, स्त्री तथा व्यवसाय के भाव में गुरु की मीन राशि पर स्थित उच्च के शुक्र के प्रभाव से जातक को सुंदर स्त्री प्राप्त होती है तथा व्यवसाय के क्षेत्र में भी पर्याप्त सफलता मिलती है। वह धर्म का पालन करने वाला, भाग्यवान, भोगी, सुखी तथा धनी होता है। यहां से शुक्र सातवीं नीच दृष्टि से अपने मित्र बुध की कन्या राशि में प्रथमभाव को देखता है, अत: जातक के शारीरिक सौंदर्य में कुछ कमी आती है तथा धन की वृद्धि के लिए वह शारीरिक सुख की चिन्ता नहीं करता।

कन्या लग्नः सप्तमभावः शुक्र

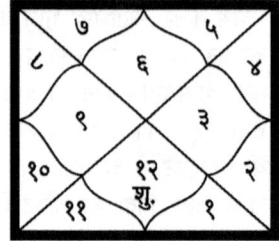

जिस जातक का जन्म 'कन्या' लग्न में हुआ हो और जन्म-कुण्डली के 'अष्टमभाव' में 'शुक्र' की स्थिति हो, उसे 'शुक्र' का फलादेश नीचे लिखे अनुसार समझना चाहिए—

आठवें आयु एवं पुरातत्त्व के भाव में अपने समग्रह मंगल की मेष राशि पर स्थित शुक्र के प्रभाव से जातक का भाग्य कमजोर रहता है। धन-संग्रह में परेशानी होती है। धर्म का यथावत् पालन नहीं होता तथा कुटुम्ब से भी क्लेश मिलता है, जबकि उसे आयु एवं पुरातत्त्व शक्ति का लाभ प्राप्त होता है। यहां से शुक्र सातवीं दृष्टि से अपनी तुला राशि में द्वितीयभाव को देखता है, अतः जातक गुप्त चतुराई एवं कठोर परिश्रम से धनोपार्जन करता है।

कन्या लग्नः अष्टमभावः शुक्र

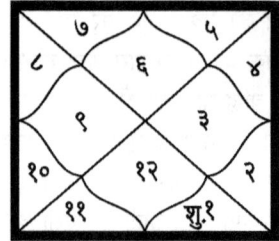

जिस जातक का जन्म 'कन्या' लग्न में हुआ हो और जन्म-कुण्डली के 'नवमभाव' में 'शुक्र' की स्थिति हो, उसे 'शुक्र' का फलादेश नीचे लिखे अनुसार समझना चाहिए—

कन्या लग्नः नवमभावः शुक्र

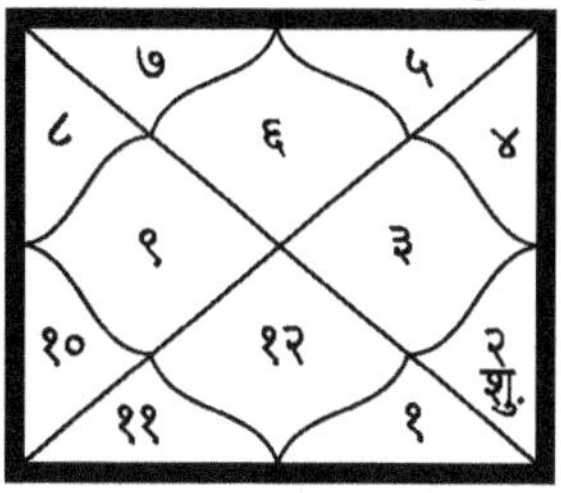

नवें त्रिकोण, भाग्य एवं धर्म के भाव में अपनी ही वृषभ राशि पर स्थित स्वक्षेत्री शुक्र के प्रभाव से जातक बहुत भाग्यशाली होता है तथा धर्म का पालन भी करता है। उसे धन का पर्याप्त सुख मिलता है तथा साथ ही यश व सम्मान में वृद्धि भी होती है। यहां से शुक्र सातवीं समग्रहदृष्टि से मंगल की वृश्चिक राशि में तृतीयभाव को देखता है, अतः उसे भाई-बहन की शक्ति प्राप्त होती है तथा पुरुषार्थ में वृद्धि होती है। उसे धन एवं कुटुम्ब का भी पूर्ण सुख मिलता है।

जिस जातक का जन्म 'कन्या' लग्न में हुआ हो और जन्म-कुण्डली के 'दशमभाव' में 'शुक्र' की स्थिति हो, उसे 'शुक्र' का फलादेश नीचे लिखे अनुसार समझना चाहिए—

कन्या लग्नः दशमभावः शुक्र

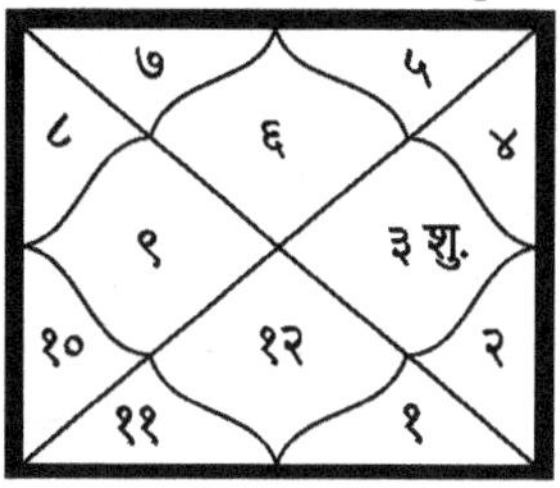

दसवें केन्द्र, पिता तथा राज्य के भाव में अपने मित्र बुध की मिथुन राशि पर स्थित शुक्र के प्रभाव से जातक पिता की विशेष शक्ति प्राप्त करता है। उसे राज्य द्वारा उन्नति एवं सम्मान तथा व्यवसाय द्वारा लाभ मिलता है। वह अपने श्रेष्ठ कर्म एवं चातुर्य के बल पर धन एवं कुटुम्ब की वृद्धि करता है तथा यशस्वी होता है। यहां से शुक्र सातवीं दृष्टि से अपने समग्रहु गुरु की धनु राशि में चतुर्थभाव को देखता है। उसके प्रभाव से जातक को कुछ असंतोष के साथ माता, भूमि एवं मकान आदि का सुख प्राप्त होता है।

जिस जातक का जन्म 'कन्या' लग्न में हुआ हो और जन्म-कुण्डली के 'एकादशभाव' में 'शुक्र' की स्थिति हो, उसे 'शुक्र' का फलादेश नीचे लिखे अनुसार समझना चाहिए—

कन्या लग्नः एकादशभावः शुक्र

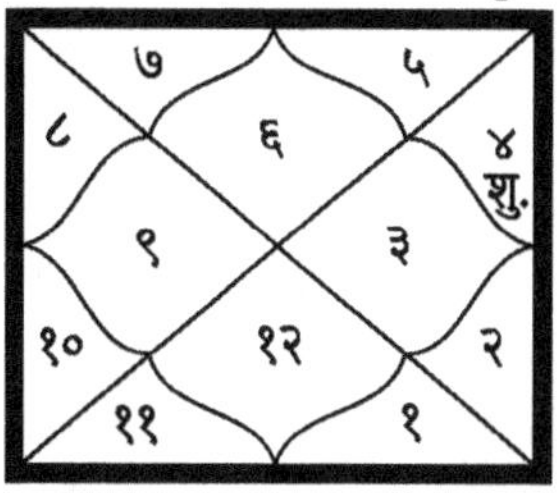

ग्यारहवें लाभ भाव में अपने शत्रु चन्द्र की कर्क राशि पर स्थित शुक्र के प्रभाव से जातक की आमदनी अच्छी रहती है। वह बहुत भाग्यवान, धनवान, कुटुम्बवान, न्यायी तथा धर्म का पालन करने वाला होता है। यहां से शुक्र सातवीं मित्रदृष्टि से शनि की मकर राशि में पंचमभाव को देखता है, अतः जातक को संतान के पक्ष से सुख मिलता है तथा विद्या-बुद्धि की उन्नति होती है। ऐसा जातक चतुर, निपुण, योग्य, वाणी में प्रभाव रखने वाला, यशस्वी तथा सुखी होता है।

जिस जातक का जन्म 'कन्या' लग्न में हुआ हो और जन्म-कुण्डली के 'द्वादशभाव' में 'शुक्र' की स्थिति हो, उसे 'शुक्र' का फलादेश नीचे लिखे अनुसार समझना चाहिए—

बारहवें व्यय भाव में अपने शत्रु सूर्य की सिंह राशि पर स्थित शुक्र के प्रभाव से जातक का खर्च अधिक होता है, भाग्योन्नति में बाधा पड़ती है तथा धन का संचय नहीं हो पाता। उसे बाहरी भावों के सम्बन्ध से भी हानि होती है और कुटुम्ब का सुख भी नहीं मिलता। यहां से शुक्र सातवीं मित्रदृष्टि से शनि की कुम्भ रशि में षष्ठभाव को देखता है, अतः शत्रु पक्ष में सफलता मिलती है तथा झगड़े-मुकद्दमे आदि से लाभ प्राप्त होता है।

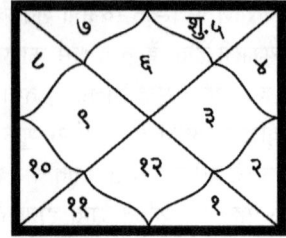

कन्या लग्नः द्वादशभावः शुक्र

'कन्या' लग्न में 'शनि' का फल

जिस जातक का जन्म 'कन्या' लग्न में हुआ हो और जन्म-कुण्डली के 'प्रथमभाव' में 'शनि ' की स्थिति हो, उसे 'शनि' का फलादेश नीचे लिखे अनुसार समझना चाहिए—

पहले केन्द्र तथा शरीर भाव में अपने मित्र बुध की कन्या राशि पर स्थित शनि के प्रभाव से जातक को शरीर में रोग तथा परेशानी-सी रहती है। विद्या-बुद्धि का सुख मिलता है। संतान का सुख होते हुए भी उससे कुछ वैमनस्य रहता है तथा शत्रु पक्ष में विजय मिलती है। यहां से शनि तीसरी शत्रुदृष्टि से तृतीयभाव को देखता है, अतः भाई-बहन के सुख में कुछ कमी आती है तथा पराक्रम वृद्धि के लिए परिश्रम करना पड़ता है। सातवीं समग्रहदृष्टि से सप्तमभाव को देखने से स्त्री के पक्ष में कुछ वैमनस्य रहेगा तथा व्यवसाय में मेहनत करनी पड़ेगी। दसवीं मित्रदृष्टि से दशमभाव को देखने से पिता की ओर से सामान्य परेशानी रहेगी तथा राज्य एवं व्यापार के क्षेत्र में सफलता मिलेगी।

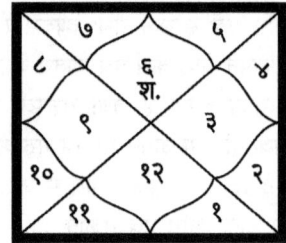

कन्या लग्नः प्रथमभावः शनि

जिस जातक का जन्म 'कन्या' लग्न में हुआ हो और जन्म-कुण्डली के 'द्वितीयभाव' में 'शनि ' की स्थिति हो, उसे 'शनि' का फलादेश नीचे लिखे अनुसार समझना चाहिए—

दूसरे धन-कुटुम्ब के भाव में अपने मित्र शुक्र की तुला राशि पर स्थित उच्च के शनि के प्रभाव से जातक बुद्धि तथा परिश्रम द्वारा बहुत धन कमाता है तथा कुटुम्ब भाव में वृद्धि होने पर भी उससे कुछ परेशानी रहती है। विद्या की वृद्धि तथा संतानपक्ष से परेशानी रहती है। यहां से शनि तीसरी समग्रहदृष्टि से चतुर्थभाव को देखता है, अतः माता, भूमि एवं मकान के सुख में कुछ कमी रहेगी। सातवीं नीच-दृष्टि से अष्टमभाव को देखने से आयु तथा पुरातत्त्व के क्षेत्र में कुछ कमी रहेगी। दसवीं शत्रुदृष्टि से एकादशभाव को देखने से आमदनी के क्षेत्र में भी कठिनाइयां आएंगी। ऐसी ग्रह स्थिति वाला जातक प्रत्येक क्षेत्र में परेशान रहता है, परन्तु शत्रु पक्ष पर विजयी होता है।

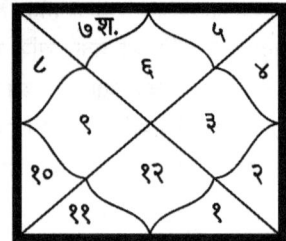

कन्या लग्नः द्वितीयभावः शनि

जिस जातक का जन्म 'कन्या' लग्न में हुआ हो और जन्म-कुण्डली के 'तृतीयभाव' में 'शनि' की स्थिति हो, उसे 'शनि' का फलादेश नीचे लिखे अनुसार समझना चाहिए—

कन्या लग्न: तृतीयभाव: शनि

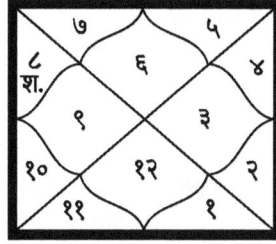

तीसरे भाई-बहन और पराक्रम के भाव में अपने शत्रु मंगल की वृश्चिक राशि पर स्थित शनि के प्रभाव से जातक के पराक्रम की वृद्धि होती है, शत्रु पक्ष पर विजय मिलती है, परन्तु भाई-बहनों से परेशानी बनी रहती है। तीसरी दृष्टि से स्वराशि में पंचमभाव को देखने से संतानपक्ष में सामान्य कठिनाइयां आती हैं तथा विद्या-बुद्धि की वृद्धि होती है। सातवीं मित्रदृष्टि से नवमभाव को देखने के कारण परिश्रम द्वारा भाग्य की उन्नति होती है एवं दसवीं शत्रुदृष्टि से द्वादशभाव को देखने से खर्च के सम्बन्ध में कठिनाइयों का अनुभव होता है तथा बाहरी भावों के सम्बन्धों से भी असंतोष बना रहता है। संक्षेप में, ऐसा जातक संघर्षपूर्ण जीवन व्यतीत करता है।

जिस जातक का जन्म 'कन्या' लग्न में हुआ हो और जन्म-कुण्डली के 'चतुर्थभाव' में 'शनि' की स्थिति हो, उसे 'शनि' का फलादेश नीचे लिखे अनुसार समझना चाहिए—

कन्या लग्न: चतुर्थभाव: शनि

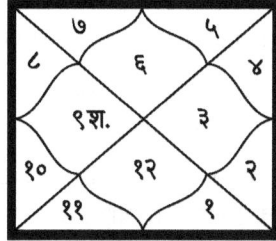

चौथे केन्द्र, माता, भूमि एवं सुख के भाव में अपने समग्रह गुरु की धनु राशि पर स्थित शनि के प्रभाव से जातक को माता, भूमि एवं मकान के सुखों में कमी रहती है तथा संतानपक्ष से भी परेशानी होती है। तीसरी दृष्टि से स्वराशि में षष्ठभाव को देखने के कारण शत्रु पक्ष पर विजय मिलती है, परन्तु झगड़े-झंझटों के कारण सुख-दुःख दोनों ही प्राप्त होते रहते हैं। सातवीं मित्रदृष्टि से दशमभाव को देखने से पिता, राज्य एवं व्यवसाय के क्षेत्र में परिश्रम द्वारा सफलता, यश एवं लाभ की प्राप्ति होती है। दसवीं मित्रदृष्टि से प्रथमभाव को देखने के कारण शरीर में कुछ बीमारी रहती है, परन्तु प्रभाव एवं परिश्रम की वृद्धि होती है।

जिस जातक का जन्म 'कन्या' लग्न में हुआ हो और जन्म-कुण्डली के 'पंचमभाव' में 'शनि' की स्थिति हो, उसे 'शनि' का फलादेश नीचे लिखे अनुसार समझना चाहिए—

कन्या लग्न: पंचमभावः शनि

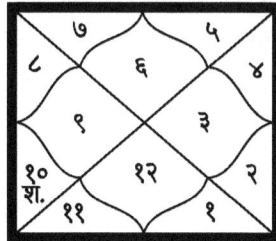

पांचवें त्रिकोण, विद्या तथा संतान के भाव में अपनी ही मकर राशि पर स्थित शनि के प्रभाव से जातक को संतान, विद्या तथा बुद्धि का कुछ कठिनाइयों के साथ लाभ होता है, साथ ही संतानपक्ष से कुछ परेशानी भी होती है। वह अपनी गुप्त युक्तियों के बल पर शत्रु पक्ष में भी सफलता प्राप्त करता है। यहां से शनि तीसरी समग्रहदृष्टि से सप्तमभाव को देखता है, अतः स्त्री-पक्ष से भी कुछ परेशानी रहेगी तथा व्यवसाय में कठिनाइयां आती रहेंगी। सातवीं शत्रुदृष्टि से

एकादशभाव को देखने के कारण बुद्धि के परिश्रम द्वारा लाभ प्राप्त होगा तथा दसवीं उच्चदृष्टि से द्वितीयभाव को देखने से धन तथा कुटुम्ब की वृद्धि होती है। ऐसा जातक संघर्षपूर्ण, परन्तु सुखी जीवन व्यतीत करता है।

जिस जातक का जन्म 'कन्या' लग्न में हुआ हो और जन्म-कुण्डली के 'षष्ठभाव' में 'शनि' की स्थिति हो, उसे 'शनि ' का फलादेश नीचे लिखे अनुसार समझना चाहिए—

कन्या लग्नः षष्ठभावः शनि

छठे शत्रु भाव में अपनी ही कुम्भ राशि पर स्थित शनि के प्रभाव से जातक शत्रु पक्ष से अपने बुद्धि-बल पर सफलता प्राप्त करता है, परन्तु उसे विद्या तथा संतान के पक्ष में सामान्य कठिनाइयां आती हैं। यहां से शनि तीसरी नीच-दृष्टि से अष्टमभाव को देखता है, अतः आयु के क्षेत्र में अनेक बार संकटों का सामना करना पड़ता है तथा पुरातत्त्व की हानि होती है। सातवीं शत्रुदृष्टि से द्वादशभाव को देखने के कारण खर्च की परेशानी रहती है तथा बाहरी भावों का सम्बन्ध भी सुखद नहीं रहता। दसवीं शत्रुदृष्टि से तृतीयभाव को देखने से भाई-बहनों से परेशानी रहती है, परन्तु पराक्रम की वृद्धि होती है।

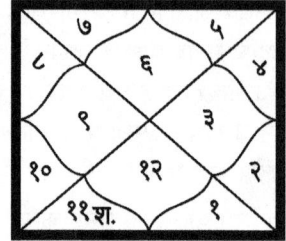

जिस जातक का जन्म 'कन्या' लग्न में हुआ हो और जन्म-कुण्डली के 'सप्तमभाव' में 'शनि' की स्थिति हो, उसे 'शनि ' का फलादेश नीचे लिखे अनुसार समझना चाहिए—

कन्या लग्नः सप्तमभावः शनि

सातवें केन्द्र, स्त्री तथा व्यवसाय के भाव में अपने समग्रह गुरु की मीन राशि पर स्थित शनि के प्रभाव से जातक को स्त्री तथा व्यवसाय के पक्ष में कठिनाइयों का सामना करना पड़ता है। उसकी मूत्रेंद्रिय में विकार होता है और वह विद्या के उपयोग से परिवार का पालन करता है। ऐसे व्यक्ति को संतानपक्ष से भी परेशानी रहती है, परन्तु शत्रु पक्ष में सफलता मिलती है। यहां से शनि तीसरी मित्रदृष्टि से नवमभाव को देखता है, अतः बुद्धि द्वारा जातक की भाग्योन्नति होती है और वह धर्म का पालन भी करता है। सातवीं मित्रदृष्टि से प्रथमभाव को देखने के कारण शरीर में रोग रहते हैं तथा प्रभाव की वृद्धि भी होती है। दसवीं समग्रहदृष्टि से चतुर्थभाव को देखने से माता के सुख में कमी रहती है तथा भूमि एवं मकान के सुख में भी न्यूनता आती है। ऐसा जातक अपने जन्म-भाव में रहते समय परेशानियों का अनुभव करता रहता है।

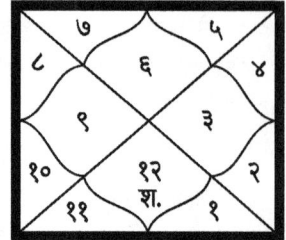

जिस जातक का जन्म 'कन्या' लग्न में हुआ हो और जन्म-कुण्डली के 'अष्टमभाव' में 'शनि' की स्थिति हो, उसे 'शनि ' का फलादेश नीचे लिखे अनुसार समझना चाहिए—

आठवें आयु एवं पुरातत्त्व के भाव में अपने शत्रु मंगल की राशि पर स्थित नीच के शनि के प्रभाव से जातक को अपनी आयु के सम्बन्ध में अनेक बार खतरों का सामना करना पड़ता है तथा पुरातत्त्व की हानि होती है। उसे संतानपक्ष से कष्ट होता है, शत्रु पक्ष से परेशानी रहती है तथा विद्या के पक्ष में कमी रहती है। यहां से शनि अपनी तीसरी दृष्टि से दशमभाव को देखता है, अत: पिता एवं राज्य के पक्ष में कुछ झंझट बना रहता है तथा व्यवसाय के क्षेत्र में बुद्धि-बल से सामान्य सफलता मिलती है। सातवीं उच्चदृष्टि से द्वितीयभाव को देखने से जातक धन-जन का सुख पाने के लिए कठोर परिश्रम करता है। दसवीं दृष्टि से पंचमभाव को देखने से संतान, विद्या तथा बुद्धि के क्षेत्र में कमी रहती है, परन्तु चतुराई अधिक होती है। ऐसे व्यक्ति का जीवन घोर अशांतिपूर्ण बना रहता है।

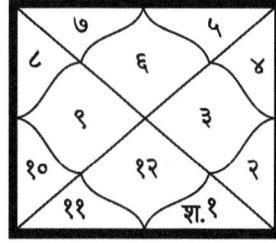

कन्या लग्न: अष्टमभाव: शनि

जिस जातक का जन्म 'कन्या' लग्न में हुआ हो और जन्म-कुण्डली के 'नवमभाव' में 'शनि' की स्थिति हो, उसे 'शनि ' का फलादेश नीचे लिखे अनुसार समझना चाहिए—

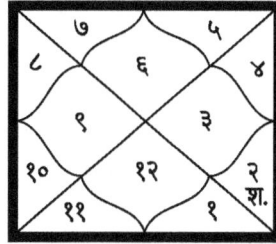

नवें त्रिकोण, भाग्य एवं धर्म के भाव में अपने मित्र शुक्र की वृषभ राशि पर स्थित शनि के प्रभाव से जातक अपने बुद्धि के बल पर भाग्योन्नति करता है तथा धर्म का सामान्य रूप से पालन करता है। उसे संतान तथा विद्या के पक्ष में भी सफलता मिलती है। यहां से शनि तीसरी शत्रुदृष्टि से एकादशभाव को देखता है, अत: जातक लाभ-प्राप्ति के लिए विशेष प्रयत्न करता है। सातवीं शत्रुदृष्टि से तृतीयभाव को देखने से पराक्रम की वृद्धि होती है तथा भाई-बहन से कुछ वैमनस्य रहता है। दसवीं दृष्टि से अपनी ही राशि में षष्ठभाव को देखने के कारण शत्रु पक्ष में विजय प्राप्त होती है तथा झगड़े-झंझट, मुकद्दमे आदि से लाभ होता है। ऐसा व्यक्ति बड़ा नीतिज्ञ, चतुर तथा प्रभावशाली बातचीत करने वाला होता है।

कन्या लग्न: नवमभाव: शनि

जिस जातक का जन्म 'कन्या' लग्न में हुआ हो और जन्म-कुण्डली के 'दशमभाव' में 'शनि' की स्थिति हो, उसे 'शनि ' का फलादेश नीचे लिखे अनुसार समझना चाहिए—

दसवें केन्द्र, पिता तथा राज्य के भाव में बुध की मिथुन राशि पर स्थित शनि के प्रभाव से जातक पिता के पक्ष से कुछ परेशानी पाता है तथा राज्य पक्ष से सम्मान एवं व्यवसाय पक्ष से लाभ उठाता है। उसे विद्या तथा संतानपक्ष से सुख मिलता है। यहां से शनि तीसरी शत्रुदृष्टि से द्वादशभाव को देखता है, अत: जातक को खर्च के मामले में असंतोष रहता है तथा बाहरी भावों का सम्बन्ध भी सुखद नहीं होता। सातवीं

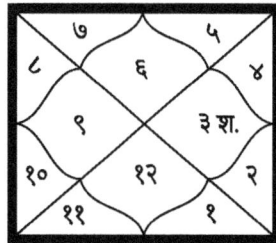

कन्या लग्न: दशमभाव: शनि

समग्रहदृष्टि से चतुर्थभाव को देखने से माता एवं भूमि के सुख में कुछ कमी आती है। दसवीं समग्रहदृष्टि से सप्तमभाव को देखने के कारण स्त्री के सुख में कमी आती है तथा व्यवसाय के क्षेत्र में कठिन परिश्रम करने पर सफलता मिलती है।

जिस जातक का जन्म 'कन्या' लग्न में हुआ हो और जन्म-कुण्डली के 'एकादशभाव' में 'शनि' की स्थिति हो, उसे 'शनि ' का फलादेश नीचे लिखे अनुसार समझना चाहिए—

कन्या लग्नः एकादशभावः शनि

ग्यारहवें लाभ भाव में अपने शत्रु चन्द्र की कर्क राशि पर स्थित शनि के प्रभाव से जातक की आमदनी में खूब वृद्धि होती है तथा शत्रु पक्ष से भी लाभ होता है। यहां से शनि तीसरी मित्रदृष्टि से प्रथमभाव को देखता है, अतः शरीर में कुछ रोग बना रहता है तथा परिश्रम की शक्ति भी मिलती है। सातवीं दृष्टि से स्वराशि में पंचमभाव को देखने से संतान तथा विद्या की शक्ति प्राप्त होती है, परन्तु कुछ परेशानी भी रहती है। दसवीं नीच-दृष्टि से अष्टमभाव को देखने के कारण जातक को आयु के सम्बन्ध में कठिन संघर्ष एवं कष्टों का सामना करना पड़ता है तथा पुरातत्त्व की भी हानि होती है।

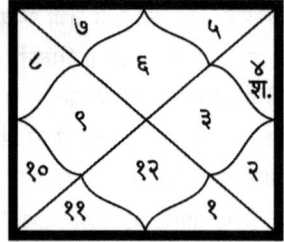

जिस जातक का जन्म 'कन्या' लग्न में हुआ हो और जन्म-कुण्डली के 'द्वादशभाव' में 'शनि' की स्थिति हो, उसे 'शनि ' का फलादेश नीचे लिखे अनुसार समझना चाहिए—

कन्या लग्नः द्वादशभावः शनि

बारहवें व्यय भाव में अपने शत्रु सूर्य की सिंह राशि पर स्थित शनि के प्रभाव से जातक का खर्च अधिक रहता है तथा बाहरी भावों के सम्बन्ध से भी परेशानी अनुभव होती है। यहां से शनि तीसरी उच्च तथा मित्रदृष्टि से द्वितीयभाव को देखता है, अतः जातक धन एवं कुटुम्ब की वृद्धि के लिए विशेष प्रयत्न करता है। सातवीं दृष्टि से स्वराशि में षष्ठभाव को देखने से शत्रु पक्ष पर प्रभाव रहता है तथा रोगादि पर भी कुछ परेशानियों के बाद विजय पाता है। दसवीं मित्रदृष्टि से नवमभाव को देखने से बुद्धिबल द्वारा भाग्य की उन्नति होती है तथा धर्म में भी रुचि रहती है। ऐसा व्यक्ति बहुत शान से खर्च करने वाला होता है।

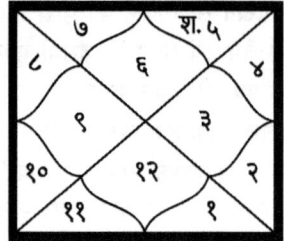

'कन्या' लग्न में 'राहु' का फल

जिस जातक का जन्म 'कन्या' लग्न में हुआ हो और जन्म-कुण्डली के 'प्रथमभाव' में 'राहु' की स्थिति हो, उसे 'राहु ' का फलादेश नीचे लिखे अनुसार समझना चाहिए—

पहले केन्द्र तथा शरीर भाव में अपने समग्रह बुध की कन्या राशि पर स्थित राहु के प्रभाव से जातक को शारीरिक-शक्ति, स्वाभिमान तथा मनोबल की प्राप्ति होती है, परन्तु कभी-कभी शारीरिक कष्टों का सामना भी करना पड़ता है। ऐसा जातक गहरी सूझ-बूझ वाला होता है। उसकी दिमागी शक्ति बढ़ी रहती है। वह अपनी उन्नति के लिए कठोर श्रम करता है। मानसिक रूप से कभी-कभी चिंतित रहते हुए भी बड़े-धैर्य से काम लेता है तथा उन्नति भी करता है।

कन्या लग्न: प्रथमभाव: राहु

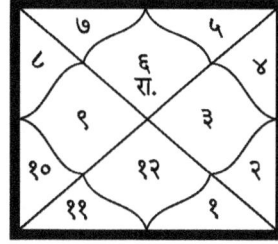

जिस जातक का जन्म 'कन्या' लग्न में हुआ हो और जन्म-कुण्डली के 'द्वितीयभाव' में 'राहु' की स्थिति हो, उसे 'राहु' का फलादेश नीचे लिखे अनुसार समझना चाहिए—

दूसरे धन एवं कुटुम्ब के भाव में अपने मित्र शुक्र की तुला राशि पर स्थित राहु के प्रभाव से जातक को धन तथा कुटुम्ब की ओर से परेशानी बनी रहती है। कभी-कभी उसे भारी आर्थिक घाटा भी उठाना पड़ता है। ऐसा व्यक्ति धन बढ़ाने के लिए गुप्त प्रयत्न तथा कठिन परिश्रम करता है, अत: वह कुछ धन का संचय भी कर लेता है तथा प्रकट रूप में धनवान माना जाता है। उसे कभी-कभी आकस्मिक रूप से भी धन का लाभ होता है।

कन्या लग्न: द्वितीयभाव: राहु

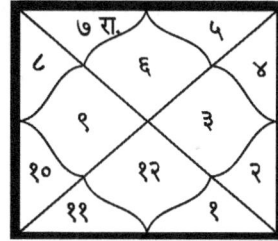

जिस जातक का जन्म 'कन्या' लग्न में हुआ हो और जन्म-कुण्डली के 'तृतीयभाव' में 'राहु' की स्थिति हो, उसे 'राहु' का फलादेश नीचे लिखे अनुसार समझना चाहिए—

तीसरे भाई एवं पराक्रम के भाव में अपने शत्रु मंगल की वृश्चिक राशि पर स्थित राहु के प्रभाव से जातक के पराक्रम में वृद्धि होती है, परन्तु भाई-बहन के पक्ष में परेशानी, असंतोष एवं कमी बनी रहती है। कभी-कभी विशेष संकट उपस्थित होने पर भी वह धैर्य धारण किए रहता है तथा अपनी गुप्त युक्तियों एवं हिम्मत के बल पर सफलता प्राप्त करता है। वह भले-बुरे का विचार किए बिना अपनी स्वार्थ-सिद्धि के लिए प्रयत्नशील बना रहता है।

कन्या लग्न: तृतीयभाव: राहु

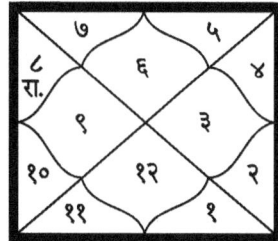

जिस जातक का जन्म 'कन्या' लग्न में हुआ हो और जन्म-कुण्डली के 'चतुर्थभाव' में 'राहु' की स्थिति हो, उसे 'राहु' का फलादेश नीचे लिखे अनुसार समझना चाहिए—

चौथे केन्द्र, माता एवं भूमि के भाव में अपने समग्रह गुरु की धनु राशि पर स्थित नीच के राहु के प्रभाव से जातक को माता का सुख खूब प्राप्त होता है, परन्तु भूमि, मकान एवं घरेलू सुख-शांति में कमी बनी रहती है। कभी-कभी उसे घरेलू कारणों से घोर संकटों का सामना करना पड़ता है। मातृभूमि से वियोग अर्थात् परदेश में रहने का योग भी उपस्थित होता है। उसे मातृभूमि में कष्ट मिलते हैं, परन्तु बाहरी भावों में जाकर अपनी गुप्त योजनाओं द्वारा सुख की प्राप्ति होती है।

कन्या लग्न: चतुर्थभाव: राहु

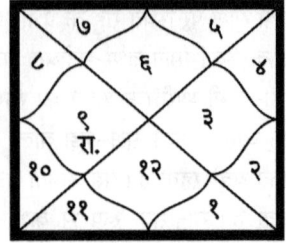

जिस जातक का जन्म 'कन्या' लग्न में हुआ हो और जन्म-कुण्डली के 'पंचमभाव' में 'राहु' की स्थिति हो, उसे 'राहु' का फलादेश नीचे लिखे अनुसार समझना चाहिए—

पांचवें त्रिकोण, विद्या तथा संतान के भाव में अपने मित्र शनि की मकर राशि पर स्थित राहु के प्रभाव से जातक को संतानपक्ष से कष्ट प्राप्त होता है तथा विद्या के क्षेत्र में कठिनाइयां उपस्थित होती हैं। अधिक विद्वान न होने पर भी जातक बातें करने में बड़ा चतुर होता है और सत्यासत्य की चिन्ता किए बिना अपना स्वार्थ साधन करने में तत्पर रहता है। कभी-कभी उसका मस्तिष्क चिन्ताओं के कारण परेशान भी हो जाता है, परन्तु वह अपनी गुप्त युक्तियों से लाभ उठाता है।

कन्या लग्न: पंचमभाव: राहु

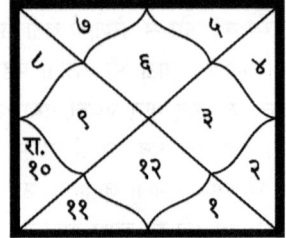

जिस जातक का जन्म 'कन्या' लग्न में हुआ हो और जन्म-कुण्डली के 'षष्ठभाव' में 'राहु' की स्थिति हो, उसे 'राहु' का फलादेश नीचे लिखे अनुसार समझना चाहिए—

कन्या लग्न: षष्ठभाव: राहु

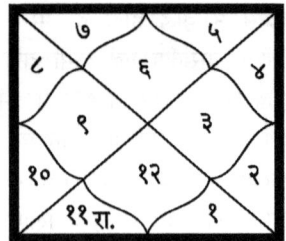

छठे शत्रु भाव में अपने मित्र शनि की कुम्भ राशि पर स्थित राहु के प्रभाव से जातक शत्रु-पक्ष पर प्रभावशाली बना रहता है तथा झगड़े-झंझटों में अपने युक्ति-बल से विजय पाता है। शत्रु एवं रोगादि के कारण जब कभी उसके ऊपर कठिन संकट घिरते हैं, तक वह अपनी हिम्मत तथा धैर्य से काम लेकर अपनी कमजोरी को प्रकट नहीं होने देता तथा उन पर नियंत्रण भी प्राप्त कर लेता है।

जिस जातक का जन्म 'कन्या' लग्न में हुआ हो और जन्म-कुण्डली के 'सप्तमभाव' में 'राहु' की स्थिति हो, उसे 'राहु' का फलादेश नीचे लिखे अनुसार समझना चाहिए—

सातवें केन्द्र, स्त्री तथा व्यवसाय के भाव में अपने समग्रह गुरु की मीन राशि पर स्थित राहु के प्रभाव से जातक को स्त्री-पक्ष से कष्ट प्राप्त होता है तथा व्यवसाय के क्षेत्र में भी बड़ी कठिनाइयों का सामना करना पड़ता है। वह अपने गुप्त-धैर्य एवं युक्तियों के बल पर किसी प्रकार अपना काम चलाता है तथा उन्नति पाने के लिए कठिन परिश्रम करता है। उसकी मूत्रेंद्रिय में विकार होने की संभावना भी रहती है।

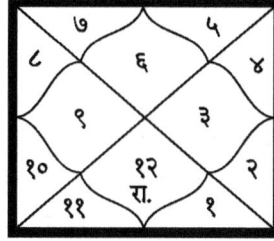
कन्या लग्न: सप्तमभाव: राहु

जिस जातक का जन्म 'कन्या' लग्न में हुआ हो और जन्म-कुण्डली के 'अष्टमभाव' में 'राहु' की स्थिति हो, उसे 'राहु' का फलादेश नीचे लिखे अनुसार समझना चाहिए—

आठवें आयु एवं पुरातत्त्व के भाव में अपने शत्रु मंगल की मेष राशि पर स्थित राहु के प्रभाव से जातक को अपने जीवन में कई बार खतरों का सामना करना पड़ता है और मृत्युतुल्य कष्ट भोगना पड़ता है। उसे पुरातत्त्व की भी हानि उठानी पड़ती है। ऐसे जातक के पेट में विकार होता है। चिन्ताएं, परेशानियां उसे घेरे रहती हैं, परन्तु गुप्त युक्ति, धैर्य एवं साहस के बल पर वह किसी प्रकार आगे बढ़ता है।

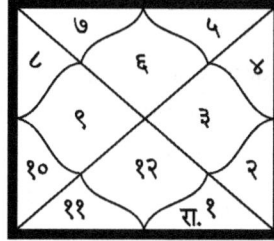
कन्या लग्न: अष्टमभाव: राहु

जिस जातक का जन्म 'कन्या' लग्न में हुआ हो और जन्म-कुण्डली के 'नवमभाव' में 'राहु' की स्थिति हो, उसे 'राहु' का फलादेश नीचे लिखे अनुसार समझना चाहिए—

नवें त्रिकोण, भाग्य तथा धर्म के भाव में अपने मित्र शुक्र की वृषभ राशि पर स्थित राहु के प्रभाव से जातक धर्म का यथाविधि पालन नहीं कर पाता तथा भाग्य की उन्नति करने के लिए भी कठोर परिश्रम करता है। कभी-कभी उसे भाग्य के क्षेत्र में कठिन संकटों का सामना करना पड़ता है, तो कभी अपने धैर्य, चातुर्य एवं गुप्त युक्तियों के बल पर थोड़ी-बहुत उन्नति भी कर लेता है। ऐसे जातक का जीवन संघर्षमय बना रहता है।

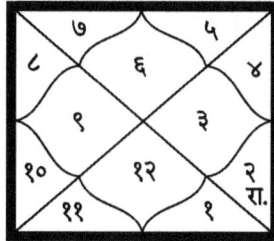
कन्या लग्न: नवमभाव: राहु

जिस जातक का जन्म 'कन्या' लग्न में हुआ हो और जन्म-कुण्डली के 'दशमभाव' में 'राहु' की स्थिति हो, उसे 'राहु' का फलादेश नीचे लिखे अनुसार समझना चाहिए—

दसवें केन्द्र, पिता तथा राज्य के भाव में अपने समग्रह बुध की मिथुन राशि पर स्थित उच्च के राहु के प्रभाव से जातक पिता के साथ संघर्ष करता हुआ उन्नति प्राप्त करता है। राज्य के क्षेत्र में चातुर्य एवं युक्ति बल पर उसे सम्मान एवं प्रभाव की प्राप्ति होती है तथा गुप्त युक्तियों द्वारा वह व्यवसाय के क्षेत्र में भी पर्याप्त सफलता प्राप्त करता है। कभी-कभी उसे विशेष संकटों का सामना भी करना पड़ता है, परन्तु बाद में स्थिति ठीक हो जाती है।

कन्या लग्न: दशमभाव: राहु

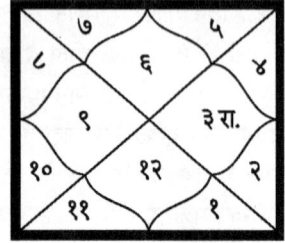

जिस जातक का जन्म 'कन्या' लग्न में हुआ हो और जन्म-कुण्डली के 'एकादशभाव' में 'राहु' की स्थिति हो, उसे 'राहु' का फलादेश नीचे लिखे अनुसार समझना चाहिए—

ग्यारहवें लाभ-भाव में अपने शत्रु चन्द्र की कर्क राशि पर स्थित राहु के प्रभाव से जातक की आमदनी में वृद्धि होती है, परन्तु कठिनाइयों का सामना भी बहुत करना पड़ता है। कभी-कभी उसे विशेष लाभ हो जाता है, तो कभी बहुत घाटा भी चला जाता है। अत्यधिक परिश्रम, धैर्य, साहस एवं गुप्त युक्तियों के बल पर वह लाभ उठाने का विशेष प्रयत्न करता है, परन्तु कभी-कभी वह धोखा भी खा जाता है।

कन्या लग्न: एकादशभाव: राहु

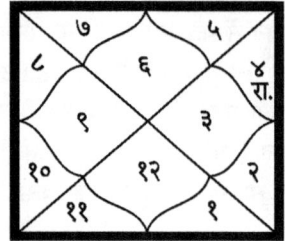

जिस जातक का जन्म 'कन्या' लग्न में हुआ हो और जन्म-कुण्डली के 'द्वादशभाव' में 'राहु' की स्थिति हो, उसे 'राहु' का फलादेश नीचे लिखे अनुसार समझना चाहिए—

बारहवें व्यय भाव में अपने शत्रु सूर्य की सिंह राशि पर स्थित राहु के प्रभाव से जातक को खर्च के सम्बन्ध में कठिनाइयों का सामना करना पड़ता है तथा बाहरी भावों के संपर्क से दु:ख का अनुभव होता है। वह अपना खर्च चलाने के लिए विशेष परिश्रम करता है तथा गुप्त युक्तियों, धैर्य एवं हिम्मत से भी काम लेता है। साथ ही कभी-कभी उसे आकस्मिक धन की प्राप्ति भी हो जाती है।

कन्या लग्न: द्वादशभाव: राहु

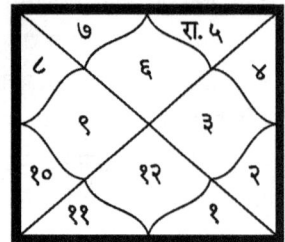

'कन्या' लग्न में 'केतु' का फल

जिस जातक का जन्म 'कन्या' लग्न में हुआ हो और जन्म-कुण्डली के 'प्रथमभाव' में 'केतु' की स्थिति हो, उसे 'केतु' का फलादेश नीचे लिखे अनुसार समझना चाहिए—

पहले केन्द्र तथा शरीर भाव में अपने समग्रह बुध की कन्या राशि पर स्थित केतु के प्रभाव से जातक को शारीरिक कष्ट एवं चिन्ताओं का सामना करना पड़ता है तथा शरीर में कभी गहरी चोट लगने अथवा होने का योग भी बनता है। उसके शारीरिक सौंदर्य में भी कमी रहती है। ऐसे जातक में गुप्त हिम्मत, गुप्त युक्ति तथा गुप्त धैर्य बहुत पाया जाता है, अत: शरीर से कमजोर होते हुए भी वह अकड़ू स्वभाव का होता है। वह कभी तेजी और कभी नरमाई से काम लेता है।

कन्या लग्न: प्रथमभाव: केतु

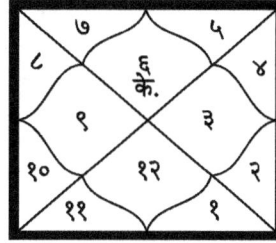

जिस जातक का जन्म 'कन्या' लग्न में हुआ हो और जन्म-कुण्डली के 'द्वितीयभाव' में 'केतु' की स्थिति हो, उसे 'केतु' का फलादेश नीचे लिखे अनुसार समझना चाहिए—

दूसरे धन-कुटुम्ब के भाव में अपने मित्र शुक्र की राशि पर स्थित राहु के प्रभाव से जातक के धन में कमी आती है तथा कुटुम्ब से भी कष्ट प्राप्त होता है। कभी-कभी अचानक ही अधिक धन की हानि हो जाने के कारण चिन्ता रहती है तथा कभी-कभी अचानक ही धन का लाभ भी हो जाता है। वह धन की वृद्धि के लिए अथक परिश्रम तथा चातुर्य का प्रदर्शन करता है, परन्तु हर समय परेशान बना रहता है।

कन्या लग्न: द्वितीयभाव: केतु

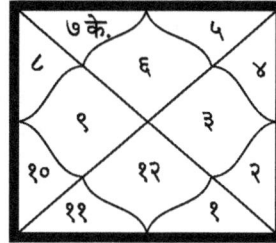

जिस जातक का जन्म 'कन्या' लग्न में हुआ हो और जन्म-कुण्डली के 'तृतीयभाव' में 'केतु' की स्थिति हो, उसे 'केतु' का फलादेश नीचे लिखे अनुसार समझना चाहिए—

तीसरे भाई एवं पराक्रम के भाव में अपने मित्र मंगल की वृश्चिक राशि पर स्थित केतु के प्रभाव से जातक को भाई-बहन के कारण परेशानी प्राप्त होती है, परन्तु पराक्रम की अत्यधिक वृद्धि होती है, अत: वह अपने प्रभाव की वृद्धि के लिए कठिन परिश्रम करता है। ऐसा व्यक्ति किसी संकट के समय हिम्मत नहीं हारता तथा बाहुबल की शक्ति भी रखता है।

कन्या लग्न: तृतीयभाव: केतु

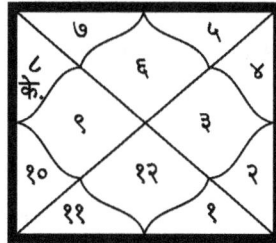

जिस जातक का जन्म 'कन्या' लग्न में हुआ हो और जन्म-कुण्डली के 'चतुर्थभाव' में 'केतु' की स्थिति हो, उसे 'केतु' का फलादेश नीचे लिखे अनुसार समझना चाहिए—

चौथे केन्द्र, माता, भूमि तथा सुख के भाव में अपने समग्रह गुरु की मीन राशि पर उच्च के केतु के प्रभाव से जातक को माता तथा भूमि, मकान आदि का सुख प्राप्त होता है। ऐसा व्यक्ति अपना घरेलू जीवन शान, बुजुर्गी तथा ठसक के साथ व्यतीत करता है और इनकी प्राप्ति के लिए कठिन परिश्रम भी करता है। कभी-कभी उसके घरेलू सुख में विशेष संकट आ जाता है, तो कभी वृद्धि भी हो जाती है।

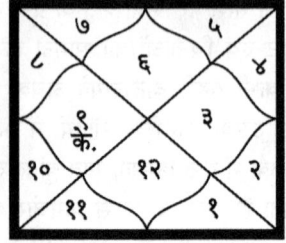

कन्या लग्न: चतुर्थभाव: केतु

जिस जातक का जन्म 'कन्या' लग्न में हुआ हो और जन्म-कुण्डली के 'पंचमभाव' में 'केतु' की स्थिति हो, उसे 'केतु' का फलादेश नीचे लिखे अनुसार समझना चाहिए—

पांचवें त्रिकोण, विद्या एवं संतान के भाव में अपने शत्रु शनि की मकर राशि पर स्थित केतु के प्रभाव से जातक को संतानपक्ष से चिन्ता बनी रहती है तथा विद्या प्राप्ति के लिए भी विशेष परिश्रम करना पड़ता है तथा कठिनाइयां उठानी पड़ती हैं। ऐसा व्यक्ति बातचीत में बहुत उग्र होता है। वह अपनी विद्या-बुद्धि की कमी को स्वयं अनुभव भी करता है, परन्तु प्रकट में स्वयं को बड़ा समझदार तथा योग्य प्रदर्शित करता है।

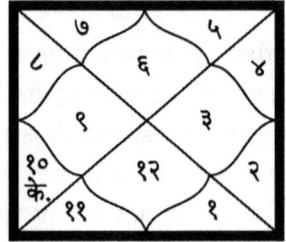

कन्या लग्न: पंचमभाव: केतु

जिस जातक का जन्म 'कन्या' लग्न में हुआ हो और जन्म-कुण्डली के 'षष्ठभाव' में 'केतु' की स्थिति हो, उसे 'केतु' का फलादेश नीचे लिखे अनुसार समझना चाहिए—

छठे शत्रु तथा रोग भाव में अपने शत्रु शनि की कुम्भ राशि पर स्थित केतु के प्रभाव से जातक शत्रु पक्ष पर अपना बहुत प्रभाव रखता है तथा झगड़े-झंझट के मामलों में गुप्त हिम्मत, धैर्य, युक्ति, अकड़ तथा निर्भयता से काम लेकर लाभ उठाता एवं सफलता प्राप्त करता है। उसे ननिहाल पक्ष से परेशानी उठानी पड़ती है। ऐसा व्यक्ति कभी-कभी बड़ी बहादुरी का प्रदर्शन भी कर बैठता है।

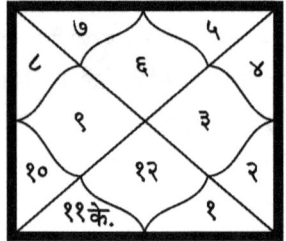

कन्या लग्न: षष्ठभाव: केतु

जिस जातक का जन्म 'कन्या' लग्न में हुआ हो और जन्म-कुण्डली के 'सप्तमभाव' में 'केतु' की स्थिति हो, उसे 'केतु' का फलादेश नीचे लिखे अनुसार समझना चाहिए—

कन्या लग्नः सप्तमभावः केतु

सातवें केन्द्र, स्त्री तथा व्यवसाय के भाव में अपने समग्रह गुरु की मीन राशि पर स्थित केतु के प्रभाव से जातक को स्त्री पक्ष से कष्ट मिलता है तथा व्यवसाय के क्षेत्र में बड़ी कठिनाइयों का सामना करना पड़ता है, परन्तु वह गुप्त युक्तियों, धैर्य, साहस तथा बुद्धि के बल पर उन कठिनाइयों के निवारण का प्रयत्न करता है तथा सफलता भी पा लेता है। ऐसे व्यक्ति की मूत्रेंद्रिय में विकार होता है और गृहस्थ जीवन बड़ी कठिनाइयों से सफल हो पाता है।

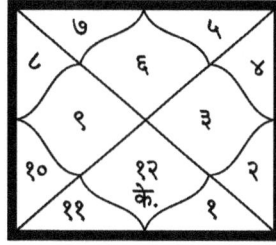

जिस जातक का जन्म 'कन्या' लग्न में हुआ हो और जन्म-कुण्डली के 'अष्टमभाव' में 'केतु' की स्थिति हो, उसे 'केतु' का फलादेश नीचे लिखे अनुसार समझना चाहिए—

कन्या लग्नः अष्टमभावः केतु

आठवें आयु एवं पुरातत्त्व के भाव में अपने मित्र मंगल की मेष राशि पर स्थित केतु के प्रभाव से जातक को अपने जीवन में अनेक बार प्राणों के संकट का सामना करना पड़ता है तथा पुरातत्त्व की भी हानि होती है। पेट में कोई विकार रहता है। ऐसा व्यक्ति बड़ा परिश्रमी होता है, परन्तु कभी-कभी अत्यधिक चिंतित भी हो जाता है। वह क्रोधी, धैर्यवान, हिम्मती, तेजी से काम करने वाला तथा संघर्षशील होता है।

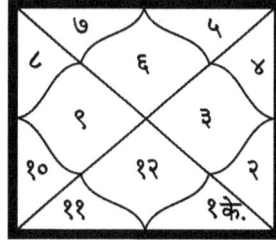

जिस जातक का जन्म 'कन्या' लग्न में हुआ हो और जन्म-कुण्डली के 'नवमभाव' में 'केतु' की स्थिति हो, उसे 'केतु' का फलादेश नीचे लिखे अनुसार समझना चाहिए—

कन्या लग्नः नवमभावः केतु

नवें त्रिकोण, भाग्य एवं धर्म के भाव में अपने मित्र शुक्र की वृषभ राशि पर स्थित केतु के प्रभाव से जातक को भाग्य के क्षेत्र में बड़े संकटों का सामना करना पड़ता है तथा धर्म के क्षेत्र में भी कुछ कमी बनी रहती है। ऐसा व्यक्ति अपने भाग्य की वृद्धि के लिए कठोर परिश्रम करता है। वह गुप्त युक्तियों, चातुर्य, बुद्धि तथा साहस के बल पर संकटों से अपनी रक्षा करता रहता है तथा कभी-कभी चिन्ता के विशेष योग प्राप्त करता है।

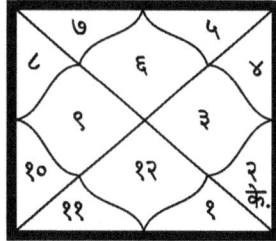

जिस जातक का जन्म 'कन्या' लग्न में हुआ हो और जन्म-कुण्डली के 'दशमभाव' में 'केतु' की स्थिति हो, उसे 'केतु' का फलादेश नीचे लिखे अनुसार समझना चाहिए—

कन्या लग्नः दशमभावः केतु

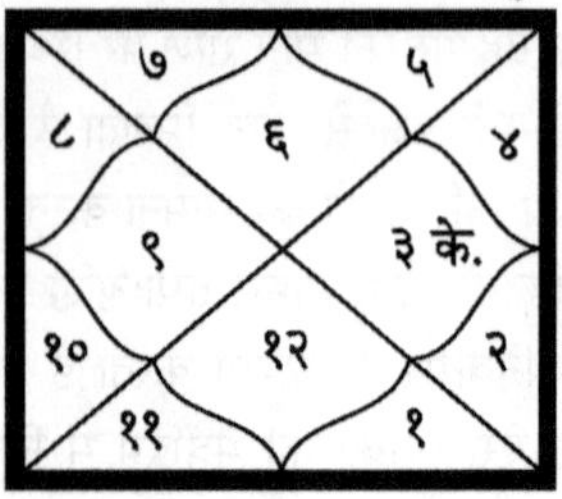

दसवें केन्द्र, राज्य तथा पिता के भाव में अपने समग्रह बुध की मिथुन राशि पर स्थित केतु के प्रभाव से जातक को पिता के क्षेत्र में हानि एवं कष्ट का सामना करना पड़ता है। राज्य के क्षेत्र में प्रभाव तथा सम्मान अधिक नहीं रहता तथा व्यवसाय के क्षेत्र में अनेक प्रकार की कठिनाइयों का सामना करना पड़ता है। उसे कभी कभी मान-हानि का शिकार भी बनना पड़ता है तथा कभी किसी संकट झगड़े अथवा परेशानी में फंस जाना होता है।

जिस जातक का जन्म 'कन्या' लग्न में हुआ हो और जन्म-कुण्डली के 'एकादशभाव' में 'केतु' की स्थिति हो, उसे 'केतु' का फलादेश नीचे लिखे अनुसार समझना चाहिए—

कन्या लग्नः एकादशभावः केतु

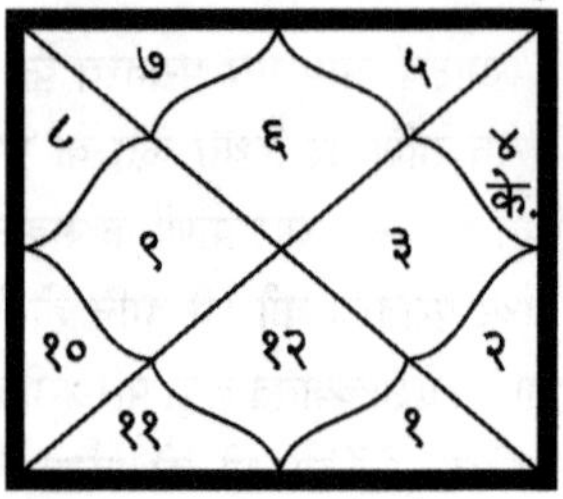

ग्यारहवें लाभ भाव में अपने शत्रु चन्द्र की कर्क राशि पर स्थित केतु के प्रभाव से जातक की आय के साधनों में उन्नति तो होती है परन्तु मानसिक परेशानियों अथवा किसी अवसर पर किसी विशेष प्रकार के संकट एवं हानि का सामना भी करना पड़ता है। आमदनी की वृद्धि के लिए चिंतित जातक अपने मन में दु:खी भी रहता है और कभी-कभी उसे आकस्मिक लाभ भी हो जाता है। वह परिश्रमी तथा धैर्यवान होता है।

जिस जातक का जन्म 'कन्या' लग्न में हुआ हो और जन्म-कुण्डली के 'द्वादशभाव' में 'केतु' की स्थिति हो, उसे 'केतु' का फलादेश नीचे लिखे अनुसार समझना चाहिए—

कन्या लग्नः द्वादशभावः केतु

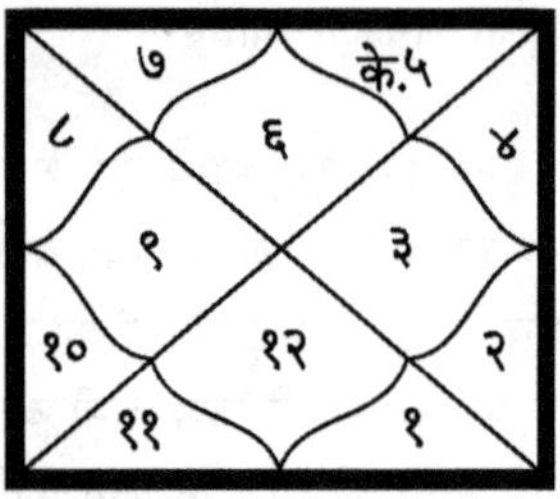

बारहवें व्ययभाव में अपने शत्रु सूर्य की सिंह राशि पर स्थित केतु के प्रभाव से जातक को खर्च के कारण चिन्ताओं एवं परेशानियों का सामना करना पड़ता है तथा बाहरी भावों के सम्बन्धों से भी कष्ट एवं असंतोष की प्राप्ति होती है। ऐसा व्यक्ति खर्च के क्षेत्र में कभी-कभी संकटों का शिकार भी बन जाता है, परन्तु अपनी गुप्त हिम्मत एवं धैर्य के बल पर काम चलाता रहता है।

उदाहरण कन्या लग्न कुण्डली 11. पूर्व प्रधानमंत्री (भारत) श्री पी.वी. नरसिम्हा राव

जन्म तिथि–28-06-1921

जन्म समय–11 : 30 घण्टे (भा.मा.स.)

जन्म स्थान–करीमनगर (आन्ध्र प्रदेश)

जन्म कुण्डली

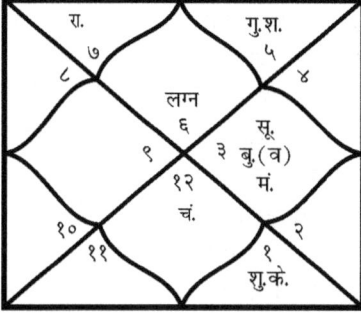

नवांश कुण्डली

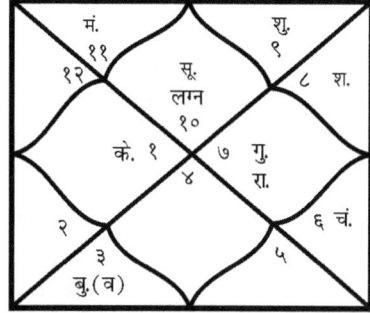

कुण्डली संख्या-11

ज्योतिषीय विवेचन

यह भचक्र में राशि क्रम की षष्ठ राशि कन्या राशि लग्न कुण्डली है। यह एक पृथ्वीतत्त्व, तमोगुणी और द्विस्वभाव राशि है। यह कार्यसम्पन्न शुभ राशि है। इसका स्वामी विद्या और बुद्धि का ग्रह बुध है। सदैव सूर्य के नजदीक रहने वाला ग्रह है। ऐसे व्यक्ति बुद्धिमान, ज्ञानवान, विश्लेषक एवं कर्तव्यपरायण होते हैं। वे सही तरीके से काम करने वाले, विनम्र, भावुक, सत्यवक्ता, शान्तिप्रिय, स्नेहशील एवं एकान्तप्रिय होते हैं। उनका अपने लक्ष्य पर सदा ही ध्यान होता है। वे अपनी कामयाबी से कभी संतुष्ट नहीं होते हैं। आगे बढ़ने के लिये निरन्तर अधिकाधिक प्रयास करते रहते हैं। उत्तरा भाद्रपद नक्षत्र में जन्मे स्वर्गीय श्री पामुलपर्ती वैंकट नरसिम्हाराव भी ऐसे ही व्यक्ति थे। वह बड़े ही हंसमुख, व्यवहारकुशल, कर्तव्यपरायण राजनीतिज्ञ थे। प्रारम्भ से लेकर प्रधानमन्त्री पद तक अपने कर्तव्यों का भली भांति पालन किया। अपने साथियों और पार्टी को एकजुट बाँधे रखा।

सुदर्शन लग्न विचार

इस कुण्डली में जन्म लग्नेश और सूर्य लग्नेश स्वराशि वक्री बुध कर्म भाव दशम भाव में सूर्य व मंगल के साथ बैठे हैं। बुध और सूर्य लग्न को प्रभावित कर रहे हैं। मंगल की पूर्ण दृष्टि है। केन्द्राधिपत्य दोष से पीड़ित चन्द्र लग्नेश गुरु शनि के साथ सूर्य की सिंह राशि में द्वादश भाव में बैठे हैं। चन्द्र की जन्म लग्न पर पूर्ण दृष्टि है। नवांश लग्नेश शनि लाभ के एकादश भाव में बैठे हैं। नवांश लग्न पर पूर्ण दृष्टि है। जन्म लग्नेश बुध वर्गोत्तम है। ऐसी स्थिति लग्न ही बलिष्ठ प्रतीत होती है।

ग्रह स्थिति, ग्रह दृष्टि एवं ग्रह योग

जन्म लग्नेश वर्गोत्तम बुध लग्न कारक सूर्य के साथ स्वराशिस्थ होकर मिथुन राशि के सर्वाधिक बली कर्म भाव दशम भाव में बैठे हैं। यह चन्द्र से केन्द्रस्थ है। देवकेरलकार के अनुसार यह एक गौरवपूर्ण स्थिति है। जातक पर्याप्त यशस्वी और धनी होता है। तृतीय भाव पराक्रम भाव के स्वामी मंगल दशम भाव में बैठकर लग्नेश को बल दे रहे हैं और साथ में लग्न को देख भी रहे हैं। तृतीयेश और अष्टमेश मंगल का सूर्य के साथ कर्मभाव दशम भाव में बैठे होना जातक को उच्च शासकीय पद पर आसीन करता है। यह एक प्रकार का विपरीत राजयोग बन रहा है। गुरु अपने माता, भूमि, भवन, वाहन के चतुर्थ भाव को देख रहा है। राहु व केतु को छोड़कर सभी सात ग्रह चार भावों में बैठकर केदार योग बना रहे हैं। ऐसा व्यक्ति परोपकारी और लोकप्रिय होता है। पोस्ट ग्रेजुयेट डिग्री प्राप्ति के बाद श्री पी.वी. नरसिम्हाराव राजनीति में आये और 1957 में आल इण्डिया कांग्रेस की पूर्णकालिक सदस्यता ग्रहण की। सर्वप्रथम कांग्रेस में महासचिव बने। तत्पश्चात आंध्र प्रदेश के मुख्य मन्त्री, भारत सरकार में रक्षा मन्त्री और विदेश मन्त्री बने। मंगल की दशावधि में वर्ष 1990 में भारत के प्रधानमन्त्री पद की बागडोर सम्हाली। इस पद पर पांच वर्ष पूरे किये। आपको नेहरू व गांधी परिवार से हटकर बाहरी परिवार का श्रेष्ठ प्रधान मन्त्री माना जाता है।

उपसंहार

उपर्युक्त ग्रह स्थिति, ग्रह दृष्टि, ग्रह योग के आधार पर निष्कर्ष निकलता है कि सर्वाधिक बली दशम भाव में स्थित सूर्य, बुध, मंगल ग्रहों की तिकडी ने श्री पी. वी. नरसिम्हाराव को न केवल आठ विदेशी भाषाओं का ज्ञानी, पोस्ट ग्रेजुयेट और एक अच्छा वकील ही बनाया बल्कि राजनीति में भी प्रदेश में मुख्यमन्त्री व देश में प्रधानमन्त्री के उच्च पदों पर आसीन कराया। एक छोटे से गांव बनजारा में पैदा हुये श्री पी. वी. नरसिम्हाराव एक सुलझे हुये राजनीतिज्ञ साबित हुये। अंग्रेजी तिथि 23 दिसम्बर सन् 2004 में उनका देहावसान हो गया। भारत के इतिहास में उनका नाम सदैव चमकता रहेगा।

उदाहरण कन्या लग्न कुण्डली 12. क्रिकेटर व राज्यसभा सदस्य श्री सचिन तेन्दुलकर

जन्म तिथि–21-04-1973

जन्म समय–18 : 00 घण्टे (भा.मा.स.)

जन्म स्थान–मुम्बई (महाराष्ट्र)

जन्म कुण्डली

नवांश कुण्डली

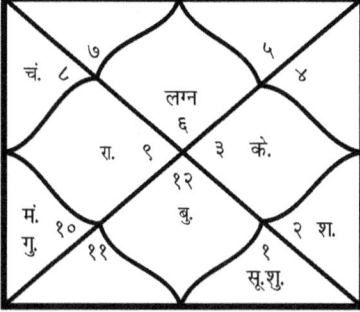

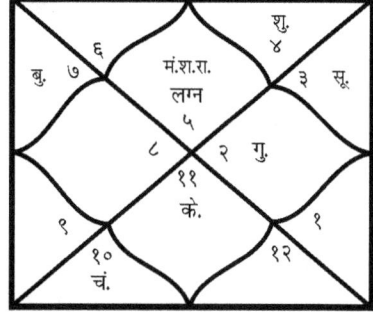

कुण्डली संख्या-12

ज्योतिषीय विवेचन

यह भचक्र में राशि क्रम की षष्ठ राशि कन्या राशि लग्न कुण्डली है। यह एक पृथ्वीतत्त्व, तमोगुणी और द्विस्वभाव राशि है। यह कार्यसम्पन्ना शुभ राशि है। इसका स्वामी विद्या और बुद्धि का ग्रह बुध है। सदैव सूर्य के नजदीक रहने वाला ग्रह है। ऐसे व्यक्ति बुद्धिमान, ज्ञानवान, विश्लेषक एवं कर्तव्यपरायण होते हैं। वे सही तरीके से काम करने वाले, सत्यवक्ता, शान्तिप्रिय, बातूनी, कम खर्चीले, सौम्य एवं स्नेहशील होते हैं। वे अपनी कामयाबी से कभी संतुष्ट नहीं होते हैं। आगे बढ़ने के लिये अधिक से अधिक प्रयास करते रहते हैं। क्रिकेटर सचिन तेन्दुलकर भी ऐसे ही व्यक्ति हैं। वह अपनी कामयाबी से कभी संतुष्ट नहीं होते बल्कि उत्तमता के लिये बार-बार प्रयास करते रहते हैं। अब उन्होंने क्रिकेट से संन्यास ले लिया है। ज्येष्ठा नक्षत्र में जन्में सचिन तेन्दुलकर हंसमुख, मेहनती, उर्जावान, साहसी, हिम्मती, दानी, दयालु और आस्तिक व्यक्ति हैं।

सुदर्शन लग्न विचार

इस कुण्डली में जन्म लग्नेश बुध सप्तम भाव में बैठे हैं और बुध की लग्न पर पूर्णदृष्टि है। चन्द्र लग्नेश व सूर्य लग्नेश एकमात्र मंगल उच्चराशिस्थ होकर विद्या और बुद्धि के पंचम भाव में बैठे हैं। नीच राशिस्थ गुरु उच्चराशिस्थ मंगल के साथ पंचम भाव में बैठकर नीचभंग राजयोग बना रहा है। लग्न पर गुरु की भी पूर्णदृष्टि है। जन्म लग्न कारक सूर्य उच्चराशिस्थ होकर भाग्य के नवम भाव व धन के द्वितीय भाव के स्वामी शुक्र के साथ अष्टम भाव में बैठे हैं। यह एक अच्छी स्थिति है। नवांश लग्नेश सूर्य बुध के आय व लाभ के एकादश भाव में बैठे हैं और आय बढ़ा रहे हैं। जन्म लग्न बलशाली प्रतीत होती है।

ग्रह स्थिति, ग्रह दृष्टि एवं ग्रह योग

कन्या राशि बुद्धि दायिनी राशि है। इस राशि में जन्मे जातक कर्तव्यपरायण और अनुशासित होते हैं। लग्नेश बुध इन्हें सही मार्ग पर ले जाता है। मित्रग्रह व कारक ग्रह, बल व उर्जा प्रदान करते हैं। इस कुण्डली में मंगल, गुरु एवं सूर्य का जातक की खेल प्रवृत्ति में बहुत बडा योगदान रहा है। तीनों ग्रह उन्नति और प्रगति की ओर ले गये हैं। अष्टमेश और तृतीयेश उच्चराशि मंगल ने विश्व में जातक का व भारत देश का नाम रोशन किया है। उन्हें चल व अचल सम्पत्ति का स्वामी बनाया है। अष्टमेश व तृतीयेश उच्चराशिस्थ मंगल ने पंचम भाव में बैठकर जातक को साहस दिया है और उसके छिपे खेल गुणों को उभारा है। उन्हें भारत का ब्रेडमैन कहा जाता है। एकादश भाव स्वामीन्द्र ने तृतीय भाव में बैठकर धनलाभ कराया है और विदेश की यात्राओं के मार्ग सुलभ कराये हैं। सूर्य वेशि योग बना रहा है। राहु, केतु को छोड़कर सभी ग्रह पांच भावों में बैठकर पाश योग बना रहे हैं। ऐसा जातक धनी, ईमानदार, मित्रवान और नौकर-चाकरों वाला होता है। सचिन तेन्दुलकर का नाम इसी श्रेणी में आता है।

उपसंहार

उपर्युक्त आधार पर निष्कर्ष निकलता है कि सचिन तेन्दुलकर ने क्रिकेट के खेल में उच्चतम स्थान ग्रहण कर अपने मित्रों व देशवासियों का जीवनपर्यन्त के लिये प्यार प्राप्त किया है। भारत के राष्ट्रपति ने आपको आपके खेलों की जीत पर पद्मश्री पुरस्कार देकर पुरष्कृत किया है। यह सब राजयोगकारक मंगल का करिश्मा है। इस समय आप राज्य सभा के मनोनीत सदस्य हैं। वे देश सेवा व समाज सेवा में अपनी अगली पारी खेलेंगे। इस समय सूर्य की महादशा में बुध की अन्तर्दशा चल रही है। यह शुभ समय है। आपने मुम्बई में स्वच्छता अभियान प्रारम्भ किया है। इसे चलाते रहें और व्यावसायिक नगरी मुम्बई को स्वच्छ रखें। उनका भविष्य उज्ज्वल है।

तुला लग्न

LIBRA

तुला लग्न वाली कुण्डलियों के विभिन्न भावों में स्थित विभिन्न ग्रहों का अलग-अलग फलादेश

'तुला' लग्न का संक्षिप्त फलादेश

'तुला' लग्न में जन्म लेने वाले जातक गुणी, व्यवसाय-निपुण, धनी, यशस्वी, कुलभूषण, कफ प्रकृतिवाला, सत्यवादी, पर-स्त्रियों से प्रेम रखने वाला, राज्य द्वारा सम्मानित, देवपूजन में तत्पर, परोपकारी, सतोगुणी, तीर्थ-प्रेमी, प्रियवादी, ज्योतिषी, भ्रमणशील, निर्लोभ तथा वीर्य-विकार से युक्त होता है। वह गौर वर्ण, शिथिल गात्र तथा मोटी नाक वाला होता है। उसे प्रारंभिक आयु में दु:ख उठाना पड़ता है, मध्यमावस्था में वह सुखी रहता है तथा अंतिम अवस्था सामान्य रूप से व्यतीत होती है। ३१ अथवा ३२ वर्ष की आयु में उसका भाग्योदय होता है।

'तुला' लग्न

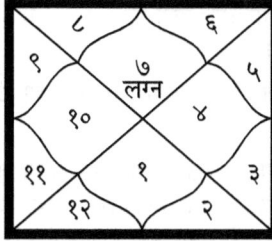

यह बात पहले बताई जा चुकी है कि प्रत्येक व्यक्ति के जीवन पर नवग्रहों का प्रभाव मुख्यत: दो प्रकार से पड़ता है—

(१) ग्रहों की जन्मकालीन स्थिति के अनुसार।

(२) ग्रहों की दैनिक गोचर गति के अनुसार।

जातक की जन्मकालीन ग्रह-स्थिति जन्म-कुण्डली में दी गई होती है। उसमें जो ग्रह जिस भाव में और जिस राशि पर बैठा होता है, वह जातक के जीवन पर अपना निश्चित प्रभाव निरंतर स्थायी रूप से डालता रहता है।

दैनिक गोचर गति के अनुसार विभिन्न ग्रहों की जो स्थिति होती है, उसकी जानकारी पंचांग द्वारा दी जा सकती है। ग्रहों की दैनिक गोचर-गति के सम्बन्ध में या तो किसी ज्योतिषी से पूछ लेना चाहिए अथवा स्वयं ही उसे मालूम करने का तरीका सीख लेना चाहिए। इस सम्बन्ध में पुस्तक के पहले प्रकरण में विस्तारपूर्वक लिखा जा चुका है।

दैनिक गोचर गति के अनुसार विभिन्न ग्रह जातक के जीवन पर अस्थायी रूप से अपना प्रभाव डालते हैं।

उदाहरण के लिए यदि किसी जातक की जन्म-कुण्डली में सूर्य 'तुला' राशि पर 'प्रथमभाव' में बैठा है, तो उसका स्थायी प्रभाव जातक के जीवन पर आगे दी गई उदाहरण-पृष्ठ संख्या ३४७ के अनुसार पड़ता रहेगा, परन्तु यदि दैनिक ग्रह-गोचर में कुण्डली देखते समय सूर्य 'वृश्चिक' राशि के 'द्वितीयभाव' में बैठा होगा, तो उस स्थिति में वह उदाहरण-पृष्ठ संख्या ३४७ के अनुसार उतनी अवधि तक जातक के जीवन पर अपना अस्थायी प्रभाव अवश्य डालेगा, जब तक कि वह 'वृश्चिक' राशि से हटकर 'धनु' राशि में नहीं चला जाता। 'धनु' राशि में पहुंच कर वह 'धनु' राशि के अनुरूप अपना प्रभाव डालना आरम्भ कर देगा, अत: जिस जातक की जन्म-कुण्डली मे 'सूर्य' 'तुला' राशि के प्रथमभाव में बैठा हो, उसे उदाहरण-पृष्ठ संख्या ३४७ में वर्णित फलादेश

देखने के पश्चात् यदि उन दिनों ग्रह-गोचर में सूर्य 'वृश्चिक' राशि के द्वितीयभाव में बैठा हो, तो उदाहरण-पृष्ठ संख्या ३४७ का फलादेश भी देखना चाहिए तथा इन दोनों फलादेशों के समन्वय-स्वरूप जो निष्कर्ष निकलता हो, उसी को अपने वर्तमान समय पर प्रभावकारी समझना चाहिए। इसी प्रकार प्रत्येक ग्रह के विषय में जान लेना चाहिए।

'तुला' लग्न में जन्म लेने वाले जातकों की जन्म-कुण्डली के विभिन्न भावों में स्थित विभिन्न ग्रहों के फलादेश का वर्णन उदाहरण-पृष्ठ संख्या ३४७ से ३४९ तक में किया गया है। पंचांग की दैनिक ग्रह-गति के अनुसार 'तुला' लग्न मे जन्म लेने वाले जातकों को किन-किन उदाहरण-कुंडलियों द्वारा विभिन्न ग्रहों के तात्कालिक प्रभाव को देखना चाहिए—इसका विस्तृत वर्णन अगले पृष्ठों में किया गया है, अत: उनके अनुसार ग्रहों की तात्कालिक स्थिति के सामयिक प्रभाव की जानकारी प्राप्त कर लेनी चाहिए। तदुपरांत दोनों फलादेश के समन्वय-स्वरूप जो निष्कर्ष निकलता हो, उसी को सही फलादेश समझना चाहिए।

इस विधि से प्रत्येक, व्यक्ति प्रत्येक जन्म-कुण्डली का ठीक-ठाक फलादेश सहज में ही ज्ञात कर सकता है।

टिप्पणी—(१) पहले बताया जा चुका है कि जिस समय जो ग्रह २७ अंश से ऊपर अथवा ३ अंश के भीतर होता है, वह प्रभावकारी नहीं रहता। इसी प्रकार जो ग्रह सूर्य से अस्त होता है, वह भी जातक के ऊपर अपना प्रभाव या तो बहुत कम डालता है या पूर्णत: प्रभावहीन रहता है।

(२) स्थायी जन्म-कुण्डली स्थित विभिन्न ग्रहों के अंश किसी ज्योतिषी द्वारा अपनी कुण्डली में लिखवा लेने चाहिए, ताकि उनके अंशों के विषय में बार-बार जानकारी प्राप्त करने के झंझट से बचा जा सके। तात्कालिक गोचर के ग्रहों के अंशों की जानकारी पंचांग द्वारा अथवा किसी ज्योतिषी से पूछकर प्राप्त कर लेनी चाहिए।

(३) स्थायी जन्म-कुण्डली अथवा तात्कालिक ग्रह-गति कुण्डली में यदि किसी भाव में एक से अधिक ग्रह एक साथ बैठे होते हैं अथवा जिन-जिन स्थानों पर उनकी दृष्टियां पड़ती हैं, जातक का जीवन उनके द्वारा भी प्रभावित होता है। इस पुस्तक के तीसरे प्रकरण में 'ग्रहों की युति का प्रभाव' शीर्षक के अंतर्गत विभिन्न ग्रहों की युति के फलादेश का वर्णन किया गया है, अत: इस विषय की जानकारी वहां से प्राप्त कर लेनी चाहिए।

(४) विंशोत्तरी दशा के सिद्धांतानुसार प्रत्येक जातक की पूर्णायु १२० वर्ष की मानी जाती है। इस आयु-अवधि में जातक नवग्रहों की दशाओं का भोग कर लेता है। विभिन्न ग्रहों का दशा-काल भिन्न-भिन्न होता है। परन्तु अधिकांश व्यक्ति इतनी लंबी आयु तक जीवित नहीं रह पाते; अत: वे अपने जीवन-काल में कुछ ही ग्रहों की दशाओं का भोग कर पाते हैं। जातक के जीवन के जिस काल में जिस ग्रह की दशा, जिसे 'महादशा' कहा जाता है—चल रही होती है, जन्म-कालीन ग्रह-स्थिति के अनुसार उसके जीवन-काल की उतनी अवधि उस ग्रह-विशेष के प्रभाव से विशेष रूप से प्रभावित रहती है। जातक का जन्म किस ग्रह की महादशा में हुआ है और उसके जीवन में किस अवधि तक किस ग्रह की महादशा चलेगी और वह महादशा जातक के ऊपर अपना क्या विशेष प्रभाव डालेगी—इन सब बातों का उल्लेख भी तीसरे प्रकरण में किया गया है।

इस प्रकार (१) जन्म-कुण्डली, (२) तात्कालिक ग्रह-गोचर-कुण्डली एवं (३) ग्रहों की महादशा—इन तीनों विधियों से फलादेश प्राप्त करने की सरल विधि का वर्णन इस पुस्तक में किया गया है, अत: इन तीनों के समन्वय स्वरूप फलादेश का ठीक-ठाक निर्णय करके अपने भूत, वर्तमान तथा भविष्यकालीन जीवन के विषय में सम्यक् जानकारी प्राप्त कर लेनी चाहिए।

विशेष नोट : तुला लग्न जन्म कुण्डली/गोचर कुण्डली के द्वादश भावों में सूर्यादि सभी नवग्रहों का फलादेश नीचे दिया जा रहा है। पढ़ें और समझें।

'तुला' लग्न में 'सूर्य' का फल

जिस जातक का जन्म 'तुला' लग्न में हुआ हो और जन्म-कुण्डली के 'प्रथमभाव' में 'सूर्य' की स्थिति हो, उसे 'सूर्य' का फलादेश आगे लिखे अनुसार समझना चाहिए—

तुला लग्न: प्रथमभाव: सूर्य

पहले केन्द्र एवं शरीर भाव में अपने शत्रु शुक्र की तुला राशि पर स्थित नीच के शनि के प्रभाव से जातक के शरीर में दुर्बलता तथा सौंदर्य में कमी आती है। उसको परतंत्रता के मार्ग से हानि होती है तथा पराक्रम की भी कमी बनी रहती है। यहां से सूर्य सातवीं उच्चदृष्टि से सप्तमभाव को अपने मित्र मंगल की मेष राशि में देखता है, अत: स्त्री के पक्ष में लाभ होता है। स्त्री सुंदर मिलती है, भोगादि की शक्ति बढ़ती है तथा व्यावसायिक उन्नति भी होती है।

जिस जातक का जन्म 'तुला' लग्न में हुआ हो और जन्म-कुण्डली के 'द्वितीयभाव' में 'सूर्य' की स्थिति हो, उसे 'सूर्य' का फलादेश आगे लिखे अनुसार समझना चाहिए—

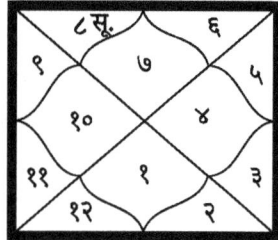

तुला लग्न: द्वितीयभाव: सूर्य

दूसरे धन-कुटुम्ब के भाव में अपने मित्र मंगल की वृश्चिक राशि पर स्थित सूर्य के प्रभाव से जातक को धन का विशेष लाभ होता है तथा कुटुम्ब का सुख भी मिलता है। वह धन का संचय भी करता है तथा प्रभावशाली बना रहता है। यहां से सूर्य सातवीं शत्रुदृष्टि से शुक्र की वृषभ राशि में अष्टमभाव को देखता है, अत: जातक को आयु के पक्ष में कुछ कमी रहती है तथा पुरातत्त्व के लाभ में भी असंतोष बना रहता है। ऐसा व्यक्ति सामान्यत: धनी होता है।

जिस जातक का जन्म 'तुला' लग्न में हुआ हो और जन्म-कुण्डली के 'तृतीयभाव' में 'सूर्य' की स्थिति हो, उसे 'सूर्य' का फलादेश आगे लिखे अनुसार समझना चाहिए—

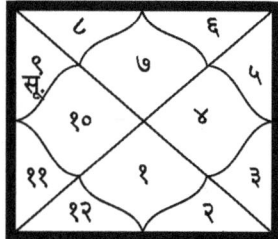

तुला लग्न: तृतीयभाव: सूर्य

तीसरे भाई और पराक्रम के भाव में अपने मित्र गुरु की धनु राशि पर स्थित सूर्य के प्रभाव से जातक को भाई-बहनों का सुख मिलता है तथा पराक्रम की विशेष वृद्धि होती है। वह अपने बाहुबल पर भरोसा रखने वाला होता है। यहां से सूर्य सातवीं समग्रहदृष्टि से बुध की मिथुन राशि में नवमभाव को देखता है, अत: जातक के भाग्य तथा धर्म में वृद्धि होती है। अच्छी आमदनी होने के कारण जातक भाग्यवान समझा जाता है।

जिस जातक का जन्म 'तुला' लग्न में हुआ हो और जन्म-कुण्डली के 'चतुर्थभाव' में 'सूर्य' की स्थिति हो, उसे 'सूर्य' का फलादेश आगे लिखे अनुसार समझना चाहिए—

चौथे केन्द्र, माता तथा भूमि के भाव में अपने शत्रु शनि की मकर राशि पर स्थित सूर्य के प्रभाव से जातक को माता, भूमि तथा मकान का अपूर्ण सुख प्राप्त होता है तथा आमदनी के पक्ष में भी कुछ कठिनाइयां आती रहती हैं। यहां से सूर्य सातवीं मित्रदृष्टि से चन्द्र की कर्क राशि में दशमभाव को देखता है, अत: जातक को अपने पिता, राज्य एवं व्यवसाय द्वारा सुख, सफलता एवं सम्मान की प्राप्ति होती है।

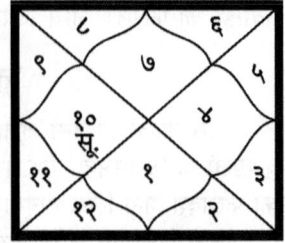
तुला लग्न: चतुर्थभाव: सूर्य

जिस जातक का जन्म 'तुला' लग्न में हुआ हो और जन्म-कुण्डली के 'पंचमभाव' में 'सूर्य' की स्थिति हो, उसे 'सूर्य' का फलादेश आगे लिखे अनुसार समझना चाहिए—

पांचवें त्रिकोण, विद्या तथा संतान के भाव में अपने शत्रु शनि की कुम्भ राशि पर स्थित सूर्य के प्रभाव से जातक को संतान के पक्ष से असंतोष के साथ सामान्य लाभ होता है तथा विद्याध्ययन में भी बड़ी कठिनाइयों के बाद सफलता मिलती है। यहां से सूर्य सातवीं दृष्टि से अपनी ही सिंह राशि में एकादशभाव को देखता है, अत: जातक को कठिन परिश्रम एंव बुद्धि-योग से आमदनी की अच्छी शक्ति मिलती है, परन्तु मस्तिष्क में कुछ परेशानियां भी रहती हैं।

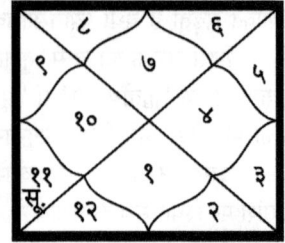
तुला लग्न: पंचमभाव: सूर्य

जिस जातक का जन्म 'तुला' लग्न में हुआ हो और जन्म-कुण्डली के 'षष्ठभाव' में 'सूर्य' की स्थिति हो, उसे 'सूर्य' का फलादेश आगे लिखे अनुसार समझना चाहिए—

छठे रोग तथा शत्रु भाव में अपने मित्र गुरु की मीन राशि पर स्थित सूर्य के प्रभाव से जातक को झगड़े-झंझट एवं शत्रु-पक्ष से लाभ होता है तथा शत्रुओं पर विजय मिलती है। कठिन परिश्रम के द्वारा उसकी आमदनी भी अच्छी रहती है। यहां से सूर्य सातवीं समग्रहदृष्टि से बुध की कन्या राशि में द्वादशभाव को देखता है, अत: खर्च अधिक रहता है तथा बाहरी स्थानों के सम्बन्ध से लाभ रहता है। ऐसा जातक बड़ा हिम्मती तथा बहादुर होता है।

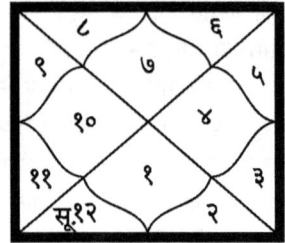
तुला लग्न: षष्ठभाव: सूर्य

जिस जातक का जन्म 'तुला' लग्न में हुआ हो और जन्म-कुण्डली के 'सप्तमभाव' में 'सूर्य' की स्थिति हो, उसे 'सूर्य' का फलादेश आगे लिखे अनुसार समझना चाहिए—

सातवें केन्द्र, स्त्री तथा व्यवसाय के भाव में अपने मित्र मंगल की मेष राशि पर स्थित उच्च के सूर्य के प्रभाव से जातक को सुंदर स्त्री मिलती है, तथा स्त्री पक्ष एवं व्यवसाय के पक्ष से लाभ भी खूब होता है। वह अपने घर के भीतर सुख प्राप्त करता है तथा कभी-कभी उसे अत्यधिक लाभ भी होता है। यहां से सूर्य अपनी सातवीं नीचदृष्टि से शत्रु शुक्र की तुला राशि में प्रथमभाव को देखता है, अत: जातक के शारीरिक-सौंदर्य एवं स्वास्थ्य में दुर्बलता रहती है तथा मन में चिन्ताएं रहती हैं।

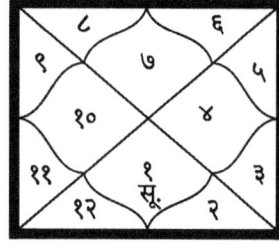
तुला लग्न: सप्तमभाव: सूर्य

जिस जातक का जन्म 'तुला' लग्न में हुआ हो और जन्म-कुण्डली के 'अष्टमभाव' में 'सूर्य' की स्थिति हो, उसे 'सूर्य' का फलादेश आगे लिखे अनुसार समझना चाहिए—

आठवें आयु एवं पुरातत्त्व के भाव में अपने शत्रु शुक्र की वृषभ राशि पर स्थित सूर्य के प्रभाव से जातक की आयु में वृद्धि होती है, परन्तु पुरातत्त्व के लाभ में कमी आ जाती है। वह कठिन परिश्रम द्वारा धनोपार्जन करता है तथा बाहरी स्थानों के सम्बन्ध से लाभ उठाता है। यहां से सूर्य सातवीं मित्रदृष्टि से मंगल की वृश्चिक राशि में द्वितीयभाव को देखता है, अत: जातक धन की वृद्धि के लिए प्रयत्नशील बना रहता है और उसे कौटुम्बिक सुख की प्राप्ति होती रहती है।

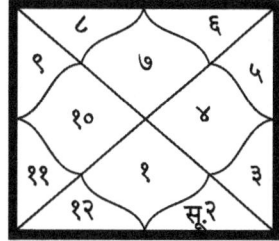
तुला लग्न: अष्टमभाव: सूर्य

जिस जातक का जन्म 'तुला' लग्न में हुआ हो और जन्म-कुण्डली के 'नवमभाव' में 'सूर्य' की स्थिति हो, उसे 'सूर्य' का फलादेश आगे लिखे अनुसार समझना चाहिए—

नवें त्रिकोण, भाग्य तथा धर्म के भाव में अपने समग्रह बुध की मिथुन राशि पर स्थित सूर्य के प्रभाव से जातक के भाग्य में वृद्धि होती है और वह धर्म का भी यथाविधि पालन करता है। ऐसा व्यक्ति ईश्वर-भक्त, न्यायी तथा सौभाग्यवान होता है। उसे स्वयमेव धन, सुख तथा लाभ की प्राप्ति होती रहती है। यहां से सूर्य सातवीं मित्रदृष्टि से गुरु की धनु राशि में तृतीयभाव को देखता है, अत: जातक को भाई-बहन का सुख मिलता है तथा पराक्रम की वृद्धि होती है।

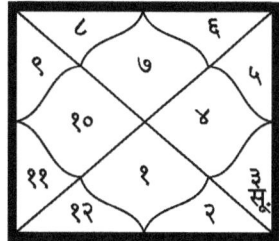
तुला लग्न: नवमभाव: सूर्य

जिस जातक का जन्म 'तुला' लग्न में हुआ हो और जन्म-कुण्डली के 'दशमभाव' में 'सूर्य' की स्थिति हो, उसे 'सूर्य' का फलादेश आगे लिखे अनुसार समझना चाहिए—

दसवें केन्द्र, राज्य तथा पिता के भाव में अपने मित्र चन्द्र की कर्क राशि पर स्थित सूर्य के प्रभाव से जातक को पिता, राज्य एवं व्यवसाय के द्वारा सुख, सम्मान, सफलता, यश, शक्ति तथा लाभ की प्राप्ति होती है। वह प्रभावशाली कर्म करता है तथा अपनी आमदनी को बढ़ाता रहता है। यहां से सूर्य अपनी सातवीं शत्रुदृष्टि से शनि की मकर राशि में चतुर्थभाव को देखता है, फलत: जातक को माता, भूमि एवं मकान आदि के सुख में कुछ कमी बनी रहती है।

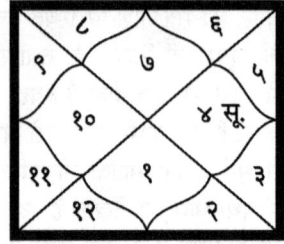
तुला लग्न: दशमभाव: सूर्य

जिस जातक का जन्म 'तुला' लग्न में हुआ हो और जन्म-कुण्डली के 'एकादशभाव' में 'सूर्य' की स्थिति हो, उसे 'सूर्य' का फलादेश आगे लिखे अनुसार समझना चाहिए—

ग्यारहवें लाभ भाव में अपनी ही सिंह राशि पर स्थित स्वक्षेत्री सूर्य के प्रभाव से जातक की आमदनी में विशेष वृद्धि होती रहती है और उसका प्रभाव बढ़ता चला जाता है। यहां से सूर्य सातवीं शत्रुदृष्टि से शनि की कुम्भ राशि में पंचमभाव को देखता है, अत: जातक को संतानपक्ष से कुछ असंतोष रहता है तथा विद्या-बुद्धि में भी कुछ कमी रहती है। ऐसे जातक की बोली में तेजी पाई जाती है।

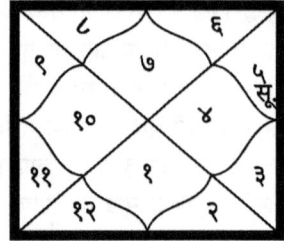
तुला लग्न: एकादशभाव: सूर्य

जिस जातक का जन्म 'तुला' लग्न में हुआ हो और जन्म-कुण्डली के 'द्वादशभाव' में 'सूर्य' की स्थिति हो, उसे 'सूर्य' का फलादेश आगे लिखे अनुसार समझना चाहिए—

बारहवें व्यय भाव में अपने समग्रह बुध की कन्या राशि पर स्थित सूर्य के प्रभाव से जातक का खर्च अधिक रहता है तथा बाहरी स्थानों के सम्बन्ध से सुख, सफलता एवं लाभ की शक्ति प्राप्त होती है, परन्तु लाभ चाहे जितना कर लिया जाय, वह सब खर्च हो जाता है। यहां सूर्य सातवीं मित्रदृष्टि से गुरु की मीन राशि में षष्ठभाव को देखता है, अत: जातक के शत्रु पक्ष से मैत्रीपूर्ण सम्बन्ध बनते हैं तथा झगड़ों के मार्ग से लाभ होता है एवं प्रभाव की वृद्धि होती है।

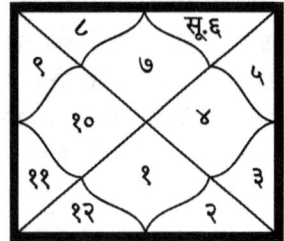
तुला लग्न: द्वादशभाव: सूर्य

'तुला' लग्न में 'चन्द्र' का फल

जिस जातक का जन्म 'तुला' लग्न में हुआ हो और जन्म-कुण्डली के 'प्रथमभाव' में 'चन्द्र' की स्थिति हो, उसे 'चन्द्र' का फलादेश आगे लिखे अनुसार समझना चाहिए—

पहले केन्द्र तथा शरीर भाव में अपने समग्रह शुक्र की तुला राशि पर स्थित चन्द्र के प्रभाव से जातक को शारीरिक-सौंदर्य, स्वास्थ्य एवं प्रभाव की प्राप्ति होती है। ऐसा व्यक्ति राजनीति के क्षेत्र में सम्मानित होता है तथा पितृपक्ष के सम्मान की वृद्धि करता है। यहां से चन्द्र सातवीं समग्रहदृष्टि से मंगल की मेष राशि में सप्तमभाव को देखता है, अत: जातक को सुंदर स्त्री मिलती है, व्यवसाय के क्षेत्र में लाभ होता है, भोगों की प्राप्ति होती है तथा सर्वत्र प्रभाव स्थापित होता है।

तुला लग्न: प्रथमभाव: चन्द्र

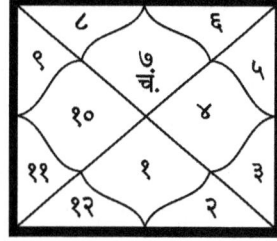

जिस जातक का जन्म 'तुला' लग्न में हुआ हो और जन्म-कुण्डली के 'द्वितीयभाव' में 'चन्द्र' की स्थिति हो, उसे 'चन्द्र' का फलादेश आगे लिखे अनुसार समझना चाहिए—

दूसरे धन-कुटुम्ब के भाव में अपने समग्रह मंगल की राशि पर स्थित नीच के चन्द्र के प्रभाव से जातक की धन-संचय शक्ति में कमी आती है तथा कुटुम्ब का सुख भी प्राप्त नहीं होता। व्यवसाय एवं सुख के मार्ग में बाधाएं पड़ती हैं तथा धन-वृद्धि के लिए गुप्त युक्तियों का आश्रय लेना पड़ता है। यहां से चन्द्र अपनी सातवीं उच्च तथा समग्रहदृष्टि से शुक्र की वृषभ राशि में अष्टमभाव को देखता है, अत: जातक की आयु एवं पुरातत्त्व के लाभ की वृद्धि होती है।

तुला लग्न: द्वितीयभाव: चन्द्र

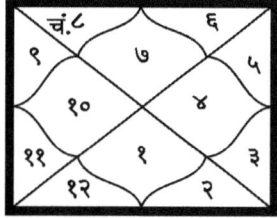

जिस जातक का जन्म 'तुला' लग्न में हुआ हो और जन्म-कुण्डली के 'तृतीयभाव' में 'चन्द्र' की स्थिति हो, उसे 'चन्द्र' का फलादेश आगे लिखे अनुसार समझना चाहिए—

तीसरे भाई तथा पराक्रम के भाव में अपने समग्रह गुरु की धनु राशि पर स्थित चन्द्र के प्रभाव से जातक को भाई-बहनों का सुख मिलता है तथा पराक्रम की वृद्धि होती है। उसे पिता एवं राज्य के क्षेत्र में भी सम्मान एवं सफलता प्राप्त होती है तथा पुरातत्त्व का लाभ भी होता है। यहां से चन्द्र अपनी सातवीं मित्रदृष्टि से बुध की मिथुन राशि में नवमभाव को देखता है, अत: जातक के भाग्य की वृद्धि होती है तथा धर्म का पक्ष भी प्रबल होता है। ऐसा व्यक्ति बहुत हिम्मती होता है।

तुला लग्न: तृतीयभाव: चन्द्र

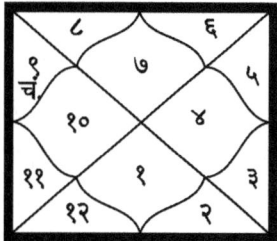

जिस जातक का जन्म 'तुला' लग्न में हुआ हो और जन्म-कुण्डली के 'चतुर्थभाव' में 'चन्द्र' की स्थिति हो, उसे 'चन्द्र' का फलादेश आगे लिखे अनुसार समझना चाहिए—

चौथे केन्द्र, माता तथा भूमि के भाव में अपने समग्रह शनि की मकर राशि पर स्थित चन्द्र के प्रभाव से जातक को माता, भूमि एवं मकान आदि का लाभ त्रुटिपूर्ण प्राप्त होता है, परन्तु मनोबल में वृद्धि होने के कारण सुख के साधन बने रहते हैं। यहां से चन्द्र अपनी सातवीं मित्रदृष्टि से कर्क राशि में दशमभाव को देखता है, अतः जातक को पिता, राज्य एवं व्यवसाय के क्षेत्र में सुख, सफलता एवं सम्मान की प्राप्ति होती रहती है।

तुला लग्नः चतुर्थभावः चन्द्र

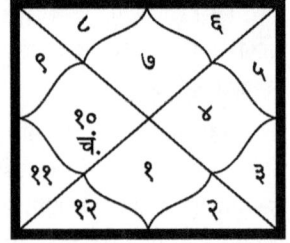

जिस जातक का जन्म 'तुला' लग्न में हुआ हो और जन्म-कुण्डली के 'पंचमभाव' में 'चन्द्र' की स्थिति हो, उसे 'चन्द्र' का फलादेश आगे लिखे अनुसार समझना चाहिए—

पांचवें त्रिकोण, विद्या एवं संतान के भाव में अपने समग्रह शनि की कुम्भ राशि पर स्थित चन्द्र के प्रभाव से जातक को संतान की शक्ति प्राप्ति होती है तथा मनोबल द्वारा विद्या एवं बुद्धि के क्षेत्र में भी सफलता मिलती है। वह राज्य एवं व्यवसाय के क्षेत्र में भी लाभ तथा सम्मान प्राप्त करता है। उसकी बुद्धि बड़ी तीक्ष्ण होती है तथा मनोबल बढ़ा रहता है। यहां से चन्द्र अपनी सातवीं मित्रदृष्टि से सूर्य की सिंह राशि में एकादशभाव को देखता है, अतः जातक की आमदनी में यथेष्ठ वृद्धि होती है। ऐसा जातक धनी तथा सुखी होता है।

तुला लग्नः पंचमभावः चन्द्र

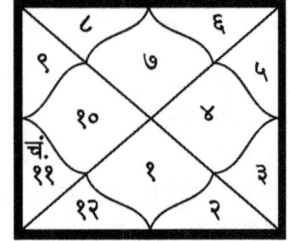

जिस जातक का जन्म 'तुला' लग्न में हुआ हो और जन्म-कुण्डली के 'षष्ठभाव' में 'चन्द्र' की स्थिति हो, उसे 'चन्द्र' का फलादेश आगे लिखे अनुसार समझना चाहिए—

छठे रोग एवं शत्रु भाव में अपने समग्रह गुरु की मीन राशि पर स्थित चन्द्र के प्रभाव से जातक को शत्रु पक्ष में अपने मनोबल, चातुर्य एवं शांत स्वभाव के कारण सफलता मिलती है। उसे पिता की ओर से असंतोष रहता है तथा राज्य एवं व्यवसाय के क्षेत्र में भी रुकावटें आती हैं। फलतः प्रतिष्ठा में भी कमी बनी रहती है। यहां से चन्द्र अपनी सातवीं मित्रदृष्टि से बुध की कन्या राशि में द्वादशभाव को देखता है, अतः जातक का खर्च अधिक रहता है तथा बाहरी स्थानों के संपर्क से लाभ होता है।

तुला लग्नः षष्ठभावः चन्द्र

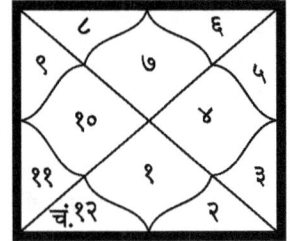

जिस जातक का जन्म 'तुला' लग्न में हुआ हो और जन्म-कुण्डली के 'सप्तमभाव' में 'चन्द्र' की स्थिति हो, उसे 'चन्द्र' का फलादेश आगे लिखे अनुसार समझना चाहिए—

सातवें केन्द्र, स्त्री तथा व्यवसाय के भाव में अपने समग्रह मंगल की मेष राशि पर स्थित चन्द्र के प्रभाव से जातक व्यवसाय के पक्ष में विशेष सफलता प्राप्त करता है। उसे स्त्री बहुत सुंदर मिलती है तथा स्त्री-पक्ष द्वारा उन्नति एवं प्रभाव की वृद्धि भी होती है। ऐसा व्यक्ति पिता, राज्य एवं व्यवसाय के पक्ष से भी लाभान्वित तथा यशस्वी होता है। यहां से चन्द्र अपनी सातवीं समग्रहदृष्टि से शुक्र की तुला राशि में प्रथमभाव को देखता है, अत: जातक को शारीरिक सौंदर्य, मान एवं प्रभाव की प्राप्ति भी होती है।

तुला लग्न: सप्तमभाव: चन्द्र

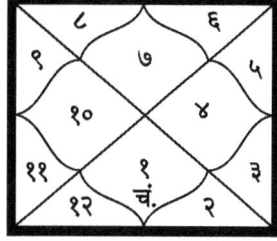

जिस जातक का जन्म 'तुला' लग्न में हुआ हो और जन्म-कुण्डली के 'अष्टमभाव' में 'चन्द्र' की स्थिति हो, उसे 'चन्द्र' का फलादेश आगे लिखे अनुसार समझना चाहिए—

आठवें आयु तथा पुरातत्त्व के भाव में अपने समग्रह शुक्र की वृषभ राशि में स्थित उच्च के चन्द्र के प्रभाव से जातक की आयु में वृद्धि होती है तथा पुरातत्त्व का लाभ मिलता है। उसका दैनिक जीवन आनंदपूर्ण बना रहता है, परन्तु पिता के पक्ष में हानि, व्यवसाय के क्षेत्र में कुछ कठिनाइयों के साथ उन्नति तथा राज्य के पक्ष से साधारण सम्मान मिलता है। यहां से चन्द्र अपनी सातवीं नीचदृष्टि से मंगल की वृश्चिक राशि में द्वितीयभाव को देखता है, अत: जातक के धन-संचय में कमी रहती है तथा कुटुम्ब का पक्ष भी दुर्बल रहता है।

तुला लग्न: अष्टमभाव: चन्द्र

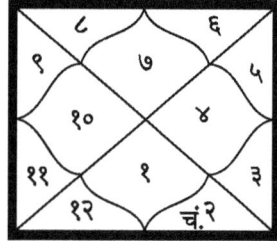

जिस जातक का जन्म 'तुला' लग्न में हुआ हो और जन्म-कुण्डली के 'नवमभाव' में 'चन्द्र' की स्थिति हो, उसे 'चन्द्र' का फलादेश आगे लिखे अनुसार समझना चाहिए—

नवें त्रिकोण, भाग्य तथा धर्म के भाव में अपने मित्र बुध की मिथुन राशि पर स्थित चन्द्र के प्रभाव से जातक के भाग्य की वृद्धि होती है और वह धर्म का भी रुचिपूर्वक पालन करता है। उसे पिता, राज्य एवं व्यवसाय के पक्षों से भी उन्नति, सम्मान, सहयोग तथा शक्ति की प्राप्ति होती है। यहां से चन्द्र अपनी सातवीं समग्रहदृष्टि से गुरु की धनु राशि में तृतीयभाव को देखता है, अत: जातक को भाई-बहनों का सुख मिलता है तथा उसके पराक्रम में वृद्धि होती है।

तुला लग्न: नवमभाव: चन्द्र

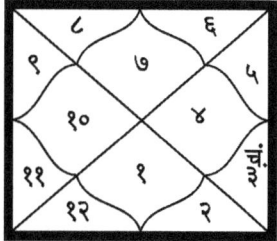

जिस जातक का जन्म 'तुला' लग्न में हुआ हो और जन्म-कुण्डली के 'दशमभाव' में 'चन्द्र' की स्थिति हो, उसे 'चन्द्र' का फलादेश आगे लिखे अनुसार समझना चाहिए—

दसवें केन्द्र, राज्य तथा पिता के भाव में अपनी कर्क राशि पर स्थित स्वक्षेत्री चन्द्र के प्रभाव से जातक को पिता के पक्ष से शक्ति, राज्य के पक्ष से सम्मान, व्यवसाय के पक्ष से उन्नति, लाभ तथा धन की प्राप्ति होती है। वह स्वाभिमानी, यशस्वी तथा समाज में प्रतिष्ठित होता है। यहां से चन्द्र अपनी सातवीं समग्रहदृष्टि से शनि की मकर राशि में चतुर्थभाव को देखता है, अत: जातक को माता के पक्ष में कुछ शक्ति मिलती है तथा भूमि और मकान का त्रुटिपूर्ण सुख प्राप्त होता है।

तुला लग्न: दशमभाव: चन्द्र

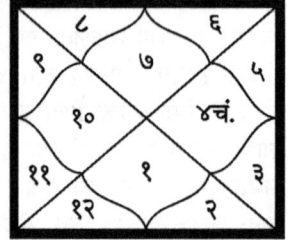

जिस जातक का जन्म 'तुला' लग्न में हुआ हो और जन्म-कुण्डली के 'एकादशभाव' में 'चन्द्र' की स्थिति हो, उसे 'चन्द्र' का फलादेश आगे लिखे अनुसार समझना चाहिए—

ग्यारहवें लाभ भाव में अपने मित्र सूर्य की सिंह राशि में स्थित चन्द्र के प्रभाव से जातक को लाभ के अवसर निरंतर प्राप्त होते हैं। उसे पिता, राज्य तथा व्यवसाय—तीनों ही पक्षों से लाभ, यश, प्रतिष्ठा तथा सफलता की प्राप्ति होती है। यहां से चन्द्र अपनी सातवीं समग्रहदृष्टि से शनि की कुम्भ राशि में पंचमभाव को देखता है, अत: उसे संतानपक्ष से सामान्य असंतोष के साथ सफलता मिलती है, परन्तु विद्या एवं वाणी की शक्ति खूब प्राप्त होती है। ऐसा जातक चतुर, चालक, स्वार्थी तथा समझदार होता है।

तुला लग्न: एकादशभाव: चन्द्र

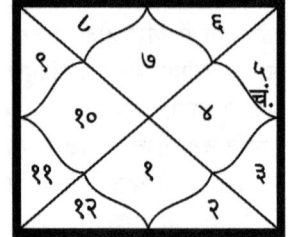

जिस जातक का जन्म 'तुला' लग्न में हुआ हो और जन्म-कुण्डली के 'द्वादशभाव' में 'चन्द्र' की स्थिति हो, उसे 'चन्द्र' का फलादेश आगे लिखे अनुसार समझना चाहिए—

बारहवें व्यय भाव में अपने मित्र बुध की कन्या राशि पर स्थित चन्द्र के प्रभाव से जातक का खर्च अधिक होता है, परन्तु बाहरी स्थानों के सम्बन्ध से लाभ, उन्नति एवं सफलता की प्राप्ति होती है। ऐसा व्यक्ति पिता, व्यवसाय तथा राज्य—तीनों के क्षेत्र में कुछ हानि प्राप्त करता है और उसे मान-प्रतिष्ठा भी कम मिलती है। यहां से चन्द्र सातवीं समग्रहदृष्टि से गुरु की मीन राशि में षष्ठभाव को देखता है, अत: जातक शत्रु पक्ष में शांति एवं चातुर्य द्वारा सफलता एवं प्रभाव प्राप्त करता है।

तुला लग्न: द्वादशभाव: चन्द्र

'तुला' लग्न में 'मंगल' का फल

जिस जातक का जन्म 'तुला' लग्न में हुआ हो और जन्म-कुण्डली के 'प्रथमभाव' में 'मंगल' की स्थिति हो, उसे 'मंगल' का फलादेश आगे लिखे अनुसार समझना चाहिए—

तुला लग्नः प्रथमभावः मंगल

पहले केन्द्र एवं शरीर-भाव में अपने समग्रह शुक्र की तुला राशि पर स्थित मंगल के प्रभाव से जातक को शारीरिक सुख तथा घर में प्रतिष्ठा की प्राप्ति होती है। उसे धन तथा कुटुम्ब का सुख भी मिलता है। यहां से मंगल चौथी उच्चदृष्टि से चतुर्थभाव को देखता है, अतः जातक को माता, भूमि, मकान आदि का विशेष सुख मिलता है। सातवीं दृष्टि से अपनी ही मेष राशि में सप्तमभाव को देखने से स्त्री का सुख मिलता है तथा व्यवसाय की उन्नति होती है। आठवीं समग्रहदृष्टि से अष्टमभाव को देखने से आयु एवं पुरातत्त्व की वृद्धि होती है, परन्तु पेट में विकार रहता है।

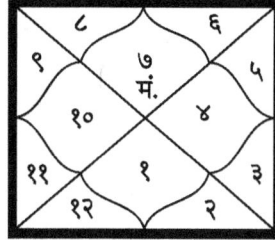

जिस जातक का जन्म 'तुला' लग्न में हुआ हो और जन्म-कुण्डली के 'द्वितीयभाव' में 'मंगल' की स्थिति हो, उसे 'मंगल' का फलादेश आगे लिखे अनुसार समझना चाहिए—

तुला लग्नः द्वितीयभावः मंगल

दूसरे धन-कुटुम्ब के भाव में अपनी ही वृश्चिक राशि पर स्थित मंगल के प्रभाव से जातक को धन तथा कुटुम्ब का सुख तो मिलता है, परन्तु स्त्री एवं परिवार के पक्ष से कुछ असंतोष भी बना रहता है। यहां से मंगल चौथी समग्रहदृष्टि से पंचमभाव को देखता है, अतः संतानपक्ष से बाधायुक्त शक्ति मिलती है और विद्या-बुद्धि के क्षेत्र में भी कुछ कठिनाइयों के साथ तरक्की होती है। सातवीं समग्रहदृष्टि से अष्टमभाव को देखने से आयु तथा पुरातत्त्व की शक्ति सामान्य रहती है तथा आठवीं मित्रदृष्टि से नवमभाव को देखने के कारण भाग्य की वृद्धि होती है तथा धर्म का पालन स्वार्थ के लिए किया जाता है।

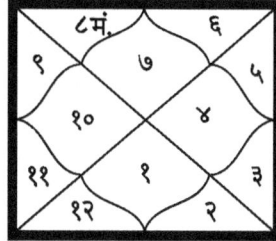

जिस जातक का जन्म 'तुला' लग्न में हुआ हो और जन्म-कुण्डली के 'तृतीयभाव' में 'मंगल' की स्थिति हो, उसे 'मंगल' का फलादेश आगे लिखे अनुसार समझना चाहिए—

तुला लग्नः तृतीयभावः मंगल

तीसरे भाई एवं पराक्रम के भाव में अपने मित्र गुरु की धनु राशि पर स्थित मंगल के प्रभाव से जातक को भाई-बहन का सुख मिलता है, स्त्री पक्ष से शक्ति प्राप्त होती है, पराक्रम की वृद्धि होती है तथा पुरुषार्थ द्वारा धन भी खूब मिलता है। यहां से मंगल चौथी मित्रदृष्टि से षष्ठभाव देखता है, अतः जातक को शत्रु पक्ष पर विजय प्राप्त होती है। सातवीं शत्रुदृष्टि से नवमभाव को देखने से भाग्य तथा धर्म की उन्नति होती है एवं

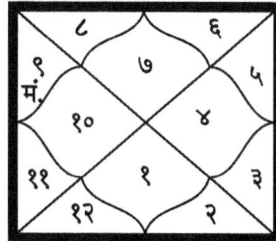

आठवीं नीचदृष्टि से दशमभाव देखने के कारण पिता, राज्य एवं व्यवसाय के पक्ष में उन्नति मिलने के रास्ते में रुकावटें आती रहती हैं।

जिस जातक का जन्म 'तुला' लग्न में हुआ हो और जन्म-कुण्डली के 'चतुर्थभाव' में 'मंगल' की स्थिति हो, उसे 'मंगल' का फलादेश आगे लिखे अनुसार समझना चाहिए—

तुला लग्नः चतुर्थभावः मंगल

चौथे केन्द्र, माता तथा भूमि के भाव में अपने समग्रह शनि की मकर राशि पर स्थित उच्च के मंगल के प्रभाव से जातक को माता, भूमि तथा मकान आदि का विशेष सुख मिलता है एवं धन का संचय होता है। यहां से मंगल चौथी दृष्टि से स्वराशि में सप्तमभाव को देखता है, अतः स्त्री एवं व्यवसाय के द्वारा भी सुख एवं सफलता की प्राप्ति होती है। सातवीं नीचदृष्टि से मित्र राशि में दशमभाव को देखने से पिता के सुख में कमी एवं राज्य तथा व्यवसाय के पक्ष में उन्नति में व्यवधान पड़ता है। आठवीं मित्रदृष्टि से एकादशभाव को देखने के कारण आमदनी के पक्ष में विशेष सफलता मिलती है। कुल मिलाकर ऐसा जातक धनी और सुखी रहता है।

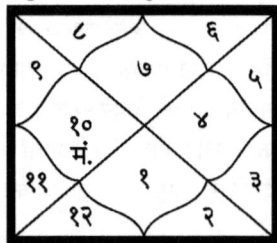

जिस जातक का जन्म 'तुला' लग्न में हुआ हो और जन्म-कुण्डली के 'पंचमभाव' में 'मंगल' की स्थिति हो, उसे 'मंगल' का फलादेश आगे लिखे अनुसार समझना चाहिए—

तुला लग्नः पंचमभावः मंगल

पांचवें त्रिकोण, विद्या एवं संतान के भाव में अपने समग्रह शनि के कुम्भ राशि पर स्थित मंगल के प्रभाव से जातक को संतानपक्ष से कुछ कठिनाइयां प्राप्त होती हैं तथा विद्या के क्षेत्र में भी कुछ परेशानियों के बाद ही सफलता मिलती है। स्त्री पक्ष से असंतोष रहता है तथा कुटुम्ब से वैमनस्य प्राप्त होता है। व्यवसाय के मार्ग में बुद्धि-बल से सफलता मिलती है। यहां से मंगल चौथी समग्रहदृष्टि से अष्टमभाव को देखता है, अतः आयु तथा जीवन के क्षेत्र में कुछ कठिनाइयां आती हैं तथा कुछ परेशानियों के साथ पुरातत्त्व का लाभ भी होता है। सातवीं मित्रदृष्टि से एकादशभाव को देखने से लाभ खूब होता है तथा आठवीं शत्रुदृष्टि से द्वादशभाव को देखने के कारण खर्च अधिक रहता है तथा बाहरी स्थानों के सम्बन्ध से धन एवं सफलता की प्राप्ति होती है।

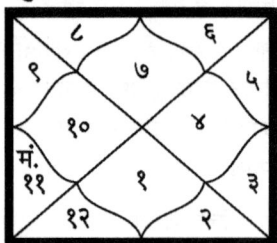

जिस जातक का जन्म 'तुला' लग्न में हुआ हो और जन्म-कुण्डली के 'षष्ठभाव' में 'मंगल' की स्थिति हो, उसे 'मंगल' का फलादेश आगे लिखे अनुसार समझना चाहिए—

छठे शत्रु एवं रोग भाव में अपने मित्र गुरु की मीन राशि पर स्थित मंगल के प्रभाव से जातक शत्रु पक्ष में बड़ा प्रभाव रखता है। धन-संचय में कमी रहती है तथा स्त्री एवं व्यवसाय के क्षेत्र में कठिनाइयों के बाद सफलता मिलती है, यहां से मंगल चौथी शत्रुदृष्टि से नवमभाव को देखता है, अत: जातक के भाग्य की वृद्धि होती है तथा स्वार्थ के लिए धर्म का पालन करता है। सातवीं शत्रुदृष्टि से द्वादशभाव को देखने से खर्च अधिक रहता है तथा बाहरी स्थानों के सम्बन्ध से लाभ होता है। आठवीं समग्रहदृष्टि से प्रथमभाव को देखने के कारण शारीरिक-सौंदर्य में कमी रहती है तथा झगड़ों-झंझटों के मार्ग से लाभ होता है।

तुला लग्न: षष्ठभाव: मंगल

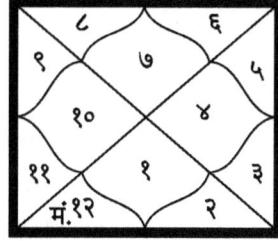

जिस जातक का जन्म 'तुला' लग्न में हुआ हो और जन्म-कुण्डली के 'सप्तमभाव' में 'मंगल' की स्थिति हो, उसे 'मंगल' का फलादेश आगे लिखे अनुसार समझना चाहिए—

सातवें केन्द्र, स्त्री तथा व्यवसाय के भाव में अपनी ही मेष राशि पर स्थित मंगल के प्रभाव से जातक को स्त्री के पक्ष से कुछ बंधन-सा रहता है, परन्तु भोग की अच्छी शक्ति प्राप्त होती है और दैनिक व्यवसाय में भी सफलता मिलती है। यहां से मंगल चौथी नीचदृष्टि से दशमभाव को देखता है, अत: पिता, राज्य एवं रोजगार के पक्ष में कुछ कमी बनी रहती है। सातवीं समग्रहदृष्टि से प्रथमभाव को देखने से शरीर में कुछ गर्मी का विकार रहता है तथा आठवीं दृष्टि से अपनी ही राशि में द्वितीयभाव को देखने के कारण धन का संचय होता है तथा कौटुम्बिक सुख भी प्राप्त होता है।

तुला लग्न: सप्तमभाव: मंगल

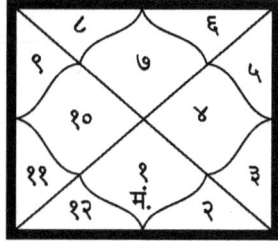

जिस जातक का जन्म 'तुला' लग्न में हुआ हो और जन्म-कुण्डली के 'अष्टमभाव' में 'मंगल' की स्थिति हो, उसे 'मंगल' का फलादेश आगे लिखे अनुसार समझना चाहिए—

आठवें आयु तथा पुरातत्त्व के भाव से अपने समग्रह शुक्र की वृषभ राशि पर स्थित मंगल के प्रभाव से जातक को स्त्री के पक्ष से कष्ट होता है तथा दैनिक रोजगार में परेशानी बनी रहती है। बाहरी स्थानों पर व्यवसाय करने से लाभ होता है पुरातत्त्व की भी प्राप्ति होती है। यहां से मंगल चौथी मित्रदृष्टि से एकादशभाव को देखता है, अत: जातक को आमदनी का लाभ होता है। सातवीं दृष्टि से अपनी ही राशि में द्वितीयभाव को देखने के कारण धन तथा कुटुम्ब के सुख का लाभ परिश्रम द्वारा होता है तथा आठवीं मित्रदृष्टि से तृतीयभाव को देखने से भाई-बहनों का सामान्य सुख मिलता है तथा पराक्रम की वृद्धि होती है।

तुला लग्न: अष्टमभाव: मंगल

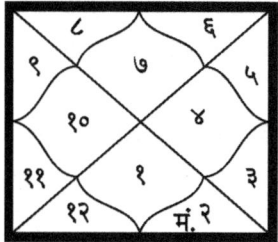

जिस जातक का जन्म 'तुला' लग्न में हुआ हो और जन्म-कुण्डली के 'नवमभाव' में 'मंगल' की स्थिति हो, उसे 'मंगल' का फलादेश आगे लिखे अनुसार समझना चाहिए—

तुला लग्नः नवमभावः मंगल

नवें त्रिकोण, भाग्य तथा धर्म-भाव में अपने शत्रु बुध की मिथुन राशि पर स्थित मंगल के प्रभाव से जातक की भाग्योन्नति खूब होती है तथा धर्म का पालन भी होता है। उसे भाग्यवती स्त्री मिलती है, अतः विवाह के बाद विशेष उन्नति होती है। यहां से मंगल चौथी शत्रुदृष्टि से द्वादशभाव को देखता है, अतः खर्च खूब रहता है तथा बाहरी स्थानों के सम्बन्ध से लाभ होता है। सातवीं मित्रदृष्टि से तृतीयभाव को देखने के कारण भाई-बहनों का सुख प्राप्त होता है तथा पराक्रम में वृद्धि होती है। आठवीं उच्चदृष्टि से चतुर्थभाव को देखने से माता, भूमि, मकान आदि का पर्याप्त सुख मिलता है। ऐसा जातक लौकिक तथा पारलौकिक दोनों प्रकार की उन्नति करता है।

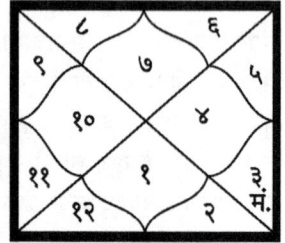

जिस जातक का जन्म 'तुला' लग्न में हुआ हो और जन्म-कुण्डली के 'दशमभाव' में 'मंगल' की स्थिति हो, उसे 'मंगल' का फलादेश आगे लिखे अनुसार समझना चाहिए—

तुला लग्नः दशमभावः मंगल

दसवें केन्द्र, राज्य तथा पिता के भाव में अपने मित्र चन्द्र की कर्क राशि पर स्थित नीच के मंगल के प्रभाव से जातक को पिता, राज्य एवं व्यवसाय के क्षेत्र में कठिनाइयां आती हैं। स्त्री तथा कुटुम्ब के पक्ष में भी कमजोरी तथा कष्ट की स्थित रहती है। यहां से मंगल चौथी समग्रहदृष्टि से प्रथमभाव को देखता है,अतः जातक के शरीर में कमजोरी रहती है, परन्तु सम्मान प्राप्त होता है। सातवीं उच्चदृष्टि से चतुर्थभाव को देखने के कारण माता, भूमि एवं मकान का सुख प्राप्त होता है तथा आठवीं समग्रहदृष्टि से पंचमभाव को देखने से संतानपक्ष से वैमनस्य तथा विद्या-बुद्धि के क्षेत्र में कुछ कमी रहती है।

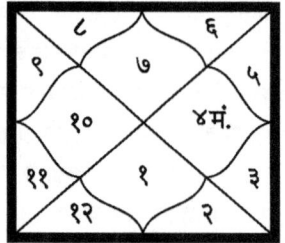

जिस जातक का जन्म 'तुला' लग्न में हुआ हो और जन्म-कुण्डली के 'एकादशभाव' में 'मंगल' की स्थिति हो, उसे 'मंगल' का फलादेश आगे लिखे अनुसार समझना चाहिए—

तुला लग्नः एकादशभावः मंगल

ग्यारहवें लाभ भाव में अपने मित्र सूर्य की सिंह राशि पर स्थित मंगल के प्रभाव से जातक को धन का पर्याप्त लाभ होता है तथा स्त्री के पक्ष से भी लाभ तथा सुख मिलता है। यहां से मंगल अपनी चौथी दृष्टि से द्वितीयभाव को देखता है, अतः धन-संचय की शक्ति भी रहेगी तथा कुटुम्ब का सुख भी मिलेगा। सातवीं समग्रहदृष्टि से पंचमभाव को देखने के कारण संतानपक्ष से असंतोष रहेगा तथा विद्या की भी कमी होगी। आठवीं मित्रदृष्टि

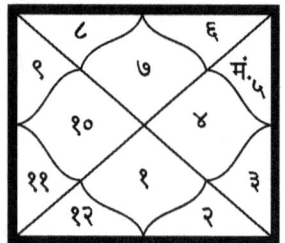

से षष्ठभाव को देखने से शत्रु पक्ष से लाभ होगा तथा उस पर प्रभाव बना रहेगा। संक्षेप में, ऐसा जातक सुखी, धनी तथा प्रभावशाली होता है।

जिस जातक का जन्म 'तुला' लग्न में हुआ हो और जन्म-कुण्डली के 'द्वादशभाव' में 'मंगल' की स्थिति हो, उसे 'मंगल' का फलादेश आगे लिखे अनुसार समझना चाहिए—

तुला लग्नः द्वादशभावः मंगल

बारहवें व्यय भाव में अपने शत्रु बुध की कन्या राशि पर स्थित मंगल के प्रभाव से जातक का खर्च अधिक रहता है तथा बाहरी स्थानों के सम्बन्ध से लाभ होता है। धन, कुटुम्ब, स्त्री तथा व्यवसाय के पक्ष से भी असंतोष एवं हानि के योग उपस्थित होते हैं। यहां से मंगल चौथी मित्रदृष्टि से तृतीयभाव को देखता है। अतः भाई-बहनों का सुख मिलता है तथा पराक्रम में वृद्धि होती है। सातवीं मित्रदृष्टि से षष्ठभाव को देखने से जातक शत्रु-पक्ष पर प्रभावशाली बना रहता है तथा आठवीं दृष्टि से स्वराशि में सप्तमभाव को देखने के कारण दूसरे स्थानों के सम्बन्ध से व्यवसाय में लाभ होता है, परन्तु स्त्री के पक्ष में कुछ कमजोरी बनी रहती है।

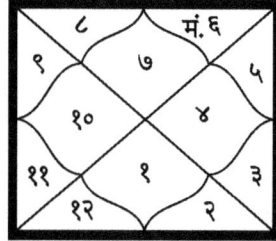

'तुला' लग्न में 'बुध' का फल

जिस जातक का जन्म 'तुला' लग्न में हुआ हो और जन्म-कुण्डली के 'प्रथमभाव' में 'बुध' की स्थिति हो, उसे 'बुध' का फलादेश आगे लिखे अनुसार समझना चाहिए—

तुला लग्नः प्रथमभावः बुध

पहले केन्द्र तथा शरीर भाव में अपने मित्र शुक्र की तुला राशि पर स्थित व्ययेश बुध के प्रभाव से जातक का शरीर दुर्बल होता है। वह बाहरी स्थानों के सम्बन्ध से लाभ उठाता है तथा खूब खर्च करता है। भाग्य के क्षेत्र में कमी का अनुभव करते हुए भी वह भाग्यवान गिना जाता है तथा धर्म का पालन भी करता है। यहां से बुध अपनी सातवीं समग्रहदृष्टि से मंगल की मेष राशि में सप्तमभाव को देखता है, अतः स्त्री एवं व्यवसाय के पक्ष में सफलता प्राप्त होती है।

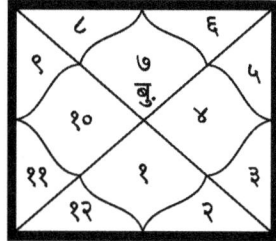

जिस जातक का जन्म 'तुला' लग्न में हुआ हो और जन्म-कुण्डली के 'द्वितीयभाव' में 'बुध' की स्थिति हो, उसे 'बुध' का फलादेश आगे लिखे अनुसार समझना चाहिए—

दूसरे धन-कुटुम्ब के भाव में अपने समग्रह मंगल की वृश्चिक राशि पर स्थित व्ययेश बुध के प्रभाव से जातक को धन तथा कुटुम्ब का सुख कुछ कम प्राप्त होता है। वह खर्च खूब करता है तथा धर्म का पालन भी स्वार्थ के लिए करता है। यहां से बुध सातवीं मित्रदृष्टि से शुक्र की वृषभ राशि में अष्टमभाव को देखता है, अत: जातक की आयु एवं पुरातत्त्व पक्ष की वृद्धि होती है। उसे दैनिक जीवन में शक्ति एवं सफलता प्राप्त होती है, अत: वह धनी एवं प्रतिष्ठित माना जाता है।

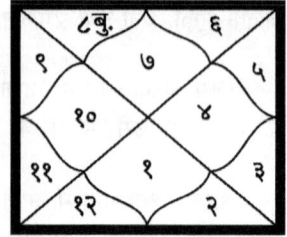

तुला लग्न: द्वितीयभाव: बुध

जिस जातक का जन्म 'तुला' लग्न में हुआ हो और जन्म-कुण्डली के 'तृतीयभाव' में 'बुध' की स्थिति हो, उसे 'बुध' का फलादेश आगे लिखे अनुसार समझना चाहिए—

तीसरे भाई एवं पराक्रम के भाव में अपने समग्रह गुरु की धनु राशि पर स्थित व्ययेश बुध के प्रभाव से जातक को भाई-बहनों का सुख मिलता है तथा पराक्रम की वृद्धि होती है। भाग्योन्नति के मार्ग में साधारण रुकावटें आया करती हैं, परन्तु बाहरी स्थानों के सम्बन्ध से लाभ होता है। यहां से बुध अपनी सातवीं दृष्टि से स्वराशि में नवमभाव को देखता है, अत: जातक के भाग्य की वृद्धि होती है और वह धर्म का पालन भी करता है। संक्षेप में, ऐसा जातक धनी, यशस्वी, सुखी, प्रतिष्ठित तथा धर्मात्मा होता है।

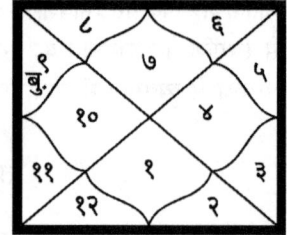

तुला लग्न: तृतीयभाव: बुध

जिस जातक जन्म 'तुला' लग्न में हुआ हो और जन्म-कुण्डली के 'चतुर्थभाव' में 'बुध' की स्थिति हो, उसे 'बुध' का फलादेश नीचे लिखे अनुसार समझना चाहिए—

चौथे केन्द्र, माता तथा भूमि के भाव में अपने समग्रह शनि की मकर राशि पर स्थित व्ययेश बुध के प्रभाव से जातक को माता, भूमि, मकान आदि का सुख प्राप्त होता है, परन्तु घरेलू शांति में कुछ कमी बनी रहती है। उसे बाहरी स्थानों के सम्बन्ध से विशेष लाभ होता है और वह खर्च भी बड़ी शानदारी से करता है। यहां से बुध अपनी सातवीं शत्रुदृष्टि से चन्द्र की कर्क राशि में दशमभाव को देखता है, अत: जातक को पिता, राज्य एवं व्यवसाय के पक्ष से यश, मान, प्रतिष्ठा, सुख एवं लाभ की प्राप्ति होती है।

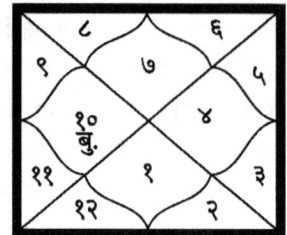

तुला लग्न: चतुर्थभाव: बुध

जिस जातक का जन्म 'तुला' लग्न में हुआ हो और जन्म-कुण्डली के 'पंचमभाव' में 'बुध' की स्थिति हो, उसे 'बुध' का फलादेश नीचे लिखे अनुसार समझना चाहिए—

पांचवें त्रिकोण, विद्या एवं संतान के भाव में अपने समग्रह शनि की कुम्भ राशि पर स्थित व्ययेश बुध के प्रभाव से जातक को संतानपक्ष से शक्ति तथा विद्या-बुद्धि का त्रुटिपूर्ण लाभ होता है। वह बाहरी स्थानों के सम्बन्ध से अपने भाग्य की वृद्धि करता है तथा खर्चीला भी बहुत होता है। यहां से बुध सातवीं मित्रदृष्टि से सूर्य की सिंह राशि में एकादशभाव को देखता है, अत: जातक को आमदनी खूब रहती है और वह भाग्यवान् माना जाता है। ऐसा व्यक्ति धर्म का पालन करने वाला तथा प्रतिष्ठित भी होता है।

तुला लग्न: पंचमभाव: बुध

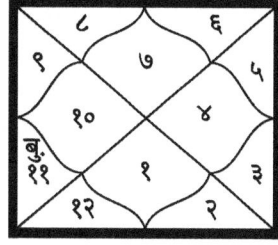

जिस जातक का जन्म 'तुला' लग्न में हुआ हो और जन्म-कुण्डली के 'षष्ठभाव' में 'बुध' की स्थिति हो, उसे 'बुध' का फलादेश नीचे लिखे अनुसार समझना चाहिए—

छठे शत्रु एवं रोग के भाव में अपने समग्रह गुरु की मीन राशि पर स्थित व्ययेश एवं नीच के बुध के प्रभाव से जातक को शत्रु पक्ष में कठिनाइयों का सामना करना पड़ता है तथा अपना खर्च चलाने के लिए भी बड़ी मुसीबतें उठानी पड़ती हैं। भाग्य एवं धर्म के क्षेत्र में भी कमजोरी बनी रहती है, परन्तु बाहरी स्थानों के सम्बन्ध से कुछ लाभ होता है। यहां से बुध सातवीं दृष्टि से स्वराशि में द्वादशभाव को देखता है, अत: जातक का खर्च अधिक बना रहता है।

तुला लग्न: षष्ठभाव: बुध

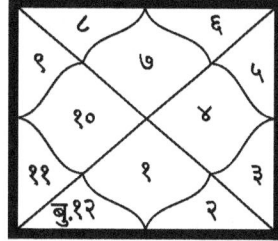

जिस जातक का जन्म 'तुला' लग्न में हुआ हो और जन्म-कुण्डली के 'सप्तमभाव' में 'बुध' की स्थिति हो, उसे 'बुध' का फलादेश नीचे लिखे अनुसार समझना चाहिए—

सातवें केन्द्र, स्त्री, व्यवसाय के भाव में अपने समग्रह मंगल की मेष राशि पर स्थित व्ययेश बुध के प्रभाव से जातक को स्त्री तथा व्यवसाय के पक्ष में कुछ कठिनाइयों के साथ सफलता मिलती है। वह गृहस्थी का खर्च खूब चलाता है तथा धर्म का पालन भी करता है। उसे बाहरी स्थानों के सम्बन्ध से लाभ होता है। यहां से बुध अपनी सातवीं मित्रदृष्टि से शुक्र की तुला राशि में प्रथमभाव को देखता है, अत: जातक शारीरिक सुख तथा मान-प्रतिष्ठा को प्राप्त करता है एवं भाग्यवान समझा जाता है।

तुला लग्न: सप्तमभाव: बुध

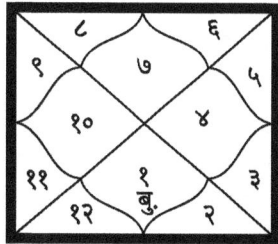

जिस जातक का जन्म 'तुला' लग्न में हुआ हो और जन्म-कुण्डली के 'अष्टमभाव' में 'बुध' की स्थिति हो, उसे 'बुध' का फलादेश आगे लिखे अनुसार समझना चाहिए—

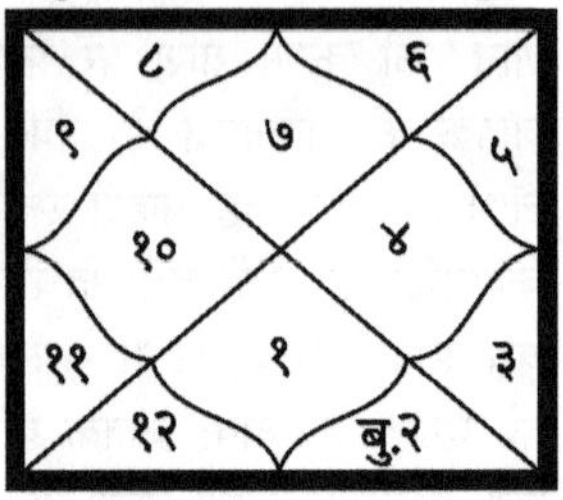

आठवें आयु तथा पुरातत्त्व के भाव में अपने मित्र शुक्र की वृषभ राशि पर स्थित व्ययेश बुध के प्रभाव से जातक को आयु तथा पुरातत्त्व की कुछ शक्ति एवं लाभ की प्राप्ति होती है। परन्तु भाग्य एवं धर्म के पक्ष में कमजोरी बनी रहती है, उसे बाहरी स्थानों के सम्बन्ध से कठिनाइयों के साथ कुछ लाभ होता है तथा खर्च के मामले में परेशानी उठानी पड़ती है। यहां से बुध अपनी सातवीं समग्रहदृष्टि से मंगल की वृश्चिक राशि में द्वितीयभाव को देखता है, अत: जातक कुछ कठिनाइयों के साथ धन की वृद्धि करता है। उसे यश कम मिलता है।

तुला लग्न: अष्टमभाव: बुध

जिस जातक का जन्म 'तुला' लग्न में हुआ हो और जन्म-कुण्डली के 'नवमभाव' में 'बुध' की स्थिति हो, उसे 'बुध' का फलादेश नीचे लिखे अनुसार समझना चाहिए—

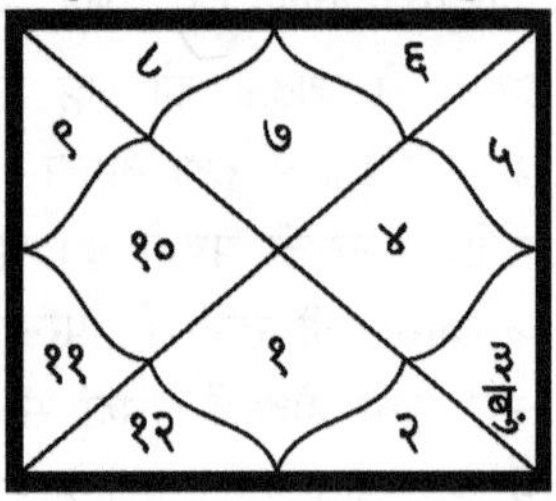

नवें त्रिकोण, भाग्य तथा धर्म के भाव में अपनी ही मिथुन राशि पर स्थित व्ययेश बुध के प्रभाव से जातक के भाग्य तथा धर्म की वृद्धि होती है तथा बाहरी स्थानों के सम्बन्ध से अच्छा लाभ होता है। खर्च अधिक करता है तथा बुध के व्ययेश होने के कारण उसे कुछ कठिनाइयों का भी अनुभव होता है। यहां से बुध अपनी सातवीं समग्रहदृष्टि से गुरु की धनु राशि में तृतीयभाव को देखता है, अत: जातक को भाई-बहनों की शक्ति प्राप्त होती है, परन्तु पराक्रम की वृद्धि में कुछ कठिनाइयों के साथ सफलता मिलती है।

तुला लग्न: नवमभाव: बुध

जिस जातक का जन्म 'तुला' लग्न में हुआ हो और जन्म-कुण्डली के 'दशमभाव' में 'बुध' की स्थिति हो, उसे 'बुध' का फलादेश नीचे लिखे अनुसार समझना चाहिए—

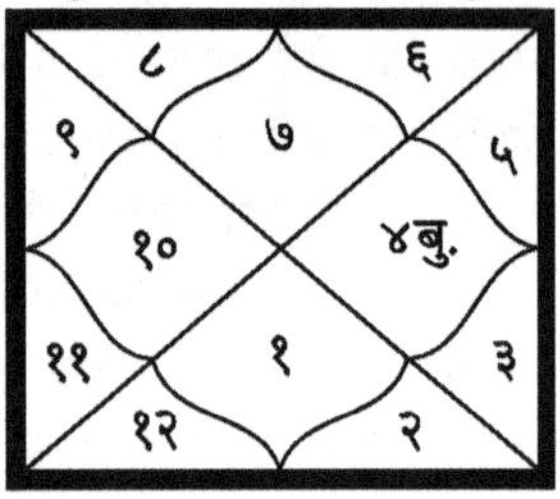

दसवें केन्द्र, राज्य तथा पिता के भाव में अपने शत्रु चन्द्र की कर्क राशि पर स्थित व्ययेश बुध के प्रभाव से जातक को पिता, राज्य एवं व्यवसाय के क्षेत्र में उन्नति प्राप्त करने में कुछ कठिनाइयां आती हैं तथा कुछ कमजोरी-सी रहती है। धर्म का पालन भी थोड़ा ही कर पाता है, इसी कारण भाग्योन्नति भी कम होती है। यहां से बुध अपनी सातवीं समग्रहदृष्टि से शनि की मकर राशि में चतुर्थभाव को देखता है, अत: जातक को माता, भूमि एवं मकान का सुख प्राप्त होता है, जिसके कारण वह धनवान् भी समझा जाता है।

तुला लग्न: दशमभाव: बुध

जिस जातक का जन्म 'तुला' लग्न में हुआ हो और जन्म-कुण्डली के 'एकादशभाव' में 'बुध' की स्थिति हो, उसे 'बुध' का फलादेश नीचे लिखे अनुसार समझना चाहिए—

ग्यारहवें लाभ भाव में अपने मित्र सूर्य की सिंह राशि पर स्थित व्ययेश बुध के प्रभाव से जातक की आमदनी अच्छी रहती है। वह धर्म का पालन करता है तथा भाग्यवान भी होता है, परन्तु बुध के व्ययेश होने के कारण सभी क्षेत्रों में कुछ कठिनाइयां भी आती रहती हैं। यहां से बुध अपनी सातवीं समग्रहदृष्टि से शनि की कुम्भ राशि में पंचमभाव को देखता है, अतः जातक को संतानपक्ष से सफलता मिलती है एवं विद्या-बुद्धि की शक्ति भी प्राप्त होती है। ऐसा जातक अपनी बोल-चाल तथा विद्या-बुद्धि के बल पर विशेष उन्नति करता है।

तुला लग्नः एकादशभावः बुध

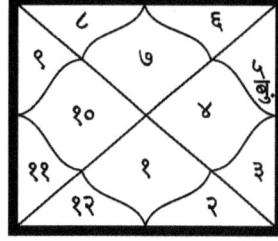

जिस जातक का जन्म 'तुला ' लग्न में हुआ हो और जन्म-कुण्डली के 'द्वादशभाव' में 'बुध' की स्थिति हो, उसे 'बुध' का फलादेश नीचे लिखे अनुसार समझना चाहिए—

बारहवें व्यय भाव में अपनी ही कन्या राशि पर स्थित व्ययेश तथा उच्च के बुध प्रभाव से जातक का व्यय अधिक होता है, परन्तु बाहरी स्थानों के सम्बन्ध से कुछ कठिनाइयों के साथ लाभ तथा सुख की प्राप्ति होती है। यहां से बुध अपनी सातवीं नीचदृष्टि से समग्रह गुरु की मीन राशि में षष्ठभाव को देखता है, अतः जातक को शत्रु-पक्ष से कुछ परेशानियां बनी रहती हैं और उनसे वह कुछ अनुचित उपायों का आश्रय लेकर काम निकालता है। संक्षेप में ऐसा जातक धनी तथा सुखी होता है।

तुला लग्नः द्वादशभावः बुध

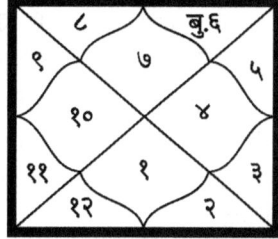

'तुला' लग्न में 'गुरु' का फल

जिस जातक का जन्म 'तुला ' लग्न में हुआ हो और जन्म-कुण्डली के 'प्रथमभाव' में 'गुरु' की स्थिति हो, उसे 'गुरु' का फलादेश नीचे लिखे अनुसार समझना चाहिए—

पहले केन्द्र तथा शरीर भाव में अपने शत्रु शुक्र की तुला राशि पर स्थित गुरु के प्रभाव से जातक के शारीरिक प्रभाव एवं पुरुषार्थ की वृद्धि होती है तथा पुरुषार्थ द्वारा मान-प्रतिष्ठा की प्राप्ति भी होती है। भाई-बहनों के सुख में कुछ कमी आती है तथा शत्रु-पक्ष में हिम्मत के द्वारा प्रभाव स्थापित होता है। यहां से गुरु पांचवीं समग्रहदृष्टि से पंचमभाव को देखता है, अतः संतानपक्ष से वैमनस्य एवं विद्या-बुद्धि के क्षेत्र में उन्नति प्राप्त होगी। सातवीं मित्रदृष्टि से मंगल की मेष राशि में सप्तमभाव को देखने से स्त्री तथा व्यवसाय के पक्ष में शक्ति प्राप्त होगी। नवीं शत्रुदृष्टि से नवमभाव को देखने से भाग्य एवं धर्म के क्षेत्र में उन्नति रहेगी तथा यश भी प्राप्त होगा।

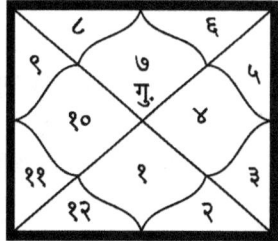

तुला लग्नः प्रथमभावः गुरु

जिस जातक का जन्म 'तुला' लग्न में हुआ हो और जन्म-कुण्डली के 'द्वितीयभाव' में 'गुरु' की स्थिति हो, उसे 'गुरु' का फलादेश नीचे लिखे अनुसार समझना चाहिए—

तुला लग्नः द्वितीयभावः गुरु

दूसरे धन-कुटुम्ब के भाव में अपने मित्र मंगल की वृश्चिक राशि पर स्थित गुरु के प्रभाव से जातक अपने पुरुषार्थ द्वारा धन की वृद्धि करता है, परन्तु भाई-बहन के सुख में कुछ कमी आती है। यहां से गुरु पांचवीं दृष्टि से अपनी ही मीन राशि में षष्ठभाव को देखता है, अतः जातक अपने धन तथा शक्ति के बल पर शत्रु पक्ष में प्रभाव प्राप्त करता है। सातवीं शत्रुदृष्टि से अष्टमभाव को देखने के कारण पुरातत्त्व की सामान्य शक्ति प्राप्त होती है तथा आयु की वृद्धि होती है। नवीं उच्च एवं मित्रदृष्टि से दशमभाव को देखने से राज्य द्वारा सम्मान, पिता द्वारा सुख तथा व्यवसाय में सफलता एवं प्रतिष्ठा की प्राप्ति होती है।

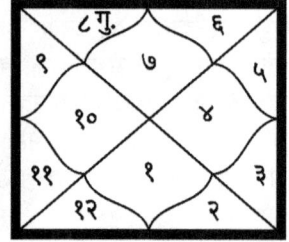

जिस जातक का जन्म 'तुला' लग्न में हुआ हो और जन्म-कुण्डली के 'तृतीयभाव' में 'गुरु' की स्थिति हो, उसे 'गुरु' का फलादेश नीचे लिखे अनुसार समझना चाहिए—

तुला लग्नः तृतीयभावः गुरु

तीसरे पराक्रम एवं भाई-बहन के भाव में अपनी धनु राशि पर स्थित गुरु के प्रभाव से जातक के पराक्रम में वृद्धि होती है तथा भाई-बहन के सुख में सामान्य परेशानी रहती है, परन्तु शत्रु पक्ष में प्रभाव प्राप्त होता है। यहां से गुरु पांचवीं मित्रदृष्टि से सप्तमभाव को देखता है, अतः स्त्री एवं व्यवसाय के क्षेत्र में सफलता मिलती है। सातवीं शत्रुदृष्टि से नवमभाव को देखने के कारण भाग्य एवं धर्म की वृद्धि होती है तथा नवीं मित्रदृष्टि से एकादशभाव को देखने से आमदनी के क्षेत्र में सफलता मिलती रहती है तथा जातक सुखी, प्रभावशाली एवं संपन्न जीवन व्यतीत करता है। उसे राजकीय क्षेत्र में सफलता एवं सम्मान की प्राप्ति भी होती है।

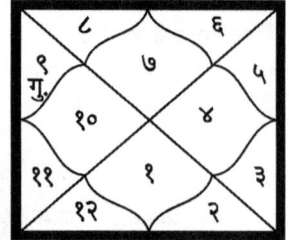

जिस जातक का जन्म 'तुला' लग्न में हुआ हो और जन्म-कुण्डली के 'चतुर्थभाव' में 'गुरु' की स्थिति हो, उसे 'गुरु' का फलादेश नीचे लिखे अनुसार समझना चाहिए—

तुला लग्नः चतुर्थभावः गुरु

चौथे माता, सुख एवं भूमि के भाव में अपने समग्रह शनि की मकर राशि पर स्थित नीच के प्रभाव से जातक को भूमि, मकान एवं माता के सुख में कमी का अनुभव होता है। साथ ही भाई-बहन के सुख में भी कमी आती है तथा शत्रु पक्ष से भी परेशानियां उठानी पड़ती हैं। यहां से गुरु पांचवीं शत्रुदृष्टि से शुक्र की वृषभ राशि में अष्टमभाव

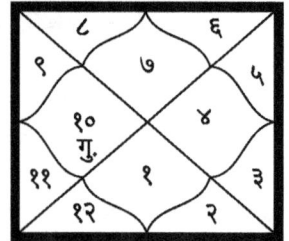

को देखता है, अतः पुरातत्त्व एवं आयु की शक्ति में कुछ वृद्धि होती है। सातवीं उच्चदृष्टि से दशमभाव को मित्र चन्द्र की राशि में देखने से राज्य, पिता एवं व्यवसाय द्वारा सुख एवं सफलता की प्राप्ति होती है तथा प्रतिष्ठा की वृद्धि होती है। नवीं शत्रुदृष्टि से द्वादशभाव को देखने से खर्च अधिक रहता है तथा बाहरी स्थानों के सम्बन्ध से लाभ होता है।

जिस जातक का जन्म 'तुला' लग्न में हुआ हो और जन्म-कुण्डली के 'पंचमभाव' में 'गुरु' की स्थिति हो, उसे 'गुरु' का फलादेश नीचे लिखे अनुसार समझना चाहिए—

तुला लग्नः पंचमभावः गुरु

पांचवें त्रिकोण, विद्या-बुद्धि एवं संतान के भाव में समग्रह शनि की कुम्भ राशि पर स्थित गुरु के प्रभाव से जातक को संतान, विद्या तथा बुद्धि के पक्ष में कठिनाइयों के साथ सफलता मिलती है एवं शत्रु पक्ष में प्रभाव बढ़ता है। भाई-बहनों से कुछ मतभेद बना रहता है। यहां से गुरु पांचवीं शत्रुदृष्टि से नवमभाव को देखता है, अतः पुरुषार्थ द्वारा भाग्य की वृद्धि होती है तथा धर्म का पालन बना रहता है। सातवीं मित्रदृष्टि से एकादशभाव को देखने से लाभ होता रहता है तथा नवीं दृष्टि से शत्रु शुक्र की तुला राशि में प्रथमभाव को देखने के कारण शारीरिक शक्ति, प्रभाव एवं सम्मान की प्राप्ति होती है। परन्तु गुरु के षष्ठेश होने के कारण जातक के स्वास्थ्य एवं संतान के पक्ष में कुछ कमी बनी रहती है।

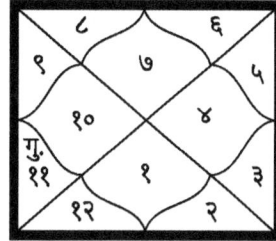

जिस जातक का जन्म 'तुला' लग्न में हुआ हो और जन्म-कुण्डली के 'षष्ठभाव' में 'गुरु' की स्थिति हो, उसे 'गुरु' का फलादेश नीचे लिखे अनुसार समझना चाहिए—

तुला लग्नः षष्ठभावः गुरु

छठे शत्रु एवं रोग भाव में अपनी ही मीन राशि पर स्थित स्वक्षेत्री गुरु के प्रभाव से जातक शत्रु पक्ष में प्रभाव तथा झगड़े-झंझट के कामों में सफलता प्राप्त करता है। गुरु के षष्ठेश होने के कारण भाई-बहन के पक्ष में कुछ वैमनस्य बना रहता है तथा पुरुषार्थ में भी कुछ परतंत्रता का अनुभव होता है। यहां से गुरु पांचवीं उच्चदृष्टि से दशमभाव को देखता है, अतः जातक को पिता, व्यवसाय एवं राज्य के द्वारा सम्मान तथा सफलता की प्राप्ति होती है। सातवीं शत्रुदृष्टि से द्वादशभाव को देखने के कारण खर्च अधिक रहता है तथा बाहरी स्थानों से लाभ होता है। नवीं मित्रदृष्टि से द्वितीयभाव को देखने से धन की वृद्धि होती है, परन्तु कुटुम्ब के साथ कुछ मतभेद रहता है। प्रतिष्ठा के क्षेत्र में वृद्धि भी होती है।

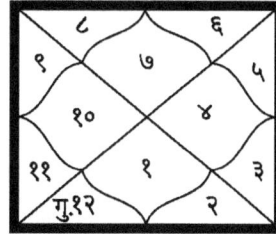

जिस जातक का जन्म 'तुला' लग्न में हुआ हो और जन्म-कुण्डली के 'सप्तमभाव' में 'गुरु' की स्थिति हो, उसे 'गुरु' का फलादेश नीचे लिखे अनुसार समझना चाहिए—

तुला लग्नः सप्तमभावः गुरु

सातवें केन्द्र, स्त्री तथा व्यवसाय के भाव में अपने मित्र मंगल की मेष राशि पर स्थित गुरु के प्रभाव से जातक अपने पुरुषार्थ द्वारा व्यवसाय की उन्नति करता है तथा स्त्री की शक्ति भी पाता है। गुरु के षष्ठेश होने के कारण जातक का स्त्री से कुछ मतभेद रहता है तथा व्यवसाय में भी अधिक परिश्रम करना पड़ता है। यहां से गुरु पांचवीं मित्र-दृष्टि से एकादशभाव को देखता है, अतः जातक पुरुषार्थ द्वारा धनोपार्जन की शक्ति पाता है। सातवीं शत्रुदृष्टि से प्रथमभाव को देखने के कारण शरीर में सामान्य परेशानी रहती है, परन्तु प्रभाव की वृद्धि होती है। नवीं दृष्टि से अपनी ही धनुराशि में तृतीयभाव को देखने से भाई-बहन का सुख कुछ कमी के साथ प्राप्त होता है, परन्तु पराक्रम की वृद्धि होती है।

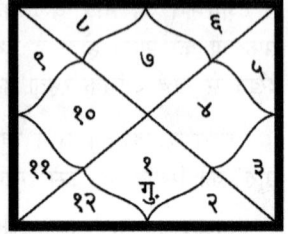

जिस जातक का जन्म 'तुला' लग्न में हुआ हो और जन्म-कुण्डली के 'अष्टमभाव' में 'गुरु' की स्थिति हो, उसे 'गुरु' का फलादेश नीचे लिखे अनुसार समझना चाहिए—

तुला लग्नः अष्टमभावः गुरु

आठवें आयु तथा पुरातत्त्व के भाव में शत्रु शुक्र की वृषभ राशि पर स्थित गुरु के प्रभाव से जातक को पुरातत्त्व की सामान्य-शक्ति प्राप्ति होती है तथा आयु की वृद्धि होती है। साथ ही भाई-बहन के सुख में कमी, पराक्रम के क्षेत्र में कमजोरी तथा शत्रु-पक्ष से परेशानी का अनुभव भी होता है। यहां से गुरु पांचवीं शत्रुदृष्टि से द्वादशभाव को देखता है, अतः खर्च अधिक रहता है तथा बाहरी स्थानों के सम्बन्ध से शक्ति प्राप्त होती है। सातवीं मित्रदृष्टि से द्वितीयभाव को देखने के कारण धन की वृद्धि होती है तथा कुटुम्ब का सुख भी मिलता है। नवीं नीचदृष्टि से चतुर्थभाव को देखने से माता, भूमि एवं मकान आदि के सुख में कमी रहती है तथा परतंत्रता का-सा अनुभव भी होता है।

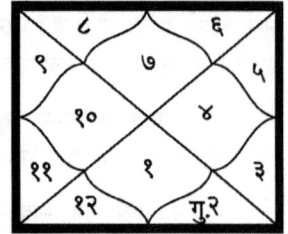

जिस जातक का जन्म 'तुला' लग्न में हुआ हो और जन्म-कुण्डली के 'नवमभाव' में 'गुरु' की स्थिति हो, उसे 'गुरु' का फलादेश नीचे लिखे अनुसार समझना चाहिए—

तुला लग्नः नवमभावः गुरु

नवें त्रिकोण, भाग्य एवं धर्म के भाव में अपने शत्रु बुध की मिथुन राशि पर स्थित गुरु के प्रभाव से जातक के भाग्य एवं धर्म की वृद्धि होती है, साथ ही उसे यश भी प्राप्त होता है। गुरु के षष्ठेश होने के कारण जातक को शत्रु पक्ष अथवा झगड़ों के कारण भाग्योन्नति में कठिनाइयों का सामना करना

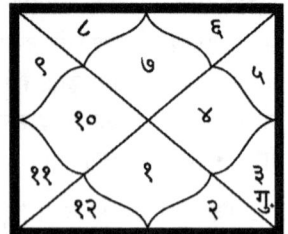

पड़ता है। यहां से गुरु पांचवीं शत्रुदृष्टि से शुक्र की तुला राशि में प्रथमभाव को देखता है, अतः शरीर में कुछ परेशानी रहते हुए भी प्रभाव की वृद्धि होती है। सातवीं दृष्टि से अपनी ही राशि में तृतीयभाव को देखने के कारण भाई-बहन का सुख मिलता है तथा पराक्रम की वृद्धि होती है। पुरुषार्थ के द्वारा भाग्य की उन्नति भी होती है। नवीं समग्रहदृष्टि से पंचमभाव को देखने से संतानपक्ष से कुछ वैमनस्य रहता है तथा परिश्रम द्वारा विद्या, बुद्धि एवं वाणी के क्षेत्र में सफलता प्राप्त होती है और जातक प्रभावशाली होता है।

जिस जातक का जन्म 'तुला ' लग्न में हुआ हो और जन्म-कुण्डली के 'दशमभाव' में 'गुरु' की स्थिति हो, उसे 'गुरु' का फलादेश नीचे लिखे अनुसार समझना चाहिए—

तुला लग्नः दशमभावः गुरु

दसवें केन्द्र, राज्य, पिता एवं व्यवसाय के भाव में अपने मित्र चन्द्र की कर्क राशि पर स्थित उच्च के गुरु के प्रभाव से जातक को राज्य, पिता एवं व्यवसाय के क्षेत्र में सुख, सम्मान तथा सफलता की प्राप्ति होती है। साथ ही भाई-बहन का सुख भी मिलता है। यहां से गुरु पांचवीं मित्रदृष्टि से द्वितीयभाव को देखता है, अतः जातक को कुटुम्ब का सुख मिलता है तथा धन की वृद्धि होती है। सातवीं नीचदृष्टि से चतुर्थभाव को देखने के कारण माता, एवं भूमि-मकान आदि के सुख में कुछ कमी आती है। नवीं दृष्टि से अपनी ही राशि से षष्ठभाव को देखने से शत्रु पक्ष में विजय एवं प्रभाव की प्राप्ति होती है तथा झगड़े-झंझटों से लाभ होता है, परन्तु गुरु के पराक्रमेश होने के कारण भाई-बहनों से मतभेद रहता है।

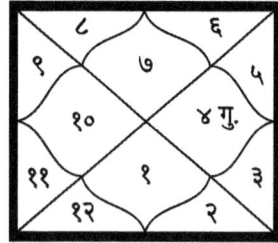

जिस जातक का जन्म 'तुला ' लग्न में हुआ हो और जन्म-कुण्डली के 'एकादशभाव' में 'गुरु' की स्थिति हो, उसे 'गुरु' का फलादेश नीचे लिखे अनुसार समझना चाहिए—

तुला लग्नः एकादशभावः गुरु

ग्यारहवें लाभ भाव में अपने मित्र सूर्य की सिंह राशि पर स्थित गुरु के प्रभाव से जातक परिश्रम द्वारा अपनी आमदनी एवं ऐश्वर्य की वृद्धि करता है और उसे शत्रु-पक्ष से लाभ प्राप्त होता है। यहां से गुरु पांचवीं मित्रदृष्टि से तृतीयभाव को स्वराशि में देखता है, अतः भाई-बहन का सुख मिलता है तथा पराक्रम की वृद्धि होती है। सातवीं समग्रहदृष्टि से पंचमभाव को देखने से संतान तथा विद्या के पक्ष में कुछ कमी रहती है, परन्तु बुद्धि अधिक होती है। नवीं मित्रदृष्टि से सप्तमभाव को देखने के कारण दैनिक व्यवसाय के क्षेत्र में सफलता मिलती है तथा स्त्री पक्ष से भी शक्ति प्राप्त होती है। गुरु के षष्ठेश होने के कारण जातक का भाई-बहनों से कुछ मतभेद बना रहता है तथा लाभ एवं व्यवसाय के पक्ष में भी उसे विशेष परिश्रम करना पड़ता है।

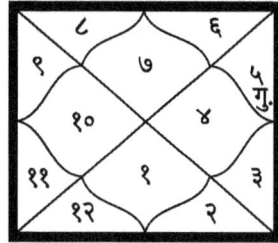

जिस जातक का जन्म 'तुला ' लग्न में हुआ हो और जन्म-कुण्डली के 'द्वादशभाव' में 'गुरु' की स्थिति हो, उसे 'गुरु का फलादेश नीचे लिखे अनुसार समझना चाहिए—

बारहवें व्यय भाव में अपने शत्रु बुध की कन्या राशि पर स्थित गुरु के प्रभाव से जातक का खर्च अधिक होता है तथा बाहरी स्थानों से लाभ एवं शक्ति की प्राप्ति होती है। गुरु के षष्ठेश होने के कारण भाई-बहन के सुख में कुछ कमी आती है तथा पुरुषार्थ पर भी उसका कुछ प्रतिकूल प्रभाव पड़ता है। यहां से गुरु पांचवीं नीचदृष्टि से चतुर्थभाव को देखता है, अतः माता, भूमि एवं मकान के सुख में कुछ कमी आती है। सातवीं दृष्टि से अपनी ही राशि में षष्ठभाव को देखने के कारण जातक गुप्त युक्तियों द्वारा शत्रु पक्ष में सफलता प्राप्त करता है, परन्तु उसे कुछ दबना भी पड़ता है। नवीं दृष्टि से अष्टमभाव को शत्रु शुक्र की वृषभ राशि में देखने से कुछ कठिनाइयों के साथ आयु एवं पुरातत्त्व के क्षेत्र में सामान्य सफलता मिलती है तथा गुरु के षष्ठेश होने के कारण भाई-बहनों से कुछ परेशानी भी रहती है।

तुला लग्नः द्वादशभावः गुरु

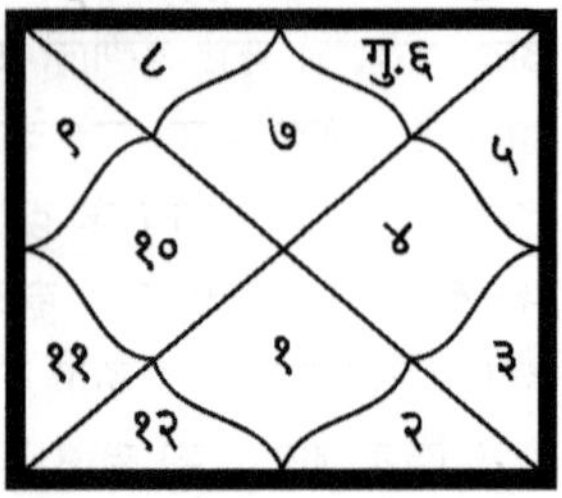

'तुला' लग्न में 'शुक्र' का फल

जिस जातक का जन्म 'तुला ' लग्न में हुआ हो और जन्म-कुण्डली के 'प्रथमभाव' में 'शुक्र' की स्थिति हो, उसे 'शुक्र' का फलादेश नीचे लिखे अनुसार समझना चाहिए—

पहले केन्द्र और शरीर भाव में अपनी ही तुला राशि पर स्थित शुक्र के कारण जातक के आत्म-बल तथा शारीरिक प्रभाव में वृद्धि होती है। साथ ही उसे आयु एवं पुरातत्त्व का लाभ होता है। वह मनस्वी एवं मानी होता है, परन्तु शुक्र के अष्टमेश होने के कारण कभी-कभी शरीर में परेशानी का अनुभव भी करता है। यहां से शुक्र सातवीं दृष्टि से अपने समग्रह मंगल की मेष राशि में सप्तमभाव को देखता है, अतः जातक को स्त्री के सुख में कुछ कमी रहती है तथा व्यावसायिक उन्नति लिए भी कठिन परिश्रम करना पड़ता है।

तुला लग्नः प्रथमभावः शुक्र

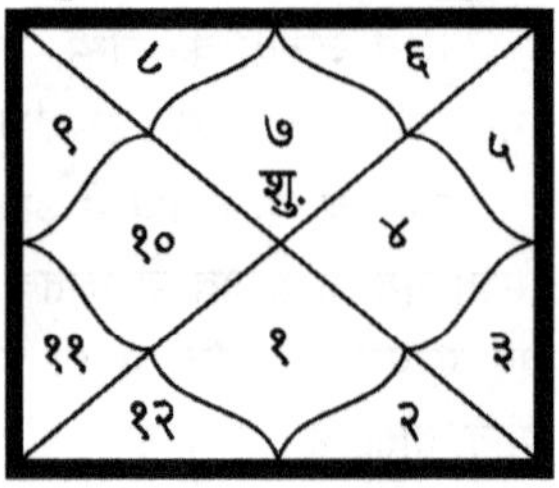

जिस जातक का जन्म 'तुला ' लग्न में हुआ हो और जन्म-कुण्डली के 'द्वितीयभाव' में 'शुक्र' की स्थिति हो, उसे 'शुक्र' का फलादेश नीचे लिखे अनुसार समझना चाहिए—

दूसरे धन तथा कुटुम्ब के भाव में अपने समग्रह मंगल की वृश्चिक राशि पर स्थित शुक्र के प्रभाव से जातक को धन-संचय के लिए विशेष परिश्रम करना पड़ता है तथा कुटुम्ब का सुख प्राप्त होता है। शुक्र के अष्टमेश होने के कारण धन-संचय तथा कुटुम्ब-सुख में कुछ परेशानियां भी आती रहती हैं। यहां से शुक्र सातवीं दृष्टि से अपनी ही वृषभ

तुला लग्नः द्वितीयभावः शुक्र

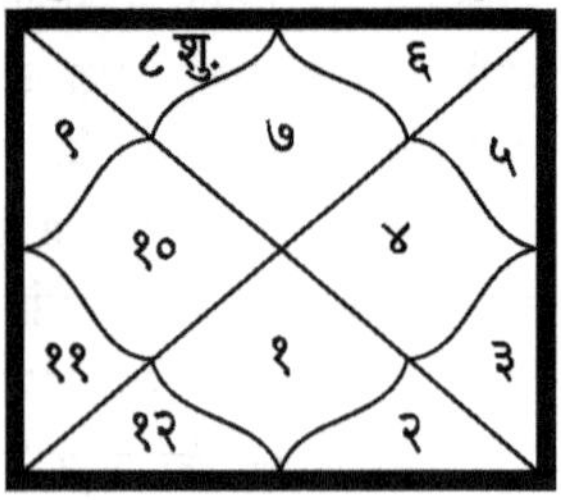

राशि में अष्टमभाव को देखता है, अत: जातक को आयु एवं पुरातत्त्व की शक्ति का लाभ होता है। कुल मिलाकर जातक अमीरी ढंग का जीवन बिताता है तथा प्रतिष्ठा प्राप्त करता है।

जिस जातक का जन्म 'तुला' लग्न में हुआ हो और जन्म-कुण्डली के 'तृतीयभाव' में 'शुक्र' की स्थिति हो, उसे 'शुक्र' का फलादेश नीचे लिखे अनुसार समझना चाहिए—

तुला लग्न: तृतीयभाव: शुक्र

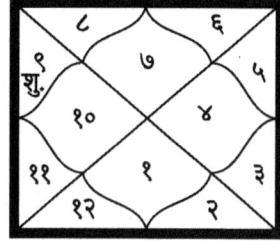

तीसरे भाई-बहन तथा पराक्रम के भाव में अपने समग्रह गुरु की धनु राशि पर स्थित शुक्र के प्रभाव से जातक का भाई-बहनों के साथ कुछ वैमनस्य रहता है, परन्तु पराक्रम की वृद्धि होती है। साथ ही उसे आयु एवं पुरातत्त्व की शक्ति भी प्राप्त होती है। यहां से शुक्र सातवीं मित्रदृष्टि के बुध की मिथुन राशि में नवमभाव को देखता है, अत: जातक को भाग्य एवं धर्म के क्षेत्र में उन्नति तथा सफलता प्राप्त होती है। चातुर्य एवं शारीरिक परिश्रम के द्वारा जातक प्रभावशाली जीवन व्यतीत करता है।

जिस जातक का जन्म 'तुला' लग्न में हुआ हो और जन्म-कुण्डली के 'चतुर्थभाव' में 'शुक्र' की स्थिति हो, उसे 'शुक्र' का फलादेश नीचे लिखे अनुसार समझना चाहिए—

तुला लग्न: चतुर्थभाव: शुक्र

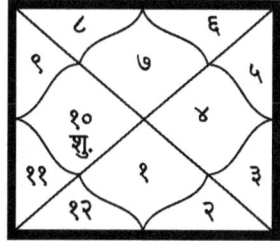

चौथे केन्द्र, माता, सुख एवं भूमि के भाव में अपने मित्र शनि की मकर राशि पर स्थित शुक्र के प्रभाव से जातक को माता, भूमि तथा भाव का सुख तो प्राप्त होता है, परन्तु शुक्र के अष्टमेश होने के कारण उसमें कुछ कमी भी बनी रहती है। जातक को आयु एवं पुरातत्त्व का लाभ होता है। यहां से शुक्र सातवीं शत्रुदृष्टि से चन्द्र की कर्क राशि में दशमभाव को देखता है, अत: जातक को पिता, राज्य एवं व्यवसाय के पक्ष में सुख, सफलता एवं सम्मान की प्राप्ति होती है। वह सुखी जीवन व्यतीत करता है।

जिस जातक का जन्म 'तुला' लग्न में हुआ हो और जन्म-कुण्डली के 'पंचमभाव' में 'शुक्र' की स्थिति हो, उसे 'शुक्र' का फलादेश नीचे लिखे अनुसार समझना चाहिए—

तुला लग्न: पंचमभाव: शुक्र

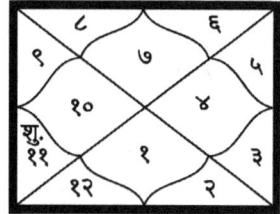

पांचवें त्रिकोण, विद्या, बुद्धि एवं संतान के भाव में अपने मित्र शनि की कुम्भ राशि पर स्थित शुक्र के प्रभाव से जातक को वाक्चातुर्य, बुद्धि एवं विद्या के क्षेत्र में सफलता प्राप्त होती है, परन्तु शुक्र के अष्टमेश होने के कारण संतान के पक्ष में कुछ कमी बनी रहती है। उसे आयु तथा पुरातत्त्व का श्रेष्ठ लाभ होता है। यहां से शुक्र सातवीं शत्रुदृष्टि से सूर्य की सिंह राशि में एकादशभाव को देखता है, अत: जातक को लाभ के क्षेत्र में सफलता मिलती है साथ ही वह बुद्धिमान भी होता है।

जिस जातक का जन्म 'तुला' लग्न में हुआ हो और जन्म-कुण्डली के 'षष्ठभाव' में 'शुक्र' की स्थिति हो, उसे 'शुक्र' का फलादेश नीचे लिखे अनुसार समझना चाहिए—

तुला लग्नः षष्ठभावः शुक्र

छठे शत्रु, रोग एवं पीड़ा के भाव में अपने समग्रह गुरु की मीन राशि पर स्थित उच्च के शुक्र के प्रभाव से जातक शत्रु-पक्ष में अपना विशेष प्रभाव रखता है तथा बड़ी-बड़ी कठिनाइयों पर विजय प्राप्त करता है। उसे आयु एवं पुरातत्त्व की शक्ति का भी सामान्य लाभ होता है। यहां से शुक्र सातवीं नीचदृष्टि से अपने मित्र बुध की कन्या राशि में द्वादशभाव को देखता है, अत: जातक को खर्च के मामलों में परेशानी उठानी पड़ती है तथा बाहरी स्थानों से भी कुछ कष्ट होता है। सामान्यत: ऐसी ग्रह स्थिति वाला जातक शान-शौकत का जीवन व्यतीत करता है।

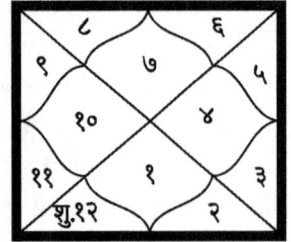

जिस जातक का जन्म 'तुला' लग्न में हुआ हो और जन्म-कुण्डली के 'सप्तमभाव' में 'शुक्र' की स्थिति हो, उसे 'शुक्र' का फलादेश नीचे लिखे अनुसार समझना चाहिए—

तुला लग्नः सप्तमभावः शुक्र

सातवें केन्द्र, स्त्री तथा व्यवसाय के भाव में अपने समग्रह मंगल की मेष राशि पर स्थित अष्टमेश शुक्र के प्रभाव से जातक को स्त्री के पक्ष में कुछ कठिनाइयां रहते हुए भी उससे शक्ति प्राप्त होती है तथा शारीरिक परिश्रम द्वारा दैनिक व्यवसाय के क्षेत्र में सफलता मिलती है। आयु तथा पुरातत्त्व की शक्ति का भी लाभ होता है। यहां से शुक्र सातवीं दृष्टि से अपनी ही तुला राशि में प्रथमभाव को देखता है, अत: जातक को शारीरिक-सौंदर्य, आत्म-बल तथा प्रभाव की प्राप्ति भी होती है।

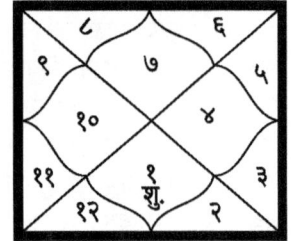

जिस जातक का जन्म 'तुला' लग्न में हुआ हो और जन्म-कुण्डली के 'अष्टमभाव' में 'शुक्र' की स्थिति हो, उसे 'शुक्र' का फलादेश नीचे लिखे अनुसार समझना चाहिए—

तुला लग्नः अष्टमभावः शुक्र

आठवें आयु तथा पुरातत्त्व के भाव में अपनी ही वृषभ राशि पर स्थित स्वक्षेत्री शुक्र के प्रभाव से जातक को आयु तथा पुरातत्त्व की शक्ति प्राप्त होती है, परन्तु शुक्र के अष्टमेश होने के कारण जातक के शारीरिक- सौंदर्य एवं स्वास्थ्य में कुछ कमी आती है। उसका जीवन शान के साथ व्यतीत होता है। यहां से शुक्र सातवीं समग्रह दृष्टि से मंगल की वृश्चिक राशि में द्वितीयभाव को देखता है, इस कारण जातक को धन-वृद्धि के लिए चतुराई का आश्रय लेना पड़ता है तथा कुटुम्बीजनों से कुछ वैमनस्य बना रहता है।

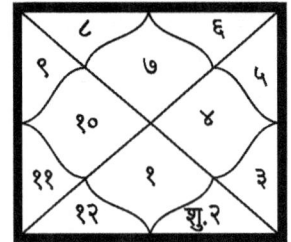

जिस जातक का जन्म 'तुला' लग्न में हुआ हो और जन्म-कुण्डली के 'नवमभाव' में 'शुक्र' की स्थिति हो, उसे 'शुक्र' का फलादेश नीचे लिखे अनुसार समझना चाहिए—

नवें त्रिकोण, भाग्य एवं धर्म के भाव में अपने मित्र बुध की मिथुन राशि पर स्थित अष्टमेश शुक्र के प्रभाव से जातक के भाग्य एवं धर्म की कुछ कमी के साथ उन्नति होती है। ऐसा जातक भाग्य पर अधिक निर्भर रहता है। उसे आयु तथा पुरातत्त्व की शक्ति और शारीरिक-सौंदर्य एवं शील की उपलब्धि भी होती है। यहां से शुक्र अपनी सातवीं दृष्टि से समग्रह गुरु की धनु राशि में तृतीयभाव को देखता है अत: जातक के पराक्रम में तो वृद्धि होती है, परन्तु भाई-बहनों से सामान्य मतभेद बना रहता है।

तुला लग्न: नवमभाव: शुक्र

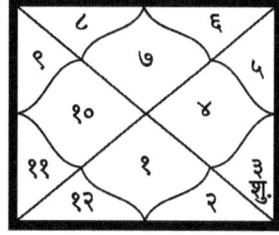

जिस जातक का जन्म 'तुला' लग्न में हुआ हो और जन्म-कुण्डली के 'दशमभाव' में 'शुक्र' की स्थिति हो, उसे 'शुक्र' का फलादेश नीचे लिखे अनुसार समझना चाहिए—

दसवें केन्द्र, पिता, राज्य एवं व्यवसाय के भाव में अपने शत्रु चन्द्र की कर्क राशि पर स्थित अष्टमेश शुक्र के प्रभाव से जातक को पिता, राज्य तथा व्यवसाय के पक्ष में कुछ कठिनाइयों के साथ सफलता प्राप्त होती है। उसे शारीरिक-शक्ति, प्रभाव एवं आयु की शक्ति मिलती है। शारीरिक परिश्रम तथा चातुर्य के द्वारा उसे विशेष सफलता मिलती है। यहां से शुक्र अपनी सातवीं मित्रदृष्टि से शनि की मकर राशि में चतुर्थभाव को देखता है, अत: जातक को माता, भूमि एवं मकान आदि का सुख भी प्राप्त होता है।

तुला लग्न: दशमभाव: शुक्र

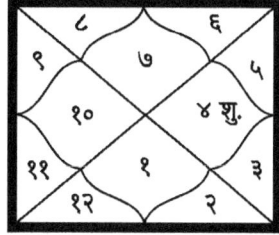

जिस जातक का जन्म 'तुला' लग्न में हुआ हो और जन्म-कुण्डली के 'एकादशभाव' में 'शुक्र' की स्थिति हो, उसे 'शुक्र' का फलादेश नीचे लिखे अनुसार समझना चाहिए—

ग्यारहवें लाभ भाव में अपने शत्रु सूर्य की सिंह राशि पर स्थित शुक्र के प्रभाव से जातक को शारीरिक परिश्रम एवं चातुर्य के द्वारा आमदनी के क्षेत्र में सफलता मिलती है। साथ ही उसे आयु एवं पुरातत्त्व की शक्ति भी प्राप्त होती है। उसका जीवन सामान्यत: आनंदमय व्यतीत होता है। यहां से शुक्र अपनी सातवीं मित्रदृष्टि से शनि की कुम्भ राशि में पंचमभाव को देखता है, अत: जातक को विद्या के क्षेत्र में सफलता मिलती है, वाणी की शक्ति में वृद्धि होती है, परन्तु संतानपक्ष में कुछ कठिनाइयों के साथ सफलता प्राप्त होती है।

तुला लग्न: एकादशभाव: शुक्र

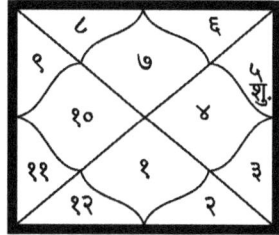

जिस जातक का जन्म 'तुला' लग्न में हुआ हो और जन्म-कुण्डली के 'द्वादशभाव' में 'शुक्र' की स्थिति हो, उसे 'शुक्र' का फलादेश नीचे लिखे अनुसार समझना चाहिए—

बारहवें व्यय भाव में अपने मित्र बुध की कन्या राशि पर स्थित नीच के शुक्र के प्रभाव से जातक को खर्च के मामले में कठिनाइयां उठानी पड़ती हैं तथा बाहरी स्थानों के सम्बन्ध में भी परेशानियां आती हैं। इसके साथ ही आयु तथा पुरातत्त्व के क्षेत्र में कुछ हानि एवं शारीरिक क्षेत्र में दुर्बलता प्राप्त होती है। यहां से शुक्र अपनी सातवीं उच्च-दृष्टि से गुरु की मीन राशि में षष्ठभाव को देखता है, अत: जातक शत्रु पक्ष में विशेष प्रभाव रखता है तथा झगड़े-झंझट के मामलों में हिम्मत और चतुराई से सफलता प्राप्त करता है।

तुला लग्न: द्वादशभाव: शुक्र

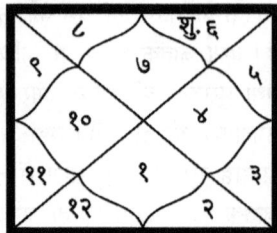

'तुला' लग्न में 'शनि' का फल

जिस जातक का जन्म 'तुला' लग्न में हुआ हो और जन्म-कुण्डली के 'प्रथमभाव' में 'शनि' की स्थिति हो, उसे 'शनि' का फलादेश नीचे लिखे अनुसार समझना चाहिए—

पहले केन्द्र तथा शरीर भाव में अपने मित्र शुक्र की तुला राशि पर स्थित उच्च के शनि के प्रभाव से जातक का शरीर स्थूल एवं प्रभावशाली होता है। उसे माता, भूमि तथा मकान का श्रेष्ठ सुख मिलता है। संतानपक्ष भी प्रबल रहता है एवं विद्या के क्षेत्र में भी उन्नति होती है। यहां से शनि तीसरी समग्रहदृष्टि से तृतीयभाव को देखता है, अत: भाई-बहन के सम्बन्धों में कुछ वैमनस्य रहता है तथा पराक्रम के क्षेत्र में विशेष परिश्रम करने पर ही सफलता मिलती है। सातवीं नीचदृष्टि से सप्तमभाव को देखने के कारण स्त्री से कुछ मतभेद रहता है तथा व्यवसाय के क्षेत्र में कठिनाइयां आती हैं। दसवीं शत्रुदृष्टि से दशमभाव को देखने के कारण पिता के सुख में कुछ कमी रहती है, राज्य के क्षेत्र में सम्मान मिलता है तथा व्यवसाय के क्षेत्र में सफलता प्राप्त होती है।

तुला लग्न: प्रथमभाव: शनि

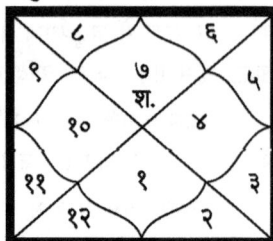

जिस जातक का जन्म 'तुला' लग्न में हुआ हो और जन्म-कुण्डली के 'द्वितीयभाव' में 'शनि' की स्थिति हो, उसे 'शनि' का फलादेश नीचे लिखे अनुसार समझना चाहिए—

दूसरे धन एवं कुटुम्ब के भाव में अपने शत्रु मंगल की वृश्चिक राशि पर स्थित शनि के प्रभाव से जातक को धन-संचय में कठिनाइयों के साथ सफलता मिलती है तथा कुटुम्बीजनों से कुछ मतभेद बना रहता है। साथ ही संतानपक्ष में कुछ कमी आती है तथा विद्या की शक्ति प्राप्त होती है। तीसरी दृष्टि से स्वराशि में चतुर्थभाव को देखने के कारण माता, भूमि एवं मकान का सुख भी प्राप्त होता है। सातवीं मित्रदृष्टि से शुक्र की राशि वृष को देखने के कारण माता, भूमि एवं मकान का सुख प्राप्त होता है। सातवीं मित्रदृष्टि से अष्टमभाव को देखने से आयु एवं पुरातत्त्व का लाभ होता है तथा दसवीं शत्रुदृष्टि से एकादशभाव को देखने के कारण आमदनी के क्षेत्र में कुछ कठिनाइयों के साथ सफलता मिलती है तथा लाभ प्राप्ति के लिए बुद्धि का विशेष उपयोग करना पड़ता है।

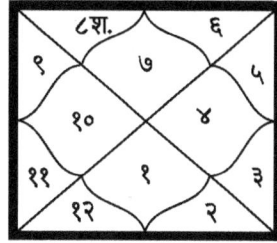

तुला लग्नः द्वितीयभावः शनि

जिस जातक का जन्म 'तुला' लग्न में हुआ हो और जन्म-कुण्डली के 'तृतीयभाव' में 'शनि' की स्थिति हो, उसे 'शनि' का फलादेश नीचे लिखे अनुसार समझना चाहिए—

तीसरे भाई-बहन एवं पराक्रम के भाव में अपने समग्रह गुरु की धनुराशि पर स्थित शनि के प्रभाव से जातक के पराक्रम में विशेष वृद्धि होती है तथा भाई-बहन की शक्ति प्राप्त होते हुए भी उनसे वैमनस्य बना रहता है। उसे माता के द्वारा भी शक्ति प्राप्त होती है। यहां से शनि तीसरी दृष्टि से अपनी ही राशि में पंचमभाव को देखता है, अतः जातक को विद्या और संतान की शक्ति यथेष्ट प्राप्त होती है, परन्तु उसकी वाणी में उत्तेजना रहती है और संतान से सुख प्राप्त होते हुए भी कुछ मतभेद बना रहता है। यहां से शनि सातवीं मित्रदृष्टि से नवमभाव को देखता है, अतः बुद्धि-योग से जातक के भाग्य की उन्नति होती है तथा धर्म में रुचि बनी रहती है। दसवीं मित्रदृष्टि से द्वादशभाव को देखने के कारण खर्च अधिक रहता है तथा बाहरी स्थानों के सम्बन्ध से शक्ति प्राप्त होती है।

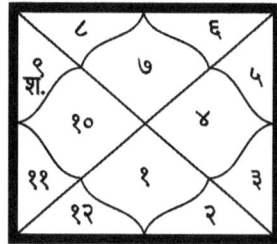

तुला लग्नः तृतीयभावः शनि

जिस जातक का जन्म 'तुला' लग्न में हुआ हो और जन्म-कुण्डली के 'चतुर्थभाव' में 'शनि' की स्थिति हो, उसे 'शनि' का फलादेश नीचे लिखे अनुसार समझना चाहिए—

चौथे केन्द्र, माता, भूमि एवं भवन के भाव में अपनी ही मकर राशि पर स्थित स्वक्षेत्री शनि के प्रभाव से जातक को माता, भूमि एवं मकान का श्रेष्ठ सुख प्राप्त होता है। उसे संतान एवं विद्या के क्षेत्र में भी सफलता मिलती है। यहां से शनि तीसरी समग्रहदृष्टि से षष्ठभाव को देखता है, अतः जातक शत्रु पक्ष में विशेष प्रभाव रखता है। सातवीं शत्रुदृष्टि

तुला लग्नः चतुर्थभावः शनि

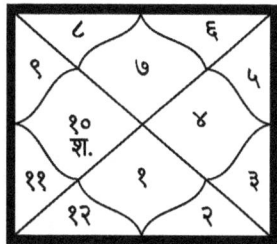

से दशमभाव को देखने के कारण पिता से मतभेद रखते हुए भी सुख प्राप्त होता है तथा राज्य से सम्मान एवं व्यवसाय में सफलता की प्राप्ति होती है। दसवीं उच्चदृष्टि से प्रथमभाव को देखने से शारीरिक-सौंदर्य एवं स्वास्थ्य की प्राप्ति होती है और जातक बड़ा मानी, प्रभावशाली, सुखी तथा यशस्वी होता है।

जिस जातक का जन्म 'तुला' लग्न में हुआ हो और जन्म-कुण्डली के 'पंचमभाव' में 'शनि' की स्थिति हो, उसे 'शनि' का फलादेश नीचे लिखे अनुसार समझना चाहिए—

तुला लग्नः पंचमभावः शनि

पांचवें त्रिकोण, विद्या-बुद्धि एवं संतान के भाव में अपनी ही कुम्भ राशि पर स्थित शनि के प्रभाव से जातक को संतान, विद्या एवं बुद्धि के क्षेत्र में सफलता प्राप्त होती है। उसे माता, भूमि एवं मकान का सुख भी मिलता है। यहां से शनि तीसरी नीचदृष्टि से सप्तमभाव को देखता है, अतः स्त्री से मतभेद एवं दैनिक व्यवसाय के मार्ग में कठिनाइयां बनी रहती हैं। विषय-भोगादि के पक्ष में भी कमी रहती है। सातवीं शत्रुदृष्टि से एकादशभाव को देखने के कारण आमदनी के मार्ग में कठिनाइयों के साथ सफलता मिलती है। दसवीं शत्रुदृष्टि से द्वितीयभाव को देखने से धन-संचय में कुछ कठिनाइयां आती हैं तथा कुटुम्ब से भी मतभेद बना रहता है, परन्तु ऐसा व्यक्ति सदैव प्रसन्न रहने वाला तथा मनमौजी होता है।

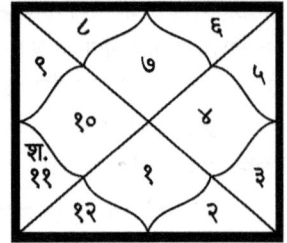

जिस जातक का जन्म 'तुला' लग्न में हुआ हो और जन्म-कुण्डली के 'षष्ठभाव' में 'शनि' की स्थिति हो, उसे 'शनि' का फलादेश नीचे लिखे अनुसार समझना चाहिए—

तुला लग्नः षष्ठभावः शनि

छठे शत्रु एवं झंझट के भाव में अपने समग्रह गुरु की मीन राशि पर स्थित शनि के प्रभाव से जातक शत्रु पक्ष में अपनी बुद्धि के द्वारा सफलता प्राप्त करता है। साथ ही उसे माता, भूमि, संतान एवं विद्या के क्षेत्र में भी कुछ कठिनाइयों के साथ सफलता मिलती है। यहां से शनि तीसरी मित्रदृष्टि से अष्टमभाव को देखता है, अतः जातक को आयु एवं पुरातत्त्व की शक्ति प्राप्त होती है। सातवीं मित्रदृष्टि से द्वादशभाव को देखने के कारण खर्च अधिक रहता है तथा बाहरी स्थानों के संपर्क से लाभ नहीं होता है। दसवीं समग्रहदृष्टि से तृतीयभाव को देखने से भाई-बहनों से कुछ वैमनस्य रहता है, परन्तु पुरुषार्थ में वृद्धि होती है।

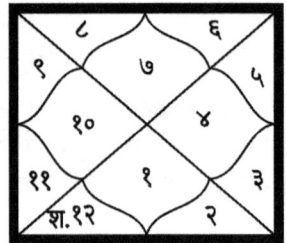

जिस जातक का जन्म 'तुला' लग्न में हुआ हो और जन्म-कुण्डली के 'सप्तमभाव' में 'शनि' की स्थिति हो, उसे 'शनि' का फलादेश नीचे लिखे अनुसार समझना चाहिए—

तुला लग्नः सप्तमभावः शनि

सातवें केन्द्र, स्त्री तथा व्यवसाय के भाव में अपने शत्रु मंगल की मेष राशि पर स्थित नीच के शनि के प्रभाव से जातक को स्त्री, गृहस्थी एवं व्यवसाय के क्षेत्र में अशांति एवं कठिनाइयों का सामना करना पड़ता है। साथ ही विद्या व संतान के पक्ष में भी कुछ कमजोरी रहती है। यहां से शनि तीसरी मित्रदृष्टि से नवमभाव को देखता है, अतः जातक बुद्धि-योग से भाग्य की वृद्धि तथा धर्म का पालन करता है। सातवीं उच्चदृष्टि से प्रथमभाव को देखने के कारण शरीर का कद लंबा होता है तथा शारीरिक-सुख की प्राप्ति भी होती है। दसवीं दृष्टि से चतुर्थभाव को अपनी ही मकर राशि में देखने के कारण माता के पक्ष से कुछ शक्ति मिलती है तथा कठिन परिश्रम द्वारा कुछ कमी के साथ घरेलू सुख भी प्राप्त होता है, फिर भी मस्तिष्क में चिन्ताओं का निवास बना रहता है।

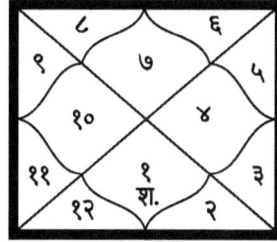

जिस जातक का जन्म 'तुला' लग्न में हुआ हो और जन्म-कुण्डली के 'अष्टमभाव' में 'शनि' की स्थिति हो, उसे 'शनि' का फलादेश नीचे लिखे अनुसार समझना चाहिए—

तुला लग्नः अष्टमभावः शनि

आठवें आयु एवं पुरातत्त्व के भाव में अपने मित्र शुक्र की वृषभराशि पर स्थित शनि के प्रभाव से जातक की आयु बड़ी होती है तथा पुरातत्त्व का लाभ होता है। उसके माता, भूमि एवं मकान आदि के सुख में कमी आती है तथा विद्या एवं संतान के पक्ष में भी कष्ट एवं त्रुटियों का सामना करना पड़ता है। यहां से शनि तीसरी शत्रुदृष्टि से दशमभाव को देखता है, अतः पिता, राज्य एवं व्यवसाय के पक्ष में कष्ट, वैमनस्य एवं कठिनाइयों का सामना करना पड़ता है। सातवीं शत्रुदृष्टि से द्वितीयभाव को देखने से धन-संचय में कमी रहती है तथा कौटुम्बिक सुख में व्यवधान पड़ता है। दसवीं दृष्टि से पंचमभाव को स्वराशि में देखने के कारण विद्या एवं संतान की सामान्य शक्ति प्राप्त होती है, परन्तु ऐसे जातक के मस्तिष्क में परेशानियां घर किए रहती हैं।

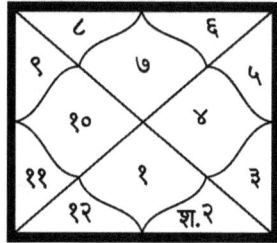

जिस जातक का जन्म 'तुला' लग्न में हुआ हो और जन्म-कुण्डली के 'नवमभाव' में 'शनि' की स्थिति हो, उसे 'शनि' का फलादेश नीचे लिखे अनुसार समझना चाहिए—

तुला लग्नः नवमभावः शनि

नवें त्रिकोण, भाग्य एवं धर्म के भाव में अपने मित्र बुध की मिथुनराशि पर स्थित शनि के प्रभाव से जातक अपनी बुद्धि द्वारा भाग्य की उन्नति तथा धर्म का पालन करता है। वह विद्या एवं संतान के पक्ष में भी सफलता प्राप्त करता है। उसे माता, भूमि एवं मकान का सुख भी मिलता है। यहां

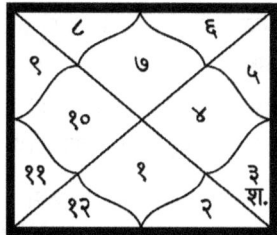

से शनि तीसरी शत्रुदृष्टि से एकादशभाव को देखता है, अतः जातक की आमदनी के मार्ग में रुकावटें आती हैं। सातवीं समग्रहदृष्टि से तृतीयभाव को देखने के कारण भाई-बहनों से मतभेद रहता है तथा परिश्रम द्वारा पुरुषार्थ की वृद्धि होती है। दसवीं समग्रहदृष्टि से षष्ठभाव को देखने से शत्रु पक्ष से वैमनस्य रहता है तथा बुद्धि-बल से शत्रुओं पर विजय प्राप्त होती है। ऐसा जातक अपनी बुद्धि के प्रयोग से भाग्य की उन्नति करता है तथा आनंद का उपयोग करता है।

जिस जातक का जन्म 'तुला' लग्न में हुआ हो और जन्म-कुण्डली के 'दशमभाव' में 'शनि' की स्थिति हो, उसे 'शनि' का फलादेश नीचे लिखे अनुसार समझना चाहिए—

तुला लग्नः दशमभावः शनि

दसवें केन्द्र, पिता, राज्य एवं व्यवसाय के भाव में अपने शत्रु चन्द्र की कर्क राशि पर स्थित शनि के प्रभाव से जातक को पिता, राज्य एवं व्यवसाय के पक्ष में सामान्य सफलता प्राप्त होता है। वह विद्वान होता है, परन्तु संतान के साथ उसका मतभेद बना रहता है। यहां से शनि तीसरी मित्रदृष्टि से द्वादशभाव को देखता है, अतः जातक खूब खर्चीला होता है और उसे बाहरी स्थानों के सम्बन्धों से शक्ति प्राप्त होता है। सातवीं दृष्टि से अपनी ही मकर राशि के चतुर्थभाव में देखने के कारण माता, भूमि एवं मकान आदि का सुख प्राप्त होता है। दसवीं नीचदृष्टि से सप्तमभाव को देखने से स्त्री के सुख में कमी रहती है तथा व्यवसाय के क्षेत्र में कठिनाइयां आती रहती है।

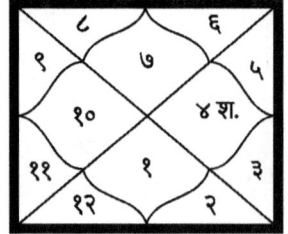

जिस जातक का जन्म 'तुला' लग्न में हुआ हो और जन्म-कुण्डली के 'एकादशभाव' में 'शनि' की स्थिति हो, उसे 'शनि' का फलादेश नीचे लिखे अनुसार समझना चाहिए—

तुला लग्नः एकादशभावः शनि

ग्यारहवें लाभ भाव में अपने शत्रु सूर्य की सिंह राशि पर स्थित शनि के प्रभाव से जातक को कुछ कठिनाइयों के साथ श्रेष्ठ लाभ प्राप्त होता है। साथ ही माता, भूमि एवं मकान आदि का सुख मिलता है। तीसरी उच्चदृष्टि से अपने मित्र शुक्र की तुला राशि में प्रथमभाव को देखने के कारण शारीरिक-शक्ति एवं प्रभाव की वृद्धि होती है। सातवीं दृष्टि से अपनी ही कुम्भ राशि में पंचमभाव को देखने से विद्या, बुद्धि एवं संतान की शक्ति प्राप्त होती है। दसवीं मित्रदृष्टि से अष्टमभाव को देखने से आयु की शक्ति में वृद्धि होती है तथा पुरातत्त्व का लाभ होता है। ऐसा व्यक्ति विशेष स्वार्थी होता है। वह लापरवाह, मस्तमौला तथा चिंतित स्वभाव का भी होता है।

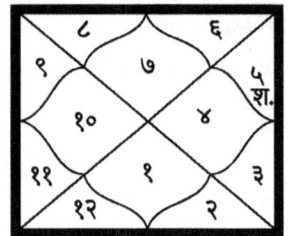

जिस जातक का जन्म 'तुला' लग्न में हुआ हो और जन्म-कुण्डली के 'द्वादशभाव' में 'शनि' की स्थिति हो, उसे 'शनि' का फलादेश नीचे लिखे अनुसार समझना चाहिए—

बारहवें व्यय भाव में अपने मित्र बुध की कन्या राशि पर स्थित शनि के प्रभाव से जातक का खर्च अधिक रहता है तथा उसे बाहरी स्थानों के सम्बन्ध से शक्ति प्राप्त होती है, परन्तु माता, भूमि एवं मकान आदि के सुख में कमी आती है। यहां से तीसरी शत्रुदृष्टि से द्वितीयभाव को देखता है, अत: धन-संचय में कमी आती है तथा कुटुम्ब से मतभेद रहता है। सातवीं समग्रहदृष्टि से षष्ठभाव को देखने के कारण शत्रु पक्ष में सामान्य प्रभाव रहता है। दसवीं मित्रदृष्टि से नवमभाव को देखने से जातक के भाग्य की वृद्धि होती है तथा धर्म के मामलों में रुचि बनी रहती है। ऐसे जातक की बुद्धि एवं वाणी में कुछ भम्र-सा भी बना रहता है।

तुला लग्न: द्वादशभाव: शनि

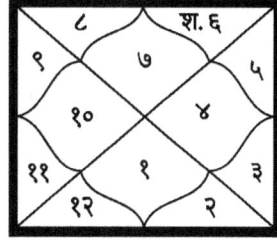

'तुला' लग्न में 'राहु' का फल

जिस जातक का जन्म 'तुला' लग्न में हुआ हो और जन्म-कुण्डली के 'प्रथमभाव' में 'राहु' की स्थिति हो, उसे 'राहु' का फलादेश नीचे लिखे अनुसार समझना चाहिए—

पहले केन्द्र एवं शरीर भाव में अपने मित्र शुक्र की तुला राशि पर स्थित राहु के प्रभाव से जातक के शरीर मे दुर्बलता एवं परेशानी बनी रहती है। उसे अपनी उन्नति के लिए गुप्त चातुर्य का आश्रय लेना पड़ता है। दिखावटी रूप में वह अपना प्रभाव प्रदर्शित करता है, परन्तु भीतरी रूप में परेशान रहता है। वह अपनी उन्नति के लिए कठिन परिश्रम करता है। कभी-कभी उसकी उन्नति के मार्ग में विशेष कठिनाइयां आती हैं, फिर भी वह अपनी सूझ-बूझ एवं गुप्त युक्तियों के बल पर संकटों पर विजय प्राप्त करने में सफल हो जाता है।

तुला लग्न: प्रथमभाव: राहु

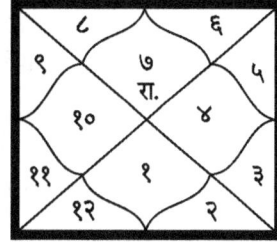

जिस जातक का जन्म 'तुला' लग्न में हुआ हो और जन्म-कुण्डली के 'द्वितीयभाव' में 'राहु' की स्थिति हो, उसे 'राहु' का फलादेश नीचे लिखे अनुसार समझना चाहिए—

दूसरे धन-कुटुम्ब के भाव में अपने शत्रु मंगल की वृश्चिक राशि पर स्थित राहु के प्रभाव से जातक को धन-संचय के क्षेत्र में कठिनाइयों का सामना करना पड़ता है और कभी-कभी घोर आर्थिक संकटों का सामना भी करना पड़ता है। किसी-किसी समय उसे कहीं से आकस्मिक रूप में भी धन प्राप्त हो जाता है। वह गुप्त युक्तियों का आश्रय लेकर किसी-न-किसी प्रकार अपना काम चलाता है। ऐसे जातक को अपने कुटुम्ब के द्वारा भी क्लेश प्राप्त होता है।

तुला लग्न: द्वितीयभाव: राहु

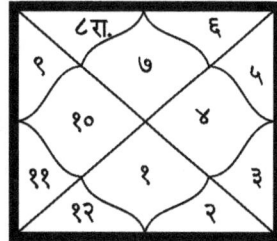

जिस जातक का जन्म 'तुला' लग्न में हुआ हो और जन्म-कुण्डली के 'तृतीयभाव' में 'राहु' की स्थिति हो, उसे 'राहु' का फलादेश नीचे लिखे अनुसार समझना चाहिए—

तीसरे भाई-बहन एवं पराक्रम के भाव में अपने समग्रह गुरु की धनु राशि पर स्थित राहु के प्रभाव से जातक को पराक्रम के क्षेत्र में कमजोरी बनी रहती है तथा भाई-बहनों के सम्बन्ध से भी कष्ट प्राप्त होता है। ऐसा व्यक्ति अपनी उन्नति एवं पुरुषार्थ की वृद्धि के लिए गुप्त युक्तियों का आश्रय लेता है तथा अनुचित मार्ग पर चलने से भी नहीं चूकता। उसे अपने जीवन में कभी-कभी घोर संकटों का सामना करना पड़ता है, परन्तु धैर्य, गुप्त युक्ति एवं चातुर्य के बल पर वह उन पर विजय प्राप्त कर लेता है।

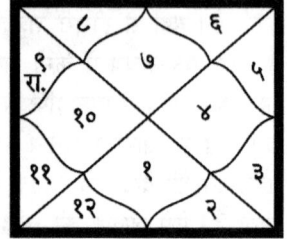

तुला लग्न: तृतीयभाव: राहु

जिस जातक का जन्म 'तुला' लग्न में हुआ हो और जन्म-कुण्डली के 'चतुर्थभाव' में 'राहु' की स्थिति हो, उसे 'राहु' का फलादेश नीचे लिखे अनुसार समझना चाहिए—

चौथे केन्द्र, माता एवं भूमि के भाव में अपने मित्र शनि की मकर राशि पर स्थित राहु के प्रभाव से जातक को माता, भूमि एवं मकान आदि के सुख में कमी का अनुभव होता है, परन्तु शनि की राशि पर स्थित होने के कारण, वह गुप्त युक्ति, हिम्मत एवं दृढ़ता के बल पर संकटों का सामना करते हुए सफलता प्राप्त करता है और सामान्य रूप से सुखी भी होता है। ऐसे जातक का जीवन संघर्षपूर्ण बना रहता है।

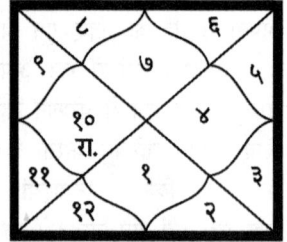

तुला लग्न: चतुर्थभाव: राहु

जिस जातक का जन्म 'तुला' लग्न में हुआ हो और जन्म-कुण्डली के 'पंचमभाव' में 'राहु' की स्थिति हो, उसे 'राहु' का फलादेश नीचे लिखे अनुसार समझना चाहिए—

पांचवें त्रिकोण, विद्या एवं संतान के भाव में अपने मित्र शनि की कुम्भ राशि पर स्थित राहु के प्रभाव से जातक को संतानपक्ष से कष्ट प्राप्त होता है तथा विद्याध्ययन में भी कठिनाइयों का सामना करना पड़ता है। ऐसे व्यक्ति का मस्तिष्क कुछ-न-कुछ परेशान बना रहता है। वह सदैव चिंतित बना रहता है तथा अपना स्वार्थ सिद्ध करने के लिए सत्य-असत्य की परवाह नहीं करता। ऐसा जातक अपने शब्दों पर दृढ़ता प्रदर्शित करता है और गुप्त युक्तियों से काम लेता है।

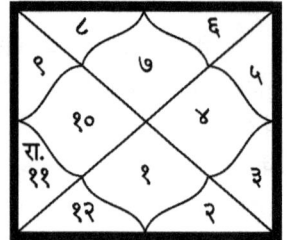

तुला लग्न: पंचमभाव: राहु

जिस जातक का जन्म 'तुला' लग्न में हुआ हो और जन्म-कुण्डली के 'षष्ठभाव' में 'राहु' की स्थिति हो, उसे 'राहु' का फलादेश नीचे लिखे अनुसार समझना चाहिए—

छठे शत्रु एवं झगड़े के भाव में अपने समग्रह गुरु की मीन राशि पर स्थित राहु के प्रभाव से जातक को शत्रु पक्ष से परेशानियां तो उठानी पड़ती हैं, परन्तु वह उन पर विजय प्राप्त कर लेता है और अपना प्रभाव स्थापित करता है। ऐसा व्यक्ति बड़ा हिम्मती तथा बहादुर होता है और गुप्त युक्तियों के बल पर शत्रु, झंझट एवं विपक्षियों पर सफलता पाता रहता है।

तुला लग्न: षष्ठभाव: राहु

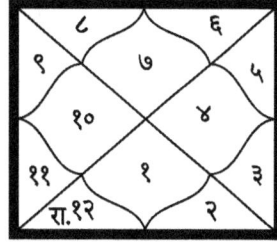

जिस जातक का जन्म 'तुला' लग्न में हुआ हो और जन्म-कुण्डली के 'सप्तमभाव' में 'राहु' की स्थिति हो, उसे 'राहु' का फलादेश नीचे लिखे अनुसार समझना चाहिए—

सातवें केन्द्र, स्त्री तथा व्यवसाय के भाव में अपने शत्रु मंगल की मेष राशि पर स्थित राहु के प्रभाव से जातक को स्त्री पक्ष से संकटों का सामना करना पड़ता है तथा दैनिक व्यवसाय के क्षेत्र में कठिनाइयां उठानी पड़ती हैं, परन्तु गुप्त युक्ति, धैर्य एवं हिम्मत के बल पर वह उन पर विजय प्राप्त करता है। व्यवसाय के क्षेत्र में कभी-कभी महान संकट के अवसर उपस्थित होते हैं, परन्तु कठिन संघर्ष के बाद वह उन पर विजय प्राप्त कर लेता है। इसी प्रकार स्त्री पक्ष में भी कठिनाइयों के बाद कुछ सफलता पाता है।

तुला लग्न: सप्तमभाव: राहु

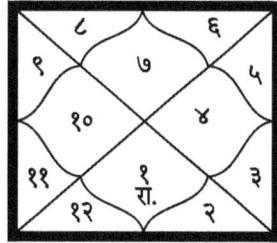

जिस जातक का जन्म 'तुला' लग्न में हुआ हो और जन्म-कुण्डली के 'अष्टमभाव' में 'राहु' की स्थिति हो, उसे 'राहु' का फलादेश नीचे लिखे अनुसार समझना चाहिए—

आठवें आयु एवं पुरातत्त्व के भाव में अपने मित्र शुक्र की वृषभ राशि पर स्थित राहु के प्रभाव से जातक को अपनी आयु के पक्ष में बड़े संकटों का सामना करना पड़ता है तथा कभी-कभी प्राणों पर भी नौबत बन आती है, परन्तु मृत्यु नहीं होती। इसके साथ ही जातक को पुरातत्त्व की हानि भी होती है। उसे अपने दैनिक जीवन में चिन्ता, परेशानी संघर्ष एवं झंझटों का सामना करना पड़ता है।

तुला लग्न: अष्टमभाव: राहु

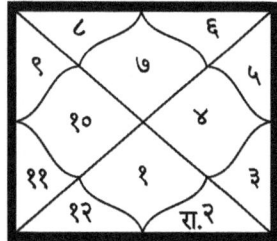

जिस जातक का जन्म 'तुला' लग्न में हुआ हो और जन्म-कुण्डली के 'नवमभाव' में 'राहु' की स्थिति हो, उसे 'राहु' का फलादेश नीचे लिखे अनुसार समझना चाहिए—

नवें त्रिकोण, भाग्य एवं धर्म के भाव में अपने समग्रह बुध की मिथुन राशि पर स्थित उच्च के राहु के प्रभाव से जातक गुप्त युक्तियों के बल पर अपने भाग्य की विशेष वृद्धि करता है तथा धर्म का भी सतर्कतापूर्वक पालन करता है। ऐसे व्यक्ति की भाग्योन्नति में कभी-कभी बाधाएं भी आती हैं, परन्तु अपने चातुर्य, धैर्य एवं गुप्त युक्तियों के बल पर वह उन सब पर सफलता प्राप्त करता रहता है तथा भाग्यवान् समझा जाता है।

तुला लग्न: नवमभाव: राहु

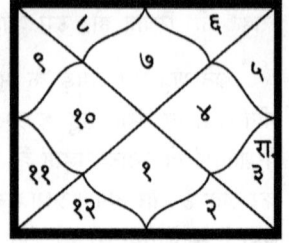

जिस जातक का जन्म 'तुला' लग्न में हुआ हो और जन्म-कुण्डली के 'दशमभाव' में 'राहु' की स्थिति हो, उसे 'राहु' का फलादेश नीचे लिखे अनुसार समझना चाहिए—

दसवें केन्द्र, राज्य, पिता एवं व्यवसाय के भाव में अपने शत्रु चन्द्र की कर्क राशि पर स्थित राहु के प्रभाव से जातक को पिता के सुख में कमी रहती है। साथ ही राज्य के क्षेत्र में भी परेशानियों का सामना करना पड़ता है। व्यवसाय के क्षेत्र में उसके समक्ष बड़ी-बड़ी कठिनाइयां आती हैं तथा उन्नति के मार्ग में रुकावटें पड़ती हैं। ऐसा जातक बहुत परेशानियों तथा कठिनाइयों के बाद ही उन्नति एवं सफलता प्राप्त कर पाता है।

तुला लग्न: दशमभाव: राहु

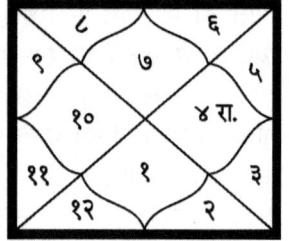

जिस जातक का जन्म 'तुला' लग्न में हुआ हो और जन्म-कुण्डली के 'एकादशभाव' में 'राहु' की स्थिति हो, उसे 'राहु' का फलादेश नीचे लिखे अनुसार समझना चाहिए—

ग्यारहवें लाभ भाव में अपने शत्रु सूर्य की सिंह राशि पर स्थित राहु के प्रभाव से जातक को आमदनी के मार्ग में अत्यधिक कठिनाइयों का सामना करना पड़ता है, परन्तु गुप्त युक्ति, चातुर्य एवं हिम्मत के कारण उन सब पर विजय प्राप्त करके जातक अपनी उन्नति करता है। ऐसे व्यक्ति को कभी-कभी विशेष संकटों का सामना भी करना पड़ता है, परन्तु अपनी हिम्मत एवं परिश्रम के बल पर अंततः उसे सफलता भी प्राप्त होती है।

तुला लग्न: एकादशभाव: राहु

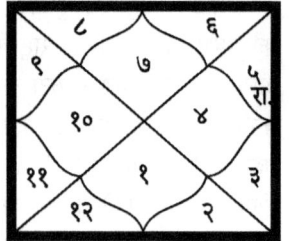

जिस जातक का जन्म 'तुला' लग्न में हुआ हो और जन्म-कुण्डली के 'द्वादशभाव' में 'राहु' की स्थिति हो, उसे 'राहु' का फलादेश नीचे लिखे अनुसार समझना चाहिए—

तुला लग्नः द्वादशभावः राहु

बारहवें व्यय भाव में अपने समग्रह बुध की कन्या राशि पर स्थित राहु के प्रभाव से जातक का खर्च अधिक रहता है तथा कभी-कभी बड़े संकट का शिकार भी होना पड़ता है। बाहरी स्थानों के सम्बन्ध से जातक को कुछ संकट भी प्राप्त होता है। संक्षेप में ऐसा जातक अपने गुप्त युक्ति-बल, परिश्रम, विवेक, कूटनीति, धैर्य तथा हिम्मत के कारण जीवन में सफलता प्राप्त करता है।

'तुला' लग्न में 'केतु' का फल

जिस जातक का जन्म 'तुला' लग्न में हुआ हो और जन्म-कुण्डली के 'प्रथमभाव' में 'केतु' की स्थिति हो, उसे 'केतु' का फलादेश नीचे लिखे अनुसार समझना चाहिए—

तुला लग्नः प्रथमभावः केतु

पहले केन्द्र तथा शरीर भाव में अपने मित्र शुक्र की तुला राशि पर स्थित केतु के प्रभाव से जातक को शारीरिक पक्ष में कभी-कभी विशेष कष्ट एवं परेशानियों का सामना करना पड़ता है, परन्तु ऐसा जातक गुप्त-युक्ति, धैर्य एवं चातुर्य के बल पर अपने व्यक्तित्व की उन्नति करता है तथा समाज में मान-प्रतिष्ठा प्राप्त करता है। शरीर के भीतर गुप्त कमजोरी के रहते हुए भी वह बाहर से बड़ा हिम्मतवर बना रहता है तथा बुद्धि-बल से सफल एवं विजयी होता है।

जिस जातक का जन्म 'तुला' लग्न में हुआ हो और जन्म-कुण्डली के 'द्वितीयभाव' में 'केतु' की स्थिति हो, उसे 'केतु' का फलादेश नीचे लिखे अनुसार समझना चाहिए—

तुला लग्नः द्वितीयभावः केतु

दूसरे धन एवं कुटुम्ब के भाव में अपने मित्र मंगल की वृश्चिक राशि पर स्थित केतु के प्रभाव से जातक को धन-संचय एवं धन-प्राप्ति के मार्ग में कठिनाइयों एवं संकटों का सामना करना पड़ता है। ऐसा व्यक्ति अपनी गुप्त युक्तियों के बल पर धनोपार्जन करता है, फिर भी वह चिंतित तथा परेशान ही बना रहता है। उसे अपने कुटुंबियों द्वारा भी कष्ट प्राप्त होता है, परन्तु ऐसा व्यक्ति बड़ा हिम्मती तथा धैर्यवान होता है।

जिस जातक का जन्म 'तुला' लग्न में हुआ हो और जन्म-कुण्डली के 'तृतीयभाव' में 'केतु' की स्थिति हो, उसे 'केतु' का फलादेश नीचे लिखे अनुसार समझना चाहिए—

तुला लग्नः तृतीयभावः केतु

तीसरे भाई-बहन एवं पराक्रम के भाव में अपने समग्रह गुरु की धनु राशि पर स्थित उच्च के केतु के प्रभाव से जातक के पराक्रम में अत्यधिक वृद्धि होती है और उसे भाई-बहनों का सुख भी पर्याप्त मात्रा में प्राप्त होता है। ऐसा व्यक्ति बड़ा परिश्रमी, धैर्यवान तथा साहसी होता है। कभी-कभी उसे भाई-बहनों के कारण कुछ कष्ट भी उठाना पड़ता है तथा मन के भीतर परेशानी एवं कमजोरी उत्पन्न होती है, फिर भी वह बड़ी हिम्मत से काम लेता है तथा अपनी उन्नति के लिए प्रयत्नशील बना रहता है।

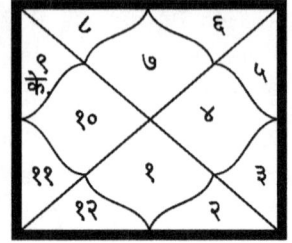

जिस जातक का जन्म 'तुला' लग्न में हुआ हो और जन्म-कुण्डली के 'चतुर्थभाव' में 'केतु' की स्थिति हो, उसे 'केतु' का फलादेश नीचे लिखे अनुसार समझना चाहिए—

तुला लग्नः चतुर्थभावः केतु

चौथे केन्द्र, माता एवं भूमि के भाव में अपने शत्रु शनि की मकर राशि पर स्थित केतु के प्रभाव से जातक को माता, भूमि एवं मकान आदि के सुख में कमी रहती है। वह घरेलू झंझटों का शिकार बना रहता है। कभी-कभी उसके परिवार में घोर अशांति उत्पन्न हो जाती है, फिर भी वह अपने धैर्य, साहस, बुद्धि एवं गुप्त युक्तियों के बल पर कठिनाइयों पर विजय प्राप्त करने का प्रयत्न करता है और थोड़ी-बहुत सफलता भी पाता है।

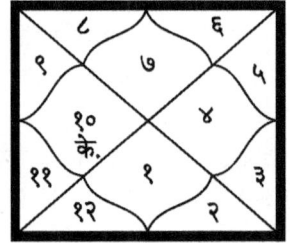

जिस जातक का जन्म 'तुला' लग्न में हुआ हो और जन्म-कुण्डली के 'पंचमभाव' में 'केतु' की स्थिति हो, उसे 'केतु' का फलादेश नीचे लिखे अनुसार समझना चाहिए—

तुला लग्नः पंचमभावः केतु

पांचवें त्रिकोण, विद्या एवं संतान के भाव में अपने शत्रु शनि की कुम्भ राशि पर स्थित केतु के प्रभाव से जातक को संतानपक्ष से संकट एवं परेशानी की प्राप्ति होती है, साथ ही विद्या एवं बुद्धि के क्षेत्र में भी कठिनाइयां आती हैं। शनि की राशि पर स्थित होने के कारण जातक परिश्रम द्वारा विद्याध्ययन करता है तथा अनेक कठिनाइयों के बाद संतानपक्ष में भी थोड़ी-बहुत सफलता पाता है, फिर भी उसे संतान की ओर से अत्यधिक परेशानियां तथा संकटों का सामना करना पड़ता है। संभव है कि ऐसा व्यक्ति निस्संतान ही बना रहे।

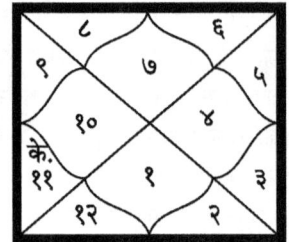

जिस जातक का जन्म 'तुला' लग्न में हुआ हो और जन्म-कुण्डली के 'षष्ठभाव' में 'केतु' की स्थिति हो, उसे 'केतु' का फलादेश नीचे लिखे अनुसार समझना चाहिए—

छठे शत्रु एवं रोग भाव में अपने समग्रह गुरु की मीन राशि पर स्थित केतु के प्रभाव से जातक झगड़े-झंझट, रोग एवं शत्रु-पक्ष में बड़ी हिम्मत, बहादुरी, धैर्य एवं गुप्त-युक्तियों से काम लेकर सफलता प्राप्त करता है। कभी-कभी शत्रुओं के कारण उसे घोर संकटों का सामना भी करना पड़ता है, परन्तु वह भयभीत नहीं होता और बहादुरी के साथ मुकाबला करते हुए उन पर विजय पाता है। ऐसी ग्रह-स्थिति वाले जातक का ननिहाल पक्ष कमजोर रहता है।

तुला लग्न: षष्ठभाव: केतु

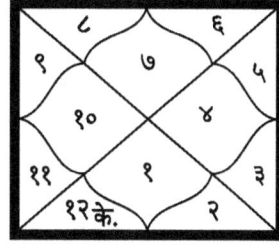

जिस जातक का जन्म 'तुला' लग्न में हुआ हो और जन्म-कुण्डली के 'सप्तमभाव' में 'केतु' की स्थिति हो, उसे 'केतु' का फलादेश नीचे लिखे अनुसार समझना चाहिए—

सातवें केन्द्र, स्त्री तथा व्यवसाय के भाव में अपने मित्र मंगल की मेष राशि पर स्थित केतु के प्रभाव से जातक को स्त्री पक्ष द्वारा विशेष कष्ट का अनुभव होता है तथा दैनिक आमदनी के मार्ग में भी अत्यधिक कठिनाइयों का सामना करना पड़ता है। वह स्त्री तथा व्यवसाय के क्षेत्र में सफलता पाने के लिए गुप्त युक्तियों, धैर्य, हिम्मत एवं परिश्रम का सहारा लेता है, जिसके कारण थोड़ी-बहुत सफलता प्राप्त होती है। ऐसी ग्रह-स्थिति वाले जातक को इन्द्रिय-विकार का भी सामना करना पड़ता है तथा गृहस्थी के संचालन में बहुत कठिनाइयां उठानी पड़ती हैं।

तुला लग्न: सप्तमभाव: केतु

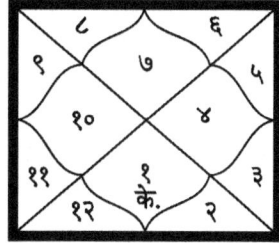

जिस जातक का जन्म 'तुला' लग्न में हुआ हो और जन्म-कुण्डली के 'अष्टमभाव' में 'केतु' की स्थिति हो, उसे 'केतु' का फलादेश नीचे लिखे अनुसार समझना चाहिए—

आठवें आयु एवं पुरातत्त्व के भाव में अपने मित्र शुक्र की वृषभ राशि पर स्थित केतु के प्रभाव से जातक को अपनी आयु के विषय में अनेक बार कठिनाइयों तथा संकटों का सामना करना पड़ता है। उसे पुरातत्त्व की हानि भी उठानी पड़ती है। ऐसे व्यक्ति का जीवन गुप्त चिन्ताओं से ग्रस्त बना रहता है। उसके पेट में भी कुछ-न-कुछ विकार रहता है, परन्तु वह साहस, धैर्य एवं गुप्त युक्तियों के बल पर किसी प्रकार अपने जीवन को आगे बढ़ाता चलता है।

तुला लग्न: अष्टमभाव: केतु

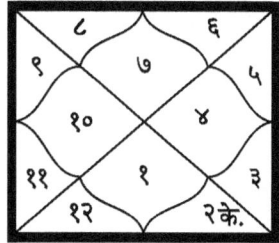

जिस जातक का जन्म 'तुला' लग्न में हुआ हो और जन्म-कुण्डली के 'नवमभाव' में 'केतु' की स्थिति हो, उसे 'केतु' का फलादेश नीचे लिखे अनुसार समझना चाहिए—

नवें त्रिकोण, भाग्य एवं धर्म के भाव में अपने समग्रह बुध की मिथुन राशि पर स्थित नीच के केतु के प्रभाव से जातक की भाग्योन्नति में विशेष बाधाएं आती हैं तथा धर्म की भी हानि होती है। भाग्य के सम्बन्ध में जातक को कभी-कभी घोर संकटों का सामना भी करना पड़ता है। ऐसा व्यक्ति अनुचित उपायों से भी अपना स्वार्थ सिद्ध करता है तथा अपयश पाता है। ईश्वर तथा धर्म के विषय में उसकी श्रद्धा कम होती है और वह धर्म के विरुद्ध आचरण करने में भी नहीं हिचकिचाता।

तुला लग्न: नवमभाव: केतु

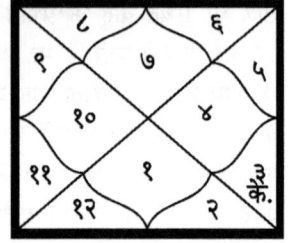

जिस जातक का जन्म 'तुला' लग्न में हुआ हो और जन्म-कुण्डली के 'दशमभाव' में 'केतु' की स्थिति हो, उसे 'केतु' का फलादेश नीचे लिखे अनुसार समझना चाहिए—

दसवें केन्द्र, राज्य, पिता एवं व्यवसाय के भाव में अपने शत्रु चन्द्र की कर्क राशि पर स्थित केतु के प्रभाव से जातक को पिता द्वारा कष्ट प्राप्त होता है, राजकीय क्षेत्रों से परेशानी होती है तथा व्यवसाय के पक्ष में भी बारम्बार कठिनाइयों एवं विघ्नों का सामना करना पड़ता है। किसी-किसी समय उसके सामने बड़े व्यावसायिक संकट भी उपस्थित हो जाते हैं। ऐसा व्यक्ति अपने जीवन में अनेक बार उतार-चढ़ाव देखता है तथा गुप्त-युक्तियों के बल पर सामान्य सफलता प्राप्त करता है।

तुला लग्न: दशमभाव: केतु

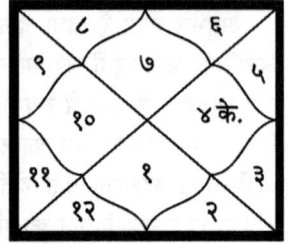

जिस जातक का जन्म 'तुला' लग्न में हुआ हो और जन्म-कुण्डली के 'एकादशभाव' में 'केतु' की स्थिति हो, उसे 'केतु' का फलादेश नीचे लिखे अनुसार समझना चाहिए—

ग्यारहवें लाभ भाव में अपने शत्रु सूर्य की सिंह राशि पर स्थित केतु के प्रभाव से जातक को अपनी आमदनी के क्षेत्र में कठिनाइयों तथा विघ्नों का सामना तो करना पड़ता है, परन्तु विशेष परिश्रम, धैर्य एवं गुप्त युक्तियों के द्वारा उसे सफलता भी प्राप्त होती है। किसी-न-किसी समय उसे लाभ के क्षेत्र में गहरे संकटों में भी फंस जाना पड़ता है। ऐसा व्यक्ति अधिक मुनाफा खाने के लिए प्रयत्नशील रहता है तथा प्रभावशाली भी होता है। ऐसे लोग अनेक कठिनाइयों एवं संकटों से गुजरने के बाद सफलता प्राप्त करते हैं।

तुला लग्न: एकादशभाव: केतु

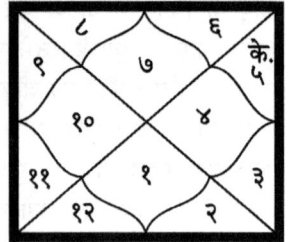

जिस जातक का जन्म 'तुला' लग्न में हुआ हो और जन्म-कुण्डली के 'द्वादशभाव' में 'केतु' की स्थिति हो, उसे 'केतु' का फलादेश नीचे लिखे अनुसार समझना चाहिए—

बारहवें व्यय-भाव में अपने समग्रह बुध की कन्या राशि पर स्थित केतु के प्रभाव से जातक खूब खर्चीला होता है, साथ ही उसे बाहरी स्थानों के सम्बन्ध से लाभ भी प्राप्त होता है। ऐसा व्यक्ति अपने खर्च को चलाते रहने के लिए विवेक-बुद्धि से काम लेता है तथा कठिन परिश्रम भी करता है। इतने पर भी उसे कभी-कभी घोर संकटों एवं परेशानियों का शिकार बन जाना पड़ता है। बाहरी स्थानों के सम्बन्ध से भी उसे कभी-कभी कठिनाइयां उठानी पड़ती हैं, परन्तु अंत में सफलता मिलती है।

तुला लग्न: द्वादशभाव: केतु

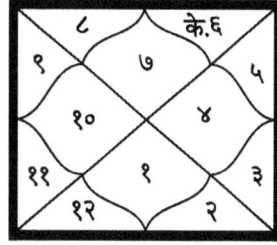

उदाहरण तुला लग्न कुण्डली 13. राष्ट्रपति सं.रा. अमेरिका मिस्टर बराक ओबामा

जन्म तिथि- 04-08-1961

जन्म समय- 13: 06 घण्टे (पै.मा.स.)

जन्म स्थान–होनोलुलू (हवाई द्वीप-यू.एस.ए.)

<table>
<tr><td align="center">जन्म कुण्डली</td><td align="center">नवांश कुण्डली</td></tr>
<tr><td>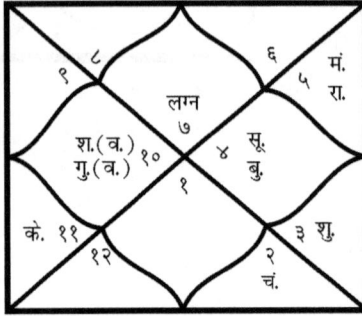</td><td>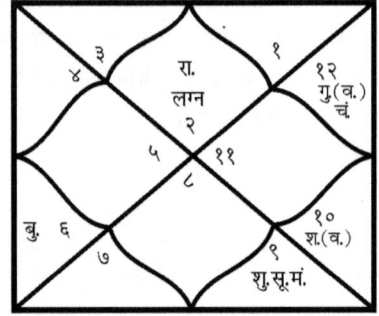</td></tr>
</table>

कुण्डली संख्या–13

ज्योतिषीय विवेचन

यह भचक्र में राशिक्रम की सप्तम राशि तुला राशि लग्न कुण्डली है। यह वायुतत्व, रजोगुणी, चर राशि है। इसका स्वामी शुभ ग्रह शुक्र है। तुला राशि वाले जातक निष्पक्ष, न्यायसंगत एवं ईमानदार होते हैं। वे लोकप्रिय और बलिदानी प्रवृत्ति के होते हैं। वे तुला, अर्थात् तराजू की तरह विषयवस्तु के गुण एवं दोषों को पूरी बारीकी से तौलते/परखते हैं। मिस्टर बराक हुसैन ओबामा भी इसी मानसिक प्रवृत्ति के व्यक्ति हैं। प्रथम बार और अब दूसरी बार भी उनकी इसी प्रवृत्ति के कारण उन्होंने राष्ट्रपति पद के चुनाव में जीत का परचम लहराया। कृतिका नक्षत्र में जन्मे ओबामा एक आकर्षक मुखमुद्रा वाले, साहसी, हिम्मती, ऊर्जावान एवं ज्ञानवान् व्यक्ति हैं। उच्चपदस्थ व्यक्तियों से सुसम्बन्ध बनाये रखते हैं। उनकी इस आदत से ही उन्हें राष्ट्रपति चुनाव में विजयी होने का लाभ मिला। वह दूसरी बार देश के राष्ट्रपति अर्थात् प्रथम नागरिक बने और दूसरी बार राष्ट्रपति पद की शपथ ली।

सुदर्शन लग्न विचार

जन्म लग्नेश एवं चन्द्र लग्नेश शुक्र भाग्य भाव नवम भाव में विराजमान है। सूर्य लग्नेश चन्द्र उच्चराशिस्थ होकर शुक्र की वृष राशि में बैठे हैं। लग्न पर किसी भी लग्नेश की दृष्टि नहीं है। लग्न कारक सूर्य दशम भाव में नवमेश के साथ बैठकर लग्न को प्रभावित कर रहे हैं। गुरु की सूर्य और सूर्य लग्नेश उच्चराशिस्थ चन्द्र पर पूर्ण दृष्टि है। नवांश लग्नेश भी शुक्र है। नवांश कुण्डली में शनि स्वराशिस्थ होकर भाग्य एवं धर्म के नवम भाव में और गुरु स्वराशिस्थ होकर आय एवं लाभ के एकादश भाव में बैठे हैं। शनि की एकादश भाव और

गुरु पर पूर्ण दृष्टि है। शनि राजयोगकारक और वर्गोत्तम है। ऐसी स्थिति में जन्म लग्न ही अत्यधिक बलिष्ठ प्रतीत होती है।

ग्रह स्थिति, ग्रह दृष्टि एवं ग्रह योग

एकादश भाव में स्थित मंगल की स्वराशि वृश्चिक के द्वितीय भाव पर तथा गुरु की मीन राशि के षष्ठ भाव पर पूर्णदृष्टि है। उच्च राशि में बैठा चन्द्र भी अष्टम भाव से मंगल की वृश्चिक राशि के द्वितीय भाव को देख रहा है। चतुर्थ भाव में बैठे वक्री शनि और वक्री गुरु की दशम भाव में बैठे सूर्य और बुध पर पूर्णदृष्टि है। वक्री गुरु के साथ बैठे वक्री शनि की गुरु की मीन राशि के षष्ठ भाव पर भी पूर्णदृष्टि है। इस प्रकार ऐश्वर्य त्रिकोण के तीनों भावों, अर्थात् अर्थ भावों के दशम, द्वितीय एवं षष्ठ भावों का एक उत्तम अन्तर्सम्बन्ध तथा सन्तुलन स्थापित हो रहा है। इस प्रकार के तथ्य राष्ट्रपति चुनाव में विजय दिलाने वाले होते हैं। इसके अतिरिक्त सूर्य उभयचरी योग, चन्द्र सुनफा योग, वक्री शनि शश योग तथा नीचराशिस्थ वक्री गुरु नीचभंग राजयोग बना रहे हैं। यह सभी योग उत्तम आवास, वाहन सुविधा, जीवनयापन की अन्य सुख-सुविधाएं प्रदान करने में सक्षम हैं। इन योगों ने उनको उच्च पद प्राप्ति में पूर्ण सहयोग और बल दिया। एकादश भाव में बैठे मंगल और राहु की स्थिति ने दीर्घकाल से मनपोषित लालसाओं को भी पूरा करने में गहन योगदान दिया। वह मित्रों और सहयोगियों की प्रशंसा के पात्र बने। दशमेश चन्द्र की अष्टम भाव में स्थिति अच्छी नहीं है। वैसे भी कोई वस्तु आसानी से नहीं मिलती है। इसके लिए अथक प्रयास करने होते हैं। पहले भी अथक प्रयासों के बाद वर्ष 2008 में गुरु की महादशा और सूर्य की अन्तर्दशा में यह उच्च पद मिला और अब दूसरी बार भी अथक प्रयासों के बाद गुरु की महादशा और राहु की अन्तर्दशा में यह उच्च पद मिला है। यह गुरु की नीचभंग राजयोग स्थिति का सफलतम परिणाम है।

उपसंहार

उपर्युक्त ग्रह स्थिति, ग्रह दृष्टि एवं ग्रह योग के आधार पर यह निष्कर्ष निकलता है कि अन्य तथ्यों के साथ-साथ दोनों बार गुरु की राजयोग स्थिति ने मिस्टर बराक हुसैन ओबामा को राष्ट्रपति पद पर विजयश्री दिलवायी। इससे विश्व में उनके मान-सम्मान और प्रतिष्ठा में वृद्धि हुई है। यह लाभ ऐश्वर्य त्रिकोण भावों, अर्थात् 10-2-6 अर्थ भावों के पारस्परिक एवं अत्यधिक बली सम्बन्धों के परिणामस्वरूप सम्भव हो सका। मंगल ग्रह की द्वितीय एवं षष्ठ भाव पर पूर्ण दृष्टि, शनि ग्रह की षष्ठ और दशम भाव पर पूर्णदृष्टि तथा गुरु की दशम भाव पर पूर्ण दृष्टि ने वर्ष 2008 में पहली बार और वर्ष 2012 में अब दूसरी बार विजय दिलवायी। उन्होंने पहले संयुक्त राज्य अमेरिका के 44वें राष्ट्रपति की शपथ ली थी और अब पुन: 45वें राष्ट्रपति की शपथ ली है। भविष्य उज्ज्वल है, किन्तु इस बार उन्हें देश की आर्थिक स्थिति मजबूत करने के लिए और कठिन प्रयास करने होंगे, ताकि वर्ष 2009 में मिले नोबल शान्ति पुरस्कार की तरह अपने अच्छे कार्यों के लिए वह देश-विदेश में लोकप्रिय और विख्यात हो सके। भारत सरकार के निमन्त्रण पर पहली बार 26 जनवरी 2015 में स्वतन्त्रता दिवस पर मुख्य अतिथि के रूप में अपनी उपस्थिति दर्ज की।

उदाहरण तुला लग्न कुण्डली 14. दक्षिण के प्रसिद्ध ज्योतिषी श्री के.एन. राव

जन्म तिथि- 12-10-1931

जन्म समय- 07: 55 घण्टे (भा.मा.स.)

जन्म स्थान–मछलीपटनम् (आन्ध्र प्रदेश)

जन्म कुण्डली

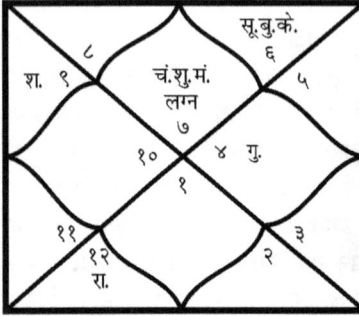

नवांश कुण्डली

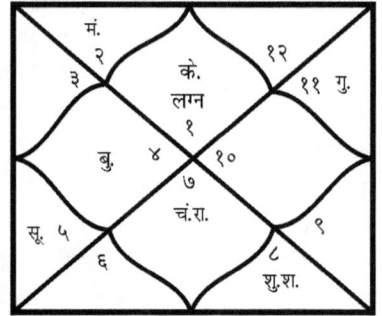

कुण्डली संख्या-14

ज्योतिषीय विवेचन

यह भचक्र में राशि क्रम की सप्तम राशि तुला राशि लग्न कुण्डली है। यह वायुतत्व, रजोगुणी, चर राशि है। इसका स्वामी शुभ ग्रह शुक्र है। तुला राशि वाले जातक बुद्धिमान, विद्वान, निष्पक्ष, न्यायप्रिय एवं ईमानदार होते हैं। लोकप्रिय और बलिदानी प्रवृत्ति के होते हैं। वे तुला, अर्थात् तराजू की तरह विषयवस्तु के गुण एवं दोषों को पूरी बारीकी से तौलते/परखते हैं। ज्योतिषी श्री के. एन. राव भी इसी मानसिक प्रवृत्ति के व्यक्ति हैं। उनहें आधुनिक भारत में ज्योतिष गुरु के नाम से जाना जाता है। चित्रा नक्षत्र में जन्मे ज्योतिषी श्री के. एन. राव एक आकर्षक मुखमुद्रा वाले, साहसी, ऊर्जावान एवं ज्ञानवान् व्यक्ति हैं। उच्चपदस्थ व्यक्तियों से सुसम्बन्ध बनाये रखते हैं।

सुदर्शन लग्न विचार

जन्म लग्नेश एवं चन्द्र लग्नेश शुक्र शारीरिक स्थिति वाले प्रथम भाव में केन्द्र में विराजमान हैं। सूर्य लग्नेश बुध अपनी ही कन्या राशि में उच्चराशिस्थ होकर सूर्य के साथ द्वादश भाव में बैठे हैं। लग्न पर जन्म लग्नेश शुक्र का पूर्ण प्रभाव है। गुरु उच्चराशिस्थ होकर कर्म भाव में दशम भाव में केन्द्र में बैठे हैं। यह भाव ऊँचाइयों पर पहुँचने वाला है। गुरु की दशम भाव स्थिति श्रेष्ठ है। इस बारे में यह श्लोक प्रसिद्ध है– 'किंकुर्वन्ति ग्रहा सर्वे, यत्र केन्द्रा बृहस्पति'। नवांश लग्नेश मंगल है। शुक्र वृष राशि में धन भाव में बैठा है। अपनी राशि में स्थित लग्नेश शुक्र व शनि पर पूर्ण दृष्टि है। जन्म लग्न में शनि राजयोगकारक और लग्न में बैठा चन्द्र वर्गोत्तम है। ऐसी स्थिति में जन्म लग्न ही अत्यधिक बलिष्ठ प्रतीत होती है।

ग्रह स्थिति, ग्रह दृष्टि एवं ग्रह योग

शुभ होना आवश्यक है। साथ ही गम्भीर और चिन्तनशील होने के लिये उसके लग्न भाव पर शनि

का प्रभाव भी होना वांछित है। इस कुण्डली में दशमेश चन्द्र, जन्म लग्नेश शुक्र और द्वितीयेश मंगल का एक साथ लग्न भाव में बैठे होना उत्तम स्थिति है। दशमेश चन्द्र वर्गोत्तम है। नवांश कुण्डली में द्वितीयेश शुक्र एवं अष्टमेश मंगल राशि परिवर्तन योग बना रहे हैं। द्वितीयेश मंगल की अष्टम भाव पर पूर्ण दृष्टि है। द्वितीय भाव पर शुभ ग्रह गुरु की पूर्ण दृष्टि है। गुरु उच्चराशिस्थ होकर दशम भाव केन्द्र भाव में बैठे हैं। गुरु व मंगल शनि की मकर राशि को चतुर्थ भाव में देख रहे हैं। बुध सूर्य के साथ अपनी उच्च राशि में बैठे हैं। अष्टमेश भी लग्नेश शुभ शुक्र की दूसरी राशि का भाव है। शनि की भाग्य भाव और भाग्येश बुध पर पूर्ण दृष्टि है। इन सबने श्री के. एन. राव को ज्योतिष गुरु होने का गौरव दिलाया। इसके अतिरिक्त चन्द्र से उच्चराशिस्थ गुरु का केन्द्रस्थ होना गजकेसरी योग व हंस योग बनाना, शुक्र का मालव्य योग बनाना जातक के सच्चरित्र, आस्तिक और सुखी होने का संकेत है।

उपसंहार

उपर्युक्त ग्रह स्थिति, ग्रह दृष्टि एवं ग्रह योग के आधाार पर यह निष्कर्ष निकलता है कि अन्य तथ्यों के साथ-साथ उच्चराशिस्थ गुरु की दशम भावस्थ स्थिति ने श्री के. एन. राव को ज्योतिष गुरु पद पर विजयश्री दिलवायी। यह भाव ऊंचाईयों पर पहुंचाने वाला भाव है। गुरु की दशम भाव स्थिति श्रेष्ठ है। इससे देश-विदेश में उनके मान-सम्मान और प्रतिष्ठा में वृद्धि हुई है। यह लाभ गुरु के कारण ऐश्वर्य त्रिकोण के तीन अर्थ भावों, अर्थात् 10-2-6 भावों के पारस्परिक बली सम्बन्धों के परिणामस्वरूप सम्भव हो सका। जातक ने ज्योतिष पर बहुत सी पुस्तकें भी लिखी है। उनका यह योगदान स्मरणीय एवं प्रशंसनीय है।

वृश्चिक लग्न
SCORPIO

वृश्चिक लग्न वाली कुण्डलियों के विभिन्न भावों
में स्थित विभिन्न ग्रहों का अलग-अलग
फलादेश

'वृश्चिक' लग्न का संक्षिप्त फलादेश

'वृश्चिक' लग्न में जन्म लेने वाला जातक शूरवीर, अत्यन्त विचारशील, निर्दोष, विद्या के आधिक्य से युक्त, क्रोधी, राजाओं से पूजित, गुणवान्, शास्त्रज्ञ, शत्रुनाशक, कपटी, पाखंडी, मिथ्यावादी, तमोगुणी, दूसरों के मन की बात जानने वाला, पर-निंदक, कटु स्वभाव वाला तथा सेवा-कर्म करने वाला होता है। उसका शरीर ठिगना तथा स्थूल होता है, आंखें गोल होती हैं। छाती चौड़ी होती है। वह भाइयों से द्रोह करने वाला, दयाहीन, ज्योतिषी, तथा भिक्षावृत्ति करने वाला होता है। वह अपने जीवन की प्रथमावस्था में दुःखी रहता है तथा मध्यावस्था में सुख पाता है। उसका भाग्योदय २० अथवा २४ वर्ष की आयु में होता है।

'वृश्चिक लग्न'

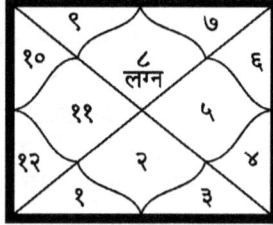

यह बात पहले बताई जा चुकी है कि प्रत्येक व्यक्ति के जीवन पर नवग्रहों का प्रभाव मुख्यतः दो प्रकार से पड़ता है—

(१) ग्रहों की जन्म-कालीन स्थिति के अनुसार।
(२) ग्रहों की दैनिक गोचर-गति के अनुसार।

जातक की जन्म-कालीन ग्रह-स्थिति जन्म-कुण्डली में दी गई होती है, उसमें जो ग्रह जिस भाव में और जिस राशि पर बैठा होता है, वह जातक के जीवन पर अपना निश्चित प्रभाव निरंतर स्थायी रूप से डालता है।

दैनिक गोचर-गति के अनुसार विभिन्न ग्रहों की जो स्थिति होती है, उसकी जानकारी पंचांग द्वारा की जा सकती है। ग्रहों की दैनिक-गोचर-गति के सम्बन्ध में या तो किसी ज्योतिषी से पूछ लेना चाहिए अथवा स्वयं ही उसे मालूम करने का तरीका सीख लेना चाहिए। इस सम्बन्ध में पुस्तक के पहले प्रकरण में विस्तारपूर्वक लिखा जा चुका है।

दैनिक गोचर-गति के अनुसार विभिन्न ग्रह जातक के जीवन पर अस्थायी रूप से अपना प्रभाव डालते हैं।

उदाहरण के लिए यदि किसी जातक की जन्म-कुण्डली में सूर्य 'वृश्चिक' राशि पर 'प्रथमभाव' में बैठा है, तो उसका स्थायी प्रभाव जातक के जीवन पर आगे दी गई उदाहरण-पृष्ठ संख्या ३९५ के अनुसार पड़ता रहेगा; परन्तु यदि दैनिक ग्रह-गोचर में कुण्डली देखते समय सूर्य 'धनु' राशि के 'द्वितीयभाव' में बैठा होगा, तो उस स्थिति में वह उदाहरण-पृष्ठ संख्या ४४४ के अनुसार उतनी अवधि तक जातक के जीवन पर अपना अस्थायी प्रभाव अवश्य डालेगा, जब तक कि वह 'धनु' राशि से हटकर 'मकर' राशि में नहीं चला जाता। 'मकर' राशि में पहुंचकर वह मकर राशि के अनुरूप अपना प्रभाव डालना आरम्भ कर देगा, अतः जिस जातक की जन्म-कुण्डली में सूर्य 'वृश्चिक' राशि के 'प्रथमभाव' में बैठा हो, उसे उदाहरण-पृष्ठ संख्या ३९४ में वर्णित फलादेश देखने के पश्चात्, यदि उन दिनों ग्रह-गोचर में सूर्य

'धनु' राशि के 'द्वितीयभाव' में बैठा हो, तो उदाहरण-पृष्ठ संख्या ४४४ का फलादेश भी देखना चाहिए तथा इन दोनों फलादेशों के समन्वय-स्वरूप जो निष्कर्ष निकलता हो, उसी को वर्तमान समय पर प्रभावकारी समझना चाहिए। इसी प्रकार प्रत्येक ग्रह के विषय में जान लेना चाहिए।

'वृश्चिक' लग्न में जन्म लेने वाले जातक की जन्म-कुण्डली के विभिन्न भावों में स्थित विभिन्न ग्रहों के फलादेश का वर्णन उदाहरण-पृष्ठ संख्या ३९४ से ४३३ तक में किया गया है। पंचांग की दैनिक ग्रह-गति के अनुसार 'वृश्चिक' लग्न में जन्म लेने वाले जातकों को किन-किन उदाहरण-कुण्डली द्वारा विभिन्न ग्रहों के तात्कालिक प्रभाव को देखना चाहिए—इसका विस्तृत वर्णन अगले पृष्ठों में किया गया है, अत: उनके अनुसार ग्रहों की तात्कालिक स्थिति के सामयिक प्रभाव की जानकारी प्राप्त कर लेनी चाहिए। तदुपरांत दोनों फलादेशों के समन्वय-स्वरूप जो निष्कर्ष निकलता हो, उसी को सही फलादेश समझना चाहिए।

इस विधि से प्रत्येक व्यक्ति जन्म-कुण्डली का ठीक-ठीक फलादेश सहज में ही ज्ञात कर सकता है।

टिप्पणी—(१) पहले बताया जा चुका है कि जिस समय जो ग्रह २७ अंश से ऊपर अथवा ३ अंश के भीतर होता है, वह प्रभावकारी नहीं रहता। इसी प्रकार जो ग्रह सूर्य से अस्त होता है, वह भी जातक के ऊपर प्रभाव या तो बहुत कम डालता है या फिर पूर्णत: प्रभावहीन रहता है।

(२) स्थायी जन्म-कुण्डली स्थित विभिन्न ग्रहों के अंश किसी ज्योतिषी द्वारा अपनी कुण्डली में लिखवा लेने चाहिए, ताकि उनके अंशों के बारे में बार-बार जानकारी प्राप्त करने के झंझट से बचा जा सके। तात्कालिक ग्रह-गोचर के ग्रहों के अंशों की जानकारी पंचांग द्वारा अथवा किसी ज्योतिषी से पूछ कर प्राप्त कर लेनी चाहिए।

(३) स्थायी जन्म-कुण्डली अथवा तात्कालिक ग्रह-गति-कुण्डली के यदि किसी भाव में एक से अधिक ग्रह एक साथ बैठे होते हैं अथवा जिन-जिन पर उनकी दृष्टियां पड़ती हैं, जातक का जीवन उनके द्वारा भी प्रभावित होता रहता है। इस पुस्तक के तीसरे प्रकरण में 'ग्रहों की युति का प्रभाव' शीर्षक अध्याय के अंतर्गत विभिन्न ग्रहों की युति के फलादेश का वर्णन किया गया है, अत: इस विषय की जानकारी वहां से प्राप्त कर लेनी चाहिए।

(४) 'विंशोत्तरी दशा' के सिद्धांतानुसार प्रत्येक जातक की पूर्णायु १२० वर्ष की मानी जाती है। इस आयु-अवधि में जातक नवग्रहों की दशाओं का भोग कर लेता है। विभिन्न ग्रहों का दशा-काल भिन्न-भिन्न होता है। परन्तु अधिकांश व्यक्ति इतनी लंबी आयु तक जीवित नहीं रह पाते, अत: वे अपने जीवन-काल में कुछ ही ग्रहों की दशाओं का भोग कर पाते हैं। जातक के जीवन के जिस काल में जिस ग्रह की दशा— जिसे 'महादशा' भी कहा जाता है—चल रही होती है, जन्मकालीन ग्रह-स्थिति के अनुसार उसके जीवन-काल की उतनी अवधि उस ग्रह-विशेष के प्रभाव से विशेष रूप से प्रभावित रहती है। जातक का जन्म किस ग्रह की महादशा में हुआ है और उसके जीवन में किस अवधि से किस अवधि तक किस ग्रह की महादशा चलेगी और वह महादशा जातक के ऊपर अपना क्या विशेष प्रभाव डालेगी—इन सब बातों का उल्लेख भी तीसरे प्रकरण में किया गया है।

इस प्रकार (१) जन्म-कुण्डली, (२) तात्कालिक ग्रह-गोचर-कुण्डली एवं (३) ग्रहों की महादशा—इन तीनों विधियों से फलादेश प्राप्त करने की सरल विधि का वर्णन इस पुस्तक में किया गया है, अत: इन तीनों के समन्वय स्वरूप फलादेश का ठीक-ठीक निर्णय करके अपने भूत, वर्तमान तथा भविष्यकालीन जीवन के विषय में सम्यक् जानकारी प्राप्त कर लेनी चाहिए।

विशेष नोट : वृश्चिक लग्न जन्म कुण्डली/गोचर कुण्डली के द्वादश भावों में सूर्यादि सभी नवग्रहों का फलादेश नीचे दिया जा रहा है। पढ़ें और समझें।

'वृश्चिक' लग्न में 'सूर्य' का फल

जिस जातक का जन्म 'वृश्चिक' लग्न में हुआ हो और जन्म-कुण्डली के 'प्रथमभाव' में 'सूर्य' की स्थिति हो, उसे 'सूर्य' का फलादेश आगे लिखे अनुसार समझना चाहिए—

पहले केन्द्र एवं शरीर भाव में अपने मित्र मंगल की वृश्चिक राशि पर स्थित सूर्य के प्रभाव से जातक सुंदर, स्वस्थ, मानी, स्वाभिमानी, क्रोधी, प्रभावशाली तथा गौरव युक्त होता है। उसे पिता, राज्य एवं व्यवसाय के पक्ष से सुख, सहयोग एवं सम्मान प्राप्त होता है। वह सुंदर वस्त्राभूषणों को धारण करने वाला तथा यशस्वी होता है। यहां से सूर्य सातवीं शत्रुदृष्टि से शुक्र की वृषभराशि में सप्तमभाव को देखता है, अत: जातक का अपनी स्त्री से कुछ मतभेद बना रहता है तथा दैनिक रोजगार में कुछ कठिनाइयों का अनुभव भी होता है।

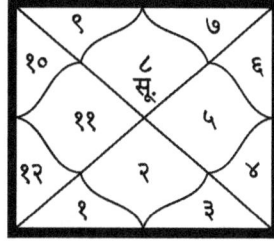
वृश्चिक लग्न: प्रथमभाव: सूर्य

जिस जातक का जन्म 'वृश्चिक' लग्न में हुआ हो और जन्म-कुण्डली के 'द्वितीयभाव' में 'सूर्य' की स्थिति हो, उसे 'सूर्य' का फलादेश आगे लिखे अनुसार समझना चाहिए—

दूसरे धन एवं कुटुम्ब के भाव में अपने मित्र गुरु की धनु राशि पर स्थित सूर्य के प्रभाव से जातक को व्यवसाय एवं पितृ-पक्ष से धन की शक्ति प्राप्त होती है तथा कुटुम्ब का सुख भी मिलता है। उसे राज्य द्वारा सम्मान तथा व्यवसाय द्वारा भी लाभ होता है, परन्तु पिता के सुख में कुछ कमी रहती है। यहां से सूर्य अपनी समग्रहदृष्टि से बुध की मिथुन राशि मे अष्टमभाव को देखता है, अत: जातक को आयु एवं पुरातत्त्व की शक्ति प्राप्त होती है और दैनिक जीवन भी प्रभावपूर्ण बना रहता है।

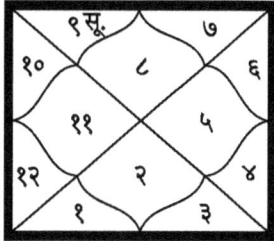
वृश्चिक लग्न: द्वितीयभाव: सूर्य

जिस जातक का जन्म 'वृश्चिक' लग्न में हुआ हो और जन्म-कुण्डली के 'तृतीयभाव' में 'सूर्य' की स्थिति हो, उसे 'सूर्य' का फलादेश आगे लिखे अनुसार समझना चाहिए—

तीसरे भाई-बहन एवं पराक्रम के भाव में अपने शत्रु शनि की मकर राशि पर स्थित सूर्य के प्रभाव से जातक को भाई-बहन के सुख में कुछ कमी बनी रहती है, परन्तु पराक्रम में अत्यधिक वृद्धि होती है। उसे पिता, राज्य एवं व्यवसाय द्वारा भी सुख, सम्मान, सहयोग तथा सफलता की प्राप्ति होती है। यहां से सूर्य अपनी सातवीं मित्रदृष्टि से चन्द्र की कर्क राशि के नवमभाव को देखता है, अत: जातक के भाग्य की वृद्धि होती है और वह धर्म का भी यथाविधि पालन करता है। ऐसा जातक बड़ा तेजस्वी, हिम्मतवर तथा पुरुषार्थी होता है।

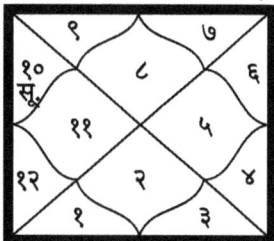
वृश्चिक लग्न: तृतीयभाव: सूर्य

जिस जातक का जन्म 'वृश्चिक' लग्न में हुआ हो और जन्म-कुण्डली के 'चतुर्थभाव' में 'सूर्य' की स्थिति हो, उसे 'सूर्य' का फलादेश आगे लिखे अनुसार समझना चाहिए—

चौथे केन्द्र, माता एवं भूमि के भाव में अपने शत्रु शनि की कुम्भ राशि पर स्थित सूर्य के प्रभाव से जातक का अपनी माता के साथ मतभेद रहता है और भूमि तथा भाव के सुख में भी कुछ कमी आती है। घरेलू सुख तो मिलता है, परन्तु उसमें भी कुछ त्रुटियां बनी रहती हैं। यहां से सूर्य अपनी सातवीं दृष्टि से दशमभाव को स्वराशि में देखता है, अत: जातक को पिता का सुख, राज्य द्वारा सम्मान एवं व्यवसाय से लाभ प्राप्त होता है। ऐसा व्यक्ति उन्नति स्वयं करता है।

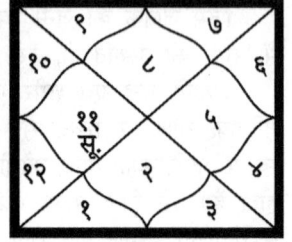
वृश्चिक लग्न: चतुर्थभाव: सूर्य

जिस जातक का जन्म 'वृश्चिक' लग्न में हुआ हो और जन्म-कुण्डली के 'पंचमभाव' में 'सूर्य' की स्थिति हो, उसे 'सूर्य' का फलादेश आगे लिखे अनुसार समझना चाहिए—

पांचवें त्रिकोण, विद्या, बुद्धि तथा सम्मान के भाव में अपने मित्र गुरु की मीन राशि पर स्थित सूर्य के प्रभाव से जातक विद्या-बुद्धि तथा संतान के क्षेत्र में विशेष सफलता प्राप्त करता है। वह राजनीति के क्षेत्र में उन्नति करता है तथा पिता, राज्य एवं व्यवसाय के पक्ष से भी सम्मान तथा सहयोग पाता है। यहां से सूर्य सातवीं समग्रहदृष्टि से बुध की कन्या राशि में एकादशभाव को देखता है, अत: जातक को लाभ के श्रेष्ठ साधन प्राप्त होते हैं। वह अपने बुद्धि-बल से आमदनी को बढ़ाता तथा यश एवं सुख प्राप्त करता है।

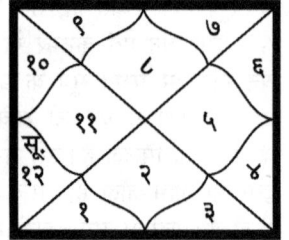
वृश्चिक लग्न: पंचमभाव: सूर्य

जिस जातक का जन्म 'वृश्चिक' लग्न में हुआ हो और जन्म-कुण्डली के 'षष्ठभाव' में 'सूर्य' की स्थिति हो, उसे 'सूर्य' का फलादेश आगे लिखे अनुसार समझना चाहिए—

छठे शत्रु एवं रोग भाव में अपने मित्र मंगल की मेष राशि पर स्थित उच्च के सूर्य के प्रभाव से जातक शत्रु पक्ष में विशेष प्रभाव रखने वाला तथा विजयी होता है। अपने माता-पिता से सामान्य मतभेद रहता है, परन्तु राज्य एवं व्यवसाय के क्षेत्र में सफलता एवं सम्मान की प्राप्ति होती है। ऐसा व्यक्ति बड़ा परिश्रमी तथा प्रभावशाली होता है। यहां से सूर्य सातवीं नीचदृष्टि से अपने शत्रु शुक्र की तुला राशि में द्वादशभाव को देखता है, अत: जातक को खर्च के मामलों में कुछ परेशानी रहती है तथा बाहरी स्थानों के सम्बन्ध से कुछ कठिनाइयां उठानी पड़ती हैं।

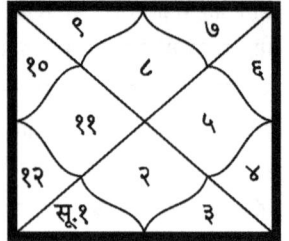
वृश्चिक लग्न: षष्ठभाव: सूर्य

जिस जातक का जन्म 'वृश्चिक' लग्न में हुआ हो और जन्म-कुण्डली के 'सप्तमभाव' में 'सूर्य' की स्थिति हो, उसे 'सूर्य' का फलादेश आगे लिखे अनुसार समझना चाहिए—

सातवें केन्द्र, स्त्री तथा व्यवसाय के भाव में अपने शत्रु शुक्र की वृषभ राशि पर स्थित सूर्य के प्रभाव से जातक को स्त्री पक्ष से सामान्य संतोष रहता है, परन्तु उसको शक्ति भी मिलती है। इसी प्रकार कुछ कठिनाइयों के साथ दैनिक रोजगार में भी सफलता मिलती है। राज्य, पिता, एवं व्यवसाय के पक्ष से साधारण मान, सहयोग एवं सफलता प्राप्त होती है। यहां से सूर्य सातवीं मित्रदृष्टि से मंगल की वृश्चिक राशि में प्रथमभाव को देखता है, अत: जातक का शरीर सुंदर एवं प्रभावशाली होता है। वह तेजस्वी तथा गौरवपूर्ण जीवन व्यतीत करने वाला, प्रभावशाली, त्यागी तथा उन्नतिशील होता है।

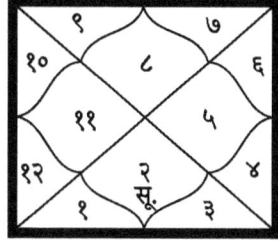
वृश्चिक लग्न: सप्तमभाव: सूर्य

जिस जातक का जन्म 'वृश्चिक' लग्न में हुआ हो और जन्म-कुण्डली के 'अष्टमभाव' में 'सूर्य' की स्थिति हो, उसे 'सूर्य' का फलादेश आगे लिखे अनुसार समझना चाहिए—

आठवें आयु तथा पुरातत्त्व के भाव में अपने समग्रह बुध की मिथुन राशि पर स्थित सूर्य के प्रभाव से जातक के आयु पक्ष में वृद्धि होती है तथा पुरातत्त्व का लाभ मिलता है। साथ ही राज्य, पिता एवं व्यवसाय के पक्ष में भी कुछ कठिनाइयों के साथ उन्नति होती है। यहां से सूर्य सातवीं मित्रदृष्टि से गुरु की धनु राशि में द्वितीयभाव को देखता है, अत: जातक परिश्रम द्वारा धन की वृद्धि करता है तथा उसे कुटुम्ब का सुख भी प्राप्त होता है। वह बाहरी भाव का संपर्क भी प्राप्त करता है।

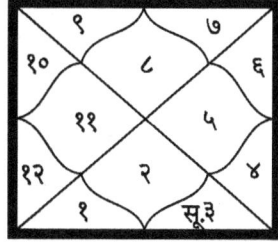
वृश्चिक लग्न: अष्टमभाव: सूर्य

जिस जातक का जन्म 'वृश्चिक' लग्न में हुआ हो और जन्म-कुण्डली के 'नवमभाव' में 'सूर्य' की स्थिति हो, उसे 'सूर्य' का फलादेश आगे लिखे अनुसार समझना चाहिए—

नवें त्रिकोण, भाग्य तथा धर्म के भाव में अपने मित्र चन्द्र की कर्क राशि पर स्थित सूर्य के प्रभाव से जातक के भाग्य की उन्नति होती है और वह धर्म का पालन करता है। उसे पिता, राज्य एवं व्यवसाय के क्षेत्र में भी सफलता, सुख एवं यश की प्राप्ति होती है। यहां से सूर्य अपनी सातवीं शत्रुदृष्टि से शनि की मकर राशि में तृतीयभाव को देखता है, अत: जातक का भाई-बहनों के साथ मतभेद रहता है और उसके पराक्रम में भी सामान्य वृद्धि होती है। संक्षेप में, ऐसा जातक सामान्य सुखी जीवन व्यतीत करता है।

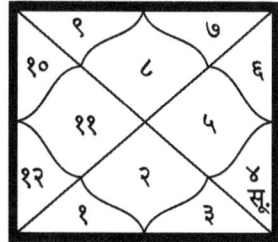
वृश्चिक लग्न: नवमभाव: सूर्य

जिस जातक का जन्म 'वृश्चिक' लग्न में हुआ हो और जन्म-कुण्डली के 'दशमभाव' में 'सूर्य' की स्थिति हो, उसे 'सूर्य' का फलादेश आगे लिखे अनुसार समझना चाहिए—

दसवें केन्द्र, राज्य पिता एवं व्यवसाय के भाव में अपनी ही सिंह राशि पर स्थित स्वक्षेत्री सूर्य के प्रभाव से जातक को पिता द्वारा शक्ति, राज्य द्वारा सम्मान एवं व्यवसाय द्वारा लाभ की प्राप्ति होती है। वह अपनी मान-प्रतिष्ठा को बढ़ाने के लिए उग्र कर्म भी करता है। यहां से सूर्य सातवीं शत्रुदृष्टि से शनि की कुंभ राशि में चतुर्थभाव को देखता है, अत: जातक का अपनी मां के साथ वैमनस्य रहता है। साथ ही भूमि तथा मकान आदि के सुख में भी कमी बनी रहती है।

वृश्चिक लग्न: दशमभाव: सूर्य

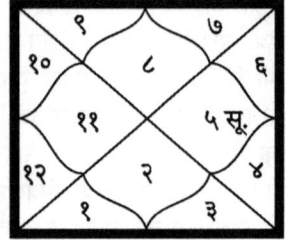

जिस जातक का जन्म 'वृश्चिक' लग्न में हुआ हो और जन्म-कुण्डली के 'एकादशभाव' में 'सूर्य' की स्थिति हो, उसे 'सूर्य' का फलादेश आगे लिखे अनुसार समझना चाहिए—

ग्यारहवें लाभ भाव में अपने समग्रह बुध की कन्या राशि पर स्थित सूर्य के प्रभाव से जातक को अपने माता, पिता के द्वारा श्रेष्ठ लाभ होता है, राज्य द्वारा सम्मान एवं प्रतिष्ठा की प्राप्ति होती है तथा व्यवसाय के क्षेत्र में भी विशेष लाभ एवं यश मिलता है। यहां से सूर्य अपनी सातवीं मित्रदृष्टि से गुरु की मीन राशि में पंचमभाव को देखता है, अत: जातक को संतान की शक्ति प्राप्त होती है तथा विद्या एवं बुद्धि में वृद्धि होती है। ऐसा व्यक्ति शासन करने वाला, तेजस्वी तथा स्वभाव का, स्वाभिमानी, यशस्वी तथा प्रतिष्ठित होता है।

वृश्चिक लग्न: एकादशभाव: सूर्य

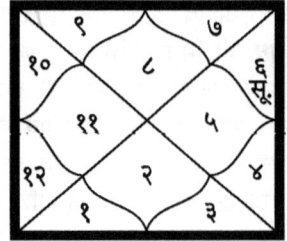

जिस जातक का जन्म 'वृश्चिक' लग्न में हुआ हो और जन्म-कुण्डली के 'द्वादशभाव' में 'सूर्य' की स्थिति हो, उसे 'सूर्य' का फलादेश आगे लिखे अनुसार समझना चाहिए—

बारहवें व्यय एवं बाहरी स्थानों के सम्बन्ध वाले भाव में अपने शत्रु शुक्र की तुला राशि पर स्थित नीच के सूर्य के प्रभाव से जातक को अपना खर्च चलाने में कठिनाइयों का सामना करना पड़ता है तथा बाहरी स्थानों के सम्बन्ध से भी कष्ट प्राप्त होता है। इसी प्रकार राज्य, पिता एवं व्यवसाय के पक्ष से भी परेशानियां बनी रहती हैं। यहां से सूर्य सातवीं उच्चदृष्टि से अपने मित्र मंगल की मेष राशि में षष्ठभाव को देखता है, अत: जातक शत्रु पक्ष में प्रभावशाली बना रहता है तथा झगड़े-मुकदमे आदि के कामों से लाभ प्राप्त करता है।

वृश्चिक लग्न: द्वादशभाव: सूर्य

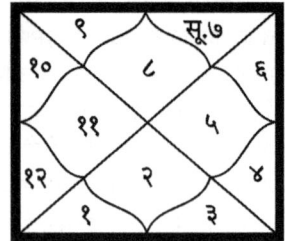

'वृश्चिक' लग्न में 'चन्द्र' का फल

जिस जातक का जन्म 'वृश्चिक' लग्न में हुआ हो और जन्म-कुण्डली के 'प्रथमभाव' में 'चन्द्र' की स्थिति हो, उसे 'चन्द्र' का फलादेश आगे लिखे अनुसार समझना चाहिए—

पहले केन्द्र तथा शरीर भाव में अपने समग्रह मंगल की वृश्चिक राशि पर स्थित नीच के चन्द्र के प्रभाव से जातक के शरीर में कुछ दुर्बलता रहती है तथा यश प्राप्ति के मार्ग में भी कठिनाइयां आती हैं, जिसके कारण मन चिंतित-सा बना रहता है। यहां से चन्द्र सातवीं उच्चदृष्टि से शुक्र की वृषभ राशि में सप्तमभाव को देखता है, अत: जातक को सुंदर तथा मनोनुकूल स्त्री प्राप्त होती है, साथ ही व्यवसाय के क्षेत्र में भी सफलता मिलती है।

वृश्चिक लग्न: प्रथमभाव: चन्द्र

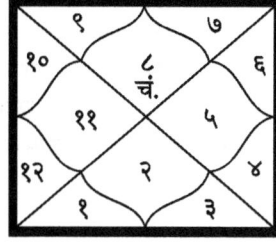

जिस जातक का जन्म 'वृश्चिक' लग्न में हुआ हो और जन्म-कुण्डली के 'द्वितीयभाव' में 'चन्द्र' की स्थिति हो, उसे 'चन्द्र' का फलादेश आगे लिखे अनुसार समझना चाहिए—

दूसरे धन-कुटुम्ब के भाव में अपने समग्रह गुरु की धनु राशि पर स्थित चन्द्र के प्रभाव से जातक को धन-संचय में सफलता प्राप्त होती है, साथ ही कौटुम्बिक सुख भी मिलता है, परन्तु ऐसा जातक धर्म का यथाविधि पालन नहीं कर पाता। यहां से चन्द्र अपनी सातवीं मित्र-दृष्टि से बुध की मिथुन राशि में अष्टमभाव को देखता है, अत: जातक को आयु की शक्ति प्राप्त होती है तथा पुरातत्त्व का लाभ भी होता है। संक्षेप में, ऐसा जातक भाग्यवान, धनी तथा सुखी होता है।

वृश्चिक लग्न: द्वितीयभाव:चन्द्र

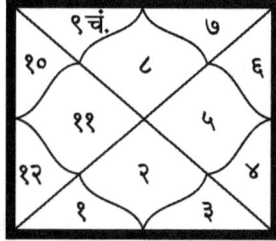

जिस जातक का जन्म 'वृश्चिक' लग्न में हुआ हो और जन्म-कुण्डली के 'तृतीयभाव' में 'चन्द्र' की स्थिति हो, उसे 'चन्द्र' का फलादेश आगे लिखे अनुसार समझना चाहिए—

तीसरे भाई-बहन एवं पराक्रम के भाव में अपने समग्रह शनि की मकर राशि पर स्थित चन्द्र के प्रभाव से जातक की पराक्रम में वृद्धि होती है तथा भाई-बहन के सुख में कुछ कमी रहती है। ऐसे व्यक्ति की मानसिक शक्ति अत्यंत प्रबल होती है। यहां से चन्द्र सातवीं दृष्टि से अपनी ही कर्क राशि में नवमभाव को देखता है, अत: जातक के भाग्य की उन्नति होती है और वह धर्म का पालन भी करता है। ऐसा व्यक्ति अपने पुरुषार्थ द्वारा यश प्राप्त करता है तथा भाग्यशाली समझा जाता है।

वृश्चिक लग्न: तृतीयभाव: चन्द्र

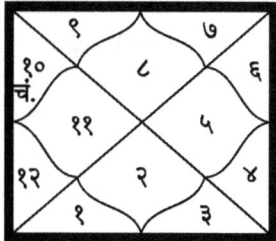

जिस जातक का जन्म 'वृश्चिक' लग्न में हुआ हो और जन्म-कुण्डली के 'चतुर्थभाव' में 'चन्द्र' की स्थिति हो, उसे 'चन्द्र' का फलादेश आगे लिखे अनुसार समझना चाहिए—

वृश्चिक लग्नः चतुर्थभावः चन्द्र

चौथे केन्द्र, माता एवं भूमि के भाव में अपने समग्रह शनि की कुम्भ राशि पर स्थित चंद्रमा के प्रभाव से जातक को माता, भूमि एवं मकान का श्रेष्ठ सुख प्राप्त होता है, परन्तु शत्रु राशिस्थ होने के कारण कुछ असंतोष भी बना रहता है। ऐसा जातक धर्म का पालन भी करता है तथा मनोयोग द्वारा भाग्य की भी उन्नति बनाता है। यहां से चन्द्र सातवीं मित्रदृष्टि से सूर्य की सिंह राशि में दशमभाव को देखता है, अतः जातक को पिता, राज्य एवं व्यवसाय के पक्ष में सुख-सम्मान की प्राप्ति होती है।

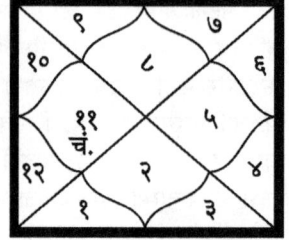

जिस जातक का जन्म 'वृश्चिक' लग्न में हुआ हो और जन्म-कुण्डली के 'पंचमभाव' में 'चन्द्र' की स्थिति हो, उसे 'चन्द्र' का फलादेश आगे लिखे अनुसार समझना चाहिए—

वृश्चिक लग्नः पंचमभावः चन्द्र

पांचवें त्रिकोण, विद्या-बुद्धि एवं संतान के भाव में अपने समग्रह गुरु की मीन राशि पर स्थित चन्द्र के प्रभाव से जातक को संतान, विद्या एवं बुद्धि के क्षेत्र में श्रेष्ठ सफलता प्राप्त होती है। वह धर्मात्मा, सज्जन, विन्रम तथा मधुरभाषी भी होता है तथा अपने बुद्धिबल से भाग्य की उन्नति करता है। यहां से चन्द्र अपनी सातवीं मित्रदृष्टि से बुध की कन्या राशि में एकादशभाव को देखता है, अतः जातक के भाग्य की वृद्धि होती है और वह अच्छा लाभ कमाता है। बुद्धि तथा परिश्रम द्वारा उसे आमदनी के श्रेष्ठ साधन प्राप्त होते रहते हैं।

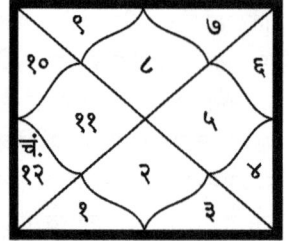

जिस जातक का जन्म 'वृश्चिक' लग्न में हुआ हो और जन्म-कुण्डली के 'षष्ठभाव' में 'चन्द्र' की स्थिति हो, उसे 'चन्द्र' का फलादेश आगे लिखे अनुसार समझना चाहिए—

वृश्चिक लग्नः षष्ठभावः चन्द्र

छठे शत्रु एवं रोग भाव में अपने समग्रह मंगल की मेष राशि पर स्थित चन्द्र के प्रभाव से जातक शत्रु पक्ष में शांति-नीति द्वारा सफलता प्राप्त करता है। शत्रुओं तथा झंझटों के कारण उसके मन में अशांति बनी रहती है। वह परिश्रम द्वारा भाग्य की वृद्धि भी करता है। यहां से चन्द्र सातवीं समग्रहदृष्टि से शुक्र की तुला राशि में द्वादशभाव को देखता है, अतः जातक अपने भाग्यबल से खर्च को चलाता तथा बाहरी स्थानों से सफलता एवं शक्ति प्राप्त करता है।

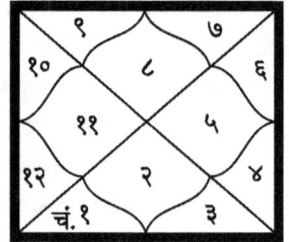

जिस जातक का जन्म 'वृश्चिक' लग्न में हुआ हो और जन्म-कुण्डली के 'सप्तम भाव' में 'चन्द्र' की स्थिति हो, उसे 'चन्द्र' का फलादेश आगे लिखे अनुसार समझना चाहिए—

वृश्चिक लग्नः सप्तमभावः चन्द्र

सातवें केन्द्र, स्त्री तथा व्यवसाय के भाव में अपने समग्रह शुक्र की वृषभ राशि पर स्थित उच्च के चन्द्र के प्रभाव से जातक को सुंदर एवं भाग्यवान स्त्री मिलती है तथा गृहस्थ-जीवन सुखमय व्यतीत होता है। वह व्यवसाय के क्षेत्र में भी सफलता प्राप्त करता है। ऐसे जातक का मनोबल बढ़ा हुआ रहता है, जिसके कारण भाग्य तथा यश में वृद्धि होती है। यहां से चन्द्र अपनी सातवीं नीचदृष्टि से समग्रह मंगल की वृश्चिक राशि में प्रथमभाव को देखता है, अत: जातक के शरीर में कुछ कमजोरी बनी रहती है। साथ ही भाग्य तथा धर्म के पक्ष में भी कुछ कमी का अनुभव होता है।

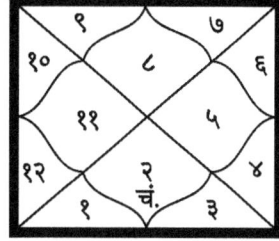

जिस जातक का जन्म 'वृश्चिक' लग्न में हुआ हो और जन्म-कुण्डली के 'अष्टमभाव' में 'चन्द्र' की स्थिति हो, उसे 'चन्द्र' का फलादेश आगे लिखे अनुसार समझना चाहिए—

वृश्चिक लग्नः अष्टमभावः चन्द्र

आठवें आयु एवं पुरातत्त्व के भाव में अपने मित्र बुध की मिथुन राशि पर स्थित चन्द्र के प्रभाव से जातक की आयु में वृद्धि होती है और उसे पुरातत्त्व शक्ति का लाभ प्राप्त होता है। यहां से चन्द्र अपनी सातवीं समग्रहदृष्टि से गुरु की धनु राशि में द्वितीयभाव को देखता है, अत: जातक धन का लाभ प्राप्त करता है, साथ ही उसे अपने कुटुम्ब का भी सुख-सहयोग भी मिलता है। संक्षेप में, ऐसा जातक शांत स्वभाव वाला, यशस्वी, धनी तथा सुखी होता है।

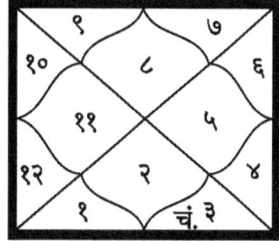

जिस जातक का जन्म 'वृश्चिक' लग्न में हुआ हो और जन्म-कुण्डली के 'नवमभाव' में 'चन्द्र' की स्थिति हो, उसे 'चन्द्र' का फलादेश आगे लिखे अनुसार समझना चाहिए—

वृश्चिक लग्नः नवमभावः चन्द्र

नवें त्रिकोण, भाग्य एवं धर्म के भाव में अपनी ही कर्क राशि पर स्थित स्वक्षेत्री चन्द्र के प्रभाव से जातक के भाग्य एवं धर्म की श्रेष्ठ उन्नति होती है। वह भाग्यवान, धर्मात्मा तथा यशस्वी होता है। यहां से चन्द्र अपनी सातवीं समग्रहदृष्टि से शनि की मकर राशि में तृतीयभाव को देखता है, अत: जातक को भाई-बहनों के सम्बन्ध से कुछ निराशा रहती है, परन्तु पराक्रम की अत्यधिक वृद्धि होती है। कुल मिलाकर ऐसा जातक सुखी तथा समृद्ध होता है।

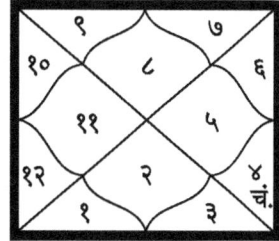

जिस जातक का जन्म 'वृश्चिक' लग्न में हुआ हो और जन्म-कुण्डली के 'दशमभाव' में 'चन्द्र' की स्थिति हो, उसे 'चन्द्र' का फलादेश आगे लिखे अनुसार समझना चाहिए—

दसवें केन्द्र, पिता, राज्य एवं व्यवसाय के भाव में अपने मित्र सूर्य की सिंह राशि पर स्थित चन्द्र के प्रभाव से जातक को पिता, राज्य एवं व्यवसाय के क्षेत्र में अत्यधिक सफलता प्राप्त होती है। वह भाग्यवान तथा धर्मात्मा भी होता है। यहां से चन्द्र अपनी सातवीं समग्रहदृष्टि से शनि की कुम्भ राशि में चतुर्थभाव को देखता है, अत: जातक को माता, भूमि एवं मकान के सुख में कुछ कमी रहती है। फिर भी वह सुखी, यशस्वी, संतुष्ट तथा धनी जीवन व्यतीत करता है।

वृश्चिक लग्न: दशमभाव: चन्द्र

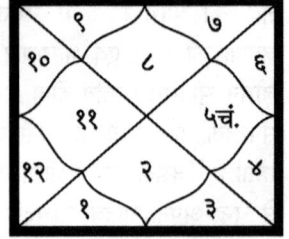

जिस जातक का जन्म 'वृश्चिक' लग्न में हुआ हो और जन्म-कुण्डली के 'एकदशभाव' में 'चन्द्र' की स्थिति हो, उसे 'चन्द्र' का फलादेश आगे लिखे अनुसार समझना चाहिए—

ग्यारहवें लाभ भाव में अपने मित्र बुध की कन्या राशि पर स्थित चन्द्र के प्रभाव से जातक को श्रेष्ठ लाभ होता है तथा धन एवं धर्म के क्षेत्र में सफलता मिलती है। वह भाग्यवान, धनी, सुखी, यशस्वी तथा धर्मपरायण होता है। यहां से चन्द्र अपनी सातवीं समग्रहदृष्टि से गुरु की मीन राशि में पंचमभाव को देखता है, अत: जातक को संतान, विद्या एवं बुद्धि का श्रेष्ठ लाभ होता है। उसका मनोबल बढ़ा-चढ़ा रहता है। वाणी में शक्ति रहती है तथा यश एवं लाभ की प्राप्ति होती रहती है।

वृश्चिक लग्न: एकादशभाव: चन्द्र

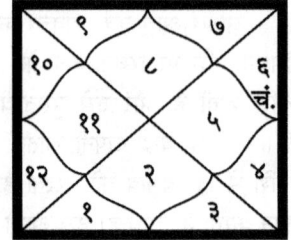

जिस जातक का जन्म 'वृश्चिक' लग्न में हुआ हो और जन्म-कुण्डली के 'द्वादशभाव' में 'चन्द्र' की स्थिति हो, उसे 'चन्द्र' का फलादेश आगे लिखे अनुसार समझना चाहिए—

बारहवें व्यय भाव में अपने समग्रह शुक्र की तुला राशि पर स्थित चन्द्र के प्रभाव से जातक का खर्च अधिक होता है, परन्तु उसकी पूर्ति में किसी कठिनाई का अनुभव नहीं होता। साथ ही उसे बाहरी स्थानों के सम्बन्ध से अत्यधिक शक्ति एवं सफलता प्राप्त होती है। अपने भाव पर उसका भाग्य कमजोर बना रहता है। यहां से चन्द्र अपनी सातवीं समग्रहदृष्टि से मंगल की मेष राशि में षष्ठभाव को देखता है, अत: जातक शत्रु-पक्ष में शांति से काम लेता है और कठिनाइयों पर भाग्य-बल से विजय प्राप्त करता है।

वृश्चिक लग्न: द्वादशभाव: चन्द्र

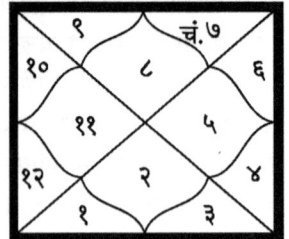

'वृश्चिक' लग्न में 'मंगल' का फल

जिस जातक का जन्म 'वृश्चिक' लग्न में हुआ हो और जन्म-कुण्डली के 'प्रथमभाव' में 'मंगल' की स्थिति हो, उसे 'मंगल' का फलादेश आगे लिखे अनुसार समझना चाहिए—

वृश्चिक लग्नः प्रथमभावः मंगल

पहले केन्द्र तथा शरीर भाव में अपनी ही वृश्चिक राशि पर स्थित स्वक्षेत्री मंगल के प्रभाव से जातक की शारीरिक शक्ति में वृद्धि होती है और उसे शत्रु पक्ष में भी सफलता प्राप्त होती है, परन्तु कभी-कभी बीमार भी होना पड़ता है। यहां से मंगल चौथी समग्रहदृष्टि से चतुर्थभाव को देखता है, अतः जातक को माता, भूमि एवं मकान के सुख में कमी रहती है। सातवीं समग्रहदृष्टि से सप्तमभाव को देखने से स्त्री तथा व्यवसाय के पक्ष में कुछ कठिनाइयों के साथ सफलता मिलती है और आठवीं शत्रुदृष्टि से अष्टमभाव को देखने से आयु एवं पुरातत्त्व की शक्ति में वृद्धि होती है।

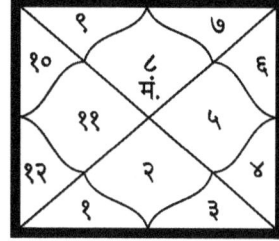

जिस जातक का जन्म 'वृश्चिक' लग्न में हुआ हो और जन्म-कुण्डली के 'द्वितीयभाव' में 'मंगल' की स्थिति हो, उसे 'मंगल' का फलादेश आगे लिखे अनुसार समझना चाहिए—

वृश्चिक लग्नः द्वितीयभावः मंगल

दूसरे धन एवं कुटुम्ब के भाव में अपने मित्र गुरु की धनु राशि पर स्थित मंगल के प्रभाव से जातक परिश्रम द्वारा धनोपार्जन करता है तथा कुटुम्ब का सुख कुछ परेशानियों के साथ मिलता है। शारीरिक सुख एवं स्वास्थ्य में कमी रहती है तथा शत्रु पक्ष पर प्रभाव बना रहता है। यहां से मंगल चौथी मित्रदृष्टि से पंचमभाव को देखता है, अतः संतान, विद्या एवं बुद्धि के क्षेत्र में शक्ति एवं सफलता प्राप्त होती है। सातवीं शत्रुदृष्टि से अष्टमभाव को देखने से आयु की वृद्धि होती है तथा पुरातत्त्व का लाभ होता है। आठवीं नीचदृष्टि से नवमभाव को देखने से भाग्य तथा धर्म की हानि होती है। साथ ही यश की कमी रहती है।

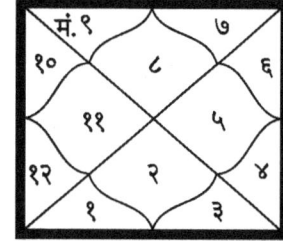

जिस जातक का जन्म 'वृश्चिक' लग्न में हुआ हो और जन्म-कुण्डली के 'तृतीयभाव' में 'मंगल' की स्थिति हो, उसे 'मंगल' का फलादेश आगे लिखे अनुसार समझना चाहिए—

वृश्चिक लग्नः तृतीयभावः मंगल

तीसरे भाई एवं पराक्रम के भाव में अपने समग्रह शनि की मकर राशि पर स्थित उच्च के मंगल के प्रभाव से जातक के पराक्रम की वृद्धि होती है तथा भाई-बहनों से कुछ वैमनस्य रहता है। यहां से मंगल चौथी दृष्टि से षष्ठभाव को अपनी ही मेष राशि में देखता है, अतः जातक शत्रु पक्ष पर

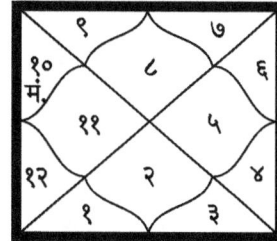

विजय प्राप्त करता है तथा अपना प्रभाव बनाए रखता है। सातवीं नीचदृष्टि से नवमभाव को देखने से भाग्य की अपेक्षा पुरुषार्थ पर अधिक भरोसा रखता है तथा धर्म का भी यथाविधि पालन नहीं करता। आठवीं मित्रदृष्टि से दशमभाव देखने से पिता, राज्य एवं व्यवसाय के पक्ष में उन्नति, यश, लाभ, सुख तथा सम्मान की प्राप्ति होती है। ऐसा व्यक्ति व्यावसायिक सफलता खूब प्राप्त करता है।

जिस जातक का जन्म 'वृश्चिक' लग्न में हुआ हो और जन्म-कुण्डली के 'चतुर्थभाव' में 'मंगल' की स्थिति हो, उसे 'मंगल' का फलादेश आगे लिखे अनुसार समझना चाहिए—

चौथे केन्द्र, माता एवं भूमि के भाव में अपने समग्रह शनि की कुम्भ राशि पर स्थित मंगल के प्रभाव से जातक को माता, भूमि एवं मकान आदि के सुख में कमी प्राप्त होती है तथा शारीरिक सुख में भी कमजोरी रहती है। चौथी दृष्टि से सप्तमभाव को देखने से स्त्री पक्ष से मतभेदयुक्त शक्ति प्राप्त होती है एवं परिश्रम द्वारा दैनिक व्यवसाय के क्षेत्र में सफलता मिलती है। सातवीं मित्रदृष्टि से दशमभाव को देखने से पिता, राज्य एवं व्यापार के क्षेत्र में सफलता, यश, सुख एवं सम्मान प्राप्त होता है। आठवीं शत्रुदृष्टि से एकादशभाव को देखने से आमदनी के क्षेत्र में विशेष सफलता मिलती है।

वृश्चिक लग्न: चतुर्थभाव: मंगल

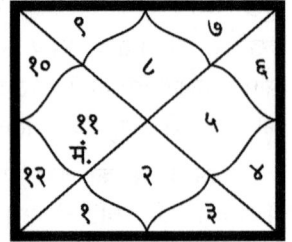

जिस जातक का जन्म 'वृश्चिक' लग्न में हुआ हो और जन्म-कुण्डली के 'पंचमभाव' में 'मंगल' की स्थिति हो, उसे 'मंगल' का फलादेश आगे लिखे अनुसार समझना चाहिए—

पांचवें त्रिकोण, विद्या-बुद्धि एवं संतान के भाव में अपने मित्र गुरु की मीन राशि पर स्थित मंगल के प्रभाव से जातक को कुछ कठिनाइयों के साथ संतान, विद्या एवं बुद्धि के क्षेत्र में सफलता मिलती है और शत्रु पक्ष पर विजय पाने के लिए जातक गहरी युक्तियों को सोचता रहता है। यहां से मंगल चौथी शत्रुदृष्टि से अष्टमभाव को देखता है, अतः आयु की वृद्धि एवं पुरातत्त्व का लाभ होता है। सातवीं शत्रुदृष्टि से एकादशभाव को देखने के कारण आमदनी के क्षेत्र में सफलता मिलती है तथा आठवीं समग्रहदृष्टि से द्वादशभाव को देखने से खर्च अधिक रहने के कारण जातक को परेशानी होती है तथा बाहरी स्थानों के सम्बन्ध से कठिनाइयों के साथ सामान्य लाभ होता है।

वृश्चिक लग्न: पंचमभाव: मंगल

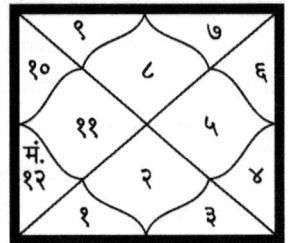

जिस जातक का जन्म 'वृश्चिक' लग्न में हुआ हो और जन्म-कुण्डली के 'षष्ठभाव' में 'मंगल' की स्थिति हो, उसे 'मंगल' का फलादेश आगे लिखे अनुसार समझना चाहिए—

छठे शत्रु एवं रोग-भाव में अपनी ही मेष राशि पर स्थित स्वक्षेत्री मंगल के प्रभाव से जातक शत्रुपक्ष में अपना विशेष प्रभाव रखता है तथा विजय प्राप्त करता है। चौथी नीचदृष्टि से नवमभाव को देखने से भाग्य तथा धर्म के क्षेत्र में कमी का अनुभव होता है तथा यश-सम्मान में भी कमी आती है। सातवीं समग्रहदृष्टि से द्वादशभाव को देखने के कारण खर्च अधिक रहता है तथा बाहरी स्थानों से अच्छे सम्बन्ध स्थापित होते हैं। आठवीं दृष्टि से अपनी ही राशि में प्रथमभाव को देखने से शरीर में कुछ प्रभाव बना रहता है तथा परिश्रम द्वारा आत्मबल की सामान्य वृद्धि होती है।

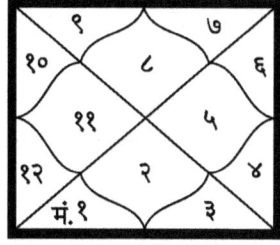

वृश्चिक लग्न: षष्ठभाव: मंगल

जिस जातक का जन्म 'वृश्चिक' लग्न में हुआ हो और जन्म-कुण्डली के 'सप्तमभाव' में 'मंगल' की स्थिति हो, उसे 'मंगल' का फलादेश आगे लिखे अनुसार समझना चाहिए—

सातवें केन्द्र, स्त्री तथा व्यवसाय के भाव में अपने समग्रह शुक्र की वृषभ राशि पर स्थित मंगल के प्रभाव से जातक को स्त्री पक्ष से सामान्य परेशानी रहती है तथा जननेंद्रिय में कुछ विकार होता है। दैनिक रोजगार के क्षेत्र में भी कुछ कठिनाइयां आती हैं। यहां से मंगल चौथी मित्रदृष्टि से दशमभाव को देखता है, अत: जातक को पिता, राज्य एवं व्यापार के पक्ष से सफलता, सुख एवं सम्मान प्राप्त होता है। सातवीं दृष्टि से अपनी ही राशि में प्रथमभाव को देखने से जातक के व्यक्तित्व का विकास होता है तथा शारीरिक-शक्ति में वृद्धि होती है। आठवीं मित्रदृष्टि से द्वितीयभाव को देखने से धन-वृद्धि एवं कुटुम्ब का सुख प्राप्त होता है। कुल मिलाकर जातक का जीवन सामान्यत: सुखी रहता है।

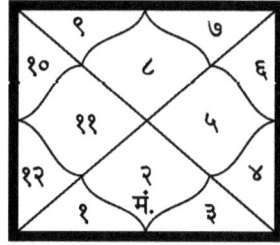

वृश्चिक लग्न: सप्तमभाव: मंगल

जिस जातक का जन्म 'वृश्चिक' लग्न में हुआ हो और जन्म-कुण्डली के 'अष्टमभाव' में 'मंगल' की स्थिति हो, उसे 'मंगल' का फलादेश आगे लिखे अनुसार समझना चाहिए—

आठवें आयु एवं पुरातत्त्व के भाव में अपने शत्रु बुध की मिथुन राशि पर स्थित मंगल के प्रभाव से जातक के शारीरिक सुख एवं सौंदर्य में कमी आती है। आयु तथा पुरातत्त्व के क्षेत्र में भी कुछ कठिनाइयां तथा परेशानियां बनी रहती हैं। ऐसे व्यक्ति के पेट में विकार रहता है और शत्रु पक्ष से भी परेशानी रहती है। यहां से मंगल चौथी शत्रुदृष्टि से एकादशभाव को देखता है, अत: आमदनी का अच्छा योग बनता है। सातवीं मित्रदृष्टि से द्वितीयभाव को देखने

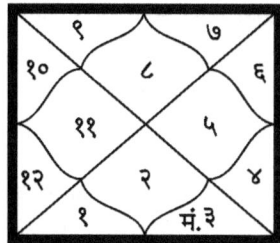

वृश्चिक लग्न: अष्टमभाव: मंगल

से धन एवं कुटुम्ब की वृद्धि के लिए विशेष परिश्रम करना पड़ता है तथा आठवीं उच्चदृष्टि से तृतीयभाव को देखने के कारण पराक्रम की वृद्धि होती है तथा भाई-बहन की शक्ति भी प्राप्त होती है, परन्तु उनसे कुछ वैमनस्य भी बना रहता है।

जिस जातक का जन्म 'वृश्चिक' लग्न में हुआ हो और जन्म-कुण्डली के 'नवमभाव' में 'मंगल' की स्थिति हो, उसे 'मंगल' का फलादेश आगे लिखे अनुसार समझना चाहिए—

वृश्चिक लग्नः नवमभावः मंगल

नवें त्रिकोण, भाग्य एवं धर्म के भाव में अपने मित्र चन्द्र की कर्क राशि पर स्थित नीच के मंगल के प्रभाव से जातक को भाग्य एवं धर्म के पक्ष में कुछ कमी बनी रहती है। साथ ही शत्रु पक्ष से भी झंझट एवं भाग्योन्नति में बाधा पड़ती है। यहां से मंगल चौथी समग्रहदृष्टि से द्वादशभाव को देखता है, अत: खर्च अधिक रहता है एवं बाहरी स्थानों के सम्बन्ध से शक्ति प्राप्त होती है। सातवीं उच्चदृष्टि से तृतीयभाव को देखने के कारण पराक्रम की वृद्धि होती है तथा भाई-बहन का सुख भी प्राप्त होता है। आठवीं समग्रहदृष्टि से चतुर्थभाव को देखने से माता के साथ कुछ वैमनस्य बना रहता है तथा भूमि, मकान आदि के सुख में भी कमी रहती है। कुल मिलाकर ऐसा जातक संघर्षपूर्ण जीवन व्यतीत करता है।

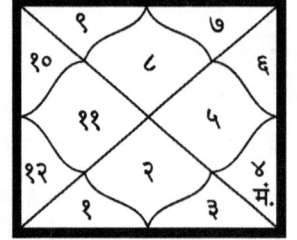

जिस जातक का जन्म 'वृश्चिक' लग्न में हुआ हो और जन्म-कुण्डली के 'दशमभाव' में 'मंगल' की स्थिति हो, उसे 'मंगल' का फलादेश नीचे लिखे अनुसार समझना चाहिए—

वृश्चिक लग्नः दशमभावः मंगल

दसवें केन्द्र, पिता, राज्य एवं व्यवसाय के भाव में अपने मित्र सूर्य की सिंह राशि पर स्थित मंगल के प्रभाव से जातक को कुछ परेशानियों के साथ पिता, राज्य एवं व्यवसाय के पक्ष में सफलता, सुख एवं सम्मान की प्राप्ति होती है। ऐसा व्यक्ति शत्रु पक्ष पर विजय पाने वाला होता है। यहां से मंगल चौथी दृष्टि से अपनी ही राशि में प्रथमभाव को देखता है, अत: जातक को प्रबल शारीरिक शक्ति प्राप्त होती है। ऐसा व्यक्ति स्वस्थ, पुष्ट तथा स्वाभिमानी होता है। सातवीं समग्रहदृष्टि से चतुर्थभाव को देखने से माता, भूमि एवं मकान आदि का सुख कुछ कमी के साथ मिलता है। आठवीं मित्रदृष्टि से पंचमभाव को देखने के कारण विद्या, बुद्धि एवं संतान के क्षेत्र में सफलता प्राप्त होती है।

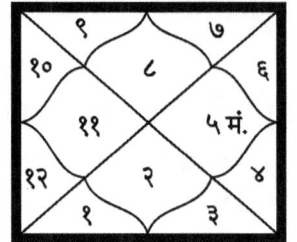

जिस जातक का जन्म 'वृश्चिक' लग्न में हुआ हो और जन्म-कुण्डली के 'एकादशभाव' में 'मंगल' की स्थिति हो, उसे 'मंगल' का फलादेश नीचे लिखे अनुसार समझना चाहिए—

ग्यारहवें लाभ भाव में अपने शत्रु बुध की कन्या राशि पर स्थित मंगल के प्रभाव से जातक परिश्रम द्वारा पर्याप्त लाभ उठाता है। परन्तु उसे शत्रु पक्ष से कुछ परेशानी तथा शारीरिक रोगों का भी सामना करना पड़ता है। यहां से मंगल चौथी मित्रदृष्टि से द्वितीयभाव को देखता है, अतः धन एवं कुटुम्ब की शक्ति तथा सुख प्राप्त होते हैं, सातवीं मित्रदृष्टि से पंचमभाव को देखने से कुछ कठिनाइयों के साथ विद्या-बुद्धि तथा संतान के क्षेत्र में सफलता प्राप्त होती है। आठवीं दृष्टि से अपनी ही राशि में षष्ठभाव को देखने से शत्रु पक्ष पर विजय प्राप्त होती है तथा ननिहाल के पक्ष से लाभ होता है। ऐसा जातक बड़ा स्वाभिमानी तथा प्रभावशाली होता है।

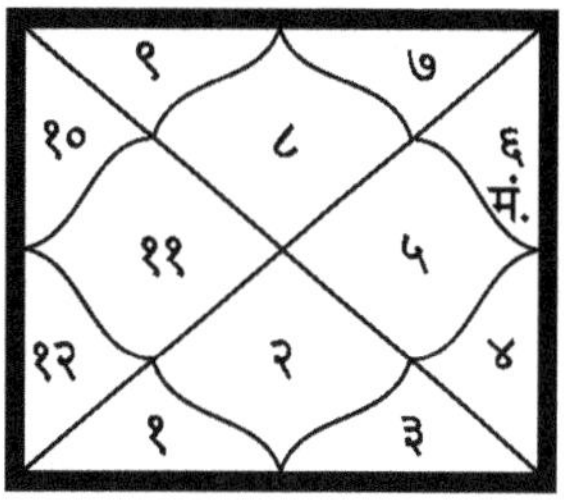

वृश्चिक लग्नः एकादशभावः मंगल

जिस जातक का जन्म 'वृश्चिक' लग्न में हुआ हो और जन्म-कुण्डली के 'द्वादशभाव' में 'मंगल' की स्थिति हो, उसे 'मंगल' का फलादेश नीचे लिखे अनुसार समझना चाहिए—

बारहवें व्यय भाव में अपने समग्रह शुक्र की तुला राशि पर स्थित मंगल के प्रभाव से जातक का खर्च अधिक रहता है तथा बाहरी स्थानों से शांति एवं सम्मान की प्राप्ति होती है। साथ ही शरीर में कमजोरी भी बनी रहती है। यहां से मंगल चौथी उच्चदृष्टि से तृतीयभाव को देखता है, अतः जातक को भाई-बहनों का सुख प्राप्त होता है तथा पराक्रम में वृद्धि होती है। सातवीं दृष्टि से अपनी ही राशि में षष्ठभाव को देखने से जातक शत्रु पक्ष पर विजय प्राप्त करता है तथा झगड़े-झंझट के कामों में सफलता पाता है। आठवीं समग्रहदृष्टि से सप्तमभाव को देखने के कारण स्त्री पक्ष से कुछ वैमनस्य रहते हुए भी उसका सुख प्राप्त होता है तथा दैनिक व्यवसाय में कुछ कठिनाइयों के साथ लाभ होता है।

वृश्चिक लग्नः द्वादशभावः मंगल

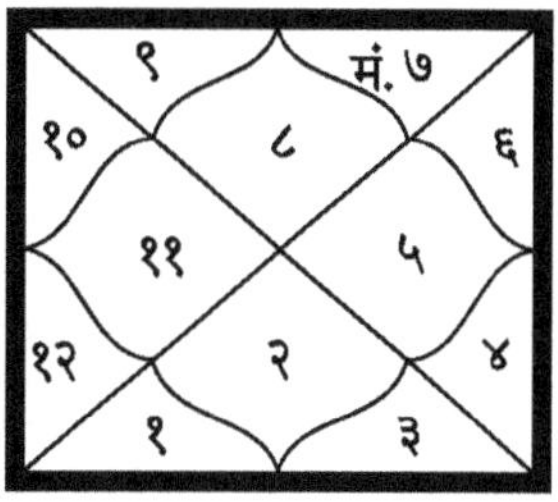

'वृश्चिक' लग्न में 'बुध' का फल

जिस जातक का जन्म 'वृश्चिक' लग्न में हुआ हो और जन्म-कुण्डली के 'प्रथमभाव' में 'बुध' की स्थिति हो, उसे 'बुध' का फलादेश नीचे लिखे अनुसार समझना चाहिए—

पहले केन्द्र तथा शरीर भाव में अपने समग्रह मंगल की वृश्चिक राशि पर स्थित बुध के प्रभाव से जातक के शारीरिक प्रभाव में वृद्धि होती है। वह अपनी शारीरिक शक्ति एवं परिश्रम द्वारा श्रेष्ठ लाभ एवं आयु की शक्ति प्राप्त करता है। यहां से बुध अपनी सातवीं मित्रदृष्टि से शुक्र की वृषभ राशि में सप्तमभाव को देखता है, अतः जातक को स्त्री के

वृश्चिक लग्नः प्रथमभावः बुध

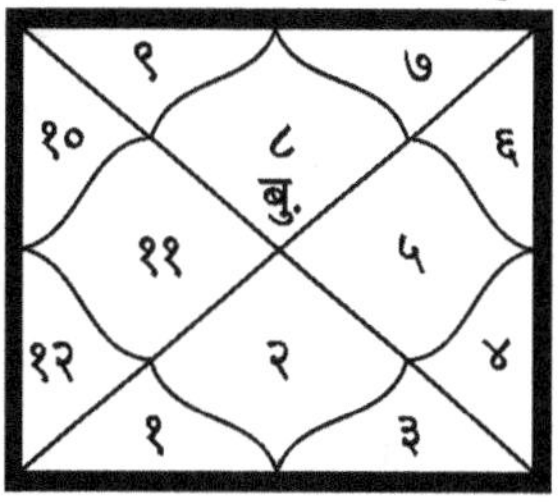

पक्ष में कुछ कठिनाई के साथ सहयोग प्राप्त होता है एवं दैनिक व्यवसाय में भी परिश्रम के साथ सफलता प्राप्त होती है। बुध के अष्टमेश होने के कारण जातक को शारीरिक परेशानी भी उठानी पड़ती है।

जिस जातक का जन्म 'वृश्चिक' लग्न में हुआ हो और जन्म-कुण्डली के 'द्वितीयभाव' में 'बुध' की स्थिति हो, उसे 'बुध' का फलादेश नीचे लिखे अनुसार समझना चाहिए—

दूसरे धन एवं कुटुम्ब के भाव में अपने समग्रह गुरु की धनुराशि पर स्थित बुध के प्रभाव से जातक को धन-संचय तथा कुटुम्ब की श्रेष्ठ शक्ति प्राप्त होती है, परन्तु बुध के अष्टमेश होने के कारण उसमें कुछ कठिनाइयां भी आती हैं। यहां से बुध सातवीं दृष्टि से अपनी ही मिथुन राशि में अष्टमभाव को देखता है, जिससे जातक की आयु की वृद्धि होती है तथा उसे पुरातत्त्व का लाभ मिलता है। ऐसी ग्रह स्थिति वाला जातक शान-शौकत का जीवन व्यतीत करता है। वह यशस्वी तथा प्रतिष्ठित होता है।

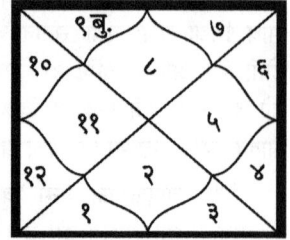
वृश्चिक लग्न: द्वितीयभाव: बुध

जिस जातक का जन्म 'वृश्चिक' लग्न में हुआ हो और जन्म-कुण्डली के 'तृतीयभाव' में 'बुध' की स्थिति हो, उसे 'बुध' का फलादेश नीचे लिखे अनुसार समझना चाहिए—

तीसरे भाई एवं पराक्रम के भाव में अपने समग्रह शनि की मकर राशि पर स्थित बुध के प्रभाव से जातक को भाई-बहनों का सुख प्राप्त होता है तथा पराक्रम की वृद्धि होती है। बुध के अष्टमेश होने के कारण इन दोनों क्षेत्रों में कुछ कठिनाइयां अवश्य आती हैं। इसके साथ ही जातक को आयु एवं पुरातत्त्व के लाभ का भी योग बनता है। यहां से बुध अपनी सातवीं शत्रुदृष्टि से चन्द्र की कर्क राशि में नवमभाव को देखता है, अत: जातक अपनी विवेक-शक्ति द्वारा भाग्य एवं धर्म की भी उन्नति करता है तथा सुखी जीवन व्यतीत करता है।

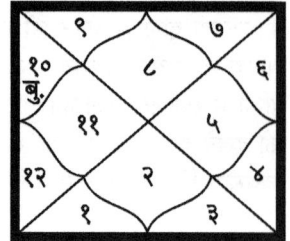
वृश्चिक लग्न: तृतीयभाव: बुध

जिस जातक का जन्म 'वृश्चिक' लग्न में हुआ हो और जन्म-कुण्डली के 'चतुर्थभाव' में 'बुध' की स्थिति हो, उसे 'बुध' का फलादेश नीचे लिखे अनुसार समझना चाहिए—

चौथे केन्द्र, माता एवं भूमि के भाव में अपने समग्रह शनि की कुम्भ राशि पर स्थित बुध के प्रभाव से जातक को माता का सुख एवं भूमि-भाव का लाभ प्राप्त होता है। कठिन परिश्रम द्वारा वह अपनी आय के साधनों को भी बढ़ाता है उसे आयु तथा पुरातत्त्व का भी सुख मिलता है। यहां से बुध अपनी सातवीं मित्रदृष्टि से

वृश्चिक लग्न: चतुर्थभाव: बुध

सूर्य की सिंह राशि में दशमभाव को देखता है, अत: जातक को कुछेक कठिनाइयों के साथ पिता, राज्य एवं व्यवसाय के क्षेत्र में भी सुख, सफलता एवं सम्मान की प्राप्ति होती है।

जिस जातक का जन्म 'वृश्चिक' लग्न में हुआ हो और जन्म-कुण्डली के 'पंचमभाव' में 'बुध' की स्थिति हो, उसे 'बुध' का फलादेश नीचे लिखे अनुसार समझना चाहिए—

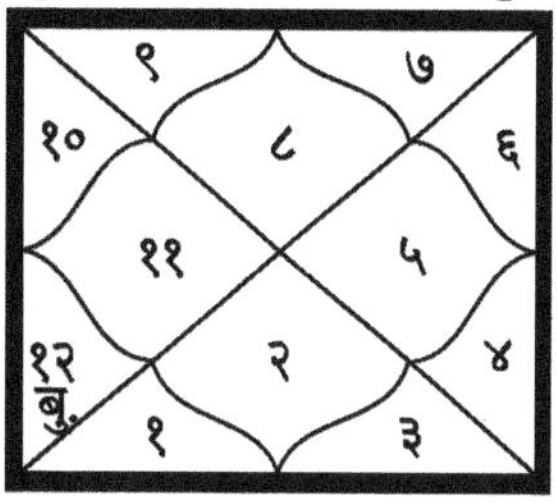

पांचवें त्रिकोण, विद्या एवं संतान के भाव में अपने समग्रह गुरु की मीन राशि पर स्थित नीच के बुध के प्रभाव से जातक को विद्या एवं बुद्धि के क्षेत्र में कमी तथा संतानपक्ष में कष्ट का सामना करना पड़ता है, परन्तु ऐसा व्यक्ति अपनी विवेक-शक्ति से लाभ प्राप्त करता है। आयु के क्षेत्र में कुछ परेशानी रहती है तथा पुरातत्त्व का भी स्वल्प लाभ होता है। यहां से बुध सातवीं उच्चदृष्टि से अपनी ही कन्या राशि में एकादशभाव को देखता है, जिसके कारण जातक की आमदनी खूब रहती है और वह सुखी जीवन व्यतीत करता है।

वृश्चिक लग्न: पंचमभाव: बुध

जिस जातक का जन्म 'वृश्चिक' लग्न में हुआ हो और जन्म-कुण्डली के 'षष्ठभाव' में 'बुध' की स्थिति हो, उसे 'बुध' का फलादेश नीचे लिखे अनुसार समझना चाहिए—

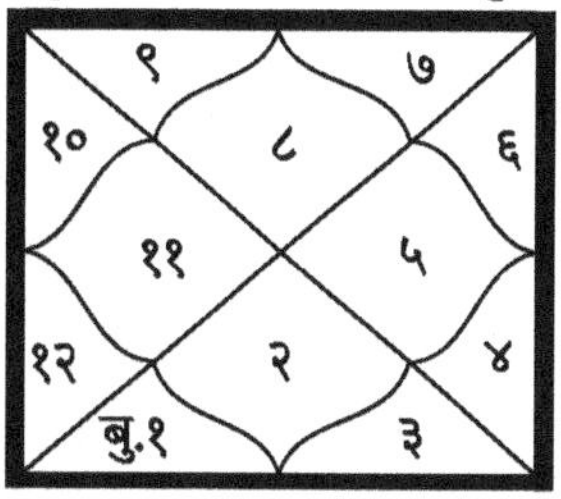

छठे शत्रु तथा रोग भाव में अपने मित्र मंगल की मेष राशि पर स्थित बुध के प्रभाव से जातक अपनी विवेक बुद्धि द्वारा शत्रु-पक्ष में विजय एवं लाभ प्राप्त करता है। कुछ परेशानियों के साथ उसकी आमदनी का मार्ग बनता है। साथ ही आयु तथा पुरातत्त्व की शक्ति का लाभ भी प्राप्त होता है। यहां से बुध सातवीं मित्रदृष्टि से शुक्र की तुला राशि में द्वादशभाव को देखता है, अत: जातक का खर्च अधिक रहता है तथा बाहरी स्थानों के सम्बन्ध से लाभ भी प्राप्त होता है।

वृश्चिक लग्न: षष्ठभाव: बुध

जिस जातक का जन्म 'वृश्चिक' लग्न में हुआ हो और जन्म-कुण्डली के 'सप्तमभाव' में 'बुध' की स्थिति हो, उसे 'बुध' का फलादेश नीचे लिखे अनुसार समझना चाहिए—

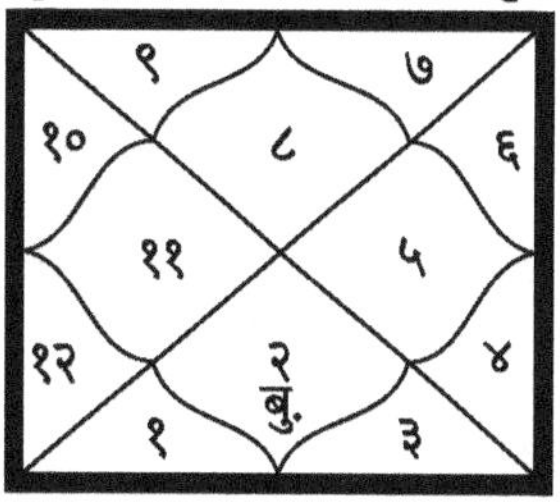

सातवें केन्द्र, स्त्री तथा व्यवसाय के भाव में अपने मित्र शुक्र की वृषभ राशि पर स्थित बुध के प्रभाव से जातक को स्त्री तथा दैनिक रोजगार के पक्ष में सफलता प्राप्त होती है तथा आयु एवं पुरातत्त्व का भी लाभ होता है। यहां से बुध अपनी सातवीं समग्रहदृष्टि से मंगल की वृषभ राशि में प्रथमभाव को देखता है, अत: जातक को शारीरिक बल एवं प्रभाव की प्राप्ति होती है और उसकी दिनचर्या शान-शौकत की बनी रहती है।

वृश्चिक लग्न: सप्तमभाव: बुध

जिस जातक का जन्म 'वृश्चिक' लग्न में हुआ हो और जन्म-कुण्डली के 'अष्टमभाव' में 'बुध' की स्थिति हो, उसे 'बुध' का फलादेश नीचे लिखे अनुसार समझना चाहिए—

आठवें आयु तथा पुरातत्त्व के भाव में अपनी मिथुन राशि पर स्थित स्वक्षेत्री बुध के प्रभाव से जातक की जीवन-शक्ति में वृद्धि होती है तथा पुरातत्त्व का लाभ होता है। बुध के अष्टमेश होने के कारण आमदनी के मार्ग में कुछ कठिनाइयां आती हैं, परन्तु परिश्रम द्वारा जातक अमीरी ढंग का जीवन व्यतीत करता है। यहां से बुध सातवीं समग्रहदृष्टि से गुरु की धनु राशि में तृतीयभाव को देखता है, अत: जातक विवेक द्वारा धन का संचय करता है और उसे कुटुम्ब का सुख भी प्राप्त होता है।

वृश्चिक लग्न: अष्टमभाव: बुध

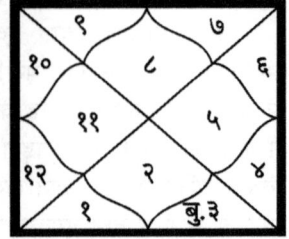

जिस जातक का जन्म 'वृश्चिक' लग्न में हुआ हो और जन्म-कुण्डली के 'नवमभाव' में 'बुध' की स्थिति हो, उसे 'बुध' का फलादेश नीचे लिखे अनुसार समझना चाहिए—

नवें त्रिकोण, भाग्य एवं धर्म के भाव में अपने शत्रु चन्द्र की कर्क राशि पर स्थित बुध के प्रभाव से जातक के भाग्य एवं धर्म की वृद्धि होती है। साथ ही आयु एवं पुरातत्त्व का भी लाभ होता है। ऐसा व्यक्ति कुछ स्वार्थी स्वभाव का भी होता है। यहां से बुध अपनी सातवीं समग्रहदृष्टि से शनि की मकर राशि में तृतीयभाव को देखता है, अत: जातक को कुछ कमी के साथ भाई-बहन का सुख प्राप्त होता है तथा पराक्रम की वृद्धि होती है। संक्षेप में ऐसा जातक भाग्यवान माना जाता है और सुखी जीवन व्यतीत करता है।

वृश्चिक लग्न: नवमभाव: बुध

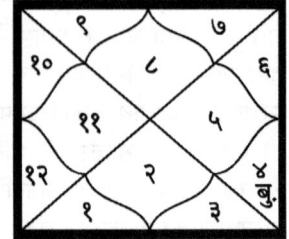

जिस जातक का जन्म 'वृश्चिक' लग्न में हुआ हो और जन्म-कुण्डली के 'दशमभाव' में 'बुध' की स्थिति हो, उसे 'बुध' का फलादेश नीचे लिखे अनुसार समझना चाहिए—

दसवें केन्द्र, राज्य, पिता एवं व्यवसाय के भाव में अपने मित्र सूर्य की सिंह राशि पर स्थित बुध के प्रभाव से जातक को परेशानियों के साथ पिता द्वारा सुख एवं लाभ प्राप्त होता है। इसी तरह कुछ कठिनाइयों के साथ राज्य एवं व्यवसाय के क्षेत्र में भी सफलता, लाभ एवं सम्मान की प्राप्ति होती है। उसे पुरातत्त्व एवं आयु का भी उत्तम लाभ प्राप्त होता है। यहां से बुध अपनी सातवीं दृष्टि से समग्रह शनि की कुम्भ राशि में चतुर्थभाव को देखता है, अत: जातक को कुछ कठिनाइयों के साथ माता, भूमि एवं मकान आदि का सुख तथा लाभ भी प्राप्त होता है।

वृश्चिक लग्न: दशमभाव: बुध

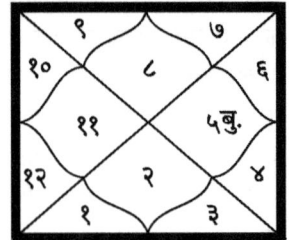

जिस जातक का जन्म 'वृश्चिक' लग्न में हुआ हो और जन्म-कुण्डली के 'एकादशभाव' में 'बुध' की स्थिति हो, उसे 'बुध' का फलादेश नीचे लिखे अनुसार समझना चाहिए—

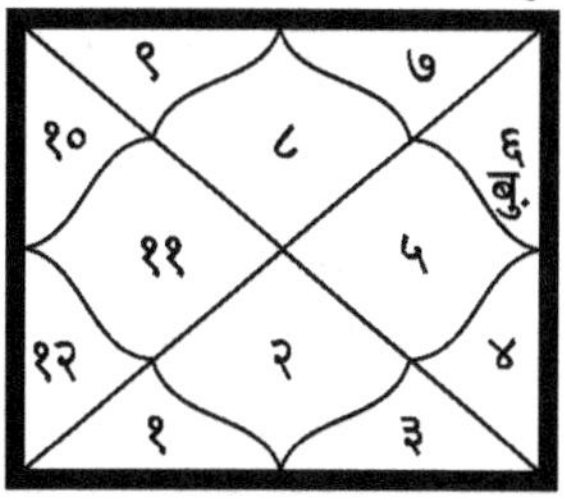

ग्यारहवें लाभ भाव में अपनी ही कन्या राशि पर स्थित उच्च के बुध के प्रभाव से जातक की आमदनी बहुत ही अच्छी रहती है। साथ ही आयु एवं पुरातत्त्व का भी विशेष लाभ होता है। वह अपने जीवन में उमंग एवं उत्साह से परिपूर्ण बना रहता है। यहां से बुध अपनी सातवीं समग्रहदृष्टि से गुरु की मीन राशि में पंचमभाव को देखता है, अत: बुध के अष्टमेश होने के कारण जातक को कुछ कठिनाइयों के साथ संतान, विद्या तथा बुद्धि के क्षेत्र में सफलता प्राप्त होती है, परन्तु उसका व्यवहार कुछ रूखापन लिए रहता है।

वृश्चिक लग्न: एकादशभाव: बुध

जिस जातक का जन्म 'वृश्चिक' लग्न में हुआ हो और जन्म-कुण्डली के 'द्वादशभाव' में 'बुध' की स्थिति हो, उसे 'बुध' का फलादेश नीचे लिखे अनुसार समझना चाहिए—

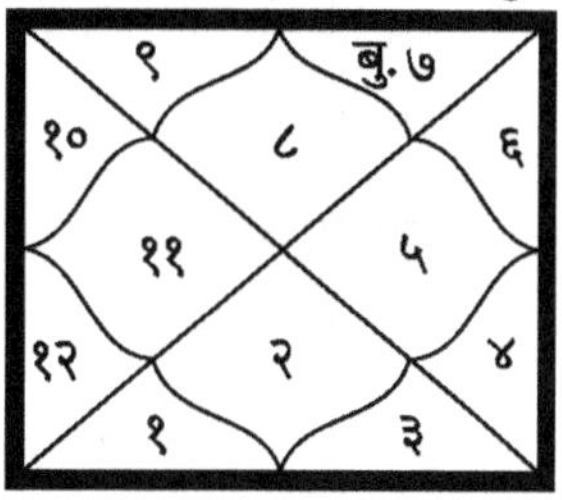

बारहवें व्यय भाव में अपने मित्र शुक्र की तुला राशि पर स्थित बुध के प्रभाव से जातक का खर्च अधिक रहता है, परन्तु बाहरी स्थानों के सम्बन्ध से लाभ मिलता है। उसे आयु एवं पुरातत्त्व की शक्ति का भी कुछ कठिनाइयों के साथ लाभ प्राप्त होता है। यहां से बुध अपनी सातवीं समग्रहदृष्टि से मंगल की मेष राशि में षष्ठभाव को देखता है, जिसके फलस्वरूप जातक शत्रु पक्ष में अपनी विवेक बुद्धि के द्वारा विनम्र रहकर काम निकालता है। उसका जीवन भ्रमणशील होता है तथा चित्त में कुछ अशांति भी बनी रहती है।

वृश्चिक लग्न: द्वादशभाव: बुध

'वृश्चिक' लग्न में 'गुरु' का फल

जिस जातक का जन्म 'वृश्चिक' लग्न में हुआ हो और जन्म-कुण्डली के 'प्रथमभाव' में 'गुरु' की स्थिति हो, उसे 'गुरु' का फलादेश नीचे लिखे अनुसार समझना चाहिए—

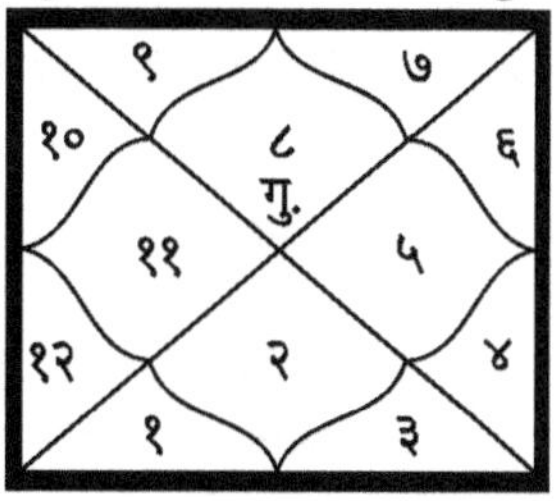

पहले केन्द्र तथा शरीर भाव में अपने मित्र मंगल की वृश्चिक राशि पर स्थित गुरु के प्रभाव से जातक शारीरिक शक्ति प्रभाव एवं प्रतिष्ठा को प्राप्त करता है। यहां से गुरु पांचवीं दृष्टि से स्वराशि में पंचमभाव को देखता है, अत: जातक को विद्या, बुद्धि एवं संतान के पक्ष में भी श्रेष्ठ सफलता मिलती है। सातवीं शत्रुदृष्टि से सप्तमभाव को देखने के कारण स्त्री से कुछ मतभेद रहता है तथा व्यावसायिक क्षेत्र में सामान्य कठिनाइयां आती हैं, परन्तु बाद में स्त्री तथा

वृश्चिक लग्न: प्रथमभाव: गुरु

411

रोजगार दोनों ही पक्षों से शक्ति मिलती है। नवीं उच्चदृष्टि से नवमभाव को देखने से भाग्य की विशेष उन्नति होती है तथा जातक धर्म का पालन भी करता है। संक्षेप में, ऐसा व्यक्ति भाग्यवान तथा सुखी होता है।

जिस जातक का जन्म 'वृश्चिक' लग्न में हुआ हो और जन्म-कुण्डली के 'द्वितीयभाव' में 'गुरु' की स्थिति हो, उसे 'गुरु' का फलादेश नीचे लिखे अनुसार समझना चाहिए—

वृश्चिक लग्नः द्वितीयभावः गुरु

दूसरे धन तथा कुटुम्ब के भाव में अपनी ही धनु राशि पर स्थित स्वक्षेत्री गुरु के प्रभाव से जातक धन का संचय करता है तथा कुटुम्ब का सुख प्राप्त करता है, परन्तु गुरु के द्वितीयेश होने के कारण संतानपक्ष के सुख में कुछ कमी आ जाती है। यहां से गुरु पांचवीं मित्रदृष्टि से षष्ठभाव को देखता है, अतः जातक शत्रु पक्ष में अपनी बुद्धिमानी से सफलता प्राप्त करता है। सातवीं शत्रुदृष्टि से अष्टमभाव को देखने के कारण आयु एवं पुरातत्त्व की शक्ति प्राप्त होती है तथा नवीं मित्रदृष्टि से दशमभाव को देखने से राज्य, पिता एवं व्यवसाय के द्वारा सुख, सम्मान, सहयोग तथा सफलता मिलती है। ऐसा व्यक्ति बड़ा बुद्धिमान तथा धनवान होता है।

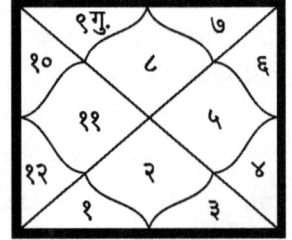

जिस जातक का जन्म 'वृश्चिक' लग्न में हुआ हो और जन्म-कुण्डली के 'तृतीयभाव' में 'गुरु' की स्थिति हो, उसे 'गुरु' का फलादेश नीचे लिखे अनुसार समझना चाहिए—

वृश्चिक लग्नः तृतीयभावः गुरु

तीसरे भाई-बहन तथा पराक्रम के भाव में अपने समग्रह शनि की मकर राशि पर स्थित नीच के गुरु के प्रभाव से जातक को भाई-बहन के सुख में बाधा तथा पराक्रम में कमजोरी बनी रहती है। विद्या, धन तथा कुटुम्ब का सुख भी कम रहता है। यहां से गुरु पांचवीं शत्रुदृष्टि से सप्तमभाव को देखता है, अतः स्त्री से कुछ वैमनस्य रहता है और व्यावसायिक क्षेत्र में कठिन परिश्रम से सफलता मिलती है। सातवीं उच्चदृष्टि से नवमभाव को देखने के कारण भाग्य की अच्छी उन्नति होती है तथा धर्मपालन में रुचि बनी रहती है। नवीं शत्रुदृष्टि से एकादशभाव को देखने से आमदनी का योग अच्छा बनता है। संक्षेप में, ऐसा जातक धनी तथा सुखी होता है।

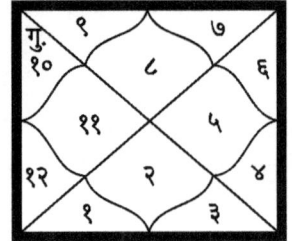

जिस जातक का जन्म 'वृश्चिक' लग्न में हुआ हो और जन्म-कुण्डली के 'चतुर्थभाव' में 'गुरु' की स्थिति हो, उसे 'गुरु' का फलादेश नीचे लिखे अनुसार समझना चाहिए—

वृश्चिक लग्नः चतुर्थभावः गुरु

चौथे केन्द्र, माता तथा भूमि के भाव में अपने समग्रह शनि की कुम्भ राशि पर स्थित गुरु के प्रभाव से जातक का माता के साथ कुछ वैमनस्य रहता है तथा भूमि एवं मकान का सुख प्राप्त होता है। विद्या तथा संतान के पक्ष में कुछ कठिनाइयों के साथ शक्ति मिलती है। यहां से गुरु पांचवीं शत्रुदृष्टि से अष्टमभाव को देखता है, अतः जातक को आयु एवं पुरातत्त्व का लाभ होता है। सातवीं मित्रदृष्टि से दशमभाव को देखने से राज्य, पिता एवं व्यवसाय के पक्ष में सुख, यश, सफलता एवं लाभ की प्राप्ति होती है तथा नवीं शत्रुदृष्टि से द्वादशभाव को देखने से खर्च अधिक रहता है एवं बाहरी स्थानों के सम्बन्ध से साधारण लाभ होता है।

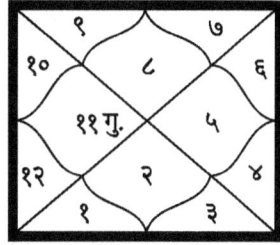

जिस जातक का जन्म 'वृश्चिक' लग्न में हुआ हो और जन्म-कुण्डली के 'पंचमभाव' में 'गुरु' की स्थिति हो, उसे 'गुरु' का फलादेश नीचे लिखे अनुसार समझना चाहिए—

वृश्चिक लग्नः पंचमभावः गुरु

पांचवें त्रिकोण, विद्या तथा संतान के भाव में अपनी ही मीन राशि पर स्थित स्वक्षेत्री गुरु के प्रभाव से जातक को संतान, विद्या एवं बुद्धि के क्षेत्र में विशेष सफलता प्राप्त होती है। साथ ही उसे धन एवं कुटुम्ब का सुख भी मिलता है। यहां से गुरु अपनी पांचवीं मित्र तथा उच्चदृष्टि से नवमभाव को देखता है, अतः जातक के भाग्य की विशेष उन्नति होती है और वह धर्म का पालन भी करता है। सातवीं शत्रुदृष्टि से एकादशभाव को देखने के कारण आमदनी अच्छी बनी रहती है तथा नवीं मित्रदृष्टि से प्रथमभाव को देखने से शारीरिक शक्ति, सौंदर्य, एवं प्रभाव में वृद्धि होती है तथा जातक यश, सम्मान, प्रतिष्ठा, धन, ऐश्वर्य आदि सभी वस्तुएं प्राप्त करता है।

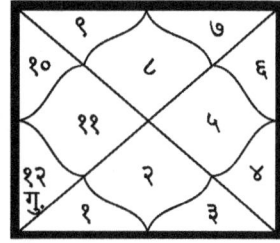

जिस जातक का जन्म 'वृश्चिक' लग्न में हुआ हो और जन्म-कुण्डली के 'षष्ठभाव' में 'गुरु' की स्थिति हो, उसे 'गुरु' का फलादेश नीचे लिखे अनुसार समझना चाहिए—

वृश्चिक लग्नः षष्ठभावः गुरु

छठे शत्रु एवं रोग भाव में अपने मित्र मंगल की मेष राशि पर स्थित गुरु के प्रभाव से जातक अपने बुद्धि-बल से शत्रु पक्ष में काम निकालता है तथा धन एवं कुटुम्ब के कारण झंझटों में फंसता है। विद्या तथा संतानपक्ष में भी कुछ कमजोरी बनी रहती है। यहां से गुरु पांचवीं मित्रदृष्टि से दशमभाव को देखता है, अतः पिता, राज्य एवं व्यवसाय के क्षेत्र में उन्नति-सफलता तथा सम्मान की प्राप्ति होती है। सातवीं शत्रुदृष्टि से व्ययभाव को देखने से खर्च अधिक रहता है तथा बाहरी स्थानों के सम्बन्ध से शक्ति

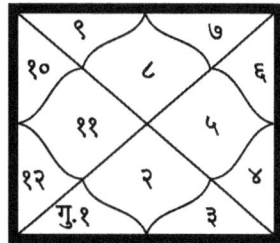

मिलती है। नवीं दृष्टि से अपनी ही राशि में द्वितीयभाव को देखने से परिश्रम द्वारा धन की वृद्धि होती है तथा कुटुम्ब से कुछ वैमनस्य के साथ शक्ति मिलती है।

जिस जातक का जन्म 'वृश्चिक' लग्न में हुआ हो और जन्म-कुण्डली के 'सप्तमभाव' में 'गुरु' की स्थिति हो, उसे 'गुरु' का फलादेश नीचे लिखे अनुसार समझना चाहिए—

सातवें केन्द्र, स्त्री तथा व्यवसाय के भाव में अपने शत्रु शुक्र की वृषभ राशि पर स्थित गुरु के प्रभाव से जातक को कुछ मतभेदों के बावजूद भी स्त्री का श्रेष्ठ सुख प्राप्त होता है एवं बुद्धि-योग से व्यवसाय में लाभ होता है। साथ ही विद्या, बुद्धि एवं संतान के पक्ष में भी सफलता मिलती है। यहां से गुरु अपनी पांचवीं शत्रुदृष्टि से एकादशभाव को देखता है, अत: जातक की आमदनी अच्छी रहती है। सातवीं मित्रदृष्टि से प्रथमभाव को देखने के कारण शारीरिक-सौंदर्य एवं प्रभाव की प्राप्ति होती है तथा नवीं नीचदृष्टि से तृतीयभाव को देखने से भाई-बहन के सुख में कुछ कमी आती है तथा पुरुषार्थ में भी कमी का अनुभव होता है।

वृश्चिक लग्न: सप्तमभाव: गुरु

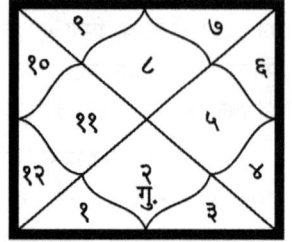

जिस जातक का जन्म 'वृश्चिक' लग्न में हुआ हो और जन्म-कुण्डली के 'अष्टमभाव' में 'गुरु' की स्थिति हो, उसे 'गुरु' का फलादेश नीचे लिखे अनुसार समझना चाहिए—

आठवें आयु एवं पुरातत्त्व के भाव में अपने शत्रु बुध की मिथुन राशि पर स्थित गुरु के प्रभाव से जातक को आयु तथा पुरातत्त्व का लाभ होता है। परन्तु विद्या, बुद्धि, संतान, धन एवं कुटुम्ब के पक्ष में कुछ कमजोरी रहती है। यहां से गुरु पांचवीं शत्रुदृष्टि से द्वादशभाव को देखता है, अत: खर्च अधिक रहता है तथा बाहरी स्थानों के सम्बन्धों से कुछ लाभ होता है। सातवीं दृष्टि से अपनी ही राशि में द्वितीयभाव को देखने के कारण धन तथा कुटुम्ब की शक्ति प्राप्त होती है एवं नवीं समग्रहदृष्टि से चतुर्थभाव को देखने से माता, भूमि एवं मकान आदि के सुख में कुछ परेशानियां उपस्थित होती हैं, परन्तु जातक अपने बुद्धि-बल से सुख-भोग करता रहता है।

वृश्चिक लग्न: अष्टमभाव: गुरु

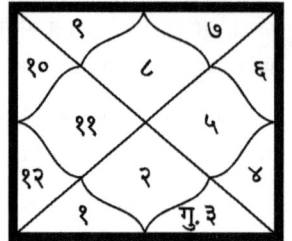

जिस जातक का जन्म 'वृश्चिक' लग्न में हुआ हो और जन्म-कुण्डली के 'नवमभाव' में 'गुरु' की स्थिति हो, उसे 'गुरु' का फलादेश नीचे लिखे अनुसार समझना चाहिए—

वृश्चिक लग्नः नवमभावः गुरु

नवें त्रिकोण, भाग्य एवं धर्म के भाव में अपने मित्र चन्द्र की कर्क राशि पर स्थित उच्च के गुरु के प्रभाव से जातक के भाग्य में वृद्धि होती है और वह धर्म का पालन करता है। उसे धन तथा कुटुम्ब का सुख भी प्राप्त होता है। यहां से गुरु अपनी पांचवीं मित्रदृष्टि से प्रथमभाव को देखता है, अतः जातक के शारीरिक प्रभाव में वृद्धि होती है और उसे मान-सम्मान मिलता रहता है। सातवीं नीचदृष्टि से तृतीयभाव को देखने के कारण भाई-बहन के सुख में कमी रहती है तथा पराक्रम भी क्षीण होता है। नवीं दृष्टि से अपनी ही राशि में पंचमभाव को देखने से संतान, विद्या तथा बुद्धि की विशेष शक्ति प्राप्त होती है, जिसके कारण जातक यशस्वी भी बनता है।

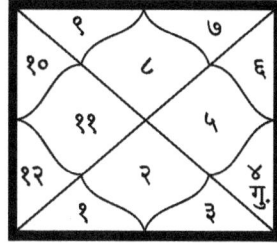

जिस जातक का जन्म 'वृश्चिक' लग्न में हुआ हो और जन्म-कुण्डली के 'दशमभाव' में 'गुरु' की स्थिति हो, उसे 'गुरु' का फलादेश नीचे लिखे अनुसार समझना चाहिए—

वृश्चिक लग्नः दशमभावः गुरु

दसवें केन्द्र, राज्य, पिता तथा व्यवसाय के भाव में अपने मित्र सूर्य की सिंह राशि पर स्थित गुरु के प्रभाव से जातक को पिता, राज्य एवं व्यवसाय के क्षेत्र में सुख-सम्मान, लाभ तथा सफलता की प्राप्ति होती है। पांचवीं दृष्टि से स्वराशि धनु में द्वितीयभाव को देखने से धन तथा कुटुम्ब के सुख की वृद्धि होती है। सातवीं दृष्टि से समग्रह शनि की राशि में चतुर्थभाव को देखने से माता, भूमि तथा भाव का सुख कुछ असंतोष के साथ प्राप्त होता है तथा नवीं मित्रदृष्टि से मंगल की मेष राशि में षष्ठभाव को देखने के कारण शत्रु तथा झगड़ों के क्षेत्र में बुद्धिमानी द्वारा सफलता एवं विजय प्राप्त होती है।

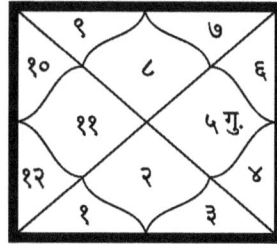

जिस जातक का जन्म 'वृश्चिक' लग्न में हुआ हो और जन्म-कुण्डली के 'एकादशभाव' में 'गुरु' की स्थिति हो, उसे 'गुरु' का फलादेश नीचे लिखे अनुसार समझना चाहिए—

वृश्चिक लग्नः एकादशभावः गुरु

ग्यारहवें लाभ भाव में अपने शत्रु बुध की कन्या राशि पर स्थित गुरु के प्रभाव से जातक की आमदनी में वृद्धि होती रहती है। साथ ही धन एवं कुटुम्ब का सुख भी अच्छा मिलता है। यहां से गुरु पांचवीं नीचदृष्टि से तृतीयभाव को शनि की मकर राशि में देखता है, अतः भाई-बहन के सुख में कमी आती है तथा पराक्रम की भी हानि होती है। सातवीं दृष्टि से पंचमभाव में अपनी ही राशि को देखने के कारण विद्या, बुद्धि तथा संतान के पक्ष में विशेष उन्नति प्राप्त होती है तथा नवीं शत्रुदृष्टि से सप्तमभाव को देखने से स्त्री के

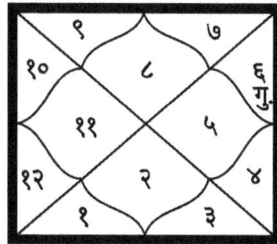

साथ कुछ वैमनस्य रहते हुए भी लाभ होता है तथा दैनिक व्यवसाय के क्षेत्र में कुछ कठिनाइयों के साथ सफलता प्राप्त होती है।

जिस जातक का जन्म 'वृश्चिक' लग्न में हुआ हो और जन्म-कुण्डली के 'द्वादशभाव' में 'गुरु' की स्थिति हो, उसे 'गुरु' का फलादेश नीचे लिखे अनुसार समझना चाहिए—

बारहवें व्यय-भाव में अपने शत्रु शुक्र की तुला राशि पर स्थित गुरु के प्रभाव से जातक का खर्च अधिक होता है तथा बाहरी स्थानों के सम्बन्धों में भी कमजोरी बनी रहती है। साथ ही धन, कुटुम्ब, संतान तथा विद्या के क्षेत्र में भी कमी का अनुभव होता है। यहां से गुरु पांचवीं समग्रहदृष्टि से चतुर्थभाव को देखता है, अत: माता एवं भूमि, मकान आदि सुख में कमी रहती है। सातवीं मित्रदृष्टि से षष्ठभाव को देखने के कारण जातक शत्रु पक्ष में चतुराई से काम निकालता है तथा प्रभाव स्थापित करता है। नवीं शत्रुदृष्टि से अष्टमभाव को देखने से जातक की आयु एवं पुरातत्त्व की श्रेष्ठ शक्ति प्राप्त होती है। ऐसे जातक का चित्त प्राय: अशांत बना रहता है।

वृश्चिक लग्न: द्वादशभाव: गुरु

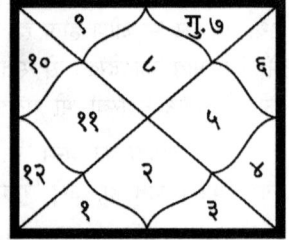

'वृश्चिक' लग्न में 'शुक्र' का फल

जिस जातक का जन्म 'वृश्चिक' लग्न में हुआ हो और जन्म-कुण्डली के 'प्रथमभाव' में 'शुक्र' की स्थिति हो, उसे 'शुक्र' का फलादेश नीचे लिखे अनुसार समझना चाहिए—

पहले केन्द्र तथा शरीर-भाव में अपने समग्रह मंगल की वृश्चिक राशि पर स्थित शुक्र के प्रभाव से जातक के शरीर में कुछ कमजोरी रहती है, परन्तु वह प्रभावशाली, चतुर तथा कार्य-कुशल भी होता है। यहां से शुक्र सातवीं दृष्टि से अपनी ही वृषभ राशि में सप्तमभाव को देखता है, अत: स्त्री तथा व्यवसाय के पक्ष में सफलता प्राप्त होती है, परन्तु शुक्र के व्ययेश होने के कारण जातक को सामान्य कठिनाइयों का सामना भी करना पड़ता है।

वृश्चिक लग्न: प्रथमभाव: शुक्र

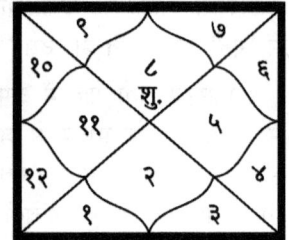

जिस जातक का जन्म 'वृश्चिक' लग्न में हुआ हो और जन्म-कुण्डली के 'द्वितीयभाव' में 'शुक्र' की स्थिति हो, उसे 'शुक्र' का फलादेश नीचे लिखे अनुसार समझना चाहिए—

दूसरे धन तथा कुटुम्ब के भाव में अपने समग्रह गुरु की धनु राशि पर स्थित शुक्र के प्रभाव से जातक के कौटुम्बिक सुख में कमी रहती है तथा शुक्र के व्ययेश होने के कारण धन का लाभ तो होता है, परन्तु खर्च अधिक होने से परेशानी बनी रहती है। यहां से शुक्र सातवीं मित्र-दृष्टि से बुध की मिथुन राशि में अष्टमभाव को देखता है, अतः जातक की आयु में तो वृद्धि होती है, परन्तु पुरातत्त्व का लाभ कम होता है। फिर भी, ऐसा जातक धनी तथा चतुर माना जाता है।

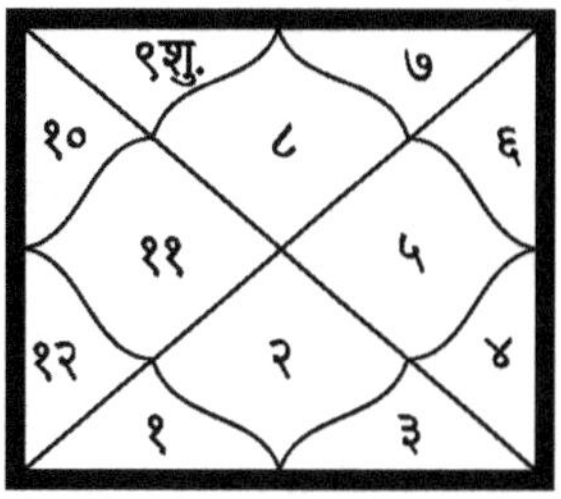

वृश्चिक लग्नः द्वितीयभावः शुक्र

जिस जातक का जन्म 'वृश्चिक' लग्न में हुआ हो और जन्म-कुण्डली के 'तृतीयभाव' में 'शुक्र' की स्थिति हो, उसे 'शुक्र' का फलादेश नीचे लिखे अनुसार समझना चाहिए—

तीसरे पराक्रम एवं भाई-बहन के भाव में अपने मित्र शनि की मकर राशि पर स्थित व्ययेश शुक्र के प्रभाव से जातक के भाई-बहन के सुख एवं पुरुषार्थ में कुछ कमी बनी रहती है। वह खर्च अधिक करता है तथा बाहरी स्थानों के सम्बन्ध से लाभ भी उठाता है। वह अत्यंत चतुराई से अपने घर का खर्च चलाता है। स्त्री के पक्ष में कुछ कमजोरी बनी रहती है। यहां से शुक्र सातवीं शत्रुदृष्टि से चन्द्र की कर्क राशि में नवमभाव को देखता है, अतः जातक की भाग्योन्नति कुछ कमजोरी के साथ होती है और वह धर्म का भी थोड़ा-बहुत पालन करता है।

वृश्चिक लग्नः तृतीयभावः शुक्र

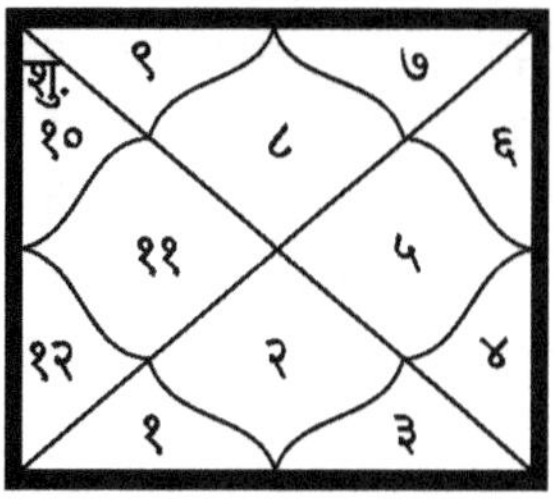

जिस जातक का जन्म 'वृश्चिक' लग्न में हुआ हो और जन्म-कुण्डली के 'चतुर्थभाव' में 'शुक्र' की स्थिति हो, उसे 'शुक्र' का फलादेश नीचे लिखे अनुसार समझना चाहिए—

चौथे केन्द्र, माता, भूमि एवं भाव के भाव में अपने मित्र शनि की कुम्भ राशि पर स्थित शुक्र के प्रभाव से जातक को माता के सुख में कुछ कमी रहती है। इसी प्रकार भूमि, मकान तथा स्त्री के पक्ष में भी कमजोरी बनी रहती है। उसका खर्च आराम से चलता है तथा बाहरी स्थानों के सम्बन्ध से सुख प्राप्त होता है। यहां से शुक्र अपनी सातवीं शत्रुदृष्टि से सूर्य की सिंह राशि में दशमभाव को देखता है, अतः जातक को पिता, राज्य एवं व्यवसाय के पक्ष में कुछ कठिनाइयों के साथ सुख-सहयोग, सम्मान एवं सफलता की प्राप्ति होती है।

वृश्चिक लग्नः चतुर्थभावः शुक्र

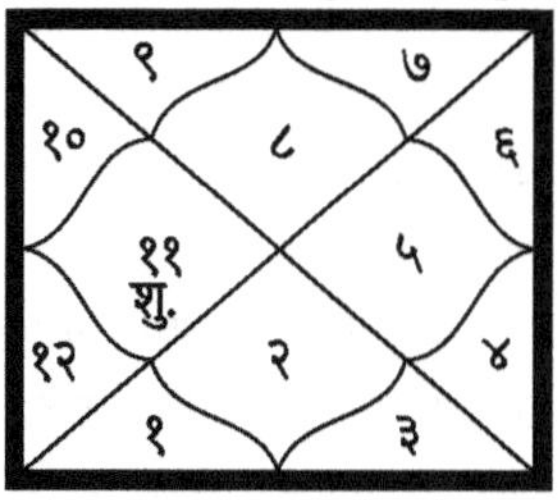

जिस जातक का जन्म 'वृश्चिक' लग्न में हुआ हो और जन्म-कुण्डली के 'पंचमभाव' में 'शुक्र' की स्थिति हो, उसे 'शुक्र' का फलादेश नीचे लिखे अनुसार समझना चाहिए—

पांचवें त्रिकोण, विद्या, बुद्धि तथा संतान के भाव में अपने समग्रह गुरु की मीन राशि पर स्थित उच्च के शुक्र के प्रभाव से जातक को विद्या-बुद्धि तथा संतान के क्षेत्र में कुछ कमियों के साथ सफलता मिलती है, परन्तु वह किसी विशेष कला का जानकार अवश्य होता है। ऐसा व्यक्ति वाक्चतुर तथा स्त्री के प्रभाव में रहने वाला होता है। उसे बाहरी स्थानों के सम्बन्ध से शक्ति एवं लाभ की प्राप्ति होती है। यहां से शुक्र सातवीं नीचदृष्टि से अपने मित्र बुध की कन्या राशि में एकादशभाव को देखता है, अत: जातक को आमदनी के मार्ग में भी कुछ कठिनाइयां उठानी पड़ती हैं।

वृश्चिक लग्न: पंचमभाव: शुक्र

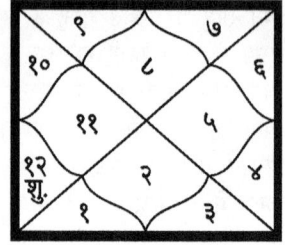

जिस जातक का जन्म 'वृश्चिक' लग्न में हुआ हो और जन्म-कुण्डली के 'षष्ठभाव' में 'शुक्र' की स्थिति हो, उसे 'शुक्र' का फलादेश नीचे लिखे अनुसार समझना चाहिए—

छठे शत्रु तथा रोग भाव में अपने समग्रह मंगल की मेष राशि पर स्थित शुक्र के प्रभाव से जातक शत्रु-पक्ष में शांतिपूर्ण उपायों द्वारा अपना काम निकालता है। उसे अपनी गृहस्थी के कार्य-संचालन में भी कुछ कठिनाइयों का सामना करना पड़ता है तथा बाहरी स्थानों के सम्बन्धों से परेशानी होती है। यहां से शुक्र सातवीं दृष्टि से अपनी ही तुला राशि में द्वादशभाव को देखता है, अत: जातक का खर्च अधिक रहता है तथा बाहरी स्थानों के सम्बन्ध से अत्यधिक परिश्रम द्वारा ही सामान्य लाभ प्राप्त होता है।

वृश्चिक लग्न: षष्ठभाव: शुक्र

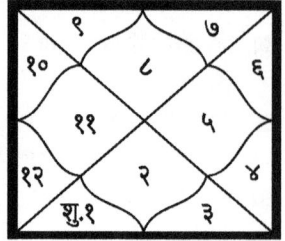

जिस जातक का जन्म 'वृश्चिक' लग्न में हुआ हो और जन्म-कुण्डली के 'सप्तमभाव' में 'शुक्र' की स्थिति हो, उसे 'शुक्र' का फलादेश नीचे लिखे अनुसार समझना चाहिए—

सातवें केन्द्र, स्त्री तथा व्यवसाय के भाव में अपनी ही वृषभ राशि पर स्थित शुक्र के प्रभाव से जातक की स्त्री तथा व्यवसाय के क्षेत्र में सफलता एवं शक्ति प्राप्त होती है। बाहरी स्थानों के सम्बन्ध से उसे अपना खर्च चलाने में सहायता मिलती है। ऐसा व्यक्ति चतुर तथा बुद्धिमान भी होता है। यहां से शुक्र अपनी सातवीं समग्रहदृष्टि से मंगल की वृश्चिक राशि में प्रथमभाव को देखता है, अत: जातक के शरीर में कुछ दुर्बलता बनी रहती है, फिर भी वह प्रभावशाली, यशस्वी व्यावहारिक तथा कार्य कुशल व्यक्ति होता है।

वृश्चिक लग्न: सप्तमभाव: शुक्र

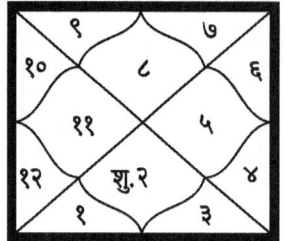

जिस जातक का जन्म 'वृश्चिक' लग्न में हुआ हो और जन्म-कुण्डली के 'अष्टमभाव' में 'शुक्र' की स्थिति हो, उसे 'शुक्र' का फलादेश नीचे लिखे अनुसार समझना चाहिए—

आठवें आयु एवं पुरातत्त्व के भाव में अपने मित्र बुध की मिथुन राशि पर स्थित शुक्र के प्रभाव से जातक को आयु, पुरातत्त्व, स्त्री तथा व्यवसाय के पक्ष में संकटों एवं परेशानियों का सामना करना पड़ता है। वह गुप्त चतुराई तथा कठिन परिश्रम द्वारा सफलता प्राप्त करता रहता है। यहां से शुक्र अपनी सातवीं समग्रहदृष्टि से गुरु की धनु राशि में द्वितीयभाव को देखता है, अत: जातक को धन-संचय तथा कौटुम्बिक सुख में भी कठिनाइयां आती हैं। वह बड़ी ही चतुराई से काम लेकर किसी प्रकार अपनी इज्जत को बचाए रखता है।

वृश्चिक लग्न: अष्टमभाव: शुक्र

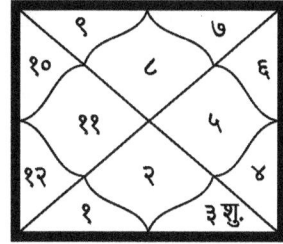

जिस जातक का जन्म 'वृश्चिक' लग्न में हुआ हो और जन्म-कुण्डली के 'नवमभाव' में 'शुक्र' की स्थिति हो, उसे 'शुक्र' का फलादेश नीचे लिखे अनुसार समझना चाहिए—

नवें त्रिकोण, भाग्य तथा धर्म के भाव में अपने शत्रु चन्द्र की कर्क राशि पर स्थित व्ययेश शुक्र के प्रभाव से जातक को भाग्योन्नति एवं धर्म-पालन में कठिनाइयों का सामना करना पड़ता है। साथ ही स्त्री के सम्बन्ध में भी कुछ परेशानी रहती है, परन्तु वह चतुराई से अपना काम निकालता है और बाहरी स्थानों के सम्बन्ध से लाभ उठाता है। यहां से व्ययेश शुक्र सातवीं मित्रदृष्टि से शनि की मकर राशि में तृतीयभाव को देखता है, अत: जातक को भाई-बहन एवं पराक्रम के क्षेत्र में भी कुछ असंतोष बना रहता है।

वृश्चिक लग्न: नवमभाव: शुक्र

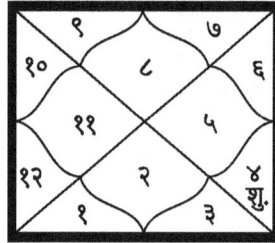

जिस जातक का जन्म 'वृश्चिक' लग्न में हुआ हो और जन्म-कुण्डली के 'दशमभाव' में 'शुक्र' की स्थिति हो, उसे 'शुक्र' का फलादेश नीचे लिखे अनुसार समझना चाहिए—

दसवें केन्द्र, राज्य तथा पिता के भाव में अपने शत्रु सूर्य की सिंह राशि पर स्थित व्ययेश शुक्र के प्रभाव से जातक को पिता, राज्य एवं व्यवसाय के क्षेत्र में कुछ कठिनाइयों एवं कमियों के साथ सफलता प्राप्त होती है। इसी प्रकार स्त्री तथा गृहस्थी के सुख में भी कुछ कमी आती है। यहां से शुक्र अपनी सातवीं मित्रदृष्टि से शनि की कुम्भ राशि में चतुर्थभाव को देखता है, अत: जातक को माता का सुख-सहयोग प्राप्त होता है तथा भूमि एवं मकानादि का सुख भी मिलता है।

वृश्चिक लग्न: दशमभाव: शुक्र

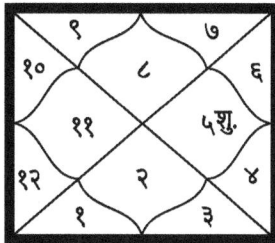

जिस जातक का जन्म 'वृश्चिक' लग्न में हुआ हो और जन्म-कुण्डली के 'एकादशभाव' में 'शुक्र' की स्थिति हो, उसे 'शुक्र' का फलादेश नीचे लिखे अनुसार समझना चाहिए—

ग्यारहवें लाभ भाव में अपने मित्र बुध की कन्या राशि पर स्थित व्ययेश तथा नीच के शुक्र के प्रभाव से जातक की आमदनी में कमी आती है। साथ ही स्त्री एवं व्यवसाय के क्षेत्र में भी परेशानी बनी रहती है, परन्तु बाहरी स्थानों के सम्बन्ध से चतुराई द्वारा थोड़ा लाभ भी मिलता है। यहां से शुक्र अपनी सातवीं उच्चदृष्टि से समग्रह गुरु की मीन राशि में पंचमभाव को देखता है, अत: जातक को विद्या-बुद्धि की शक्ति तो प्राप्त होती है, परन्तु संतान के पक्ष में कुछ कमी रहती है। सामान्यत: ऐसा जातक विद्वान, बुद्धिमान, चतुर तथा कूटनीतिज्ञ होता है।

वृश्चिक लग्न: एकादशभाव: शुक्र

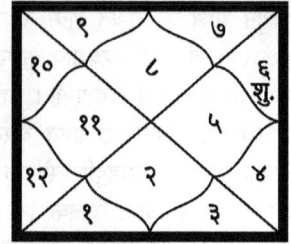

जिस जातक का जन्म 'वृश्चिक' लग्न में हुआ हो और जन्म-कुण्डली के 'द्वादशभाव' में 'शुक्र' की स्थिति हो, उसे 'शुक्र' का फलादेश नीचे लिखे अनुसार समझना चाहिए—

बारहवें व्यय भाव में अपनी ही तुला राशि पर स्थित व्ययेश शुक्र के प्रभाव से जातक का खर्च अधिक रहता है तथा बाहरी स्थानों के सम्बन्ध से लाभ एवं शक्ति प्राप्त होती है। स्त्री के पक्ष में कुछ परेशानी रहती है तथा स्थानीय व्यवसाय में कठिनाइयां आती हैं, जबकि बाहरी स्थानों के व्यवसाय में सफलता मिलती है। यहां से शुक्र अपनी सातवीं समग्रहदृष्टि से मंगल की मेष राशि में षष्ठभाव को देखता है, अत: जातक शत्रु पक्ष में कुछ परेशानियों के साथ सफलता प्राप्त करता है।

वृश्चिक लग्न: द्वादशभाव: शुक्र

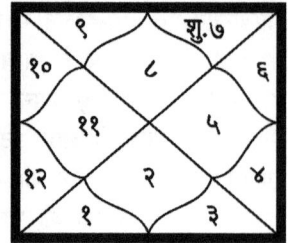

'वृश्चिक' लग्न में 'शनि' का फल

जिस जातक का जन्म 'वृश्चिक' लग्न में हुआ हो और जन्म-कुण्डली के 'प्रथमभाव' में 'शनि' की स्थिति हो, उसे 'शनि' का फलादेश नीचे लिखे अनुसार समझना चाहिए—

पहले केन्द्र तथा शरीर-भाव में अपने शत्रु मंगल की वृश्चिक राशि पर स्थित शनि के प्रभाव से जातक के शरीर में शांति एवं उग्रता दोनों का ही दर्शन होता है। उसे माता, भूमि तथा मकान का भी सामान्य सुख मिलता है। यहां से शनि तीसरी दृष्टि से अपनी ही मकर राशि में तृतीयभाव को देखता है, अत: जातक को भाई-बहन का सुख प्राप्त होता है तथा पराक्रम में वृद्धि होती है। सातवीं मित्रदृष्टि से सप्तमभाव को देखने से स्त्री तथा व्यवसाय के पक्ष में सफलता मिलती है तथा दसवीं शत्रुदृष्टि से दशमभाव को देखने के कारण पिता से वैमनस्य रहता है तथा राज्य एवं व्यवसाय के क्षेत्र में कठिनाइयों के बाद सफलता मिलती है।

वृश्चिक लग्न: प्रथमभाव: शनि

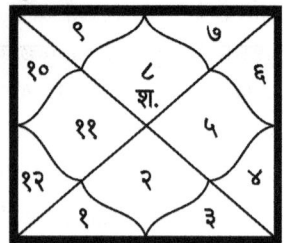

जिस जातक का जन्म 'वृश्चिक' लग्न में हुआ हो और जन्म-कुण्डली के 'द्वितीयभाव' में 'शनि' की स्थिति हो, उसे 'शनि' का फलादेश नीचे लिखे अनुसार समझना चाहिए—

वृश्चिक लग्नः द्वितीयभावः शनि

दूसरे धन-कुटुम्ब के भाव में समग्रह गुरु की धनु राशि पर स्थित शनि के प्रभाव से जातक को धन तथा कुटुम्ब का सामान्य सुख प्राप्त होता है, परन्तु भाई-बहन के सुख में कुछ कमी आती है। यहां से शनि तीसरी दृष्टि से अपनी ही राशि में चतुर्थभाव को देखता है, अतः माता, भूमि एवं मकान आदि का सुख प्राप्त होता है। सातवीं मित्रदृष्टि से अष्टमभाव को देखने के कारण आयु एवं पुरातत्त्व का लाभ होता है तथा दसवीं मित्रदृष्टि से एकादशभाव को देखने से आमदनी के क्षेत्र में अत्यधिक सफलता प्राप्त होती है। ऐसा जातक धनी तथा सुखी होता है।

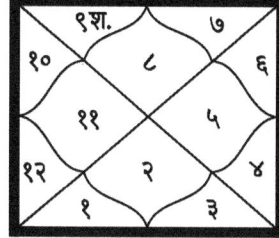

जिस जातक का जन्म 'वृश्चिक' लग्न में हुआ हो और जन्म-कुण्डली के 'तृतीयभाव' में 'शनि' की स्थिति हो, उसे 'शनि' का फलादेश नीचे लिखे अनुसार समझना चाहिए—

वृश्चिक लग्नः तृतीयभावः शनि

तीसरे भाई-बहन एवं पराक्रम के भाव में अपनी ही मकर राशि पर स्थित स्वक्षेत्री शनि के प्रभाव से जातक को भाई-बहनों का सुख प्राप्त होता है तथा पराक्रम में वृद्धि होती है। साथ ही माता, भूमि एवं मकान आदि का सुख भी मिलता है। यहां से शनि तीसरी समग्रहदृष्टि से पंचमभाव को देखता है, अतः कुछ कठिनाइयों के साथ विद्या एवं संतान के पक्ष में सफलता मिलती है। सातवीं शत्रुदृष्टि से नवमभाव को देखने के कारण कुछ कठिनाइयों के साथ भाग्योन्नति होती है तथा कुछ मतभेदों के साथ धर्म का पालन होता है दसवीं उच्च तथा मित्रदृष्टि से द्वादशभाव को देखने से खर्च आराम से चलता है तथा बाहरी स्थानों के सम्बन्ध से शक्ति एवं लाभ की प्राप्ति होती है।

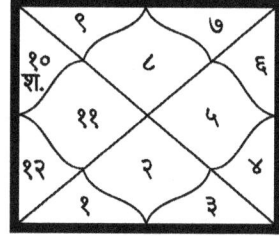

जिस जातक का जन्म 'वृश्चिक' लग्न में हुआ हो और जन्म-कुण्डली के 'चतुर्थभाव' में 'शनि' की स्थिति हो, उसे 'शनि' का फलादेश नीचे लिखे अनुसार समझना चाहिए—

वृश्चिक लग्नः चतुर्थभावः शनि

चौथे केन्द्र, माता एवं भूमि के भाव में अपनी ही कुम्भ राशि पर स्थित स्वक्षेत्रीय शनि के प्रभाव से जातक को माता का सुख विशेष रूप से मिलता है। साथ ही भूमि, मकान आदि का भी श्रेष्ठ सुख प्राप्त होता है और भाई-बहन एवं पराक्रम की वृद्धि होती है। यहां से शनि तीसरी नीचदृष्टि से षष्ठभाव को देखता है, अतः जातक को शत्रु-पक्ष से अशांति रहती है। सातवीं शत्रुदृष्टि से दशमभाव को देखने

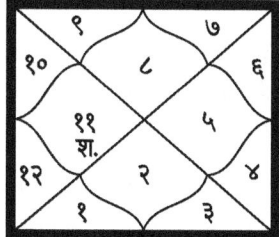

के कारण पिता से मतभेद रहता है तथा राज्य एवं व्यवसाय के क्षेत्र में भी अधिक सफलता नहीं मिलती। दसवीं शत्रुदृष्टि से प्रथमभाव को देखने के कारण शारीरिक-सौंदर्य में कुछ कमी रहती है तथा जातक अधिक परिश्रमी होता है।

जिस जातक का जन्म 'वृश्चिक' लग्न में हुआ हो और जन्म-कुण्डली के 'पंचमभाव' में 'शनि' की स्थिति हो, उसे 'शनि' का फलादेश नीचे लिखे अनुसार समझना चाहिए—

वृश्चिक लग्नः पंचमभावः शनि

पांचवें त्रिकोण, विद्या, बुद्धि एवं संतान के भाव में समग्रह गुरु की मीन राशि पर स्थित शनि के प्रभाव से जातक को संतान का सुख मिलता है, परन्तु उससे मतभेद बना रहता है। ऐसा व्यक्ति वाचाल, चतुर तथा होशियार होता है। उसका माता से वैमनस्य रहता है तथा मकान, भूमि आदि का सामान्य सुख प्राप्त होता है। यहां से शनि तीसरी मित्रदृष्टि से सप्तमभाव को देखता है, अतः उसे स्त्री तथा व्यवसाय के क्षेत्र में सुख एवं सफलता की प्राप्ति होती है, सातवीं मित्रदृष्टि से एकादशभाव को देखने से आमदनी अच्छी रहती है तथा दसवीं समग्रहदृष्टि से द्वितीयभाव को देखने के कारण कुटुम्ब से वैमनस्य बना रहता है तथा अत्यधिक प्रयत्न करने पर भी धन की विशेष वृद्धि नहीं हो पाती।

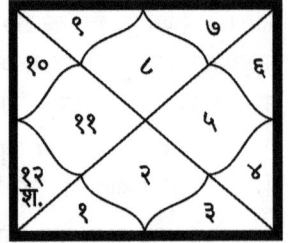

जिस जातक का जन्म 'वृश्चिक' लग्न में हुआ हो और जन्म-कुण्डली के 'षष्ठभाव' में 'शनि' की स्थिति हो, उसे 'शनि' का फलादेश नीचे लिखे अनुसार समझना चाहिए—

वृश्चिक लग्नः षष्ठभावः शनि

छठे शत्रु एवं रोग भाव में अपने शत्रु मंगल की मेष राशि पर स्थित नीच के शनि के प्रभाव से जातक शत्रु-पक्ष में गुप्त युक्ति से काम निकालता है। उसे भाई-बहन, माता, भूमि एवं मकान आदि का सुख अल्प मात्रा में प्राप्त होता है, यहां से शनि अपनी तीसरी मित्रदृष्टि से अष्टमभाव को देखता है, अतः जातक को आयु एवं पुरातत्त्व की शक्ति प्राप्त होती है। सातवीं उच्चदृष्टि से द्वादशभाव को देखने के कारण खर्च अधिक रहता है तथा बाहरी स्थानों के सम्बन्ध से लाभ मिलता है। दसवीं दृष्टि से स्वराशि में तृतीयभाव को देखने से विरोध रहते हुए भी भाई-बहन का सुख प्राप्त होता है तथा पराक्रम में वृद्धि होती है।

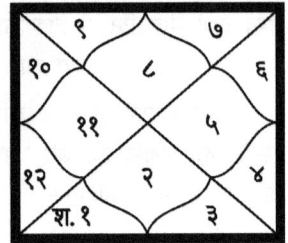

जिस जातक का जन्म 'वृश्चिक' लग्न में हुआ हो और जन्म-कुण्डली के 'सप्तमभाव' में 'शनि' की स्थिति हो, उसे 'शनि' का फलादेश नीचे लिखे अनुसार समझना चाहिए—

सातवें केन्द्र, स्त्री तथा व्यवसाय के भाव में अपने मित्र शुक्र की वृषभ राशि पर स्थित शनि के प्रभाव से जातक को स्त्री तथा व्यवसाय के पक्ष में सफलता एवं सुख की प्राप्ति होती है। यहां से शनि तीसरी शत्रुदृष्टि से नवमभाव को देखता है, अतः कुछ कठिनाइयों के साथ भाग्य एवं धर्म की उन्नति होती है। सातवीं शत्रुदृष्टि से प्रथमभाव को देखने के कारण शारीरिक-सौंदर्य में कमी रहती है तथा जातक को अधिक शारीरिक श्रम करना पड़ता है। दसवीं दृष्टि से अपनी राशि में चतुर्थभाव को देखने से माता, भूमि तथा मकान का सुख यथेष्ट प्राप्त होता है। ऐसा व्यक्ति अपने दैनिक जीवन में आमोद-प्रमोदवान् सुखी तथा संतुष्ट बना रहता है एवं प्रभावशाली होता है।

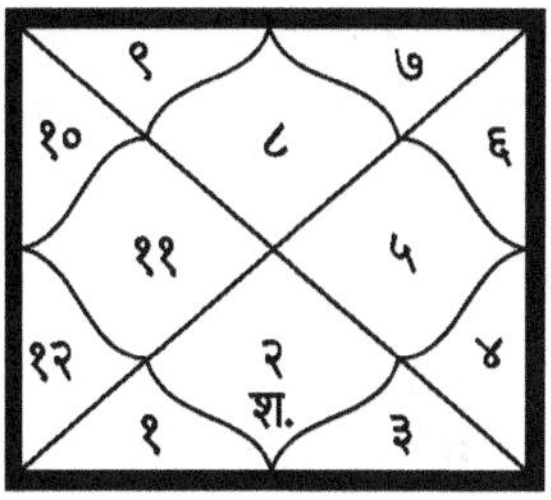

वृश्चिक लग्नः सप्तमभावः शनि

जिस जातक का जन्म 'वृश्चिक' लग्न में हुआ हो और जन्म-कुण्डली के 'अष्टमभाव' में 'शनि' की स्थिति हो, उसे 'शनि' का फलादेश नीचे लिखे अनुसार समझना चाहिए—

आठवें आयु एवं पुरातत्त्व के भाव में अपने मित्र बुध की मिथुन राशि पर स्थित शनि के प्रभाव से जातक को आयु एवं पुरातत्त्व का लाभ होता है, परन्तु माता के सुख में बहुत कमी रहती है तथा भूमि, मकान एवं भाई-बहनों के सुख में भी हानि उठानी पड़ती है। यहां से शनि तीसरी शत्रुदृष्टि से दशमभाव को देखता है, अतः पिता से वैमनस्य, राजकीय क्षेत्र में असफलता एवं व्यावसायिक क्षेत्र में आलस्य का सामना करना पड़ता है। सातवीं समग्रहदृष्टि से द्वितीयभाव को देखने से धन-संचय में कमी रहती है तथा कुटुम्ब से वैमनस्य बना रहता है। दसवीं समग्रहदृष्टि से पंचमभाव को देखने के कारण विद्या एवं संतान के पक्ष में भी त्रुटि रहती है, परन्तु दैनिक जीवन कुछ शान का बना रहता है।

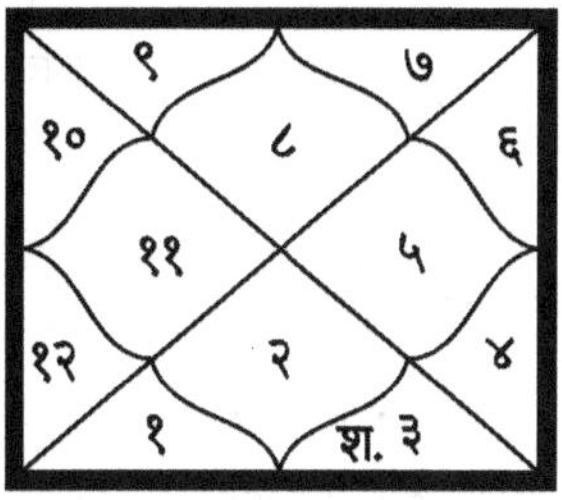

वृश्चिक लग्नः अष्टमभावः शनि

जिस जातक का जन्म 'वृश्चिक' लग्न में हुआ हो और जन्म-कुण्डली के 'नवमभाव' में 'शनि' की स्थिति हो, उसे 'शनि' का फलादेश नीचे लिखे अनुसार समझना चाहिए—

नवें, त्रिकोण, भाग्य एवं धर्म के भाव में अपने शत्रु चन्द्र की कर्क राशि पर स्थित शनि के प्रभाव से जातक कुछ असंतोष के साथ धर्म का पालन करता है तथा कुछ रुकावटों के साथ भाग्योन्नति होती है। उसे माता, भूमि, मकान आदि का सुख प्राप्त होता है। यहां से शनि तीसरी मित्रदृष्टि से एकादशभाव को देखता है, अतः आमदनी अच्छी रहती है तथा धन का प्रचुर लाभ होता है। सातवीं दृष्टि से अपनी ही राशि में तृतीयभाव को देखने के कारण भाई-बहन के सुख तथा पराक्रम की वृद्धि होती है। दसवीं

वृश्चिक लग्नः नवमभावः शनि

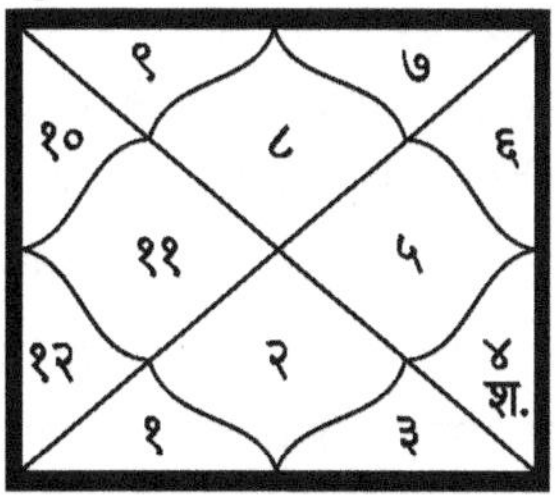

नीचदृष्टि से शत्रु की राशि में षष्ठभाव को देखने से शत्रु पक्ष से कुछ परेशानी उठानी पड़ती है तथा ननिहाल का पक्ष भी कमजोर बना रहता है। फिर भी ऐसा जातक भाग्यवान समझा जाता है तथा सुखी जीवन व्यतीत करता है।

जिस जातक का जन्म 'वृश्चिक' लग्न में हुआ हो और जन्म-कुण्डली के 'दशमभाव' में 'शनि' की स्थिति हो, उसे 'शनि' का फलादेश नीचे लिखे अनुसार समझना चाहिए—

वृश्चिक लग्नः दशमभावः शनि

दसवें केन्द्र, पिता, राज्य एवं व्यवसाय के भाव में अपने शत्रु सूर्य की सिंह राशि पर स्थित शनि के प्रभाव से जातक कुछ कठिनाइयों के साथ पिता, राज्य एवं व्यवसाय के पक्ष से सफलता, मान तथा लाभ प्राप्त करता है। इसी प्रकार उसे भाई-बहन का सुख भी कुछ कम मिल पाता है, परन्तु पराक्रम में वृद्धि होती है। यहां से शनि तीसरी मित्र तथा उच्चदृष्टि से द्वादशभाव को देखता है, अतः खर्च अधिक रहता है, परन्तु बाहरी स्थानों के सम्बन्ध से लाभ एवं शक्ति मिलती है। सातवीं दृष्टि से अपनी ही राशि में चतुर्थभाव को देखने से माता से कुछ मतभेद रहता है, परन्तु भूमि एवं मकान का सुख प्राप्त होता है। दसवीं मित्रदृष्टि से सप्तमभाव को देखने से स्त्री तथा व्यवसाय के क्षेत्र में सुख प्राप्त होता है तथा घरेलू वातावरण आनंदमय बना रहता है।

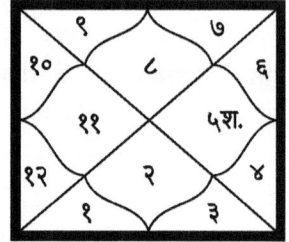

जिस जातक का जन्म 'वृश्चिक' लग्न में हुआ हो और जन्म-कुण्डली के 'एकादशभाव' में 'शनि' की स्थिति हो, उसे 'शनि' का फलादेश नीचे लिखे अनुसार समझना चाहिए—

वृश्चिक लग्नः एकादशभावः शनि

ग्यारहवें लाभ भाव में अपने मित्र बुध की कन्या राशि पर स्थित शनि के प्रभाव से जातक की आमदनी में वृद्धि होती है और उसके कारण वह सुखी जीवन व्यतीत करता है। साथ ही उसे भाई-बहन, माता एवं भूमि, मकान आदि का सुख भी प्राप्त होता है। यहां से शनि तीसरी शत्रुदृष्टि से प्रथमभाव को देखता है, अतः जातक के शारीरिक-सौंदर्य में कमी आती है तथा शरीर को आराम नहीं मिल पाता। सातवीं समग्रहदृष्टि से पंचमभाव को देखने के कारण कुछ कठिनाइयों के साथ विद्या एवं संतान का सुख प्राप्त होता है। दसवीं मित्रदृष्टि से अष्टमभाव को देखने से जातक को दीर्घायु की प्राप्ति होती है तथा पुरातत्त्व का भी लाभ होता है। संक्षेप में ऐसा जातक भाग्यवान् होता है तथा सुखी जीवन व्यतीत करता है।

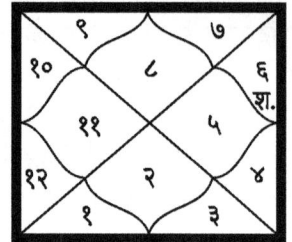

जिस जातक का जन्म 'वृश्चिक' लग्न में हुआ हो और जन्म-कुण्डली के 'द्वादशभाव' में 'शनि' की स्थिति हो, उसे 'शनि' का फलादेश नीचे लिखे अनुसार समझना चाहिए—

वृश्चिक लग्नः द्वादशभावः शनि

बारहवें व्यय भाव में अपने मित्र शुक्र की तुला राशि पर स्थित उच्च के शनि के प्रभाव से जातक का खर्च अधिक रहता है, परन्तु बाहरी स्थानों के सम्बन्ध से सुख एवं लाभ की प्राप्ति होती है। साथ ही भाई-बहन, माता एवं भूमि आदि के सुख में कुछ कमी आती है। यहां से शनि तीसरी समग्रहदृष्टि से द्वितीयभाव को देखता है, अतः जातक के धन-संचय में कमी रहती है तथा कुटुम्ब से असंतोष रहता है। सातवीं नीचदृष्टि से षष्ठभाव को देखने के कारण शत्रु-पक्ष से परेशानी रहती है तथा दसवीं मित्रदृष्टि से अष्टमभाव को देखने से आयु एवं पुरातत्त्व का लाभ होता है। ऐसा जातक अमीरी ढंग का जीवन बिताता है।

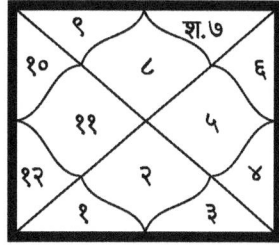

'वृश्चिक' लग्न में 'राहु' का फल

जिस जातक का जन्म 'वृश्चिक' लग्न में हुआ हो और जन्म-कुण्डली के 'प्रथमभाव' में 'राहु' की स्थिति हो, उसे 'राहु' का फलादेश नीचे लिखे अनुसार समझना चाहिए—

वृश्चिक लग्नः प्रथमभावः राहु

पहले केन्द्र एवं शरीर भाव में अपने शत्रु मंगल की वृश्चिक राशि पर स्थित राहु के प्रभाव से जातक के शरीर में किसी गुप्त चिन्ता अथवा कष्ट का निवास रहता है। वह अपनी उन्नति के लिए अत्यधिक कठिन परिश्रम करता हुआ गुप्त युक्तियों का आश्रय लेता है। ऐसे व्यक्ति का स्वभाव तेज होता है। वह स्वार्थ साधने में चतुर होता है। उसके शारीरिक-सौंदर्य में कमी रहती है और कभी-कभी उसे मृत्यु तुल्य शारीरिक कष्ट का सामना भी करना पड़ता है।

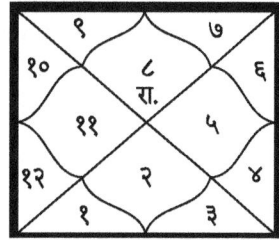

जिस जातक का जन्म 'वृश्चिक' लग्न में हुआ हो और जन्म-कुण्डली के 'द्वितीयभाव' में 'राहु' की स्थिति हो, उसे 'राहु' का फलादेश नीचे लिखे अनुसार समझना चाहिए—

वृश्चिक लग्नः द्वितीयभावः राहु

दूसरे धन तथा कुटुम्ब के भाव में अपने समग्रह गुरु की धनु राशि पर स्थित नीच के राहु के प्रभाव से जातक को अपने कुटुम्ब के सम्बन्ध में चिन्ता एवं परेशानियों का सामना करना पड़ता है। उसे धन प्राप्त करने के लिए कठिन परिश्रम करना पड़ता है तथा अनेक प्रकार की गुप्त युक्तियों का आश्रय लेना पड़ता है, फिर भी वह अभावग्रस्त तथा ऋणी ही बना रहता है। उसकी धन सम्बन्धी चिन्ताएं दूर नहीं हो पातीं।

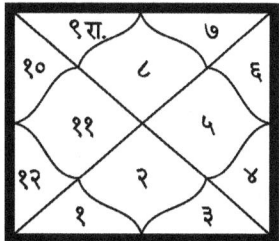

जिस जातक का जन्म 'वृश्चिक' लग्न में हुआ हो और जन्म-कुण्डली के 'तृतीयभाव' में 'राहु' की स्थिति हो, उसे 'राहु' का फलादेश नीचे लिखे अनुसार समझना चाहिए—

तीसरे भाई-बहन एवं पराक्रम के भाव में अपने मित्र शनि की मकर राशि पर स्थित राहु के प्रभाव से जातक के पराक्रम में अत्यधिक वृद्धि होती है। वह कठिन कर्म करने वाला, परिश्रमी, महान, पुरुषार्थी, चतुर, गुप्त युक्तियों का जानकार, हिम्मतवर तथा धैर्यवान होता है। कभी-कभी हिम्मत हारने का अवसर आ जाने पर भी वह अपने धैर्य को नहीं खोता और किसी-किसी समय असाधारण साहस का प्रदर्शन भी कर बैठता है। ऐसे व्यक्ति को भाई-बहनों का सुख तो मिलता है, परन्तु उनकी ओर से अनेक प्रकार की चिन्ताएं भी बनी रहती हैं।

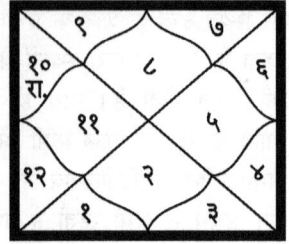

वृश्चिक लग्नः तृतीयभावः राहु

जिस जातक का जन्म 'वृश्चिक' लग्न में हुआ हो और जन्म-कुण्डली के 'चतुर्थभाव' में 'राहु' की स्थिति हो, उसे 'राहु' का फलादेश नीचे लिखे अनुसार समझना चाहिए—

चौथे केन्द्र, माता एवं भूमि के भाव में अपने मित्र शनि की कुम्भ राशि पर स्थित राहु के प्रभाव से जातक को माता, भूमि तथा मकान आदि के सुख में कुछ कमी का अनुभव होता है तथा उसके घरेलू वातावरण में भी कभी-कभी बड़े संकट उठ खड़े होते हैं, परन्तु वह अपनी गुप्त युक्तियों के बल पर हिम्मत तथा धैर्य से काम लेकर उनका निराकरण कर देता है। ऐसा व्यक्ति बड़ा परिश्रमी तथा होशियार भी होता है।

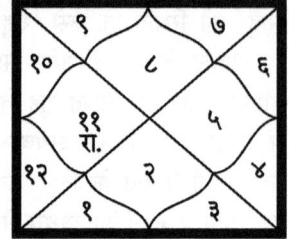

वृश्चिक लग्नः चतुर्थभावः राहु

जिस जातक का जन्म 'वृश्चिक' लग्न में हुआ हो और जन्म-कुण्डली के 'पंचमभाव' में 'राहु' की स्थिति हो, उसे 'राहु' का फलादेश नीचे लिखे अनुसार समझना चाहिए—

पांचवें त्रिकोण, विद्या एवं संतान के भाव में अपने समग्रह गुरु की मीन राशि पर स्थित राहु के प्रभाव से जातक को विद्याध्ययन में कठिनाइयों का सामना करना पड़ता है, परन्तु वह गुप्त युक्तियों और चतुराइयों में प्रवीण होता है। उसकी बोल-चाल से उसकी होशियारी तथा बुद्धिमानी प्रकट होती है। संतानपक्ष में उसे पहले बहुत कठिनाइयों का सामना करना पड़ता है, बाद में उसे कुछ सफलता मिलती है। ऐसे व्यक्ति का मस्तिष्क हर समय परेशान रहता है, परन्तु वह अपनी परेशानी किसी पर जाहिर नहीं होने देता।

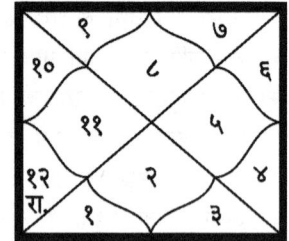

वृश्चिक लग्नः पंचमभावः राहु

जिस जातक का जन्म 'वृश्चिक' लग्न में हुआ हो और जन्म-कुण्डली के 'षष्ठभाव' में 'राहु' की स्थिति हो, उसे 'राहु' का फलादेश नीचे लिखे अनुसार समझना चाहिए—

वृश्चिक लग्नः षष्ठभावः राहु

छठे शत्रु एवं रोग भाव में अपने शत्रु मंगल की मेष राशि पर स्थित राहु के प्रभाव से जातक अपने शत्रुओं पर अत्यधिक प्रभाव रखने वाला तथा विजयी होता है। वह अपनी गुप्त युक्तियों, हिम्मत, चतुराई तथा धैर्य के बल पर सभी मुसीबतों, कठिनाइयों, संघर्षों रोगों, झंझटों, झगड़ों तथा शत्रुओं पर विजय प्राप्त करता रहता है और बड़ी-से-बड़ी मुसीबतों के समय में भी हिम्मत नहीं हारता है।

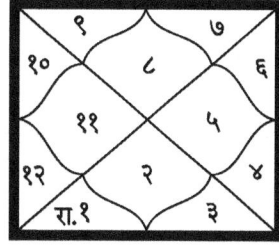

जिस जातक का जन्म 'वृश्चिक' लग्न में हुआ हो और जन्म-कुण्डली के 'सप्तमभाव' में 'राहु' की स्थिति हो, उसे 'राहु' का फलादेश नीचे लिखे अनुसार समझना चाहिए—

वृश्चिक लग्नः सप्तमभावः राहु

सातवें केन्द्र, स्त्री तथा व्यवसाय के भाव में अपने मित्र शुक्र की तुला राशि पर स्थित राहु के प्रभाव से जातक को स्त्री तथा व्यवसाय के पक्ष में कठिनाइयों का सामना करना पड़ता है, परन्तु वह अपनी गुप्त युक्तियों एवं चतुराई के बल पर उन सब पर विजय प्राप्त करता है। ऐसी ग्रह स्थिति वाले व्यक्ति को स्त्री तथा व्यवसाय के कारण किसी समय घोर संकटों में भी फंस जाना पड़ता है, परन्तु वह येन केन प्रकारेण उन मुसीबतों को पार कर लेता है। ऐसा व्यक्ति बड़ा साहसी, धैर्यवान, तथा चतुर होता है।

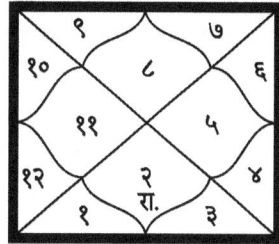

जिस जातक का जन्म 'वृश्चिक' लग्न में हुआ हो और जन्म-कुण्डली के 'अष्टमभाव' में 'राहु' की स्थिति हो, उसे 'राहु' का फलादेश नीचे लिखे अनुसार समझना चाहिए—

वृश्चिक लग्नः अष्टमभावः राहु

आठवें आयु एवं पुरातत्त्व के भाव में अपने समग्रह बुध की मिथुन राशि पर स्थित उच्च के राहु के प्रभाव से जातक की आयु में वृद्धि होती है और उसे पुरातत्त्व का भी लाभ होता है। ऐसे व्यक्ति का जीवन उमंग और उत्साह से पूर्ण बना रहता है। वह बड़ी शान-शौकत से जिंदगी बिताता है, परन्तु कभी-कभी उसे हानि भी उठानी पड़ती है और पेट में विकार भी हो जाता है। ऐसा व्यक्ति यशस्वी होता है तथा प्रसिद्धि प्राप्त करता है।

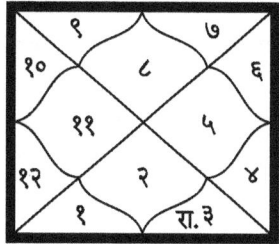

जिस जातक का जन्म 'वृश्चिक' लग्न में हुआ हो और जन्म-कुण्डली के 'नवमभाव' में 'राहु' की स्थिति हो, उसे 'राहु' का फलादेश नीचे लिखे अनुसार समझना चाहिए—

वृश्चिक लग्नः नवमभावः राहु

नवें त्रिकोण, भाग्य एवं धर्म के भाव में अपने शत्रु चन्द्र की कर्क राशि पर स्थित राहु के प्रभाव से जातक की भाग्योन्नति में बड़ी बाधाएं आती हैं तथा धर्म के प्रति भी उसकी अश्रद्धा बनी रहती है। ऐसा व्यक्ति मानसिक चिन्ताओं से ग्रस्त बना रहता है। वह कई बार निराश भी हो जाता है तथा अपनी भाग्योन्नति के लिए न्याय-विरुद्ध आचरण भी करता है। अनेक प्रकार की मुसीबतें उठाने के बाद अंत में उसे थोड़ी-बहुत सफलता प्राप्त होती है।

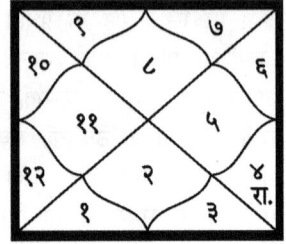

जिस जातक का जन्म 'वृश्चिक' लग्न में हुआ हो और जन्म-कुण्डली के 'दशमभाव' में 'राहु' की स्थिति हो, उसे 'राहु' का फलादेश नीचे लिखे अनुसार समझना चाहिए—

वृश्चिक लग्नः दशमभावः राहु

दसवें केन्द्र, राज्य, पिता एवं व्यवसाय के भाव में अपने शत्रु सूर्य की सिंह राशि पर स्थित राहु के प्रभाव से जातक को अपने पिता के द्वारा परेशानी उठानी पड़ती है। इसी प्रकार राज्य के क्षेत्र से भी कष्ट एवं निराशा का सामना करना होता है तथा व्यवसाय के क्षेत्र में भी कठिइनायां आती हैं। ऐसे व्यक्ति की मान-प्रतिष्ठा पर कभी-कभी जबर्दस्त संकट आ जाता है। फिर भी वह अपने चातुर्य, धैर्य एवं साहस के बल पर उन्नति के लिए प्रयत्नशील बना रहता है।

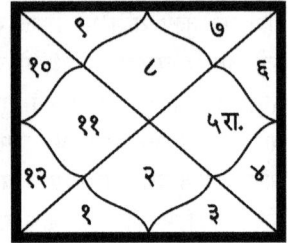

जिस जातक का जन्म 'वृश्चिक' लग्न में हुआ हो और जन्म-कुण्डली के 'एकादशभाव' में 'राहु' की स्थिति हो, उसे 'राहु' का फलादेश नीचे लिखे अनुसार समझना चाहिए—

वृश्चिक लग्नः एकादशभावः राहु

ग्यारहवें लाभ भवन में अपने समग्रह बुध की कन्या राशि पर स्थित राहु के प्रभाव से जातक को अपने क्षेत्र में विशेष सफलता प्राप्त होती है। वह अपनी बुद्धि, चातुर्य, विवेक-शक्ति एवं गुप्त युक्तियों द्वारा विशेष लाभ कमाता है। अधिक मुनाफा कमाने के लिए वह उचित-अनुचित का विचार भी नहीं करता। ऐसा व्यक्ति स्वार्थ साधने में चतुर होता है और उसे कभी-कभी अनायास ही मुफ्त जैसा धन भी मिल जाता है। इतने पर भी वह अपनी आमदनी के सम्बन्ध में असंतुष्ट बना रहता है।

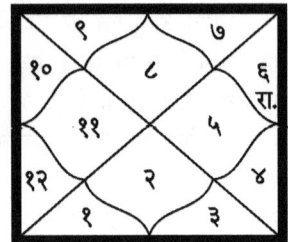

जिस जातक का जन्म 'वृश्चिक' लग्न में हुआ हो और जन्म-कुण्डली के 'द्वादशभाव' में 'राहु' की स्थिति हो, उसे 'राहु' का फलादेश नीचे लिखे अनुसार समझना चाहिए—

बारहवें व्यय भाव में अपने मित्र शुक्र की तुला राशि पर स्थित राहु के प्रभाव से जातक का खर्च अधिक होता है, जिसके कारण उसे प्राय: परेशानियों एवं चिन्ताओं का शिकार बना रहना पड़ता है। ऐसा व्यक्ति बाहरी स्थानों के सम्बन्ध से कुछ कठिनाइयों के साथ लाभ उठाता है। परन्तु ऐसे व्यक्तियों को कभी आकस्मिक धन-लाभ होता है, कभी अत्यधिक आर्थिक संकट का सामना करना पड़ता है, तो कभी अन्य प्रकार की कठिनाइयां वहन करनी पड़ती हैं।

वृश्चिक लग्न: द्वादशभाव: राहु

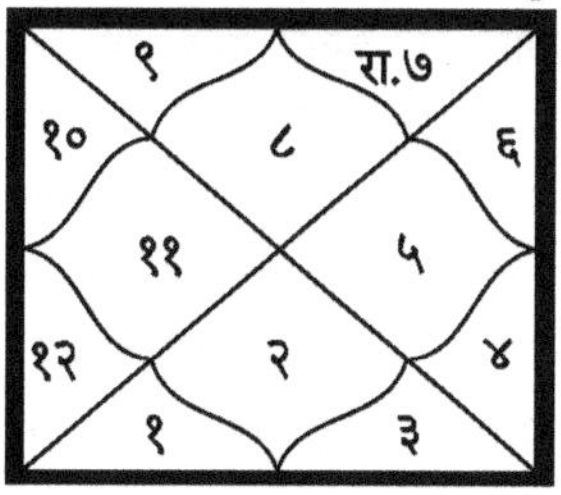

'वृश्चिक' लग्न में 'केतु' का फल

जिस जातक का जन्म 'वृश्चिक' लग्न में हुआ हो और जन्म-कुण्डली के 'प्रथमभाव' में 'केतु' की स्थिति हो, उसे 'केतु' का फलादेश नीचे लिखे अनुसार समझना चाहिए—

पहले केन्द्र एवं शरीर भाव में अपने मित्र मंगल की वृश्चिक राशि पर स्थित केतु के प्रभाव से जातक के शरीर पर कई बार चोट लगती है तथा शारीरिक सौंदर्य में कमी बनी रहती है। ऐसे व्यक्ति का स्वभाव उग्र होता है। वह शरीर से कठिन परिश्रम करने वाला, परन्तु दिमाग का कमजोर होता है। उसे चेचक आदि की बीमारी भी हो सकती है, जिसके स्थायी चिह्न शरीर पर बने रहेंगे। ऐसी ग्रह स्थिति वाला जातक कुछ अधिक दौड़-धूप करने पर अधिक थक जाता है तथा परेशानी का अनुभव करता है।

वृश्चिक लग्न: प्रथमभाव: केतु

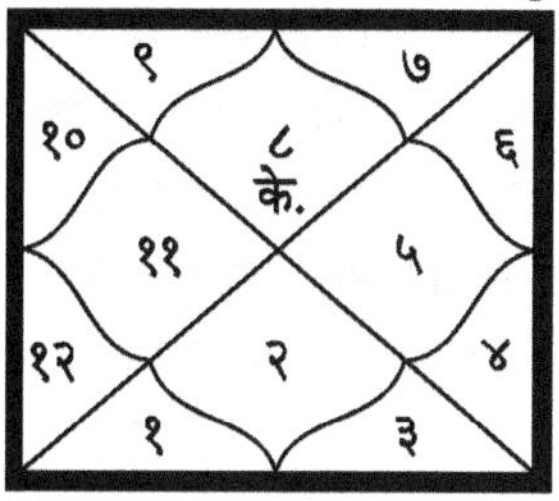

जिस जातक का जन्म 'वृश्चिक' लग्न में हुआ हो और जन्म-कुण्डली के 'द्वितीयभाव' में 'केतु' की स्थिति हो, उसे 'केतु' का फलादेश नीचे लिखे अनुसार समझना चाहिए—

दूसरे धन एवं कुटुम्ब के भाव में अपने समग्रह गुरु की धनु राशि पर स्थित उच्च के केतु के प्रभाव से जातक को धन की प्राप्ति के लिए विशेष परिश्रम करना पड़ता है, परन्तु कभी-कभी उसे आकस्मिक रूप से भी धन का लाभ हो जाता है। ऐसा व्यक्ति अपनी प्रतिष्ठा को बचाए रखने के लिए विशेष प्रयत्नशील रहता है और उसके कौटुम्बिक-सुख में भी कुछ-न-कुछ कमी बनी रहती है।

वृश्चिक लग्न: द्वितीयभाव: केतु

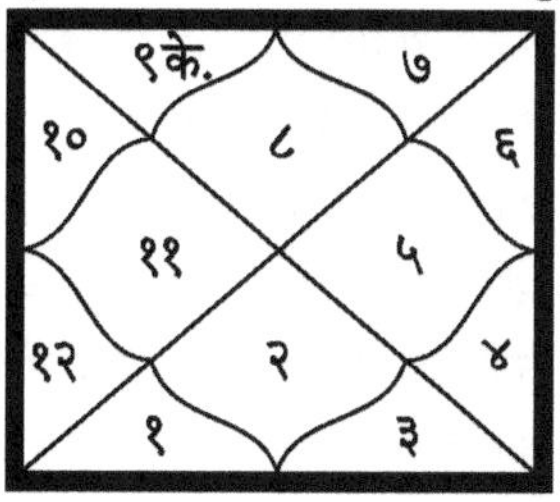

जिस जातक का जन्म 'वृश्चिक' लग्न में हुआ हो और जन्म-कुण्डली के 'तृतीयभाव' में 'केतु' की स्थिति हो, उसे 'केतु' का फलादेश नीचे लिखे अनुसार समझना चाहिए—

तीसरे भाई-बहन एवं पराक्रम के भाव में अपने शत्रु शनि की मकर राशि पर स्थित केतु के प्रभाव से जातक के पराक्रम में अत्यधिक वृद्धि होती है। ऐसा व्यक्ति बड़ा परिश्रमी, साहसी तथा धैर्यवान होता है। भीतर से कमजोरी का अनुभव करने पर भी वह बाहर से बड़ी हिम्मत का प्रदर्शन करता है। उसे झगड़े-झंझट के मामलों में सफलता प्राप्त होती है, परन्तु भाई-बहन के सम्बन्धों से उसे सदैव ही परेशानी एवं कष्ट का अनुभव होता रहता है।

वृश्चिक लग्न: तृतीयभाव: केतु

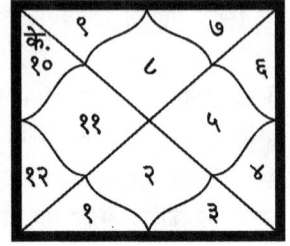

जिस जातक का जन्म 'वृश्चिक' लग्न में हुआ हो और जन्म-कुण्डली के 'चतुर्थभाव' में 'केतु' की स्थिति हो, उसे 'केतु' का फलादेश नीचे लिखे अनुसार समझना चाहिए—

चौथे केन्द्र, माता एवं भूमि के भाव में अपने शत्रु शनि की कुम्भ राशि पर स्थित केतु के प्रभाव से जातक को माता के कारण परेशानी उठानी पड़ती है तथा भूमि एवं मकान आदि के सुख में भी कमी बनी रहती है। ऐसे व्यक्ति का हृदय सदैव अशांत रहता है। वह कठिन परिश्रम करके सुख-चैन पाना चाहता है, परन्तु उसे मनचाही सफलता नहीं मिलती। भाव परिवर्तन कर देने पर उसे थोड़ा-बहुत सुख मिल जाता है, परन्तु घर में सदैव अशांति ही बनी रहती है।

वृश्चिक लग्न: चतुर्थभाव: केतु

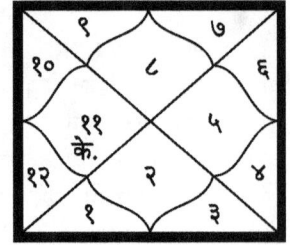

जिस जातक का जन्म 'वृश्चिक' लग्न में हुआ हो और जन्म-कुण्डली के 'पंचमभाव' में 'केतु' की स्थिति हो, उसे 'केतु' का फलादेश नीचे लिखे अनुसार समझना चाहिए—

पांचवें त्रिकोण, विद्या तथा संतान के भाव में अपने समग्रह गुरु की मीन राशि पर स्थित केतु के प्रभाव से जातक को विद्याध्ययन में अत्यधिक कठिनाइयों का सामना करना पड़ता है तथा संतान के पक्ष से भी कष्ट प्राप्त होता है। ऐसा व्यक्ति बड़ा जिद्दी, दृढ़-निश्चयी, गुप्त युक्तियों से काम लेने वाला, साहसी, निर्भय तथा धैर्यवान होता है। उसके मस्तिष्क में गुप्त चिन्ताओं का निवास रहता है, परन्तु वह उन्हें किसी पर प्रकट नहीं होने देता। उसका बातचीत करने का ढंग भी अच्छा नहीं होता।

वृश्चिक लग्न: पंचमभाव: केतु

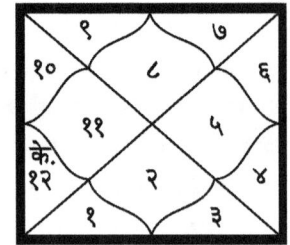

जिस जातक का जन्म 'वृश्चिक' लग्न में हुआ हो और जन्म-कुण्डली के 'षष्ठभाव' में 'केतु' की स्थिति हो, उसे 'केतु' का फलादेश नीचे लिखे अनुसार समझना चाहिए—

वृश्चिक लग्नः षष्ठभावः केतु

छठे शत्रु एवं रोग भाव में अपने मित्र मंगल की मेष राशि पर स्थित केतु के प्रभाव से जातक शत्रु पक्ष पर अपना विशेष प्रभाव रखता है तथा सभी मुसीबतों, संकटों, कठिनाइयों, झगड़ों एवं शत्रुओं पर अपने साहस, धैर्य, गुप्त युक्तियों एवं बहादुरी के बल पर विजय प्राप्त करता है। वह बड़ा परिश्रमी होता है तथा अपने प्रभाव का विस्तार करने के लिए प्रयत्नशील बना रहता है। उसके ननिहाल का पक्ष भी कमजोर रहता है।

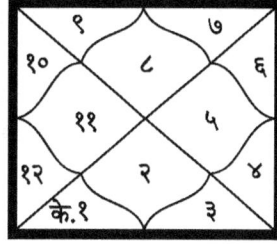

जिस जातक का जन्म 'वृश्चिक' लग्न में हुआ हो और जन्म-कुण्डली के 'सप्तमभाव' में 'केतु' की स्थिति हो, उसे 'केतु' का फलादेश नीचे लिखे अनुसार समझना चाहिए—

वृश्चिक लग्नः सप्तमभावः केतु

सातवें केन्द्र, स्त्री तथा व्यवसाय के भाव में अपने मित्र शुक्र की वृषभ राशि पर स्थित केतु के प्रभाव से जातक को स्त्री पक्ष से घोर कष्टों का सामना करना पड़ता है तथा गृहस्थी के सुख में अनेक प्रकार के व्यवधान एवं संकट उठ खड़े होते हैं। उसे अपने दैनिक व्यापार के क्षेत्र में भी कठिनाइयां उठानी पड़ती हैं तथा जननेंद्रिय में विकार भी होता है। ऐसा व्यक्ति अपने चातुर्य, हठ, गुप्त युक्ति, साहस एवं धैर्य के बल पर किसी प्रकार कठिनाइयों का निवारण करने में कुछ समर्थ होता है, परन्तु उसका जीवन संघर्षमय ही बना रहता है।

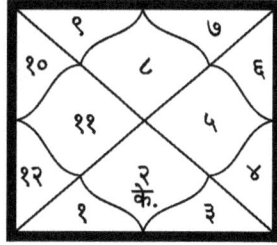

जिस जातक का जन्म 'वृश्चिक' लग्न में हुआ हो और जन्म-कुण्डली के 'अष्टमभाव' में 'केतु' की स्थिति हो, उसे 'केतु' का फलादेश नीचे लिखे अनुसार समझना चाहिए—

वृश्चिक लग्नः अष्टमभावः केतु

आठवें आयु एवं पुरातत्त्व के भाव में अपने समग्रह बुध की मिथुन राशि पर स्थित नीच के केतु के प्रभाव से जातक को अपनी आयु (जीवन) के सम्बन्ध में अनेक बार मृत्यु-तुल्य कष्टों का सामना करना पड़ता है तथा पुरातत्त्व की भी हानि होती है। ऐसा व्यक्ति अपने जीवन का निर्वाह करने के लिए कठिन परिश्रम करता है तथा गुप्त युक्तियों का आश्रय भी लेता है, फिर भी वह संकटों से छुटकारा नहीं पाता।

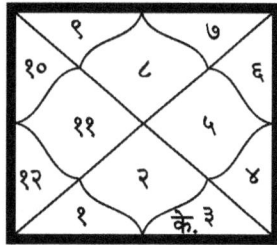

जिस जातक का जन्म 'वृश्चिक' लग्न में हुआ हो और जन्म-कुण्डली के 'नवमभाव' में 'केतु' की स्थिति हो, उसे 'केतु' का फलादेश नीचे लिखे अनुसार समझना चाहिए—

वृश्चिक लग्नः नवमभावः केतु

नवें त्रिकोण, भाग्य एवं धर्म के भाव में अपने शत्रु चन्द्र की कर्क राशि पर स्थित केतु के प्रभाव से जातक की भाग्योन्नति में महान संकट उपस्थित होते रहते हैं तथा धर्म की भी हानि होती है। ऐसा व्यक्ति हर समय मानसिक चिन्ताओं से घिरा रहता है। वह कभी-कभी घोर संकटों का सामना भी करता है। गुप्त युक्तियों एवं कठिन परिश्रम के द्वारा वह अपने भाग्य को बनाने का प्रयत्न करता है, परन्तु उसे अधिक सफलता नहीं मिल पाती।

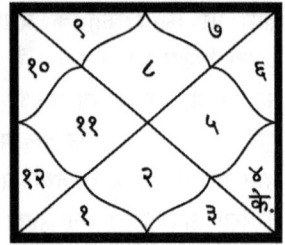

जिस जातक का जन्म 'वृश्चिक' लग्न में हुआ हो और जन्म-कुण्डली के 'दशमभाव' में 'केतु' की स्थिति हो, उसे 'केतु' का फलादेश नीचे लिखे अनुसार समझना चाहिए—

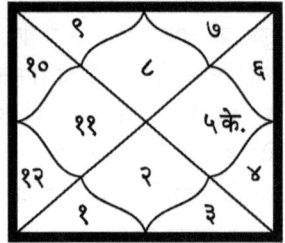

वृश्चिक लग्नः दशमभावः केतु

दसवें केन्द्र, पिता, राज्य एवं व्यवसाय के भाव में अपने शत्रु सूर्य की सिंह राशि पर स्थित केतु के प्रभाव से जातक को पिता द्वारा कष्ट प्राप्त होता है, राज्य के क्षेत्र से मान भंग होता है तथा परेशानियां उठानी पड़ती हैं एवं व्यवसाय की उन्नति में घोर संकटों का सामना करना पड़ता है। ऐसा व्यक्ति किसी-किसी समय घोर संकट में भी फंस जाता है, परन्तु वह अपने धैर्य, साहस एवं गुप्त युक्तियों के बल पर अंततः कुछ राहत पा लेता है। फिर भी उसका जीवन सुखी नहीं रहता।

जिस जातक का जन्म 'वृश्चिक' लग्न में हुआ हो और जन्म-कुण्डली के 'एकादशभाव' में 'केतु' की स्थिति हो, उसे 'केतु' का फलादेश नीचे लिखे अनुसार समझना चाहिए—

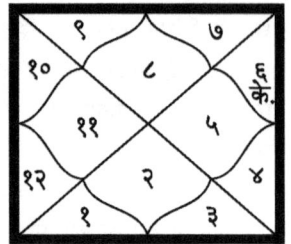

वृश्चिक लग्नः एकादशभावः केतु

ग्यारहवें लाभ भाव में अपने समग्रह बुध की कन्या राशि पर स्थित केतु के प्रभाव से जातक को आमदनी के क्षेत्र में विशेष सफलता प्राप्त होती है। कभी-कभी उसे आकस्मिक धन का लाभ भी हो जाता है और कभी-कभी संकटों का सामना भी करना पड़ता है। ऐसा व्यक्ति स्वार्थी तथा चालबाज होता है। वह सदैव अपना मतलब पूरा करने की इच्छा रखता है। इतने पर भी उसे अपने लाभ से संतोष नहीं होता। वह परिश्रम एवं हिम्मत के साथ और अधिक आमदनी बढ़ाने का प्रयत्न करता रहता है।

जिस जातक का जन्म 'वृश्चिक' लग्न में हुआ हो और जन्म-कुण्डली के 'द्वादशभाव' में 'केतु' की स्थिति हो, उसे 'केतु' का फलादेश नीचे लिखे अनुसार समझना चाहिए—

बारहवें व्यय भाव में अपने मित्र शुक्र की तुला राशि पर स्थित केतु के प्रभाव से जातक का खर्च अधिक रहता है, परन्तु वह बड़ी चतुराई, परिश्रम एवं गुप्त युक्तियों के बल पर अपने खर्च को चलाता रहता है। ऐसे व्यक्ति को बाहरी स्थानों के सम्बन्ध से कठिन परिश्रम एवं चतुराई द्वारा लाभ प्राप्त होता है। किसी समय उसे अपने खर्च के कारण घोर संकट का सामना भी करना पड़ता है, फिर भी वह अपने साहस तथा धैर्य को नहीं छोड़ता।

वृश्चिक लग्न: द्वादशभाव: केतु

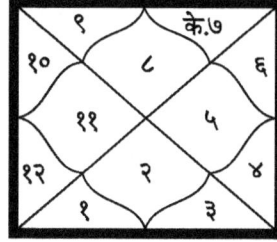

९		के.७
१०	८	६
	११	५
१२	२	४
	१	३

उदाहरण वृश्चिक लग्न कुण्डली 15. प्रधानमंत्री भारत, श्री नरेन्द्र दामोदरदास मोदी

जन्म तिथि–17-09-1950
जन्म समय–12: 21 घण्टे (भा.मा.स.)
जन्म स्थान–वदनगर (गुजरात)

जन्म कुण्डली

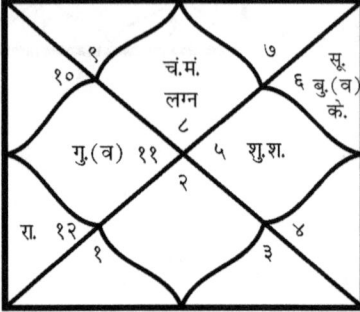

नवांश कुण्डली

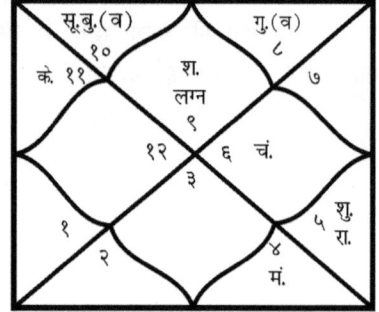

कुण्डली संख्या-15

ज्योतिषीय विवेचन

यह भचक्र में राशि क्रम की अष्टम राशि वृश्चिक राशि लग्न कुण्डली है। यह जलतत्व, तमोगुणी, स्थिर एक रहस्यमयी गूढ़ राशि है। वृश्चिक राशि लग्न वाले व्यक्ति समर्पण भावना वाले, सच्चे देशभक्त, दृढ़निश्चयी, बुद्धिमान् और लक्ष्य तक पहुंचने वाले होते हैं। वे शान्त स्वभाव के होते हैं, किन्तु जब उन्हें क्रोध आता है, तो सीमाएं लांघ जाते हैं। शेर समान दहाड़ते हैं और अपना कार्य पूरा करके ही दम लेते हैं। ऐसे व्यक्ति निडर व प्रतिकारात्मक प्रवृत्ति वाले होते हैं। समय का इंतजार करते हैं और चतुर कूटनीतिज्ञ की तरह रास्ते तय करते हैं। इनकी वाणी में ओज होता है। अपनी मनमोहक अदा से सामने वाले को आकर्षित कर लेते हैं। कला पारखी होते हैं। अनुराधा नक्षत्र में जन्मे नरेन्द्र दामोदरदास मोदी सुन्दर, सुडौल व आकर्षक चेहरा वाले, कर्तव्यनिष्ठ, मातृ-पितृ भक्त, निडर व अहंकारी व्यक्ति हैं।

सुदर्शन लग्न विचार

जन्म लग्नेश मंगल लग्न में चन्द्र के साथ बैठे हैं। इस प्रकार चन्द्र लग्नेश भी मंगल ही है। सूर्य लग्नेश वक्री बुध उच्चराशिस्थ होकर सूर्य के साथ एकादश भाव में विराजमान है। मंगल और गुरु दोनों सूर्य लग्नेश बुध की दूसरी राशि को पूर्णदृष्टि से देख रहे हैं। सूर्य की सिंह राशि में दशम भाव मे बैठे शनि व शुक्र भी लग्न एवं लग्नेश को प्रभावित कर रहे हैं। राहु की भी लग्न व लग्नेश पर पूर्णदृष्टि है। नवांश लग्न धनु राशि की है। धनु राशि स्वामी गुरु जन्म लग्नेश मंगल का मित्र है और मंगल की वृश्चिक राशि में बैठा है। ऐसी स्थिति में जन्म लग्न ही बलिष्ठ प्रतीत होती है।

ग्रह स्थिति, ग्रह दृष्टि एवं ग्रह योग

चतुर्थ भाव में बैठा गुरु दशम भाव मे बैठे तृतीयेश व चतुर्थेश शनि और सप्तमेश व द्वादशेश शुक्र को देख रहे हैं। शुक्र और शनि भी गुरु को देख रहे हैं। इसके अतिरिक्त गुरु की अष्टम भाव व द्वादश भाव पर भी पूर्णदृष्टि है। शनि भी शुक्र के साथ बैठा द्वादश भाव को देख रहा है। लग्नेश मंगल की भी गुरु पर पूर्णदृष्टि है। लग्नेश सप्तम व अष्टम भाव को भी देख रहा है। पंचम भाव में बैठे राहु पर एक साथ सूर्य, बुध, केतु की दृष्टि को छोड़कर गुरु का चतुर्थ भाव में बैठकर अष्टम भाव एवं द्वादश भाव से दृष्टिसम्बन्ध सहसम्बन्ध बनाना और शनि तथा शुक्र का पराक्रमी, साहसी और तर्कशक्ति के साथ शीघ्र निर्णय लेने की क्षमता में वृद्धि करना, विरोधियों पर काबू रखना, साधु-सन्तों की सेवा करना, प्रशासन की क्षमता, जनता जनार्दन को प्रसन्न रखने और अपनी छवि को बनाये रखने आदि के गुण प्रदान किये। स्वच्छ छवि, भ्रष्टाचार पर अंकुश एवं सुप्रशासन चलाने में मोदी सक्षम रहे हैं। चन्द्र, मंगल की युति से बन रहा लक्ष्मी योग और रुचक योग, सूर्य द्वारा बन रहा वाशि योग, राहु, केतु को छोड़कर सभी शेष सात ग्रहों के चार भावों बैठे होने से बन रहे केदार योग ने उन्हें सभी प्रकार की क्षमताएं और सुख दिया। उन्हें ईमानदार, परोपकारी और लोकप्रिय बनाया। पुन: गुजरात में तीसरी बार विधान सभा चुनाव जीतकर और बहुमत प्राप्त कर अपनी योग्यता तथा गुजरात की जनता पर अपनी गहरी पकड़ प्रमाणित की। इस समय वह देश के प्रधानमन्त्री हैं। देश-विदेश में उनका नाम चमक रहा है।

उपसंहार

अत: कह सकते हैं कि जातक नरेन्द्र दामोदरदास मोदी ने स्वग्रही लग्नेश की अष्टम भाव पर पूर्ण दृष्टि और गुरु की अष्टम भाव और द्वादश भाव पर दृष्टि ने एक ऐसा दृष्टिसम्बन्ध/ सहसम्बन्ध बनाया कि आज मोदी जी का गुजरात में ही नहीं विश्व के सभी पड़ोसी देशों तथा अमेरिका, यूरोप व एशिया के बड़े देशों में नाम है। उनकी अपनी शैली है, जो शनि के बल देने के कारण मिली। सूर्य ने क्षमतावान बनाने में पूर्ण सहयोग दिया। मोदी एक संस्कारी व्यक्ति के रूप में उभरे। गुरु प्रभावित बुध और शुक्र के मोक्ष भावों ने उन्हें धार्मिक बनाया और उनके भाग्य को चमकाने में चार चांद लगाये। इस समय चन्द्र की महादशा गुरु की अन्तर्दशा चल रही है। जनवरी 3, 2015 से शनि की अन्तर्दशा प्रारम्भ होगी। सूर्य सर्वाधिक षडबली है। भविष्य उज्ज्वल प्रतीत होता है, किन्तु निर्बल चन्द्र का लग्न में होना विचारों में मतभेद लाता है। मोदी जी को इससे उबरना होगा।

उदाहरण वृश्चिक लग्न कुण्डली 16. पूर्व प्रधानमन्त्री श्री लालबहादुर शास्त्री

जन्म तिथि–02-10-1904

जन्म समय–10: 15 घण्टे (भा.मा.स.)

जन्म स्थान–वाराणसी (उत्तर प्रदेश)

जन्म कुण्डली

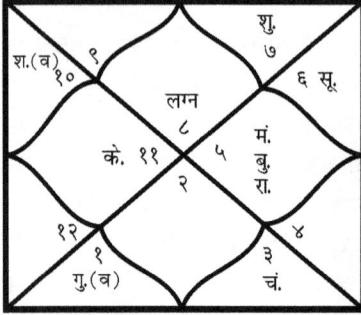

नवांश कुण्डली

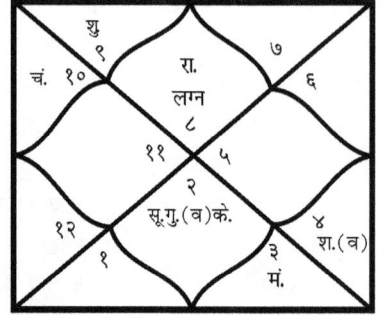

कुण्डली संख्या-16

ज्योतिषीय विवेचन

यह भचक्र में राशि क्रम की अष्टम राशि वृश्चिक राशि लग्न कुण्डली है। यह जलतत्व, तमोगुणी, स्थिर एक रहस्यमयी गूढ़ राशि है। वृश्चिक राशि लग्न वाले व्यक्ति सुशील, सज्जन, बुद्धिमान, विद्वान, समर्पित, सच्चे देशभक्त, दृढ़निश्चयी, प्रीत-प्यार के भूखे और लक्ष्य तक पहुंचने वाले होते हैं। वे शान्त स्वभाव के होते हैं, किन्तु जब उन्हें क्रोध आता है, तो सीमाएं लांघ जाते हैं। शेर समान दहाड़ते हैं और अपना कार्य पूरा करके ही दम लेते हैं। श्री लालबहादुर शास्त्री जी ऐसे ही व्यक्ति थे। ऐसे व्यक्ति चमचागीरी से दूर स्वतन्त्र विचारों के होते हैं। उन्होंने भारत-पाक युद्ध के दौरान 'जय जवान जय किसान' का नारा दिया था। इससे भारतीय सेना और ग्रामीण किसान भारतीयों को अत्यधिक शक्ति एवं साहस मिला। वे निडर व प्रतिकारात्मक प्रवृत्ति वाले होते हैं। समय का इंतजार करते हैं और चतुर कूटनीतिज्ञ की तरह रास्ते तय करते हैं। इनकी वाणी में ओज होता है। एक छोटे से गांव में गरीब घर में आर्द्रा नक्षत्र में जन्मे श्री लालबहादुर शास्त्री बड़े ही सीधेसादे, मिष्ठभाषी, ईमानदार, सच्चरित्र, धर्मपरायण एवं लोकप्रिय व्यक्ति थे।

सुदर्शन लग्न विचार

जन्म लग्नेश मंगल कर्म भाव में दशम भाव में सिंह राशि में चन्द्र लग्नेश और सूर्य लग्नेश बुध व राहु के साथ स्थित हैं। लग्न पर जन्म लग्नेश मंगल की पूर्ण दृष्टि है। चन्द्र लग्नेश और सूर्य लग्नेश बुध भी लग्न को प्रभावित कर रहा है। लग्न पर किसी भी ग्रह की कुदृष्टि नहीं है। शुभ ग्रह गुरु की लग्नेश मंगल पर पूर्ण दृष्टि है। बुध और सूर्य राशि परिवर्तन योग अर्थात् सौभाग्य योग बना रहे हैं। यह एक उत्तम स्थिति है। यह राजनीति में उच्च पद प्राप्ति का

संकेत होता है। नवांश लग्न भी वृश्चिक राशि की है। शुभ ग्रह गुरु की नवांश लग्न पर पूर्ण दृष्टि है। फलतः लग्न वर्गोत्तम है। अतः जन्म लग्न ही सक्रिय और बलशाली प्रतीत होती है।

ग्रह स्थिति, ग्रह दृष्टि एवं ग्रह योग

जन्म लग्नेश मंगल की मित्र सूर्य की राशि सिंह में दशम भाव में एकादशेश बुध के साथ स्थिति तथा षष्ठ भाव में मंगल की मेष राशि में बैठे गुरु की दशम भाव पर, दशम भाव में बैठे मंगल व बुध पर और अपने द्वितीय भाव धन भाव पर पूर्णदृष्टि है। यह एक उत्तम संयोग है। लग्नेश के साथ दशम भाव में बैठे राहु की द्वितीय एवं षष्ठ भाव पर षष्ठ भाव में स्थित गुरु पर पूर्णदृष्टि है। इस प्रकार दशम, द्वितीय और षष्ठ भावों का परस्पर गहरा अन्तर्सम्बन्ध बन पड़ा है। इसे एश्वर्य त्रिकोण भावों का सहसम्बन्ध माना जाता है। इसके अतिरिक्त दशमेश सूर्य की पंचम भाव पर पूर्णदृष्टि है। फलस्वरूप उन्होंने उच्च शिक्षा प्राप्त की और सुयोग्य बच्चों के पिता बने। वह सच्चे देशभक्त थे। विरोधियों पर कड़ी पकड़ और शत्रुओं पर विजय ने उन्हें देश में ही नहीं, वरन विदेश में भी नाम, यश, आदर, मान, प्रतिष्ठा और लोकप्रियता दिलवायी। तृतीय भावस्थ स्वराशि शनि ने उन्हें और अधिक ऊर्जा व बल दिया। सूर्य द्वारा बन रहे उभयचरी योग, सूर्य और बुध के राशि परिवर्तन योग, स्वराशिस्थ शनि एवं शुक्र के उच्चपदस्थ राजयोग ने उन्हें ऊंचा उठाया। वह वास्तव में एक सच्चे इन्सान थे। उनकी देशभक्ति और सम्मानित छवि को आज भी उने सुपुत्र कायम रखे हुए हैं।

उपसंहार

उपर्युक्त तथ्यों, ग्रहों की स्थिति, दृष्टि और योगो के आधार पर निष्कर्ष निकलता है कि वह एक ईमानदार, गुणवान और अत्यधिक लोकप्रिय प्रधानमन्त्री थे। अपने प्रधानमन्त्रित्व की लघु अवधि में ही उन्होंने भारत देश के विकास में चार चांद लगाये और लोगों का मन जीता। दशम, द्वितीय और षष्ठ भावों के सहसम्बन्धों ने उन्हें विश्वविख्यात किया, किन्तु अष्टम भाव में बैठे निर्बल चन्द्र ने उन्हें रूसी साम्राज्य के ताशकन्द शहर में सन्धि वार्ता की रात ऐसा हृदयाघात दिया कि उनकी अचानक असामयिक मृत्यु हो गयी। सारे देश में शोक छा गया। भारत ने एक सच्चा देशभक्त खो दिया। स्वतन्त्र भारत के स्वर्णिम इतिहास में भारत के दूसरे प्रधानमन्त्री के रूप में उनका नाम सदैव अमर रहेगा।

धनु लग्न

SAGITTARIUS

धनु लग्न वाली कुण्डलियों के विभिन्न भावों में स्थित विभिन्न ग्रहों का अलग-अलग फलादेश

'धनु' लग्न का संक्षिप्त फलादेश

'धनु' लग्न में जन्म लेने वाला जातक कार्य करने में कुशल, ब्राह्मण तथा देवताओं का भक्त, घोड़ों को रखने वाला, मित्रों के काम आने वाला, राजा के समीप रहने वाला, ज्ञानवान, अनेक कलाओं का ज्ञाता, सत्यप्रतिज्ञ, बुद्धिमान, सुंदर, सती-गुणी, श्रेष्ठ स्वभाव वाला, धनी, ऐश्वर्यवान, कवि, लेखक, व्यवसायी, यात्रा-प्रेमी, पराक्रमी, अल्प संततिवान, प्रेम के वशीभूत रहने वाला, पिंगल वर्ण, घोड़े के समान जांघों वाला, बड़े दांतों वाला तथा प्रतिभाशाली होता है।

ऐसा व्यक्ति बाल्यावस्था में अधिक सुख भोगने वाला, मध्यमावस्था में सामान्य जीवन व्यतीत करने वाला तथा अंतिम अवस्था में धन-धान्य तथा ऐश्वर्य से पूर्ण होता है। उसे २२ अथवा २३ वर्ष की आयु में धन का विशेष लाभ होता है।

'धनु' लग्न

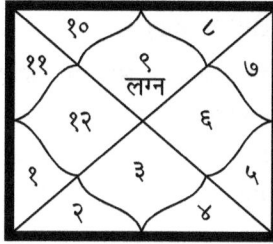

यह बात पहले बताई जा चुकी है कि प्रत्येक व्यक्ति के जीवन पर नवग्रहों का प्रभाव मुख्यत: दो प्रकार से पड़ता है—

(१) ग्रहों की जन्म-कालीन स्थिति के अनुसार।

(२) ग्रहों की दैनिक गोचर-गति के अनुसार।

जातक की जन्म-कालीन ग्रह स्थिति 'जन्म-कुण्डली' में दी गई होती है, उसमें जो ग्रह जिस भाव में और जिस राशि पर बैठा होता है, वह जातक के जीवन पर अपना निश्चित प्रभाव निरन्तर स्थायी रूप से डालता रहता है।

दैनिक गोचर-गति के अनुसार विभिन्न ग्रहों की जो स्थिति होती है, उसकी जानकारी पंचांग द्वारा की जा सकती है। ग्रहों की दैनिक गोचर गति के सम्बन्ध में या तो किसी ज्योतिषी से पूछ लेना चाहिए अथवा स्वयं ही उसे मालूम करने का तरीका सीख लेना चाहिए। इस सम्बन्ध में पुस्तक के पहले प्रकरण में विस्तारपूर्वक लिखा जा चुका है।

दैनिक गोचर गति के अनुसार विभिन्न ग्रह जातक के जीवन पर अस्थायीरूप से अपना प्रभाव डालते हैं।

उदाहरण के लिए यदि किसी जातक की जन्म-कुण्डली में सूर्य 'धनु' राशि पर 'प्रथमभाव' में बैठा है, तो उसका स्थायी प्रभाव जातक के जीवन पर आगे दी गई उदाहरण-पृष्ठ संख्या ४४४ के अनुसार पड़ता रहेगा, परन्तु यदि दैनिक ग्रह गोचर में कुण्डली देखते समय सूर्य 'धनु' राशि के 'द्वितीयभाव' में बैठा होगा, तो उस स्थिति में वह उदाहरण-कुण्डली-पृष्ठ संख्या ४९१ के अनुसार उतनी अवधि तक जातक के जीवन पर अपना अस्थायी प्रभाव अवश्य डालेगा, जब तक कि वह 'मकर' राशि से हटकर 'कुम्भ' राशि में नहीं चला जाता। 'कुम्भ' राशि में पहुंचकर वह 'धनु' राशि के अनुरूप प्रभाव डालना आरम्भ कर देगा। अतः जिस जातक की जन्म-कुण्डली में सूर्य 'धनु' राशि के 'प्रथमभाव' में बैठा हो, उसे उदाहरण-पृष्ठ संख्या ४४४ में वर्णित फलादेश देखने के पश्चात्, यदि उन दिनों ग्रह-गोचर में सूर्य 'मकर' राशि के 'द्वितीयभाव' में बैठा हो, तो उदाहरण-पृष्ठ संख्या ४९१ का फलादेश भी देखना चाहिए तथा इन दोनों फलादेशों के समन्वय-स्वरूप जो निष्कर्ष निकलता हो, उसी को अपने वर्तमान जीवन पर प्रभावकारी समझना चाहिए। इसी प्रकार प्रत्येक ग्रह के विषय में जान लेना चाहिए।

'धनु' लग्न में जन्म लेने वाले जातकों की जन्म-कुण्डली के विभिन्न भावों में स्थित विभिन्न ग्रहों के फलादेश का वर्णन उदाहरण-पृष्ठ संख्या ४४४ से ४८२ तक में किया गया है। पंचांग की दैनिक ग्रह-गति के अनुसार 'वृश्चिक' लग्न में जन्म लेने वाले जातकों को किन-किन उदाहरण-कुण्डिलयों द्वारा विभिन्न ग्रहों के तात्कालिक प्रभाव को देखना चाहिए—इसका विस्तृत वर्णन अगले पृष्ठों में किया गया है, अतः उसके अनुसार ग्रहों की तात्कालिक स्थिति के सामयिक प्रभाव की जानकारी प्राप्त कर लेनी चाहिए। तदुपरांत दोनों फलादेशों के समन्वय स्वरूप जो निष्कर्ष निकलता हो, उसी को सही फलादेश समझना चाहिए।

इस विधि से प्रत्येक व्यक्ति, प्रत्येक जन्म-कुण्डली का ठीक-ठीक फलादेश सहज में ही ज्ञात कर सकता है।

टिप्पणी—(१) पहले बताया जा चुका है कि जिस समय जो ग्रह २७ अंश से ऊपर अथवा ३ अंश के भीतर होता है, वह प्रभावकारी नहीं रहता। इसी प्रकार जो ग्रह सूर्य से अस्त होता है, वह भी जातक के ऊपर अपना प्रभाव या तो बहुत कम डालता है या फिर पूर्णतः प्रभावहीन रहता है।

(२) स्थायी जन्म-कुण्डली स्थित विभिन्न ग्रहों के अंश किसी ज्योतिषी द्वारा अपनी कुण्डली में लिखवा लेने चाहिए, ताकि उनके अंशों के विषय में बार-बार जानकारी प्राप्त करने के झंझट से बचा जा सके। तात्कालिक ग्रह-गोचर के ग्रहों के अंशों की जानकारी पंचांग द्वारा अथवा किसी ज्योतिषी से पूछकर प्राप्त कर लेनी चाहिए।

(३) स्थायी जन्म-कुण्डली अथवा तात्कालिक ग्रह-गति-कुण्डली के किसी भाव में यदि एक से अधिक ग्रह एक साथ बैठे होते हैं अथवा जिन-जिन स्थानों पर उनकी दृष्टियां पड़ती हैं, जातक का जीवन उनके द्वारा भी प्रभावित होता रहता है। इस पुस्तक

के तीसरे प्रकरण में 'ग्रहों की युति का प्रभाव' शीर्षक के अंतर्गत विभिन्न ग्रहों की युति के फलादेश का वर्णन किया गया है, अत: इस विषय की जानकारी वहां से प्राप्त कर लेनी चाहिए।

(४) 'विंशोत्तरी दशा' के सिद्धांतानुसार प्रत्येक जातक की पूर्णायु १२० वर्ष की मानी जाती है। इस आयु-अवधि में जातक नवग्रहों की दशाओं का भोग कर लेता है। विभिन्न ग्रहों का दशा-काल भिन्न-भिन्न होता है। परन्तु अधिकांश व्यक्ति इतनी लंबी आयु तक जीवित नहीं रह पाते, अत: वे अपने जीवन-काल में कुछ ही ग्रहों की दशाओं का भोग कर पाते हैं। जातक के जीवन के जिस काल में जिस ग्रह की दशा—जिसे 'महादशा' भी कहा जाता है—चल रही होती है, जन्म-कालीन ग्रह-स्थिति के अनुसार उसके जीवन-काल की उतनी अवधि उस ग्रह-विशेष के प्रभाव से विशेष रूप से प्रभावित रहती है। जातक का जन्म किस ग्रह की महादशा में हुआ है और उसके जीवन में किस अवधि से किस अवधि तक किस ग्रह की महादशा चलेगी और वह महादशा जातक के ऊपर अपना क्या विशेष प्रभाव डालेगी—इन सब बातों का उल्लेख भी तीसरे प्रकरण में किया गया है।

इस प्रकार (१) जन्म-कुण्डली, (२) तात्कालिक ग्रहगोचर-कुण्डली एवं (३) ग्रहों की महादशा—इन तीनों विधियों से फलादेश प्राप्त करने की सरल विधि का वर्णन इस पुस्तक में किया गया है, अत: इन तीनों के समन्वय-स्वरूप फलादेश का ठीक-ठीक निर्णय करके अपने भूत, वर्तमान तथा भविष्यत्कालीन जीवन के विषय में सम्यक् जानकारी प्राप्त कर लेनी चाहिए।

विशेष नोट : धनु लग्न जन्म कुण्डली/गोचर कुण्डली के द्वादश भावों में सूर्यादि सभी नवग्रहों का फलादेश नीचे दिया जा रहा है। पढ़ें और समझें।

'धनु' लग्न में 'सूर्य' का फल

जिस जातक का जन्म 'धनु' लग्न में हुआ हो और जन्म-कुण्डली के 'प्रथमभाव' में 'सूर्य' की स्थिति हो, उसे 'सूर्य' का फलादेश नीचे लिखे अनुसार समझना चाहिए—

पहले केन्द्र तथा शरीर के भाव में अपने मित्र गुरु की धनु राशि पर स्थित सूर्य के प्रभाव से जातक को श्रेष्ठ शारीरिक शक्ति एवं अधिक बल की प्राप्ति होती है। ऐसा व्यक्ति भाग्यवान, धर्म-पालक तथा ईश्वर-भक्त होता है। यहां से सूर्य सातवीं समग्रह दृष्टि से बुध की मिथुन राशि में सप्तमभाव को देखता है, अत: जातक को सुंदर तथा भाग्यशालिनी स्त्री मिलती है और उससे सहयोग भी प्राप्त होता है। साथ ही दैनिक व्यवसाय में लाभ होता है और गृहस्थी का सुख भी प्राप्त होता है।

धनु लग्न: प्रथमभाव: सूर्य

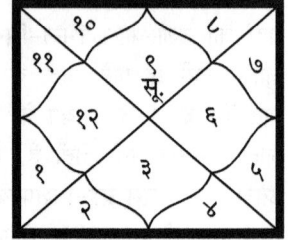

जिस जातक का जन्म 'धनु' लग्न में हुआ हो और जन्म-कुण्डली के 'द्वितीयभाव' में 'सूर्य' की स्थिति हो, उसे 'सूर्य' का फलादेश नीचे लिखे अनुसार समझना चाहिए—

दूसरे धन तथा कुटुम्ब के भाव में अपने शत्रु शनि की राशि पर स्थित सूर्य के प्रभाव से जातक को धन-संचय में कुछ कठिनाइयों के साथ अच्छी सफलता मिलती है। उसे कुटुम्ब का सुख भी कुछ मतभेदों के साथ प्राप्त होता है। स्वार्थ-सिद्धि की दृष्टि से वह धर्म का पालन भी करता है। यहां से सूर्य सातवीं मित्रदृष्टि से चन्द्र की कर्क राशि में अष्टमभाव को देखता है, अत: जातक की आयु में वृद्धि होती है, पुरातत्त्व का लाभ होता है तथा भाग्योन्नति में भी सहायता प्राप्त होती है।

धनु लग्न: द्वितीयभाव: सूर्य

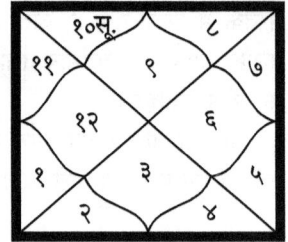

जिस जातक का जन्म 'धनु' लग्न में हुआ हो और जन्म-कुण्डली के 'तृतीयभाव' में 'सूर्य' की स्थिति हो, उसे 'सूर्य' का फलादेश नीचे लिखे अनुसार समझना चाहिए—

तीसरे भाई-बहन एवं पराक्रम के भाव में अपने शत्रु शनि की कुम्भ राशि पर स्थित सूर्य के प्रभाव से जातक को भाई-बहनों का सुख तो कुछ असंतोष के साथ मिलता है, परन्तु पराक्रम में अत्यधिक वृद्धि होती है। ऐसा व्यक्ति ईश्वर पर भरोसा रखने वाला तथा पुरुषार्थ द्वारा अपने भाग्य की उन्नति करने वाला होता है। यहां से सूर्य सातवीं दृष्टि से अपनी ही सिंह राशि में नवमभाव को देखता है, अत: पुरुषार्थ के द्वारा जातक के भाग्य की अत्याधिक वृद्धि होती है और वह धर्म का भी यथोचित पालन करता है। ऐसा व्यक्ति बड़ा यशस्वी, हिम्मती तथा शक्तिशाली होता है।

धनु लग्न: तृतीयभाव: सूर्य

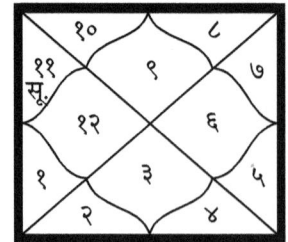

जिस जातक का जन्म 'धनु' लग्न में हुआ हो और जन्म-कुण्डली के 'चतुर्थभाव' में 'सूर्य' की स्थिति हो, उसे 'सूर्य' का फलादेश नीचे लिखे अनुसार समझना चाहिए—

धनु लग्नः चतुर्थभावः सूर्य

चौथे केन्द्र, माता एवं भूमि के भाव में अपने मित्र गुरु की मीन राशि पर स्थित सूर्य के प्रभाव से जातक को माता का सुख बहुत मिलता है तथा भूमि, मकान आदि की शक्ति भी प्राप्त होती है। उसकी भाग्योन्नति होती रहती है तथा धर्म में भी रुचि बनी रहती है। यहां से सूर्य अपनी सातवीं समग्रहदृष्टि से बुध की कन्या राशि में दशमभाव को देखता है, अतः जातक को पिता द्वारा शक्ति, राज्य द्वारा सम्मान एवं व्यवसाय द्वारा लाभ एवं उन्नति के योग प्राप्त होते रहते हैं। वह धनी, यशस्वी तथा सुखी जीवन व्यतीत करता है।

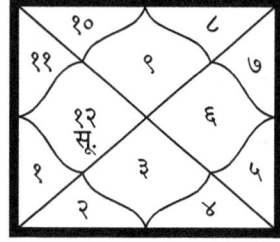

जिस जातक का जन्म 'धनु' लग्न में हुआ हो और जन्म-कुण्डली के 'पंचमभाव' में 'सूर्य' की स्थिति हो, उसे 'सूर्य' का फलादेश नीचे लिखे अनुसार समझना चाहिए—

धनु लग्नः पंचमभावः सूर्य

पांचवें त्रिकोण, विद्या एवं संतान के भाव में अपने मित्र मंगल की मेष राशि पर स्थित उच्च के सूर्य के प्रभाव से जातक को संतान का सुख एवं विद्या तथा बुद्धि का लाभ यथेष्ट मात्रा में प्राप्त होता है। ऐसा व्यक्ति बड़ा विद्वान, ज्ञानी, बुद्धिमान तथा धार्मिक विचारों का होता है। यहां से सूर्य अपनी सातवीं नीचदृष्टि से शत्रु शुक्र की तुला राशि में एकादशभाव को देखता है, अतः जातक को आमदनी के क्षेत्र में कठिनाइयां आती हैं। उसकी वाणी प्रखर होती है, जिसके कारण उसे लाभ के क्षेत्र में हानि उठानी पड़ती है। उसमें शिष्टाचार एवं सज्जनता की कमी रहती है, फलतः ऐसा व्यक्ति अपनी सामाजिक अथवा आर्थिक उन्नति अधिक नहीं कर पाता।

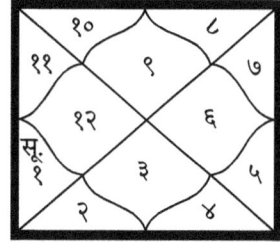

जिस जातक का जन्म 'धनु' लग्न में हुआ हो और जन्म-कुण्डली के 'षष्ठभाव' में 'सूर्य' की स्थिति हो, उसे 'सूर्य' का फलादेश नीचे लिखे अनुसार समझना चाहिए—

धनु लग्नः षष्ठभावः सूर्य

छठे शत्रु एवं रोग भाव में अपने शत्रु शुक्र की वृषभ राशि पर स्थित सूर्य के प्रभाव से जातक शत्रु पक्ष पर अत्याधिक प्रभावशाली बना रहता है तथा झगड़े-झंझट के मार्ग से भाग्योन्नति एवं सफलता प्राप्त करता है। धर्म का पालन करने में उसे विशेष रुचि नहीं होती। यहां से सूर्य अपनी सातवीं मित्रदृष्टि से मंगल की वृश्चिक राशि में द्वादशभाव को देखता है, अतः जातक का खर्च अधिक रहता है, परन्तु उसे बाहरी स्थानों से लाभ होता रहता है, जिसके कारण खर्च चलता रहता है तथा भाग्य में वृद्धि होती है।

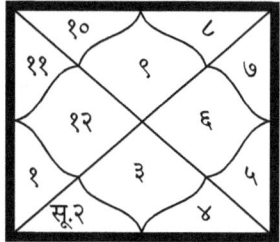

जिस जातक का जन्म 'धनु' लग्न में हुआ हो और जन्म-कुण्डली के 'सप्तमभाव' में 'सूर्य' की स्थिति हो, उसे 'सूर्य' का फलादेश नीचे लिखे अनुसार समझना चाहिए—

सातवें केन्द्र, स्त्री तथा व्यवसाय के भाव के अपने समग्रह बुध की मिथुन राशि पर स्थित सूर्य के प्रभाव से जातक स्त्री पक्ष से सुख प्राप्त करता है। उसका गृहस्थ जीवन आनंद से व्यतीत होता है, साथ ही व्यवसाय के क्षेत्र में भी उसे सफलता मिलती है। ऐसा व्यक्ति भाग्य की शक्ति का भरोसा रखता है तथा ईश्वर-भक्त भी होता है। यहां से सूर्य अपनी सातवीं मित्रदृष्टि से गुरु की धनु राशि में प्रथमभाव को देखता है, अत: जातक को श्रेष्ठ शारीरिक सुख एवं प्रभाव की प्राप्ति होती है। वह धर्म का पालन करता है तथा भाग्यवान होता है, परन्तु उसकी स्त्री का स्वभाव कुछ तेज होता है।

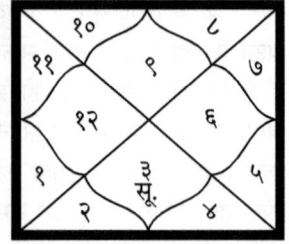

धनु लग्न: सप्तमभाव: सूर्य

जिस जातक का जन्म 'धनु' लग्न में हुआ हो और जन्म-कुण्डली के 'अष्टमभाव' में 'सूर्य' की स्थिति हो, उसे 'सूर्य' का फलादेश नीचे लिखे अनुसार समझना चाहिए—

आठवें आयु एवं पुरातत्त्व के भाव में अपने मित्र चन्द्र की कर्क राशि पर स्थित सूर्य के प्रभाव से जातक की आयु में वृद्धि होती है तथा पुरातत्त्व का लाभ होता है। उसका दैनिक जीवन प्रभावशाली रहता है, परन्तु भाग्योन्नति में बहुत-सी रुकावटें आती हैं और विलंब से भाग्य की वृद्धि होती है। यहां से सूर्य सातवीं शत्रुदृष्टि से शनि की मकर राशि के द्वितीयभाव को देखता है, अत: जातक को धन-संचय के मार्ग में कुछ कठिनाइयां उठानी पड़ती हैं तथा कौटुम्बिक सुख में भी कमी आती है।

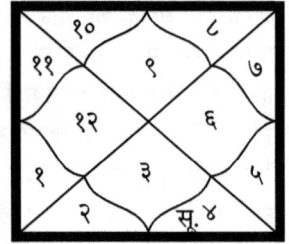

धनु लग्न: अष्टमभाव: सूर्य

जिस जातक का जन्म 'धनु' लग्न में हुआ हो और जन्म-कुण्डली के 'नवमभाव' में 'सूर्य' की स्थिति हो, उसे 'सूर्य' का फलादेश नीचे लिखे अनुसार समझना चाहिए—

नवें त्रिकोण, भाग्य एवं धर्म के भाव में अपनी ही सिंह राशि पर स्थित सूर्य के प्रभाव से जातक के भाग्य की विशेष उन्नति होती है और वह धर्म का भी यथाविधि पालन करता है। ऐसा व्यक्ति बड़ा प्रभावशाली तथा यशस्वी होता है। यहां से सूर्य अपनी सातवीं शत्रुदृष्टि से शनि की कुम्भ राशि में तृतीयभाव को देखता है, अत: जातक के पराक्रम में कुछ कमी आती है, साथ ही भाई-बहनों से भी कुछ मतभेद रहता है। ऐसा व्यक्ति पुरुषार्थ के मुकाबले भाग्य पर अधिक आश्रित रहता है, परन्तु वह भाग्यवान समझा जाता है तथा उसका जीवन सामान्यत: सुखी रहता है।

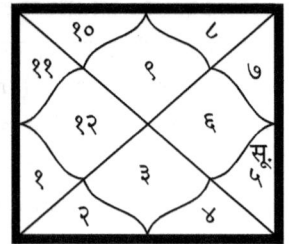

धनु लग्न: नवमभाव: सूर्य

जिस जातक का जन्म 'धनु' लग्न में हुआ हो और जन्म-कुण्डली के 'दशमभाव' में 'सूर्य' की स्थिति हो, उसे 'सूर्य' का फलादेश नीचे लिखे अनुसार समझना चाहिए—

दसवें केन्द्र, पिता एवं राज्य के भाव में अपने समग्रह बुध की कन्या राशि पर स्थित सूर्य के प्रभाव से जातक को पिता द्वारा बहुत सहयोग मिलता है, राज्य के क्षेत्र से सम्मान की प्राप्ति होती है तथा व्यवसाय में उन्नति होती रहती है। ऐसा व्यक्ति बड़ा भाग्यशाली होता है तथा धर्म का भी यथोचित पालन करता है। यहां से सूर्य अपनी सातवीं मित्रदृष्टि से गुरु की मीन राशि में चतुर्थभाव को देखता है, अत: जातक को माता, भूमि एवं मकान का यथेष्ट सुख भी प्राप्त होता है। वह प्रतिष्ठित तथा यशस्वी होता है।

धनु लग्न: दशमभाव: सूर्य

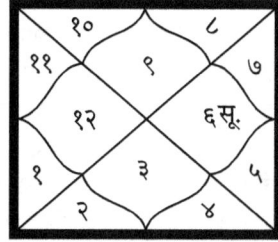

जिस जातक का जन्म 'धनु' लग्न में हुआ हो और जन्म-कुण्डली के 'एकादशभाव' में 'सूर्य' की स्थिति हो, उसे 'सूर्य' का फलादेश नीचे लिखे अनुसार समझना चाहिए—

ग्यारहवें लाभ भाव में अपने शत्रु शुक्र की तुला राशि पर स्थित नीच के सूर्य के प्रभाव से जातक की आमदनी में वृद्धि तो होती है, परन्तु उसमें कुछ कठिनाइयां भी उपस्थित होती रहती है। यहां से सूर्य सातवीं उच्चदृष्टि से मंगल की मेष राशि में पंचमभाव को देखता है, अत: जातक को संतान एवं विद्या के क्षेत्र में सफलता प्राप्त होती है। वह विद्वान, बुद्धिमान, गुणवान, धर्मज्ञ, सज्जन तथा श्रेष्ठ वाणी बोलने वाला होता है। ऐसा व्यक्ति सामान्य सुखी जीवन व्यतीत करता है।

धनु लग्न: एकादशभाव: सूर्य

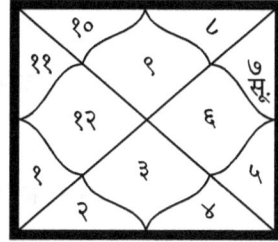

जिस जातक का जन्म 'धनु' लग्न में हुआ हो और जन्म-कुण्डली के 'द्वादशभाव' में 'सूर्य' की स्थिति हो, उसे 'सूर्य' का फलादेश नीचे लिखे अनुसार समझना चाहिए—

बारहवें व्यय भाव में अपने मित्र मंगल की वृश्चिक राशि पर स्थित सूर्य के प्रभाव से जातक का खर्च रहता है तथा बाहरी स्थानों के सम्बन्ध से कुछ विलंब के साथ लाभ एवं सफलता का अवसर प्राप्त करता है। वह धर्म का पालन करने में अधिक रुचि नहीं रखता, परन्तु उसका खर्च धार्मिक एवं परोपकार के मामलों में ही अधिक होता है। यहां से सूर्य अपनी-अपनी सातवीं शत्रुदृष्टि से शुक्र की वृषभ राशि में षष्ठभाव को देखता है, अत: जातक शत्रुओं पर प्रभाव रखने वाला होता है तथा झगड़े-झंझट के मामलों से लाभ एवं सफलता प्राप्त करता है।

धनु लग्न: द्वादशभाव: सूर्य

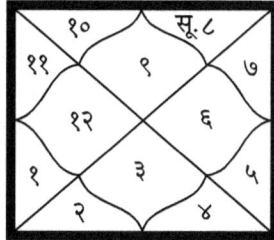

'धनु' लग्न में 'चन्द्र' का फल

जिस जातक का जन्म 'धनु' लग्न में हुआ हो और जन्म-कुण्डली के 'प्रथमभाव' में 'चन्द्र' की स्थिति हो, उसे 'चन्द्र' का फलादेश नीचे लिखे अनुसार समझना चाहिए—

पहले केन्द्र एवं शरीर के भाव में अपने समग्रह गुरु की धनु राशि पर स्थित अष्टमेश चन्द्र के प्रभाव से जातक को आयु की श्रेष्ठ शक्ति प्राप्त होती है, परन्तु पुरातत्त्व के लाभ में कठिनाइयां आती हैं। उसका शरीर सुंदर तथा स्वस्थ होता है, मन में अनेक प्रकार के विचार उठते रहते हैं तथा जीवन में सुख-दुःख दोनों का ही समन्वय बना रहता है। यहां से चन्द्र अपनी सातवीं मित्रदृष्टि से बुध की मिथुन राशि में सप्तमभाव को देखता है, अतः जातक को स्त्री की शक्ति कुछ कठिनाइयों के बाद मिलती है तथा दैनिक व्यवसाय में भी परेशानियां आती रहती हैं।

धनु लग्न: प्रथमभाव: चन्द्र

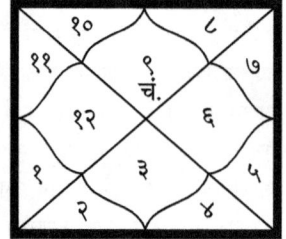

जिस जातक का जन्म 'धनु' लग्न में हुआ हो और जन्म-कुण्डली के 'द्वितीयभाव' में 'चन्द्र' की स्थिति हो, उसे 'चन्द्र' का फलादेश नीचे लिखे अनुसार समझना चाहिए—

दूसरे धन एवं कुटुम्ब के भाव में अपने समग्रह शनि की मकर राशि पर स्थित अष्टमेश चन्द्र के प्रभाव से जातक धन का संचय नहीं कर पाता तथा कौटुम्बिक सुख में भी कमी बनी रहती है। उसे पुरातत्त्व द्वारा धन प्राप्ति के साधन मिलते रहते हैं तथा आयु की वृद्धि भी होती है। यहां से चन्द्र अपनी ही कर्क राशि में अष्टमभाव को देखता है, अतः जातक को आयु एवं पुरातत्त्व का लाभ होता है। उसका जीवन अमीरी ढंग का होता है, परन्तु मन में कुछ बेचैनी-सी भी बनी रहती है।

धनु लग्न: द्वितीयभाव: चन्द्र

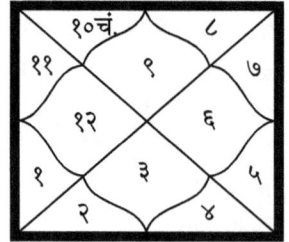

जिस जातक का जन्म 'धनु' लग्न में हुआ हो और जन्म-कुण्डली के 'तृतीयभाव' में 'चन्द्र' की स्थिति हो, उसे 'चन्द्र' का फलादेश नीचे लिखे अनुसार समझना चाहिए—

तीसरे भाई-बहन एवं पराक्रम के भाव में अपने समग्रह शनि की कुम्भ राशि पर स्थित अष्टमेश चन्द्र के प्रभाव से जातक को भाई-बहन के सुख में कुछ कमी रहती है तथा पराक्रम की वृद्धि के लिए विशेष प्रयत्न करना पड़ता है। उसे आयु एवं पुरातत्त्व की शक्ति का लाभ होता है तथा दैनिक जीवन प्रभावशाली बना रहता है। यहां से चन्द्र अपनी सातवीं मित्रदृष्टि से सूर्य की सिंह राशि में नवमभाव को देखता है, अतः कुछ परेशानियों के साथ जातक के भाग्य एवं धर्म की वृद्धि होती है। सामान्यतः ऐसा जातक भाग्यवान होता है, परन्तु उसे जीवन में संघर्षों का सामना भी निरन्तर करना पड़ता है।

धनु लग्न: तृतीयभाव: चन्द्र

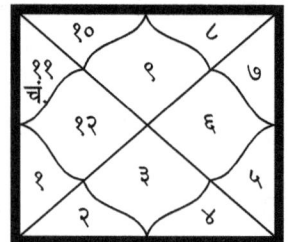

जिस जातक का जन्म 'धनु' लग्न में हुआ हो और जन्म-कुण्डली के 'चतुर्थभाव' में 'चन्द्र' की स्थिति हो, उसे 'चन्द्र' का फलादेश नीचे लिखे अनुसार समझना चाहिए—

चौथे, केन्द्र, माता एवं भूमि के भाव में अपने समग्रह गुरु की मीन राशि पर स्थित अष्टमेश चन्द्र के प्रभाव से जातक को माता के सुख में कुछ कमी रहती है तथा मातृभूमि से अलग जाकर रहना पड़ता है। परन्तु उसे आयु तथा पुरातत्त्व का लाभ होता है और दैनिक जीवन प्रभावशाली बना रहता है। यहां से चन्द्र अपनी सातवीं मित्रदृष्टि से बुध की कन्या राशि में दशमभाव को देखता है, अत: जातक को पिता, राज्य एवं व्यवसाय के क्षेत्र में कुछ कठिनाइयों का सामना करना पड़ता है।

धनु लग्न: चतुर्थभाव: चन्द्र

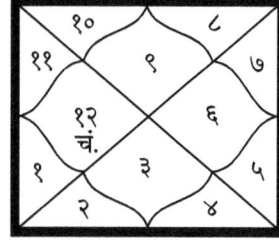

जिस जातक का जन्म 'धनु' लग्न में हुआ हो और जन्म-कुण्डली के 'पंचमभाव' में 'चन्द्र' की स्थिति हो, उसे 'चन्द्र' का फलादेश नीचे लिखे अनुसार समझना चाहिए—

पांचवें त्रिकोण, विद्या एवं संतान के भाव में अपने समग्रह मंगल की मेष राशि पर स्थित अष्टमेश चन्द्र के प्रभाव से जातक को संतानपक्ष से कष्ट तथा विद्या-बुद्धि के क्षेत्र में कमी का सामना करना पड़ता है। उसके मस्तिष्क में चिन्ताएं घर किए रहती हैं, परन्तु उसे आयु एवं पुरातत्त्व की शक्ति का लाभ मिलता है तथा दैनिक जीवन उल्लासपूर्ण बना रहता है। यहां से चन्द्र अपनी सातवीं समग्रहदृष्टि से शुक्र की तुला राशि में एकादशभाव को देखता है, अत: जातक को लाभ के सम्बन्ध में भी परेशानी उठानी पड़ती है तथा बड़े मनोयोग तथा परिश्रम के बाद कुछ सफलता मिलती है।

धनु लग्न: पंचमभाव: चन्द्र

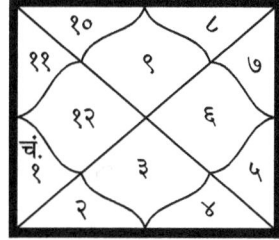

जिस जातक का जन्म 'धनु' लग्न में हुआ हो और जन्म-कुण्डली के 'षष्ठभाव' में 'चन्द्र' की स्थिति हो, उसे 'चन्द्र' का फलादेश नीचे लिखे अनुसार समझना चाहिए—

छठे रोग एवं शत्रु के भाव में अपने समग्रह शुक्र की वृषभ राशि पर स्थित उच्च के चन्द्र के प्रभाव से जातक अपने शत्रुओं पर प्रभाव बनाए रखता है। उसके दैनिक जीवन में कुछ कठिनाइयां तो आती हैं, फिर भी वह आनंदित बना रहता है। अष्टमेश चन्द्र के प्रभाव से उसे आयु एवं पुरातत्त्व की शक्ति का लाभ भी होता है, साथ ही शत्रु पक्ष से झगड़े-झंझटों के कारण कुछ मानसिक परेशानी भी बनी रहती है। यहां से चन्द्र सातवीं नीचदृष्टि से अपने मित्र मंगल की वृश्चिक राशि में द्वादशभाव को देखता है, अत: जातक को खर्च के सम्बन्ध में कुछ परेशानी रहती है तथा बाहरी स्थानों का सम्बन्ध भी अरुचिकर रहता है।

धनु लग्न: षष्ठभाव: चन्द्र

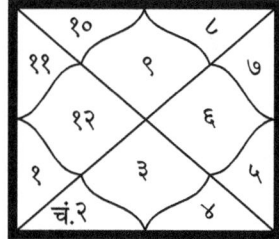

जिस जातक का जन्म 'धनु' लग्न में हुआ हो और जन्म-कुण्डली के 'सप्तमभाव' में 'चन्द्र' की स्थिति हो, उसे 'चन्द्र' का फलादेश नीचे लिखे अनुसार समझना चाहिए—

धनु लग्नः सप्तमभावः चन्द्र

सातवें केन्द्र, स्त्री एवं व्यवसाय के भाव में अपने मित्र बुध की मिथुन राशि पर स्थित अष्टमेश चन्द्र के प्रभाव से जातक को स्त्री पक्ष से कष्ट प्राप्त होता है तथा दैनिक व्यवसाय में भी कठिनाइयां आती रहती हैं, परन्तु उसे आयु एवं पुरातत्त्व की शक्ति का लाभ होता है और दैनिक जीवन में आनंद का वातावरण भी थोड़ा-बहुत बना रहता है। यहां से चन्द्र अपनी सातवीं समग्रहदृष्टि से गुरु की धनु राशि में प्रथमभाव को देखता है, अतः जातक का शारीरिक सौंदर्य तो अच्छा होता है, परन्तु उसका स्वास्थ्य बहुत अच्छा नहीं रहता। वह थोड़े-से परिश्रम अथवा सामान्य परेशानियों के उपस्थित होने पर अधिक थक कर शिथिल हो जाता है।

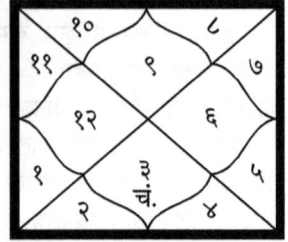

जिस जातक का जन्म 'धनु' लग्न में हुआ हो और जन्म-कुण्डली के 'अष्टमभाव' में 'चन्द्र' की स्थिति हो, उसे 'चन्द्र' का फलादेश नीचे लिखे अनुसार समझना चाहिए—

धनु लग्नः अष्टमभावः चन्द्र

आठवें आयु एवं पुरातत्त्व के भाव में अपनी ही कर्क राशि पर स्थित अष्टमेश चन्द्र के प्रभाव से जातक की आयु में वृद्धि होती है तथा उसे पुरातत्त्व की शक्ति का भी यथेष्ट लाभ मिलता है। उसका जीवन बड़े ठाट-बाट का रहता है, परन्तु मन में थोड़ी-बहुत अशांति भी बनी रहती है। यहां से चन्द्र अपनी सातवीं समग्रहदृष्टि से शनि की मकर राशि में तृतीयभाव को देखता है, अतः जातक को धन के सम्बन्ध में चिन्ता बनी रहती है तथा कुटुम्ब से भी अधिक सुख नहीं मिल पाता। उसे धन तथा कुटुम्ब दोनों के ही सम्बन्ध में परेशानी एवं चिन्ताओं का शिकार बने रहना पड़ता है।

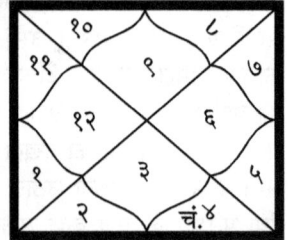

जिस जातक का जन्म 'धनु' लग्न में हुआ हो और जन्म-कुण्डली के 'नवमभाव' में 'चन्द्र' की स्थिति हो, उसे 'चन्द्र' का फलादेश नीचे लिखे अनुसार समझना चाहिए—

धनु लग्नः नवमभावः चन्द्र

नवें त्रिकोण, भाग्य तथा धर्म के भाव में अपने मित्र सूर्य की सिंह राशि पर स्थित अष्टमेश चन्द्र के प्रभाव से जातक की भाग्योन्नति में कुछ परेशानियां आती हैं तथा यश भी कम मिल पाता है, साथ ही धर्म का भी यथा-विधि पालन नहीं होता, परन्तु उसकी आयु में वृद्धि होती है तथा पुरातत्त्व की शक्ति का लाभ होने से भाग्य में वृद्धि भी होती है। यहां से चन्द्र अपनी सातवीं समग्रहदृष्टि से शनि की कुम्भ राशि में तृतीयभाव को देखता है, अतः जातक का अपने भाई-बहनों के

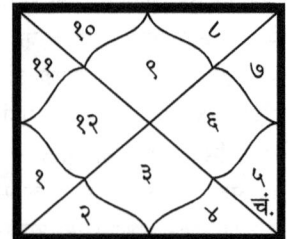

साथ मतभेद बना रहता है तथा पराक्रम की भी समुचित वृद्धि नहीं हो पाती। वह अपने मनोबल द्वारा सामान्य जीवन व्यतीत करता है।

जिस जातक का जन्म 'धनु' लग्न में हुआ हो और जन्म-कुण्डली के 'दशमभाव' में 'चन्द्र' की स्थिति हो, उसे 'चन्द्र' का फलादेश नीचे लिखे अनुसार समझना चाहिए—

दसवें केन्द्र, राज्य, पिता एवं व्यवसाय के भाव में अपने मित्र बुध की कन्या राशि पर स्थित अष्टमेश चन्द्र के प्रभाव से जातक को पिता, राज्य एवं व्यवसाय के पक्ष में कुछ कठिनाइयों तथा परेशानियों का सामना करना पड़ता है, परन्तु आयु एवं पुरातत्त्व की शक्ति का लाभ होता है, जिसके कारण जीवन प्रभावशाली एवं ठाट-बाट का बना रहता है। यहां से चन्द्र अपनी सातवीं समग्रहदृष्टि से गुरु की मीन राशि में चतुर्थभाव को देखता है, अत: जातक को माता, भूमि एवं मकान आदि का सुख मिलता तो है, परन्तु उसमें कमी और परेशानी बनी रहती है।

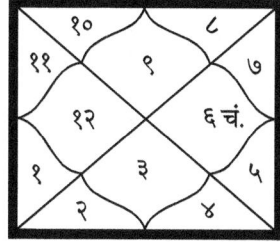
धनु लग्न: दशमभाव: चन्द्र

जिस जातक का जन्म 'धनु' लग्न में हुआ हो और जन्म-कुण्डली के 'एकादशभाव' में 'चन्द्र' की स्थिति हो, उसे 'चन्द्र' का फलादेश नीचे लिखे अनुसार समझना चाहिए—

ग्यारहवें लाभ भाव में अपने समग्रह शुक्र की तुला राशि पर स्थित अष्टमेश चन्द्र के प्रभाव से जातक को कुछ परेशानियों के साथ लाभ प्राप्त होता रहता है। उसे आयु तथा पुरातत्त्व की श्रेष्ठ शक्ति प्राप्त होती है तथा दैनिक जीवन आनंदमय बना रहता है। यहां से चन्द्र अपनी सातवीं समग्रहदृष्टि से मंगल की मेष राशि में पंचमभाव को देखता है, अत: जातक को संतानपक्ष से कुछ कष्ट तथा विद्या-बुद्धि के क्षेत्र में कमी रहती है। इसके साथ ही मस्तिष्क में विविध प्रकार की चिन्ताओं का निवास भी बना रहता है।

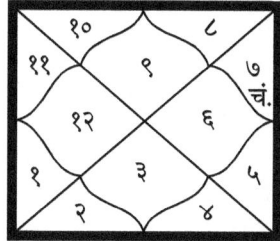
धनु लग्न: एकादशभाव: चन्द्र

जिस जातक का जन्म 'धनु' लग्न में हुआ हो और जन्म-कुण्डली के 'द्वादशभाव' में 'चन्द्र' की स्थिति हो, उसे 'चन्द्र' का फलादेश नीचे लिखे अनुसार समझना चाहिए—

बारहवें व्यय भाव में अपने समग्रह मंगल की वृश्चिक राशि पर स्थित अष्टमेश तथा नीच के चन्द्र के प्रभाव से जातक को खर्च के मामले में बड़ी कठिनाइयों का सामना करना पड़ता है तथा बाहरी स्थानों के सम्बन्ध से भी कष्ट मिलता है। ऐसे व्यक्ति को आयु एवं पुरातत्त्व की भी हानि होती है। मानसिक चिन्ताएं घेरे रहती हैं और दैनिक जीवन अशांतिपूर्ण रहता है। यहां से चन्द्र अपनी

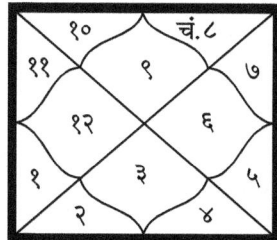
धनु लग्न: द्वादशभाव: चन्द्र

सातवीं उच्चदृष्टि से समग्रह शुक्र की वृषभ राशि में षष्ठभाव को देखता है, अतः जातक अपने शत्रुओं पर प्रभाव बनाए रहता है तथा झगड़े-झंझट के मामलों पर विजय एवं सफलता प्राप्त करता है।

'धनु' लग्न में 'मंगल' का फल

जिस जातक का जन्म 'धनु' लग्न में हुआ हो और जन्म-कुण्डली के 'प्रथमभाव' में 'मंगल' की स्थिति हो, उसे 'मंगल' का फलादेश नीचे लिखे अनुसार समझना चाहिए—

धनु लग्नः प्रथमभावः मंगल

पहले केन्द्र एवं शरीर के भाव में अपने मित्र गुरु की धनु राशि पर स्थित व्ययेश मंगल के प्रभाव से जातक की शारीरिक शक्ति उत्तम रहती है और शारीरिक श्रम तथा बुद्धि योग से बड़े काम करता है। उसे विद्या, संतान एवं बाहरी स्थानों से भी सामान्य लाभ होता है, परन्तु मंगल के व्ययेश होने के कारण शारीरिक-सौंदर्य में कमी रहती है तथा अहंकार की मात्रा भी बढ़ी रहती है। यहां से मंगल चौथी मित्रदृष्टि से चतुर्थभाव को देखता है, अतः माता एवं भूमि का सामान्य सुख कुछ कमी के साथ प्राप्त होता है। सातवीं शत्रुदृष्टि से सप्तमभाव को देखने से स्त्री एवं व्यवसाय के क्षेत्र में भी कुछ त्रुटि के साथ सफलता मिलती है तथा आठवीं नीचदृष्टि से अष्टमभाव को देखने के कारण आयु तथा पुरातत्त्व के क्षेत्र में भी कुछ कमजोरी आती है।

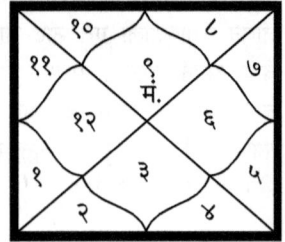

जिस जातक का जन्म 'धनु' लग्न में हुआ हो और जन्म-कुण्डली के 'द्वितीयभाव' में 'मंगल' की स्थिति हो, उसे 'मंगल' का फलादेश नीचे लिखे अनुसार समझना चाहिए—

धनु लग्नः द्वितीयभावः मंगल

दूसरे धन एवं कुटुम्ब के भाव में अपने समग्रह शनि की मकर राशि पर स्थित उच्च के मंगल के प्रभाव से जातक बुद्धि-योग तथा बाहरी सम्बन्धों से धन का सामान्य संचय करता है तथा कौटुम्बिक-सुख में न्यूनाधिकता बनी रहती है। यहां से मंगल चौथी दृष्टि से अपनी ही राशि में पंचमभाव को देखता है, अतः जातक को विद्या तथा संतान की शक्ति प्राप्त होती है। सातवीं नीचदृष्टि से अष्टमभाव को मित्र की राशि में देखने के कारण आयु तथा पुरातत्त्व के क्षेत्र में कमजोरी रहती है तथा आठवीं मित्रदृष्टि से नवमभाव को देखने से बड़ी कठिनाइयों के साथ भाग्योन्नति में थोड़ी सफलता मिलती है तथा धर्म का पालन करने में भी कुछ कमी बनी रहती है। मंगल के व्ययेश होने के कारण जातक का जीवन संघर्षपूर्ण रहता है।

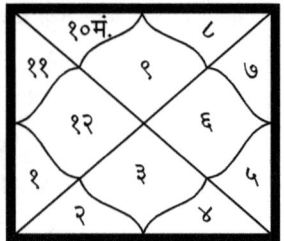

जिस जातक का जन्म 'धनु' लग्न में हुआ हो और जन्म-कुण्डली के 'तृतीयभाव' में 'मंगल' की स्थिति हो, उसे 'मंगल' का फलादेश नीचे लिखे अनुसार समझना चाहिए—

धनु लग्नः तृतीयभावः मंगल

तीसरे भाई-बहन एवं पराक्रम के भाव में अपने समग्रह शनि की कुम्भ राशि पर स्थित व्ययेश मंगल के प्रभाव से जातक के पराक्रम की वृद्धि होती है, परन्तु भाई-बहन के सुख में कुछ कमी रहती है। विद्या तथा संतान के पक्ष में भी कमी होती है तथा खर्च अधिक रहता है। यहां से मंगल चौथी समग्रहदृष्टि से षष्ठभाव को देखता है, अतः शत्रुपक्ष में प्रभाव रहता है तथा झगड़े-झंझटों में सफलता मिलती है। सातवीं मित्रदृष्टि से नवमभाव को देखने से भाग्य एवं धर्म की सामान्य उन्नति होती है तथा आठवीं शत्रुदृष्टि से दशमभाव को देखने के कारण पिता, राज्य एवं व्यवसाय के क्षेत्र में न्यूनाधिक सफलता मिलती रहती है। संक्षेप में, ऐसे व्यक्ति का जीवन उतार-चढ़ावपूर्ण तथा संघर्षमय रहता है।

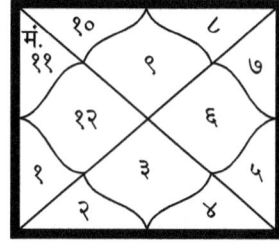

जिस जातक का जन्म 'धनु' लग्न में हुआ हो और जन्म-कुण्डली के 'चतुर्थभाव' में 'मंगल' की स्थिति हो, उसे 'मंगल' का फलादेश नीचे लिखे अनुसार समझना चाहिए—

धनु लग्नः चतुर्थभावः मंगल

चौथे केन्द्र, माता एवं भूमि के भाव में अपने मित्र गुरु की मीन राशि पर स्थित व्ययेश मंगल के प्रभाव से जातक को माता के सुख की विशेष हानि होती है तथा भूमि, मकान आदि का सुख भी प्रायः प्राप्त नहीं हो पाता। संतानपक्ष तथा विद्या-बुद्धि के क्षेत्र में भी कमी बनी रहती है। यहां से मंगल अपनी चौथी शत्रुदृष्टि से सप्तमभाव को देखता है, अतः स्त्री तथा व्यवसाय के पक्ष में कुछ परेशानियों के साथ काम चलता है। सातवीं शत्रुदृष्टि से दशमभाव को देखने से पिता, राज्य तथा व्यवसाय के क्षेत्र में कुछ कमी के साथ सफलता मिलती है। आठवीं समग्रहदृष्टि से एकादशभाव को देखने से बुद्धि-योग द्वारा आमदनी के क्षेत्र में सफलता मिलती है तथा बाहरी स्थानों के सम्बन्ध से लाभ है।

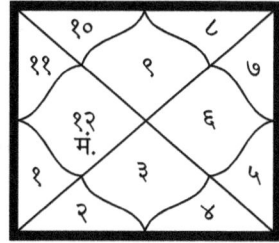

जिस जातक का जन्म 'धनु' लग्न में हुआ हो और जन्म-कुण्डली के 'पंचमभाव' में 'मंगल' की स्थिति हो, उसे 'मंगल' का फलादेश नीचे लिखे अनुसार समझना चाहिए—

धनु लग्नः पंचमभावः मंगल

पांचवें त्रिकोण, विद्या एवं संतान के भाव में अपनी ही मेष राशि पर स्थित व्ययेश मंगल के प्रभाव से जातक को विद्या एवं संतान के क्षेत्र में परेशानियों के बाद थोड़ी सफलता मिलती है। यहां से मंगल चौथी नीचदृष्टि से मित्र चन्द्र की राशि में अष्टमभाव को देखता है, अतः आयु एवं पुरातत्त्व के क्षेत्र में कुछ कमजोरी रहती है तथा पेट में विकार बना रहता है। सातवीं समग्रहदृष्टि से एकादशभाव को देखने से बुद्धि-योग एवं बाहरी स्थानों के सम्बन्धों से आमदनी के क्षेत्र में कुछ सफलता मिलती है तथा

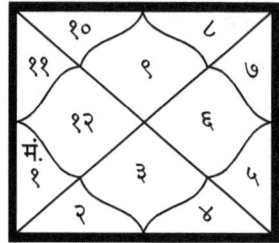

आठवीं दृष्टि से अपनी ही राशि में द्वादशभाव को देखने से खर्च अधिक रहता है, जिसके कारण कुछ मानसिक परेशानी बनी रहती है, परन्तु बाहरी स्थानों से विशेष लाभ भी होता है।

जिस जातक का जन्म 'धनु' लग्न में हुआ हो और जन्म-कुण्डली के 'षष्ठभाव' में 'मंगल' की स्थिति हो, उसे 'मंगल' का फलादेश नीचे लिखे अनुसार समझना चाहिए—

धनु लग्नः षष्ठभावः मंगल

छठे शत्रु एवं रोग भाव में अपने समग्रह शुक्र की वृषभ राशि पर स्थित मंगल के प्रभाव से जातक शत्रु-पक्ष पर सफलता प्राप्त करता है तथा झगड़े-झंझट के मामलों में भी सफलता मिलती है, परन्तु संतान से परेशानी तथा विद्या में कमी रहती है। यहां से मंगल चौथी मित्रदृष्टि से नवमभाव को देखता है, अतः भाग्य एवं धर्म की उन्नति में कुछ परेशानी तथा कठिनाइयों का सामना करना पड़ता है। सातवीं दृष्टि से अपनी ही वृश्चिक राशि में द्वादशभाव को देखने से खर्च की अधिकता से परेशानी रहती है तथा बाहरी स्थानों के सम्बन्ध में भी कठिनाइयां आती हैं। आठवीं मित्रदृष्टि से प्रथमभाव को देखने के कारण जातक के शारीरिक सौंदर्य एवं स्वास्थ्य में कमी रहती है तथा मस्तिष्क में परेशानी बनी रहती है।

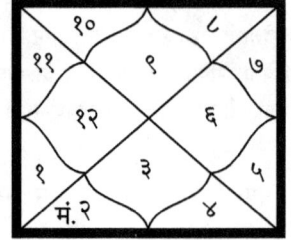

जिस जातक का जन्म 'धनु' लग्न में हुआ हो और जन्म-कुण्डली के 'सप्तमभाव' में 'मंगल' की स्थिति हो, उसे 'मंगल' का फलादेश नीचे लिखे अनुसार समझना चाहिए—

धनु लग्नः सप्तमभावः मंगल

सातवें केन्द्र, स्त्री तथा व्यवसाय के भाव में अपने शत्रु बुध की मिथुन राशि पर स्थित व्ययेश मंगल के प्रभाव से जातक को स्त्री पक्ष से कष्ट मिलता है तथा व्यवसाय में कठिनाई एवं हानि उठानी पड़ती है। बाहरी स्थानों से सम्बन्ध कुछ अच्छा रहता है तथा बुद्धि-बल से जातक अपना खर्च चलाता है। चौथी शत्रुदृष्टि से दशमभाव को देखने से पिता, राज्य तथा व्यवसाय के क्षेत्र में कुछ कठिनाइयों के साथ सामान्य सफलता मिलती है। सातवीं मित्रदृष्टि से प्रथमभाव को देखने से जातक के शरीर में कुछ दुर्बलता रहती है एवं आठवीं उच्चदृष्टि से द्वितीयभाव को देखने के कारण धन-संचय के पक्ष में कुछ उन्नति होती है तथा कुटुम्ब का सुख भी सामान्य रूप में अच्छा प्राप्त होता है।

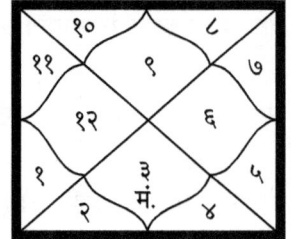

जिस जातक का जन्म 'धनु' लग्न में हुआ हो और जन्म-कुण्डली के 'अष्टमभाव' में 'मंगल' की स्थिति हो, उसे 'मंगल' का फलादेश नीचे लिखे अनुसार समझना चाहिए—

आठवें आयु एवं पुरातत्त्व के भाव में अपने मित्र चन्द्र की कर्क राशि पर स्थित व्ययेश एवं नीच के मंगल के प्रभाव से जातक की आयु तथा पुरातत्त्व शक्ति का ह्रास होता है। पेट में विकार रहता है तथा चिन्ता एवं परेशानियां घेरे रहती हैं। संतानपक्ष से कष्ट और विद्या पक्ष में कमजोरी तथा बाहरी स्थानों के सम्बन्ध से अशांति बनी रहती है। चौथी समग्रहदृष्टि से एकादशभाव को देखने से कठिन परिश्रम द्वारा आमदनी की वृद्धि होती है। सातवीं उच्चदृष्टि से द्वितीयभाव को देखने से धन एवं कुटुम्ब की सामान्य शक्ति प्राप्त होती है तथा आठवीं समग्रहदृष्टि से तृतीयभाव को देखने के कारण पराक्रम की वृद्धि होती है तथा भाई-बहनों से विरोध रहता है।

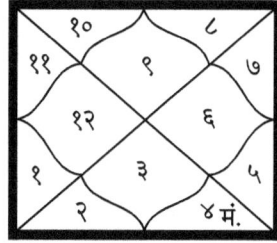

धनु लग्नः अष्टमभावः मंगल

जिस जातक का जन्म 'धनु' लग्न में हुआ हो और जन्म-कुण्डली के 'नवमभाव' में 'मंगल' की स्थिति हो, उसे 'मंगल' का फलादेश नीचे लिखे अनुसार समझना चाहिए—

नवें त्रिकोण, भाग्य एवं धन के भाव में अपने मित्र सूर्य की सिंह राशि पर स्थित व्ययेश मंगल के प्रभाव से जातक के भाग्य एवं धर्म के पक्ष की कुछ त्रुटिपूर्ण उन्नति होती है। इसी प्रकार विद्या एवं संतान के क्षेत्र में भी कुछ कठिनाइयों एवं कमियों के साथ सामान्य सफलता मिलती है। यहां से मंगल चौथी दृष्टि से अपनी ही राशि में द्वादशभाव को देखता है, अतः खर्च अधिक रहता है तथा बाहरी स्थानों के अच्छे सम्बन्ध से खर्च की पूर्ति होती है तथा शक्ति मिलती है। सातवीं समग्रहदृष्टि से तृतीयभाव को देखने से भाई-बहनों से विरोध रहता है तथा पुरुषार्थ में कमी आती है। आठवीं मित्रदृष्टि से चतुर्थभाव को देखने के कारण माता, भूमि तथा मकान आदि का सुख कुछ कमी के साथ प्राप्त होता है।

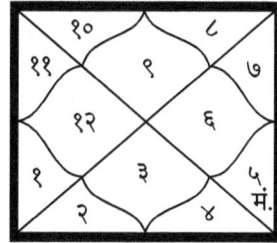

धनु लग्नः नवमभावः मंगल

जिस जातक का जन्म 'धनु' लग्न में हुआ हो और जन्म-कुण्डली के 'दशमभाव' में 'मंगल' की स्थिति हो, उसे 'मंगल' का फलादेश नीचे लिखे अनुसार समझना चाहिए—

दसवें केन्द्र, राज्य, पिता एवं व्यवसाय के भाव में अपने शत्रु बुध की कन्या राशि पर स्थित व्ययेश मंगल के प्रभाव से जातक को पिता के सुख की हानि होती है, व्यवसाय में भी नुकसान रहता है तथा राज्य के क्षेत्र में थोड़ा प्रभाव बढ़ता है, परन्तु ऐसा व्यक्ति अपने बुद्धि-बल से किसी बाहरी भाव में काम करके बहुत सम्मान प्राप्त करता है। यहां से मंगल चौथी मित्रदृष्टि से प्रथमभाव को देखता है, अतः जातक के शारीरिक स्वास्थ्य एवं सौंदर्य में कुछ कमी रहती है। सातवीं मित्रदृष्टि से चतुर्थभाव को देखने के कारण माता, भूमि एवं

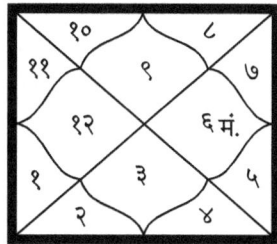

धनु लग्नः दशमभावः मंगल

मकान का सुख भी कुछ कमी के साथ प्राप्त होता है। आठवीं दृष्टि से अपनी ही राशि में पंचमभाव को देखने से विद्या-बुद्धि का श्रेष्ठ लाभ तो होता है, परन्तु विद्या एवं संतान के सुख में कुछ कठिनाई भी बनी रहती है।

जिस जातक का जन्म 'धनु' लग्न में हुआ हो और जन्म-कुण्डली के 'एकादशभाव' में 'मंगल' की स्थिति हो, उसे 'मंगल' का फलादेश नीचे लिखे अनुसार समझना चाहिए—

धनु लग्नः एकादशभावः मंगल

ग्यारहवें लाभ भाव में अपने समग्रह शुक्र की तुला राशि पर स्थित व्ययेश मंगल के प्रभाव से जातक को आमदनी के क्षेत्र में विशेष सफलता मिलती है। उसका खर्च भी अधिक रहता है तथा बाहरी स्थानों से कुछ परेशानी के साथ लाभ भी होता है। चौथी समग्रहदृष्टि से शत्रु शनि की राशि में द्वितीयभाव को देखने से धन-संचय के लिए विशेष श्रम करना पड़ता है तथा कौटुम्बिक सुख का भी लाभ होता है। सातवीं दृष्टि से अपनी ही राशि में पंचमभाव को देखने से विद्या एवं संतानपक्ष से लाभ होता है तथा आठवीं समग्रहदृष्टि से षष्ठभाव को देखने के कारण शत्रु-पक्ष पर बड़ा प्रभाव रहता है तथा झगड़े-झंझट के मामलों में जातक को सफलता एवं लाभ की प्राप्ति होती है।

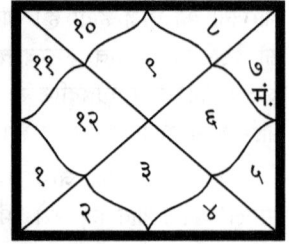

जिस जातक का जन्म 'धनु' लग्न में हुआ हो और जन्म-कुण्डली के 'द्वादशभाव' में 'मंगल' की स्थिति हो, उसे 'मंगल' का फलादेश नीचे लिखे अनुसार समझना चाहिए—

धनु लग्नः द्वादशभावः मंगल

बारहवें व्यय भाव में अपना ही वृश्चिक राशि पर स्थित मंगल के प्रभाव से जातक का खर्च अधिक रहता है तथा बाहरी स्थानों के सम्बन्ध से बुद्धि-योग द्वारा सफलता मिलती रहती है। परन्तु संतान के पक्ष में हानि एवं विद्या के पक्ष में कमजोरी रहती है। चौथी समग्रहदृष्टि से तृतीयभाव को देखने से भाई-बहनों से वैमनस्य रहता है, परन्तु पराक्रम की वृद्धि होती है। सातवीं समग्रहदृष्टि से षष्ठभाव को देखने से शत्रुओं पर प्रभाव रहता है तथा झगड़ों से लाभ होता है। आठवीं शत्रुदृष्टि से सप्तमभाव को देखने के कारण स्त्री पक्ष से संकट मिलता है तथा व्यवसाय में कठिनाइयां आती हैं। ऐसा व्यक्ति अपने बुद्धि-बल द्वारा बाहरी स्थानों के सम्बन्धों से लाभ उठाता है।

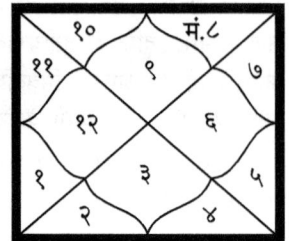

'धनु' लग्न में 'बुध' का फल

जिस जातक का जन्म 'धनु' लग्न में हुआ हो और जन्म-कुण्डली के 'प्रथमभाव' में 'बुध' की स्थिति हो, उसे 'बुध' का फलादेश नीचे लिखे अनुसार समझना चाहिए—

धनु लग्नः प्रथमभावः बुध

पहले केन्द्र एवं शरीर भाव में अपने समग्रह गुरु की धनु राशि पर स्थित बुध के प्रभाव से जातक को श्रेष्ठ शारीरिक शक्ति एवं विवेक शक्ति प्राप्त होती है, साथ ही उसे पिता, राज्य एवं व्यवसाय के क्षेत्र में भी सफलता मिलती है। वह यशस्वी तथा सम्मानित भी होता है। यहां से बुध सातवीं मित्रदृष्टि से अपनी ही मिथुन राशि में सप्तमभाव को देखता है, अतः जातक को सुंदर स्त्री मिलती है तथा ससुराल से यथेष्ट धन का लाभ होता है। व्यवसाय के क्षेत्र में भी उसे पर्याप्त सफलता मिलती है। ऐसा जातक सदैव उमंग और उत्साह से परिपूर्ण, धनी, सुखी तथा यशस्वी बना रहता है।

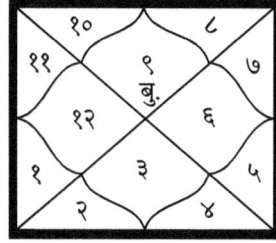

जिस जातक का जन्म 'धनु' लग्न में हुआ हो और जन्म-कुण्डली के 'द्वितीयभाव' में 'बुध' की स्थिति हो, उसे 'बुध' का फलादेश नीचे लिखे अनुसार समझना चाहिए—

धनु लग्नः द्वितीयभावः बुध

दूसरे धन एवं कुटुम्ब के भाव में अपने समग्रह शनि की मकर राशि पर स्थित बुध के प्रभाव से जातक को धन-संचय की विशेष शक्ति प्राप्त होती है तथा कौटुम्बिक सुख भी मिलता है। उसे पिता द्वारा लाभ, राज्य द्वारा सम्मान तथा व्यवसाय में सफलता एवं प्रतिष्ठा भी मिलती है, परन्तु स्त्री के सुख में कमी रहती है। यहां से बुध सातवीं शत्रुदृष्टि से चन्द्र की कर्क राशि में अष्टमभाव को देखता है, अतः जातक को आयु एवं पुरातत्त्व की शक्ति प्राप्त होती है। उसका दैनिक जीवन उल्लासपूर्ण तथा ठाट-बाट का रहता है तथा विवेक-बुद्धि द्वारा वह निरन्तर उन्नति करता चला जाता है।

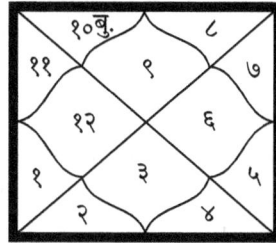

जिस जातक का जन्म 'धनु' लग्न में हुआ हो और जन्म-कुण्डली के 'तृतीयभाव' में 'बुध' की स्थिति हो, उसे 'बुध' का फलादेश नीचे लिखे अनुसार समझना चाहिए—

धनु लग्नः तृतीयभावः बुध

तीसरे भाई एवं पराक्रम के भाव में अपने समग्रह शनि की कुम्भ राशि पर स्थित बुध के प्रभाव से जातक के पुरुषार्थ की वृद्धि होती है और उसे भाई-बहनों का यथेष्ट सुख भी प्राप्त होता है। पिता, राज्य, व्यवसाय एवं स्त्री के पक्ष में भी सफलता मिलती है तथा यश और मान की वृद्धि होती है। ऐसा व्यक्ति अपनी विवेक-बुद्धि द्वारा प्रत्येक क्षेत्र में उन्नति एवं सफलता प्राप्त करता है। यहां से बुध अपनी सातवीं मित्रदृष्टि से सूर्य की सिंह राशि में नवमभाव को देखता है, अतः जातक के भाग्य एवं धर्म की वृद्धि होती है। संक्षेप में ऐसा जातक धनी, सुखी धर्मात्मा, यशस्वी एवं हिम्मतवाला होता है।

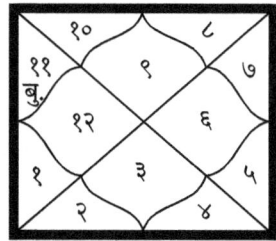

जिस जातक का जन्म 'धनु' लग्न में हुआ हो और जन्म-कुण्डली के 'चतुर्थभाव' में 'बुध' की स्थिति हो, उसे 'बुध' का फलादेश नीचे लिखे अनुसार समझना चाहिए—

धनु लग्नः चतुर्थभावः बुध

चौथे केन्द्र, माता एवं भूमि के भाव में अपने समग्रह गुरु की मीन राशि पर स्थित नीच के बुध के प्रभाव से जातक को माता, भूमि एवं मकान आदि के सुख में कुछ कमी रहती है। साथ ही स्त्री तथा गृहस्थी सम्बन्धी अन्य सुख में कुछ कठिनाइयां आती हैं। यहां से बुध सातवीं उच्चदृष्टि से अपनी ही कन्या राशि में दशमभाव को देखता है, अतः जातक कुछ कमी के साथ पिता, राज्य एवं व्यवसाय के क्षेत्र में शक्ति प्राप्त करता है तथा कठिनाइयों से मुकाबला करते हुए आगे बढ़ता है और अपनी भाग्योन्नति करता है।

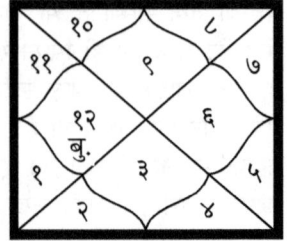

जिस जातक का जन्म 'धनु' लग्न में हुआ हो और जन्म-कुण्डली के 'पंचमभाव' में 'बुध' की स्थिति हो, उसे 'बुध' का फलादेश नीचे लिखे अनुसार समझना चाहिए—

धनु लग्नः पंचमभावः बुध

पांचवें त्रिकोण, विद्या एवं संतान के भाव में अपने समग्रह मंगल की मेष राशि पर स्थित बुध के प्रभाव से जातक को विद्या एवं बुद्धि के क्षेत्र में विशेष सफलता मिलती है तथा संतान का भी श्रेष्ठ सुख प्राप्त होता है। इसके साथ ही स्त्री, गृहस्थी, पिता, राज्य एवं व्यवसाय के पक्ष में भी उन्नति होती है। यहां से बुध अपनी सातवीं मित्रदृष्टि से शुक्र की तुला राशि में एकादशभाव को देखता है, अतः जातक अपनी श्रेष्ठ बुद्धि द्वारा पर्याप्त लाभ अर्जित करता है। ऐसा व्यक्ति बातचीत करने में बड़ा निपुण, चतुर तथा बुद्धिमान होता है। उसे सर्वत्र यश तथा सम्मान प्राप्त होता रहता है।

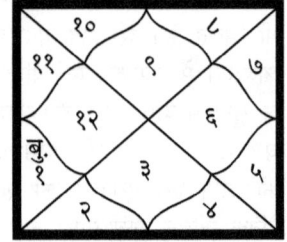

जिस जातक का जन्म 'धनु' लग्न में हुआ हो और जन्म-कुण्डली के 'षष्ठभाव' में 'बुध' की स्थिति हो, उसे 'बुध' का फलादेश नीचे लिखे अनुसार समझना चाहिए—

धनु लग्नः षष्ठभावः बुध

छठे रोग एवं शत्रु भाव में अपने मित्र शुक्र की वृषभ राशि पर स्थित बुध के प्रभाव से जातक अपनी विवेक बुद्धि द्वारा शत्रु पक्ष में सफलता प्राप्त करता है। उसे पिता के सुख की कमी रहती है, साथ ही व्यवसाय के क्षेत्र में भी कठिनाइयां उठानी पड़ती हैं। राज्य के क्षेत्र से भी उसे असंतोष रहता है, परन्तु नाना के पक्ष से शक्ति प्राप्त होती है। यहां से बुध सातवीं समग्रहदृष्टि से मंगल की वृश्चिक राशि में द्वादशभाव को देखता है, अतः खर्च अधिक रहता है तथा बाहरी स्थानों के सम्बन्ध से जातक को लाभ मिलता रहता है।

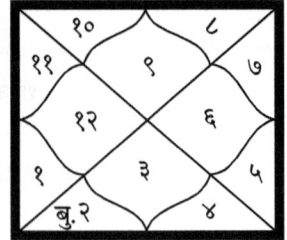

जिस जातक का जन्म 'धनु' लग्न में हुआ हो और जन्म-कुण्डली के 'सप्तमभाव' में 'बुध' की स्थिति हो, उसे 'बुध' का फलादेश नीचे लिखे अनुसार समझना चाहिए—

धनु लग्न: सप्तमभाव: बुध

सातवें केन्द्र, स्त्री तथा व्यवसाय के भाव में अपनी ही मिथुन राशि पर स्थित बुध के प्रभाव से जातक को सुंदर स्त्री मिलती है तथा स्त्री पक्ष से लाभ भी होता है। इसी प्रकार वह अपनी विवेक बुद्धि द्वारा व्यवसाय के क्षेत्र में भी सफलता प्राप्त करता है। साथ ही पिता एवं राज्य द्वारा भी सहयोग एवं सम्मान मिलता है। वह वैभावशाली तथा यशस्वी होता है और घरेलू सुख भी पर्याप्त मात्रा में प्राप्त करता रहता है। यहां से बुध सातवीं समग्रहदृष्टि से गुरु की धनु राशि में प्रथमभाव को देखता है, अत: जातक के शारीरिक सौंदर्य एवं प्रभाव में वृद्धि होती है। वह सुखी, यशस्वी, भोगी तथा धनी होता है।

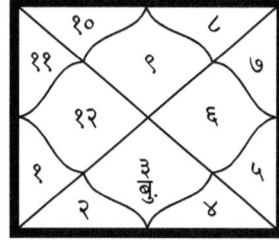

जिस जातक का जन्म 'धनु' लग्न में हुआ हो और जन्म-कुण्डली के 'अष्टमभाव' में 'बुध' की स्थिति हो, उसे 'बुध' का फलादेश नीचे लिखे अनुसार समझना चाहिए—

धनु लग्न: अष्टमभाव: बुध

आठवें आयु एवं पुरातत्त्व के भाव में अपने शत्रु चन्द्र की मेष राशि पर स्थित बुध के प्रभाव से जातक को आयु एवं पुरातत्त्व की शक्ति का लाभ मिलता है। उसकी दिनचर्या ठाट-बाट से पूर्ण बनी रहती है, परन्तु पिता, राज्य एवं व्यवसाय के क्षेत्र में उसे काफी कठिनाइयों और कभी-कभी बड़े घाटे का सामना करना पड़ता है। राजकीय क्षेत्र में भी कमजोरी बनी रहती है। यहां से बुध अपनी सातवीं समग्रहदृष्टि से शनि की मकर राशि में द्वितीयभाव को देखता है, अत: जातक को धन एवं कुटुम्ब की वृद्धि तथा सुख के लिए विशेष परिश्रम करना पड़ता है।

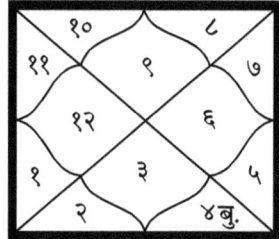

जिस जातक का जन्म 'धनु' लग्न में हुआ हो और जन्म-कुण्डली के 'नवमभाव' में 'बुध' की स्थिति हो, उसे 'बुध' का फलादेश नीचे लिखे अनुसार समझना चाहिए—

धनु लग्न: नवमभाव: बुध

नवें त्रिकोण, भाग्य एवं धर्म के भाव में अपने मित्र सूर्य की सिंह राशि पर स्थित बुध के प्रभाव से जातक बहुत भाग्यवान होता है, साथ ही धार्मिक क्षेत्र में भी उसे उन्नति मिलती है। उसे पिता, स्त्री, व्यवसाय तथा राज्य के क्षेत्र में अत्यधिक सफलता मिलती है। वह विवेक-बुद्धि से पर्याप्त यश एवं सम्मान भी अर्जित करता है। यहां

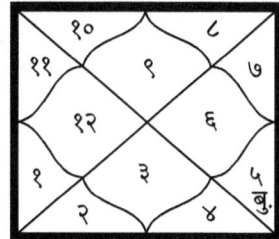

से बुध अपनी सातवीं समग्रहदृष्टि से शनि की कुम्भ राशि में तृतीयभाव को देखता है, अत: जातक को भाई-बहन का सुख मिलता है तथा पराक्रम की भी अत्यधिक वृद्धि होती है। वह अपने पुरुषार्थ द्वारा व्यावसायिक तथा अन्य क्षेत्रों में सफलता प्राप्त करके सुखी जीवन व्यतीत करता है।

जिस जातक का जन्म 'धनु' लग्न में हुआ हो और जन्म कुण्डली के 'दशमभाव' में 'बुध' की स्थिति हो, उसे 'बुध' का फलादेश नीचे लिखे अनुसार समझना चाहिए—

दसवें केन्द्र, राज्य, पिता एवं व्यवसाय के भाव में अपनी कन्या राशि पर स्थित उच्च के बुध के प्रभाव से जातक को पिता द्वारा विशेष सहयोग मिलता है। राजकीय क्षेत्र में सम्मान की प्राप्ति होती है तथा व्यवसाय में प्रचुर लाभ होता है। ऐसे व्यक्ति को स्त्री पक्ष तथा गृहस्थी से भी सुख एवं शक्ति की प्राप्ति होती है। वह वैभवशाली जीवन व्यतीत करता है तथा यश एवं सम्मान प्राप्त करता रहता है। यहां से बुध अपनी सातवीं नीचदृष्टि से समग्रह गुरु की मीन राशि में चतुर्थभाव को देखता है, अत: जातक को माता के सुख में कमी रहती है। साथ ही जन्मभूमि एवं मकान आदि के सुख में भी कुछ परेशानियां आती हैं।

धनु लग्न: दशमभाव: बुध

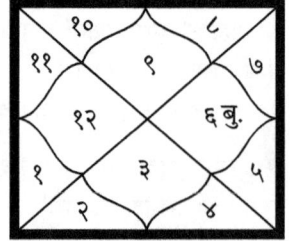

१०		८	
११	९		७
१२		६ बु.	
१	३		५
	२	४	

जिस जातक का जन्म 'धनु' लग्न में हुआ हो और जन्म-कुण्डली के 'एकादशभाव' में 'बुध' की स्थिति हो, उसे 'बुध' का फलादेश नीचे लिखे अनुसार समझना चाहिए—

ग्यारहवें लाभ भाव में अपने मित्र शुक्र की तुला राशि पर स्थित बुध के प्रभाव से जातक को व्यवसाय द्वारा प्रचुर लाभ प्राप्त होता है। उसे पिता के द्वारा सहयोग, स्त्री के द्वारा सुख, राज्य द्वारा सम्मान तथा आर्थिक क्षेत्र में भी सफलता मिलती है। वह अपनी विवेक-बुद्धि द्वारा धन तथा यश की खूब वृद्धि करता है। यहां से बुध अपनी सातवीं समग्रहदृष्टि से मंगल की मेष राशि में पंचमभाव को देखता है, अत: जातक को विद्या-बुद्धि खूब प्राप्त होती है तथा संतानपक्ष में भी सुख एवं सफलता मिलती रहती है। ऐसा व्यक्ति धनी, सुखी, यशस्वी तथा सम्मानित जीवन व्यतीत करता है और उसे प्रशंसा प्राप्त होती रहती है।

धनु लग्न: एकादशभाव: बुध

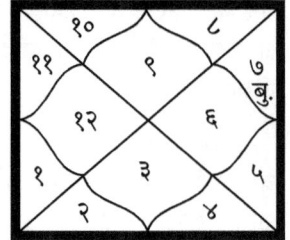

१०		८	
११	९		७ बु.
१२		६	
१	३		५
	२	४	

जिस जातक का जन्म 'धनु' लग्न में हुआ हो और जन्म-कुण्डली के 'द्वादशभाव' में 'बुध' की स्थिति हो, उसे 'बुध' का फलादेश नीचे लिखे अनुसार समझना चाहिए—

बारहवें व्यय भाव में अपने समग्रह मंगल की वृश्चिक राशि पर स्थित बुध के प्रभाव से जातक का खर्च अधिक रहता है तथा बाहरी स्थानों के सम्बन्ध से लाभ प्राप्त होता है, परन्तु अपने ही भाव में रहकर व्यवसाय करने से उसे हानि उठानी पड़ती है। स्त्री तथा पिता के सुख की हानि होती है तथा राजकीय क्षेत्र भी लाभदायक नहीं रहता। घरेलू इज्जत की रक्षा करने के लिए भी बहुत परेशानी उठानी पड़ती है। यहां से बुध सातवीं मित्रदृष्टि से शुक्र की वृषभ राशि में षष्ठभाव को देखता है, अतः जातक शत्रुपक्ष एवं झगड़े-झंझट के मामलों में सफलता प्राप्त करता है।

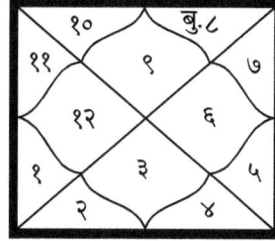

धनु लग्नः द्वादशभावः बुध

'धनु' लग्न में 'गुरु' का फल

जिस जातक का जन्म 'धनु' लग्न में हुआ हो और जन्म-कुण्डली के 'प्रथमभाव' में 'गुरु' की स्थिति हो, उसे 'गुरु' का फलादेश नीचे लिखे अनुसार समझना चाहिए—

पहले केन्द्र एवं शरीर के भाव में अपनी ही धनु राशि पर स्थित गुरु के प्रभाव से शारीरिक सौंदर्य एवं सुख प्राप्त होता है। साथ ही उसे माता, भूमि तथा मकान आदि का सुख भी मिलता है। ऐसा व्यक्ति मधुरभाषी तथा आनंदी होता है। यहां से गुरु पांचवीं मित्रदृष्टि से पंचमभाव को देखता है, अतः उसे विद्या, बुद्धि तथा संतान के क्षेत्र में भी सुख, सफलता एवं निपुणता की प्राप्ति होती है। उसकी वाणी में मधुरता तथा बड़प्पन का आभास मिलता है। सातवीं शत्रुदृष्टि से सप्तमभाव को देखने से स्त्री तथा व्यवसाय का सुख भी प्राप्त होता है और नवीं मित्रदृष्टि से नवमभाव को देखने के कारण भाग्य की उन्नति होती है तथा धर्म का पालन होता है। ऐसा व्यक्ति सज्जन, धर्मात्मा, विद्वान, गुणी, धनी तथा यशस्वी होता है।

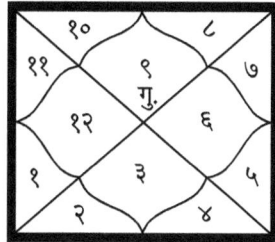

धनु लग्नः प्रथमभावः गुरु

जिस जातक का जन्म 'धनु' लग्न में हुआ हो और जन्म-कुण्डली के 'द्वितीयभाव' में 'गुरु' की स्थिति हो, उसे 'गुरु' का फलादेश नीचे लिखे अनुसार समझना चाहिए—

दूसरे धन एवं कुटुम्ब के भाव में अपने समग्रह शनि की राशि पर स्थित नीच के गुरु के प्रभाव से जातक के धन की हानि होती है तथा कुटुम्ब पक्ष से परेशानी रहती है। शारीरिक सुख, स्वास्थ्य और सौंदर्य में भी कमी आती है तथा माता एवं भूमि का पक्ष भी कमजोर रहता है। यहां से गुरु पांचवीं शत्रुदृष्टि से षष्ठभाव को देखता है, अतः

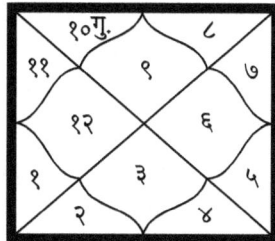

धनु लग्नः द्वितीयभावः गुरु

जातक शत्रु-पक्ष में प्रभावशाली रहता है तथा झगड़े-झंझट के मामलों में बुद्धिमानी से काम निकालता है। सातवीं उच्चदृष्टि से अष्टमभाव को देखने से आयु एवं पुरातत्त्व की शक्ति का लाभ होता है और नवीं शत्रु दृष्टि से दशमभाव को देखने से पिता, राज्य एवं व्यवसाय के पक्ष से सुख, सम्मान, सहयोग तथा लाभ की प्राप्ति होती है। ऐसा व्यक्ति उन्नतिशील तथा यशस्वी होता है।

जिस जातक का जन्म 'धनु' लग्न में हुआ हो और जन्म-कुण्डली के 'तृतीयभाव' में 'गुरु' की स्थिति हो, उसे 'गुरु' का फलादेश नीचे लिखे अनुसार समझना चाहिए—

धनु लग्नः तृतीयभावः गुरु

तीसरे भाई-बहन एवं पराक्रम के भाव में अपने समग्रह शनि की कुम्भ राशि पर स्थित गुरु के प्रभाव से जातक को भाई-बहनों का सुख कुछ मतभेद के साथ प्राप्त होता है। पराक्रम में कुछ कमी आती है तथा माता, भूमि एवं मकान का सुख सामान्य रहता है। यहां से गुरु पांचवीं शत्रुदृष्टि से सप्तमभाव को देखता है अतः स्त्री-पक्ष से सुख और सौंदर्य की प्राप्ति होती है एवं व्यवसाय में सफलता मिलती है। सातवीं मित्रदृष्टि से नवमभाव को देखने से भाग्य की उन्नति होती है तथा धर्म-पालन में रुचि रहती है। नवीं शत्रुदृष्टि से एकादशभाव को देखने के कारण आमदनी के क्षेत्र में कुछ कठिनाइयों के साथ सफलता मिलती है। ऐसा व्यक्ति कुछ परेशानियों के साथ ही अपनी आवश्यकताओं की पूर्ति करता रहता है।

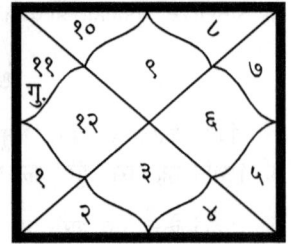

जिस जातक का जन्म 'धनु' लग्न में हुआ हो और जन्म-कुण्डली के 'चतुर्थभाव' में 'गुरु' की स्थिति हो, उसे 'गुरु' का फलादेश नीचे लिखे अनुसार समझना चाहिए—

धनु लग्नः चतुर्थभावः गुरु

चौथे केन्द्र, माता एवं भूमि के भाव में अपनी ही मीन राशि पर स्थित गुरु के प्रभाव से जातक को माता, भूमि एवं मकान का श्रेष्ठ सुख प्राप्त होता है। उसे शारीरिक सौंदर्य एवं प्रभाव की प्राप्ति भी होती है। यहां से गुरु पांचवीं उच्च तथा मित्रदृष्टि से अष्टमभाव को देखता है, अतः जातक को आयु की वृद्धि होती है तथा पुरातत्त्व शक्ति का विशेष लाभ होता है। सातवीं शत्रुदृष्टि से दशमभाव को देखने से पिता के सुख, राज्य द्वारा सम्मान तथा व्यवसाय के क्षेत्र में सफलता मिलती है। नवीं मित्रदृष्टि से द्वादशभाव को देखने के कारण खर्च का संचालन भली-भांति होता रहता है तथा बाहरी स्थानों के सम्बन्ध से भी लाभ प्राप्त होता है। कुल मिलाकर ऐसा व्यक्ति सुखी जीवन व्यतीत करता है।

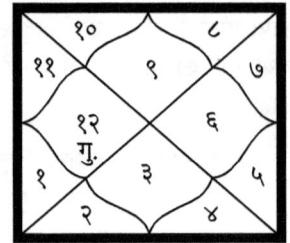

जिस जातक का जन्म 'धनु' लग्न में हुआ हो और जन्म-कुण्डली के 'पंचमभाव' में 'गुरु' की स्थिति हो, उसे 'गुरु' का फलादेश नीचे लिखे अनुसार समझना चाहिए—

धनु लग्नः पंचमभावः गुरु

पांचवें त्रिकोण, विद्या एवं संतान के भाव में अपने मित्र मंगल की मेष राशि पर स्थित गुरु के प्रभाव से जातक को विद्या-बुद्धि के क्षेत्र में पूर्ण सफलता मिलती है तथा संतानपक्ष से भी सुख प्राप्त होता है। यहां से गुरु अपनी पांचवीं मित्रदृष्टि से नवमभाव को देखता है, अतः उसके भाग्य की वृद्धि होती है, धर्म-पालन में रुचि रहती है, साथ ही यश भी प्राप्त होता है। सातवीं शत्रुदृष्टि से एकादशभाव को देखने से कुछ कठिनाइयों के साथ आमदनी के क्षेत्र में सफलता मिलती है तथा नवीं दृष्टि से अपनी ही राशि में प्रथमभाव को देखने के कारण शारीरिक सौंदर्य, स्वास्थ्य एवं प्रभाव की प्राप्ति होती है। ऐसा व्यक्ति बुद्धिमान, भाग्यवान तथा स्वाभिमानी होता है।

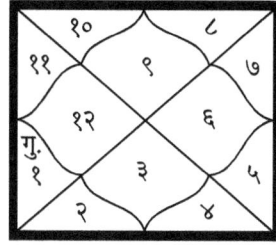

जिस जातक का जन्म 'धनु' लग्न में हुआ हो और जन्म-कुण्डली के 'षष्ठभाव' में 'गुरु' की स्थिति हो, उसे 'गुरु' का फलादेश नीचे लिखे अनुसार समझना चाहिए—

धनु लग्नः षष्ठभावः गुरु

छठे रोग तथा शत्रु-भाव में अपने शत्रु शुक्र की वृषभ राशि पर स्थित गुरु के प्रभाव से जातक को शत्रु पक्ष, झगड़ों एवं रोग आदि के कारण कुछ परेशानियां रहती हैं तथा बुद्धि-बल से सफलता मिलती है। शारीरिक सुख, स्वास्थ्य एवं सौंदर्य में भी कमी आती है। माता का सुख अल्प रहता है तथा मातृभूमि, मकान आदि से भी विच्छेद हो जाता है। यहां से गुरु पांचवीं शत्रुदृष्टि से दशमभाव को देखता है, अतः पिता, राज्य एवं व्यवसाय के पक्ष से सुख, मान, लाभ, सहयोग एवं शक्ति प्राप्त होती है। सातवीं मित्रदृष्टि से द्वादशभाव को देखने से खर्च अधिक रहता है तथा बाहरी स्थानों के सम्बन्ध से सुख मिलता है। नवीं नीचदृष्टि से द्वितीय भाव को देखने से जातक को धन तथा कुटुम्ब की ओर से चिन्ता तथा परेशानी बनी रहती है।

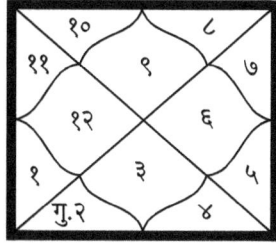

जिस जातक का जन्म 'धनु' लग्न में हुआ हो और जन्म-कुण्डली के 'सप्तमभाव' में 'गुरु' की स्थिति हो, उसे 'गुरु' का फलादेश नीचे लिखे अनुसार समझना चाहिए—

धनु लग्नः सप्तमभावः गुरु

सातवें केन्द्र, स्त्री तथा व्यवसाय के भाव में अपने शत्रु बुध की मिथुन राशि पर स्थित गुरु के प्रभाव से जातक को स्त्री पक्ष से सुख एवं सौंदर्य की प्राप्ति होती है तथा व्यवसाय के क्षेत्र में भी खूब सफलता मिलती है। उसे माता, भूमि एवं मकान का सुख भी मिलता है। ऐसा व्यक्ति अपने दैनिक कार्यों का सफलतापूर्वक संचालन करता है तथा प्रसन्न बना रहता है। यहां से गुरु पांचवीं शत्रुदृष्टि से एकादशभाव को

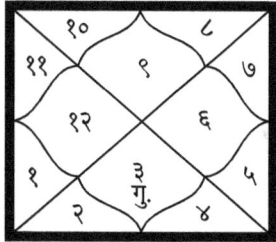

देखता है, अतः आमदनी के क्षेत्र में कुछ असंतोष बना रहता है। सातवीं दृष्टि से अपनी ही राशि में प्रथमभाव को देखने से शारीरिक सौंदर्य, सरलता एवं स्वाभिमान की प्राप्ति होती है तथा नवीं शत्रुदृष्टि से तृतीयभाव को देखने के कारण भाई-बहन से असंतोष रहता है तथा पुरुषार्थ की वृद्धि में भी रुकावटें आती हैं।

जिस जातक का जन्म 'धनु' लग्न में हुआ हो और जन्म-कुण्डली के 'अष्टमभाव' में 'गुरु' की स्थिति हो, उसे 'गुरु' का फलादेश नीचे लिखे अनुसार समझना चाहिए—

धनु लग्नः अष्टमभावः गुरु

आठवें आयु तथा पुरातत्त्व के भाव में अपने मित्र चन्द्र की कर्क राशि पर स्थित उच्च के गुरु के प्रभाव से जातक को आयु एवं पुरातत्त्व की श्रेष्ठ शक्ति प्राप्त होती है, परन्तु शारीरिक सौंदर्य एवं स्वास्थ्य में कुछ कमी आ जाती है। यहां से गुरु अपनी पांचवीं मित्रदृष्टि से द्वादशभाव को देखता है, अतः खर्च अधिक रहता है तथा बाहरी स्थानों के सम्बन्ध से लाभ मिलता है। सातवीं नीचदृष्टि से समग्रह शनि की राशि में द्वितीयभाव को देखने से धन के सम्बन्ध में चिन्ता बनी रहती है तथा कौटुम्बिक सुख में कमी आती है। नवीं दृष्टि से अपनी ही राशि में चतुर्थभाव को देखने के कारण माता तथा भूमि व मकान आदि का सुख कुछ त्रुटियों के साथ मिलता है तथा घरेलू सुख में कठिनाइयां आती रहती हैं।

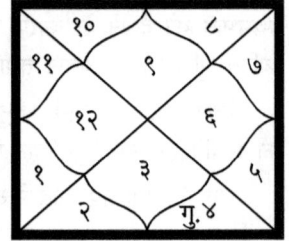

जिस जातक का जन्म 'धनु' लग्न में हुआ हो और जन्म-कुण्डली के 'नवमभाव' में 'गुरु' की स्थिति हो, उसे 'गुरु' का फलादेश नीचे लिखे अनुसार समझना चाहिए—

धनु लग्नः नवमभावः गुरु

नवें भाग्य तथा धर्म के भाव में अपने मित्र सूर्य की सिंह राशि पर स्थित गुरु के प्रभाव से जातक के भाग्य की अत्यधिक वृद्धि होती है और वह धर्म का भी विधिवत् पालन करता है। उसे माता, भूमि एवं मकान का सुख भी मिलता है। यहां से गुरु अपनी पांचवीं दृष्टि से प्रथमभाव को अपनी ही राशि में देखता है, अतः जातक को शारीरिक सौंदर्य, सुख, स्वास्थ्य एवं यश की प्राप्ति होती है। सातवीं समग्रहदृष्टि से तृतीयभाव को देखने से भाई-बहन के सुख में कुछ असंतोष रहता है तथा पुरुषार्थ की वृद्धि भी रुचिकर रूप में नहीं हो पाती। नवीं मित्रदृष्टि से पंचमभाव को देखने के कारण संतानपक्ष से सुख मिलता है तथा विद्या एवं बुद्धि की वृद्धि भी होती है। ऐसे व्यक्ति की वाणी प्रभावशाली होती है और वह यशस्वी, धनी तथा सुखी जीवन व्यतीत करता है।

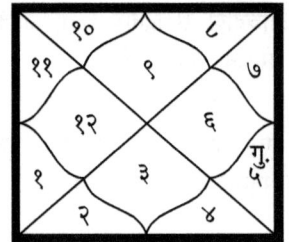

जिस जातक का जन्म 'धनु' लग्न में हुआ हो और जन्म-कुण्डली के 'दशमभाव' में 'गुरु' की स्थिति हो, उसे 'गुरु' का फलादेश नीचे लिखे अनुसार समझना चाहिए—

धनु लग्नः दशमभावः गुरु

दसवें केन्द्र, पिता, राज्य एवं व्यवसाय के भाव में अपने शत्रु बुध की कन्या राशि पर स्थित गुरु के प्रभाव से जातक को पिता का सुख, राज्य से प्रतिष्ठा, व्यवसाय में सफलता एवं यश की प्राप्ति होती है। ऐसा व्यक्ति शरीर से सुंदर तथा स्वाभिमानी होता है। यहां से गुरु पांचवीं नीच-दृष्टि से अपने समग्रह शनि की राशि में द्वितीयभाव को देखता है, अतः जातक को धन एवं कुटुम्ब के पक्ष से असंतोष रहता है। सातवीं दृष्टि से अपनी ही राशि में चतुर्थभाव को देखने से माता, भूमि एवं मकान आदि का सुख प्राप्त होता है तथा नवीं शत्रुदृष्टि से षष्ठभाव को देखने के कारण जातक शत्रु पक्ष में बड़ी होशियारी से काम लेता है। कुछ कठिनाइयां उठाने के बावजूद भी वह अपने शत्रुओं पर प्रभाव स्थापित करने में सफल होता है।

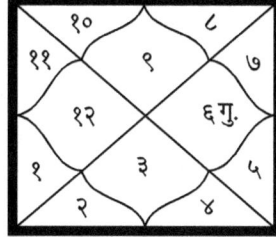

जिस जातक का जन्म 'धनु' लग्न में हुआ हो और जन्म-कुण्डली के 'एकादशभाव' में 'गुरु' की स्थिति हो, उसे 'गुरु' का फलादेश नीचे लिखे अनुसार समझना चाहिए—

धनु लग्नः एकादशभावः गुरु

ग्यारहवें लाभ भाव में अपने शत्रु शुक्र की तुला राशि पर स्थित गुरु के प्रभाव से जातक शारीरिक श्रम द्वारा अपनी आमदनी को बढ़ाता है। उसे माता, भूमि एवं मकान आदि का सुख भी मिलता है। धन वृद्धि के लिए वह निरन्तर प्रयत्नशील बना रहता है। यहां से गुरु अपनी पांचवीं समग्रहदृष्टि से तृतीयभाव को देखता है, अतः जातक को भाई-बहनों से असंतोष रहता है तथा पराक्रम की भी विशेष वृद्धि नहीं हो पाती। सातवीं मित्रदृष्टि से पंचमभाव को देखने से विद्या, बुद्धि एवं संतान के क्षेत्र में सफलता मिलती है तथा नवीं शत्रुदृष्टि से सप्तमभाव को देखने के कारण स्त्री का सुख तथा व्यवसाय द्वारा लाभ प्राप्त होता है। संक्षेप में, ऐसा व्यक्ति संघर्षपूर्ण सामान्य सुखी जीवन व्यतीत करता है।

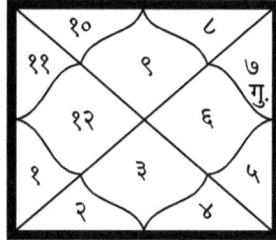

जिस जातक का जन्म 'धनु' लग्न में हुआ हो और जन्म-कुण्डली के 'द्वादशभाव' में 'गुरु' की स्थिति हो, उसे 'गुरु' का फलादेश नीचे लिखे अनुसार समझना चाहिए—

धनु लग्नः द्वादशभावः गुरु

बारहवें व्यय-भाव में अपने मित्र मंगल की वृश्चिक राशि पर स्थित गुरु के प्रभाव से जातक का खर्च अधिक रहता है, परन्तु बाहरी स्थानों के सम्बन्ध से सुख प्राप्त होता है। उसे भ्रमण करना पड़ता है तथा शरीर में कुछ कमजोरी भी बनी रहती है। यहां से गुरु पांचवीं दृष्टि से अपनी ही राशि में चतुर्थभाव को देखता है, अतः जातक को माता,

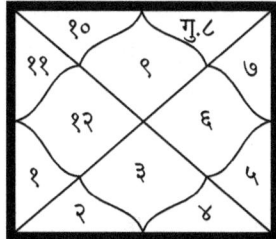

भूमि एवं मकान का सुख प्राप्त होता है। सातवीं शत्रुदृष्टि से षष्ठभाव को देखने से शत्रु पक्ष में अपनी बुद्धिमानी से प्रभाव स्थापित करता है तथा झगड़ों में शांतिपूर्वक काम निकालकर सफलता पाता है। नवीं उच्चदृष्टि से मित्र चंद्र की राशि में अष्टमभाव को देखने के कारण जातक की आयु की वृद्धि होती है और उसे पुरातत्त्व का लाभ मिलता है। ऐसे व्यक्ति का दैनिक जीवन शानदारी का रहता है।

'धनु' लग्न में 'शुक्र' का फल

जिस जातक का जन्म 'धनु' लग्न में हुआ हो और जन्म-कुण्डली के 'प्रथमभाव' में 'शुक्र' की स्थिति हो, उसे 'शुक्र' का फलादेश नीचे लिखे अनुसार समझना चाहिए—

पहले केन्द्र एवं शरीर भाव में अपने समग्रह गुरु की धनु राशि पर स्थित षष्ठेश शुक्र के प्रभाव से जातक के शारीरिक स्वास्थ्य में कुछ कमी आती है, परन्तु वह बड़ा परिश्रमी तथा चतुर होता है, अत: शत्रु पक्ष पर विजय प्राप्त करता है एवं झगड़े-झंझट के मार्ग से लाभ उठाता है। यहां से शुक्र अपनी सातवीं मित्रदृष्टि से बुध की मिथुन राशि में सप्तमभाव को देखता है, अत: जातक को स्त्री द्वारा कुछ मतभेद के साथ सुख प्राप्त होता है तथा व्यवसाय के क्षेत्र में परिश्रम एवं चातुर्य के द्वारा लाभ एवं सफलता प्राप्त होती है। ऐसा जातक यशस्वी तथा प्रतिष्ठित भी होता है।

धनु लग्न: प्रथमभाव: शुक्र

१०	८	
११	९	७
	शु.	
१२		६
१	३	५
	२	४

जिस जातक का जन्म 'धनु' लग्न में हुआ हो और जन्म-कुण्डली के 'द्वितीयभाव' में 'शुक्र' की स्थिति हो, उसे 'शुक्र' का फलादेश नीचे लिखे अनुसार समझना चाहिए—

दूसरे धन तथा कुटुम्ब के भाव में अपने मित्र शनि की मकर राशि पर स्थित षष्ठेश शुक्र के प्रभाव से जातक कुछ कठिनाइयों के साथ धन की श्रेष्ठ शक्ति प्राप्त करता है तथा कुटुम्ब के साथ उसका मतभेद बना रहता है। शत्रु-पक्ष से लाभ उठाने और उस पर प्रभाव जमाने में जातक को सफलता मिलती है। यहां से शुक्र अपनी सातवीं शत्रु-दृष्टि से चन्द्र की कर्क राशि में अष्टमभाव को देखता है, अत: जातक को आयु एवं पुरातत्त्व की शक्ति का लाभ मिलता है। ऐसा व्यक्ति प्रतिष्ठित तथा प्रभावशाली होता है और कठिन परिश्रम द्वारा द्रव्योपार्जन करता है।

धनु लग्न: द्वितीयभाव: शुक्र

१० शु.	८	
११	९	७
	१२	६
१	३	५
	२	४

जिस जातक का जन्म 'धनु' लग्न में हुआ हो और जन्म-कुण्डली के 'तृतीयभाव' में 'शुक्र' की स्थिति हो, उसे 'शुक्र' का फलादेश नीचे लिखे अनुसार समझना चाहिए—

तीसरे भाई-बहन एवं पराक्रम के भाव में अपने मित्र शनि की कुम्भ राशि पर स्थित शुक्र के प्रभाव से जातक के पराक्रम में वृद्धि होती है, पुरुषार्थ द्वारा वह धन भी उपार्जित करता है। भाई-बहनों का सुख कुछ मतभेद के साथ मिलता है तथा शत्रु पक्ष पर प्रभाव बना रहता है। यहां से शुक्र सातवीं शत्रुदृष्टि से सूर्य की सिंह राशि में नवमभाव को देखता है, अत: जातक की भाग्योन्नति में कठिनाइयां आती हैं तथा धर्म की ओर भी विशेष रुचि नहीं रहती। ऐसा व्यक्ति पुरुषार्थ को प्रधानता देता है और सामान्यत: सुखी जीवन व्यतीत करता है।

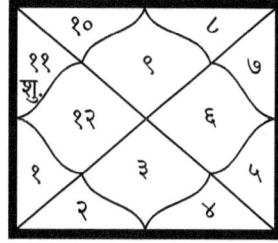

धनु लग्न: तृतीयभाव: शुक्र

जिस जातक का जन्म 'धनु' लग्न में हुआ हो और जन्म-कुण्डली के 'चतुर्थभाव' में 'शुक्र' की स्थिति हो, उसे 'शुक्र' का फलादेश नीचे लिखे अनुसार समझना चाहिए—

चौथे केन्द्र, माता एवं भूमि के भाव में अपने समग्रह गुरु की मीन राशि पर स्थित उच्च का शुक्र के प्रभाव से जातक को माता, भूमि एवं मकान का श्रेष्ठ सुख प्राप्त होता है। आमदनी अच्छी रहती है तथा शत्रु पक्ष पर विजय मिलती है। यहां से शुक्र अपनी सातवीं नीचदृष्टि से मित्र बुध की कन्या राशि में दशमभाव को देखता है, अत: जातक को पिता से हानि तथा राजकीय क्षेत्र से असफलता प्राप्त होती है। व्यवसाय की उन्नति एवं प्रतिष्ठा प्राप्त करने के मार्ग में भी उसे कठिनाइयों का सामना करना पड़ता है।

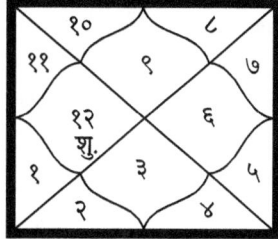

धनु लग्न: चतुर्थभाव: शुक्र

जिस जातक का जन्म 'धनु' लग्न में हुआ हो और जन्म-कुण्डली के 'पंचमभाव' में 'शुक्र' की स्थिति हो, उसे 'शुक्र' का फलादेश नीचे लिखे अनुसार समझना चाहिए—

पांचवें त्रिकोण, विद्या-बुद्धि एवं संतान के भाव में अपने समग्रह मंगल की मेष राशि पर स्थित शुक्र के प्रभाव से जातक को विद्या एवं बुद्धि की प्राप्ति होती है। वाणी की शक्ति, कला एवं चातुर्य का लाभ भी होता है, परन्तु संतानपक्ष में कुछ कठिनाइयों के साथ सफलता मिलती है। यहां से शुक्र सातवीं दृष्टि से अपनी ही तुला राशि में एकादशभाव को देखता है। जातक अपनी विद्या-बुद्धि द्वारा आमदनी को बढ़ाता है। ऐसा व्यक्ति शत्रु पक्ष पर विजयी होता है तथा झगड़े-झंझट, मुकदमे आदि के द्वारा लाभ उठाता है।

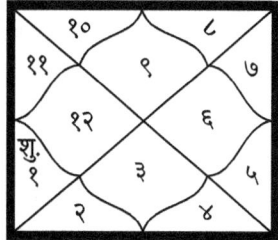

धनु लग्न: पंचमभाव: शुक्र

जिस जातक का जन्म 'धनु' लग्न में हुआ हो और जन्म-कुण्डली के 'षष्ठभाव' में 'शुक्र' की स्थिति हो, उसे 'शुक्र' का फलादेश नीचे लिखे अनुसार समझना चाहिए—

धनु लग्नः षष्ठभावः शुक्र

छठे रोग एवं शत्रु भाव में अपनी ही वृषभ राशि पर स्थित स्वक्षेत्रीय शुक्र के प्रभाव से जातक शत्रु पक्ष पर बड़ा भारी प्रभाव रखने वाला तथा झगड़े-झंझटों के मार्ग से लाभ उठाने वाला होता है। उसे परिश्रम द्वारा धन एवं आमदनी के क्षेत्र में सफलता मिलती है। साथ ही ननिहाल पक्ष से भी लाभ होता है। यहां से शुक्र अपनी सातवीं समग्रहदृष्टि से मंगल की वृश्चिक राशि में द्वादशभाव को देखता है, अतः जातक का खर्च अधिक रहता है तथा बाहरी स्थानों के सम्बन्ध से अच्छा लाभ कुछ कठिनाइयों के साथ होता रहता है।

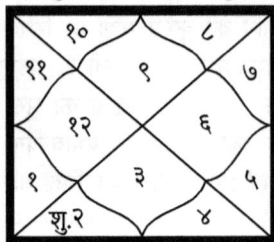

जिस जातक का जन्म 'धनु' लग्न में हुआ हो और जन्म-कुण्डली के 'सप्तमभाव' में 'शुक्र' की स्थिति हो, उसे 'शुक्र' का फलादेश नीचे लिखे अनुसार समझना चाहिए—

धनु लग्नः सप्तमभावः शुक्र

सातवें केन्द्र, स्त्री तथा व्यवसाय के भाव में अपने मित्र बुध की मिथुन राशि पर स्थित शुक्र के प्रभाव से जातक स्त्री पक्ष से कुछ मतभेद के साथ लाभ प्राप्त करता है। इसी प्रकार व्यावसायिक क्षेत्र में भी कठिनाइयों के साथ लाभ प्राप्त करता है। वह शत्रु पक्ष पर प्रभाव स्थापित करता है। उसकी मूत्रेंद्रिय में विकार होने की संभावना भी रहती है। यहां से शुक्र अपनी सातवीं समग्रहदृष्टि से गुरु की धनु राशि में प्रथमभाव को देखता है, अतः जातक शारीरिक दृष्टि से प्रभावशाली रहता है, परन्तु आमदनी के क्षेत्र में उसे विशेष परिश्रम एवं कठिनाइयों का सामना करना पड़ता है।

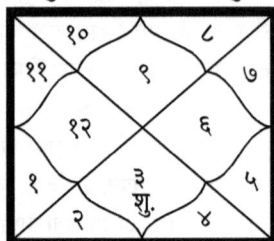

जिस जातक का जन्म 'धनु' लग्न में हुआ हो और जन्म-कुण्डली के 'अष्टमभाव' में 'शुक्र' की स्थिति हो, उसे 'शुक्र' का फलादेश आगे लिखे अनुसार समझना चाहिए—

धनु लग्नः अष्टमभावः शुक्र

आठवें आयु एवं पुरातत्त्व के भाव में अपने शत्रु चन्द्र की कर्क राशि पर स्थित शुक्र के प्रभाव से जातक की आयु में वृद्धि होती है तथा पुरातत्त्व शक्ति का लाभ मिलता है। आमदनी के मार्ग में उसे कठिनाइयों का अनुभव होता है तथा बाहरी स्थानों के सम्बन्ध से चातुर्य एवं परिश्रम द्वारा लाभ मिलता है। शत्रु पक्ष से भी उसे कुछ कठिनाइयां उठानी पड़ती हैं। यहां से शुक्र अपनी सातवीं मित्रदृष्टि से शनि की मकर राशि में द्वितीयभाव को देखता है, अतः जातक धन वृद्धि के लिए विशेष परिश्रम करता है और उसे कुटुम्ब का सहयोग भी प्राप्त होता है।

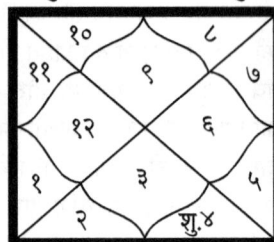

जिस जातक का जन्म 'धनु' लग्न में हुआ हो और जन्म-कुण्डली के 'नवमभाव' में 'शुक्र' की स्थिति हो, उसे 'शुक्र' का फलादेश आगे लिखे अनुसार समझना चाहिए—

नवें त्रिकोण, भाग्य एवं धर्म के भाव में अपने शत्रु सूर्य की सिंह राशि पर स्थित शुक्र के प्रभाव से जातक अपनी भाग्योन्नति के लिए विशेष परिश्रम करता है तथा धर्म के पक्ष में भी उसे थोड़ी ही श्रद्धा रहती है। वह अपने चातुर्य के बल पर शत्रु पक्ष से लाभ भी उठाता है। यहां से शुक्र अपनी सातवीं मित्रदृष्टि से शनि की कुम्भ राशि में तृतीयभाव को देखता है, अत: जातक को भाई-बहन की शक्ति मिलती है तथा पराक्रम की वृद्धि होती है, जिसके कारण उसे सफलताएं मिलती रहती हैं और वह भाग्यवान समझा जाता है।

धनु लग्न: नवमभाव: शुक्र

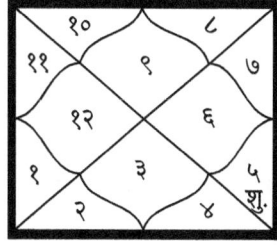

जिस जातक का जन्म 'धनु' लग्न में हुआ हो और जन्म-कुण्डली के 'दशमभाव' में 'शुक्र' की स्थिति हो, उसे 'शुक्र' का फलादेश आगे लिखे अनुसार समझना चाहिए—

दसवें केन्द्र, पिता, राज्य एवं व्यवसाय के भाव में अपने मित्र बुध की कन्या राशि पर स्थित नीच के शुक्र के प्रभाव से जातक को पिता पक्ष से परेशानी, राज्य पक्ष से प्रतिष्ठा में कमी एवं व्यवसाय पक्ष में कठिनाइयों का अनुभव होता है। उसकी भाग्योन्नति में शत्रु पक्ष के कारण रुकावटें आती हैं, परन्तु गुप्त चातुर्य के बल पर वह अपना काम निकालता रहता है। यहां से शुक्र अपनी सातवीं उच्च-दृष्टि से समग्रह गुरु की मीन राशि में चतुर्थभाव को देखता है, जिससे जातक को माता, भूमि एवं मकान का सुख प्राप्त होता है, साथ ही घर के भीतर भी उसका प्रभाव बना रहता है।

धनु लग्न: दशमभाव: शुक्र

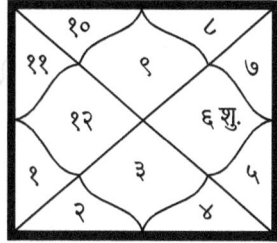

जिस जातक का जन्म 'धनु' लग्न में हुआ हो और जन्म-कुण्डली के 'एकादशभाव' में 'शुक्र' की स्थिति हो, उसे 'शुक्र' का फलादेश आगे लिखे अनुसार समझना चाहिए—

ग्यारहवें लाभ भाव में अपनी ही तुला राशि पर स्थित स्वक्षेत्री शुक्र के प्रभाव से जातक की आमदनी में वृद्धि होती है और उसे शत्रु पक्ष से भी विशेष लाभ मिलता है। झंगड़े-झंझट के मामलों से वह फायदा तो उठाता है, परन्तु उसके कारण उसे परेशानियां भी सहनी पड़ती हैं। यहां से शुक्र अपनी सातवीं समग्रहदृष्टि से मंगल की मेष राशि में पंचमभाव को देखता है, अत: जातक को विद्या एवं बुद्धि के क्षेत्र में कुछ कठिनाइयों के साथ सफलता मिलती है। बाद में वह बड़ा चतुर, गुणी तथा विद्वान बन जाता है। उसे संतानपक्ष से भी कुछ त्रुटिपूर्ण लाभ प्राप्त होता रहता है।

धनु लग्न: एकादशभाव: शुक्र

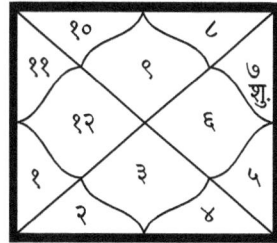

जिस जातक का जन्म 'धनु' लग्न में हुआ हो और जन्म-कुण्डली के 'द्वादशभाव' में 'शुक्र' की स्थिति हो, उसे 'शुक्र' का फलादेश आगे लिखे अनुसार समझना चाहिए—

बारहवें व्यय भाव में अपने समग्रह मंगल की वृश्चिक राशि पर स्थित शुक्र के प्रभाव से जातक का खर्च अधिक रहता है, परन्तु बाहरी स्थानों के सम्बन्ध से लाभ भी होता रहता है। उसे झगड़े-झंझटों के कारण कुछ परेशानी भी उठानी पड़ती है, परन्तु अपने गुप्त चातुर्य के बल पर वह उससे भी लाभ उठा लेता है। यहां से शुक्र सातवीं दृष्टि से अपनी ही वृषभ राशि में षष्ठभाव को देखता है, अतः जातक शत्रु पक्ष पर अपना प्रभाव स्थापित करता है। ऐसा व्यक्ति संघर्षपूर्ण तथा सामान्य जीवन व्यतीत करने वाला होता है।

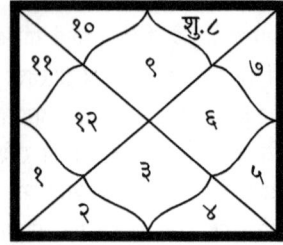

धनु लग्नः द्वादशभावः शुक्र

'धनु' लग्न में 'शनि' का फल

जिस जातक का जन्म 'धनु' लग्न में हुआ हो और जन्म-कुण्डली के 'प्रथमभाव' में 'शनि ' की स्थिति हो, उसे 'शनि' का फलादेश आगे लिखे अनुसार समझना चाहिए—

पहले केन्द्र तथा शरीर भाव में अपने समग्रह गुरु की धनु राशि पर स्थित शनि के प्रभाव से जातक के शारीरिक स्वास्थ्य एवं सौंदर्य में कुछ कमी बनी रहती है। वह शारीरिक श्रम से धन तथा कुटुम्ब की शक्ति प्राप्त करता है। यहां से शनि अपनी तीसरी दृष्टि से अपनी ही राशि में तृतीयभाव को देखता है, अतः उसे भाई-बहन का सुख मिलता है तथा पराक्रम में वृद्धि होती है। सातवीं मित्रदृष्टि से सप्तमभाव को देखने से स्त्री तथा व्यवसाय के पक्ष से भी सुख एवं शक्ति प्राप्त होती है तथा दसवीं मित्रदृष्टि से दशमभाव को देखने के कारण पिता से सुख, राज्य से सम्मान एवं व्यवसाय से लाभ होता है। ऐसा व्यक्ति सुखी, धनी तथा यशस्वी होता है।

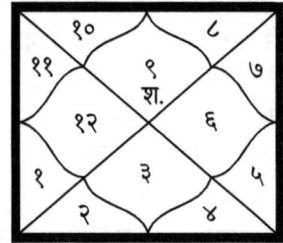

धनु लग्नः प्रथमभावः शनि

जिस जातक का जन्म 'धनु' लग्न में हुआ हो और जन्म-कुण्डली के 'द्वितीयभाव' में 'शनि ' की स्थिति हो, उसे 'शनि' का फलादेश आगे लिखे अनुसार समझना चाहिए—

दूसरे धन एवं कुटुम्ब के भाव में अपनी ही मकर राशि पर स्थित शनि के प्रभाव से जातक को धन तथा कुटुम्ब का सुख प्राप्त होता है, परन्तु भाई-बहन के सुख में कुछ कमी रहती है। यहां से शनि अपनी तीसरी समग्रहदृष्टि से चतुर्थभाव को देखता है, अतः जातक को माता, भूमि एवं मकान आदि का सुख अल्प मात्रा में प्राप्त होता है। सातवीं शत्रुदृष्टि से अष्टमभाव को देखने से आयु तथा पुरातत्त्व की वृद्धि होती है। दसवीं उच्चदृष्टि से एकादशभाव को देखने के कारण आमदनी के

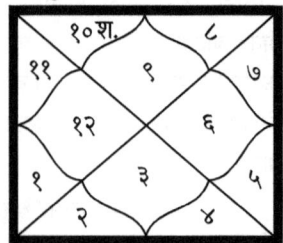

धनु लग्नः द्वितीयभावः शनि

क्षेत्र में विशेष सफलता मिलती है और कभी-कभी आकस्मिक धन का लाभ भी होता है। संक्षेप में, ऐसा व्यक्ति धनी तथा सुखी होता है।

जिस जातक का जन्म 'धनु' लग्न में हुआ हो और जन्म-कुण्डली के 'तृतीयभाव' में 'शनि' की स्थिति हो, उसे 'शनि' का फलादेश आगे लिखे अनुसार समझना चाहिए—

धनु लग्नः तृतीयभावः शनि

तीसरे भाई-बहन एवं पराक्रम के भाव में अपनी ही कुम्भ राशि पर स्थित शनि के प्रभाव से जातक के पराक्रम में विशेष वृद्धि होती है तथा भाई-बहन का सुख कुछ त्रुटिपूर्ण बना रहता है। यहां से शनि तीसरी नीचदृष्टि से पंचमभाव को देखता है, अतः संतानपक्ष से कष्ट का अनुभव होता है तथा विद्या-बुद्धि के क्षेत्र में भी कमी रहती है। सातवीं शत्रुदृष्टि से नवमभाव को देखने से भाग्य तथा यश की उन्नति में कमी आती है तथा धर्म पर श्रद्धा भी कम रहती है। दसवीं शत्रुदृष्टि से द्वादशभाव को देखने के कारण खर्च अधिक रहता है तथा बाहरी स्थानों का सम्बन्ध भी अधिक अच्छा नहीं रहता। ऐसा व्यक्ति अपने परिश्रम द्वारा भाग्य की उन्नति करता तथा धन कमाता है।

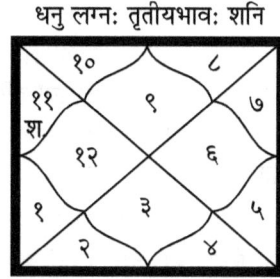

जिस जातक का जन्म 'धनु' लग्न में हुआ हो और जन्म-कुण्डली के 'चतुर्थभाव' में 'शनि ' की स्थिति हो, उसे 'शनि' का फलादेश आगे लिखे अनुसार समझना चाहिए—

धनु लग्नः चतुर्थभावः शनि

चौथे केन्द्र, माता एवं भूमि के भाव में अपने समग्रह गुरु की मीन राशि पर स्थित शनि के प्रभाव से जातक को माता के सुख में कमी रहती है तथा भूमि, मकान आदि का सामान्य सुख प्राप्त होता है। भाई-बहन एवं कुटुम्ब का सुख भी संतोषजनक नहीं रहता। यहां से शनि तीसरी मित्रदृष्टि से षष्ठभाव को देखता है, अतः जातक का शत्रु पक्ष पर बड़ा प्रभाव रहता है तथा झगड़े के मामलों से लाभ होता है। सातवीं मित्रदृष्टि से दशमभाव को देखने से पिता, राज्य एवं व्यवसाय द्वारा, सुख, सहयोग, सम्मान एवं सफलता की प्राप्ति होती है। दसवीं समग्रहदृष्टि से प्रथमभाव को देखने के कारण शारीरिक सौंदर्य एवं स्वास्थ्य में कमी आती है तथा घरेलू सुख में भी विघ्न आते रहते हैं।

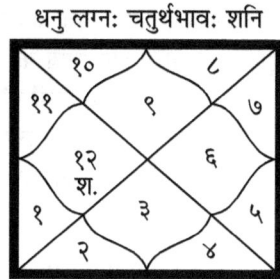

जिस जातक का जन्म 'धनु' लग्न में हुआ हो और जन्म-कुण्डली के 'पंचमभाव' में 'शनि ' की स्थिति हो, उसे 'शनि' का फलादेश आगे लिखे अनुसार समझना चाहिए—

धनु लग्नः पंचमभावः शनि

पांचवें त्रिकोण, विद्या, बुद्धि एवं संतान के भाव में अपने शत्रु मंगल की मेष राशि पर स्थित नीच के शनि के प्रभाव से जातक को संतानपक्ष से कष्ट प्राप्त होता है तथा विद्या-बुद्धि के क्षेत्र में कमी रहती है। ऐसा व्यक्ति वार्तालाप करने में रूखा तथा मन में छिपाव रखने वाला होता है। यहां से शनि तीसरी मित्रदृष्टि से सप्तमभाव को देखता है, अतः स्त्री एवं व्यवसाय के पक्ष में सफलता मिलती है। सातवीं उच्चदृष्टि से एकादशभाव को देखने से आमदनी अच्छी रहती है तथा परिश्रम के द्वारा विशेष लाभ होता है। दसवीं दृष्टि से अपनी ही राशि में द्वितीयभाव को देखने में कारण कुटुम्ब तथा धन-संचय के लिए जातक विशेष चिंतित बना रहता है और गुप्त युक्तियों का आश्रय लेकर कुछ सफलता भी पाता है।

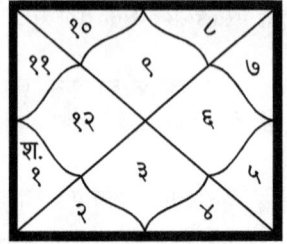

जिस जातक का जन्म 'धनु' लग्न में हुआ हो और जन्म-कुण्डली के 'षष्ठभाव' में 'शनि' की स्थिति हो, उसे 'शनि' का फलादेश आगे लिखे अनुसार समझना चाहिए—

धनु लग्नः षष्ठभावः शनि

छठे शत्रु तथा रोग भाव में अपने मित्र शुक्र की वृषभ राशि पर स्थित शनि के प्रभाव से जातक शत्रु पक्ष पर बड़ा भारी प्रभाव रखता है तथा झगड़े-झंझट के मामलों से लाभ उठाता है। उसका भाई-बहन एवं कुटुम्ब से कुछ विरोध रहता है। यहां से शनि तीसरी शत्रुदृष्टि से अष्टमभाव को देखता है, अतः आयु की शक्ति में तो वृद्धि होती है, परन्तु पुरातत्त्व की शक्ति में कुछ कमी रहती है। सातवीं शत्रुदृष्टि से मंगल की वृश्चिक राशि में द्वादशभाव को देखने से खर्च अधिक रहता है तथा बाहरी स्थानों के सम्बन्ध से भी हानि भी होती है। दसवीं दृष्टि से अपनी ही राशि में तृतीयभाव को देखने से भाई-बहन की शक्ति तो मिलती है, परन्तु उनसे वैमनस्य रहता है। ऐसा व्यक्ति अपने पुरुषार्थ पर भरोसा रखने वाला, बहादुर तथा हिम्मतवाला होता है।

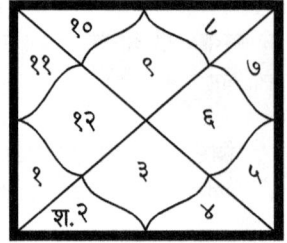

जिस जातक का जन्म 'धनु' लग्न में हुआ हो और जन्म-कुण्डली के 'सप्तमभाव' में 'शनि' की स्थिति हो, उसे 'शनि' का फलादेश आगे लिखे अनुसार समझना चाहिए—

धनु लग्नः सप्तमभावः शनि

सातवें केन्द्र, स्त्री तथा व्यवसाय के भाव में अपने मित्र बुध की मिथुन राशि पर स्थित शनि के प्रभाव से जातक व्यवसाय द्वारा खूब धन कमाता है तथा स्त्री पक्ष से भी उसे शक्ति मिलती है, परन्तु स्त्री द्वारा सुख थोड़ा ही मिलता है। भाई-बहनों से अच्छा संपर्क रहता है। यहां से शनि अपनी तीसरी शत्रुदृष्टि से नवमभाव को देखता है, अतः भाग्योन्नति में रुकावटें पड़ती

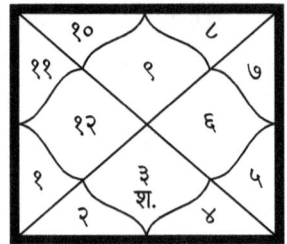

हैं तथा धर्म के मामले में भी विशेष रुचि नहीं रहती। सातवीं समग्रहदृष्टि से प्रथमभाव को देखने से शरीर में कुछ कष्ट रहता है तथा दसवीं समग्रहदृष्टि से चतुर्थभाव को देखने के कारण माता के सुख में कमी आती है और भूमि, मकान आदि का सुख भी अल्प मात्रा में ही प्राप्त होता है। जातक को भाव परिवर्तन भी करना पड़ता है।

जिस जातक का जन्म 'धनु' लग्न में हुआ हो और जन्म-कुण्डली के 'अष्टमभाव' में 'शनि' की स्थिति हो, उसे 'शनि' का फलादेश आगे लिखे अनुसार समझना चाहिए—

धनु लग्नः अष्टमभावः शनि

आठवें आयु एवं पुरातत्त्व के भाव में अपने शत्रु चन्द्र की कर्क राशि पर स्थित शनि के प्रभाव से जातक की आयु में वृद्धि होती है तथा पुरातत्त्व शक्ति का लाभ होता है। परन्तु दैनिक जीवन का सुख, धन के संचय तथा भाई-बहन के सुख में कमी बनी रहती है और धन-प्राप्ति के लिए कठोर परिश्रम करना पड़ता है। यहां से शनि तीसरी मित्रदृष्टि से दशमभाव को देखता है, अतः जातक को पिता से सहयोग, राज्य से मान तथा व्यवसाय से लाभ प्राप्त होता है। सातवीं दृष्टि से अपनी ही राशि में द्वितीयभाव को देखने से धन-कुटुम्ब का सामान्य सुख मिलता है तथा दसवीं नीचदृष्टि से पंचमभाव को देखने के करण विद्या, बुद्धि एवं संतान के क्षेत्र में कुछ कमजोरी बनी रहती है।

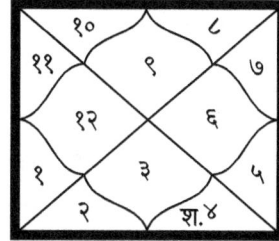

जिस जातक का जन्म 'धनु' लग्न में हुआ हो और जन्म-कुण्डली के 'नवमभाव' में 'शनि' की स्थिति हो, उसे 'शनि' का फलादेश आगे लिखे अनुसार समझना चाहिए—

धनु लग्नः नवमभावः शनि

नवें त्रिकोण, भाग्य एवं धर्म के भाव में अपने शत्रु सूर्य की सिंह राशि पर स्थित शनि के प्रभाव से जातक की भाग्योन्नति एवं धर्म पालन में बाधाएं आती हैं एवं धन तथा कुटुम्ब का सामान्य सुख प्राप्त है। यहां से शनि तीसरी उच्च-दृष्टि से मित्र शुक्र की राशि में एकादशभाव को देखता है, अतः आमदनी के क्षेत्र में सफलता प्राप्त होती है तथा कभी-कभी आकस्मिक धन का लाभ भी हो जाता है। सातवीं दृष्टि से अपनी ही राशि में तृतीयभाव को देखने से भाई-बहन की शक्ति प्राप्त होती है तथा पराक्रम में वृद्धि होती है। दसवीं मित्रदृष्टि से षष्ठभाव को देखने के कारण जातक का शत्रु-पक्ष में अत्यधिक प्रभाव रहता है तथा झगड़े-झंझट के मार्गों से उसे लाभ प्राप्त होता है।

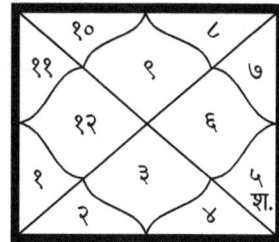

जिस जातक का जन्म 'धनु' लग्न में हुआ हो और जन्म-कुण्डली के 'दशमभाव' में 'शनि' की स्थिति हो, उसे 'शनि' का फलादेश आगे लिखे अनुसार समझना चाहिए—

धनु लग्नः दशमभावः शनि

१०
८
११
९
७
१२
१
३
५
२
४

दसवें केन्द्र, पिता एवं राज्य के भाव में अपने मित्र बुध की कन्या राशि पर स्थित शनि के प्रभाव से जातक को पिता द्वारा सहयोग, राज्य द्वारा सम्मान तथा व्यवसाय द्वारा लाभ की प्राप्ति होती है। वह समाज में प्रतिष्ठा प्राप्त करता है। उसे भाई-बहन का सुख मिलता है तथा पराक्रम में वृद्धि होती है। यहां से शनि अपनी तीसरी शत्रुदृष्टि से द्वादशभाव को देखता है, अतः खर्च अधिक रहता है एवं बाहरी स्थानों के सम्बन्ध भी असंतोषजनक रहते हैं। सातवीं समग्रहदृष्टि से चतुर्थभाव को देखने से माता, भूमि एवं मकान के सुख में कुछ कमी रहती है तथा दसवीं मित्रदृष्टि से सप्तमभाव को देखने के कारण स्त्री पक्ष से सुख मिलता है तथा दैनिक व्यवसाय के क्षेत्र में सफलता प्राप्त होती रहती है।

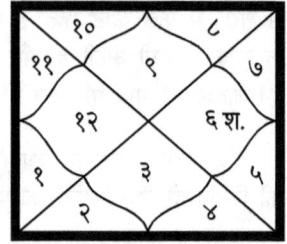

जिस जातक का जन्म 'धनु' लग्न में हुआ हो और जन्म-कुण्डली के 'एकादशभाव' में 'शनि ' की स्थिति हो, उसे 'शनि' का फलादेश आगे लिखे अनुसार समझना चाहिए—

धनु लग्नः एकादशभावः शनि

१०
८
११
९
७
श.
१२
६
१
३
५
२
४

ग्यारहवें लाभ भाव में अपने मित्र शुक्र की तुला राशि पर स्थित उच्च के शनि के प्रभाव से जातक की आमदनी में विशेष वृद्धि होती है और कभी-कभी उसे आकस्मिक धन का लाभ भी हो जाता है। ऐसे व्यक्ति को कुटुम्ब तथा भाई-बहन का सुख भी मिलता है एवं पराक्रम में भी वृद्धि होती है। यहां से शनि तीसरी समग्रहदृष्टि से प्रथमभाव को देखता है, अतः जातक के शारीरिक सौंदर्य एवं स्वास्थ्य में कमी आ जाती है। सातवीं नीचदृष्टि से शत्रु मंगल की राशि में पंचमभाव की देखने से संतान से कष्ट रहता है तथा विद्या-बुद्धि के क्षेत्र में कमी प्राप्त होती है। दसवीं शत्रुदृष्टि से अष्टमभाव को देखने के कारण आयु एवं पुरातत्त्व का लाभ होता है, परन्तु दैनिक जीवन में परेशानियों का अनुभव होता रहता है।

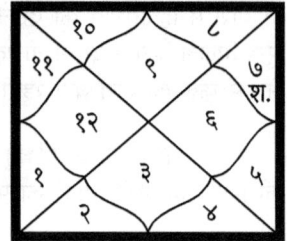

जिस जातक का जन्म 'धनु' लग्न में हुआ हो और जन्म-कुण्डली के 'द्वादशभाव' में 'शनि ' की स्थिति हो, उसे 'शनि' का फलादेश आगे लिखे अनुसार समझना चाहिए—

धनु लग्नः द्वादशभावः शनि

१०
श.८
११
९
७
१२
६
१
३
५
२
४

बारहवें व्यय भाव में अपने शत्रु मंगल की वृश्चिक राशि पर स्थित शनि के प्रभाव से जातक का खर्च अधिक रहता है तथा बाहरी स्थानों के सम्बन्ध से कुछ असंतोषपूर्ण लाभ होता है। साथ ही धन, कुटुम्ब तथा भाई-बहन के सुख में भी कमी रहती है। यहां से शनि तीसरी दृष्टि से अपनी ही राशि में द्वितीयभाव को देखता है, अतः धन तथा कुटुम्ब की सामान्य शक्ति प्राप्त होती है। सातवीं मित्रदृष्टि से षष्ठभाव को देखने से जातक शत्रु पक्ष पर प्रभाव बनाए रखता है तथा गुप्त युक्तियों

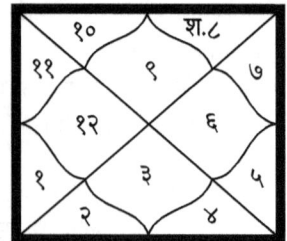

का आश्रय लेकर लाभ उठाता है। दसवीं शत्रुदृष्टि से नवमभाव को देखने के कारण भाग्योन्नति कठिनाइयों के साथ होती है तथा धर्म का पालन भी कम हो पाता है।

'धनु' लग्न में 'राहु' का फल

जिस जातक का जन्म 'धनु' लग्न में हुआ हो और जन्म-कुण्डली के 'प्रथमभाव' में 'राहु' की स्थिति हो, उसे 'राहु' का फलादेश आगे लिखे अनुसार समझना चाहिए—

धनु लग्नः प्रथमभावः राहु

पहले केन्द्र तथा शरीर भाव में अपने समग्रह गुरु की धनुराशि पर स्थित राहु के प्रभाव से जातक के शारीरिक सौंदर्य में कमी आती है तथा स्वास्थ्य पर भी कुछ प्रतिकूल प्रभाव पड़ता है। ऐसा व्यक्ति गुप्त युक्तियों के बल पर उन्नति करता है। परन्तु उन्नति एवं प्रतिष्ठा के क्षेत्र में कमी बनी रहती है। कभी-कभी उसे कठिन शारीरिक कष्ट भी उठाना पड़ता है। ऐसा जातक देखने में सज्जन लगता है, परन्तु भीतर से चालाक होता है। उसके मन में चिन्ताओं का निवास भी बना रहता है।

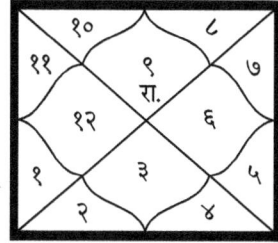

जिस जातक का जन्म 'धनु' लग्न में हुआ हो और जन्म-कुण्डली के 'द्वितीयभाव' में 'राहु' की स्थिति हो, उसे 'राहु' का फलादेश आगे लिखे अनुसार समझना चाहिए—

धनु लग्नः द्वितीयभावः राहु

दूसरे धन एवं कुटुम्ब के भाव में अपने मित्र शनि की मकर राशि पर स्थित राहु के प्रभाव से जातक धन का संचय नहीं कर पाता तथा उसके कौटुम्बिक सुख में भी कमी बनी रहती है। ऐसा व्यक्ति अपने कुटुम्ब अथवा धन के कारणों से कभी-कभी घोर संकटों का शिकार बन जाता है। वह अक्सर ऋण लेकर अपना काम चलाता है तथा गुप्त-युक्तियों, चातुर्य एवं परिश्रम के बल पर कठिनाइयों पर विजय पाने का प्रयत्न करता है।

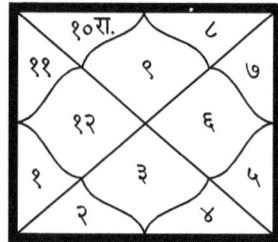

जिस जातक का जन्म 'धनु' लग्न में हुआ हो और जन्म-कुण्डली के 'तृतीयभाव' में 'राहु' की स्थिति हो, उसे 'राहु' का फलादेश आगे लिखे अनुसार समझना चाहिए—

धनु लग्नः तृतीयभावः राहु

तीसरे भाई-बहन एवं पराक्रम के भाव में अपने मित्र शनि की कुम्भ राशि पर स्थित राहु के प्रभाव से जातक के पराक्रम में अत्यधिक वृद्धि होती है। वह बड़ा हिम्मती तथा बहादुर होता है। गुप्त युक्तियों तथा चतुराई के बल पर जीवन में सफलता प्राप्त करने के लिए वह अत्यधिक परिश्रम भी करता है। परन्तु कभी-कभी घोर संकटों का सामना भी

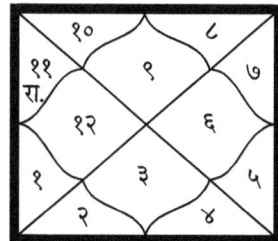

करता है। वह इतना धैर्यवान होता है कि संकटों को चुपचाप पार कर लेता है और घबराता नहीं है। ऐसे व्यक्ति का भाई-बहनों के साथ सुखपूर्ण सम्बन्ध नहीं रहता। उसके कारण उसे कष्ट भी उठाने पड़ते हैं।

जिस जातक का जन्म 'धनु' लग्न में हुआ हो और जन्म-कुण्डली के 'चतुर्थभाव' में 'राहु' की स्थिति हो, उसे 'राहु' का फलादेश आगे लिखे अनुसार समझना चाहिए—

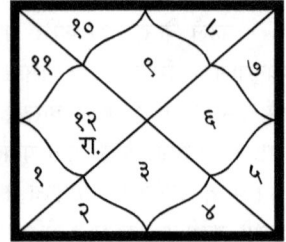

धनु लग्न: चतुर्थभाव: राहु

चौथे केन्द्र, माता एवं भूमि के भाव में अपने गुरु समग्रह की मीन राशि पर स्थित राहु के प्रभाव से जातक को माता के सुख में बहुत कमी रहती है तथा घर में भी संकट का वातावरण बना रहता है, जिसे वह बड़ी चतुराई, धैर्य एवं गुप्त युक्तियों के बल पर निपटाता है, फिर भी उसे कभी-कभी घोर मुसीबतें उठानी पड़ती हैं। उसे भूमि एवं मकान आदि का सुख भी प्राप्त नहीं होता। अशांति उसके चारों ओर मंडराती रहती है।

जिस जातक का जन्म 'धनु' लग्न में हुआ हो और जन्म-कुण्डली के 'पंचमभाव' में 'राहु' की स्थिति हो, उसे 'राहु' का फलादेश आगे लिखे अनुसार समझना चाहिए—

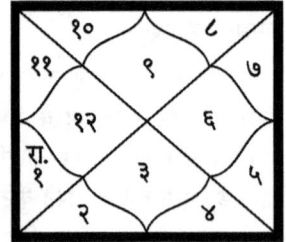

धनु लग्न: पंचमभाव: राहु

पांचवें त्रिकोण, विद्या एवं संतान के भाव में अपने शत्रु मंगल की मेष राशि पर स्थित राहु के प्रभाव से जातक को संतानपक्ष से कष्ट प्राप्त होता है तथा चिन्ताएं बनी रहती हैं। विद्या प्राप्त करने में भी उसे बड़ी कठिनाइयां उठानी पड़ती हैं और बड़े परिश्रम, धैर्य तथा हिम्मत के साथ काम लेने पर वह थोड़ी-बहुत विद्या सीख पाता है। उसकी बोली में रूखापन रहता है तथा गुप्त युक्ति एवं चातुर्य के बल पर वह अपना काम चलाता है। उसके मस्तिष्क में अनेक प्रकार की चिन्ताएं घर किए रहती हैं।

जिस जातक का जन्म 'धनु' लग्न में हुआ हो और जन्म-कुण्डली के 'षष्ठभाव' में 'राहु' की स्थिति हो, उसे 'राहु' का फलादेश आगे लिखे अनुसार समझना चाहिए—

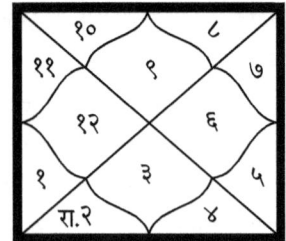

धनु लग्न: षष्ठभाव: राहु

छठे रोग एवं शत्रु भाव में अपने मित्र शुक्र की वृषभ राशि पर स्थित राहु के प्रभाव से जातक अपने शत्रु पक्ष पर बड़ा भारी प्रभाव रखता है। वह अपनी बुद्धि, चातुर्य एवं गुप्त युक्तियों के बल पर शत्रुओं को परास्त करता है। ऐसा व्यक्ति बड़ा हिम्मती, बहादुर तथा धैर्यवान होता है। वह मामा के पक्ष को कुछ हानि पहुंचाता है, साथ ही मन के भीतर किसी-न-किसी प्रकार की परेशानी का अनुभव भी करता रहता है।

जिस जातक का जन्म 'धनु' लग्न में हुआ हो और जन्म-कुण्डली के 'सप्तमभाव' में 'राहु' की स्थिति हो, उसे 'राहु' का फलादेश आगे लिखे अनुसार समझना चाहिए—

सातवें केन्द्र, स्त्री तथा व्यवसाय के भाव में समग्रह बुध की मिथुन राशि पर स्थित उच्च की राहु के प्रभाव से जातक स्त्री पक्ष से विशेष शक्ति प्राप्त करता है। उसके एक से अधिक विवाह होने की संभावना रहती है। वह अपने व्यवसाय की वृद्धि के लिए अनेक प्रकार के उपाय, साधन एवं चतुराइयों का सहारा लेता है। कभी-कभी उसके गृहस्थी तथा व्यवसाय के क्षेत्र में कठिनाइयां भी आती हैं परन्तु उनसे वह बहुत जल्दी छुटकारा पा लेता है। ऐसा व्यक्ति धनी तथा सुखी जीवन व्यतीत करता है।

धनु लग्न: सप्तमभाव: राहु

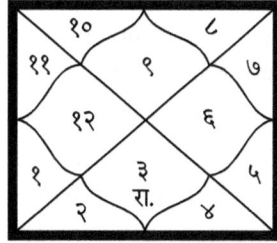

जिस जातक का जन्म 'धनु' लग्न में हुआ हो और जन्म-कुण्डली के 'अष्टमभाव' में 'राहु' की स्थिति हो, उसे 'राहु' का फलादेश आगे लिखे अनुसार समझना चाहिए—

आठवें आयु एवं पुरातत्त्व के भाव में अपने शत्रु चन्द्र की कर्क राशि पर स्थित राहु के प्रभाव से जातक को अपनी आयु (जीवन) के पक्ष में कई बार संकटों का सामना करना पड़ता है। कभी-कभी मृत्यु-तुल्य स्थिति भी बन जाती है। उसके पेट में विकार रहता है तथा पुरातत्त्व शक्ति की हानि भी होती है। ऐसा व्यक्ति गुप्त युक्तियों के आश्रय से अपने जीवन को चलाता है। परन्तु उसे परेशानियां घेरे ही रहती हैं और उसे जीवन भर संघर्ष करना पड़ता है।

धनु लग्न: अष्टमभाव: राहु

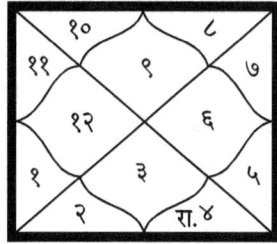

जिस जातक का जन्म 'धनु' लग्न में हुआ हो और जन्म-कुण्डली के 'नवमभाव' में 'राहु' की स्थिति हो, उसे 'राहु' का फलादेश आगे लिखे अनुसार समझना चाहिए—

नवें त्रिकोण, भाग्य तथा धर्म के भाव में अपने शत्रु सूर्य की सिंह राशि पर स्थित राहु के प्रभाव से जातक की भाग्योन्नति में प्राय: घोर संकट आते रहते हैं तथा कभी-कभी बड़ी हानियों का शिकार भी होना पड़ता है। धर्म के मामले में भी उसकी अधिक निष्ठा नहीं होती। ऐसे लोग प्राय: अधार्मिक अथवा अनीश्वरवादी भी होते हैं। ऐसा व्यक्ति अपनी भाग्योन्नति के लिए विशेष परिश्रम करता है तथा गुप्त युक्तियों का आश्रय लेता है। वह कभी हिम्मत नहीं हारता और अधिकाधिक परिश्रम करने से भी नहीं घबराता।

धनु लग्न: नवमभाव: राहु

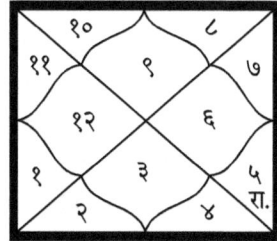

जिस जातक का जन्म 'धनु' लग्न में हुआ हो और जन्म-कुण्डली के 'दशमभाव' में 'राहु ' की स्थिति हो, उसे 'राहु' का फलादेश आगे लिखे अनुसार समझना चाहिए—

दसवें केन्द्र, राज्य एवं पिता के भाव में अपने समग्रह बुध की कन्या राशि पर स्थित राहु के प्रभाव से जातक को अपने पिता द्वारा परेशानी, राज्य द्वारा संकट तथा व्यवसाय के क्षेत्र में हानि का सामना करना पड़ता है। ऐसा व्यक्ति अपनी गुप्त युक्तियों, बुद्धिबल, चातुर्य एवं हिम्मत के बल पर उन्नति करने के लिए प्रयत्नशील बना रहता है, परन्तु उसे अधिक सफलता नहीं मिल पाती। वह सदैव चिंतित भी रहता है और कभी-कभी घोर संकटों में भी फंस जाता है।

धनु लग्न: दशमभाव: राहु

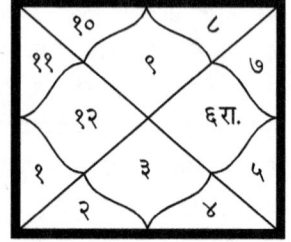

जिस जातक का जन्म 'धनु' लग्न में हुआ हो और जन्म-कुण्डली के 'एकादशभाव' में 'राहु' की स्थिति हो, उसे 'राहु' का फलादेश आगे लिखे अनुसार समझना चाहिए—

ग्यारहवें लाभ भाव में अपने मित्र शुक्र की तुला राशि पर स्थित राहु के प्रभाव से जातक की आमदनी में विशेष वृद्धि होती है। वह अपनी चतुराई एवं बुद्धिबल से अधिक लाभ प्राप्त करता है। कभी-कभी उसकी आमदनी के क्षेत्र में बड़ी कठिनाइयां आ जाती हैं, परन्तु उस समय भी वह अपना धैर्य नहीं छोड़ता और हिम्मत से काम लेकर उन कठिनाइयों पर विजय प्राप्त करता है। संक्षेप में ऐसा व्यक्ति धनोपार्जन खूब करता है और समाज में धनी समझा जाता है।

धनु लग्न: एकादशभाव: राहु

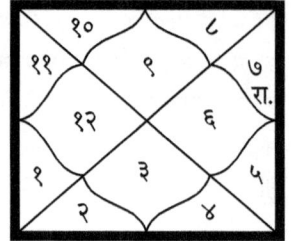

जिस जातक का जन्म 'धनु' लग्न में हुआ हो और जन्म-कुण्डली के 'द्वादशभाव' में 'राहु ' की स्थिति हो, उसे 'राहु' का फलादेश आगे लिखे अनुसार समझना चाहिए—

बारहवें व्यय भाव में अपने शत्रु मंगल की वृश्चिक राशि पर स्थित राहु के प्रभाव से जातक को खर्च के कारण चिन्ता, परेशानी एवं झंझटों का सामना करना पड़ता है तथा बाहरी स्थानों के सम्बन्ध से भी कष्ट का अनुभव होता है, परन्तु ऐसा व्यक्ति हिम्मत, धैर्य, परिश्रम तथा गुप्त युक्तियों के बल पर उन कठिनाइयों पर विजय प्राप्त करने का प्रयत्न करता रहता है और संकट के समय में भी घबराता नहीं है।

धनु लग्न: द्वादशभाव: राहु

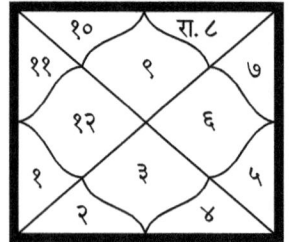

'धनु' लग्न में 'केतु' का फल

जिस जातक का जन्म 'धनु' लग्न में हुआ हो और जन्म-कुण्डली के 'प्रथमभाव' में 'केतु' की स्थिति हो, उसे 'केतु' का फलादेश आगे लिखे अनुसार समझना चाहिए—

पहले केन्द्र तथा शरीर भाव में अपने समग्रह गुरु की धनु राशि पर स्थित उच्च के केतु के प्रभाव से जातक की शारीरिक शक्ति एवं आकार में वृद्धि होती है। वह बड़ा बहादुर, हिम्मतवाला, जिद्दी तथा हठी स्वभाव का होता है, परन्तु उसके शारीरिक सौंदर्य में कमी अवश्य आ जाती है। वह अपनी प्रतिष्ठा को बढ़ाने के लिए कठिन परिश्रम करता है तथा मन के भीतर चिंतित बने रहने पर भी वह किसी के सामने अपनी चिन्ताओं को प्रकट नहीं करता।

धनु लग्न: प्रथमभाव: केतु

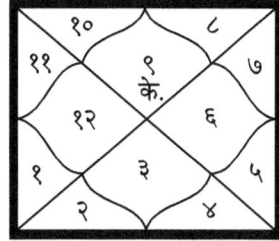

जिस जातक का जन्म 'धनु' लग्न में हुआ हो और जन्म-कुण्डली के 'द्वितीयभाव' में 'केतु' की स्थिति हो, उसे 'केतु' का फलादेश आगे लिखे अनुसार समझना चाहिए—

दूसरे धन तथा कुटुम्ब के भाव में अपने शत्रु शनि की मकर राशि पर स्थित केतु के प्रभाव से जातक को कौटुम्बिक सुख में कमी बनी रहती है और कोई-न-कोई क्लेश उठ खड़ा होता है। वह धन प्राप्ति के लिए अत्यधिक परिश्रम करता है, परन्तु परन्तु कभी-कभी उसे धन के विषय में घोर संकटों का सामना करना होता है और ऋण लेकर भी अपना काम चलाना पड़ता है। ऐसा व्यक्ति बड़ा परिश्रमी, धैर्यवान तथा हिम्मती होता है।

धनु लग्न: द्वितीयभाव: केतु

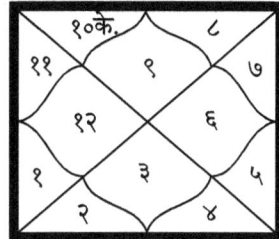

जिस जातक का जन्म 'धनु' लग्न में हुआ हो और जन्म-कुण्डली के 'तृतीयभाव' में 'केतु' की स्थिति हो, उसे 'केतु' का फलादेश आगे लिखे अनुसार समझना चाहिए—

तीसरे भाई-बहन एवं पराक्रम के भाव में अपने शत्रु शनि की तुला राशि पर स्थित केतु के प्रभाव से जातक के पराक्रम में अत्यधिक वृद्धि होती है, परन्तु भाई-बहन के सुख में कुछ कमी एवं कष्ट का अनुभव होता है। ऐसा व्यक्ति बड़ी-बड़ी कठिनाइयों का धैर्य एवं साहस के साथ मुकाबला करता है। वह गुप्त युक्तियों से काम लेने वाला तथा कठिन परिश्रम द्वारा अपनी उन्नति के लिए प्रयत्नशील बना रहने वाला होता है।

धनु लग्न: तृतीयभाव: केतु

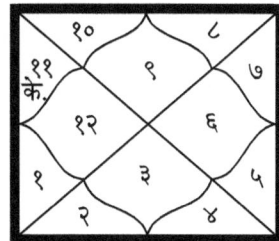

जिस जातक का जन्म 'धनु' लग्न में हुआ हो और जन्म-कुण्डली के 'चतुर्थभाव' में 'केतु' की स्थिति हो, उसे 'केतु' का फलादेश आगे लिखे अनुसार समझना चाहिए—

चौथे केन्द्र, माता एवं भूमि के भाव में अपने समग्रह गुरु की मीन राशि पर स्थित केतु के

प्रभाव से जातक को माता के सुख में बड़ी हानि उठानी पड़ती है। साथ ही उसे मातृभूमि का वियोग भी सहन करना पड़ता है। उसे भूमि तथा मकान आदि का सुख भी प्राप्त नहीं होता। घरेलू संकट भी उसको घेरे रहते हैं। परन्तु ऐसा व्यक्ति बड़ा साहसी, गुप्त धैर्यवान, संतोषी तथा परिश्रमी होता है, अत: वह सुख-प्राप्ति के लिए निरन्तर प्रयत्नशील बना रहता है और अंत में थोड़ी-बहुत सफलता भी पा लेता है।

जिस जातक का जन्म 'धनु' लग्न में हुआ हो और जन्म-कुण्डली के 'पंचमभाव' में 'केतु' की स्थिति हो, उसे 'केतु' का फलादेश आगे लिखे अनुसार समझना चाहिए—

पांचवें त्रिकोण, विद्या-बुद्धि तथा संतान के भाव में अपने मित्र मंगल की मेष राशि पर स्थित केतु के प्रभाव से जातक को संतानपक्ष से बड़ी हानि उठानी पड़ती है तथा विद्याध्ययन के क्षेत्र में भी बड़ी कठिनाइयों के बाद बहुत थोड़ी सफलता मिल पाती है। ऐसा व्यक्ति कठिन परिश्रम करने वाला, जिद्दी तथा गुप्त युक्तियों का आश्रय लेने वाला होता है। उसके मस्तिष्क में हर समय चिन्ताओं का निवास रहता है, परन्तु वह अपनी परेशानियों को किसी के सामने प्रकट नहीं करता।

जिस जातक का जन्म 'धनु' लग्न में हुआ हो और जन्म-कुण्डली के 'षष्ठभाव' में 'केतु' की स्थिति हो, उसे 'केतु' का फलादेश आगे लिखे अनुसार समझना चाहिए—

छठे रोग तथा शत्रु भाव में अपने मित्र शुक्र की वृषभ राशि पर स्थित केतु के प्रभाव से जातक अपने शत्रु पक्ष पर अत्यधिक प्रभाव रखता है तथा झगड़े-झंझट, मुकदमे आदि में विजय, सफलता एवं लाभ प्राप्त करता है। वह गुप्त युक्तियों, धैर्य एवं चतुराई के बल पर अपनी कठिनाइयों पर विजय प्राप्त करता है। शत्रु पक्ष द्वारा महान संकटों में डाल दिए जाने पर भी वह अपनी हिम्मत और बहादुरी को नहीं छोड़ता।

जिस जातक का जन्म 'धनु' लग्न में हुआ हो और जन्म-कुण्डली के 'सप्तमभाव' में 'केतु' की स्थिति हो, उसे 'केतु' का फलादेश आगे लिखे अनुसार समझना चाहिए—

सातवें केन्द्र, स्त्री तथा व्यवसाय के भाव में अपने समग्रह बुध की मिथुन राशि पर स्थित नीच के प्रभाव से जातक को स्त्री पक्ष में विशेष हानि अथवा कठिनाई का सामना करना पड़ता है, साथ ही उसे व्यावसायिक क्षेत्र में भी बड़ी परेशानियां उठानी पड़ती हैं। कभी-कभी घर तथा व्यवसाय के क्षेत्र में घोर संकट

धनु लग्न: चतुर्थभाव: केतु

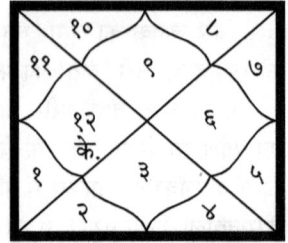

धनु लग्न: पंचमभाव: केतु

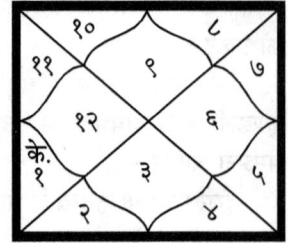

धनु लग्न: षष्ठभाव: केतु

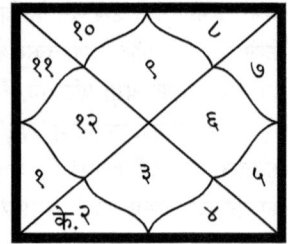

धनु लग्न: सप्तमभाव: केतु

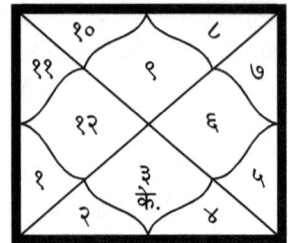

उठ खड़े होते हैं, परन्तु वह हर बार धैर्य एवं साहस के साथ उनका मुकाबला करता है। वह परिश्रम तथा युक्ति-बल से अपने गृहस्थ जीवन को सुखी बनाने का प्रयत्न करता रहता है, परन्तु उसकी इच्छा पूर्ण नहीं हो पाती।

जिस जातक का जन्म 'धनु' लग्न में हुआ हो और जन्म-कुण्डली के 'अष्टमभाव' में 'केतु' की स्थिति हो, उसे 'केतु' का फलादेश आगे लिखे अनुसार समझना चाहिए—

धनु लग्नः अष्टमभावः केतु

आठवें आयु तथा पुरातत्त्व के भाव में अपने शत्रु चन्द्र की कर्क राशि पर स्थित केतु के प्रभाव से जातक के जीवन (आयु) पर बड़े-बड़े संकट आते हैं और उसे मृत्यु-तुल्य कष्ट उठाना पड़ता है। उसके पेट में विकार रहता है तथा दैनिक जीवन में भी अनेक प्रकार की परेशानियां बनी रहती हैं। उसकी पुरातत्त्व शक्ति को हानि पहुंचती है तथा और भी अनेक प्रकार के संकट उपस्थित होते रहते हैं। वह अपने जीवन को चलाने के लिए गुप्त युक्तियों, धैर्य, साहस तथा परिश्रम का सहारा लेता है, परन्तु उसे सुख नहीं मिल पाता।

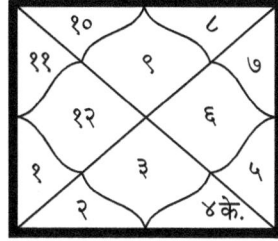

जिस जातक का जन्म 'धनु' लग्न में हुआ हो और जन्म-कुण्डली के 'नवमभाव' में 'केतु' की स्थिति हो, उसे 'केतु' का फलादेश आगे लिखे अनुसार समझना चाहिए—

धनु लग्नः नवमभावः केतु

नवें त्रिकोण, भाग्य तथा धर्म के भाव में अपने शत्रु सूर्य की सिंह राशि पर स्थित केतु के प्रभाव से जातक की भाग्योन्नति में बड़ी-बड़ी बांधाएं आती रहती हैं। वह उन्हें हटाने के लिए घोर परिश्रम, गुप्त युक्ति-बल, साहस तथा धैर्य का आश्रय लेता है, फिर भी उसका भाग्य दुर्बल ही बना रहता है। ऐसा व्यक्ति ईश्वर पर भी कम ही विश्वास करता है। वह सदैव असफलताओं से जूझता है तथा गुप्त चिन्ताओं से ग्रस्त बना रहता है। उसके यश में भी कमी आ जाती है। उसका संपूर्ण जीवन संघर्ष करते हुए बीतता है।

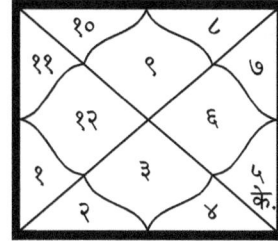

जिस जातक का जन्म 'धनु' लग्न में हुआ हो और जन्म-कुण्डली के 'दशमभाव' में 'केतु' की स्थिति हो, उसे 'केतु' का फलादेश आगे लिखे अनुसार समझना चाहिए—

धनु लग्नः दशमभावः केतु

दसवें केन्द्र, राज्य, पिता एवं व्यवसाय के भाव में अपने समग्रह बुध की कन्या राशि पर स्थित केतु के प्रभाव से जातक को कुछ कमियों के साथ पिता, राज्य एवं व्यवसाय के क्षेत्र में सामान्य सफलता मिलती है तथा अत्यधिक परिश्रम करने एवं युक्ति-बल का आश्रय लेने पर भी विशेष उन्नति नहीं हो पाती। ऐसा व्यक्ति अपने धैर्य, हिम्मत एवं परिश्रम के योग से कुछ समय बाद सामान्य सफलता प्राप्त कर लेता है, परन्तु वह अधिक धनी, सुखी अथवा यशस्वी नहीं बन पाता।

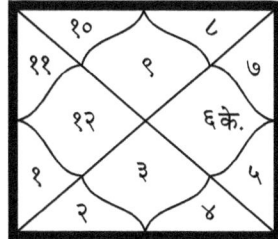

धनु लग्नः एकादशभावः केतु

जिस जातक का जन्म 'धनु' लग्न में हुआ हो और जन्म-कुण्डली के 'एकादशभाव' में 'केतु' की स्थिति हो, उसे 'केतु' का फलादेश आगे लिखे अनुसार समझना चाहिए—

ग्यारहवें लाभ भाव में अपने मित्र शुक्र की तुला राशि पर स्थित केतु के प्रभाव से जातक को आमदनी के क्षेत्र में विशेष सफलता मिलती है। वह कठोर परिश्रम द्वारा विशेष लाभ प्राप्त करता है। कभी-कभी उसके सामने कठिनाइयां एवं संकट भी उपस्थित हो जाते हैं, परन्तु अपनी गुप्त युक्तियों, बुद्धि तथा परिश्रम के बल पर उन मुसीबतों पर विजय प्राप्त कर लेता है। इतना सब होने पर भी उसे पूर्ण संतोषजनक लाभ नहीं मिल पाता।

जिस जातक का जन्म 'धनु' लग्न में हुआ हो और जन्म-कुण्डली के 'द्वादशभाव' में 'केतु' की स्थिति हो, उसे 'केतु' का फलादेश आगे लिखे अनुसार समझना चाहिए—

धनु लग्नः द्वादशभावः केतु

बारहवें व्यय भाव में अपने मित्र मंगल की वृश्चिक राशि पर स्थित केतु के प्रभाव से जातक का खर्च अधिक रहता है, जिसके कारण उसे बहुत परेशानी उठानी पड़ती है तथा कभी-कभी बड़े संकटों का सामना भी करना पड़ता है। बाहरी स्थानों के सम्बन्ध से भी परेशानियां प्राप्त होती हैं। ऐसा व्यक्ति गुप्त युक्तियों, हिम्मत, बुद्धि बल एवं परिश्रम का आश्रय लेकर कठिनाइयों पर विजय पाने का प्रयत्न करता है, परन्तु उसे अधिक सफलता नहीं मिल पाती।

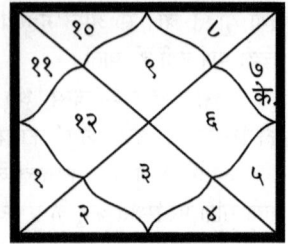

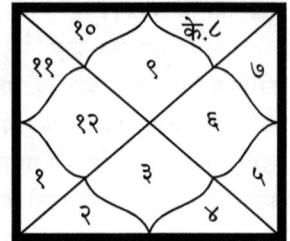

उदाहरण धनु लग्न कुण्डली 17. विश्व प्रसिद्ध कार्यव्यवसायी मिस्टर रतन टाटा

जन्म तिथि–28-12-1937

जन्म समय–06: 30 घण्टे (भा.मा.स.)

जन्म स्थान–मुम्बई (महाराष्ट्र)

<table>
<tr><td>जन्म कुण्डली</td><td>नवांश कुण्डली</td></tr>
<tr><td>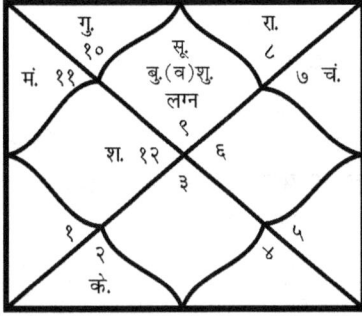</td><td>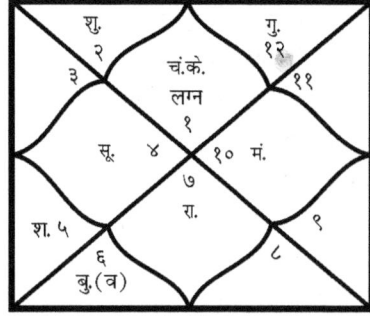</td></tr>
</table>

कुण्डली संख्या–17

ज्योतिषीय विवेचन

यह भचक्र में राशि क्रम की नवम राशि धनु राशि लग्न कुण्डली है। यह परिपूर्णता की संकेतक राशि है। यह अग्नि तत्त्व, सतोगुणी एक द्विस्वभाव राशि है। इसका स्वामी गुरु है। ऐसे व्यक्ति साहसी, हिम्मती, उत्साही, महत्त्वाकांक्षी और उत्कट अभिलाषा रखने वाले व्यवसायी होते हैं। प्रत्येक क्षण अपने उद्योग वृद्धि में कार्यरत रहते हैं। रतन टाटा ऐसे ही उत्साही व्यक्ति हैं। वह एक प्रकार से ऐसी मेधा शक्ति रखने वाले व्यक्ति हैं। जिन्हें यह भली-भांति आता है कि दूसरे को प्रसन्न कैसे करें तथा अपने व्यवसाय/उद्योग को किस प्रकार सफल बनाये? कुछ समय पूर्व हुई लखटकिया कार की अत्यधिक बुकिंग और बिक्री ने जहां जनसामान्य को खुशी दी, वहीं उनके व्यवसाय ने भी काफी प्रगति की। उनके घर धनलक्ष्मी की वर्षा हुई। विशाखा नक्षत्र में जन्मे रतन टाटा एक अच्छे वक्ता, सहनशील और गहन सोच रखने वाले, आम आदमी की भलाई में प्रयत्नशील रहने वाले, परमपिता परमात्मा से डरने वाले आस्तिक व्यक्ति हैं।

सुदर्शन लग्न विचार

यह कुण्डली ऐश्वर्य त्रिकोण के तीन भावों अर्थ भावों वाली कुण्डली है। इसमें द्वितीय भाव को प्रधानता दी गयी है। यह प्रसिद्ध उद्योगपति मिस्टर रतन टाटा की कुण्डली है, जिसने बाजार में कम कीमत वाली कार निकालकर कार बाजार को एक नयी दिशा एवं दशा प्रदान की, ताकि कम वेतन भोगी भी कार का आनन्द उठा सकें। इस कुण्डली में जन्म लग्नेश और सूर्य लग्नेश गुरु द्वितीय भाव धन भाव में विराजमान हैं। चन्द्र लग्नेश शुक्र, वक्री बुध एवं लग्नकारक सूर्य के साथ लग्न में विराजमान हैं। नवांश लग्नेश मंगल अपनी उच्चराशि में दशम भाव में स्थित है और लग्न एवं लग्न में बैठे चन्द्र व केतु पर पूर्ण दृष्टि रखे हुए हैं। अत: चन्द्र लग्न अधिक

बलशाली प्रतीत होती है। दोनों कुण्डलियों अर्थात 1.जन्मलग्न कुण्डली और 2. नवांश कुण्डली में मंगल शक्तिशाली व भाग्यशाली ग्रह है। इस ग्रह ने उद्योगी रतन टाटा की अभिलाषा, ऊर्जा, बल, स्तर, व्यवसाय आदि को ऊंचा उठाने की मजबूती दी।

ग्रह स्थिति, ग्रह दृष्टि एवं ग्रह योग

द्वितीय भावस्थ लग्नेश गुरु की लग्न में बैठे षष्ठेश शुक्र और दशमेश बुध के षष्ठ और दशम भाव पर पूर्ण दृष्टि है। लग्न भाव स्थित सूर्य से दूसरे भाव में बैठे गुरु शुभ वेशि योग बना रहे हैं। गुरु और शनि का राशि परिवर्तन योग उनके सौभाग्य की वृद्धि कर रहा है और धन वृद्धि में सहयोग दे रहा है। शनि की षष्ठ भाव में शुक्र की वृष राशि पर पूर्ण दृष्टि है। इन स्थितियों ने रतन टाटा को धनी और सफल बनाया। वह इस समय विश्वविख्यात कार व्यवसायी हैं। तृतीय भावकारक गुरु मित्र मंगल भी षष्ठ भाव पर अपनी दृष्टि से रतन टाटा की प्रतिष्ठा और साख मजबूत कर रहा है। यह दशम भाव, द्वितीय भाव एवं षष्ठ भाव के संयोग और सहसम्बन्ध का उत्कृष्ट उदाहरण है। इस सहसम्बन्ध को ऐश्वर्य त्रिकोण के तीन भावों का संयोग कहा जाता है। इनके कारण ही रतन टाटा विश्व कार बाजार में विख्यात व्यवसायी साबित हुए।

उपसंहार

सुदर्शन लग्न विचार एवं ग्रहों की स्थिति, दृष्टि और योगो के सहसम्बन्धों से यह स्पष्ट हो जाता है कि रतन टाटा कार बाजार में विश्वविख्यात थे, किन्तु अब सस्ती कार बाजार में लाकर, विशेषत: भारतीय बाजार में जनसामान्य के मध्य अपनी साख, प्रतिष्ठा व आदर को बढ़ाया है। द्वितीय भाव में बैठे गुरु, लग्न में बैठे कारक सूर्य, शुक्र, बुध, चतुर्थ भाव में बैठे शनि, तृतीय भाव में बैठे मंगल ने रतन टाटा की सभी अभिलाषाओं को पूरा किया। उनके व्यवसाय को वास्तविक शक्ल देकर भारतीय जनसामान्य में उनका कद बढ़ाया तथा उन्हें लाभान्वित किया। यह ऐश्वर्य त्रिकोण के तीनों भावों–दशम, द्वितीय और षष्ठ भाव के मध्य सहयोग और सह सम्बन्धों के कारण ऐसा हो सका। इस समय शुक्र की महादशा में शनि की अन्तर्दशा चल रही है। ऐसा विश्वास है कि यह दशा रतन टाटा के व्यवसाय में धन की वृद्धि तथा लोकप्रियता में चार चांद लगायेगी।

उदाहरण धनु लग्न कुण्डली 18. विख्यात व्यवसायी स्वर्गीय धीरूभाई अम्बानी

जन्म तिथि–28-12-1932

जन्म समय–06: 37 घण्टे (भा.मा.स.)

जन्म स्थान–चोरवाड़ (गुजरात)

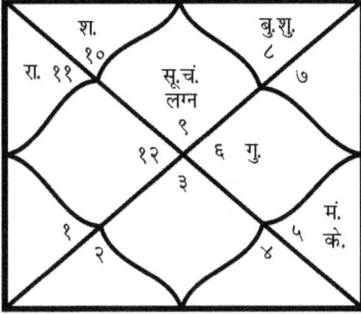

जन्म कुण्डली

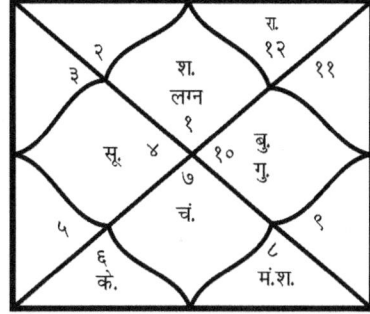

नवांश कुण्डली

कुण्डली संख्या–18

ज्योतिषीय विवेचन

यह भचक्र में राशि क्रम की नवम राशि धनु राशि लग्न कुण्डली है। यह परिपूर्णता की संकेतक राशि है। यह अग्नि तत्त्व, सतोगुणी एक द्विस्वभाव राशि है। इसका स्वामी गुरु है। इस लग्न में जन्मे व्यक्ति बड़े ही उत्साही, महत्त्वाकांक्षी और उच्च अभिलाषाओं वाले होते हैं। मिस्टर धीरू भाई अम्बानी ऐसे ही व्यक्ति थे। वह अभिलाषी व्यवसायियों के लिए एक आराध्य और गुणों से भरपूर एक सुयोग्य, साहसी, दृढ़प्रतिज्ञ व्यापारी के रूप में जाने जाते हैं। पूर्वाषाढ़ा नक्षत्र में जन्मे धीरुभाई अम्बानी शान्तिप्रिय, सर्वप्रिय, दूरदर्शी, भाग्यशाली और धनी व्यवसायी थे। उन्होंने एक बड़ा व्यवसायिक साम्राज्य अपने पुत्रों के लिए छोड़ा। अब वे इस विशाल साम्राज्य की सीमाएं बढ़ा रहे हैं। मुकेश अम्बानी विश्व के धनवान् व्यक्तियों में आज 10वें स्थान पर हैं।

सुदर्शन लग्न विचार

जन्म लग्न, चन्द्र लग्न, सूर्य लग्न के एकछत्र स्वामी गुरु दशम भाव में बैठे हैं और लग्न को प्रभावित कर रहे हैं। नवांश कुण्डली में भी गुरु ऊंचाइयों के दशम भाव में ही विराजमान हैं। दोनों कुण्डलियों में यह द्वितीय एवं षष्ठ भाव को पूर्ण दृष्टि से देख रहे हैं। गुरु की यह उत्तम स्थिति है। इस प्रकार से लग्न तीन गुना शक्तिशाली है। धनकारक शुक्र मित्र बुध के साथ द्वादश भाव में बैठा है। यह धनदायक एवं सफलतादायक है। व्यवसाय को ऊंचा उठाने वाला है। शुक्र वर्गोत्तम ग्रह है। अतः लग्न ही सर्वाधिक बलशाली है। स्वास्थ्य और सुख-समृद्धि को बढ़ाने वाली है।

ग्रह स्थिति, ग्रह दृष्टि एवं ग्रह योग

स्वास्थ्य एवं सुख भाव का स्वामी गुरु दशम भाव में बैठा है और द्वितीय भाव धन भाव पर गुरु की पूर्णदृष्टि है। इसके स्वामी धनेश शनि पर भी पूर्णदृष्टि है। शनि धन भाव में स्वराशि मकर में बैठे हैं। गुरु षष्ठ भाव को भी देख रहा है। षष्ठेश शुक्र, बुध के साथ द्वादश भाव में बैठकर षष्ठ भाव को देख रहा है। यह ऐश्वर्य त्रिकोण के अर्थ भावों का एक उत्तम सुयोग और सहयोग है। दशम, द्वितीय एवं षष्ठ भाव का मिला-जुला संगम है। द्वितीयेश शनि, गुरु के सुख-सुविधाओं के चतुर्थ भाव को पूर्णदृष्टि से देखते हुए गुरु को बलशाली बना रहा है। शनि की लाभ भाव पर भी पूर्णदृष्टि है। सूर्य उभयचरी योग तथा चन्द्र दुर्धरा योग, गजकेसरी योग और अमलकीर्ति योग बना रहे हैं। राहु व केतु को छोड़कर सभी शेष सात ग्रह पांच भावों में बैठकर पाश योग बना रहे हैं। ऐसे जातक बुद्धिमान्, ज्ञानवान, गुणवान्, ईमानदार, नौकर-चाकरों वाला, परोपकारी, धर्मात्मा और लोकप्रिय होते हैं। स्वर्गीय धीरुभाई अम्बानी ऐसी ही विशेषताओं वाले व्यक्ति थे।

उपसंहार

उपर्युक्त योगो एवं सहसम्बन्धों से हम इस निष्कर्ष पर पहुंचे हैं कि धनेश शनि, षष्ठेश शुक्र और कर्मेश बुध ने लघुकाल में ही धीरूभाई अम्बानी को एक प्रसिद्ध व्यापारी एवं व्यवसायी बनाया। धनार्जन में सफलता दिलवायी। यह उन ग्रहों का प्रभाव और सहसम्बन्ध है, जो ऐश्वर्य त्रिकोण के अर्थ भावों दशम, द्वितीय और षष्ठ भाव में बैठे हैं और परस्पर देख रहे हैं। उन्होंने अपने व्यवसाय के उच्च शिखर पर पहुंचने तक आरामदायी जीवन बिताया, किन्तु शनि की महादशा में बुध की अन्तर्दशा संघातक/प्राणनाशक रही और वह 06-07-2002 को अपना सब कुछ अपने पुत्रों के मध्य छोड़कर परमब्रह्म में लीन हो गये।

मकर लग्न

CAPRICORN

मकर लग्न वाली कुण्डलियों के विभिन्न भावों में स्थित विभिन्न ग्रहों का अलग-अलग फलादेश

'मकर' लग्न का संक्षिप्त फलादेश

'मकर' लग्न में जन्म लेने वाला व्यक्ति संतोषी, भीरु, उग्र स्वभाव का, निरन्तर पुरुषार्थ करने वाला, वंचक, बड़े नेत्रों वाला, शठ, मनमौजी, अधिक संततिवान, चतुर, लोभी, कफ तथा वायु से पीड़ित रहने वाला, लंबे शरीर वाला, ठग, तमोगुणी, पाखंडी, आलसी, खर्चीला, धर्म के विमुख आचरण करने वाला, स्त्रियों में आसक्त, कवि तथा लज्जा-रहित होता है। वह अपनी प्रारंभिक अवस्था में सुख भोगता है, मध्यमावस्था में दु:खी रहता है तथा ३२ वर्ष की आयु के बाद अंत तक सुखी रहता है। मकर लग्न वाला व्यक्ति पूर्णायु प्राप्त करता है।

'मकर' लग्न

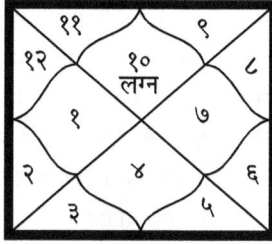

यह बात पहले बताई जा चुकी है कि प्रत्येक व्यक्ति के जीवन पर नवग्रहों का प्रभाव मुख्यत: दो प्रकार से पड़ता है—

(१) ग्रहों की जन्म-कालीन स्थिति के अनुसार।

(२) ग्रहों की दैनिक गोचर गति के अनुसार।

जातक की जन्म-कालीन ग्रह-स्थिति जन्म-कुण्डली में दी गई होती है। उसमें जो ग्रह जिस भाव में और जिस राशि पर बैठा होता है, वह जातक के जीवन पर अपना निश्चित प्रभाव निरंतर स्थायी रूप से डालता रहता है।

दैनिक गोचर-गति के अनुसार विभिन्न ग्रहों की जो स्थिति होती है, उसकी जानकारी पंचांग द्वारा दी जा सकती है। ग्रहों की दैनिक गोचर-गति के सम्बन्ध में या तो किसी ज्योतिषी से पूछ लेना चाहिए अथवा स्वयं ही उसे मालूम करने का तरीका सीख लेना चाहिए। इस सम्बन्ध में पुस्तक के पहले प्रकरण में विस्तारपूर्वक लिखा जा चुका है।

दैनिक गोचर गति के अनुसार विभिन्न ग्रह जातक के जीवन पर अस्थायी रूप से अपना प्रभाव डालते हैं।

उदाहरण के लिए यदि किसी जातक की जन्म-कुण्डली में सूर्य 'मकर' राशि पर 'प्रथमभाव' में बैठा है, तो उसका स्थायी प्रभाव जातक के जीवन पर आगे दी गई उदाहरण-पृष्ठ संख्या ४९१ के अनुसार पड़ता रहेगा; परन्तु यदि दैनिक ग्रह-गोचर में कुण्डली देखते समय सूर्य 'कुम्भ' राशि के 'द्वितीयभाव' में बैठा होगा, तो उस स्थिति में वह उदाहरण-पृष्ठ संख्या ५३९

के अनुसार उतनी अवधि तक जातक के जीवन पर अपना अस्थायी प्रभाव अवश्य डालेगा, जब तक कि वह 'कुम्भ' राशि से हटकर 'मीन' राशि में नहीं चला जाता। 'मीन' राशि में पहुंचकर वह 'मीन' राशि के अनुरूप अपना प्रभाव डालना आरंभ कर देगा, अतः जिस जातक की जन्म-कुण्डली में सूर्य 'मकर' राशि के 'प्रथमभाव' में बैठा हो, उसे उदाहरण-पृष्ठ संख्या ४९१ में वर्णित फलादेश देखने के पश्चात, यदि उन दिनों ग्रह-गोचर में सूर्य 'कुम्भ' राशि के 'द्वितीयभाव' में बैठा हो, तो उदाहरण-पृष्ठ संख्या ५३९ का फलादेश भी देखना चाहिए तथा इन दोनों फलादेशों के समन्वय-स्वरूप, जो निष्कर्ष निकलता हो, उसी को अपने वर्तमान समय पर प्रभावकारी समझना चाहिए। इसी प्रकार प्रत्येक ग्रह के विषय में जान लेना चाहिए।

'मकर' लग्न में जन्म लेने वाले जातकों की जन्म-कुण्डली के विभिन्न भावों में स्थित विभिन्न ग्रहों के फलादेश का वर्णन उदाहरण-पृष्ठ संख्या ४९१ से ५३० तक में किया गया है। पंचांग की दैनिक ग्रह-गति के अनुसार 'मकर' लग्न मे जन्म लेने वाले जातकों को किन-किन उदाहरण-कुण्डिलयों द्वारा विभिन्न ग्रहों के तात्कालिक प्रभाव को देखना चाहिए—इसका विस्तृत वर्णन अगले पृष्ठों में किया गया है, अतः उनके अनुसार ग्रहों की तात्कालिक स्थिति के सामयिक प्रभाव की जानकारी प्राप्त कर लेनी चाहिए। तदुपरांत दोनों फलादेश के समन्वय-स्वरूप जो निष्कर्ष निकलता हो, उसी को सही फलादेश समझना चाहिए।

इस विधि से प्रत्येक व्यक्ति प्रत्येक जन्म-कुण्डली का ठीक-ठाक फलादेश सहज में ही ज्ञात कर सकता है।

टिप्पणी—(१)पहले बताया जा चुका है कि जिस समय जो ग्रह २७ अंश से ऊपर अथवा ३ अंश के भीतर होता है, वह प्रभावकारी नहीं रहता। इसी प्रकार जो ग्रह सूर्य से अस्त होता है, वह भी जातक के ऊपर अपना प्रभाव या तो बहुत कम डालता है या फिर पूर्णतः प्रभावहीन रहता है।

(२) स्थायी जन्म-कुण्डली स्थित विभिन्न ग्रहों के अंश किसी ज्योतिषी द्वारा अपनी जन्म-कुण्डली में लिखवा लेने चाहिए, ताकि उनके अंशों के बारे में बार-बार जानकारी प्राप्त करने के झंझट से बचा जा सके। तात्कालिक ग्रह-गोचर के ग्रहों के अंशों की जानकारी पंचांग द्वारा अथवा किसी ज्योतिषी से पूछकर प्राप्त कर लेनी चाहिए।

(३) स्थायी जन्म-कुण्डली अथवा तत्कालिक ग्रह-गति कुण्डली के किसी भाव में यदि एक से अधिक ग्रह एक साथ बैठे होते हैं अथवा जिन-जिन स्थानों पर उनकी दृष्टियां पड़ती हैं, जातक का जीवन उनके द्वारा भी प्रभावित होता रहता है। इस पुस्तक के तीसरे प्रकरण में 'ग्रहों की युति का प्रभाव' शीर्षक के अंतर्गत विभिन्न ग्रहों की युति के फलादेश का वर्णन किया गया है, अतः इस विषय की जानकारी वहां से प्राप्त कर लेनी चाहिए।

(४) 'विंशोत्तरी दशा' के सिद्धांतानुसार प्रत्येक जातक की पूर्णायु १२० वर्ष की मानी जाती है। इस आयु-अवधि में जातक नवग्रहों की दशाओं का भोग पूरा कर लेता है। विभिन्न ग्रहों का दशा-काल भिन्न-भिन्न होता है। परन्तु अधिकांश व्यक्ति इतनी लंबी आयु तक जीवित नहीं रह पाते; अतः वे अपने जीवन-काल में कुछ ही ग्रहों की दशाओं का भोग कर पाते हैं। जातक के जीवन के जिस काल में जिस ग्रह की दशा—जिसे 'महादशा' कहा जाता है—चल रही होती है,

जन्म-कालीन ग्रह-स्थिति के अनुसार उसके जीवन-काल की उतनी अवधि उस ग्रह-विशेष के प्रभाव से विशेष रूप से प्रभावित रहती है। जातक का जन्म किस ग्रह की महादशा में हुआ है और उसके जीवन में किस अवधि से किस अवधि तक किस ग्रह की महादशा चलेगी और वह महादशा जातक के ऊपर अपना क्या विशेष प्रभाव डालेगी—इन सब बातों का उल्लेख भी तीसरे प्रकरण में किया गया है।

इस प्रकार (१) जन्म-कुण्डली, (२) तात्कालिक ग्रह-गोचर एवं (३) ग्रहों की महादशा—इन तीनों विधियों से फलादेश प्राप्त करने की सरल विधि का वर्णन इस पुस्तक में किया गया है, अतः इन तीनों के समन्वय स्वरूप फलादेश का ठीक-ठाक निर्णय करके अपने भूत, वर्तमान तथा भविष्यकालीन जीवन के विषय में सम्यक् जानकारी प्राप्त कर लेनी चाहिए।

विशेष नोट : मकर लग्न जन्म कुण्डली/गोचर कुण्डली के द्वादश भावों में सूर्यादि सभी नवग्रहों का फलादेश नीचे दिया जा रहा है। पढ़ें और समझें।

'मकर' लग्न में 'सूर्य' का फल

जिस जातक का जन्म 'मकर' लग्न में हुआ हो और जन्म-कुण्डली के 'प्रथमभाव' में 'सूर्य' की स्थिति हो, उसे 'सूर्य' का फलादेश नीचे लिखे अनुसार समझना चाहिए—

मकर लग्नः प्रथमभावः सूर्य

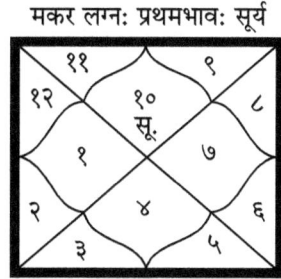

पहले केन्द्र तथा शरीर भाव में अपने शत्रु शनि की मकर राशि पर स्थित अष्टमेश सूर्य के प्रभाव से जातक के शारीरिक सौंदर्य एवं स्वास्थ्य में कमी आ जाती है तथा कभी-कभी विशेष शारीरिक कष्ट का सामना भी करना पड़ता है, परन्तु आयु एवं पुरातत्त्व की वृद्धि बनी रहती है। साथ ही शारीरिक प्रभाव एवं तेज की भी उन्नति होती है। यहां से सूर्य अपनी सातवीं मित्रदृष्टि से चन्द्र की कर्क राशि में सप्तमभाव को देखता है, अतः जातक को स्त्री पक्ष से सामान्य कठिनाई बनी रहती है। इसी प्रकार व्यावसायिक क्षेत्र में भी कुछ परेशानियां उपस्थित होती रहती हैं।

जिस जातक का जन्म 'मकर' लग्न में हुआ हो और जन्म-कुण्डली के 'द्वितीयभाव' में 'सूर्य' की स्थिति हो, उसे 'सूर्य' का फलादेश नीचे लिखे अनुसार समझना चाहिए—

मकर लग्नः द्वितीयभावः सूर्य

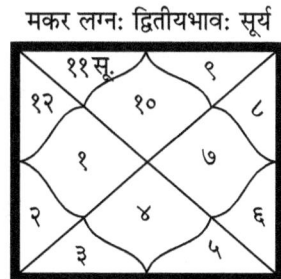

दूसरे धन एवं कुटुम्ब के भाव में अपने शत्रु शनि की कुम्भ राशि पर स्थित अष्टमेश सूर्य के प्रभाव से जातक धन का संचय नहीं कर पाता। साथ ही कौटुम्बिक सुख में भी कभी-कभी संकट एवं संघर्ष के योग बनते रहते हैं। यहां से सूर्य सातवीं दृष्टि से अपनी सिंह राशि में अष्टमभाव को देखता है, अतः जातक की आयु में वृद्धि होती है तथा उसे पुरातत्त्व का लाभ भी होता है। ऐसा व्यक्ति अमीरी ढंग का जीवन बिताता है तथा शान-शौकत के लिए धन की चिन्ता नहीं करता।

जिस जातक का जन्म 'मकर' लग्न में हुआ हो और जन्म-कुण्डली के 'तृतीयभाव' में 'सूर्य' की स्थिति हो, उसे 'सूर्य' का फलादेश नीचे लिखे अनुसार समझना चाहिए—

तीसरे भाई-बहन एवं पराक्रम के भाव में अपने मित्र गुरु की मीन राशि पर स्थित अष्टमेश सूर्य के प्रभाव से जातक के पुरुषार्थ में अत्यधिक वृद्धि होती है, परन्तु भाई-बहन के सुख में कुछ कमी तथा परेशानी बनी रहती है। ऐसे व्यक्ति को आयु तथा पुरातत्त्व की शक्ति का लाभ प्राप्त होता है। यहां से सूर्य अपनी सातवीं समग्रहदृष्टि से बुध की कन्या राशि में नवमभाव को देखता है, अत: जातक की भाग्योन्नति में कुछ रुकावटें पड़ती हैं तथा धर्म के पक्ष में भी कुछ त्रुटि बनी रहती है। सूर्य के अष्टमेष होने के कारण पूर्ण भाग्योन्नति नहीं हो पाती।

मकर लग्न: तृतीयभाव: सूर्य

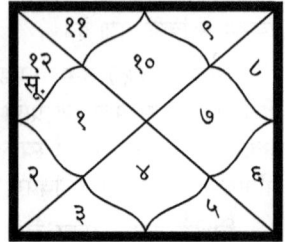

जिस जातक का जन्म 'मकर' लग्न में हुआ हो और जन्म-कुण्डली के 'चतुर्थभाव' में 'सूर्य' की स्थिति हो, उसे 'सूर्य' का फलादेश नीचे लिखे अनुसार समझना चाहिए—

चौथे केन्द्र, माता एवं भूमि के भाव के अपने मित्र मंगल की मेष राशि पर स्थित सूर्य के प्रभाव से जातक को माता का सुख अच्छा मिलता है तथा भूमि एवं मकान आदि का भी लाभ होता है। उसका घरेलू वातावरण भी सुखपूर्ण रहता है। आयु एवं पुरातत्त्व की शक्ति का लाभ होता है तथा दैनिक जीवन-चर्या बड़े रईसी ढंग की तथा आनंदमय रहती है। यहां से सूर्य अपनी सातवीं नीचदृष्टि से शत्रु शुक्र की तुला राशि में दशमभाव को देखता है, अत: जातक को पिता के सुख में भी रुकावटें आती रहती हैं।

मकर लग्न: चतुर्थभाव: सूर्य

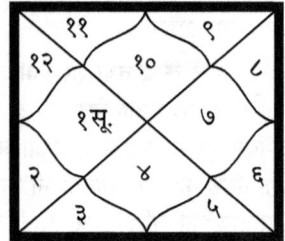

जिस जातक का जन्म 'मकर' लग्न में हुआ हो और जन्म-कुण्डली के 'पंचमभाव' में 'सूर्य' की स्थिति हो, उसे 'सूर्य' का फलादेश नीचे लिखे अनुसार समझना चाहिए—

पांचवें त्रिकोण, विद्या एवं संतान के भाव में अपने शत्रु शुक्र की वृष राशि पर स्थित अष्टमेश सूर्य के प्रभाव से जातक को संतानपक्ष से कष्ट मिलता है, विद्याध्ययन में परेशानी होती है तथा बुद्धि की भी विशेष उन्नति नहीं हो पाती। वह स्वभाव से क्रोधी तथा चिन्तातुर बना रहता है, परन्तु उसे आयु एवं पुरातत्त्व की शक्ति का लाभ मिलता है। यहां से सूर्य अपनी सातवीं मित्रदृष्टि से मंगल की वृश्चिक राशि में एकादशभाव को देखता है, अत: जातक को लाभ प्राप्ति के लिए विशेष परिश्रम करना पड़ता है, तभी उसे सफलता प्राप्त हो पाती है। सूर्य के अष्टमेश होने के कारण उसे कठिनाइयों का सामना हर क्षेत्र में अवश्य करना पड़ता है।

मकर लग्न: पंचमभाव: सूर्य

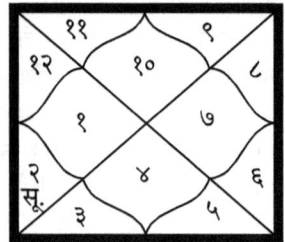

जिस जातक का जन्म 'मकर' लग्न में हुआ हो और जन्म-कुण्डली के 'षष्ठभाव' में 'सूर्य' की स्थिति हो, उसे 'सूर्य' का फलादेश नीचे लिखे अनुसार समझना चाहिए—

छठे रोग एवं शत्रु भाव में अपने समग्रह बुध की मिथुन राशि पर स्थित सूर्य के प्रभाव से जातक अपने शत्रु पक्ष पर निरंतर विजय प्राप्त करता रहता है। उसे आयु तथा पुरातत्त्व की शक्ति का भी लाभ मिलता है एवं झगड़े-झंझट के मामलों में परिश्रम के साथ सफलता मिलती है। यहां से सूर्य अपनी सातवीं मित्रदृष्टि से गुरु की धनु राशि में द्वादशभाव को देखता है, अत: जातक का खर्च अधिक रहता है तथा बाहरी स्थानों के सम्बन्ध से असंतोष प्राप्त होता है।

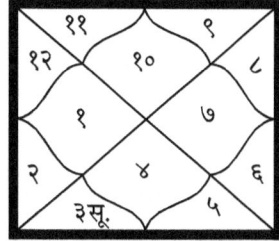
मकर लग्न: षष्ठभाव: सूर्य

जिस जातक का जन्म 'मकर' लग्न में हुआ हो और जन्म-कुण्डली के 'सप्तमभाव' में 'सूर्य' की स्थिति हो, उसे 'सूर्य' का फलादेश नीचे लिखे अनुसार समझना चाहिए—

सातवें केन्द्र, स्त्री तथा व्यवसाय के भाव में अपने मित्र चन्द्र की कर्क राशि पर स्थित अष्टमेश सूर्य के प्रभाव से जातक को स्त्री पक्ष से परेशानी रहती है तथा व्यवसाय के क्षेत्र में भी कठिनाइयों का सामना करना पड़ता है। कभी-कभी बहुत हानि भी उठानी पड़ती है। ऐसी सूर्य स्थिति वाले व्यक्ति को आयु तथा पुरातत्त्व की शक्ति का लाभ होता है। यहां से सूर्य अपनी सातवीं शत्रुदृष्टि से प्रथमभाव के देखता है, अत: जातक के शारीरिक सौंदर्य तथा स्वास्थ्य में कुछ कमी रहती है। उसे परिश्रम भी अधिक करना पड़ता है तथा कभी-कभी रोग का शिकार भी बनना होता है।

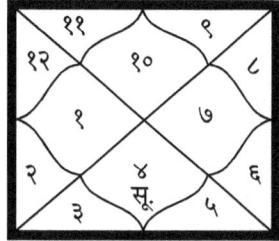
मकर लग्न: सप्तमभाव: सूर्य

जिस जातक का जन्म 'मकर' लग्न में हुआ हो और जन्म-कुण्डली के 'अष्टमभाव' में 'सूर्य' की स्थिति हो, उसे 'सूर्य' का फलादेश नीचे लिखे अनुसार समझना चाहिए—

आठवें आयु तथा पुरातत्त्व के भाव में अपनी ही सिंह राशि पर स्थित अष्टमेश सूर्य के प्रभाव से जातक को आयु एवं पुरातत्त्व की विशेष शक्ति प्राप्त होती है। वह स्वभाव से बड़ा निर्भय, बहादुर, स्वाभिमानी तथा तेजस्वी होता है। उसका दैनिक जीवन भी बड़ा प्रभावशाली रहता है। यहां से सूर्य अपनी सातवीं शत्रुदृष्टि से शनि की कुम्भ राशि में द्वितीयभाव को देखता है, अत: जातक को धन संचय में परेशानी उठानी पड़ती है तथा कौटुम्बिक सुख में भी व्यवधान उपस्थित होते रहते हैं।

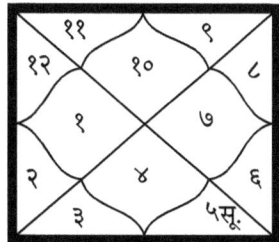
मकर लग्न: अष्टमभाव: सूर्य

जिस जातक का जन्म 'मकर' लग्न में हुआ हो और जन्म-कुण्डली के 'नवमभाव' में 'सूर्य' की स्थिति हो, उसे 'सूर्य' का फलादेश नीचे लिखे अनुसार समझना चाहिए—

नवें त्रिकोण, भाग्य एवं धर्म के भाव में अपने समग्रह बुध की कन्या राशि पर स्थित अष्टमेश सूर्य के प्रभाव से जातक के भाग्य की उन्नति कुछ रुकावटों के साथ होती है। धर्म-पालन में त्रुटि बनी रहती है तथा यश भी कम ही मिल पाता हैं, परन्तु आयु तथा पुरातत्त्व की शक्ति में वृद्धि होती है, जिसके कारण जातक भाग्यवानों जैसा जीवन व्यतीत करता है। यहां से सूर्य सातवीं मित्रदृष्टि से गुरु की मीन राशि में तृतीयभाव को देखता है, अत: जातक को भाई-बहन के सुख में कुछ परेशानी बनी रहती है तथा पराक्रम की भी समुचित वृद्धि नहीं हो पाती।

मकर लग्न: नवमभाव: सूर्य

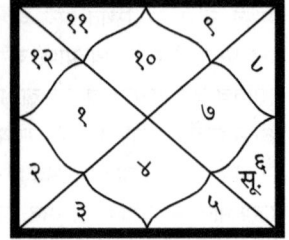

जिस जातक का जन्म 'मकर' लग्न में हुआ हो और जन्म-कुण्डली के 'दशमभाव' में 'सूर्य' की स्थिति हो, उसे 'सूर्य' का फलादेश नीचे लिखे अनुसार समझना चाहिए—

दसवें केन्द्र, राज्य, पिता एवं व्यवसाय के भाव में अपने शत्रु शुक्र की तुला राशि पर स्थित अष्टमेश तथा नीच के सूर्य के प्रभाव से जातक को पिता के सम्बन्ध में घोर कष्ट उठाना पड़ता है। राज्य के क्षेत्र में प्रतिष्ठा में कमी आती है तथा व्यवसाय की उन्नति में भी बाधाएं उपस्थित होती रहती हैं। इसके साथ ही जातक की आयु एवं पुरातत्त्व की शक्ति का भी कुछ ह्रास होता है। यहां से जातक अपनी सातवीं उच्चदृष्टि से मित्र मंगल की मेष राशि में चतुर्थभाव को देखता है, अत: जातक को माता एवं भूमि, मकान आदि का सामान्य सुख प्राप्त होता है।

मकर लग्न: दशमभाव: सूर्य

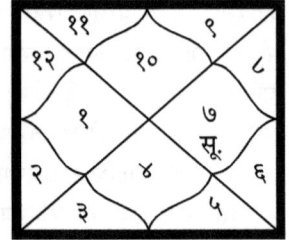

जिस जातक का जन्म 'मकर' लग्न में हुआ हो और जन्म-कुण्डली के 'एकादशभाव' में 'सूर्य' की स्थिति हो, उसे 'सूर्य' का फलादेश नीचे लिखे अनुसार समझना चाहिए—

ग्यारहवें लाभ भाव में अपने मित्र मंगल की वृश्चिक राशि पर स्थित सूर्य के प्रभाव से जातक को आमदनी के क्षेत्र में विशेष सफलता मिलती है, परन्तु सूर्य के अष्टमेश होने के कारण कुछ कठिनाइयां भी आती रहती हैं। साथ ही आयु तथा पुरातत्त्व की शक्ति का विशेष लाभ होता है। यहां से सूर्य अपनी सातवीं शत्रुदृष्टि से शुक्र की वृषभ राशि में पंचमभाव को देखता है, अत: जातक को संतानपक्ष से कष्ट रहता है तथा विद्याध्ययन के क्षेत्र में भी कठिनाइयों का सामना करना पड़ता है। ऐसे व्यक्ति के दिमाग में कुछ तेजी रहती है, अत: उसका स्वभाव उग्र रहता है।

मकर लग्न: एकादशभाव: सूर्य

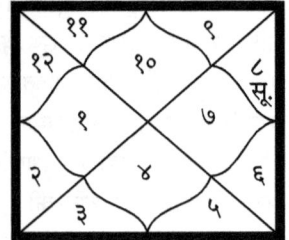

जिस जातक का जन्म 'मकर' लग्न में हुआ हो और जन्म-कुण्डली के 'प्रथमभाव' में 'सूर्य' की स्थिति हो, उसे 'सूर्य' का फलादेश नीचे लिखे अनुसार समझना चाहिए—

मकर लग्न: द्वादशभाव: सूर्य

बारहवें व्यय भाव में अपने मित्र गुरु की धनु राशि पर स्थित अष्टमेश सूर्य के प्रभाव से जातक को खर्च के कारण कुछ परेशानी बनी रहेगी तथा बाहरी स्थानों के सम्बन्ध से भी कठिनाइयां उपस्थित होंगी। ऐसे व्यक्ति के पेट में विकार भी रहता है। उसे आयु एवं पुरातत्त्व की शक्ति में भी थोड़ी हानि उठानी पड़ेगी तथा दैनिक जीवन भी कम प्रभावशाली रहेगा। यहां से सूर्य अपनी सातवीं समग्रहदृष्टि से बुध की मिथुन राशि में षष्ठभाव को देखता है, अत: जातक को कुछ कठिनाइयों के साथ शत्रु पक्ष पर सफलता मिलती रहेगी तथा उनके झगड़े-झंझट अपने आप दूर होते रहेंगे।

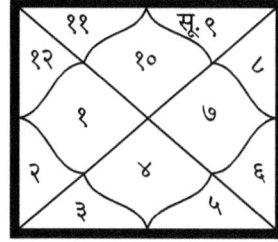

'मकर' लग्न में 'चन्द्र' का फल

जिस जातक का जन्म 'मकर' लग्न में हुआ हो और जन्म-कुण्डली के 'प्रथमभाव' में 'चन्द्र' की स्थिति हो, उसे 'चन्द्र' का फलादेश नीचे लिखे अनुसार समझना चाहिए—

मकर लग्न: प्रथमभाव: चन्द्र

पहले केन्द्र तथा शरीर भाव में अपने समग्रह शनि की मकर राशि पर स्थित चन्द्र के प्रभाव से जातक के शारीरिक-सौंदर्य में वृद्धि होती है। वह कोमल, मानी, विनोदी, कार्य-कुशल, लौकिक उन्नति का ध्यान रखने वाला तथा यश प्राप्त करने वाला भी होता है। यहां से चन्द्र सातवीं दृष्टि से अपनी ही कर्क राशि में सप्तमभाव को देखता है, अत: जातक को सुंदर, सुयोग्य तथ स्वाभिमानी स्त्री मिलती है, साथ ही उसे व्यावसायिक क्षेत्र में भी अत्यधिक सफलता प्राप्त होती है। ऐसे व्यक्ति का जीवन सुखी एवं आनन्दपूर्ण रहता है।

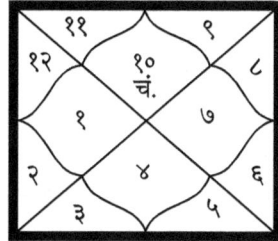

जिस जातक का जन्म 'मकर' लग्न में हुआ हो और जन्म-कुण्डली के 'द्वितीयभाव' में 'चन्द्र' की स्थिति हो, उसे 'चन्द्र' का फलादेश नीचे लिखे अनुसार समझना चाहिए—

मकर लग्न: द्वितीयभाव: चन्द्र

दूसरे धन एवं कुटुम्ब के भाव में अपने समग्रह शनि की कुम्भ राशि पर स्थित चन्द्र के प्रभाव से जातक के धन तथा कुटुम्ब की वृद्धि होती है, परन्तु स्त्री के कारण जातक को कुछ परेशानी का अनुभव होता है। ऐसा व्यक्ति अपने मानसिक बल की सहायता से धन की वृद्धि करता है। यहां से चन्द्र अपनी सातवीं मित्रदृष्टि से सूर्य की सिंह राशि में अष्टमभाव को देखता है, अत: जातक को आयु तथा पुरातत्त्व की शक्ति का लाभ होता है तथा उसका रहन-सहन अमीरी ढंग का रहता है।

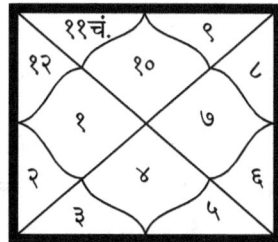

जिस जातक का जन्म 'मकर' लग्न में हुआ हो और जन्म-कुण्डली के 'तृतीयभाव' में 'चन्द्र' की स्थिति हो, उसे 'चन्द्र' का फलादेश नीचे लिखे अनुसार समझना चाहिए—

तीसरे भाई-बहन एवं पराक्रम के भाव में अपने समग्रह गुरु की मीन राशि पर स्थित चन्द्र के प्रभाव से जातक को भाई-बहनों का अच्छा सुख-सहयोग प्राप्त होता है तथा पराक्रम की वृद्धि होती है। उसे कुटुम्ब तथा स्त्री का भी श्रेष्ठ सुख मिलता है तथा व्यवसाय के क्षेत्र में भी सफलता प्राप्त होती है। उसके घर में प्रसन्नता का वातावरण बना रहता है। यहां से चन्द्र अपनी सातवीं मित्रदृष्टि से बुध की कन्या राशि में नवमभाव को देखता है, अत: जातक के भाग्य की वृद्धि होती है तथा धार्मिक पक्ष भी प्रबल बना रहता है। ऐसा जातक धनी तथा यशस्वी होता है।

मकर लग्न: तृतीयभाव: चन्द्र

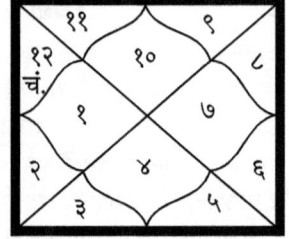

जिस जातक का जन्म 'मकर' लग्न में हुआ हो और जन्म-कुण्डली के 'चतुर्थभाव' में 'चन्द्र' की स्थिति हो, उसे 'चन्द्र' का फलादेश नीचे लिखे अनुसार समझना चाहिए—

चौथे केन्द्र, माता एवं भूमि के भाव में अपने समग्रह मंगल की मेष राशि पर स्थित चन्द्र के प्रभाव से जातक को माता, भूमि, मकान आदि का श्रेष्ठ सुख प्राप्त होता है। उसका घरेलू वातावरण उल्लासपूर्ण रहता है। व्यवसाय के पक्ष में सफलता मिलती है तथा स्त्री के पक्ष में भी सुख एवं सौंदर्य की प्राप्ति होती है। यहां से चन्द्र अपनी सातवीं समग्रहदृष्टि से शुक्र की तुला राशि में दशमभाव को देखता है, अत: जातक का पिता से सहयोग, राज्य से प्रतिष्ठा एवं व्यवसाय से लाभ एवं धन की प्राप्ति होती है। ऐसा व्यक्ति धनी, सुखी तथा प्रतिष्ठित होता है।

मकर लग्न: चतुर्थभाव: चन्द्र

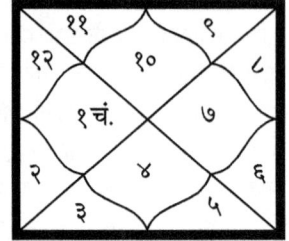

जिस जातक का जन्म 'मकर' लग्न में हुआ हो और जन्म-कुण्डली के 'पंचमभाव' में 'चन्द्र' की स्थिति हो, उसे 'चन्द्र' का फलादेश नीचे लिखे अनुसार समझना चाहिए—

पांचवें त्रिकोण, विद्या-बुद्धि तथा संतान के भाव में अपने समग्रह शुक्र की वृषभ राशि पर स्थित उच्च के चन्द्र के प्रभाव से जातक को संतान, विद्या एवं बुद्धि के क्षेत्र में विशेष सफलता मिलती है। साथ ही स्त्री तथा व्यवसाय के पक्ष से भी सुख मिलता है। ऐसा व्यक्ति बड़ा हाजिर-जवाब तथा हंसमुख होता है। यहां से चन्द्र अपनी सातवीं नीचदृष्टि से समग्रह मंगल की वृश्चिक राशि में एकादशभाव को देखता है। अत: जातक की आमदनी के मार्ग में रुकावटें आएंगी, जिसके कारण उसे परेशानी का अनुभव होता रहेगा।

मकर लग्न: पंचमभाव: चन्द्र

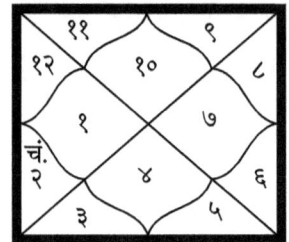

जिस जातक का जन्म 'मकर' लग्न में हुआ हो और जन्म-कुण्डली के 'षष्ठभाव' में 'चन्द्र' की स्थिति हो, उसे 'चन्द्र' का फलादेश नीचे लिखे अनुसार समझना चाहिए—

छठे रोग एवं शत्रु-भाव में अपने मित्र बुध की मिथुन राशि पर स्थित चन्द्र के प्रभाव से जातक शत्रु पक्ष में नरम बनकर अपना काम निकालेगा। साथ ही उसे स्त्री पक्ष में विरोध एवं व्यवसाय के पक्ष में कठिनाइयों का सामना करना पड़ेगा, जिसके कारण उसकी मानसिक अशांति दूर नहीं हो सकेगी। यहां से चन्द्र अपनी सातवीं समग्रहदृष्टि से गुरु की धनु राशि में द्वादशभाव को देखता है, अत: जातक का खर्च अधिक रहेगा, परन्तु बाहरी स्थानों के सम्बन्ध से उसे लाभ भी प्राप्त होता रहेगा।

मकर लग्न: षष्ठभाव: चन्द्र

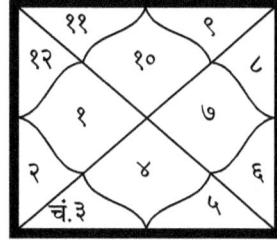

जिस जातक का जन्म 'मकर' लग्न में हुआ हो और जन्म-कुण्डली के 'सप्तमभाव' में 'चन्द्र' की स्थिति हो, उसे 'चन्द्र' का फलादेश नीचे लिखे अनुसार समझना चाहिए—

सातवें केन्द्र, स्त्री तथा व्यवसाय के भवन में अपनी ही कर्क राशि पर स्थित स्वक्षेत्रीय चन्द्र के प्रभाव से जातक को सुंदर स्त्री मिलेगी और उसके द्वारा पर्याप्त सुख भी प्राप्त होता रहेगा। व्यावसायिक क्षेत्र में भी उसे अत्यधिक सफलता मिलेगी, जिसके कारण उसका जीवन सुखी तथा आनंद व उल्लास से पूर्ण बना रहेगा। ऐसा व्यक्ति शृंगार, सौंदर्य, भोग तथा अन्य प्रकार के सुखों का उपयोग करने में विशेष अनुरक्त रहता है। यहां से चन्द्र अपनी सातवीं समग्रहदृष्टि से शनि की मकर राशि में प्रथमभाव को देखता है, अत: जातक के शारीरिक प्रभाव में असंतोषजनक वृद्धि होगी। इसी प्रकार व्यवसाय तथा यश के क्षेत्र की सफलता से भी जातक कुछ असंतुष्ट बना रहेगा।

मकर लग्न: सप्तमभाव: चन्द्र

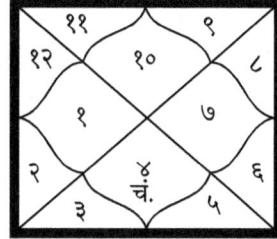

जिस जातक का जन्म 'मकर' लग्न में हुआ हो और जन्म-कुण्डली के 'अष्टमभाव' में 'चन्द्र' की स्थिति हो, उसे 'चन्द्र' का फलादेश नीचे लिखे अनुसार समझना चाहिए—

आठवें आयु एवं पुरातत्त्व के भाव में अपने मित्र सूर्य की सिंह राशि पर स्थित चन्द्र के प्रभाव से जातक की आयु तथा पुरातत्त्व के यथेष्ट सुख की प्राप्ति होगी, परन्तु स्त्री तथा व्यवसाय के क्षेत्र में कठिनाइयों का सामना करना पड़ेगा। गृहस्थी के सुख में कमी होने के कारण मन में भी अशांति बनी रहेगी। यहां से चन्द्र अपनी सातवीं समग्रहदृष्टि से शनि की कुम्भ राशि में द्वितीयभाव को देखता है, अत: जातक के धन तथा कुटुम्ब का सुख कुछ कठिनाइयों के साथ प्राप्त होगा। ऐसे व्यक्ति का दैनिक जीवन ठाट-बाट का बना रहता है।

मकर लग्न: अष्टमभाव: चन्द्र

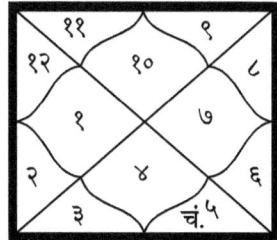

जिस जातक का जन्म 'मकर' लग्न में हुआ हो और जन्म-कुण्डली के 'नवमभाव' में 'चन्द्र' की स्थिति हो, उसे 'चन्द्र' का फलादेश नीचे लिखे अनुसार समझना चाहिए—

नवें त्रिकोण, भाग्य एवं धर्म के भाव में अपने मित्र बुध की कन्या राशि पर स्थित चन्द्र के प्रभाव से जातक के भाग्य की विशेष उन्नति होती है, साथ ही धर्म में भी उसकी बहुत रुचि बनी रहती है। ऐसा जातक धनी, धार्मिक, यशस्वी तथा न्यायप्रिय होता है। उसकी स्त्री भी सुंदर तथा भाग्यवान होती है तथा व्यवसाय के क्षेत्र में भी उसे खूब सफलता मिलती है। यहां से चन्द्र अपनी सातवीं समग्रहदृष्टि से गुरु की मीन राशि में तृतीयभाव को देखता है, अत: जातक को भाई-बहनों का सुख प्राप्त होता है तथा उसके मनोबल एवं पराक्रम में भी वृद्धि होती है।

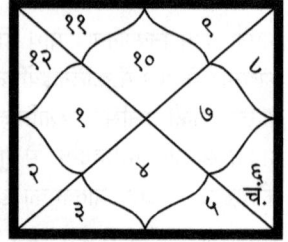
मकर लग्न: नवमभाव: चन्द्र

जिस जातक का जन्म 'मकर' लग्न में हुआ हो और जन्म-कुण्डली के 'दशमभाव' में 'चन्द्र' की स्थिति हो, उसे 'चन्द्र' का फलादेश नीचे लिखे अनुसार समझना चाहिए—

दसवें केन्द्र, राज्य, पिता एवं व्यवसाय के भाव में अपने समग्रह शुक्र की तुला राशि पर स्थित चन्द्र के प्रभाव से जातक को पिता द्वारा सहयोग, राज्य द्वारा प्रतिष्ठा तथा व्यवसाय द्वारा धन एवं सफलता की प्राप्ति होती है। उसका मनोबल बहुत उन्नत रहता है। उसकी स्त्री सुंदर तथा स्वाभिमानी होती है। उसके घरेलू वातावरण में भी आमोद-प्रमोद बिखरा रहता है। यहां से चन्द्र अपनी सातवीं समग्रहदृष्टि से मंगल की मेष राशि में चतुर्थभाव को देखता है, अत: जातक को माता, भूमि एवं मकान आदि का सुख भी यथेष्ट सुख मिलता है। कुल मिलाकर ऐसा जातक भाग्यवान, धनी, सुखी तथा यशस्वी होता है।

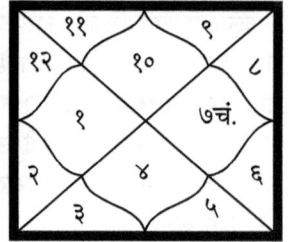
मकर लग्न: दशमभाव: चन्द्र

जिस जातक का जन्म 'मकर' लग्न में हुआ हो और जन्म-कुण्डली के 'एकादशभाव' में 'चन्द्र' की स्थिति हो, उसे 'चन्द्र' का फलादेश नीचे लिखे अनुसार समझना चाहिए—

ग्यारहवें लाभ भाव में अपने मित्र मंगल की वृश्चिक राशि पर स्थित नीच के चन्द्र के प्रभाव से जातक को आमदनी के क्षेत्र में कुछ कमी बनी रहती है। इसी प्रकार स्त्री तथा व्यवसाय के पक्ष में भी अल्प सुख प्राप्त होता है। गृहस्थी के कारण उसे मानसिक चिन्ताओं का शिकार भी बनना पड़ता है। यहां से चन्द्र अपनी सातवीं उच्चदृष्टि से समग्रह शुक्र की वृषभ राशि में पंचमभाव को देखता है, अत: जातक को विद्या, बुद्धि तथा संतान का सुख यथेष्ट मात्रा में प्राप्त होता है। उसका जीवन

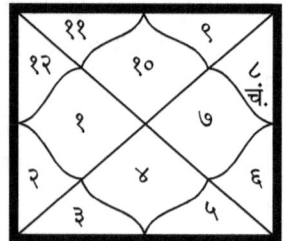
मकर लग्न: एकादशभाव: चन्द्र

उल्लासपूर्ण रहता है। संक्षेप में, ऐसा जातक सामान्य सुखी जीवन व्यतीत करने वाला, गुणवान एवं विद्वान होता है।

जिस जातक का जन्म 'मकर' लग्न में हुआ हो और जन्म-कुण्डली के 'द्वादशभाव' में 'चन्द्र' की स्थिति हो, उसे 'चन्द्र' का फलादेश नीचे लिखे अनुसार समझना चाहिए—

बारहवें व्यय भाव में अपने समग्रह गुरु की धनु राशि पर स्थित चन्द्र के प्रभाव से जातक का खर्च अधिक होता है तथा बाहरी स्थानों के सम्बन्ध से उसे सफलता, शक्ति एवं लाभ की प्राप्ति होती है। स्त्री पक्ष से सुख में कमी रहती है तथा स्थानीय व्यवसाय के क्षेत्र में भी कठिनाइयां उठानी पड़ती हैं। इन सबके कारण जातक का हृदय चिंतित एवं अशांत बना रहता है। यहां से चन्द्र अपनी सातवीं मित्र-दृष्टि से बुध को मिथुन राशि में षष्ठभाव को देखता है, अत: जातक शत्रु पक्ष एवं झगड़े-झंझट के मामले में विनम्रता से काम निकालता है तथा अपने मनोबल से उन पर अपना प्रभाव भी स्थापित करता है।

मकर लग्न: द्वादशभाव: चन्द्र

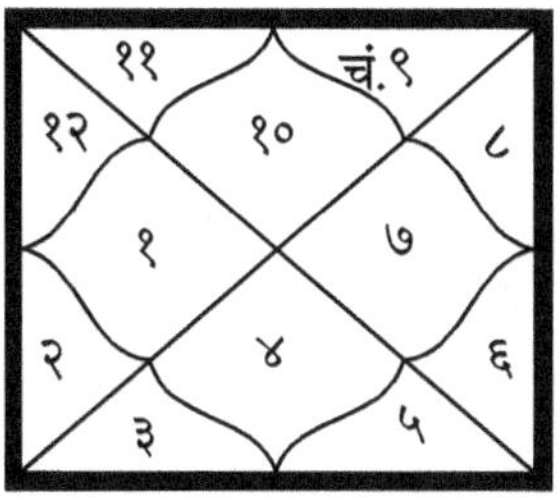

'मकर' लग्न में 'मंगल' का फल

जिस जातक का जन्म 'मकर' लग्न में हुआ हो और जन्म-कुण्डली के 'प्रथमभाव' में 'मंगल' की स्थिति हो, उसे 'मंगल' का फलादेश नीचे लिखे अनुसार समझना चाहिए—

पहले केन्द्र एवं शरीर भाव में अपने समग्रह शनि की मकर राशि पर स्थित उच्च के मंगल के प्रभाव से जातक के शारीरिक सौंदर्य, स्वास्थ्य एवं शक्ति में वृद्धि होती है। यहां से मंगल चौथी दृष्टि से अपनी ही राशि में चतुर्थभाव को देखता है, अत: जातक को माता, भूमि एवं मकान आदि का श्रेष्ठ सुख प्राप्त होता है। उसका रहन-सहन शान-शौकत भरा होता है। सातवीं नीचदृष्टि से मित्र की राशि में सप्तमभाव को देखने से स्त्री के सुख में कुछ कमी रहती है तथा व्यवसाय के पक्ष में भी कठिनाइयां आती हैं। आठवीं मित्रदृष्टि से अष्टमभाव को देखने के कारण आयु एवं पुरातत्त्व की शक्ति प्राप्त होती है। ऐसा व्यक्ति अपना स्वार्थ सिद्ध करने में चतुर, सुखी तथा धनी होता है।

मकर लग्न: प्रथमभाव: मंगल

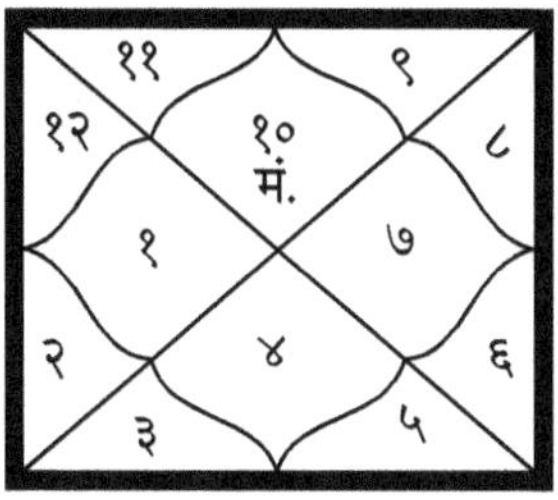

जिस जातक का जन्म 'मकर' लग्न में हुआ हो और जन्म-कुण्डली के 'द्वितीयभाव' में 'मंगल' की स्थिति हो, उसे 'मंगल' का फलादेश नीचे लिखे अनुसार समझना चाहिए—

मकर लग्न: द्वितीयभाव: मंगल

दूसरे धन एवं कुटुम्ब भाव में अपने समग्रह शनि की कुम्भ राशि पर स्थित मंगल के प्रभाव से जातक को कुछ असंतोष के साथ कुटुम्ब एवं धन का पर्याप्त सुख प्राप्त होता है, परन्तु माता के सुख में कमी रहती है तथा भूमि, मकान आदि की शक्ति का लाभ होता है। यहां से मंगल अपनी चौथी समग्रहदृष्टि से पंचमभाव को देखता है, अत: जातक को विद्या, बुद्धि एवं संतान के पक्ष में उन्नति प्राप्त होती है। सातवीं मित्रदृष्टि से अष्टमभाव को देखने से आयु एवं पुरातत्त्व की शक्ति में वृद्धि होती है। आठवीं शत्रुदृष्टि से नवमभाव को देखने के कारण जातक के भाग्य की वृद्धि होती है और वह धर्म का पालन भी करता है। ऐसा व्यक्ति अपने आर्थिक लाभ का ध्यान अधिक रखता है।

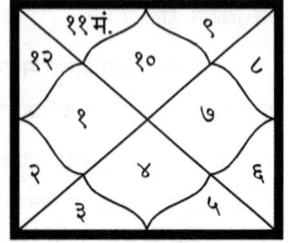

जिस जातक का जन्म 'मकर' लग्न में हुआ हो और जन्म-कुण्डली के 'तृतीयभाव' में 'मंगल' की स्थिति हो, उसे 'मंगल' का फलादेश नीचे लिखे अनुसार समझना चाहिए—

मकर लग्न: तृतीयभाव: मंगल

तीसरे भाई-बहन एवं पराक्रम के भाव में अपने मित्र गुरु की मीन राशि पर स्थित मंगल के प्रभाव से जातक के पराक्रम में वृद्धि होती है तथा भाई-बहनों की शक्ति प्राप्त होती है। वह अपने पुरुषार्थ द्वारा आमदनी को बढ़ाता है तथा माता, भूमि, मकान आदि का सुख भी प्राप्त करता है, यहां से मंगल चौथी शत्रुदृष्टि से षष्ठभाव को देखता है, अत: जातक का शत्रु पक्ष पर प्रभाव रहता है, साथ ही वह हिम्मती और बहादुर होता है। सातवीं समग्रहदृष्टि से नवमभाव को देखने के कारण भाग्य की उन्नति तथा धर्म का पालन होता है, जिसके कारण जातक को यश भी प्राप्त होता है। आठवीं समग्रहदृष्टि से दशमभाव को देखने से कुछ त्रुटियों के साथ पिता, राज्य एवं व्यवसाय के क्षेत्र में सफलता प्राप्त होती है।

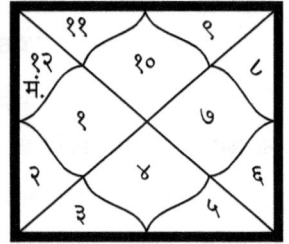

जिस जातक का जन्म 'मकर' लग्न में हुआ हो और जन्म-कुण्डली के 'चतुर्थभाव' में 'मंगल' की स्थिति हो, उसे 'मंगल' का फलादेश नीचे लिखे अनुसार समझना चाहिए—

मकर लग्न: चतुर्थभाव: मंगल

चौथे केन्द्र, माता एवं भूमि के भाव में अपनी ही मेष राशि पर स्थित मंगल के प्रभाव से जातक को माता, भूमि एवं मकान आदि का विशेष सुख एवं लाभ मिलता है। यहां से मंगल चौथी नीचदृष्टि से सप्तमभाव को मित्र की राशि में देखता है, अत: स्त्री के सुख में कमी रहती है तथा व्यवसाय के क्षेत्र में भी कठिनाइयां आती हैं। सातवीं दृष्टि से समग्रह शुक्र की राशि में दशमभाव को देखने से पिता, राज्य एवं व्यवसाय के पक्ष में सफलता, सम्मान एवं

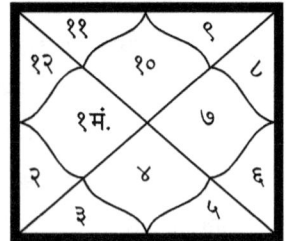

सहयोग की प्राप्ति होती है तथा आठवीं दृष्टि से अपनी ही राशि में एकादशभाव को देखने से आमदनी अच्छी रहती है तथा बड़ी सरलता से लाभ के साधन उपलब्ध होते रहते हैं। ऐसी ग्रह-स्थिति वाला व्यक्ति धनी तथा सुखी होता है।

जिस जातक का जन्म 'मकर' लग्न में हुआ हो और जन्म-कुण्डली के 'पंचमभाव' में 'मंगल' की स्थिति हो, उसे 'मंगल' का फलादेश नीचे लिखे अनुसार समझना चाहिए—

मकर लग्नः पंचमभावः मंगल

पांचवें त्रिकोण, विद्या-बुद्धि एवं संतान के भाव में अपने समग्रह शुक्र की वृष राशि पर स्थित मंगल के प्रभाव से जातक को विद्या, बुद्धि की शक्ति मिलती है तथा संतानपक्ष से भी सुख प्राप्त होता है, साथ ही माता, भूमि, मकान आदि के सुख का लाभ भी होता है। यहां से मंगल चौथी मित्रदृष्टि से अष्टमभाव को देखता है, अतः आयु में वृद्धि होती है तथा पुरातत्त्व शक्ति का लाभ रहता है। सातवीं दृष्टि से अपनी ही राशि में एकादशभाव को देखने से आमदनी अच्छी रहती है तथा आठवीं मित्रदृष्टि से द्वादशभाव को देखने के कारण खर्च अधिक रहता है तथा बाहरी स्थानों के सम्बन्ध से सुख एवं लाभ प्राप्त होता है।

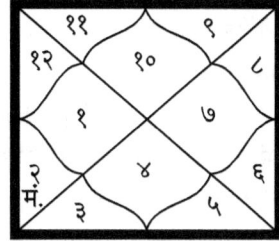

जिस जातक का जन्म 'मकर' लग्न में हुआ हो और जन्म-कुण्डली के 'षष्ठभाव' में 'मंगल' की स्थिति हो, उसे 'मंगल' का फलादेश नीचे लिखे अनुसार समझना चाहिए—

मकर लग्नः षष्ठभावः मंगल

छठे रोग एवं शत्रु के भाव में अपने शत्रु बुध की मिथुन राशि पर स्थित मंगल के प्रभाव से जातक शत्रु पक्ष पर अपना विशेष प्रभाव रखता है तथा झगड़े के मामलों से लाभ उठाता है। माता, भूमि तथा मकान के सुख में कमी आती है, साथ ही आमदनी के क्षेत्र में भी कठिनाइयां उपस्थित होती रहती हैं। यहां से मंगल चौथी शत्रुदृष्टि से नवमभाव को देखता है, अतः भाग्य तथा धर्म की उन्नति होती है। सातवीं मित्रदृष्टि से द्वादशभाव को देखने के कारण खर्च अधिक रहता है तथा बाहरी स्थानों के सम्बन्धों से लाभ होता है। आठवीं समग्रहदृष्टि से समग्रह शनि की राशि से प्रथमभाव को देखने से जातक के शारीरिक सौंदर्य एवं प्रभाव में वृद्धि होती है और उसे सुख, स्वास्थ्य तथा समृद्धि की प्राप्ति होती है।

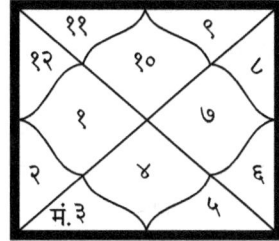

जिस जातक का जन्म 'मकर' लग्न में हुआ हो और जन्म-कुण्डली के 'सप्तमभाव' में 'मंगल' की स्थिति हो, उसे 'मंगल' का फलादेश नीचे लिखे अनुसार समझना चाहिए—

सातवें केन्द्र, स्त्री तथा व्यवसाय के भाव में अपने मित्र चन्द्र की कर्क राशि पर स्थित नीच के मंगल के प्रभाव से जातक को स्त्री पक्ष तथा गृहस्थी से सुख प्राप्त करने में बड़ी कमी रहती है। इसी प्रकार व्यवसाय, माता, भूमि तथा मकान का सुख भी बहुत दुर्बल रहता है। यहां से मंगल चौथी समग्रहदृष्टि से दशमभाव को देखता है, अत: पिता द्वारा सुख, राज्य द्वारा सम्मान एवं व्यवसाय द्वारा लाभ प्राप्त होता है। सातवीं उच्चदृष्टि से समग्रह शनि की राशि में प्रथमभाव को देखने से जातक के शारीरिक प्रभाव, सौंदर्य, सुख एंव गौरव में वृद्धि होती है। आठवीं समग्रहदृष्टि से द्वितीयभाव को देखने के कारण धन-संचय में कुछ कठिनाइयां आएंगी तथा कौटुम्बिक सुख सामान्य रूप में प्राप्त होता रहेगा।

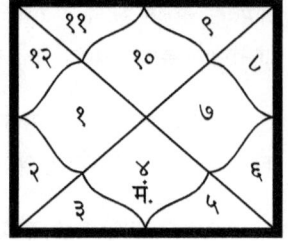

मकर लग्न: सप्तमभाव: मंगल

जिस जातक का जन्म 'मकर' लग्न में हुआ हो और जन्म-कुण्डली के 'अष्टमभाव' में 'मंगल' की स्थिति हो, उसे 'मंगल' का फलादेश नीचे लिखे अनुसार समझना चाहिए—

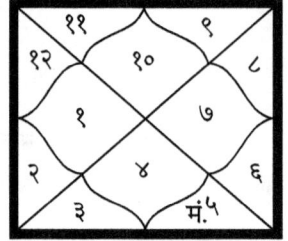

आठवें आयु एवं पुरातत्त्व के भाव में अपने मित्र सूर्य की सिंह राशि पर स्थित मंगल के प्रभाव से जातक को आयु एवं पुरातत्त्व की शक्ति प्राप्त होती है, परन्तु माता, भूमि एवं मकान आदि के सुख में कमी आती है तथा आमदनी के क्षेत्र में भी कठिनाइयां आती हैं। यहां से मंगल चौथी दृष्टि से अपनी ही राशि में एकादशभाव को देखता है, अत: आमदनी खूब अच्छी रहेगी। सातवीं समग्रहदृष्टि से द्वितीयभाव को देखने के कारण धन-संचय की शक्ति में सामान्य त्रुटियों के साथ सफलता मिलेगी तथा कुटुम्ब का सुख भी सामान्य रहेगा। आठवीं मित्रदृष्टि से तृतीयभाव को देखने से भाई-बहनों का सुख प्राप्त होगा तथा पराक्रम में वृद्धि होगी।

मकर लग्न: अष्टमभाव: मंगल

जिस जातक का जन्म 'मकर' लग्न में हुआ हो और जन्म-कुण्डली के 'नवमभाव' में 'मंगल' की स्थिति हो, उसे 'मंगल' का फलादेश नीचे लिखे अनुसार समझना चाहिए—

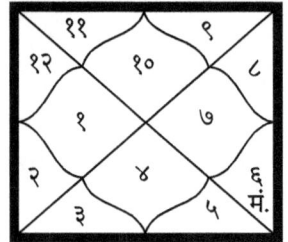

नवें त्रिकोण, भाग्य एवं धर्म के भाव में अपने शत्रु बुध की कन्या राशि पर स्थित मंगल के प्रभाव से जातक के भाग्य एवं धर्म की उन्नति होती है, वह धनी, धर्मात्मा, न्यायी तथा यशस्वी होता है। यहां से मंगल अपनी चौथी मित्रदृष्टि से द्वादशभाव को देखता है, अत: खर्च अधिक रहता है तथा बाहरी स्थानों के सम्बन्ध से लाभ प्राप्त होता है। सातवीं मित्रदृष्टि से तृतीयभाव को देखने के कारण भाई-बहनों का सुख मिलता है तथा पराक्रम में वृद्धि होती है एवं आठवीं दृष्टि से अपनी ही राशि में चतुर्थभाव को देखने से

मकर लग्न: नवमभाव: मंगल

माता, भूमि एवं मकान का विशेष सुख प्राप्त होता है। ऐसा व्यक्ति धनी, सुखी, यशस्वी, विनोदी, पुरुषार्थी तथा पराक्रमी होता है।

जिस जातक का जन्म 'मकर' लग्न में हुआ हो और जन्म-कुण्डली के 'दशमभाव' में 'मंगल' की स्थिति हो, उसे 'मंगल' का फलादेश नीचे लिखे अनुसार समझना चाहिए—

मकर लग्न: दशमभाव: मंगल

दसवें केन्द्र, राज्य, पिता एवं व्यवसाय के भाव में अपने समग्रह शुक्र की तुला राशि पर स्थित मंगल के प्रभाव से जातक को पिता की विशेष शक्ति मिलती है। राजकीय क्षेत्र में सम्मान तथा व्यवसाय के क्षेत्र में अधिक सफलता प्राप्त होती है। यहां से मंगल चौथी दृष्टि से समग्रह शनि की राशि में प्रथमभाव को देखता है, अत: जातक के शारीरिक सौंदर्य, स्वास्थ्य एवं प्रभाव में वृद्धि होती है। वह स्वाभिमानी तथा बड़प्पन रखने वाला होता है। सातवीं दृष्टि से अपनी ही राशि में चतुर्थभाव को देखने से माता, भूमि एवं मकान का सुख प्राप्त होता हैं तथा आठवीं दृष्टि से समग्रह शुक्र की वृषभ राशि में पंचमभाव को देखने से संतानपक्ष से सुख मिलता है तथा विद्या एवं बुद्धि की विशेष वृद्धि होती है।

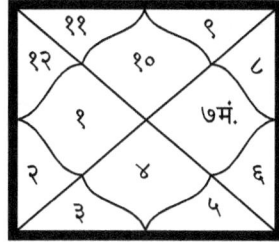

जिस जातक का जन्म 'मकर' लग्न में हुआ हो और जन्म-कुण्डली के 'एकादशभाव' में 'मंगल' की स्थिति हो, उसे 'मंगल' का फलादेश नीचे लिखे अनुसार समझना चाहिए—

मकर लग्न: एकादशभाव: मंगल

ग्यारहवें लाभ भाव में अपनी ही वृश्चिक राशि पर स्थित स्वक्षेत्रीय मंगल के प्रभाव से जातक की आमदनी में अत्यधिक वृद्धि होती है। साथ ही उसे माता, भूमि एवं मकान का यथेष्ट सुख भी प्राप्त होता है। यहां से मंगल अपनी चौथी समग्रहदृष्टि से द्वितीयभाव को देखता है, अत: जातक को कुछ असंतोष एवं कमी के साथ धन एवं कुटुम्ब का सुख प्राप्त होता है। सातवीं दृष्टि से समग्रह शुक्र की वृषभ राशि में पंचमभाव को देखने से विद्या-बुद्धि की श्रेष्ठ शक्ति प्राप्त होती है तथा संतान का सुख भी मिलता है। आठवीं शत्रु दृष्टि से षष्ठभाव को देखने से जातक का शत्रु पक्ष पर अत्यधिक प्रभाव रहता है और झगड़ों के मामलों में उसे लाभ एवं सफलता की प्राप्ति होती है।

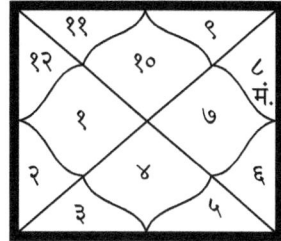

जिस जातक का जन्म 'मकर' लग्न में हुआ हो और जन्म-कुण्डली के 'द्वादशभाव' में 'मंगल' की स्थिति हो, उसे 'मंगल' का फलादेश नीचे लिखे अनुसार समझना चाहिए—

बारहवें व्यय भाव में अपने मित्र गुरु की धनु राशि पर स्थित मंगल के प्रभाव से जातक का खर्च अधिक रहता है तथा बाहरी स्थानों के सम्बन्ध से सुख एवं लाभ की प्राप्ति होती है। उसे माता, भूमि एवं मकान आदि के सुख में कमी रहती है तथा मातृभूमि का वियोग भी सहन करना पड़ता है। यहां से मंगल अपनी चौथी मित्रदृष्टि से तृतीयभाव को देखता है, अतः भाई-बहन का सुख प्राप्त होता है तथा पराक्रम की वृद्धि होती है। सातवीं शत्रुदृष्टि से षष्ठभाव को देखने से शत्रु पक्ष पर प्रभाव बना रहता है तथा झगड़ों से कोई चिन्ता उत्पन्न नहीं होती। आठवीं नीचदृष्टि से मित्र चन्द्र की राशि में सप्तमभाव को देखने के कारण स्त्री तथा व्यवसाय के पक्ष में कुछ हानि तथा सुख में कमी आती है।

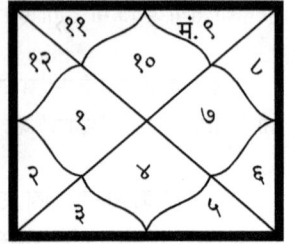

मकर लग्नः द्वादशभावः मंगल

'मकर' लग्न में 'बुध' का फल

जिस जातक का जन्म 'मकर' लग्न में हुआ हो और जन्म-कुण्डली के 'प्रथमभाव' में 'बुध' की स्थिति हो, उसे 'बुध' का फलादेश नीचे लिखे अनुसार समझना चाहिए—

पहले केन्द्र एवं शरीर भाव में अपने समग्रह शनि की मकर राशि पर स्थित षष्ठेश बुध के प्रभाव से जातक के शारीरिक प्रभाव एवं प्रतिष्ठा में वृद्धि होती है। वह अपनी विवेक-बुद्धि द्वारा शत्रु पक्ष पर प्रभाव स्थापित करता है तथा उसकी परेशानियां स्वयमेव दूर होती रहती हैं। यहां से बुध अपनी सातवीं शत्रुदृष्टि से चन्द्र की कर्क राशि में सप्तमभाव को देखता है, अतः स्त्री तथा रोजगार के पक्ष में भी सफलता मिलती है, परन्तु बुध के षष्ठेश होने के कारण व्यवसाय के क्षेत्र में कुछ कठिनाइयां आती रहती हैं।

मकर लग्नः प्रथमभावः बुध

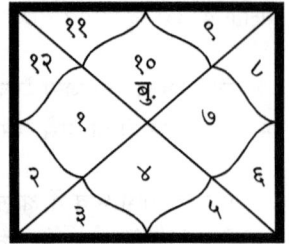

जिस जातक का जन्म 'मकर' लग्न में हुआ हो और जन्म-कुण्डली के 'द्वितीयभाव' में 'बुध' की स्थिति हो, उसे 'बुध' का फलादेश नीचे लिखे अनुसार समझना चाहिए—

दूसरे धन एवं कुटुम्ब के भाव में अपने समग्रह शनि की कुम्भ राशि पर स्थित बुध के प्रभाव से जातक के धन की वृद्धि होती है तथा कुटुम्ब द्वारा भी सहयोग एवं सुख प्राप्त होता है। उसे मान-प्रतिष्ठा भी मिलती है और धर्म में भी उसकी रुचि बनी रहती है। यहां से बुध अपनी सातवीं मित्र-दृष्टि से सूर्य की सिंह राशि में अष्टमभाव को देखता है, अतः आयु की वृद्धि होती है तथा पुरातत्त्व का लाभ होता है, परन्तु बुध के षष्ठेश होने के कारण कभी-कभी भाग्योन्नति में कठिनाइयां भी आती रहती हैं। यों, ऐसा जातक भाग्यवान तथा सुखी होता है।

मकर लग्नः द्वितीयभावः बुध

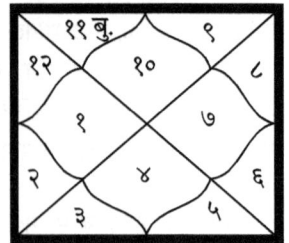

जिस जातक का जन्म 'मकर' लग्न में हुआ हो और जन्म-कुण्डली के 'तृतीयभाव' में 'बुध' की स्थिति हो, उसे 'बुध' का फलादेश नीचे लिखे अनुसार समझना चाहिए—

मकर लग्नः तृतीयभावः बुध

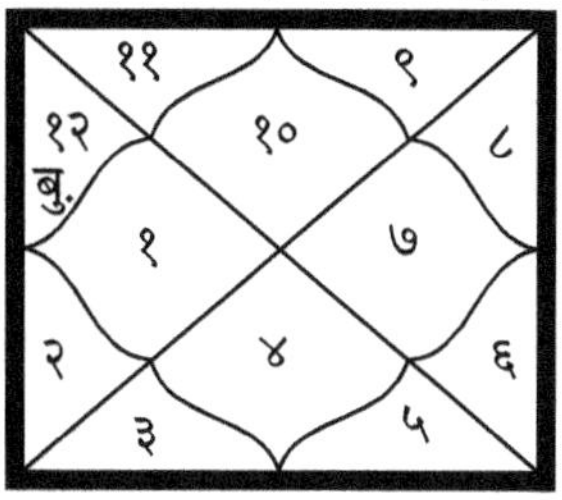

तीसरे भाई-बहन एवं पराक्रम के भाव में अपने समग्रह गुरु की मीन राशि पर स्थित नीच के बुध के प्रभाव से जातक को भाई-बहन के सुख में कुछ कमी आती है तथा पराक्रम भी अल्प रहता है। भाग्योन्नति तथा धर्म-पालन में भी कुछ कठिनाइयां आती हैं एवं शत्रु पक्ष तथा झगड़ों से भी कुछ परेशानी उठानी पड़ती है। यहां से बुध सातवीं उच्चदृष्टि से अपनी ही कन्या राशि में नवमभाव को देखता है। अतः जातक अपनी विवेक-बुद्धि द्वारा भाग्य तथा धर्म की उन्नति करता है। सामान्यतः ऐसा व्यक्ति भाग्यवान समझा जाता है।

जिस जातक का जन्म 'मकर' लग्न में हुआ हो और जन्म-कुण्डली के 'चतुर्थभाव' में 'बुध' की स्थिति हो, उसे 'बुध' का फलादेश नीचे लिखे अनुसार समझना चाहिए—

मकर लग्नः चतुर्थभावः बुध

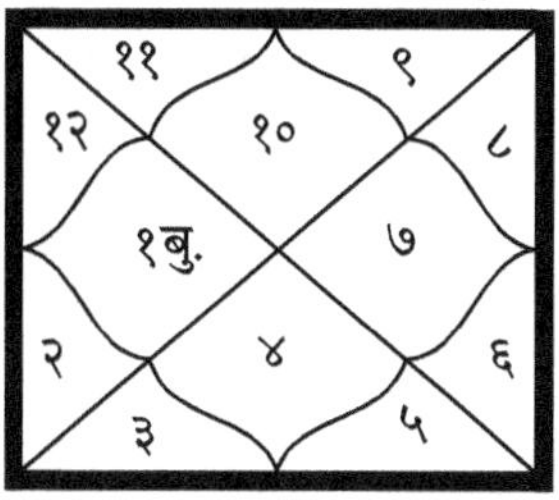

चौथे केन्द्र, माता एवं भूमि के भाव में अपने समग्रह मंगल की मेष राशि पर स्थित बुध के प्रभाव से जातक को माता, भूमि एवं संतान का सुख प्राप्त होता है, साथ ही भाग्य की उन्नति भी होती है, परन्तु बुध के षष्ठेश होने के कारण घरेलू सुख-शांति में कुछ बाधाएं आती रहती हैं। यहां से बुध सातवीं मित्रदृष्टि से शुक्र की तुला राशि में दशमभाव को देखता है, अतः जातक को पिता से सुख, राज्य से सम्मान एवं व्यवसाय से लाभ होता है तथा शत्रु पक्ष में सफलता मिलती रहती है।

जिस जातक का जन्म 'मकर' लग्न में हुआ हो और जन्म-कुण्डली के 'पंचमभाव' में 'बुध' की स्थिति हो, उसे 'बुध' का फलादेश नीचे लिखे अनुसार समझना चाहिए—

मकर लग्नः पंचमभावः बुध

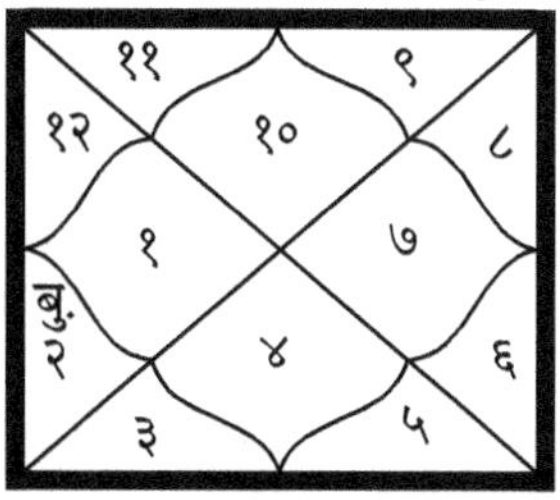

पांचवें त्रिकोण, विद्या-बुद्धि एवं संतान के भाव में अपने मित्र शुक्र की वृषभ राशि पर स्थित षष्ठेश बुध के प्रभाव से जातक को कुछ कठिनाइयों के साथ संतान, विद्या तथा बुद्धि के क्षेत्र में अच्छी सफलता मिलती है। वह अपने परिश्रम द्वारा आय की विशेष उन्नति करता है तथा धर्म का पालन भी करता है। उसे शत्रु पक्ष में सफलता एवं यश की प्राप्ति होती है। यहां से बुध अपनी सातवीं समग्रहदृष्टि से मंगल की वृश्चिक राशि में एकादशभाव को देखता है, अतः जातक विवेक एवं भाग्य की शक्ति से श्रेष्ठ लाभ का उपार्जन करता है।

जिस जातक का जन्म 'मकर' लग्न में हुआ हो और जन्म-कुण्डली के 'षष्ठभाव' में 'बुध' की स्थिति हो, उसे 'बुध' का फलादेश नीचे लिखे अनुसार समझना चाहिए—

छठे रोग एवं शत्रु भाव में अपनी ही मिथुन राशि पर स्थित स्वक्षेत्री बुध के प्रभाव से जातक शत्रु पक्ष पर विजय प्राप्त करता है। उसकी भाग्योन्नति तथा धार्मिक उन्नति के क्षेत्र में कुछ कठिनाइयां उपस्थित होती हैं तथा कभी-कभी लाभ के बजाय हानि भी उठानी पड़ती है, परन्तु वह सब बाधाओं को पार करके उन्नतिशील बना रहता है। यहां से बुध अपनी सातवीं समग्रहदृष्टि से गुरु की धनु राशि में द्वादशभाव को देखता है, अत: जातक का खर्च अधिक रहता है तथा बाहरी स्थानों के सम्बन्ध से लाभ, सुख तथा शक्ति प्राप्त होती है।

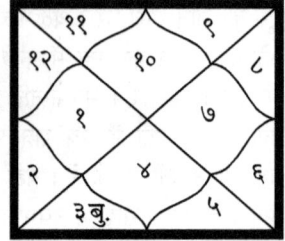

मकर लग्न: षष्ठभाव: बुध

जिस जातक का जन्म 'मकर' लग्न में हुआ हो और जन्म-कुण्डली के 'सप्तमभाव' में 'बुध' की स्थिति हो, उसे 'बुध' का फलादेश नीचे लिखे अनुसार समझना चाहिए—

सातवें केन्द्र, स्त्री तथा व्यवसाय के भाव में अपने शत्रु चन्द्र की कर्क राशि पर स्थित बुध के प्रभाव से जातक अपने विवेक द्वारा भाग्य की विशेष उन्नति करता है तथा व्यवसाय में सफलता पाता है। उसे स्त्री पक्ष से कुछ अशांति रहती है, परन्तु धर्म का पालन भी यथाविधि होता है तथा कुछ कठिनाइयों के साथ व्यवसाय में विशेष आर्थिक लाभ भी होता है। यहां से बुध अपनी सातवीं समग्रहदृष्टि से शनि की मकर राशि में प्रथमभाव को देखता है, अत: जातक के शारीरिक प्रभाव, स्वाभिमान तथा सम्मान में वृद्धि होती है, परन्तु कभी-कभी उसे बीमारियों का शिकार भी होना पड़ता है।

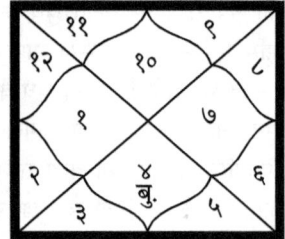

मकर लग्न: सप्तमभाव: बुध

जिस जातक का जन्म 'मकर' लग्न में हुआ हो और जन्म-कुण्डली के 'अष्टमभाव' में 'बुध' की स्थिति हो, उसे 'बुध' का फलादेश नीचे लिखे अनुसार समझना चाहिए—

आठवें आयु एवं पुरातत्त्व के भाव में अपने मित्र सूर्य की सिंह राशि पर स्थित बुध के प्रभाव से जातक की आयु में वृद्धि तथा पुरातत्त्व का लाभ होता है। उसकी भाग्योन्नति में विशेष बाधाएं आती हैं तथा यश की भी कमी रहती है। शत्रु पक्ष की ओर से भी संकट एवं अशांति का वातावरण बनता रहता है। यहां से बुध अपनी सातवीं समग्रहदृष्टि से शनि की कुंभ राशि में तृतीयभाव को देखता है, अत: कुछ परेशानियों के साथ जातक के धन की वृद्धि होती है तथा कुटुम्ब का सुख मिलता है, परन्तु ऐसे जातक का दैनिक जीवन प्रभावशाली बना रहता है।

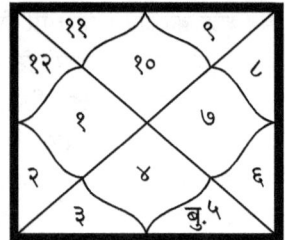

मकर लग्न: अष्टमभाव: बुध

जिस जातक का जन्म 'मकर' लग्न में हुआ हो और जन्म-कुण्डली के 'नवमभाव' में 'बुध' की स्थिति हो, उसे 'बुध' का फलादेश नीचे लिखे अनुसार समझना चाहिए—

नवें त्रिकोण, भाग्य एवं धर्म के भाव में अपनी ही कन्या राशि पर स्थित स्वक्षेत्री तथा उच्च के बुध के प्रभाव से जातक के भाग्य की विशेष उन्नति होती है और वह लोक-दिखावे के लिए धर्म का पालन भी करता है। शत्रु पक्ष पर उसे विशेष सफलता प्राप्त होती है तथा झगड़े के मामलों से लाभ होता रहता है। यहां से बुध अपनी सातवीं नीचदृष्टि से गुरु की मीन राशि में तृतीयभाव को देखता है, अत: जातक का भाई से विरोध रहता है अथवा भाई-बहनों के सुख में कमी आती है और वह पुरुषार्थ की अपेक्षा भाग्य को अधिक बड़ा समझता है। इस प्रकार उसका पराक्रम शिथिल रहता है।

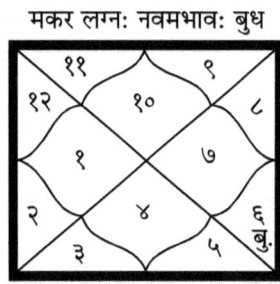
मकर लग्न: नवमभाव: बुध

जिस जातक का जन्म 'मकर' लग्न में हुआ हो और जन्म-कुण्डली के 'दशमभाव' में 'बुध' की स्थिति हो, उसे 'बुध' का फलादेश नीचे लिखे अनुसार समझना चाहिए—

दसवें केन्द्र, पिता एवं राज्य के भाव में अपने मित्र शुक्र की तुला राशि पर स्थित बुध के प्रभाव से जातक को पिता द्वारा सुख, राज्य द्वारा सम्मान एवं व्यवसाय द्वारा लाभ तथा मान-प्रतिष्ठा की प्राप्ति होती है, वह अपने भाग्य तथा परिश्रम की सम्मिलित शक्ति से खूब धन कमाता है तथा शत्रु पक्ष पर विजय पाता है। यहां से बुध अपनी सातवीं समग्रहदृष्टि से मंगल की मेष राशि में चतुर्थभाव को देखता है, अत: जातक को माता, भूमि एवं मकान आदि का सुख प्राप्त होता है, परन्तु बुध के षष्ठेश होने के कारण उसकी उन्नति के मार्ग में रुकावटें आती रहती हैं।

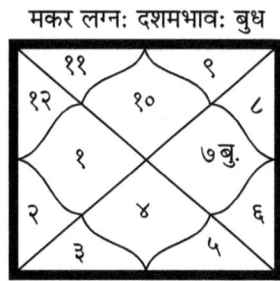
मकर लग्न: दशमभाव: बुध

जिस जातक का जन्म 'मकर' लग्न में हुआ हो और जन्म-कुण्डली के 'एकादशभाव' में 'बुध' की स्थिति हो, उसे 'बुध' का फलादेश नीचे लिखे अनुसार समझना चाहिए—

ग्यारहवें लाभ भाव में अपने समग्रह मंगल की वृश्चिक राशि पर स्थित बुध के प्रभाव से जातक को आमदनी के क्षेत्र में अत्यधिक सफलता मिलती है। वह शत्रु पक्ष पर विजय प्राप्त करता है तथा परिश्रम एवं विवेक-बुद्धि द्वारा भाग्य की विशेष उन्नति करता है। स्वार्थयुक्त धर्म का पालन करने में भी वह पीछे नहीं रहता। यहां से बुध अपनी सातवीं मित्रदृष्टि से शुक्र की वृषभ राशि में पंचमभाव को देखता है, अत: उसे संतानपक्ष में सफलता तो मिलती है, परन्तु

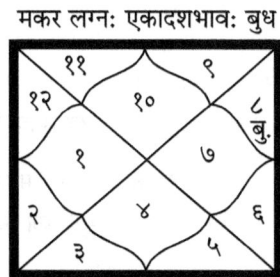
मकर लग्न: एकादशभाव: बुध

बुध के षष्ठेश होने के कारण कुछ परेशानी भी रहती है। विद्या और बुद्धि के क्षेत्र में ऐसा जातक विशेष उन्नति करता है।

जिस जातक का जन्म 'मकर' लग्न में हुआ हो और जन्म-कुण्डली के 'द्वादशभाव' में 'बुध' की स्थिति हो, उसे 'बुध' का फलादेश नीचे लिखे अनुसार समझना चाहिए—

बारहवें व्यय भाव में अपने समग्रह गुरु की धनु राशि पर स्थित बुध के प्रभाव से जातक का खर्च अधिक रहता है, परन्तु उसकी पूर्ति में कोई कठिनाई नहीं पड़ती। वह बाहरी स्थानों के सम्बन्ध से विशेष शक्ति, लाभ एवं सफलता प्राप्त करता है, परन्तु उसकी भाग्योन्नति में कठिनाइयां आती रहती हैं तथा यश की कमी रहती है। यहां से बुध सातवीं दृष्टि से अपनी ही मिथुन राशि में षष्ठभाव को देखता है, अत: जातक को शत्रु पक्ष से कुछ कठिनाई रहती है, परन्तु वह अपने भाग्य की शक्ति से उन कठिनाइयों पर सफलता प्राप्त कर लेता है।

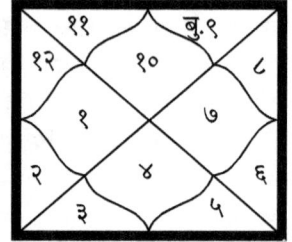

मकर लग्न: द्वादशभाव: बुध

'मकर' लग्न में 'गुरु' का फल

जिस जातक का जन्म 'मकर' लग्न में हुआ हो और जन्म-कुण्डली के 'प्रथमभाव' में 'गुरु' की स्थिति हो, उसे 'गुरु' का फलादेश नीचे लिखे अनुसार समझना चाहिए—

पहले केन्द्र एवं शरीर भाव में अपने समग्रह शनि की मकर राशि पर स्थित नीच के गुरु के प्रभाव से जातक के शरीर में दुर्बलता रहती है, भाई-बहन के सुख में कमी आती है। पराक्रम न्यून रहता है। खर्च चलाने में कठिनाई पड़ती है तथा बाहरी स्थानों के सम्बन्धों से असंतोष मिलता है। यहां से गुरु पांचवीं शत्रुदृष्टि से पंचमभाव को देखता है, अत: विद्या एवं बुद्धि में कुछ त्रुटि-पूर्ण सफलता मिलती है तथा संतान से सुख-दु:ख दोनों ही मिलते हैं। सातवीं उच्चदृष्टि से सप्तमभाव को देखने से स्त्री तथा व्यवसाय के पक्ष से सुख तथा सफलता मिलती है एवं नवीं शत्रुदृष्टि से नवमभाव के देखने से भाग्य तथा धर्म की उन्नति में घट-बढ़ बनी रहती है।

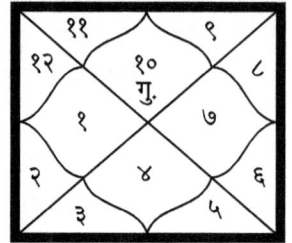

मकर लग्न: प्रथमभाव: गुरु

जिस जातक का जन्म 'मकर' लग्न में हुआ हो और जन्म-कुण्डली के 'द्वितीयभाव' में 'गुरु' की स्थिति हो, उसे 'गुरु' का फलादेश नीचे लिखे अनुसार समझना चाहिए—

दूसरे धन तथा कुटुम्ब के भाव में अपने समग्रह शनि की कुम्भ राशि पर स्थित व्ययेश गुरु के प्रभाव से जातक के धन-संचय में कमी आती है तथा कुटुम्ब से भी परेशानी रहती है। ऐसे व्यक्ति का खर्च अधिक रहता है तथा बाहरी स्थानों के सम्बन्ध से शक्ति मिलती है। यहां से गुरु पांचवीं शत्रुदृष्टि से षष्ठभाव को देखता है, अतः जातक शत्रु पक्ष में बुद्धिमानी एवं चतुराई से काम निकालता है। सातवीं मित्रदृष्टि से अष्टमभाव को देखने से आयु एवं पुरातत्त्व की कुछ शक्ति मिलती है तथा नवीं शत्रुदृष्टि से दशमभाव के क्षेत्र में सामान्य सफलता प्राप्त होती है।

मकर लग्नः द्वितीयभावः गुरु

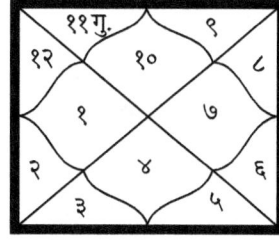

जिस जातक का जन्म 'मकर' लग्न में हुआ हो और जन्म-कुण्डली के 'तृतीयभाव' में 'गुरु' की स्थिति हो, उसे 'गुरु' का फलादेश नीचे लिखे अनुसार समझना चाहिए—

तीसरे भाई-बहन एवं पराक्रम के भाव में अपनी ही मीन राशि पर स्थित स्वक्षेत्री गुरु के प्रभाव से जातक को भाई-बहनों का सुख मिलता है, परन्तु गुरु के व्ययेश होने के कारण पुरुषार्थ में कमी आती है। खर्च का संचालन सुचारु रूप से होता है तथा बाहरी स्थानों के सम्बन्धों से शक्ति प्राप्त होती है। यहां से गुरु पांचवीं उच्च तथा मित्रदृष्टि से सप्तमभाव को देखता है, अतः स्त्री सुंदर मिलती है तथा दैनिक व्यवसाय में सफलता प्राप्त होती है। सातवीं शत्रुदृष्टि से नवमभाव को देखने से भाग्य तथा धर्म के क्षेत्र में न्यूनाधिकता बनी रहती है तथा नवीं मित्रदृष्टि से एकादशभाव को देखने के कारण आमदनी अच्छी रहती है। कुल मिलाकर ऐसा व्यक्ति सामान्यतः सुखी जीवन व्यतीत करता है।

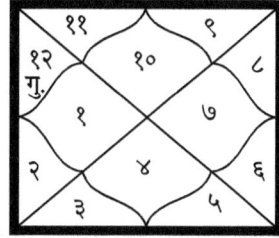

मकर लग्नः तृतीयभावः गुरु

जिस जातक का जन्म 'मकर' लग्न में हुआ हो और जन्म-कुण्डली के 'चतुर्थभाव' में 'गुरु' की स्थिति हो, उसे 'गुरु' का फलादेश नीचे लिखे अनुसार समझना चाहिए—

चौथे केन्द्र, माता एवं भूमि के भाव में अपने मित्र मंगल की मेष राशि पर स्थित व्ययेश गुरु के प्रभाव से जातक को माता, भूमि एवं मकान आदि के सुख में कमी रहती है तथा भाई-बहनों के सम्बन्ध में भी कुछ कमी रहती है। यहां से गुरु अपनी पांचवीं मित्रदृष्टि से अष्टमभाव को देखता है, अतः जातक को आयु एवं पुरातत्त्व की शक्ति का सामान्य लाभ होता है। सातवीं शत्रुदृष्टि से दशमभाव को देखने से पिता, राज्य एवं व्यवसाय के क्षेत्र में कुछ त्रुटिपूर्ण सफलता मिलती है तथा नवीं

मकर लग्नः चतुर्थभावः गुरु

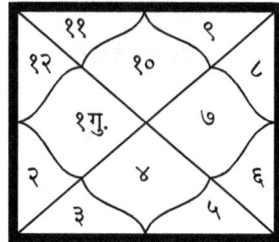

दृष्टि से अपनी ही राशि के द्वादशभाव को देखने से खर्च अधिक रहता है तथा बाहरी स्थानों के सम्बन्ध से उसे घर-बैठे ही लाभ प्राप्त होता रहता है।

जिस जातक का जन्म 'मकर' लग्न में हुआ हो और जन्म-कुण्डली के 'पंचमभाव' में 'गुरु' की स्थिति हो, उसे 'गुरु' का फलादेश नीचे लिखे अनुसार समझना चाहिए—

मकर लग्न: पंचमभाव: गुरु

पांचवें त्रिकोण, विद्या एवं संतान के भाव में अपने शत्रु शुक्र की वृष राशि पर स्थित व्ययेश गुरु के प्रभाव से जातक को संतानपक्ष से न्यूनाधिक लाभ होता है तथा विद्या के क्षेत्र में भी कुछ कमी बनी रहती है। ऐसा व्यक्ति बुद्धि-बल से अपने खर्च को चलाता है तथा बाहरी स्थानों के सम्बन्ध से लाभ उठाता है। उसे भाई-बहनों का भी सामान्य सुख मिलता है तथा बुद्धि-बल से उसके पराक्रम की वृद्धि होती है। यहां से गुरु पांचवीं शत्रुदृष्टि से नवमभाव को देखता है, अत: जातक के भाग्य एवं धर्म की सामान्य वृद्धि होती है। सातवीं मित्रदृष्टि से एकादशभाव को देखने के करण पुरुषार्थ द्वारा आमदनी अच्छी रहती है तथा नवीं नीचदृष्टि से प्रथमभाव को देखने से शारीरिक सौंदर्य एवं स्वास्थ्य में कुछ कमी तथा परेशानी बनी रहती है।

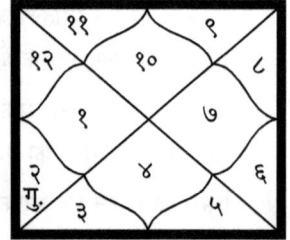

जिस जातक का जन्म 'मकर' लग्न में हुआ हो और जन्म-कुण्डली के 'षष्ठभाव' में 'गुरु' की स्थिति हो, उसे 'गुरु' का फलादेश नीचे लिखे अनुसार समझना चाहिए—

मकर लग्न: षष्ठभाव: गुरु

छठे रोग तथा शत्रु-भाव में अपने शत्रु बुध की मिथुन राशि पर स्थित गुरु के प्रभाव से जातक खर्च की शक्ति से शत्रु पक्ष पर प्रभाव स्थापित करता है। उसका भाई-बहनों से सामान्य विरोध रहता है तथा पराक्रम में भी कमी आती है। यहां से गुरु अपनी पांचवीं शत्रुदृष्टि से दशमभाव को देखता है, अत: पिता, राज्य एवं व्यवसाय के क्षेत्र में कुछ कठिनाइयां एवं कमियां बनी रहती हैं। सातवीं दृष्टि से अपनी ही राशि में द्वादशभाव को देखने से खर्च अधिक रहता है तथा बाहरी स्थानों के सम्बन्धों से शक्ति मिलती है। नवीं समग्रहदृष्टि से द्वितीयभाव को देखने के कारण धन तथा कुटुम्ब की वृद्धि के लिए अत्यधिक परिश्रम करना पड़ता है, फिर भी कष्ट ही प्राप्त होता है।

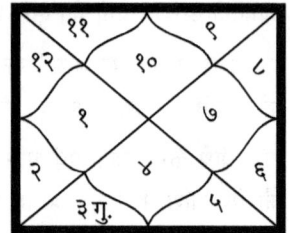

जिस जातक का जन्म 'मकर' लग्न में हुआ हो और जन्म-कुण्डली के 'सप्तमभाव' में 'गुरु' की स्थिति हो, उसे 'गुरु' का फलादेश नीचे लिखे अनुसार समझना चाहिए—

सातवें केन्द्र, स्त्री तथा व्यवसाय के भाव में अपने मित्र चन्द्र की कर्क राशि पर स्थित उच्च के गुरु के प्रभाव से जातक को सुंदर पत्नी मिलती है तथा स्त्री एवं व्यवसाय के पक्ष से शक्ति एवं लाभ प्राप्त होता है। खर्च अधिक होता है तथा बाहरी स्थानों के सम्बन्ध से सफलता मिलती है। यहां से गुरु पांचवीं मित्रदृष्टि से एकादशभाव को देखता है, अतः आमदनी अच्छी रहती है। सातवीं नीचदृष्टि से समग्रह शनि की राशि में प्रथमभाव को देखने से शारीरिक सौंदर्य एवं स्वास्थ्य में कमी आती है तथा चित्त में चिन्ताएं घर किए रहती हैं। नवीं दृष्टि से अपनी ही राशि में तृतीयभाव को देखने के कारण भाई-बहनों की शक्ति प्राप्त होती है तथा पराक्रम की वृद्धि होती है।

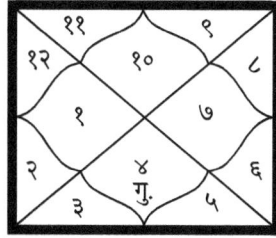

मकर लग्न: सप्तमभाव: गुरु

जिस जातक का जन्म 'मकर' लग्न में हुआ हो और जन्म-कुण्डली के 'अष्टमभाव' में 'गुरु' की स्थिति हो, उसे 'गुरु' का फलादेश नीचे लिखे अनुसार समझना चाहिए—

आठवें आयु एवं पुरातत्त्व के भाव में अपने मित्र सूर्य की सिंह राशि पर स्थित व्ययेश गुरु के प्रभाव से जातक को आयु तथा पुरातत्त्व के पक्ष में कुछ हानि उठानी पड़ती है। यहां से गुरु पांचवीं दृष्टि से अपनी ही राशि में द्वादशभाव को देखता है, अतः बाहरी स्थानों के सम्बन्ध से खर्च चलता रहता है। सातवीं समग्रहदृष्टि से द्वितीयभाव को देखने से धन तथा कुटुम्ब के पक्ष में कुछ कमीं रहती है तथा नवीं मित्रदृष्टि से चतुर्थभाव को देखने के कारण माता, भूमि एवं मकान के सुख में कुछ त्रुटिपूर्ण सफलता प्राप्त होती है। ऐसा व्यक्ति सामान्य जीवन व्यतीत करता है।

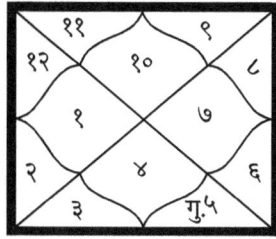

मकर लग्न: अष्टमभाव: गुरु

जिस जातक का जन्म 'मकर' लग्न में हुआ हो और जन्म-कुण्डली के 'नवमभाव' में 'गुरु' की स्थिति हो, उसे 'गुरु' का फलादेश नीचे लिखे अनुसार समझना चाहिए—

नवें त्रिकोण, भाग्य एवं धर्म के भाव में अपने शत्रु बुध की कन्या राशि पर स्थित व्ययेश गुरु के प्रभाव से जातक की भाग्योन्नति में कमजोरी रहती है, इसी प्रकार वह धर्म का पालन भी यथोचित नहीं कर पाता। बाहरी स्थानों के सम्बन्ध से कुछ शक्ति प्राप्त होती है, जिससे खर्च चलता रहता है। यहां से गुरु पांचवीं नीचदृष्टि से प्रथमभाव को देखता है, अतः शारीरिक सौंदर्य एवं स्वास्थ्य में कमी रहती है तथा मन अशांत बना रहता है। सातवीं दृष्टि से अपनी ही राशि में तृतीयभाव को देखने से भाई-बहन की सामान्य शक्ति मिलती है तथा पराक्रम में भी

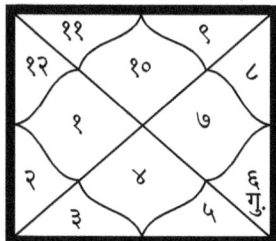

मकर लग्न: नवमभाव: गुरु

कुछ वृद्धि होती है। नवीं शत्रुदृष्टि से षष्ठभाव को देखने से शत्रु पक्ष में विवेक-बुद्धि से सफलता प्राप्त होती है तथा झगड़े के मामलों में कभी हानि और कभी लाभ होता है।

जिस जातक का जन्म 'मकर' लग्न में हुआ हो और जन्म-कुण्डली के 'दशमभाव' में 'गुरु' की स्थिति हो, उसे 'गुरु' का फलादेश नीचे लिखे अनुसार समझना चाहिए—

मकर लग्नः दशमभावः गुरु

दसवें केन्द्र, राज्य, पिता एवं व्यवसाय भाव में अपने शत्रु शुक्र की तुला राशि पर स्थित व्ययेश गुरु के प्रभाव से जातक को पिता, राज्य तथा व्यवसाय के पक्ष से कमी बनी रहती है। उसे भाई-बहन की शक्ति मिलती है तथा पुरुषार्थ की भी वृद्धि होती है, जिसके कारण वह अपने खर्च को ठाठ से चलाता रहता है तथा बाहरी स्थानों के सम्बन्ध से शक्ति एवं लाभ प्राप्त करता है। यहां से गुरु अपनी पांचवीं समग्रहदृष्टि से द्वितीयभाव को देखता है, अतः धन-संचय तथा कौटुम्बिक सुख में कठिनाइयां आती हैं। सातवीं मित्रदृष्टि से चतुर्थभाव को देखने से माता का सुख त्रुटिपूर्ण रहता है, परन्तु खर्च के बल पर भूमि एवं मकान आदि का सुख प्राप्त होता है। नवीं शत्रुदृष्टि से षष्ठभाव को देखने से जातक शत्रु पक्ष पर अपनी बुद्धिमानी से प्रभाव स्थापित करता है।

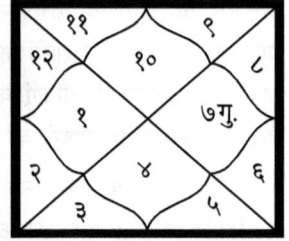

जिस जातक का जन्म 'मकर' लग्न में हुआ हो और जन्म-कुण्डली के 'एकादशभाव' में 'गुरु' की स्थिति हो, उसे 'गुरु' का फलादेश नीचे लिखे अनुसार समझना चाहिए—

मकर लग्नः एकादशभावः गुरु

ग्यारहवें लाभ भाव में अपने मित्र मंगल की वृश्चिक राशि पर स्थित गुरु के प्रभाव से जातक की आमदनी खूब रहती है, परन्तु गुरु के व्ययेश होने के कारण उसमें कुछ कठिनाइयां भी आती हैं। बाहरी स्थानों के सम्बन्ध से लाभ होने के कारण खर्च आराम तथा ठाट से चलता है। यहां से गुरु अपनी पांचवीं दृष्टि से तृतीयभाव को अपनी ही राशि में देखता है, अतः भाई-बहन एवं पराक्रम की शक्ति में वृद्धि होती है। सातवीं दृष्टि से शत्रु शुक्र की वृषभ राशि में पंचमभाव को देखने से संतानपक्ष से कुछ असंतोष रहता है, परन्तु विद्या-बुद्धि एवं वाणी की शक्ति प्राप्त होती है। नवीं उच्चदृष्टि से मित्र चन्द्र की राशि में सप्तमभाव को देखने से स्त्री तथा व्यवसाय के क्षेत्र में विशेष सफलता मिलती है।

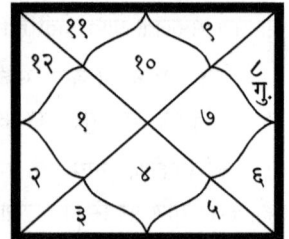

जिस जातक का जन्म 'मकर' लग्न में हुआ हो और जन्म-कुण्डली के 'द्वादशभाव' में 'गुरु' की स्थिति हो, उसे 'गुरु' का फलादेश नीचे लिखे अनुसार समझना चाहिए—

बारहवें व्यय भाव में अपनी ही धनु राशि पर स्थित स्वक्षेत्री गुरु के प्रभाव से जातक का खर्च अधिक रहता है तथा बाहरी स्थानों के सम्बन्ध से लाभ प्राप्त होता है। भाई-बहनों के सुख में कमी रहती है तथा पराक्रम में भी कमी आती है। जिसके कारण कभी-कभी हिम्मत भी जवाब दे जाती है, यहां से गुरु की अपनी पांचवीं मित्रदृष्टि से चतुर्थभाव को देखता है, अत: माता, भूमि एवं मकान आदि का सामान्य सुख प्राप्त होता है। सातवीं शत्रुदृष्टि से षष्ठभाव के देखने से शत्रु पक्ष पर युक्तिपूर्वक प्रभाव स्थापित होता है तथा नवीं मित्रदृष्टि से अष्टमभाव को देखने के कारण जातक को कुछ कमी के साथ आयु एवं पुरातत्त्व की शक्ति प्राप्त होती है, परन्तु ऐसा व्यक्ति अपने शानदार खर्च के बल पर जीवन को प्रभावशाली बनाए रखता है।

मकर लग्न: द्वादशभाव: गुरु

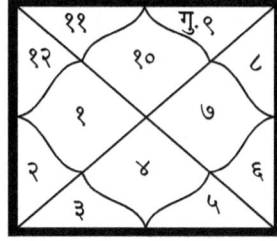

'मकर' लग्न में 'शुक्र' का फल

जिस जातक का जन्म 'मकर' लग्न में हुआ हो और जन्म-कुण्डली के 'प्रथमभाव' में 'शुक्र' की स्थिति हो, उसे 'शुक्र' का फलादेश नीचे लिखे अनुसार समझना चाहिए—

पहले केन्द्र तथा शरीर भाव में अपने मित्र शनि की मकर राशि पर स्थित शुक्र के प्रभाव से जातक को शारीरिक सौंदर्य, प्रभाव एवं मान की प्राप्ति होती है। उसे पिता, राज्य एवं व्यवसाय के क्षेत्रों से भी सहयोग, सम्मान, सफलता एवं सुख प्राप्त होता है। ऐसा व्यक्ति समाज में प्रतिष्ठित भाव प्राप्त करता है तथा बुद्धि-चातुर्य से उन्नति करता है। संतानपक्ष से सुख मिलता है तथा विद्या एवं बुद्धि का श्रेष्ठ लाभ होता है। यहां से शुक्र अपनी सातवीं शत्रुदृष्टि से चन्द्र की कर्क राशि में सप्तमभाव को देखता है, अत: जातक को सुंदर तथा सुयोग्य स्त्री का सुख मिलता है तथा व्यवसाय के क्षेत्र में भी लाभ होता है।

मकर लग्न: प्रथमभाव: शुक्र

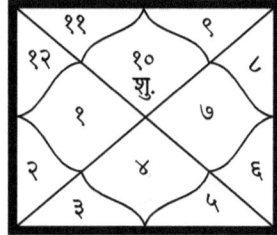

जिस जातक का जन्म 'मकर' लग्न में हुआ हो और जन्म-कुण्डली के 'द्वितीयभाव' में 'शुक्र' की स्थिति हो, उसे 'शुक्र' का फलादेश नीचे लिखे अनुसार समझना चाहिए—

दूसरे धन एवं कुटुम्ब के भाव में अपने मित्र शनि की कुम्भ राशि पर स्थित शुक्र के प्रभाव से जातक को कुटुम्ब का पर्याप्त सुख मिलता है तथा धन का संचय भी खूब होता है। उसे राज्य, पिता एवं व्यवसाय के क्षेत्रों से सुख, सफलता तथा सम्मान की प्राप्ति होती है, परन्तु संतानपक्ष से कुछ कठिनाई रहती है। विद्या और बुद्धि का श्रेष्ठ लाभ

मकर लग्न: द्वितीयभाव: शुक्र

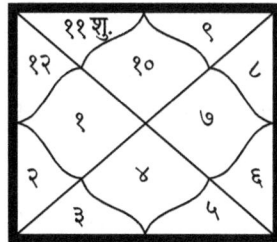

होता है। यहां से शुक्र अपनी सातवीं शत्रुदृष्टि से सूर्य की सिंह राशि में अष्टमभाव को देखता है, अत: जातक को आयु की शक्ति में कुछ कमी आती है तथा पुरातत्त्व का भी स्वल्प लाभ मिल पाता है। ऐसा व्यक्ति धनी तथा यशस्वी तो होता है, परन्तु उसे विभिन्न प्रकार की चिन्ताएं भी लगी रहती हैं।

जिस जातक का जन्म 'मकर' लग्न में हुआ हो और जन्म-कुण्डली के 'तृतीयभाव' में 'शुक्र' की स्थिति हो, उसे 'शुक्र' का फलादेश नीचे लिखे अनुसार समझना चाहिए—

मकर लग्न: तृतीयभाव: शुक्र

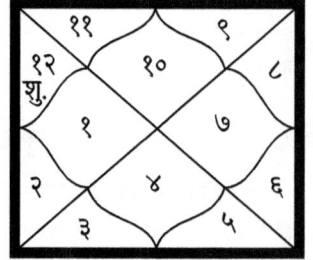

तीसरे भाई-बहन एवं पराक्रम के भाव में अपने समग्रह गुरु की मीन राशि पर स्थित उच्च शुक्र के प्रभाव से जातक के पराक्रम में विशेष वृद्धि होती है तथा विद्या एवं संतानपक्ष से शक्ति प्राप्त होती है। साथ ही पिता का सुख, सहयोग, राज्य से सम्मान एवं व्यवसाय से लाभ प्राप्त होता है। भाई-बहन का सुख भी कुछ कमी के साथ मिलता है तथा जातक बड़ा हिम्मती एवं धैर्यवान होता है। यहां से शुक्र सातवीं नीचदृष्टि से अपने मित्र बुध की कन्या राशि में नवमभाव को देखता है, अत: भाग्य उन्नति तथा धर्म-पालन में कुछ कमी बनी रहती है तथा यश भी कम ही मिल पाता है।

जिस जातक का जन्म 'मकर' लग्न में हुआ हो और जन्म-कुण्डली के 'चतुर्थभाव' में 'शुक्र' की स्थिति हो, उसे 'शुक्र' का फलादेश आगे लिखे अनुसार समझना चाहिए—

मकर लग्न: चतुर्थभाव: शुक्र

चौथे केन्द्र, माता एवं भूमि के भाव में अपने समग्रह मंगल की मेष राशि पर स्थित शुक्र के प्रभाव से जातक को माता, भूमि एवं मकान का सुख प्राप्त होता है तथा बुद्धि-योग से आमदनी के क्षेत्र में भी सफलता मिलती है। यहां से शुक्र सातवीं दृष्टि से अपनी ही तुला राशि में दशमभाव को देखता है, अत: जातक को पिता का सहयोग, राज्य से सम्मान, व्यवसाय से लाभ, विद्या में प्रवीणता तथा संतानपक्ष से सहयोग भी प्राप्त होता है। ऐसा व्यक्ति नीतिज्ञ, विचारवान, शीलवान तथा सुख-शांतिपूर्ण जीवन बिताने वाला होता है।

जिस जातक का जन्म 'मकर' लग्न में हुआ हो और जन्म-कुण्डली के 'पंचमभाव' में 'शुक्र' की स्थिति हो, उसे 'शुक्र' का फलादेश आगे लिखे अनुसार समझना चाहिए—

पांचवें त्रिकोण, विद्या एवं संतान के भाव में अपनी ही वृषभ राशि पर स्थित शुक्र के प्रभाव से जातक को विद्या-बुद्धि की शक्ति एवं संतानों का सुख प्राप्त होता है। वह अपने चातुर्य के बल पर उन्नति करता है। उसे पिता द्वारा लाभ तथा राज्य द्वारा सम्मान भी मिलता है। ऐसा व्यक्ति कायदे-कानून की बातें करने वाला तथा हुकूमत पसंद होता है। यहां से शुक्र अपनी सातवीं दृष्टि से समग्रह मंगल की वृश्चिक राशि में नवमभाव को देखता है, अतः जातक की आमदनी भी अच्छी रहती है तथा वह निरन्तर उन्नति भी करता चला जाता है।

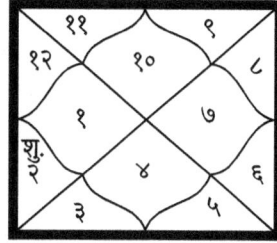

मकर लग्नः पंचमभावः शुक्र

जिस जातक का जन्म 'मकर' लग्न में हुआ हो और जन्म-कुण्डली के 'षष्ठभाव' में 'शुक्र' की स्थिति हो, उसे 'शुक्र' का फलादेश आगे लिखे अनुसार समझना चाहिए—

छठे रोग एवं शत्रु भाव में अपने मित्र बुध की मिथुन राशि पर स्थित शुक्र के प्रभाव से जातक शत्रु पक्ष में प्रभाव रखने वाला होता है। उसको पिता द्वारा कुछ मतभेद के साथ शक्ति प्राप्त होती है, संतानपक्ष तथा विद्या के पक्ष में कमी रहती है एवं राज्य के क्षेत्र में भी कम सम्मान मिल पाता है। ऐसा व्यक्ति दिमागी रूप से चिंतित भी बना रहता है। यहां से शुक्र अपनी सातवीं दृष्टि से समग्रह गुरु की धनु राशि में द्वादशभाव को देखता है, अतः खर्च अधिक रहता है, परन्तु बाहरी स्थानों के सम्बन्ध से शक्ति एवं लाभ की प्राप्ति होती रहती है।

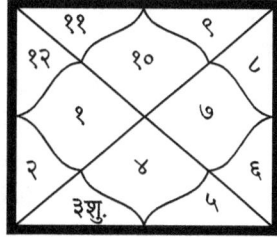

मकर लग्नः षष्ठभावः शुक्र

जिस जातक का जन्म 'मकर' लग्न में हुआ हो और जन्म-कुण्डली के 'सप्तमभाव' में 'शुक्र' की स्थिति हो, उसे 'शुक्र' का फलादेश आगे लिखे अनुसार समझना चाहिए—

सातवें केन्द्र, स्त्री तथा व्यवसाय के भाव में अपने शत्रु चन्द्र की कर्क राशि पर स्थित शुक्र के प्रभाव से जातक को सुंदर तथा योग्य स्त्री मिलती है तथा बुद्धि-चातुर्य से व्यवसाय में भी लाभ होता है। उसे पिता, विद्या एवं संतानपक्ष से सुख मिलता है तथा घरेलू जीवन भी आनंदपूर्ण बना रहता है। यहां से शुक्र अपनी सातवीं मित्रदृष्टि से शनि की मकर राशि में प्रथमभाव को देखता है। अतः जातक को शारीरिक सौंदर्य एवं प्रभाव की प्राप्ति होती है। उसे राजकीय क्षेत्र से सम्मान मिलता है तथा समाज में भी प्रतिष्ठा की वृद्धि होती है।

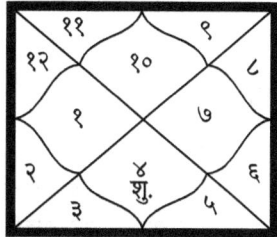

मकर लग्नः सप्तमभावः शुक्र

जिस जातक का जन्म 'मकर' लग्न में हुआ हो और जन्म-कुण्डली के 'अष्टमभाव' में 'शुक्र' की स्थिति हो, उसे 'शुक्र' का फलादेश आगे लिखे अनुसार समझना चाहिए—

आठवें आयु एवं पुरातत्त्व के भाव में अपने शत्रु सूर्य की सिंह राशि पर स्थित शुक्र के प्रभाव से जातक को आयु एवं पुरातत्त्व शक्ति का लाभ होता है। उसे पिता पक्ष तथा संतान-पक्ष से कष्ट का अनुभव होता है। राजकीय क्षेत्र में सम्मान कम मिलता है तथा विद्या की भी कमी बनी रहती है। ऐसा व्यक्ति परिश्रम एवं गुप्त-युक्तियों के बल पर अपनी उन्नति करता है। यहां से शुक्र अपनी सातवीं मित्र-दृष्टि से शनि की कुम्भ राशि में द्वितीयभाव को देखता है, अत: जातक को धन एवं कुटुंब का सुख भी प्राप्त होता है।

मकर लग्न: अष्टमभाव: शुक्र

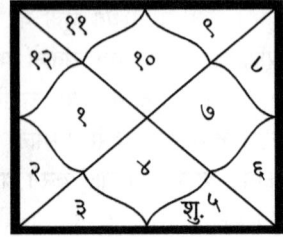

जिस जातक का जन्म 'मकर' लग्न में हुआ हो और जन्म-कुण्डली के 'नवमभाव' में 'शुक्र' की स्थिति हो, उसे 'शुक्र' का फलादेश आगे लिखे अनुसार समझना चाहिए—

नवें त्रिकोण, भाग्य एवं धर्म के भाव में अपने मित्र बुध की कन्या राशि पर स्थित नीच के शुक्र के प्रभाव से जातक की भाग्योन्नति में बाधाएं आती है तथा धर्म का पालन भी ठीक प्रकार से नहीं होता। उसे पिता, संतान, विद्या, राज्य तथा व्यवसाय के क्षेत्र में भी त्रुटिपूर्ण सफलता मिलती है। यहां से शुक्र अपनी सातवीं उच्चदृष्टि से समग्रह गुरु की मीन राशि में तृतीयभाव को देखता है, अत: जातक को भाई-बहनों का सुख विशेष रूप से मिलता है तथा पराक्रम में भी वृद्धि होती है। ऐसा व्यक्ति अपने परिश्रम तथा पुरुषार्थ से उन्नति करता है।

मकर लग्न: नवमभाव: शुक्र

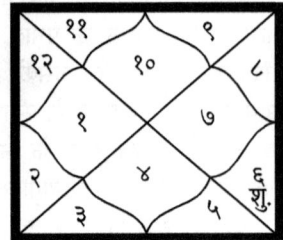

जिस जातक का जन्म 'मकर' लग्न में हुआ हो और जन्म-कुण्डली के 'दशमभाव' में 'शुक्र' की स्थिति हो, उसे 'शुक्र' का फलादेश आगे लिखे अनुसार समझना चाहिए—

दसवें केंद्र, राज्य पिता एवं व्यवसाय के भाव में अपनी ही तुला राशि पर स्थित स्वक्षेत्री शुक्र के प्रभाव से जातक को पिता से पूर्ण सहयोग, राज्य से अत्यधिक सम्मान तथा व्यवसाय से विशेष लाभ प्राप्त होता है। उसका संतान तथा विद्या पक्ष भी प्रबल रहता है। वह अपनी बुद्धि तथा चातुर्य द्वारा उन्नति करता है एवं हुकूमत पसंद न्यायशील होता है। यहां से शुक्र अपनी सातवीं समग्रहदृष्टि से मंगल की मेष राशि में चतुर्थभाव को देखता है, अत: जातक को माता, भूमि तथा मकान आदि का सुख प्राप्त होता है और उसका घरेलू जीवन आनंदमय बना रहता है।

मकर लग्न: दशमभाव: शुक्र

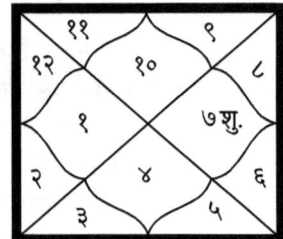

जिस जातक का जन्म 'मकर' लग्न में हुआ हो और जन्म-कुण्डली के 'एकादशभाव' में 'शुक्र' की स्थिति हो, उसे 'शुक्र' का फलादेश आगे लिखे अनुसार समझना चाहिए—

ग्यारहवें लाभ भाव में अपने समग्रह मंगल की वृश्चिक राशि पर स्थित शुक्र के प्रभाव से जातक की आमदनी में वृद्धि होती है, साथ ही उसे पिता, राज्य एवं व्यवसाय के पक्ष से भी सफलता प्राप्त होती है। यहां से शुक्र सातवीं दृष्टि से अपनी ही वृषभ राशि में पंचमभाव को देखता है, अत: जातक को संतान पक्ष की शक्ति मिलती है तथा विद्या-बुद्धि का क्षेत्र भी श्रेष्ठ रहता है। ऐसा व्यक्ति अपनी विद्या, गुण तथा योग्यता के बल पर सर्वत्र आदर, सम्मान तथा लाभ प्राप्त करता है। वह हुकूमत पसंद तथा प्रभावशाली भी होता है।

मकर लग्न: एकादशभाव: शुक्र

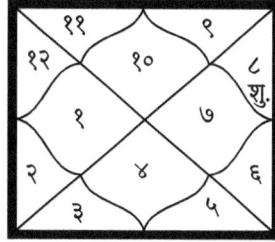

जिस जातक का जन्म 'मकर' लग्न में हुआ हो और जन्म-कुण्डली के 'द्वादशभाव' में 'शुक्र' की स्थिति हो, उसे 'शुक्र' का फलादेश आगे लिखे अनुसार समझना चाहिए—

बारहवें व्यय भाव में अपने समग्रह गुरु की धनु राशि पर स्थित शुक्र के प्रभाव से जातक का खर्च अधिक रहता है, परन्तु बाहरी स्थानों के सम्बन्ध से लाभ एवं शक्ति प्राप्त होती है। पिता-पक्ष से हानि, संतान-पक्ष से कष्ट, प्रतिष्ठा तथा विद्या के क्षेत्र में कमी एवं मानसिक चिन्ताओं का प्रभाव भी जातक के ऊपर पड़ता है। यहां से शुक्र अपनी सातवीं मित्रदृष्टि से बुध की मिथुन राशि में षष्ठभाव को देखता है, अत: जातक शत्रु-पक्ष में चातुर्य द्वारा अपना काम निकालता है तथा उसकी उन्नति कुछ विलंब से होती है।

मकर लग्न: द्वादशभाव: शुक्र

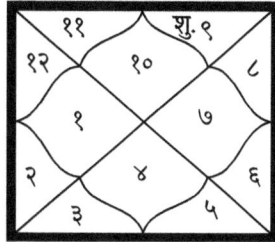

'मकर' लग्न में 'शनि' का फल

जिस जातक का जन्म 'मकर' लग्न में हुआ हो और जन्म-कुण्डली के 'प्रथमभाव' में 'शनि' की स्थिति हो, उसे 'शनि' का फलादेश आगे लिखे अनुसार समझना चाहिए—

पहलें केन्द्र एवं शरीर भाव में अपनी ही मकर राशि पर स्थित स्वक्षेत्री शनि के प्रभाव से जातक के शारीरिक सौंदर्य एवं प्रभाव में वृद्धि हाती है। वह मान-प्रतिष्ठा प्राप्त करने वाला, स्वाभिमानी तथा कौटुम्बिक सुख से परिपूर्ण होता है। यहां से शनि अपनी तीसरी समग्रहदृष्टि से तृतीयभाव को देखता है, अत: जातक को भाई-बहनों से असंतोष रहता है, परन्तु पराक्रम की वृद्धि होती है। सातवीं शत्रु-दृष्टि से सप्तमभाव को देखने से स्त्री पक्ष से भी कुछ असंतोष रहता है तथा व्यावसायिक उन्नति के लिए परिश्रम करता रहता

मकर लग्न: प्रथमभाव: शनि

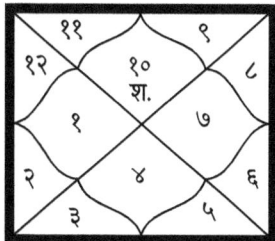

है। दसवीं उच्चदृष्टि से दशमभाव को देखने के कारण राज्य, पिता एवं व्यवसाय के क्षेत्र में सफलता, यश, मान तथा लाभ की प्राप्ति होती है।

जिस जातक का जन्म 'मकर' लग्न में हुआ हो और जन्म-कुण्डली के 'द्वितीयभाव' में 'शनि' की स्थिति हो, उसे 'शनि' का फलादेश आगे लिखे अनुसार समझना चाहिए—

दूसरे धन एवं कुटुम्ब के भाव में अपनी ही राशि पर स्थित शनि के प्रभाव से जातक धन-संचय की स्थिर शक्ति प्राप्त करता है तथा कुटुम्ब से भी लाभ होता है, परन्तु शारीरिक सुख एवं शांति में कुछ कमी आ जाती है। यहां से शनि अपनी तीसरी नीचदृष्टि से चतुर्थभाव को देखता है, अत: माता, भूमि एवं मकान आदि के सुख में कमी रहती है। सातवीं शत्रुदृष्टि से अष्टमभाव को देखने से आयु एवं पुरातत्त्व की कुछ हानि होती है तथा दसवीं शत्रुदृष्टि से एकादशभाव को देखने के कारण कठिनाइयों के साथ आमदनी की शक्ति प्राप्त होती है। ऐसा व्यक्ति धन तथा प्रतिष्ठा की वृद्धि के लिए विशेष परिश्रम करता है तथा स्वार्थी होता है।

मकर लग्न: द्वितीयभाव: शनि

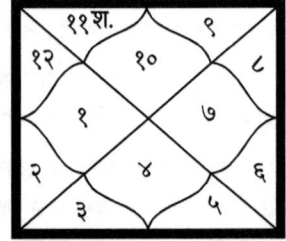

जिस जातक का जन्म 'मकर' लग्न में हुआ हो और जन्म-कुण्डली के 'तृतीयभाव' में 'शनि' की स्थिति हो, उसे 'शनि' का फलादेश आगे लिखे अनुसार समझना चाहिए—

तीसरे भाई-बहन एवं पराक्रम के भाव में अपने समग्रह गुरु की मीन राशि पर स्थित शनि के प्रभाव से जातक को भाई-बहन की शक्ति कुछ कठिनाइयों के बाद मिलती है, पराक्रम में अत्यधिक वृद्धि होती है। ऐसा व्यक्ति अपने पुरुषार्थ के बल पर धन तथा कुटुम्ब का सुख भी प्राप्त करता है। यहां से शनि अपनी तीसरी मित्रदृष्टि से पंचमभाव को देखता है, अत: संतान तथा विद्या-बुद्धि के क्षेत्र में विशेष सफलता मिलती है। सातवीं मित्रदृष्टि से नवमभाव को देखने से भाग्य की वृद्धि होती है तथा धर्म का पालन होता है।

मकर लग्न: तृतीयभाव: शनि

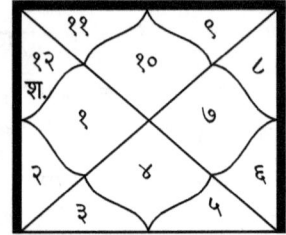

दसवीं समग्रहदृष्टि से द्वादशभाव को देखने के कारण जातक का खर्च अधिक रहता है तथा बाहरी स्थानों के सम्बन्ध से कुछ कठिनाइयों के साथ लाभ मिलता है।

जिस जातक का जन्म 'मकर' लग्न में हुआ हो और जन्म-कुण्डली के 'चतुर्थभाव' में 'शनि' की स्थिति हो, उसे 'शनि' का फलादेश आगे लिखे अनुसार समझना चाहिए—

मकर लग्नः चतुर्थभावः शनि

चौथे केन्द्र, माता एवं भूमि के भाव में अपने शत्रु मंगल की मेष राशि पर स्थित नीच के प्रभाव से जातक को माता के पक्ष से कुछ हानि उठानी पड़ती है तथा भूमि, भाव के सुख में कमी रहती है। साथ ही शारीरिक सौंदर्य धन एवं कुटुम्ब का सुख भी कम प्राप्त होता है। यहां से शनि तीसरी मित्रदृष्टि से षष्ठभाव को देखता है, अतः जातक शत्रु पक्ष पर अपना प्रभाव बनाए रखता है तथा झगड़े-झंझटों से लाभ उठाता है। सातवीं उच्चदृष्टि से दशमभाव को देखने से पिता, राज्य एवं व्यवसाय के क्षेत्र में सुख, सहयोग, सम्मान एवं सफलता का लाभ होता है तथा दसवीं दृष्टि से अपनी ही राशि में प्रथमभाव को देखने के कारण शरीर कुछ सुंदरता लिए रहता है। आत्मबल अधिक होता है तथा धन-संचय के लिए भी जातक प्रयत्नशील बना रहता है।

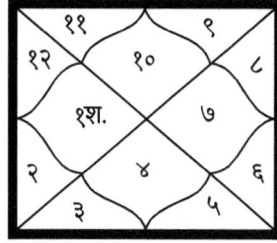

जिस जातक का जन्म 'मकर' लग्न में हुआ हो और जन्म-कुण्डली के 'पंचमभाव' में 'शनि ' की स्थिति हो, उसे 'शनि ' का फलादेश आगे लिखे अनुसार समझना चाहिए—

मकर लग्नः पंचमभावः शनि

पांचवें त्रिकोण, विद्या बुद्धि एवं संतान के भाव में अपने मित्र शुक्र की वृषभ राशि पर स्थित शनि के प्रभाव से जातक को संतानपक्ष से विशेष शक्ति प्राप्त होती है तथा विद्या, बुद्धि, वाणी, योग्यता एवं शारीरिक सौंदर्य का लाभ होता है। ऐसा व्यक्ति विचारशील, स्वाभिमानी परन्तु स्वार्थी होता है। यहां से शनि अपनी तीसरी शत्रुदृष्टि से सप्तमभाव को देखता है, अतः स्त्री पक्ष से असंतोष रहते हुए भी जातक स्त्री में अधिक अनुरक्त रहता है तथा व्यवसाय के पक्ष में त्रुटिपूर्ण सफलता मिलती है। सातवीं शत्रुदृष्टि से एकादशभाव को देखने से आमदनी के क्षेत्र में कठिनाइयां आती हैं तथा दसवीं दृष्टि से अपनी ही राशि में द्वितीयभाव को देखने के कारण धन तथा कुटुम्ब के सुख की वृद्धि होती है एवं संतानपक्ष से लाभ होता है तथा यश एवं सम्मान बढ़ता है।

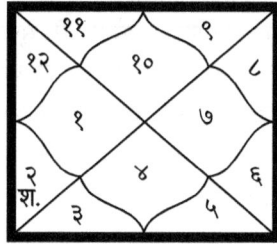

जिस जातक का जन्म 'मकर' लग्न में हुआ हो और जन्म-कुण्डली के 'षष्ठभाव' में 'शनि ' की स्थिति हो, उसे 'शनि ' का फलादेश आगे लिखे अनुसार समझना चाहिए—

मकर लग्नः षष्ठभावः शनि

छठे रोग एवं शत्रु-भाव में अपने मित्र बुध की मिथुन राशि पर स्थित शनि के प्रभाव से जातक के शारीरिक सौंदर्य एवं स्वास्थ्य में कुछ कमी रहती है, शत्रु पक्ष पर प्रभाव बढ़ता है, कुटुम्ब से सामान्य विरोध रहता है, धन-संग्रह में कमी आती है तथा शारीरिक श्रम अधिक करना पड़ता है। यहां से शनि अपनी तीसरी शत्रुदृष्टि से अष्टमभाव को देखता है,

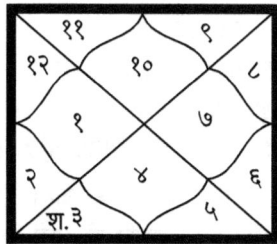

अतः आयु एवं पुरातत्त्व के पक्ष में विशेष लाभ नहीं होता। सातवीं समग्रहदृष्टि से द्वादशभाव को देखने से खर्च अधिक रहता है तथा बाहरी स्थानों से सम्बन्ध स्थापित होता है। दसवीं समग्रहदृष्टि से तृतीयभाव को देखने के कारण भाई-बहनों से कुछ वैमनस्य बना रहता है, परन्तु पुरुषार्थ की विशेष वृद्धि होती है।

जिस जातक का जन्म 'मकर' लग्न में हुआ हो और जन्म-कुण्डली के 'सप्तमभाव' में 'शनि' की स्थिति हो, उसे 'शनि' का फलादेश आगे लिखे अनुसार समझना चाहिए—

मकर लग्नः सप्तमभावः शनि

सातवें केन्द्र, स्त्री तथा व्यवसाय के भाव में अपने शत्रु चन्द्र की कर्क राशि पर स्थित शनि के प्रभाव से जातक को स्त्री पक्ष से शक्ति एवं आत्मीयता की प्राप्ति होती है तथा परिश्रम के द्वारा व्यवसाय के क्षेत्र में भी सफलता मिलती है। साथ ही धन एवं संतान का सुख भी मिलता है। यहां से शनि अपनी तीसरी मित्रदृष्टि से नवमभाव को देखता है, अतः जातक के भाग्य एवं धर्म की उन्नति होती है। सातवीं दृष्टि से अपनी ही राशि में प्रथमभाव को देखने से शारीरिक सौंदर्य, प्रभाव एवं स्वाभिमान का लाभ होता है तथा घर-गृहस्थी एवं व्यवसाय से सुख, लाभ तथा सम्मान मिलता है। दसवीं नीचदृष्टि से शत्रु की राशि में चतुर्थभाव को देखने के कारण माता के सुख में कमी रहती है तथा भूमि, मकान आदि का सुख भी अल्प मात्रा में ही मिल पाता है।

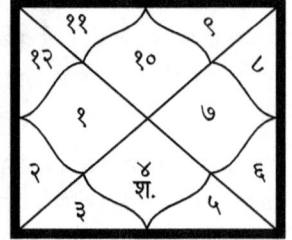

जिस जातक का जन्म 'मकर' लग्न में हुआ हो और जन्म-कुण्डली के 'अष्टमभाव' में 'शनि' की स्थिति हो, उसे 'शनि' का फलादेश आगे लिखे अनुसार समझना चाहिए—

मकर लग्नः अष्टमभावः शनि

आठवें आयु एवं पुरातत्त्व के भाव में अपने शत्रु सूर्य की सिंह राशि पर स्थित शनि के प्रभाव से जातक की आयु में वृद्धि होती है तथा पुरातत्त्व का भी कुछ लाभ होता है। साथ ही शारीरिक सौंदर्य एवं स्वास्थ्य में कमी आती है तथा धन एवं कुटुम्ब के पक्ष को भी हानि पहुंचती है। यहां से शनि अपनी तीसरी उच्चदृष्टि से दशमभाव को देखता है, अतः पिता, राज्य एवं व्यवसाय के क्षेत्र में कुछ उन्नति, सहयोग, सम्मान एवं सफलता मिलती है। सातवीं दृष्टि से अपनी ही राशि में द्वितीयभाव को देखने से धन तथा कुटुम्ब का सुख थोड़ा मिलता है तथा दसवीं मित्रदृष्टि से पंचमभाव को देखने के कारण विद्या, बुद्धि एवं संतानपक्ष में उन्नति होती है तथा बुद्धि तीव्र बनी रहती है।

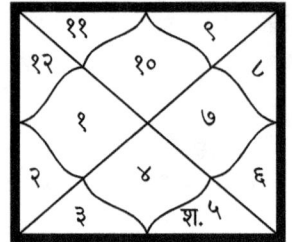

जिस जातक का जन्म 'मकर' लग्न में हुआ हो और जन्म-कुण्डली के 'नवमभाव' में 'शनि' की स्थिति हो, उसे 'शनि' का फलादेश आगे लिखे अनुसार समझना चाहिए—

मकर लग्नः नवमभावः शनि

नवें त्रिकोण, भाग्य एवं धर्म के भाव में अपने मित्र बुध की कन्या राशि पर स्थित शनि के प्रभाव से जातक की भाग्योन्नति खूब होती है और वह धर्म का पालन भी करता है। साथ ही शारीरिक प्रभाव, सम्मान एवं कुटुम्ब की शक्ति भी मिलती है। यहां से शनि अपनी तीसरी शत्रु-दृष्टि से एकादशभाव को देखता है, अतः आमदनी के मार्ग में कुछ कठिनाइयां आती हैं। सातवीं समग्रहदृष्टि से तृतीयभाव को देखने से भाई-बहन के सुख में कुछ कमी आती है, परन्तु पराक्रम की वृद्धि होती है। दसवीं मित्रदृष्टि से षष्ठभाव को देखने के कारण जातक धन एवं शारीरिक शक्ति के बल पर शत्रु पक्ष में सफलता प्राप्त करता है तथा झगड़ों के मामलों से लाभ उठाता है।

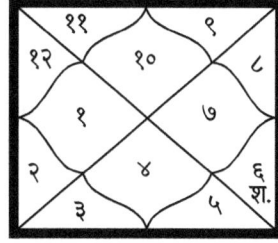

जिस जातक का जन्म 'मकर' लग्न में हुआ हो और जन्म-कुण्डली के 'दशमभाव' में 'शनि ' की स्थिति हो, उसे 'शनि ' का फलादेश आगे लिखे अनुसार समझना चाहिए—

मकर लग्नः दशमभावः शनि

दसवें केन्द्र, पिता, राज्य एवं व्यवसाय के भाव में अपने मित्र शुक्र की तुला राशि पर स्थित उच्च शनि के प्रभाव से जातक को पिता एवं कुटुम्ब से सहयोग, राज्य द्वारा सम्मान एवं व्यवसाय के क्षेत्र में विशेष सफलता प्राप्त होती है, उसे धन तथा कुटुम्ब का सुख भी पर्याप्त मिलता है। यहां से शनि अपनी तीसरी समग्रहदृष्टि से द्वादशभाव को देखता है, अतः खर्च अधिक रहता है तथा बाहरी स्थानों के सम्बन्ध से असंतोष बना रहता है। सातवीं नीचदृष्टि से चतुर्थभाव को देखने से माता, भूमि एवं मकान आदि के सुख में कमी आती है तथा दसवीं शत्रुदृष्टि से सप्तमभाव को देखने के कारण स्त्री के सुख में कमी रहती है एवं व्यवसाय के क्षेत्र में भी कुछ कठिनाइयां उपस्थित होती हैं।

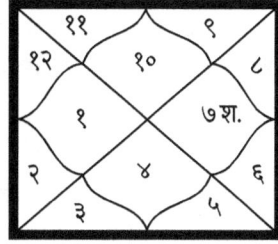

जिस जातक का जन्म 'मकर' लग्न में हुआ हो और जन्म-कुण्डली के 'एकादशभाव' में 'शनि ' की स्थिति हो, उसे 'शनि ' का फलादेश आगे लिखे अनुसार समझना चाहिए—

मकर लग्नः एकादशभावः शनि

ग्यारहवें लाभ-भाव में अपने शत्रु मंगल की वृश्चिक राशि पर स्थित शनि के प्रभाव से जातक की आमदनी में खूब वृद्धि होती है और उसे धन तथा कुटुम्ब का सुख भी प्राप्त होता है। यहां से शनि तीसरी दृष्टि से अपनी ही राशि में प्रथमभाव को देखता है, अतः जातक को शारीरिक सौंदर्य , आत्म-बल, मान-प्रतिष्ठा तथा प्रभाव की उपलब्धि पर्याप्त होती है। वह सदैव धन-संचय में लगा रहता है। सातवीं मित्रदृष्टि से पंचमभाव को देखने से संतान की शक्ति मिलती है तथा विद्या एवं बुद्धि के क्षेत्र में खूब प्रवीणता प्राप्त होती

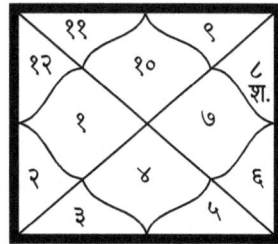

है। दसवीं शत्रुदृष्टि से अष्टमभाव को देखने के कारण आयु के सम्बन्ध में चिन्ता बनी रहती है तथा पुरातत्त्व की शक्ति का कुछ लाभ होता है। सामान्यत: ऐसा व्यक्ति धनी, सुखी तथा यशस्वी होता है।

जिस जातक का जन्म 'मकर' लग्न में हुआ हो और जन्म-कुण्डली के 'द्वादशभाव' में 'शनि' की स्थिति हो, उसे 'शनि' का फलादेश आगे लिखे अनुसार समझना चाहिए—

बारहवें व्यय भाव में अपने समग्रह गुरु की धनु राशि पर स्थित शनि के प्रभाव से जातक का खर्च अधिक रहता है तथा उसे बाहरी स्थानों में पर्यटन के द्वारा शक्ति एवं सफलता प्राप्त होती है। धन, कुटुम्ब तथा शारीरिक स्वास्थ्य में कमी भी आती है। यहां से शनि तीसरी दृष्टि से अपनी ही राशि में द्वितीयभाव को देखता है, अत: जातक धन प्राप्त करने के लिए निरंतर प्रयत्नशील बना रहता है। सातवीं मित्रदृष्टि से षष्ठभाव को देखने से शत्रु पक्ष पर प्रभाव स्थापित होता है एवं झगड़े-झंझट के कामों में सफलता मिलती है। दसवीं मित्रदृष्टि से नवमभाव को देखने के कारण भाग्य की उन्नति होती है तथा धर्म का पालन भी होता है। कुल मिलाकर ऐसा व्यक्ति धनी तथा भाग्यशाली माना जाता है।

मकर लग्न: द्वादशभाव: शनि

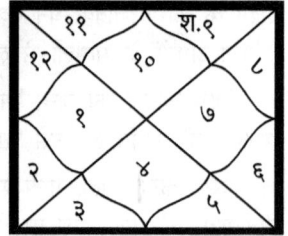

'मकर' लग्न में 'राहु' का फल

जिस जातक का जन्म 'मकर' लग्न में हुआ हो और जन्म-कुण्डली के 'प्रथमभाव' में 'राहु' की स्थिति हो, उसे 'राहु' का फलादेश आगे लिखे अनुसार समझना चाहिए—

पहले केन्द्र तथा शरीर भाव में अपने मित्र शनि की मकर राशि पर स्थित राहु के प्रभाव से जातक के शारीरिक स्वास्थ्य एवं सौंदर्य में कमी आती है तथा उसे गुप्त चिन्ताएं भी बनी रहती हैं। कभी शरीर में चोट भी लगती है तथा कोई विशेष बीमारी भी होती है। ऐसा व्यक्ति अपने युक्ति-बल से सम्मान तथा प्रभाव को बढ़ता है और अपनी उन्नति के लिए प्रयत्नशील बना रहता है। वह बड़ा सावधान, चतुर तथा हिम्मतवाला भी होता है।

मकर लग्न: प्रथमभाव: राहु

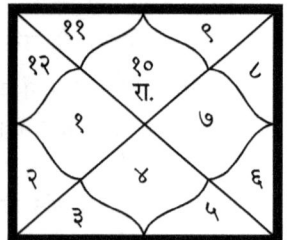

जिस जातक का जन्म 'मकर' लग्न में हुआ हो और जन्म-कुण्डली के 'द्वितीयभाव' में 'राहु' की स्थिति हो, उसे 'राहु' का फलादेश आगे लिखे अनुसार समझना चाहिए—

दूसरे धन एवं कुटुम्ब के भाव में अपने मित्र शनि की कुम्भ राशि पर स्थित राहु के प्रभाव से जातक को धन तथा कुटुम्ब के कारण चिंतित रहना पड़ता है तथा कष्ट उठाना होता है। वह अपनी गुप्त युक्तियों के बल पर धन की वृद्धि के लिए प्रयत्नशील बना रहता है। कभी-कभी उसे ऋण भी लेना पड़ता है। वह प्रकट रूप में धनी तथा प्रतिष्ठित माना जाता है, परन्तु यथार्थ में धन की कमी का अनुभव करता है। अंत में, वह अपनी आर्थिक स्थिति को सुदृढ़ भी बना लेता है।

मकर लग्न: द्वितीयभाव: राहु

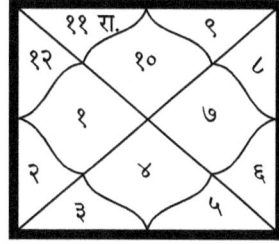

जिस जातक का जन्म 'मकर' लग्न में हुआ हो और जन्म-कुण्डली के 'तृतीयभाव' में 'राहु' की स्थिति हो, उसे 'राहु' का फलादेश आगे लिखे अनुसार समझना चाहिए—

तीसरे भाई-बहन एवं पराक्रम के भाव में अपने समग्रह गुरु की मीन राशि पर स्थित राहु के प्रभाव से जातक को भाई-बहनों की ओर से चिंता बनी रहती है तथा कष्ट भी प्राप्त होता है, परन्तु उसके पराक्रम की अत्यधिक वृद्धि होती है। ऐसा व्यक्ति अपनी गुप्त युक्तियों के बल पर प्रभाव को बढ़ाता है। वह भीतर से दुर्बलता का अनुभव करते रहने पर भी प्रत्यक्ष रूप में हिम्मत का प्रदर्शन करता है, फलस्वरूप वह कठिनाइयों पर विजय भी प्राप्त करता रहता है।

मकर लग्न: तृतीयभाव: राहु

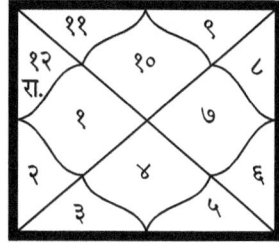

जिस जातक का जन्म 'मकर' लग्न में हुआ हो और जन्म-कुण्डली के 'चतुर्थभाव' में 'राहु' की स्थिति हो, उसे 'राहु' का फलादेश आगे लिखे अनुसार समझना चाहिए—

चौथे केन्द्र, माता एवं भूमि के भाव में अपने शत्रु मंगल की मेष राशि पर स्थित राहु के प्रभाव से जातक को माता, भूमि एवं मकान आदि के सुख में कमी बनी रहती है। उसका घरेलू वातावरण अशांतिपूर्ण बना रहता है और उसे अपनी मातृभूमि का त्याग भी करना पड़ता है। ऐसा व्यक्ति गुप्त युक्तियों के बल पर अंत में सफलता प्राप्त करता है, तब उसे सुख भी मिलता है और उसके प्रभाव की वृद्धि भी होती है। ऐसा जातक बड़ा हिम्मतवर तथा धैर्यवान होता है।

मकर लग्न: चतुर्थभाव: राहु

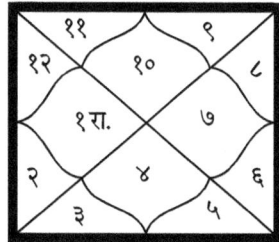

जिस जातक का जन्म 'मकर' लग्न में हुआ हो और जन्म-कुण्डली के 'पंचमभाव' में 'राहु' की स्थिति हो, उसे 'राहु' का फलादेश आगे लिखे अनुसार समझना चाहिए—

पांचवें त्रिकोण, विद्या-बुद्धि एवं संतान के भाव में अपने मित्र शुक्र की वृषभ राशि पर स्थित राहु के प्रभाव से जातक को संतानपक्ष से कष्ट मिलता है तथा विद्या ग्रहण करने में कठिनाइयां आती हैं, परन्तु ऐसे व्यक्ति की बुद्धि बहुत तेज होती है, अत: वह बड़ा होशियार, गुप्त युक्तियों में प्रवीण तथा चतुर होता है। कभी-कभी उसका मस्तिष्क चिन्ताओं के कारण परेशान भी हो जाता है, परन्तु अंत में उसे संतान तथा विद्या, दोनों के ही पक्ष में सफलता प्राप्त होती है।

मकर लग्न: पंचमभाव: राहु

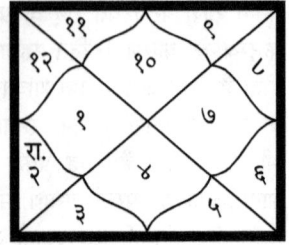

जिस जातक का जन्म 'मकर' लग्न में हुआ हो और जन्म-कुण्डली के 'षष्ठभाव' में 'राहु' की स्थिति हो, उसे 'राहु' का फलादेश आगे लिखे अनुसार समझना चाहिए—

छठे रोग तथा शत्रु भाव में अपने समग्रह बुध की मिथुन राशि पर स्थित उच्च के राहु के प्रभाव से जातक शत्रु पक्ष पर अपना विशेष प्रभाव रखता है तथा झगड़े-झंझट के मामलों में विजय एवं सफलता प्राप्त करता रहता है। ऐसा व्यक्ति गुप्त युक्तियों का ज्ञाता, तीव्र बुद्धि वाला, कूटनीतिज्ञ तथा विवेकी होता है। उसे शारीरिक बीमारियों का शिकार भी प्राय: कभी नहीं बनना पड़ता।

मकर लग्न: षष्ठभाव: राहु

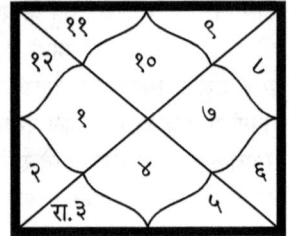

जिस जातक का जन्म 'मकर' लग्न में हुआ हो और जन्म-कुण्डली के 'सप्तमभाव' में 'राहु' की स्थिति हो, उसे 'राहु' का फलादेश आगे लिखे अनुसार समझना चाहिए—

सातवें केन्द्र, स्त्री तथा व्यवसाय के भाव में अपने शत्रु चन्द्र की कर्क राशि पर स्थित राहु के प्रभाव से जातक को स्त्री पक्ष से महान कष्ट प्राप्त होता है तथा व्यवसाय के क्षेत्र में भी कठिनाइयां आती रहती हैं। उसकी जननेंद्रिय में रोग भी होता है। ऐसा व्यक्ति अपने मनोबल, कूटनीति एवं गुप्त युक्तियों के बल पर अपनी कठिनाइयों पर विजय प्राप्त करता है, फिर भी उसे कुछ-न-कुछ मानसिक कष्ट हमेशा बना रहता है।

मकर लग्न: सप्तमभाव: राहु

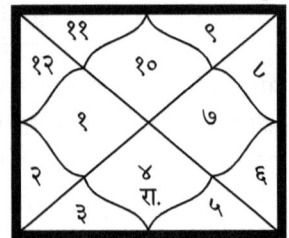

जिस जातक का जन्म 'मकर' लग्न में हुआ हो और जन्म-कुण्डली के 'अष्टमभाव' में 'राहु' की स्थिति हो, उसे 'राहु' का फलादेश आगे लिखे अनुसार समझना चाहिए—

आठवें आयु एवं पुरातत्त्व के भाव में अपने शत्रु सूर्य की सिंह राशि पर स्थित राहु के प्रभाव से जातक को अपनी आयु (जीवन) के सम्बन्ध में बड़ी कठिनाइयों का सामना करना पड़ता है। कभी-कभी मृत्यु-तुल्य कष्ट भी भोगना पड़ता है। साथ ही पुरातत्त्व की भी हानि होती है। ऐसा व्यक्ति उदर अथवा गुदा सम्बन्धी रोगों का शिकार रहता है। वह अपनी गुप्त युक्तियों के बल पर जैसे-तैसे जीवन-यापन करता चला जाता है तथा कुछ प्रभावशाली भी होता है।

मकर लग्न: अष्टमभाव: राहु

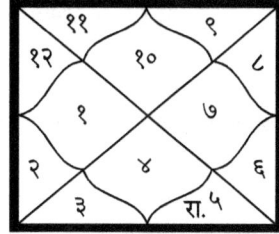

जिस जातक का जन्म 'मकर' लग्न में हुआ हो और जन्म-कुण्डली के 'नवमभाव' में 'राहु' की स्थिति हो, उसे 'राहु' का फलादेश आगे लिखे अनुसार समझना चाहिए—

नवें त्रिकोण, भाग्य एवं धर्म के भाव में अपने समग्रह बुध की कन्या राशि पर स्थित राहु के प्रभाव से जातक की भाग्योन्नति में निरन्तर बाधाएं आती रहती हैं, परन्तु वह अपनी गुप्त युक्तियों के बल पर उनका निराकरण करता रहता है तथा कभी-कभी विशेष कठिनाइयों का शिकार भी बनता है। धर्म का पालन भी वह कुछ कमी के साथ करता है। ऐसा व्यक्ति बड़े संघर्षों, परिश्रम एवं युक्तियों के बल पर अपने भाग्य की थोड़ी-बहुत उन्नति कर लेता है, फिर भी उसे किसी-न-किसी अभाव का अनुभव अवश्य होता रहता है।

मकर लग्न: नवमभाव: राहु

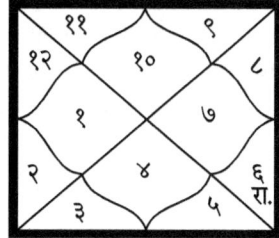

जिस जातक का जन्म 'मकर' लग्न में हुआ हो और जन्म-कुण्डली के 'दशमभाव' में 'राहु' की स्थिति हो, उसे 'राहु' का फलादेश आगे लिखे अनुसार समझना चाहिए—

दसवें केन्द्र, पिता, राज्य एवं व्यवसाय के भाव में अपने मित्र शुक्र की तुला राशि पर स्थित राहु के प्रभाव से जातक को पिता द्वारा कुछ कठिनाइयों, राज्य के द्वारा परेशानियों तथा व्यवसाय के क्षेत्र में बाधाओं का सामना करना पड़ता है, परन्तु वह अपनी गुप्त युक्तियों एवं चातुर्य के बल पर उन सबका निराकरण करता है तथा भाग्य को उन्नत बनाता है। फिर भी उसे इन सभी क्षेत्रों में अनेक बार संकटों का सामना अवश्य करना पड़ता है।

मकर लग्न: दशमभाव: राहु

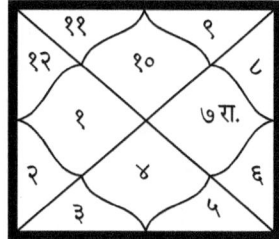

जिस जातक का जन्म 'मकर' लग्न में हुआ हो और जन्म-कुण्डली के 'एकादशभाव' में 'राहु' की स्थिति हो, उसे 'राहु' का फलादेश आगे लिखे अनुसार समझना चाहिए—

ग्यारहवें लाभ भाव में अपने शत्रु मंगल की वृश्चिक राशि पर स्थित राहु के प्रभाव से जातक अपने परिश्रम, साहस एवं गुप्त युक्तियों के बल पर विशेष लाभ प्राप्त करता है, परन्तु उसे अपनी आमदनी की वृद्धि के लिए कष्ट, परेशानी तथा संकटों का सामना भी करना पड़ता है। ऐसे व्यक्ति को कभी बहुत हानि उठानी पड़ती है, तो कभी बहुत लाभ भी होता है। इस प्रकार उसका जीवन सुख-दु:ख दोनों से ही परिपूर्ण बना रहता है।

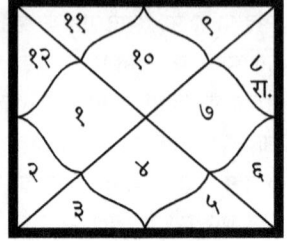
मकर लग्न: एकादशभाव: राहु

जिस जातक का जन्म 'मकर' लग्न में हुआ हो और जन्म-कुण्डली के 'द्वादशभाव' में 'राहु' की स्थिति हो, उसे 'राहु' का फलादेश आगे लिखे अनुसार समझना चाहिए—

बारहवें व्यय भाव में अपने समग्रह गुरु की धनु-राशि पर स्थित नीच के राहु के प्रभाव से जातक को अपना खर्च चलाने में बड़ी कठिनाइयों का सामना करना पड़ता है तथा बाहरी स्थानों के सम्बन्धों से भी संकट उठाने पड़ते हैं। ऊपरी दिखावे में वह व्यक्ति प्रभावशाली होता है तथा संकटग्रस्त प्रतीत नहीं होता, परन्तु यथार्थ में उसे अपनी परेशानियों को कम करने में विशेष परिश्रम करना पड़ता है।

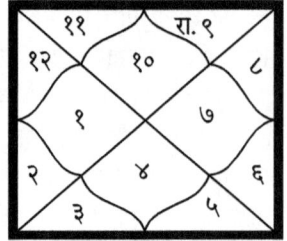
मकर लग्न: द्वादशभाव: राहु

'मकर' लग्न में 'केतु' का फल

जिस जातक का जन्म 'मकर' लग्न में हुआ हो और जन्म-कुण्डली के 'प्रथमभाव' में 'केतु' की स्थिति हो, उसे 'केतु' का फलादेश आगे लिखे अनुसार समझना चाहिए—

पहले केन्द्र एवं शरीर भाव में अपने शत्रु शनि की मकर राशि पर स्थित केतु के प्रभाव से जातक के शारीरिक सौंदर्य तथा स्वास्थ्य में कमी रहती है और कभी बड़ी चोट के लगने की संभावना भी उपस्थित होती है। ऐसा व्यक्ति बड़े उग्र तथा जिद्दी स्वभाव का होता है। वह अपने प्रभाव को बढ़ाने के लिए गुप्त युक्तियों का आश्रय लेता है, परन्तु अपने शरीर के भीतर किसी विशेष कमी का अनुभव भी करता रहता है।

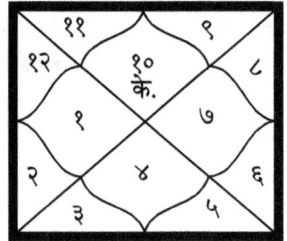
मकर लग्न: प्रथमभाव: केतु

जिस जातक का जन्म 'मकर' लग्न में हुआ हो और जन्म-कुण्डली के 'द्वितीयभाव' में 'केतु' की स्थिति हो, उसे 'केतु' का फलादेश आगे लिखे अनुसार समझना चाहिए—

मकर लग्नः द्वितीयभावः केतु

दूसरे धन एवं कुटुंब के भाव में अपने शत्रु शनि की कुम्भ राशि पर स्थित केतु के प्रभाव से जातक को धन तथा कुटुम्ब के कारण बड़े कष्ट और संकटों का सामना करना पड़ता है, परन्तु ऐसा व्यक्ति हिम्मत, परिश्रम तथा गुप्त युक्तियों से काम लेकर अपने धन की कमी को पूरा करने के लिए प्रयत्नशील बना रहता है। वह बड़ा साहसी होता है तथा संकट के समय में भी घबराता नहीं है।

जिस जातक का जन्म 'मकर' लग्न में हुआ हो और जन्म-कुण्डली के 'तृतीयभाव' में 'केतु' की स्थिति हो, उसे 'केतु' का फलादेश आगे लिखे अनुसार समझना चाहिए—

मकर लग्नः तृतीयभावः केतु

तीसरे भाई-बहन एवं पराक्रम के भाव में अपने समग्रह गुरु की मीन राशि पर स्थित केतु के प्रभाव से जातक को भाई-बहनों के पक्ष में परेशानी तथा संकट का सामना करना पड़ता है, परन्तु उसके पराक्रम की बहुत वृद्धि होती है, अतः वह कठिन परिश्रम, पुरुषार्थ, गुप्त युक्ति, साहस एवं धैर्य के साथ अपने जीवन को प्रभावशाली बनाने तथा अभावों को दूर करने का प्रयत्न करता रहता है। कभी-कभी उसके मन में बड़ी निराशा होती है, परन्तु प्रकट रूप में वह धैर्यवान बना रहता है।

जिस जातक का जन्म 'मकर' लग्न में हुआ हो और जन्म-कुण्डली के 'चतुर्थभाव' में 'केतु' की स्थिति हो, उसे 'केतु' का फलादेश आगे लिखे अनुसार समझना चाहिए—

मकर लग्नः चतुर्थभावः केतु

चौथे केन्द्र, माता एवं भूमि के भाव में अपने मित्र मंगल की मेष राशि पर स्थित केतु के प्रभाव से जातक को माता के सुख में कमी आती है तथा माता के कारण कष्ट भी प्राप्त होता है। उसका घरेलू जीवन कलहपूर्ण रहता है। उसे अपनी मातृभूमि का त्याग भी करना पड़ता है तथा परदेश में जाकर रहना पड़ता है। वह अंत में कठिन परिश्रम तथा गुप्त युक्तियों के बल पर सुख के साधन प्राप्त करने में थोड़ा-बहुत सफल हो जाता है।

जिस जातक का जन्म 'मकर' लग्न में हुआ हो और जन्म-कुण्डली के 'पंचमभाव' में 'केतु' की स्थिति हो, उसे 'केतु' का फलादेश आगे लिखे अनुसार समझना चाहिए—

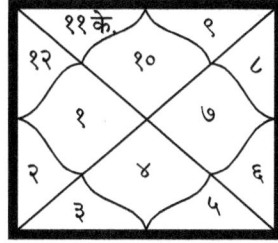

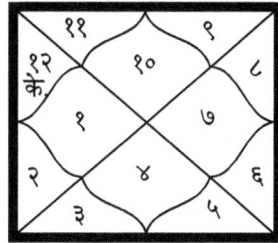

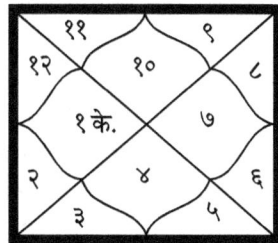

पांचवें त्रिकोण, विद्या-बुद्धि एवं संतान के भाव में अपने मित्र शुक्र की वृषभ राशि पर स्थित केतु के प्रभाव से जातक को संतानपक्ष से परेशानी तथा कमी का अनुभव होता है। उसे विद्याध्ययन के क्षेत्र में भी कठिनाइयां उठानी पड़ती हैं तथा विद्या में कमी बनी रहती है। उसके मस्तिष्क में गुप्त-चिन्ताओं का निवास रहता है, परन्तु वह बुद्धि का तीव्र होता है, अत: चतुराई से काम लेकर अपनी कठिनाइयों के निवारण का प्रयत्न करता है। ऐसा व्यक्ति प्रकट रूप में रूखे स्वभाव वाला होता है।

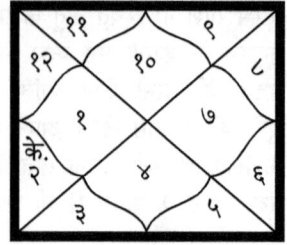
मकर लग्न: पंचमभाव: केतु

जिस जातक का जन्म 'मकर' लग्न में हुआ हो और जन्म-कुण्डली के 'षष्ठभाव' में 'केतु' की स्थिति हो, उसे 'केतु' का फलादेश आगे लिखे अनुसार समझना चाहिए—

छठे रोग तथा शत्रु भाव में अपने समग्रह बुध की मिथुन राशि पर स्थित नीच के केतु के प्रभाव से जातक को शत्रु पक्ष के कारण कठिनाइयों में फंसना पड़ता है, परन्तु वह अपनी गुप्त युक्तियों के द्वारा उन पर विजय प्राप्त करता है तथा झगड़े-झंझट के मामलों में सफलता पाता है। उसके ननिहाल-पक्ष को हानि पहुंचती है। कभी-कभी घोर संकट उपस्थित होने पर भी वह अपने धैर्य और साहस को नहीं छोड़ता।

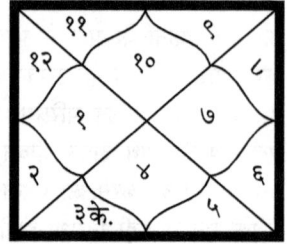
मकर लग्न: षष्ठभाव: केतु

जिस जातक का जन्म 'मकर' लग्न में हुआ हो और जन्म-कुण्डली के 'सप्तमभाव' में 'केतु' की स्थिति हो, उसे 'केतु' का फलादेश आगे लिखे अनुसार समझना चाहिए—

सातवें केन्द्र, स्त्री तथा व्यवसाय के भाव में अपने शत्रु चन्द्र की कर्क राशि पर स्थित केतु के प्रभाव से जातक को स्त्री-पक्ष से अनेक प्रकार के कष्ट तथा संकट प्राप्त होते हैं। उसके गृहस्थ जीवन में परेशानियां उपस्थित होती रहती हैं तथा व्यवसाय के क्षेत्र में भी कठिनाइयां आती हैं। ऐसा व्यक्ति अनेक प्रकार के व्यवसाय करता है। वह कठिन परिश्रम एवं गुप्त युक्तियों के बल पर अनेक संकटों का निवारण करता है और अनेक कठिनाइयों के उपरांत उसे थोड़ी-बहुत सफलता भी प्राप्त हो जाती है।

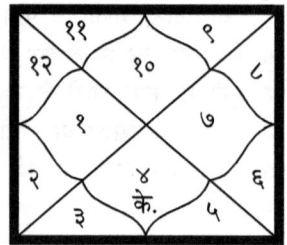
मकर लग्न: सप्तमभाव: केतु

जिस जातक का जन्म 'मकर' लग्न में हुआ हो और जन्म-कुण्डली के 'अष्टमभाव' में 'केतु' की स्थिति हो, उसे 'केतु' का फलादेश आगे लिखे अनुसार समझना चाहिए—

आठवें आयु एवं पुरातत्त्व के भाव में अपने शत्रु सूर्य की सिंह राशि पर स्थित केतु के प्रभाव से जातक को अपनी आयु (जीवन) के सम्बन्ध में अनेक बार मृत्यु-तुल्य संकटों का सामना करना पड़ता है तथा पुरातत्त्व शक्ति की भी हानि होती है। उसके पेट में विकार रहता है। अपनी आजीविका चलाने के लिए उसे कठिन परिश्रम करना पड़ता है। वह भीतर से बहुत चिंतित रहने पर भी बाहर से अपना प्रभाव प्रकट नहीं करता है तथा प्राय: संघर्षपूर्ण जीवन बिताता है।

मकर लग्न: अष्टमभाव: केतु

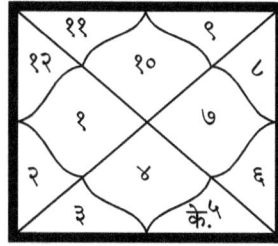

जिस जातक का जन्म 'मकर' लग्न में हुआ हो और जन्म-कुण्डली के 'नवमभाव' में 'केतु' की स्थिति हो, उसे 'केतु' का फलादेश आगे लिखे अनुसार समझना चाहिए—

नवें त्रिकोण, भाग्य एवं धर्म के भाव में अपने समग्रह बुध की कन्या राशि पर स्थित केतु के प्रभाव से जातक को भाग्योन्नति में कठिनाइयां तो आती हैं, परन्तु वह अपनी हिम्मत, गुप्त युक्तियों तथा परिश्रम के बल पर भाग्य की उन्नति तथा धर्म का पालन करता है। कभी-कभी भाग्य के क्षेत्र में उसे घोर संकटों का सामना करना पड़ता है, परन्तु अंत में वह उनका निवारण करने में सफल रहता है तथा प्रकट रूप में यश भी अर्जित करता है।

मकर लग्न: नवमभाव: केतु

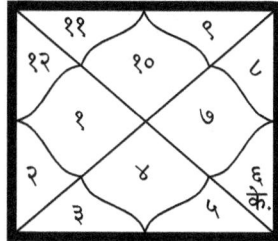

जिस जातक का जन्म 'मकर' लग्न में हुआ हो और जन्म-कुण्डली के 'दशमभाव' में 'केतु' की स्थिति हो, उसे 'केतु' का फलादेश आगे लिखे अनुसार समझना चाहिए—

दसवें केंद्र, पिता, राज्य एवं व्यवसाय के भाव में अपने मित्र शुक्र की तुला राशि पर स्थित केतु के प्रभाव से जातक पिता के पक्ष से कष्ट, राज्य के पक्ष से कठिनाइयां तथा व्यवसाय के पक्ष से संकट तथा परेशानियां उठाता है। कभी-कभी उसे अपनी प्रतिष्ठा की रक्षा करने के लिए बड़ी कठिनाइयों का सामना करना पड़ता है, परन्तु अपनी गुप्त युक्तियों एवं चातुर्य के बल पर वह उन पर सफलता पा लेता है। ऐसे व्यक्ति का जीवन बड़ा परिवर्तनशील होता है।

मकर लग्न: दशमभाव: केतु

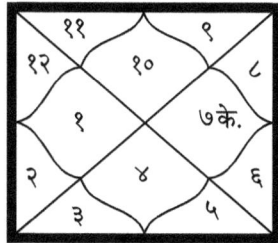

जिस जातक का जन्म 'मकर' लग्न में हुआ हो और जन्म-कुण्डली के 'एकादशभाव' में 'केतु' की स्थिति हो, उसे 'केतु' का फलादेश आगे लिखे अनुसार समझना चाहिए—

ग्यारहवें लाभ भाव में अपने मित्र मंगल की वृश्चिक राशि पर स्थित केतु के प्रभाव से जातक की आमदनी में अत्यधिक वृद्धि होती है और वह अधिकाधिक लाभ प्राप्त करने के लिए प्रयत्नशील रहता है। ऐसा व्यक्ति गुप्त युक्तियों, साहस एवं कठिन परिश्रम के सहारे आमदनी को बढ़ाता रहता है। कभी-कभी उसे अपनी आमदनी के सम्बन्ध में कठिनाइयों का सामना भी करना पड़ता है, परन्तु बाद में वह उन सब पर विजय पा लेता है। ऐसा व्यक्ति अपनी कुछ कमियों के विषय में गुप्त रूप से चिंतित भी बना रहता है।

मकर लग्न: एकादशभाव: केतु

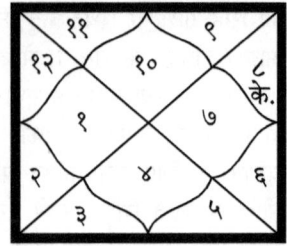

जिस जातक का जन्म 'मकर' लग्न में हुआ हो और जन्म-कुण्डली के 'द्वादशभाव' में 'केतु' की स्थिति हो, उसे 'केतु' का फलादेश आगे लिखे अनुसार समझना चाहिए—

बारहवें व्यय भाव में अपने समग्रह गुरु की धनु राशि पर स्थित केतु के प्रभाव से जातक का खर्च बहुत अधिक रहता है, परन्तु बाहरी स्थानों के सम्बन्ध से उसे लाभ एवं शक्ति की प्राप्ति भी होती रहती है। ऐसा व्यक्ति कठिनाइयों का साहस के साथ मुकाबला करता है और अंत में सफलता भी पाता है। वह अत्यधिक परिश्रमी, धैर्यवान, साहसी तथा गुप्त युक्तियों से काम लेने वाला भी होता है।

मकर लग्न: द्वादशभाव: केतु

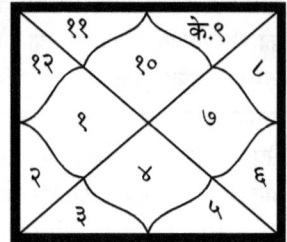

उदाहरण मकर लग्न कुण्डली 19. सामाजिक कार्यकर्त्री मिशनरी मदर टैरेसा

जन्म तिथि–26-08-1910
जन्म समय–16 : 25 घण्टे (यो.मा.स.)
जन्म स्थान–स्कोपजे (मैसेडोनिया-यूरोप)

<table>
<tr><td>जन्म कुण्डली</td><td>नवांश कुण्डली</td></tr>
<tr><td>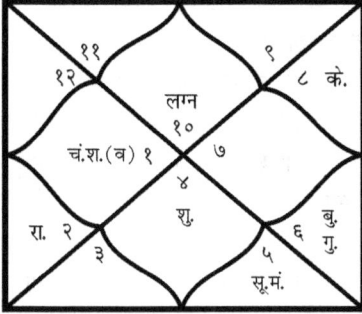</td><td>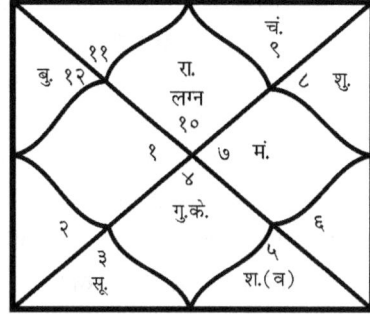</td></tr>
</table>

कुण्डली संख्या-19

ज्योतिषीय विवेचन

यह भचक्र में राशि क्रम की दशम राशि मकर राशि लग्न कुण्डली है। यह व्यक्ति को सजग व सुदृढ़ रखती है। यह पृथ्वीतत्त्व, तमोगुणी एक चर राशि है। इसका स्वामी शनि है। ऐसे व्यक्ति साहसी, हिम्मती, उत्साही, पक्के इरादे वाले नेक, व्यवहारिक और महत्वाकांक्षी होते हैं। वे जिद्दी व हठी होते हैं, किन्तु मेहनती व सेवाभावी होते हैं। गरीबों और बीमारों की सहायता करने के लिये सदैव आतुर रहते हैं। धर्मप्रचारक व संन्यासिनी मदर टैरेसा ऐसी ही एक नारी थी। स्कोपजे (मैसेडोनिया-यूरोप) में जन्मी मदर टैरेसा एक संन्यासिनी के रूप में भारत आई। सन् 1949 में कोलकाता में स्लम स्कूल खोला और गरीबों व बीमारों की सेवा में लग गई। बाद में कोलकता चर्च की उत्तराधिकारी नियुक्त हुई और अपना सारा जीवन परोपकार में लगा दिया। कृतिका नक्षत्र में जन्मी मदर टैरेसा मिष्ठभाषी, तेजस्वी, साहसी, परिश्रमी, बुद्धिमान, व्यवहारकुशल व परोपकारी नारी थी।

सुदर्शन लग्न विचार

जन्म लग्नेश वक्री शनि सुख भाव में चतुर्थ भाव में मंगल की मेष राशि में नीचराशिस्थ होकर चन्द्र के साथ विराजमान हैं। शनि की स्वराशि मकर लग्न पर व अपनी उच्च राशि के कर्म भाव दशम भाव पर पूर्णदृष्टि है। चन्द्र लग्नेश मंगल और सूर्य लग्नेश सूर्य दोनों सूर्य राशि सिंह में अष्टम भाव में बैठे हैं। जन्म लग्न व जन्म लग्नेश पर कोई दृष्टि नहीं है, किन्तु शुभ ग्रह गुरु की पूर्णदृष्टि है। की। नवांश लग्न भी मकर राशि की है। लग्न वर्गोत्तम है। शनि अष्टम भाव में बैठा है। लग्न पर कोई दृष्टि नहीं है। मंगल की दशम भाव से और शुभ ग्रह गुरु की सप्तम भाव से लग्न पर पूर्णदृष्टि है। यह एक उत्तम स्थिति है। जन्म लग्न ही बलिष्ठ है।

ग्रह स्थिति, ग्रह दृष्टि एवं ग्रह योग

उच्चराशिस्थ बुध धर्म व भाग्य के नवम भाव में गुरु के साथ बैठे हैं। गुरु की लग्न पर पूर्णदृष्टि है। यह स्वयं के तृतीय भाव और पंचम भाव को भी देख रहा है। अष्टम भाव में सूर्य की सिंह राशि में बैठा मंगल स्वराशि के लाभ के एकादश भाव, शनि की मूलत्रिकोण राशि कुम्भ के धन भाव और गुरु की मीन राशि के पराक्रम भाव को पूर्ण दृष्टि से देख रहा है। जन्म लग्नेश शनि नीचराशिस्थ होकर मंगल की मेष राशि में चन्द्र के साथ सुख के चतुर्थ भाव में बैठे हैं। यह स्थिति ठीक नहीं है। यह सभी सुखों से वंचित रखती है और व्यक्ति को सेवादार बनाती है। बलहीन करती है। व्यक्ति चिंतन, मनन में लगा रहता है। कर्क राशि में सप्तम भाव में बैठा शुक्र दयालु व धार्मिक बनाता है। यह सभी शुभाशुभ लक्षण मदर टैरेसा में मौजूद थे। अष्टमेश सूर्य का अष्टम भाव में पापग्रह मंगल के साथ होना और द्वादशेश गुरु का लग्नेश का शत्रु होना उन्हें भारत में खींच लाया। बुध व गुरु ने धर्म में आस्था उत्पन्न की। कुण्डली में सूर्य निर्मित उभयचरी योग, चन्द्र, शनि योग ने संन्यासिनी एवं चर्च की मठाधीश बनाया। एकादश भावस्थ केतु ने संसार के मायामोह से विरक्त भाव पैदा कर संन्यासिनी बनने में सहयोग दिया तथा पंचम भावस्थ राहु ने एक अच्छी सामाजिक कार्यकर्त्री और परोपकारी बनाया।

उपसंहार

उपर्युक्त सहसम्बन्धों तथा योगो से हम इस निष्कर्ष पर पहुंचे हैं कि स्कोपजे (मैसेडोनिया–यूरोप) में जन्मी मदर टैरेसा संसार के मायामोह से विरक्त एक संन्यासिनी के रूप में भारत आई और यहीं की होकर रह गई। वह एक अच्छी सामाजिक कार्यकर्त्री और परोपकारी थी। वह जीवनपर्यन्त गरीबों और बीमारों की सेवा में लगी रही। सन् 1979 में उनके सामाजिक कार्यो के कारण उन्हें विश्व के प्रसिद्ध पुरस्कार 'नोबेल शान्ति पुरस्कार' से सम्मानित किया गया। भारत उनकी सामाजिक सेवाओं का सदा आभारी रहेगा।

उदाहरण मकर लग्न कुण्डली 20. प्रख्यात वकील व राजनेता श्री राम जेठमलानी

जन्म तिथि–14-09-1923

जन्म समय–16 : 12 घण्टे (भा.मा.स.)

जन्म स्थान–शिकारपुर (पाकिस्तान)

जन्म कुण्डली

नवांश कुण्डली

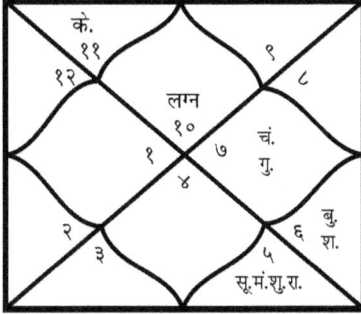

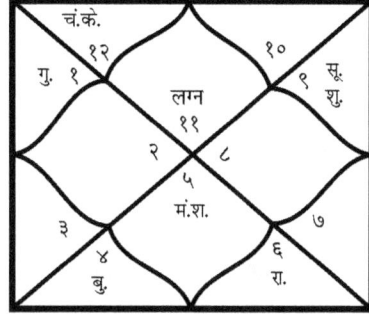

कुण्डली संख्या-20

ज्योतिषीय विवेचन

यह यह भचक्र में राशि क्रम की दशम राशि मकर राशि लग्न कुण्डली है। यह जातक को सजग व सुदृढ़ रखती है। यह पृथ्वीतत्त्व, तमोगुणी एक चर राशि है। इसका स्वामी शनि है। ऐसे व्यक्ति साहसी, हिम्मती, उत्साही, पक्के इरादे वाले, वाणी के धनी, व्यवहारिक और महत्वाकांक्षी होते हैं। वे जिद्दी व हठी होते हैं, किन्तु मेहनती व सेवाभावी होते हैं। वे गरीबों की सहायता करने के लिये सदैव आतुर रहते हैं। भारतीय जनसंघ से जुड़े श्री राम जेठमलानी एक जाने-माने फौजदारी वकील (Criminal Advocate) हैं। शिकारपुर (सिंध-पाकिस्तान) में जन्मे आकर्षक व चुम्बकीय चेहरे वाले श्री राम जेठमलानी ने सत्रह वर्ष की छोटी उम्र में एल.एल.बी. परीक्षा उत्तीर्ण की और अठारह वर्ष की उम्र से वकालत शुरू कर दी। सर्वप्रथम करांची (पाकिस्तान) में कार्यालय खोला। बाद में बम्बई (भारत) आ गये। राजकीय लॉ कॉलेज में लैक्चरार रहे। सन् 1959 में के. एम. नानावटी का केस लड़ा और केस जीतने के बाद प्रसिद्ध वकीलों की श्रेणी में आ गये। इस समय सुप्रीम कोर्ट में फौजदारी मामलों के सीनियर एडवोकेट हैं।

सुदर्शन लग्न विचार

जन्म लग्नेश शनि भाग्य व धर्म के नवम भाव में बुध की उच्चराशि कन्या में बुध के साथ विराजमान हैं। शनि की स्वराशि मकर लग्न पर कोई दृष्टि नहीं है। चन्द्र लग्नेश शुक्र और सूर्य लग्नेश सूर्य दोनों सूर्य राशि सिंह में अष्टम भाव में बैठे हैं। जन्म लग्न व जन्म लग्नेश पर कोई दृष्टि नहीं है, किन्तु शुभ ग्रह गुरु व चन्द्र दशम भाव में बैठकर लग्न को प्रभावित कर रहे हैं। नवांश लग्न कुम्भ राशि की है। यह शनि की मूलत्रिकोण राशि है। शनि व मंगल

दोनों सप्तम भाव में सूर्य की सिंह राशि में बैठे हैं और दोनों की लग्न पर पूर्ण दृष्टि है। ऐसी स्थिति में जन्म लग्न ही बलिष्ठ प्रतीत होती है।

ग्रह स्थिति, ग्रह दृष्टि एवं ग्रह योग

जन्म लग्नेश शनि उच्चराशिस्थ बुध के साथ धर्म व भाग्य के नवम भाव में बैठे हैं। ऐसा शनि वकालत के पेशे की ओर ढकेलता है। चन्द्र के साथ कर्म भाव दशम भाव में बैठा गुरु उच्च स्तर का वकील प्रमाणित करने में सहायक होता है। शनि की मंगल के एकादश भाव लाभ भाव, स्वयं के द्वितीय भाव धनभाव और बुध के षष्ठ भाव रोग भाव पर पूर्ण दृष्टि है। अष्टम भाव में सूर्य की सिंह राशि में बैठा मंगल स्वराशि के लाभ के एकादश भाव, शनि की मूलत्रिकोण राशि कुम्भ के धन भाव और गुरु की मीन राशि के पराक्रम भाव को पूर्ण दृष्टि से देख रहा है। नवांश लग्नेश शनि व मंगल दोनों सप्तम भाव में सूर्य की सिंह राशि में बैठे हैं और दोनों की लग्न पर पूर्ण दृष्टि है। नवांश में तृतीय भाव में बैठे गुरु की सप्तम भाव, नवम भाव और एकादश भाव पर पूर्ण दृष्टि है। इन सब ग्रह स्थितियों ने उनकी वाणी को निखारा। तथ्यों को समझने की शक्ति दी। फलत: बार काउन्सिल के चेयरमैन बने। मानवाधिकारों के लिये लड़े। भारत मुक्ति मोर्चा का संचालन किया। राजस्थान से राज्य सभा के सदस्य/सांसद चुने गये। श्री अटलबिहारी की सरकार की सरकार में कानून मन्त्री बनाये गये। इस कुण्डली में सूर्य वेशि योग, चन्द्र अनफा योग व गजकेसरी योग बना रहे हैं। ऐसा जातक भाग्यशाली, कार्यकुशल, मेहनती, सुखी, धनी और विख्यात होता है। राहु व केतु को छोड़कर सभी सात ग्रहों का लगातार 8, 9, 10 तीन भावों में बैठे होना शूल योग भी बना रहा है। ऐसा जातक लड़ाकू व निर्दयी होता है। फौजदारी मामलों के वकील श्री राम जेठमलानी में उपर्युक्त सभी तत्व देखे जाते हैं।

उपसंहार

उपर्युक्त ग्रह स्थिति, ग्रह दृष्टि एवं ग्रह योगो से हम इस निष्कर्ष पर पहुंचे हैं कि सुप्रीम कोर्ट में फौजदारी मामलों के सीनियर एडवोकेट श्री राम जेठमलानी एक कुशाग्रबुद्धि, सुयोग्य, समझदार, सुलझे हुये व्यक्ति हैं। सन् 1977 में उन्हें ह्यूमन राईट्स अवार्ड मिला। सन् 1987 में भारत मुक्ति मोर्चा सम्हाला। सन् 1988 में राज्य सभा सदस्य/सांसद बने। सन् 1996 में कानून मन्त्री बने। वर्तमान में चन्द्र की महादशा में राहु की अन्तर्दशा चल रही है। राहु, केतु मिलकर ग्रहण योग बना रहे हैं। अत: उन्हें अपनी जबान पर काबू रखना चाहिये और अपने स्वास्थ्य का भी ध्यान रखना चाहिये।

कुम्भ लग्न

AQUARIUS

कुभ लग्न वाली कुण्डलियों के विभिन्न भावों
में स्थित विभिन्न ग्रहों का अलग-अलग
फलादेश

'कुम्भ' लग्न का संक्षिप्त फलादेश

'कुम्भ' लग्न में जन्म लेने वाला व्यक्ति सुस्थिर, बातूनी, पानी का अधिक सेवन करने वाला, सुंदर भार्या से युक्त, श्रेष्ठ मनुष्यों से संयुक्त, सर्व-प्रिय, चंचल-हृदय वाला, अधिक कामी, मित्र-प्रिय, दंभी, तेजस्वी शरीर वाला, धीर, वात प्रकृति वाला, स्त्रियों के साथ रहने में अधिक प्रसन्नता पाने वाला, मोटी गरदन वाला, गंजे सिर वाला, लंबे शरीर वाला, पर-स्त्रियों में आसक्त, अहंकारी, ईर्ष्यालु, द्वेषी तथा भ्रातृ-द्रोही होता है। वह अपनी प्रारंभिक अवस्था में दुःखी रहता है, मध्यमावस्था में सुख प्राप्त करता है तथा अंतिम अवस्था में धन, पुत्र, भूमि, मकान आदि का सुख भोगता है। ऐसे व्यक्ति का भाग्योदय २४ अथवा २५ वर्ष की आयु में होता है।

'कुम्भ' लग्न

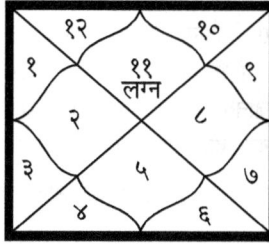

यह बात पहले बताई जा चुकी है कि प्रत्येक व्यक्ति के जीवन पर नवग्रहों का प्रभाव मुख्यतः दो प्रकार से पड़ता है—

(१) ग्रहों की जन्म-कालीन स्थिति के अनुसार।

(२) ग्रहों की दैनिक गोचर-गति के अनुसार।

जातक की जन्म-कालीन ग्रह-स्थिति जन्म-कुण्डली में दी गई होती है, उसमें जो ग्रह जिस भाव में और जिस राशि पर बैठा होता है, वह जातक के जीवन पर अपना निश्चित प्रभाव निरंतर स्थायी रूप से डालता है।

दैनिक गोचर-गति के अनुसार विभिन्न ग्रहों की जो स्थिति होती है, उसकी जानकारी पंचांग द्वारा की जा सकती है। ग्रहों की दैनिक-गोचर-गति के सम्बन्ध में या तो किसी ज्योतिषी से पूछ लेना चाहिए अथवा स्वयं ही उसे मालूम करने का तरीका सीख लेना चाहिए। इस सम्बन्ध में पुस्तक के पहले प्रकरण में विस्तारपूर्वक लिखा जा चुका है।

दैनिक गोचर-गति के अनुसार विभिन्न ग्रह जातक के जीवन पर स्थायी रूप से अपना प्रभाव डालते हैं।

उदाहरण के लिए यदि किसी जातक की जन्म-कुण्डली में सूर्य 'कुम्भ' राशि पर 'प्रथमभाव' में बैठा है, तो उसका स्थायी प्रभाव जातक के जीवन पर आगे दी गई उदाहरण-पृष्ठ संख्या ५३९ के अनुसार पड़ता रहेगा; परन्तु यदि दैनिक ग्रह-गोचर में कुण्डली देखते समय सूर्य 'मीन' राशि के 'द्वितीयभाव' में बैठा होगा, तो उस स्थिति में वह उदाहरण-पृष्ठ संख्या ५८७

के अनुसार उतनी अवधि तक जातक के जीवन पर अपना अस्थायी प्रभाव अवश्य डालेगा, जब तक कि वह 'मीन' राशि से हटकर 'मेष' राशि में नहीं चला जाता। 'मेष' राशि में पहुंचकर वह मेष राशि के अनुरूप अपना प्रभाव डालना आरंभ कर देगा। अत: जिस जातक की जन्म-कुण्डली में सूर्य 'कुम्भ' राशि के 'प्रथमभाव' में बैठा हो, उसे उदाहरण-पृष्ठ संख्या ५३९ में वर्णित फलादेश देखने के पश्चात्, यदि उन दिनों ग्रह-गोचर में सूर्य 'मीन' राशि के 'द्वितीयभाव' में बैठा हो, तो उदाहरण-पृष्ठ संख्या ५८७ का फलादेश भी देखना चाहिए तथा इन दोनों फलादेशों के समन्वय स्वरूप जो निष्कर्ष निकलता हो, उसी को वर्तमान समय पर प्रभावकारी समझना चाहिए। इसी प्रकार प्रत्येक ग्रह के विषय में जान लेना चाहिए।

'कुम्भ' लग्न में जन्म लेने वाले जातक की जन्म-कुण्डली के विभिन्न भावों में स्थित विभिन्न ग्रहों के फलादेश का वर्णन उदाहरण-पृष्ठ संख्या ५३९ से ५७७ तक में किया गया है। पंचांग की दैनिक ग्रह-गति के अनुसार 'कुम्भ' लग्न में जन्म लेने वाले जातकों को किन-किन उदाहरण-कुंडलियों के द्वारा विभिन्न ग्रहों के तात्कालिक प्रभाव को देखना चाहिए—इसका विस्तृत वर्णन अगले पृष्ठों में किया गया है, अत: उनके अनुसार ग्रहों की तात्कालिक स्थिति के सामयिक प्रभाव की जानकारी प्राप्त कर लेनी चाहिए। तदुपरांत दोनों फलादेशों के समन्वयस्वरूप जो निष्कर्ष निकलता हो, उसी को सही फलादेश समझना चाहिए।

इस विधि से प्रत्येक व्यक्ति जन्म-कुण्डली का ठीक-ठीक फलादेश सहज में ही ज्ञात कर सकता है।

टिप्पणी—(१) पहले बताया जा चुका है कि जिस समय जो ग्रह २७ अंश से ऊपर अथवा ३ अंश के भीतर होता है, वह प्रभावकारी नहीं रहता। इसी प्रकार जो ग्रह सूर्य से अस्त होता है, वह भी जातक के ऊपर प्रभाव या तो बहुत कम डालता है या फिर पूर्णत: प्रभावहीन रहता है।

(२) स्थायी जन्म-कुण्डली स्थित विभिन्न ग्रहों के अंश किसी ज्योतिषी द्वारा अपनी जन्म-कुण्डली में लिखवा लेने चाहिए, ताकि उनके अंशों के बारे में बार-बार जानकारी प्राप्त करने के झंझट से बचा जा सके। तात्कालिक ग्रह-गोचर के ग्रहों के अंशों की जानकारी पंचांग द्वारा अथवा किसी ज्योतिषी से पूछ कर प्राप्त कर लेनी चाहिए।

(३) स्थायी जन्म-कुण्डली अथवा तात्कालिक ग्रह-गति-कुण्डली के यदि किसी भाव में एक से अधिक ग्रह एक साथ बैठे होते हैं अथवा जिन-जिन पर उनकी दृष्टियां पड़ती हैं, जातक का जीवन उनके द्वारा भी प्रभावित होता रहता है। इस पुस्तक के तीसरे प्रकरण में 'ग्रहों की युति का प्रभाव' शीर्षक अध्याय के अन्तर्गत विभिन्न ग्रहों की युति के फलादेश का वर्णन किया गया है, अत: इस विषय की जानकारी वहां से प्राप्त कर लेनी चाहिए।

(४) 'विंशोत्तरी दशा' के सिद्धांतानुसार प्रत्येक जातक की पूर्णायु १२० वर्ष की मानी जाती है। इस आयु-अवधि में जातक नवग्रहों की दशाओं का भोग कर लेता है। विभिन्न ग्रहों का दशा-काल भिन्न-भिन्न होता है। परन्तु अधिकांश व्यक्ति इतनी लंबी आयु तक जीवित नहीं रह पाते, अत: वे अपने जीवन-काल में कुछ ही ग्रहों की दशाओं का भोग कर पाते हैं। जातक के जीवन के जिस काल में जिस ग्रह की दशा, जिसे 'महादशा' भी कहा जाता है—चल रही होती है, जन्म-कालीन ग्रह-स्थिति के अनुसार उसके जीवन-काल की उतनी अवधि उस

ग्रह-विशेष के प्रभाव से विशेष रूप से प्रभावित रहती है। जातक का जन्म किस ग्रह की महादशा में हुआ है और उसके जीवन में किस अवधि से किस अवधि तक किस ग्रह की महादशा चलेगी और वह महादशा जातक के ऊपर अपना क्या विशेष प्रभाव डालेगी—इन सब बातों का उल्लेख भी तीसरे प्रकरण में किया गया है।

इस प्रकार (१) जन्म-कुण्डली, (२) तात्कालिक ग्रह-गोचर-कुण्डली एवं (३) ग्रहों की महादशा—इन तीनों विधियों से फलादेश प्राप्त करने की सरल विधि का वर्णन इस पुस्तक में किया गया है, अत: इन तीनों के समन्वयस्वरूप फलादेश का ठीक-ठीक निर्णय करके अपने भूत, वर्तमान तथा भविष्यकालीन जीवन के विषय में सम्यक् जानकारी प्राप्त कर लेनी चाहिए।

विशेष नोट : कुम्भ लग्न जन्म कुण्डली/गोचर कुण्डली के द्वादश भावों में सूर्यादि सभी नवग्रहों का फलादेश नीचे दिया जा रहा है। पढ़ें और समझें।

'कुम्भ' लग्न में 'सूर्य' का फल

जिस जातक का जन्म 'कुम्भ' लग्न में हुआ हो और जन्म-कुण्डली के 'प्रथमभाव' में 'सूर्य' की स्थिति हो, उसे 'सूर्य' का फलादेश नीचे लिखे अनुसार समझना चाहिए।

पहले केन्द्र एवं शरीर भाव में अपने शत्रु शनि की कुम्भ राशि पर स्थित सूर्य के प्रभाव से जातक के शारीरिक सौंदर्य एवं स्वास्थ्य में कुछ कमी रहती है, परन्तु तेज एवं शक्ति की वृद्धि होती है। ऐसा व्यक्ति बड़ी दौड़-धूप करने वाला तथा तेज स्वभाव का होता है। यहां से सूर्य सातवीं दृष्टि से अपनी ही सिंह राशि में सप्तमभाव को देखता है, अत: जातक को स्त्री पक्ष से विशेष सुख मिलता है और वह अपने पुरुषार्थ द्वारा व्यवसाय के क्षेत्र में भी सफलता पाता है। उसका गृहस्थ जीवन आनंदमय तथा प्रभावशाली बना रहता है।

कुम्भ लग्न: प्रथमभाव: सूर्य

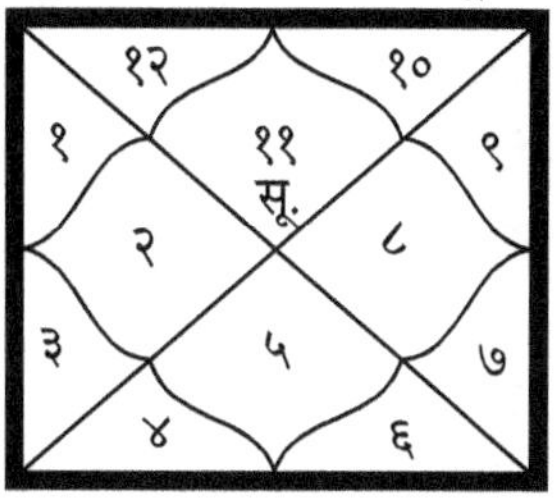

जिस जातक का जन्म 'कुम्भ' लग्न में हुआ हो और जन्म-कुण्डली के 'द्वितीयभाव' में 'सूर्य' की स्थिति हो, उसे 'सूर्य' का फलादेश नीचे लिखे अनुसार समझना चाहिए—

दूसरे धन एवं कुटुम्ब के भाव में अपने मित्र गुरु की मीन राशि पर स्थित सूर्य के प्रभाव से जातक के धन की वृद्धि होती है तथा कुटुम्ब पक्ष से भी पर्याप्त सहयोग एवं शक्ति मिलती है। परन्तु स्त्री पक्ष में जातक को किसी विशेष कमी का अनुभव होता है। यहां से सूर्य अपनी सातवीं मित्र-दृष्टि से बुध की कन्या राशि में अष्टम भाव को देखता है, अत: जातक की आयु एवं पुरातत्त्व शक्ति में वृद्धि होती है तथा दैनिक जीवन प्रभावशाली बना रहता है।

कुम्भ लग्न: द्वितीयभाव: सूर्य

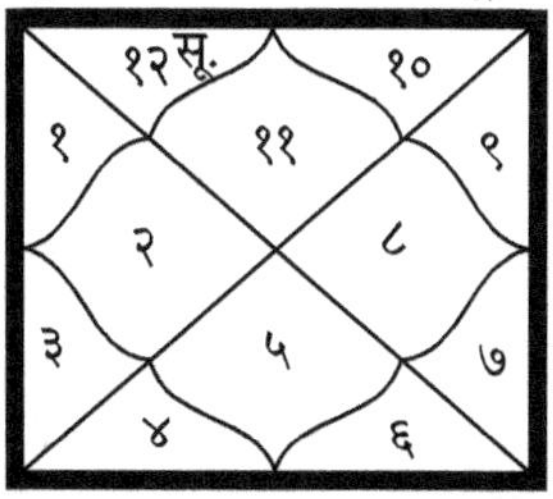

जिस जातक का जन्म 'कुम्भ' लग्न में हुआ हो और जन्म-कुण्डली के 'तृतीयभाव' में 'सूर्य' की स्थिति हो, उसे 'सूर्य' का फलादेश नीचे लिखे अनुसार समझना चाहिए—

तीसरे भाई-बहिन एवं पराक्रम के भाव में मित्र मंगल की मेष राशि पर स्थित उच्च के सूर्य के प्रभाव से जातक के पुरुषार्थ में अत्यधिक वृद्धि होती है तथा भाई-बहिन का सुख भी पर्याप्त मिलता है। ऐसा व्यक्ति अपने पुरुषार्थ द्वारा व्यवसाय तथा अन्य क्षेत्रों में सफलता प्राप्त करता है। यहां से सूर्य अपनी सातवीं नीचदृष्टि से शत्रु शुक्र की तुला राशि में नवमभाव को देखता है, अत: जातक धर्म के विषय में लापरवाह रहता है तथा भाग्योन्नति में भी कुछ कमी का अनुभव करता है। ऐसा व्यक्ति यश-सम्मान भी अधिक प्राप्त नहीं करता।

कुम्भ लग्न: तृतीयभाव: सूर्य

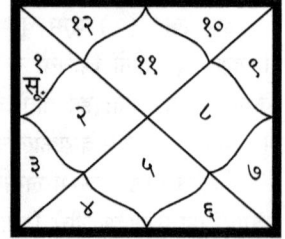

जिस जातक का जन्म 'कुम्भ' लग्न में हुआ हो और जन्म-कुण्डली के 'चतुर्थभाव' में 'सूर्य' की स्थिति हो, उसे 'सूर्य' का फलादेश नीचे लिखे अनुसार समझना चाहिए—

चौथे केन्द्र, माता एवं भूमि के भाव में अपने शत्रु शुक्र की वृषभ राशि पर स्थित सूर्य के प्रभाव से जातक को माता, भूमि एवं मकान आदि का सुख कुछ कठिनाई के साथ मिलता है। इसी प्रकार व्यवसाय के क्षेत्र में भी कुछ परेशानियों के साथ सफलता मिलती है। यहां से सूर्य अपनी सातवीं मित्रदृष्टि से मंगल की वृश्चिक राशि में दशमभाव को देखता है, अत: जातक को पिता से सहयोग, राज्य से सम्मान एवं व्यवसाय से लाभ प्राप्त होता रहता है। उसकी प्रतिष्ठा में भी वृद्धि होती है।

कुम्भ लग्न: चतुर्थभाव: सूर्य

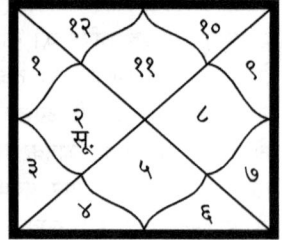

जिस जातक का जन्म 'कुम्भ' लग्न में हुआ हो और जन्म-कुण्डली के 'पंचमभाव' में 'सूर्य' की स्थिति हो, उसे 'सूर्य' का फलादेश नीचे लिखे अनुसार समझना चाहिए—

पांचवें त्रिकोण, विद्या-बुद्धि एवं संतान के भाव में अपने समग्रह बुध की मिथुन राशि पर स्थित सूर्य के प्रभाव से जातक को विद्या एवं बुद्धि के क्षेत्र में प्रवीणता प्राप्त होती है तथा संतानपक्ष से भी सहयोग मिलता है। उसे बुद्धिमती स्त्री प्राप्त होती है तथा व्यवसाय के क्षेत्र में भी सफलता मिलती है। यहां से सूर्य अपनी सातवीं मित्रदृष्टि से गुरु की धनु राशि में एकादशभाव को देखता है, अत: जातक अपनी बुद्धि के योग से विशेष लाभ प्राप्त करता है तथा अपने जीवन को सुखी, धनी, उन्नत तथा प्रभावशाली बनाता है।

कुम्भ लग्न: पंचमभाव: सूर्य

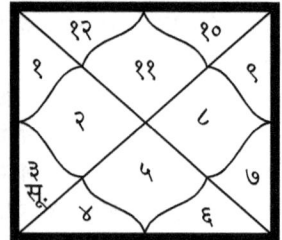

जिस जातक का जन्म 'कुम्भ' लग्न में हुआ हो और जन्म-कुण्डली के 'षष्ठभाव' में 'सूर्य' की स्थिति हो, उसे 'सूर्य' का फलादेश नीचे लिखे अनुसार समझना चाहिए—

कुम्भ लग्नः षष्ठभावः सूर्य

छठे रोग एवं शत्रु के भाव में अपने मित्र चन्द्र की कर्क राशि पर स्थित सूर्य के प्रभाव से जातक शत्रु पक्ष पर अपना अत्यधिक प्रभाव रखता है तथा झगड़े-झंझट के मामलों से लाभ उठाता है। उसे व्यवसाय के क्षेत्र में कुछ कठिनाइयों के साथ सफलता मिलती है तथा स्त्री की शक्ति कुछ मतभेद के साथ प्राप्त होती है। यहां से सूर्य अपनी सातवीं शत्रुदृष्टि से शनि की मकर राशि में द्वादशभाव को देखता है, अतः जातक का खर्च अधिक रहता है तथा बाहरी स्थानों से उसे कुछ कठिनाइयों के साथ शक्ति प्राप्त होती है।

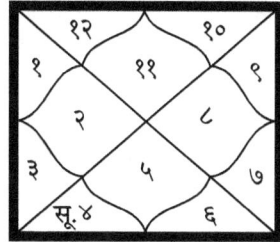

जिस जातक का जन्म 'कुम्भ' लग्न में हुआ हो और जन्म-कुण्डली के 'सप्तमभाव' में 'सूर्य' की स्थिति हो, उसे 'सूर्य' का फलादेश नीचे लिखे अनुसार समझना चाहिए—

कुम्भ लग्नः सप्तमभावः सूर्य

सातवें केन्द्र, स्त्री तथा व्यवसाय के भाव में अपनी ही सिंह राशि पर स्थित स्वक्षेत्री सूर्य के प्रभाव से जातक को स्त्री का सुख पर्याप्त मिलता है तथा व्यवसाय के क्षेत्र में भी अत्यधिक सफलता प्राप्त होती है। उसे सुसराल से शक्ति मिलती है तथा गृहस्थ-जीवन आनंदपूर्ण बना रहता है। यहां से सूर्य अपनी सातवीं शत्रुदृष्टि से शनि की कुम्भ राशि में प्रथमभाव को देखता है, अतः जातक के शारीरिक सौंदर्य में कुछ कमी रहती है। स्त्री पक्ष से सामान्य मतभेद बने रहने के बावजूद भी व्यावसायिक सफलता से गृहस्थ-जीवन सुखमय बना रहता है।

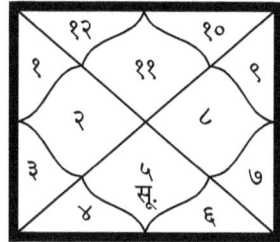

जिस जातक का जन्म 'कुम्भ' लग्न में हुआ हो और जन्म-कुण्डली के 'अष्टमभाव' में 'सूर्य' की स्थिति हो, उसे 'सूर्य' का फलादेश नीचे लिखे अनुसार समझना चाहिए—

कुम्भ लग्नः अष्टमभावः सूर्य

आठवें आयु एवं पुरातत्त्व के भाव में अपने समग्रह बुध की कन्या राशि पर स्थित सूर्य के प्रभाव से जातक को आयु एवं पुरातत्त्व की शक्ति प्राप्त होती है, परन्तु स्त्री पक्ष में परेशानी एवं व्यवसाय के पक्ष में कठिनाइयों का सामना करना पड़ता है। बाहरी स्थानों के सम्बन्ध से व्यवसाय में कुछ सफलता मिलती है। यहां से सूर्य अपनी सातवीं मित्र-दृष्टि से गुरु की मीन राशि में द्वितीयभाव को देखता है, अतः जातक व्यवसाय एवं कठिन परिश्रम द्वारा धन की वृद्धि करता है और उसे अपने कुटुम्ब का सहयोग भी प्राप्त होता है।

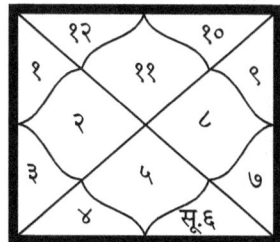

जिस जातक का जन्म 'कुम्भ' लग्न में हुआ हो और जन्म-कुण्डली के 'नवमभाव' में 'सूर्य' की स्थिति हो, उसे 'सूर्य' का फलादेश नीचे लिखे अनुसार समझना चाहिए—

कुम्भ लग्नः नवमभावः सूर्य

नवें त्रिकोण, भाग्य एवं धर्म के भाव में अपने शत्रु शुक्र की तुला राशि पर स्थित नीच के सूर्य के प्रभाव से जातक के भाग्य में कुछ कमी आती है तथा धर्म का पालन भी यथाविधि नहीं होता, उसे स्त्री तथा व्यवसाय के पक्ष में भी परेशानियों का सामना करना पड़ता है। ऐसा व्यक्ति स्वार्थ साधन के लिए उचित-अनुचित का विचार भी नहीं करता। यहां से सूर्य अपनी सातवीं उच्चदृष्टि से मंगल की मेष राशि में तृतीयभाव को देखता है, अतः जातक को भाई-बहनों की शक्ति प्राप्त होती है तथा पराक्रम में भी विशेष वृद्धि होती है। ऐसा व्यक्ति बड़ा हिम्मती तथा धैर्यवान होता है तथा अपने पुरुषार्थ द्वारा सफलता प्राप्त करता रहता है।

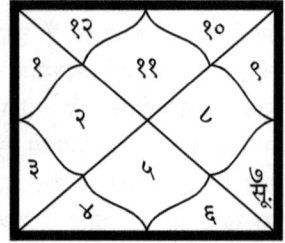

जिस जातक का जन्म 'कुम्भ' लग्न में हुआ हो और जन्म-कुण्डली के 'दशमभाव' में 'सूर्य' की स्थिति हो, उसे 'सूर्य' का फलादेश नीचे लिखे अनुसार समझना चाहिए—

कुम्भ लग्नः दशमभावः सूर्य

दसवें केन्द्र, पिता, राज्य तथा व्यवसाय के भाव में अपने मित्र मंगल की वृश्चिक राशि पर स्थित सूर्य के प्रभाव से जातक को पिता से सहयोग, राज्य से सम्मान तथा व्यवसाय से लाभ प्राप्त होता है। वह स्त्री पक्ष से भी श्रेष्ठ शक्ति प्राप्त करता है। यहां से सूर्य अपनी सातवीं शत्रु-दृष्टि से शुक्र की वृषभ राशि में चतुर्थभाव को देखता है, अतः जातक को माता के सुख में कमी रहती है तथा भूमि एवं मकान आदि का सुख भी कम ही मिल पाता है।

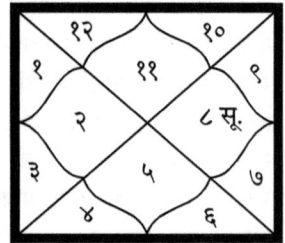

जिस जातक का जन्म 'कुम्भ' लग्न में हुआ हो और जन्म-कुण्डली के 'एकादशभाव' में 'सूर्य' की स्थिति हो, उसे 'सूर्य' का फलादेश नीचे लिखे अनुसार समझना चाहिए—

कुम्भ लग्नः एकादशभावः सूर्य

ग्यारहवें लाभ भाव में अपने मित्र गुरु की धनु राशि पर स्थित सूर्य के प्रभाव से जातक को व्यवसाय के द्वारा श्रेष्ठ आमदनी होती है तथा स्त्री पक्ष से भी विशेष लाभ मिलता है। यहां से सूर्य अपनी सातवीं समग्रहदृष्टि से बुध की मिथुन राशि में पंचमभाव को देखता है, अतः जातक को विद्या-बुद्धि के क्षेत्र में विशेष उन्नति होती है तथा संतानपक्ष से भी सुख एवं संतोष प्राप्त होता है।

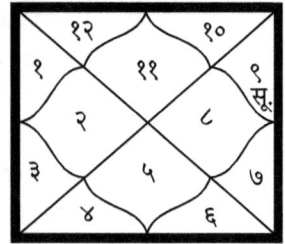

जिस जातक का जन्म 'कुम्भ' लग्न में हुआ हो और जन्म-कुण्डली के 'द्वादशभाव' में 'सूर्य' की स्थिति हो, उसे 'सूर्य' का फलादेश नीचे लिखे अनुसार समझना चाहिए—

कुम्भ लग्नः द्वादशभावः सूर्य

बारहवें व्यय-भाव में अपने शत्रु शनि की मकर राशि पर स्थित सूर्य के प्रभाव से जातक को अपने खर्च के कारण कठिनाई उठानी पड़ती है तथा बाहरी स्थानों के सम्बन्ध से लाभ की शक्ति मिलती है, परन्तु स्थानीय व्यवसाय में नुकसान रहता है तथा स्त्री के सुख में भी बहुत कमी आती है। यहां से सूर्य अपनी सातवीं मित्रदृष्टि से चन्द्र की कर्क राशि में षष्ठभाव को देखता है, अतः जातक शत्रु पक्ष पर प्रभाव रखता है तथा झगडे के मामलों में लाभ उठाता है तथा सफलता प्राप्त करता है।

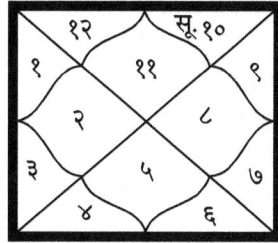

'कुम्भ' लग्न में 'चन्द्र' का फल

जिस जातक का जन्म 'कुम्भ' लग्न में हुआ हो और जन्म-कुण्डली के 'प्रथमभाव' में 'चन्द्र' की स्थिति हो, उसे 'चन्द्र' का फलादेश नीचे लिखे अनुसार समझना चाहिए—

कुम्भ लग्नः प्रथमभावः चन्द्र

पहले केन्द्र एवं शरीर भाव में अपने समग्रह शनि की कुम्भ राशि पर स्थित षष्ठेश चन्द्र के प्रभाव से जातक का शरीर कुछ रोगी रहता है। उसके मन में भय, चिन्ता एवं परेशानियों का निवास रहता है तथा शत्रु पक्ष से भी उसे कठिनाइयां बनी रहती हैं, परन्तु वह अपने मनोबल द्वारा शत्रुओं पर प्रभाव स्थापित करता है तथा झगड़ों पर विजय भी पाता रहता है। यहां से चन्द्र अपनी सातवीं मित्रदृष्टि से सूर्य की सिंह राशि में सप्तमभाव को देखता है, अतः जातक का स्त्री पक्ष से भी कुछ मतभेद रहता है तथा व्यवसाय के क्षेत्र में भी चिन्ताएं एवं परेशानियां बनी रहती हैं।

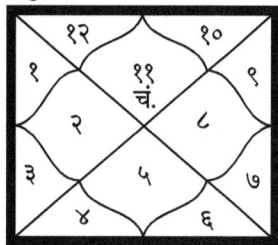

जिस जातक का जन्म 'कुम्भ' लग्न में हुआ हो और जन्म-कुण्डली के 'द्वितीयभाव' में 'चन्द्र' की स्थिति हो, उसे 'चन्द्र' का फलादेश नीचे लिखे अनुसार समझना चाहिए—

कुम्भ लग्नः द्वितीयभावः चन्द्र

दूसरे धन एवं कुटुम्ब के भाव में अपने समग्रह गुरु की कुम्भ राशि पर स्थित षष्ठेष चन्द्र के प्रभाव से जातक अपने मनोबल एवं परिश्रम द्वारा धन का उपार्जन करता है तथा कुटुम्ब की वृद्धि के लिए प्रयत्नशील बना रहता है। उसे शत्रु पक्ष से कुछ परेशानी भी रहती है, परन्तु झगड़े-झंझटों से लाभ भी होता है। यहां से चन्द्र अपनी सातवीं मित्रदृष्टि से बुध की कन्या राशि में अष्टमभाव को देखता है, अतः जातक को आयु एवं पुरातत्त्व के विषय में कुछ परेशानी बनी रहती है।

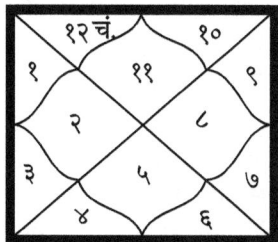

जिस जातक का जन्म 'कुम्भ' लग्न में हुआ हो और जन्म-कुण्डली के 'तृतीयभाव' में 'चन्द्र' की स्थिति हो, उसे 'चन्द्र' का फलादेश नीचे लिखे अनुसार समझना चाहिए—

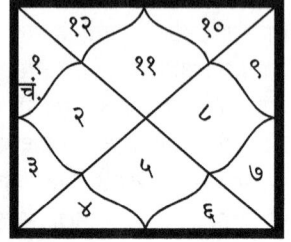

कुम्भ लग्न: तृतीयभाव: चन्द्र

तीसरे भाई-बहन एवं पराक्रम के भाव में अपने समग्रह मंगल की मेष राशि पर स्थित षष्ठेश चन्द्र के प्रभाव से जातक के मनोबल तथा पराक्रम की वृद्धि तो होती है, परन्तु कुछ कठिनाइयां भी आती रहती हैं, साथ ही भाई-बहनों से भी कुछ मतभेद बना रहता है। यहां से चन्द्र अपनी सातवीं दृष्टि से समग्रह शुक्र की तुला राशि में नवमभाव को देखता है, अत: जातक की भाग्योन्नति तथा धर्म के मार्ग में भी कुछ कठिनाइयां आती हैं, परन्तु अन्तत: प्रभाव की वृद्धि होती है और भाग्य की उन्नति भी होती है।

जिस जातक का जन्म 'कुम्भ' लग्न में हुआ हो और जन्म-कुण्डली के 'चतुर्थभाव' में 'चन्द्र' की स्थिति हो, उसे 'चन्द्र' का फलादेश नीचे लिखे अनुसार समझना चाहिए—

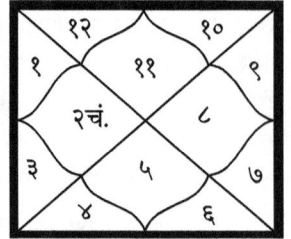

कुम्भ लग्न: चतुर्थभाव: चन्द्र

चौथे केन्द्र, माता एवं भूमि के भाव में अपने समग्रह शुक्र की वृषभ राशि पर षष्ठेश एवं उच्च के चन्द्र के प्रभाव से जातक को माता, भूमि एवं मकान आदि का सुख प्राप्त होता है। वह शत्रु पक्ष पर प्रभावशाली रहता है तथा झगड़े-झंझटों के मामलों से लाभ उठाता है। यहां से चन्द्र सातवीं नीचदृष्टि से अपने समग्रह मंगल की वृश्चिक राशि में दशमभाव को देखता है, अत: जातक को पिता के सुख में कमी आती है, राज्य के क्षेत्र में झंझट तथा व्यवसाय के क्षेत्र में हानि एवं कठिनाइयों का सामना करना पड़ता है।

जिस जातक का जन्म 'कुम्भ' लग्न में हुआ हो और जन्म-कुण्डली के 'पंचमभाव' में 'चन्द्र' की स्थिति हो, उसे 'चन्द्र' का फलादेश नीचे लिखे अनुसार समझना चाहिए—

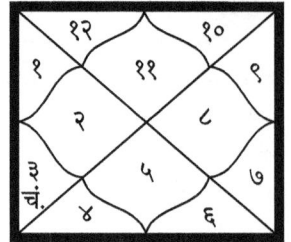

कुम्भ लग्न: पंचमभाव: चन्द्र

पांचवें त्रिकोण, विद्या, बुद्धि एवं संतान के भाव में अपने मित्र बुध की मिथुन राशि पर स्थित षष्ठेश चन्द्र के प्रभाव से जातक अपने मनोबल एवं बुद्धि-बल द्वारा शत्रु पक्ष पर प्रभाव रखता है, परन्तु उसे विद्याध्ययन में कठिनाइयों का सामना करना पड़ता है एवं संतानपक्ष से भी परेशानी बनी रहती है। उसके मन में और भी अनेक प्रकार की चिन्ताओं का निवास रहता है। यहां से चन्द्र अपनी सातवीं समग्रहदृष्टि से गुरु की धनु राशि में एकादशभाव को देखता है, अत: जातक कुछ परेशानियों से जूझते हुए अपनी आमदनी की वृद्धि करता है तथा गुप्त युक्तियों के बल पर लाभ कमाता है।

जिस जातक का जन्म 'कुम्भ' लग्न में हुआ हो और जन्म-कुण्डली के 'षष्ठभाव' में 'चन्द्र' की स्थिति हो, उसे 'चन्द्र' का फलादेश नीचे लिखे अनुसार समझना चाहिए—

छठे रोग एवं शत्रु भाव में अपनी ही कर्क राशि पर स्थित षष्ठेश चन्द्र के प्रभाव से जातक शत्रु पक्ष पर अपना भारी प्रभाव रखता है तथा झगड़े-झंझट के मामलों में बड़े धैर्य से काम लेकर सफलता प्राप्त करता है, परन्तु उसके मन में चिन्ताएं बनी रहती हैं। यहां से चन्द्र अपनी सातवीं समग्रहदृष्टि से शनि की मकर राशि में द्वादशभाव को देखता है, अत: जातक को अपना खर्च चलाने में कठिनाइयां आती हैं तथा बाहरी स्थानों के सम्बन्ध से भी परेशानी बनी रहती है। वह अनेक प्रकार की युक्तियों का आश्रय लेकर ही अपना खर्च चलाता है।

कुम्भ लग्न: षष्ठभाव: चन्द्र

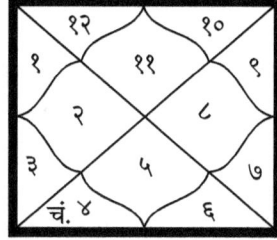

जिस जातक का जन्म 'कुम्भ' लग्न में हुआ हो और जन्म-कुण्डली के 'सप्तमभाव' में 'चन्द्र' की स्थिति हो, उसे 'चन्द्र' का फलादेश नीचे लिखे अनुसार समझना चाहिए—

सातवें केन्द्र, स्त्री तथा व्यवसाय के भाव में अपने मित्र सूर्य की सिंह राशि पर स्थित षष्ठेश चन्द्र के प्रभाव से जातक को स्त्री पक्ष से रोग, वैमनस्य तथा परेशानी बनी रहती है एवं व्यवसाय के क्षेत्र में भी कठिनाइयों के साथ सफलता मिलती है। ऐसा व्यक्ति शत्रु पक्ष पर अपना प्रभाव रखता है तथा झगड़े-झंझट के मामलों से शक्ति प्राप्त करता है। यहां से चन्द्र अपनी सातवीं समग्रहदृष्टि से शनि की कुम्भ राशि में प्रथमभाव को देखता है, अत: जातक को रोग एवं चिन्ताओं का शिकार बनना पड़ता है, परन्तु उसका मनोबल बढ़ा रहता है। साथ ही उसे दौड़-धूप भी करनी पड़ती है।

कुम्भ लग्न: सप्तमभाव: चन्द्र

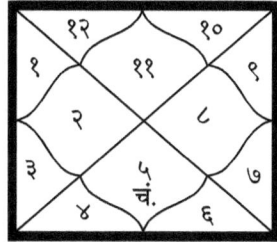

जिस जातक का जन्म 'कुम्भ' लग्न में हुआ हो और जन्म-कुण्डली के 'अष्टमभाव' में 'चन्द्र' की स्थिति हो, उसे 'चन्द्र' का फलादेश नीचे लिखे अनुसार समझना चाहिए—

आठवें आयु एवं पुरातत्त्व के भाव में अपने मित्र बुध की कन्या राशि पर स्थित षष्ठेश चन्द्र के प्रभाव से जातक को आयु एवं सम्बन्ध में कुछ परेशानी रहती है एवं पुरातत्त्व की भी हानि होती है। वह शत्रु पक्ष पर बड़ी कठिनाइयों से प्रभाव स्थापित कर पाता है। उसे हर समय चिन्ताएं घेरे रहती हैं। ऐसे व्यक्ति का ननिहाल पक्ष भी कमजोर रहता है। यहां से चन्द्र अपनी सातवीं समग्रहदृष्टि से गुरु की मीन राशि में द्वितीयभाव को देखता है, अत: जातक धन एवं कुटुम्ब की वृद्धि के लिए विशेष परिश्रम करता है।

कुम्भ लग्न: अष्टमभाव: चन्द्र

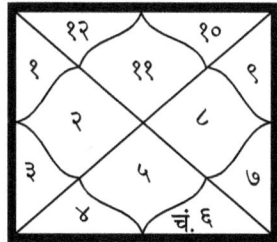

जिस जातक का जन्म 'कुम्भ' लग्न में हुआ हो और जन्म-कुण्डली के 'नवमभाव' में 'चन्द्र' की स्थिति हो, उसे 'चन्द्र' का फलादेश नीचे लिखे अनुसार समझना चाहिए—

नवें त्रिकोण, भाग्य एवं धर्म के भाव में अपने समग्रह शुक्र की तुला राशि पर स्थित षष्ठेश चन्द्र के प्रभाव से जातक के भाग्य एवं धर्म की उन्नति में कुछ कठिनाइयां आती हैं तथा यश की भी कमी रहती है। ऐसा व्यक्ति शत्रु पक्ष पर प्रभाव रखता है तथा झगड़े-झंझट के मामलों से लाभ प्राप्त करता है। यहां से चन्द्र अपनी सातवीं समग्रहदृष्टि से मंगल की मेष राशि में तृतीयभाव को देखता है, अत: जातक को भाई-बहन के सम्बन्ध में कुछ परेशानी का सामना करना पड़ता है, परन्तु उसके पराक्रम एवं मनोबल की वृद्धि होती है।

कुम्भ लग्न: नवमभाव: चन्द्र

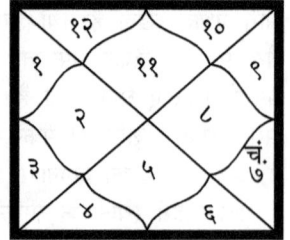

जिस जातक का जन्म 'कुम्भ' लग्न में हुआ हो और जन्म-कुण्डली के 'दशमभाव' में 'चन्द्र' की स्थिति हो, उसे 'चन्द्र' का फलादेश नीचे लिखे अनुसार समझना चाहिए—

दसवें केन्द्र, पिता, राज्य एवं व्यवसाय के भाव में अपने समग्रह मंगल की वृश्चिक राशि पर स्थित षष्ठेश एवं नीच के चन्द्र के प्रभाव से जातक को पिता-पक्ष से सुख में कमी रहती है। राज्य के क्षेत्र से सम्मान में कुछ हानि प्राप्त होती है, तथा व्यावसायिक उन्नति में रुकावटें आती रहती हैं। ऐसा व्यक्ति शत्रु पक्ष से परेशान बना रहता है तथा उसका प्रभाव भी कम होता है। यहां से चन्द्र अपनी सातवीं उच्चदृष्टि से समग्रह शुक्र की वृषभ राशि में चतुर्थभाव को देखता है, अत: उसे माता, भूमि एवं मकान आदि का सामान्य सुख भी प्राप्त होता है।

कुम्भ लग्न: दशमभाव: चन्द्र

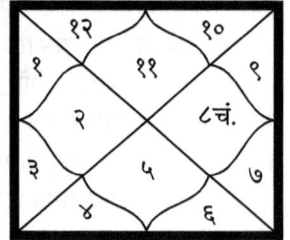

जिस जातक का जन्म 'कुम्भ' लग्न में हुआ हो और जन्म-कुण्डली के 'एकादशभाव' में 'चन्द्र' की स्थिति हो, उसे 'चन्द्र' का फलादेश नीचे लिखे अनुसार समझना चाहिए—

ग्यारहवें लाभ भाव में अपने समग्रह गुरु की धनु राशि पर स्थित षष्ठेश चन्द्र के प्रभाव से जातक अपने मनोबल एवं परिश्रम द्वारा आमदनी की वृद्धि करता है। वह शत्रु पक्ष पर प्रभाव बनाए रखता है तथा झगड़े-झंझट के मामलों से लाभ उठाता है। परन्तु उसे अपनी आमदनी बढ़ाने के लिए दौड़-धूप अधिक करनी पड़ती है तथा लाभ के पक्ष से कुछ असंतोष भी बना रहता है। यहां से चन्द्र अपनी सातवीं मित्र-दृष्टि से बुध की मिथुन राशि में पंचमभाव को देखता है, अत: जातक को विद्या, बुद्धि की यथेष्ट शक्ति प्राप्त होती है, परन्तु संतानपक्ष से कुछ चिन्ता बनी रहती है।

कुम्भ लग्न: एकादशभाव: चन्द्र

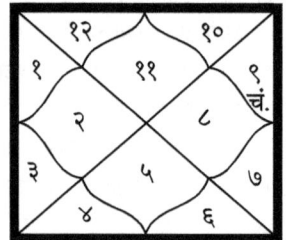

जिस जातक का जन्म 'कुम्भ' लग्न में हुआ हो और जन्म-कुण्डली के 'द्वादशभाव' में 'चन्द्र' की स्थिति हो, उसे 'चन्द्र' का फलादेश नीचे लिखे अनुसार समझना चाहिए—

कुम्भ लग्नः द्वादशभावःचन्द्र

बारहवें व्यय भाव में अपने समग्रह शनि की मकर राशि पर स्थित चन्द्र के प्रभाव से जातक को अपना खर्च चलाने के लिए कठिनाई बनी रहती है। वह अपने मनोबल तथा परिश्रम द्वारा खर्च चलाता है। बाहरी स्थानों के सम्बन्ध से भी परेशानी होती है। शत्रु पक्ष से मानसिक चिन्ताएं बनी रहती हैं। यहां से चन्द्र सातवीं दृष्टि से अपनी ही कर्क राशि में षष्ठभाव को देखता है, अतः जातक शत्रु पक्ष पर नरमाई से काम लेकर अपना प्रभाव स्थापित करता है एवं सफलता प्राप्त करता है।

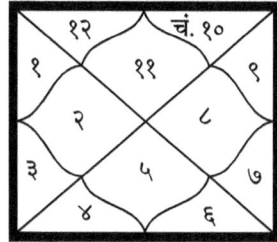

'कुम्भ' लग्न में 'मंगल' का फल

जिस जातक का जन्म 'कुम्भ' लग्न में हुआ हो और जन्म-कुण्डली के 'प्रथमभाव' में 'मंगल' की स्थिति हो, उसे 'मंगल' का फलादेश नीचे लिखे अनुसार समझना चाहिए—

कुम्भ लग्नः प्रथमभावः मंगल

पहले केन्द्र एवं शरीर भाव में अपने समग्रह शनि की कुम्भ राशि पर स्थित मंगल के प्रभाव से जातक का व्यक्तित्व प्रभावशाली होता है तथा शारीरिक सौंदर्य की प्राप्ति होती है। वह पिता के पक्ष से कुछ असंतोषयुक्त सहयोग प्राप्त करता है, राज्य के क्षेत्र में प्रभाव को बढ़ाता है तथा व्यवसाय की उन्नति करता है। भाई-बहन के सुख तथा पराक्रम की वृद्धि भी होती है। यहां से मंगल चौथी समग्रहदृष्टि से शुक्र की वृषराशि में चतुर्थभाव को देखता है, अतः माता, भूमि एवं मकान की शक्ति प्राप्त होती है। सातवीं मित्रदृष्टि से सप्तमभाव को देखने से स्त्री-पक्ष तथा व्यवसाय के पक्ष से भी सुख एवं शक्ति मिलती है तथा आठवीं शत्रुदृष्टि से अष्टमभाव को देखने के कारण आयु एवं पुरातत्त्व की शक्ति भी बढ़ती है।

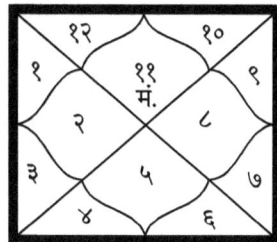

जिस जातक का जन्म 'कुम्भ' लग्न में हुआ हो और जन्म-कुण्डली के 'द्वितीयभाव' में 'मंगल' की स्थिति हो, उसे 'मंगल' का फलादेश नीचे लिखे अनुसार समझना चाहिए—

दूसरे धन एवं कुटुम्ब के भाव में अपने मित्र गुरु की मीन राशि पर स्थित मंगल के प्रभाव से जातक को कुछ कठिनाइयों के साथ धन एवं कुटुम्ब का सुख प्राप्त होता है। परन्तु भाई-बहन एवं पिता के सुख में कमी रहती है। यहां से मंगल चौथी शत्रुदृष्टि से पंचमभाव को देखता है, अतः विद्या, बुद्धि एवं संतान के पक्ष में सफलता मिलती है। सातवीं शत्रुदृष्टि से अष्टमभाव को देखने से आयु एवं पुरातत्त्व की शक्ति में वृद्धि होती है तथा आठवीं समग्रहदृष्टि से नवमभाव को देखने के कारण भाग्य एवं धर्म की विशेष उन्नति होती है तथा यश भी प्राप्त होता है।

कुम्भ लग्नः द्वितीयभावः मंगल

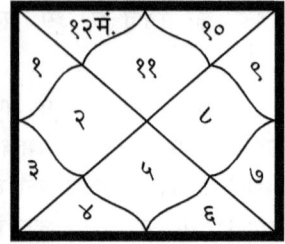

जिस जातक का जन्म 'कुम्भ' लग्न में हुआ हो और जन्म-कुण्डली के 'तृतीयभाव' में 'मंगल' की स्थिति हो, उसे 'मंगल' का फलादेश नीचे लिखे अनुसार समझना चाहिए—

तीसरे भाई-बहन एवं पराक्रम के भाव में अपनी ही मेष राशि पर स्थित मंगल के प्रभाव से जातक को भाई-बहनों का सुख मिलता है तथा पराक्रम में विशेष वृद्धि होती है। यहां से मंगल चौथी नीचदृष्टि से षष्ठभाव को देखता है, अतः शत्रु पक्ष से परेशानी रहती है तथा ननिहाल के पक्ष में हानि होती है। सातवीं समग्रहदृष्टि से नवमभाव को देखने से भाग्य की उन्नति होती है तथा धर्म का पालन भी रहता है। ऐसा व्यक्ति अपने पुरुषार्थ के बल पर बड़ा भाग्यवान् बनता है। आठवीं दृष्टि से अपनी ही राशि में दशमभाव को देखने के कारण जातक को पिता की शक्ति मिलती है, राज्य से प्रतिष्ठा प्राप्त होती है तथा व्यवसाय के क्षेत्र में भी उन्नति होती है।

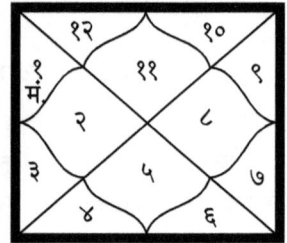

कुम्भ लग्नः तृतीयभावः मंगल

जिस जातक का जन्म 'कुम्भ' लग्न में हुआ हो और जन्म-कुण्डली के 'चतुर्थभाव' में 'मंगल' की स्थिति हो, उसे 'मंगल' का फलादेश नीचे लिखे अनुसार समझना चाहिए—

चौथे केन्द्र, माता एवं भूमि के भाव में अपने समग्रह शुक्र की वृषभ राशि पर स्थित मंगल के प्रभाव से जातक को कुछ कमी साथ माता, भूमि एवं मकान आदि की शक्ति प्राप्त करता है। यहां से मंगल अपनी चौथी मित्रदृष्टि से सप्तमभाव को देखता है, अतः स्त्री तथा व्यवसाय के क्षेत्र में पुरुषार्थ द्वारा सफलता प्राप्त होती है। सातवीं दृष्टि से अपनी ही राशि में दशमभाव को देखने से पिता, राज्य एवं व्यवसाय के क्षेत्र में सहयोग, सुख, सम्मान, यश एवं सफलता की प्राप्ति होती है तथा आठवीं मित्रदृष्टि से एकादशभाव को देखने के कारण आमदनी खूब होती है। ऐसी ग्रह-स्थिति वाला व्यक्ति सुखी, धनी यशस्वी तथा प्रभावशाली जीवन व्यतीत करता है।

कुम्भ लग्नः चतुर्थभावः मंगल

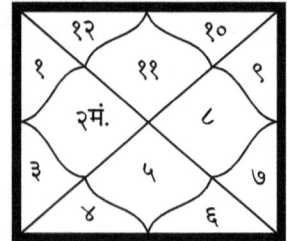

जिस जातक का जन्म 'कुम्भ' लग्न में हुआ हो और जन्म-कुण्डली के 'पंचमभाव' में 'मंगल' की स्थिति हो, उसे 'मंगल' का फलादेश नीचे लिखे अनुसार समझना चाहिए—

कुम्भ लग्न: पंचमभाव: मंगल

पांचवें त्रिकोण, विद्या-बुद्धि एवं संतान के भाव में अपने शत्रु बुध की मिथुन राशि पर स्थित मंगल के प्रभाव से जातक को विद्या-बुद्धि की श्रेष्ठ शक्ति प्राप्त होती है तथा संतान पक्ष से भी सुख मिलता है। ऐसा व्यक्ति भाई-बहन एवं पिता से भी शक्ति प्राप्त करता है तथा राज्य से प्रतिष्ठा एवं व्यवसाय से लाभ उठाता है। यहां से मंगल चौथी शत्रुदृष्टि से अष्टमभाव को देखता है, अत: जातक को आयु एवं पुरातत्त्व की शक्ति प्राप्त होती है। सातवीं मित्रदृष्टि से एकादशभाव को देखने के कारण आमदनी के क्षेत्र में अधिक सफलता मिलती है तथा आठवीं उच्च दृष्टि से द्वादशभाव को देखने से खर्च अधिक रहता है, परन्तु बाहरी स्थानों के श्रेष्ठ सम्बन्ध से लाभ एवं शक्ति की प्राप्ति होती है। ऐसा व्यक्ति कानूनी बातें करने वाला होता है।

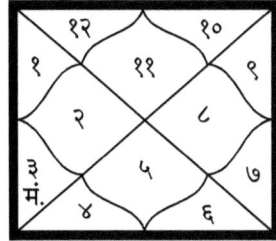

जिस जातक का जन्म 'कुम्भ' लग्न में हुआ हो और जन्म-कुण्डली के 'षष्ठभाव' में 'मंगल' की स्थिति हो, उसे 'मंगल' का फलादेश नीचे लिखे अनुसार समझना चाहिए—

कुम्भ लग्न: षष्ठभाव: मंगल

छठे रोग एवं शत्रु के भाव में अपने मित्र चन्द्र की कर्क राशि पर स्थित नीच के मंगल के प्रभाव से जातक कुछ कठिनाइयों के साथ शत्रु पक्ष पर सफलता प्राप्त करता है। भाई-बहन तथा पिता पक्ष से कुछ वैमनस्य रहता है तथा राज्य के क्षेत्र में भी कम प्रभाव रहता है। यहां से मंगल अपनी चौथी समग्रहदृष्टि से नवमभाव को देखता है, अत: जातक कठिन परिश्रम द्वारा भाग्य की उन्नति करता है तथा धर्म का भी थोड़ा-बहुत पालन करता है। सातवीं उच्चदृष्टि से द्वादशभाव को समग्रह शनि की राशि में देखने से खर्च अधिक रहता है तथा बाहरी स्थानों से विशेष सम्बन्ध बनता है। आठवीं समग्रहदृष्टि से प्रथमभाव को देखने के कारण शारीरिक सौंदर्य में कुछ कमी आती है, परन्तु प्रभाव में वृद्धि होती है और स्वभाव में तेजी रहती है।

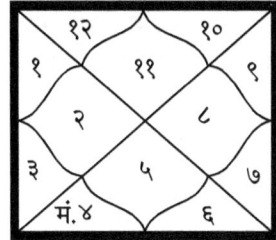

जिस जातक का जन्म 'कुम्भ' लग्न में हुआ हो और जन्म-कुण्डली के 'सप्तमभाव' में 'मंगल' की स्थिति हो, उसे 'मंगल' का फलादेश नीचे लिखे अनुसार समझना चाहिए—

कुम्भ लग्नः सप्तमभावः मंगल

सातवें केन्द्र, स्त्री तथा व्यवसाय के भाव में अपने मित्र सूर्य की सिंह राशि पर स्थित मंगल के प्रभाव से जातक स्त्री तथा व्यवसाय के क्षेत्र में विशेष उन्नति प्राप्त करता है। उसे भाई-बहन की शक्ति भी मिलती है। यहां से मंगल चौथी दृष्टि से अपनी ही राशि में दशमभाव को देखता है; अतः पिता से सहयोग, राज्य से सम्मान एवं व्यवसाय से लाभ प्राप्ति होती है। सातवीं समग्रहदृष्टि से प्रथमभाव को देखने से शारीरिक सौंदर्य में कुछ कमी रहती है, परन्तु मान एवं प्रभाव की वृद्धि होती है। आठवीं मित्रदृष्टि से द्वितीयभाव को देखने के कारण धन तथा कुटुम्ब की श्रेष्ठ शक्ति प्राप्त होती है। संक्षेप में, ऐसा जातक भागयवान तथा सुखी जीवन व्यतीत करता है।

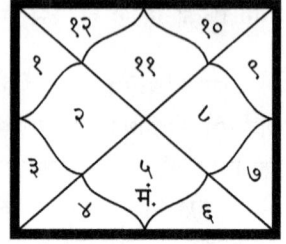

जिस जातक का जन्म 'कुम्भ' लग्न में हुआ हो और जन्म-कुण्डली के 'अष्टमभाव' में 'मंगल' की स्थिति हो, उसे 'मंगल' का फलादेश नीचे लिखे अनुसार समझना चाहिए—

कुम्भ लग्नः अष्टमभावः मंगल

आठवें आयु एवं पुरातत्त्व के भाव में अपने शत्रु बुध की कन्या राशि पर स्थित मंगल के प्रभाव से जातक को आयु एवं पुरातत्त्व की शक्ति प्राप्त होती है। परन्तु पिता, राज्य एवं व्यवसाय के क्षेत्र में कठिनाइयां आती हैं, भाई-बहनों के सुख तथा पराक्रम में भी कमी आती है। यहां से मंगल अपनी चौथी मित्रदृष्टि से एकादशभाव को देखता है, अतः आमदनी अच्छी रहती है। सातवीं मित्रदृष्टि से द्वितीयभाव को देखने से परिश्रम द्वारा धन एवं कुटुम्ब का सुख प्राप्त होता है तथा आठवीं दृष्टि से अपनी ही राशि में तृतीयभाव को देखने के कारण भाई-बहनों का सुख मिलता है तथा पराक्रम की वृद्धि होती है।

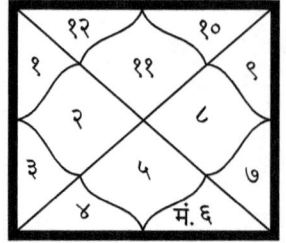

जिस जातक का जन्म 'कुम्भ' लग्न में हुआ हो और जन्म-कुण्डली के 'नवमभाव' में 'मंगल' की स्थिति हो, उसे 'मंगल' का फलादेश नीचे लिखे अनुसार समझना चाहिए—

कुम्भ लग्नः नवमभावः मंगल

नवें त्रिकोण, भाग्य एवं धर्म के भाव में अपने समग्रह शुक्र की तुला राशि पर स्थित मंगल के प्रभाव से जातक के भाग्य की विशेष उन्नति होती है तथा धर्म का पालन भी होता है। उसे पिता का सुख, राज्य से सम्मान तथा व्यवसाय में सफलता भी मिलती है। यहां से मंगल चौथी उच्चदृष्टि से द्वादशभाव को देखता है, अतः खर्च अधिक रहता है तथा बाहरी स्थानों के सम्बन्ध से शक्ति प्राप्त होती है। सातवीं दृष्टि से अपनी ही राशि में तृतीयभाव को देखने से भाई-बहनों की शक्ति मिलती है तथा पराक्रम में वृद्धि होती है। आठवीं समग्रहदृष्टि से चतुर्थभाव को देखने के कारण माता, भूमि एवं मकान आदि का श्रेष्ठ सुख प्राप्त होता है। ऐसा व्यक्ति भाग्यवान तथा पुरुषार्थी होता है।

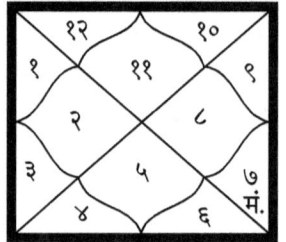

जिस जातक का जन्म 'कुम्भ' लग्न में हुआ हो और जन्म-कुण्डली के 'दशमभाव' में 'मंगल' की स्थिति हो, उसे 'मंगल' का फलादेश नीचे लिखे अनुसार समझना चाहिए—

कुम्भ लग्नः दशमभावः मंगल

दसवें केन्द्र, पिता, राज्य एवं व्यवसाय के भाव में अपनी ही वृश्चिक राशि पर स्थित मंगल के प्रभाव से जातक पिता की शक्ति, राज्य से सम्मान एवं व्यवसाय में सफलता प्राप्त होती है। उसे भाई-बहनों का सुख भी मिलता है तथा पराक्रम में अत्यधिक वृद्धि होती है। यहां से मंगल चौथी समग्रहदृष्टि से प्रथमभाव को देखता है, अतः शारीरिक सौंदर्य में कमी रहते हुए भी प्रभाव, स्वाभिमान एवं प्रतिष्ठा में वृद्धि होती है। सातवीं समग्रहदृष्टि से चतुर्थभाव को देखने के कारण माता के सुख में सामान्य कमी रहती है तथा भूमि, मकान आदि की प्राप्ति होती है। आठवीं शत्रुदृष्टि से पंचमभाव को देखने से संतानपक्ष से सुख मिलता है तथा विद्या एवं बुद्धि की विशेष वृद्धि होती है।

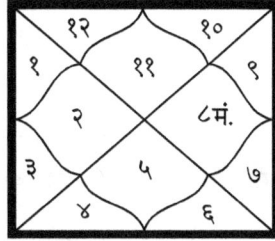

जिस जातक का जन्म 'कुम्भ' लग्न में हुआ हो और जन्म-कुण्डली के 'एकादशभाव' में 'मंगल' की स्थिति हो, उसे 'मंगल' का फलादेश नीचे लिखे अनुसार समझना चाहिए—

कुम्भ लग्नः एकादशभावः मंगल

ग्यारहवें लाभ भाव में अपने मित्र गुरु की धनु राशि पर स्थित मंगल के प्रभाव से जातक की आमदनी में विशेष वृद्धि होती है। उसे पिता, राज्य एवं व्यवसाय के क्षेत्र में भी सफलता मिलती है। वह अपने पराक्रम द्वारा खूब धन कमाता है तथा भाई-बहनों का सुख भी प्राप्त करता है। यहां से मंगल चौथी मित्रदृष्टि से द्वितीयभाव को देखता है। अतः धन का संचय खूब होता है तथा कुटुम्ब का सुख भी मिलता है। सातवीं शत्रुदृष्टि से पंचमभाव को देखने से संतानपक्ष से शक्ति मिलती है तथा विद्या-बुद्धि का लाभ होता है। आठवीं नीचदृष्टि से षष्ठभाव को देखने के कारण शत्रु-पक्ष से कुछ परेशानी रहती है तथा ननिहाल का पक्ष भी कमजोर रहता है।

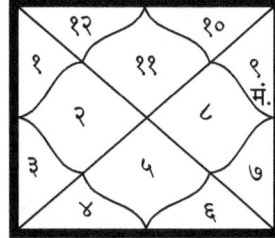

जिस जातक का जन्म 'कुम्भ' लग्न में हुआ हो और जन्म-कुण्डली के 'द्वादशभाव' में 'मंगल' की स्थिति हो, उसे 'मंगल' का फलादेश नीचे लिखे अनुसार समझना चाहिए—

कुम्भ लग्नः द्वादशभावः मंगल

बारहवें व्यय भाव में अपने समग्रह शनि की मकर राशि पर स्थित उच्च के मंगल के प्रभाव से जातक का खर्च अधिक रहता है, परन्तु बाहरी स्थानों के सम्बन्ध से विशेष लाभ होता है। राज्य, पिता एवं व्यवसाय के क्षेत्र में कुछ हानि उठानी पड़ती है। वह अपनी मातृभूमि की अपेक्षा अन्य स्थानों में सफलता प्राप्त करता है। यहां से मंगल चौथी दृष्टि से अपनी ही राशि में तृतीयभाव को देखता है, अतः भाई-

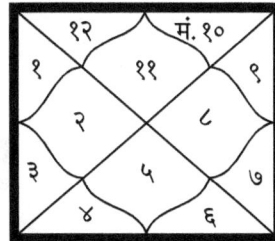

बहनों की शक्ति मिलती है तथा पराक्रम की वृद्धि होती है। सातवीं नीचदृष्टि से मित्र चन्द्र की राशि में षष्ठभाव को देखने से शत्रु पक्ष से कुछ परेशानी रहती है तथा ननिहाल का पक्ष भी दुर्बल रहता है। आठवीं मित्रदृष्टि से सप्तमभाव को देखने के कारण स्त्री द्वारा दुख मिलता है तथा व्यवसाय के क्षेत्र में सफलता प्राप्त होती है।

'कुम्भ' लग्न में 'बुध' का फल

जिस जातक का जन्म 'कुम्भ' लग्न में हुआ हो और जन्म-कुण्डली के 'प्रथमभाव' में 'बुध' की स्थिति हो, उसे 'बुध' का फलादेश नीचे लिखे अनुसार समझना चाहिए—

पहले केन्द्र एवं शरीर भाव में अपने समग्रह शनि की कुम्भ राशि पर स्थित अष्टमेश बुध के प्रभाव से जातक के शारीरिक सौंदर्य एवं स्वास्थ्य में कुछ कमी रहती है, परन्तु उसे आयु, पुरातत्त्व एवं संतानपक्ष की शक्ति प्राप्त होती है। मन में कुछ चिन्ताएं भी बनी रहती हैं। बुध के पंचमेश होने के कारण जातक के विवेक शक्ति उत्तम रहती है और उसके प्रभाव तथा सम्मान की वृद्धि भी होती है। यहां बुध अपनी सातवीं मित्रदृष्टि से सूर्य की सिंह राशि में सप्तमभाव को देखता है, अत: जातक को कुछ कठिनाइयों के साथ स्त्री-पक्ष से सुख एवं व्यवसाय से लाभ प्राप्त होता है।

कुम्भ लग्न: प्रथमभाव: बुध

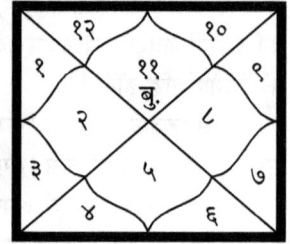

```
        १२        १०
    १       ११         ९
            बु.
        २         ८
    ३        ५         ७
         ४        ६
```

जिस जातक का जन्म 'कुम्भ' लग्न में हुआ हो और जन्म-कुण्डली के 'द्वितीयभाव' में 'बुध' की स्थिति हो, उसे 'बुध' का फलादेश नीचे लिखे अनुसार समझना चाहिए—

दूसरे धन एवं कुटुम्ब के भाव में अपने समग्रह गुरु की मीन राशि पर स्थित नीच के बुध के प्रभाव से जातक धन का संचय नहीं कर पाता तथा कुटुम्ब से भी विरोध रहता है। उसका विद्या तथा संतानपक्ष भी कमजोर रहता है तथा जीवनयापन के सम्बन्ध में चिन्ताएं भी बनी रहती हैं। यहां से बुध सातवीं उच्चदृष्टि से अपनी ही कन्या राशि में अष्टमभाव को देखता है, अत: जातक को आयु की शक्ति प्राप्त होती है, परन्तु पुरातत्त्व का लाभ अपूर्ण रहता है। ऐसा व्यक्ति अपने विवेक एवं विद्या-बुद्धि के बल पर सम्मान तथा लाभ प्राप्त करता है।

कुम्भ लग्न: द्वितीयभाव: बुध

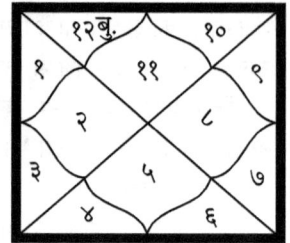

```
       १२बु.        १०
    १       ११         ९
        २         ८
    ३        ५         ७
         ४        ६
```

जिस जातक का जन्म 'कुम्भ' लग्न में हुआ हो और जन्म-कुण्डली के 'तृतीयभाव' में 'बुध' की स्थिति हो, उसे 'बुध' का फलादेश नीचे लिखे अनुसार समझना चाहिए—

तीसरे भाई-बहन एवं पराक्रम के भाव में अपने समग्रह मंगल की मेष राशि पर स्थित अष्टमेश बुध के प्रभाव से जातक को भाई-बहनों से कष्ट मिलता है तथा संतानपक्ष से भी परेशानी रहती है। उसे विद्या-बुद्धि एवं पराक्रम का लाभ तो होता है, परन्तु कठिनाइयां उठानी पड़ती हैं। यहां से बुध अपनी सातवीं मित्रदृष्टि से शुक्र की तुला राशि मे नवमभाव को देखता है, अत: जातक कुछ कठिनाइयों के साथ अपने भाग्य की उन्नति करता है तथा धर्मपालन की दिशा में भी सचेष्ट बना रहता है। उसे पुरातत्त्व का भी लाभ होता है, परन्तु प्रत्येक क्षेत्र में सफलता पाने के लिए उसे संघर्ष अवश्य करना पड़ता है।

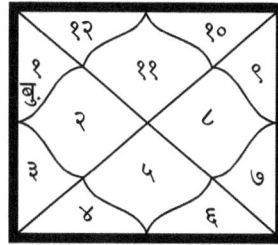

कुम्भ लग्न: तृतीयभाव: बुध

जिस जातक का जन्म 'कुम्भ' लग्न में हुआ हो और जन्म-कुण्डली के 'चतुर्थभाव' में 'बुध' की स्थिति हो, उसे 'बुध' का फलादेश नीचे लिखे अनुसार समझना चाहिए—

चौथे केन्द्र, माता एवं भूमि के भाव में अपने मित्र शुक्र की वृषभ राशि पर स्थित अष्टमेश बुध के प्रभाव से जातक को कुछ परेशानियों के साथ भूमि एवं मकान आदि का सुख प्राप्त होता है तथा माता के सुख में भी कुछ कमी रहती है। उसे संतानपक्ष से सुख मिलता है, पुरातत्त्व एवं आयु की शक्ति में वृद्धि होती है तथा विद्या-बुद्धि के क्षेत्र में भी सफलता मिलती है। यहां से बुध अपनी सातवीं समग्रहदृष्टि से मंगल की वृश्चिक राशि में दशमभाव को देखता है, अत: पिता के कारण कुछ परेशानी रहती है एवं राज्य तथा व्यवसाय के क्षेत्र में उन्नति प्राप्त करने में कठिनाइयों का सामना करना पड़ता है।

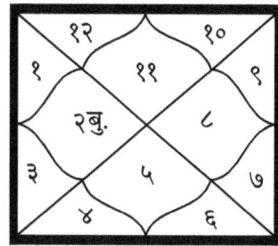

कुम्भ लग्न: चतुर्थभाव: बुध

जिस जातक का जन्म 'कुम्भ' लग्न में हुआ हो और जन्म-कुण्डली के 'पंचमभाव' में 'बुध' की स्थिति हो, उसे 'बुध' का फलादेश नीचे लिखे अनुसार समझना चाहिए—

पांचवें त्रिकोण, विद्या-बुद्धि एवं संतान के भाव में अपनी ही मिथुन राशि पर स्थित अष्टमेश बुध के प्रभाव से जातक को संतानपक्ष से कुछ कठिनाइयों के साथ शक्ति प्राप्त होती है तथा विद्या-बुद्धि के क्षेत्र में भी कुछ कमी बनी रहती है। वह बुद्धिमान, वाणी का धनी तथा विवेक-शक्ति से संपन्न अवश्य होता है, जिसके कारण अपने प्रभाव का विस्तार करता है। यहां से बुध अपनी सातवीं समग्रहदृष्टि से गुरु की धनु राशि में एकादशभाव को देखता है, अत: जातक अपनी विवेक-बुद्धि द्वारा आमदनी के क्षेत्र में विशेष सफलता प्राप्त करता है।

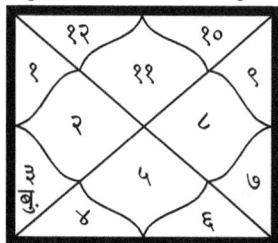

कुम्भ लग्न: पंचमभाव: बुध

जिस जातक का जन्म 'कुम्भ' लग्न में हुआ हो और जन्म-कुण्डली के 'षष्ठभाव' में 'बुध' की स्थिति हो, उसे 'बुध' का फलादेश नीचे लिखे अनुसार समझना चाहिए—

छठे रोग एवं शत्रु भाव में अपने शत्रु चन्द्र की कर्क राशि पर स्थित अष्टमेश बुध के प्रभाव से जातक को शत्रु पक्ष से कुछ अशांति रहती है, परन्तु वह अपनी विवेक-बुद्धि से उन पर विजय प्राप्त करता है तथा झगड़े-झंझट के मामलों में सफल एवं लाभांवित होता है। उसे विद्या, संतान, आयु तथा पुरातत्त्व के क्षेत्र में कमजोरी बनी रहती है तथा परेशानियों का सामना भी करना पड़ता है। यहां से बुध अपनी सातवीं समग्रहदृष्टि से शनि की मकर राशि में द्वादशभाव को देखता है, अत: जातक का खर्च अधिक रहता है तथा बाहरी स्थानों के सम्बन्ध से वह अपनी विवेक-बुद्धि द्वारा लाभ उठाता है।

कुम्भ लग्न: षष्ठभाव: बुध

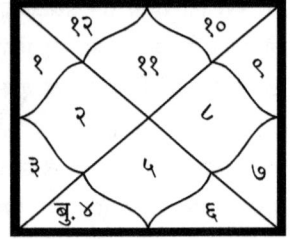

जिस जातक का जन्म 'कुम्भ' लग्न में हुआ हो और जन्म-कुण्डली के 'सप्तमभाव' में 'बुध' की स्थिति हो, उसे 'बुध' का फलादेश नीचे लिखे अनुसार समझना चाहिए—

सातवें केन्द्र, स्त्री तथा व्यवसाय के भाव में अपने मित्र सूर्य की सिंह राशि पर स्थित अष्टमेश के बुध के प्रभाव से जातक को कुछ परेशानियों के बाद स्त्री तथा व्यवसाय के पक्ष में सफलता प्राप्त होती है। उसे विद्या, संतान, आयु एवं पुरातत्त्व शक्ति का भी कुछ कठिनाइयों के साथ लाभ मिलता है। यहां से बुध अपनी सातवीं समग्रहदृष्टि से शनि की कुम्भ राशि में प्रथमभाव को देखता है, अत: जातक को सामान्य रूप से शारीरिक परेशानी तो रहती है, परन्तु उसके प्रभाव एवं सम्मान की वृद्धि होती है।

कुम्भ लग्न: सप्तमभाव: बुध

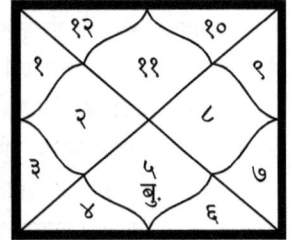

जिस जातक का जन्म 'कुम्भ' लग्न में हुआ हो और जन्म-कुण्डली के 'अष्टमभाव' में 'बुध' की स्थिति हो, उसे 'बुध' का फलादेश नीचे लिखे अनुसार समझना चाहिए—

आठवें आयु एवं पुरातत्त्व के भाव में अपनी ही कन्या राशि पर स्थित उच्च के बुध के प्रभाव से जातक को आयु एवं पुरातत्त्व की विशेष शक्ति प्राप्त होती है। उसका दैनिक जीवन बड़ा प्रभावशाली रहता है। परन्तु विद्या एवं संतान के क्षेत्र में कुछ कमी रहती है, जबकि उसकी विवेक-शक्ति तीव्र होती है और वाणी में विशेष प्रभाव पाया जाता है। यहां से बुध सातवीं नीचदृष्टि से अपने समग्रह गुरु की मीन राशि में द्वितीयभाव को देखता है, अत: जातक को धन-संचय में कठिनाई पड़ती है तथा कुटुम्ब से भी कुछ क्लेश प्राप्त होता है।

कुम्भ लग्न: अष्टमभाव: बुध

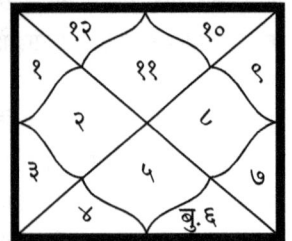

जिस जातक का जन्म 'कुम्भ' लग्न में हुआ हो और जन्म-कुण्डली के 'नवमभाव' में 'बुध' की स्थिति हो, उसे 'बुध' का फलादेश नीचे लिखे अनुसार समझना चाहिए—

नवें त्रिकोण, भाग्य एवं धर्म के भाव में अपने मित्र शुक्र की तुला राशि पर स्थित बुध के प्रभाव से जातक के भाग्य की विशेष वृद्धि होती है तथा धर्म का पालन भी बना रहता है। बुध के अष्टमेश होने के कारण कभी-कभी कुछ कमियां भी आ जाती हैं। संतान, विद्या, आयु तथा पुरातत्त्व शक्ति का जातक को पर्याप्त लाभ होता है। यहां से बुध अपनी सातवीं समग्रहदृष्टि से मंगल की मेष राशि में तृतीयभाव को देखता है, अत: जातक को भाई-बहनों एवं पराक्रम का कुछ त्रुटिपूर्ण लाभ होता है। कुल मिलाकर ऐसा जातक धनी तथा सुखी होता है।

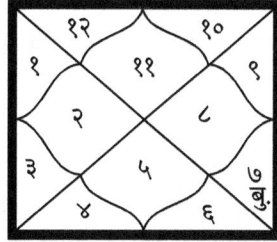

कुम्भ लग्न: नवमभाव: बुध

जिस जातक का जन्म 'कुम्भ' लग्न में हुआ हो और जन्म-कुण्डली के 'दशमभाव' में 'बुध' की स्थिति हो, उसे 'बुध' का फलादेश नीचे लिखे अनुसार समझना चाहिए—

दसवें केन्द्र, राज्य, पिता एवं व्यवसाय के भाव में अपने समग्रह मंगल की वृश्चिक राशि पर स्थित अष्टमेश बुध के प्रभाव से जातक को पिता से कुछ परेशानी, राज्य से कुछ बाधाएं तथा व्यवसाय के क्षेत्र में कुछ कठिनाइयां प्राप्त होती हैं, परन्तु जातक को आयु, पुरातत्त्व, संतान तथा विद्या-बुद्धि के क्षेत्र में यथेष्ट सफलता मिलती है। यहां से बुध अपनी सातवीं मित्रदृष्टि से शुक्र की वृषभ राशि में चतुर्थभाव को देखता है, अत: जातक को माता, भूमि एवं मकान आदि का सुख कुछ कमी के साथ प्राप्त होता है तथा यश एवं विवेक की वृद्धि होती है।

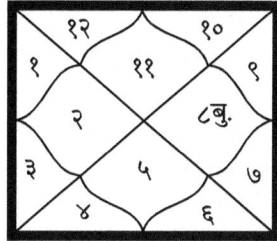

कुम्भ लग्न: दशमभाव: बुध

जिस जातक का जन्म 'कुम्भ' लग्न में हुआ हो और जन्म-कुण्डली के 'एकादशभाव' में 'बुध' की स्थिति हो, उसे 'बुध' का फलादेश नीचे लिखे अनुसार समझना चाहिए—

ग्यारहवें लाभ भाव में अपने समग्रह गुरु की धनु राशि पर स्थित बुध के प्रभाव से जातक अपनी विवेक-बुद्धि द्वारा पर्याप्त लाभ अर्जित करता है, परन्तु बुध के अष्टमेश होने के कारण कुछ कठिनाइयां भी आती हैं। उसे आयु एवं पुरातत्त्व की शक्ति का लाभ होता है तथा दैनिक जीवन भी उल्लासपूर्ण रहता है। यहां से बुध सातवीं दृष्टि से अपनी मिथुन राशि में पंचमभाव को देखता है, अत: जातक को कुछ कठिनाइयों के साथ विद्या एवं संतान के क्षेत्र में सफलता प्राप्त होती है। ऐसे व्यक्ति की वाणी प्रभावपूर्ण रहती है और वह स्वार्थी भी होता है।

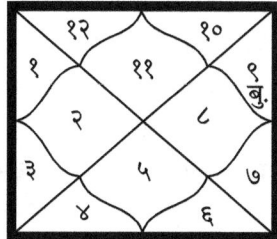

कुम्भ लग्न: एकादशभाव: बुध

जिस जातक का जन्म 'कुम्भ' लग्न में हुआ हो और जन्म-कुण्डली के 'द्वादशभाव' में 'बुध' की स्थिति हो, उसे 'बुध' का फलादेश नीचे लिखे अनुसार समझना चाहिए—

बारहवें व्यय भाव में अपने समग्रह शनि की मकर राशि पर स्थित बुध के प्रभाव से जातक का खर्च अधिक होता है तथा बाहरी स्थानों के सम्बन्ध से उसे कुछ लाभ मिलता है। उसे आयु एवं पुरातत्त्व शक्ति की हानि भी होती है। संतानपक्ष से चिन्ता तथा विद्या की कमी रहती है। मस्तिष्क में हर समय चिन्ताएं घर किए रहती हैं। यहां से बुध अपनी सातवीं शत्रुदृष्टि से चन्द्र की कर्क राशि में षष्ठभाव को देखता है, अत: जातक शत्रु पक्ष में कुछ नरमी से काम निकलता है तथा आपनी विवेक-बुद्धि द्वारा सफलता प्राप्त करता है।

कुम्भ लग्न: द्वादशभाव: बुध

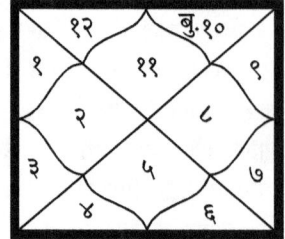

'कुम्भ' लग्न में 'गुरु' का फल

जिस जातक का जन्म 'कुम्भ' लग्न में हुआ हो और जन्म-कुण्डली के 'प्रथमभाव' में 'गुरु' की स्थिति हो, उसे 'गुरु' का फलादेश नीचे लिखे अनुसार समझना चाहिए—

पहले केन्द्र एवं शरीर भाव में अपने समग्रह शनि की कुम्भ राशि पर स्थित गुरु के प्रभाव से जातक को शारीरिक शक्ति, प्रभाव एवं सम्मान की प्राप्ति होती है। उसे धन तथा कुटुम्ब की शक्ति का भी लाभ होता है। यहां से गुरु अपनी पांचवीं शत्रुदृष्टि से पंचमभाव को देखता है, अत: विद्या-बुद्धि के क्षेत्र से भी सुख प्राप्त होता है। सातवीं मित्रदृष्टि से सप्तमभाव को देखने से स्त्री पक्ष में सफलता मिलती है तथा व्यवसाय के द्वारा धन की उन्नति होती है। नवीं शत्रु- दृष्टि से नवमभाव को देखने के कारण भाग्य की उन्नति भी होती है तथा धन द्वारा धर्म का पालन भी होता है।

कुम्भ लग्न: प्रथमभाव: गुरु

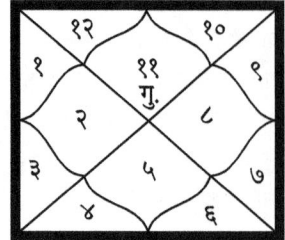

जिस जातक का जन्म 'कुम्भ' लग्न में हुआ हो और जन्म-कुण्डली के 'द्वितीयभाव' में 'गुरु' की स्थिति हो, उसे 'गुरु' का फलादेश नीचे लिखे अनुसार समझना चाहिए—

दूसरे धन एवं कुटुम्ब के भाव में अपनी ही मीन राशि पर स्थित स्वक्षेत्री गुरु के प्रभाव से जातक धन का खूब संचय करता है और उसे कुटुम्ब का सुख भी पर्याप्त मात्रा में प्राप्त होता है। वह अपनी धनोन्नति के लिए निरंतर प्रयत्नशील बना रहता है। यहां से गुरु अपनी पांचवीं उच्च-दृष्टि से मित्र चन्द्र की राशि में षष्ठभाव को देखता है, अत: शत्रु पक्ष

कुम्भ लग्न: द्वितीयभाव: गुरु

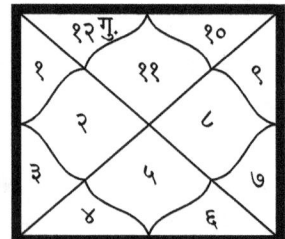

पर प्रभाव स्थापित होता है एवं झगड़े-झंझट के मार्ग से लाभ मिलता है। सातवीं शत्रुदृष्टि से अष्टमभाव को देखने से आयु एवं पुरातत्त्व की वृद्धि होती है तथा नवीं मित्रदृष्टि से दशमभाव को देखने के कारण पिता द्वारा सहयोग, राज्य द्वारा सम्मान एवं व्यवसाय द्वारा सफलता तथा लाभ की प्राप्ति भी होती है।

जिस जातक का जन्म 'कुम्भ' लग्न में हुआ हो और जन्म-कुण्डली के 'तृतीयभाव' में 'गुरु' की स्थिति हो, उसे 'गुरु' का फलादेश नीचे लिखे अनुसार समझना चाहिए—

कुम्भ लग्न: तृतीयभाव: गुरु

तीसरे भाई-बहन एवं पराक्रम के भाव में अपने मित्र मंगल की मेष राशि पर स्थित गुरु के प्रभाव से जातक के पराक्रम में वृद्धि होती है उसे धन तथा कौटुंबिक सुख का भी यथेष्ट लाभ होता है। यहां से गुरु अपनी पांचवीं मित्रदृष्टि से सप्तमभाव को देखता है। अत: स्त्री के पक्ष में सौंदर्य एवं सुख लाभ की प्राप्ति होती है तथा व्यवसाय के क्षेत्र में भी उसे सफलता मिलती है। उसे अपनी ससुराल से भी कुछ लाभ मिलता है। सातवीं दृष्टि से शत्रु शुक्र की तुला राशि में नवमभाव को देखने से कुछ-कुछ रुकावटों के साथ भाग्य की वृद्धि होती है तथा धर्म की जिज्ञासा रहती है। नवीं दृष्टि से अपनी ही राशि में एकादशभाव को देखने के कारण आमदनी के क्षेत्र में अत्यधिक वृद्धि होती है।

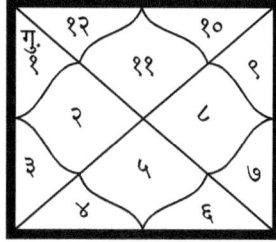

जिस जातक का जन्म 'कुम्भ' लग्न में हुआ हो और जन्म-कुण्डली के 'चतुर्थभाव' में 'गुरु' की स्थिति हो, उसे 'गुरु' का फलादेश नीचे लिखे अनुसार समझना चाहिए—

कुम्भ लग्न: चतुर्थभाव: गुरु

चौथे केन्द्र, माता एवं भूमि के भाव में अपने शत्रु शुक्र की वृषभ राशि पर स्थित गुरु के प्रभाव से जातक को माता के सुख में कुछ कमी रहती है, परन्तु माता से लाभ होता है, साथ ही भूमि एवं मकान आदि का सुख प्राप्त होता है तथा धन और कुटुम्ब का सुख भी मिलता है। यहां से गुरु अपनी पांचवीं शत्रुदृष्टि से अष्टमभाव को देखता है, अत: आयु में वृद्धि तथा पुरातत्त्व का भी लाभ होता है। ऐसे व्यक्ति का जीवन शान-शौकत से व्यतीत होता है। सातवीं मित्रदृष्टि से दशमभाव को देखने से पिता से सुख, राज्य से सम्मान तथा व्यवसाय से लाभ मिलता है। नवीं नीचदृष्टि से द्वादशभाव को देखने के कारण खर्च तथा बाहरी भाव के सम्बन्धों के कारण परेशानी बनी रहती है।

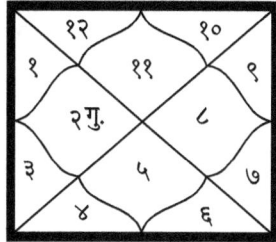

जिस जातक का जन्म 'कुम्भ' लग्न में हुआ हो और जन्म-कुण्डली के 'पंचमभाव' में 'गुरु' की स्थिति हो, उसे 'गुरु' का फलादेश नीचे लिखे अनुसार समझना चाहिए—

कुम्भ लग्नः पंचमभावः गुरु

पांचवें त्रिकोण, विद्या एवं संतान के भाव में अपने शत्रु बुध की कन्या राशि पर स्थित गुरु के प्रभाव से जातक को विद्या एवं बुद्धि की विशेष शक्ति प्राप्त होती है। धन, कुटुम्ब तथा संतानपक्ष का भी खूब लाभ होता है। यहां से गुरु अपनी पांचवी शत्रुदृष्टि से शुक्र की राशि में नवमभाव को देखता है, अत: कुछ कठिनाइयों के साथ जातक के भाग्य की वृद्धि होती है, और वह धर्म का पालन भी करता है। सातवीं दृष्टि से अपनी ही राशि में एकादशभाव को देखने से बुद्धि-योग द्वारा उसे धन का पर्याप्त लाभ होता है तथा नवीं समग्रहदृष्टि से प्रथमभाव को देखने से शारीरिक प्रभाव में वृद्धि होती है। स्वार्थ, परमार्थ, प्रभाव, सम्मान, योग्यता, सज्जनता, विनम्रता, सौभाग्य आदि सभी क्षेत्रों में जातक सफल होता है।

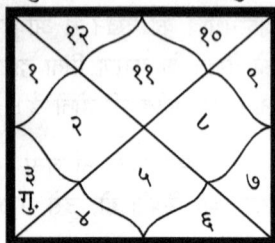

जिस जातक का जन्म 'कुम्भ' लग्न में हुआ हो और जन्म-कुण्डली के 'षष्ठभाव' में 'गुरु' की स्थिति हो, उसे 'गुरु' का फलादेश नीचे लिखे अनुसार समझना चाहिए—

कुम्भ लग्नः षष्ठभावः गुरु

छठे रोग एवं शत्रु भाव अपने मित्र चन्द्र की कर्क राशि पर स्थित उच्च गुरु के प्रभाव से जातक धन की शक्ति से शत्रु पक्ष पर बहुत प्रभाव रखता है तथा झगड़े-झंझट के मामलों से लाभ प्राप्त करता है। उसका ननिहाल पक्ष ऊंचा होता है। कुटुम्ब से कुछ झंझट एवं धन-प्राप्ति के मार्ग में कुछ कठिनाइयां भी उपस्थित होती हैं। यहां से गुरु अपनी पांचवीं मित्रदृष्टि से दशमभाव को देखता है, अत: उसे पिता से शक्ति, राज्य से सम्मान एवं व्यवसाय से लाभ होता है। सातवीं नीचदृष्टि से द्वादशभाव का समग्रह शनि की राशि में देखने से खर्च तथा बाहरी स्थानों के सम्बन्ध से परेशानी रहती है। नवीं दृष्टि से अपनी ही राशि मे द्वितीयभाव को देखने के कारण कुछ परिश्रम तथा झंझटों के साथ धन की वृद्धि होती है तथा कुटुम्ब का सुख मिलता है।

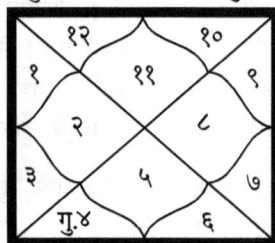

जिस जातक का जन्म 'कुम्भ' लग्न में हुआ हो और जन्म-कुण्डली के 'सप्तमभाव' में 'गुरु' की स्थिति हो, उसे 'गुरु' का फलादेश नीचे लिखे अनुसार समझना चाहिए—

कुम्भ लग्नः सप्तमभावः गुरु

सातवें केन्द्र, स्त्री तथा व्यवसाय के भाव में अपने मित्र सूर्य की सिंह राशि पर स्थित गुरु के प्रभाव से जातक को स्त्री पक्ष से सौंदर्य, धन एवं सुख की प्राप्ति होती है तथा व्यवसाय द्वारा भी पर्याप्त लाभ होता है। घर की प्रतिष्ठा खूब बढ़ती है तथा धन एवं कुटुम्ब का पर्याप्त सहयोग बना रहता है। यहां से गुरु पांचवीं दृष्टि से अपनी ही राशि में एकादशभाव को देखता है, अत: आमदनी खूब रहती है। सातवीं समग्रहदृष्टि से प्रथमभाव को देखने से शारीरिक सौंदर्य में कुछ कमी आ

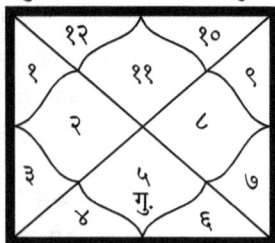

जाती है, परन्तु मान-सम्मान एवं प्रभाव की वृद्धि होती है। नवीं मित्रदृष्टि से तृतीयभाव को देखने के कारण भाई-बहनों का सुख मिलता है तथा पराक्रम की वृद्धि होती है। ऐसा जातक बड़ा बहादुर, यशस्वी, सुखी, धनी तथा सुयोग्य होता है।

जिस जातक का जन्म 'कुम्भ' लग्न में हुआ हो और जन्म-कुण्डली के 'अष्टमभाव' में 'गुरु' की स्थिति हो, उसे 'गुरु' का फलादेश नीचे लिखे अनुसार समझना चाहिए—

कुम्भ लग्नः अष्टमभावः गुरु

आठवें आयु एवं पुरातत्त्व के प्रभाव से अपने शत्रु बुध की कन्या राशि पर स्थित गुरु के प्रभाव से जातक की आयु में वृद्धि होती है तथा पुरातत्त्व का लाभ होता है। गुरु के अष्टमेश होने के कारण संचित धन की हानि तथा कुटुम्ब से कष्ट का योग भी बनता है। आमदनी तथा बाहरी स्थानों के सम्बन्ध में कुछ कमी आती है। यहां से गुरु अपनी पांचवीं नीचदृष्टि से द्वादशभाव को देखता है, अतः खर्च तथा बाहरी भाव के सम्बन्धों के कारण कठिनाई रहती है। सातवीं दृष्टि से अपनी ही राशि के द्वितीयभाव को देखने से जातक धन-वृद्धि के लिए विशेष परिश्रम करता है तथा कुटुम्ब से सहयोग मिलता है। नवीं शत्रुदृष्टि से चतुर्थभाव को देखने से माता के सुख में कुछ कमी आती है तथा भूमि एवं मकान आदि की भी सामान्य शक्ति प्राप्त होती है।

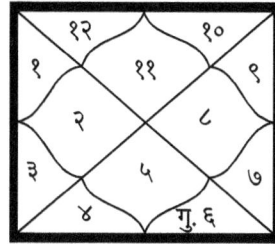

जिस जातक का जन्म 'कुम्भ' लग्न में हुआ हो और जन्म-कुण्डली के 'नवमभाव' में 'गुरु' की स्थिति हो, उसे 'गुरु' का फलादेश नीचे लिखे अनुसार समझना चाहिए—

कुम्भ लग्नः नवमभावः गुरु

नवें त्रिकोण, भाग्य एवं धर्म के भाव में अपने शत्रु शुक्र की तुला राशि पर स्थित गुरु के प्रभाव से जातक के भाग्य की विशेष वृद्धि होती है। वह न्यायोचित मार्ग से प्रचुर धन प्राप्त करता है तथा धर्म का पालन करता है। उसे कुटुम्ब का सुख भी मिलता है। यहां से गुरु अपनी पांचवीं समग्रहदृष्टि से प्रथमभाव को देखता है, अतः शारीरिक प्रभाव की वृद्धि होती है तथा जातक भाग्यवान माना जाता है। सातवीं मित्रदृष्टि से तृतीयभाव को देखने से भाई-बहन की शक्ति मिलती है तथा पराक्रम की वृद्धि होती है। नवीं शत्रुदृष्टि से पंचमभाव को देखने के कारण संतान से सुख मिलता है तथा विद्या एवं बुद्धि की विशेष उन्नति होती है।

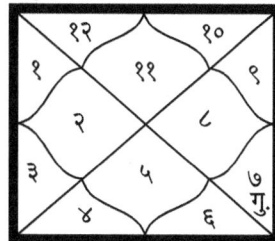

जिस जातक का जन्म 'कुम्भ' लग्न में हुआ हो और जन्म-कुण्डली के 'दशमभाव' में 'गुरु' की स्थिति हो, उसे 'गुरु' का फलादेश नीचे लिखे अनुसार समझना चाहिए—

दसवें केन्द्र, राज्य, पिता एवं व्यवसाय के भाव में अपने मित्र मंगल की वृश्चिक राशि पर स्थित गुरु के प्रभाव से जातक को पिता द्वारा शक्ति, राज्य द्वारा सम्मान तथा व्यवसाय द्वारा धन एवं सफलता का यथेष्ट लाभ होता है। वह बड़ी शान से रहता है तथा भाग्यवान माना जाता है। यहां से गुरु पांचवीं दृष्टि से अपनी ही राशि में द्वितीयभाव को देखता है, अतः धन एवं कुटुम्ब की वृद्धि होती है। सातवीं शत्रुदृष्टि से चतुर्थभाव को देखने से माता का सुख एवं भूमि और भाव का यथेष्ट लाभ होता है। नवीं उच्चदृष्टि से चन्द्र की राशि में षष्ठभाव को देखने के कारण शत्रु पक्ष पर बड़ा भारी प्रभाव रहता तथा झगड़े-झंझटों के मार्ग से सफलता एवं लाभ की प्राप्ति होती है। ऐसा जातक बड़ा धनी, यशस्वी, सुखी तथा प्रतापी होता है।

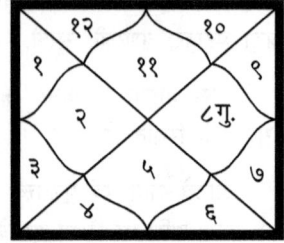

कुम्भ लग्नः दशमभावः गुरु

जिस जातक का जन्म 'कुम्भ' लग्न में हुआ हो और जन्म-कुण्डली के 'एकादशभाव' में 'गुरु' की स्थिति हो, उसे 'गुरु' का फलादेश नीचे लिखे अनुसार समझना चाहिए—

ग्यारहवें लाभ भाव में अपनी ही धनु राशि पर स्थित स्वक्षेत्री गुरु के प्रभाव से जातक की आमदनी में पर्याप्त वृद्धि होती है। कभी-कभी उसे संपत्ति का आकस्मिक लाभ भी होता है। यहां से गुरु अपनी पांचवीं मित्रदृष्टि से तृतीयभाव को देखता है, अतः जातक को भाई-बहनों का सुख मिलता है एवं पराक्रम में वृद्धि होती है। सातवीं शत्रुदृष्टि से पंचमभाव को देखने के कारण विद्या तथा संतान के क्षेत्र में विशेष सफलता मिलती है और नवीं मित्रदृष्टि से सप्तमभाव को देखने से स्त्री का पूर्ण सुख मिलता है तथा व्यवसाय के क्षेत्र में भी पर्याप्त सफलता एवं लाभ की प्राप्ति होती है।

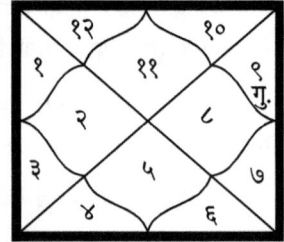

कुम्भ लग्नः एकादशभावः गुरु

जिस जातक का जन्म 'कुम्भ' लग्न में हुआ हो और जन्म-कुण्डली के 'द्वादशभाव' में 'गुरु' की स्थिति हो, उसे 'गुरु' का फलादेश नीचे लिखे अनुसार समझना चाहिए—

बारहवें व्यय भाव में अपने समग्रह शनि की मकर राशि पर स्थित नीच के गुरु के प्रभाव से जातक के अपने खर्च तथा बाहरी स्थानों के सम्बन्ध के कारण परेशानी बनी रहती है तथा संचित धन का अभाव होता है। साथ ही कुटुम्ब में अशांति एवं धन-संचय में कठिनाइयां आती हैं। यहां से गुरु अपनी पांचवीं शत्रुदृष्टि से चतुर्थभाव को देखता है, अतः माता, भूमि और मकान आदि के सुख में कुछ त्रुटिपूर्ण

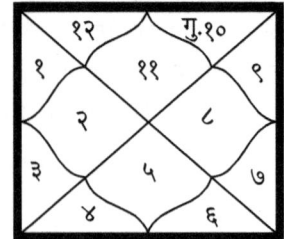

कुम्भ लग्नः द्वादशभावः गुरु

सफलता प्राप्त होती है। सातवीं उच्चदृष्टि से मित्र चन्द्र की कर्क राशि में षष्ठभाव को देखने से शत्रु-पक्ष पर प्रभाव रहता है तथा झगड़ों के मार्ग से लाभ होता है। नवीं शत्रुदृष्टि से अष्टमभाव को देखने के कारण आयु एवं पुरातत्त्व शक्ति की वृद्धि होती है तथा जीवन बड़े अमीरी ढंग से व्यतीत होता है।

'कुम्भ' लग्न में 'शुक्र' का फल

जिस जातक का जन्म 'कुम्भ' लग्न में हुआ हो और जन्म-कुण्डली के 'प्रथमभाव' में 'शुक्र' की स्थिति हो, उसे 'शुक्र' का फलादेश नीचे लिखे अनुसार समझना चाहिए—

कुम्भ लग्नः प्रथमभावः शुक्र

पहले केन्द्र एवं शरीर भाव में अपने मित्र शनि के कुम्भ राशि पर स्थित शुक्र के प्रभाव से जातक को शारीरिक सुख, सौंदर्य, प्रभाव एवं सौभाग्य की प्राप्ति होती है। साथ ही माता, भूमि एवं मकान आदि का सुख भी मिलता है। वह अपने भाग्य की उन्नति करता है, तथा धर्म का पालन करने में भी तत्पर बना रहता है। यहां से शुक्र अपनी सातवीं शत्रुदृष्टि से सूर्य की सिंह राशि में सप्तमभाव को देखता है, अतः स्त्री पक्ष में सुख तथा सौभाग्य की प्राप्ति होती है, परन्तु व्यवसाय के पक्ष में कुछ कठिनाइयों के साथ सफलता प्राप्त होती है। ऐसा व्यक्ति भाग्यवान होता है तथा अपने लोक और परलोक को बनाता है।

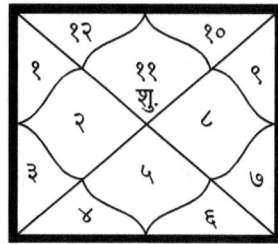

जिस जातक का जन्म 'कुम्भ' लग्न में हुआ हो और जन्म-कुण्डली के 'द्वितीयभाव' में 'शुक्र' की स्थिति हो, उसे 'शुक्र' का फलादेश नीचे लिखे अनुसार समझना चाहिए—

कुम्भ लग्नः द्वितीयभावः शुक्र

दूसरे धन एवं कुटुम्ब के भाव में अपने समग्रह गुरु की मीन राशि पर स्थित उच्च के प्रभाव से जातक धन-संचय की विशेष शक्ति प्राप्त करता है तथा कुटुम्ब का सुख भी पर्याप्त रहता है। उसे भूमि, मकान आदि का पर्याप्त लाभ होता है और वह बड़ा धनी, यशस्वी तथा प्रतिष्ठित व्यक्ति माना जाता है। यहां से शुक्र सातवीं नीचदृष्टि से अपने मित्र बुध की कन्या राशि में अष्टमभाव को देखता है, अतः आयु एवं पुरातत्त्व की शक्ति के सम्बन्ध में कुछ कठिनाई रहती है तथा दैनिक जीवन में भी चिन्ताएं बनी रहती हैं।

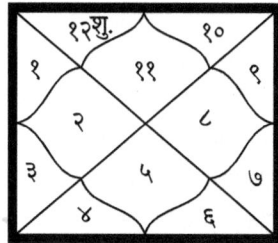

जिस जातक का जन्म 'कुम्भ' लग्न में हुआ हो और जन्म-कुण्डली के 'तृतीयभाव' में 'शुक्र' की स्थिति हो, उसे 'शुक्र' का फलादेश नीचे लिखे अनुसार समझना चाहिए—

तीसरे भाई-बहन एवं पराक्रम के भाव में अपने समग्रह मंगल की मेष राशि पर स्थित शुक्र के प्रभाव से जातक को भाई-बहनों का सुख मिलता है तथा पराक्रम की विशेष वृद्धि होती है। उसे माता, भूमि, मकान आदि का सुख भी मिलता है तथा घरेलू सुख के साधन भी प्राप्त होते हैं। यहां से शुक्र सातवीं दृष्टि से अपनी ही तुला राशि में नवमभाव को देखता है, अत: जातक के भाग्य की विशेष उन्नति होती है और वह धर्म का पालन भी करता है। ऐसा जातक धनी, धर्मात्मा, सुखी, यशस्वी, पराक्रमी तथा भाग्यशाली होता है।

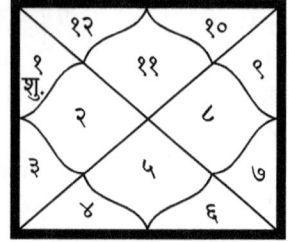
कुम्भ लग्न: तृतीयभाव: शुक्र

जिस जातक का जन्म 'कुम्भ' लग्न में हुआ हो और जन्म-कुण्डली के 'चतुर्थभाव' में 'शुक्र' की स्थिति हो, उसे 'शुक्र' का फलादेश नीचे लिखे अनुसार समझना चाहिए—

चौथे केन्द्र, माता एवं भूमि के भाव में अपनी ही वृषभ राशि पर स्थित शुक्र के प्रभाव से जातक को माता, भूमि एवं मकान आदि का सुख प्राप्त होता है तथा घरेलू सुख में भी वृद्धि होती है। उसकी भाग्योन्नति निरन्तर होती रहती है और वह धर्म का पालन भी करता है। यहां से शुक्र सातवीं दृष्टि से अपने समग्रह मंगल की वृश्चिक राशि में दशमभाव को देखता है, अत: जातक को पिता से सुख, राज्य से सम्मान तथा व्यवसाय से लाभ प्राप्त होता है। ऐसा व्यक्ति भाग्यशाली तथा सुखी होता है।

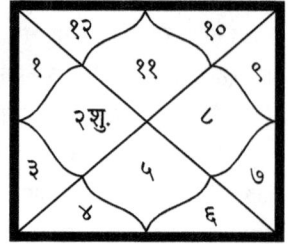
कुम्भ लग्न: चतुर्थभाव: शुक्र

जिस जातक का जन्म 'कुम्भ' लग्न में हुआ हो और जन्म-कुण्डली के 'पंचमभाव' में 'शुक्र' की स्थिति हो, उसे 'शुक्र' का फलादेश नीचे लिखे अनुसार समझना चाहिए—

पांचवें त्रिकोण, विद्या-बुद्धि एवं संतान के भाव में अपने मित्र बुध की मिथुन राशि पर स्थित शुक्र के प्रभाव से जातक को विद्या-बुद्धि के क्षेत्र में विशेष सफलता प्राप्त होती है तथा संतानपक्ष से सुख मिलता है। वह धर्म का पालन करता है और बुद्धियोग से उसके भाग्य की उन्नति निरन्तर होती रहती है। उसे माता, भूमि, मकान आदि का सुख तथा यश भी यथेष्ट मात्रा में मिलता है। यहां से शुक्र अपनी सातवीं समग्रहदृष्टि से गुरु की धनु राशि में एकादशभाव को देखता है, अत: जातक अपनी चतुराई से लाभ कमाता है तथा भाग्य की उन्नति करके सुखी होता है।

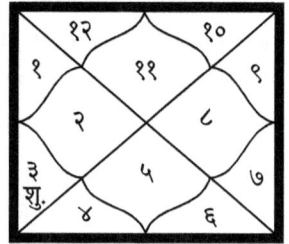
कुम्भ लग्न: पंचमभाव: शुक्र

जिस जातक का जन्म 'कुम्भ' लग्न में हुआ हो और जन्म-कुण्डली के 'षष्ठभाव' में 'शुक्र' की स्थिति हो, उसे 'शुक्र' का फलादेश नीचे लिखे अनुसार समझना चाहिए—

छठे रोग एवं शत्रु भाव में अपने शत्रु चन्द्र की कर्क राशि पर स्थित शुक्र के प्रभाव से जातक शत्रु पक्ष पर सफलता प्राप्त करता है तथा झगड़े के मामलों से लाभ उठाता है। उसे माता के सुख में कमी का सामना करना पड़ता है। साथ ही मातृभूमि, भूमि, मकान, भाग्य तथा धर्म के क्षेत्र में भी कमजोरी रहती है। यहां से शुक्र अपनी सातवीं मित्रदृष्टि से शनि की मकर राशि में द्वादशभाव को देखता है, अतः खर्च अधिक रहता है तथा बाहरी स्थानों के सम्बन्ध से सफलता प्रप्त होती है। ऐसा जातक बहुत चतुर तथा बुद्धिमान होता है।

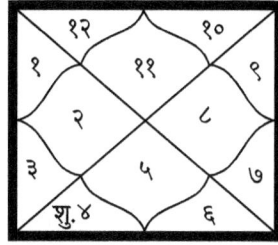

कुम्भ लग्नः षष्ठभावः शुक्र

जिस जातक का जन्म 'कुम्भ' लग्न में हुआ हो और जन्म-कुण्डली के 'सप्तमभाव' में 'शुक्र ' की स्थिति हो, उसे 'शुक्र' का फलादेश नीचे लिखे अनुसार समझना चाहिए—

सातवें केन्द्र, स्त्री तथा व्यवसाय के भाव में अपने शत्रु सूर्य की सिंह राशि पर स्थित शुक्र के प्रभाव से जातक को स्त्री-पक्ष से कुछ असंतोष के साथ सुख मिलता है तथा व्यवसाय के क्षेत्र में भी विशेष परिश्रम करने पर सफलता मिलती है। उसे माता, भूमि, मकान आदि का सुख यथेष्ट प्राप्त होता है तथा घरेलू वातावरण भी आनंदमय रहता है। वह धर्म का पालन करने वाला तथा भाग्योन्नति के लिए प्रयत्नशील होता है। यहां से शुक्र अपनी सातवीं मित्रदृष्टि से शनि की कुम्भ राशि में प्रथमभाव को देखता है, अतः जातक को शारीरिक सौंदर्य, सुख, सौभाग्य, यश, सम्मान एवं प्रभाव की वृद्धि होती है।

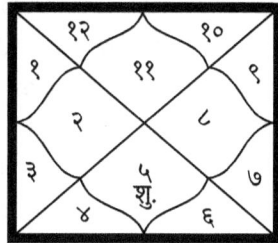

कुम्भ लग्नः सप्तमभावः शुक्र

जिस जातक का जन्म 'कुम्भ' लग्न में हुआ हो और जन्म-कुण्डली के 'अष्टमभाव' में 'शुक्र ' की स्थिति हो, उसे 'शुक्र' का फलादेश नीचे लिखे अनुसार समझना चाहिए—

आठवें आयु एवं पुरातत्त्व के भाव में अपने मित्र बुध की कन्या राशि पर स्थित नीच के शुक्र के प्रभाव से जातक के जीवन में अशांति रहती है तथा पुरातत्त्व की हानि होती है। माता के सुख में बड़ी कमी आती है तथा भूमि, मकान आदि का सुख भी त्रुटिपूर्ण रहता है। यहां से शुक्र अपनी सातवीं उच्चदृष्टि से समग्रह गुरु की मीन राशि में द्वितीयभाव को देखता है, अतः जातक विशेष परिश्रम द्वारा अपने धन तथा कुटुम्ब की वृद्धि एवं उन्नति करता है।

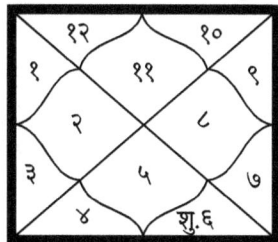

कुम्भ लग्नः अष्टमभावः शुक्र

जिस जातक का जन्म 'कुम्भ' लग्न में हुआ हो और जन्म-कुण्डली के 'नवमभाव' में 'शुक्र ' की स्थिति हो, उसे 'शुक्र' का फलादेश नीचे लिखे अनुसार समझना चाहिए—

नवें त्रिकोण, भाग्य एवं धर्म के भाव में अपनी ही तुला राशि पर स्थित स्वक्षेत्री शुक्र के प्रभाव से जातक के भाग्य की अत्यधिक वृद्धि होती है और वह धर्म का पालन भी करता है। उसे माता, भूमि, मकान आदि का पर्याप्त सुख मिलता है। अपने गुण एवं चातुर्य के बल पर ऐसा व्यक्ति यश भी प्राप्त करता है। उसका घरेलू जीवन भी उल्लास एवं आनंदपूर्ण बना रहता है। यहां से शुक्र अपनी सातवीं दृष्टि से समग्रह मंगल की मेष राशि में तृतीयभाव को देखता है, अत: जातक को भाई-बहनों का सुख मिलता है तथा पराक्रम की वृद्धि होती है।

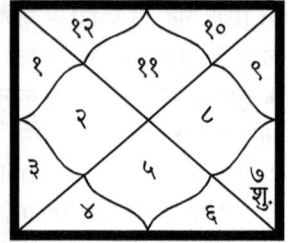
कुम्भ लग्न: नवमभाव: शुक्र

जिस जातक का जन्म 'कुम्भ' लग्न में हुआ हो और जन्म-कुण्डली के 'दशमभाव' में 'शुक्र' की स्थिति हो, उसे 'शुक्र' का फलादेश नीचे लिखे अनुसार समझना चाहिए—

दसवें केन्द्र, राज्य, पिता, एवं व्यवसाय के भाव में अपने समग्रह मंगल की वृश्चिक राशि पर स्थित शुक्र के प्रभाव से जातक को पिता से विशेष शक्ति, राज्य से पर्याप्त सम्मान तथा व्यवसाय से बड़े लाभ की प्राप्ति होती है। वह समाज में प्रतिष्ठित, धनी, धार्मिक तथा यशस्वी होता है। यहां से शुक्र सातवीं दृष्टि से अपनी ही वृषभ राशि में चतुर्थभाव को देखता है, अत: जातक को माता, भूमि, मकान आदि का यथेष्ट सुख प्राप्त होता है। ऐसा व्यक्ति बड़े ठाट-बाट से रहता है तथा विविध प्रकार से सुखों का उपभोग करता है।

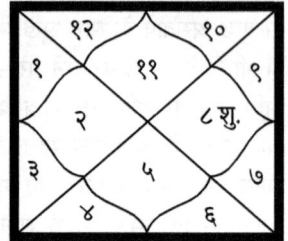
कुम्भ लग्न: दशमभाव: शुक्र

जिस जातक का जन्म 'कुम्भ' लग्न में हुआ हो और जन्म-कुण्डली के 'एकादशभाव' में 'शुक्र' की स्थिति हो, उसे 'शुक्र' का फलादेश नीचे लिखे अनुसार समझना चाहिए—

ग्यारहवें लाभ भाव में अपने समग्रह गुरु की धनु राशि पर स्थित शुक्र के प्रभाव से जातक की आमदनी में पर्याप्त वृद्धि होती है। ऐसा व्यक्ति न्यायी, चतुर, धनी, धार्मिक तथा यशस्वी होता है। उसे माता, भूमि एवं मकान आदि का सुख भी पर्याप्त मात्रा में प्राप्त होता है। यहां से शुक्र अपनी सातवीं मित्रदृष्टि से बुध की मिथुन राशि में पंचमभाव को देखता है, अत: जातक को संतानपक्ष से सुख मिलता है तथा विद्या-बुद्धि के क्षेत्र में विशेष उन्नति होती है। ऐसा व्यक्ति प्रभावशाली वक्ता तथा चतुर भी होता है।

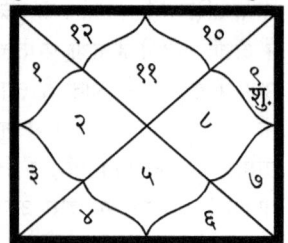
कुम्भ लग्न: एकादशभाव: शुक्र

जिस जातक का जन्म 'कुम्भ' लग्न में हुआ हो और जन्म-कुण्डली के 'द्वादशभाव' में 'शुक्र' की स्थिति हो, उसे 'शुक्र' का फलादेश नीचे लिखे अनुसार समझना चाहिए—

बारहवें व्यय भाव में अपने मित्र शनि की मकर राशि पर स्थित शुक्र के प्रभाव से जातक का खर्च अधिक होता है एवं बाहरी स्थानों के सम्बन्ध से सुख तथा सफलता प्राप्त होती है। वह धर्म का पालन भली-भांति नहीं कर पाता, माता का वियोग छोटी आयु में ही हो जाता है तथा यश में भी कमी रहती है। यहां से शुक्र अपनी सातवीं शत्रुदृष्टि से चन्द्र की कर्क राशि में षष्ठभाव को देखता है, अत: जातक अपने चातुर्य के बल पर शत्रु पक्ष में सफलता पाता है तथा झगड़े से लाभ प्राप्त करता है।

कुम्भ लग्न: द्वादशभाव: शुक्र

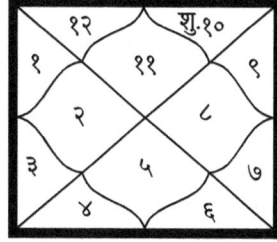

'कुम्भ' लग्न में 'शनि' का फल

जिस जातक का जन्म 'कुम्भ' लग्न में हुआ हो और जन्म-कुण्डली के 'प्रथमभाव' में 'शनि' की स्थिति हो, उसे 'शनि' का फलादेश नीचे लिखे अनुसार समझना चाहिए—

कुम्भ लग्न: प्रथमभाव: शनि

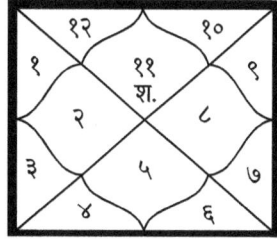

पहले केन्द्र एवं शरीर भाव में अपनी ही कुम्भ राशि पर स्थित स्वक्षेत्री शनि के प्रभाव से जातक के शारीरिक सौंदर्य एवं प्रभाव में वृद्धि होती है, परन्तु शनि व्ययेश होने के कारण शरीर में दुर्बलता भी रहती है। ऐसा व्यक्ति मानी, यशस्वी, शानदार खर्च करने वाला तथा कभी-कभी किसी कठिन रोग का शिकार भी होता है। यहां से शनि अपनी तीसरी नीच दृष्टि से तृतीयभाव को देखता है, अत: भाई-बहनों के सुख में कठिनाई एवं पुरुषार्थ में कमी आती है। सातवीं शत्रुदृष्टि से सप्तमभाव को देखने से स्त्री पक्ष से असंतोष रहता है तथा व्यवसाय के क्षेत्र में परेशानियां बनी रहती हैं। दसवीं शत्रुदृष्टि से दशमभाव को देखने से पिता, राज्य एवं रोजगार के क्षेत्र में भी कठिनाइयां रहती हैं।

जिस जातक का जन्म 'कुम्भ' लग्न में हुआ हो और जन्म-कुण्डली के 'द्वितीयभाव' में 'शनि' की स्थिति हो, उसे 'शनि' का फलादेश नीचे लिखे अनुसार समझना चाहिए—

कुम्भ लग्न: द्वितीयभाव: शनि

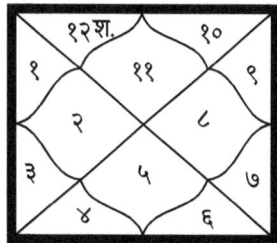

दूसरे धन एवं कुटुम्ब के भाव में अपने समग्रह गुरु की मीन राशि पर स्थित शनि के प्रभाव से जातक को धन संचय के लिए कठोर परिश्रम करना पड़ता है, फिर भी धन एवं कुटुम्ब के सुख में कमी बनी रहती है। खर्च अधिक होता है, बाहरी स्थानों में प्रतिष्ठा मिलती है तथा शारीरिक सौंदर्य एवं सुख त्रुटिपूर्ण बना रहता है। यहां से शनि अपनी तीसरी मित्रदृष्टि से

चतुर्थभाव को देखता है, अत: जातक को माता, भूमि, एवं मकान का सुख मिलता है। घरेलू सुख में कुछ कमी रहती है। सातवीं समग्रहदृष्टि से अष्टमभाव को देखने से आयु एवं पुरातत्त्व शक्ति की वृद्धि होती है। दसवीं समग्रहदृष्टि से एकादशभाव को देखने से आमदनी के मार्ग में कठिनाइयां आती हैं। ऐसा जातक अधिक मुनाफा कमाने की इच्छा रखता है, परन्तु सफल नहीं हो पाता।

जिस जातक का जन्म 'कुम्भ' लग्न में हुआ हो और जन्म-कुण्डली के 'तृतीयभाव' में 'शनि' की स्थिति हो, उसे 'शनि' का फलादेश नीचे लिखे अनुसार समझना चाहिए—

कुम्भ लग्न: तृतीयभाव: शनि

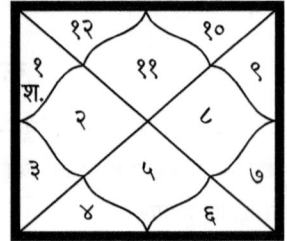

तीसरे भाई-बहन एवं पराक्रम के भाव में अपने शत्रु मंगल की मेष राशि पर स्थित शनि के प्रभाव से जातक को भाई-बहनों का कष्ट मिलता है तथा पराक्रम में कमी आती है। शारीरिक सौंदर्य एवं स्वास्थ्य भी त्रुटिपूर्ण रहता है। यहां से शनि अपनी तीसरी मित्रदृष्टि से पंचमभाव को देखता है, अत: विद्या, बुद्धि एवं संतान के क्षेत्र में सुख एवं सफलता प्राप्त होगी। सातवीं उच्चदृष्टि से नवमभाव को देखने से भाग्य की उन्नति रहेगी तथा धर्म का पालन होगा। दसवीं दृष्टि से अपनी ही राशि में द्वादशभाव को देखने के कारण खर्च के सम्बन्ध में कुछ परेशानी रहेगी तथा बाहरी स्थानों के सम्बन्ध से लाभ प्राप्त होता रहेगा।

जिस जातक का जन्म 'कुम्भ' लग्न में हुआ हो और जन्म-कुण्डली के 'चतुर्थभाव' में 'शनि' की स्थिति हो, उसे 'शनि' का फलादेश नीचे लिखे अनुसार समझना चाहिए—

कुम्भ लग्न: चतुर्थभाव: शनि

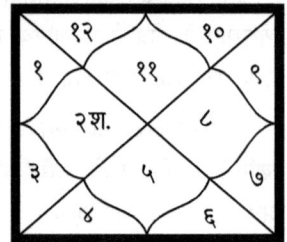

चौथे केन्द्र, माता एवं भूमि के भाव में अपने मित्र शुक्र की वृषभ राशि पर स्थित शनि के प्रभाव से जातक को माता, भूमि एवं मकान आदि का अपूर्ण सुख प्राप्त होता है तथा घरेलू सुख में कुछ कमी रहती है। यहां से शनि तीसरी शत्रुदृष्टि से षष्ठभाव को देखता है, अत: जातक अपनी शारीरिक शक्ति एवं बाहरी स्थानों के सम्बन्धों के कारण शत्रु पक्ष से रक्षा प्राप्त करेगा। सातवीं शत्रुदृष्टि से दशमभाव को देखने से पिता, राज्य एवं व्यवसाय के पक्ष में परेशानियां बनी रहेंगी तथा दसवीं दृष्टि से अपनी ही राशि में प्रथमभाव को देखने के कारण जातक को शारीरिक सौंदर्य, यश एवं प्रभाव की प्राप्ति होगी, परन्तु चिन्ता एवं कमजोरी भी बनी रहेगी।

जिस जातक का जन्म 'कुम्भ' लग्न में हुआ हो और जन्म-कुण्डली के 'पंचमभाव' में 'शनि' की स्थिति हो, उसे 'शनि' का फलादेश नीचे लिखे अनुसार समझना चाहिए—

पांचवें त्रिकोण, विद्या एवं संतान के भाव में अपने मित्र बुध की मिथुन राशि पर स्थित शनि के प्रभाव से जातक को विद्या-बुद्धि के क्षेत्र में सफलता तथा संतानपक्ष से शक्ति की प्राप्ति होती है। परन्तु शनि के व्ययेश होने के कारण उस शक्ति में कुछ कमी भी अवश्य बनी रहती है। ऐसा व्यक्ति चिन्ता से ग्रस्त रहता है तथा बाहरी स्थानों के सम्बन्ध से लाभ एवं प्रतिष्ठा प्राप्त करता है तथा यहां से शनि तीसरी शत्रुदृष्टि से सप्तमभाव को देखता है, अत: स्त्री तथा व्यवसाय के पक्ष में परेशानी का अनुभव होता है। सातवीं समग्रहदृष्टि से एकादशभाव को देखने के कारण आमदनी के मार्ग में कठिनाइयां आती हैं तथा दसवीं समग्रहदृष्टि से द्वितीयभााव को देखने से धन तथा कुटुम्ब के सम्बन्ध में चिंतित रहना पड़ता है तथा अत्यधिक परिश्रम भी करना पड़ता है।

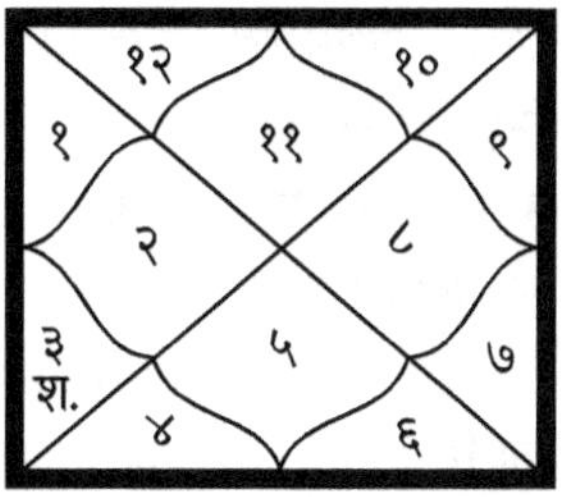

कुम्भ लग्न: पंचमभाव: शनि

जिस जातक का जन्म 'कुम्भ' लग्न में हुआ हो और जन्म-कुण्डली के 'षष्ठभाव' में 'शनि ' की स्थिति हो, उसे 'शनि' का फलादेश नीचे लिखे अनुसार समझना चाहिए—

छठे रोग एवं शत्रु भाव में अपने शत्रु चन्द्र की कर्क राशि पर स्थित शनि के प्रभाव से जातक परिश्रम द्वारा अपने प्रभाव की वृद्धि करता है तथा शत्रुओं पर विजय पाता है। उसके शारीरिक सौंदर्य में कुछ कमी रहती है। मस्तिष्क में चिन्ताओं का निवास रहता है। खर्च के मार्ग में कठिनाइयां आती हैं तथा बाहरी स्थानों के सम्बन्ध से शक्ति प्राप्त होती है। यहां से शनि अपनी तीसरी मित्रदृष्टि से अष्टमभाव को देखता है, अत: जातक को आयु एवं पुरातत्त्व की शक्ति मिलती है। सातवीं दृष्टि से अपनी ही राशि में द्वादशभाव को देखने से खर्च अधिक रहता है तथा बाहरी स्थानों के सम्बन्ध से शक्ति प्राप्त होती है। दसवीं नीचदृष्टि से तृतीयभाव को देखने के कारण भाई-बहनों के सुख में कमी रहेगी तथा पराक्रम में भी कुछ कमजोरी आएगी।

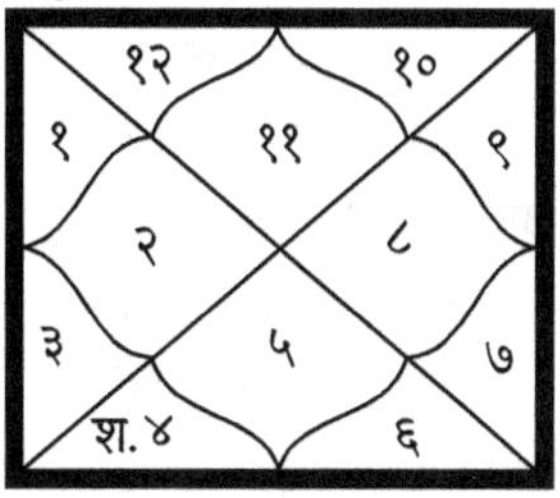

कुम्भ लग्न: षष्ठभाव: शनि

जिस जातक का जन्म 'कुम्भ' लग्न में हुआ हो और जन्म-कुण्डली के 'सप्तमभाव' में 'शनि ' की स्थिति हो, उसे 'शनि' का फलादेश नीचे लिखे अनुसार समझना चाहिए—

सातवें केन्द्र, स्त्री एवं व्यवसाय के भाव में अपने शत्रु सूर्य की सिंह राशि पर स्थित सूर्य के प्रभाव से जातक को स्त्री पक्ष से परेशानी रहेगी तथा व्यवसाय के क्षेत्र में कठिनाइयों द्वारा सफलता मिलेगी। खर्च अधिक रहेगा तथा बाहरी स्थानों के सम्बन्ध से शक्ति प्राप्त होगी। यहां से शनि अपनी तीसरी उच्च तथा मित्रदृष्टि से नवमभाव को देखता

कुम्भ लग्न: सप्तमभाव: शनि

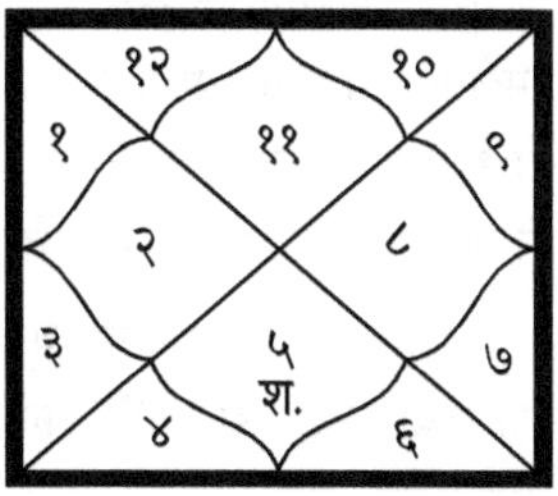

है, अतः जातक के भाग्य तथा धर्म की विशेष उन्नति होती रहेगी। सातवीं दृष्टि से अपनी ही राशि में प्रथमभाव को देखने से शारीरिक सौंदर्य, यश एवं सम्मान की वृद्धि होगी तथा दसवीं मित्रदृष्टि से चतुर्थभाव को देखने के कारण माता का सुख एंव भूमि, भवन आदि का भी लाभ होगा, परन्तु शनि के व्ययेश होने के कारण उसमें कुछ कमी अवश्य रहेगी तथा घरेलू सुख भी त्रुटिपूर्ण रहेगा।

जिस जातक का जन्म 'कुम्भ' लग्न में हुआ हो और जन्म-कुण्डली के 'अष्टमभाव' में 'शनि' की स्थिति हो, उसे 'शनि' का फलादेश नीचे लिखे अनुसार समझना चाहिए—

कुम्भ लग्नः अष्टमभावः शनि

आठवें आयु एवं पुरातत्त्व के भाव में अपने मित्र बुध की कन्या राशि पर स्थित शनि के प्रभाव से जातक को पुरातत्त्व के सम्बन्ध में कुछ हानि रहेगी, परन्तु आयु की वृद्धि होगी। शरीर तथा खर्च के सम्बन्ध में कठिनाइयां आती रहेंगी तथा बाहरी स्थानों के सम्बन्ध से कुछ शक्ति प्राप्त होगी। यहां से शनि अपनी तीसरी शत्रुदृष्टि से दशमभाव को देखता है, अतः पिता से वैमनस्य रहेगा तथा राज्य एवं व्यवसाय के क्षेत्र की उन्नति में बाधाएं आएंगी। सातवीं समग्रहदृष्टि से द्वितीयभाव को देखने से धन एवं कुटुम्ब का सुख भी त्रुटिपूर्ण रहेगा। दसवीं मित्रदृष्टि से पंचमभाव को देखने के कारण संतानपक्ष से कुछ शक्ति मिलेगी तथा विद्या-पक्ष में भी त्रुटिपूर्ण उन्नति प्राप्त होगी।

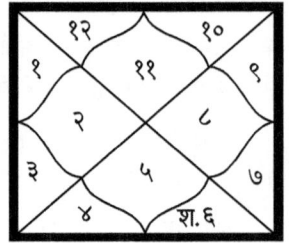

जिस जातक का जन्म 'कुम्भ' लग्न में हुआ हो और जन्म-कुण्डली के 'नवमभाव' में 'शनि' की स्थिति हो, उसे 'शनि' का फलादेश नीचे लिखे अनुसार समझना चाहिए—

कुम्भ लग्नः नवमभावः शनि

नवें त्रिकोण, भाग्य एवं धर्म के भाव में अपने मित्र शुक्र की तुला राशि पर स्थित उच्च के शनि के प्रभाव से जातक के भाग्य एवं धर्म की यथेष्ट उन्नति होगी, परन्तु कभी-कभी उसमें अड़चनें भी आ जाया करेंगी। ऐसा व्यक्ति शरीर से सुंदर, स्वस्थ, धार्मिक, धनी, खर्चीला तथा बाहरी स्थानों के सम्बन्ध से लाभ उठाने वाला होता है। यहां से शनि अपनी तीसरी समग्रहदृष्टि से एकादशभाव को देखता है, अतः आमदनी के क्षेत्र में कुछ कठिनाइयों के साथ सफलता मिलेगी तथा कभी-कभी आकस्मिक लाभ भी होता रहेगा। सातवीं नीचदृष्टि से तृतीयभाव को देखने से भाई-बहन के सुख एवं पराक्रम में कमी आती है तथा दसवीं शत्रुदृष्टि से षष्ठभाव को देखने से शत्रु पक्ष पर प्रभाव रखने के लिए विशेष परिश्रम करना पड़ता है तथा झगड़े से लाभ होता है।

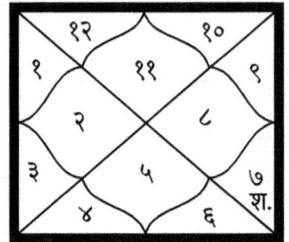

जिस जातक का जन्म 'कुम्भ' लग्न में हुआ हो और जन्म-कुण्डली के 'दशमभाव' में 'शनि ' की स्थिति हो, उसे 'शनि' का फलादेश नीचे लिखे अनुसार समझना चाहिए—

दसवें केन्द्र, राज्य, पिता एवं व्यवसाय के भाव में अपने शत्रु मंगल की वृश्चिक राशि पर स्थित व्ययेश शनि के प्रभाव से जातक को पिता, राज्य एवं व्यवसाय के क्षेत्र में कुछ परेशानियों के साथ सफलता मिलती है। यहां से शनि तीसरी दृष्टि से अपनी ही राशि में द्वादशभाव को देखता है, अतः जातक का खर्च अधिक तथा शानदार रहता है तथा बाहरी स्थानों के सम्बन्ध से लाभ होता है। सातवीं मित्रदृष्टि से चतुर्थभाव को देखने के कारण माता, भूमि तथा मकान आदि का सुख प्राप्त होता है। दसवीं शत्रुदृष्टि से सप्तमभाव को देखने से स्त्री पक्ष से असंतोष रहता है तथा दैनिक व्यवसाय में कठिनाइयां आती हैं।

कुम्भ लग्न: दशमभाव: शनि

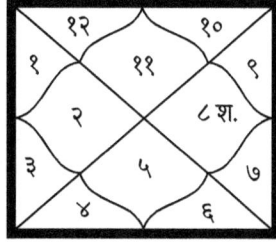

जिस जातक का जन्म 'कुम्भ' लग्न में हुआ हो और जन्म-कुण्डली के 'एकादशभाव' में 'शनि' की स्थिति हो, उसे 'शनि' का फलादेश नीचे लिखे अनुसार समझना चाहिए—

ग्यारहवें लाभ भाव में अपने समग्रह गुरु की धनु राशि पर स्थित शनि के प्रभाव से जातक की आमदनी में अत्यधिक वृद्धि होती है। उसका खर्च खूब रहता है तथा बाहरी स्थानों के सम्बन्ध से लाभ भी होता है। यहां से शनि तीसरी दृष्टि से अपनी ही राशि में प्रथमभाव को देखता है, अतः जातक के शारीरिक प्रभाव तथा यश में वृद्धि होती है। सातवीं मित्रदृष्टि से पंचमभाव को देखने के कारण संतानपक्ष से कुछ त्रुटिपूर्ण शक्ति प्राप्त होती है तथा विद्या एवं बुद्धि की वृद्धि होती है। दसवीं मित्रदृष्टि से अष्टमभाव को देखने से आयु की वृद्धि होती है तथा पुरातत्त्व का भी लाभ होता है। ऐसे व्यक्ति का जीवन अमीरी ढंग से बीतता है।

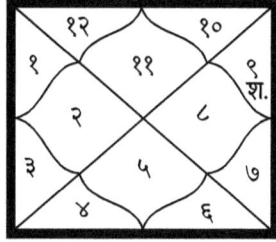

कुम्भ लग्न: एकादशभाव: शनि

जिस जातक का जन्म 'कुम्भ' लग्न में हुआ हो और जन्म-कुण्डली के 'द्वादशभाव' में 'शनि' की स्थिति हो, उसे 'शनि' का फलादेश नीचे लिखे अनुसार समझना चाहिए—

बारहवें व्यय भाव में अपनी ही मकर राशि पर स्थित स्वक्षेत्री शनि के प्रभाव से जातक का खर्च अधिक रहता है, परन्तु बाहरी स्थानों के सम्बन्ध से विशेष लाभ भी होता है। शनि के व्ययेश होने के कारण शरीर में कमजोरी भी रहती है तथा यात्राएं भी करनी पड़ती हैं। यहां से शनि तीसरी समग्रहदृष्टि से द्वितीयभाव को देखता है, अतः जातक को धन एवं कुटुम्ब के सुख की वृद्धि के लिए विशेष परिश्रम एवं चिन्ता करनी पड़ती है। सातवीं शत्रुदृष्टि से षष्ठभाव को देखने के कारण शत्रु पक्ष से कुछ परेशानी रहती है, परन्तु

कुम्भ लग्न: द्वादशभाव: शनि

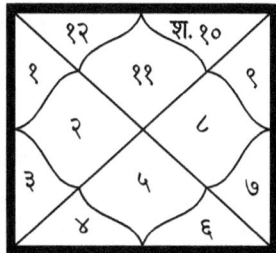

बाद में उस पर प्रभाव स्थापित होता है। दसवीं मित्रदृष्टि से नवमभाव को देखने से धर्म का पालन होता है तथा भाग्य की वृद्धि होती है। ऐसा जातक भाग्यवान समझा जाता है।

'कुम्भ' लग्न में 'राहु' का फल

जिस जातक का जन्म 'कुम्भ' लग्न में हुआ हो और जन्म-कुण्डली के 'प्रथमभाव' में 'राहु ' की स्थिति हो, उसे 'राहु' का फलादेश नीचे लिखे अनुसार समझना चाहिए—

कुम्भ लग्नः प्रथमभावः राहु

पहले केन्द्र एवं शरीर भाव में अपने मित्र शनि की कुम्भ राशि पर स्थित राहु के प्रभाव से जातक के शरीर में कहीं चोट लगती है तथा शारीरिक सौंदर्य एवं स्वास्थ्य में भी कमी रहती है। वह गुप्त चिन्ताओं से ग्रस्त बना रहता है। अपने व्यक्तित्त्व की उन्नति के लिए विशेष प्रयत्न करता है तथा सफलता भी पाता है, परन्तु कभी-कभी बड़ी परेशानियों का सामना भी करना पड़ता है। ऐसा व्यक्ति अपनी मस्तिष्क शक्ति तथा गुप्त युक्तियों के बल पर प्रभाव एवं शक्ति भी प्राप्त करता है।

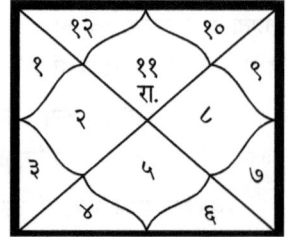

जिस जातक का जन्म 'कुम्भ' लग्न में हुआ हो और जन्म-कुण्डली के 'द्वितीयभाव' में 'राहु ' की स्थिति हो, उसे 'राहु' का फलादेश नीचे लिखे अनुसार समझना चाहिए—

कुम्भ लग्नः द्वितीयभावः राहु

दूसरे धन एवं कुटुम्ब के भाव में अपने समग्रह गुरु की मीन राशि पर स्थित राहु के प्रभाव से जातक के धन तथा कुटुम्ब के सुख में कमी आती है। कभी-कभी उसे घोर आर्थिक संकटों का शिकार भी बनना पड़ता है। वह अपनी गुप्त युक्तियों तथा परिश्रम के बल पर धन भी प्राप्त करता है तथा प्रभावशाली एवं भाग्यवान समझा जाता है। ऐसा व्यक्ति बड़ी हिम्मत वाला होता है तथा अनेक कठिनाइयों से जूझने के बाद अपने जीवन को सफल और उन्नत भी बना लेता है।

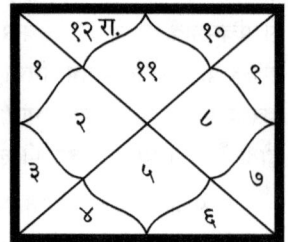

जिस जातक का जन्म 'कुम्भ' लग्न में हुआ हो और जन्म-कुण्डली के 'तृतीयभाव' में 'राहु ' की स्थिति हो, उसे 'राहु' का फलादेश नीचे लिखे अनुसार समझना चाहिए—

कुम्भ लग्नः तृतीयभावः राहु

तीसरे भाई-बहन एवं पराक्रम के भाव में अपने शत्रु मंगल की मेष राशि पर स्थित राहु के प्रभाव से जातक के पराक्रम की अत्यधिक वृद्धि होती है। परन्तु उसका भाई-बहनों से विरोध रहता है। ऐसा व्यक्ति अपनी गुप्त युक्ति, बुद्धि-चातुर्य, परिश्रम तथा हिम्मत के बल पर सुख

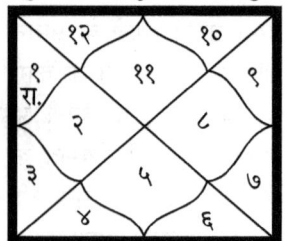

के साधन तथा सफलताएं प्राप्त करता है और समाज में अपना प्रभावपूर्ण सम्मान भी बना लेता है। वह अपनी गुप्त कमजोरियों तथा चिन्ताओं को छिपाता है और प्रकट रूप से विजयी बना रहता है।

जिस जातक का जन्म 'कुम्भ' लग्न में हुआ हो और जन्म-कुण्डली के 'चतुर्थभाव' में 'राहु' की स्थिति हो, उसे 'राहु' का फलादेश नीचे लिखे अनुसार समझना चाहिए—

चौथे केन्द्र, माता एवं भूमि के भाव में अपने मित्र शुक्र की वृषभ राशि पर स्थित राहु के प्रभाव से जातक को माता के पक्ष से बहुत कष्ट प्राप्त होता है, घरेलू जीवन अशांति एवं संकटपूर्ण बना रहता है तथा भूमि एवं मकान आदि के सुख में भी कमी रहती है। परन्तु अनेक संघर्षों से टकराने के बाद ऐसा जातक अन्त में सफलता प्राप्त कर लेता है और वह अपने जीवन की सुखी बनाता है।

कुम्भ लग्न: चतुर्थभाव: राहु

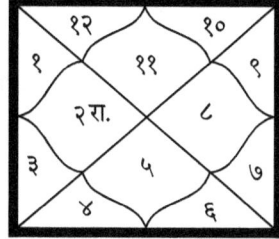

जिस जातक का जन्म 'कुम्भ' लग्न में हुआ हो और जन्म-कुण्डली के 'पंचमभाव' में 'राहु' की स्थिति हो, उसे 'राहु' का फलादेश नीचे लिखे अनुसार समझना चाहिए—

पांचवें त्रिकोण, विद्या, बुद्धि एवं संतान के भाव में अपने समग्रह बुध की मिथुन राशि पर स्थित उच्च के राहु के प्रभाव से जातक संतानपक्ष से कुछ कष्ट पाने के उपरांत उसकी शक्ति भी प्राप्त करता है। वह विद्या तथा बुद्धि के क्षेत्र में विशेष सफल होता है। अपनी भीतरी कमजोरी को छिपाने का विशेष गुण उसमें पाया जाता है तथा प्रकट रूप से प्रभावशाली बना रहता है। ऐसा व्यक्ति बहुत अच्छा बोलने वाला, चतुर एवं मस्तिष्क-शक्ति से सम्पन्न होता है।

कुम्भ लग्न: पंचमभाव: राहु

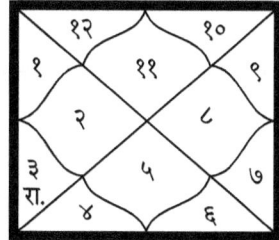

जिस जातक का जन्म 'कुम्भ' लग्न में हुआ हो और जन्म-कुण्डली के 'षष्ठभाव' में 'राहु' की स्थिति हो, उसे 'राहु' का फलादेश नीचे लिखे अनुसार समझना चाहिए—

छठे रोग तथा शत्रु भाव में अपने शत्रु चन्द्र की कर्क राशि पर स्थित राहु के प्रभाव से जातक शत्रु पक्ष पर अपना बड़ा भारी प्रभाव रखता है तथा गुप्त युक्तियों, चातुर्य एवं बुद्धि-बल से झगड़े-झंझट के मामलों में सफलता प्राप्त करता है। वह भीतरी रूप से परेशानी का अनुभव करने पर भी अपने धैर्य तथा साहस को नहीं खोता। अपने प्रबल मनोबल एवं बुद्धि-बल से वह अन्त में अपनी सभी कठिनाइयों पर विजय प्राप्त कर लेता है।

कुम्भ लग्न: षष्ठभाव: राहु

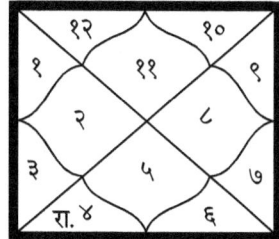

जिस जातक का जन्म 'कुम्भ' लग्न में हुआ हो और जन्म-कुण्डली के 'सप्तमभाव' में 'राहु' की स्थिति हो, उसे 'राहु' का फलादेश नीचे लिखे अनुसार समझना चाहिए—

सातवें केन्द्र, स्त्री तथा व्यवसाय के भाव में अपने शत्रु सूर्य की सिंह राशि पर स्थित राहु के प्रभाव से जातक को स्त्री पक्ष से बहुत कष्ट मिलता है, गृहस्थी संचालन में कठिनाइयां आती हैं तथा व्यवसाय के क्षेत्र में भी परेशानियों का सामना करना पड़ता है। ऐसा व्यक्ति अनेक संकटों तथा निराशाओं से टकराते रहने के बावजूद भी अपना धैर्य नहीं खोता तथा हिम्मत, परिश्रम एवं युक्ति बल से काम लेकर अन्तत: अपने जीवन को उन्नत बनाता है तथा घरेलू सुख की शक्ति प्राप्त करता है।

कुम्भ लग्न: सप्तमभाव: राहु

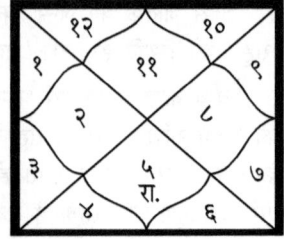

जिस जातक का जन्म 'कुम्भ' लग्न में हुआ हो और जन्म-कुण्डली के 'अष्टमभाव' में 'राहु' की स्थिति हो, उसे 'राहु' का फलादेश नीचे लिखे अनुसार समझना चाहिए—

आठवें आयु एवं पुरातत्त्व के भाव में अपने समग्रह बुध की कन्या राशि पर स्थित राहु के प्रभाव से जातक को अपनी आयु (जीवन) के सम्बन्ध में अनेक बार संकटों का सामना करना पड़ता है तथा पुरातत्त्व शक्ति की भी हानि उठानी पड़ती है। उसके पेट के निचले भाग में विकार रहता है, फिर भी वह बड़ी आयु पाता है तथा विवेक-बुद्धि एवं युक्ति-बल पर अपने जीवन को प्रभावशाली ढंग से बिताता है।

कुम्भ लग्न: अष्टमभाव: राहु

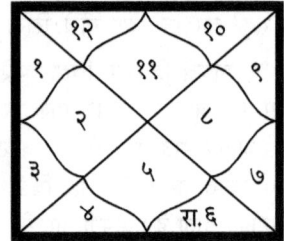

जिस जातक का जन्म 'कुम्भ' लग्न में हुआ हो और जन्म-कुण्डली के 'नवमभाव' में 'राहु' की स्थिति हो, उसे 'राहु' का फलादेश नीचे लिखे अनुसार समझना चाहिए—

नवें त्रिकोण, भाग्य एवं धर्म के भाव में अपने मित्र शुक्र की तुला राशि पर स्थित राहु के प्रभाव से जातक की भाग्योन्नति में बाधाएं आती हैं तथा धर्म का पालन भी ठीक प्रकार से नहीं हो पाता परन्तु ऐसा व्यक्ति अपनी गुप्त युक्तियों, परिश्रम चातुर्य एवं बुद्धि-बल से भाग्य की उन्नति करने में सफल हो जाता है। मन में कमजोरी अनुभव करने पर भी वह अपनी चिन्ताओं एवं त्रुटियों को प्रकट नहीं होने देता, अत: प्रभाव की वृद्धि करता रहता है।

कुम्भ लग्न: नवमभाव: राहु

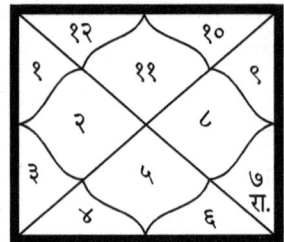

जिस जातक का जन्म 'कुम्भ' लग्न में हुआ हो और जन्म-कुण्डली के 'दशमभाव' में 'राहु' की स्थिति हो, उसे 'राहु' का फलादेश नीचे लिखे अनुसार समझना चाहिए—

दसवें केन्द्र, राज्य, पिता एवं व्यवसाय के भाव में अपने शत्रु मंगल की वृश्चिक राशि पर स्थित राहु के प्रभाव से जातक को पिता के पक्ष से कष्ट, राज्य के पक्ष से परेशानियां तथा व्यवसाय के पक्ष से कठिनाइयां प्राप्त होती है, परन्तु वह अपनी उन्नति के लिए कठोर परिश्रम करता है एवं अनेक संघर्षों से टकराने के बाद सफलता पा लेता है तथा अपनी प्रतिष्ठा को बढ़ाता है।

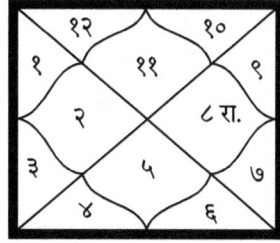

कुम्भ लग्न: दशमभाव: राहु

जिस जातक का जन्म 'कुम्भ' लग्न में हुआ हो और जन्म-कुण्डली के 'एकादशभाव' में 'राहु' की स्थिति हो, उसे 'राहु' का फलादेश नीचे लिखे अनुसार समझना चाहिए—

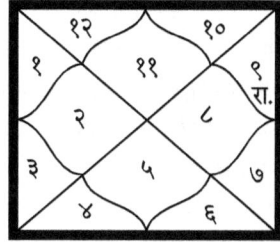

कुम्भ लग्न: एकादशभाव: राहु

ग्यारहवें लाभ भाव में अपने समग्रह गुरु की धनु राशि पर स्थित नीच के राहु के प्रभाव से जातक की आमदनी के मार्ग में बहुत कठिनाइयां आती हैं, परन्तु जातक अपनी गुप्त युक्तियों, चातुर्य एवं बुद्धि-बल से किसी प्रकार उन कठिनाइयों पर थोड़ी-बहुत विजय पा लेता है, फिर भी पूर्ण उन्नति नहीं कर पाता। ऐसा व्यक्ति प्रायः अपनी कठिनाइयों को किसी पर प्रकट नहीं होने देता।

जिस जातक का जन्म 'कुम्भ' लग्न में हुआ हो और जन्म-कुण्डली के 'द्वादशभाव' में 'राहु' की स्थिति हो, उसे 'राहु' का फलादेश नीचे लिखे अनुसार समझना चाहिए—

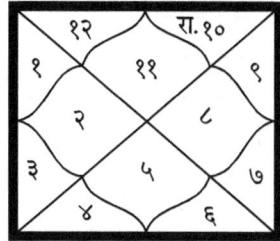

कुम्भ लग्न: द्वादशभाव: राहु

बारहवें व्यय भाव में अपने मित्र शनि की मकर राशि पर स्थित राहु के प्रभाव से जातक को अपने खर्च के सम्बन्ध में बड़ी कठिनाइयां उठानी पड़ती हैं। कभी-कभी तो उसे अत्यधिक चिंतित हो जाना पड़ता है। वह अपना खर्च चलाने के लिए कठोर परिश्रम करता है, तथा गुप्त युक्तियों का आश्रय भी लेता है। उसे बाहरी स्थानों के सम्बन्ध से कुछ शक्ति एवं लाभ की प्राप्ति होती है।

'कुम्भ' लग्न में 'केतु' का फल

जिस जातक का जन्म 'कुम्भ' लग्न में हुआ हो और जन्म-कुण्डली के 'प्रथमभाव' में 'केतु' की स्थिति हो, उसे 'केतु' का फलादेश नीचे लिखे अनुसार समझना चाहिए—

पहले केन्द्र एवं शरीर भाव में अपने शत्रु शनि की कुम्भ राशि पर स्थित केतु के प्रभाव से जातक के शरीर में किसी चोट अथवा घाव का चिह्न बनता है तथा शारीरिक सौंदर्य में कमी आती है। ऐसा व्यक्ति बड़ा हिम्मती, गुप्त युक्ति-संपन्न, धैर्यवान तथा परिश्रमी होता है। वह अपने प्रभाव को स्थिर रखने के लिए अत्यधिक कठिन प्रयत्न करता है और उसके कारण यश तथा सम्मान प्राप्त करता है।

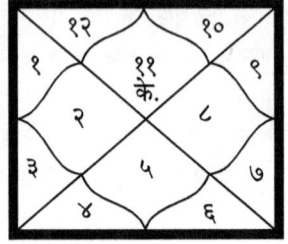

कुम्भ लग्न: प्रथमभाव: केतु

जिस जातक का जन्म 'कुम्भ' लग्न में हुआ हो और जन्म-कुण्डली के 'द्वितीयभाव' में 'केतु' की स्थिति हो, उसे 'केतु' का फलादेश नीचे लिखे अनुसार समझना चाहिए—

दूसरे धन तथा कुटुम्ब के भाव में अपने समग्रह गुरु की मीन राशि पर स्थित केतु के प्रभाव से जातक को धन की कमी का सामना करना पड़ता है तथा उसके कुटुम्ब में भी क्लेश तथा उपद्रव उठते रहते हैं। ऐसा व्यक्ति कठोर परिश्रम तथा न्याय के मार्ग से धनप्राप्ति के लिए प्रयत्न करता है और अन्त में थोडी-बहुत सफलता भी पाता है। वह बड़ा धैर्यवान, साहसी तथा परिश्रमी होता है।

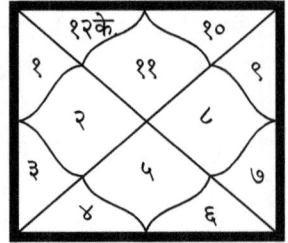

कुम्भ लग्न: द्वितीयभाव: केतु

जिस जातक का जन्म 'कुम्भ' लग्न में हुआ हो और जन्म-कुण्डली के 'तृतीयभाव' में 'केतु' की स्थिति हो, उसे 'केतु' का फलादेश नीचे लिखे अनुसार समझना चाहिए—

तीसरे भाई-बहन एवं पराक्रम के भाव में अपने मित्र मंगल की मेष राशि पर स्थित केतु के प्रभाव से जातक के पराक्रम की अत्यधिक वृद्धि होती है। वह बड़ा पुरुषार्थी, परिश्रमी, हिम्मतवाला, धैर्यवान तथा उद्योगी होता है, अत: अपनी उन्नति के लिए विशेष प्रयत्न करता है। परन्तु उसे भाई-बहनों के सुख में कमी अथवा कष्ट का सामना करना पड़ता है। ऐसा व्यक्ति गुप्त युक्तियों से काम लेने वाला तथा अनेक संघर्षों से टकराने के बाद अन्त में अपने जीवन को उन्नत बना लेने वाला होता है।

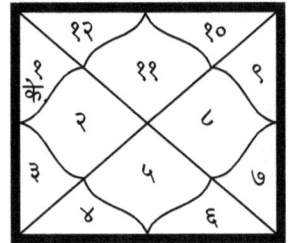

कुम्भ लग्न: तृतीयभाव: केतु

जिस जातक का जन्म 'कुम्भ' लग्न में हुआ हो और जन्म-कुण्डली के 'चतुर्थभाव' में 'केतु' की स्थिति हो, उसे 'केतु' का फलादेश नीचे लिखे अनुसार समझना चाहिए—

चौथे केन्द्र, माता एवं भूमि के भाव में अपने मित्र शुक्र की वृषभ राशि पर स्थित केतु के प्रभाव से जातक को माता के पक्ष से हानि अथवा परेशानी उठानी पड़ती है, साथ ही मातृभूमि से वियोग भी होता है। उसे भूमि तथा मकान आदि के सुख की भी कमी रहती है, परन्तु ऐसा व्यक्ति अपनी गुप्त युक्तियों, परिश्रम तथा बुद्धि-बल से भूमि एवं मकानादि का सुख पाने के लिए प्रयत्न करता रहता है और अन्तत: उसमें थोड़ी-बहुत सफलता भी पा लेता है।

कुम्भ लग्न: चतुर्थभाव: केतु

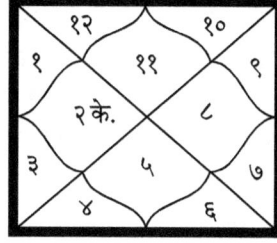

जिस जातक का जन्म 'कुम्भ' लग्न में हुआ हो और जन्म-कुण्डली के 'पंचमभाव' में 'केतु' की स्थिति हो, उसे 'केतु' का फलादेश नीचे लिखे अनुसार समझना चाहिए—

पांचवें त्रिकोण, विद्या, बुद्धि एवं संतान के भाव में अपने समग्रह बुध की मिथुन राशि पर स्थित नीच के केतु के प्रभाव से जातक को विद्याध्ययन के क्षेत्र में बड़ी कठिनाइयों का सामना करना पड़ता है तथा संतान का सुख प्राप्त करने के लिए भी गुप्त युक्तियों एवं कष्टसाध्य प्रयत्नों का आश्रय लेना पड़ता है। ऐसे व्यक्ति को संतान का अल्प सुख ही प्राप्त होता है। उसमें शील तथा विवेक की कमी रहती है तथा मस्तिष्क में अशांति एवं चिन्ताएं घर किए रहती हैं।

कुम्भ लग्न: पंचमभाव: केतु

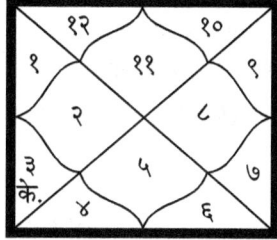

जिस जातक का जन्म 'कुम्भ' लग्न में हुआ हो और जन्म-कुण्डली के 'षष्ठभाव' में 'केतु' की स्थिति हो, उसे 'केतु' का फलादेश नीचे लिखे अनुसार समझना चाहिए—

छठे रोग एवं शत्रु भाव में अपने शत्रु चन्द्र की कर्क राशि पर स्थित केतु के प्रभाव से जातक को शत्रु पक्ष से अशांति तो मिलती है, परन्तु वह उन पर अपना प्रभाव स्थापित करने और विजय पाने में विशेष सफलता प्राप्त करता है। ऐसा व्यक्ति अपने मनोबल एवं युक्ति-बल से शत्रुओं को मात देता है। मन में भयभीत रहने पर भी वह प्रकट रूप में बड़ी हिम्मत एवं बहादुरी का प्रदर्शन करता है। वह धैर्यवान तथा कठोर परिश्रमी होता है तथा अपने प्रभाव को बढ़ाने के लिए प्रयत्नशील बना रहता है।

कुम्भ लग्न: षष्ठभाव: केतु

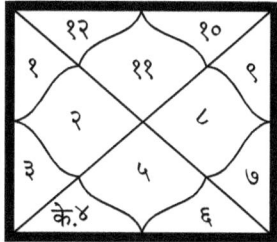

जिस जातक का जन्म 'कुम्भ' लग्न में हुआ हो और जन्म-कुण्डली के 'सप्तमभाव' में 'केतु' की स्थिति हो, उसे 'केतु' का फलादेश नीचे लिखे अनुसार समझना चाहिए—

सातवें केन्द्र, स्त्री तथा व्यवसाय के भाव में अपने शत्रु सूर्य की सिंह राशि पर स्थित केतु के प्रभाव से जातक को स्त्री पक्ष से विशेष कष्ट प्राप्त होता है तथा व्यवसाय के क्षेत्र में विफलताओं

एवं संकटों का सामना करना पड़ता है। उसे अपनी गृहस्थी का संचालन करने में भी बड़ी कठिनाइयां उठानी पड़ती हैं। साथ ही उसकी जननेंद्रिय में विकार भी होता है। ऐसा व्यक्ति अपनी गुप्त युक्तियों एवं परिश्रम के बल पर कठिनाइयों का सामना करता है तथा अन्त में थोड़ी-बहुत सफलता भी पा लेता है।

जिस जातक का जन्म 'कुम्भ' लग्न में हुआ हो और जन्म-कुण्डली के 'अष्टमभाव' में 'केतु' की स्थिति हो, उसे 'केतु' का फलादेश नीचे लिखे अनुसार समझना चाहिए—

आठवें आयु तथा पुरातत्त्व के भाव में अपने समग्रह बुध की कन्या राशि पर स्थित केतु के प्रभाव से जातक की आयु की वृद्धि होती है, परन्तु उसे जीवन में अनेक बार मृत्यु-तुल्य संकटों का सामना भी करना पड़ता है। उसे पुरातत्त्व शक्ति का भी सामान्य लाभ होता है तथा कई बार हानियां भी उठानी पड़ती है। ऐसा व्यक्ति गुप्त युक्तियों के बल पर अपनी कठिनाइयों को दूर करने का प्रयत्न करता है और अन्त में सफलता भी पा लेता है।

जिस जातक का जन्म 'कुम्भ' लग्न में हुआ हो और जन्म-कुण्डली के 'नवमभाव' में 'केतु' की स्थिति हो, उसे 'केतु' का फलादेश नीचे लिखे अनुसार समझना चाहिए—

नवें त्रिकोण, भाग्य एवं धर्म के भाव में अपने मित्र शुक्र की तुला राशि पर स्थित केतु के प्रभाव से जातक की भाग्योन्नति में बाधाएं आती हैं, परन्तु वह गुप्त युक्तियों के बल पर उन पर विजय प्राप्त करता है तथा कठिन परिश्रम, चातुर्य एवं धैर्य के द्वारा भाग्य की उन्नति करता है। कभी-कभी घोर संकटों तथा असफलताओं का सामना करने पर भी निराश नहीं होता। वह धैर्य और साहस के साथ निरन्तर प्रयत्नशील बना रहता है। उसके धार्मिक पक्ष की भी विशेष उन्नति नहीं हो पाती।

जिस जातक का जन्म 'कुम्भ' लग्न में हुआ हो और जन्म-कुण्डली के 'दशमभाव' में 'केतु' की स्थिति हो, उसे 'केतु' का फलादेश नीचे लिखे अनुसार समझना चाहिए—

दसवें केन्द्र, पिता, राज्य एवं व्यवसाय के भाव में अपने मित्र मंगल की वृश्चिक राशि पर स्थित केतु के प्रभाव से जातक को पिता पक्ष से अत्यधिक कष्ट प्राप्त होता है, राज्य के क्षेत्र में परेशानियां आती हैं तथा व्यवसाय के क्षेत्र में भी कठिनाइयों का सामना करना पड़ता है। परन्तु ऐसा व्यक्ति

कुम्भ लग्न: सप्तमभाव: केतु

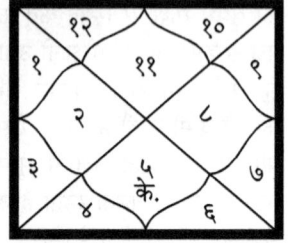

कुम्भ लग्न: अष्टमभाव: केतु

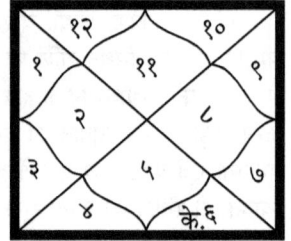

कुम्भ लग्न: नवमभाव: केतु

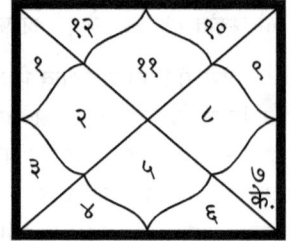

कुम्भ लग्न: दशमभाव: केतु

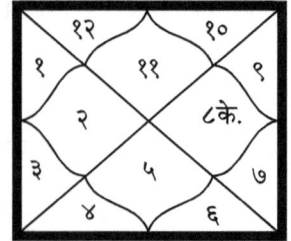

अपने धैर्य, साहस, परिश्रम एवं गुप्त युक्तियों के बल पर असफलताओं पर विजय प्राप्त करता है और अन्त में अपनी उन्नति करने में सफल हो जाता है।

जिस जातक का जन्म 'कुम्भ' लग्न में हुआ हो और जन्म-कुण्डली के 'एकादशभाव' में 'केतु' की स्थिति हो, उसे 'केतु' का फलादेश नीचे लिखे अनुसार समझना चाहिए—

ग्यारहवें लाभ भाव में समग्रह गुरु की धनु राशि पर स्थित उच्च के प्रभाव से जातक की आमदनी में अत्यधिक वृद्धि होती है और कभी-कभी उसे आकस्मिक रूप में भी धन का लाभ होता है। ऐसा व्यक्ति अपनी उन्नति के लिए निरन्तर प्रयत्नशील बना रहता है। अनेक बार कठिनाइयों के उपस्थित होने पर भी वह अपना धैर्य नहीं खोता तथा न्याय-मार्ग से बहुत अधिक धन कमाता है और सुखी जीवन व्यतीत करता है।

कुम्भ लग्न: एकादशभाव: केतु

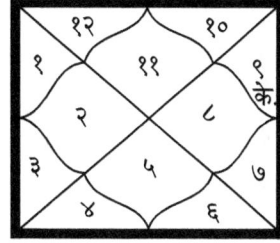

जिस जातक का जन्म 'कुम्भ' लग्न में हुआ हो और जन्म-कुण्डली के 'द्वादशभाव' में 'केतु' की स्थिति हो, उसे 'केतु' का फलादेश नीचे लिखे अनुसार समझना चाहिए—

कुम्भ लग्न: द्वादशभाव: केतु

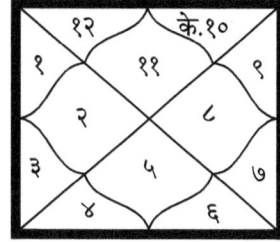

बारहवें व्यय भाव में अपने शत्रु शनि की मकर राशि पर स्थित केतु के प्रभाव से जातक का खर्च अधिक रहता है, जिसके कारण उसे परेशानी का अनुभव होता है। परन्तु वह अपनी गुप्त युक्तियों एवं परिश्रम के बल पर खर्च चलाने की शक्ति प्राप्त करता है। अनेक बार निराशाओं से जूझने पर भी वह अपने धैर्य को नहीं छोड़ता। उसे बाहरी स्थानों के सम्बन्ध से शक्ति एवं लाभ की प्राप्ति होती है।

उदाहरण : कुम्भ लग्न कुण्डली 21. बॉलीवुड अभिनेता श्री अमिताभ बच्चन

जन्म तिथि–11-10-1942

जन्म समय–16 : 00 घण्टे (भा.मा.स.)

जन्मस्थान–इलाहाबाद (उत्तर प्रदेश)

जन्म कुण्डली

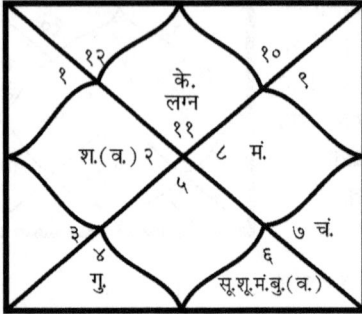

नवांश कुण्डली

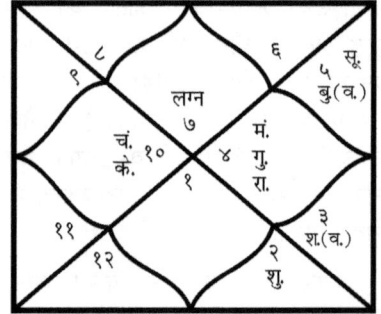

कुण्डली संख्या–21

ज्योतिषीय विवेचन

यह भचक्र में राशि क्रम की एकादश राशि कुम्भ राशि लग्न कुण्डली है। यह परिपूर्णता की संकेतक राशि है। यह वायु तत्त्व, तमोगुणी एक स्थिर राशि है। इसका स्वामी शनि है। शनि की यह मूल त्रिकोण राशि है। ऐसे व्यक्ति सिद्धान्तवादी होते हैं। बॉलीवुड अभिनेता श्री अमिताभ बच्चन भी ऐसे ही व्यक्ति हैं। उन्हें बिग बी के नाम से भी जाना जाता है। वह बुद्धिमान्, ज्ञानवान्, मिलनसार व धर्मात्मा हैं। वे अपना कार्य तत्परता से करते हैं। यही कारण कि फिल्म जगत में लोकप्रिय है। 'कौन बनेगा करोड़पति' ने उनकी लोकप्रियता में अतिशय वृद्धि की। वे एकान्त में रहना पसन्द करते हैं, ताकि ईश्वरभक्ति में विघ्न न हो। स्वाति नक्षत्र में जन्मे अमिताभ बच्चन व्यवहारकुशल, ज्ञानवान्, कर्तव्यपरायण और ईश्वरभक्त व्यक्ति हैं।

सुदर्शन लग्न विचार

लग्नेश शनि सुख भाव चतुर्थ भाव में मित्र शुक्र की वृष राशि में बैठकर लग्न को पूर्ण दृष्टि से देख रहा है और सहस्त्रों वर्षों तक की स्मरणशक्ति का सन्तुलन, प्रौढ़ता/परिपक्वता, स्थिरता, मर्यादित दृष्टिकोण बना रहा है। केतु लग्न में बैठकर मोक्ष भाव, ब्रह्मवाद, सहज ज्ञान, वाक्सिद्धि, प्रवीणता से उनके व्यक्तित्व को आकर्षक व चुम्बकीय कर रहा है। चन्द्र लग्नेश शुक्र और सूर्य लग्नेश उच्चराशिस्थ बुध अष्टम भाव में बैठे हैं। पराक्रम कारक और कर्म भाव दशम भाव स्वामी मंगल भी साथ विराजमान है। सभी लग्नेश को बल दे रहे हैं। नवांश कुण्डली में नवांशेश भी अष्टम भाव में बैठा है। धनेश द्वितायेश तथा लाभेश एकादशेश गुरु वर्गोत्तम हैं। लग्नेश शनि की गुरु पर पूर्ण दृष्टि है। अतः लग्न ही अत्यधिक बलशाली प्रतीत होती है।

ग्रह स्थिति, ग्रह दृष्टि एवं ग्रह योग

एकादश भाव स्वामी उच्चराशिस्थ गुरु षष्ठ भाव में बैठा है और कर्म भाव दशम भाव को पूर्ण दृष्टि से देख रहा है। अष्टम भाव में बैठा मंगल सूर्य, बुध, शुक्र के साथ गुरु के एकादश भाव को देख रहा है। इस प्रकार एकादश भाव को पूर्ण बल और ऊर्जा मिल रही है। मंगल अष्टम भाव से स्वराशि मेष राशि के तृतीय भाव को पूर्ण दृष्टि से देखते हुए शक्ति व ऊर्जा दे रहा है और उसे पराक्रमी बना रहा है। उच्चराशिस्थ बुध सूर्य के साथ मिलकर बुद्धि-विवेक की वृद्धि कर रहा है। लग्नेश शनि चतुर्थ भाव से गुरु को षष्ठ भाव में देख रहा है और दशम भाव में मंगल की नकारात्मक वृश्चिक राशि को भी देख रहा है। सप्तम भाव से राहु की एकादश व तृतीय भाव पर पूर्णदृष्टि है। इस प्रकार सप्तम, एकादश व तृतीय प्रकृति त्रिकोण के तीन काम भावों का एक गहरा अन्तर्सम्बन्ध बन रहा है। चन्द्र से गुरु दशम केन्द्र में होने के कारण गजकेसरी योग, उच्च राशि बुध और नीच राशि शुक्र मिलकर नीचभंग राजयोग बना रहे हैं। राहु व केतु को छोड़कर सभी शेष सात ग्रह चार भावों में बैठे हैं और केदार योग बना रहे हैं। इन योगो के फलस्वरूप उन्हें फिल्म जगत में 'बिग बी' और 'कौन बनेगा करोड़पति' का अधिनायक बना दिया है। यह बिग बी कुण्डली की सर्वोत्तम स्थिति है।

उपसंहार

ज्योतिष के आधार पर हम कह सकते हैं कि अभिनेता अमिताभ बच्चन ने अपना नाम, यश, सफलता, लोकप्रियता तथा धनुराशि लग्नेश शनि की दशा में 1971 से 1990 के मध्य प्राप्त की। आनन्द और जंजीर फिल्मों ने उन्हें इतनी प्रतिष्ठा दी कि उन्हें लोग एंग्रीमैन के रूप में जानने लगे। उन्हें सभी प्रकार के ऐसे लाभ एवं प्रसिद्धि बली ग्रहों के मेल-मिलाप और सप्तम, एकादश व तृतीय भावों के अन्तर्सम्बन्धों के कारण मिली। यह सभी भाव गुरु और मंगल की पूर्णदृष्टि में हैं। जून 1985 से अप्रैल 1988 तक की राहु दशा में राजनीति प्रवेश के कारण उनके फिल्मी जीवन को गहरा धक्का लगा। 2007 में केतु अन्तर्दशा ने स्वास्थ्य को प्रभावित किया, किन्तु अब सभी परेशानी, कष्ट दूर हो गये हैं। वर्तमान में शुक्र महादशा में शुक्र की ही अन्तर्दशा चल रही है। यह शुभ एवं लाभकारी है। जातक का भविष्य उज्ज्वल होने की कामना की जा सकती है।

उदाहरण कुम्भ लग्न कुण्डली 22. खिलाड़ी धाविका श्रीमती पी.टी. ऊषा

जन्म तिथि–20-05-1964

जन्म समय–01 : 00 घण्टे (भा.मा.स.)

जन्म स्थान–कालीकट (केरल)

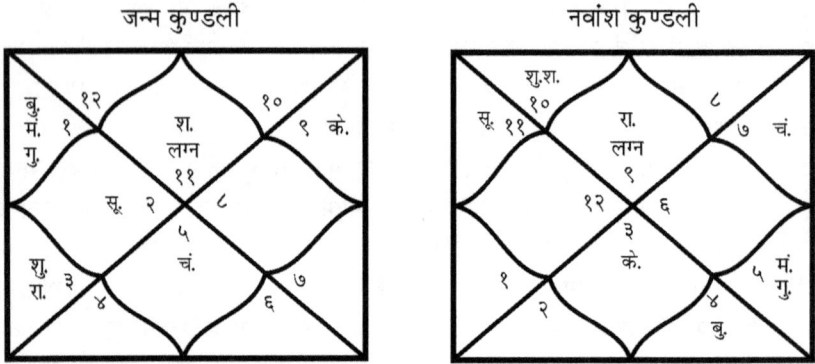

जन्म कुण्डली

नवांश कुण्डली

कुण्डली संख्या-22

ज्योतिषीय विवेचन

यह भचक्र में राशि क्रम की एकादश राशि कुम्भ राशि लग्न कुण्डली है। यह परिपूर्णता की संकेतक राशि है। यह वायु तत्त्व, तमोगुणी एक स्थिर राशि है। इसका स्वामी शनि है। शनि की यह मूल त्रिकोण राशि है। ऐसी महिला सिद्धान्तवादी, आदर्शवादी व अन्तर्ज्ञानी होती हैं। वे बुद्धिमान्, ज्ञानवान्, परिपक्व, स्वतन्त्र, परम्परा से परे व धर्मात्मा होती हैं। वे मानवतावादी, विनम्र व तर्कशील होती हैं। वे अपना कार्य तत्परता मे करती हैं। विश्वप्रसिद्ध खिलाड़ी धावक पी. टी. ऊषा ऐसी ही महिला हैं। खेल के मैदान में उन्होंने कभी हिम्मत नहीं हारी। सदैव देशवासियों के प्रति अपने कर्तव्यपालन का ध्यान रखा। वह एक उर्जावान, साहसी महिला हैं। पूर्वा फाल्गुनी नक्षत्र में जन्मी धाविका श्रीमती पी.टी. ऊषा मिष्ठभाषी, दूरदर्शी, कर्तव्यपरायण, सफल और ईश्वरभक्त महिला हैं।

सुदर्शन लग्न विचार

लग्नेश शनि लग्न भाव में अपनी मूल त्रिकोण राशि में बैठे हैं। चन्द्र लग्नेश सूर्य शुक्र की वृष राशि में सुख के चतुर्थ भाव में बैठकर कर्म भाव को पूर्णदृष्टि से देख रहे हैं, किन्तु चन्द्र की लग्न पर पूर्णदृष्टि है। लग्नेश शनि की भी कर्म भाव पर पूर्णदृष्टि है। सूर्य लग्नेश शुक्र विद्या और बुद्धि के पंचम भाव में बैठे हैं। प्रौढ़ता/परिपक्वता, स्थिरता और मर्यादित दृष्टिकोण बना रहे हैं। लग्नेश को बल मिल रहा हैं। नवांश कुण्डली में नवांशेश भाग्य भाव में बैठा है। लग्न पर नवांशेश गुरु की पूर्णदृष्टि है। शनि स्वराशि में धन भाव में बैठा है। ऐसी स्थिति में लग्न ही अत्यधिक बलशाली प्रतीत होती है।

ग्रह स्थिति, ग्रह दृष्टि एवं ग्रह योग

लग्नेश शनि का अपनी मूल त्रिकोण राशि में लग्न भाव में बैठे होना एक अच्छी सौभाग्यशाली स्थिति है। शनि जीवन में अच्छा स्वास्थ्य, आराम की जिन्दगी, प्रसन्नता, मान-सम्मान और यश प्रदान करता है। शनि और चन्द्र परस्पर एक-दूसरे को देख रहे हैं। यह सुखकारी स्थिति है। खेलकारक मंगल अपने बल व ऊर्जा के तृतीय भाव में बैठे हैं तथा भाग्य व धर्म के नवम भाव को और कर्म के अपने दशम भाव को पूर्ण दृष्टि से देख रहे हैं। गुरु व बुध भी मंगल के साथ तृतीय भाव में बैठे हैं और नवम भाव को देख रहे हैं। एक साथ मिलकर जातिका को बल व हिम्मत दे रहे हैं। इस स्थिति ने जातिका को उच्च स्तर की धाविका बनाया तथा विश्व खेल जगत में सफलता दिलवाई। लग्नेश शनि केन्द्रस्थ होकर शश योग बना रहा है और सूर्य उभयचरी योग बना रहा है। फलतः जातिका को दृढ़ता, नेतृत्व शक्ति, मान-सम्मान एवं सुयश मिला। इससे जातिका को धन व सुख प्राप्त हुआ।

उपसंहार

जन्म कुण्डली में उपरोक्त ग्रह स्थिति, ग्रह दृष्टि एवं ग्रह योगो के कारण यह कहा जा सकता है कि इनके सहसम्बन्धों के कारण खिलाड़ी धावक पी. टी. ऊषा स्वस्थ, धनी, सुखी, लोकप्रिय तथा भारत की चमकती खिलाड़ी प्रमाणित हुई। उसने अनेक बड़ी दौड़ों में देश व विदेश में भाग लिया तथा देश के लिये कई मैडल जीते। वे वर्षों तक विश्व में छाई रही। आत्मकारक चन्द्र ने ही जातिका श्रीमती पी.टी. ऊषा को ऐसे अवसर प्रदान किये। जातिका का भविष्य उज्ज्वल है तथा जीवन में आराम, शान्ति व सुख बना रहेगा।

मीन लग्न

PISCES

मीन लग्न वाली कुण्डलियों के विभिन्न भावों में स्थित विभिन्न ग्रहों का अलग-अलग फलादेश

'मीन' लग्न का संक्षिप्त फलादेश

'मीन' लग्न में जन्म लेने वाला व्यक्ति जल-क्रीड़ा करने में कुशल, विनम्र, सुरतिवान, स्त्री-प्रिय, प्रचंड, श्रेष्ठ पंडित, चतुर अल्पभोजी, चंचल, धूर्त, श्रेष्ठ रत्नाभूषणों को धारण करने वाला, अनेक प्रकार की रचनाएं करने वाला, पित्त प्रकृति वाला, यशस्वी, सतोगुणी, आलसी, रोगी, अधिक संततिवान, बड़ी आंखों वाला तथा अकस्मात् हानि उठाने वाला होता है। उसका शरीर सामान्य कद का होता है, ठोढ़ी में गड्ढा होता है तथा मस्तिष्क बड़ा होता है। ऐसा व्यक्ति अपनी प्रारंभिक अवस्था में सामान्य जीवन व्यतीत करता है, मध्यमावस्था में दु:खी रहता है तथा अंतिम अवस्था में सुख भोगता है। उसके भाग्य की वृद्धि २१ अथवा २२ वर्ष की आयु में होती है।

'मीन' लग्न

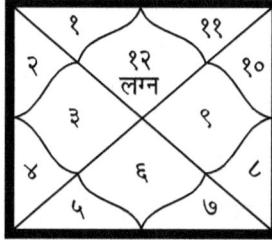

यह बात पहले बताई जा चुकी है कि प्रत्येक व्यक्ति के जीवन पर नवग्रहों का प्रभाव मुख्यत: दो प्रकार से पड़ता है—

(१) ग्रहों की जन्म-कालीन स्थिति के अनुसार।

(२) ग्रहों की दैनिक गोचर-गति के अनुसार।

जातक की जन्म-कालीन ग्रह-स्थिति जन्म-कुण्डली में दी गई होती है। उसमें जो ग्रह जिस भाव में और जिस राशि पर बैठा होता है, वह जातक के जीवन पर अपना निश्चित प्रभाव निरंतर स्थायी रूप से डालता रहता है।

दैनिक गोचर-गति के अनुसार विभिन्न ग्रहों की जो स्थिति होती है, उसकी जानकारी पंचांग द्वारा की जा सकती है। ग्रहों की दैनिक गोचर-गति के सम्बन्ध में या तो किसी ज्योतिषी से पूछ लेना चाहिए अथवा स्वयं ही उसे मालूम करने का तरीका सीख लेना चाहिए। इस सम्बन्ध में पुस्तक के पहले प्रकरण में विस्तारपूर्वक लिखा जा चुका है।

दैनिक गोचर-गति के अनुसार विभिन्न ग्रह जातक के जीवन पर अस्थायी-रूप से अपना प्रभाव डालते हैं।

उदाहरण के लिए यदि किसी जातक की जन्म-कुण्डली में सूर्य 'मीन' राशि पर 'प्रथमभाव' में बैठा है, तो उसका स्थायी प्रभाव जातक के जीवन पर आगे दी गई उदाहरण-पृष्ठ संख्या ५८७ के अनुसार पड़ता रहेगा; परन्तु यदि दैनिक ग्रह-गोचर में कुण्डली देखते समय सूर्य 'मेष' राशि के 'द्वितीयभाव' में बैठा होगा, तो उस स्थिति में वह उदाहरण-पृष्ठ संख्या ७२ के अनुसार उतनी अवधि तक जातक के जीवन पर अपना अस्थायी प्रभाव अवश्य डालेगा, जब तक कि वह

'मेष' राशि से हटकर 'वृष' राशि में नहीं चला जाता। 'वृष' राशि में पहुंचकर वह 'वृष' राशि के अनुरूप अपना प्रभाव डालना आरंभ कर देगा, अत: जिस जातक की जन्म-कुण्डली में सूर्य 'मीन' राशि के 'प्रथमभाव' में बैठा हो, उसे उदाहरण-पृष्ठ संख्या ५८७ में वर्णित फलादेश देखने के पश्चात्, यदि उन दिनों ग्रह-गोचर में सूर्य 'मेष' राशि के 'द्वितीयभाव' में बैठा हो, तो उदाहरण-पृष्ठ संख्या ७२ का फलादेश भी देखना चाहिए तथा इन दोनों फलादेशों के समन्वयस्वरूप जो निष्कर्ष निकलता हो, उसी को अपने वर्तमान समय पर प्रभावकारी समझना चाहिए। इसी प्रकार प्रत्येक ग्रह के विषय में जान लेना चाहिए।

'मीन' लग्न में जन्म लेने वाले जातकों की जन्म-कुण्डली के विभिन्न भावों में स्थित विभिन्न ग्रहों के फलादेश का वर्णन उदाहरण-पृष्ठ संख्या ५८७ से ६२६ तक में किया गया है। पंचांग की दैनिक ग्रह-गति के अनुसार 'मीन' लग्न में जन्म लेने वाले जातकों को किन-किन उदाहरण-कुंडलियों द्वारा विभिन्न ग्रहों के तात्कालिक प्रभाव को देखना चाहिए—इसका विस्तृत वर्णन अगले पृष्ठों में किया गया है, अत: उनके अनुसार ग्रहों की तात्कालिक स्थिति के सामयिक प्रभाव की जानकारी प्राप्त कर लेनी चाहिए। तदुपरांत दोनों फलादेश के समन्वयस्वरूप जो निष्कर्ष निकलता हो, उसी को सही फलादेश समझना चाहिए।

इस विधि से प्रत्येक व्यक्ति प्रत्येक जन्म-कुण्डली का ठीक-ठाक फलादेश सहज में ही ज्ञात कर सकता है।

टिप्पणी—(१) पहले बताया जा चुका है कि जिस समय जो ग्रह २७ अंश से ऊपर अथवा ३ अंश के भीतर होता है, वह प्रभावकारी नहीं रहता। इसी प्रकार जो ग्रह सूर्य से अस्त होता है, वह भी जातक के ऊपर अपना प्रभाव या तो बहुत कम डालता है या फिर पूर्णत: प्रभावहीन रहता है।

(२) स्थायी जन्म-कुण्डली स्थित विभिन्न ग्रहों के अंश किसी ज्योतिषी द्वारा अपनी कुण्डली में लिखवा लेने चाहिए, ताकि उनके अंशों के बारे में बार-बार जानकारी प्राप्त करने के झंझट से बचा जा सके। तात्कालिक ग्रह-गोचर के ग्रहों के अंशों की जानकारी पंचांग द्वारा अथवा किसी ज्योतिषी से पूछकर प्राप्त कर लेनी चाहिए।

(३) स्थायी जन्म-कुण्डली अथवा तात्कालिक ग्रह-गति कुण्डली के किसी भाव में यदि एक से अधिक ग्रह एक साथ बैठे होते हैं अथवा जिन-जिन स्थानों पर उनकी दृष्टियां पड़ती हैं, जातक का जीवन उनके द्वारा भी प्रभावित होता रहता है। इस पुस्तक के तीसरे प्रकरण में 'ग्रहों की युति का प्रभाव' शीर्षक के अन्तर्गत विभिन्न ग्रहों की युति के फलादेश का वर्णन किया गया है, अत: इस विषय की जानकारी वहां से प्राप्त कर लेनी चाहिए।

(४) 'विंशोत्तरी दशा' के सिद्धांतानुसार प्रत्येक जातक की पूर्णायु १२० वर्ष की मानी जाती है। इस आयु-अवधि में जातक नवग्रहों की सभी दशाओं का भोग पूरा कर लेता है। विभिन्न ग्रहों का दशा-काल भिन्न-भिन्न होता है। परन्तु अधिकांश व्यक्ति इतनी लंबी आयु तक जीवित नहीं रह पाते; अत: वे अपने जीवन-काल में कुछ ही ग्रहों की दशाओं का भोग कर पाते हैं। जातक के जीवन के जिस काल में जिस ग्रह की दशा—जिसे 'महादशा' भी कहा जाता है—चल रही होती है, जन्म-कालीन ग्रह-स्थिति के अनुसार उसके जीवन-काल की उतनी अवधि उस ग्रह-विशेष

के प्रभाव से विशेष रूप से प्रभावित रहती है। जातक का जन्म किस ग्रह की महादशा में हुआ है और उसके जीवन में किस अवधि से किस अवधि तक किस ग्रह की महादशा चलेगी और वह महादशा जातक के ऊपर अपना क्या विशेष प्रभाव डालेगी—इन सब बातों का उल्लेख भी तीसरे प्रकरण में किया गया है।

इस प्रकार (१) जन्म-कुण्डली, (२) तात्कालिक ग्रह-गोचर एवं (३) ग्रहों की महादशा—इन तीनों विधियों से फलादेश प्राप्त करने की सरल विधि का वर्णन इस पुस्तक में किया गया है, अतः इन तीनों के समन्वयस्वरूप फलादेश का ठीक-ठाक निर्णय करके अपने भूत, वर्तमान तथा भविष्यकालीन जीवन के विषय में सम्यक् जानकारी प्राप्त कर लेनी चाहिए।

विशेष नोट : मीन लग्न जन्म कुण्डली/गोचर कुण्डली के द्वादश भावों में सूर्यादि सभी नवग्रहों का फलादेश नीचे दिया जा रहा है। पढ़ें और समझें।

'मीन' लग्न में 'सूर्य' का फलादेश

जिस जातक का जन्म 'मीन' लग्न में हुआ हो और जन्म-कुण्डली के 'प्रथमभाव' में 'सूर्य' की स्थिति हो, उसे 'सूर्य' का फलादेश नीचे लिखे अनुसार समझना चाहिए—

मीन लग्नः प्रथमभावः सूर्य

पहले केन्द्र एवं शरीर भाव में अपने मित्र गुरु की मीन राशि पर स्थित सूर्य के प्रभाव से जातक के शारीरिक प्रभाव एवं शक्ति में वृद्धि होती है, परन्तु रक्त विकार एवं अन्य प्रकार के रोग होने की संभावना भी रहती है। वह शत्रु-पक्ष पर विजय प्राप्त करता है तथा अपना सम्मान बढ़ाने के लिए दौड़-धूप भी अधिक करता है। यहां से सूर्य अपनी सातवीं समग्रहदृष्टि से बुध की कन्या राशि में सप्तमभाव को देखता है, स्त्री का सुख कुछ परेशानियों के बाद मिलता है, ग्रार्हस्थ्य सुख में कुछ कठिनाइयां आती हैं तथा व्यवसाय के क्षेत्र में भी अधिक परिश्रम करने पर सफलता मिलती है।

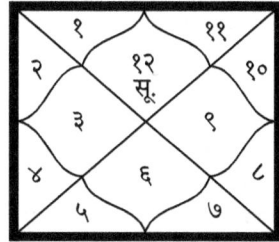

जिस जातक का जन्म 'मीन' लग्न में हुआ हो और जन्म-कुण्डली के 'द्वितीयभाव' में 'सूर्य' की स्थिति हो, उसे 'सूर्य' का फलादेश नीचे लिखे अनुसार समझना चाहिए—

मीन लग्नः द्वितीयभावः सूर्य

दूसरे धन तथा कुटुम्ब के भाव में अपने मित्र मंगल की मेष राशि पर स्थित उच्च के सूर्य के प्रभाव से जातक अपने परिश्रम द्वारा धन एवं प्रभाव की वृद्धि करता है तथा कुटुम्ब का सुख भी पाता है। वह अपनी प्रतिष्ठा को बढ़ाने के लिए विशेष प्रयत्नशील रहता है। यहां से सूर्य सातवीं नीचदृष्टि से अपने शत्रु शुक्र की तुला राशि में अष्टमभाव को देखता है, अतः जातक की आयु एवं पुरातत्त्व के पक्ष में कुछ कमी आती है तथा दैनिक जीवन-चर्या में भी कुछ परेशानी बनी रहती है।

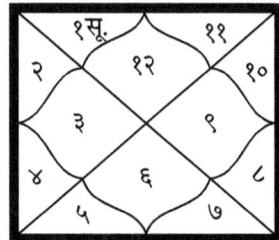

जिस जातक का जन्म 'मीन' लग्न में हुआ हो और जन्म-कुण्डली के 'तृतीयभाव' में 'सूर्य' की स्थिति हो, उसे 'सूर्य' का फलादेश नीचे लिखे अनुसार समझना चाहिए—

तीसरे भाई-बहन एवं पराक्रम के भाव में अपने शत्रु शुक्र की वृषभ राशि पर स्थित सूर्य के प्रभाव से जातक का अपने भाई-बहनों से कुछ वैमनस्य रहता है, परन्तु पराक्रम की विशेष वृद्धि होती है। वह शत्रु पक्ष पर विजय भी प्राप्त करता है। यहां से सूर्य अपनी सातवीं मित्रदृष्टि से मंगल की वृश्चिक राशि में नवमभाव को देखता है, अत: जातक अपने शारीरिक श्रम तथा प्रभाव के बल पर भाग्य की उन्नति तो करता है, परन्तु धर्म की उन्नति नहीं कर पाता। ऐसे व्यक्ति का जीवन सामान्य रूप से व्यतीत होता है।

मीन लग्न: तृतीयभाव: सूर्य

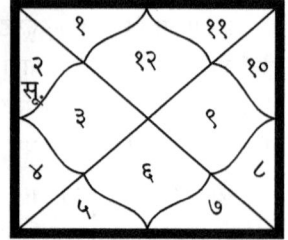

जिस जातक का जन्म 'मीन' लग्न में हुआ हो और जन्म-कुण्डली के 'चतुर्थभाव' में 'सूर्य' की स्थिति हो, उसे 'सूर्य' का फलादेश नीचे लिखे अनुसार समझना चाहिए—

चौथे केन्द्र, माता एवं भूमि के भाव में अपने समग्रह बुध की मिथुन राशि पर स्थित सूर्य के प्रभाव से जातक के सुख एवं प्रभाव में वृद्धि होती है, परन्तु माता, भूमि, मकान एवं घरेलू सुख में कुछ कमी और परेशानी बनी रहती है। यहां से सूर्य अपनी सातवीं मित्रदृष्टि से गुरु की धनु राशि में दशमभाव को देखता है, अत: जातक पिता से सहयोग, राज्य से सम्मान एवं व्यवसाय से लाभ प्राप्त करता है तथा अपने यश, प्रतिष्ठा एवं प्रभाव की वृद्धि के लिए निरन्तर प्रयत्नशील बना रहता है।

मीन लग्न: चतुर्थभाव: सूर्य

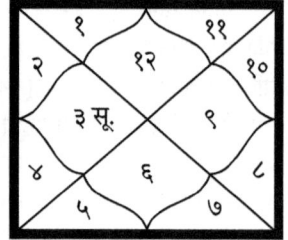

जिस जातक का जन्म 'मीन' लग्न में हुआ हो और जन्म-कुण्डली के 'पंचमभाव' में 'सूर्य' की स्थिति हो, उसे 'सूर्य' का फलादेश नीचे लिखे अनुसार समझना चाहिए—

पांचवें त्रिकोण, विद्या एवं संतान के भाव में अपने मित्र चन्द्र की कर्क राशि पर स्थित सूर्य के प्रभाव से जातक को विद्या-बुद्धि एवं वाणी की शक्ति प्राप्त होती है, परन्तु संतानपक्ष से कुछ कष्ट मिलता है। विद्याध्ययन में सामान्य कठिनाइयां भी आती हैं। मस्तिष्क में चिन्ता, क्रोध एवं परेशानियों का निवास भी रहता है। यहां से सूर्य अपनी सातवीं शत्रुदृष्टि से शनि की मकर राशि में एकादशभाव को देखता है, अत: लाभ के मार्ग में कुछ कठिनाइयां तो आती हैं, परन्तु जातक अपने परिश्रम एवं बुद्धि-बल से लाभ उठाने में सफलता प्राप्त कर लेता है।

मीन लग्न: पंचमभाव: सूर्य

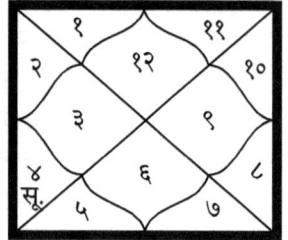

जिस जातक का जन्म 'मीन' लग्न में हुआ हो और जन्म-कुण्डली के 'षष्ठभाव' में 'सूर्य' की स्थिति हो, उसे 'सूर्य' का फलादेश नीचे लिखे अनुसार समझना चाहिए—

मीन लग्नः षष्ठभावः सूर्य

छठे रोग एवं शत्रु भाव में अपनी ही राशि पर स्थित स्वक्षेत्री सूर्य के प्रभाव से जातक अपने शत्रुओं पर विजय प्राप्त करता है। झगड़े-झंझट के मामलों में सफलता पाता है और रोग आदि से भी सुरक्षित रहता है। वह बड़ा हिम्मती, बहादुर, निडर, परिश्रमी तथा धैर्यवान होता है। यहां से सूर्य अपनी सातवीं शत्रुदृष्टि से शनि की कुम्भ राशि में द्वादशभाव को देखता है, अतः खर्च के कारण कुछ परेशानी रहती है तथा बाहरी स्थानों के सम्बन्ध से भी कुछ कष्ट मिलता है। खर्च अधिक होने के कारण मन भी कुछ अशांत-सा रहता है।

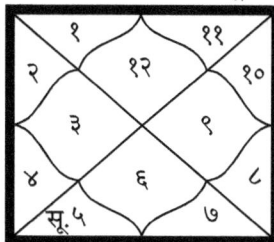

जिस जातक का जन्म 'मीन' लग्न में हुआ हो और जन्म-कुण्डली के 'सप्तमभाव' में 'सूर्य' की स्थिति हो, उसे 'सूर्य' का फलादेश नीचे लिखे अनुसार समझना चाहिए—

मीन लग्नः सप्तमभावः सूर्य

सातवें केन्द्र, स्त्री एवं व्यवसाय के भाव में अपने समग्रह बुध की कन्या राशि पर स्थित सूर्य के प्रभाव से जातक का स्त्री पक्ष से कुछ वैमनस्य रहता है तथा व्यवसाय के क्षेत्र में अधिक परिश्रम एवं दौड़-धूप के बाद सफलता मिलती है, शत्रु पक्ष पर विजय मिलती है एवं प्रभाव की वृद्धि होती है। यहां से सूर्य अपनी सातवीं मित्रदृष्टि से गुरु की मीन राशि में प्रथमभाव को देखता है, अतः शरीर में कुछ परेशानी तो रहती है, परन्तु प्रभाव एवं सम्मान में वृद्धि भी होती है।

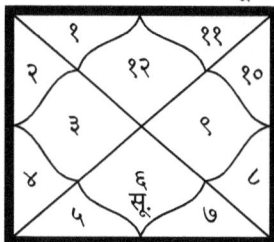

जिस जातक का जन्म 'मीन' लग्न में हुआ हो और जन्म-कुण्डली के 'अष्टमभाव' में 'सूर्य' की स्थिति हो, उसे 'सूर्य' का फलादेश नीचे लिखे अनुसार समझना चाहिए—

मीन लग्नः अष्टमभावः सूर्य

आठवें आयु एवं पुरातत्त्व के भाव में अपने शत्रु शुक्र की तुला राशि पर स्थित नीच के सूर्य के प्रभाव से जातक को अपनी आयु के पक्ष में घोर कठिनाइयों, संघर्षों तथा संकटों का सामना करना पड़ता है साथ ही पुरातत्त्व की शक्ति में भी कमी आती है। शत्रु पक्ष द्वारा भी परेशानियां उत्पन्न की जाती हैं। ननिहाल-पक्ष कमजोर रहता है तथा पेट में या पेट के नीचे कोई विकार भी होता है। यहां से सूर्य अपनी सातवीं उच्चदृष्टि से मित्र मंगल की मेष राशि में द्वितीयभाव को देखता है, अतः जातक परिश्रम द्वारा धन एवं कुटुम्ब की वृद्धि के लिए निरन्तर प्रयत्नशील बना रहता है।

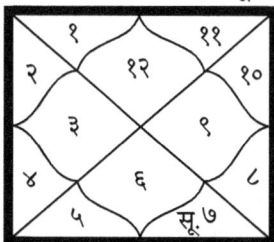

जिस जातक का जन्म 'मीन' लग्न में हुआ हो और जन्म-कुण्डली के 'नवमभाव' में 'सूर्य' की स्थिति हो, उसे 'सूर्य' का फलादेश नीचे लिखे अनुसार समझना चाहिए—

नवें त्रिकोण, भाग्य एवं धर्म के भाव में अपने मित्र मंगल की वृश्चिक राशि पर स्थित सूर्य के प्रभाव से जातक के भाग्य में वृद्धि होती है तथा धर्म का पालन होता है। परन्तु सूर्य के षष्ठेश होने के कारण कुछ कठिनाइयां अवश्य आती रहती हैं। ऐसा व्यक्ति शत्रु पक्ष पर विजय प्राप्त करता है तथा अपने प्रभाव को बढ़ाता है। यहां से सूर्य सातवीं शत्रुदृष्टि से शुक्र की वृषभ राशि में तृतीयभाव को देखता है, अत: जातक का भाई-बहनों से कुछ विरोध रहता है, परन्तु कुछ कठिनाइयों एवं परिश्रम के साथ हिम्मत, प्रभाव तथा पराक्रम में वृद्धि होती है।

मीन लग्न: नवमभाव: सूर्य

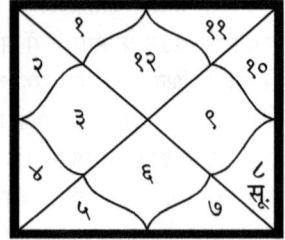

जिस जातक का जन्म 'मीन' लग्न में हुआ हो और जन्म-कुण्डली के 'दशमभाव' में 'सूर्य' की स्थिति हो, उसे 'सूर्य' का फलादेश नीचे लिखे अनुसार समझना चाहिए—

दसवें केन्द्र, राज्य, पिता एवं व्यवसाय के भाव में अपने मित्र गुरु की धनु राशि पर स्थित षष्ठेश सूर्य के प्रभाव से जातक का पिता के साथ कुछ वैमनस्य रहता है, व्यवसाय के क्षेत्र में कुछ कठिनाइयां आती हैं, परन्तु राजकीय क्षेत्र में प्रभाव तथा सम्मान की वृद्धि होती है। वह अपने शत्रु पक्ष पर भी विजय प्राप्त करता है। यहां से सूर्य अपनी सातवीं समग्रहदृष्टि से बुध की मिथुन राशि में चतुर्थभाव को देखता है, अत: कुछ परेशानियों के साथ माता, भूमि एवं मकान आदि का सुख प्राप्त होता है।

मीन लग्न: दशमभाव: सूर्य

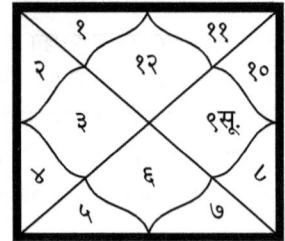

जिस जातक का जन्म 'मीन' लग्न में हुआ हो और जन्म-कुण्डली के 'एकादशभाव' में 'सूर्य' की स्थिति हो, उसे 'सूर्य' का फलादेश नीचे लिखे अनुसार समझना चाहिए—

ग्यारहवें लाभ भाव में अपने शत्रु शनि की मकर राशि पर स्थित सूर्य के प्रभाव से जातक कठिन परिश्रम द्वारा अपनी आमदनी में अत्यधिक वृद्धि करता है। साथ ही शत्रु पक्ष पर विजय भी पाता है। सूर्य के षष्ठेश होने के कारण आमदनी के क्षेत्र में कुछ कठिनाइयां अवश्य आती हैं, परन्तु अन्तत: सफलता मिलती है। यहां से सूर्य अपनी सातवीं मित्रदृष्टि से चन्द्र की कर्क राशि में पंचमभाव को देखता है, अत: जातक को कुछ कठिनाइयों के साथ संतान एवं विद्या के क्षेत्र में भी सफलता प्राप्त होती है।

मीन लग्न: एकादशभाव: सूर्य

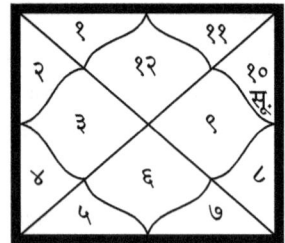

जिस जातक का जन्म 'मीन' लग्न में हुआ हो और जन्म-कुण्डली के 'द्वादशभाव' में 'सूर्य' की स्थिति हो, उसे 'सूर्य' का फलादेश नीचे लिखे अनुसार समझना चाहिए—

बारहवें व्यय भाव में अपने शत्रु शनि की कुम्भ राशि पर स्थित षष्ठेश सूर्य के प्रभाव से जातक को अपना खर्च चलाने में कुछ कठिनाइयों का सामना करना पड़ता है तथा बाहरी स्थानों के सम्बन्ध में भी दिक्कतें आती हैं। शत्रु पक्ष से भी कुछ परेशानी बनी रहती है। यहां से सूर्य सातवीं दृष्टि से अपनी ही सिंह राशि में षष्ठभाव को देखता है, अत: जातक खर्च के बल पर शत्रुओं पर विजय प्राप्त करता है तथा प्रभाव को बढ़ाता है। वह क्रोधी तथा अहंकारी भी होता है।

मीन लग्न: द्वादशभाव: सूर्य

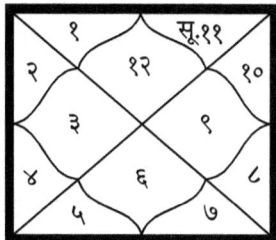

'मीन' लग्न में 'चन्द्र' का फल

जिस जातक का जन्म 'मीन' लग्न में हुआ हो और जन्म-कुण्डली के 'प्रथमभाव' में 'चन्द्र' की स्थिति हो, उसे 'चन्द्र' का फलादेश नीचे लिखे अनुसार समझना चाहिए—

पहले केन्द्र एवं शरीर भाव में अपने समग्रह गुरु की मीन राशि पर स्थित चन्द्र के प्रभाव से जातक के शारीरिक सौंदर्य में वृद्धि होती है। वह कोमल स्वभाव का होता है तथा यश, प्रभाव, सम्मान एवं आत्मिक शांति अर्जित करता है। वह मधुर वाणी बोलने वाला, सर्वप्रिय, आदर्श एवं ज्ञानी होता है। उसे संतानपक्ष से भी अच्छी शक्ति मिलती है। यहां से चन्द्र अपनी सातवीं मित्रदृष्टि से बुध की कन्या राशि में सप्तमभाव को देखता है, अत: उसे सुंदर स्त्री प्राप्त होती है तथा व्यवसाय के क्षेत्र में भी बुद्धि-बल से अच्छी सफलता मिलती है।

मीन लग्न: प्रथमभाव: चन्द्र

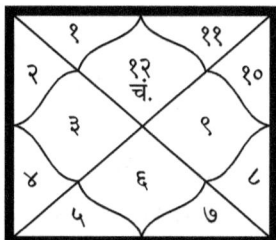

जिस जातक का जन्म 'मीन' लग्न में हुआ हो और जन्म-कुण्डली के 'द्वितीयभाव' में 'चन्द्र' की स्थिति हो, उसे 'चन्द्र' का फलादेश नीचे लिखे अनुसार समझना चाहिए—

दूसरे धन एवं कुटुम्ब के भाव में अपने समग्रह मंगल की मेष राशि पर स्थित चन्द्र के प्रभाव से जातक को धन तथा कुटुम्ब की श्रेष्ठ शक्ति प्राप्त होती है, परन्तु संतानपक्ष से कुछ परेशानी रहती है। इसके अतिरिक्त संतान तथा विद्या-पक्ष से प्रतिष्ठा भी मिलती है। यहां से चन्द्र अपनी सातवीं दृष्टि से

मीन लग्न: द्वितीयभाव: चन्द्र

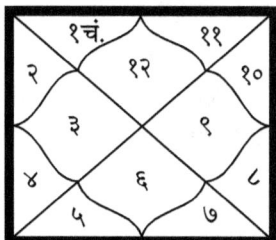

समग्रह शुक्र की तुला राशि में अष्टमभाव को देखता है, अत: जातक की आयु एवं पुरातत्त्व की शक्ति वृद्धि होती है तथा उसका दैनिक जीवन उल्लासपूर्ण बना रहता है।

जिस जातक का जन्म 'मीन' लग्न में हुआ हो और जन्म-कुण्डली के 'तृतीयभाव' में 'चन्द्र' की स्थिति हो, उसे 'चन्द्र' का फलादेश नीचे लिखे अनुसार समझना चाहिए—

तीसरे भाई-बहन एवं पराक्रम के भाव में अपने समग्रह शुक्र की वृषभ राशि पर स्थित उच्च के चन्द्र के प्रभाव से जातक का भाई-बहनों की शक्ति मिलती है तथा पराक्रम की वृद्धि होती है। उसे विद्या एवं संतानपक्ष का भी पूर्ण सहयोग प्राप्त होता है। वह बड़ा हिम्मती, बातचीत करने में चतुर तथा प्रसन्न रहने वाला होता है। यहां से चन्द्र सातवीं नीचदृष्टि से अपने समग्रह मंगल की वृश्चिक राशि में नवमभाव को देखता है, अत: जातक की भाग्योन्नति में रुकावटें आती हैं तथा धर्म का पक्ष भी कमजोर रहता है। ऐसा जातक असहिष्णु होता है, अत: उसे यश भी कम ही मिल पाता है।

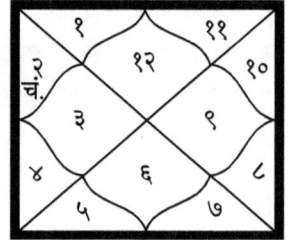

मीन लग्न: तृतीयभाव: चन्द्र

जिस जातक का जन्म 'मीन' लग्न में हुआ हो और जन्म-कुण्डली के 'चतुर्थभाव' में 'चन्द्र' की स्थिति हो, उसे 'चन्द्र' का फलादेश नीचे लिखे अनुसार समझना चाहिए—

चौथे केन्द्र माता एवं भूमि के भाव में अपने मित्र बुध की मिथुन राशि पर स्थित चन्द्र के प्रभाव से जातक के सुख में वृद्धि होती है तथा व्यवसाय के पक्ष में सफलता मिलती है। ऐसे व्यक्ति की मानसिक शक्ति अत्यंत प्रबल होती है। यहां से चन्द्र सातवीं दृष्टि से समग्रह गुरु की धनु राशि में दशमभाव को देखता है, अत: जातक के व्यवसाय की उन्नति होती है और उसे धन लाभ होता है। ऐसा व्यक्ति अपने पुरुषार्थ द्वारा यश प्राप्त करता है तथा भाग्यशाली समझा जाता है।

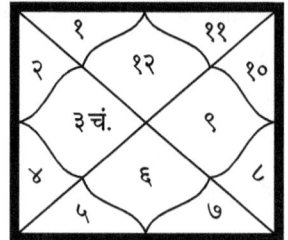

मीन लग्न: चतुर्थभाव: चन्द्र

जिस जातक का जन्म 'मीन' लग्न में हुआ हो और जन्म-कुण्डली के 'पंचमभाव' में 'चन्द्र' की स्थिति हो, उसे 'चन्द्र' का फलादेश नीचे लिखे अनुसार समझना चाहिए—

पांचवें त्रिकोण, विद्या-बुद्धि एवं संतान के भाव में अपनी ही कर्क राशि पर स्थित स्वक्षेत्री चन्द्र के प्रभाव से जातक के विद्या-बुद्धि एवं संतान के पक्ष में विशेष सफलता प्राप्त होती है। वह वाक्पटु होता है तथा उसकी वाणी में कोमलता एवं मधुरता रहती है। वह दूरदर्शी, गंभीर, स्थित विचारों वाला तथा प्रसन्न रहने वाला होता है। यहां से चन्द्र अपनी सातवीं समग्रहदृष्टि से शनि की मकर राशि में एकादशभाव को देखता है, अत: ऐसा व्यक्ति अपनी बुद्धि के विशेष प्रयोग द्वारा आमदनी की वृद्धि करता है, यद्यपि आमदनी के पक्ष में कुछ असंतोष बना रहता है।

मीन लग्न: पंचमभाव: चन्द्र

जिस जातक का जन्म 'मीन' लग्न में हुआ हो और जन्म-कुण्डली के 'षष्ठभाव' में 'चन्द्र' की स्थिति हो, उसे 'चन्द्र' का फलादेश नीचे लिखे अनुसार समझना चाहिए—

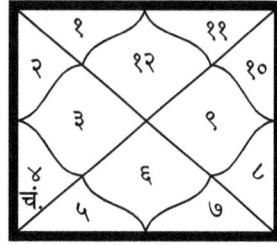

छठे रोग एवं शत्रु भाव में अपने मित्र सूर्य की सिंह राशि पर स्थित चन्द्र के प्रभाव से जातक को शत्रु पक्ष एवं झगड़े-झंझटों के कारण अशांति का सामना करना पड़ता है। अन्त में वह अपने मनोबल तथा बुद्धि-बल से शत्रु पक्ष एवं झगड़ों पर प्रभाव स्थापित कर पाता है। उसे संतानपक्ष से भी कष्ट होता है तथा विद्याध्ययन में भी परेशानी एवं त्रुटि रहती है। यहां से सूर्य अपनी सातवीं समग्रहदृष्टि से शनि की कुम्भ राशि में द्वादशभाव को देखता है, अत: जातक खर्च की अधिकता से दु:खी रहता है तथा बाहरी स्थानों के सम्बन्ध से असंतोषपूर्ण शक्ति प्राप्त करता है।

मीन लग्न: षष्ठभाव: चन्द्र

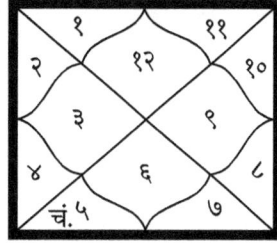

जिस जातक का जन्म 'मीन' लग्न में हुआ हो और जन्म-कुण्डली के 'सप्तमभाव' में 'चन्द्र' की स्थिति हो, उसे 'चन्द्र' का फलादेश नीचे लिखे अनुसार समझना चाहिए—

सातवें केन्द्र, स्त्री एवं व्यवसाय के भाव में अपने मित्र बुध की कन्या राशि पर स्थित चन्द्र के प्रभाव से जातक को सुंदर एवं बुद्धिमती स्त्री मिलती है और व्यवसाय के क्षेत्र में सफलता भी प्राप्त होती है। इसके साथ ही जातक को संतानपक्ष से सहयोग मिलता है तथा विद्या-बुद्धि की उन्नति होती है। उसके घरेलू सुख में भी वृद्धि होती है। यहां से चन्द्र अपनी सातवीं समग्रहदृष्टि से गुरु की मीन राशि में प्रथमभाव को देखता है, अत: जातक को शारीरिक सौंदर्य, प्रभाव, सम्मान एवं योग्यता की प्राप्ति होती है। वह घरेलू एवं सामाजिक कार्यों में कुशल तथा यशस्वी होता है।

मीन लग्न: सप्तमभाव: चन्द्र

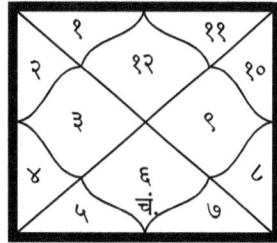

जिस जातक का जन्म 'मीन' लग्न में हुआ हो और जन्म-कुण्डली के 'अष्टमभाव' में 'चन्द्र' की स्थिति हो, उसे 'चन्द्र' का फलादेश नीचे लिखे अनुसार समझना चाहिए—

मीन लग्नः अष्टमभावः चन्द्र

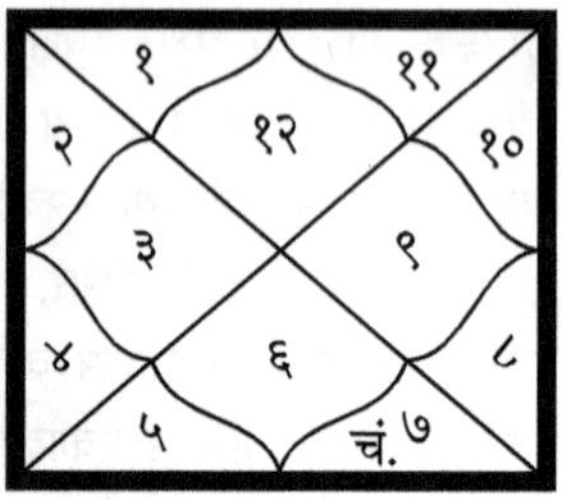

आठवें आयु एवं पुरातत्त्व के भाव में अपने समग्रह शुक्र की तुला राशि पर स्थित चन्द्र के प्रभाव से जातक की आयु में वृद्धि होती है तथा पुरातत्त्व का भी लाभ होता है, परन्तु विद्या एवं संतान के पक्ष में कमी एवं कष्ट का अनुभव होता है। साथ ही मन तथा मस्तिष्क में अशांति बनी रहती है। यहां से चन्द्र अपनी सातवीं समग्रहदृष्टि से मंगल की मेष राशि में द्वितीयभाव को देखता है। अत: जातक अनेक साधनों से धन की वृद्धि करता है। वह कौटुम्बिक मामलों में विशेष रुचि रखता है तथा कुटुम्ब का सुख भी प्राप्त करता है।

जिस जातक का जन्म 'मीन' लग्न में हुआ हो और जन्म-कुण्डली के 'नवमभाव' में 'चन्द्र' की स्थिति हो, उसे 'चन्द्र' का फलादेश नीचे लिखे अनुसार समझना चाहिए—

मीन लग्नः नवमभावः चन्द्र

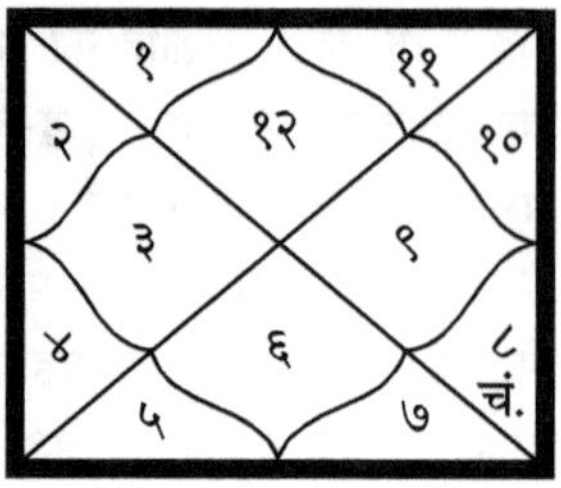

नवें त्रिकोण, भाग्य एवं धर्म के भाव में अपने समग्रह मंगल की वृश्चिक राशि पर स्थित नीच के चन्द्र के प्रभाव से जातक की भाग्योन्नति में कुछ रुकावटें आती हैं तथा धर्म का पालन भी यथाविधि नहीं हो पाता। उसे संतान के सुख में कमी तथा विद्या के क्षेत्र में कमजोरी रहती है। मन तथा मस्तिष्क में परेशानी भी बनी रहती है। यहां से चन्द्र सातवीं उच्चदृष्टि से अपने समग्रह शुक्र की वृषभ राशि में तृतीयभाव के देखता है, अत: जातक को भाई-बहनों की शक्ति मिलती है तथा पराक्रम की वृद्धि होती है। ऐसा व्यक्ति बड़ा पुरुषार्थी, हिम्मती एवं धैर्यवान होता है।

जिस जातक का जन्म 'मीन' लग्न में हुआ हो और जन्म-कुण्डली के 'दशमभाव' में 'चन्द्र' की स्थिति हो, उसे 'चन्द्र' का फलादेश नीचे लिखे अनुसार समझना चाहिए—

मीन लग्नः दशमभावः चन्द्र

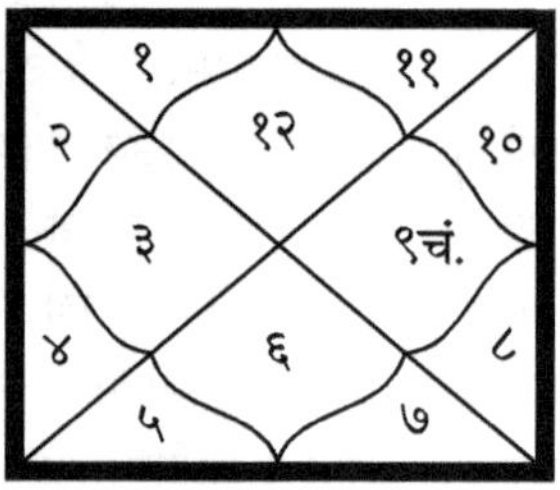

दसवें केन्द्र, पिता, राज्य एवं व्यवसाय के भाव में अपने समग्रह गुरु की धनु राशि पर स्थित चन्द्र के प्रभाव से जातक को पिता द्वारा सहयोग, राज्य द्वारा सम्मान तथा व्यवसाय द्वारा विशेष लाभ होता है। वह कानून को मानने वाला, स्वाभिमानी, विद्वान, बुद्धिमान तथा संततिवान होता है। यहां से चन्द्र अपनी सातवीं मित्रदृष्टि से बुध की मिथुन राशि में चतुर्थभाव को देखता है, अत: जातक को माता का सुख एवं भूमि, मकान आदि का अच्छा लाभ होता है। ऐसा व्यक्ति भाग्यवान, धनी, यशस्वी, प्रतिष्ठित विद्वान, बुद्धिमान तथा सुखी होता है।

जिस जातक का जन्म 'मीन' लग्न में हुआ हो और जन्म-कुण्डली के 'एकादशभाव' में 'चन्द्र' की स्थिति हो, उसे 'चन्द्र' का फलादेश नीचे लिखे अनुसार समझना चाहिए—

ग्यारहवें लाभ भाव में अपने समग्रह शनि की मकर राशि पर स्थित चन्द्र के प्रभाव से जातक अपने बुद्धि-बल एवं मनोबल द्वारा आमदनी की खूब वृद्धि करता है, फिर भी उसे कुछ न कुछ असंतोष बना रहता है। ऐसे व्यक्ति को कुछ कठिनाइयों के साथ विद्या एवं संतान की शक्ति प्राप्त होती है। यहां से चन्द्र सातवीं दृष्टि से अपनी ही कर्क राशि में पंचमभाव को देखता है, अत: वह विद्या, बुद्धि एवं संतानपक्ष की उन्नति के लिए निरंतर प्रयत्नशील बना रहता है। ऐसा व्यक्ति स्वार्थपूर्ण बातचीत करने वाला तथा अपनी उन्नति का ध्यान रखने वाला होता है।

मीन लग्न: एकादशभाव: चन्द्र

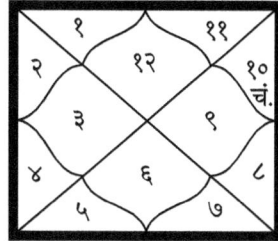

जिस जातक का जन्म 'मीन' लग्न में हुआ हो और जन्म-कुण्डली के 'द्वादशभाव' में 'चन्द्र' की स्थिति हो, उसे 'चन्द्र' का फलादेश नीचे लिखे अनुसार समझना चाहिए—

बारहवें व्यय भाव में अपने समग्रह शनि की कुम्भ राशि पर स्थित चन्द्र के प्रभाव से जातक का खर्च अधिक रहता है, परन्तु बाहरी स्थानों के सम्बन्धों से उसे लाभ भी प्राप्त होता है। उसे संतानपक्ष से कष्ट मिलता है, विद्या-पक्ष में कमी रहती है तथा मन एवं मस्तिष्क परेशान बने रहते हैं। यहां से चन्द्र अपनी सातवीं मित्रदृष्टि से सूर्य की सिंह राशि में षष्ठभाव को देखता है, अत: जातक अपनी बुद्धि के बल पर शत्रु पक्ष में काम निकालता है तथा झगड़े-झंझट के मामलों में प्रभाव स्थापित करता है।

मीन लग्न: द्वादशभाव: चन्द्र

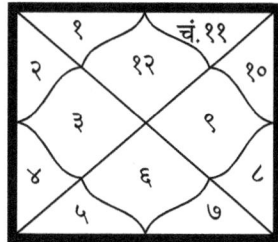

'मीन' लग्न में 'मंगल' का फल

जिस जातक का जन्म 'मीन' लग्न में हुआ हो और जन्म-कुण्डली के 'प्रथमभाव' में 'मंगल' की स्थिति हो, उसे 'मंगल' का फलादेश नीचे लिखे अनुसार समझना चाहिए—

पहले केन्द्र एवं शरीर भाव में अपने मित्र गुरु की मीन राशि पर स्थित मंगल के प्रभाव से जातक की शारीरिक शक्ति एवं सम्मान में वृद्धि होती है। साथ ही धन, कुटुम्ब, भाग्य तथा धर्म की उन्नति भी होती है। यहां से मंगल अपनी चौथी शत्रुदृष्टि से चतुर्थभाव को देखता है, अत: जातक को माता, भूमि एवं मकान आदि का सुख भी

मीन लग्न: प्रथमभाव: मंगल

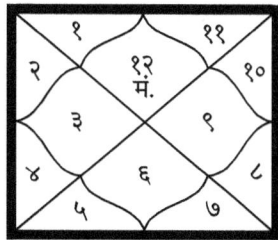

प्राप्त होता है। सातवीं शत्रुदृष्टि से सप्तमभाव को देखने से स्त्री की शक्ति मिलती है एवं व्यवसाय द्वारा धन तथा घरेलू सुख की वृद्धि भी होती है। आठवीं समग्रहदृष्टि से शुक्र की तुला राशि में अष्टमभाव को देखने के कारण आयु की वृद्धि होती है तथा पुरातत्त्व का लाभ होता है। ऐसा व्यक्ति कुछ कठिनाइयों के साथ अमीरी ढंग का जीवन बिताता है।

जिस जातक का जन्म 'मीन' लग्न में हुआ हो और जन्म-कुण्डली के 'द्वितीयभाव' में 'मंगल' की स्थिति हो, उसे 'मंगल' का फलादेश नीचे लिखे अनुसार समझना चाहिए—

मीन लग्नः द्वितीयभावः मंगल

दूसरे धन एवं कुटुम्ब के भाव में अपनी ही मेष राशि पर स्थित स्वक्षेत्री मंगल के प्रभाव से जातक के धन एवं कुटुम्ब की वृद्धि होती है और वह बड़ा धनवान समझा जाता है। यहां से मंगल चौथी नीचदृष्टि से पंचमभाव को देखता है, अतः विद्या एवं संतान के पक्ष में कुछ कमी रहेगी तथा चिन्ता एवं परेशानी के कारण बनते रहेंगे। ऐसा व्यक्ति कटु शब्दों का प्रयोग करता है। सातवीं दृष्टि से शुक्र की तुला राशि में अष्टमभाव को देखने से आयु एवं पुरातत्त्व की शक्ति में वृद्धि होती है तथा रहन-सहन अमीरी ढंग का होता है। आठवीं दृष्टि से अपनी ही राशि में नवमभाव को देखने से भाग्य की विशेष उन्नति होती है तथा धर्म का पालन भी होता रहता है।

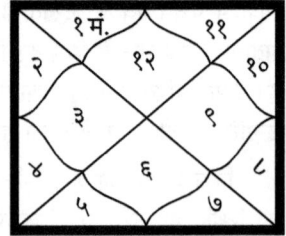

जिस जातक का जन्म 'मीन' लग्न में हुआ हो और जन्म-कुण्डली के 'तृतीयभाव' में 'मंगल' की स्थिति हो, उसे 'मंगल' का फलादेश नीचे लिखे अनुसार समझना चाहिए—

मीन लग्नः तृतीयभावः मंगल

तीसरे भाई-बहन एवं पराक्रम के भाव में अपने समग्रह शुक्र की वृषभ राशि पर स्थित मंगल के प्रभाव से जातक के पराक्रम की विशेष वृद्धि होती है और उसे भाई-बहनों का सुख भी प्राप्त होता है। इसके साथ ही धन तथा कुटुम्ब की भी उन्नति होती है। यहां से मंगल अपनी चौथी मित्र-दृष्टि से षष्ठभाव को देखता है। अतः शत्रु पक्ष में प्रभाव स्थापित होता है तथा झगड़ों के मामलों में विजय मिलती है। सातवीं दृष्टि से अपनी ही राशि में नवमभाव को देखने से भाग्य की विशेष उन्नति होती है तथा धर्म का पालन भी होता है। आठवीं मित्रदृष्टि से दशमभाव को देखने से पिता द्वारा सुख-सहयोग मिलता है, राज्य से सम्मान प्राप्त होता है तथा व्यवसाय में तरक्की होती है। ऐसा जातक यशस्वी, धर्मात्मा, शत्रुजयी तथा भाई-बहन, कुटुम्ब एवं धन के सुख में संपन्न भाग्यशाली होता है।

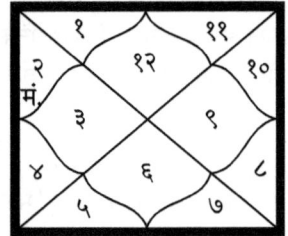

जिस जातक का जन्म 'मीन' लग्न में हुआ हो और जन्म-कुण्डली के 'चतुर्थभाव' में 'मंगल' की स्थिति हो, उसे 'मंगल' का फलादेश नीचे लिखे अनुसार समझना चाहिए—

चौथे केन्द्र, माता एवं भूमि के भाव में अपने शत्रु बुध की मिथुन राशि पर स्थित मंगल के प्रभाव से जातक को माता का सुख एवं भूमि, मकान आदि की शक्ति प्राप्त होती है। उसे धन तथा कुटुम्ब का सुख भी मिलता है। यहां से मंगल अपनी चौथी शत्रुदृष्टि से सप्तमभाव को देखता है, अत: जातक को भाग्यवान स्त्री मिलती है तथा व्यवसाय के क्षेत्र में भी अत्यधिक सफलता प्राप्त होती है। घरेलू सुख भी खूब रहता है। सातवीं मित्रदृष्टि से दशमभाव को देखने से पिता, राज्य एवं व्यवसाय से सुख, सम्मान तथा लाभ मिलता रहता है। आठवीं उच्चदृष्टि से समग्रह शनि की राशि में एकादशभाव को देखने से घर बैठे ही लाभ का योग बनता रहता है। ऐसा व्यक्ति बड़ा भाग्यशाली होता है।

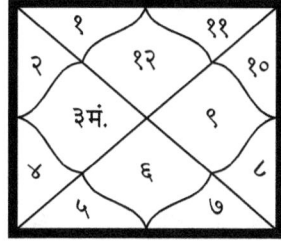

मीन लग्न: चतुर्थभाव: मंगल

जिस जातक का जन्म 'मीन' लग्न में हुआ हो और जन्म-कुण्डली के 'पंचमभाव' में 'मंगल' की स्थिति हो, उसे 'मंगल' का फलादेश नीचे लिखे अनुसार समझना चाहिए—

पांचवें त्रिकोण, विद्या एवं संतान के भाव में अपने मित्र चन्द्र की कर्क राशि पर स्थित नीच के मंगल के प्रभाव से जातक को संतान तथा विद्या-पक्ष में कमजोरी रहती है तथा धन एवं कुटुम्ब-पक्ष से भी चिन्ता बनी रहती है। भाग्य एवं धर्म का पक्ष भी दुर्बल रहता है। यहां से मंगल चौथी समग्रहदृष्टि से अष्टमभाव को देखता है, अत: आयु एवं पुरातत्त्व शक्ति की कुछ वृद्धि होती है। सातवीं उच्चदृष्टि से लाभ-भाव को देखने से जातक आमदनी बढ़ाने के लिए विशेष प्रयत्न करता है तथा आठवीं समग्रहदृष्टि से द्वादशभाव को देखने के कारण खर्च के मामले में परेशानी रहती है तथा बाहरी स्थानों के सम्बन्ध से कुछ असंतोषपूर्ण सहयोग मिलता है। ऐसे व्यक्ति का जीवन संघर्षमय बना रहता है।

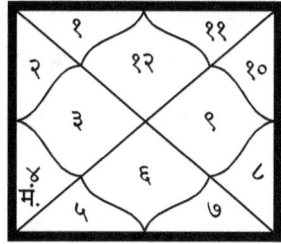

मीन लग्न: पंचमभाव: मंगल

जिस जातक का जन्म 'मीन' लग्न में हुआ हो और जन्म-कुण्डली के 'षष्ठभाव' में 'मंगल' की स्थिति हो, उसे 'मंगल' का फलादेश नीचे लिखे अनुसार समझना चाहिए—

छठे रोग एवं शत्रु भाव में अपने मित्र सूर्य की सिंह राशि पर स्थित मंगल के प्रभाव से जातक शत्रु पक्ष पर अपना बड़ा प्रभाव रखता है। धन की कुछ कमी रहते हुए भी खर्च शान से चलता है तथा कुटुम्ब से भी थोड़ा सुख मिलता है। यहां से मंगल चौथी दृष्टि से अपनी ही राशि में नवमभाव को देखता है, अत: कुछ कठिनाइयों के साथ भाग्य की उन्नति होती है तथा धर्म का पालन होता है। सातवीं समग्रहदृष्टि से द्वादशभाव को देखने से खर्च की परेशानी तथा बाहरी स्थानों के सम्बन्धों से असंतोष रहता है। आठवीं मित्रदृष्टि से प्रथमभाव को देखने

मीन लग्न: षष्ठभाव: मंगल

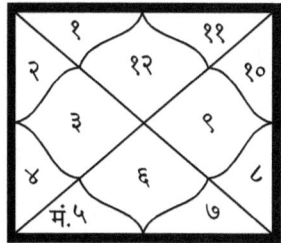

से शारीरिक शक्ति, प्रभाव एवं सम्मान की वृद्धि होती है तथा झगड़े के मामलों में जातक हिम्मत से काम लेता है।

जिस जातक का जन्म 'मीन' लग्न में हुआ हो और जन्म-कुण्डली के 'सप्तमभाव' में 'मंगल' की स्थिति हो, उसे 'मंगल' का फलादेश नीचे लिखे अनुसार समझना चाहिए—

मीन लग्नः सप्तमभावः मंगल

सातवें केन्द्र, स्त्री एवं व्यवसाय के भाव में अपने शत्रु बुध की कन्या राशि पर स्थित मंगल के प्रभाव से जातक को भाग्यवान स्त्री मिलती है तथा व्यवसाय में भी लाभ होता है। वह धर्म का पालन करता है और भाग्यशाली होता है। यहां से मंगल अपनी चौथी मित्रदृष्टि से दशमभाव को देखता है, अतः जातक को पिता, राज्य एवं व्यवसाय द्वारा सुख, सहयोग, सम्मान, लाभ एवं प्रतिष्ठा प्राप्त होती है। विशेषकर रोजगार खूब बढ़ता है तथा धन की आमदनी बहुत अच्छी रहती है। सातवीं मित्रदृष्टि से प्रथमभाव को देखने से शारीरिक सौंदर्य, यश, प्रतिष्ठा एवं स्वाभिमान की वृद्धि होती है। आठवीं दृष्टि से अपनी ही राशि में द्वितीयभाव को देखने से भाग्य की प्रबल शक्ति से धन की वृद्धि होती है तथा कुटुम्ब का सुख भी मिलता है। ऐसा व्यक्ति धनी, सुखी, यशस्वी तथा भाग्यशाली होता है।

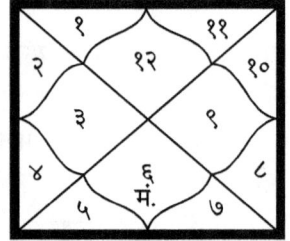

जिस जातक का जन्म 'मीन' लग्न में हुआ हो और जन्म-कुण्डली के 'अष्टमभाव' में 'मंगल' की स्थिति हो, उसे 'मंगल' का फलादेश नीचे लिखे अनुसार समझना चाहिए—

मीन लग्नः अष्टमभावः मंगल

आठवें आयु एवं पुरातत्त्व के भाव में अपने समग्रह शुक्र की तुला राशि पर स्थित मंगल के प्रभाव से जातक की आयु में वृद्धि होती है तथा पुरातत्त्व का लाभ होता है, परन्तु भाग्य, धर्म एवं यश के क्षेत्र में कमी आती है। यहां से मंगल अपनी चौथी उच्चदृष्टि से समग्रह शनि की राशि में एकादशभाव को देखता है, अतः आमदनी अच्छी रहती है तथा जातक अधिक मुनाफा खाने का प्रयत्न करता है। सातवीं दृष्टि से अपनी ही राशि में द्वितीयभाव को देखने से परिश्रम द्वारा धन का संचय होता है तथा कुटुम्ब का सहयोग भी मिलता है। आठवीं समग्रहदृष्टि से तृतीयभाव को देखने से भाई-बहनों से कुछ असंतोष रहता है, परन्तु पराक्रम में वृद्धि होती है।

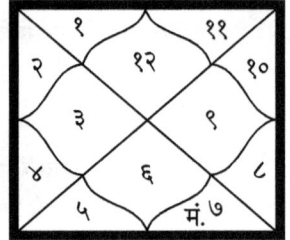

जिस जातक का जन्म 'मीन' लग्न में हुआ हो और जन्म-कुण्डली के 'नवमभाव' में 'मंगल' की स्थिति हो, उसे 'मंगल' का फलादेश नीचे लिखे अनुसार समझना चाहिए—

मीन लग्न: नवमभाव: मंगल

नवें त्रिकोण, भाग्य एवं धर्म के भाव में अपनी ही वृश्चिक राशि पर स्थित मंगल के प्रभाव से जातक के भाग्य की वृद्धि होती है तथा धर्म का पालन भी होता है। ऐसा व्यक्ति बड़ा भाग्यशाली, धनी, धर्मात्मा तथा यशस्वी होता है। यहां से मंगल चौथी समग्रहदृष्टि से द्वादशभाव को देखता है, अत: खर्च के मामले में असंतोष रहता है तथा बाहरी स्थानों का सम्बन्ध भी विशेष रुचिकर नहीं होता। सातवीं समग्रहदृष्टि से तृतीयभाव को देखने से भाई-बहनों का सुख कुछ कमी के साथ मिलता है, परन्तु पराक्रम की विशेष वृद्धि होती है। आठवीं शत्रुदृष्टि से चतुर्थभाव को देखने से माता, भूमि एवं मकान का सुख यथेष्ट मात्रा में मिलता है। कुल मिलाकर ऐसा जातक भाग्यवान, सुखी तथा यशस्वी होता है।

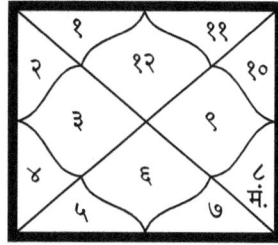

जिस जातक का जन्म 'मीन' लग्न में हुआ हो और जन्म-कुण्डली के 'दशमभाव' में 'मंगल' की स्थिति हो, उसे 'मंगल' का फलादेश नीचे लिखे अनुसार समझना चाहिए—

मीन लग्न: दशमभाव: मंगल

दसवें केन्द्र, पिता, राज्य एवं व्यवसाय के भाव में अपने मित्र गुरु की धनु राशि पर स्थित मंगल के प्रभाव से जातक पिता से बहुत सुख, राज्य से अत्यधिक सम्मान तथा व्यवसाय में बड़ी उन्नति करता है। उसे धन तथा कुटुम्ब का श्रेष्ठ सुख प्राप्त होता है तथा धर्म का पालन भी होता है। यहां से मंगल अपनी चौथी मित्रदृष्टि से प्रथमभाव को देखता है, अत: जातक के शारीरिक प्रभाव, शक्ति, प्रतिष्ठा, यश एवं स्वाभिमान की वृद्धि होती है। सातवीं शत्रुदृष्टि से चतुर्थभाव को देखने से माता, भूमि, मकान एवं घरेलू सुख की प्राप्ति होती है। आठवीं नीचदृष्टि से मित्र की राशि में पंचमभाव को देखता है, अत: संतान तथा विद्या के पक्ष में कुछ कमी रहती है। वाणी में रूखापन तथा मस्तिष्क में कुछ परेशानियां भी रहती हैं।

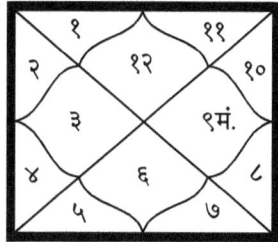

जिस जातक का जन्म 'मीन' लग्न में हुआ हो और जन्म-कुण्डली के 'एकादशभाव' में 'मंगल' की स्थिति हो, उसे 'मंगल' का फलादेश नीचे लिखे अनुसार समझना चाहिए—

मीन लग्न: एकादशभाव: मंगल

ग्यारहवें लाभ भवन में अपने समग्रह शनि की मकर राशि पर स्थित मंगल के प्रभाव से जातक की आमदनी में अत्यधिक वृद्धि होती है। वह बड़ा भाग्यवान होता है तथा धर्म का पालन भी करता है। यहां से मंगल चौथी दृष्टि से अपनी ही राशि में द्वितीयभाव को देखता है, अत: धन तथा कुटुम्ब की उन्नति होती है। सातवीं नीचदृष्टि से मित्र चन्द्र की राशि में पंचमभाव को देखने से विद्या तथा संतान के पक्ष में कुछ कमी तथा परेशानी

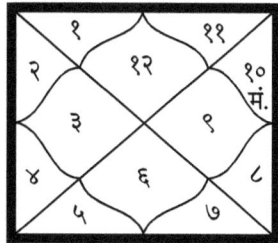

रहती है। आठवीं मित्रदृष्टि से षष्ठभाव को देखने के कारण जातक भाग्य की शक्ति से शत्रु पक्ष पर विजय एवं प्रभाव प्राप्त करता है तथा झगड़े के मामलों में सफलता पाता है। ऐसा व्यक्ति बड़ा हिम्मती, धनवान तथा यशस्वी होता है।

जिस जातक का जन्म 'मीन' लग्न में हुआ हो और जन्म-कुण्डली के 'द्वादशभाव' में 'मंगल' की स्थिति हो, उसे 'मंगल' का फलादेश नीचे लिखे अनुसार समझना चाहिए—

मीन लग्नः द्वादशभावः मंगल

बारहवें व्यय भाव में अपने समग्रह शनि की कुम्भ राशि पर स्थित मंगल के प्रभाव से जातक का खर्च अधिक रहता है तथा बाहरी स्थानों के सम्बन्ध से शक्ति प्राप्त होती है। धन तथा कुटुम्ब के पक्ष में बहुत कमी रहती है तथा भाग्य, धर्म एवं यश की उन्नति में अनेक कठिनाइयां आती रहती हैं। यहां से मंगल चौथी समग्रहदृष्टि से तृतीयभाव को देखता है, अतः भाई-बहनों की कुछ असंतोषपूर्ण शक्ति मिलती है, परन्तु पराक्रम की वृद्धि होती है। सातवीं मित्रदृष्टि से षष्ठभाव को देखने से शत्रु पक्ष पर प्रभाव रहता है तथा आठवीं शत्रुदृष्टि से सप्तमभाव को देखने के कारण स्त्री से सुख तथा व्यवसाय से लाभ मिलता है।

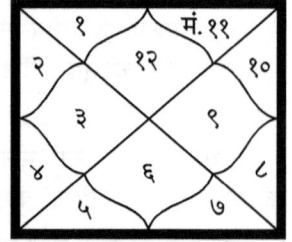

'मीन' लग्न में 'बुध' का फल

जिस जातक का जन्म 'मीन' लग्न में हुआ हो और जन्म-कुण्डली के 'प्रथमभाव' में 'बुध' की स्थिति हो, उसे 'बुध' का फलादेश नीचे लिखे अनुसार समझना चाहिए—

मीन लग्नः प्रथमभावः बुध

पहले केन्द्र एवं शरीर-भाव में अपने समग्रह गुरु की मीन राशि पर स्थित नीच के बुध के प्रभाव से जातक के शारीरिक सौंदर्य एवं स्वास्थ्य में कुछ कमी रहती है। साथ ही माता, भूमि एवं मकान आदि का सुख भी थोड़ा ही प्राप्त होता है। यहां से बुध अपनी सातवीं उच्चदृष्टि से अपनी ही कन्या राशि में सप्तमभाव को देखता है, अतः जातक को स्त्री पक्ष से सुख मिलता है तथा व्यवसाय के क्षेत्र में सफलता प्राप्त होती है। ऐसा व्यक्ति बड़ा परिश्रमी होता है तथा अपने प्रभाव की एवं व्यवसाय की वृद्धि के लिए प्रयत्नशील बना रहता है।

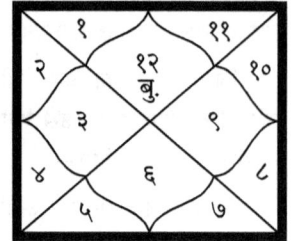

जिस जातक का जन्म 'मीन' लग्न में हुआ हो और जन्म-कुण्डली के 'द्वितीयभाव' में 'बुध' की स्थिति हो, उसे 'बुध' का फलादेश नीचे लिखे अनुसार समझना चाहिए—

दूसरे धन एवं कुटुम्ब के भाव में अपने समग्रह मंगल की मेष राशि पर स्थित बुध के प्रभाव से जातक कुटुम्ब से शक्ति प्राप्त करता है तथा अपनी विवेक-बुद्धि द्वारा धन का संचय करता है। उसे माता तथा स्त्री के सुख में कुछ कमी रहती है, परन्तु घरेलू सुख अच्छा रहता है तथा भूमि एवं मकान आदि की शक्ति का भी लाभ होता है। यहां से बुध अपनी सातवीं मित्रदृष्टि से शुक्र की तुला राशि में अष्टमभाव को देखता है, अत: जातक को आयु एवं पुरातत्त्व का लाभ होता है तथा दैनिक जीवन उल्लासपूर्ण बना रहता है।

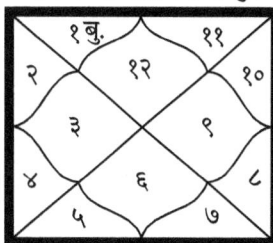

मीन लग्न: द्वितीयभाव: बुध

जिस जातक का जन्म 'मीन' लग्न में हुआ हो और जन्म-कुण्डली के 'तृतीयभाव' में 'बुध' की स्थिति हो, उसे 'बुध' का फलादेश नीचे लिखे अनुसार समझना चाहिए—

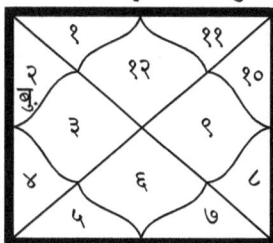

मीन लग्न: तृतीयभाव: बुध

तीसरे भाई-बहन एवं पराक्रम के भाव में अपने मित्र शुक्र की वृषभ राशि पर स्थित बुध के प्रभाव से जातक को भाई-बहनों का श्रेष्ठ सुख प्राप्त होता है तथा पराक्रम की वृद्धि होती है। उसे माता, स्त्री, भूमि, मकान तथा व्यवसाय के क्षेत्र में भी सफलता मिलती है। वह बड़ा हिम्मती तथा बहादुर होता है। यहां से बुध अपनी सातवीं समग्रहदृष्टि से मंगल की वृश्चिक राशि में नवमभाव को देखता है, अत: जातक के भाग्य की उन्नति होती है। वह धर्म का पालन करता हैं तथा यशस्वी भी होता है।

जिस जातक का जन्म 'मीन' लग्न में हुआ हो और जन्म-कुण्डली के 'चतुर्थभाव' में 'बुध' की स्थिति हो, उसे 'बुध' का फलादेश नीचे लिखे अनुसार समझना चाहिए—

चौथे केन्द्र, माता एवं भूमि के भाव में अपनी ही मिथुन राशि पर स्थित स्वक्षेत्री बुध के प्रभाव से जातक को माता का विशेष सुख मिलता है तथा भूमि, मकान आदि की शक्ति भी प्राप्त होती है। वह स्त्री पक्ष से बहुत आनंदित रहता है और उसका घरेलू जीवन भी सुख तथा उल्लासपूर्ण बना रहता है। व्यवसाय के क्षेत्र में भी उसे सफलता मिलती है। यहां से बुध अपनी सातवीं समग्रहदृष्टि से गुरु की धनु राशि में दशमभाव को देखता है, अत: जातक को पिता से शक्ति, राज्य से प्रतिष्ठा एवं व्यवसाय से लाभ की प्राप्ति होती है। ऐसा व्यक्ति धनी, सुखी तथा भाग्यवान होता है।

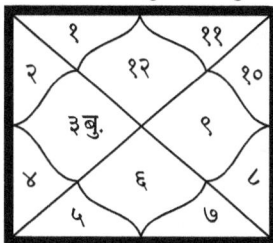

मीन लग्न: चतुर्थभाव: बुध

जिस जातक का जन्म 'मीन' लग्न में हुआ हो और जन्म-कुण्डली के 'पंचमभाव' में 'बुध' की स्थिति हो, उसे 'बुध' का फलादेश नीचे लिखे अनुसार समझना चाहिए—

पांचवें त्रिकोण विद्या, बुद्धि एवं संतान के भाव में अपने शत्रु चन्द्र की कर्क राशि पर स्थित बुध के प्रभाव से जातक को विद्या बुद्धि तथा संतान के क्षेत्र में विशेष उन्नति होती है। उसे प्रसन्नता का सुख भी मिलता है। वह बड़ी मीठी वाणी बोलने वाला तथा गृह-कार्य के संचालन में कुशल होता है। उसे माता, स्त्री, भूमि, मकान आदि का सुख भी प्राप्त होता है। यहां से बुध अपनी सातवीं समग्रहदृष्टि से शनि की मकर राशि में लाभ भाव को देखता है, अत: जातक अपनी बुद्धि-बल से आमदनी की वृद्धि करता है। ऐसा व्यक्ति धनी, सुखी, यशस्वी तथा विवेकी होता है।

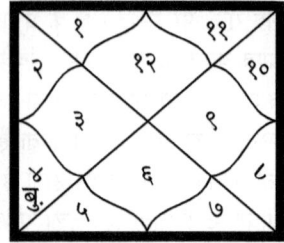

मीन लग्न: पंचमभाव: बुध

जिस जातक का जन्म 'मीन' लग्न में हुआ हो और जन्म-कुण्डली के 'षष्ठभाव' में 'बुध' की स्थिति हो, उसे 'बुध' का फलादेश नीचे लिखे अनुसार समझना चाहिए—

छठे रोग एवं शत्रु भाव में अपने मित्र सूर्य की सिंह राशि पर स्थित बुध के प्रभाव से जातक शत्रु-पक्ष में शांति से काम निकालता है। उसका माता तथा स्त्री से कुछ विरोध रहता है तथा भूमि, मकान आदि का सुख भी कम मिलता है। व्यवसाय के क्षेत्र में वह अपने बुद्धि-बल तथा परिश्रम से सफलता प्राप्त करता है। यहां से बुध अपनी सातवीं समग्रहदृष्टि से शनि की कुम्भ राशि में द्वादशभाव को देखता है, अत: खर्च अधिक रहता है तथा बाहरी स्थानों के सम्बन्ध से लाभ मिलता है।

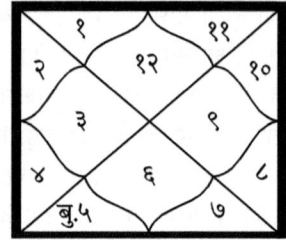

मीन लग्न: षष्ठभाव: बुध

जिस जातक का जन्म 'मीन' लग्न में हुआ हो और जन्म-कुण्डली के 'सप्तमभाव' में 'बुध' की स्थिति हो, उसे 'बुध' का फलादेश नीचे लिखे अनुसार समझना चाहिए—

सातवें केन्द्र, स्त्री तथा व्यवसाय के भाव में अपनी ही कन्या राशि पर स्थित स्वक्षेत्रीय तथा उच्च के बुध के प्रभाव से जातक को सुंदर स्त्री मिलती है, घरेलू जीवन प्रभावपूर्ण रहता है तथा व्यवसाय में विशेष सफलता मिलती है। उसे माता, भूमि, मकान आदि का श्रेष्ठ सुख भी प्राप्त होता है। यहां से बुध सातवीं नीचदृष्टि से अपने समग्रह गुरु की मीन राशि में प्रथमभाव को देखता है, अत: जातक के शारीरिक स्वास्थ्य में कुछ कमी रहती है तथा गृहस्थी का संचालन करने में अधिक परिश्रम करना पड़ता है।

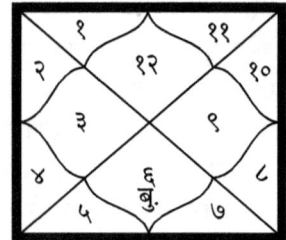

मीन लग्न: सप्तमभाव: बुध

जिस जातक का जन्म 'मीन' लग्न में हुआ हो और जन्म-कुण्डली के 'अष्टमभाव' में 'बुध' की स्थिति हो, उसे 'बुध' का फलादेश नीचे लिखे अनुसार समझना चाहिए—

आठवें आयु एवं पुरातत्त्व के भाव में अपने मित्र शुक्र की तुला राशि पर स्थित बुध के प्रभाव से जातक की आयु में वृद्धि होती है तथा पुरातत्त्व का लाभ होता है। उसका दैनिक जीवन भी सुखी तथा प्रभावपूर्ण रहता है। परन्तु स्त्री के सुख में विशेष कमी रहती है और माता का सुख भी कम ही मिल पाता है। यहां से बुध अपनी सातवीं समग्रहदृष्टि से मंगल की मेष राशि में द्वितीयभाव को देखता है, अत: जातक कुटुम्ब की शक्ति प्राप्त करता है तथा धन की वृद्धि के लिए विशेष प्रयत्नशील बना रहता है।

मीन लग्न: अष्टमभाव: बुध

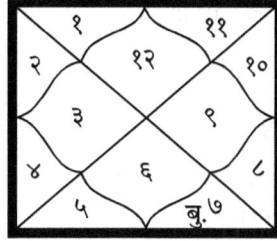

जिस जातक का जन्म 'मीन' लग्न में हुआ हो और जन्म-कुण्डली के 'नवमभाव' में 'बुध' की स्थिति हो, उसे 'बुध' का फलादेश नीचे लिखे अनुसार समझना चाहिए—

मीन लग्न: नवमभाव: बुध

नवें त्रिकोण, भाग्य एवं धर्म के भाव में अपने समग्रह मंगल की वृश्चिक राशि पर स्थित बुध के प्रभाव से जातक के भाग्य में वृद्धि होती है और वह धर्म का पालन भी करता है। उसे माता, स्त्री, भूमि, मकान तथा व्यवसाय का श्रेष्ठ सुख भी प्राप्त होता है। यहां से बुध अपनी सातवीं मित्र-दृष्टि से शुक्र की वृषभ राशि में तृतीयभाव को देखता है, अत: जातक को भाई-बहनों का श्रेष्ठ सुख मिलता है तथा पराक्रम की वृद्धि होती है। ऐसा व्यक्ति सुखी, धनी, यशस्वी, पराक्रमी तथा सुखी जीवन व्यतीत करने वाला होता है।

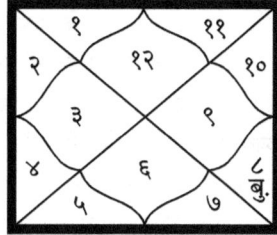

जिस जातक का जन्म 'मीन' लग्न में हुआ हो और जन्म-कुण्डली के 'दशमभाव' में 'बुध' की स्थिति हो, उसे 'बुध' का फलादेश नीचे लिखे अनुसार समझना चाहिए—

मीन लग्न: दशमभाव: बुध

दसवें केन्द्र, राज्य, पिता एवं व्यवसाय के भाव में अपने समग्रह गुरु की धनु राशि पर स्थित बुध के प्रभाव से जातक को पिता से सुख-सहयोग, राज्य से प्रतिष्ठा तथा व्यवसाय से लाभ की प्राप्ति होती है। उसे स्त्री पक्ष से भी प्रभाव प्राप्त होता है तथा गृहस्थ-जीवन सुखपूर्ण बना रहता है। यहां से बुध सातवीं दृष्टि से अपनी ही मिथुन राशि में चतुर्थभाव को देखता है, अत: जातक को माता, भूमि, मकान एवं घरेलू सुख भी पर्याप्त मिलता है। ऐसा व्यक्ति धनी, सुखी, भाग्यवान, गौरवशाली तथा यशस्वी होता है।

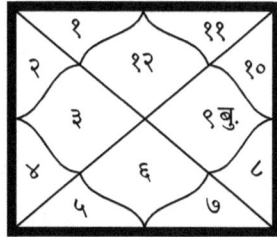

जिस जातक का जन्म 'मीन' लग्न में हुआ हो और जन्म-कुण्डली के 'एकादशभाव' में 'बुध' की स्थिति हो, उसे 'बुध' का फलादेश नीचे लिखे अनुसार समझना चाहिए—

ग्यारहवें लाभ भाव में अपने समग्रह शनि की मकर राशि पर स्थित बुध के प्रभाव से जातक की आमदनी में अत्यधिक वृद्धि होती है। उसे माता, स्त्री, भूमि, मकान तथा व्यवसाय के क्षेत्र में भी अत्यधिक सफलता मिलती है। यहां से बुध अपनी सातवीं शत्रुदृष्टि से चन्द्र की कर्क राशि में पंचमभाव को देखता है, अत: जातक को संतानपक्ष से सुख मिलता है तथा विद्या-बुद्धि की विशेष उन्नति होती है। ऐसा व्यक्ति मधुरभाषी, बुद्धिमान, धनी, सुखी, प्रभावशाली तथा यशस्वी होता है।

मीन लग्न: एकादशभाव: बुध

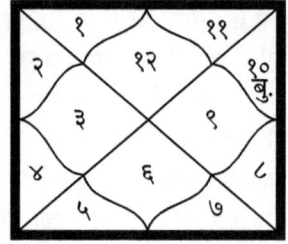

जिस जातक का जन्म 'मीन' लग्न में हुआ हो और जन्म-कुण्डली के 'द्वादशभाव' में 'बुध' की स्थिति हो, उसे 'बुध' का फलादेश नीचे लिखे अनुसार समझना चाहिए—

बारहवें व्यय भाव में अपने समग्रह शनि की कुम्भ राशि पर स्थित बुध के प्रभाव से जातक का खर्च अधिक रहता है, परन्तु बाहरी स्थानों के सम्बन्ध से लाभ प्राप्त होता है। उसे स्त्री, माता, भूमि, मकान, घरेलू सुख तथा स्थानीय व्यवसाय के क्षेत्र में भी हानि तथा कष्टों का सामना करना पड़ता है। यहां से बुध अपनी सातवीं मित्रदृष्टि से सूर्य की सिंह राशि में षष्ठभाव को देखता है, अत: जातक शत्रु पक्ष पर विजय प्राप्त करता है। वह धैर्यवान तथा हिम्मती होता है।

मीन लग्न: द्वादशभाव: बुध

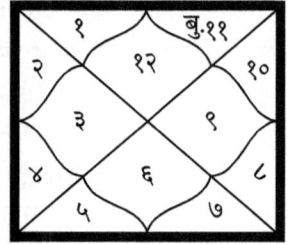

'मीन' लग्न में 'गुरु' का फल

जिस जातक का जन्म 'मीन' लग्न में हुआ हो और जन्म-कुण्डली के 'प्रथमभाव' में 'गुरु' की स्थिति हो, उसे 'गुरु' का फलादेश नीचे लिखे अनुसार समझना चाहिए—

पहले केन्द्र एवं शरीर भाव में अपनी ही मीन राशि पर स्थित स्वक्षेत्री गुरु के प्रभाव से जातक के शारीरिक सौंदर्य एवं प्रभाव में वृद्धि होती है। वह राज्य, पिता एवं व्यवसाय के क्षेत्र में भी सम्मान, सहयोग, लाभ एवं यश प्राप्त करता है। ऐसा व्यक्ति बड़ा व्यवसायी तथा धनी होता है। यहां से गुरु अपनी पांचवीं उच्चदृष्टि से मित्र की राशि में पंचमभाव को देखता है, अत: विद्या एवं बुद्धि की विशेष उन्नति होती है तथा संतानपक्ष से सुख मिलता है। सातवीं शत्रुदृष्टि से सप्तमभाव को देखने से सुंदर स्त्री मिलती है तथा स्त्री के सुख एवं व्यवसाय में वृद्धि होती है। नवीं मित्रदृष्टि से नवमभाव के देखने से भाग्य तथा धर्म की भी उन्नति होती है।

मीन लग्न: प्रथमभाव: गुरु

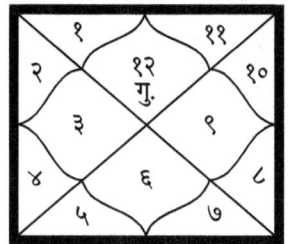

जिस जातक का जन्म 'मीन' लग्न में हुआ हो और जन्म-कुण्डली के 'द्वितीयभाव' में 'गुरु' की स्थिति हो, उसे 'गुरु' का फलादेश नीचे लिखे अनुसार समझना चाहिए—

मीन लग्नः द्वितीयभावः गुरु

दूसरे धन एवं कुटुम्ब के भाव में अपने मित्र मंगल की मेष राशि पर स्थित गुरु के प्रभाव से जातक धन का संचय खूब करता है तथा कुटुम्ब शक्ति प्राप्त करता है, परन्तु शारीरिक स्वास्थ्य में कुछ कमी रहती है। यहां से गुरु अपनी पांचवीं मित्रदृष्टि से षष्ठभाव को देखता है, अतः जातक धन की शक्ति से शत्रु-पक्ष पर प्रभाव स्थापित करता है तथा झगड़े के मामलों में धैर्य से काम लेकर सफलता प्राप्त करता है। सातवीं शत्रुदृष्टि से शुक्र की राशि में अष्टमभाव को देखने से आयु एवं पुरातत्त्व शक्ति की वृद्धि होती है तथा दैनिक जीवन प्रभावपूर्ण रहता है। नवीं दृष्टि से अपनी ही राशि में दशमभाव को देखने के कारण पिता से बहुत सहयोग मिलता है, राज्य से प्रतिष्ठा एवं व्यवसाय से प्रचुर लाभ की प्राप्ति होती है। ऐसा व्यक्ति धनी सुखी तथा यशस्वी होता है।

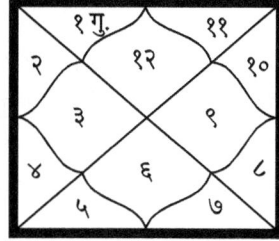

जिस जातक का जन्म 'मीन' लग्न में हुआ हो और जन्म-कुण्डली के 'तृतीयभाव' में 'गुरु' की स्थिति हो, उसे 'गुरु' का फलादेश नीचे लिखे अनुसार समझना चाहिए—

मीन लग्नः तृतीयभावः गुरु

तीसरे भाई-बहनों एवं पराक्रम के भाव में अपने शत्रु शुक्र की वृषभ राशि पर स्थित गुरु के प्रभाव से जातक के भाई-बहनों का सुख कुछ मतभेद के साथ मिलता है तथा पराक्रम में अत्यधिक वृद्धि होती है। उसका पिता से भी कुछ मतभेद रहता है, परन्तु राज्य में प्रभाव बढ़ता है तथा व्यवसाय में उन्नति होती है। यहां से गुरु अपनी पांचवीं शत्रुदृष्टि से सप्तमभाव को देखता है, अतः स्त्री पक्ष से सुख प्राप्त होता है तथा परिश्रम द्वारा व्यवसाय में सफलता मिलती है। सातवीं मित्रदृष्टि से नवमभाव को देखने से भाग्य तथा धर्म की उन्नति होती है एवं नवीं नीचदृष्टि से शनि की राशि में एकादशभाव को देखने से आमदनी के मार्ग में रुकावटें आती हैं।

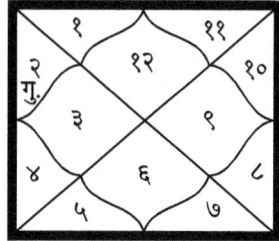

जिस जातक का जन्म 'मीन' लग्न में हुआ हो और जन्म-कुण्डली के 'चतुर्थभाव' में 'गुरु' की स्थिति हो, उसे 'गुरु' का फलादेश नीचे लिखे अनुसार समझना चाहिए—

चौथे केन्द्र, माता एवं भूमि के भाव में अपने शत्रु बुध की मिथुन राशि पर स्थित गुरु के प्रभाव से जातक को माता, भूमि एवं मकान आदि का अच्छा सुख मिलता है। शारीरिक सौंदर्य, प्रभाव, यश तथा घरेलू सुख में भी वृद्धि होती है। यहां से गुरु अपनी पांचवीं शत्रुदृष्टि से शुक्र की राशि में अष्टमभाव को देखता है, अत: आयु एवं पुरातत्त्व की शक्ति में वृद्धि होती है। सातवीं दृष्टि से अपनी ही राशि में दशमभाव को देखने से पिता से शक्ति मिलती है, राज्य से सम्मान तथा व्यवसाय से लाभ एवं सुख प्राप्त होता है। नवीं समग्रहदृष्टि से द्वादशभाव को देखने से खर्च के कारण असंतोष रहता है तथा बाहरी स्थानों का सम्बन्ध भी अधिक रुचिकर नहीं होता।

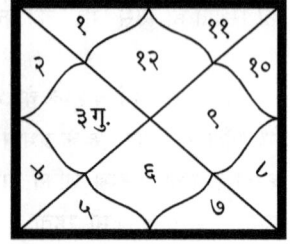

मीन लग्न: चतुर्थभाव: गुरु

जिस जातक का जन्म 'मीन' लग्न में हुआ हो और जन्म-कुण्डली के 'पंचमभाव' में 'गुरु' की स्थिति हो, उसे 'गुरु' का फलादेश नीचे लिखे अनुसार समझना चाहिए—

पांचवें त्रिकोण, विद्या एवं संतान के भाव में अपने मित्र चन्द्र की कर्क राशि पर स्थित उच्च के गुरु के प्रभाव से जातक को संतान, विद्या, बुद्धि एवं वाणी का श्रेष्ठ बल प्राप्त होता है। साथ ही राज्य, पिता एवं व्यवसाय से भी लाभ होता है। यहां से गुरु पांचवीं मित्रदृष्टि से नवमभाव को देखता है, अत: भाग्य तथा धर्म की उन्नति होती है। सातवीं नीचदृष्टि से एकादशभाव को देखने से आमदनी के मार्ग में कठिनाइयां आती हैं तथा नवीं दृष्टि से अपनी ही राशि में प्रथमभाव को देखने के कारण शारीरिक सौंदर्य, स्वास्थ्य, प्रभाव, स्वाभिमान, गौरव एवं प्रतिष्ठा की वृद्धि होती है। सामान्यत: ऐसा व्यक्ति भाग्यशाली होता है तथा सुखी जीवन व्यतीत करता है।

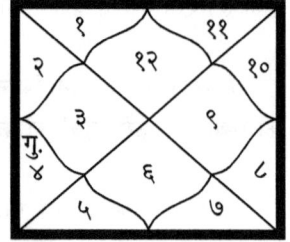

मीन लग्न: पंचमभाव: गुरु

जिस जातक का जन्म 'मीन' लग्न में हुआ हो और जन्म-कुण्डली के 'षष्ठभाव' में 'गुरु' की स्थिति हो, उसे 'गुरु' का फलादेश नीचे लिखे अनुसार समझना चाहिए—

छठे रोग एवं शत्रु के भाव में अपने मित्र सूर्य की सिंह राशि पर स्थित गुरु के प्रभाव से जातक शत्रु पक्ष पर प्रभावशाली रहता है, परन्तु उसके शारीरिक सौंदर्य एवं स्वास्थ्य में कमी रहती है। यहां से गुरु पांचवीं दृष्टि से अपनी ही राशि में दशमभाव को देखता है, अत: पिता से सुख, राज्य से सम्मान तथा व्यवसाय से लाभ प्राप्त होता है। वह अपने शारीरिक श्रम के बल पर उन्नति करता

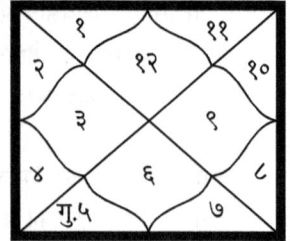

मीन लग्न: षष्ठभाव: गुरु

रहता है। सातवीं समग्रहदृष्टि से द्वादशभाव को देखने से खर्च तथा बाहरी स्थानों के सम्बन्धों से असंतोष रहता है तथा नवीं मित्रदृष्टि से द्वितीयभाव को देखने के कारण धन की वृद्धि होती है और कुटुम्ब का सुख मिलता है। ऐसा व्यक्ति परिश्रम द्वारा धन तथा यश प्राप्त करता है।

जिस जातक का जन्म 'मीन' लग्न में हुआ हो और जन्म-कुण्डली के 'सप्तमभाव' में 'गुरु' की स्थिति हो, उसे 'गुरु' का फलादेश नीचे लिखे अनुसार समझना चाहिए—

मीन लग्नः सप्तमभावः गुरु

सातवें केन्द्र, स्त्री तथा व्यवसाय के भाव में अपने शत्रु बुध की कन्या राशि पर स्थित गुरु के प्रभाव से जातक को सुंदर स्त्री मिलती है तथा स्त्री पक्ष से सुख एवं शक्ति प्राप्त होती है। साथ ही व्यवसाय के क्षेत्र में भी सफलता मिलती है। यहां से गुरु अपनी पांचवीं नीचदृष्टि से समग्रह शनि की राशि में एकादशभाव को देखता है, अतः आमदनी का पक्ष कमजोर रहता है। सातवीं दृष्टि से अपनी ही राशि में प्रथमभाव को देखने से शारीरिक सौंदर्य, स्वास्थ्य, प्रतिष्ठा, यश, स्वाभिमान एवं प्रभाव में वृद्धि होती है तथा नवीं शत्रुदृष्टि से तृतीयभाव को देखने से भाई-बहनों की शक्ति अच्छी मिलती है, परन्तु उनसे कुछ असंतोष रहता है। साथ ही पराक्रम में अधिक वृद्धि होती है।

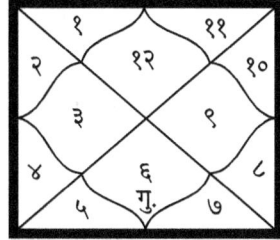

जिस जातक का जन्म 'मीन' लग्न में हुआ हो और जन्म-कुण्डली के 'अष्टमभाव' में 'गुरु' की स्थिति हो, उसे 'गुरु' का फलादेश नीचे लिखे अनुसार समझना चाहिए—

मीन लग्नः अष्टमभावः गुरु

आठवें आयु एवं पुरातत्त्व के भाव में अपने शत्रु शुक्र की तुला राशि पर स्थित गुरु के प्रभाव से जातक की आयु में वृद्धि होती है तथा पुरातत्त्व शक्ति का लाभ होता है। उसे पिता, राज्य एवं व्यवसाय के पक्ष से हानि तथा कठिनाइयों का सामना करना पड़ता है। शारीरिक सौंदर्य एवं स्वास्थ्य में भी कमी रहती है। यहां से गुरु अपनी पांचवीं समग्रहदृष्टि से द्वादशभाव को देखता है, अतः खर्च एवं बाहरी स्थानों के सम्बन्ध से असंतोष बना रहता है। सातवीं मित्रदृष्टि से द्वितीयभाव को देखने से धन तथा कुटुम्ब की वृद्धि होती है एवं नवीं शत्रुदृष्टि से चतुर्थभाव को देखने के कारण माता, भूमि एवं मकान आदि का सुख भी प्राप्त होता है।

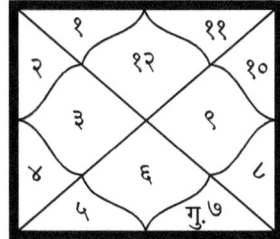

जिस जातक का जन्म 'मीन' लग्न में हुआ हो और जन्म-कुण्डली के 'नवमभाव' में 'गुरु' की स्थिति हो, उसे 'गुरु' का फलादेश नीचे लिखे अनुसार समझना चाहिए—

मीन लग्नः नवमभावः गुरु

नवें त्रिकोण, भाग्य एवं धर्म के भाव में अपने मित्र मंगल की वृश्चिक राशि पर स्थित गुरु के प्रभाव से जातक के भाग्य तथा धर्म की विशेष उन्नति होती है। वह राज्य, पिता एवं व्यवसाय के पक्ष में भी अत्यधिक सफलता, यश, सम्मान, लाभ तथा सुख प्राप्त करता है। यहां से गुरु पांचवीं दृष्टि से अपनी ही राशि में प्रथमभाव को देखता है, अतः जातक के शारीरिक सौंदर्य, प्रभाव, यश तथा स्वाभिमान में वृद्धि होती है। सातवीं शत्रुदृष्टि से शुक्र की राशि में तृतीयभाव को देखने से भाई-बहनों का सुख मिलता है तथा पराक्रम की वृद्धि होती है। नवीं उच्चदृष्टि से मित्र की राशि में पंचमभाव को देखने के कारण विद्या-बुद्धि की श्रेष्ठ शक्ति प्राप्त होती है तथा संतानपक्ष से भी सुख मिलता है। ऐसा व्यक्ति कलात्मक रुचि का, प्रभावशाली तथा वाणी का धनी होता है।

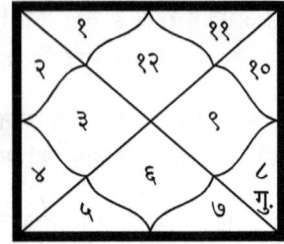

जिस जातक का जन्म 'मीन' लग्न में हुआ हो और जन्म-कुण्डली के 'दशमभाव' में 'गुरु' की स्थिति हो, उसे 'गुरु' का फलादेश नीचे लिखे अनुसार समझना चाहिए—

मीन लग्नः दशमभावः गुरु

दसवें केन्द्र, पिता, राज्य एवं व्यवसाय के भाव में अपनी ही धनु राशि पर स्थित स्वक्षेत्री गुरु के प्रभाव से जातक को पिता से बड़ी शक्ति, राज्य से बड़ा सम्मान तथा व्यापार से बड़ा लाभ प्राप्त होता है। ऐसा व्यक्ति बड़ा प्रतिष्ठित, धनी, यशस्वी तथा प्रभवाशाली होता है। यहां से गुरु अपनी पांचवीं मित्रदृष्टि से द्वितीयभाव को देखता है, अतः धन की उन्नति होती है तथा कुटुम्ब का सुख मिलता है। सातवीं शत्रुदृष्टि से चतुर्थभाव को देखने से माता, भूमि एवं मकान का श्रेष्ठ सुख प्राप्त होता है तथा नवीं मित्रदृष्टि से षष्ठभाव को देखने के कारण शत्रु पक्ष पर भारी प्रभाव रहता है तथा झगड़े के मामलों में सफलता एवं विजय प्राप्त होती है। ऐसा व्यक्ति धनी, यशस्वी, सुखी, बहादुर, हिम्मती तथा हुकूमत करने वाला होता है।

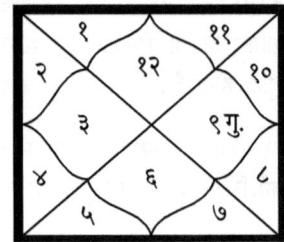

जिस जातक का जन्म 'मीन' लग्न में हुआ हो और जन्म-कुण्डली के 'एकादशभाव' में 'गुरु' की स्थिति हो, उसे 'गुरु' का फलादेश नीचे लिखे अनुसार समझना चाहिए—

मीन लग्नः एकादशभावः गुरु

ग्यारहवें लाभ भाव में अपने समग्रह शनि की मकर राशि पर स्थित नीच के शनि के प्रभाव से जातक की आमदनी में बहुत कमी आती है। साथ ही राज्य, पिता एवं व्यवसाय के पक्ष से भी कष्ट प्राप्त होता है तथा भाग्योन्नति में रुकावटें आती हैं। यहां से गुरु अपनी पांचवीं शत्रु दृष्टि से शुक्र की राशि में तृतीयभाव को देखता है, अतः भाई-बहनों का थोड़ा

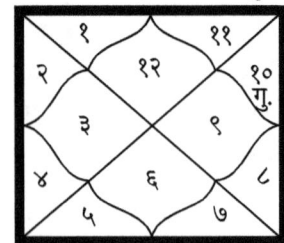

सुख मिलता है तथा पराक्रम में भी कुछ वृद्धि होती है। सातवीं उच्चदृष्टि से पंचमभाव को देखने से संतानपक्ष से उन्नति प्राप्त होती है तथा विद्या-बुद्धि का विशेष लाभ होता है। नवीं शत्रुदृष्टि से सप्तमभाव को देखने के कारण स्त्री सुंदर मिलती है, उससे सुख तथा सहयोग प्राप्त होता है तथा व्यवसाय के क्षेत्र में भी सफलता मिलती है।

जिस जातक का जन्म 'मीन' लग्न में हुआ हो और जन्म-कुण्डली के 'द्वादशभाव' में 'गुरु' की स्थिति हो, उसे 'गुरु' का फलादेश नीचे लिखे अनुसार समझना चाहिए—

बारहवें व्यय भाव में अपने समग्रह शनि की कुम्भ राशि पर स्थित गुरु के प्रभाव से जातक का खर्च अधिक रहता है, जिसके कारण उसे परेशानी रहती है तथा बाहरी स्थानों के सम्बन्ध से भी असंतोष रहता है। शारीरिक सौंदर्य, स्वास्थ्य एवं प्रभाव में कमी आती है तथा पिता के सुख की हानि होती है। राज्य तथा व्यवसाय के क्षेत्र में भी कठिनाइयां आती हैं। यहां से गुरु पांचवीं शत्रुदृष्टि से चतुर्थभाव को देखता है, अत: माता, भूमि, मकान आदि का सुख प्राप्त होता है।

मीन लग्न: द्वादशभाव: गुरु

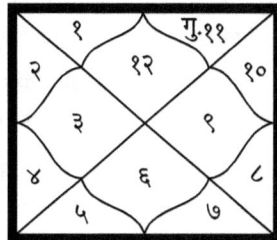

सातवीं मित्रदृष्टि से षष्ठभाव को देखने से शत्रु पक्ष में सफलता मिलती है तथा नवीं शत्रुदृष्टि से अष्टमभाव को देखने के कारण आयु की वृद्धि होती है तथा पुरातत्त्व शक्ति का लाभ होता है। ऐसे व्यक्ति का दैनिक जीवन प्रभावशाली बना रहता है।

'मीन' लग्न में 'शुक्र' का फल

जिस जातक का जन्म 'मीन' लग्न में हुआ हो और जन्म-कुण्डली के 'प्रथमभाव' में 'शुक्र' की स्थिति हो, उसे 'शुक्र' का फलादेश नीचे लिखे अनुसार समझना चाहिए—

पहले केन्द्र एवं शरीर भाव में अपने समग्रह गुरु की मीन राशि पर स्थित उच्च के शुक्र के प्रभाव से जातक के शारीरिक सौंदर्य एवं स्वास्थ्य में वृद्धि होती है। वह अच्छी आयु पाता है। भाई-बहनों का सुख रहता है, पराक्रम की वृद्धि होती है तथा पुरातत्त्व शक्ति का लाभ होता है। उसका दैनिक जीवन उल्लासपूर्ण बना रहता है। यहां से शुक्र सातवीं नीचदृष्टि से अपने मित्र बुध की कन्या राशि में सप्तमभाव को देखता है, अत: स्त्री के सुख में कमी आती है तथा व्यवसाय के क्षेत्र में भी परेशनियां उठानी पड़ती हैं। उसका गृहस्थ जीवन असंतोषपूर्ण बना रहता है।

मीन लग्न: प्रथमभाव: शुक्र

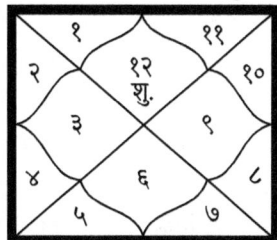

जिस जातक का जन्म 'मीन' लग्न में हुआ हो और जन्म-कुण्डली के 'द्वितीयभाव' में 'शुक्र' की स्थिति हो, उसे 'शुक्र' का फलादेश नीचे लिखे अनुसार समझना चाहिए—

दूसरे धन एवं कुटुम्ब के भाव में अपने समग्रह मंगल की मेष राशि पर स्थित अष्टमेश शुक्र के प्रभाव से जातक अपने पुरुषार्थ द्वारा धन की वृद्धि करने का प्रयत्न करता है, परन्तु उसे पूर्ण सफलता प्राप्त नहीं होती। कुटुम्ब के सुख में भी कुछ कमी बनी रहती है तथा भाई-बहनों के सुख में भी कमी आती है। यहां से शुक्र सातवीं दृष्टि से अपनी ही तुला राशि में अष्टमभाव को देखता है, अत: जातक की आयु में वृद्धि होती है तथा पुरातत्त्व की शक्ति का लाभ होता है। ऐसा व्यक्ति पुरुषार्थ तथा होशियारी द्वारा रईसी ढंग का जीवन व्यतीत करता है।

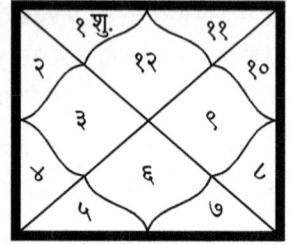

मीन लग्न: द्वितीयभाव: शुक्र

जिस जातक का जन्म 'मीन' लग्न में हुआ हो और जन्म-कुण्डली के 'तृतीयभाव' में 'शुक्र' की स्थिति हो, उसे 'शुक्र' का फलादेश नीचे लिखे अनुसार समझना चाहिए—

तीसरे भाई-बहन तथा पराक्रम के भाव में अपनी ही वृषभ राशि पर स्थित स्वक्षेत्री शुक्र के प्रभाव से जातक को भाई-बहनों की शक्ति तो मिलती है, परन्तु शुक्र के अष्टमेश होने के कारण उनसे कुछ परेशानी भी रहती है। पराक्रम की वृद्धि के साथ-साथ उसे आयु एवं पुरातत्त्व के पक्ष में भी लाभ होता है। यहां से शुक्र अपनी सातवीं समग्रहदृष्टि से मंगल की वृश्चिक राशि में नवमभाव को देखता है, अत: जातक की भाग्योन्नति तथा धार्मिक उन्नति में कुछ रुकावटें आती हैं। फिर भी ऐसा व्यक्ति अपने परिश्रम के बल पर सुखी तथा समृद्ध जीवन व्यतीत करता है।

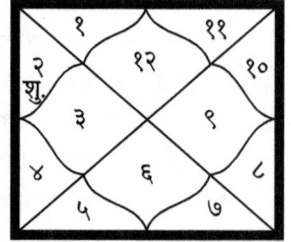

मीन लग्न: तृतीयभाव: शुक्र

जिस जातक का जन्म 'मीन' लग्न में हुआ हो और जन्म-कुण्डली के 'चतुर्थभाव' में 'शुक्र' की स्थिति हो, उसे 'शुक्र' का फलादेश नीचे लिखे अनुसार समझना चाहिए—

चौथे केन्द्र, माता एवं भूमि के भाव में अपने मित्र बुध की मिथुन राशि पर स्थित अष्टमेश शुक्र के प्रभाव से माता के सुख में कुछ कमी रहती है तथा भूमि एवं मकान आदि की भी त्रुटिपूर्ण शक्ति प्राप्त होती है, परन्तु उसकी आयु में वृद्धि होती है तथा पुरातत्त्व शक्ति का लाभ होता है। ऐसे व्यक्ति को भाई-बहनों का सुख मिलता है एवं पराक्रम में भी वृद्धि होती है। यहां से शुक्र अपनी सातवीं दृष्टि से समग्रह गुरु की धनु राशि में नवमभाव को देखता है, अत: पिता, राज्य एवं व्यवसाय के द्वारा प्राप्त सुख, सहयोग, प्रतिष्ठा एवं लाभ में कुछ कमी रहेगी, परन्तु जातक अपने चातुर्य एवं परिश्रम द्वारा लाभ उठाता रहेगा तथा उन्नति करता रहेगा।

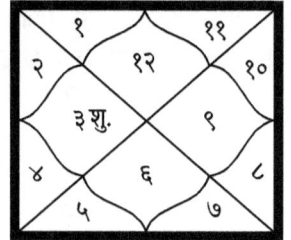

मीन लग्न: चतुर्थभाव: शुक्र

जिस जातक का जन्म 'मीन' लग्न में हुआ हो और जन्म-कुण्डली के 'पंचमभाव' में 'शुक्र' की स्थिति हो, उसे 'शुक्र' का फलादेश नीचे लिखे अनुसार समझना चाहिए—

पांचवें त्रिकोण, विद्या, बुद्धि एवं संतान के भाव में अपने शत्रु चन्द्र की कर्क राशि पर स्थित शुक्र के प्रभाव से जातक को विद्या-बुद्धि की विशेष शक्ति प्राप्त होती है। वह कला के क्षेत्र में उन्नति करता है तथा वाणी का भी धनी होता है। उसे संतानपक्ष से सुख मिलता है। भाई-बहनों की शक्ति प्राप्त होती है, पुरुषार्थ की वृद्धि होती है तथा दीर्घायु भी मिलती है। परन्तु शुक्र के अष्टमेश होने के कारण सभी क्षेत्रों में कुछ-न-कुछ कमी अथवा असंतोष की झलक भी अवश्य बनी रहती है। यहां से शुक्र अपनी सातवीं मित्रदृष्टि से शनि की मकर राशि में एकादशभाव को देखता है, अत: जातक की आमदनी में अत्यधिक वृद्धि होती है और वह अपने प्रत्येक स्वार्थ की सिद्धि करता रहता है।

मीन लग्न: पंचमभाव: शुक्र

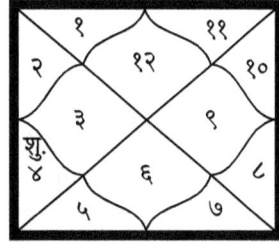

जिस जातक का जन्म 'मीन' लग्न में हुआ हो और जन्म-कुण्डली के 'षष्ठभाव' में 'शुक्र' की स्थिति हो, उसे 'शुक्र' का फलादेश नीचे लिखे अनुसार समझना चाहिए—

छठे रोग एवं शत्रु भाव में अपने शत्रु सूर्य की सिंह राशि पर स्थित अष्टमेश शुक्र के प्रभाव से जातक को शत्रु पक्ष से कठिनइयां प्राप्त होती हैं, परन्तु अपनी चतुराई के बल पर उन पर विजय प्राप्त करता रहता है। साथ ही जातक को भाई-बहनों से कष्ट, आयु तथा पुरातत्त्व के क्षेत्र में हानि तथा पुरुषार्थ में कमी का सामना भी करना पड़ता है। यहां से शुक्र अपनी सातवीं मित्रदृष्टि से शनि की कुम्भ राशि में द्वादशभाव को देखता है, अत: जातक का खर्च अधिक रहता है तथा बाहरी स्थानों के सम्बन्धों से कुछ शक्ति प्राप्त होती है।

मीन लग्न: षष्ठभाव: शुक्र

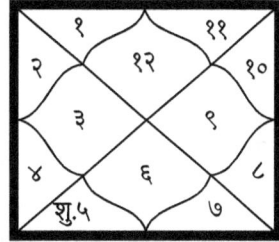

जिस जातक का जन्म 'मीन' लग्न में हुआ हो और जन्म-कुण्डली के 'सप्तमभाव' में 'शुक्र' की स्थिति हो, उसे 'शुक्र' का फलादेश नीचे लिखे अनुसार समझना चाहिए—

सातवें केन्द्र, स्त्री तथा व्यवसाय के भाव में अपने मित्र बुध की कन्या राशि पर स्थित अष्टमेश तथा नीच के शुक्र के प्रभाव से जातक को स्त्री तथा व्यवसाय के क्षेत्र में परेशानियों का सामना करना पड़ता है। साथ ही भाई-बहिनों की कमी तथा पराक्रम में कमजोरी भी रहती है। पुरातत्त्व, आयु एवं दैनिक जीवन की ओर से भी असंतोष बना रहता

मीन लग्न: सप्तमभाव: शुक्र

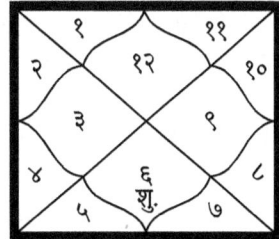

है। यहां से शुक्र सातवीं उच्चदृष्टि से अपने समग्रह गुरु की मीन राशि में प्रथमभाव को देखता है, अतः जातक का शरीर स्वस्थ, सुडौल, विशाल तथा प्रभावशाली होता है। वह स्वाभिमानी तथा प्रतिष्ठित भी होता है।

जिस जातक का जन्म 'मीन' लग्न में हुआ हो और जन्म-कुण्डली के 'अष्टमभाव' में 'शुक्र ' की स्थिति हो, उसे 'शुक्र' का फलादेश नीचे लिखे अनुसार समझना चाहिए—

मीन लग्नः अष्टमभावः शुक्र

आठवें आयु तथा पुरातत्त्व के भाव में अपनी ही तुला राशि पर स्थित स्वक्षेत्री शुक्र के प्रभाव से जातक की आयु में वृद्धि होती है तथा पुरातत्त्व शक्ति का लाभ मिलता है। उसका दैनिक जीवन भी बड़ा प्रभावशाली बना रहता है तथा भाई-बहनों से असंतोष एवं पराक्रम में कमी का सामना भी करना होता है। ऐसा व्यक्ति लापरवाह किस्म का होता है। यहां से शुक्र सातवीं दृष्टि से अपने समग्रह मंगल की मेष राशि में द्वितीयभाव को देखता है, अतः अष्टमेश शुक्र के प्रभाव से जातक को कुटुम्ब से परेशानी रहती हैं, परन्तु चतुराई के बल पर धन की वृद्धि होती है।

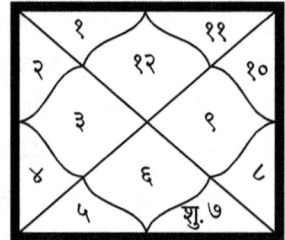

जिस जातक का जन्म 'मीन' लग्न में हुआ हो और जन्म-कुण्डली के 'नवमभाव' में 'शुक्र ' की स्थिति हो, उसे 'शुक्र' का फलादेश नीचे लिखे अनुसार समझना चाहिए—

मीन लग्नः नवमभावः शुक्र

नवें त्रिकोण, भाग्य एवं धर्म के भाव में अपने समग्रह मंगल की वृश्चिक राशि पर स्थित अष्टमेश शुक्र के प्रभाव से जातक धर्म का यथाविधि पालन नहीं कर पाता तथा उसकी भाग्योन्नति एवं यश-वृद्धि में कठिनाइयां आती हैं। फिर भी उसका दैनिक जीवन आनंदपूर्ण बना रहता है। उसे आयु एवं पुरातत्त्व की श्रेष्ठ शक्ति प्राप्त होती है। यहां से अष्टमेश शुक्र सातवीं दृष्टि से अपनी ही वृषभ राशि में तृतीयभाव को देखता है, अतः जातक को भाई-बहनों का त्रुटिपूर्ण सुख प्राप्त होता है, परन्तु पराक्रम में अत्यधिक वृद्धि होती है। ऐसा व्यक्ति पुरुषार्थ के बल पर ही अपनी उन्नति के लिए प्रयत्नशील बना रहता है।

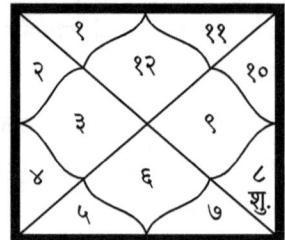

जिस जातक का जन्म 'मीन' लग्न में हुआ हो और जन्म-कुण्डली के 'दशमभाव' में 'शुक्र' की स्थिति हो, उसे 'शुक्र' का फलादेश नीचे लिखे अनुसार समझना चाहिए—

मीन लग्न: दशमभाव: शुक्र

दसवें केन्द्र, पिता, राज्य एवं व्यवसाय के भाव में अपने समग्रह गुरु की धनु राशि पर स्थित अष्टमेश शुक्र के प्रभाव से जातक को पिता के सुख में कुछ कमी रहती है। साथ ही राज्य तथा व्यवसाय के पक्ष से भी असंतोष रहता है अथवा त्रुटिपूर्ण सफलता प्राप्त होती है, परन्तु जातक की आयु एवं पुरातत्त्व शक्ति की वृद्धि होती है और वह अपने पुरुषार्थ द्वारा सफलता एवं यश प्राप्त करता है। यहां से शुक्र अपनी सातवीं मित्रदृष्टि से बुध की मिथुन राशि में चतुर्थभाव को देखता है, अत: जातक को माता, भूमि एवं मकान आदि का सुख तो प्राप्त होता है, परन्तु उसमें कुछ कमी रहती है। ऐसा व्यक्ति अपने चातुर्य एवं गुप्त युक्तियों के बल पर उन्नति करता है।

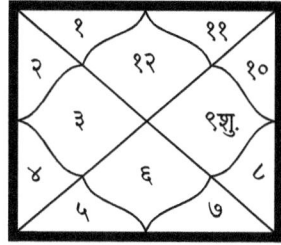

जिस जातक का जन्म 'मीन' लग्न में हुआ हो और जन्म-कुण्डली के 'एकादशभाव' में 'शुक्र' की स्थिति हो, उसे 'शुक्र' का फलादेश नीचे लिखे अनुसार समझना चाहिए—

मीन लग्न: एकादशभाव: शुक्र

ग्यारहवें लाभ भाव में अपने मित्र शनि की मकर राशि पर स्थित अष्टमेश के प्रभाव से जातक कुछ कठिनाइयों के साथ अपनी आमदनी को बढ़ाता है। उसे पुरातत्त्व शक्ति एवं आयु का श्रेष्ठ लाभ प्राप्त होता है तथा पराक्रम की भी विशेष वृद्धि होती है, भाई-बहनों के सुख में कुछ कमी रहती है। वह परिश्रम द्वारा उन्नति करता है तथा अपना स्वार्थ सिद्ध करने में चतुर होता है। यहां से शुक्र सातवीं दृष्टि से अपने शत्रु चन्द्र की कर्क राशि में पंचमभाव को देखता है, अत: जातक को प्रयत्नपूर्वक संतानपक्ष से शक्ति मिलती है तथा विद्या-बुद्धि का भी लाभ होता है।

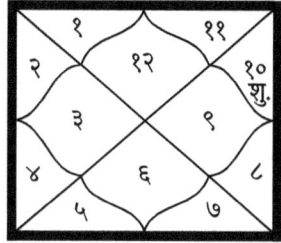

जिस जातक का जन्म 'मीन' लग्न में हुआ हो और जन्म-कुण्डली के 'द्वादशभाव' में 'शुक्र' की स्थिति हो, उसे 'शुक्र' का फलादेश नीचे लिखे अनुसार समझना चाहिए—

मीन लग्न: द्वादशभाव: शुक्र

बारहवें व्यय भाव में अपने मित्र शनि की कुम्भ राशि पर स्थित अष्टमेश शुक्र के प्रभाव से जातक का खर्च अधिक रहता है तथा बाहरी स्थानों के सम्बन्धों से भी कठिनाइयों के साथ लाभ प्राप्त होता है। उसकी आयु तथा पुरातत्त्व शक्ति की भी हानि होती है तथा भाई-बहनों के सुख एवं पराक्रम में भी कमी रहती है। यहां से शुक्र अपनी सातवीं शत्रुदृष्टि से सूर्य की सिंह राशि में षष्ठभाव को देखता है, अत: जातक अपनी चतुराई के बल पर शत्रु पक्ष में सफलता प्राप्त करता है तथा झगड़ों से बचे रहने का प्रयत्न करता है।

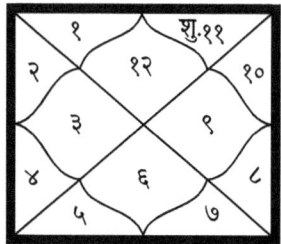

'मीन' लग्न में 'शनि' का फल

जिस जातक का जन्म 'मीन' लग्न में हुआ हो और जन्म-कुण्डली के 'प्रथमभाव' में 'शनि' की स्थिति हो, उसे 'शनि' का फलादेश नीचे लिखे अनुसार समझना चाहिए—

पहलें केन्द्र एवं शरीर-भाव में अपने समग्रह गुरु की मीन राशि पर स्थित व्ययेश शनि के प्रभाव से जातक के शारीरिक सौंदर्य एवं स्वास्थ्य में कमी आती है, परन्तु बाहरी स्थानों के सम्बन्ध से लाभ होता है। यहां से शनि अपनी तीसरी मित्रदृष्टि से तृतीयभाव को देखता है, अत: भाई-बहनों के सुख तथा पराक्रम में उतार-चढ़ाव आता रहता है। सातवीं मित्रदृष्टि से सप्तमभाव को देखने से स्त्री पक्ष से सुख-दु:ख तथा व्यवसाय-पक्ष से हानि-लाभ की प्राप्ति होती रहती है। दसवीं समग्रहदृष्टि से दशमभाव को देखने के कारण पिता से वैमनस्य रहता है, राज्य से परेशानी मिलती है तथा व्यवसाय के क्षेत्र में संघर्ष का सामना करना पड़ता है।

मीन लग्न: प्रथमभाव: शनि

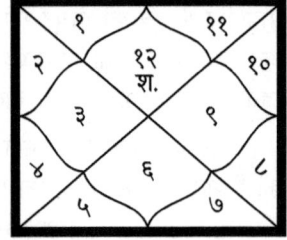

जिस जातक का जन्म 'मीन' लग्न में हुआ हो और जन्म-कुण्डली के 'द्वितीयभाव' में 'शनि' की स्थिति हो, उसे 'शनि' का फलादेश नीचे लिखे अनुसार समझना चाहिए—

दूसरे धन एवं कुटुम्ब के भाव में अपने शत्रु मंगल की मेष राशि पर स्थित व्ययेश तथा नीच के शनि के प्रभाव से जातक के धन-संचय में कठिनाइयां आती हैं तथा हानि भी उठानी पड़ती है। साथ ही उसे कुटुम्ब का सुख भी थोड़ा ही मिल पाता है। बाहरी स्थानों के सम्बन्ध हानिकारक सिद्ध होते हैं। यहां से शनि अपनी तीसरी मित्रदृष्टि से चतुर्थभाव को देखता है, अत: माता, भूमि एवं मकान आदि के सुख में उतार-चढ़ाव आते रहते हैं। सातवीं उच्च तथा मित्रदृष्टि से अष्टमभाव को देखने से आयु तथा पुरातत्त्व की शक्ति प्राप्त होती है तथा दसवीं दृष्टि से अपनी ही राशि में एकादशभाव को देखने के कारण आमदनी खूब रहती है, परन्तु धन का संचय नहीं हो पाता।

मीन लग्न: द्वितीयभाव: शनि

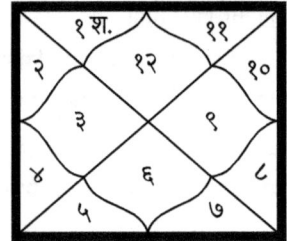

जिस जातक का जन्म 'मीन' लग्न में हुआ हो और जन्म-कुण्डली के 'तृतीयभाव' में 'शनि' की स्थिति हो, उसे 'शनि' का फलादेश नीचे लिखे अनुसार समझना चाहिए—

तीसरे भाई-बहन एवं पराक्रम के भाव में अपने मित्र शुक्र की वृषभ राशि पर स्थित व्ययेश शनि के प्रभाव से जातक को भाई-बहनों के द्वारा सुख-दु:ख दोनों की ही प्राप्ति होती है तथा पराक्रम की वृद्धि होती है। वह बड़ा पुरुषार्थी, हिम्मत वाला तथा परिश्रमी होता है। यहां से शनि तीसरी शत्रुदृष्टि से पंचमभाव को देखता है, अत: संतानपक्ष से कठिनाई रहती है तथा विद्या-बुद्धि के क्षेत्र में भी कमी बनी रहती है। सातवीं शत्रुदृष्टि से नवमभाव को देखने से भाग्योन्नति में कुछ कमी रहती है तथा दसवीं दृष्टि से अपनी ही राशि में द्वादशभाव को देखने के कारण खर्च अधिक रहता है, परन्तु बाहरी स्थानों के सम्बन्ध से लाभ भी प्राप्त होता है।

मीन लग्नः तृतीयभावः शनि

जिस जातक का जन्म 'मीन' लग्न में हुआ हो और जन्म-कुण्डली के 'चतुर्थभाव' में 'शनि' की स्थिति हो, उसे 'शनि ' का फलादेश नीचे लिखे अनुसार समझना चाहिए—

चौथे केन्द्र, माता एवं भूमि के भाव में अपने मित्र बुध की मिथुन राशि पर स्थित शनि के प्रभाव से जातक को माता, भूमि एवं मकान आदि के सुख में हानि-लाभ युक्त शक्ति प्राप्त होती है। घरेलू सुख में भी कुछ कमी रहती है। यहां से शनि अपनी तीसरी शत्रुदृष्टि से षष्ठभाव को देखता है। अत: शत्रु पक्ष से परेशानी रहती है तथा झगड़े के मामलों में कभी हानि उठानी पड़ती है और कभी लाभ भी होता है। सातवीं समग्रहदृष्टि से दशमभाव को देखने से पिता, राज्य तथा व्यवसाय के क्षेत्र में कुछ कठिनाइयां आती रहती हैं तथा दसवीं समग्रहदृष्टि से प्रथमभाव को देखने के कारण शारीरिक सौंदर्य एवं स्वास्थ्य में कमी आती है, परन्तु बाहरी स्थानों से लाभ तथा सुख मिलता है।

मीन लग्नः चतुर्थभावः शनि

जिस जातक का जन्म 'मीन' लग्न में हुआ हो और जन्म-कुण्डली के 'पंचमभाव' में 'शनि' की स्थिति हो, उसे 'शनि' का फलादेश नीचे लिखे अनुसार समझना चाहिए—

पांचवें त्रिकोण, विद्या एवं संतान के भाव में अपने शत्रु चन्द्र की कर्क राशि पर स्थित शनि के प्रभाव से जातक को संतानपक्ष से हानि-लाभ दोनों ही प्राप्त होते हैं तथा विद्या-बुद्धि के क्षेत्र में भी कुछ कठिनाइयों के साथ उन्नति होती है। बाहरी स्थानों के सम्बन्ध से लाभ अच्छा रहता है, तथा बुद्धि-बल से खर्च चलाने की शक्ति भी मिलती है। यहां से शनि तीसरी मित्रदृष्टि से सप्तमभाव को देखता है। अत: स्त्री पक्ष से सुख-

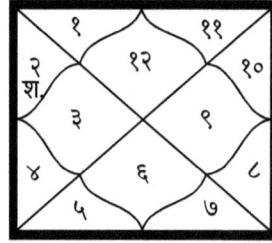

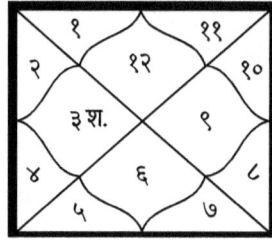

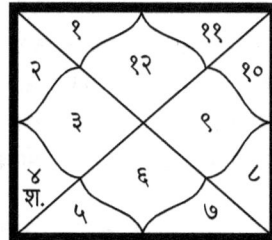

मीन लग्नः पंचमभावः शनि

दु:ख तथा व्यवसाय से हानि-लाभ दोनों का मिश्रित योग प्राप्त होता है। सातवीं दृष्टि से अपनी ही राशि में एकादशभाव को देखने से बाहरी स्थानों के सम्बन्ध से लाभ होता रहता है। दसवीं नीचदृष्टि से शत्रु की राशि मे तृतीयभाव को देखने के कारण धन-संचय की शक्ति में तो वृद्धि होती है, परन्तु कुटुम्ब द्वारा क्लेश प्राप्त होता है।

जिस जातक का जन्म 'मीन' लग्न में हुआ हो और जन्म-कुण्डली के 'षष्ठभाव' में 'शनि' की स्थिति हो, उसे 'शनि' का फलादेश नीचे लिखे अनुसार समझना चाहिए—

मीन लग्नः षष्ठभावः शनि

छठे रोग एवं शत्रु भाव में अपने शत्रु सूर्य की सिंह राशि पर स्थित शनि के प्रभाव से जातक शत्रु-पक्ष पर अत्यधिक प्रभाव रखता है तथा झगड़े-झंझट के मामलों में खर्च करके लाभ प्राप्त करता है। उसे बीमारी आदि में भी खर्च करना पड़ता है। यहां से शनि अपनी तीसरी उच्चदृष्टि से मित्र की राशि में अष्टमभाव को देखता है, अत: जातक की आयु तथा पुरातत्त्व शक्ति की वृद्धि होती है। सातवीं दृष्टि से अपनी ही राशि में द्वादशभाव को देखने से खर्च अधिक रहता है तथा बाहरी स्थानों के सम्बन्ध से लाभ होता है। दसवीं मित्रदृष्टि से तृतीयभाव को देखने के कारण भाई-बहन के सुख में कुछ कमी रहती है, परन्तु पराक्रम की वृद्धि होती है।

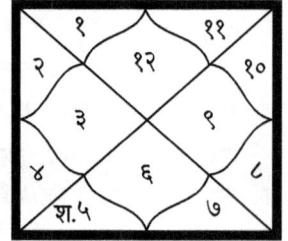

जिस जातक का जन्म 'मीन' लग्न में हुआ हो और जन्म-कुण्डली के 'सप्तमभाव' में 'शनि' की स्थिति हो, उसे 'शनि ' का फलादेश नीचे लिखे अनुसार समझना चाहिए—

मीन लग्नः सप्तमभावः शनि

सातवें केन्द्र, स्त्री तथा व्यवसाय के भाव में अपने मित्र बुध की कन्या राशि पर स्थित व्ययेश तथा लाभेश शनि के प्रभाव से जातक को स्त्री तथा व्यवसाय के पक्ष में सुख-दु:ख एवं हानि-लाभ दोनों की ही प्राप्ति होती है। खर्च अधिक रहने से परेशानी होती है, परन्तु बाहरी स्थानों के सम्बन्ध से लाभ होता है। यहां से शनि अपनी तीसरी शत्रुदृष्टि से नवमभाव को देखता है, अत: भाग्योन्नति एवं धर्मोन्नति में उतार-चढ़ाव आते रहते हैं। सातवीं समग्रहदृष्टि से प्रथमभाव को देखने से जातक के शरीर में कुछ कमजोरी रहती है तथा दसवीं मित्रदृष्टि से चतुर्थभाव को देखने के कारण माता के सुख में हानि-लाभ दोनों का ही योग रहता है तथा भूमि एवं मकान आदि का सुख भी कुछ कमी के साथ प्राप्त होता है।

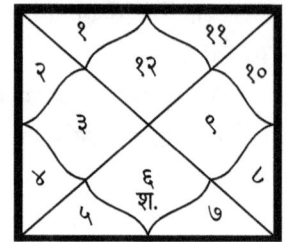

जिस जातक का जन्म 'मीन' लग्न में हुआ हो और जन्म-कुण्डली के 'अष्टमभाव' में 'शनि' की स्थिति हो, उसे 'शनि' का फलादेश नीचे लिखे अनुसार समझना चाहिए—

मीन लग्नः अष्टमभावः शनि

१
११
२
१२
१०
३
९
४
६
८
५
श. ७

आठवें आयु एवं पुरातत्त्व के भाव में अपने मित्र शुक्र की तुला राशि पर स्थित उच्च के शनि के प्रभाव से जातक की आयु में वृद्धि होती है तथा पुरातत्त्व का लाभ होता है। बाहरी स्थानों के सम्बन्ध से विशेष आमदनी होती है, परन्तु उसके लिए दौड़-धूप अधिक करनी पड़ती है। यहां से शनि तीसरी समग्रहदृष्टि से दशमभाव को देखता है, अतः पिता-पक्ष से असंतोष, राज्य-पक्ष से सामान्य संपर्क तथा व्यवसाय-पक्ष से सामान्य लाभ होता है। सातवीं नीचदृष्टि से शत्रु की राशि में द्वितीयभाव को देखने से धन संचय का अभाव रहता है तथा कुटुम्ब से परेशानी प्राप्त होती है। दसवीं शत्रुदृष्टि से पंचमभाव को देखने के कारण संतानपक्ष में हानि तथा विद्या-बुद्धि के क्षेत्र में कमी रहती है। ऐसे व्यक्ति के मस्तिष्क में चिन्ताएं घर किए रहती हैं।

जिस जातक का जन्म 'मीन' लग्न में हुआ हो और जन्म-कुण्डली के 'नवमभाव' में 'शनि' की स्थिति हो, उसे 'शनि' का फलादेश नीचे लिखे अनुसार समझना चाहिए—

मीन लग्नः नवमभावः शनि

१
११
२
१२
१०
३
९
४
६
८
श.
५
७

नवें त्रिकोण, भाग्य एवं धर्म के भाव में अपने शत्रु मंगल की वृश्चिक राशि पर स्थित शनि के प्रभाव से जातक बाहरी स्थानों के सम्बन्ध से अपने भाग्य की उन्नति तो करता है, परन्तु उससे कुछ कठिनाइयां भी आती रहती हैं। इसी प्रकार धर्म-पालन में भी कमी रहती है। यहां से शनि तीसरी दृष्टि से अपनी ही राशि में एकादशभाव को देखता है, अतः जातक की आमदनी अच्छी रहती है। सातवीं मित्रदृष्टि से तृतीयभाव को देखने से पराक्रम तथा भाई-बहनों के सुख में कुछ कमी रहती है एवं दसवीं शत्रुदृष्टि से षष्ठभाव को देखने के कारण शत्रु पक्ष पर प्रभाव बना रहता है तथा झगड़े-झंझट के मामलों में लाभ एवं सफलता की प्राप्ति होती है।

जिस जातक का जन्म 'मीन' लग्न में हुआ हो और जन्म-कुण्डली के 'दशमभाव' में 'शनि' की स्थिति हो, उसे 'शनि' का फलादेश नीचे लिखे अनुसार समझना चाहिए—

मीन लग्नः दशमभावः शनि

१
११
२
१२
१०
३
९ श.
४
६
८
५
७

दसवें केन्द्र, राज्य, पिता एवं व्यवसाय के भाव में अपने समग्रह गुरु की धनु राशि पर स्थित व्ययेश शनि के प्रभाव से जातक को पिता के सुख में हानि, व्यवसाय के क्षेत्र में कठिनाई एवं राज्य के पक्ष में कुछ परेशानियों का सामना करना पड़ता है, परन्तु उसकी आमदनी अच्छी रहती है। यहां से शनि तीसरी दृष्टि से अपनी ही राशि में द्वादशभाव को देखता है, अतः खर्च शानदार रहता है तथा बाहरी स्थानों के सम्बन्ध से लाभ भी होता है। सातवीं मित्र-दृष्टि से चतुर्थभाव को देखने से माता,

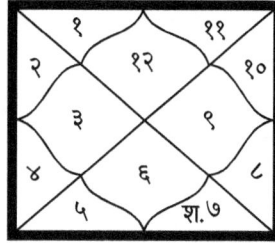

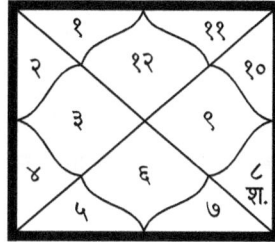

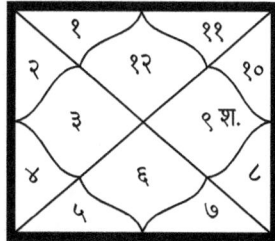

भूमि तथा मकान आदि का सुख कुछ कमी के साथ प्राप्त होता है। दसवीं मित्रदृष्टि से सप्तमभाव को देखने के कारण स्त्री-पक्ष से कुछ परेशानी रहती है तथा स्थानीय व्यवसाय में हानि-लाभ दोनों का ही योग बना रहता है।

जिस जातक का जन्म 'मीन' लग्न में हुआ हो और जन्म-कुण्डली के 'एकादशभाव' में 'शनि' की स्थिति हो, उसे 'शनि' का फलादेश नीचे लिखे अनुसार समझना चाहिए—

मीन लग्नः एकादशभावः शनि

ग्यारहवें लाभ भाव में अपनी ही मकर राशि पर स्थित स्वक्षेत्री शनि के प्रभाव से जातक की आमदनी अच्छी रहती है और वह बाहरी स्थानों के सम्बन्ध से खूब धन पैदा करता है। खर्च भी शानदार रहता है, परन्तु आमदनी बढ़ाने के लिए उसे कुछ कठिनाइयां भी उठानी पड़ती हैं। यहां से शनि अपनी तीसरी समग्रहदृष्टि से प्रथमभाव को देखता है, अतः जातक के शारीरिक सौंदर्य में कुछ कमी रहती है तथा धन कमाने के लिए बहुत दौड़-धूप करनी पड़ती है। सातवीं शत्रुदृष्टि से पंचमभाव को देखने से संतानपक्ष की कुछ हानि होती है तथा विद्या के क्षेत्र में भी कुछ कमी बनी रहती है। दसवीं मित्रदृष्टि से अष्टमभाव को देखने के कारण जातक की आयु में वृद्धि होती है तथा पुरातत्त्व की शक्ति भी मिलती है। ऐसे व्यक्ति की वाणी में कुछ रूखापन रहता है और वह अधिक स्वार्थी भी होता है।

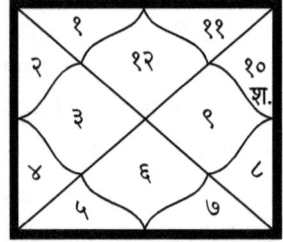

जिस जातक का जन्म 'मीन' लग्न में हुआ हो और जन्म-कुण्डली के 'द्वादशभाव' में 'शनि' की स्थिति हो, उसे 'शनि' का फलादेश नीचे लिखे अनुसार समझना चाहिए—

मीन लग्नः द्वादशभावः शनि

बारहवें व्यय-भाव में अपनी ही कुम्भ राशि पर स्थित स्वक्षेत्री शनि के प्रभाव से जातक का खर्च खूब रहता है तथा बाहरी स्थानों के सम्बन्ध से उस खर्च को चलाने की शक्ति प्राप्त होती है। यहां से शनि अपनी तीसरी नीचदृष्टि से द्वितीयभाव को शत्रु की राशि में देखता है, अतः धन तथा कुटुम्ब की ओर से जातक चिंतित बना रहता है। सातवीं शत्रुदृष्टि से षष्ठभाव को देखने से शत्रु-पक्ष पर कुछ कठिनाइयों के बाद सफलता प्राप्त करता है तथा दसवीं शत्रुदृष्टि से नवमभाव को देखने के कारण भाग्योन्नति में कठिनाइयां आती हैं तथा धर्म और यश की उन्नति कम ही हो पाती है।

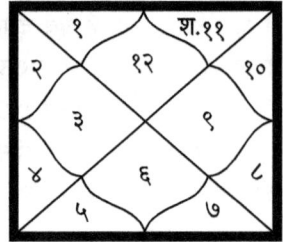

'मीन' लग्न में 'राहु' का फल

जिस जातक का जन्म 'मीन' लग्न में हुआ हो और जन्म-कुण्डली के 'प्रथमभाव' में 'राहु' की स्थिति हो, उसे 'राहु' का फलादेश नीचे लिखे अनुसार समझना चाहिए—

पहले केन्द्र एवं शरीर भाव में अपने समग्रह गुरु की मीन राशि पर स्थित राहु के प्रभाव से जातक के शारीरिक सौंदर्य एवं स्वास्थ्य में कमी आती है, परन्तु वह विशेष युक्तियों द्वारा सम्मान तथा प्रभाव को अवश्य प्राप्त कर लेता है। मन के भीतर कुछ कमी का अनुभव होने पर भी वह गुप्त युक्तियों, चातुर्य तथा बुद्धि-बल से अपनी उन्नति के लिए प्रयत्नशील बना रहता है तथा अन्त में अपनी सभी कठिनाइयों पर विजय भी प्राप्त कर लेता है और जीवन को उन्नत तथा प्रभावशाली बनाता है।

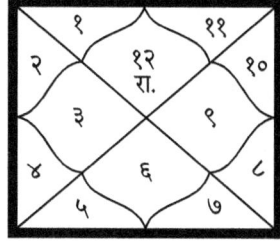

मीन लग्न: प्रथमभाव: राहु

जिस जातक का जन्म 'मीन' लग्न में हुआ हो और जन्म-कुण्डली के 'द्वितीयभाव' में 'राहु' की स्थिति हो, उसे 'राहु' का फलादेश नीचे लिखे अनुसार समझना चाहिए—

दूसरे धन एवं कुटुम्ब के भाव में अपने शत्रु मंगल की मेष राशि पर स्थित राहु के प्रभाव से जातक धन की कमी का विशेष रूप से अनुभव करता है और उसे कुटुम्ब का सुख भी प्राप्त नहीं होता। वह गुप्त युक्तियों के बल पर धन की उन्नति के लिए प्रयत्नशील बना रहता है तथा बड़ी कठिनाइयों के बाद थोड़ी बहुत सफलता भी पा लेता है, परन्तु उसे कभी-कभी आर्थिक कष्ट अत्यधिक परेशान करते रहते हैं।

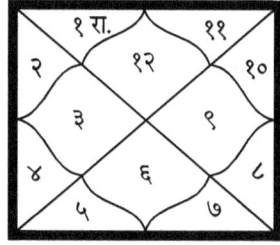

मीन लग्न: द्वितीयभाव: राहु

जिस जातक का जन्म 'मीन' लग्न में हुआ हो और जन्म-कुण्डली के 'तृतीयभाव' में 'राहु' की स्थिति हो, उसे 'राहु' का फलादेश नीचे लिखे अनुसार समझना चाहिए—

तीसरे भाई-बहन एवं पराक्रम के भाव में अपने मित्र शुक्र की राशि पर स्थित राहु के प्रभाव से जातक के पराक्रम में अत्यधिक वृद्धि होती है। वह अपनी गुप्त कमजोरियों को छिपाने में कुशल होता है तथा पुरुषार्थ की वृद्धि एवं जीवन के लिए आवश्यक सफलताओं को प्राप्त करने के लिए बड़ी हिम्मत तथा बहादुरी से काम लेता है। उसे भाई-बहनों की ओर से कुछ कमी तथा कष्ट का अनुभव भी होता है।

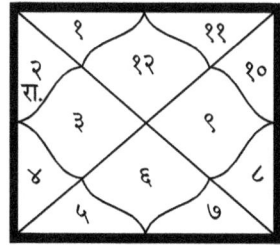

मीन लग्न: तृतीयभाव: राहु

जिस जातक का जन्म 'मीन' लग्न में हुआ हो और जन्म-कुण्डली के 'चतुर्थभाव' में 'राहु' की स्थिति हो, उसे 'राहु' का फलादेश नीचे लिखे अनुसार समझना चाहिए—

चौथे केंद्र, माता एवं भूमि के भाव में अपने समग्रह बुध की मिथुन राशि पर स्थित उच्च के राहु के प्रभाव से जातक अपनी माता का विशेष सुख एवं सहयोग प्राप्त करता है तथा भूमि, मकान एवं घरेलू सुख की अपनी गुप्त युक्तियों एवं परिश्रम के बल पर उन्नति करता है। कभी-कभी उसे सुख के साधनों की आकस्मिक प्राप्ति भी हो जाती है। वह बड़ी शान-शौकत का जीवन बिताता है, परन्तु मन के भीतर कभी-कभी अशांति का अनुभव भी करता है।

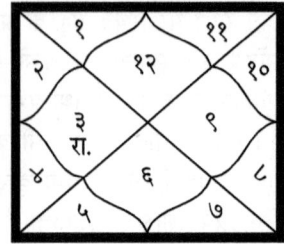

मीन लग्न: चतुर्थभाव: राहु

जिस जातक का जन्म 'मीन' लग्न में हुआ हो और जन्म-कुण्डली के 'पंचमभाव' में 'राहु' की स्थिति हो, उसे 'राहु' का फलादेश नीचे लिखे अनुसार समझना चाहिए—

पांचवें त्रिकोण, विद्या, बुद्धि एवं संतान के भाव में अपने शत्रु चन्द्र की कर्क राशि पर स्थित राहु के प्रभाव से जातक को विद्याध्ययन के क्षेत्र में कठिनाइयां आती हैं, तथा संतानपक्ष से भी कष्ट का अनुभव होता है। ऐसे व्यक्ति की बोली में रूखापन होता है तथा मस्तिष्क में चिन्ताएं घर किए रहती हैं। वह सत्यासत्य एवं उचित-अनुचित का विचार किए बिना अपनी सुख-वृद्धि का प्रयत्न करता है तथा मन को प्रसन्न रखना चाहता है, परन्तु कभी-कभी उसे संतानपक्ष से विशेष कष्ट प्राप्त होता है तथा चिन्ताएं भी परेशान करती हैं।

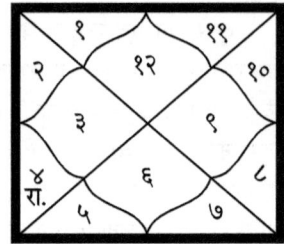

मीन लग्न: पंचमभाव: राहु

जिस जातक का जन्म 'मीन' लग्न में हुआ हो और जन्म-कुण्डली के 'षष्ठभाव' में 'राहु' की स्थिति हो, उसे 'राहु' का फलादेश नीचे लिखे अनुसार समझना चाहिए—

छठे रोग एवं शत्रु-भाव में अपने शत्रु सूर्य की सिंह राशि पर स्थित राहु के प्रभाव से जातक शत्रु-पक्ष पर अपना बड़ा भारी प्रभाव रखता है। वह अपने युक्ति-बल से शत्रुओं को परास्त तो करता है, परन्तु शत्रु पक्ष द्वारा उसे बार-बार परेशान भी किया जाता है। ऐसे व्यक्ति को ननिहाल-पक्ष से भी कुछ हानि होती है। प्रत्येक स्थिति में ऐसा जातक बड़ा हिम्मती, धैर्यवान, साहसी, चतुर तथा सावधान रहने वाला होता है।

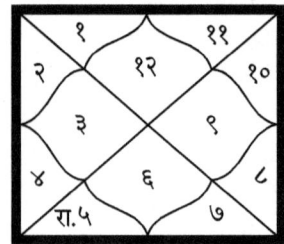

मीन लग्न: षष्ठभाव: राहु

जिस जातक का जन्म 'मीन' लग्न में हुआ हो और जन्म-कुण्डली के 'सप्तमभाव' में 'राहु' की स्थिति हो, उसे 'राहु' का फलादेश नीचे लिखे अनुसार समझना चाहिए—

सातवें केन्द्र, स्त्री तथा व्यवसाय के भाव में अपने समग्रह बुध की कन्या राशि पर स्थित राहु के प्रभाव से जातक का स्त्री-पक्ष से कुछ कष्ट प्राप्त होता है तथा व्यवसाय के क्षेत्र में भी कठिनाइयों का अनुभव होता है, परन्तु अपनी गुप्त युक्तियों, चातुर्य एवं बुद्धि के बल से ऐसा व्यक्ति उन कठिनाइयों पर विजय प्राप्त करता है। उसके गृहस्थ-जीवन में अनेक बार संकट के अवसर उपस्थित होते हैं, परन्तु वह बार-बार उन सब पर विजय पाकर अपनी उन्नति करता है।

मीन लग्न: सप्तमभाव: राहु

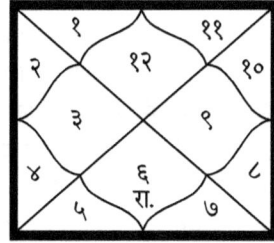

जिस जातक का जन्म 'मीन' लग्न में हुआ हो और जन्म-कुण्डली के 'अष्टमभाव' में 'राहु' की स्थिति हो, उसे 'राहु' का फलादेश नीचे लिखे अनुसार समझना चाहिए—

आठवें आयु एवं पुरातत्त्व के भाव में अपने मित्र शुक्र की तुला राशि पर स्थित राहु के प्रभाव से जातक को अपनी आयु (जीवन) के सम्बन्ध में अनेक बार चिन्ताओं तथा कष्टों का सामना करना पड़ता है, परन्तु उसकी आयु में वृद्धि होती रहती है। इसी प्रकार उसे पुरातत्त्व में भी हानि एवं कठिनाई के योग उपस्थित होते हैं, परन्तु वह अपनी चतुराई के बल पर उन सबका निराकरण कर लाभ उठाता है।

मीन लग्न: अष्टमभाव: राहु

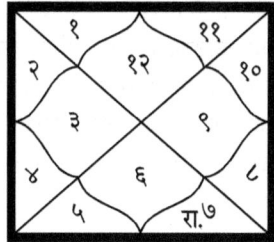

जिस जातक का जन्म 'मीन' लग्न में हुआ हो और जन्म-कुण्डली के 'नवमभाव' में 'राहु' की स्थिति हो, उसे 'राहु' का फलादेश नीचे लिखे अनुसार समझना चाहिए—

नवें त्रिकोण, भाग्य एवं धर्म के भाव में अपने शत्रु मंगल की वृश्चिक राशि पर स्थित राहु के प्रभाव से जातक की भाग्योन्नति तथा धर्मोन्नति में बाधाएं आती रहती हैं तथा यश की प्राप्ति नहीं हो पाती। परन्तु ऐसा व्यक्ति अपनी हिम्मत, गुप्त-युक्ति बल, बुद्धि बल तथा परिश्रम द्वारा भाग्योन्नति के लिए कठिन प्रयत्न करता है। कभी-कभी उसे आकस्मिक लाभ भी हो जाता है, तो कभी-कभी अत्यधिक कष्ट का सामना भी करना पड़ता है। ऐसा व्यक्ति अनेक संघर्षों को पार करने के बाद ही अपनी भाग्योन्नति कर पाता है।

मीन लग्न: नवमभाव: राहु

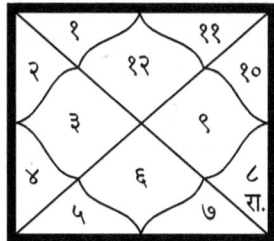

जिस जातक का जन्म 'मीन' लग्न में हुआ हो और जन्म-कुण्डली के 'दशमभाव' में 'राहु' की स्थिति हो, उसे 'राहु' का फलादेश नीचे लिखे अनुसार समझना चाहिए—

दसवें केंद्र, पिता, राज्य एवं व्यवसाय के भाव में अपने समग्रह गुरु की धनु राशि पर स्थित नीच के राहु के प्रभाव से जातक को पिता के पक्ष में महान कष्ट, राज्य से परेशानी तथा व्यवसाय में बारंबार हानि का सामना करना पड़ता है, उसके मान-सम्मान में भी कमी बनी रहती है। परन्तु ऐसा व्यक्ति अपने युक्ति-बल तथा परिश्रम द्वारा कठिनाइयों पर विजय प्राप्त करता रहता है तथा संघर्षों के बावजूद भी अपनी उन्नति करने में कुछ सफलता प्राप्त कर लेता है।

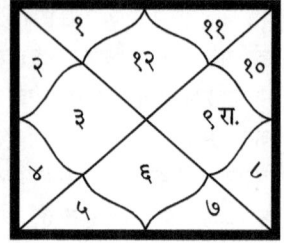

मीन लग्नः दशमभावः राहु

जिस जातक का जन्म 'मीन' लग्न में हुआ हो और जन्म-कुण्डली के 'एकादशभाव' में 'राहु' की स्थिति हो, उसे 'राहु' का फलादेश नीचे लिखे अनुसार समझना चाहिए—

ग्यारहवें लाभ भाव में अपने मित्र शनि की मकर राशि पर स्थित राहु के प्रभाव से जातक की आमदनी में विशेष वृद्धि होती है। वह अधिक मुनाफा कमाता है। यद्यपि उसे धनोपार्जन के क्षेत्र में अनेक प्रकार की कठिनाइयों का सामना करना पड़ता है, फिर भी वह उनसे अपनी हिम्मत नहीं हारता तथा धैर्य, परिश्रम एवं गुप्त युक्तियों के बल पर सफलता प्राप्त करता है। कभी-कभी उसे आकस्मिक लाभ भी होता है। वह बड़ी पैनी सूझ-बूझ तथा हिम्मत वाला होता है।

मीन लग्नः एकादशभावः राहु

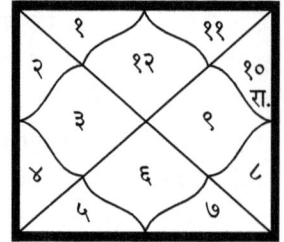

जिस जातक का जन्म 'मीन' लग्न में हुआ हो और जन्म-कुण्डली के 'द्वादशभाव' में 'राहु' की स्थिति हो, उसे 'राहु' का फलादेश नीचे लिखे अनुसार समझना चाहिए—

बारहवें व्यय-भाव में अपने मित्र शनि की कुम्भ राशि पर स्थित राहु के प्रभाव से जातक अपना खर्च चलाने के लिए कठिन परिश्रम, गुप्त युक्ति-बल तथा बुद्धि-बल का आश्रय लेता है। कभी-कभी उसे खर्च के कारण बड़ी कठिनाइयां उठानी पड़ती हैं, परन्तु वह उन सब पर अपने प्रयत्नों से विजय पाता है। बाहरी स्थानों के सम्बन्धों से भी उसे परेशानियों का अनुभव होता है।

मीन लग्नः द्वादशभावः राहु

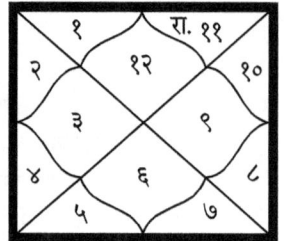

'मीन' लग्न में 'केतु' का फल

जिस जातक का जन्म 'मीन' लग्न में हुआ हो और जन्म-कुण्डली के 'प्रथमभाव' में 'केतु' की स्थिति हो, उसे 'केतु' का फलादेश नीचे लिखे अनुसार समझना चाहिए—

पहले केन्द्र एवं शरीर भाव में समग्रह गुरु की मीन राशि पर स्थित केतु के प्रभाव से जातक के शरीर पर सांघातिक चोट लगती है और किसी समय उसे मृत्यु-तुल्य कष्ट का सामना भी करना पड़ता है। उसके शारीरिक सौंदर्य एवं स्वास्थ्य में कमी बनी रहती है। ऐसा व्यक्ति अपनी गुप्त युक्तियों तथा कठिन परिश्रम के बल पर व्यक्तित्व एवं प्रभाव का विकास करता है तथा बड़ी हिम्मत के साथ अपने संघर्षपूर्ण जीवन को बिताता है।

मीन लग्न: प्रथमभाव: केतु

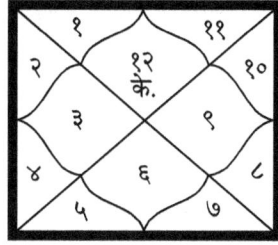

जिस जातक का जन्म 'मीन' लग्न में हुआ हो और जन्म-कुण्डली के 'द्वितीयभाव' में 'केतु' की स्थिति हो, उसे 'केतु' का फलादेश नीचे लिखे अनुसार समझना चाहिए—

दूसरे धन एवं कुटुम्ब के भाव में अपने मित्र मंगल की मेष राशि पर स्थित केतु के प्रभाव से जातक धन का संग्रह कर पाने में सफल नहीं हो पाता तथा कुटुम्ब-पक्ष की ओर से भी उसे कष्ट का अनुभव होता रहता है। ऐसा व्यक्ति कठिन परिश्रम, हिम्मत तथा गुप्त युक्तियों के बल पर अपनी परेशानियों पर विजय प्राप्त करने का प्रयत्न करता है तथा थोड़ी-बहुत सफलता भी पा लेता है। कभी-कभी उसे आकस्मिक रूप में भी धन का लाभ हो जाता है, परन्तु अन्य लोगों की दृष्टि में ऐसा व्यक्ति धनवान तथा कौटुंबिक सुख से संपन्न प्रतीत होता है।

मीन लग्न: द्वितीयभाव: केतु

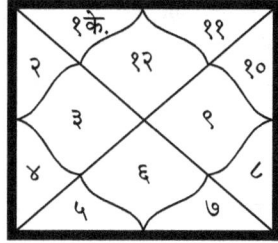

जिस जातक का जन्म 'मीन' लग्न में हुआ हो और जन्म-कुण्डली के 'तृतीयभाव' में 'केतु' की स्थिति हो, उसे 'केतु' का फलादेश नीचे लिखे अनुसार समझना चाहिए—

तीसरे भाई-बहन एवं पराक्रम के भाव में अपने मित्र शुक्र की वृषभ राशि पर स्थित केतु के प्रभाव से जातक के पराक्रम की अत्यधिक वृद्धि होती है। वह बड़ा हिम्मती, बहादुर, परिश्रमी, चतुर तथा गुप्त-युक्तियों का माहिर होता है। उसे अपने भाई-बहनों की ओर से कुछ कष्ट मिलता है, जिसके कारण वह अपने मन में दुःख एवं चिन्ताओं का अनुभव करता है, परन्तु बाहरी लोगों के समक्ष वह अपनी परेशानियों को प्रकट नहीं होने देता तथा अपने पुरुषार्थ द्वारा जीवन में अनेक प्रकार की सफलताएं प्राप्त करता है।

मीन लग्न: तृतीयभाव: केतु

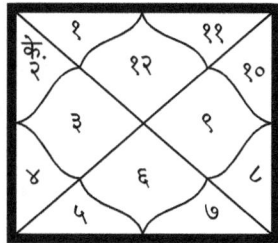

जिस जातक का जन्म 'मीन' लग्न में हुआ हो और जन्म-कुण्डली के 'चतुर्थभाव' में 'केतु' की स्थिति हो, उसे 'केतु' का फलादेश नीचे लिखे अनुसार समझना चाहिए—

मीन लग्न: चतुर्थभाव: केतु

चौथे केन्द्र, माता एवं भूमि के भाव में अपने समग्रह बुध की मिथुन राशि पर स्थित नीच के केतु के प्रभाव से जातक को माता के पक्ष में बहुत कष्ट प्राप्त होता है, तथा भूमि, मकान एवं घरेलू सुख में भी कमी रहती है। ऐसा व्यक्ति अपनी गुप्त युक्तियों, धैर्य, साहस तथा चतुराई के बल पर सुख के साधनों को प्राप्त करने का प्रयत्न करता है। कभी-कभी घोर संकट उपस्थित हो जाने पर भी वह विचलित नहीं होता और हिम्मत के साथ उसका मुकाबला करके सफलता प्राप्त करता है।

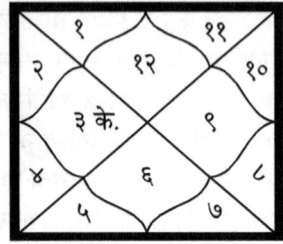

जिस जातक का जन्म 'मीन' लग्न में हुआ हो और जन्म-कुण्डली के 'पंचमभाव' में 'केतु' की स्थिति हो, उसे 'केतु' का फलादेश नीचे लिखे अनुसार समझना चाहिए—

मीन लग्न: पंचमभाव: केतु

पांचवें त्रिकोण, विद्या-बुद्धि एंव संतान के भाव में अपने शत्रु चन्द्र की कर्क राशि पर स्थित केतु के प्रभाव से जातक को संतानपक्ष से बड़े कष्ट तथा कमी का योग प्राप्त होता है। उसके मस्तिष्क में चिन्ताएं घर किए रहती हैं तथा मन अशांत बना रहता है। विद्याध्ययन के क्षेत्र में उसे अनेक प्रकार की कठिनाइयों का सामना करना पड़ता है। परन्तु वह अपनी गुप्त युक्तियों, परिश्रम एवं हिम्मत के बल पर विद्या तथा संतानपक्ष की कमियों को दूर करने के लिए प्रयत्नशील बना रहता है।

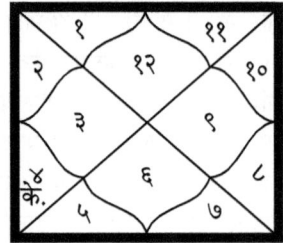

जिस जातक का जन्म 'मीन' लग्न में हुआ हो और जन्म-कुण्डली के 'षष्ठभाव' में 'केतु' की स्थिति हो, उसे 'केतु' का फलादेश नीचे लिखे अनुसार समझना चाहिए—

मीन लग्न: षष्ठभाव: केतु

छठे रोग एवं शत्रु भाव में अपने शत्रु सूर्य की सिंह राशि पर स्थित केतु के प्रभाव से जातक शत्रु-पक्ष पर निरन्तर विजय प्राप्त करने वाला होता है तथा झगड़े-झंझट के मामलों में सफलता एवं लाभ प्राप्त करता है। शत्रु-पक्ष से भीतरी रूप में परेशानी का अनुभव करने पर भी वह प्रकट रूप में अपना हौसला बनाए रखता है तथा हिम्मत एवं बहादुरी से काम लेकर उन सब पर प्रभाव स्थापित करता है।

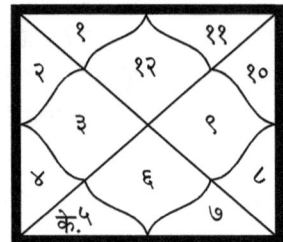

जिस जातक का जन्म 'मीन' लग्न में हुआ हो और जन्म-कुण्डली के 'सप्तमभाव' में 'केतु' की स्थिति हो, उसे 'केतु' का फलादेश नीचे लिखे अनुसार समझना चाहिए—

मीन लग्नः सप्तमभावः केतु

सातवें केन्द्र, स्त्री तथा व्यवसाय के भाव में अपने समग्रह बुध की कन्या राशि पर स्थित केतु के प्रभाव से जातक को स्त्री तथा व्यवसाय के क्षेत्र में कुछ अशांति एवं कठिनाइयों के साथ सफलता प्राप्त होती है। कभी-कभी वह स्त्री-पक्ष से घोर कष्ट का अनुभव भी करता है, परन्तु फिर उसी से सुख तथा आनंद भी पाता है। ऐसा व्यक्ति बड़ा धैर्यवान, साहसी तथा गुप्त युक्तियों वाला चतुर होता है। वह अपनी उन्नति के लिए निरन्तर प्रयत्नशील बना रहता है तथा परिश्रम द्वारा सफलता भी प्राप्त करता है।

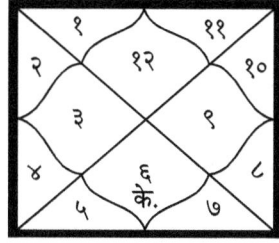

जिस जातक का जन्म 'मीन' लग्न में हुआ हो और जन्म-कुण्डली के 'अष्टमभाव' में 'केतु' की स्थिति हो, उसे 'केतु' का फलादेश नीचे लिखे अनुसार समझना चाहिए—

मीन लग्नः अष्टमभावः केतु

आठवें आयु एवं पुरातत्त्व के भाव में अपने मित्र शुक्र की तुला राशि पर स्थित केतु के प्रभाव से जातक को अपनी आयु के पक्ष में अनेक बार मृत्यु-तुल्य संकटों का सामना करना पड़ता है, परन्तु जीवन की रक्षा हो जाती है। उसके पुरातत्त्व के पक्ष में भी हानि के योग उपस्थित होते रहते हैं, परन्तु वह अपनी गुप्त युक्तियों परिश्रम एवं चतुराई के बल पर लाभ उठाता है। वह चिन्ता, संघर्ष एवं परेशानियों का मुकाबला करता हुआ धैर्यपूर्वक अपनी उन्नति करता रहता है।

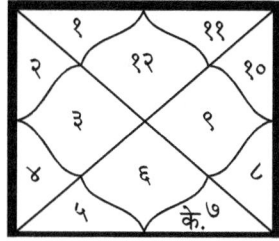

जिस जातक का जन्म 'मीन' लग्न में हुआ हो और जन्म-कुण्डली के 'नवमभाव' में 'केतु' की स्थिति हो, उसे 'केतु' का फलादेश नीचे लिखे अनुसार समझना चाहिए—

मीन लग्नः नवमभावः केतु

नवें त्रिकोण, भाग्य एवं धर्म के भाव में अपने मित्र मंगल की वृश्चिक राशि पर स्थित केतु के प्रभाव से जातक को भाग्य के पक्ष में कठिनाइयों का अनुभव होता है तथा धर्म का पालन भी ठीक ढंग से नहीं हो पाता, परन्तु ऐसा व्यक्ति अपने गुप्त युक्ति बल, परिश्रम, चातुर्य एवं साहस के द्वारा कठिनाइयों पर विजय प्राप्त करता हुआ अपनी उन्नति का मार्ग बनाता है। अनेक बार घोर संकट उपस्थित होने पर भी वह विचलित नहीं होता तथा भाग्य एवं धर्म की थोड़ी-बहुत उन्नति करता है। फिर भी उसके यश में कुछ कमी बनी रहती है।

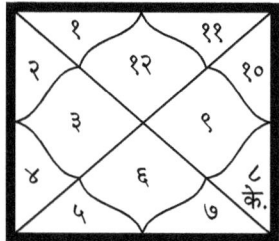

जिस जातक का जन्म 'मीन' लग्न में हुआ हो और जन्म-कुण्डली के 'दशमभाव' में 'केतु' की स्थिति हो, उसे 'केतु' का फलादेश नीचे लिखे अनुसार समझना चाहिए—

मीन लग्नः दशमभावः केतु

दसवें केन्द्र, पिता, राज्य एवं व्यवसाय के भाव में अपने समग्रह गुरु की धनु राशि पर स्थित उच्च के केतु के प्रभाव से जातक को पिता से सुख, राज्य से सम्मान तथा व्यवसाय से लाभ की प्राप्ति होती है। ऐसा व्यक्ति अपनी उन्नति के लिए कठोर परिश्रम करता है तथा गुप्त युक्तियों का आश्रय भी लेता है। कभी-कभी घोर संकट उपस्थित हो जाने पर भी वह विचलित नहीं होता तथा धैर्य और साहस के साथ उसका निराकरण करता है।

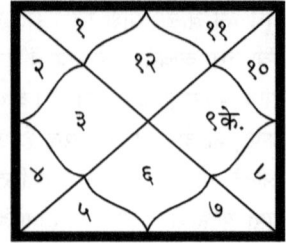

जिस जातक का जन्म 'मीन' लग्न में हुआ हो और जन्म-कुण्डली के 'एकादशभाव' में 'केतु' की स्थिति हो, उसे 'केतु' का फलादेश नीचे लिखे अनुसार समझना चाहिए—

मीन लग्नः एकादशभावः केतु

ग्यारहवें लाभ-भाव में अपने शत्रु शनि की मकर राशि पर स्थित केतु के प्रभाव से जातक को बहुत अच्छी आमदनी होती है और वह अपने लाभ को बढ़ाने के लिए कठोर परिश्रम भी करता रहता है। ऐसे व्यक्ति को कभी कभी आमदनी के क्षेत्र में कठिनाइयों एवं कष्टों का सामना भी करना पड़ता है, परन्तु वह उनसे घबराता नहीं है तथा साहस के साथ मुसीबतों को पार करता हुआ आगे बढ़ता है। ऐसी ग्रह स्थिति वाला जातक स्वार्थी, हिम्मती, धैर्यवान तथा बहादुर भी होता है।

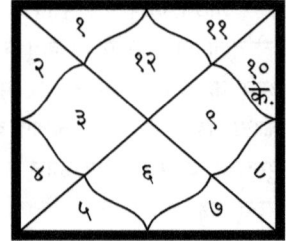

जिस जातक का जन्म 'मीन' लग्न में हुआ हो और जन्म-कुण्डली के 'द्वादशभाव' में 'केतु' की स्थिति हो, उसे 'केतु' का फलादेश नीचे लिखे अनुसार समझना चाहिए—

मीन लग्नः द्वादशभावः केतु

बारहवें व्यय भाव में अपने शत्रु शनि की कुम्भ राशि पर स्थित केतु के प्रभाव से जातक को अपने खर्च के सम्बन्ध में कुछ कमी तथा कष्टों का अनुभव होता है। साथ ही बाहरी स्थानों के सम्बन्ध से भी असंतोष एवं कठिनाइयां रहती हैं। परन्तु ऐसा व्यक्ति अपने धैर्य, परिश्रम एवं गुप्त युक्तियों के बल पर उन सब कठिनाइयों का साहस के साथ सामना करता है तथा उन पर विजय पाकर अपने जीवन को उन्नत बनाता है।

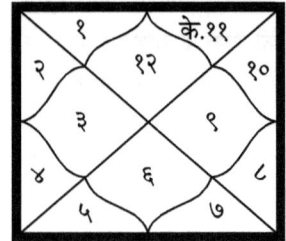

उदाहरण मीन लग्न कुण्डली 23. शान्तिनिकेतन संस्थापक गुरुदेव श्री रवीन्द्रनाथ टैगोर

जन्म तिथि–07-05-1861

जन्म समय–16-00 घण्टे (भा.मा.स.)

जन्म स्थान–कोलकाता (पश्चिम बंगाल)

जन्म कुण्डली

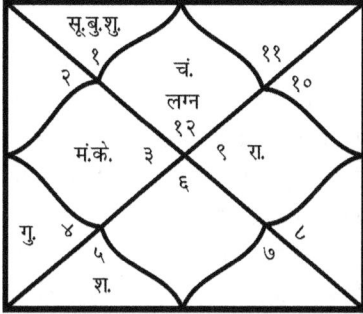

नवांश कुण्डली

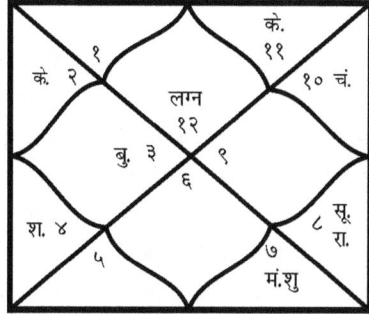

कुण्डली संख्या–23

ज्योतिषीय विवेचन

यह यह भचक्र में राशि क्रम की द्वादश राशि मीन राशि लग्न कुण्डली है। यह मोक्ष प्राप्ति की मार्गसूचक राशि है। यह जल तत्त्व, सतोगुणी एक द्विस्वभाव राशि है। इसका स्वामी गुरु है। मीन राशि वाले व्यक्ति सज्जन, सहनशील, बुद्धिमान्, विद्वान्, सहृदयी, दार्शनिक योग्यता और आध्यात्मिक विचारों वाले होते हैं। ऐसे व्यक्ति धर्मपरायण, दयालु और ईश्वर से डरने वाले होते हैं। दिन में काफी पानी पीते हैं। वह अपने आस-पास के लोगों की भावनाओं तथा विचारों से बहुत प्रभावित होते हैं। यह जन्मकुण्डली भी ऐसे ही महान् व्यक्ति गुरुदेव रवीन्द्रनाथ टैगोर की है, जिन्होंने अपना समस्त जीवन अपने क्षेत्र व देश के लोगों के कल्याण में लगा दिया। उन्होंने 'शान्तिनिकेतन विश्वविद्यालय' की स्थापना की। आज भी विश्व में इस विश्वविद्यालय का नाम आदर से लिया जाता है। रेवती नक्षत्र में जन्मे गुरुदेव रवीन्द्रनाथ टैगोर व्यवहारकुशल, ज्ञानवान्, कर्तव्यपरायण और ईश्वरभक्त व्यक्ति थे।

सुदर्शन लग्न विचार

जन्म लग्नेश तथा चन्द्र लग्नेश गुरु पंचम भाव में उच्च राशि कर्क में बैठकर भाग्य व धर्म के नवम भाव को तथा स्वास्थ्य के प्रथम भाव लग्न भाव को और उसमें स्थित चन्द्र को पूर्णदृष्टि से देख रहे हैं। सूर्य लग्नेश मंगल सुख-सुविधाओं और विलासिता के चतुर्थ भाव में स्थित होकर गुरु की धनु राशि के कर्म भाव को पूर्णदृष्टि से देख रहे हैं। नवांश लग्न भी मीन राशि की है और नवांश लग्नेश गुरु द्वादश भाव में बैठकर लग्न में आने को अभिलाषित है। जन्म लग्न तथा चन्द्र लग्न दोनों ही भावों के स्वामी गुरु हैं। अत: लग्न वर्गोत्तम है और लग्न ही अत्यधिक बलशाली है।

ग्रह स्थिति, ग्रह दृष्टि एवं ग्रह योग

जन्म लग्नेश और चन्द्र लग्नेश गुरु उच्चराशि कर्क में बुद्धि और ज्ञान के पंचम भाव में बैठकर भाग्य भाव और लग्न भाव को पूर्ण दृष्टि से देख रहे हैं। एकादश भाव लाभ भाव को भी देख रहे हैं। धन भाव व भाग्य भाव के स्वामी मंगल चतुर्थ भाव से लग्नेश गुरु के दशम भाव व लाभ के एकादश भाव को भी देख रहे हैं। द्वितीय भाव स्वामी अर्थात् धनेश मंगल की मेष राशि में बैठे उच्चराशिस्थ सूर्य वाणी एवं बुद्धि के स्वामी बुध व सुखदायी एवं धनदाता शुक्र के साथ बैठकर जातक को वाणी, बुद्धि, सुख और धन का लाभ पहुंचा रहे हैं। लग्नेश गुरु और पंचमेश चन्द्र तथा धनेश मंगल और सुखेश बुध राशि परिवर्तन योग अर्थात् सौभाग्य योग भी बना रहे हैं। कुण्डली में यह एक अच्छी स्थिति है। चन्द्र व मंगल का केन्द्र में तथा गुरु का त्रिकोण पंचम भाव में होना एक उत्तम योग है। इस योग ने उन्हें दार्शनिक एवं मानवतावादी बनाया। बुध, सूर्य के साथ बैठकर बुधादित्य योग बना रहा है। इस योग ने उनकी आर्थिक स्थिति में चार चांद लगाये। नवांश कुण्डली में बुध अपनी राशि मिथुन में चतुर्थ भाव में स्थित होकर उनकी समस्त इच्छाएं पूरी कर रहा है। पंचम, नवम और प्रथम लग्न भाव तीनों धर्म भावों तथा इनके भावेशों के परस्पर सहसम्बन्धों/अन्तर्सम्बन्धों के फलस्वरूप गुरुदेव रवीन्द्रनाथ टैगोर को शिक्षा क्षेत्र में काफी सफलता मिली। विश्वप्रसिद्ध शान्ति-निकेतन विश्वविद्यालय की स्थापना इन्हीं योगो की देन है। वह एक साथ कवि, लेखक, चित्रकार के रूप में उभर कर आये। इससे विश्व में उनका नाम हुआ तथा यश व प्रतिष्ठा मिली।

उपसंहार

जन्म कुण्डली में उपरोक्त ग्रह स्थिति, ग्रह दृष्टि एवं ग्रह योगो के कारण यह कहा जा सकता है कि बुद्धि एवं विद्या के पंचम भाव में स्थित उच्चराशिस्थ लग्नेश गुरु से बुध का केन्द्रस्थ होना, लग्नेश गुरु की भाग्य भाव व लग्न पर दृष्टि होना और दो राशि परिवर्तन योगो ने गुरुदेव को एक साथ कवि, लेखक, चित्रकार बनाने में एक अच्छी भूमिका निभायी। यद्यपि मंगल और केतु के प्रभाव से शिक्षा काल में काफी उतार-चढ़ाव आये, किन्तु वह जरा भी विचलित नहीं हुये। वे एक कर्मठ शिक्षाविद् के समान प्रयास करते रहे। उनके लगातार अथक प्रयासों से विश्व प्रसिद्ध शान्तिनिकेतन विश्वविद्यालय की स्थापना हुई, जहां विदेशी लोग भी शिक्षा ग्रहण करने आते थे। इससे वह सम्पूर्ण विश्व में प्रसिद्ध हुए। उनका नाम हुआ और उन्हें यश तथा प्रतिष्ठा मिली। उनका नाम स्वर्णिम भारतवर्ष के इतिहास में एक शिक्षा रत्न के रूप में सदैव कायम रहेगा।

उदाहरण मीन लग्न कुण्डली 24. पूर्व मुख्यमन्त्री व राज्यपाल श्री नारायणदत्त तिवारी

जन्म तिथि–18-10-1925

जन्म समय–16-12 घण्टे (भा.मा.स.)

जन्म स्थान–नैनीताल (उत्तरांचल)

जन्म कुण्डली

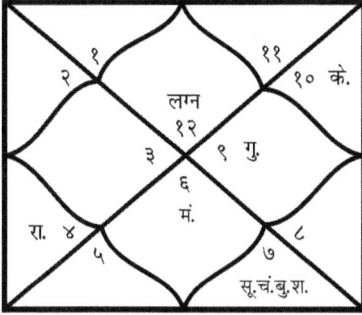

नवांश कुण्डली

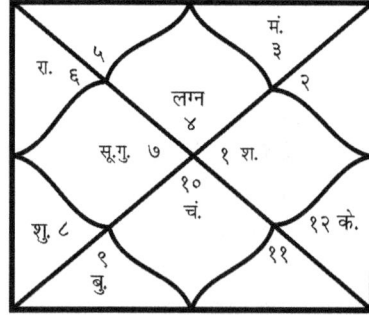

कुण्डली संख्या–24

ज्योतिषीय विवेचन

यह यह भचक्र में राशि क्रम की द्वादश राशि मीन राशि लग्न कुण्डली है। यह मोक्ष प्राप्ति की मार्गसूचक राशि है। यह जल तत्त्व, सतोगुणी एक द्विस्वभाव राशि है। इसका स्वामी गुरु है। मीन राशि वाले व्यक्ति सज्जन, सहनशील, बुद्धिमान्, सहृदयी, दूरदर्शी, धनी, सुखी और आध्यात्मिक विचारों वाले होते हैं। ऐसे व्यक्ति धर्मपरायण, दयालु, दानी और ईश्वर से डरने वाले होते हैं। वह अपने आस-पास के लोगों की भावनाओं तथा विचारों से बहुत प्रभावित होते हैं। यह जन्म कुण्डली भी ऐसे ही राजनीतिज्ञ श्री नारायणदत्त तिवारी की है। स्वतन्त्रता संग्राम के दौरान सन् 1942 में जेल गये। सन् 1957 में पहली बार विधायक बने। तीन बार उत्तर प्रदेश और एक बार उत्तराखण्ड के मुख्यमन्त्री बने और अपना जीवन अपने क्षेत्र व देश के लोगों के कल्याण में लगा दिया। आखिरी बार दो वर्ष तक आंध्र प्रदेश के राज्यपाल रहे। चरित्र लांछन के कारण त्यागपत्र देना पड़ा। स्वाति नक्षत्र में जन्मे श्री नारायणदत्त तिवारी मिष्ठभाषी, मातृ-पितृ भक्त, उच्चपदासीन एवं आस्तिक व्यक्ति हैं।

सुदर्शन लग्न विचार

जन्म लग्नेश गुरु कर्म भाव में दशम भाव में स्वराशि धनु में बैठकर लग्न को प्रभावित कर रहे हैं। चन्द्र लग्नेश व सूर्य लग्नेश शुक्र भाग्य व धर्म के नवम भाव में बैठे हैं। लग्न पर कोई दृष्टि नहीं है। जाया भाव सप्तम भाव में बैठे लग्नेश गुरु के मित्र मंगल की स्वास्थ्य के प्रथम भाव लग्न भाव पर तथा लग्नेश गुरु पर पूर्णदृष्टि है। लाभेश शनि की भी लग्नेश गुरु पर पूर्णदृष्टि है। नवांश लग्न कर्क राशि की है। यह गुरु की उच्च राशि है। नवांश लग्नेश चन्द्र की लग्न पर पूर्णदृष्टि है। जन्म लग्न स्वामी तथा नवांश लग्न स्वामी दोनों मित्र हैं। अत: लग्न ही बलशाली प्रतीत होती है।

ग्रह स्थिति, ग्रह दृष्टि एवं ग्रह योग

जन्म लग्नेश गुरु की स्वराशि में सर्वाधिक बली दशम भाव में केन्द्र में एक उत्तम स्थिति है। हंस नामक महापुरुष योग बन रहा है। नवमेश भाग्येश मंगल भी केन्द्र में विराजमान है। फलस्वरूप अपनी छोटी अवस्था में ही स्वतन्त्रता जैसे देशहित कार्य में जुट गये। जेल भी गये। इस योग ने अच्छा स्वास्थ्य, उच्च शिक्षा, मान-सम्मान, प्रतिष्ठा दिलाई और दीर्घायु प्राप्त हुई। यह कुण्डली अनुदित कालसर्प योग कुण्डली है। इसमें सप्तम भाव, सप्तमेश, सप्तम भाव कारक शुक्र सभी पाप पीड़ित हैं। सप्तम भाव में बैठा मंगल भी पापग्रह है। कारणवश पत्नी सुख नहीं मिला, किन्तु अनेक स्त्रियों से प्रेम सम्बन्ध बने रहे। इससे बदनामी का दंश भी झेलना पड़ा। इसके अतिरिक्त सूर्य से उभयचरी योग, चन्द्र से दुर्धरा योग बन रहे हैं। इन योगों ने वैभवशाली जीवन दिया। राजपुरुष बने। नौकर-चाकरों से युक्त जीवन व्यतीत हुआ। विधायक बने और तीन बार उत्तर प्रदेश और एक बार उत्तराखण्ड के मुख्यमन्त्री बने। आखिरी बार आंध्र प्रदेश के राज्यपाल बने, किन्तु चरित्र लांछन के कारण दो वर्ष बाद ही त्यागपत्र देना पड़ा। संतान केस में दीर्घ काल तक मुकदमा लड़ना पड़ा। इससे जगहंसाई हुई। अब सब कुछ शान्त है।

उपसंहार

जन्म कुण्डली में उपरोक्त ग्रह स्थिति, ग्रह दृष्टि एवं ग्रह योगो के कारण यह कहा जा सकता है कि कर्म के दशम भाव में स्थित स्वराशिस्थ लग्नेश गुरु के केन्द्रस्थ होने, भाग्येश मंगल की लग्नेश गुरु पर दृष्टि होने व अनेक उत्तम योगो ने श्री नारायणदत्त तिवारी जी के जीवन को सौभाग्यशाली और वैभवशाली बनाया। उन्होंने अब तक राजशाही जीवन व्यतीत किया है, किन्तु वर्तमान में इनकी तुला राशि पर शनि की साढ़ेसाति के अंतिम ढाई वर्ष का समय चल रहा है। इस समय सभी ग्रहगोचर इनके प्रतिकूल चल रहे हैं। जिसके कारणवश वह समाज व अपनी कांग्रेस पार्टी से अलग-थलग पड़ गये हैं। अब उन्हें अपने स्वास्थ्य का ध्यान रखने की आवश्यकता है।

भृगु-संहिता

फलित-प्रकाश

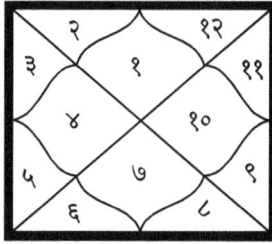

तृतीय प्रकरण

ग्रहों की युति का फल, भावेशों की स्थिति का फल,
विशिष्ट योग फल, ग्रहों की महादशा अंतर्दशा फल

विषय

(१) ग्रहों की युति का फल।

(२) राशि स्वामी की विभिन्न भावों में स्थिति का प्रभाव।

(३) विशिष्ट योग।

(४) विंशोत्तरी महादशा के अनुसार विभिन्न ग्रहों की दशा तथा अंतर्दशाओं का फलादेश।

ग्रहों की युति का फल

किस जन्म-लग्न के किस भाव में, किस राशि पर कौन-सा ग्रह स्थित हो, तो उसका क्या फलादेश होता है—इसका विस्तृत वर्णन किया जा चुका है। अब हम विविध ज्योतिष ग्रंथों के आधार पर ग्रहों की युति के फलादेश का वर्णन करते हैं अर्थात् जन्म-कुण्डली के एक ही भाव में यदि दो, तीन, चार, पांच, छह अथवा सात ग्रह एक साथ बैठे हों, तो वे जातक के जीवन पर अपना क्या विशेष प्रभाव डालते हैं—इसकी जानकारी प्रस्तुत प्रकरण में दी जा रही है।

स्मरणीय है कि यहां ग्रहों की युति के फलादेश का वर्णन करते समय विभिन्न भावों अथवा राशियों में उनकी स्थिति का वर्णन नहीं किया गया है, केवल उनके विशिष्ट प्रभाव के विषय में ही लिखा गया है। अस्तु, ग्रहों की युति के विशिष्ट प्रभाव सम्बन्धी फलादेश की जानकारी करने के साथ ही, जन्म-कुण्डली के जिस भाव में ग्रहों की युति हो, उस भाव पर किन-किन ग्रहों की दृष्टि पड़ रही हैं, वे ग्रह उच्च के हैं अथवा नीच के, मित्र की राशि में बैठे हैं अथवा शत्रु की राशि में, वे किस भाव के स्वामी होकर कहां बैठे हैं, आदि बातों का ध्यान भी अवश्य रखना चाहिए, तभी यथार्थ फलादेश का ज्ञान हो सकेगा। इन सब विषयों पर इस पुस्तक के पहले प्रकरण में विस्तारपूर्वक प्रकाश डाला जा चुका है।

ग्रहों की युति से सम्बन्धित आगे जो उदाहरण-कुण्डलियां दी गई हैं, वे सभी मेष लग्न की हैं, अत: उन्हें केवल उदाहरण के रूप में ही समझना चाहिए। विभिन्न व्यक्तियों की जन्म-कुण्डलियां विभिन्न लग्नों की होती हैं, इसी प्रकार विभिन्न ग्रहों की युति भी विभिन्न भावों में होती है। अस्तु, इन उदाहरण-कुण्डलियों को मात्र आधार मानकर अपनी जन्म-कुण्डली की लग्न, भाव तथा राशि का विचार करते हुए युति के प्रभाव का निष्कर्ष निकालना चाहिए।

दो ग्रह, तीन ग्रह, चार ग्रह, पांच ग्रह, छह ग्रह तथा सात ग्रहों की युति के प्रभाव का वर्णन क्रमश: अलग-अलग किया गया है। स्मरणीय है कि युति वाले ग्रहों में राहु-केतु को स्थान नहीं दिया गया है। इन दोनों ग्रहों के सम्बन्ध में सामान्य सिद्धांत यह है कि ये ग्रह यदि अपने मित्र-ग्रह के साथ बैठे होते हैं, तो उसके प्रभाव को बढ़ाते हैं और शत्रु ग्रह के साथ बैठते हैं, तो उसके प्रभाव को घटाते हैं। राहु-केतु स्वयं कभी एक साथ नहीं बैठते। ये सदैव एक-दूसरे से सातवें स्थान पर ही रहते हैं।

दो ग्रहों की युति

दो ग्रहों की युति का प्रभाव नीचे लिखे अनुसार समझना चाहिए—

यदि जन्म-काल में सूर्य और चन्द्र की युति हो (अर्थात् ये दोनों ग्रह किसी एक ही भाव में बैठे हों), तो ऐसा जातक अभिमानी, दुष्ट क्रियाओं को करने में चतुर, कपटी, विनय रहित, पराक्रमी, क्षुद्र हृदयवाला, कार्य करने में दक्ष, स्त्री के वश में रहने वाला, विषयासक्त तथा पत्थर की वस्तुओं का क्रय-विक्रय करने वाला होता है।

सूर्य और चन्द्र

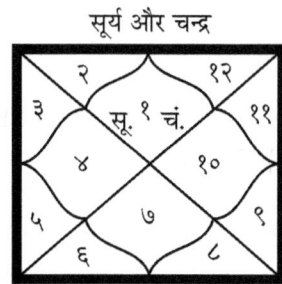

यदि जन्म-काल में सूर्य और मंगल की युति हो, तो जातक तेजस्वी, श्रेष्ठ कर्म, धर्म तथा धन से रहित, सदैव क्लेश करने वाला, क्रोधी, पापबुद्धि, मिथ्यावादी, मूर्ख, बलवान, परन्तु अपने बन्धु-बान्धवों से प्रेम रखने वाला होता है।

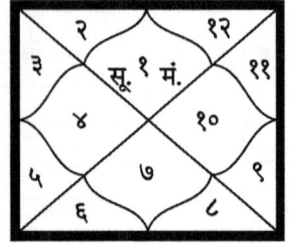

सूर्य और मंगल

यदि जन्म-काल में सूर्य और बुध की युति हो, तो जातक श्रेष्ठ, बुद्धिमान, विद्वान, यशस्वी, राज्य द्वारा सम्मान-प्राप्त, स्थिर धन वाला, सेवा-कर्म करने में पटु, प्रियवादी, मंत्री तथा राजा की सेवा द्वारा धन कमाने वाला, वेदज्ञ, गीति-वाद्य तथा काव्य आदि कलाओं में कुशल होता है।

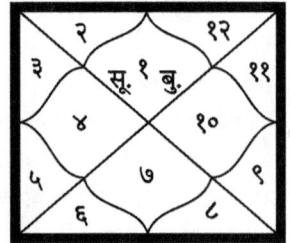

सूर्य और बुध

यदि जन्म-काल में सूर्य और बुध की युति हो, तो जातक धर्मात्मा, धनवान, शास्त्रज्ञ, लोक में प्रसिद्ध, मित्रवान, राजमान्य, राजा का मन्त्री, पुरोहित कर्म करने में कुशल, चतुर तथा परोपकारी होता है।

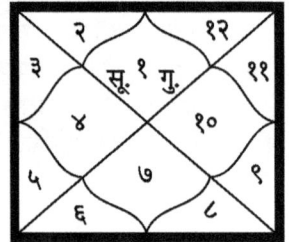

सूर्य और गुरु

यदि जन्म-काल में सूर्य और शुक्र की युति हो, तो जातक बुद्धिमान, मनुष्यों में श्रेष्ठ, बलवान, नाट्यकार, संगीत-वाद्य तथा शस्त्र विद्या में कुशल, स्त्रियों का प्रिय, मित्रवान, क्षीण दृष्टि वाला, कार्यक्षम तथा स्त्री द्वारा धन प्राप्त करने वाला होता है।

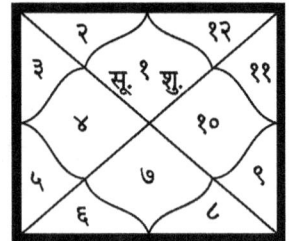

सूर्य और शुक्र

यदि जन्म-काल में सूर्य और शनि की युति हो, तो जातक विद्वान, कार्य-कुशल, श्रेष्ठ बुद्धि वाला, गुणवान, धातु का काम करने में कुशल, धर्म में प्रीति रखने वाला तथा वृद्ध के समान आचरण करने वाला होता है। कुछ विद्वानों के मतानुसार ऐसा व्यक्ति स्त्री-पुत्रों का सुख पाने वाला तथा कुछ के मत से स्त्री-पुत्रों के सुख से रहित होता है।

सूर्य और शनि

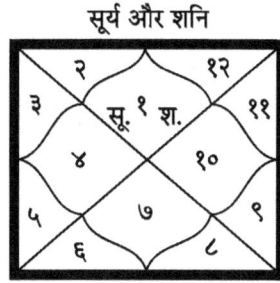

यदि जन्म-काल में चन्द्र और मंगल की युति हो, तो जातक मिट्टी, चमड़ा अथवा धातुओं के शिल्प में कुशल (कारीगर), धनी, युद्ध-कुशल, प्रतापी, आचारहीन, कलह-प्रेमी, माता से शत्रुता रखने वाला, व्यवसाय द्वारा जीविकोपार्जन करने वाला तथा रक्त-विकार आदि रोगों से ग्रस्त रहता है।

चन्द्र, मंगल, बुध, गुरु और शुक्र

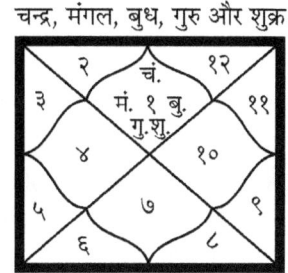

यदि जन्म-काल में चन्द्र और बुध की युति हो, तो जातक धनी, गुणी, कवि, सुन्दर, हंसमुख, कुल-धर्म का पालन करने वाला, स्त्री में आसक्त, बहुत बोलने वाला, प्रियवादी, दयालु हृदय परन्तु दुर्बल शरीर वाला होता है।

चन्द्र और बुध

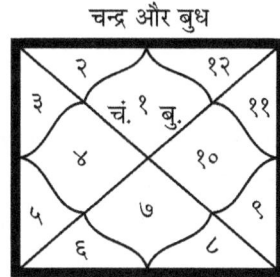

यदि जन्म-काल में चन्द्र और गुरु की युति हो, तो जातक देवता एवं ब्राह्मणों का भक्त, भाई-बहनों से स्नेह रखने वाला, दृढ़ मैत्री का निर्वाह करने वाला, सुशील, धनी, विनम्र, परोपकारी, धर्मात्मा तथा गुप्त मन्त्र वाला होता है।

चन्द्र और गुरु

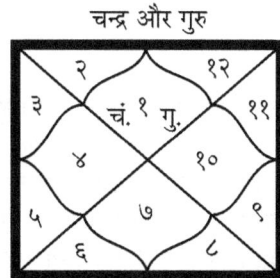

यदि जन्म-काल में चन्द्र और शुक्र की युति हो, तो जातक किसी वस्तु की बिक्री करने के कार्य में कुशल, शूद्रों के समान आचरण करने वाला, झगड़ालू, अल्प वस्त्राभूषणों वाला, अनेक प्रकार के व्यसनों में लिप्त, अनेक प्रकार की कार्य-विधियों का जानकार तथा सुगंधित वस्तुओं में रुचि रखने वाला होता है।

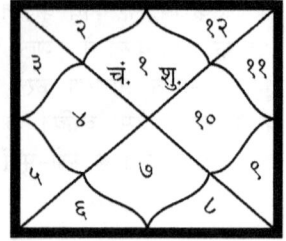

चन्द्र और शुक्र

चन्द्र और शनि

यदि जन्म-काल में चन्द्र और शनि की युति हो, तो जातक व्यवसाय द्वारा आजीविका का उपार्जन करने वाला, पर-स्त्रियों से प्रेम करने वाला, आचारहीन, पुरुषार्थहीन, हाथी-घोड़ों को पालने वाला, वृद्धा स्त्री में आसक्त, अल्प संततिवान तथा वेश्या द्वारा धन प्राप्त करने वाला होता है।

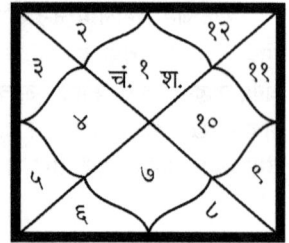

मंगल और बुध

यदि जन्म-काल में मंगल और बुध की युति हो, तो जातक धनहीन, कुरूप, कृपण, सोने अथवा लोहे का व्यवसाय करने वाला, विधवा स्त्री से विवाह करने वाला, मल्लयुद्ध में कुशल, अनेक स्त्रियों से प्रेम करने वाला तथा अनेक प्रकार की औषधियों का सेवन करने वाला होता है।

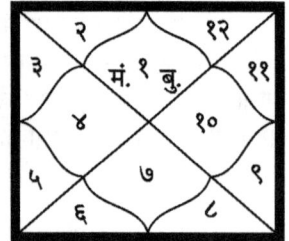

मंगल और गुरु

यदि जन्म-काल में मंगल और गुरु की युति हो, तो जातक शिल्प-शास्त्रज्ञ, घोड़ों से प्रीति रखने वाला, बोलने में चतुर, मेधावी, मनुष्य समाज में प्रधान पद पाने वाला, मंत्रज्ञ, शास्त्रज्ञ, शस्त्रज्ञ, अर्थ-साधन करने में निपुण, चतुर, शीलवान, सेना का अधिकारी अथवा कोई अन्य उच्च पद प्राप्त करने वाला होता है।

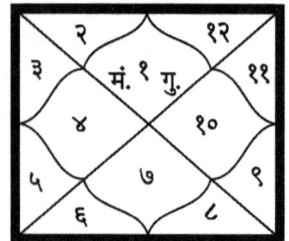

मंगल और शुक्र

यदि जन्म-काल में मंगल और शुक्र की युति हो, तो जातक गणितज्ञ, गुणी, मिथ्यावादी, जुआरी, शठ, पर-स्त्रीगामी, प्रपंची पापी, अभिमानी, सबसे शत्रुता रखने वाला, भोगी परन्तु समाज में सम्मान प्राप्त करने वाला होता है।

मंगल और शनि

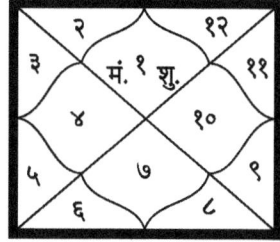

यदि जन्म-काल में मंगल और शनि की युति हो, तो जातक उचित बोलने वाला, अपने धर्म को छोड़कर पराये धर्म को ग्रहण करने वाला, जादू एवं इन्द्रजाल आदि विद्याओं का ज्ञाता, कलह-प्रिय, विष तथा मदिरा बनाने एवं बेचने में तत्पर, चोर, मिथ्यावादी, अल्प धन वाला, झगड़ालू, शस्त्र और शास्त्र का ज्ञाता, मित्रों से रहित, सुख से रहित तथा अपयश प्राप्त करने वाला होता है।

बुध और गुरु

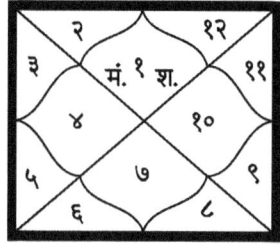

यदि जन्म-काल में बुध और गुरु की युति हो, तो जातक नृत्य-वाद्य में कुशल धैर्यवान, सुखी, पंडित, नीतिज्ञ, विनयी, धैर्यवान, उदार, श्रेष्ठ गुणों से युक्त तथा सुगंधित वस्तुओं से प्रेम रखने वाला होता है।

बुध और शुक्र

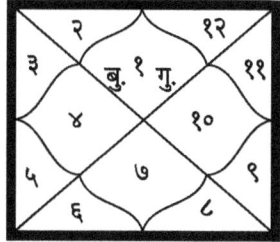

यदि जन्म-काल में बुध और शुक्र की युति हो, तो जातक शिल्पकला में कुशल, वेदज्ञ, संगीतज्ञ, नीतिज्ञ, धनी, प्रियवादी, हास्यप्रिय, सुखी प्रतापी, चतुर, सदैव, आनंदित रहने वाला, श्रेष्ठ स्वरूप वाला तथा अनेक मनुष्यों का स्वामी होता है।

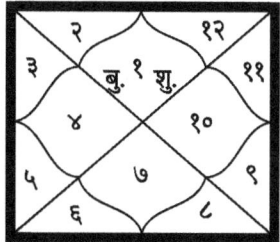

बुध और शनि

यदि जन्म-काल में बुध और शनि की युति हो, तो जातक कलह-प्रिय, चंचल चित्त वाला, संगीत, काव्य आदि में कुशल, भ्रमणशील, उद्योगहीन, उचित बात बोलने वाला तथा दुर्बल शरीर वाला होता है।

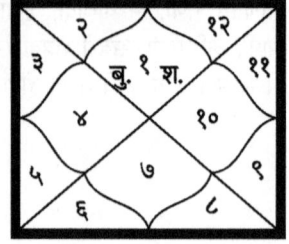

गुरु और शुक्र

यदि जन्म-काल में गुरु और शुक्र की युति हो, तो जातक धन, मित्र, पुत्र, स्त्री आदि के सुख से युक्त, विद्वान, बुद्धिमान, गुणवान, धर्मात्मा, विद्या द्वारा जीविकोपार्जन करने वाला, सुंदर स्त्री का पति, शास्त्रज्ञ तथा पंडितजनों से शास्त्रार्थ करने वाला, बड़ा सुखी और यशस्वी होता है।

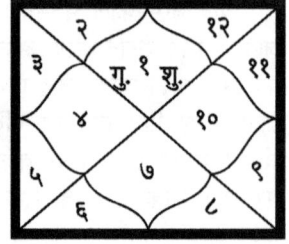

गुरु और शनि

यदि जन्म-काल में गुरु और शनि की युति हो, तो जातक शूरवीर, यशस्वी, जन्म-समूह का प्रधान, सेनापति, धनवान, सम्पूर्ण कलाओं में कुशल तथा स्त्री द्वारा मनोवांछित फल को प्राप्त करने वाला होता है।

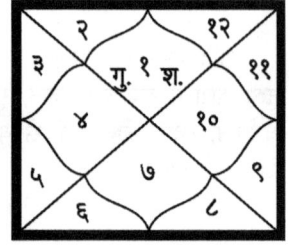

शुक्र और शनि

यदि जन्म-काल में शुक्र और शनि की युति हो, तो जातक शिल्प-लेख, मकान आदि पर चित्रकारी करने तथा पत्थर आदि की वस्तुएं बनाने में कुशल, चंचल बुद्धि वाला, दारुण संग्राम करने वाला, आनन्द से युक्त, पशुओं को पालने वाला, लकड़ी चीरने में कुशल, लवण तथा अम्ल रस का प्रेमी तथा उन्मत्त प्रकृति का होता है।

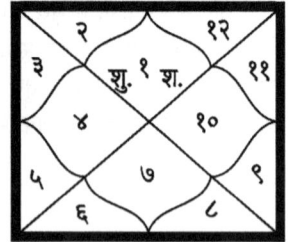

तीनों ग्रहों की युति

तीनों ग्रहों की युति का प्रभाव नीचे लिखे अनुसार समझना चाहिए—

सूर्य, चन्द्र और मंगल

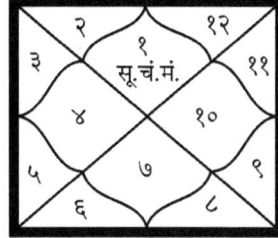

यदि जन्म-काल में सूर्य, चन्द्र और मंगल की युति हो तो जातक यंत्र (मशीन) बनाने में कुशल, शूरवीर, दयाहीन, अश्व-विद्या में निपुण, स्त्रीहीन, संतानहीन, तथा रक्त विकार से पीड़ित होता है।

सूर्य, चन्द्र और बुध

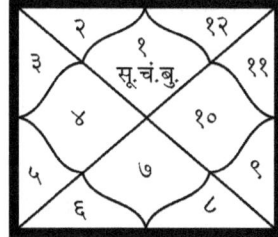

यदि जन्म-काल में सूर्य, चन्द्र और बुध की युति हो, तो जातक धनवान, विद्वान, श्रेष्ठ कवि अथवा कथाकार, सभा-प्रिय, चतुर, प्रियवादी, राजा का सेवक, प्रतापी, अच्छे कामों को करने वाला, वार्त्तालाप करने में पटु तथा समस्त शास्त्रों एवं कलाओं का जानकार होता है।

सूर्य, चन्द्र और गुरु

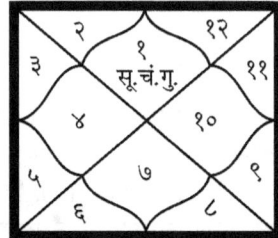

यदि जन्म-काल में सूर्य, चन्द्र और गुरु की युति हो, तो जातक राजा का मंत्री, स्थिर बुद्धि वाला, धर्मात्मा, बन्धु-बान्धवों का आदर करने वाला, देवता तथा ब्राह्मणों का पूजक, चंचल, चतुर, धूर्त, पर्यटन-प्रेमी, सेवा करने में कुशल तथा विद्वान होता है।

यदि जन्म-काल में सूर्य, चन्द्र और शुक्र की युति हो, तो जातक सुंदर शरीर वाला, शत्रुओं को नष्ट करने वाला, परम तेजस्वी, राजा के समान प्रतापी और भाग्यवान धर्म में प्रीति न रखने वाला, पराये धन का अपहरण करने वाला, व्यसनी तथा दांतों में विकार वाला होता है।

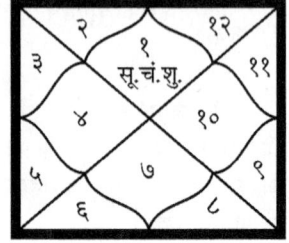

सूर्य, चन्द्र और शुक्र

यदि जन्म-काल में सूर्य, चन्द्र और शनि की युति हो, तो जातक ब्राह्मणों तथा देवताओं का भक्त, धातु-कर्म करने में कुशल, वेश्याप्रेमी, व्यर्थ परिश्रम करने वाला, अत्यन्त धूर्त, धर्म का पालन करने वाला, शीलविहीन, धनहीन, हाथी-घोड़ों का पालन करने वाला तथा सत्कर्म करने वाला होता है।

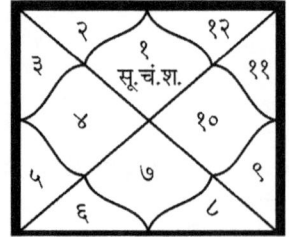

सूर्य, चन्द्र और शनि

यदि जन्म-काल में सूर्य, मंगल और बुध की युति हो, तो जातक कठोर चित्तवृत्ति वाला, प्रसिद्ध, पराक्रमी, साहसी, निर्लज्ज, धन, स्त्री, पुत्र, मित्र आदि से युक्त तथा सलाह देने में चतुर होता है।

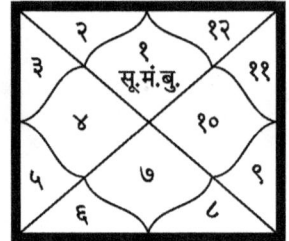

सूर्य, मंगल और बुध

यदि जन्म-काल में सूर्य, मंगल और गुरु की युति हो, तो जातक श्रेष्ठ वक्ता, धनी राजा का मंत्री, सेनापति, नीतिशास्त्रज्ञ, सत्यवादी, उदार हृदय वाला, प्रियभाषी, उग्र प्रकृति वाला तथा सब कार्यों को करने में कुशल होता है।

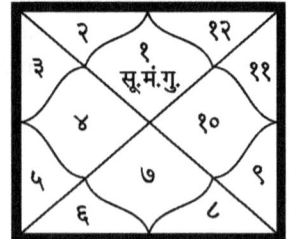

सूर्य, मंगल और गुरु

यदि जन्म-काल में सूर्य, मंगल और शुक्र की युति हो, तो जातक सुंदर, नेत्ररोगी, दयालु, विषयासक्त, कार्यकुशल, धनी, विनम्र, अत्यन्त चतुर, बहुत बोलने वाला, गुणवान, अपने कुल में श्रेष्ठ, सुशील अथवा कुलशीलवान् होता है।

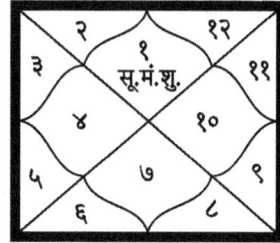

सूर्य, मंगल और शुक्र

यदि जन्म-काल में सूर्य, मंगल और शनि की युति हो, तो जातक मूर्ख, धन तथा पशुओं से रहित, रोगी, स्वजनों से तिरस्कृत अथवा स्वजन-विहीन, विकल, कलह से व्याकुल तथा सघन रोमों वाला होता है।

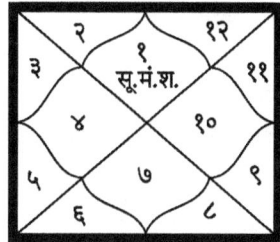

सूर्य, मंगल और शनि

१४६१

यदि जन्म-काल में सूर्य, बुध और गुरु की युति हो, तो जातक नेत्र रोगी, बड़ा धनी, शास्त्रज्ञ, शस्त्र-विद्या का ज्ञाता, लेखक तथा संग्रहशील स्वभाव का चतुर व्यक्ति होता है।

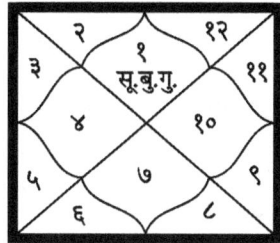

सूर्य, बुध और गुरु

यदि जन्म-काल में सूर्य, बुध और शुक्र की युति हो, तो जातक आचार-विहीन, विदेशवासी, सबसे शत्रुता रखने वाला, दुर्बुद्धि, माता-पिता आदि गुरुजनों से तिरस्कृत तथा स्त्री के कारण दुःखी रहने वाला होता है।

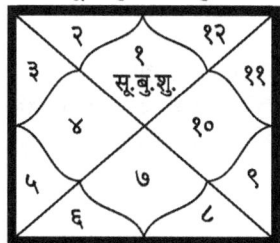

सूर्य, बुध और शुक्र

यदि जन्म-काल में सूर्य, बुध और शनि की युति हो, तो जातक दुराचारी, बन्धु-बान्धवों से परित्यक्त, सबसे शत्रुता रखने वाला, शत्रु द्वारा पराजित, नपुंसकों जैसे स्वभाव वाला, परम दुष्ट तथा नीच मनुष्यों का संग करने वाला होता है।

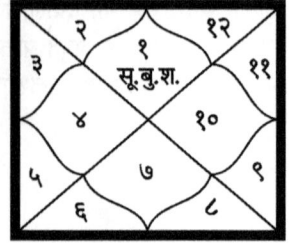

सूर्य, बुध और शनि

यदि जन्म-काल में सूर्य, गुरु और शुक्र की युति हो, तो जातक राजा का आश्रित, नेत्र-रोगी, पंडित, शूरवीर, परोपकारी, कम बोलने वाला, दुष्ट स्वभाव वाला, पराये कामों में अधिक रुचि रखने वाला तथा धन से रहित होता है।

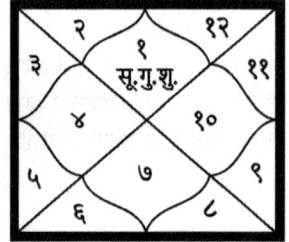

सूर्य, गुरु और शुक्र

यदि जन्म-काल में सूर्य, गुरु और शनि की युति हो, तो जातक राजाओं को प्रिय, मित्र, स्त्री तथा पुत्रादि से युक्त, सुंदर शरीर वाला, प्रगल्भ, बहुत सोच-विचार कर खर्च करने वाला, निर्भय, अपने बन्धुओं का हित करने वाला तथा मित्रों से युक्त होता है। कुछ विद्वानों के मतानुसार ऐसा ग्रह-स्थिति वाला व्यक्ति राजाओं से द्वेष रखता है।

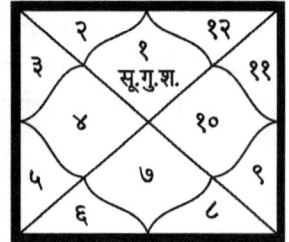

सूर्य, गुरु और शनि

यदि जन्म-काल में सूर्य, शुक्र और शनि की युति हो, तो जातक कला विहीन, मानहीन, खुजली अथवा कुष्ठ-रोग का रोगी, शत्रुओं से भयभीत रहने वाला, दुराचारी, भाई-बन्धुओं से रहित तथा अनेक प्रकार के कुकर्म करने वाला होता है।

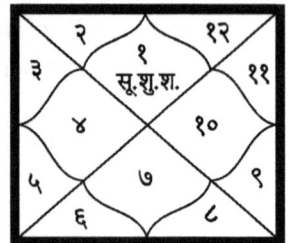

सूर्य, शुक्र और शनि

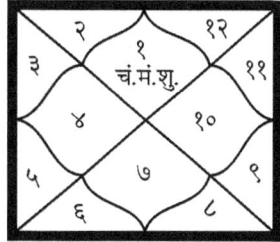
चन्द्र, मंगल और बुध

यदि जन्म-काल में चन्द्र, मंगल और बुध की युति हो, तो जातक दुराचारी, पापी, बन्धु-बान्धवों से हीन, जीविका-विहीन, अपमानित, अत्यन्त दीन तथा नीच मनुष्यों की संगति करने वाला होता है।

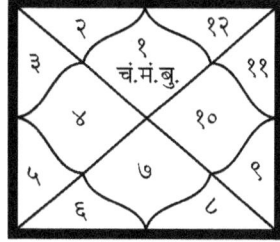
चन्द्र, मंगल और गुरु

यदि जन्म-काल में चन्द्र, मंगल और गुरु की युति हो, तो जातक क्रोधी, स्त्री में आसक्त, फोड़ा-फुंसी से युक्त, सुंदर शरीर वाला, अपहरणकर्त्ता, बलवान, स्त्रियों को प्रिय, परस्त्रीगामी तथा सदैव प्रसन्न रहने वाला होता है।

१४६९

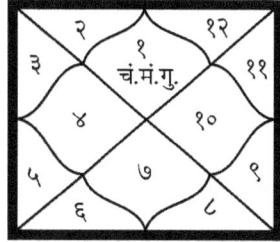
चन्द्र, मंगल और शुक्र

यदि जन्म-काल में चन्द्र, मंगल और शुक्र की युति हो, तो जातक की माता और स्त्री दुष्ट स्वभाव वाली होती है। ऐसा व्यक्ति शीत से डरने वाला, निरन्तर भ्रमणशील, चंचल स्वभाव वाला तथा कुशल होता है, परन्तु उसका पुत्र शीलवान होता है।

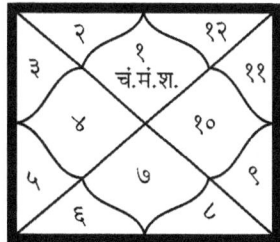
चन्द्र, मंगल और शनि

यदि जन्म-काल में चन्द्र, मंगल और शनि की युति हो, तो जातक की माता उसके बाल्यकाल में ही मृत्यु को प्राप्त हो जाती है। ऐसा व्यक्ति क्षुद्र स्वभाव वाला, कुटिल, लोकद्वेषी तथा कलह-प्रिय होता है। वह सदैव दु:खी बना रहता है।

यदि जन्म-काल में चन्द्र, बुध और गुरु की युति हो, तो जातक बुद्धिमान, भाग्यवान श्रेष्ठ मनोवृत्ति वाला, यशस्वी, परम प्रसिद्ध, श्रेष्ठ मित्रों वाला, तेजस्वी, धनवान, पुत्र, मित्र, स्त्री आदि के सुख से युक्त तथा कुशल वक्ता होता है।

चन्द्र, बुध और गुरु

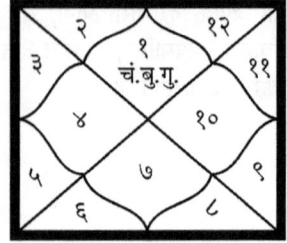

यदि जन्म-काल में चन्द्र, बुध और शुक्र की युति हो, तो जातक बड़ा विद्वान होता है, ईर्ष्यालु, धन का लोभी, दुराचारी तथा नीचवृत्ति द्वारा आजीविका का उपार्जन करने वाला होता है। वह श्राद्ध के सम्बन्ध में विशेष श्रद्धालु रहता है।

चन्द्र, बुध और शुक्र

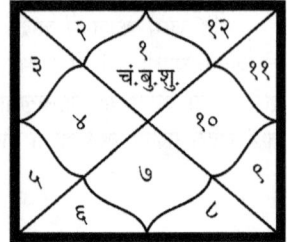

यदि जन्म-काल में चन्द्र, बुध और शनि की युति हो, तो जातक विनम्र, संपूर्ण कलाओं में कुशल, श्रेष्ठ बुद्धि वाला, विश्वप्रसिद्ध, राजाओं को प्रिय, नगर अथवा ग्राम पर आधिपत्य रखने वाला, महा विद्वान, प्रियवादी, पंडित तथा लंबे शरीर वाला होता है।

चन्द्र, बुध और शनि

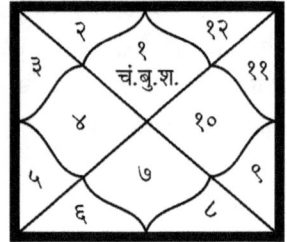

यदि जन्म-काल में चन्द्र, गुरु और शुक्र की युति हो, तो जातक की माता अत्यन्त सुशील होती है। वह विद्वान, सब कलाओं का ज्ञाता, मंत्रज्ञ एवं शास्त्रज्ञ, सुन्दर शरीर वाला, चतुर तथा राजाओं को प्रिय होता है।

चन्द्र, गुरु और शुक्र

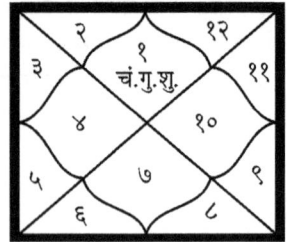

यदि जन्म-काल में चन्द्र, गुरु और शनि की युति हो, तो जातक स्वस्थ शरीर वाला, शास्त्रज्ञ, व्यवहार-कुशल, स्त्रियों को प्रिय, राजा द्वारा सम्मानित अत्यन्त चतुर तथा उच्च अधिकारी होता है।

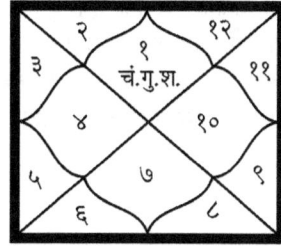

चन्द्र, गुरु और शनि

यदि जन्म-काल में चन्द्र, शुक्र और शनि की युति हो, तो जातक वेदज्ञ, चित्रकार, लेखक, धनी, धर्मात्मा, सुंदर शरीर वाला तथा पुरोहितों में श्रेष्ठ होता है।

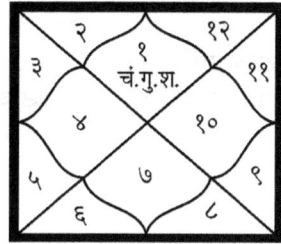

चन्द्र, शुक्र और शनि

यदि जन्म-काल में मंगल, बुध और गुरु की युति हो, तो जातक प्रतापी, संगीतज्ञ, परोपकारी, श्रेष्ठ कवि, चतुर, स्त्रियों को प्रिय, परहित साधन करने वाला तथा अपने कुल में राजा के समान होता है।

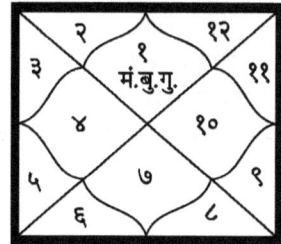

मंगल, बुध और गुरु

यदि जन्म-काल में मंगल, बुध और शुक्र की युति हो, तो जातक दुर्बल शरीर वाला, अत्यन्त उत्साही, बहुत बोलने वाला, ढीठ, धनी, चंचल, हीन कुल में उत्पन्न, संतुष्ट तथा अंगहीन होता है।

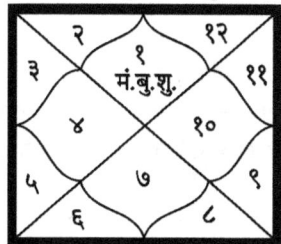

मंगल, बुध और शुक्र

यदि जन्म-काल में मंगल, बुध और शनि की युति हो, तो जातक डरपोक एवं दुर्बल शरीर, परदेश में रहने वाला, वन में रहने की इच्छा रखने वाला, बुरे नेत्रों वाला, सहिष्णु, अत्यधिक कष्ट भोगने वाला, नेत्र-रोगी, मुख-रोगी, हास्य-प्रिय तथा दूतकर्म करने वाला होता है।

मंगल, बुध और शनि

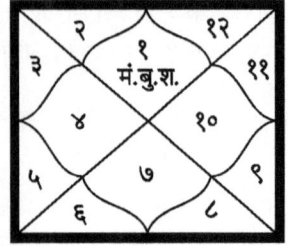

यदि जन्म-काल में मंगल, गुरु और शुक्र की युति हो, तो जातक सुखी, सबको प्रसन्न करने वाला, राजा का प्रिय, उत्तम स्त्री तथा पुत्रों वाला एवं श्रेष्ठ जनों द्वारा सम्मानित होता है।

मंगल, गुरु और शुक्र

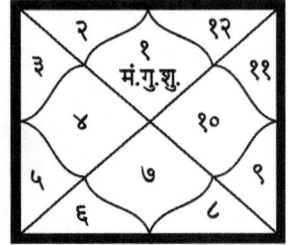

यदि जन्म-काल में मंगल, गुरु और शनि की युति हो, तो जातक कृश शरीर, दुराचारी, निर्धन, मित्रों द्वारा निंदित, परन्तु राज्य द्वारा कृपापात्र तथा बुरे कर्म करने वाला होता है।

मंगल, गुरु और शनि

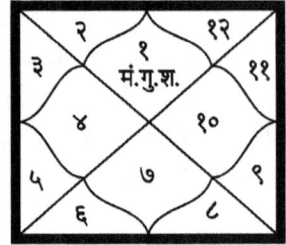

यदि जन्म-काल में मंगल, शुक्र और शनि की युति हो, तो जातक स्त्री के सुख से रहित, परदेश में रहने वाला, सदैव दुःख भोगने वाला, परन्तु स्वयं अच्छे स्वभाव वाला होता है।

मंगल, शुक्र और शनि

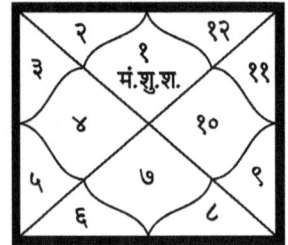

यदि जन्म-काल में बुध, गुरु और शुक्र की युति हो, तो जातक सुंदर शरीर वाला, राजा द्वारा सम्मानित, शत्रुओं को परास्त करने वाला, परम यशस्वी, सत्यवादी तथा सदैव प्रसन्न रहने वाला होता है।

बुध, गुरु और शुक्र

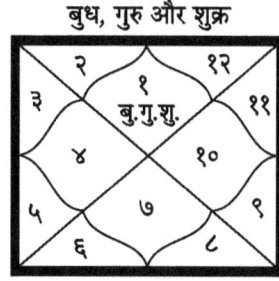

यदि जन्म-काल में बुध, गुरु और शनि की युति हो, तो जातक बड़ा धनी, शीलवान, श्रेष्ठ वस्त्राभूषण वाला सेवक एवं वाहनों से युक्त, भाग्यवान, पंडित, सुखी, धैर्यवान तथा उत्तम स्त्री का पति होता है।

बुध, गुरु और शनि

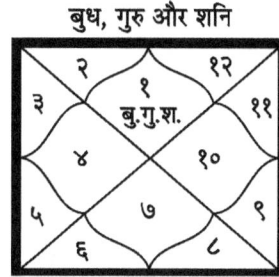

यदि जन्म-काल में बुध, शुक्र और शनि की युति हो, तो जातक चुगलखोर, नीच लोगों के साथ रहने वाला, पर-स्त्रीगामी, कलाओं का जानकार, मिथ्यावादी, धूर्त, आचार-रहित, दूर देशों की यात्रा करने वाला, धैर्यवान तथा स्वदेश-प्रेमी होता है।

बुध, शुक्र और शनि

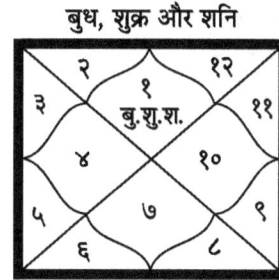

यदि जन्म-काल में गुरु, शुक्र और शनि की युति हो, तो जातक नीच कुल में जन्म लेने पर भी सुशील, राजा के समान प्रतापी, धनी, यशस्वी तथा निर्मल चित्त वाला होता है। वह अत्यन्त कीर्ति अर्जित करता है तथा भूमि का स्वामी होता है।

गुरु, शुक्र और शनि

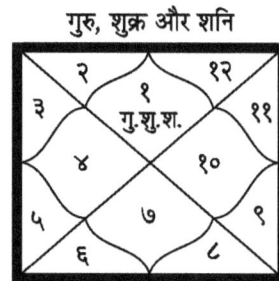

चार ग्रहों की युति

चार ग्रहों की युति का प्रभाव नीचे लिखे अनुसार समझना चाहिए—

यदि जन्म-काल में सूर्य, चन्द्र, मंगल और बुध की युति हो, तो जातक चुगलखोर, चोरी करने वाला, व्यर्थ बोलने वाला, मायावी, सब काम करने में सक्षम, चित्रकार, लेखक, मुखरोगी तथा भाषा पर अधिकार रखने वाला होता है।

सूर्य, चन्द्र, मंगल और बुध

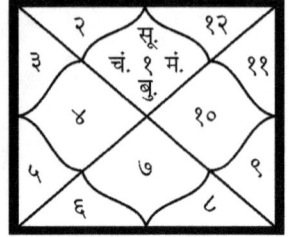

२	सू. चं. १ मं. बु.	१२
३		११
४		१०
५	७	९
	६	८

यदि जन्म-काल में सूर्य, चन्द्र, मंगल और गुरु की युति हो, तो जातक शिल्पशास्त्र का ज्ञाता, बड़े नेत्रों वाला, स्वर्ण के समान कांतिमान शरीर वाला, बलवान, सब काम करने में कुशल, तेजस्वी, धनवान, शोक-रहित तथा नीतिज्ञ होता है।

सूर्य, चन्द्र, मंगल और गुरु

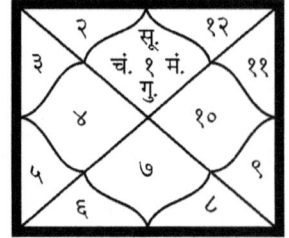

२	सू. चं. १ मं. गु.	१२
३		११
४		१०
५	७	९
	६	८

यदि जन्म-काल में सूर्य, चन्द्र, मंगल और शुक्र की युति हो, तो जातक शास्त्र के अर्थ को जानने वाला, पुत्र तथा स्त्री के सुख से संपन्न, बहुत बोलने वाला, विद्वान, धनवान तथा भाषण, वाक्पटुता, वकालत आदि वाणी से सम्बन्धित कार्यों द्वारा जीविकोपार्जन करने वाला होता है। परन्तु कुछ विद्वानों के मतानुसार ऐसा व्यक्ति चोर, खोटे चित्त वाला, निर्लज्ज, परस्त्री-गामी तथा धनहीन होता है।

सूर्य, चन्द्र, मंगल और शुक्र

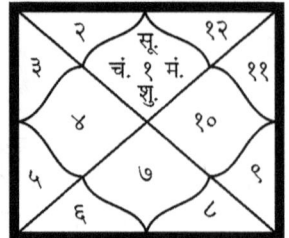

२	सू. चं. १ मं. शु.	१२
३		११
४		१०
५	७	९
	६	८

यदि जन्म-काल में सूर्य, चन्द्र, मंगल और शनि की युति हो, तो जातक बौने अथवा विषम शरीर वाला, धनहीन, मूर्ख, भिक्षा द्वारा आजीविका करने वाला, दुर्बल शरीर वाला तथा दरिद्र होता है।

सूर्य, चन्द्र, मंगल और शनि

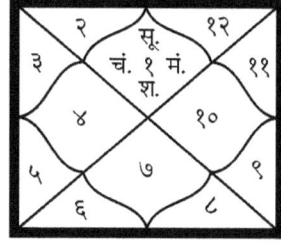

यदि जन्म-काल में सूर्य, चन्द्र, बुध और गुरु की युति हो, तो जातक शोक-रहित, तेजस्वी, परमधनी, नीतिशास्त्र में कुशल, शिल्पज्ञ, रोगहीन, सुंदर नेत्रों वाला तथा गौर वर्ण शरीर वाला होता है।

सूर्य, चन्द्र, बुध और गुरु

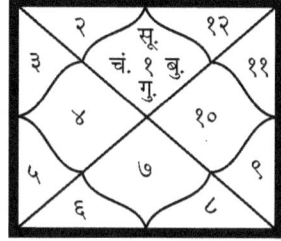

यदि जन्म-काल में सूर्य, चन्द्र, बुध और शुक्र की युति हो, तो जातक छोटे कद वाला, सुंदर, राज्य द्वारा सम्मान प्राप्त, सुवक्ता, कान्तिमान, परन्तु विकल बना रहने वाला होता है।

सूर्य, चन्द्र, बुध और शुक्र

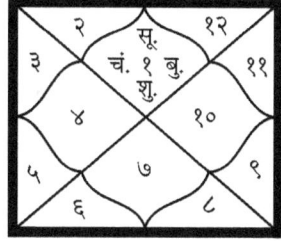

यदि जन्म-काल में सूर्य, चन्द्र, बुध और शनि की युति हो, तो जातक माता-पिता से हीन, निर्धन, दरिद्र, भिक्षुक, नेत्र-रोगी तथा कुटुंब-रहित होता है।

सूर्य, चन्द्र, बुध और शनि

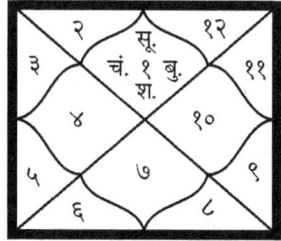

सूर्य, चन्द्र, गुरु और शुक्र

यदि जन्म-काल में सूर्य, चन्द्र, गुरु और शुक्र की युति हो, तो जातक जल, मृग एवं वन में प्रीति रखने वाला, सुखी, गुणी तथा राजाओं द्वारा सम्मानित होता है।

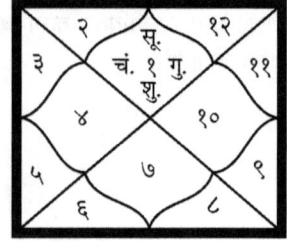

सूर्य, चन्द्र, गुरु और शनि

यदि जन्म-काल में सूर्य, चन्द्र, गुरु और शनि की युति हो, तो जातक बहुत पुत्रों वाला, पतले शरीर तथा सुंदर नेत्रों वाला, धनी, स्त्री का प्रिय, यशस्वी, प्रतापी तथा सर्वत्र सम्मान प्राप्त करने वाला होता है।

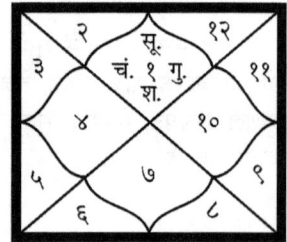

सूर्य, चन्द्र, शुक्र और शनि

यदि जन्म-काल में सूर्य, चन्द्र, शुक्र और शनि की युति हो, तो जातक अत्यन्त दुर्बल शरीर वाला, स्त्रियों के समान आचरण करने वाला, डरपोक परन्तु लोगों का अगुआ होता है।

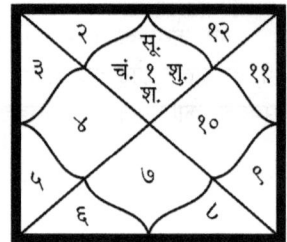

सूर्य, मंगल, बुध और गुरु

यदि जन्म-काल में सूर्य, मंगल, बुध और गुरु की युति हो, तो जातक पराई स्त्रियों में रमण करने वाला, देवता तथा ब्राह्मणों का सेवक, विजयी, शूर-वीर, चक्रधारी तथा सूत बनाने में कुशल अथवा सूत का व्यवसाय करने वाला होता है।

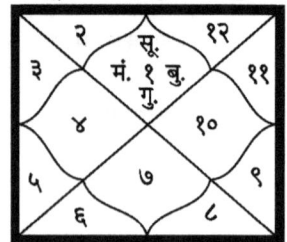

यदि जन्म-काल में सूर्य, मंगल, बुध और शुक्र की युति हो, तो जातक निर्लज्ज, चोर, दुर्जन, विषम अंगों वाला, परस्त्री-गामी, देवता तथा ब्राह्मणों की सेवा करने वाला तथा सदैव विजय प्राप्त करने वाला होता है।

सूर्य, मंगल, बुध और शुक्र

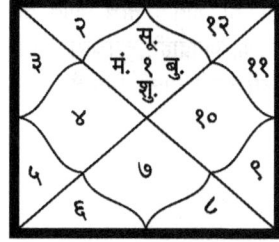

यदि जन्म-काल में सूर्य, मंगल, बुध और शनि की युति हो, तो जातक कवि, योद्धा, राजा अथवा मंत्री, प्रतापी, नीच आचरण करने वाला, अस्त्र-शस्त्रों का ज्ञाता तथा नीच पुरुषों की संगति में रहने वाला होता है।

सूर्य, मंगल, बुध और शनि

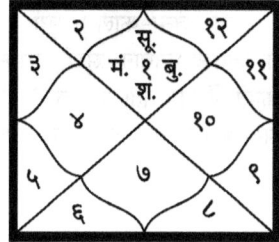

१५००

यदि जन्म-काल में सूर्य, मंगल, गुरु और शुक्र की युति हो, तो जातक राजा द्वारा सम्मान प्राप्त, अत्यन्त धनी, यशस्वी, सुन्दर शरीर वाला, नीतिज्ञ तथा मनुष्यों का पालन करने वाला होता है।

सूर्य, मंगल, गुरु और शुक्र

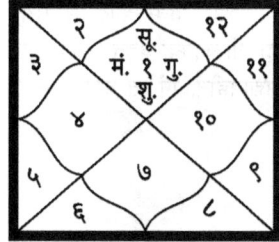

यदि जन्म-काल में सूर्य, मंगल, गुरु और शनि की युति हो, तो जातक मनुष्यों में श्रेष्ठ, राजा द्वारा पूजित, सब कामों में सफलता पाने वाला, सुप्रसिद्ध सेनापति, मंत्री, धनी, अन्न का संचय करने वाला तथा दयालु स्वभाव का होता है।

सूर्य, मंगल, गुरु और शनि

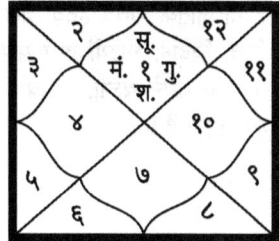

यदि जन्म-काल में सूर्य, मंगल, शुक्र और शनि की युति हो, तो जातक नीच जाति के मनुष्यों को अपने साथ रखने वाला, जनद्रोही, दुराचारी, मूर्ख, कटुभाषी, मांसाहारी तथा नीच कर्म करने वाला होता है।

सूर्य, मंगल, शुक्र और शनि

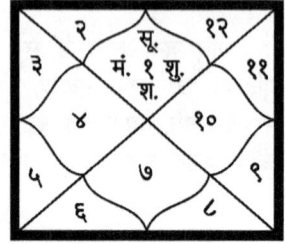

यदि जन्म-काल में सूर्य, बुध, गुरु और शुक्र की युति हो, तो जातक धनवान, सुखी, प्रसन्न रहने वाला, बुद्धिमान, सब कामों में सफलता पाने वाला, विनयी, मानी, राजा के समान सुख भोगने वाला तथा स्त्री-पुत्रादि से युक्त होता है।

सूर्य, बुध, गुरु और शुक्र

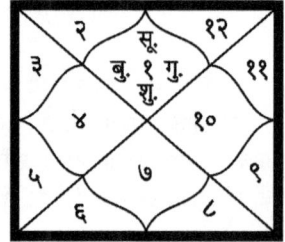

यदि जन्म-काल में सूर्य, बुध, गुरु और शनि की युति हो, तो जातक बहुत भाइयों वाला, नपुंसक के समान, झगड़ालू, उद्योगहीन, निंदित कर्म करने वाला तथा मानी होता है।

सूर्य, बुध, गुरु और शनि

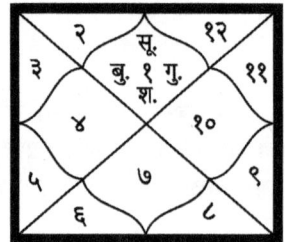

यदि जन्म-काल में सूर्य, बुध, शुक्र और शनि की युति हो, तो जातक पवित्र हृदय वाला, सवक्ता, मित्रों वाला, सुंदर, पंडित, विद्वान, भाइयों द्वारा सम्मानित, पुत्र तथा स्त्री के सुख को प्राप्त करने वाला, पवित्र विचारों वाला, भाग्यशाली तथा सुखी होता है।

सूर्य, बुध, शुक्र और शनि

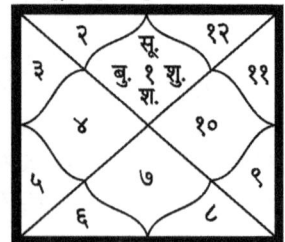

यदि जन्म-काल में सूर्य, गुरु, शुक्र और शनि की युति हो, तो जातक लोभी, सुखी, शिल्पज्ञ, कवि, राजा का प्रिय, परम कृपण, परन्तु करुणा से पूर्ण हृदय वाला होता है।

सूर्य, गुरु, शुक्र और शनि

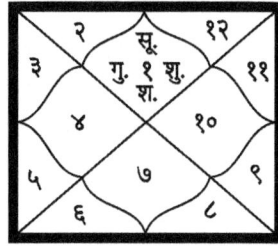

यदि जन्म-काल में चन्द्र, मंगल, बुध और गुरु की युति हो, तो जातक शास्त्रज्ञ, मनुष्यों में श्रेष्ठ, परम विद्वान, बुद्धिमान, लोकपूजित, सत्यवादी, राजा का कृपा-पात्र तथा सुखी जीवन व्यतीत करने वाला होता है।

चन्द्र, मंगल, बुध और गुरु

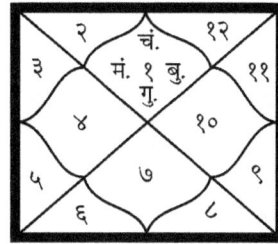

यदि जन्म-काल में चन्द्र, मंगल, बुध और शुक्र की युति हो तो जातक की स्त्री कुलटा होती है, वह नींद में समय बिताने वाला झगड़ालू, नीच प्रकृति का, बन्धु-द्वेषी, वेद तथा शास्त्रों का निंदक, भाइयों से द्रोह करने वाला तथा नीच मनुष्यों से प्रेम करने वाला होता है।

चन्द्र, मंगल, बुध और शुक्र

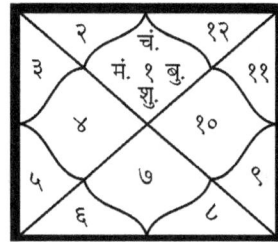

यदि जन्म-काल में चन्द्र, मंगल, बुध और शनि की युति हो, तो जातक वीर-वंश में जन्म लेने वाला, दो माताओं वाला, स्त्री-पुत्र तथा मित्रादि से युक्त, सुखी जीवन व्यतीत करने वाला तथा साहसी होता है।

चन्द्र, मंगल, बुध और शनि

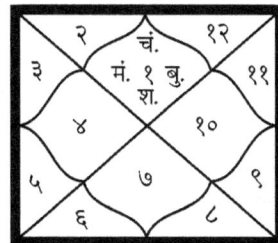

यदि जन्म-काल में चन्द्र, मंगल, गुरु और शुक्र की युति हो, तो जातक अंगहीन, साहसी, धनी, मानी, पंडित, पुत्रवान, नीतिज्ञ परन्तु विकल बना रहने वाला होता है।

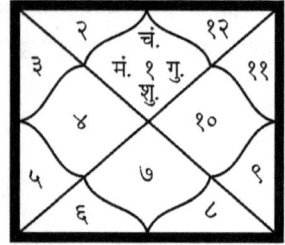

चन्द्र, मंगल, गुरु और शुक्र

यदि जन्म-काल में चन्द्र, मंगल, गुरु और शनि की युति हो, तो जातक बहरा, उन्मादी, धनवान, अपने वचन का पालन करने वाला, शूर-वीर, पंडित, सत्यवादी, सदैव आनंदित रहने वाला, राज्य द्वारा सम्मानित दयालु, परन्तु नीच मनुष्यों के साथ रहने वाला होता है।

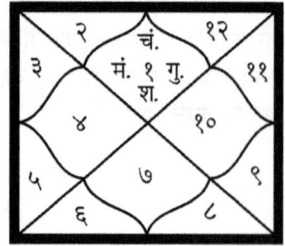

चन्द्र, मंगल, गुरु और शनि

यदि जन्म-काल में चन्द्र, मंगल, शुक्र और शनि की युति हो, तो जातक मलिन, कुलटा स्त्री का पति, उद्वेगी, जुआरी, मद्य-मांस का सेवन करने वाला, सर्प जैसी आंखों वाला, महा ढीठ, कुल का वंचक, सबका शत्रु तथा दरिद्री होता है। वह वीर वंश में जन्म लेकर भी वीर नहीं होता।

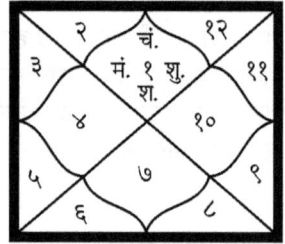

चन्द्र, मंगल, शुक्र और शनि

यदि जन्म-काल में चन्द्र, गुरु, शुक्र और बुध की युति हो, तो जातक सुन्दर शरीर वाला, धनी, मात-पिता से रहित, शत्रु-विहीन, पंडित, दयालु, चतुर, दानी तथा शास्त्रज्ञ होता है।

चन्द्र, गुरु, शुक्र और शनि

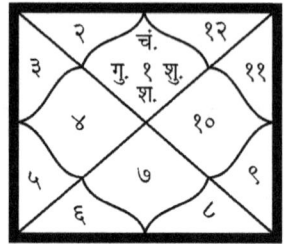

चन्द्र, गुरु, शनि और बुध

यदि जन्म-काल में चन्द्र, गुरु, शनि और बुध की युति हो, तो जातक कवि, तेजस्वी, बन्धु-बान्धवों का प्रिय, राज्य-मंत्री, धर्मात्मा, यशस्वी, ज्ञानी, इन्द्रियजित तथा सब लोगों को प्रिय होता है।

चन्द्र, बुध, शुक्र और शनि

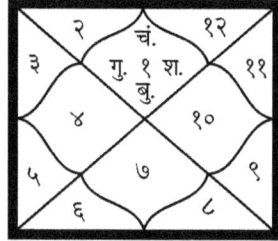

यदि जन्म-काल में चन्द्र, बुध, शुक्र और शनि की युति हो, तो जातक नेत्र-रोगी, राजा द्वारा सम्मानित, धनी, गांव का स्वामी तथा अनेक पत्नियों वाला होता है।

चन्द्र, गुरु, शुक्र और शनि

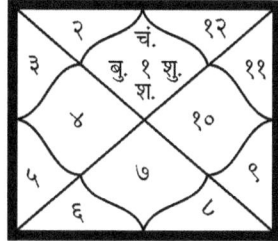

यदि जन्म-काल में चन्द्र, गुरु, शुक्र और शनि की युति हो, तो जातक पंडित, पर-स्त्रीगामी, दूसरों की सहायता करने वाला पुरुषों में श्रेष्ठ तथा धनहीन होता है। उसकी पत्नी का शरीर मोटा होता है। कुछ विद्वानों के मतानुसार वह स्वयं ही स्थूल देह वाला, चतुर तथा धर्मात्मा होता है।

मंगल, बुध, गुरु और शुक्र

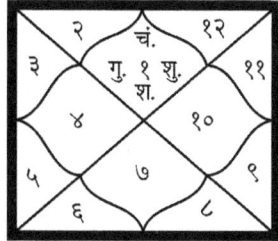

यदि जन्म-काल में मंगल, बुध, गुरु और शुक्र की युति हो, तो जातक स्त्री से कलह करने वाला, सुशील, धनी, दयालु, राजमान्य, स्वस्थ शरीर वाला तथा लोकप्रिय होता है।

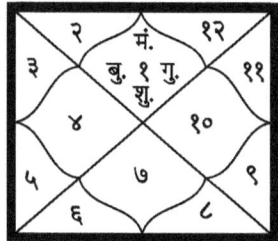

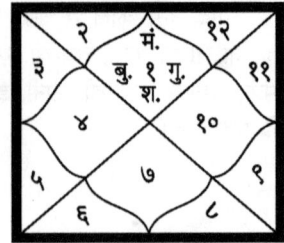

मंगल, बुध, गुरु और शनि

यदि जन्म-काल में मंगल, बुध, गुरु और शनि की युति हो, तो जातक शूर-वीर, सत्यवादी, पवित्र हृदय वाला, धैर्यवान, सुवक्ता, विद्वान, विनम्र, परन्तु धन-हीन होता है।

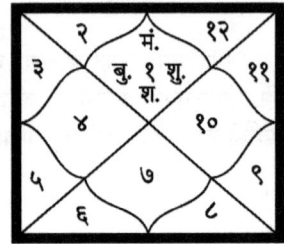

मंगल, बुध, शुक्र और शनि

यदि जन्म-काल में मंगल, बुध, शुक्र और शनि की युति हो, तो जातक पुष्ट शरीर वाला, मधुर-भाषी, मल्ल-विद्या में निपुण, धनहीन, कुत्तों को पालने वाला तथा लोक में प्रसिद्धि प्राप्त करने वाला होता है।

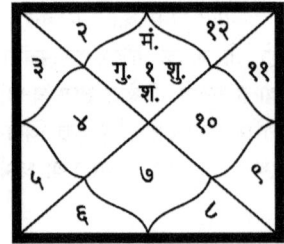

मंगल, गुरु, शुक्र और शनि

यदि जन्म-काल में मंगल, गुरु, शुक्र और शनि की युति हो, तो जातक मानी, धूर्त, विषयी, परस्त्री-गामी, धनी, विनम्र, साहसी, विद्वान तथा श्रेष्ठ मनुष्यों का प्रिय होता है।

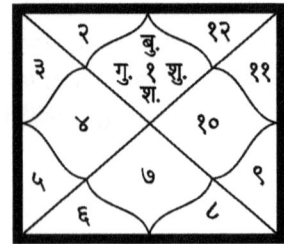

बुध, गुरु, शुक्र और शनि

यदि जन्म-काल में बुध, गुरु, शुक्र और शनि की युति हो, तो जातक वेद-वेदांग का ज्ञाता, मेधावी, शस्त्र विद्या में स्नेह रखने वाला तथा विषय वासना में लीन रहने वाला कामी पुरुष होता है।

पांचों ग्रहों की युति

पांच ग्रहों की युति का प्रभाव नीचे लिखे अनुसार समझना चाहिए—

सूर्य, चन्द्र, मंगल, बुध और गुरु

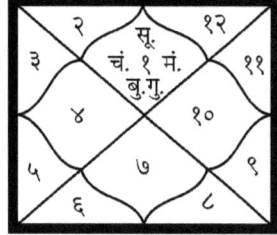

यदि जन्म-काल में सूर्य, चन्द्र, मंगल, बुध और गुरु की युति हो, तो जातक की पत्नी दुष्ट स्वभाव वाली होती है, जिसके कारण वह सदैव उद्विग्न बना रहता है। ऐसा व्यक्ति स्त्रीहीन भी हो सकता है। साथ ही वह दुष्ट, क्रोधी, छली तथा सदैव दु:खी रहने वाला होता है।

सूर्य, चन्द्र, मंगल, बुध और शुक्र

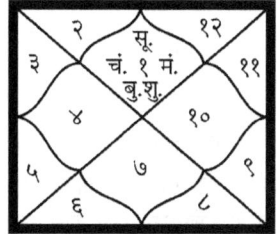

यदि जन्म-काल में सूर्य, चन्द्र, मंगल, बुध और शुक्र की युति हो, तो जातक बन्धु-हीन, असत्य बोलने वाला, दूसरों का काम करने वाला, हिजड़ों के समान आकृति वाला, परन्तु दयालु स्वभाव का होता है।

सूर्य, चन्द्र, मंगल, बुध और शनि

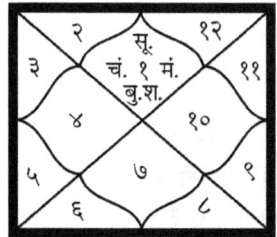

यदि जन्म-काल में सूर्य, चन्द्र, मंगल, बुध और शनि की युति हो, तो जातक स्त्री-पुत्रादि से रहित, चोर, सदैव दु:ख भोगने वाला, बंधन (कैद) को प्राप्त करने वाला और प्राय: थोड़ी आयु तक ही जीवित रहने वाला होता है।

सूर्य, चन्द्र, मंगल, गुरु और शुक्र

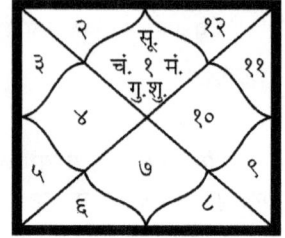

२
सू.
चं. १ मं.
गु.शु.
१२
३
११
४
१०
५
७
९
६
८

यदि जन्म-काल में सूर्य, चन्द्र, मंगल, गुरु और शुक्र की युति हो, तो जातक माता-पिता के सुख से रहित, नेत्र रोगी, दु:खी, हाथी से प्रेम रखने वाला, संगीतज्ञ अथवा जन्मांध होता है।

सूर्य, चन्द्र, मंगल, गुरु और शनि

२
सू.
चं. १ मं.
गु.श.
१२
३
११
४
१०
५
७
९
६
८

यदि जन्म-काल में सूर्य, चन्द्र, मंगल, गुरु और शनि की युति हो, तो जातक पराये धन का अपहरण करने वाला, व्यसनी, सज्जनों का वैरी, वृक्ष के समान आकृति वाला, दुष्ट, झगड़ालू, डरपोक तथा दूसरों को दु:ख देने वाला होता है।

सूर्य, चन्द्र, मंगल, शुक्र और शनि

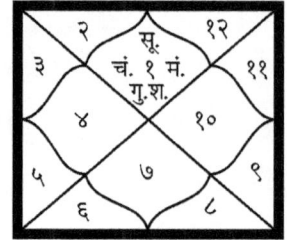

२
सू.
चं. १ मं.
शु.श.
१२
३
११
४
१०
५
७
९
६
८

यदि जन्म-काल में सूर्य, चन्द्र, मंगल, शुक्र और शनि की युति हो, तो जातक सबका द्वेषी, धनहीन, अधर्मी, आचार-विचार-रहित तथा परस्त्री-गामी होता है।

सूर्य, चन्द्र, बुध, गुरु और शुक्र

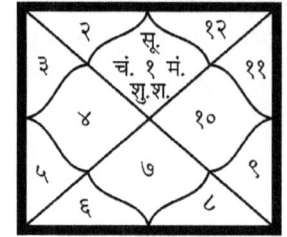

२
सू.
चं. १ बु.
गु.शु.
१२
३
११
४
१०
५
७
९
६
८

यदि जन्म-काल में सूर्य, चन्द्र, बुध, गुरु और शुक्र की युति हो, तो जातक न्यायाधीश, राजमन्त्री, धनी, यशस्वी, चतुर, राजा द्वारा सम्मानित तथा सर्वत्र प्रशंसित होता है।

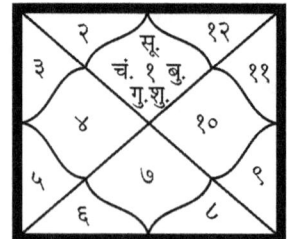

सूर्य, चन्द्र, बुध, गुरु और शनि

यदि जन्म-काल में सूर्य, चन्द्र, बुध, गुरु और शनि की युति हो, तो जातक पराए अन्न पर निर्वाह करने वाला, ऋण-ग्रस्त, दुष्टकर्मों को करने वाला, धर्म-द्वेष, कायर, वेश्यागामी, उन्मादी, उग्र स्वभाव वाला, अपने मित्रों के कारण दुःखी तथा धूर्त होता है।

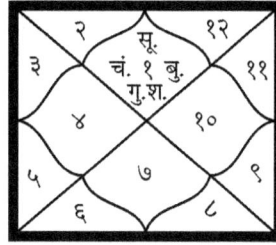

सूर्य, चन्द्र, बुध, शुक्र और शनि

यदि जन्म-काल में सूर्य, चन्द्र, बुध, शुक्र और शनि की युति हो, तो जातक धन, संतान, मित्र तथा सुख से हीन, उत्साही तथा रोगी शरीर वाला होता है। उसका कद लंबा होता है तथा शरीर पर रोयें अधिक होते हैं।

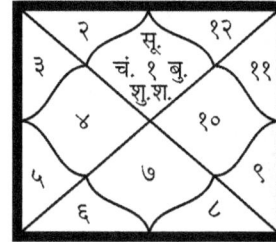

सूर्य, चन्द्र, गुरु, शुक्र और शनि

यदि जन्म-काल में सूर्य, चन्द्र, गुरु, शुक्र और शनि की युति हो, तो जातक इंद्रजाल-विद्या का जानकार, पंडित, समर्थ, निर्भय, चंचल स्वभाव वाला, सुवक्ता, स्त्रियों का प्रिय, पापी, वाक्छल में प्रवीण तथा शत्रुओं द्वारा पीड़ित होता है।

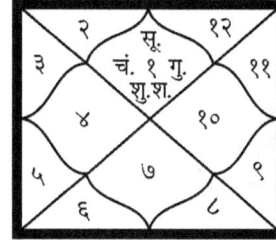

सूर्य, मंगल, बुध, गुरु और शुक्र

यदि जन्म-काल में सूर्य, मंगल, बुध, गुरु और शुक्र की युति हो, तो जातक स्वच्छ एवं सुंदर शरीर वाला, समर्थ, कामी, धीर, राजा का प्रिय, सेनापति, बहुत से घोड़े रखने वाला, यशस्वी, धन-धान्य तथा सेवकों से युक्त होता है।

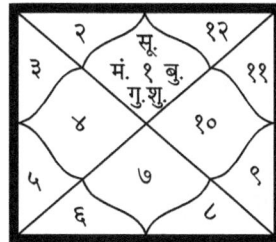

सूर्य, मंगल, बुध, गुरु और शनि

यदि जन्म-काल में सूर्य, मंगल, बुध, गुरु और शनि की युति हो, तो जातक रोगी, मलिन, उद्विग्न चित्त वाला, जर्जर शरीर वाला, भिक्षुक, जड़, पुत्रवान तथा अल्प धन वाला होता है।

सूर्य, मंगल, बुध, शुक्र और शनि

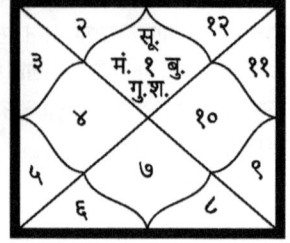

यदि जन्म-काल में सूर्य, मंगल, बुध, शुक्र और शनि की युति हो, तो जातक रोग तथा शत्रुओं से ग्रस्त, स्थान-भ्रष्ट, विकल, बुभुक्षित, दुःखी तथा दरिद्र होता है।

सूर्य, मंगल, गुरु, शुक्र और शनि

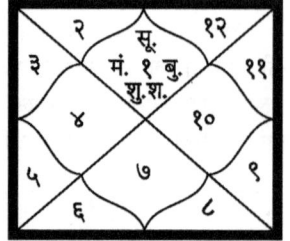

यदि जन्म-काल में सूर्य, मंगल, गुरु, शुक्र और शनि की युति हो, तो जातक धातु, यंत्र एवं रसायन के कामों में प्रवीण तथा प्रसिद्धि प्राप्त करने वाला, विद्वान, विचारवान, धनी, भाई-बन्धुओं से युक्त तथा तपस्वी होता है।

सूर्य, बुध, गुरु, शुक्र और शनि

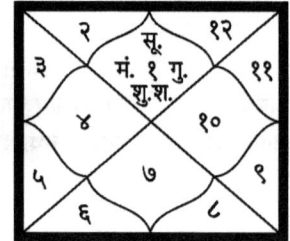

यदि जन्म-काल में सूर्य, बुध, गुरु, शुक्र और शनि की युति हो, तो जातक मित्रों का प्रिय, माता, पिता तथा गुरुजनों का भक्त, दयालु, धर्मात्मा, शस्त्रज्ञ, सुवक्ता, धनी तथा सेनापति होता है।

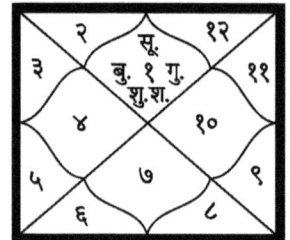

यदि जन्म-काल में चन्द्र, मंगल, बुध, गुरु और शुक्र की युति हो, तो जातक सज्जन, विद्वान, बहुत पुत्रों वाला, मित्रवान, धनवान, अच्छे स्वभाव वाला, निष्पाप तथा सुखी जीवन व्यतीत करने वाला होता है।

चन्द्र, मंगल, बुध, गुरु और शुक्र

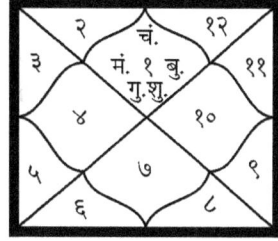

यदि जन्म-काल में चन्द्र, मंगल, बुध, गुरु और शनि की युति हो, तो जातक दूसरों से अन्न की याचना करने वाला, मलिन, पराई सेवा करने वाला ब्राह्मण तथा रतौंधी रोग से युक्त होता है।

चन्द्र, मंगल, बुध, गुरु और शनि

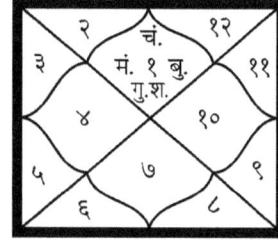

यदि जन्म-काल में चन्द्र, मंगल, बुध, शुक्र और शनि की युति हो, तो जातक कुरूप, मलिन, मूर्ख, नपुंसक, निर्धन, मित्रों से वैर रखने वाला, दुष्टकर्म तथा पराई निंदा करने वाला तथा कठोर हृदय वाला होता है।

चन्द्र, मंगल, बुध, शुक्र और शनि

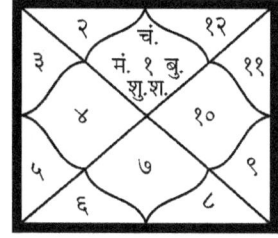

यदि जन्म-काल में चन्द्र, मंगल, गुरु, शुक्र और शनि की युति हो, तो जातक के बहुत से मित्र तथा बहुत से शत्रु होते हैं। वह दुष्ट स्वभाव वाला, दूसरों को कष्ट देने वाला, मलिन, पराई सेवा करने वाला, परन्तु विद्वान होता है।

चन्द्र, मंगल, गुरु, शुक्र और शनि

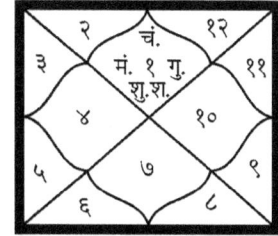

चन्द्र, बुध, गुरु, शुक्र और शनि

यदि जन्म-काल में चन्द्र, बुध, गुरु, शुक्र और शनि की युति हो, तो जातक राजा का मंत्री, लोक में पूजित, अत्यन्त गुणवान, गणाधीश, धनी, सुखी तथा यशस्वी होता है।

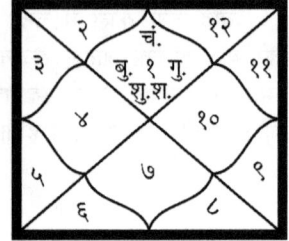

मंगल, बुध, गुरु, शुक्र और शनि

यदि जन्म-काल में मंगल, बुध, गुरु, शुक्र और शनि की युति हो, तो जातक तामसी स्वभाव वाला, चंचल, आलसी, अधिक सोने वाला, पवित्र-वक्ता, दीर्घायु राजा तथा अन्य मनुष्यों को प्रिय, धनी तथा सुखी होता है।

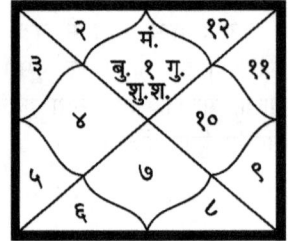

छः ग्रहों की युति

छः ग्रहों की युति का फलादेश नीचे लिखे अनुसार समझना चाहिए—

सूर्य, चन्द्र, मंगल, बुध, गुरु और शुक्र

यदि जन्म-काल में सूर्य, चन्द्र, मंगल, बुध, गुरु और शुक्र की युति हो, तो जातक धन-धान्य, विद्या तथा धर्म से युक्त, कम बोलने वाला, अत्यन्त भोगी, भाग्यवान, यशस्वी तथा सुखी जीवन व्यतीत करने वाला होता है।

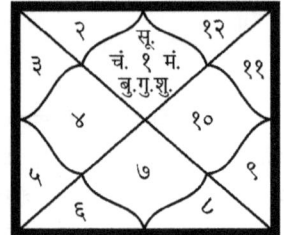

यदि जन्म-काल में सूर्य, चन्द्र, मंगल, बुध, गुरु और शनि की युति हो, तो जातक दयालु, चंचल स्वभाव का, शुद्ध अंत:करण वाला, परोपकारी, वन में विचरण करने वाला तथा विवाद में विजय प्राप्त करने वाला होता है।

सूर्य, चन्द्र, मंगल, बुध, गुरु और शनि

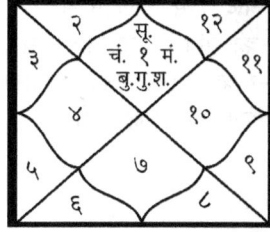

यदि जन्म-काल में सूर्य, चन्द्र, मंगल, बुध, शुक्र और शनि की युति हो, तो जातक प्रत्येक काम में संशय करने वाला, मानी, सुप्रसिद्ध, संग्राम अथवा विवाद में विजय प्राप्त करने वाला, चिंतित, वनों तथा पर्वतों में विचरण करने वाला एवं घातक स्वभाव वाला होता है।

सूर्य, चन्द्र, मंगल, बुध, शुक्र और शनि

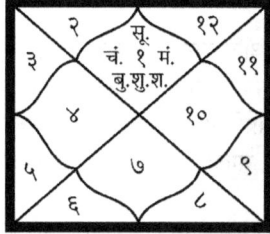

यदि जन्म-काल में सूर्य, चन्द्र, मंगल, गुरु, शुक्र और शनि की युति हो, तो जातक युद्ध करने के लिए उद्यत, क्रोधी, कृपण, धनी, सुखी, राजाओं का कृपापात्र, ग्राम का पूज्य, लोभी, सुन्दर, तथा स्त्रियों को प्रिय होता है।

सूर्य, चन्द्र, मंगल, गुरु, शुक्र और शनि

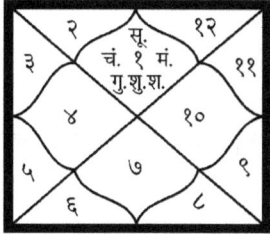

यदि जन्म-काल में सूर्य, चन्द्र, बुध, गुरु, शुक्र और शनि की युति हो, तो जातक स्त्रीविहीन, धनहीन, राजमंत्री, क्षमाशील, धर्मज्ञ, वेदज्ञ, राजा द्वारा सम्मानित, दयालु तथा सुप्रसिद्ध व्यक्ति होता है।

सूर्य, चन्द्र, बुध, गुरु, शुक्र और शनि

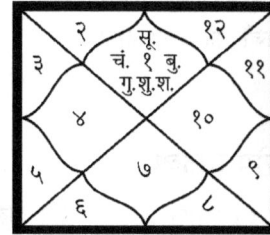

सूर्य, मंगल, बुध, गुरु, शुक्र और शनि

यदि जन्म-काल में सूर्य, मंगल, बुध, गुरु, शुक्र और शनि की युति हो, तो जातक धन, स्त्री तथा पुत्र से रहित, तीर्थ-यात्रा करने वाला, वनवासी, ब्रह्म-विद्या का ज्ञाता, क्षमाशील तथा भिक्षुक होता है।

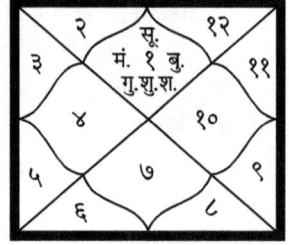

चन्द्र, मंगल, बुध, गुरु, शुक्र और शनि

यदि जन्म-काल में चन्द्र, मंगल, बुध, गुरु, शुक्र और शनि की युति हो, तो जातक राजमान्य, धनी, गुणवान, विश्वप्रसिद्ध, अनेक स्त्रियों वाला, राजा का मंत्री, पवित्र हृदय वाला, आलसी तथा यशस्वी होता है।

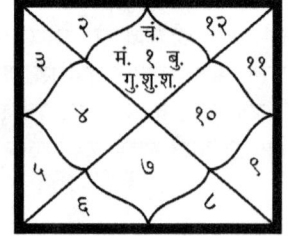

सात ग्रहों की युति

सात ग्रहों की युति का फलादेश नीचे लिखे अनुसार समझना चाहिए—

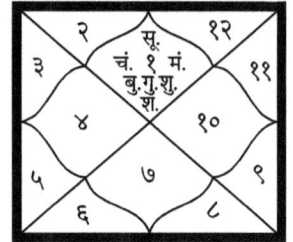

यदि जन्म-काल में सूर्य, चन्द्र, मंगल, बुध, गुरु, शुक्र और शनि इन सातों ग्रहों की युति हो, तो जातक सूर्य के समान तेजस्वी, राजाओं द्वारा सम्मानित, दानी, धनी तथा शिवजी का भक्त होता है।

विशेष ज्ञातव्य

(१) तीन ग्रहों की युति वाली जन्म-कुण्डली में, जन्म के समय चन्द्र किसी पाप ग्रह के साथ हो, तो जातक की माता की मृत्यु होने की संभावना रहती है। इसी प्रकार यदि सूर्य पाप

ग्रहों से युक्त हो, तो पिता की मृत्यु की संभावना रहती है। यदि चन्द्र शुभ ग्रहों के साथ बैठा हो, तो वह शुभ फल देता है और यदि शुभ ग्रह तथा पाप ग्रह दोनों के साथ बैठा हो, तो मिश्रित फल देता है। यही बात सूर्य के विषय में भी समझ लेनी चाहिए।

(२) यदि जन्म के समय तीन शुभ ग्रहों की युति हो तो जातक सुखी जीवन व्यतीत करता है। परन्तु यदि तीन पाप ग्रह एक साथ बैठे हों, तो जातक का संपूर्ण जीवन दु:खी बना रहता है और वह सर्वत्र निंदित होता है।

(३) जन्म-समय में यदि ५ अथवा ६ ग्रह एक ही भाव में बैठे हों, तो ऐसा जातक प्राय: दरिद्र और मूर्ख होता है।

(४) जिस प्रकार दो-तीन आदि ग्रहों की युति का फलादेश कहा गया है, उसी प्रकार यदि जन्म-कुण्डली के किसी भाव में बैठे हुए ग्रह को दो-तीन अथवा अधिक ग्रह एक साथ देख रहे हों, अर्थात् उन सबकी दृष्टि उस ग्रह पर पड़ रही हो, तो वह ग्रह भी युति वाले ग्रह के समान ही अपना फल देने लगता है।

भावेशों की विभिन्न भावों में स्थिति का प्रभाव

किस राशि का स्वामी कौन-सा ग्रह होता है—यह बात पहले प्रकरण में बताई जा चुकी है। जन्म-कुण्डली के जिस भाव में जो राशि हो, उस राशि का स्वामी ही उस भाव का भी स्वामी होता है। जैसे तृतीयभाव में 'वृष' राशि हो, तो 'वृष' राशि का स्वामी 'शुक्र' ही तृतीयभाव का भी स्वामी माना जाएगा। यदि तृतीयभाव में 'सिंह' राशि हो, तो 'सिंह' राशि के स्वामी 'सूर्य' को ही तृतीयभाव का स्वामी माना जाएगा। इसी प्रकार अन्य भावों तथा अन्य राशियों के विषय में भी समझ लेना चाहिए।

जन्म-कुण्डली में प्रत्येक राशि का स्वामी अपनी ही राशि पर स्थित हो—यह आवश्यक नहीं है। वह किसी भी अन्य राशि पर स्थित हो सकता है। जैसे तृतीयभाव में स्थित 'वृष' राशि के स्वामी 'शुक्र' की स्थिति जन्म-कुण्डली के प्रथम से लेकर द्वादश तक किसी भी भाव में हो सकती है। यदि तृतीयभाव में 'वृष' राशि हो और उसका स्वामी अर्थात् तृतीयेश जन्म-कुण्डली के पंचमभाव में बैठा हो, तो उस स्थिति में 'तृतीयेश पंचमभाव में बैठा है'—यह कहा जाएगा। इसी प्रकार अन्य प्रत्येक ग्रह, राशि एवं भावों के सम्बन्ध में समझ लेना चाहिए।

यहां पर विभिन्न भावों के स्वामियों की विभिन्न भावों में स्थिति सम्बन्धी फलादेश का वर्णन किया जा रहा है। उसे नीचे लिखे अनुसार समझना चाहिए—

प्रथम भाव का स्वामी 'लग्नेश' अथवा 'प्रथमेश'

(१) प्रथमभाव अर्थात् लग्न का स्वामी लग्नेश यदि लग्न अर्थात् प्रथमभाव में ही बैठा हो, तो जातक दीर्घायु, स्वस्थ, नीरोग, अत्यन्त बलवान, राजा अथवा भूमि का स्वामी होता है।

(२) प्रथमभाव का स्वामी लग्नेश यदि द्वितीयभाव में बैठा हो, तो जातक स्थूल शरीर वाला, बलवान, दीर्घजीवी, धनवान, अत्यन्त धर्मात्मा, राजा अथवा भूस्वामी होता है।

(३) प्रथमभाव का स्वामी लग्नेश यदि तृतीयभाव में बैठा हो, तो जातक शूर-वीर, बलवान, श्रेष्ठ मित्रों वाला, दानी, धर्मात्मा तथा अच्छे भाई-बहनों वाला होता है।

(४) प्रथमभाव का स्वामी लग्नेश यदि चतुर्थभाव में बैठा हो, तो जातक अल्पभोजी, दीर्घायु, माता-पिता का भक्त, पिता द्वारा धन प्राप्त करने वाला, धनी, सुखी तथा राजा का प्रिय होता है।

(५) प्रथमभाव का स्वामी लग्नेश यदि पंचमभाव में हो, तो जातक दानी, दीर्घजीवी, धर्मात्मा, यशस्वी, सुखी, धनी, श्रेष्ठ पुत्रों वाला, राजा अथवा राजा के ही समान ऐश्वर्यशाली होता है।

(६) प्रथमभाव का स्वामी लग्नेश यदि षष्ठभाव में हो, तो जातक स्वस्थ, बलवान, धनी, श्रेष्ठ कर्म करने वाला, भूमि का स्वामी, प्रसिद्धि प्राप्त करने वाला तथा सुखी जीवन व्यतीत करने वाला होता है।

(७) प्रथमभाव का स्वामी लग्नेश यदि सप्तमभाव में हो, तो जातक तेजस्वी, परन्तु शोकाकुल होता है। उसकी पत्नी अत्यन्त सुंदरी, तेजस्विनी तथा सुशील होती है। ऐसे व्यक्ति के गार्हस्थ्य-जीवन में कुछ परेशानियां आती रहती हैं।

(८) प्रथमभाव का स्वामी लग्नेश यदि अष्टमभाव में हो, तो जातक दीर्घायु, कृपण तथा धन का संचय करने वाला होता है। यदि अष्टमभाव में स्थित लग्नेश स्वयं पाप ग्रह हो अथवा किसी पाप ग्रह के साथ बैठा हो, तो जातक एक आंख का काना होता है। यदि शुभ ग्रह हो अथवा शुभ ग्रह के साथ बैठा हो, तो जातक सौम्य पुरुष होता है।

(९) प्रथमभाव का स्वामी लग्नेश यदि नवमभाव में हो, तो जातक अधिक कुटुंब वाला, सामान्य मित्रों वाला, विद्वान, यशस्वी तथा सुखी एवं सम्मानित जीवन व्यतीत करने वाला होता है।

(१०) प्रथमभाव का स्वामी लग्नेश यदि दशमभाव में हो, तो जातक राजा द्वारा धन एवं सम्मान का लाभ प्राप्त करने वाला, विद्वान, सुशील, गुरु एवं माता-पिता का भक्त, यशस्वी तथा प्रसिद्ध पुरुष होता है।

(११) प्रथमभाव का स्वामी लग्नेश यदि एकादशभाव में हो तो जातक तेजस्वी, प्रसिद्धि-प्राप्त, पुत्रवान, बलवान, दीर्घायु, श्रेष्ठ वाहन रखने वाला, धनी तथा सुखी जीवन व्यतीत करने वाला होता है।

(१२) प्रथमभाव का स्वामी लग्नेश यदि द्वादशभाव में हो, तो जातक पापी, नीच प्रकृति वाला, लोगों के विरुद्ध आचरण करने वाला, विदेशवासी, मानी तथा अधिक खर्च करने वाला होता है।

द्वितीय भाव का स्वामी 'धनेश' अथवा 'द्वितीयेश'

(१) द्वितीयभाव अर्थात् धन एवं कुटुंब-स्थान का स्वामी धनेश अथवा द्वितीयेश यदि लग्न अर्थात् प्रथमभाव में बैठा हो, तो जातक कृपण, व्यवसायी, धनी, सुखी, यशस्वी, भोगी तथा सत्कर्म करने वाला होता है।

(२) द्वितीयभाव का स्वामी धनेश यदि द्वितीयभाव अर्थात् अपने ही भवन में बैठा हो तो जातक व्यवसाय द्वारा लाभ कमाने वाला, सुखी, प्रसिद्ध उद्वेगयुक्त, नीच प्रकृति वाला तथा अप्रिय कार्य करने वाला होता है।

(३) द्वितीयभाव का स्वामी धनेश यदि तृतीयभाव में बैठा हो और यदि वह शुभ ग्रह हो, तो जातक अपने भाइयों से मिलकर रहने वाला होता है। यदि पाप ग्रह हो, तो वह उद्वेगी एवं राजा का विरोधी होता है। धनेश यदि मंगल हो और वह तृतीयभाव में बैठा हो, तो जातक चोर होता है।

(४) द्वितीयभाव का स्वामी धनेश यदि चतुर्थभाव में बैठा हो और वह शुभ ग्रह हो, तो जातक पिता से लाभ प्राप्त करने वाला, सत्य-वक्ता, दयालु एवं दीर्घायु होता है। यदि पाप ग्रह हो तो जातक की माता की मृत्यु शीघ्र हो जाती है।

(५) द्वितीयभाव का स्वामी धनेश यदि पंचमभाव में बैठा हो, तो जातक अपने पुत्रों द्वारा उपार्जित धन का उपभोग करने वाला, कृपण, दुःखी तथा कठिन कार्यों को करने में कुशल एवं प्रसिद्ध होता है।

(६) द्वितीयभाव का स्वामी धनेश यदि षष्ठभाव में बैठा हो, तो जातक धन का संचय करने वाला, शत्रुओं पर विजय पाने वाला तथा भूमि का उपार्जन करने वाला होता है। यदि धनेश पाप ग्रह हो, तो जातक धनहीन होता है।

(७) द्वितीयभाव का स्वामी धनेश यदि सप्तम भाव में बैठा हो, तो जातक की पत्नी बुद्धिमती, विलासिनी, भोगवती तथा धन का संचय करने वाली होती है। यदि धनेश पाप ग्रह हो, तो वह बंध्या होती है।

(८) द्वितीयभाव का स्वामी धनेश यदि अष्टम भाव में बैठा हो, तो जातक आत्मघाती, भिक्षुक, अपने तथा पराये धन को नष्ट करने वाला, दरिद्र तथा भाग्यवादी होता है।

(९) द्वितीयभाव का स्वामी धनेश यदि नवम भाव में बैठा हो और वह शुभ ग्रह हो तो जातक दानी एवं प्रशस्त वचन बोलने वाला होता है। यदि वह पाप ग्रह हो, तो भिक्षुक तथा विडंबना से पूर्ण होता है।

(१०) द्वितीयभाव का स्वामी धनेश यदि दशमभाव में बैठा हो, तो जातक राजा द्वारा सम्मानित और राज्य से संपत्ति प्राप्त करने वाला होता है। यदि धनेश शुभ ग्रह हो तो जातक माता-पिता का पालन करने वाला भी होता है।

(११) द्वितीयभाव का स्वामी धनेश यदि एकादशभाव में बैठा हो, तो जातक पक्षियों के व्यवसाय से धन कमाने वाला, बहुत से लोगों का पालन करने वाला तथा प्रसिद्धि पाने वाला यशस्वी पुरुष होता है।

(१२) द्वितीयभाव का स्वामी धनेश यदि द्वादशभाव में बैठा हो, तो जातक कृपण और धनहीन होता है। यदि वह शुभ ग्रह हो तो कभी लाभ तथा कभी हानि प्राप्त करने वाला प्रसिद्ध पुरुष होता है।

तृतीयभाव का स्वामी 'पराक्रमेश' अथवा 'तृतीयेश'

(१) तृतीयभाव अर्थात् भाई-बन्धु एवं पराक्रम स्थान का स्वामी पराक्रमेश अथवा तृतीयेश यदि लग्न अर्थात् प्रथमभाव में बैठा हो, तो जातक वाद-विवाद करने वाला, कामी, सेवावृत्ति करने वाला, अपने लोगों से मतभेद रखने वाला, दुष्ट मित्रों वाला, कूटनीतिज्ञ तथा झगड़ालू प्रकृति का होता है।

(२) तृतीयभाव का स्वामी पराक्रमेश यदि द्वितीयभाव में बैठा हो और वह पाप ग्रह हो, तो जातक अल्पायु, दरिद्र, भिक्षुक, निर्धन तथा भाई-बन्धुओं का विरोधी होता है। यदि पराक्रमेश शुभ ग्रह हो, तो जातक राजा अथवा राजा के समान ऐश्वर्यशाली होता है।

(३) तृतीयभाव का स्वामी पराक्रमेश यदि तृतीयभाव में बैठा हो, तो जातक मध्यम बल वाला, श्रेष्ठ मित्र तथा बन्धु-बान्धवों वाला, देवता एवं गुरु का भक्त तथा राजा द्वारा लाभ एवं सम्मान प्राप्त करने वाला होता है।

(४) तृतीयभाव का स्वामी पराक्रमेश यदि चतुर्थभाव में बैठा हो, तो जातक अपने पिता, भाई-बहन एवं कुटंबियों द्वारा सुख प्राप्त करने वाला, माता का विरोधी एवं पैतृक-धन को नष्ट करने वाला होता है।

(५) तृतीयभाव का स्वामी पराक्रमेश यदि पंचमभाव में बैठा हो, तो जातक अपने पुत्र, भ्रातृ-पुत्र (भतीजे) अथवा भाइयों द्वारा पालित, दीर्घायु तथा परोपकारी होता है।

(६) तृतीयभाव का स्वामी पराक्रमेश यदि षष्ठभाव में बैठा हो, तो जातक नेत्र-रोगी, भूमि का लाभ प्राप्त करने वाला, भाई-बन्धुओं का विरोधी तथा किसी रोग विशेष से पीड़ित रहने वाला होता है।

(७) तृतीयभाव का स्वामी पराक्रमेश यदि सप्तमभाव में बैठा हो, तो जातक की स्त्री सौभाग्यवती, सुशील तथा पतिव्रता होती है। यदि तृतीयेश पाप ग्रह हो, तो जातक की स्त्री अपने देवर से प्रेम करने वाली होती है।

(८) तृतीयभाव का स्वामी पराक्रमेश यदि अष्टमभाव में बैठा हो, तो जातक भाई-बहनों से रहित होता है। यदि तृतीयेश पाप ग्रह हो, तो वह बाहु-हीन होता है और यदि जीवित रहता है, तो उसकी आयु केवल आठ वर्ष की होती है।

(९) तृतीयभाव का स्वामी पराक्रमेश यदि नवमभाव में बैठा हो और यदि वह शुभ ग्रह हो, तो जातक विद्वान तथा भाई-बहनों से प्रेम रखने वाला होता है। यदि पराक्रमेश पाप ग्रह हो, तो जातक अपने बन्धुओं से परित्यक्त होता है।

(१०) तृतीयभाव का स्वामी पराक्रमेश यदि दशमभाव में बैठा हो, तो जातक माता-पिता का भक्त, भाइयों से विशेष प्रेम रखने वाला तथा राजा द्वारा सम्मानित होता है।

(११) तृतीयभाव का स्वामी पराक्रमेश यदि एकादशभाव में बैठा हो, तो जातक श्रेष्ठ बन्धुओं वाला, भाई-बहनों का पालन करने वाला, भोगी तथा राजा के समान ऐश्वर्यशाली होता है।

(१२) तृतीयभाव का स्वामी पराक्रमेश यदि द्वादशभाव में बैठा हो, तो जातक मित्रों का विरोधी, भाई-बहनों को संताप देने वाला, आलसी तथा उद्योग-हीन होता है।

चतुर्थभाव का स्वामी 'सुखेश' अथवा 'चतुर्थेश'

(१) चतुर्थभाव अर्थात् माता, भूमि एवं सुख-स्थान का स्वामी सुखेश अथवा चतुर्थेश यदि लग्न अर्थात् प्रथमभाव में बैठा हो, तो जातक पिता से स्नेह रखने वाला, मातृकुल से शत्रुता रखने वाला तथा पिता के नाम से प्रसिद्धि प्राप्त करने वाला होता है।

(२) चतुर्थभाव का स्वामी सुखेश यदि पाप ग्रह हो और द्वितीयभाव में बैठा हो तो जातक पिता का विरोधी होता है, परन्तु यदि शुभ ग्रह हो, तो पिता का पालन करने वाला होता है और उसके द्वारा उपार्जित धन से पिता को सुख प्राप्त होता है।

(३) चतुर्थभाव का स्वामी सुखेश यदि तृतीयभाव में बैठा हो, तो जातक माता-पिता को कष्ट देने वाला, अन्य लोगों से भी कलह करने वाला तथा पिता के बन्धुओं को हानि पहुंचाने वाला होता है।

(४) चतुर्थभाव का स्वामी सुखेश यदि चतुर्थभाव में ही बैठा हो, तो जातक भूमि, भवन तथा वाहनों से युक्त, पिता-माता को सुख देने वाला, धर्मात्मा, सुखी, धनी तथा प्रसिद्ध पुरुष होता है।

(५) चतुर्थभाव का स्वामी सुखेश यदि पंचमभाव में बैठा हो, तो जातक पिता द्वारा सुख प्राप्त करने वाला, दीर्घजीवी, शुभकर्म करने वाला, यशस्वी, संततिवान एवं पुत्रों को सुख देने वाला होता है।

(६) चतुर्थभाव का स्वामी सुखेश यदि षष्ठभाव में बैठा हो और वह पाप ग्रह हो, तो जातक माता के धन को नष्ट करने वाला एवं पिता के दोषों को देखने वाला होता है। यदि सुखेश शुभ ग्रह हो, तो वह धन का संचय करने वाला व्यक्ति होता है।

(७) चतुर्थभाव का स्वामी सुखेश यदि सप्तमभाव में बैठा हो और वह पाप ग्रह हो, तो जातक की पत्नी अपने श्वसुर (जातक के पिता) की सेवा नहीं करती। परन्तु यदि सुखेश शुभ ग्रह हो, तो वह सास-श्वसुर की सेवा करने वाली होती है। यदि मंगल अथवा शुक्र चतुर्थेश होकर सप्तमभाव में बैठा हो, तो जातक की पत्नी विविध कलाओं की जानकार होती है।

(८) चतुर्थभाव का स्वामी सुखेश यदि अष्टमभाव में बैठा हो, तो जातक क्रूर स्वभाव वाला, रोगी अथवा दरिद्र, कुकर्म करने वाला तथा निरंतर मृत्यु की इच्छा रखने वाला होता है।

(९) चतुर्थभाव का स्वामी सुखेश यदि नवमभाव में बैठा हो, तो जातक पिता से अलग रहने वाला, सब विद्याओं का जानकर, कुल-धर्म का पालन करने वाला तथा पिता की अपेक्षा न रखने वाला होता है।

(१०) चतुर्थभाव का स्वामी सुखेश यदि दशमभाव में बैठा हो और वह पाप ग्रह हो, तो उसका पिता उसकी माता को छोड़कर दूसरी पत्नी कर लेता है और यदि सुखेश शुभ ग्रह हो, तो जातक परोपकारी होता है।

(११) चतुर्थभाव का स्वामी सुखेश यदि एकादशभाव में बैठा हो, तो जातक पिता का भक्त, सत्कर्म करने वाला, धर्मात्मा, स्वस्थ एवं दीर्घायु प्राप्त करने वाला होता है।

(१२) चतुर्थभाव का स्वामी सुखेश यदि द्वादशभाव में हो, तो जातक का पिता शीघ्र ही मर जाता है अथवा वह परदेश में रहने वाला होता है। यदि वह पाप ग्रह हो, तो जातक को अपने पिता के अतिरिक्त किसी अन्य पुरुष से उत्पन्न (जारज) समझना चाहिए।

पंचमभाव का स्वामी 'संतानेश' अथवा 'पंचमेश'

(१) पंचमभाव अर्थात् संतान, विद्या एवं बुद्धि-स्थान का स्वामी संतानेश अथवा पंचमेश यदि लग्न अर्थात् प्रथमभाव में बैठा हो, तो जातक अल्पसंततिवान, लोक प्रसिद्ध, सत्कर्म करने वाला तथा वेद-शास्त्रों का ज्ञाता होता है।

(२) पंचमभाव का स्वामी पंचमेश यदि द्वितीयभाव में बैठा हो और वह पाप ग्रह हो, तो जातक धनहीन, दरिद्र होता है, परन्तु यदि वह शुभ ग्रह हो, तो जातक धनवान होता है।

(३) पंचमभाव का स्वामी पंचमेश यदि तृतीयभाव में बैठा हो, तो जातक प्रिय वचन बोलने वाला और अपने भाइयों में प्रसिद्धि प्राप्त करने वाला होता है। उसके पुत्र उसके परिवार का पालन-पोषण करने वाले होते हैं।

(४) पंचमभाव का स्वामी पंचमेश यदि चतुर्थभाव में बैठा हो, तो जातक अपने पैतृक कर्म को करने वाला, पिता द्वारा पालित और माता का भक्त होता है। यदि पंचमेश पाप ग्रह हो, तो जातक अपने माता-पिता का विरोधी होता है।

(५) पंचमभाव का स्वामी पंचमेश यदि अपने ही घर पंचमभाव में बैठा हो, तो जातक बुद्धिमान, गुणवान, मानी, संततिवान तथा प्रसिद्ध पुरुषों में भी प्रसिद्धि प्राप्त करने वाला, लोक विख्यात तथा यशस्वी होता है।

(६) पंचमभाव का स्वामी पंचमेश यदि षष्ठभाव में बैठा हो, तो जातक मान-हीन, रोगी, धनहीन तथा शत्रुओं द्वारा पीड़ित रहने वाला होता है। यदि पंचमेश पाप ग्रह हो, तो यह अशुभ-फल और भी अधिक होगा ऐसा समझना चाहिए।

(७) पंचमभाव का स्वामी पंचमेश यदि सप्तमभाव में बैठा हो, तो जातक के पुत्र सुंदर, सुशील, देवता एवं गुरु के भक्त होते हैं। साथ ही उसकी पत्नी भी सुशील होती है।

(८) पंचमभाव का स्वामी पंचमेश यदि अष्टमभाव में बैठा हो, तो जातक विद्याविवेक से हीन तथा कटुभाषी होता है। उसकी स्त्री भी क्रूर स्वभाव वाली होती है और भाई तथा पुत्र भी वैसे ही दुष्ट स्वभाव के होते हैं।

(९) पंचमभाव का स्वामी पंचमेश यदि नवमभाव में बैठा हो, तो जातक कवि, संगीतज्ञ, नाटककार, विद्वान, बुद्धिमान राजमान्य तथा सुंदर स्वरूप वाला होता है।

(१०) पंचमभाव का स्वामी पंचमेश यदि दशमभाव में बैठा हो, तो जातक राजा का प्रिय, राजा का काम करने वाला, सत्कर्म करने वाला, माता को सुख पहुंचाने वाला तथा सज्जनों में श्रेष्ठ होता है।

(११) पंचमभाव का स्वामी पंचमेश यदि एकादशभाव में बैठा हो, तो जातक पुत्र-संततिवान, सत्यवादी, शूरवीर, संगीत आदि कलाओं का जानकार तथा सुखी जीवन व्यतीत करने वाला होता है।

(१२) पंचमभाव का स्वामी पंचमेश यदि द्वादशभाव में बैठा हो और वह पाप ग्रह हो तो जातक संतानहीन होता है। यदि शुभ ग्रह हो, तो पुत्रवान होता है, परन्तु वह पुत्रसुख से हीन तथा विदेशवासी होता है।

षष्ठभाव का स्वामी 'रोगेश' अथवा 'षष्ठेश'

(१) षष्ठभाव अर्थात् रोग एवं शत्रु-स्थान का स्वामी 'रोगेश' अथवा षष्ठेश यदि लग्न अर्थात् प्रथमभाव में बैठा हो, तो जातक स्वस्थ, बलवान, शत्रुजयी, स्वच्छन्द प्रकृति का, अधिक बोलने वाला, धनी, कुटुम्बियों को कष्ट देने वाला तथा अनेक व्यक्तियों से अपेक्षा रखने वाला होता है।

(२) षष्ठभाव का स्वामी षष्ठेश यदि द्वितीयभाव में बैठा हो, तो जातक चतुर, रोगी, धन-संचयी, प्रसिद्ध, अच्छे स्थान में रहने वाला, दुष्ट प्रकृति का तथा मित्रों के धन को नष्ट करने वाला होता है।

(३) षष्ठभाव का स्वामी षष्ठेश यदि तृतीयभाव में बैठा हो, तो जातक लोगों को कष्ट देने वाला, अपने परिजनों को मारने वाला तथा युद्ध एवं झगड़ों के मामले में स्वयं दुःख भोगने वाला होता है।

(४) षष्ठभाव का स्वामी षष्ठेश यदि चतुर्थभाव में बैठा हो, तो जातक अपने पिता से शत्रुता रखता है और उसका पिता चिर-रोगी होता है। ऐसा व्यक्ति स्थिर-संपत्ति प्राप्त करने वाला होता है।

(५) षष्ठभाव का स्वामी षष्ठेश यदि पंचमभाव में बैठा हो और वह पाप ग्रह हो, तो पिता-पुत्र में शत्रुता रहती है तथा जातक की मृत्यु पुत्र के द्वारा होती है। परन्तु यदि षष्ठेश शुभ ग्रह हो, तो पिता-पुत्र में शत्रुता नहीं होती, परन्तु ऐसा जातक दूसरों से द्वेष रखने वाला एवं कपटी स्वभाव का होता है।

(६) षष्ठभाव का स्वामी षष्ठेश यदि अपने ही घर षष्ठभाव में बैठा हो, तो जातक रोग तथा शत्रुओं से रहित होता है। वह कृपण, सुखी, धैर्यवान परन्तु खराब जगह में रहने वाला होता है।

(७) षष्ठभाव का स्वामी षष्ठेश यदि सप्तमभाव में बैठा हो और वह पाप ग्रह हो, तो जातक की स्त्री दुष्ट, पति से विरोध रखने वाली तथा संताप देने वाली होती है। यदि षष्ठेश शुभ ग्रह हो, तो स्त्री दुष्टा तो नहीं होती, अपितु वह बंध्या अथवा नष्टगर्भा होती है।

(८) षष्ठभाव का स्वामी षष्ठेश यदि शनि हो और वह अष्टमभाव में बैठा हो, तो जातक की संग्रहणी रोग से, मंगल हो तो सर्प के काटने से, बुध हो तो विषदोष से, चन्द्र हो तो बालारिष्ट दोष से, सूर्य हो तो सिंह-व्याघ्र आदि से, गुरु हो तो कुबुद्धि से और शुक्र हो तो नेत्र-रोग से मृत्यु होती है।

(९) षष्ठभाव का स्वामी षष्ठेश यदि नवमभाव में बैठा हो और वह पाप ग्रह हो, तो जातक लंगड़ा, बन्धु-विरोधी, क्रूर, शास्त्र-पुराणादि को न मानने वाला तथा भिक्षुक होता है।

(१०) षष्ठभाव का स्वामी षष्ठेश यदि दशमभाव में बैठा हो और वह पाप ग्रह हो, तो जातक अपनी माता का शत्रु तथा दुष्ट स्वभाव वाला होता है। यदि शुभ ग्रह हो, तो पिता का पालन करने वाला, परन्तु अन्य परिवारीजनों का शत्रु होता है।

(११) षष्ठभाव का स्वामी षष्ठेश यदि एकादशभाव में बैठा हो और वह पाप ग्रह हो, तो जातक की मृत्यु शत्रु के द्वारा होती है। यदि शुभ ग्रह हो तो चोरों के द्वारा धन की हानि होती है तथा चतुष्पदों (जानवरों) के द्वारा लाभ होता है।

(१२) षष्ठभाव का स्वामी षष्ठेश यदि द्वादशभाव में बैठा हो, तो जातक को पशुओं से धन की हानि होती है। ऐसा व्यक्ति विदेश के आवागमन से धन प्राप्त करता है तथा भाग्यवादी होता है।

सप्तमभाव का स्वामी 'सप्तमेश'

(१) सप्तमभाव अर्थात् स्त्री एवं दैनिक व्यवसाय के स्थान का स्वामी सप्तमेश यदि लग्न अर्थात् प्रथमभाव में बैठा हो, तो जातक अपनी स्त्री में विशेष स्नेह रखने वाला, परन्तु अन्य स्त्रियों में भी कुछ स्नेह रखने वाला, भोगी तथा स्वरूपवान होता है।

(२) सप्तमभाव का स्वामी सप्तमेश यदि द्वितीयभाव में बैठा हो, तो जातक की स्त्री दुष्ट-स्वभाव वाली तथा पुत्र की इच्छा रखने वाली होती है। उसे स्त्री के द्वारा धन का लाभ होता है। ऐसा व्यक्ति स्वयं एकांतवास का प्रेमी होता है।

(३) सप्तमभाव का स्वामी सप्तमेश यदि तृतीयभाव में बैठा हो, तो जातक आत्मबली, भाई-बन्धुओं से प्रेम रखने वाला तथा स्वयं दुःखी रहने वाला होता है। यदि सप्तमेश पाप ग्रह हो, तो उसकी स्त्री अपने देवर तथा पति के मित्रों से प्रेम करने वाली होती है।

(४) सप्तमभाव का स्वामी सप्तमेश यदि चतुर्थभाव में बैठा हो, तो जातक चंचल स्वभाव का, अपने पिता के शत्रुओं से प्रेम रखने वाला होता है। उसका पिता कटुभाषी होता है। उसकी स्त्री का पालन-पोषण पिता के घर (जातक की ससुराल) में होता है।

(५) सप्तमभाव का स्वामी सप्तमेश यदि पंचमभाव में बैठा हो, तो जातक भाग्यवान, पुत्रवान, साहसी तथा दुष्ट स्वभाव का होता है। उसकी स्त्री का पालन उसके पुत्र द्वारा होता है।

(६) सप्तमभाव का स्वामी सप्तमेश यदि षष्ठभाव में बैठा हो, तो जातक अपनी स्त्री से वैर रखने वाला, रोगिणी स्त्री वाला तथा स्त्री-संग से क्षय-रोग का शिकार बनने वाला होता है। यदि सप्तमेश पाप ग्रह हो तो स्त्री-संगजन्य दोष के कारण जातक की मृत्यु हो जाती है।

(७) सप्तमभाव का स्वामी सप्तमेश यदि अपने ही घर अर्थात् सप्तमभाव में बैठा हो, तो जातक दीर्घायु, तेजस्वी निर्मल स्वभाव का तथा सबसे प्रेम रखने वाला होता है।

(८) सप्तमभाव का स्वामी सप्तमेश यदि अष्टमभाव में बैठा हो, तो जातक अपना विवाह न करके वेश्याओं के साथ रमण करता है और प्रतिदिन चिंतायुक्त एवं दु:खी बना रहता है।

(९) सप्तमभाव का स्वामी सप्तमेश यदि नवमभाव में बैठा हो, तो जातक सुशील और तेजस्वी होता है। उसकी पत्नी भी सुशील होती है। यदि सप्तमेश पाप ग्रह हो, तो जातक नपुंसक और कुरूप होता है। यदि उसके ऊपर लग्नेश की दृष्टि हो, तो वह नीतिशास्त्र का विशेषज्ञ होता है।

(१०) सप्तमभाव का स्वामी सप्तमेश यदि दशमभाव में बैठा हो, तो जातक कपटी, लंपट, राजदोष से युक्त होता है। यदि सप्तमेश पापग्रह हो, तो वह दु:ख से पीड़ित एवं शत्रुओं के वश में रहने वाला होता है।

(११) सप्तमभाव का स्वामी सप्तमेश यदि एकादशभाव में बैठा हो, तो जातक की पत्नी सुंदर, पतिव्रता एवं श्रेष्ठ स्वभाव वाली होती है।

(१२) सप्तमभाव का स्वामी सप्तमेश यदि द्वादशभाव में बैठा हो, तो जातक की पत्नी उसके भाइयों तथा मित्रों से प्रेम करती है। वह दुष्ट लोगों से प्रेम करने वाली, पिता से दूर रहने वाली तथा चंचल स्वभाव वाली होती है।

अष्टमभाव का स्वामी 'अष्टमेश'

(१) अष्टमभाव अर्थात आयु, मृत्यु एवं पुरातत्त्व-स्थान का स्वामी अष्टमेश यदि लग्न अर्थात् प्रथमभाव में बैठा हो, तो जातक दीर्घकालीन रोगी, विद्वान, अपने हित की बात करने वाला, राजा की आज्ञा का पालन करके धन प्राप्त करने वाला तथा अनेक प्रकार के विघ्नों में पड़ने वाला होता है।

(२) अष्टमभाव का स्वामी अष्टमेश यदि द्वितीयभाव में बैठा हो और वह पाप ग्रह हो, तो जातक अल्पायु, चोर तथा शत्रुओं से पीड़ित होता है। यदि शुभ ग्रह हो, तो वह शुभ फल देने वाला होता है, परन्तु उसकी मृत्यु राजा द्वारा होती है।

(३) अष्टमभाव का स्वामी अष्टमेश यदि तृतीयभाव में बैठा हो, तो जातक मित्रों तथा भाइयों का विरोधी, कटुभाषी, अंगहीन, चंचल स्वभाव का अथवा भाइयों से रहित होता है।

(४) अष्टमभाव का स्वामी अष्टमेश यदि चतुर्थभाव में बैठा हो, तो जातक अपने पिता का शत्रु होता है। पिता-पुत्र में झगड़ा होता है तथा पिता रोगी भी बना रहता है, परन्तु ऐसा व्यक्ति अपनी माता से धन प्राप्त करता है।

(५) अष्टमभाव का स्वामी अष्टमेश यदि पंचमभाव में बैठा हो और वह पाप ग्रह हो, तो जातक पुत्रहीन होता है। यदि शुभ ग्रह हो तो पुत्रवान होता है। इस योग में जन्म लेने वाला व्यक्ति प्रायः जीवित नहीं रहता और यदि जीवित रहता है, तो वह महाधूर्त होता है।

(६) अष्टमभाव का स्वामी अष्टमेश यदि षष्ठभाव में बैठा हो, तो जातक राजा का विरोधी होता है, गुरु हो तो अंगहीन, शुक्र हो तो नेत्र-रोगी, चन्द्र हो तो रोगी, मंगल हो तो क्रोधी, बुध हो तो कायर, शनि हो तो तृष्णाकुल एवं कष्ट पाने वाला होता है। यदि चन्द्र पर शुभ ग्रहों की दृष्टि हो, तो उक्त अशुभ फल नहीं होता।

(७) अष्टमभाव का स्वामी अष्टमेश यदि सप्तमभाव में हो, तो जातक उदर-रोग से युक्त, दुष्ट स्वभाव वाला तथा कुशीला स्त्री का पति होता है। अष्टमेश यदि पाप ग्रह हो, तो जातक स्त्री का द्वेषी होता है और स्त्री के द्वारा ही उसकी मृत्यु होती है।

(८) अष्टमभाव का स्वामी अष्टमेश यदि अपने ही घर अष्टमभाव में हो, तो जातक बलवान, निरोग, कपटी तथा व्यवसायी होता है। वह कपटी तथा कुल में अत्यन्त प्रसिद्ध होता है।

(९) अष्टमभाव का स्वामी अष्टमेश यदि नवमभाव में हो, तो जातक सहायकों से हीन, जीवघातक, पापी, बन्धु-हीन, स्नेह-हीन, कुल के शत्रुओं द्वारा पूज्य तथा कांतिहीन मुख वाला होता है।

(१०) अष्टमभाव का स्वामी अष्टमेश यदि दशमभाव में हो तो जातक राज्य-कर्मचारी, नीच कर्म करने वाला तथा आलसी होता है। यदि अष्टमेश पाप ग्रह हो, तो जातक पुत्र-हीन तथा मातृहीन होता है।

(११) अष्टमभाव का स्वामी अष्टमेश यदि एकादशभाव में हो, तो जातक बाल्यावस्था में दुःखी, परन्तु बाद में सुखी और दीर्घायु होता है। यदि अष्टमेश पाप ग्रह हो, तो जातक अल्पायु होता है।

(१२) अष्टमभाव का स्वामी अष्टमेश यदि द्वादशभाव में हो, तो जातक कटुभाषी, चोर, शठ, निर्दय इच्छागामी तथा अंगहीन होता है। मृत्यु के उपरांत उसका शरीर कौआ-गिद्ध आदि पक्षियों का भक्ष्य बनता है।

नवमभाव का स्वामी 'भाग्येश' अथवा 'नवमेश'

(१) नवमभाव अर्थात् भाग्य एवं धर्म-स्थान का स्वामी भाग्येश अथवा नवमेश यदि लग्न अर्थात् प्रथमभाव में बैठा हो, तो जातक अत्यन्त शूर-वीर, कृपण, अल्पभोजी, बुद्धिमान, राज-कर्मचारी एवं देवता तथा ब्राह्मणों को न मानने वाला होता है।

(२) नवमभाव का स्वामी भाग्येश यदि द्वितीयभाव में बैठा हो, तो जातक सुशील, पुण्यात्मा, कांतिहीन मुख वाला, वात्सल्य युक्त, बैलों का व्यवसाय करने में चतुर तथा चतुस्पदों से पीड़ा पाने वाला होता है।

(३) नवमभाव का स्वामी भाग्येश यदि तृतीयभाव में बैठा हो, तो जातक की पत्नी सुंदर होती है। वह भाई-बन्धुओं से युक्त तथा उनसे स्नेह रखने वाला होता है।

(४) नवमभाव का स्वामी भाग्येश यदि चतुर्थभाव में बैठा हो, तो जातक पिता का भक्त, माता का पालन करने वाला, पिता के कार्य में लगा रहने वाला, पुण्यात्मा तथा लोक में प्रसिद्ध व्यक्ति होता है।

(५) नवमभाव का स्वामी भाग्येश यदि पंचमभाव में बैठा हो तो जातक पुण्यात्मा, सुंदर स्वरूप वाला एवं देवताओं तथा ब्राह्मणों की पूजा करने वाला होता है। उसके पुत्र भी पुण्यात्मा होते हैं।

(६) नवमभाव का स्वामी भाग्येश यदि षष्ठभाव में बैठा हो, तो जातक अधूरा काम करने वाला, शत्रुओं के प्रति भी विनम्र बना रहने वाला एवं वेदांत आदि दर्शन-शास्त्रों की निंदा करने वाला होता है।

(७) नवमभाव का स्वामी भाग्येश यदि सप्तमभाव में बैठा हो, तो जातक की पत्नी सत्य बोलने वाली, सुशील, सुंदर स्वरूपवती तथा लक्ष्मीवती होती है।

(८) नवमभाव का स्वामी भाग्येश यदि अष्टमभाव में बैठा हो, तो जातक दुष्ट स्वभाव वाला, जीवों का हिंसक, पुण्यहीन, ग्रह-विहीन तथा बन्धु-विहीन होता है। यदि भाग्येश पाप ग्रह हो तो जातक नपुंसक होता है।

(९) नवमभाव का स्वामी भाग्येश यदि नवमभाव में बैठा हो, तो जातक अपने भाई-बन्धुओं से अत्यधिक प्रेम रखने वाला, दानी, देवता, गुरु, कुटुंबी तथा पत्नी आदि से स्नेह करने वाला होता है।

(१०) नवमभाव का स्वामी भाग्येश यदि दशमभाव में बैठा हो तो जातक राज्य-कर्मचारी, माता-पिता का भक्त, शूर-वीर, धर्मात्मा तथा प्रसिद्ध-पुरुष होता है।

(११) नवमभाव का स्वामी भाग्येश यदि एकादशभाव में बैठा हो, तो जातक धर्मात्मा, धनी, दीर्घायु, सबसे प्रेम रखने वाला, सुपुत्रवान, पुण्यात्मा तथा राजा द्वारा धन प्राप्त करने वाला होता है।

(१२) नवमभाव का स्वामी भाग्येश यदि द्वादशभाव में बैठा हो, तो जातक सुंदर शरीर वाला, विद्वान तथा विदेशों में आदर प्राप्त करने वाला होता है। यदि नवमेश पाप ग्रह हो, तो जातक धूर्त होता है।

दशमभाव का स्वामी 'राज्येश' अथवा 'दशमेश'

(१) दशमभाव अर्थात् पिता, राज्य एवं व्यवसाय-स्थान का स्वामी 'राज्येश' अथवा 'दशमेश' यदि लग्न अर्थात प्रथमभाव में बैठा हो, तो जातक अपनी माता का शत्रु, परन्तु पिता का भक्त होता है। यदि दशमेश पाप ग्रह हो, तो जातक के पिता के मरने के बाद उसकी माता दूसरे पुरुष के साथ रहने लगती है।

(२) दशमभाव का स्वामी राज्येश यदि द्वितीयभाव में बैठा हो, तो जातक माता का भक्त, माता का स्नेह प्राप्त करने वाला, स्वल्पभोजी तथा शास्त्र विहित कार्यों को करने वाला होता है।

(३) दशमभाव का स्वामी राज्येश यदि तृतीयभाव में बैठा हो, तो जातक माता, गुरुजनों एवं परिजनों की सेवा करने वाला, सत्कर्म करने में कुशल, पराक्रमी तथा शत्रुओं पर विजय पाने वाला होता है।

(४) दशमभाव का स्वामी राज्येश यदि चतुर्थभाव में बैठा हो, तो जातक सदाचारी, माता-पिता का भक्त, राजमान्य एवं सदैव सुख भोगने वाला होता है।

(५) दशमभाव का स्वामी राज्येश यदि पंचमभाव में बैठा हो, तो जातक शुभ कर्म करने वाला, गीत-वाद्य आदि कलाओं में निपुण, राजा द्वारा लाभ प्राप्त करने वाला तथा विडंबना में पड़ने वाला होता है। उसकी संतान का पालन-पोषण भी उसकी माता ही करती है।

(६) दशमभाव का स्वामी राज्येश यदि षष्ठभाव में बैठा हो, तो जातक शत्रुओं से भयभीत रहने वाला, कायर, दयाहीन, रोगी तथा झगड़ालू स्वभाव का होता है।

(७) दशमभाव का स्वामी राज्येश यदि सप्तमभाव में बैठा हो, तो जातक की स्त्री सुंदर, पुत्रवती, पतिव्रता तथा अपने पति को सदैव सुख देने वाली होती है।

(८) दशमभाव का स्वामी राज्येश यदि अष्टमभाव में बैठा हो, तो जातक शूर-वीर, क्रूर, मिथ्यावादी, दुष्ट स्वभाव वाला, धूर्त, अल्पायु एवं अपनी माता को संताप देने वाला होता है।

(९) दशमभाव का स्वामी राज्येश यदि नवमभाव में बैठा हो, तो जातक सुशील स्वभाव का एवं अच्छे मित्रों तथा भाइयों वाला होता है। उसकी माता पुण्यवती, परम सुशील तथा सदैव सत्य बोलने वाली होती है।

(१०) दशमभाव का स्वामी राज्येश यदि अपने ही घर में अर्थात् दशमभाव में बैठा हो, तो जातक अपनी माता को सुख देने वाला, मातृकुल से अनेक प्रकार के सुख पाने वाला तथा समयानुकूल प्रासंगिक वचन बोलने वाला चतुर व्यक्ति होता है।

(११) दशमभाव का स्वामी राज्येश यदि एकादशभाव में बैठा हो, तो जातक धनवान, मानी, दीर्घायु तथा माता से सुख पाने वाला होता है। उसकी माता सुखभागिनी तथा उसकी रक्षा करने वाली होती है।

(१२) दशमभाव का स्वामी राज्येश यदि द्वादशभाव में बैठा हो, तो जातक अपनी माता द्वारा परित्यक्त, आत्मबली, राज्य-कर्मचारी तथा शुभ कर्म करने वाला होता है। यदि राज्येश पाप ग्रह हो तो वह परदेश में निवास करने वाला होता है।

एकादशभाव का स्वामी 'लाभेश' अथवा 'एकादशेश'

(१) एकादशभाव अर्थात् लाभ-स्थान का स्वामी लाभेश अथवा एकादशेश यदि लग्न अर्थात् प्रथमभाव में बैठा हो, तो जातक शूर-वीर, बलवान, दानी, सुंदर तथा सबका प्रिय होता है। तृष्णा-दोष से उसकी अल्पायु में ही मृत्यु हो जाती है।

(२) एकादशभाव का स्वामी लाभेश यदि द्वितीयभाव में बैठा हो और वह पाप ग्रह हो, तो जातक अल्पभोगी, अल्पायु, अल्पसुखी, रोगी तथा खोटे भाग्य वाला होता है। लाभेश शुभ ग्रह हो, तो जातक धनी होता है।

(३) एकादशभाव का स्वामी लाभेश यदि तृतीयभाव में बैठा हो, तो जातक भाई तथा स्त्री का पालक, उनमें प्रेम रखने वाला, भाई के शत्रुओं का नाशक तथा सुंदर स्वरूप वाला होता है।

(४) एकादशभाव का स्वामी लाभेश यदि चतुर्थभाव में बैठा हो, तो जातक दीर्घजीवी, पिता में भक्ति रखने वाला, अपने धर्म का पालन करने वाला, समयानुसार कार्य करने वाला तथा सब कामों से लाभ प्राप्त करने वाला होता है।

(५) एकादशभाव का स्वामी लाभेश यदि पंचमभाव में बैठा हो, तो जातक पिता-पुत्र में प्रेम रखने वाला, समान गुणों वाला तथा अल्पायु होता है।

(६) एकादशभाव का स्वामी लाभेश यदि षष्ठभाव में बैठा हो, तो जातक शत्रुओं से युक्त एवं दीर्घ रोगी होता है। यदि लाभेश पाप ग्रह हो, तो उसकी मृत्यु परदेश में शत्रुओं के हाथ से होती है।

(७) एकादशभाव का स्वामी लाभेश यदि सप्तमभाव में बैठा हो, तो जातक सुशील, धनी, तेजस्वी, अधिकार-संपन्न, दीर्घायु तथा एक पत्नी वाला होता है।

(८) एकादशभाव का स्वामी लाभेश यदि अष्टमभाव में बैठा हो, तो जातक रोगी, मृतप्राय, दु:खी तथा अल्पायु होता है। यदि लाभेश शुभ ग्रह हो, तो जातक स्वस्थ बना रहता है।

(९) एकादशभाव का स्वामी लाभेश यदि नवमभाव में बैठा हो, तो जातक अनेक विषयों तथा अनेक शास्त्रों का जानकार, धर्म-कार्य करने में प्रसिद्ध और देवता तथा गुरुजनों का भक्त होता है। यदि लाभेश पाप ग्रह हो, तो जातक बन्धुविहीन होता है।

(१०) एकादशभाव का स्वामी लाभेश यदि दशमभाव में बैठा हो, तो जातक माता का भक्त, परन्तु पिता से द्वेष रखने वाला, धनी, पंडित, दीर्घायु एवं परिजनों का पालन करने वाला होता है।

(११) एकादशभाव का स्वामी लाभेश यदि अपने ही घर अर्थात् एकादशभाव में बैठा हो, तो जातक दीर्घायु, बहुत से पुत्र-पौत्रों वाला, सत्कर्म करने वाला, सुंदर, सुशील, लोगों में प्रधान पद प्राप्त करने वाला, पुष्ट शरीर वाला तथा मनोवैज्ञानिक होता है।

(१२) एकादशभाव का स्वामी लाभेश यदि द्वादशभाव में बैठा हो, तो जातक उपलब्ध वस्तुओं का भोग करने वाला, स्थिर चित्त वाला, उत्पाती, रोगी, मानी तथा सुखी-जीवन व्यतीत करने वाला होता है।

द्वादशभाव का स्वामी 'व्ययेश' अथवा 'द्वादशेश'

(१) द्वादशभाव अर्थात् व्यय-स्थान का स्वामी 'व्ययेश' अथवा 'द्वादशेश' यदि लग्न अर्थात् प्रथमभाव में बैठा हो, तो जातक प्रियभाषी, सुंदर शरीर वाला, विदेश में रहने वाला, अपव्ययी, सदैव अविवाहित रहने वाला अथवा नपुंसक होता है।

(२) द्वादशभाव का स्वामी व्ययेश यदि द्वितीयभाव में बैठा हो, तो जातक कटुभाषी, कृपण, धन-धान्य-विहीन, राजा, चोर तथा अग्नि से भय पाने वाला तथा किसी तीर्थस्थान में मृत्यु प्राप्त करने वाला होता है।

(३) द्वादशभाव का स्वामी व्ययेश यदि तृतीयभाव में बैठा हो और वह पाप ग्रह हो, तो जातक बन्धुहीन होता है। यदि शुभ ग्रह हो तो जातक धनी, थोड़े भाइयों वाला तथा भाइयों से दूर रहने वाला होता है।

(४) द्वादशभाव का स्वामी व्ययेश यदि चतुर्थभाव में बैठा हो, तो जातक रोगी, कृपण, दु:खी, सत्कर्म करने वाला तथा पुत्रों द्वारा मृत्यु पाने वाला होता है।

(५) द्वादशभाव का स्वामी व्ययेश यदि पंचमभाव में बैठा हो और वह पाप ग्रह हो, तो जातक संतति-विहीन होता है। यदि शुभ ग्रह हो, तो पिता के धन से धनी, पुत्रवान एवं स्वयं की सामर्थ्य से रहित होता है।

(६) द्वादशभाव का स्वामी व्ययेश यदि षष्ठभाव में बैठा हो और वह पाप ग्रह हो, तो जातक नेत्र-रोगी, कृपण तथा किसी निंद्य स्थान में मृत्यु प्राप्त करने वाला होता है। यदि द्वादशेश शुक्र हो, तो जातक नेत्रविहीन होता है।

(७) द्वादशभाव का स्वामी व्ययेश यदि सप्तमभाव में बैठा हो, तो जातक दुराचारी, दुष्ट एवं बोलने में चतुर होता है। यदि द्वादशेश पाप ग्रह हो, तो उसकी मृत्यु अपनी स्त्री के द्वारा होती है और यदि शुभ ग्रह हो, तो वह वेश्या के द्वारा मृत्यु प्राप्त करता है।

(८) द्वादशभाव का स्वामी व्ययेश यदि अष्टमभाव में बैठा हो और वह पाप ग्रह हो, तो जातक अल्पायु, लोगों का द्वेषी तथा कार्य-साधनों से रहित होता है। यदि द्वादशेश शुभ ग्रह हो, तो धन का संग्रह करने वाला होता है।

(९) द्वादशभाव का स्वामी व्ययेश यदि नवमभाव में बैठा हो और वह शुभ ग्रह हो तो जातक तीर्थाटन करने वाला होता है। यदि द्वादशेश पाप ग्रह हो, तो उसका संपूर्ण धन व्यर्थ चला जाता है।

(१०) द्वादशभाव का स्वामी व्ययेश यदि दशमभाव में बैठा हो, तो जातक पवित्रात्मा, पुण्य की कमाई करने वाला तथा पर-स्त्रियों से दूर रहने वाला होता है। उसकी माता कटुभाषिणी होती है।

(११) द्वादशभाव का स्वामी व्ययेश यदि एकादशभाव में बैठा हो, तो जातक धनी, दीर्घजीवी, श्रेष्ठ स्थान का स्वामी, दानी, सत्यवादी तथा प्रसिद्ध पुरुष होता है।

(१२) द्वादशभाव का स्वामी व्ययेश यदि अपने ही घर द्वादशभाव में बैठा हो, तो जातक धनवान, कृपण, पशुओं का संग्रह करने वाला तथा अल्पायु होता है। यदि वह जीवित रह जाय, तो ग्राम का स्वामी होता है।

विशिष्ट योग

जन्म-कुण्डली के विभिन्न भावों में विभिन्न ग्रहों की विशिष्ट-स्थिति के कारण कुछ विशेष प्रकार के योग बनते हैं, जो जातक के जीवन पर अपना विशिष्ट प्रभाव डालते हैं। इस अध्याय में उन्हीं विशिष्ट योगों का वर्णन किया जा रहा है।

सिंहासन योग—यदि जन्म-कुण्डली के छठे, आठवें दूसरे, तीसरे तथा बारहवें घर में सभी ग्रह विद्यमान हों, तो ऐसी ग्रह-स्थिति वाला जातक राजसिंहासन पर बैठता है। इसे 'सिंहासन-योग' कहा जाता है।

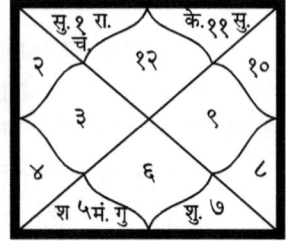

ध्वज योग—यदि जन्म-कुण्डली के अष्टमभाव में पाप ग्रह हों तथा अन्य शुभ ग्रह लग्न में हों, तो ऐसे योग में जन्म लेने वाला जातक समाज का नेता होता है। इसे 'ध्वज-योग' कहा जाता है।

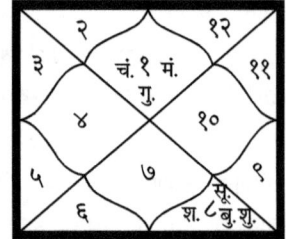

हंस योग—यदि जन्म-कुण्डली के पांचवें, नवें, सातवें तथा लग्न में सभी ग्रह हों या सभी ग्रह 1, 7, 8, 9, 10, 11 राशि भावों में हो, तो ऐसा जातक अपने कुल को पालने वाला होता है और सभी प्रकार के सुखों एवं एश्वर्यों को भोगने वाला राजा होता है। इसे 'हंस-योग' कहा जाता है।

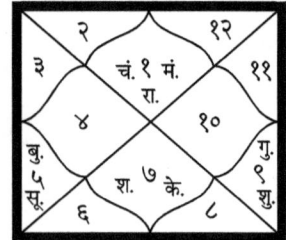

कारिका योग—यदि सूर्य आदि सातों ग्रह जन्म-कुण्डली के दसवें तथा ग्यारहवें भाव में हों अथवा लग्न और सप्तमभाव में हों, तो ऐसा जातक यदि नीच कुल में जन्मा हो, तो भी राजा होता है। इसे 'कारिका योग' कहा जाता है।

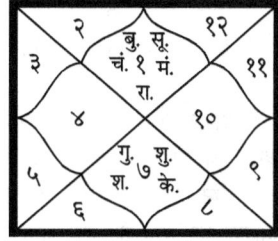

एकावली योग—यदि जन्म-कुण्डली में लग्न से अथवा किसी स्थान से प्रारंभ करके क्रम से सात भावों में सातों ग्रह हों, तो ऐसा जातक महाराजा होता है। इसे 'एकावली योग' कहा जाता है।

चतुःसार योग—यदि जन्म-कुण्डली में सभी ग्रह चारों केन्द्रों में हों या मेष, कर्क, तुला, मकर राशि भावों में हो, तो ऐसा जातक, महाधनी राजा होता है। इसे 'चतुःसार योग' कहा जाता है।

अमर योग (१)—यदि जन्म-कुण्डली में सभी पाप ग्रह केन्द्र में हों अथवा सभी शुभ ग्रह केन्द्र में हों अथवा मेष/सिंह लग्न हो सूर्य केन्द्र/त्रिकोण में बैठा हो अथवा चन्द्र वृष/तुला का होकर बारहवें या आठवें भाव में बैठा हो और गुरु व शुक्र की दृष्टि हो तो इन प्रकार से 'अमर योग' होता है। पाप ग्रहों के 'अमर योग' में जन्म लेने वाला व्यक्ति क्रूर-स्वभाव का राजा होता है

तथा शुभ ग्रहों के 'अमर योग' में जन्म लेने वाला व्यक्ति सौम्य-स्वभाव वाला राजा होता है। वह दीर्घायु होता है।

अमर योग (२)—मेष अथवा सिंह लग्न हो, सूर्य केन्द्र अथवा त्रिकोण में हो अथवा चन्द्र वृष या कर्क का होकर बारहवें या आठवें भाव में बैठा हो और इन पर गुरु तथा शुक्र की दृष्टि पड़ रही हो, तो यह दूसरा 'अमर योग' होता है। इस योग के प्रभाव से समस्त अरिष्ट दूर होते हैं तथा जातक दीर्घायु प्राप्त करता है।

चाप योग (१)—यदि जन्म-कुण्डली में शुक्र तुला राशि में, मंगल मेष राशि में तथा गुरु अपनी राशि में हों, तो ऐसे योग में उत्पन्न जातक राजा होता है। इसे 'चाप योग' कहा जाता है।

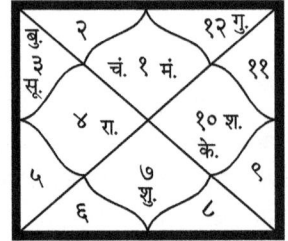

चाप योग (२)—जन्म-कुण्डली में दशमभाव से आरम्भ करके सात भावों में सातों ग्रह स्थित हों, तो 'चाप योग' होता है। इस योग में जन्म लेने वाला व्यक्ति अत्यन्त दुष्ट स्वभाव वाला, गर्व से उन्मत्त, धनुष-विद्या में निपुण, वन-पर्वतों में भ्रमण करने वाला तथा बाल्यावस्था एवं वृद्धावस्था में सुखी होता है।

दंड योग (१)—यदि जन्म-कुण्डली में सभी ग्रह कर्क, मिथुन, मीन, कन्या तथा धनु राशि में स्थित हों, तो ऐसा व्यक्ति राज्य सिंहासन पर बैठता है। इसे 'दंड योग' कहा जाता है।

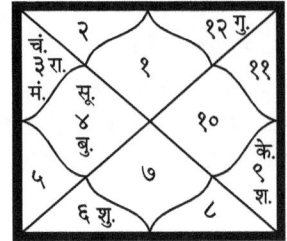

दंड योग (२)—सूर्य आदि सातों ग्रह यदि दसवें, ग्यारहवें, बारहवें तथा पहले—इन चार भावों में ही स्थित हों, तो उसे दूसरे प्रकार का 'दंड योग' समझना चाहिए। इस योग में जन्म लेने वाला व्यक्ति दीन, दरिद्र, नीच, उन्मत्त, लोगों से सुख प्राप्त करने वाला, उद्वेगी, स्त्री, पुत्र, मित्र, धन, विद्या, बुद्धि आदि से रहित तथा अपने कुल के लोगों से शत्रुता रखने वाला होता है।

वापी योग—यदि जन्म-कुण्डली में पहले, दूसरे और बारहवें भावों को छोड़कर अन्य स्थानों में सभी ग्रहों की स्थिति हो, तो ऐसा जातक अपने कुल में प्रधान, दीर्घायु, गुणी, प्रियवादी, अत्यन्त प्रतापी, धैर्यवान, धनी तथा सुखी होता है। इसे 'वापी योग' कहा जाता है। ऐसा जातक वापी-तड़ाग आदि का निर्माण भी करता है।

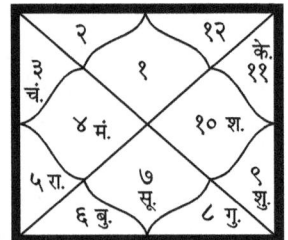

यूप योग—सूर्य आदि सातों ग्रह यदि लग्न, दूसरे, तीसरे तथा चौथे भाव में ही स्थित हों, तो उसे 'यूप योग' समझना चाहिए। 'यूप योग' में जन्म लेने वाला व्यक्ति धैर्यवान उदार, यज्ञ करने वाला, विद्वान, धनवान तथा मनुष्यों में श्रेष्ठ होता है।

शर योग—सूर्य आदि सातों ग्रह यदि चौथे, पांचवें, छठे एवं सातवें भाव में ही स्थित हों, तो उसे 'शर योग' समझना चाहिए। 'शर योग' में जन्म लेने वाला व्यक्ति वाण-विद्या में निपुण, वन-विहार में आनंद प्राप्त करने वाला, सुंदर-स्त्री पाकर भी सुखी न रहने वाला, दुःख से तप्त तथा महाहिंसक होता है।

शक्ति योग—सूर्य आदि सातों ग्रह यदि सातवें, आठवें, नवें और दसवेंभाव में ही स्थित हों, तो उसे 'शक्ति योग' समझना चाहिए। इस योग में जन्म लेने वाला व्यक्ति युद्ध-विद्या में कुशल, आलसी, सुखहीन, वाद-विवाद करने वाला, छोटे-बड़े सब लोगों से प्रेम रखने वाला तथा घर का अल्प सुख भोगने वाला होता है।

नौका योग—लग्न से आरम्भ करके लगातार सात भावों में सातों ग्रह हों, तो 'नौका योग' होता है। इस योग में जन्म लेने वाला व्यक्ति लोक-प्रसिद्ध, जल से उत्पन्न धन-धान्य से युक्त, परन्तु सुख-भोग-हीन, लोभी और चंचल स्वभाव का होता है।

कूट योग—जन्म-कुण्डली में चौथे घर से आरम्भ करके अगले सात घरों में सातों ग्रहों की स्थिति हो, तो 'कूट योग' होता है। इस योग में जन्म लेने वाला व्यक्ति धनहीन, नीच कर्म करने वाला, धर्माधर्म का विचार न करने वाला, दुष्ट, वन में बसने की इच्छा रखने वाला तथा भील आदि नीच जनों से प्रेम करने वाला होता है।

छत्र योग—जन्म-कुण्डली में सप्तम घर से आरम्भ करके अगले सातों ग्रहों की स्थिति हो, तो छत्र योग होता है। इस योग में जन्म लेने वाला व्यक्ति दयालु, पंडित, धनी, छत्र-चामर आदि राज्य-चिह्नों से युक्त, राजकर्मचारी तथा वाल्यावस्था एवं वृद्धावस्था में सुखी होता है।

अर्द्ध चन्द्र योग—जन्म-कुण्डली में केन्द्र से भिन्न किसी भी स्थान से आरम्भ करके निरंतर सात भावों में सातों ग्रहों की स्थिति हो, तो 'अर्द्ध चन्द्र योग' होता है। इस योग में जन्म लेने वाला व्यक्ति सेनापति, जननायक, राजा द्वारा उच्च सम्मान प्राप्त करने वाला, धन, वस्त्र, आभूषणों से युक्त तथा चन्द्र के समान अन्य लोगों के नेत्रों को आनंद देने वाला होता है।

चक्र योग—लग्न से आरम्भ करके एक-एक घर को छोड़कर, अर्थात् १, ३, ५, ७, ९, ११ भाव में लगातार सातों ग्रहों की स्थिति हो, तो उसे 'चक्र योग' कहा जाता है। इस योग में जन्म लेने वाला मनुष्य रूपवान, श्रीमान, अत्यन्त प्रतापी, राजाओं से मान्य तथा ऐश्वर्यशाली होता है। उसकी कीर्ति संपूर्ण पृथ्वी पर फैलती है।

समुद्र योग—जन्म-कुण्डली में द्वितीयभाव से आरम्भ करके एक-एक घर को छोड़कर अर्थात २, ४, ६, ८, १० भावों में लगातार सातों ग्रहों की स्थिति हो तो 'समुद्र योग' कहा जाता है। इस योग में उत्पन्न जातक दयावान, कीर्तिवान, धैर्यवान, दानी, यशस्वी तथा ऐश्वर्यवान होता है। वह राजा के समान कीर्तिवान होता है और अपने कुल को धन्य करता है।

गोल योग—यदि जन्म-कुण्डली के एक ही घर में सातों ग्रहों की स्थिति हो, तो 'गोल योग' होता है। इस योग में उत्पन्न जातक विद्या, बल, बुद्धि, सामर्थ्य, उदारता आदि से हीन, मिथ्यावादी, अनीति में प्रेम रखने वाला तथा दरिद्र होता है।

युग योग—यदि जन्म-कुण्डली के दोनों घरों में सातों ग्रहों की स्थिति हो, तो 'युग योग' होता है। इस योग में जन्म लेने वाला जातक निर्लज्ज, धन, पुत्र, धर्म-कर्म आदि से हीन तथा उचित-अनुचित का विचार न करने वाला होता है।

शूल योग—यदि जन्म-कुण्डली के तीन घरों में सातों ग्रहों की स्थिति हो, तो 'शूल योग' होता है। इस योग में जन्म लेने वाला जातक निंदित कर्म करने वाला, खल, निष्ठुर, निर्धन, विवाद में तत्पर, झगड़ालू स्वभाव का तथा अन्य लोगों के मन में कांटे की भांति चुभने वाला होता है।

केदार योग—यदि जन्म-कुण्डली के चार घरों में सातों ग्रहों की स्थिति हो, तो 'केदार योग' होता है। इस योग में जन्म लेने वाला जातक सत्यवादी, धनी, विजयी, कृतज्ञ, धीर, सदाचारी, कृषि-कर्म करने में चतुर तथा उपकार को मानने वाला होता है।

पाश योग—यदि जन्म-कुण्डली के पांचों घरों में सातों ग्रहों की स्थिति हो, तो 'पाश योग' होता है। इस योग में जन्म लेने वाला जातक दीन आकृति वाला, अपकारी, बंधन से दुःखी, दंभी, व्यर्थ बोलने वाला, अनेक प्रकार के अनर्थों से युक्त तथा वन से प्रेम रखने वाला होता है।

दामिनी योग—यदि जन्म-कुण्डली के छः घरों में सातों ग्रहों की स्थिति हो, तो 'दामिनी योग' होता है। इस योग में जन्म लेने वाला व्यक्ति धीर, विद्वान, उदार, यशस्वी, संततिवान, सदा सुखी, शीलवान तथा क्रोधी होता है।

वीणा योग—यदि जन्म-कुण्डली के सात घरों में सातों ग्रहों की स्थिति हो, तो 'वीणा योग' होता है। इस योग में जन्म लेने वाला जातक धनी, शास्त्रज्ञ, सब कर्मों में कुशल, अनेक लोगों का पालन-पोषण करने वाला तथा सब प्रकार के सुखों का उपभोग करने वाला होता है।

दारिद्रय योग—यदि जन्म-कुण्डली के वामभाग में (१२वें से ८वें भाग तक), सूर्य से शनि पर्यन्त सातों ग्रहों की स्थिति हो अथवा चारों केन्द्रों या द्वितीय भाव में पापग्रह बैठे हों, तो 'दारिद्रय योग' होता है। इस योग में जन्म लेने वाला मनुष्य दरिद्र होता है।

शकट योग—यदि सूर्यादि सातों ग्रह लग्न तथा सप्तम दो ही स्थानों में हों, तो 'शकट योग' होता है। इस योग में जन्म लेने वाला मनुष्य गाड़ी चलाकर अपनी आजीविका का उपार्जन करता है।

नंदा योग—यदि सूर्य आदि नवग्रह जन्म-कुण्डली में तीन स्थानों में दो-दो की संख्या में तथा तीन स्थानों में एक-एक की संख्या में हों, तो 'नंदा योग' होता है। इस योग में जन्म लेने वाला व्यक्ति सुखी तथा दीर्घायु होता है।

सर्वमनोकामना योग—यदि गुरु लग्न में, शुक्र चतुर्थ में, बुध सप्तम में और मंगल दशमभाव में हो, तो वह 'सर्वार्थदातृ योग' होता है। इस योग में जन्म लेने वाले व्यक्ति की समस्त मनोकामनाएं पूर्ण होती हैं।

राजहंस योग—यदि सभी ग्रह कुंभ, मेष, मिथुन, सिंह, तुला और धनु राशि में हों, तो वह 'राजहंस योग' होता है। इस योग में जन्म लेने वाला व्यक्ति राज्य तथा सुख को प्राप्त करता है।

महापातक योग—यदि चन्द्र राहु से युक्त हो और उस पर पाप ग्रह के साथ बैठे हुए गुरु की दृष्टि पड़ रही हो, तो वह 'महापातक योग' होता है। इस योग में जन्म लेने वाला व्यक्ति चाहे इंद्र के कुल में ही क्यों न उत्पन्न हुआ हो, तो भी वह महापापी होता है।

पशुहन्ता योग—यदि जन्म-लग्न पर मंगल, सूर्य, गुरु अथवा शुक्र की दृष्टि न पड़ती हो, तो वह 'बलीवर्दहंतृ योग' होता है। ऐसे जातक की मृत्यु बैल के द्वारा होती है।

हठहन्ता योग—यदि लग्न से ग्यारहवें स्थान में चन्द्र हो और सूर्य कर्क राशि में हो, तो जातक की मृत्यु किसी काम में हठ करने के कारण होती है। यदि चन्द्र पर किसी पाप ग्रह की दृष्टि भी पड़ रही हो, तो किसी विशेष हठ के कारण मृत्यु होती है।

बालारिष्ट योग—यदि लग्न से सप्तम स्थान में चन्द्र, अष्टम स्थान में पाप ग्रह, लग्न में शुभ ग्रह तथा सूर्य हो, तो 'बालारिष्ट योग' होता है। ऐसे जातक की मृत्यु जन्म से एक वर्ष के भीतर होती है।

सुनफा योग—यदि जन्म-कुण्डली में चन्द्र से दूसरे स्थान पर, सूर्य को छोड़कर, कोई अन्य ग्रह स्थित हो, तो 'सुनफा योग' होता है। सुनफा योग का प्रभाव इस प्रकार समझना चाहिए—

यदि चन्द्र से दूसरे स्थान में मंगल हो, तो जातक अपने पराक्रम द्वारा धनोपार्जन करने वाला, कठोर वचन बोलने वाला, हिंसक, बहुत से लोगों का विरोधी, राजा अथवा प्रतापी पुरुष, बुध हो, तो जातक धर्मात्मा, कवि, संगीतज्ञ, शास्त्रज्ञ, मानस्वी, सबका हित चाहने वाला तथा सुंदर शरीर वाला, गुरु हो, तो जातक अनेक प्रकार की विद्याओं का आचार्य, राजा अथवा राजा का प्रिय एवं जन-धन, संपन्न, शुक्र हो, तो जातक स्त्री, खेत, भूमि एवं भवन का स्वामी, पशुओं से धनी, पराक्रमी, तेजस्वी सब कार्यों में समर्थ तथा राजा द्वारा सम्मानित, शनि हो, तो जातक विवेकी, अत्यन्त धनी, यशस्वी, कार्य को गुप्त रखने वाला, नगर एवं ग्रामवासियों से पूजित, परन्तु मलिन हृदय वाला होता है।

अनफा योग—यदि जन्म-कुण्डली में चन्द्र से बारहवें स्थान पर सूर्य को छोड़कर, कोई अन्य ग्रह स्थित हो, तो 'अनफा योग' होता है। अनफा योग का प्रभाव इस प्रकार समझना चाहिए—

यदि चन्द्र से बारहवें स्थान में मंगल हो, तो जातक चोरों का सरदार, मानी, अभिमानी, स्वतंत्र, क्रोधी, झगड़ालू, युद्धकुशल, स्वस्थ तथा सुंदर शरीर वाला, ढीठ एवं संपत्ति को बढ़ाने वाला, बुध हो, तो जातक संगीतज्ञ, लेखनकार्य में चतुर, कवि, प्रवचनकर्त्ता, कांतिमान, सुंदर, राजा द्वारा सम्मानित, यशस्वी एवं प्रसिद्ध कर्म करने वाला, गुरु हो, तो जातक मेधावी, बुद्धिमान, श्रेष्ठ कवि एवं राजा द्वारा सम्मान प्राप्त करने वाला यशस्वी व्यक्ति, शुक्र हो, तो

जातक युवतियों का अत्यन्त प्रिय, बुद्धिमान, सुंदर, धनी, स्वर्ण से संपन्न, राजा का प्रेमी तथा चतुर व्यक्ति, शनि हो, तो जातक सुंदर स्वरूपवान, पशु-धन से धनी, अपने वचन का पालन करने वाला, लंबी भुजाओं वाला, गुणी, पुत्रवान तथा कुशीला स्त्रियों के साथ सहवास करने वाला होता है।

दुरुधरा योग—यदि जन्म-कुण्डली में चन्द्र से बारहवें तथा दूसरे दोनों ही स्थानों में सूर्य को छोड़कर कोई अन्य ग्रह हो, तो 'दुरुधरा योग' होता है। दुरुधरा योग का प्रभाव इस प्रकार समझना चाहिए—

मंगल और बुध की स्थिति से दुरुधरा योग बनता हो, तो जातक मिथ्यावादी, महाशठ, लोभी, कुल में श्रेष्ठ, कार्य-कुशल, अत्यन्त गुणी तथा अत्यधिक धनवान, मंगल और गुरु की स्थिति से दुरुधरा योग बनता हो, तो जातक कपटी, ढीठ, धन-संचयी, शत्रुता रखने वाला, अपने लोगों की रक्षा करने वाला, परन्तु सत्कर्म करने में प्रसिद्ध व्यक्ति, मंगल और शुक्र की स्थिति से दुरुधरा योग बनता हो, तो जातक सुंदर स्वरूप वाला, शूर-वीर, व्यायामी, युद्ध में उत्साही, अस्त्र-शस्त्र विद्या का जानकार, विवादी तथा सुशीला एवं पतिव्रता पत्नी का पति, मंगल और शनि की स्थिति से दुरुधरा योग बनता हो, तो जातक रतिक्रिया में प्रवीण, व्यसनी, क्रोधी, चुगलखोर, अधिक शत्रुओं वाला तथा बहुत धन संचय करने वाला, बुध और गुरु की स्थिति से दुरुधरा योग बनता हो, तो जातक शास्त्रज्ञ, धर्मज्ञ, वाणी का धनी, दानी, संपत्ति को बढ़ाने वाला तथा लोक में प्रसिद्ध, बुध और शुक्र की स्थिति से दुरुधरा योग बनता हो, तो जातक पुण्यात्मा, सुखी, शूर-वीर, राजमंत्री, कांतिमान, प्रियवादी, प्रवृत्तिमार्ग में रत तथा यशस्वी, बुध और शनि की स्थिति से दुरुधरा योग बनता हो, तो जातक अनेक देशों में भ्रमण करने वाला, धन को तुच्छ समझने वाला, विद्वान, स्वजनों द्वारा अनादृत, परन्तु अन्य जनों द्वारा सम्मानित, गुरु और शुक्र की स्थिति से दुरुधरा योग बनता हो, तो जातक नीतिज्ञ, मेधावी, धीर, गंभीर, स्थिर, स्वर्ण-रत्नादि से परिपूर्ण, लोक-विश्रुति, सम्मानित तथा राजकर्मचारी, गुरु और शनि की स्थिति से दुरुधरा योग बनता हो, तो जातक नीतिज्ञ, वैज्ञानिक, सुखी, प्रियवादी, संततिवान, धनी, सुंदर स्वरूपवान, विद्वान तथा सब कामों के करने में समर्थ एवं कुशल, शुक्र और शनि की स्थिति से दुरुधरा योग बनता हो तो जातक धनी, अनेक विषयों का ज्ञाता, राजा के द्वारा सम्मान प्राप्त करने वाला, सब कामों को करने में चतुर, कुलीन स्त्रियों का प्रिय तथा अपने से अधिक आयु वाली स्त्री का पति होता है।

संक्षेप में, दुरुधरा योग में उत्पन्न जातक सुखी, धनी, भृत्य-वाहनादि से युक्त तथा गुणवान होता है।

केमद्रुम योग—यदि जन्म-कुण्डली में चन्द्र से दूसरे तथा बारहवें स्थान में कोई भी ग्रह न हो, तो 'केमद्रुम' नामक योग होता है। इस योग में जन्म लेने वाला मनुष्य स्त्री-पुत्र से हीन, दुःखी, अपने कुटुम्बियों के सुख से हीन, व्यर्थ बोलने वाला, मलिन वस्त्रधारी, नीच, डरपोक, कुत्सित आचार-विचारों वाला, निर्धन, दूत कर्म करने वाला, परन्तु दीर्घायु होता है।

ऐसा जातक चाहे राजा के घर में ही जन्म क्यों न ले, फिर भी उसमें उपर्युक्त सभी कुलक्षण पाये जाते हैं। यदि चन्द्र केन्द्र में हो अथवा किसी अन्य ग्रह से युक्त हो तो 'केमद्रुम योग' भंग हो जाता है—ऐसा समझना चाहिए। यदि चन्द्र पर सभी ग्रहों की दृष्टि पड़ रही हो, तो केमद्रुम योग-जनित अशुभ फल नष्ट हो जाता है और जातक दीर्घायु, शत्रुओं को जीतने वाला तथा सार्वभौम राजा के पद को प्राप्त करने वाला होता है।

इसी प्रकार यदि केमद्रुम योग में चन्द्र पूर्ण बिंब होकर शुभ ग्रह की राशि पर बैठा हो अथवा उस पर बुध, बृहस्पति और शुक्र की दृष्टि पड़ रही हो, तो भी अशुभ फल नष्ट हो जाता है तथा जातक धन-पुत्रादि से सुखी होकर लोक में यश, प्रसिद्धि तथा सम्मान प्राप्त करता है।

वेशि योग— यदि जन्म-कुण्डली में सूर्य से दूसरे स्थान में चन्द्र को छोड़कर कोई अन्य ग्रह हो, तो 'वेशि योग' होता है। वेशियोग का फल इस प्रकार समझना चाहिए—

सूर्य के दूसरे स्थान पर गुरु हो, तो जातक धैर्यवान, सत्यवादी, बुद्धिमान, संग्राम में वीरता दिखाने वाला, सूर्य से दूसरे स्थान पर शुक्र हो, तो जातक लोक में विख्यात, गुणवान तथा श्रेष्ठ पुरुष, सूर्य से दूसरे स्थान पर बुध हो, तो जातक प्रियवादी, सुंदर, परन्तु दूसरों का अपकार करने वाला, सूर्य से दूसरे स्थान पर मंगल हो, तो जातक वाहन चलाने में कुशल तथा युद्ध-क्षेत्र में प्रसिद्धि पाने वाला और सूर्य से दूसरे स्थान पर शनि हो, तो जातक वाणिज्य-कला में कुशल, दूसरों के धन का अपहरण करने वाला तथा गुरुजनों का द्वेषी होता है।

संक्षेप में 'वेशि योग' में जन्म लेने वाला जातक अच्छी स्मरण-शक्ति वाला, श्रेष्ठ वचन बोलने वाला, कमर से ऊपर पुष्ट शरीर वाला, सत्त्वगुणी, मंद गति से चलने वाला तथा भोगी होता है।

वाशि योग—यदि जन्म-कुण्डली में सूर्य से बारहवें स्थान में चन्द्र को छोड़कर कोई अन्य ग्रह हो, तो 'वाशि योग' होता है। वाशियोग का फल इस प्रकार समझना चाहिए—

सूर्य से बारहवें स्थान पर गुरु की स्थिति हो, तो जातक धन का संचय करने वाला प्रसिद्ध पुरुष, सूर्य से बारहवें स्थान पर शुक्र की स्थिति हो, तो जातक डरपोक, कामी, थोड़ा काम करने वाला तथा पराधीन, सूर्य से बारहवें स्थान पर बुध हो, तो जातक कोमल स्वभाव वाला, विनम्र परन्तु लज्जा-विहीन, दरिद्र तथा अन्य जनों की आलोचना का पात्र, सूर्य से बारहवें स्थान पर मंगल हो, तो जातक परोपकारी, परन्तु अपनी माता का अहित करने वाला, सूर्य से बारहवें स्थान पर शनि हो, तो जातक दयालु, तंद्रायुक्त स्वभाव वाला, वृद्ध के समान आकृति वाला तथा पर-स्त्रीगामी होता है।

उभयचरी योग— यदि सूर्य से दूसरे तथा बारहवें दोनों ही स्थानों पर चन्द्र को छोड़ कोई अन्य ग्रह स्थित हों, तो 'उभयचरी योग' होता है। उभयचरी योग में जन्म लेने वाले जातक कष्ट-सहिष्णु, समदर्शी, मध्यम शरीर वाला, स्थिर, गंभीर, सतोगुणी, कार्यकुशल, पुष्ट ग्रीवा वाला, सुन्दर, बहुत से नौकर रखने वाला, बन्धुओं को आश्रय देने वाला, हृष्ट-पुष्ट, भोगी, धनी तथा राजा के समान सुखी तथा उत्साही होता है।

पुत्रहीन योग — (१) जन्म-कुण्डली में पांचवें घर का स्वामी छठे, आठवें अथवा बारहवें घर में बैठा हो, तो जातक पुत्रहीन होता है।

(२) जन्म-कुण्डली में पांचवें घर का स्वामी किसी स्थान में अस्त होकर सूर्य के साथ बैठा हो, या

(३) जन्म-कुण्डली के पांचवें घर में सूर्य, मंगल, राहु और शनि इनमें से कोई भी एक, दो, तीन अथवा चारों ग्रहों में स्थित हो, या

(४) जन्म-कुण्डली के पांचवें घर में चन्द्र राहु के साथ बैठा हो, या

(५) जन्म-कुण्डली के पांचवें, दूसरे अथवा दसवें घर में मंगल बैठा हो, या

(६) जन्म-कुण्डली के आठवें अथवा तीसरे घर में शनि बैठा हो, या

(७) जन्म-कुण्डली के पांचवें घर में अकेला चन्द्र हो, परन्तु वह वृद्ध अवस्था का हो, और

(८) पांचवें घर का स्वामी स्त्री-ग्रह हो और वह पहले, चौथे, सातवें अथवा दसवें घर में चन्द्र, बुध, शनि अथवा राहु के साथ बैठा हो, तो जातक पुत्रहीन होता है।

संतान मृत्यु-योग — (१) पांचवें घर में सूर्य राहु, शनि अथवा केतु के साथ बैठा हो, अथवा पांचवें घर में राहु मंगल के साथ बैठा हो, तो जातक की संतान जन्म लेने के बाद मर जाती है।

महासागर योग — लग्न, चतुर्थ, सप्तम और दशम — इन चारों केन्द्र-स्थानों में बुध, गुरु, शुक्र तथा चन्द्र बैठे हों, तो 'महासागर योग' होता है। ऐसे योग में जन्म लेने वाला व्यक्ति राजा अथवा राजमंत्री होता है। वह देवता तथा ब्राह्मणों से प्रीति रखता है, परन्तु उसका शरीर किसी राजरोग (यक्ष्मा आदि) से दुःखी बना रहता है।

मातृघातक योग — यदि जन्म-लग्न में बृहस्पति, धन-स्थान में शनि तथा तीसरे स्थान में मंगल बैठा हो, तो ऐसे जातक की माता जीवित नहीं रहती।

श्रीमुख योग — यदि जन्म-लग्न में गुरु, नवम, स्थान में शुक्र और सूर्य दशमभाव में हो, तो 'श्रीमुख' नामक योग होता है। इस योग में जन्म लेने वाला जातक बीस वर्ष की आयु तक राजा द्वारा सम्मान प्राप्त करता है। वह हाथी, घोड़ा, धन आदि से संपन्न तथा अत्यन्त पराक्रमी होता है।

स्त्री मरण योग — (१) जन्म-कुण्डली में शुक्र से चौथे अथवा आठवें स्थान पर पाप ग्रह स्थित हों, तो जातक की पत्नी अग्नि से जलकर मरती है।

(२) जन्म-कुण्डली में शुक्र पाप ग्रहों के बीच बैठा हो, तो जातक की पत्नी ऊपर से गिरकर मरती है।

कुलश्रेष्ठ योग — यदि जन्म-कुण्डली में बृहस्पति तुला राशि पर स्थित हो, शुक्र कन्या राशि पर स्थित हो एवं बुध वृष राशि पर स्थित होकर दशमभाव में हो तथा वृश्चिक राशि को पूर्ण दृष्टि से देखता हो, तो ऐसा जातक अपने कुल में श्रेष्ठ, उदार, गुणवान, बुद्धिमान, धनी, सुखी, चतुर तथा प्रतिदिन आनंद का उपभोग करने वाला होता है।

वंध्यापति योग—यदि लग्न में शनिश्चर बैठा हो और कर्क, वृश्चिक तथा मीन के नवांश में प्राप्त शुक्र सातवें घर में स्थित हो तथा पांचवें घर में कोई भी शुभ ग्रह न हो, तो ऐसा व्यक्ति वंध्या स्त्री का पति होता है। यह योग मकर, वृष तथा कन्या लग्न वालों पर ही प्रभाव डालता है।

स्त्री-पुत्र-विहीन योग—यदि जन्म-कुण्डली के लग्न, सातवें और बारहवें घर में पाप ग्रह बैठें हों और पंचमभाव में चन्द्र की क्षीण स्थिति हो, तो ऐसा जातक स्त्री तथा पुत्र से रहित होता है।

अंध योग—(१) सूर्य राहु के साथ लग्न में बैठा हो और नवें अथवा पांचवें घर में शनि अथवा मंगल की स्थिति हो, तो ऐसे योग में जन्म लेने वाला जातक अंधा होता है।

(२) जन्म समय में सिंह लग्न हो और उसमें सूर्य, चन्द्र स्थित हों तथा उन पर शनि और मंगल की दृष्टि पड़ रही हो, तो भी जातक अंधा होता है। यदि दोनों शुभ ग्रहों की दृष्टि हो, तो आंखें छोटी होती हैं और जातक को कम दिखाई देता है। यदि बारहवें स्थान में सूर्य, चन्द्र बैठे हों, तो जातक बाईं आंख से हीन होता है।

(३) जन्म-कुण्डली में दूसरे, छठे, आठवें तथा बारहवें घर में सूर्य, मंगल, शनि और चन्द्र बैठे हों, तो ये ग्रह अपने बल के अनुसार अन्य ग्रहों के दोष से जातक को अंधा अथवा नेत्रज्योति विहीन करते हैं।

(४) यदि सूर्य, चन्द्र तीसरे भाव में अथवा केन्द्र में बैठे हों और पाप ग्रह की राशि में मंगल केन्द्र में स्थित हो तथा आठवें, छठे, और बारहवें घर में शुभ ग्रह बैठे हों और दसवें स्थान में सूर्य हो, तो ऐसे योग में जन्म लेने वाला जातक भी अंधा होता है।

(५) जन्म-काल में शुक्र और बुध एक साथ छठे, आठवें अथवा बारहवें भाव में स्थित हों, तो जातक को रतौंधी होती है।

(६) शुक्र और सूर्य लग्न के स्वामी के साथ छठे, आठवें अथवा बारहवें भाव में बैठे हों, तो जातक जन्म से ही अंधा होता है।

(७) जिस मनुष्य के जन्म-काल में छठे घर का स्वामी मंगल की राशि में अथवा मंगल के साथ स्थित हो, वह नेत्र रोगी होता है।

काण योग—(१) यदि जन्म-कुण्डली के दूसरे घर में शुक्र किसी पाप ग्रह के साथ बैठा हो, तो जातक काना होता है या उसकी आंखें छोटी होती हैं।

(२) धन-स्थान में सूर्य, राहु अथवा शनि बैठा हो तथा धन-स्थान का स्वामी अस्त हो, पाप ग्रह के साथ हो और धन-स्थान को देखता भी न हो, तो जातक काना होता है।

(३) बारहवें घर में सूर्य तथा राहु बैठे हों और धन-स्थान का स्वामी अस्त हो या शनि के साथ बैठा हो, तो जातक काना होता है।

मूक योग—यदि शुक्र किसी पाप ग्रह के साथ नवांशगत द्वितीयभाव में बैठा हो, तो जातक गूंगा होता है।

तुतला योग —यदि शुक्र किसी पाप ग्रह के साथ तीसरे घर में तीसरे नवांश में बैठा हो, तो जातक तोतला होता है।

बधिर योग —यदि जन्म-काल में तीसरे, नवें, पांचवें तथा ग्यारहवें स्थान में पाप ग्रह हो और वे शुभ ग्रहों से दृष्ट भी न हों, तो जातक बहरा होता है।

उच्चपद योग—यदि जन्म-काल में बृहस्पति मकर राशि में बैठा हो और उस पर शुक्र अथवा बुध की दृष्टि पड़ रही हो तो ऐसे योग में जन्म लेने वाला व्यक्ति चाहे शूद्र के घर में ही क्यों न उत्पन्न हुआ हो, वह संपूर्ण विद्याओं को जानने वाला तथा श्रेष्ठ ब्राह्मण के समान होता है।

धनी योग—(१) लग्नेश जिस नवांश में स्थित हो, उस नवांश का स्वामी गोपुरांश में स्थित हो और उस पर दशमेश की दृष्टि पड़ रही हो, तो मनुष्य सहस्राधिपति होता है।

(२) जिसके जन्म-काल में दशमभाव का स्वामी, नवांशपति और सप्तांशपति—तीनों एकत्र होकर बलवान हों और शुक्र, बृहस्पति देखते हों, तो जातक सहस्राधिपति होता है।

(३) जन्म-काल में बुध के षष्ठांश में दूसरे, ग्यारहवें युक्त हो और उन स्थानों के स्वामी भी उन्हीं स्थानों में स्थित हों, तो जातक सहस्राधिपति होता है।

(४) जन्म-काल में दूसरे घर का स्वामी, द्रेष्काण का स्वामी और सप्तांशपति तीनों एकत्र होकर संपूर्ण बलसहित हों, तो भी जातक सहस्राधिपति होता है।

(५) जिसके जन्म-काल में लग्नेश, द्रेष्काणेश तथा सप्तांशपति—ये तीनों एकत्र होकर वैशेषिकांश में प्राप्त हों, तो वह मनुष्य दस सहस्र रुपयों का स्वामी होता है।

(६) कर्मेश, दृकाणेश तथा सप्तांशपति—ये तीनों ऐरावतांश में बैठे हों, तो ऐसा जातक लखपती होता है।

(७) यदि जन्म-काल में चारों केद्रों में शुभ ग्रह सिंहासनांश अथवा पारावतांश में हों, तो भी वह जातक लखपती होता है।

(८) जन्म-काल में लाभ, लग्न और धन—इन तीनों स्थानों के स्वामी वैशेषिकांश में प्राप्त हों, तो जातक सुशील, बुद्धिमान तथा लखपती होता है।

(९) जन्म-काल में दूसरे और ग्यारहवें घर के स्वामी वृद्धिकेन्द्र में स्थित हों और नवें घर का स्वामी बली हो, तो जातक तीन लाख रुपयों से भी अधिक का स्वामी होता है।

(१०) भाग्य स्थानाधिपति केन्द्र अथवा त्रिकोण में बैठा हो तथा ग्यारहवें स्थान के स्वामी के साथ वैशेषिकांश में स्थित हो, तो ऐसा जातक भी तीन लाख रुपयों से भी अधिक का स्वामी होता है।

(११) जन्म-काल में लग्नपति, नवांशपति और भाग्येश परमोच्चांश में स्थित हों तथा ग्यारहवें घर का स्वामी वैशेषिकांश में प्राप्त हो, तो ऐसा जातक करोड़पति होता है।

(१२) यदि लग्न का स्वामी और नवांशपति और भाग्येश दोनों ही एक साथ केन्द्र अथवा त्रिकोण में स्थित हों और बृहस्पति उन्हें देखता हो, तो ऐसा जातक ऋण देने वाला (साहूकार) होता है।

(१३) दूसरे और ग्यारहवें घर के स्वामी के साथ त्रिशांशपति और नवांशपति—दोनों की केन्द्र या त्रिकोण में वैशेषिकांश में प्राप्त हों, तो ऐसा जातक ऋण देने वाला (साहूकार) होता है।

ऋणी योग—(१) यदि धन-स्थान में पाप ग्रह बैठा हो, लग्नेश बारहवें घर में हो और वह कर्मेश अथवा लाभेश द्वारा दृष्ट अथवा उसके साथ हो, तो जातक ऋणी (कर्ज लेने वाला) होता है।

(२) यदि धन-स्थान का स्वामी नीच राशि में बैठा हो और पाप ग्रहों के षष्ठांश में स्थित हो तथा लाभ स्थानपति उसी षष्ठांश में हो, तो भी मनुष्य ऋणी होता है।

(३) सूर्य द्वारा अस्त धन-स्थान का स्वामी नीच राशि में पाप ग्रहों के साथ दूसरे या आठवें स्थान में बैठा हो, तो जातक ऋणी होता है।

ज्योतिर्विद् योग—बुध केन्द्र में बैठा हो, गुरु बली हो, शुक्र धन-स्थान में हो तथा तीसरे घर में शुभ ग्रह हों अथवा धन-स्थान में उच्चराशि का शुक्र बैठा हो, तो ऐसा व्यक्ति श्रेष्ठ ज्योतिषी होता है।

गणितज्ञ योग—(१) पांचवें घर में मंगल हो और चन्द्र सहित बुध की उस पर दृष्टि पड़ रही हो अथवा बुध केन्द्र में स्थित हो, तो जातक गणित-शास्त्र का जानकार होता है।

(२) पांचवें घर का स्वामी और बुध उच्च राशि में स्थित हों, लग्न में गुरु हो तथा अष्टमभाव में शनि बैठा हो, तो जातक गणितशास्त्र का विद्वान होता है।

(३) केन्द्र अथवा त्रिकोण में गुरु हो, शुक्र उच्च राशि का होकर त्रिकोण में स्थित हो अथवा पंचमभाव का स्वामी और बुध दोनों त्रिकोण में स्थित हों, तो भी मनुष्य गणित-शास्त्र का ज्ञाता होता है।

न्यायशास्त्रज्ञ योग—जन्म-काल में गुरु, शुक्र और धनेश मूल त्रिकोण अथवा उच्च राशि में स्थित केन्द्र-त्रिकोणवर्ती हों और सूर्य, मंगल इन्हें देखते हों, तो जातक न्यायशास्त्र के जानकारों में श्रेष्ठ होता है।

काव्यशास्त्र योग—(१) यदि केन्द्र अथवा त्रिकोण में बुध शुक्र के साथ बैठा हो, तो जातक काव्य-शास्त्र का पंडित होता है।

(२) यदि पंचम घर में शुक्र स्थित हो और पंचमेश केन्द्र अथवा त्रिकोण में स्थित हो एवं चन्द्र सहित गुरु की उस पर दृष्टि पड़ रही हो, तो जातक काव्य-शास्त्र का विद्वान होता है।

विविध विद्या योग— (१) यदि जन्म-कुण्डली में केन्द्र में गुरु और शुक्र बैठे हों, तो मनुष्य छहों शास्त्रों को जानने वाला होता है।

(२) यदि पंचम घर में सूर्य और मंगल स्थित हों, तो ऐसा मनुष्य वैद्य-विद्या को जानने वाला होता है।

(३) यदि बृहस्पति केंद्र में हो अथवा पाप ग्रह के साथ त्रिकोण में बैठा हो, तो मनुष्य तंत्रशास्त्र का ज्ञाता होता है। यदि मंगल पाप ग्रहों के साथ केन्द्र अथवा त्रिकोण में बैठा हो, तो वह जातक भी तंत्रशास्त्र का जानकार होता है।

(४) यदि जन्म-लग्न में चन्द्र बैठा हो तथा पंचमेश पाप ग्रहों के साथ बैठा हो अथवा पंचम भवन में पाप ग्रह बैठा हो, तो वह जातक अरबी व फारसी आदि का जानकार होता है।

(५) यदि पांचवें घर में सूर्य और मंगल हों अथवा राहु, शनि और शुक्र में से कोई ग्रह बैठा हो, साथ ही इन पर पाप ग्रहों की दृष्टि भी पड़ती हो, तो जातक अंग्रेजी भाषा का जानकार होता है।

(६) यदि त्रिकोण में सूर्य या शुक्र बैठे हों और वे राहु, शनि अथवा केतु के साथ हों तो ऐसा व्यक्ति जैनशास्त्र का जानकार होता है।

(७) यदि लग्न में शनि व मंगल हों, गुरु चन्द्र के नवांश में हो और राहु अथवा केतु के साथ बैठा हो, तो जातक सर्प पकड़ने की विद्या में प्रवीण होता है।

कुष्ठी योग—(१) मेष, मकर, मीन और कर्क—इन नवांशों में चन्द्र पाप ग्रहों के बीच बैठा हो तथा शनि के ऊपर मंगल की दृष्टि हो, तो जातक कुष्ठी होता है।

(२)जन्म-काल में नवें, पांचवें घर में वृष, कर्क, वृश्चिक अथवा मकर में से कोई राशि हो, इन घरों में पाप ग्रह बैठे हों अथवा पाप ग्रहों की दृष्टि पड़ रही हो, तो जातक अवश्यमेव कोढ़ी होता है।

उन्माद योग—(१)लग्न, नवें अथवा पांचवें घर में सूर्य और चन्द्र स्थित हों और शनि तथा गुरु केन्द्र में बैठे हों, तो ऐसा मनुष्य विक्षिप्त अथवा उन्मादी होता है।

(२) शनि अथवा मंगल लग्न में हों, बुध और चन्द्र केन्द्र में हो और वे सौम्यांशहीन हों, तो भी ऐसा जातक उन्माद रोग से युक्त होता है।

(३) चन्द्र पाप ग्रह के साथ तथा राहु के साथ बारहवें घर में बैठा हो तथा शुभ ग्रह आठवें घर में बैठा हो, तो ऐसा मनुष्य क्रोधी, कलह-प्रिय तथा विक्षिप्त होता है।

(४) लग्न, नवम तथा पंचम स्थान में सूर्य और चन्द्र बैठे हों, केन्द्र में अथवा तीसरे घर में गुरु, शनि और मंगल बैठे हों तथा दिन के समय का जन्म हो, तो जातक विक्षिप्त मनुष्य जैसा होता है।

विंशोत्तरी महादशा के अनुसार विभिन्न ग्रहों की दशाओं एवं अंतर्दशाओं का फलादेश

ज्योतिष शास्त्र के आचार्यों ने कलियुग में मनुष्यों की पूर्णायु १२० वर्ष की मानी है। इस आयु-अवधि में नवग्रहों की महादशाएं विभिन्न समय में भोग करती हैं और वे जातक के ऊपर उस अवधि तक अपना विशेष प्रभाव डालती हैं।

ज्योतिषी लोग जन्मपत्रियों में विंशोत्तरी महादशा का चक्र लगा दिया करते हैं। यदि किसी जातक की जन्म-कुण्डली में विंशोत्तरी महादशा का चक्र न लगा हो, तो उसे किसी ज्योतिषी द्वारा लगवा लेना चाहिए।

सामान्यतः महादशाओं का निर्धारण इस प्रकार किया जाता है—

कृत्तिका नक्षत्र से आरम्भ करके क्रमशः सूर्य, चन्द्र, मंगल, राहु, गुरु, शनि, बुध, केतु और शुक्र—ये ग्रह तीन आवृत्ति-क्रम से दशाओं के स्वामी होते हैं। अतः कृत्तिका नक्षत्र से जन्म-नक्षत्र तक जो संख्या हो, उसमें ९ का भाग देकर जो संख्या शेष बचे, उससे आरम्भ करके उक्त क्रम से ग्रहों की महादशा होती है। किस नक्षत्र में जन्म लेने वाला जातक किस ग्रह की महादशा में उत्पन्न हुआ माना जाता है, इसे सामने दिए गए चक्र के अनुसार समझ लेना चाहिए—

इस प्रकार प्रत्येक जातक के जीवन में सूर्य की महादशा ६ वर्ष, चन्द्र की महादशा १० वर्ष, मंगल की महादशा ७ वर्ष, राहु की महादशा १८ वर्ष, गुरु की महादशा १६ वर्ष, शनि की महादशा १९ वर्ष, बुध की महादशा १७ वर्ष, केतु की महादशा ७ वर्ष तथा शुक्र की महादशा

नक्षत्रों द्वारा ग्रहों की महादशा जानने का चक्र

दशाओं के स्वामी	सू०	चं०	मं०	रा०	गु०	श०	बु०	के०	शु०
	कृत्तिका	रोहिणी	मृगशिर	आर्द्रा	पुनर्वसु	पुष्य	आश्लेष	मघा	पूर्वा फाल्गुनी
नक्षत्र	उत्तरा फाल्गुनी	हस्त	चित्रा	स्वाति	विशाखा	अनुराधा	ज्येष्ठा	मूल	पूर्वाषाढ़
	उत्तराषाढ़	श्रवण	धनिष्ठा	शतभिष	पूर्वाभाद्रपद	उत्तराभाद्रपद	रेवती	अश्विनी	भरणी
दशाओं की अवधि	६ वर्ष	१० वर्ष	७ वर्ष	१८ वर्ष	१६ वर्ष	१९ वर्ष	१७ वर्ष	७ वर्ष	२८ वर्ष

२० वर्ष तक रहती है। परन्तु इन सभी ग्रहों की महादशाएं प्रत्येक जातक के जीवन में भोग करे ही, यह आवश्यक नहीं है। जातक का जन्म जिस ग्रह की महादशा में होता है, वहां से आरम्भ करके जितनी अवधि तक वह जीवित रहता है, उतनी अवधि में जितने ग्रहों की महादशा का भोग सम्भव होता है, उतने ही ग्रहों की महादशा का भोग वह कर पाता है। शेष ग्रहों की महादशाओं का भोग जातक को अपने पूर्व अथवा बाद के जन्म में करना पड़ता है।

जिस समय जिस ग्रह की महादशा चल रही होती है, उस ग्रह की महादशा की अवधि में भी नौ ग्रहों की दशाएं विभिन्न कालावधि में अपना भोग करतीं तथा जातक के जीवन पर प्रभाव डालती रहती हैं। उन दशाओं को 'अन्तर्दशा' कहा जाता है। अन्तर्दशाओं में भी नौ ग्रहों की दशाएं क्रमशः भोग करती हैं, उन्हें 'प्रत्यन्तर्दशा' कहा जाता है। प्रत्यन्तर्दशा में भी नौ ग्रहों की दशाओं का भोग होता है, उन्हें 'सूक्ष्मान्तर्दशा' कहा जाता है और सूक्ष्मान्तर्दशा में भी नौ ग्रहों की दशाओं का भोग होता है, उन्हें 'प्राणदशा' के नाम से संबोधित किया जाता है। इस प्रकार प्रत्येक ग्रह की महादशा में प्रत्येक ग्रह की अन्तर्दशा, प्रत्यन्तर्दशा, सूक्ष्मान्तर्दशा एवं प्राणदशा का क्रमशः निरंतर भोग होता रहता है और वे सभी जातक के जीवन पर अपना विशिष्ट प्रभाव डालती रहती हैं। गणित के आधार पर इन सभी अंतर, प्रत्यंतर, सूक्ष्मांतर आदि दशाओं को निकालकर, उनके आधार पर जातक के प्रतिदिन के जीवन में घटने वाली घटनाओं की यथार्थ जानकारी प्राप्त की जा सकती है।

ग्रहों की महादशा अंतर-प्रत्यन्तर्दशा आदि के गणित का वर्णन इस पुस्तक का विषय नहीं है। उसका ज्ञान ज्योतिष-सम्बन्धी एतद्विषयक पुस्तकों एवं विद्वानों द्वारा प्राप्त किया जा सकता है। यहां पर हम केवल महादशा एवं अन्तर्दशा के ग्रहों का जातक के जीवन पर क्या प्रभाव पड़ता है, उसके फलादेश मात्र का ही वर्णन कर रहे हैं। किस ग्रह की महादशा में किन-किन ग्रहों की अन्तर्दशा कितनी कालावधि तक रहती है, इसे सामने दिए गए चक्रों के अनुसार समझ लेना चाहिए—

विंशोत्तरी 'सूर्य' की महादशा में अन्तर्दशा

अवधि	सू०	चं०	मं०	रा०	गु०	श०	बु०	के०	शु०
वर्ष	०	०	०	०	०	०	०	०	१
मास	३	६	४	१०	९	११	१०	४	०
दिन	१८	०	६	२४	१८	१२	६	६	०

विंशोत्तरी 'चन्द्र' की महादशा में अन्तर्दशा

अवधि	चं०	मं०	रा०	गु०	श०	बु०	के०	शु०	सू०
वर्ष	०	०	१	१	१	१	०	१	०
मास	१०	७	६	४	७	५	७	८	६
दिन	०	०	०	०	०	०	०	०	०

विंशोत्तरी 'मंगल' की महादशा में अन्तर्दशा

अवधि	मं०	रा०	गु०	श०	बु०	के०	शु०	सू०	चं०
वर्ष	०	१	०	१	०	०	१	०	०
मास	४	०	११	१	११	४	२	४	७
दिन	२७	१८	६	९	२७	२७	०	६	०

विंशोत्तरी 'राहु' की महादशा में अन्तर्दशा

अवधि	रा०	गु०	श०	बु०	के०	शु०	सू०	चं०	मं०
वर्ष	२	२	२	२	१	३	०	१	१
मास	८	४	१०	६	०	०	१०	६	०
दिन	१२	२४	६	१८	१८	०	२४	०	१८

विंशोत्तरी 'गुरु' की महादशा में अन्तर्दशा

अवधि	गु०	श०	बु०	के०	शु०	सू०	चं०	मं०	रा०
वर्ष	२	२	२	०	२	०	१	०	२
मास	१	६	३	११	८	९	४	११	४
दिन	१८	१२	६	६	०	१८	०	६	२४

विंशोत्तरी 'शनि' की महादशा में अन्तर्दशा

अवधि	श०	बु०	के०	शु०	सू०	चं०	मं०	रा०	गु०
वर्ष	३	२	१	३	०	१	१	२	२
मास	०	८	१	२	११	७	१	१०	६
दिन	३	९	९	०	१२	०	९	६	१२

विंशोत्तरी 'बुध' की महादशा में अन्तर्दशा

अवधि	बु०	के०	शु०	सू०	चं०	मं०	रा०	गु०	श०
वर्ष	२	०	२	०	१	०	२	२	२
मास	४	११	१०	१०	५	११	६	३	६
दिन	२७	२७	०	६	०	२७	१८	३	९

विंशोत्तरी 'केतु' की महादशा में अन्तर्दशा

अवधि	के०	शु०	सू०	चं०	मं०	रा०	गु०	श०	बु०
वर्ष	०	१	०	०	०	१	०	१	०
मास	४	२	४	७	४	०	११	१	११
दिन	२७	०	६	०	२७	१८	६	९	२७

विंशोत्तरी 'शुक्र' की महादशा में अन्तर्दशा

अवधि	शु०	सू०	चं०	मं०	रा०	गु०	श०	बु०	के०
वर्ष	३	१	१	१	३	२	३	२	३
मास	४	०	८	२	०	८	२	१०	२
दिन	०	०	०	०	०	०	०	०	०

विंशोत्तरी महादशा के ग्रहों का फलादेश

(१) 'सूर्य' की महादशा में जातक का चित्त उद्विग्न बना रहता है। उसे परदेशवास, चोट, अनेक प्रकार के क्लेश, क्षोभ, धन का नाश, भाई-बन्धुओं से वियोग तथा राजकुल से भय आदि कष्टों का सामना करना पड़ता है।

(२) 'चन्द्र' की महादशा में जातक के बल, वीर्य, प्रताप, सुख, धन, भोजन आदि की वृद्धि होती है। उसे मिष्टान्न-भोजन, दिव्य-शय्या, आसन, छत्र, वाहन, स्वर्ण, भूमि तथा अन्य अनेक प्रकार के ऐश्वर्यों की प्राप्ति होती है।

(३) 'मंगल' की महादशा में जातक को शस्त्र के द्वारा चोट, अग्नि अथवा रोगों का भय, धन की हानि, चोरी, व्यवसाय में हानि, दैन्य, दुःख आदि कष्ट उठाने पड़ते हैं।

(४) 'राहु' की महादशा में जातक को मति-भ्रम, सर्व-शून्य, विपत्ति, कष्ट, रोग, धन-नाश, प्रिय-वियोग, मृत्यु-तुल्य कष्ट तथा अन्य अनेक प्रकार के दुःखों का सामना करना पड़ता है।

(५) 'गुरु' की महादशा में जातक को राजा से सम्मान, मित्र एवं रत्नों का लाभ, शत्रुओं पर विजय, आरोग्य, शारीरिक बल तथा अनेक प्रकार के सुखों का लाभ होता है। उसके सभी मनोरथ पूर्ण होते हैं।

(६) 'शनि' की महादशा में जातक को मिथ्या-अपवाद, बंधन, आश्रय का नाश, धन–धान्य तथा स्त्री से दु:ख, सब कामों में हानि तथा असफलताओं का सामना करना पड़ता है।

(७) 'बुध' की महादशा में जातक को अनेक प्रकार के भोग, सुख, धन, वैभव तथा दिव्य-स्त्रियों की प्राप्ति होती है। उसके आनंद तथा ऐश्वर्य की वृद्धि होती है।

(८) 'केतु' की महादशा में जातक को अनेक प्रकार की आपत्ति-विपत्ति, भय, रोग, संकट, हानि, विषाद एवं अनर्थों का सामना करना पड़ता है। उसके प्राणों पर भी संकट बना रहता है।

(९) 'शुक्र' की महादशा में जातक को मित्रों द्वारा उत्तम वस्तुओं की प्राप्ति, स्त्रियों द्वारा विलास, धन, हाथी, घोड़ा, वाहन, छत्र, राज्य, संपत्ति आदि की प्राप्ति होती है तथा उसके सभी मनोरथ पूर्ण होते हैं।

आवश्यक टिप्पणी—ग्रहों की महादशा का उक्त फलादेश सामान्य स्थिति में समझना चाहिए। यदि जन्म-कुण्डली में राहु, केतु, शनि, मंगल आदि क्रूर अथवा अशुभ फल देने वाले ग्रह उच्च राशि में स्वक्षेत्रगत अथवा शुभ फल देने की स्थिति में बैठे हों, तो उस परिस्थिति में इन अशुभ फल देने वाले ग्रहों की महादशा भी शुभ फलदायक बन जाती है। इसी प्रकार यदि जन्म-कुण्डली में चन्द्र, गुरु, शुक्र आदि शुभ फल देने वाले ग्रह नीच के शत्रु की राशि में अथवा अशुभ फल देने की स्थिति में बैठे हों, तो उस परिस्थिति में इन शुभ फल देने वाले ग्रहों की महादशा में भी अशुभ फल प्राप्त होता है। अंतर केवल यही है कि जन्म-कुण्डली स्थित शुभ फलदायक क्रूर ग्रहों की महादशा में अशुभ फल कम मात्रा में मिलता है। इसी प्रकार जन्म-कुण्डली स्थित अशुभ फलदायक शुभ ग्रहों की महादशा में जातक को शुभ फल भी कम मात्रा में ही प्राप्त होता है। यही बात अंतरदशा एवं प्रत्यंतरदशा आदि में ग्रहों के फलादेश का निर्णय करते समय भी ध्यान में रखनी चाहिए।

ग्रहों की महादशा के सामान्य फलादेश के सम्बन्ध में ऊपर कहा जा चुका है। महादशाओं के अंतर्गत विभिन्न ग्रहों की अंतर्दशाओं के फलादेश को आगे लिखे अनुसार समझना चाहिए—

सूर्य की महादशा में 'सूर्य' के अंतर का फल

सूर्य की महादशा में 'सूर्य' की ही अंतर्दशा हो, तो जातक को राजकुल से लाभ प्राप्त होता है, परन्तु भाई-बन्धुओं से विपत्ति, पित्त के प्रकोप से पीड़ा एवं सदैव खर्च का सामना भी करना पड़ता है।

सूर्य की महादशा में 'चन्द्र' के अंतर का फल

सूर्य की महादशा में 'चन्द्र' की अंतर्दशा हो, तो जातक को सुख-प्राप्ति, धनलाभ, विदेश-गमन तथा शत्रु से संधि आदि की प्राप्ति होती है।

सूर्य की महादशा में 'मंगल' के अंतर का फल

सूर्य की महादशा में 'मंगल' की अंतर्दशा हो, तो जातक को स्वर्ण, मणि, रत्न, सवारी, धन तथा सम्मान की प्राप्ति होती है।

सूर्य की महादशा में 'राहु' के अंतर का फल

सूर्य की महादशा में 'राहु' की अंतर्दशा हो, तो जातक को व्याधि, अपमान, शंका, धन-नाश, जनहानि आदि अनेक प्रकार के कष्ट उठाने पड़ते हैं।

सूर्य की महादशा में 'गुरु' के अंतर का फल

सूर्य की महादशा में 'गुरु' की अंतर्दशा हो, तो जातक को धन, धर्म एवं पद की प्राप्ति होती है तथा शारीरिक व्याधियां दूर हो जाती हैं।

सूर्य की महादशा में 'शनि' के अंतर का फल

सूर्य की महादशा में 'शनि' की अंतर्दशा हो, तो जातक को राज्य-भंग, भाई-बन्धुओं का वियोग तथा शारीरिक विकलता आदि कष्ट उठाने पड़ते हैं।

सूर्य की महादशा में 'बुध' के अंतर का फल

सूर्य की महादशा में 'बुध' की अंतर्दशा हो, तो जातक को दरिद्रता, क्षुद्रकुष्ठ, खुजली, शिरोरोग आदि कष्टों का सामना करना पड़ता है तथा उसके शरद्कालीन अन्न का नाश होता है।

सूर्य की महादशा में 'केतु' के अंतर का फल

सूर्य की महादशा में 'केतु' की अंतर्दशा हो, तो जातक को देश-त्याग, धन-नाश, बन्धु-नाश आदि विपत्तियां घेर लेती हैं। ऐसा व्यक्ति भ्रमण अधिक करता है और लाभ के स्थान पर हानि अधिक होती है।

सूर्य की महादशा में 'शुक्र' के अंतर का फल

सूर्य की महादशा में 'शुक्र' की अंतर्दशा हो, तो जातक शिरोरोग, अतिसार, ज्वर, शूल आदि रोगों का शिकार बनता है। उसे अन्य प्रकार के शारीरिक कष्ट भी उठाने पड़ते हैं।

चन्द्र की महादशा में 'चन्द्र' के अंतर का फल

चन्द्र की महादशा में 'चन्द्र' की ही अंतर्दशा हो, तो जातक को वस्त्राभूषण, स्त्री-पुत्र आदि का लाभ होता है। उसे नींद अधिक आती है तथा उसे आत्मपक्ष में लाभ एवं कल्याण की प्राप्ति होती है।

चन्द्र की महादशा में 'मंगल' के अंतर का फल

चन्द्र की महादशा में 'मंगल' की अंतर्दशा हो, तो जातक मंदाग्नि एवं पित्तजन्य व्याधियों से पीड़ित होता है। उसे अग्नि-भय, पदावनति तथा अन्य प्रकार के कष्ट भी उठाने पड़ते हैं।

चन्द्र की महादशा में 'राहु' के अंतर का फल

चन्द्र की महादशा में 'राहु' की अंतर्दशा हो, तो जातक को शत्रु, रोग, अग्नि आदि का भय, धन का नाश, बन्धु-बान्धवों का नाश आदि दु:खों का सामना करना पड़ता है। उसके लिए सुख प्राप्त करना कठिन हो जाता है।

चन्द्र की महादशा में 'गुरु' के अंतर का फल

चन्द्र की महादशा में 'गुरु' की अंतर्दशा हो, तो जातक को वस्त्राभूषण की प्राप्ति होती है। वह धर्माधर्म का विचार रखता है तथा सब प्रकार से सुखी रहता है।

चन्द्र की महादशा में 'शनि' के अंतर का फल

चन्द्र की महादशा में 'शनि' की अंतर्दशा हो, तो जातक को भाई-बन्धुओं से उद्वेग, हानि, भय, शोक तथा संदेह की प्राप्ति होती है। व्यसनों के कारण उसे कष्ट उठाना पड़ता है तथा और भी अनेक प्रकार के दोष उपस्थित हो जाते हैं।

चन्द्र की महादशा में 'बुध' के अंतर का फल

चन्द्र की महादशा में 'बुध' की अंतर्दशा हो, तो जातक को हाथी, घोड़ा, गाय, वाहन, धन आदि अनेक प्रकार की वस्तुएं प्राप्त होती हैं तथा सुख मिलता है।

चन्द्र की महादशा में 'केतु' के अंतर का फल

चन्द्र की महादशा में 'केतु' की अंतर्दशा हो, तो जातक को मनोद्वेग, चपलता, धन-हानि, जन-हानि आदि का शिकार बनना पड़ता है।

चन्द्र की महादशा में 'शुक्र' के अंतर का फल

चन्द्र की महादशा में 'शुक्र' की अंतर्दशा हो, तो जातक के घर में कन्या का जन्म होता है। उसे मणि-मुक्ताहार आदि की प्राप्ति होती है तथा अनेक स्त्रियों के साथ संपर्क रहता है।

चन्द्र की महादशा में 'सूर्य' के अंतर का फल

चन्द्र की महादशा में 'सूर्य' की अंतर्दशा हो, तो जातक के शत्रुओं का नाश होता है, रोग नष्ट होते हैं, मनुष्यों में प्रभाव बढ़ता है तथा अनेक प्रकार के सुख एवं ऐश्वर्य की वृद्धि होती है।

मंगल की महादशा में 'मंगल' के अंतर का फल

मंगल की महादशा में 'मंगल' की ही अंतर्दशा हो, तो जातक का भाइयों से विरोध, शत्रुओं से संग्राम एवं पर-स्त्री का साथ होता है। उसे रक्त-पित्त की पीड़ा से भी पीड़ित रहना पड़ता है।

मंगल की महादशा में 'राहु' के अंतर का फल

मंगल की महादशा में 'राहु' की अंतर्दशा हो, तो जातक को अग्नि, शस्त्र, चोर, शत्रु तथा अनेक प्रकार की विपत्तियों से भय, धन-नाश एवं रोग के कारण शारीरिक पीड़ा का सामना करना पड़ता है।

मंगल की महादशा में 'गुरु' के अंतर का फल

मंगल की महादशा में 'गुरु' की अंतर्दशा हो, तो जातक देवता, ब्राह्मण आदि का पूजन करता है। उसे तीर्थ-यात्रा का लाभ मिलता है, परन्तु राजा के द्वारा कुछ भय भी होता है।

मंगल की महादशा में 'शनि' के अंतर का फल

मंगल की महादशा में 'शनि' की अंतर्दशा हो, तो जातक के परिवारी जनों का नाश होता है तथा सहस्त्रों प्रकार के कष्टों का सामना करना पड़ता है।

मंगल की महादशा में 'बुध' के अंतर का फल

मंगल की महादशा में 'बुध' की अंतर्दशा हो, तो जातक को शत्रु, चोर तथा अग्नि आदि से भय होता है तथा किसी अत्यन्त क्रूर मनुष्य के द्वारा कष्ट भी उठाना पड़ता है।

मंगल की महादशा में 'केतु' के अंतर का फल

मंगल की महादशा में 'केतु' की अंतर्दशा हो, तो जातक को बादल, बिजली, अग्नि, शस्त्र, चोर आदि से भय तथा कष्ट प्राप्त होता है।

मंगल की महादशा में 'शुक्र' के अंतर का फल

मंगल की महादशा में 'शुक्र' की अंतर्दशा हो, तो जातक को शस्त्र-भय, शारीरिक व्याधि, उपद्रव, धन-नाश आदि संकटों का सामना करना पड़ता है तथा परदेश की यात्रा करनी पड़ती है।

मंगल की महादशा में 'सूर्य' के अंतर का फल

मंगल की महादशा में 'सूर्य' की अंतर्दशा हो, तो जातक का प्रताप एवं प्रभाव प्रचंड बना रहता है। वह अनर्थकर कार्यों को करता है तथा राजा के साथ शर्त लगाकर विजय प्राप्त करता है।

मंगल की महादशा में 'चन्द्र' के अंतर का फल

मंगल की महादशा में 'चन्द्र' की अंतर्दशा हो, तो जातक को मणि-माणिक्य, धन, मित्र, राजा द्वारा सम्मान तथा धन एवं विविध प्रकार के सुखों की प्राप्ति होती है।

राहु की महादशा में 'राहु' के अंतर का फल

राहु की महादशा में 'राहु' की ही अंतर्दशा हो, तो जातक के भाई अथवा पिता की मृत्यु, शरीर में रोग, धन का नाश, विदेश-गमन तथा सम्मान की हानि होती है तथा अन्य प्रकार के दुःख भी भोगने पड़ते हैं।

राहु की महादशा में 'गुरु' के अंतर का फल

राहु की महादशा में 'गुरु' की अंतर्दशा हो, तो जातक देवताओं एवं ब्राह्मणों की सेवा करने वाला, धनी तथा व्याधियों से रहित होता है।

राहु की महादशा में 'शनि' के अंतर का फल

राहु की महादशा में 'शनि' की अंतर्दशा हो, तो जातक को रक्तपित्त की पीड़ा, हाथ-पांव आदि शरीर के किसी अंग का टूट जाना, स्वजनों से कलह तथा मूर्खता के कारण किए हुए कर्मों को त्याग देना आदि कष्ट उठाने पड़ते हैं।

राहु की महादशा में 'बुध' के अंतर का फल

राहु की महादशा में 'बुध' की अंतर्दशा हो, तो जातक का मित्र एवं भाइयों के साथ स्नेह बढ़ता है। बुद्धि, धन तथा भोग की वृद्धि होती है, परन्तु इसके साथ ही किसी मामले में थोड़ा-सा क्लेश भी भोगना पड़ता है।

राहु की महादशा में 'केतु' के अंतर का फल

राहु की महादशा में 'केतु' की अंतर्दशा हो, तो जातक को ज्वर, अग्नि, शस्त्र तथा शत्रुओं से पीड़ा होती है और उसके प्राण चले जाने का भय भी होता है।

राहु की महादशा में 'शुक्र' के अंतर का फल

राहु की महादशा में 'शुक्र' की अंतर्दशा हो, तो जातक को मित्र के कारण संताप तथा भाई-बन्धुओं से कलह एवं कष्ट भोगना पड़ता है। उसे स्त्री, भोग तथा धन का लाभ भी होता है।

राहु की महादशा में 'सूर्य' के अंतर का फल

राहु की महादशा में 'सूर्य' की अंतर्दशा हो, तो जातक को शस्त्र, रोग, चोर, अग्नि तथा राजा से भय होता है। उसके धन का भी नाश होता है।

राहु की महादशा में 'चन्द्र' के अंतर का फल

राहु की महादशा में 'चन्द्र' की अंतर्दशा हो, तो जातक को कलह, धन-नाश, बन्धु-विरोध तथा अन्य अनेक प्रकार के कष्टों का सामना करना पड़ता है। साथ ही स्त्री का लाभ भी होता है।

राहु की महादशा में 'मंगल' के अंतर का फल

राहु की महादशा में 'मंगल' की अंतर्दशा हो, तो जातक को शत्रु, शस्त्र, अग्नि तथा चोरों का भय निरंतर बना रहता है। उसे अन्य अनेक प्रकार के कष्ट भी प्राप्त होते हैं।

गुरु की महादशा में 'गुरु' के अंतर का फल

गुरु की महादशा में 'गुरु' की ही अंतर्दशा हो, तो जातक को पुत्र की प्राप्ति तथा धन एवं धर्म की वृद्धि का लाभ होता है। उसे सब वर्ण के लोगों से धन प्राप्त होता है तथा अन्य प्रकार के लाभ होते हैं।

गुरु की महादशा में 'शनि' के अंतर का फल

गुरु की महादशा में 'शनि' की अंतर्दशा हो, तो जातक वेश्या के साथ समागम करता है। वह मद्यपान करता है तथा धन, धर्म, वस्त्र एवं सुख से हीन हो जाता है।

गुरु की महादशा में 'बुध' के अंतर का फल

गुरु की महादशा में 'बुध' की अंतर्दशा हो, तो जातक शरीर से स्वस्थ रहता है। वह गुरु, देवता तथा अग्नि-पूजन आदि सत्कर्म करता है। उसे मित्रों का तथा धन आदि अनेक प्रकार के सुखों का लाभ होता है।

गुरु की महादशा में 'केतु' के अंतर का फल

गुरु की महादशा में 'केतु' की अंतर्दशा हो, तो जातक के पुत्र तथा भाइयों को चोट लगती है। वह स्थान-भ्रष्ट, इधर-उधर भ्रमण करने वाला तथा भोग-रहित होता है।

गुरु की महादशा में 'शुक्र' के अंतर का फल

गुरु की महादशा में 'शुक्र' की अंतर्दशा हो, तो जातक को शत्रु से भय, परिवार में कलह, स्त्रियों से पीड़ा, धन की हानि तथा मानसिक चिंताओं का सामना करना पड़ता है।

गुरु की महादशा में 'सूर्य' के अंतर का फल

गुरु की महादशा में 'सूर्य' की अंतर्दशा हो, तो जातक को शत्रुओं पर विजय प्राप्त होती है तथा राजा से सम्मान मिलता है। उसके तेज-प्रताप तथा साहस में अत्यधिक वृद्धि होती है और वह अनेक प्रकार के सुख प्राप्त करता है।

गुरु की महादशा में 'चन्द्र' के अंतर का फल

गुरु की महादशा में 'चन्द्र' की अंतर्दशा हो, तो जातक अनेक स्त्रियों के साथ भोग करता है। उसके शत्रु नष्ट हो जाते हैं। वह राजा के समान प्रतापी, सुख और ऐश्वर्यशाली होता है।

गुरु की महादशा में 'मंगल' के अंतर का फल

गुरु की महादशा में 'मंगल' की अंतर्दशा हो, तो जातक अपने शत्रुओं पर विजय प्राप्त करता है और उसे धन, कीर्ति, स्वास्थ्य, यश एवं सौभाग्य की प्राप्ति होती है।

गुरु की महादशा में 'राहु' के अंतर का फल

गुरु की महादशा में 'राहु' की अंतर्दशा हो, तो जातक को भाई-बन्धुओं से घबराहट, रोग-मृत्यु एवं कलह की प्राप्ति होती है। उसके अपने स्थान का भी नाश होता है।

शनि की महादशा में 'शनि' के अंतर का फल

शनि की महादशा में 'शनि' की ही अंतर्दशा हो, तो जातक के शरीर में पीड़ा होती है। पुत्र से कलह, स्त्री के कारण बुद्धि का नाश, विदेश-गमन तथा अन्य अनेक प्रकार के कष्ट उठाने पड़ते हैं।

शनि की महादशा में 'बुध' के अंतर का फल

शनि की महादशा में 'बुध' की अंतर्दशा हो, तो जातक को विजय, सफलता, यश, सम्मान, सुख, सौभाग्य तथा मित्रों का लाभ होता है। उसे स्थान, भूमि तथा धन की प्राप्ति भी होती है।

शनि की महादशा में 'केतु' के अंतर का फल

शनि की महादशा में 'केतु' की अंतर्दशा हो, तो जातक को रक्तपित्त-सम्बन्धी पीड़ा, धन-हानि, बंधन, दुःस्वप्न, चिंता आदि अनेक प्रकार के कष्टों का सामना करना पड़ता है।

शनि की महादशा में 'शुक्र' के अंतर का फल

शनि की महादशा में 'शुक्र' की अंतर्दशा हो, तो जातक को अपने भाई-बन्धु तथा मित्रों से स्नेह, पत्नी से प्रेम, वात्सल्य सुख, सौभाग्य, धन, विजय आदि सभी प्रकार के ऐश्वर्यों की प्राप्ति होती है।

शनि की महादशा में 'सूर्य' के अंतर का फल

शनि की महादशा में 'सूर्य' की अंतर्दशा हो, तो जातक के स्त्री, पुत्र तथा धन का नाश होता है एवं प्राण बचने का भी संदेह बना रहता है। जातक को अनेक प्रकार के शारीरिक एवं मानसिक कष्टों का सामना करना पड़ता है।

शनि की महादशा में 'चन्द्र' के अंतर का फल

शनि की महादशा में 'चन्द्र' की अंतर्दशा हो, तो जातक को मृत्यु-तुल्य कष्ट, स्त्री-वियोग तथा भाइयों से विरोध आदि दु:ख प्राप्त होते हैं। साथ ही उसे क्रोध, वातरोग, उद्वेग, चिंता आदि का शिकार भी बनना पड़ता है।

शनि की महादशा में 'मंगल' के अंतर का फल

शनि की महादशा में 'मंगल' की अंतर्दशा हो, तो जातक अपने देश को त्याग देता है। उसे अनेक प्रकार के रोग एवं दु:खों का सामना करना होता है तथा मृत्यु-तुल्य कष्ट भी उठाना पड़ता है।

शनि की महादशा में 'राहु' के अंतर का फल

शनि की महादशा में 'राहु' की अंतर्दशा हो, तो जातक के शरीर में वातपीड़ा, ज्वर, अतिसार आदि विकार उत्पन्न होते हैं। वह शत्रुओं से पराजित होता है। उसके धन का नाश होता है तथा अन्य प्रकारों से भी पतन के गड्ढे में गिरता है।

शनि की महादशा में 'गुरु' के अंतर का फल

शनि की महादशा में 'गुरु' की अंतर्दशा हो, तो जातक ब्राह्मणों तथा देवताओं की पूजा करने वाला, स्थान, भृत्य, गुण एवं अनेक प्रकार के सुख प्राप्त करने वाला, धनी तथा यशस्वी होता है।

बुध की महादशा में 'बुध' के अंतर का फल

बुध की महादशा में 'बुध' की ही अंतर्दशा हो, तो जातक की वृद्धि तथा धर्म की वृद्धि होती है। मित्रों तथा बन्धुजनों से स्नेह प्राप्त होता है। ज्ञान एवं धर्म का लाभ होता है, परन्तु शरीर में कुछ पीड़ा बनी रहती है।

बुध की महादशा में 'केतु' के अंतर का फल

बुध की महादशा में 'केतु' की अंतर्दशा हो, तो जातक को अनेक प्रकार के दु:ख, शोक, क्लेश एवं शारीरिक कष्टों का सामना करना पड़ता है।

बुध की महादशा में 'शुक्र' के अंतर का फल

बुध की महादशा में 'शुक्र' की अंतर्दशा हो, तो जातक को श्रेष्ठ वस्त्र, आभूषण एवं धन आदि की प्राप्ति होती है तथा धर्म-कर्म में रुचि बढ़ती है।

बुध की महादशा में 'सूर्य' के अंतर का फल

बुध की महादशा में 'सूर्य' की अंतर्दशा हो, तो जातक को उत्तम वस्त्र, स्वर्ण, धन, आभूषण, यश आदि की प्राप्ति होती है, परन्तु अपनी स्त्री के कारण उसके मन में उद्वेग की वृद्धि होती है।

बुध की महादशा में 'चन्द्र' के अंतर का फल

बुध की महादशा में 'चन्द्र' की अंतर्दशा हो, तो जातक को कुष्ठ, गंडमाला, क्षय, भगंदर आदि रोगों का शिकार बनना पड़ता है। हाथी आदि से गिरने का भय बना रहता है तथा अन्य प्रकार के कष्ट भी होते हैं।

बुध की महादशा में 'मंगल' के अंतर का फल

बुध की महादशा में 'मंगल' की अंतर्दशा हो, तो जातक के मस्तक तथा कंठ में रोग होता है। उसे चोरों से भय तथा अनेक प्रकार के क्लेशों का सामना करना पड़ता है।

बुध की महादशा में 'राहु' के अंतर का फल

बुध की महादशा में 'राहु' की अंतर्दशा हो, तो जातक को शत्रु से पीड़ा तथा अग्नि से भय प्राप्त होता है। साथ ही आकस्मिक रूप से धन का नाश भी होता है।

बुध की महादशा में 'गुरु' के अंतर का फल

बुध की महादशा में 'गुरु' की अंतर्दशा हो, तो जातक को व्याधि एवं शत्रुओं के भय से छुटकारा मिल जाता है। उसे राजा द्वारा सम्मान प्राप्त होता है। धर्म में प्रवृत्ति होती है। आध्यात्म की वृद्धि होती है तथा स्नेह, पवित्रता आदि सभी सद्गुणों की प्राप्ति होती है।

बुध की महादशा में 'शनि' के अंतर का फल

बुध की महादशा में 'शनि' की अंतर्दशा हो, तो जातक धन तथा धर्म का उपभोग करता है। उसे मित्रों द्वारा भी धन का लाभ होता है। वह बड़ा गंभीर, धन का उपभोग करने वाला, किसी भी काम को करने में उत्साह न रखने वाला तथा नपुंसक होता है।

केतु की महादशा में 'केतु' के अंतर का फल

केतु की महादशा में 'केतु' की ही अंतर्दशा हो, तो जातक को पुत्र-पुत्री की मृत्यु, धन का नाश, अग्नि का भय, दुष्ट स्त्रियों से कलह, रोग आदि अनेक प्रकार के संकटों का सामना करना पड़ता है।

केतु की महादशा में 'शुक्र' के अंतर का फल

केतु की महादशा में 'शुक्र' की अंतर्दशा हो, तो जातक को अग्नि से दाह, तीव्र ज्वर, स्त्री से कलह, स्त्री-त्याग आदि के दुःख भोगने पड़ते हैं और उसके घर में कन्या का जन्म होता है।

केतु की महादशा में 'सूर्य' के अंतर का फल

केतु की महादशा में 'सूर्य' की अंतर्दशा हो, तो जातक को राजा द्वारा पीड़ा, शत्रुओं से विरोध, अग्नि-दाह, तीव्र ज्वर, विदेश-गमन आदि कष्टों का सामना करना पड़ता है।

केतु की महादशा में 'चन्द्र' के अंतर का फल

केतु की महादशा में 'चन्द्र' की अंतर्दशा हो, तो जातक को धन की लाभ-हानि, सुख-दुःख की प्राप्ति, स्त्री का लाभ, यश का नाश आदि दोनों ही प्रकार के शुभ एवं अशुभ फल प्राप्त होते हैं।

केतु की महादशा में 'मंगल' के अंतर का फल

केतु की महादशा में 'मंगल' की अंतर्दशा हो, तो जातक का अपने गांव के लोगों से झगड़ा होता है। उसे चोरों के भय तथा शारीरिक पीड़ा का सामना भी करना पड़ता है।

केतु की महादशा में 'राहु' के अंतर का फल

केतु की महादशा में 'राहु' की अंतर्दशा हो, तो जातक को चोरों का भय, शत्रुओं से विरोध तथा अन्य प्रकार के कष्टों का सामना करना पड़ता है। उसके अंग-भंग हो जाने की संभावना भी रहती है।

केतु की महादशा में 'गुरु' के अंतर का फल

केतु की महादशा में 'गुरु' की अंतर्दशा हो, तो जातक का दुर्जनों अथवा राजमान्य लोगों से संपर्क होता है। उसके घर में पुत्र का जन्म होता है तथा भूमि, धन आदि का लाभ भी होता है।

केतु की महादशा में 'शनि' के अंतर का फल

केतु की महादशा में 'शनि' की अंतर्दशा हो, तो जातक को स्वजनों से कलह तथा वात-पित्त की पीड़ा का शिकार होना पड़ता है तथा परदेश-गमन भी करना होता है।

केतु की महादशा में 'बुध' के अंतर का फल

केतु की महादशा में 'बुध' की अंतर्दशा हो, तो जातक को भाई-बन्धुओं का स्नेह-संयोग, बुद्धि-लाभ, धन-प्राप्ति आदि अनेक प्रकार के सुख प्राप्त होते हैं और किसी भी प्रकार का कष्ट नहीं उठाना पड़ता है।

शुक्र की महादशा में 'शुक्र' के अंतर का फल

शुक्र की महादशा में 'शुक्र' की ही अंतर्दशा हो, तो जातक को निधि, स्त्री-समागम, धर्म, अर्थ, यश, काम तथा अनेक प्रकार के लाभ होते हैं।

शुक्र की महादशा में 'सूर्य' के अंतर का फल

शुक्र की महादशा में 'सूर्य' की अंतर्दशा हो, तो जातक को उदर रोग, क्षय तथा गंड-रोग आदि का शिकार बनना पड़ता है। उसे राजा, वंध्या स्त्री तथा कपटी मनुष्यों द्वारा भी दु:ख भोगना पड़ता है।

शुक्र की महादशा में 'चन्द्र' के अंतर का फल

शुक्र की महादशा में 'चन्द्र' की अंतर्दशा हो, तो जातक को पांडुरोग, शिरोरोग, नखरोग तथा अस्थि सम्बन्धी रोगों का शिकार होना पड़ता है तथा स्वास्थ्य की हानि होती है।

शुक्र की महादशा में 'मंगल' के अंतर का फल

शुक्र की महादशा में 'मंगल' की अंतर्दशा हो, तो जातक को क्षयरोग तथा पितजन्य रोग होते हैं। उसे पद, उत्साह एवं भूमि का लाभ होता है।

शुक्र की महादशा में 'राहु' के अंतर का फल

शुक्र की महादशा में 'राहु' की अंतर्दशा हो, तो जातक को चांडाल मनुष्यों से क्लेश, भाई-बन्धुओं से उद्वेग तथा आकस्मिक रूप से भय की प्राप्ति होती है। उसके सुहृद्जनों के वध की संभावना भी रहती है।

शुक्र की महादशा में 'गुरु' के अंतर का फल

शुक्र की महादशा में 'गुरु' की अंतर्दशा हो, तो जातक को धन-धान्य, रत्न, भूमि, पुत्र, स्त्री, ऐश्वर्य एवं प्रभुत्व का लाभ होता है और वह सब प्रकार से सुखी रहता है।

शुक्र की महादशा में 'शनि' के अंतर का फल

शुक्र की महादशा में 'शनि' की अंतर्दशा हो, तो जातक वृद्धा स्त्रियों के साथ मैथुन करता है। उसके पुत्रों एवं शत्रुओं का नाश होता है तथा अनेक प्रकार की विपत्तियां उठ खड़ी होती हैं। अंत में जाकर उसे सुख भी प्राप्त होता है।

शुक्र की महादशा में 'बुध' के अंतर का फल

शुक्र की महादशा में 'बुध' की अंतर्दशा हो, तो जातक को धनागम, राजा द्वारा स्नेह, सम्मान, शौर्य, तेजस्विता, लक्ष्मी, सुख-संपत्ति आदि की प्राप्ति होती है तथा उसके सभी मनोरथ पूरे होते हैं।

शुक्र की महादशा में 'केतु' के अंतर का फल

शुक्र की महादशा में 'केतु' की अंतर्दशा हो, तो जातक भाइयों से कलह एवं शत्रुओं का नाश करता है। कभी-कभी उसे शत्रुओं द्वारा पीड़ित भी होना पड़ता है। इस प्रकार उसे सुख-दुःख, हानि-लाभ, जय एवं पराजय, दोनों की ही प्राप्ति होती रहती है।

अंक ज्योतिष विज्ञान एवं भविष्यफल

लेखक: अरुण सागर 'आनन्द'
टाइप: पेपरबैक
भाषा: हिन्दी
पृष्ठ: 228

अंक ज्योतिष पर आधारित यह पुस्तक साधारणत: बोलचाल की भाषा में लिखी गयी है। प्रस्तुत पुस्तक की भाषा सरल एवं सहज है कि साधारण से साधारण पढ़ा-लिखा व्यक्ति भी इसे आसानी से समझ लेगा तथा इसका पूरा लाभ उठा सकने में सक्षम होगा।

इस पुस्तक में लेखक का 25 वर्षों के 'ज्योतिष विषय' के पठन-पाठन के मूल मंत्र तो समाहित हैं ही, साथ-साथ इसमें भाषा-शैली की वह रवानगी है कि आप इसे बिना किसी शब्दकोश के पढ़ने में सक्षम होंगे।

जैसा कि हम सब जानते हैं कि भविष्य जानने की इच्छा मनुष्य के मन में आदिकाल से रही है। आज भविष्य जानने की कई विधायें प्रचलित हैं, जिनमें जन्म-कुण्डली, प्रश्न-कुण्डली, रमलशास्त्र, हस्तरेखाशास्त्र आदि प्रमुख हैं। परन्तु 'अंक ज्योतिष' एक ऐसी विधा है जिसका प्रयोग अन्य सभी विधाओं में किसी न किसी रूप में अवश्य किया जाता है।

आओ ज्योतिष सीखें

लेखक : तिलक चन्द 'तिलक'
टाइप : पेपरबैक
भाषा : हिन्दी
पृष्ठ : 122

चमत्कारी ज्योतिष विद्या में इतना आकर्षण है कि करोड़ों लोग इसे सीखना चाहते हैं। इसीलिए पाठकों की सदा यह चाह रही है कि सरल, सुबोध एवं रोचक शैली में लिखी एक ऐसी प्राथमिक पुस्तक मिल जाये, जिसे पढ़कर ज्योतिष सीखी जा सके। तिलक चन्द 'तिलक' ने सही मायने में इस उद्देश्य की पूर्ति की है। इस पुस्तक में आप पायेंगे –

- ज्योतिष की उत्पत्ति एवं महत्त्व
- ज्योतिष की उपयोगिता
- ज्योतिष शास्त्र के भेद
- आकाश परिचय, सौर मण्डल की उत्पत्ति,
- ग्रह परिचय, नक्षत्र एवं राशि परिचय तथा
- कुण्डली क्या है, कुण्डली का महत्त्व, जन्म कुण्डली के बारह भाव, जन्म कुण्डली के प्रकार, जन्म राशि जानना, जन्म पत्रिका के रूप, कुण्डली बनाने की सरल विधिा, बारह राशियों में ग्रहों की स्थिति के फल, जन्म नक्षत्र फल, जन्म राशि फल, जन्म कुण्डली से भविष्य फल जानना।

हमारी सभी पुस्तकें www.vspublishers.com पर उपलब्ध है।

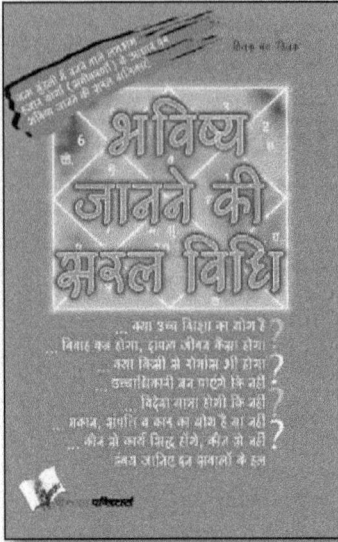

भविष्य जानने की सरल विधि

लेखक: तिलक चन्द 'तिलक'
टाइप: पेपरबैक
भाषा: हिन्दी
पृष्ठ: 128

सब कुछ नष्ट हो जाने पर भी भविष्य बाकी रहता है। –बोवी

व्यक्ति के जन्म के समय विभिन्न ग्रहों की स्थिति के आधार पर कुण्डली बनायी जाती है। इन ग्रहों की स्थितियों के अनुसार विभिन्न योग बनते हैं। इन योगों के निश्चित परिणाम यानी फल होते हैं, जिनके आधार पर व्यक्ति के जीवन की घटनाओं-दुर्घटनाओं, लाभ-हानियों को आसानी से पढ़ा जा सकता है। ऐसे ही अति महत्त्वपूर्ण योगों का यह संग्रह है। प्राचीनकाल से अपनी प्रामाणिकता सिद्ध करते चले आ रहे योगों को लेखक ने खोज-खोजकर इस पुस्तक में संकलित किया है।

पुस्तक की विशेषताएँ:

➢ इसमें 201 राजयोगों के अन्तर्गत विपरीत राजयोग, सत्ता का सुख एवं उच्च पदाधिकारी योग जैसे अनेक योगों की जानकारी समाहित की गयी है।

➢ इसी प्रकार धन सम्बन्धी 137 योगों में अचानक धन मिलने, गड़ा-छिपा धन पाने आदि के साथ यश और शिक्षा आदि से सम्बन्धित योगों का भी वर्णन है।

➢ वैवाहिक जीवन के 252 योग भी दिये गये हैं, जिनमें विवाह, प्रेम विवाह, वर-कन्या चुनाव, दाम्पत्य जीवन, सन्तान/पुत्र प्राप्ति कब और कैसे सम्बन्धी अनेकानेक योगों का एक जगह पहला संकलन है।

➢ इसमें दिये गये सभी विशेष योग जीवन की विभिन्न समस्याओं के समाधानों को खोज-खोज कर संकलित किये गये हैं।

➢ कुल मिलाकर इसमें 891 योगों का श्रेणीबद्ध वर्गीकरण तथा जीवन के महत्त्वपूर्ण प्रश्नों के उत्तर।

मंत्र रहस्य

लेखक : डॉ. नारायणदत्त श्रीमाली

टाइप : पेपरबैक

भाषा : हिन्दी

पृष्ठ : 380

विश्वविख्यात आध्यात्मिक पुरुष की यह अनूठी पुस्तक है। इसमें मन्त्रों के सफल प्रयोगों पर आधारित प्रामाणिक व सचित्र विधियाँ दी गयी हैं, जिनके असंख्य दुर्लभ मन्त्रों से साधक एक सफल मन्त्रशास्त्री बन सकता है। इस पुस्तक में मन्त्र के अर्थ, महत्त्व, एवं मन्त्र सिद्धि के उपाय आदि के बारे में क्रमबद्ध जानकारी वर्णित है।

तांत्रिक सिद्धियां

लेखक : डॉ. नारायणदत्त श्रीमाली

टाइप : पेपरबैक

भाषा : हिन्दी

पृष्ठ : 191

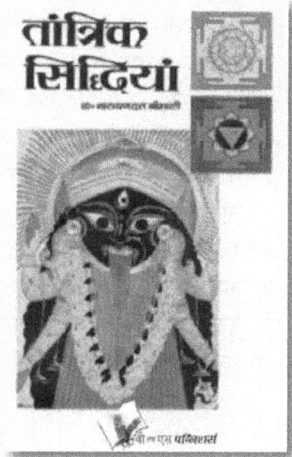

विश्वविख्यात योगाचार्य तथा तन्त्र-मन्त्र शास्त्री की यह लोकप्रिय पुस्तक है। तन्त्र के क्षेत्र में यह पहली प्रैक्टिकल व्यावहारिक पुस्तक है, जिसमें तान्त्रिक सिद्धियों को प्राप्त करने के प्रयोग, मार्ग में आने वाली बाधाओं को दूर करने व सफलता प्राप्त करने की साधना दी गयी है।

अनिष्ट ग्रह ज्योतिष

लेखक: लक्ष्मीनारायण शर्मा
टाइप: पेपरबैक
भाषा: हिन्दी
पृष्ठ: 288

अनन्त आकाश में फैले अलौकिक शक्ति के परिचायक कोटि-कोटि तारों व ग्रह-नक्षत्रों के अदृश्य संकेत यथा भूकम्पों का आना, ज्वालामुखी फुट पड़ना, बर्फीली हवाओं का चलना, समुद्री तूफानों का जोर आदि विनाशकारी घटनायें पृथ्वी के जड़, चेतन प्राण जीवर्ग को हानि पहुँचाते हैं। ज्योतिष विज्ञान द्वारा इन सभी तथ्यों का पूर्वानुमान लगाकर इनसे बचा जा सकता है।

प्रस्तुत पुस्तक में प्रारम्भिक 3 अध्यायों में 1-ज्योतिष, कर्म और भाग्य/प्रारब्ध, 2-वैदिक गणित के नियमों/सिद्धान्तों के अनुसार लग्न ज्ञात करने की आसान विधि सहित जन्मकुण्डली रचना, 3-ग्रह, राशि और नक्षत्र का समुचित वर्णन है। अध्याय-4 में जन्मकुण्डली के द्वादश भावों में नवग्रहों की अभीष्ट एवं अनिष्ट ग्रह स्थिति एवं प्रभाव दर्शाये गये हैं। इसमें मन्त्र शक्ति, यन्त्र बल, व्रत/उपवास लाभ, साधारण वस्तु दान, हवन-अनुष्ठान-यज्ञ करना, शुभ रत्न धारण करना, ग्रह सम्बन्धी रुद्राक्ष अपने पास रखना, बीमार होने पर औषध स्नान करना आदि उपायों की एक लम्बीशृंखला है। इसके अतिरिक्त गण, भकूट व नाड़ी दोष अपवाद, मंगलीक दोष परिहार, कालसर्प दोष उपाय, शनि की साढ़ेसाति व दैया का बचाव के उपाय, पितृदोष/मातृदोष व उपाय, चुनावी समर जीत के उपाय, विदेश प्रवास के उपाय का उल्लेख है।

www.ingramcontent.com/pod-product-compliance
Lightning Source LLC
Chambersburg PA
CBHW072036020426
42334CB00017B/1294
9789381448007